DIX-HUITIÈME SIÈCLE

revue annuelle

publiée par

la Société française d'étude du 18ᵉ siècle
avec le concours du C.N.R.S.,
du Centre National des Lettres
et de l'Université de Reims
Champagne-Ardenne

27

1995

PRESSES UNIVERSITAIRES DE FRANCE

Comme suite à un appel de l'Association pour l'information et la recherche sur les orthographes et les systèmes d'écriture (AIROE), le comité de rédaction a décidé, pour ce numéro, de procéder à un début d'application des « Rectifications de l'orthographe » proposées en 1990 par le Conseil supérieur de la langue française et recommandées par l'Académie française (voir *Journal officiel, Documents administratifs,* 6 décembre 1990, p. 1-19).

L'ANTIQUITÉ AU 18e SIÈCLE

ÉTAT DES RECHERCHES ET TENDANCES ACTUELLES

LA SOURCE EST UN MIROIR...

Pourquoi l'Antiquité ?[1] Au 18e siècle elle affleure partout ; omniprésente, impalpable, nourrissant toute réflexion et imprégnant toute image. Qu'espère-t-on d'une analyse ? Qu'elle examine l'Antiquité comme un élément isolé et en montre le fonctionnement au sein de l'art, de la littérature et de la pensée ? Qu'elle décèle les tendances les plus générales ? Il ne sera guère utile d'afficher des données chiffrées : on aura tôt fait de circonscrire la référence antique en décrivant un déclin continuel tout au long du siècle, révélé avec une acuité particulière par la Révolution, qu'on a pourtant longtemps tenue, et non sans raison, pour un âge d'or de la référence antique[2]. L'étude en sera compliquée du fait qu'à mesure que la distance s'accroit entre les lecteurs ou les spectateurs et le monde culturel emprunté aux Grecs et aux Romains, la référence se fait plus appuyée, plus voyante. Mais aurons-nous saisi notre objet ? Ce que nous cherchons, c'est à faire apparaitre le rapport mouvant qui unit ou sépare le siècle des Lumières et l'Antiquité, telle qu'il se l'est représentée, la créant à son image tout en y puisant des valeurs transcendantes.

---

1. Nous tenons tout particulièrement à remercier le Centre de Recherches Révolutionnaires et Romantiques et le Centre de Recherches sur les Civilisations Antiques (Clermont-II), qui ont uni leurs efforts pour permettre aux collaborateurs de ce numéro de se rencontrer et de confronter leurs idées. C'est grâce au dialogue qui a pu s'instaurer lors de la Table Ronde du 9 novembre 1993, à Clermont-Ferrand, que ce numéro a pris la forme qu'il a aujourd'hui.

2. La période révolutionnaire, qui occupe une place privilégiée dans ce numéro, constitue un cas particulièrement caractéristique : le prétendu « culte de l'Antiquité » des orateurs révolutionnaires mérite d'être reconsidéré, voire remis en cause. Mais s'il y a « remise en cause », c'est précisément qu'à l'époque révolutionnaire comme durant tout le 18e siècle, il existe des signes nombreux d'une véritable « antiquomanie ».

L'*Alma mater* des collégiens, cette culture commune qui sert de signe de reconnaissance au-delà des années d'étude, témoigne de cette complexité : exhibée, intériorisée, elle retient par des liens affectifs ceux qu'elle a élevés. Qui oserait penser sans les Anciens ? Qui pourrait se passer de ces modèles, ne serait-ce que pour les récuser ? L'Antiquité est un legs, une tradition, en un siècle qui s'est méfié des héritages ; pendant la Révolution, le paradoxe prendra une forme particulièrement aigüe. Les Anciens constituent donc un des éléments d'un jeu plus vaste, qu'on trouvera illustré par les institutions : Greuze passant par les Fourches caudines de l'Académie de peinture et produisant un *Caracalla* pour accéder à la « grande peinture », comme d'autres peignent l'amour et la nudité sous la forme d'Hélène ou de Pâris. L'antique est aussi un langage : il aide à formuler une pensée tout autant qu'il la limite — et nous parlons aussi du langage des arts, de celui que pratique David quand il copie inlassablement des nus antiques pour échapper à l'influence stérilisante des épigones de Boucher [3]. Il est du domaine du connu, voire du familier, et n'en cristallise pas moins la curiosité [4], en offrant à l'imagination des horizons plus vastes : passer par les cités anciennes de Sparte, d'Athènes ou de Rome, dans lesquelles se projettent des affrontements qui sont ceux du siècle des Lumières, constitue à la fois un détour et le plus sûr moyen de définir des positions, voire de les durcir.

Comment rendre compte de cette difficulté ? Et dans quelle mesure le siècle en a-t-il pris conscience ? C'est dire que, pour nous, le rôle de l'Antiquité doit être envisagé selon la formule heureuse de J. Seznec, *l'invention de l'Antiquité* [5], perspective selon laquelle il étudie quelques points stratégiques d'un mouvement qui, loin d'être une simple mode, correspond à un véritable changement du gout et à un effort de régénération, l'art devenant

---

3. En témoigne notamment le catalogue de l'exposition *Jacques-Louis David* (Paris, Réunion des Musées Nationaux, 1990).
4. En passant du singulier au pluriel, donc aux « cabinets de curiosités », et de l'« Antiquité » aux « antiquités », on ne se contente pas d'aller de l'abstrait au concret : la dialectique de la « collection » et de l'intérêt pour l'Antiquité a fait naitre l'« anticomanie » (à ne pas confondre avec l'« antiquomanie », déjà citée), récemment étudiée pour la période moderne grâce aux travaux recueillis par A. F. Laurens et K. Pomian, *L'Anticomanie, La collection d'antiquités aux 18ᵉ et 19ᵉ siècles* (Paris, EHESS, 1992), dans la lignée des travaux de ce dernier, *Collectionneurs, amateurs et curieux. Paris-Venise, 16ᵉ-18ᵉ siècles* (Paris, 1987).
5. Tel est le titre d'une communication recueillie dans les *Studies on Voltaire*, 155 (1976), p. 2033-2047.

le mode d'expression privilégié d'aspirations nouvelles. Il est
clair qu'elle n'est pas seulement un vaste réservoir d'images [6] et
de symboles. Certes il serait fort instructif (et il paraît relativement
simple) d'en dresser le catalogue, notamment quand il s'agit
d'*exempla* au sens plein du terme, qui ont véritablement valeur
de modèles, comme Plutarque sait en présenter à l'admiration
de ses jeunes lecteurs, également requis par les hautes figures
de la république romaine [7]. Mais à travers cet inventaire (dans
la mesure où il est envisageable actuellement, ce qui reste douteux [8]), la référence antique risque d'apparaitre comme un bric-
à-brac où chacun devait trouver l'outil dont il avait besoin —
conception commode qui a longtemps permis de parler d'un
« retour à l'antique », voire d'une « re-naissance » de l'Antiquité,
dont la conséquence immédiate et visible serait l'apparition du
néoclassicisme. Une telle approche, qui remonte au 19e siècle,
se voit implicitement autorisée par l'abondance et la qualité des
travaux consacrés par les historiens d'art au néoclassicisme, alors
que la présence antique en littérature n'a longtemps été l'objet
que de travaux isolés, pour ne pas dire ponctuels. Or, ainsi que
l'a montré un article fondateur [9], qui conteste avec vigueur le
recours à des catégories esthétiques commodes mais paralysantes,
la référence antique doit sa vitalité aux fonctions précises que
le siècle lui assigne (et qui lui permettront de se prolonger à
travers le Romantisme). Elle est dynamisme et résistance, et ne
s'épuise que parce qu'elle est vivante. Elle est surtout ce qui
nous permet d'accéder au vif du siècle des Lumières : la source

6. Et d'abord d'images mythologiques, dont les sens multiples ont été mis en
lumière par l'exposition *Les Amours des dieux* (1992).

7. Qui ne laissent pas cependant d'être parfois énigmatiques, ou ambigües,
comme ce Brutus dont, le plus souvent, on se garde bien de préciser s'il s'agit
du meurtrier de son père César, ou du consul meurtrier de ses fils. Il reste fort
à faire si on veut mieux connaitre ces images de l'héroïsme antique, où nous
ne voyons maintenant que stéréotypes, alors qu'il faudrait restituer l'évolution
de leurs contours et la fluctuation des valeurs qui se lisent à travers leurs avatars.
Cicéron, Caton, le second Brutus, autant d'incarnations de l'« esprit républicain »
qui, sous l'Ancien Régime, mériteraient d'être approfondies.

8. Il devrait notamment s'appuyer sur une étude systématique de la présence
antique dans les programmes scolaires, pour laquelle les éléments d'information
ne sont pas actuellement suffisants, ce à quoi M.-M. Compère et A. Chervel
cherchent à remédier avec leur groupe de recherche sur « l'histoire de l'enseignement des humanités classiques », à l'I.N.R.P. Voir aussi les travaux de R. Chartier,
D. Julia et D. Pralon-Julia.

9. B. Baczko, J. P. Bouillon, A. et J. Ehrard, J. Joly, L. Perol, J. Rancy, « Modèles antiques et "préromantisme" », *Le Préromantisme, hypothèque ou hypothèse*,
éd. par P. Viallaneix (Paris, 1975), p. 393-413.

est un miroir, selon une formule employée par J. Ehrard lors de la Table ronde préparatoire. Narcissisme ? peut-être ; mais, selon Oscar Wilde, quand Narcisse se penchait sur elle, la rivière ne voyait dans ses yeux que le reflet de ses eaux...

Ce double jeu trouve son expression dans deux démarches de recherche, qui sont représentées ici et qui s'opposent autant qu'elles se complètent. La première consiste à adopter l'angle de la « survie » ou de la permanence de l'Antiquité, et à ce titre les antiquisants y ont trouvé une matière de prédilection. A travers les avatars d'un thème ou d'un mythe (ou la légende qui peu à peu, et même de son vivant, auréole un personnage historique) ou les interprétations successives d'un auteur (et il en est bien peu qui ne puissent se prêter à cet exercice), se lit la continuité au-delà des ruptures. Dans la perspective chronologique ainsi ouverte, le 18e siècle occupe généralement une place de choix. Ce peut être circonstanciel, grâce à la coupure instaurée par la Révolution ; mais pareille conception n'a en fait rien d'accidentel : le siècle des Lumières apparaît comme encore très proche d'une culture dont il est littéralement nourri, jusque dans le détail des moindres œuvres, alors que le 19e entretient un rapport plus distant, plus « intellectualisé » avec l'Antiquité. Cela peut aussi se justifier par l'importance et surtout la diversité d'une production qui permet souvent un profond renouvèlement des thématiques, tout en respectant ses sources antiques plus fidèlement (au moins en apparence) que ne le faisait le siècle de Mlle de Scudéry ou d'Eustache le Noble, dont les productions romanesques semblent parfois n'emprunter à l'Antiquité qu'un costume de scène.

La ligne directrice que nous venons de définir est, depuis une vingtaine d'années, celle du Centre A. Piganiol, de Tours, sous la direction de R. Chevallier, dont les titres sont trop nombreux pour être énumérés ici ; citons seulement *Présence de Virgile* (Paris, Belles-Lettres, 1978), *Présence de Sénèque* (Paris, Touzot, 1991), *Présence de Tacite* (*Caesarodunum*, n° 26 *bis*, 1992), mais aussi *Présence de l'architecture et de l'urbanisme romains* (Paris, Belles-Lettres, 1983) auxquels répondent *L'Antiquité gréco-romaine vue par le siècle des Lumières* (*Caesarodunum*, n° 22 *bis*, 1987) et *La Révolution française et l'Antiquité* (*Caesarodunum*, n° 25 *bis*, 1991) qui, tout en adoptant un point de vue apparemment différent, n'en suivent pas moins les mêmes principes. Tous ces ouvrages font essentiellement (mais pas exclusivement) appel à des antiquisants, l'histoire de l'art occupant une large place.

Dans le même domaine œuvre C.É.S.A.R. (Centre d'Étude Sur l'Antiquité Rémanente), dirigé par René Martin (Paris-III), qui a déjà donné un important *Enée et Didon. Naissance, fonctionnement et survie du mythe* (Paris, CNRS, 1990) où tous les arts (y compris le cinéma, mais aussi — ce qui nous intéresse davantage — l'opéra, incomparable lieu d'épanouissement de la fable et de l'histoire), sont envisagés. Il a également co-organisé un colloque consacré à « Néron, histoire et légende » [10], qui prend la légende à ses débuts (à travers Tacite, dont on exploitera inlassablement le texte pendant des siècles) pour en suivre le cheminement. Comme pour l'équipe précédemment évoquée, la dominante est littéraire et la perspective essentiellement diachronique, mais ce type d'études est aussi particulièrement propice à la comparaison entre les genres comme à la présentation des apports mutuels de l'art et de la littérature.

Une autre approche consiste à envisager la présence antique sous l'angle de l'analogie profonde qui unit les genres ou les formes littéraires, comme J. P. Néraudau et E. Bury le pratiquent depuis 1990 au Centre de Recherches sur les Classicismes antiques et modernes (Reims), dont les travaux ont déjà porté sur Cicéron (*L'Autorité de Cicéron de l'Antiquité au 18ᵉ siècle,* Caen, Paradigme, 1993) et Ovide (*Lectures d'Ovide,* colloque de 1993, à paraître). La difficulté de l'entreprise ainsi conçue est masquée par le génitif (« lectures de... »), sous la forme ambivalente familière aux latinistes qui confond sens objectif et sens subjectif : on passe ainsi des « lectures faites par Ovide » aux « lectures que l'on fait d'Ovide » [11]. Mais Janus y trouvera son compte.

Ces différentes recherches, fondées sur les acquis actuels de la science historique et philosophique, supposent que la réception d'une œuvre lui donne son sens complet : la survie d'un auteur ou d'un mythe atteste de sa richesse. Elles apparaissent comme relevant d'un choix d'ordre critique [12], autant que d'un effort pour affirmer la vitalité d'une littérature menacée d'oubli, rappelant sainement et vigoureusement que la culture classique reste quasiment incompréhensible si on n'en éclaire pas les soubassements,

---

10. Saint-Étienne et Clermont, novembre 1994 ; en collaboration avec le C.R.R.R., la Société Internationale d'Études Néroniennes et le Centre de Recherches sur les Civilisations Antiques (Clermont-II).

11. Ces deux aspects coexistent aussi dans plusieurs volumes du Centre Piganiol *Présence de...*

12. Dans la lignée des travaux de G. Genette (*Palimpsestes,* Paris, Seuil, 1982) plutôt que dans la perspective de H. R. Jauss, *Pour une esthétique de la réception* (Paris, Gallimard, 1978, pour la traduction française) — mais il ne s'agit là que d'une tendance.

ou plutôt si on n'en révèle pas ce qui l'innerve ou l'alimente [13]. C'est la vitalité de l'Antiquité qui est en jeu ; elle ne se conçoit que dans la longue durée et en termes d'« ensembles », en associant étroitement arts et littérature. Un aussi vaste champ de recherches peut également s'aborder de manière à faire ressortir les filiations : c'est un aspect dominant des travaux menés à l'instigation d'Alain Michel (Paris-Sorbonne), qui s'ouvrent davantage sur l'histoire des idées, sous la forme de thèses et à travers le *Bulletin Guillaume Budé*, où se mêlent de façon concertée articles consacrés à l'approfondissement des textes anciens et contributions vouées à la survie du monde gréco-romain. Discerner les lignes de force qui parcourent la pensée grecque, le monde romain, l'âge classique et la littérature la plus récente : ce principe ne permet pas d'accorder au 18e siècle une place privilégiée, mais le rattache à de grands courants, ou plutôt à une tradition, au sens le plus fort du terme. L'histoire des idées y gagne une profondeur chronologique et une extension européenne (car il faut toujours revenir à une langue et à une culture communes [14]) qui font de la pensée moderne un jeu d'échos qu'on est incapable de saisir dans toute leur complexité si on n'a pas accès à l'origine antique, au foyer universel de la pensée occidentale. C'est sur cette dimension qu'insiste l'association *Méditerranées*, fondée en 1991 (J. Bouineau, Paris-X), qui se donne précisément comme thème de recherche « l'impact de la civilisation romaine » sur le bassin méditerranéen et au-delà, et dont l'originalité est de rassembler juristes, historiens, littéraires : s'y prête particulièrement la question du tyrannicide (*Revue Méditerranées*, n° 2, 1993) ou de la citoyenneté (colloque prévu en 1995). Il faut aussi mentionner ici les travaux de la S.A.T.O.R. (Société d'analyse de la topique romanesque, présidée par H. Coulet) qui, à travers les *topoi* du roman, explore une tradition largement attestée dans la littérature française, à l'âge baroque comme au 18e siècle : en témoignent les recherches de F. Létoublon sur *Les Lieux communs du roman. Stéréotypes grecs d'aventure et d'amour* (Brill, 1993), largement

---

13. Telle est une des ambitions de la revue *Les Études classiques*.

14. Qui existent toujours au 18e siècle : voir nos travaux sur la latinité tardive, notamment chez les Jésuites (E. Flamarion, *Le Théâtre néo-latin dans les collèges de Jésuites en France au début du 18e siècle. Un cas exemplaire : le « Lucius Junius Brutus » de Charles Porée (1708)*, thèse, Paris-III, 1994). Il faut également mentionner ici l'U.R.A. C.N.R.S. 381 (Histoire des idées linguistiques, sous la responsabilité de S. Auroux et de B. Colombat) qui fait de l'étude des théories linguistiques (notamment dans le domaine latin) un de ses thèmes de recherche, et qui est ainsi amenée à aborder les travaux des grammairiens du 18e siècle.

ouverts sur le siècle de Prévost. Ces différentes orientations semblent coexister au sein de l'*International Society for the Classical Tradition* (fondée en 1991, présidée par W. Haase et M. Reinhold, Boston University), qui couvre un champ fort vaste où les études dix-huitiémistes ne sont pas encore très nombreuses [15].

La seconde démarche privilégie le principe selon lequel l'Antiquité est surtout celle qu'on se crée ; non seulement parce que chaque siècle perçoit et conçoit ses ancêtres à sa manière, mais aussi parce que les conditions d'accès aux textes et aux documents anciens se modifient constamment. L'accent est alors mis, non sur la permanence, mais sur l'infléchissement qui fait la spécificité d'une interprétation [16]. Le (ou les) texte(s)-source(s) fourni(ssent)-il(s) plus qu'un prétexte ? A-t-on même encore affaire à des sources ? Même quand celles-ci sont avouées, voire proclamées, il s'agit moins d'apprécier une fidélité que de mesurer un écart. Il importe alors essentiellement de tenir compte, non pas du point d'origine auquel nous avons accès aujourd'hui, ou hypotexte « objectif » (texte idéal de Cicéron ou de Sénèque dont nous sommes plus près aujourd'hui qu'il y a deux siècles, et que nous connaissons certainement mieux que nos prédécesseurs), mais de l'hypotexte « relatif » : celui dont disposait le 18e siècle [17]. Peu importe en effet ce que nous savons aujourd'hui de saint Augustin, si les écrivains du 18e siècle l'ignoraient ? — faut-il même le savoir, si on veut éviter une perspective téléologique ? On préférera user de la notion devenue classique d'« horizon d'attente », qui trouve ici un emploi précis et restreint : restituer l'horizon des méthodes de pensée, des connaissances et des préjugés qui détermine une esthétique et un savoir [18]. On peut aller plus loin,

---

15. L'I.S.C.T. (soutenue par l'Institute for the Classical Tradition, Boston University) a organisé trois colloques sans thème privilégié (Boston, 1991 ; Tübingen, 1992 ; Boston, mars 1995) et publie depuis 1994 l'*International Journal of the Classical Tradition* (I.J.C.T.), qui recense les manifestations liées à la survie de l'Antiquité.

16. Le Centre de Recherches Révolutionnaires et Romantiques (Clermont-II) a mené de nombreux travaux en ce domaine, sans se restreindre à l'Antiquité, mais en lui accordant une place particulière, sous l'impulsion de P. Viallaneix, J. Ehrard et S. Bernard-Griffiths.

17. A ce titre nous suggérons d'examiner de plus près les éditions *Ad usum Delphini*, pour lesquelles la constitution d'un groupe de travail est à l'étude (U.R.A. C.N.R.S. 1053, Grenoble-III). Ce type de recherche permettrait d'associer étroitement philologues et historiens des idées, tout comme les spécialistes du livre ancien et les littéraires.

18. Telle est la direction de nos propres recherches : voir C. Volpilhac-Auger, *Tacite en France de Montesquieu à Chateaubriand* (Oxford, 1993), ainsi que notre annotation des *Considérations sur les [...] Romains* de Montesquieu (à paraître à la Voltaire Foundation).

en définissant un hypotexte « subjectif » : celui que le 18ᵉ siècle se construit à partir de tous les hypotextes possibles, en privilégiant certaines sources, en ignorant les autres. Ce sont les conditions de ce choix, tout autant que la nature des éléments considérés, qui font l'intérêt d'une démarche fondée sur l'idée que l'Antiquité n'existe pas en soi, mais seulement à travers des représentations.

Le paysage historique et bibliographique de l'Antiquité au 18ᵉ siècle a été dessiné par deux thèses récentes, qui nous dispensent de recensions fastidieuses et offrent un état présent des études : celle de M. Raskolnikoff, *Histoire romaine et critique historique dans l'Europe des Lumières* (Strasbourg, 1992), et celle de Ch. Grell, *Le 18ᵉ siècle et l'Antiquité en France. Étude sur les représentations sociales et politiques, littéraires et esthétiques de la Grèce et de la Rome païennes* (Oxford, 1995). Ces deux thèses, qui sont le fait d'historiens et tendent à l'exhaustivité bibliographique, relèvent d'un genre relativement peu pratiqué en France, l'historiographie, alors même que tout le monde s'accorde à reconnaitre l'importance de l'histoire au 18ᵉ siècle, et que son influence sur les modes de pensée n'est pas à démontrer. L'Italie, notamment sous l'impulsion d'A. Momigliano, a vu se développer ce type de recherches de manière plus systématique que la France. P. Vidal-Naquet est de ceux qui lui ont donné ses lettres de noblesse, notamment grâce à ses travaux sur la citoyenneté, à travers une réflexion générale d'ordre politique inspirée par le souci de comprendre le présent, mais avant tout par l'attention portée à la cité grecque.

Les deux thèses citées plus haut ne peuvent manquer d'aborder des problèmes plus spécifiques. De manière très précise pour la première, qui se donne essentiellement pour tâche de démêler l'écheveau des débats suscités, dès le premier tiers du 18ᵉ siècle, par la remise en cause des premiers siècles de l'histoire romaine, et y déchiffre les modes de pensée en usage dans la pratique et la réflexion historiques. De façon plus synthétique pour la seconde, qui s'attache à l'ensemble de la production artistique et intellectuelle d'un 18ᵉ siècle amputé de sa fin, mais qui remonte à la fin du 17ᵉ siècle (articulation nécessaire pour qui veut suivre les progrès de la critique historique et l'évolution des représentations). Ainsi est posé le problème de l'érudition, en un siècle qui la voit progresser notablement mais qui la tient dans le discrédit — il suffira d'en prendre pour témoin D'Alembert dans le « Discours préliminaire » de l'*Encyclopédie*, opposant la « sagacité » des philosophes à la qualité principale des érudits, la mémoire, et renvoyant ces derniers, soucieux seulement

d'« amasser », voire d'« entasse[r] », à l'ordre du quantitatif. On
ne prétendra évidemment pas ici épuiser cette querelle [19], qui
d'ailleurs ne se retrouve pas de manière aussi simpliste chez
Diderot, dont l'approche esthétique arrive à transcender une présentation aussi manichéenne. Pour ce qui nous occupe, l'enjeu
est néanmoins d'importance ; l'érudition, tout en tenant à distance
son objet (le désignant justement comme « objet » d'étude), entretient avec lui une familiarité incontestable. Et grâce à elle l'Antiquité pénètre dans les esprits, non plus seulement par le biais
des textes, mais aussi par celui des images [20]. La « redécouverte »
de l'érudition (si tant est qu'elle ait été véritablement oubliée),
telle qu'elle s'opère dans la lignée des travaux de B. Barret-
Kriegel [21], est indispensable à notre propos. Et sans doute faudrait-
il, à ce titre, dresser des inventaires plus complets et plus détaillés
des travaux menés par les érudits, notamment à l'Académie des
incriptions, ainsi qu'on tentera de le faire pour Homère dans un
futur proche, en conjuguant les efforts des hellénistes et des dix-
huitiémistes [22]. Quand d'Ansse de Villoison, retrouvant à Venise
un manuscrit de l'*Iliade* d'une incomparable richesse, où figurent

---

19. A laquelle on apporterait des éclaircissements indispensables en lançant
un programme d'études qui prendrait en compte l'activité et l'influence de l'Académie des Inscriptions, tout au long du siècle. On règle trop souvent la question
en déclarant que l'Académie, peu portée à l'engagement, voire à la seule réflexion
politique, est « naturellement » conservatrice, tout en abritant en son sein de
fortes personnalités comme La Curne de Sainte-Palaye, d'esprit plus libéral. Or
ce n'est certainement pas un hasard si on a pu attribuer à N. Fréret, l'érudit par
excellence, la paternité d'un certain nombre d'écrits matérialistes. L'Académie
n'est pas un milieu homogène et n'est pas si fermée qu'on le dit généralement,
en se fiant à l'image caricaturale sur laquelle repose le propos de D'Alembert.
    20. Voir le volume *Images de l'Antiquité dans la littérature française. Le
texte et son illustration* (Paris, P.E.N.S., 1993 ; éd. E. Baumgartner et L. Harf),
qui envisage une chronologie étendue, du Moyen Âge à la Révolution française.
Les multiples questions que pose la « régénération » des arts ne sauraient être
abordées ici : comme on l'a déjà noté, histoire des arts et histoire de l'influence
antique se confondent au 18e siècle. On se contentera de renvoyer aux travaux
de D. Rabreau (Paris-I) et d'E. Pommier (Direction des Musées de France), ainsi
que de Ph. Bordes (Musée de la Révolution française, Vizille) pour la période
révolutionnaire, notamment avec l'exposition qui doit être consacrée en 1996 à
La Mort de Brutus, de P. N. Guérin (voir plus loin l'article de Ph. Bordes). On
trouve chez B. Saint-Girons (*Esthétiques du 18e siècle*, Paris, Ph. Sers, 1990) un
inventaire des sources théoriques qui accorde une large place à l'Antiquité —
sans oublier les divers ouvrages et interventions de J. Chouillet.
    21. Qui ne se restreignent pas à l'Antiquité : voir *Les Historiens et la Monarchie*
(Paris, 1988).
    22. Colloque *Homère en France après la Querelle (1715-1900)* organisé
conjointement en octobre 1995 par deux équipes de Grenoble-III, l'U.R.A.
C.N.R.S. 1053 (Centre des Sensibilités) et le Centre d'études homériques.

des scholies jusqu'alors inconnues [23], donne un élan nouveau à la philologie, le vieil aède offre toujours prise à l'imagination, fût-ce au prix du détournement parodique.

S'il appartient à d'autres lieux d'offrir des études extrêmement spécialisées ou des tableaux prétendant à l'exhaustivité [24], qui permettent de faire le point sur les démarches proprement scientifiques mises en œuvre au 18e siècle [25], nous avons souhaité insister ici sur des approches caractéristiques et plus globales. Les articles recueillis représentent l'essentiel des tendances que nous avons dégagées dans le champ des recherches actuellement entreprises, tout en s'articulant de manière à faire apparaître les thèmes majeurs concernant la question et à respecter la logique propre à l'ensemble.

C'est donc d'abord aux structures mentales que ce numéro accorde la première place puisque c'est à travers la langue que s'opère l'appréhension la plus « immédiate » de l'Antiquité, celle des collèges où se pratique l'apprentissage du latin (B. Colombat). C'est aussi aux images qu'il consacre une attention toute particulière, non pas tant parce qu'il en fournit un certain nombre d'exemples, mais surtout parce qu'il en désigne l'importance stratégique, à travers des ouvrages fondamentaux tels que *L'Antiquité expliquée et représentée en figures* de Dom Montfaucon, monument d'érudition qui instruit et donne à voir à la fois, mais qui toujours privilégie la lisibilité sans jamais négliger l'aspect esthétique (Cl. Poulouin). La mythologie constitue également un domaine d'inspiration majeur, dont le statut a considérablement évolué depuis le 17e siècle (A. M. Mercier-Faivre et S. Matton).

---

23. Qui fournissent encore aujourd'hui des éléments de réflexion aux hellénistes.

24. Lors de la Table Ronde préparatoire, Ch. Porset avait lancé l'idée d'établir une liste des traductions d'auteurs anciens publiées au 18e siècle. Suggestion qu'il faudrait reprendre et élargir en un véritable inventaire des traductions (à compléter par celui des traductions d'ouvrages en langues vivantes ?) et des traducteurs, qui établirait, non seulement les caractéristiques bibliographiques précises de chaque ouvrage (présence du texte original, description du paratexte, etc.), mais aussi qui évaluerait la qualité du travail philologique et déterminerait les modes de traduction et les particularités des traducteurs. C'est un des objectifs que souhaite se donner l'U.R.A. 1053 pour les années à venir, peut-être sous la forme d'un *Dictionnaire des traductions et des traducteurs.*

25. Il paraît superflu d'insister ici sur le rôle considérable qu'ont joué les fouilles (ou plutôt le dégagement) de Pompéi et d'Herculanum ; l'archéologie alors balbutiante livre moins un savoir que des images. Sur les progrès, les difficultés épistémologiques et les pratiques de l'archéologie au 18e siècle, insérés dans une histoire millénaire, voir A. Schnapp, *La Conquête du passé. Aux origines de l'archéologie* (Paris, 1993).

Images encore que celles offertes par les « voyages en Italie » ; tout comme les voyages au Levant, ils rappellent qu'ils donnent l'occasion de porter un regard nouveau sur les objets, et que la naissance de la muséologie constitue une étape importante dans la perception de l'Antiquité (G. Luciani et P. Jager). La mythologie elle-même, s'il est vrai qu'elle semble s'épuiser, inspire une multitude de représentations picturales qui entourent les lecteurs cultivés, instaurant une relation complexe où le spectateur ne sait plus s'il existe encore une frontière entre les représentations esthétiques et le monde qui lui est familier (R. Démoris). L'unité du visuel et de l'intellectuel, qui constitue une autre modalité d'approche synthétique, est sensible à travers le palladianisme où se projette l'esprit des Lumières (M. Baridon). A ce titre, il convenait d'interroger une œuvre fondamentale, celle de Winckelmann, qu'on considère souvent de manière purement « idéale » et dont on étudie plus volontiers l'influence que la genèse, alors que celle-ci révèle les tensions d'une pensée soucieuse d'affirmer l'identité allemande tout en portant les marques d'une trajectoire sociale, sans jamais pourtant se borner à une revendication étroitement individualisée (M. Espagne).

Si on voit interférer, ou plutôt se renforcer mutuellement arts et littératures, on constatera qu'avec le thème de la vestale se donnent libre cours des aspirations qu'on ne saurait réduire à une idéologie privée de moyens d'action directs (M. Delon). De même, les réécritures de l'*Enéide*, même quand elles ne se donnent Virgile que comme prétexte (R. Martin), illustrent une vitalité qui se perçoit notamment dans l'univers mental de Rousseau, chez lequel l'illustration joue un rôle capital (Y. Touchefeu), ou dans celui de Chénier (E. Guitton). Avec Vico, on verra que s'établit un équilibre fécond entre classicisme et modernité (A. Michel). Ainsi se noue le dialogue de l'imaginaire et des savoirs, qui se conditionnent mutuellement et auxquels était due une place toute particulière.

Un quatrième axe de recherche nous était proposé par les problèmes que suscite la période révolutionnaire. Mort et régénération de l'Antiquité se juxtaposent, illustrant une nouvelle fois la complexité d'une époque qu'on a trop facilement réduite au culte des grands hommes. Un regroupement chronologique plutôt que thématique s'imposait alors. Il était également souhaitable de rendre sensibles certaines tactiques mettant en jeu l'Antiquité, ou du moins la manière dont elle sert des enjeux qui la dépassent :

ainsi l'élaboration par les historiens allemands d'une pensée politique qui prend l'Antiquité comme modèle (G. Laudin), ou la politique étrangère de la France, sous couvert de philhellénisme (Ch. Grell). Pendant la Révolution, si l'Antiquité reste une référence obligée, les écrits des révolutionnaires témoignent de ses avatars (P. Andrivet, J. Bouineau, M. Bouyssy) ; elle reste néanmoins porteuse d'une note d'espoir (D. Rabreau), tout en continuant à alimenter l'imaginaire des peintres (Ph. Bordes).

ÉDITH FLAMARION et CATHERINE VOLPILHAC-AUGER

CHRONOLOGIE

Cette chronologie, qui est loin d'être exhaustive, présente les dates des évènements qui, en France et en Europe, marquent de façon significative l'histoire du rapport entretenu par les hommes du 18e siècle avec l'Antiquité gréco-romaine (dates de publication d'ouvrages, de représentations musicales, de composition ou d'exposition de toiles au Salon, etc.).

1692 : André Dacier, *La Poétique d'Aristote, traduite en français, avec des remarques critiques sur tout l'ouvrage.*

1693 : A. Dacier, *Tragédies de Sophocle traduites du grec en français, avec des remarques.*

1694 : A. Dacier, *La Vie des hommes illustres de Plutarque traduites en français, avec des remarques* (éd. incomplète).

1697 : P. Bayle, *Dictionnaire historique et critique.*

1698 : A. Dacier et Sévigné, *Dissertion sur l'Art poétique d'Horace où l'on donne une idée générale des pièces de théâtre.*

1699 : A. Dacier, *Les Œuvres de Platon, avec des remarques et la vie de ce philosophe, avec l'exposition des principaux dogmes de sa philosophie ;* J.-F. Félibien, *Plans et descriptions des deux maisons de campagne de Pline, avec des remarques et une dissertation touchant l'architecture antique et gothique ;* Fénelon, *Télémaque ;* L. S. de Sacy, *Lettres de Pline le Jeune.*

1700 : L. de Mailly, *Anecdote ou histoire secrète des Vestales ;* F. Raguenet, *Les Monuments de Rome ou description des plus beaux ouvrages de peinture, de sculpture et d'architecture qui se voient à Rome et aux environs ;* J. Tarteron, *Les Œuvres d'Horace, nouvelle traduction..*

1702 : F. Fyot de la Marche, *Le Sénat romain.*

1704 : A. Coypel : *La Mort de Didon.*

1707 : P. J. de Crébillon, *Électre.*

1708 : P. J. de Crébillon, *Atrée et Thyeste.*

1711-1717 : « **Querelle homérique** » : Anne Dacier, *L'Iliade d'Homère, traduite en français avec des remarques* (1711) ; A. Houdar de la Motte, *L'Iliade, Poème, avec un discours sur Homère ;* A. Dacier, *Des causes de la corruption du gout* (1714) ; J. Van Effen, *Dissertation sur Homère et sur Chapelain* (1714) ; Cl. Buffier, *Homère en arbitrage* (1715) ; F. Hédelin, abbé d'Aubignac, *Conjectures académiques, ou Dissertation sur l'Iliade, ouvrage posthume trouvé dans les recherches d'un savant* (1715) ; J. Terrasson, *Dissertation critique sur l'Iliade d'Homère, où, à l'occasion de ce Poème, on cherche les règles d'une Poétique fondée sur la Raison et sur l'exemple des Anciens et des Modernes* (1715) ; A. Dacier, *L'Odyssée d'Homère traduite en français, avec des remarques* (1716) ; J. Hardouin, *Apologie d'Homère, où l'on explique le véritable dessein de son Iliade et sa Théomythologie* (1716) ; A. Dacier, *Homère défendu contre l'Apologie du P. Hardouin, ou Suite des causes de la corruption du gout* (1716) ; E. Fourmont, *Examen pacifique de la Querelle de Mme Dacier et M. de la Motte sur Homère, avec un Traité sur le Poème épique et la critique des deux Iliades et de plusieurs autres poèmes* (1716) ; Marivaux, *Homère travesti ou l'Iliade en vers burlesques* (1716) ; J. Terrasson, *Addition à la Dissertation critique sur l'Iliade d'Homère* (1716) ; J. Boivin, *Batrachomyomachie d'Homère, ou Combat des rats et des grenouilles en vers français* (1717).

1711 : Premières fouilles d'Elbeuf à Portici, sur le site d'Herculanum ; A. Banier, *Explication historique des Fables où l'on découvre leur origine et leur conformité avec l'histoire ancienne.*

1714 : Début de l'activité académique de N. Fréret, dont la publication s'étale jusqu'en 1759 dans les *Mémoires de l'Académie des Inscriptions.*

1716-1719 : D. Gaullyer, *Règles pour la langue latine et française.*

1718 : Voltaire, *Œdipe* (première tragédie voltairienne d'inspiration grecque).

1719 : B. de Montfaucon, *L'Antiquité expliquée et représentée en figures* (10 vol. in fol.) ; Anne Dacier, *L'Iliade d'Homère, 2e édition revue et augmentée avec quelques Réflexions sur la préface anglaise de Pope ;* Vertot, *Histoire des révolutions arrivées dans le gouvernement de la république romaine* (3 vol. in-12).

1720 : A. Houdar de la Motte, *L'Iliade, Poème, avec un Discours sur Homère, 2e édition augmentée ;* J. B. Morvan de Bellegarde, *Histoire romaine, par demandes et réponses ;* G. Vico : *De universi iuris uno principio et fine uno* (*Droit universel,* 1720-1722).

1722-1725 : **Débat à l'Académie des Inscriptions sur « les origines de Rome ».** (1722 : Lévesque de Pouilly, *Dissertation sur l'incertitude des quatre premiers siècles de l'histoire de Rome et Nouveaux essais de critique ;* 1723 : abbé Sallier, *Discours sur les premiers monuments historiques des Romains ;* 1724 : *Second discours sur la certitude de l'histoire des quatre premiers siècles de Rome... ;* 1724 : Pouilly, *Nouveaux essais de critique sur la fidélité de l'histoire ;* 1724 : Fréret, *Réflexions sur l'étude des anciennes histoires et sur le degré de* *certitude de leurs preuves ;* 1725 : Sallier, *Troisième discours sur la certitude de l'histoire des quatre premiers siècles de l'histoire de Rome ;* 1725 : Sallier, *Réflexions critiques sur le caractère de quelques historiens grecs, comparés avec les historiens romains.).*

1723 : F. Lafitau, *Mœurs des sauvages américains comparées aux mœurs des anciens temps.*

1724 : N. Lenglet-Dufresnoy, J. Lévesque de Burigny, *Histoire de la philosophie païenne ou sentiments des philosophes et des peuples païens les plus célèbres sur Dieu, l'âme et sur les devoirs de l'homme ;* Fontenelle, *De l'origine des fables ;* B. de Montfaucon, *Supplément de l'Antiquité expliquée et représentée en figures.*

1725 : F. de Chateauneuf, *Dialogue sur la musique des Anciens ;* J.-P. de Crousaz, *Essai de rhétorique dans la traduction de quatre Harangues de Tite-Live, avec des notes ;* Morvan de Bellegarde, *Nouvelle Histoire poétique du père Gautruche, revue et augmentée par l'abbé B. ;* A. Nadal, *Histoire des Vestales, avec un traité du luxe des dames romaines ;* I. Newton, *La Chronologie des anciens royaumes corrigée, à laquelle on a joint une Chronique abrégée, qui contient ce qui s'est passé anciennement en Europe, jusqu'à la conquête de la Perse par Alexandre le Grand* (1re trad. de N. Fréret) ; Vico, *Scienza nuova* (1725-1744) ; 1725-1732 : F. Catrou et P. J. Rouillé, *Histoire romaine depuis la fondation de Rome* (22 vol. in-4°).

1726 : C. Van Loo, *Mars et Vénus ;* F. Boucher, *La Mort d'Adonis ;* J. Cl. Fabre, *Appendix de Diis et Heroibus poeticis ou Abrégé de l'Histoire poétique, qui traite des Dieux et des Héros de la Fable.*

1727 : P. Chompré, *Dictionnaire abrégé de la Fable, pour l'intelligence des poètes et la connaissance des tableaux et des statues dont les sujets sont tirés de la Fable ;* Ramsay, *Voyages de Cyrus.*

1728-1731 : séjour de F. Boucher à Rome.

1730 : P. Brumoy, *Le Théâtre des Grecs.*

1731 : Voltaire, *Brutus* (première tragédie voltairienne à sujet romain) ; 1731-1738 : Ch. Rollin, *Histoire ancienne des Égyptiens, des Carthaginois, des Assyriens, des Mèdes et des Perses, des Macédoniens et des Grecs* (13 vol. in-12).

1732 : F. Boucher, peintre d'histoire agréé à l'Académie le 24 novembre 1731, peint *Vénus demandant à Vulcain des armes pour Énée ;* il sera reçu à l'Académie en 1734, y deviendra professeur en 1737, en sera directeur et premier peintre du roi en 1765 ; il meurt en 1770.

1733 : J. Hardouin, *Opera omnia ;* J. Ph. Rameau, *Hippolyte et Aricie.*

1734 : Montesquieu, *Considérations sur les causes de la grandeur des Romains et de leur décadence ;* Fr. Bellenger, *Les Vies des hommes illustres omises par Plutarque contenant Annibal par A. Dacier ; Énée, Tullus Hostilius, Aristomènes, Tarquin l'Ancien, L. Junius Brutus, Gélon, Cyrus, Jason,* trad. de l'anglais de Th. Rowe ; début du séjour de Cl.-J. Vernet à Rome (1734-1753).

1737 : J. F. de Troy directeur de l'Académie de France à Rome (jusqu'en 1751) ; Rameau, *Castor et Pollux.*

1738 : Charles de Bourbon, devenu roi de Naples et de Sicile en 1735, ordonne la reprise des fouilles à Herculanum, sous la direction de Rocco Gioacchino Alcubierre ; le 11 déc., une inscription permet d'identifier la cité (les fouilles durent jusqu'en 1765 avec une interruption de 1745 à 1751) ; L. de Beaufort, *Dissertation sur l'incertitude des cinq premiers siècles de l'histoire romaine ;* Ch. Rollin et J. B. Crevier, *Histoire romaine depuis la fondation de Rome jusqu'à la bataille d'Actium, c'est-à-dire jusqu'à la fin de la République* (16 vol. in-12).

1739-1740 : Voyage du président de Brosses en Italie.

1740 : F. Catrou et P. J. Rouillé, *Histoire de la fondation de Rome, l'établissement de la République, son origine, ses progrès, les mœurs de ses premiers habitants et son gouvernement politique et militaire, augmentée de quelques remarques de M. La Barre de Beaumarchais ;* G. B. de Mably, *Parallèle des Romains et des Français par rapport au gouvernement ;* F. Boucher, *La Naissance de Vénus.*

1741 : L. de Beaufort, *Histoire de César Germanicus.*

1742 : F. Boucher, *Repos de Diane sortant du bain ;* J.-M. Nattier, *Madame Henriette en Flore.*

1743 : D. Diderot, *Histoire de Grèce,* traduite de l'anglais de Temple Stanyan.

1744 : J. Tailhé, *Abrégé de l'Histoire ancienne de Rollin à l'usage des jeunes gens ;* G. B. Piranèse s'installe à Rome sur le Corso (il y reste jusqu'à sa mort en 1778) ; J.-B. Pigalle, *Mercure.*

1745 : J.-P. de Bougainville, *Dissertation qui a remporté le prix de l'Académie des Inscriptions et Belles-Lettres sur les colonies grecques ;* A. de Claustre, *Dictionnaire de mythologie pour l'intelligence des poètes, de l'histoire fabuleuse, des monuments historiques, des bas-reliefs, des tableaux ;* Lenormant de Tournehem, oncle de la marquise de Pompadour, est nommé à la Direction Générale des Bâtiments du roi : la peinture d'histoire est remise à l'honneur ; il crée en 1748 l'École Royale des Élèves protégés, où l'étude de l'Antiquité tient une place privilégiée. Reprise à l'Opéra de *Persée,* de Quinault et Lully, avec cinq décors de Boucher.

1747 : A. Calmet, *Histoire universelle sacrée et profane depuis le commencement du monde ;* E. Fourmont, *Réflexions sur l'origine, l'histoire et la succession des anciens peuples.* F. Boucher, *L'Enlèvement d'Europe.*

1748 : Début des fouilles à Pompéi : ouverture, le 1er avril, du chantier confié à Alcubierre (il sera remplacé par K. Weber en 1749 ; la cité ne sera identifiée qu'en 1763) ; J.-C. François, *Nouveau Livre de principes de dessin recueilli des études des meilleurs maitres, tant anciens que modernes.*

1749 : G. B. de Mably, *Observations sur les Grecs ;* Crevier, *Histoire des Empereurs romains depuis Auguste jusque Constantin* (12 vol. in-12).

1750 : Ch. de Brosses, *Lettres sur l'état actuel de la ville souterraine d'Héraclée et sur les causes de son ensevelissement sous les ruines*

du Vésuve ; J.-F. Marmontel, *Cléopâtre d'après l'histoire ;* voyage
officiel de Marigny, frère de Mme de Pompadour, Cochin et Soufflot
sur les sites archéologiques italiens ; F. Boucher : sortie de *Bacchus
et Ariane,* première tapisserie de la série des *Amours des Dieux,* tissée
à Beauvais.

1751 : N. Cochin, *Lettres sur les peintures d'Herculanum aujourd'hui
Portici ;* G. B. de Mably, *Observations sur les Romains ;* C. J. Natoire,
directeur de l'Académie de France à Rome jusqu'en 1775.

1752 : L. Angliviel de la Beaumelle, *Pensées de Sénèque, recueillies et
traduites en français pour servir à l'éducation de la jeunesse ;* Caylus,
*Recueil d'antiquités égyptiennes, étrusques, grecques et romaines et
gauloises* (7 vol. in-12, 1752-1767) ; Marigny à la Direction des Bâtiments jusqu'en 1773.

1754 : J. Bellicard et Cochin, *Observations sur les antiquités de la ville
d'Herculanum, avec quelques réflexions sur la peinture et la sculpture
des Anciens.*

1755 : Arrivée de J.-J. Winckelmann à Rome ; il découvre en 1762 les
fouilles d'Herculanum et de Pompéi dont il dénonce la mauvaise
organisation ; il sera assassiné à Trieste en 1768. Parution des
*Réflexions sur l'imitation des œuvres grecques en peinture et en
sculpture ;* Caylus, *Mémoire sur la peinture à l'encaustique et sur
la peinture à la cire.* Début du séjour d'H. Robert à Rome où il reste
jusqu'en 1762. N. Cochin nommé secrétaire perpétuel de l'Académie
de Peinture et de Sculpture ; début de l'édification (1755-1790) conçue
par Soufflot de l'église Sainte-Geneviève.

1756 : J.-B. Piranèse, *Le Antichità romane* (4 vol.) ; de 1756 à 1761 :
séjour de J. H. Fragonard à Rome.

1757 : *Antichità d'Ercolano* (leur publication dure jusqu'en 1792) ; Caylus, *Tableaux tirés de l'Iliade, de l'Odyssée d'Homère et de l'Énéide
de Virgile, avec des observations générales sur le costume ;* Caylus
et J.-P. Mariette, *Recueil de peintures antiques imitées fidèlement par
les couleurs et pour le trait, d'après les dessins faits par Pietro Santi
Bartoli* (1757-1760) ; séjour de l'abbé Barthélemy à Rome.

1758 : J. D. Leroy, *Ruines des plus beaux monuments de la Grèce ;* A.
J. Pernety, *Dictionnaire mytho-hermétique, dans lequel on trouve les
allégories fabuleuses des poètes, les métaphores, les énigmes et les
termes barbares des philosophes hermétiques expliqués,* et du même
*Les Fables égyptiennes et grecques dévoilées et réduites au même
principe, avec une explication des hiéroglyphes et de la Guerre de
Troie.*

1759 : J.-M. Nattier, *Une vestale.*

1759-1761 : Voyage de R. de Saint-Non en Italie.

1761 : J.-P. de Bougainville, *Recherches sur les voyages de Pythéas et
ceux de Hannon ;* Greuze expose au salon *Madame Greuze en Vestale.*

1762 : J.-B. de Boyer d'Argens, *Ocellus Lucanus, en grec et en français,
avec des Dissertations sur les principales questions de la métaphysique, de la physique et de la morale des Anciens qui peuvent servir
à la philosophie du bon sens ;* S. N. Linguet, *Histoire du siècle*

d'Alexandre, avec quelques réflexions sur ceux qui l'ont précédé ; A. R. Mengs, *Réflexions sur la beauté.*

1763 : J. M. Vien expose au Salon *La Marchande d'amours ;* G. B. de Mably, *Entretiens de Phocion sur le rapport de la morale avec la politique, traduits du grec de Nicoklès.*

1764 : Winckelmann, *Geschichte der Kunst des Altertums* (Dresde) (en 1765 à Amsterdam : *Histoire de l'Art chez les Anciens ;* en 1781, *Histoire de l'Art de l'Antiquité* (Leipzig) ; en 1789, *Histoire de l'Art chez les Anciens* (Paris)) ; découverte du temple d'Isis à Pompéi ; Ch. Dumont, *Suite des plans, coupes, profils, élévations géométrales et perspectives des trois temples antiques de Paestum, mesurés par J. G. Soufflot.*

1765 : P. A. Barral, *Dictionnaire des antiquités romaines, ouvrage traduit et abrégé du Grand Dictionnaire de Samuel Pitiscus ;* abbé Bignon, *Histoire critique du gouvernement romain, où d'après les faits historiques on développe sa nature et ses révolutions depuis son origine jusqu'aux empereurs et aux papes ;* J. H. Fragonard, *Corésus et Callirhoé ;* C. Van Loo : *Une Vestale tenant une corbeille de fleurs.*

1766 : L. de Beaufort, *La République romaine ou plan général de l'ancien gouvernement de Rome, où l'on développe les différents ressorts de ce gouvernement...* (2 vol. in-4°) ; d'Hancarville, *Les Antiquités étrusques, grecques et romaines tirées du cabinet de M. Hamilton* (gravées par F. A. David, avec les explications de d'Hancarville (4 vol. in-fol., 1766-1767) ; Mably, *Observations sur l'histoire de la Grèce ou des causes de la prospérité et des malheurs des Grecs ;* Linguet, *Histoire des révolutions de l'empire romain depuis Auguste jusqu'à Constantin ;* N. A. Boulanger, *L'Antiquité dévoilée par ses usages ou Examen des principales opinions, cérémonies et institutions religieuses et politiques des différents peuples de la terre.*

1767 : Winckelmann, *Monumenti antichi...*

1768 : Ch. Batteux, *Lettre d'Aristote à Alexandre sur le système du monde avec la traduction française et des remarques ;* Dubois-Fontanelle, *Éricie ou les Vestales ;* Radonvilliers, *De la manière d'apprendre les langues.*

1769 : J. Lalande, *Voyage d'un Français en Italie dans les années 1765-1766... ;* F.-H. Turpin, *L'Histoire du gouvernement des anciennes républiques ;* J. B. Greuze, *Septime Sévère reproche à Caracalla, son fils, d'avoir voulu l'assassiner dans les défilés d'Écosse.*

1770 : J.-J. Le Franc de Pompignan, *Tragédies d'Eschyle.*

1771 : E. M. Falconet, *Observations sur la statue de Marc-Aurèle et sur d'autres objets relatifs aux Beaux-arts ;* P. A. Guys, *Voyage littéraire de la Grèce, ou lettres sur les Grecs anciens et modernes avec un parallèle de leurs mœurs ;* la « villa de Diomède » est dégagée à Pompéi.

1772 : M. F. Dandré-Bardon, *Costumes des anciens peuples, collection de planches gravées par Cochin et accompagnées de traits historiques et de réflexions critiques.*

1773 : A. Court de Gébelin, *Le Monde primitif analysé et comparé avec le monde moderne.*

1774 : Glück, *Iphigénie en Aulide ;* d'Angiviller, directeur des Bâtiments du roi.

1775 : E. B. de Condillac, *Histoire ancienne, Cours d'études pour l'instruction du prince de Parme* (16 vol. in-8) ; J. S. Bailly, *L'Histoire de l'astronomie ancienne depuis son origine jusqu'à l'établissement de l'école d'Alexandrie ;* J. M. Vien nommé directeur de l'Académie de France à Rome jusqu'en 1781.

1776 : Ed. Gibbon, *Histoire de la décadence et de la chute de l'Empire romain,* trad. par Leclerc de Septchênes ; voyage de M. G. F. Choiseul-Gouffier en Grèce.

1777 : J.-J. Barthélemy, *Entretiens sur l'état de la musique grecque vers le milieu du 4e siècle avant l'ère vulgaire ;* Ch. de Brosses, *Histoire de la République romaine dans le cours du 7e siècle, par Salluste, en partie rétablie et composée sur des fragments qui sont restés de ses livres perdus, remis en ordre dans leur place véritable ou la plus vraisemblable.*

1778 : A. D. Fougeroux de Bondaroy, *Recherches sur les ruines d'Herculanum et sur les connaissances qui peuvent résulter de l'état présent de la science et des arts, avec un Traité sur la fabrique des mosaïques ;* J. B. Piranèse, *Vasi, candelabri, cippi, sarcofagi...*

1779 : Glück, *Iphigénie en Tauride.*

1780 : S. Maréchal et F. A. David, *Les Antiquités d'Herculanum ou les plus belles peintures antiques et les marbres, bronzes, meubles... trouvés dans les excavations d'Herculanum, Stabies et Pompéia ;* C. F. Lhomond, *Éléments de la grammaire latine à l'usage des collèges.* De 1780 à sa mort en 1799, E. L. Boullée rédige ce qui deviendra l'*Essai sur l'art.*

1781 : J. Cl. R. de Saint-Non, *Voyage pittoresque, ou Description des royaumes de Naples et de Sicile, orné de cartes, plans, vues, figures, vignettes et culs de lampe* (1781-1786).

1782 : D. Diderot, *Essai sur les règnes de Claude et de Néron et sur les mœurs et les écrits de Sénèque ;* Lagrenée l'ancien, directeur de l'Académie de France à Rome jusqu'en 1787 ; A. Canova exécute à Rome le *Thésée.*

1783 : J.-L. David, *La Douleur et les regrets d'Andromaque sur le corps d'Hector* : morceau de réception à l'Académie.

1784 : Choiseul-Gouffier, *Voyage pittoresque de la Grèce ;* Winckelmann, *Recueil de lettres de M. W. sur les découvertes faites à Herculanum, à Pompéi, à Stabia, Caserte et Rome.*

1785 : J.-L. David, *Le Serment des Horaces,* peint en 1784, triomphe au Salon ; H. Robert, *Ancien Portique de Marc-Aurèle.*

1786 : A. R. Mengs, *Œuvres complètes.*

1787 : Viel de Saint-Maux, *Lettres sur l'architecture des Anciens et sur celle des Modernes ;* Rabaut Saint-Étienne : *Lettres sur l'histoire primitive de la Grèce ;* Goethe visite les fouilles de Pompéi.

1788 : Ch. Batteux, *Traité de l'arrangement des mots, traduit du grec de Denys d'Halicarnasse, avec des remarques ;* C. de Pauw, *Recherches philosophiques sur les Grecs.*

1788-1789 : J.-J. Barthélemy, *Le Voyage du jeune Anacharsis en Grèce dans le milieu du 4ᵉ siècle avant l'ère vulgaire.*

1789 : J.-L. David expose au Salon *Les Amours de Pâris et d'Hélène* et *Les Licteurs rapportent à Brutus le corps de ses fils.* Barthélemy, *Abrégé de l'histoire grecque depuis les temps les plus anciens jusqu'à la prise d'Athènes en 404 avant Jésus-Christ.*

1791 : Transformation de l'église Sainte-Geneviève en Panthéon sous la direction de Quatremère de Quincy ; Volney, *Les Ruines ou méditations sur les révolutions des empires.*

1792 : J.-P. Marat : *Les Chaines de l'esclavage* (trad. française) [1ʳᵉ éd., en anglais, 1774].

1797 : J. Fr. de La Harpe, *Lycée ou Cours de Littérature ancienne et moderne.*

1798 : Reprise des fouilles à Pompéi sous la direction du général Championnet.

1799 : J.-L. David : *L'Enlèvement des Sabines.*

1804 : Cl. N. Ledoux, *L'Architecture considérée sous le rapport de l'art, des mœurs et de la législation.*

1819 : Publication posthume des œuvres d'A. Chénier.

Société Internationale pour l'Histoire du Français Langue Etrangère ou Seconde

SIHFLES

VOCATION

● La SIHFLES, créée en 1987, a pour but de fair connaître et promouvoir les travaux et initiatives su *l'histoire* de l'enseignement du français langue étrangère e langue seconde, ses maîtres et professeurs, leurs élèves les manuels et outils et les lieux d'enseignement, le conditions d'emploi et de diffusion du français en relatio avec les autres langues. Elle se propose de rassembler tou ceux qui contribuent dans différents pays à la prise e compte de cette histoire.

Elle informe ses adhérents de toutes les manifestation organisées par ou avec le concours de la SIHFLES.

PUBLICATIONS

● 4 fois par an : *La Lettre de la SIHFLES* : la vie de l Sihfles, informations nationales, actualités, bibliographie projets de publication.

● 2 fois par an : *La revue «Documents»* : réflexion analyses documentaires, itinéraires, comptes rendu Numéros ordinaires et thématiques, actes des colloques.

MANIFESTATIONS

● Colloques et Rencontres
1989 : FRANCE, ENS de Fontenay-St-Cloud
ALLEMAGNE, Romanisten Tag, Aix la Chapelle - 1990
ITALIE, Parme - 1991 : SUISSE, Genève - 1992
FRANCE, ENS de Fontenay-St-Cloud - 1993
ALLEMAGNE, Postdam - 1994 : ECOSSE, Edimbourg
1995 : ESPAGNE, Tarragone.

RENSEIGNEMENTS

● SIHFLES, ENS de Fontenay-St-Cloud
Grille d'Honneur - Le Parc
92211 SAINT-CLOUD Cedex . France .

LES GRAMMAIRES LATINES EN FRANCE

A la différence des siècles précédents, le 18ᵉ siècle français n'a sans doute pas laissé d'œuvres majeures susceptibles de marquer l'histoire de la grammaire latine. Pour s'en convaincre, il est utile d'examiner le relevé des références fournies par les articles linguistiques de l'*Encyclopédie* de Diderot [1], même si cette dernière ne couvre pas tout le siècle. Ce relevé montre d'abord l'importance de la tradition grammaticale latine : parmi tous les auteurs de réflexions sur la langue les plus souvent cités figurent, pour l'Antiquité, Quintilien, Priscien et Cicéron [2], relayés, pour le 16ᵉ siècle, par Sanctius et Scaliger, pour le 17ᵉ siècle, par Vossius et la *Nouvelle Méthode latine* de Port-Royal. Quintilien, Priscien, Cicéron, Sanctius, Scaliger, Vossius, Lancelot : voilà les grandes références utilisées par les encyclopédistes pour bâtir leur description de la langue latine, et mises à contribution pour élaborer leur théorie générale du langage.

Mais ce relevé manifeste aussi la faiblesse de l'apport des contemporains. Certes, parmi ces derniers, Du Marsais et Beauzée citent bien quelques latinistes, mais il s'agit de traducteurs (Sanadon) ou de spécialistes de la pédagogie (Chompré, Pluche, Rollin) dont certains sont tout aussi bien spécialistes de l'apprentissage de la lecture (de Launay ou Dumas, qui propose des rudiments de latin à son corps défendant). Faut-il alors en conclure que le 18ᵉ siècle français n'a rien apporté à l'histoire de la grammaire latine ? Certainement pas : il est sans doute le siècle où on s'est le plus intéressé à la « question du latin » et il a marqué une rupture profonde dans la pédagogie mise en œuvre pour l'apprentissage de cette langue [3].

---

1. Voir S. Auroux et B. Colombat, « L'horizon de rétrospection des grammairiens de l'*Encyclopédie* » (à paraitre).
2. Ainsi que, mais assez loin derrière, Servius, Isidore, Varron, Horace, Donat, Aulu-Gelle, Diomède et Festus.
3. Plusieurs travaux récents ont été consacrés à la question de l'enseignement des langues, et spécialement à la pédagogie du latin, au 18ᵉ siècle. Voir en particulier : M. Bellot-Antony et D. Hadjadj, « La querelle de l'enseignement des langues dans l'*Encyclopédie* », *Éclectisme et cohérences des Lumières, Mélanges offerts à Jean Ehrard,* publiés par J.-L. Jam (Paris, 1992), p. 35-53 ; M. Bellot-

Nous nous proposons d'analyser les éléments qui expliquent pourquoi le 18e siècle français, tout en contribuant assez peu au développement théorique de la grammaire latine, a néanmoins provoqué une mutation complète dans sa mise en œuvre. Ensuite nous tenterons un classement des ouvrages très spécifiques produits dans ce cadre, avant d'étudier d'un peu plus près l'un de ces ouvrages qui nous semble assez représentatif des nouvelles approches de la langue latine et qui nous contraindra à aborder une question alors inévitable : celle de l'ordre des mots.

Dans le domaine de la grammaire latine, l'héritage du 17e siècle est à la fois suffisant et inadapté. Un héritage suffisant, parce que certains instruments légués sont de grande qualité sur le plan théorique, et que d'autres ont été élaborés pour répondre à des besoins pédagogiques très précis. Quels sont ces instruments ? Ils varient beaucoup selon leurs utilisateurs. Si nous reprenons les grammairiens de l'*Encyclopédie,* c'est de Sanctius et de Lancelot qu'ils nourrissent leur réflexion : la *Minerve* du premier, enrichie par les notes de Scioppius et de Perizonius, est rééditée 17 fois de 1702 à 1802 ; les 10e, 11e et 12e éditions de la *Nouvelle Méthode latine* paraissent en 1709, 1736 et 1761. Il s'agit donc d'ouvrages vivants, encore utilisables... et utilisés. Non seulement ils fournissent le cadre dans lequel se développent les réflexions des théoriciens de l'*Encyclopédie,* mais ils sont, avec l'*Aristarchus* de Vossius, des garants d'érudition : les 800 ou 900 pages de la *Nouvelle Méthode latine* (ci-après abrégée en *N.M.L.*) fournissent à la fois un corpus important d'exemples et le moyen d'en donner une description globalement satisfaisante.

La tradition pédagogique fournissait elle aussi ses instruments, à commencer par Despautère, ou « le » *Despautère,* tant il est

---

Antony et D. Hadjadj, « L'enseignement des langues à Riom et à Effiat », *Le Collège de Riom et l'enseignement oratorien en France au 18e siècle,* Textes réunis et présentés par J. Erhard (Paris/Oxford, 1993), p. 191-228 ; H. Besse, « Les techniques de traduction dans l'étude des langues au 18e siècle », *Documents pour l'histoire du français langue étrangère ou seconde* (Pour une histoire de l'enseignement du français en Italie, Actes du Colloque de Parme, juin 1990, éd. par A. M. Mandich et C. Pellandra), n° 8 (1991) p. 77-98 ; A. Chervel, « L'enseignement des langues dans les collèges de l'Oratoire », *Le Collège de Riom... (ouvr. cité),* p. 229-237 ; B. Colombat « Les 17e et 18e siècles français face à la pédagogie du latin », *Vita Latina,* n° 126 (1992), p. 30-43 ; B. Colombat, « Latinisme ou gallicisme ? Les méthodes translinguistiques latin-français au 18e siècle », *Diversions of Galway, Papers on the History of Linguistics,* éd. par A. Ahlqvist (Amsterdam/Philadelphie, 1992), p. 73-84 ; B. Colombat, « L'enseignement de la langue latine selon l'*Encyclopédie* de Diderot », *Recherches ·et* vrai que son nom est devenu synonyme de manuel de latin, manuel constamment revu et corrigé par d'autres. Ainsi se sont succédé, au cours du 17ᵉ siècle, quantité d'adaptateurs, dont les plus connus sont peut-être Behourt, qui introduit des gloses et traduit partiellement le texte en français, Pajot, qui insère des éléments de distraction culturelle, ou Gaudin, qui trahit sans vergogne son modèle, en 1704 il est vrai. Au départ les *Commentarii grammatici* de Despautère fournissent un inventaire quasi complet des instruments nécessaires : des rudiments, une *Prima pars* (« première partie » qui correspond à une morphologie), une syntaxe et divers traités (poétique, figures, rédaction des lettres, orthographe). A un niveau plus avancé apparaissent les traités des élégances, tels que ceux que recommande le *De ratione discendi et docendi* de Jouvency : les humanistes italiens (Valla, le « Cardinal Hadrien » [Castellesi], Alde Manuce) en fournissent un bon nombre, mais le relais a été pris par Nicolas Mercier qui, dans son *Manuel des grammairiens* (13 éditions entre 1657 et 1769, d'après le catalogue de la B.N.), combine un traité d'élégances latines, un traité de versification latine et une grammaire grecque élémentaire. Par ailleurs deux types d'instruments spécifiques ont vu le jour au 17ᵉ siècle : les traités des particules et les « méthodes ». Les premiers sont, à l'origine, des traités monolingues (Tursellin, Steuvechius) consacrés aux « petits mots » *(syncategoremata)* : leur fortune vient de leur traduction en français (par Ogier 1637, Pomey 1666, 1700, Saulger 1695, 1709) [4] qui facilite grandement le passage d'une langue à l'autre dans les opérations de traduction. Les secondes dérivent directement des premiers : l'initiateur semble en avoir été Gui Bretonneau, qui, dans sa *Méthode curieuse et toute nouvelle pour acheminer à la Langue latine par l'observation de la française* (1645), entend dépasser le cadre de la syntaxe de convenance et de régime, insuffisant selon lui pour traiter de la phrase complexe : pas moins de 60 pages sont nécessaires pour la traduction de la particule française *que* (voir Colombat, *ouvr. cit.,* p. 301-302). La méthode de Bretonneau connait de nombreuses rééditions jusqu'au début du 18ᵉ siècle et le principe de consacrer une partie

---

Travaux (U.F.R. de Lettres, Université Stendhal-Grenoble 3), n° 44 (1993), *Mélanges offerts à M. Gilot,* p. 115-125.

4. Voir B. Colombat, *Les Figures de construction dans la syntaxe latine, 1500-1780* (Paris/Louvain, 1993), p. 299-301 ; M.-M. Compère et D. Pralon-Julia, *Performances scolaires de collégiens sous l'Ancien Régime, Étude d'exercices latins rédigés au Collège Louis-le-Grand vers 1720* (Paris, 1992), p. 66.

de la grammaire aux difficultés résultant de la traduction du français au latin se généralise : l'*Usage du jeu royal de la langue latine* (1674) de Gabriel de Foigny se termine par une « liste des phrases françaises les plus difficiles à rendre en latin » ; la cinquième partie des *Nouveaux Principes de la langue latine* de Saulger (1689) est consacrée aux « plus grandes difficultés de la grammaire. »

Il est donc acquis qu'il faut plusieurs instruments pour vaincre les difficultés du latin. Les *Règles pour la langue latine et française* (1716-1719 ; rééd. 1732) de Denis Gaullyer combinent ces instruments en cinq volumes : 1) une partie tout à fait tradition-nelle : les *Rudiments, ou premiers principes de la langue latine, avec une syntaxe* ; 2) une *Méthode contenant les premiers princi-pes pour traduire le Français en Latin* inspirée de Bretonneau ; 3) des *Règles d'élégances pour la prose latine* inspirées de toute la tradition des élégances, et de Mercier en particulier ; 4) un traité de versification latine et française ; 5) des *Règles pour traduire le latin en français* inspirées des *Règles de la traduction* (1660) de G. de Tende.

Héritage pourtant inadapté, avons-nous dit. Pourquoi ? Parce qu'on renonce à former une compétence de la langue latine. Qu'on y réfléchisse : comment l'enfant pourrait-il désormais assi-miler les innombrables règles, en latin, de la *Prima pars* de Despautère (160 pages *in-folio* dans l'édition de 1537 des *Com-mentarii grammatici*) ou celles, en français, des 424 pages consa-crées à la morphologie dans la 3e édition de la *N.M.L.* ? L'appren-tissage de ces règles ne peut se justifier que par une double exigence : premièrement, que l'élève puisse produire immédiate-ment (oralement ou par écrit) un texte latin ; deuxièmement, que ce texte latin soit correct, ce qui suppose d'appuyer l'ensemble des règles sur un corpus important. Ces finalités (peut-être plus faciles à atteindre quand l'apprentissage se fait en latin même, ou dans un mélange de français et de latin, comme dans « les Behourt ») ne peuvent plus être de mise. En sont la preuve à la fois l'apparition des dictionnaires, ou plutôt l'usage scolaire des dictionnaires, et l'évolution des exercices. Autour de 1700 (voir Compère et Pralon-Julia, *ouvr. cit.,* p. 66-67, 77, 131-132) sont sur le marché, et amplement utilisés, à la fois ce que nous appelons aujourd'hui des « dictionnaires de thème » (Pomey, Gaudin, Pajot, Danet) et des « dictionnaires de version » (« le petit Boudot »). Or admettre l'utilisation du dictionnaire, et surtout une utilisation du dictionnaire telle que nous la pratiquons aujourd'hui pour les langues anciennes, c'est admettre que le latin est une langue morte, dont la pratique ne peut plus être immédiate. Aussi symptomatique est l'évolution des exercices. Le mot *thème* prend progressivement le sens qu'il a maintenant : non plus développement en latin d'un *thème* donné, mais simplement traduction en latin d'un texte français. Or, si les grammairiens et pédagogues proches de Diderot sont résolument hostiles à la « composition » en latin, ils restent tous favorables au thème d'imitation (voir les art. COLLÈGE, ÉTUDE, MÉTHODE, THÈME de l'*Encyclopédie*). De même la version, qui est alors un exercice relativement récent, que recommandent Fleury (1686) et Jouvency (1692), manifeste un autre rapport à la langue : elle devient un élément privilégié de la découverte du monde antique, découverte à laquelle participent les premiers textes latins fabriqués *ad hoc* pour les débutants, dès la fin du 17ᵉ siècle, et qui connaitront le succès au siècle suivant, avec Heuzet (*Selectae e ueteri Testamento Historiae*, Paris, 1726, *Selectae e profanis scriptoribus Historiae,* Paris, 1727) et Lhomond (*De uiris illustribus Vrbis Romae,* Paris, 1779).

Autre élément d'inadaptation : l'émergence d'une grammaire française qui ne peut plus se contenter de la morpho-syntaxe des langues classiques (ne serait-ce que parce que le français ne comporte plus de cas et que l'ordre des mots y joue un rôle différent) et qui a recours à des notions issues de la logique, comme celle de *proposition*, ou se référant à des processus cognitifs, comme identité des référents et détermination [5]. Or, même si la description du latin s'est adaptée dans une certaine mesure par avance à l'émergence des vernaculaires, cette adaptation n'est que partielle ; ce qui manque avant tout, c'est un cadre d'analyse qui permette d'établir des passerelles entre la description de ces deux langues, passerelles dont la nécessité est criante dans les opérations de traduction [6].

Conséquence de cette inadaptation et du fossé entre les deux langues : une réaction de méfiance vis-à-vis de la grammaire qui revêt plusieurs formes. Les leitmotivs sont les suivants : 1) le latin s'apprend par usage et non par règles : on se plait, en particulier chez les auteurs de plans d'éducation, à vanter la méthode directe utilisée par le père de Montaigne pour lui faire apprendre le latin, on rappelle que les Romains apprenaient le

---

5. Voir S. Auroux et G. Clerico, « Les traditions nationales : Section 4 : France », *Histoire des idées linguistiques* (dirigée par S. Auroux), t. 2 : *L'Essor de la grammaire occidentale* (Liège, 1992), p. 359-386.
6. Voir B. Colombat, « La description du latin à l'épreuve de la montée des vernaculaires », *Histoire des idées linguistiques (ouvr. cité)*, t. 2, p. 509-521.

grec par imprégnation (Pluche, de Radonvilliers) ; 2) le latin s'apprend non par l'apprentissage de règles complexes, ni par la « composition » (c'est-à-dire le thème), mais par le renouvèlement incessant de l'exercice de traduction : l'exemple de Lefebvre de Saumur, le père de Madame Dacier, dont le fils, instruit par lui-même, était parvenu à une connaissance étendue des classiques, malgré des débuts tardifs et une mort prématurée, est donné tant par les auteurs de méthodes latines que par les auteurs de plans d'éducation ; 3) il est possible de remplacer les instruments habituellement utilisés pour l'apprentissage du latin par des techniques ingénieuses qui facilitent son acquisition : certains prônent, à la suite de Locke, un apprentissage machinal, ainsi la *routine* de Du Marsais, la *mécanique* de Pluche, d'autres inventent des procédés artificiels, sur lesquels nous allons revenir.

Pour qui veut classer les ouvrages concernés, il semble inutile de recourir à un critère socio-religieux. Comme l'a montré A. Chervel (*art. cité*, p. 233-4), le choix des ouvrages est largement indépendant des congrégations enseignantes qui les utilisent. Il n'en reste pas moins que, quantitativement parlant, les manuels élaborés ou remaniés dans le cadre des congrégations occupent une place dominante. Mais il ne faut pas oublier le rôle grandissant des maitres de pension soucieux de faire connaitre leurs innovations pédagogiques, ni celui des professeurs des Écoles Royales Militaires, dont le plus connu est Beauzée. En fait, ce que nous tenterons ici, c'est un classement en fonction de l'inscription dans un courant théorique et des visées pédagogiques.

Dans la lignée des manuels traditionnels de grammaire latine, figurent encore des adaptations, ou de prétendues adaptations, de Despautère. Ainsi trouve-t-on encore en usage au début du 18e siècle la *Grammaire de Despautère abrégée* du jésuite Jean Gaudin. En fait le contenu de l'ouvrage est largement contaminé par la grammaire sanctienne, en particulier par la *Nouvelle Méthode latine* de Lancelot. Le nom de Despautère semble là surtout pour rassurer les utilisateurs. Mais le plus remarquable est que le développement de ces adaptations n'est pas linéaire. Ainsi l'ouvrage de Codret, qui date de... 1570 [7], mais qui reçoit une traduction partielle en français, est promis à un grand succès à la fin du 17e siècle et encore au début du 18e. De Rochemonteix [8]

---

7. *Grammaticae latinae Institutiones, seu breuia quaedam illius linguae rudimenta* (Turin).

8. *Un collège de jésuites aux 17e et 18e siècles : le collège Henri IV de La Flèche* (Le Mans, 1889), 4 vol., vol. 3, p. 167-177 ; voir aussi Compère et Pralon-Julia, *ouvr. cité*, p. 64.

estime que l'ouvrage est assez répandu pour que les élèves disent
« mon Codret » et il établit la filiation Codret-Fleuriau-Lhomond.
Il vaut donc la peine d'examiner d'un peu près le contenu de
ces trois ouvrages. Dans son adaptation française, *Les Rudiments
ou les premiers principes de la langue latine* (1676), le Codret
comprend trois parties : déclinaisons et conjugaisons ; « accidents » (c'est-à-dire catégories telles que le cas, le nombre, le
genre, etc.) des huit parties de l'oraison ; « Règles des concordances latines et françaises », elles-mêmes suivies d'un « Abrégé de
la grande syntaxe ». Le titre de ces *Règles* est doublement trompeur : il pourrait laisser croire qu'on a affaire à une double
syntaxe, latine et française : en fait, il n'en est rien, l'ouvrage
comportant simplement une traduction partielle ; de plus, le terme
concordance recouvre à la fois ce qu'on appelle alors les règles
de convenance ou de concordance (notre accord) et la syntaxe
de régime organisée non plus en fonction des cas (comme chez
Despautère), mais des parties du discours [9]. *Les Principes de la
langue latine* de Fleuriau (2e éd., 1754) ajoutent à une morphologie et à une syntaxe une troisième partie consacrée aux « Particules et tours plus difficiles » et manifestement héritée de certaines
« méthodes » du siècle précédent [10] : le point le plus remarquable
est que l'auteur part explicitement du français pour exposer ses
règles de syntaxe (qui ne recourent plus que marginalement aux
traditionnelles figures de construction) ou les difficultés de traduction, dans lesquelles il affine la distinction entre un « *que* retranché » (qui s'exprime d'une autre façon) et un « *que* supprimé »
(qui ne s'exprime pas du tout, partie 3, p. 37-39). On peut caractériser la courte grammaire de Lhomond (1780) par les traits suivants : 1) rapport étroit avec la grammaire française parallèle ;
2) refus de la « métaphysique » qui entraine l'auteur à renoncer
à la terminologie complexe d'un Beauzée, malgré une certaine
réceptivité aux courants novateurs (recours fréquent à l'ellipse,
dans la tradition sanctienne ; autonomisation de l'adjectif reconnu
comme partie du discours indépendante ; mise en place d'une
syntaxe de la phrase complexe) ; 3) enfin et surtout, formalisation
de l'opposition entre une « syntaxe latine » qui considère « cette

---

9. La même confusion des deux types de syntaxe est justifiée par Laurent
Tricot pour des motifs pédagogiques : leur séparation obligerait à « entremêler
ce qu'il y a de plus difficile avec ce qu'il y a de plus aisé » (Avant-propos des
Rudiments de la langue latine, 1756).
   10. Chez certains auteurs, comme Tricot, *Rudiments* et *Nouvelle Méthode*
(1754) font l'objet de manuels séparés.

langue en elle-même et sans aucun rapport à toute autre langue »
et une « méthode latine », contenant les règles « fondées sur la
différence que l'on remarque entre le latin et une autre langue
à laquelle on le compare » (*Éléments de la grammaire latine à
l'usage des collèges,* 1780, p. VII). On a là sans doute l'explication
du succès de cette grammaire : élaborée explicitement à l'usage
de francophones, elle manifeste qu'une grammaire latine doit
absolument contenir une présentation par différence des particularités de cette langue par rapport à la langue de l'utilisateur.

Si le manuel traditionnel de grammaire latine l'a emporté avec
le triomphe de Lhomond, il serait dommage d'oublier d'autres
ouvrages dont le sort a été variable, mais qui ont provoqué de
fortes réactions dans les gazettes de l'époque, comme le *Mercure
de France,* le *Journal des Savants,* les *Mémoires de Trévoux* ou
L'Année littéraire. Un des points de départ à la recherche de
nouvelles voies pédagogiques est le fait qu'on déplore à la fois
l'aridité de l'apprentissage ordinaire et son manque de rendement :
on se plait à rappeler ce passage des *Entretiens sur les sciences*
(Lyon, 1684, p. 141-2) dans lequel Bernard Lamy évoque son
enfance : « il me semble qu'on me mettait alors la tête dans un
sac, et qu'on me faisait marcher à coups de fouet, me châtiant
cruellement toutes les fois que, n'y voyant goutte, j'allais de
travers. » C'est dans ce contexte qu'il faut comprendre l'entreprise
de Louis Dumas dont le « bureau tipografique » a pour but d'apprendre à un enfant les rudiments en suivant la technique d'un
ouvrier typographe. Longuement présentée dans le *Mercure de
France* de 1730 à 1732, puis dans *La Bibliotèque des enfans*
(Paris, 1732-33), la méthode vise à apprendre à lire et à composer
parallèlement en latin et en français. Ce qui est remarquable,
c'est le souci constant de l'enfant : on ira du simple au complexe,
ce qui oblige à réorganiser l'apprentissage de la morphologie
latine (on préférera utiliser comme paradigme *soror, sororis,*
plus régulier que *pater* qui perd son -*e*- au génitif (*patris*) ; on
commencera par les indéclinables) ; on ira du sensible à l'abstrait
(on préférera *rosa* ou *luna* à *musa*) ; on déclinera une gamme
d'instruments : un casseau portatif, un « porte-tèmes » sur lequel
l'enfant affichera ses plus belles compositions, un dictionnaire
à six rangs de cassetins ; surtout, on évitera tout dégout de l'enfant
qui doit retrouver son « cabinet » comme une récompense.

La méthode préconisée par Frémy en 1722 recourt certes à
d'autres procédés, mais elle a également pour but de susciter
l'intérêt de l'élève le moins intelligent. Pour cela, on fait appel
à la fois à sa paresse, puisque Frémy réussit la prouesse de

réduire la syntaxe latine à une seule règle, et à sa curiosité, puisqu'on l'invite à entrer dans un système complexe de signes (par exemple, les « hiéroglyphes étiologiques » qui aident à l'interprétation grammaticale du texte, ou les « hiéroglyphes mémoriaux » qui aident à retrouver le mot latin à partir du mot français qui le traduit), système destiné à lui donner l'impression qu'il maitrise un code secret [11]. Revenons sur cette règle syntaxique unique appelée « règle monosyllabique AD » : *A* symbolise la préposition française *à*, *D* symbolise la préposition française *de* ; selon que ces prépositions suivent un nom ou un verbe, elles vont donner en latin une réalisation ou une autre : nom (substantif ou adjectif) ou verbe + *à* (ex. La vertu si agréable *à Dieu* plait *aux hommes*) produit un nom latin au datif ; nom + *de* (ex. Le rédempteur *des hommes*) entraîne un nom latin au génitif, mais verbe + *de* (ex. Les Saints jouissent *d'une félicité éternelle*) entraine l'ablatif pour le nom suivant, etc. Il s'agit là sans doute de la première tentative de formalisation des procédures de passage de langue à langue, même si elle présente des faiblesses analysées par J.-C. Chevalier [12] : Frémy ne parvient pas, malgré des créations heureuses, comme la notion de *nominateur,* à se détacher des marques formelles des deux langues, ni à mettre en correspondance toutes les réalisations présentées par chacune d'elles. Sans compter que l'ingéniosité excessive se retourne contre l'auteur : les critiques ne manqueront pas contre ces hiéroglyphes que Du Marsais [13] par exemple laisse ironiquement à « l'antiquité égyptienne », sans croire aux « miracles » annoncés.

Frémy avait au moins le mérite de mettre en évidence ce qui était devenu la question essentielle : quelles procédures établir pour passer du français au latin, et inversement ? Une des réponses les plus souvent données est l'utilisation de versions interlinéaires, la plus célèbre étant, à juste titre, celle de Du Marsais. Mais elle

---

11. « Je dirai par avance, que ces *Hiéroglyphes* font le charme secret de l'étude ; qu'il n'y a rien de plus flatteur : les grands et les petits, les spirituels et les moins pénétrants y trouveront à toute heure une nouvelle occasion de se féliciter d'avoir de l'esprit au-dessus du commun, et d'attribuer souvent à leur heureux génie ce qui est l'effet trompeur de ces guides muets » (*Dissertation préliminaire, ou Essai d'une nouvelle méthode pour l'explication des auteurs de la langue latine, et de toute autre langue, et pour la composition,* Paris, 1722, p. 27, note ; cité dans les *Mémoires de Trévoux,* mai 1723, p. 897-898).

12. *Histoire de la syntaxe. Naissance de la notion de complément dans la grammaire française, 1530-1750* (Genève, 1968), p. 625-633.

13. *Remarques sur les articles LII et LIII des Mémoires de Trévoux (mai 1723),* dans *Œuvres* (Paris, 1797), vol. 1, p. 142.

n'est pas la seule : il existe en particulier des « constructions chiffrées », dans lesquelles des chiffres ou des lettres permettent de rétablir les correspondances entre mots latins et mots français inévitablement placés dans un ordre éloigné [14]. L'intérêt est de faire sentir la différence existant entre les deux langues sans les altérer [15]. Pourtant Du Marsais refuse la construction chiffrée, pour des raisons pédagogiques [16], et réactive un procédé déjà ancien, et utilisé en particulier pour les traductions du grec en latin, à savoir la version interlinéaire. Le succès de cette dernière a été tel au 18e siècle qu'une description détaillée pourrait faire l'objet d'un volume entier. Contentons-nous donc d'en tracer les grandes lignes : 1) le principe consiste à superposer un texte latin et un texte français de façon à faire correspondre le plus exactement possible les mots des deux langues ; 2) la structure de ces deux langues étant différente, l'opération suppose une réorganisation plus ou moins poussée de l'une ou l'autre langue, ou des deux : par exemple, le latin peut être « reconstruit » quand l'auteur se contente d'en réorganiser les mots, ou « reconstruit et suppléé » quand l'auteur éprouve la nécessité d'introduire des ellipses dans un idiome plus concis que le français, qui peut également subir son lot de transformations : de plus ou moins littéral, il peut devenir carrément agrammatical [17] ; 3) dans la

---

14. Ainsi existe-t-il des textes à larges interlignes à remplir. De plus, il est symptomatique que, dès le siècle précédent, le manuel de Despautère ait fait l'objet de versions à la fois chiffrées et glosées : ainsi le *Despautère glosé* de 1641, ou le *Despautère* imprimé par Savreux. Voir J. Hébrard, « L'évolution de l'espace graphique d'un manuel scolaire : le "Despautère" de 1512 à 1759 », *Langue française,* n° 59 (1983), p. 68-87 ; B. Colombat, *ouvr. cité*, p. 237-238 ; D. Julia, « Livres de classe et usages pédagogiques », dans R. Chartier, H.-J. Martin et J.-P. Vivet (dir.), *Histoire de l'édition française* (Paris, 1982-1986, 4 vol.), vol. 2 (*Le Livre triomphant : 1660-1830,* 1984), p. 486.

15. Voir « Lettre sur les différentes manières de montrer à un petit enfant la traduction d'un auteur latin », *Mercure de France,* mars 1739, p. 412-426. Les professeurs de l'école centrale du département du Doubs recommandent encore en 1801 la construction chiffrée.

16. « Je ne saurais approuver cette méthode ; les enfants ne songent qu'à chercher les signes, et non pas à concevoir ou à sentir le rapport des mots : l'imagination toute seule est occupée, ils n'agissent que mécaniquement, et leur esprit ne se dresse point à comprendre, ils éblouissent ceux qui ne font que les entendre, mais non pas ceux qui savent sonder le degré de savoir de leur esprit » (*Œuvres,* vol. 1, p. 15-16 ; le texte date de 1722).

17. Ainsi Nicolas Adam n'hésite pas à publier deux volumes d'une traduction d'Horace aussi littérale que l'est l'échantillon suivant, traduction du début de la première *Ode :* « Mécènes, issu d'aïeux rois ; ô mon protecteur et ma douce gloire, il y a des *gens* qui se plaisent à ramasser dans la carrière la poussière olympique, et qu'une borne évitée avec des roues brulantes et une brillante palme

procédure de rapprochement, l'auteur peut n'avoir en tête que des considérations pratiques, ou au contraire avoir le souci de rapporter la construction de ces textes intermédiaires à une théorie générale du langage : tel est le cas de Du Marsais surtout qui entend manifester les variations des deux langues par rapport à un modèle supposé universel et n'hésite pas à multiplier les gloses dans ces deux langues ; 4) les modes de présentation peuvent être extrêmement diversifiés selon que l'auteur entend fournir une plus ou moins grande variété de textes intermédiaires, des notes explicatives, ou qu'il répugne plus ou moins à altérer le texte original ou à fournir une traduction vraiment agrammaticale.

Ainsi, chez Du Marsais, on ne trouve pas moins de trois présentations différentes, dont la plus élaborée comprend, en plus de l'original, deux sortes de latin (reconstruit ; reconstruit et suppléé), et deux, voire trois sortes de français [18]. Cette variété correspond à des niveaux distincts : par exemple, l'élève avancé doit pouvoir se contenter d'un latin simplement reconstruit. Mais toutes sortes de variantes sont possibles : trouvant les gloses de Du Marsais excessives (30 mots latins rajoutés aux 39 du *Prologue* de Phèdre), de Launay [19] s'interdit de placer des ellipses dans le texte latin, dont il n'admet que la réorganisation ; Vanière [20] utilise des symboles supplémentaires pour faciliter l'interprétation et préfère une disposition en colonnes, dont l'une contient un mot à mot mêlant français et latin, moins choquant selon lui que cette alternance ligne par ligne de français et de latin « qui brouille et choque la vue » ; Rivard [21], soucieux de faciliter la connaissance de textes religieux, dont la forme originale ne le préoccupe guère, n'hésite pas à les réorganiser et à en « ôter les inversions », en ajoutant une numérotation renvoyant à 60 règles de syntaxe ; de Radonvilliers (voir plus loin) et Adam multiplient les cahiers qui recevront les différentes versions pour permettre un apprentissage très progressif.

élève jusqu'aux dieux maitres de la terre » (*La Vraie Manière d'apprendre une langue..., ou Traduction littérale des œuvres d'Horace,* Paris, 1787, p. 21).

18. Pour un commentaire de cette présentation, voir l'introduction de F. Douay-Soublin dans son édition de Du Marsais, *Des Tropes ou des différents sens,* « *Figure* » *et vingt autres articles de l'Encyclopédie,* suivis de l'*Abrégé des tropes* de l'abbé Ducros (Paris, 1988), p. 38-41.

19. Pipoulain de Launay, *Nouvelle Méthode pour apprendre la langue latine* (Paris, 1756-1761), 4 vol.

20. I. Vanière, *Second Discours sur l'éducation* (Paris, 1763) ; *Cours de latinité,* 4ᵉ éd. (Paris, 1799) (1ʳᵉ éd., 1759).

21. D.-F. Rivard, *Méthode facile pour apprendre le latin* (Paris, 1760) ; *Mémoire sur les moyens de perfectionner les études* (Paris, 1769).

Si les interlinéaires ont connu un succès qui s'est prolongé au moins jusqu'au début du 19ᵉ siècle [22], dès le début, elles ont suscité des objections, ou des inquiétudes [23]. Les plus fortes critiques semblent provenir de ceux qui n'admettent pas la réorganisation des mots latins, à savoir Chompré et Pluche. Même si la méthode qu'ils préconisent a été amplement critiquée par Du Marsais dans son texte sur l'*inversion* (largement réutilisé par Beauzée dans l'article INVERSION de l'*Encyclopédie*), elle n'est pas complètement étrangère aux idées que le grammairien philosophe exposait dans la *routine* de la première version de l'*Exposition d'une méthode raisonnée* : dans les deux partis, on trouve la condamnation de la composition et du thème, la méfiance vis-à-vis du latin « moderne », l'invocation de l'usage contre la règle (et spécialement les règles fabriquées *ad hoc* par les auteurs de « méthodes »), la simplification de la grammaire (Pluche rend grâce à Scioppius d'avoir résumé la syntaxe latine en une douzaine de règles), la recommandation de la « traduction », c'est-à-dire de ce que nous appelons « version ». Il y a cependant des différences essentielles. D'une part, ni Chompré, ni Pluche n'utilisent l'appareil fonctionnel mis en place par Du Marsais. Pour Chompré, une langue s'apprend non par principes, mais par usage, exactement comme quand un menuisier forme un apprenti : il ne lui apprend pas la définition de la moulure, mais il lui met immédiatement le bois et un rabot entre les mains, et c'est en cela que l'étude des langues est un mécanisme ; pour Pluche, la mécanique de la langue consiste en l'assemblage régulier de ses mots toujours envisagés dans leur contexte immédiat. Dans les deux cas, point n'est besoin d'un opérateur abstrait : l'usage tient lieu de tout. D'autre part (et pour Pluche, c'est la conséquence de la définition donnée de la « mécanique ») le texte latin ne doit en aucun cas être réorganisé selon l'ordre français. Tant Chompré que lui-même

---

22. Voir B. Colombat, « Les mutations dans l'enseignement du latin de 1725 à 1825 », à paraitre dans *Qu'est-ce qu'apprendre une langue ? (1765-1825)*, Journées d'études de Saint Cloud, 24-26 septembre 1992, éd. par H. Besse et M.-H. Clavères.
23. Voir le scepticisme à l'égard des interlinéaires de l'auteur du compte rendu de la méthode de Du Marsais dans les *Mémoires de Trévoux* de mai 1723 (p. 884-5) : face au risque de faire apprendre « un latin exécrable » et un « français défiguré », il trouve les réponses de Du Marsais « plus ingénieuses que solides ». Voir aussi l'avis négatif de Rollin dans son *Traité des études* (Paris, 1726-28, vol. 1, p. 109). Plus tard Diderot, dans son *Plan d'une Université* (dans *Œuvres*, Paris, 1875, vol. 3, p. 471), suspendra son jugement sur leur efficacité, et Beauzée (*Encyclopédie*, art. MÉTHODE) les estimera finalement incompatibles avec son propre procédé, et même nuisibles.

condamnent sans appel cette « construction » mise en œuvre par les interlinéaires, qui n'est en fait qu'une « destruction » contraire à la nature et à l'usage, qui produit des textes « disloqués », un « méchant latin » plein de « gallicismes », même quand on « renverse » les meilleurs auteurs. Quant à la méthode préconisée, elle n'a par elle-même rien de révolutionnaire, du moins à nos yeux de modernes : une fois acquis un modeste bagage grammatical (définition des parties du discours, paradigmes des noms et des pronoms, conjugaison des verbes, une petite page (un « feuilleton ») de règles de construction), avec l'aide de morceaux choisis, comme les *Selecta latini sermonis exemplaria* de Chompré, mais à l'exclusion des instruments traditionnellement mis en œuvre [24], on opérera un va-et-vient incessant entre le texte latin original et son interprétation en français, qui prendra plusieurs formes, de l'annonce du sujet à une traduction élégante, en passant par un mot-à-mot. Ce n'est qu'ensuite qu'on procèdera à une analyse grammaticale et qu'on se résoudra à tenter de retrouver un latin aussi proche que possible de l'original.

Par la simplicité des principes et l'absence de techniques particulières, la méthode proposée par Chompré et Pluche tranche sur l'ingéniosité des moyens inventés par les auteurs d'interlinéaires. Certains ne renoncent pas pour autant à la recherche de techniques plus élaborées. Nous nous attacherons ici un peu plus longuement à la méthode de Radonvilliers [25], car, parue en 1768, elle entend faire un bilan des méthodes publiées dans le premier demi-siècle et les dépasser. A priori, comme l'indique le titre, *De la manière d'apprendre les langues,* l'ouvrage n'est pas spécifiquement une méthode latine : en fait, les deux langues envisagées dans leurs rapports réciproques sont constamment le français et le latin, mais un dernier chapitre envisage rapidement une application de la méthode au grec, à l'allemand, à l'anglais, à l'espagnol et à l'italien.

Radonvilliers entend remédier à l'échec relatif des interlinéaires. Deux raisons, selon lui, à cet échec : on s'est cru obligé de

---

24. « Il ne faut ni syntaxe, ni particules, ni dictionnaires, ni larmes » (Pluche, *ouvr. cité*, p. 106).

25. C.-F. Lizarde de Radonvilliers, *De la manière d'apprendre les langues* (Paris, 1768). Sur cette méthode, voir H. Besse, *art. cité*, p. 89 ; H. Besse, « Beauzée et Radonvilliers ou la méthode de Du Marsais démembrée », à paraître dans *Qu'est-ce qu'apprendre une langue ? (ouvr. cité)* ; B. Colombat, *ouvr. cité*, p. 335-336.

conserver une partie de la grammaire comme une introduction nécessaire ; on s'est contenté d'une version littérale accompagnée d'une traduction, ce qui est insuffisant pour un apprentissage progressif. Radonvilliers procède d'abord à une étude minutieuse des différences entre les deux langues, pour affiner l'analyse de Du Marsais, puis détaille les étapes de l'apprentissage. Pour lui, quatre facteurs entrent dans la différenciation des langues : les mots (lat. *urbs,* fr. *ville*), le « mécanisme » ou « emploi des inflexions et des particules pour lier les idées » [26], le style, c'est-à-dire l'expression de la pensée par des idées différentes (là où le français dit : *Rome a eu des rois,* Tacite dit : *Des rois ont eu Rome*) et l'arrangement des mots, qui fait dire à Tacite : *La ville de Rome au commencement des rois eurent,* alors qu'un Français, s'il employait dans sa langue les mêmes mots que Tacite utilise dans la sienne, dirait : *Au commencement des rois eurent la ville de Rome.*

Partant de ce constat, Radonvilliers utilise une méthode de rapprochement des deux langues qui diffère radicalement de celle de Pluche en ce qu'il ne se contente pas d'une simple analyse contextuelle des mots et qu'il admet une reconstruction des deux langues. De celle de Du Marsais, elle s'écarte essentiellement par trois points : [a] l'absence de recours à une grammaire générale ; [b] une plus grande progressivité dans l'apprentissage ; [c] une position différente sur l'ordre des mots.

[a] Il est inutile de recourir à une description théorique chapeautant les réalisations effectives observées dans les deux langues, en d'autres termes à une grammaire générale. Il suffit d'un mélange de ces deux langues [27] : il s'agit bien d'une mécanique, et non d'une métaphysique.

[b] Selon Radonvilliers, les interlinéaires existantes, qui se réduisent à « une version littérale, accompagnée d'une traduction » (*ouvr. cité,* Préface p. XVI), sont mal adaptées, parce qu'elles sont à la fois trop difficiles (car trop peu détaillées) pour les

---

26. « Un Français veut lier ces idées *ville, Rome ;* il insère entre deux *[sic]* la particule *de,* et il dit *la ville de Rome.* Un Latin veut lier les mêmes idées, il n'emploie pas de particule, mais il donne la même inflexion aux deux mots, et il dit, *urbs Roma, urbis Romae, urbem Romam.* Voilà un exemple du différent mécanisme » (*ouvr. cité,* p. 70-71).

27. « Je veux rapprocher deux Langues éloignées ; l'intervalle est trop grand pour le franchir tout d'un coup. Je le remplis par un discours qui participe de toutes les deux, et qui par ce mélange, m'offre un chemin plus facile pour passer de l'une à l'autre » (*ouvr. cité,* p. 69).

débutants, et trop faciles pour ceux qui sont parvenus à un niveau plus avancé. Il faut, selon Radonvilliers, rechercher une plus grande progressivité à la fois dans le passage de langue à langue, qui doit tenir compte des quatre types de différences déjà mentionnés, et dans le passage d'un niveau à un autre en fonction de l'avancement de l'étude.

Progressivité dans le passage de langue à langue : soit la première phrase du livre I des *Annales* de Tacite que nous avons déjà prise en exemple : [1] *Vrbem Romam a principio reges habuere,* elle peut être transformée ainsi :

[2] *a-principio reges habuere urbem Romam* (le latin est reconstruit, pour tenir compte de l'ordre des mots différent ; le tiret entre *a* et *principio* sert à montrer qu'il faut prendre en bloc le syntagme),

et peut recevoir les traductions suivantes :

[3] * *Au commencement des rois eurent la ville Rome* (c'est-à-dire un français carrément agrammatical, que De Radonvilliers ne retient que pour montrer la différence entre les deux langues)

[4] *Au commencement des rois eurent la ville* de *Rome* (c'est ce que Radonvilliers appelle « version des mots » qui tient compte de la différence de « mécanisme » ; *de* est souligné pour le mettre en évidence)

[5] *Au commencement la ville de Rome eut des rois* (il s'agit de la « version de la pensée », composée « de façon qu'elle soit claire, mais sans aucune recherche d'élégance, et en préférant toujours parmi les phrases du style français celle qui approche le plus de l'auteur latin », *ouvr. cité,* p. 79).

Progressivité dans la pédagogie qui se décompose en quatre niveaux : le 1er niveau comporte un seul cahier qui superpose une interlinéaire composée d'une version des mots [4] et du latin reconstruit [2], avec indication des signes diacritiques indiqués ci-dessus, le bas de la page contenant la version de la pensée [5] ; le 2e niveau comprend deux cahiers, le « cahier latin » portant le latin reconstruit [2], le « cahier français » la version des mots [4] et la version de la pensée [5], mais les signes métalinguistiques de mots suppléés ou d'indications de syntagmes disparaissent, en même temps que la traduction proprement interlinéaire ; au 3e niveau, ne subsiste que le cahier français, identique à celui du niveau 2, le latin artificiel [2] étant « absolument retranché », et l'élève travaillant directement sur le texte de Tacite [1] ; au 4e niveau, ne reste « qu'une seule version française, qui ne s'éloigne pas beaucoup de la phrase latine, mais qui n'est pas assujettie à en suivre les mots scrupuleusement » (*ouvr. cité,* p. 86-87).

La démarche est parfaitement cohérente : le principe consiste à partir d'états proches des deux langues, puis à s'en écarter graduellement pour atteindre à la fois l'original latin et une traduction française acceptable. A la différence de Du Marsais et de beaucoup de ses contemporains, Radonvilliers n'utilise pas de « latin reconstruit et suppléé » : s'il peut se dispenser du recours à l'ellipse, c'est grâce à sa formalisation des différences entre les deux langues, et précisément au « mécanisme ».

[c] En ce qui concerne l'ordre des mots, Radonvilliers adopte une position médiane entre (nous schématisons) la position rationaliste de Du Marsais et de Beauzée, qui posent qu'il existe un ordre naturel et que la phrase française suit cet ordre, et celle de Batteux et Pluche qui voient l'ordre naturel du côté du latin. Précisant tout d'abord que, si on parle d'inversion en latin, ce n'est que parce que l'ordre des mots en français est différent, et partant du « principe général, que toutes les langues ont un ordre des mots également clair pour ceux qui la parlent » (*ouvr. cité,* p. 141), il distingue un « ordre de liaison » (p. 146) et un « ordre d'analyse » (p. 148). Le premier, qui peut être multiforme, doit simplement bien montrer la liaison existant entre deux termes représentant deux idées liés entre eux par un rapport : dès lors, il n'est pas question d'antériorité ou de postériorité d'un terme par rapport à l'autre, mais simplement de proximité des deux termes (« *Le créateur du monde, du monde le créateur,* c'est le même rapport », p. 145). Le second n'est pas primitif, mais développé par les progrès des civilisations ; il est imposé par des considérations d'ordre logique. Par exemple, c'est parce qu'« on conçoit la cause avant l'effet » *(ibid.)* que, dans l'exemple précédent, *créateur* doit précéder *monde*.

Alors que le latin en est resté à l'ordre de liaison, donc à plusieurs ordres possibles, le français, parmi ces derniers, en a imposé un, qui n'est pas contradictoire avec le précédent puisqu'il en est une des réalisations, et qui est l'ordre analytique. On ne peut parler en latin d'inversion que par rapport à ce dernier, mais du fait que l'ordre de liaison est variable, on ne peut formuler aucune règle sur l'ordre des mots en latin. Tout au plus peut-on respecter quelques règles, comme celle, proposée par Batteux, de commencer la phrase par le mot le plus important, celle de considérer qu'un adjectif peut marquer la place du substantif auquel il se rapporte et dont il peut être séparé, ou celle de tenir compte de l'oreille pour réaliser un ordre harmonieux des termes dans la phrase. Néanmoins, on ne se fera pas d'illusion : on ne parviendra pas à la perfection puisqu'on ne peut connaitre les principes régisseurs et « on ne [pourra] jamais donner une pleine confiance au latin écrit par les modernes » (*ouvr. cité*, p. 206).

Cette incertitude sur la validité du latin moderne, cette affirmation de l'impossibilité de connaitre réellement les règles qui gouvernaient anciennement l'ordre des mots de cette langue deviennent des constantes au 18e siècle. On les trouve exprimées tout aussi bien chez un Batteux que chez un Beauzée. Mais la leçon essentielle que nous laisse Radonvilliers, c'est que l'apprentissage du latin passe désormais par la connaissance des lois qui organisent la langue française. C'est ce que nous affirme Lhomond en subordonnant sa grammaire latine à sa grammaire française, ou en donnant au terme « méthode » la valeur très précise d'analyse différentielle des deux langues. Mais c'est aussi ce que nous disent implicitement Du Marsais et Beauzée, à cette différence près qu'ils prétendent du même coup dégager les lois générales qui régissent le langage, dont latin et français ne sont que deux applications particulières [28].

Force est d'admettre que le modèle latin a éclaté : c'est le modèle français qui, désormais, façonne le cadre latin qui a servi à le former. Lhomond a beau refuser la métaphysique et prétendre maintenir l'analyse traditionnelle, ses règles sur l'accord en latin décrivent moins la réalité de la langue latine que celle de sa propre langue. Mais après tout, cette adaptation en douceur est peut-être l'une des raisons de son succès éclatant au 19e siècle.

BERNARD COLOMBAT
*Université Stendhal (Grenoble-III)
et C.N.R.S. U.R.A. 381,
Histoire des théories linguistiques*

---

28. Ceci explique peut-être le fait que Beauzée n'a pas écrit de grammaire latine spécifique : ses articles dans l'*Encyclopédie* ou sa *Grammaire générale* fournissent pourtant la plus passionnante description qu'on ait donnée alors en France de cette langue.

L'ANTIQUITÉ EXPLIQUÉE ET REPRÉSENTÉE EN FIGURES (1719-1724) PAR BERNARD DE MONTFAUCON

Figure dominante de l'érudition bénédictine de la première moitié du 18e siècle, c'est en héritier de Mabillon que, tout en éditant les œuvres de saint Athanase et de saint Jean Chrysostome, Bernard de Montfaucon (1655-1741) publie une *Paleographia Graeca* qui constitue un véritable tournant dans l'étude des inscriptions ; c'est cependant avec son *Antiquité expliquée et représentée en figures* qu'il atteint le public éclairé et donne à la littérature antiquaire l'ouvrage qui en sera désormais le symbole.

A une époque de crise de l'édition, et de l'édition illustrée en particulier, la parution de cet ouvrage de grand luxe est aussi le pari gagné de la souscription ouverte par Montfaucon et ses collaborateurs [1] : les 1 800 exemplaires des dix volumes de la première édition remportent un tel succès qu'on réédite l'ouvrage à 2 000 exemplaires au cours de la même année. Rapidement traduite en anglais, *L'Antiquité expliquée* est de nouveau rééditée en 1724 avec cinq volumes de supplément, eux-mêmes immédiatement traduits. Nous avons plusieurs témoignages de ce succès. Dès le 30 novembre 1719, Dom Claude de Vic écrit à un correspondant : « ... le prix de cet ouvrage monte comme les actions qu'on prend sur la Compagnie des Indes » [2]. Lorsque, en mars 1720, l'ouvrage arrive en Languedoc, d'Aigrefeuille et Bon Saint-Hilaire (les deux seuls souscripteurs montpelliérains) voient défi-

---

1. En dépit de son crédit, qui était considérable auprès des libraires, en dépit même de l'intérêt des nouveaux riches de la décennie 1715-1725 pour les livres d'histoire luxueusement illustrés, Montfaucon dut demander la contribution des monastères de la Congrégation et traiter avec une société formée des sept libraires de Paris qui devaient lancer une souscription sur le modèle de ce qui se faisait déjà en Angleterre. Voir : *Mémorial du XIVe centenaire de l'Abbaye de Saint-Germain*, Recueil de travaux sur le monastère de la Congrégation de Saint-Maur (Paris, Vrin, 1959), p. 231-271.
2. Léon G. Pélissier, *Lettres inédites de Dom Claude de Vic à Fr. Marmi* (Montpellier, 1890), p. 39.

---

ler chez eux « une espèce de procession » ; il vint jusqu'à des dames et des écoliers [3].

Ouvrage symbole de la production antiquaire dans ce qu'elle a de plus brillant, *L'Antiquité expliquée* est peut-être également devenue symbolique de ce que ce type de production a de périmé à nos yeux : Rocheblave s'étonne, à la fin du siècle dernier, de « la conception enfantine de l'œuvre » [4] ; G. Gusdorf n'y voit que la présentation d'un immense matériel encore à l'état brut [5] ; quant à Blandine Kriegel qui éprouve manifestement beaucoup de sympathie pour l'impétueux descendant des seigneurs de Rocquetaille, elle n'en met pas moins *L'Antiquité expliquée* loin derrière la *Paleographia Graeca* dont l'érudition lui semble plus solide et plus durable [6]. Il y a du vrai dans ces jugements : *L'Antiquité expliquée et représentée en figures* est d'abord un somptueux livre d'images qui supplée à la fréquentation des cabinets d'érudits et en diffuse les richesses ; mais son originalité au sein d'une littérature antiquaire qui use de l'illustration depuis le siècle précédent tient à ce que, tout en préservant la puissance du regard, elle parvient à aiguiser la curiosité de l'antiquaire de telle sorte que celle-ci se convertit en attitude de science. D'un point de vue épistémologique aussi bien que chronologique, *L'Antiquité expliquée* occupe une place charnière : de l'intérêt porté à l'unique qui caractérise l'amateur érudit à l'idée du général et à l'inventaire critique, elle opère, en même temps qu'un transfert de souveraineté, une transformation intellectuelle décisive dont l'*Encyclopédie* est, dans une certaine mesure, l'héritière directe.

Si *L'Antiquité expliquée* représente un luxe rare avec ses 1 120 planches nécessitant des tirages hors-texte, souvent sur double page, elle n'est cependant pas, avons-nous dit, le premier ouvrage antiquaire illustré. Dès la seconde moitié du 16e siècle, alors que marbres, monnaies, bronzes et objets de toutes sortes avaient été exhumés par milliers et étaient venus remplir les cabinets de curiosités, le temps était venu d'inventorier, de reproduire, de diffuser. Si les amateurs importants avaient accès aux grandes

---

3. *Un collaborateur de Montfaucon : lettres de l'archéologue Bon de Saint-Hilaire à D. B. de Montfaucon, 1722-1740* (Besançon, 1910). Le cabinet de Bon Saint-Hilaire, Premier Président de la cour des Aides de Montpellier, fut une source importante de documentation pour Montfaucon, notamment dans le *Supplément*.
4. S. Rocheblave, *Essai sur le comte de Caylus* (Paris, 1889), p. 255.
5. G. Gusdorf, *L'Avènement des sciences humaines au siècle des Lumières* (Paris, 1973), p. 230.
6. B. Barret-Kriegel, *Les Académies et l'Histoire* (Paris, 1988), p. 99-100.

Maffei

Spon

Sepolero de Nasoni

Sepolero de Nasoni

collections royales et privées comme celles des cardinaux Salviati, Maffei, Corsi... ou celles d'érudits aisés comme Peiresc, les recueils de reproductions exécutés dans des ateliers spécialisés s'étaient multipliés pour assurer la diffusion des objets auprès du public éclairé [7]. L'image n'est pas seulement présente dans de nombreux ouvrages qui se publient alors (notamment dans le domaine de la numismatique), elle apparait comme le complément indispensable de la lettre dans les volumineuses correspondances qu'échangent entre eux amateurs et érudits. Ce va-et-vient du texte à l'objet, l'objet matériel éclairant le texte, est tout à fait caractéristique de la démarche antiquaire : on reproduit les pièces prestigieuses ou simplement curieuses, les inscriptions, les médailles et les monnaies, afin de confronter les interprétations. Toutefois, la qualité des reproductions était inégale et la documentation elle-même ne s'était pas toujours renouvelée au rythme des découvertes et des connaissances : on copiait encore beaucoup les ouvrages antérieurs de sorte que jusqu'au 17e siècle, on avait continué à présenter statues, reliefs et objets sans se soucier de classement chronologique ; à peine esquissait-on un classement dans l'espace.

Dans le domaine français, les recherches, au 17e comme encore au 18e siècle, demeurent largement tributaires du matériel réuni par Peiresc et qu'il n'avait pas jugé bon de transmettre par des publications, l'antiquariat relevant plus chez lui d'un art de vivre que d'une fonction [8].

C'est dans ce contexte que Montfaucon instaure, avec *L'Antiquité expliquée et représentée en figures*, un nouvel espace visuel. Son originalité tient d'abord au dispositif de mise en texte qui témoigne de la volonté d'une nouvelle relation au savoir : dans

7. Voir J. Seznec, *La Survivance des dieux antiques* (Paris, 1980), chap. 3 ; A. Schnapper, *Le Géant, la Licorne, la Tulipe* (Paris, 1988) qui traite du 17e siècle et étend son étude aux domaines de la botanique et de la zoologie. Montfaucon fait lui-même allusion à ces recueils dans le *Prospectus des Monumens de la Monarchie Française* (1725, paru en 1729) : « On avait pour le premier (il s'agit de *L'Antiquité expliquée*) de grands recueils imprimés qui épargnaient bien des recherches, au lieu qu'il faut ici presque tout tirer des originaux répandus dans le royaume. » Toutes les illustrations qui accompagnent le présent article sont tirées de *l'Antiquité expliquée et représentée en figures*.

8. Une partie de ce matériel sera publiée dans la description du Cabinet de Sainte-Geneviève par le P. du Molinet (1692) et Montfaucon s'en servira encore au t. III de *L'Ant. expl.* (p. 154-159), par exemple à propos de l'as romain, pour reprendre la question dans le *Supplément* (III, p. 89-114) à la lumière de la collection plus récente du maréchal d'Estrées. En outre, un certain nombre d'objets ayant appartenu à Peiresc figurent dans les illustrations de l'ouvrage.

cet ouvrage savant, le latin (destiné notamment « aux étrangers qui n'entendent pas notre langue ») occupe le bas de la page, en petits caractères, les deux tiers supérieurs de la page étant réservés au texte français, en gros caractères, et aux ornements. Mais ce qui frappe surtout dans cet ouvrage, ce sont les gravures qui répondent à la fois à un souci scientifique et à un souci esthétique. De Pirro Ligorio (actif entre 1569 et 1573) à Jacob Spon, s'était sérieusement posée la question de la *restitutio antiquitatis* [9]. Dans ses *Recherches curieuses d'Antiquités* (1683), Spon opposait aux « caprices » que certains n'hésitaient pas à donner, la nécessité, dans un livre sérieux, de produire les originaux de façon à permettre l'identification de l'objet et son analyse, tout en « [divertissant] les yeux et l'esprit » [10].

Montfaucon travaille dans la même perspective, les moyens techniques et financiers dont il dispose lui permettant en outre de souligner l'importance qu'il y a à présenter des reproductions de belle grandeur afin qu'on en puisse mieux remarquer toutes les parties et qu'elles frappent davantage l'imagination. C'est cependant dans le cadre plus précis du renouvèlement de la méthode historique par le recours aux sources non scripturaires qu'il faut apprécier les préoccupations archéologiques de Montfaucon et son souci de constituer une iconographie qui soit véritablement scientifique.

Le projet de Montfaucon est directement issu de son expérience de chercheur mauriste : « Il y a environ trente-quatre ans que mes supérieurs me destinèrent aux éditions des Pères grecs : je tâchai d'acquérir les connaissances nécessaires pour m'y appliquer avec succès. Je m'aperçus d'abord que l'étude du profane était absolument nécessaire à ceux qui travaillent les Pères de l'Église. [...] Je m'appliquai donc à l'Antiquité et j'en fis une étude sérieuse : je lus les auteurs profanes tant latins que grecs, non content de ce qu'ils nous apprennent sur la fable et sur l'histoire, je commençais il y a environ vingt-six ans, à ramasser des dessins et des pièces antiques. Je me mis aussi à lire les antiquaires modernes » (*Ant. expl.*, Préface, p. III).

Si les deux antiquités, sacrée et profane, intimement mêlées dans sa formation, demeurent longtemps liées dans ses travaux,

---

9. Sur Pirro Ligorio qui fut l'un des plus fameux antiquaires romains, voir : A. Blunt, « The Triclinium in religious art », *Journ. Warburg Institute*, 2 (1938-1939) ; Erna Mandovsky et Charles Mitchell, *Pirro Ligorio's Antiquities* (London, 1963), *Studies of the Warburg Institute* I, 28.

10. J. Spon, *Recherches curieuses d'Antiquités* (Lyon, 1673), commentaire du Frontispice, n.p.

on note que Montfaucon élimine de *L'Antiquité expliquée* les antiquités judaïques... dont les incertitudes rendent l'interprétation délicate. Prudence qui permet surtout de contourner le redoutable problème du comparatisme tel que Pierre-Daniel Huet, notamment, l'avait formulé dans sa *Démonstration évangélique* : « D'autres savants du premier ordre se sont exercés à trouver des rapports entre la Sainte Écriture et la mythologie : ils ont prétendu que bien des traits des livres saints avaient été initiés par les mythologues ; que plusieurs dieux et plusieurs héros étaient les mêmes que ces hommes des premiers temps, dont il est parlé dans l'Ancien Testament. Je respecte les grands hommes qui ont brillé dans ce genre de littérature, mais j'avoue que je n'ai nul gout pour cette forme d'érudition. Ce *ne sont que des conjectures* bien ou mal tirées, et à mon avis peu intéressantes » (*ibid.*, p. XIII).

Dans le grand débat qui s'est ouvert dans les années 1670-1680 avec la querelle Spon-Guillet et qui va se prolonger dans la première moitié du 18e siècle, opposant philologues et spécialistes des monuments au sujet du degré de confiance qu'on peut accorder aux vestiges, Montfaucon est incontestablement du côté des antiquaires [11]. Lui-même, avec sa *Paleographia Graeca* et son *Catalogue des manuscrits*, prolongeait l'œuvre de Mabillon dont la *Diplomatique ou Traité de l'art de distinguer l'authenticité des documents* livrait une méthode et des instruments de travail nouveaux qui devaient modifier totalement la recherche érudite. Rappelons qu'en travaillant sur les origines des grandes familles du royaume comme sur les saints de l'histoire ecclésiastique, Mabillon et ses collaborateurs avaient introduit un regard critique sur le merveilleux religieux et les inventions généalogiques ; ainsi leurs exigences (de nature purement technique) les avaient-elles amenés à creuser le fossé entre la légende et l'histoire.

En outre, l'habitude des bénédictins de collationner les matériaux originaux de façon systématique en parcourant les provinces

---

11. Sur cette question, voir : A. Momigliano, « L'histoire ancienne et l'antiquaire », p. 258-272, dans *Problèmes d'historiographie* (Gallimard 1983) ; A. Dain, *L'Histoire et ses méthodes* (Paris, 1961) ; A. Schnapper, *ouvr. cité*, p. 267-278. Nous rappellerons simplement les titres des trois ouvrages dans lesquels s'exprime cette querelle : J. Spon, *Voyage d'Italie, de Dalmatie, de Grèce et du Levant fait aux années 1675-1676 par J. Spon*, 3 vol. (1678) ; Guillet, *Lettres écrites sur une dissertation d'un voyage de Grèce publié par M. Spon, Médecin antiquaire, avec des remarques sur les médailles, inscriptions, l'Histoire ancienne et moderne, la Géographie, la Chronologie* (Paris, 1679) ; J. Spon, *Réponse à la critique publiée par M. Guillet sur le voyage de Grèce* (Paris, 1679).

avait modifié la figure de l'érudit lui-même autant que l'esprit de l'érudition : d'homme de cabinet, le chercheur devenait homme de terrain, sans cesse confronté à la matérialité des sources et aux techniques d'identification et d'évaluation qu'elles exigeaient. La *Paleographia Graeca*, publiée en 1708 par Montfaucon, découvrait ainsi tout un territoire à explorer et donnait les moyens de cette exploration ; ce travail effectué sur la matérialité de l'écriture grecque et sur son développement à travers les manuscrits impliquait des recherches de même nature transposées aux papyrus et aux inscriptions antiques.

Quel qu'en fût l'objet particulier, les travaux bénédictins prouvaient la nécessité, dans le domaine de l'histoire ancienne en général, d'une confrontation des sources livresques et des sources originales, et pour ce faire, la nécessité d'une quête elle-même systématique et active de ces sources [12]. On avait jusqu'alors satisfait tantôt aux exigences du gout, tantôt à celles de la curiosité, en entassant objets bizarres, monnaies et inscriptions, ou en multipliant les querelles par lettres et recueils interposés sur des points d'interprétation d'inscriptions et de marques portées sur les monnaies, qui discréditaient aux yeux du public l'érudition antiquaire [13]. Or il y avait dans ces collections, comme dans les recueils qui en avaient été tirés, des trésors à regarder d'un œil neuf. Objets et inscriptions considérés comme traces, comme sources originales, supposaient la codification de recherches nouvelles et la mise en place d'équipes de spécialistes capables de conduire ces recherches et de proposer des synthèses afin de permettre au travail collectif d'avancer.

_____

12. Charles Patin (auquel Montfaucon doit beaucoup pour la conception de son ouvrage) avait déjà insisté dans le manuel destiné aux curieux débutants qu'il publia en 1665 sur l'apport des médailles comme témoignages sur les civilisations anciennes, en même temps que sur la nécessité de la démarche inverse : « Les médailles, note-t-il, qui sont les preuves de l'Histoire, nous la font comprendre avec autant de plaisir que d'utilité et l'Histoire nous sert à son tour bien souvent de commentaires, pour découvrir la force et la pompe des inscriptions mystérieuses et figurées qui se rencontrent sur les médailles » *(Introduction à l'histoire par la connaissance des médailles,* Paris, 1665, p. 121-122).

13. En effet, si des hommes comme Vaillant et Du Cange avaient, dès la fin du 17ᵉ siècle, donné ses lettres de noblesse à l'antiquariat en publiant des ouvrages d'histoire fondés sur les monnaies et les inscriptions, les querelles dont était régulièrement agité le monde fermé des antiquaires permettaient au pyrrhonisme historique d'ouvrir une brèche dans ce domaine de la recherche qui opposait aux historiens la fiabilité de ses sources. Le risque était d'autant plus grand qu'aux ouvrages spécialisés faisaient écho les lettres et dissertations publiées par le *Journal des Savants* depuis 1665, les *Mémoires de Trévoux* à partir de 1701 et, vers la même époque, l'*Histoire de l'Académie des inscriptions.*

Là encore, Montfaucon montre la voie à suivre aux antiquaires :
il leur reproche d'aller en ordre dispersé de sorte que personne
n'a de synthèse sous les yeux et qu'une vie d'homme ne saurait
suffire à dominer le savoir ainsi entassé ; il leur reproche aussi de
ne présenter au lecteur aucun critère lui permettant de distinguer le
vrai du faux dans ces énormes recueils. Trop souvent, en effet,
ils confondent ce qu'on a dit d'un objet et ce qu'on en sait, d'où
la longueur des développements auxquels, dans son *Antiquité
expliquée*, Montfaucon coupe court : « Ma maxime est de ne dire
sur chaque chose en particulier que ce qu'on en peut savoir de
sûr ou de fort probable. [...] Si je m'étends en certains endroits
plus qu'à l'ordinaire, c'est lorsque je trouve quelque jour à éclair-
cir des choses ou contestées, ou mal expliquées par ceux qui
m'ont précédé » (Préface, p. VII).

Faire court, cela est précisément rendu possible lorsque les
images témoignent de ce que les textes n'apprennent pas : « Par
ce terme d'antiquité, j'entends seulement ce qui peut tomber sous
les yeux, et ce qui se peut représenter par des images ; cela ne
laisse pas d'être d'une très vaste étendue » (*ibid.*, p. VI). Mais
ce lieu commun des préfaces d'ouvrages d'antiquaires que
Montfaucon reprendra dans le *Supplément* [14] prend ici un sens
nouveau : étudier l'antiquité profane à partir de ses vestiges tangibles, sans faire référence à l'histoire sacrée, relayer le discours
didactique par la seule puissance d'information de l'iconographie,
permettait de considérer les idées et les objets tels que les païens
les avaient produits. D'auxiliaire qu'elle était dans les ouvrages
antiquaires précédents, l'image devenait « instrument majeur de
la connaissance » sans que peut-être Montfaucon ait soupçonné
les nouveaux problèmes que pouvait soulever ce rôle dominant [15].
L'illustration dans *L'Antiquité expliquée* se veut strictement documentaire : il s'agit de représenter, de diffuser les objets, de livrer

---

14. *Supplément*, 1724, I, p. II et III : (Les monuments de l'Antiquité) « se
divisent en deux classes : celle des livres et celle des statues, bas-reliefs, inscriptions et médailles ; deux classes dis-je, qui se prêtent des secours mutuels. Les
livres nous apprennent l'histoire (...). L'autre classe de monuments nous représente, comme en un tableau, une bonne partie de ce que les auteurs décrivent
(...), elle nous instruit aussi sur un nombre infini de choses que les auteurs
n'apprennent pas. »

15. Voir R. Chartier, *Les Usages de l'imprimé* (Paris, 1987), p. 14 : « [l'image
imprimée] est pensée et maniée comme un instrument majeur de la connaissance,
comme apte à donner une représentation adéquate de la vérité des choses. En
cela elle est censée emporter nécessairement l'adhésion de qui la regarde et, plus
ou mieux que le texte auquel elle est associée, produire de la persuasion et de
la croyance. »

des informations. D'où la nécessité de donner les dimensions, voire de reproduire dans leur grandeur véritable les objets présentés [16]. D'où cette autre nécessité de présenter un ensemble de pièces selon un classement raisonné et non des objets uniques, la collection permettant, en substituant le général au particulier, de tirer des informations susceptibles de fonder un savoir véritable.

De tels soucis expliquent l'absence de théâtralité de l'image dans l'ouvrage de Montfaucon, à la différence de ce qui se passe chez Kircher où les représentations d'objets fonctionnent très souvent comme figures allégoriques. On ne saurait cependant passer sous silence les qualités esthétiques de *L'Antiquité expliquée* et les réflexions auxquelles elles engagent sur l'art comme domaine spécifique. Sans doute n'y a-t-il pas d'intention proprement esthétique ; il n'y a pas d'analyse stylistique et par conséquent pas d'esthétique : A. Becq a fait observer à juste titre que « l'esthétique proprement dite ne pourra apparaître qu'une fois conçue la corrélation intime des notions de beau et de création, celle-ci faisant de celui-là une forme et une valeur » [17]. Or il n'y a pas chez Montfaucon de considérations philosophiques sur ce qui relève du beau, non plus que de notions d'« époque » ou de « style » auxquelles Caylus donnera leur validité [18]. Il lui arrive en revanche d'exprimer des jugements de gout et son admiration pour certaines pièces : « Cette Bacchante est un chef d'œuvre de l'art » (t. II, p. 246) ; ou bien, à propos de la planche CLV (t. III, p. 267) représentant le Galate blessé actuellement au Musée du Capitole, il observe qu'il s'agit là du marbre d'un « excellent maitre » [19]. Au jugement de gout se superposent parfois des considérations morales comme c'est le cas à propos du « monstrueux » égyptien, qui vaut à l'Égypte de n'apparaitre, en dépit de la chronologie, qu'après la Grèce et Rome. Ce qui semble insupportable à Montfaucon dans certaines représentations d'Isis, par

---

16. Ainsi la série de planches des tomes V et VI sur les instruments utilisés dans les différentes professions et les mesures de liquide.

17. A. Becq, *Genèse de l'esthétique française moderne. De la Raison classique à l'imagination créatrice, 1680-1814* (rééd. Paris, Albin Michel, 1994), introd., p. 7.

18. M. Käfer note avec raison que ni Spon ni Montfaucon ne prennent en compte la mise en forme artistique d'un objet, qu'ils ne considèrent ni les identités, ni les emprunts dans le cadre de l'évolution des styles ; voir « J. Spon et B. de Montfaucon, de la conception de l'art chez les "Antiquaires" et la critique du Comte de Caylus », *Bull. de l'Assoc. G. Budé*, n° 4, 1983, p. 424.

19. Montfaucon voit dans ce marbre hellénistique — qu'il n'identifie d'ailleurs pas comme tel — un gladiateur blessé, le torque qu'il porte au cou étant la marque de l'esclavage.

exemple (*Ant. expl.*, t. IV, p. 282), ce sont les « monstrueuses cornes de vache » qui constituent son ornement de tête ; il trouve également « horrible » le canope cynocéphale (qu'il tient pour une figure de dieu) de la planche CXXXIII (t. IV, p. 322), ou les petites figurines (chaoubti) enterrées avec les morts qu'il considère avec un esprit presque voltairien : « C'était, dit le P. Kircher, pour chasser les mauvais démons : il y a grande apparence que cela n'y fut mis que comme un préservatif pour les mânes de leurs parents » (t. IV, p. 322).

Il se trouve néanmoins que la rencontre du jugement de gout et de l'interprétation des vestiges antiques d'un point de vue strictement technique va permettre de rendre manifeste l'existence non encore définie, ni même délimitée comme telle, d'un domaine spécifique de l'art dont les méthodes d'analyse sont encore à inventer. C'est ce que Montfaucon appelle « la belle antiquité » : « Cet ouvrage comprend tout ce qu'on appelle la *belle antiquité*, qui quoique fort déchue depuis le troisième siècle, est censée finir entièrement au temps de Théodose le jeune. »

Jamais cependant ses jugements de gout n'égarent ni n'émoussent sa curiosité : le monstrueux égyptien l'amène au contraire à considérer que dans l'étude de la mythologie il est nécessaire de remonter aux formes les plus anciennes, donc, pense-t-il, les plus grossières des dieux, afin d'en retrouver l'originalité : « Je suis persuadé qu'au commencement les peuples grossiers regardaient tous ces désordres de leurs dieux d'une façon tout à fait simple ; ils n'y cherchaient point d'allégories : toutes leurs actions passaient dans leur esprit pour des réalités [...] Les philosophes qui vinrent à raisonner sur la nature des dieux trouvèrent tant d'absurdités dans cette théologie qu'ils virent bien que pour la rendre supportable, il fallait avoir recours à l'allégorie [...] mais la grande diversité qui se trouve dans leurs interprétations prouve que tous leurs raisonnements ne sont venus qu'après coup et que les idées les plus grossières et les plus extravagantes étaient aussi les plus originales » (Préface, p. C).

Bien plus, dans le même mouvement qui déplore la barbarie et la grossièreté des peuples qui fondèrent les premières monarchies européennes, Montfaucon fait observer quel intérêt il y aurait à s'intéresser aux objets produits par ces siècles obscurs : « Quoique tous les siècles depuis le cinquième jusqu'au quinzième aient été plongés dans la barbarie, on ne laissera pas de tirer beaucoup d'utilité d'un ouvrage qui regardera ces temps-là, fait sur ce même plan. La matière est assez stérile, je l'avoue, surtout pour

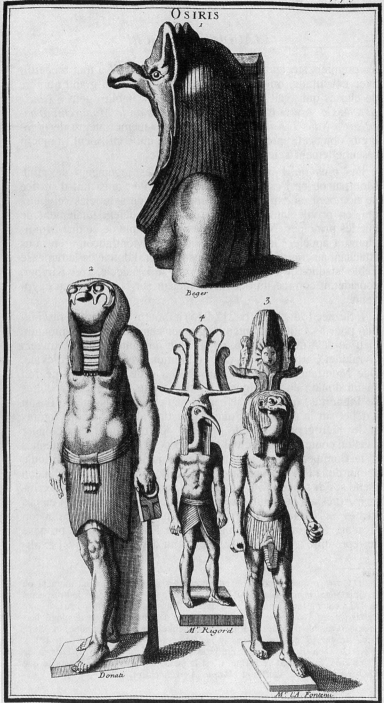

Beger

Donati

Mr Rigord

M.^r LA. Fontenu

les premiers siècles ; mais quand on sera attentif à tout recueillir avec exactitude, on ne laissera pas de trouver un grand nombre de choses qui avait échappé ci-devant aux habiles gens » (*ibid.*, p. XV). Ce sera la matière des *Monumens de la Monarchie française* [20]. Mais *L'Antiquité expliquée* elle-même intègre de nombreux objets et représentations vulgaires qui confirment l'objectif essentiellement scientifique de l'ouvrage.

Pas plus qu'il n'est prisonnier de ses jugements de gout, Montfaucon ne l'est des discours d'autorité : ainsi fait-il justice de nombreuses explications compliquées de symboles religieux qui, en privilégiant les détails érudits, perdaient totalement de vue les principes. Nous donnerons un exemple de ce que Momigliano a appelé « la leçon de sagesse de Montfaucon » en nous attachant au commentaire qu'après Kircher il donne de la fameuse Table Isiaque (ou Table Bembine) que le 17e siècle, avec Kircher, considérait comme un document majeur sur la civilisation égyptienne.

J. Seznec (*ouvr. cité*, p. 212-215) a montré comment la fascination pour les cultes orientaux, égyptiens en particulier, remontait, bien au-delà du 17e siècle, jusqu'à un humanisme qui, à travers Gyraldi et Cartari, prolongeait la tradition syncrétique médiévale. Que Montfaucon lui-même ait cédé à cette fascination ne fait aucun doute : en témoignent les deux-cents images, reproduites de Pignorius, qu'il consacre à la seule Table Isiaque [21]. Il suit Kircher sur la nécessité d'une explication allégorique des figures et des hiéroglyphes qu'elle présente : on ne saurait s'en étonner dans un contexte intellectuel où l'approche des religions païennes reste dominée par l'évhémérisme et un comparatisme articulé autour de la Révélation. Au-delà de cette inclination, Montfaucon prend ses distances pour donner une véritable leçon d'esprit critique. Après avoir minutieusement décrit la Table et conclu en ces termes : « Nous voilà à la fin d'un ennuyeux récit », Montfaucon présente avec réserve l'explication de Kircher qu'il se propose de reproduire : « Le Père Kircher venu depuis [Pignorius] expli-

20. Ouvrage que Montfaucon entreprend à soixante-dix ans, au moment où paraît le *Supplément* à *L'Antiquité expliquée*, et qu'il présente dans le Prospectus de 1725 comme une suite de cet ouvrage. Dans ce même Prospectus, le mot « gothique » qui jusque-là avait été synonyme de « barbarie » est employé dans un sens favorable pour désigner un type d'architecture digne d'admiration. Voir : E. de Broglie, *B. de Montfaucon et les Bernardins* (Plon, 1891), t. 2, p. 191.
21. La Table Bembine avait été reproduite par Pignorius (1670) à partir de la gravure d'Enée Vico de Parme. C'est la même reproduction de Pignorius que Kircher avait donnée dans son *Oedipus Aegyptiacus,* 1, p. 89.

Ch. Fontaine

M.ʳ Foucault

M.ʳ Foucault

Ch. Fontaine

S. Genevieve

M.ʳ Foucault

S. Genevieve

que tout et ne doute presque jamais ; il n'y a point d'énigme qui l'embarrasse. Voici en peu de mots son sentiment : elle parait toute symbolique et énigmatique » (t. II, p. 332) Kircher voyait dans cette Table une divinité triforme en une substance de laquelle dépendaient toutes choses ; Montfaucon souligne : « C'est sur ce plan qu'il [Kircher] a fait un commentaire d'une grande longueur, d'un détail prodigieux, et d'une obscurité qui ne le cède guère à celle de la table elle-même. Ceux qui voudront se donner la peine de le lire le trouveront peut-être tout-à-fait original, et douteront infailliblement que jamais Égyptien ait pensé comme lui » (t. II, p. 341).

Aussi Montfaucon tente-t-il, sans résultat, il le reconnait lui-même, de confronter la Table Isiaque à d'autres du même type ; la démarche mérite d'être portée au crédit d'un savant qui précède l'égyptologie [22]. D'une façon générale, Montfaucon se défie d'un comparatisme qui aurait réponse à tout, se gardant bien de réduire la diversité des formes à une explication unique ou de prétendre qu'on peut, à travers la religion des Égyptiens, remonter aux origines de l'idolâtrie : « Il n'est pas aisé de démêler les commencements de l'idolâtrie en Égypte : il y en a qui croient qu'elle n'y était pas encore établie du Temps de Moïse [...] ; d'autres croient, et peut-être avec plus de vraisemblance, que le culte des idoles y étoit déjà établi, et que le veau d'or des Israëlites n'était qu'une imitation du taureau Apis, l'un des principaux dieux des Égyptiens » (t. IV, p. 269).

On ne saurait donc suivre B. Neveu lorsqu'il dénonce la dérive comparatiste de Montfaucon et sa fascination pour les cultes à mystères de l'Égypte pharaonique et alexandrine, et encore moins lorsqu'il écrit que la « chasse au mystère » et « la séduction de l'extraordinaire » tournent au « délire » lorsqu'il s'agit des Abraxas [23]. S'il suit Kircher sur la signification symbolique des hiéroglyphes, jamais Montfaucon ne tombe dans le délire égypto-maniaque : à propos des hiéroglyphes, il se contente d'observer que « ces figures sont souvent arrangées par compartiments qui

---

22. On sait que les égyptologues ont établi depuis que les hiéroglyphes de la table n'ont aucune signification connue, que les personnes et leurs attributs ne correspondent à rien dans l'iconographie égyptienne habituelle et qu'il s'agirait d'une œuvre très tardive (sans doute de l'époque d'Hadrien) qui serait cependant liée à des enseignements initiatiques et ésotériques. Voir J. Godwin, *A. Kircher, un homme de la Renaissance à la quête du savoir perdu* (J.-J. Pauvert, 1980), p. 65.

23. B. Neveu, « Archéolâtrie et modernité dans le savoir ecclésiastique du 17ᵉ siècle », *XVIIᵉ siècle*, nº 131 (avril-juin 1981), p. 180.

reviennent avec quelque symétrie » (t. IV, p. 352). Quant aux Abraxas, s'il en reproduit et en décrit effectivement un grand nombre (ce type d'objets étant très répandu dans les collections d'antiquaires et suscitant un grand intérêt [24]), à aucun moment il ne prend en compte les explications qui ont pu être suggérées par d'autres (Chifflet ou Spon). Très souvent, au contraire, il note : « On n'entend rien à l'inscription », ou à propos d'un petit ouvrage de plomb acheté en 1699 à Rome par lui-même et sur lequel se trouvent des figures et des lettres hébraïques, grecques, étrusques et latines, il fait observer qu'il s'agit là probablement d'une production de siècles bien postérieurs au 2e siècle et que seules les superstitions ont subsisté (t. IV, p. 379).

Commandée par la correspondance stricte du texte et des objets, la structure du plan de *L'Antiquité expliquée* est particulière : les dieux, le culte, les usages de la vie privée, ceux de la vie collective, les funérailles, les tombeaux et les mausolées. Non pas un plan chronologique tel que les historiens nous en ont fait prendre l'habitude, mais un plan systématique tel que le pratiquaient plutôt les antiquaires. Toutefois, au-delà de la représentation des objets sur le mode du « musée imaginaire », il s'agit de reconstituer le passé sous son double aspect individuel et collectif, en modifiant le regard porté sur les anciens : du cercle extérieur des représentations (les dieux), appuyé sur un ensemble successif de dispositifs matériels (ceux de la vie quotidienne collective), pour conclure en retournant à l'imaginaire social du double point de vue des pratiques funéraires et des monuments érigés pour témoigner de la mémoire des hommes : c'est la longue étude des urnes et des épitaphes.

Rendre familier ce qui nous est étranger et lointain en regardant les vêtements que portaient les Anciens, les objets dont ils se servaient, leurs mœurs et leurs coutumes, non plus à travers nos conventions et nos préjugés, mais tels que nous les livrent des pratiques et des vestiges qui renvoient à une expérience qui n'est pas la nôtre, tel est le projet. Montfaucon introduit en outre dans la représentation qu'il propose de l'Antiquité, une « Antiquité barbare », celle des Germains, des Gaulois, des Parthes... peuples jusqu'alors périphériques et qui entrent à part entière dans l'his-

---

24. J. Chifflet avait publié un *Abraxas Proteus* (Anvers, 1657) et Antonio Capello un *Prodromus Iconicus Sculptilium gemmarum Basilidiani amulectici atque talismani generis* (Venise, 1702).

toire du passé [25]. Bien au-delà du simple « magasin de curiosités » auquel on a parfois voulu la réduire, *L'Antiquité expliquée* tente une reconstitution du passé en s'adressant simultanément à la raison et à l'imagination, même si parfois cet ordre par contiguïté réserve des surprises : ainsi l'étude des chemins, au tome VIII, entraine celle des types de charriots qui y circulaient et des différentes bêtes attelées, ce qui donne à Montfaucon l'occasion de parler des éléphants, des chameaux, mais aussi des bêtes féroces puisqu'il est arrivé que tigres et lions soient attelés... pour Bacchus et Héliogabale.

Ce qui importe, c'est qu'au fil des pages de *L'Antiquité expliquée*, les objets et les figures ainsi exposés au regard des modernes s'instituent comme les symptômes et les représentations de mondes disparus avec lesquels l'antiquaire tente de rétablir la communication, rompue par le temps et l'oubli. Devenus intermédiaires entre nous et les civilisations qui les ont produits, ces objets nous obligent en quelque sorte à prolonger notre regard dans un ailleurs temporel et spatial : au-delà de la simple contemplation des objets et des figures dans leur matérialité, ce à quoi nous invite Montfaucon, c'est à imaginer une histoire que les livres ne suffisent pas à rendre visible. Rassemblés et classés méthodiquement, les objets rendent compréhensibles les énoncés des historiens et présent ce qui n'avait d'existence que dans le langage. De l'univers du discours qui était celui des historiens à celui de la vue qui était celui des antiquaires, Montfaucon établit une communication qui permet l'archéologie : désormais l'histoire des choses éclaire celle des hommes et de leurs représentations. En retour, les objets les plus modestes des collections (pointes de flèches, lampes à huile, outils... et bientôt les simples tessons) se chargent d'une signification nouvelle qui modifie la façon de les regarder : ils ne sont plus des déchets, mais des vestiges, des témoignages, donc des objets d'étude. En outre, dans le temps même où ils livrent au regard ce qui était hors d'atteinte dans le passé (ainsi l'Égypte, muette encore, mais rendue à la présence à travers les images), parce que les textes n'en parlent pas ou parce qu'on ne sait plus lire ceux qui en parlent, ils invitent à de nouvelles études, à de nouveaux savoirs.

Que ces nouvelles études et ces nouveaux savoirs impliquent de nouveaux modes de classement, de datation et d'analyse qui

---

25. *Ant. expl.* t. VII ; voir la richesse et l'intérêt de la documentation proposée et analysée sur l'armement, les machines de guerre et de sièges, les façons de monter à cheval des différentes nations anciennes.

bientôt vont condamner ceux qu'avait introduits *L'Antiquité expliquée*, cela constitue la preuve même de son mérite, confirmé par le double hommage que lui rendront Winckelmann et Champollion [26]. Avant que l'*Encyclopédie* n'ait consacré la rupture qui s'est effectuée entre antiquaires et philosophes, *L'Antiquité expliquée* représente cet ultime moment où la curiosité et l'imagination ne sont pas encore totalement domestiquées par la raison. Bientôt, en effet, le rationalisme triomphant, en mettant en place une nouvelle *épistémè* dominée par la méthode déductive, condamnera l'érudition et la curiosité qui, relevant de la mémoire et du regard, ne lui paraissent pas dignes de contribuer aux progrès de la connaissance [27].

CLAUDINE POULOUIN

---

26. Même s'il critique la technique épigraphique de Montfaucon — *Précis du système hiéroglyphique des anciens Égyptiens*, éd. 1828, p. 307 —, Champollion voit en lui (et en Caylus) le promoteur de l'archéologie ; voir *Discours d'ouverture au Cours d'Archéologie au Collège de France*, 1831, placé en tête de la *Grammaire* de Champollion.

27. Voir K. Pomian, « La culture de la curiosité », dans *Le Temps de la réflexion* (Gallimard, 1982), p. 337-359.

LES SINGES DE MARS
ET LE SINGE ANTIQUAIRE

A PROPOS DES DIEUX GRÉCO-ROMAINS

Depuis la Renaissance, les mythes antiques sont passés par différentes métamorphoses. « Mélange confus des songes de l'imagination, des rêves de la philosophie, et des débris de l'ancienne histoire », d'après l'*Encyclopédie* (Jaucourt, art. MYTHOLOGIE), la mythologie est reçue par le 18ᵉ siècle sous une forme « dévitalisée », réduite : « On ne la considère plus que comme un « amas de nobles fictions » et d'« ornements reçus » ; ou comme un auxiliaire didactique, conçu pour l'édification de la jeunesse » [1]. Cet éclatement du corps mythique est signifié par un éclatement du vocabulaire lui-même : fable et mythologie se séparent. « Il n'est pas possible d'ignorer [la fable] à un certain point sans avoir à en rougir ; mais de porter sa curiosité jusqu'à tenter de percer les divers sens, ou les mystères de la fable, [...] c'est une science réservée pour un petit nombre de savants [...], ce qu'on nomme la mythologie » (*Encyclopédie,* Jaucourt, art. FABLE). Le 18ᵉ siècle s'interroge sur les modalités (et sur l'opportunité) d'une présence de la Fable et de la Mythologie. L'Éducation, les Arts et Lettres, l'Histoire et la Philosophie sont convoqués dans ce jugement — témoins à charge, ou à décharge, des mythes confrontés au tribunal de la Raison.

L'enseignement, au début du siècle, fait la part belle aux fables. Par leur aspect merveilleux, elles semblent destinées à l'enfance, mais elles servent surtout à « l'intelligence des auteurs, soit grecs, soit latins, soit français même » (Rollin, *Traité des études,* 1726, III, p. 4). Outre les dictionnaires généraux, comme ceux de Chompré (1727), Claustre (1745), Cartari (1576 ; trad. fr. de Du Verdié, 1624), ou celui, plus ancien et très souvent réédité, de Natale Conti (1551), on trouve de nombreux manuels à l'usage des collégiens : celui du P. Gautruche (*Histoire poétique pour l'intel-*

---

1. J. Seznec, *La Survivance des dieux antiques* (Paris, 1980, rééd. 1993), p. 376.

---

ligence des poètes et des auteurs anciens, 1653), utilisé dans les collèges jésuites mais aussi par les oratoriens (comme ceux du collège d'Effiat, étudié par J. Ehrard [2]), celui du P. Joseph de Jouvency, du jésuite Rigord, et bien d'autres encore. Les mythes païens font l'objet d'interrogations, d'études et de représentations théâtrales, principalement dans les collèges jésuites. Si, comme l'a montré J. Ehrard *(art. cit.),* les études chrétiennes sauvent provisoirement la fable en la transformant en faire-valoir de la religion chrétienne, elles soulignent de plus en plus, dans ce mouvement, le ridicule du paganisme et son immoralité. On tente donc d'offrir une Antiquité nettoyée, expurgée. Pourtant, même ainsi, son caractère futile demeure ; l'abbé Pluche fait le procès de l'esprit même de la mythologie qui, loin d'éduquer, infantilise : « Ainsi l'enfance se passe parmi les dieux. [...] On entretient donc à grands frais l'irréligion, et notre raison dans un badinage éternel : d'où il ne peut résulter qu'une puérilité oisive qui affaiblit notre caractère, émousse tous nos talents ; et qui en nous ôtant le gout de tous nos devoirs, en ruine toute la réalité » (*Histoire du ciel,* Paris, 1739, t. II, p. 387-388). Ridicule, immoralité, irréligion, inutilité, affaiblissement du caractère, toutes ces accusations font que la fable perd du terrain dans la pédagogie de la dernière moitié du siècle.

Mais l'enseignement de la fable est aussi justifié par un argument externe. J. Starobinski [3] l'a décrit comme un instrument de sélection sociale aussi bien que scolaire, un code nécessaire à l'entrée dans la bonne société : « Tous les spectacles retentissent de leurs aventures, on les retrouve dans les cantates, dans les chansons de table, dans les décorations des appartements, des jardins et des places publiques » (Pluche, *ouvr. cit.,* t. II, p. 387-388). Les arts de ce temps demandent une lecture qui fonctionne à plusieurs niveaux, tout est texte crypté : « Il est d'autres espèces de livres exposés aux yeux de tout le monde, les tableaux, les estampes, les tapisseries, les statues. Ce sont autant d'énigmes pour ceux qui ignorent la fable, qui en est souvent l'explication et le dénouement » (Rollin, t. III, livre 6, art. 2). Lieu du futile et de l'agréable, la fable épouse les mœurs du temps, elle en cristallise l'imaginaire. Elle va jusqu'au libertinage, sinon davantage, en plaçant sous les yeux des scènes lascives illustrant les

---

2. « Les Dieux au collège », *Studi in onore di Mario Matucci* (Pise, 1993), p. 45-56.
3. « Fable et mythologie aux 17e et 18e siècles », *Le Remède dans le mal,* (Paris, 1989).

poètes antiques ou figurant les amours de Jupiter : la plupart des
titres des peintures mythologiques des Salons du Louvre évoquent
des couples : Mars et Vénus, Jupiter et Callisto... La fable peut
« sous des noms empruntés, et sous la liberté du masque, nous
occuper de plaisirs, et flatter nos passions » (Pluche, *idem*). Peinte,
écrite, ou frappée en médailles, elle exalte aussi les valeurs aristocratiques et guerrières et participe à la glorification du Prince
sous les traits de Mars, Apollon, Hercule, selon les circonstances.
Elle est un instrument de propagande. Le merveilleux joue en sa
faveur, à tel point qu'il n'est plus perçu comme tel : « Personnages
chimériques, je le sais, [...] nos yeux y sont familiarisés au point
que nous avons peine à les voir comme des êtres imaginaires »
(Jaucourt, MYTHOLOGIE, *Encyclopédie*). La Fable représente le
domaine du rêve, de l'enfance, mais aussi de l'endormissement
des sujets devant les beaux contes qu'on leur sert, elle est celle
qui fait croire. Elle est aussi, dans le même article, justifiée
de façon plus raisonnée (et raisonnable ?) par les charmes de
l'allégorie : « La fable est le patrimoine des arts [...] : tout agit,
tout respire dans ce monde enchanté, où les êtres intellectuels
ont des corps, où les êtres matériels sont animés ». Vie sociale,
politique, intellectuelle, elle colore tout, en « mythologie »
(Barthes) vivante, et, lorsque les mentalités changent dans ces
domaines, elle est la première touchée.

Le gout du naturel, de la raison et de la vérité sont difficilement
compatibles avec elle. Souvent plaqués dans des contextes modernes ou chrétiens, les dieux mêlent différents niveaux de réalité.
Ils rompent « la liaison des personnages réels en y mêlant un
être idéal », et Pluche propose une esthétique où la fable ne peut
plus jouer aucun rôle : « Pour plaire ce n'est pas assez qu'une
chose soit bien faite, il faut que ce soit le besoin, le bon sens
et le jugement qui la mettent en œuvre » (t. II, p. 395-396).
Comme le montre Katie Scott[4], le culte royal est dénoncé pour
sa fausseté à l'égard de l'Histoire (par Bruzen de la Martinière,
Médailles sur les principaux événements de Louis le Grand, Paris,
1723), ridiculisé par des caricatures venant de l'étranger, ou
stigmatisé par des religieux : le roi, sous la figure de Jupiter,
c'est-à-dire d'un faux dieu, « se déshonore », et les peuples « s'in-
fectent de cette espèce d'idolâtrie » (abbé Duguet, cité par
K. Scott, *ouvr. cit.*, p. LV). D'autres le récusent tout simplement

---

4. Voir Katie Scott, « D'un siècle à l'autre », *Les Amours des dieux* (Réunion
des Musées nationaux, Paris, 1991), p. XXXII-XXXVIII.

au nom du bon sens : « On n'est point touché d'admiration mais de pitié et de dépit, lorsque dans une sculpture publique, on expose un roi, dont la mémoire nous est chère, tout nu au milieu de son peuple, maniant une lourde massue et portant une perruque carrée » (Pluche, *ouvr. cit.*, t. II, p. 392). Les Singes de Mars peints par Watteau illustrent le déclin de ce genre : l'héroïsme mythologique n'est pas imitable, ou plutôt le prince qui l'imite « fait la bête ». Le déguisement est une singerie, au lieu d'être une apothéose. Au Salon de 1771, Mme du Barry représentée en Muse par Drouais est une Mme du Barry indécente (le tableau fait scandale et est enlevé par la Muse rhabillée). Le regard posé par l'homme du 18e siècle ressemble de plus en plus à celui de l'enfant du conte d'Andersen *(Les Habits neufs du Grand-Duc)* : le roi représenté en Hercule n'est qu'un homme, et il est nu.

Au souci de vérité, on ajoute la morale, la religion, la recherche du beau sujet. Rollin, dans son *Traité des études*, propose que poètes et peintres chrétiens cessent d'inviter les divinités païennes dans leurs œuvres (t. I, p. 256). Comme lui, Diderot, partisan d'une peinture « morale » (« Quoi donc ! le pinceau n'a-t-il pas été assez et trop longtemps consacré à la débauche et au vice ? » [5]), incite les artistes à s'inspirer de l'Histoire Sainte [6] : « Qu'on me dise après cela que notre mythologie prête moins à la peinture que celle des Anciens ! Peut-être la fable offre-t-elle plus de sujets doux et agréables [...] ; mais le sang que l'abominable croix a fait couler de tous côtés est bien d'une autre ressource pour le pinceau tragique. [...] Sans contredit, j'aime mieux voir la croupe, la gorge et les beaux bras de Vénus que le triangle mystérieux ; mais où est, là dedans, le sujet tragique que je cherche ? » [7] L'Histoire, la vraie, qu'elle soit nationale ou antique, devient un sujet de prédilection, alliant la vérité à la morale. Diderot, dans ses *Salons*, témoigne de cette évolution [8]. Il se plaint du goût de ses contemporains : « Sans les dieux du paganisme, ces gens là ne sauraient que faire. Je voudrais bien leur ôter ce maudit catéchisme païen » *(éd. cit.*, t. III, p. 172 [sur Valade]). « Au lieu d'emprunter des héros aux Grecs et aux Latins, qu'on ose donc

---

5. Diderot, *Salons*, éd. J. Seznec et J. Adhémar, 4 vol. (Oxford, 1957, 1960, 1963, 1967) ; t. I, p. 233 (sur Greuze).

6. En 1765, l'abbé Méry publie sa *Théologie des peintres, sculpteurs, graveurs, ...où l'on explique les règles pour représenter les mystères, les saints ...,* ce qui fait bien rire la *Correspondance littéraire* de mai.

7. Sur *Le Mariage de la Vierge* de Deshays, 1763, voir *Salons, éd. cit.*, t. I, p. 214.

8. Voir J. Seznec, *Essais sur Diderot et l'Antiquité* (Oxford, 1957).

en faire de nos rois et de nos princes », disait Du Bos [9]. Diderot, lui, propose tous les citoyens de mérite : « Croit-on que les bustes de ceux qui ont bien mérité de la patrie, les armes à la main, dans les tribunaux de la justice, aux conseils du souverain, dans la carrière des lettres et des beaux-arts, ne donnassent pas une meilleure leçon ? Pourquoi donc ne rencontrons-nous point les statues de Turenne et de Catinat ? C'est que tout ce qui s'est fait de bien chez un peuple se rapporte à un seul homme ; c'est que cet homme jaloux de toute gloire ne souffre pas qu'un autre soit honoré, c'est qu'il n'y a que lui » (*éd. cit.*, t. III, p. 198-199). Pluche ajoute l'histoire naturelle, « les arts et les métiers : les coutumes des peuples, mille et mille traits qui caractérisent le cœur humain » (t. II, p. 393). Après le règne des dieux et des héros, vient celui des hommes et des choses.

Enfin, l'esthétique s'en mêle : l'énigme, genre prisé aux siècles précédents, a passé de mode, bien qu'on la trouve encore présente dans les journaux. Elle est un genre vieillot, provincial et artificiel, qui n'a plus d'efficacité : « Toutes ces figures énigmatiques me font une fatigue de ce qui devrait m'amuser, ou m'instruire [...] et pour l'ordinaire quand je suis parvenu à deviner l'intention de ces personnages mystérieux, je trouve que ce qu'on m'apprend ne valait guère les frais de l'enveloppe » (Pluche, *ouvr. cité*, t. II, p. 394-396). Bernard Lamy recommande qu'« à moins d'être extravagant, ou de vouloir prendre plaisir à n'être point entendu, on ne continue point depuis le commencement d'un livre, jusqu'à la fin, en de perpétuelles allégories » (*La Rhétorique*, II, 4). L'abbé Du Bos (*Réflexions critiques*, t. I, p. 212) limite l'utilisation de la fable à l'illustration de vérités morales ; elle ne doit toucher que l'intelligence et non les sentiments. Les dieux ne servent plus alors que de représentations d'idées abstraites (la beauté, la guerre, etc.) et ne doivent plus jouer de rôle dans l'action. Les personnages de la fable se métamorphosent en ces figures froides et sans vie qu'on reprochera à l'esthétique du siècle suivant. Semblant autoriser le recours à ce livre d'images, cet abbé, en fait, en accélère la désuétude. Les histoires se réduisent alors à un dictionnaire sec, postulant « une disjonction de l'apparence et du sens, aussitôt annulée par un système de corrélations fixes, système grâce auquel toute l'étrangeté de l'allégorie s'évanouit » (J. Starobinski, *ouvr. cit.*, p. 236). Tout en se faisant

---

9. *Réflexions critiques sur la poésie et la peinture* (1719, éd. de 1733), II, p. 38.

envahissante, la fable se réduit à quelques noms et à des images colorées mais redondantes, tandis que sa présence en peinture se réduit parfois au titre seul.

Si les peintres peuvent encore présenter des scènes mythologiques, ils se heurtent aux nouvelles exigences de la représentation. Aussi, ceux qui représentent le courant moderne, Chardin, Greuze, La Tour, Fragonard, Robert, Vernet... s'en servent peu, avant le grand mouvement de retour à l'antique (davantage historique que mythologique), dû, entre autres, à l'influence des théories de Winckelmann et de Mengs, et illustré par Vien (*La Marchande d'amours,* au Salon de 1763) et David (à partir de *Bélisaire,* 1781). Selon La Font de Saint-Yenne, premier critique des Salons du Louvre (1746), « le peintre historien est le seul peintre de l'âme, les autres ne peignent que pour les yeux » [10]. Or, la mythologie est de plus en plus utilisée dans le genre galant, anacréontique, en petits formats dans lesquels elle perd tout dynamisme. Elle se réduit à quelques attributs posés autour de personnages figés dans l'instant, sans passé, sans avenir, sans pensées : des corps, juste pour les yeux. Mais qu'est-ce qu'un corps divin ? Les dieux doivent ressembler aux hommes, mais à des hommes qui soient presque des dieux. Diderot s'en fait une idée élevée (socialement, moralement ?) : « Vénus, cela ! c'est une jolie catin. Mars, cela ! c'est un beau savoyard » (sur Lagrenée, 1771 ; *Salons*, t. IV, p. 170). L'Hector de Challe n'est pas assez noble (1765 ; t. II, p. 110). Il reproche à Boucher de prendre ses modèles dans la rue, l'Antiope de Mme Therbouche (1767 ; t. III, p. 251) a été peinte « d'après sa femme de chambre ou la servante de l'auberge ». Un Orphée a l'air « un peu français ». L'Amour caressant sa mère, dans la toile de Brenet (1765 ; t. II, p. 164) est « un enfant qui baise sa mère », et rien de plus. On demande au peintre du 18e siècle d'être vrai, mais où va-t-il prendre ses modèles pour représenter les dieux de l'Amour et des Vents ? La peinture catholique, fondée sur un Dieu fait homme, n'a pas ce problème. On demande à la fable, quand elle n'est pas simple plaisir d'agrément (les Grâces, les Amours...) de faire croire au moins à ce ciel irréel, de faire rêver encore à l'impossible. Mais cet impossible est irreprésentable sur un seul tableau : « Pour exécuter ce morceau, il eût fallu fondre ensemble les talents de trois ou quatre grands maitres ; il y avait des natures terribles,

---

10. Cité par B. Saint-Girons, *Esthétiques du 18e siècle* (Paris, 1990), p. 312-313.

redoutables, à suspendre dans le vague de l'air, les eaux bouillon-
nantes à élever en vapeur [...], et caetera » (sur *Achille, près
d'être submergé par le Scamandre et le Simoïs* de Deshays,
1765 ; t. II, p. 98). Bien plus, cet ineffable des dieux est aussi
celui de la poésie. « Lisez Homère et Virgile, et ne regardez plus
de tableaux », « Lisez Homère et Virgile, jusqu'à ce [qu'ils...]
vous aient donné la vraie physionomie du personnage », conseille
inlassablement Diderot. Peindre la poésie s'avère décevant ; l'*ut
pictura poesis* est remis en question [11] et les peintres se trouvent
devant l'irreprésentable, irreprésentable du divin, de l'idéal, de
la poésie antique même.

Si la fiction que représente la fable peut encore servir aux
arts, il n'en va pas de même pour les sciences, intéressées par
son autre versant, celui de la mythologie. Sur la question fondamentale des origines, les traditions gréco-romaines offrent peu
d'intérêt par elles-mêmes, mais elles sont un maillon qui peut
donner un éclairage sur les premiers temps [12]. Et cette vérité a des
conséquences graves sur l'idée qu'on peut se faire des Anciens, de
l'Homme en général et, enfin, de Dieu [13]. Si les athées veulent
prouver que la religion est née de la peur, de la ruse et de la
superstition, les orthodoxes et les déistes sont favorables à la
thèse d'une religion primitive monothéiste, déformée par la suite.
Dans tous les cas, les fables des Anciens ne seraient donc que des
mensonges accrédités par des sots. Evhéméristes et allégoristes
essaient de leur redonner un semblant de vérité.

Le plus célèbre mythologue français du siècle, l'abbé Banier
(*La Mythologie et les Fables expliquées par l'histoire*, 1738) est
un évhémériste. « Il est des temps favorables à certaines opinions,
et celle de la vérité des fables a tellement pris le dessus qu'il
faut désormais renoncer de bonne grâce à y trouver aucun sens
raisonnable, ou les rapporter à l'Histoire » (éd. 1738, t. I, p. VII).
L'histoire est divisée en trois temps [14] : temps bibliques, fabuleux

---

11. Voir W. Folkierski, « Les rapports entre les lettres et les arts figuratifs au
18e siècle », *Atti del 5° congresso internazionale di lingue e litterature moderne*
(Florence, 1955).
12. Voir *Primitivisme et Mythes des origines dans la France des Lumières*,
(Presses de l'Université Paris-Sorbonne, 1989).
13. Voir F. E. Manuel, *The 18th Century confronts the Gods* (Cambridge, Mass.,
Harvard University Press, 1959).
14. Certains donnent un autre sens à cette division ; Vico y décèle trois âges :
âge des dieux, des héros, et des hommes, non pour reproduire une généalogie
archaïque, une forme de mythologie, mais pour y déceler une vérité. Selon lui,
elle imite les étapes de l'histoire des mentalités, des formes de gouvernement,
des mœurs, du langage... Il y a une vérité anthropologique de la mythologie.

et historiques. Pour combler cette lacune représentée par ces temps fabuleux, il faut les amalgamer aux époques qui les encadrent : la Fable « est née de la vérité, c'est-à-dire de l'Histoire tant sacrée que profane » (Rollin, t. III, p. 129). Après Vossius et Bochard, Huet, dans sa *Demonstratio evangelica* (1679), faisait correspondre entre eux personnages bibliques et mythologiques. Mais ces amalgames passent de mode [15], et on peut citer Gerhard comme un des derniers auteurs à suivre cette idée de façon aussi systématique.

Les évhéméristes du 18e siècle sont guidés par la science de leur temps et ajoutent la physique à une philologie plus raisonnée. Newton, Marsham, Shuckford, interprètent les généalogies des dieux comme de l'histoire politique locale. Les évhéméristes du continent, Le Clerc, Banier, et, pendant quelque temps, ceux de l'Académie des Inscriptions, sont plus circonspects, plus éclectiques aussi dans leurs interprétations. Ils pratiquent un évhémérisme diffusioniste (tout vient de l'Orient, égyptien ou phénicien) et expliquent (ou plutôt traduisent) tout ce qui relève du surnaturel par la déformation des langues ou l'exagération des poètes et des prêtres. Même s'ils n'excluent pas le sens allégorique ou moral, ils réduisent le mythe à des évènements souvent mineurs (dire que Saturne a envoyé ses enfants faire leurs études à l'étranger est assez réducteur [16]), donnent une mauvaise image des Anciens qui ont pu croire à ces contes et ramènent le merveilleux à la rationalité. L'Histoire que les fables nous racontent est sans intérêt et toutes les religions peuvent craindre de subir le même traitement.

Comme au temps d'Eusèbe de Césarée, seule l'allégorie peut sauver la fable, mais une allégorie qui ne soit pas uniquement le fait des poètes et des philosophes, comme celle que propose Hardouin (*Apologie d'Homère,* 1716). (Sur la querelle à propos d'Homère, voir C. Grell, *ouvr. cité.*, p. 338-349.) Il s'agit de montrer que le peuple lui-même pratiquait une religion raisonnable et vertueuse. L'abbé Bergier (*L'Origine des dieux du paganisme et le sens des fables découvert par une explication suivie dès poésies d'Hésiode,* 1767) suit cette voie : « Les fables des Héros sont l'histoire naturelle particulière de la Grèce et des environs [...]. C'est le peuple qui en est le premier auteur »

---

15. Voir Chantal Grell, *Le 18e Siècle et l'Antiquité en France,* thèse (Paris-Sorbonne, 1990), p. 830-838.
16. Théorie de Samuel Shuckford, *L'Histoire sacrée et l'Histoire profane du monde réunies* (1728).

Les Singes de Mars, gravure de J. Moyreau (chez Gersaint) d'après le tableau de Watteau (1710) qui a été perdu.

(t. I, p. 177). « On ne me persuadera jamais que la religion ait commencé en Grèce par le polythéisme et l'idolâtrie » (t. I, p. 31). Le polythéisme n'arrive que tardivement. Avant lui, les fables sont l'« admiration stupide de la nature, » une « physique grossière ». Comme La Barre et Fourmont, il voit dans la *Théogonie* d'Hésiode une succession de quatre époques qui reflètent « l'état contemporain de la société chez les Grecs » (p. 45) : adoration des phénomènes naturels, établissement de l'agriculture, puis des arts, enfin déification de la bravoure, des talents et des passions « à mesure que les Grecs sont devenus successivement guerriers, polis et vicieux » (p. 45).

Cette interprétation domine dans la deuxième moitié du siècle : « On voit par les derniers mémoires de l'Académie des Inscriptions que le sens historique des fables n'est plus l'opinion dominante de cette savante compagnie » (Bergier, t. I, p. IX-XII). La Barre, Fréret (dans le tome 23 des *Mémoires* de cette Académie), l'abbé Foucher (au tome 27), Bougainville (t. 29) « ont posé des principes contradictoires à celui de M. l'abbé Banier » *(ibid.)*. Mais ce système présente une mythologie « étrangement dégradée. [...] Les fables sont de pures allégories, aussi grossières que ceux qui en sont les auteurs » (t. I, p. 6). L'abbé Pluche proposait dans l'*Histoire du ciel* une explication beaucoup plus flatteuse. Pour lui, les dieux « étaient uniquement des caractères significatifs pour annoncer au peuple le cours du soleil, la suite des fêtes, et l'ordre des travaux de l'année ». Ces caractères sont des pancartes, « symboles pour instruire tout le peuple [d'Égypte] des ouvrages qu'il fallait faire en commun, et des évènements annuels auxquels il était dangereux de se méprendre » (t. I, p. 39-40). Le signe de l'imminence de la crue, l'étoile du Chien, fut représenté par Anubis, les vents furent symbolisés par des ailes, le temps d'oisiveté de la crue, par le sphinx couché (réunissant les signes d'été, Lion et Vierge)...

Mais les peuples qui imitèrent l'écriture hiéroglyphique sans la comprendre l'ont dénaturée. « Les sculpteurs grecs ne pouvaient souffrir sur la tête de leurs simulacres ces épouvantables cornes du taureau ou du capricorne, qui représentent le printemps et l'hiver » (t. I, p. 164). Les Grecs sont coupables d'avoir perverti les caractères, d'en avoir fait des fictions absurdes. Pluche pratique une allégorie picturale, et non textuelle : il n'interprète que les images ; la fable gréco-romaine, dans ce système, est considérée comme totalement dénuée d'intérêt, elle est une effroyable erreur.

Court de Gébelin (*Le Monde primitif analysé et comparé avec le monde moderne,* 1773-1782) est celui qui tente de redonner à

Chardin, *Le Singe antiquaire* (entre 1735 et 1740) (Musée de Chartres).
© Musée des Beaux-Arts de Chartres.

ces fables un statut de mythes, de récits fondateurs indispensables, aujourd'hui comme hier. Il inaugure les travaux des mythologues des siècles suivants. Comme l'abbé Pluche, il fait remonter les premiers symboles à des signes calendaires ou zodiacaux. Chronos devient un mixte de la genèse biblique et du récit de l'invention de l'agriculture, Mercure est une leçon d'astronomie, Hercule désigne le rythme des travaux agricoles... Ce n'est pas seulement l'écriture mais le langage tout entier, et surtout la poésie et le chant (c'est une théorie qu'on trouve chez Vico, Rousseau, Herder), qui a instruit les hommes. Loin d'expulser la fable gréco-romaine, il tente de la faire correspondre à tous les mythes, comme il tente de retrouver la langue primitive à travers toutes les langues connues, et conclut en disant que « leurs fables méritent de devenir les nôtres ». Inspirant Dupuis, Volney et les Idéologues, Court de Gébelin, franc-maçon, prétend réinjecter du symbole dans la conscience de l'homme moderne.

A une représentation des mythes stéréotypée à laquelle on demande de ne s'adresser qu'à l'intelligence ou aux yeux, représentation de surface, détachée de tout souci de cohérence, le 18e siècle, vu à travers ces quelques exemples, tente de redonner de la profondeur. Profondeur temporelle, d'abord, mais dans la quête des origines les fables gréco-romaines disparaissent derrière celles, plus anciennes, des Égyptiens, des Celtes, des Nordiques... qui appellent les futurs mythes nationaux, les mythes du sol et du sang. La recherche des racines produit un ancrage et une pesanteur bien étrangers à cet univers léger. Du côté de la recherche d'une profondeur de sens, les tentatives allégoriques aboutissent aux « emblèmes de la République » (Starobinski), qui défilent devant l'Être suprême sous la forme de représentations (essentiellement féminines) nobles, mais aveugles, sans passé, sans désirs, « sans histoires », tenant entre leurs mains les outils de l'activité humaine. On pourrait illustrer cette rupture par deux tableaux : *Les Singes de Mars* de Watteau et *Le Singe antiquaire* de Chardin. L'homme du 18e siècle se retourne vers ce passé comme vers un miroir qui lui renvoie l'image changeante qu'il se fait de lui-même, et il y découvre qu'on ne peut faire revivre ces dieux qui commencent à mourir peu avant les princes qu'ils avaient si bien servis. Se retournant vers cette Eurydice comme pour un dernier adieu, il entre, après l'âge des dieux et des héros, dans l'âge de l'homme.

ANNE-MARIE MERCIER FAIVRE
I.U.F.M. de Lyon

L'INTERPRÉTATION ALCHIMIQUE
DE LA MYTHOLOGIE

Dans l'article CHYMIE de l'*Encyclopédie* (t. III, 1753, p. 408-437) [1] Gabriel François Venel (1723-1775), futur professeur de chimie à Montpellier (1759), remarquant qu'« il y a peu d'arts dont les commencements soient plus obscurs que ceux de la *chimie* », expliquait :

Nos antiquaires chimistes ne se sont pas contentés de fouiller dans tous les recoins de l'Histoire sainte et de l'Histoire profane, ils se sont emparés des fables anciennes ; et c'est une chose curieuse que les efforts prodigieux et les succès singuliers avec lesquels ils en ont quelque fois détourné le sens vers leur objet. Leurs explications sont-elles plus ridicules, plus forcées, plus arbitraires que celles des platoniciens modernes, de Vossius, de Noël le Comte, de Bochart, de Kircher, de Marsham, de Lavaur, de Fourmont, et autres interprètes de la Mythologie, qui ont vû dans ces fables la théologie des anciens, leur astronomie, leur physique, leur agriculture, notre histoire sainte défigurée ? Philon de Biblos, Eusèbe, et d'après ceux-ci quelques modernes, ont-ils eu plus ou moins de raison que les premiers auteurs de prétendre que ce n'étaient que des faits historiques déguisés, et de reprocher aux Grecs leur gout pour l'allégorie ? Qui sont les plus fous ou de ceux qui discernent dans des contes surannés la vraie théologie, la physique, et une infinité d'autres belles choses ; ou de ceux qui croient que pour y retrouver des procédés chimiques admirables, il ne s'agit que de les développer et que de les dégager de l'alliage poétique ? Sans rien décider là-dessus, je crois qu'on peut assurer qu'en ceci, comme en beaucoup d'autres cas, nous avons fait aux anciens plus d'honneur qu'ils n'en méritaient (p. 421).

Venel alléguait alors (p. 421) Suidas, Eusthate, et, d'après Jean-François Pic de la Mirandole, Apollonius de Rhodes et son scoliaste, qui tous donnèrent un sens alchimique à l'expédition des argonautes ; plus loin (p. 422), il renvoyait pour une interprétation

1. Sur cet article, voir M.-M. Janot, « Quelques aspects de la Chimie dans l'*Encyclopédie* », *Annales de l'Université de Paris*, 22ᵉ année, n° spécial, n° 1, octobre 1952, p. 151-168. Sur la situation de l'alchimie en France à l'époque, voir A. G. Debus, « The Paracelsians in eighteenth-century France : a Renaissance tradition in the age of the Enlightenment », *Ambix* 28 (1981), p. 37-54, et notre étude, « Jean-Baptiste Le Brethon et la situation de l'alchimie à la Faculté de médecine de Paris au début du 18ᵉ siècle », introduction à la rééd. anastatique de Le Breton, *Les Clefs de la philosophie spagyrique* (1722) (Paris, 1985), p. 7-32.

alchimique générale de la mythologie antique à Robertus Vallensis, Michel Maier, Pierre-Jean Fabre et Blaise de Vigenère.

Nous avons là en effet quelques-uns des principaux noms de la riche histoire de l'interprétation alchimique de la mythologie antique qui devait faire entendre son chant du cygne au 18ᵉ siècle [2]. Cette interprétation s'enracinait dans l'Antiquité tardive, encore qu'on ne voie pas dans les textes des alchimistes grecs qui nous sont parvenus de tentatives manifestes de donner un sens alchimique aux mythes grecs ou égyptiens. De telles interprétations eurent cependant cours, au moins à l'époque byzantine, comme en témoignent Jean d'Antioche (frag. 15 Müller) repris par « Suidas » (*Souda*, Δ 250 Adler) : ce lexicographe du 10ᵉ siècle explique que « la Toison d'or n'était pas ce que la fable dit d'elle, mais un livre écrit sur une peau et qui enseignait la manière de fabriquer l'or par alchimie. C'est pourquoi les anciens l'appelaient à juste titre "la Toison d'or" en raison de ce qu'elle permettait de réaliser ». Texte repris par le métropolite de Thessalonique, Eustathe (vers 1115-1195/96), qui ajoute *(Periegesis Dionysii,* § 689, 340.38-41 Müller)* que « Kharax lui-même dit que la Toison d'or est un traité de chrysographie rédigé sur des parchemins, pour lequel, dans la mesure où il était une chose d'une importance considérable, fut construite la flotte d'Argos ».

Dès la Renaissance, le texte de Suidas fut rapidement et largement diffusé par les humanistes, antiquaires et érudits de toutes sortes, et ceux qui s'interrogent sur l'origine de l'alchimie ne manquèrent point de l'utiliser, soit pour l'approuver soit pour le rejeter. Ainsi Daniel Sennert (1572-1637) admet que la Toison d'or désignait bien un livre sur la chrysopée [3]. En revanche l'adversaire des paracelsiens, Thomas Éraste (1523-1583), taxe cette interprétation d'absurde billevesée, sur laquelle il est inutile de s'arrêter [4]. Éraste n'apportait donc pas d'arguments pour réfuter Suidas, mais ceux-ci devaient être fournis par Hermann Conring (1606-1681) dans son *De Hermetica Ægyptiorum vetere et Paracelsicorum nova medicina liber unus. Quo simul in Hermetis Trismegisti omnia, ac universam cum Ægyptiorum tum Chemico-*

---

2. Voir notre étude, « L'herméneutique alchimique de la fable antique », introduction à la réédition anastatique de A.-J. Pernety, *Les Fables égyptiennes et grecques dévoilées et réduites au même principe* (Paris, 1982, 2ᵉ éd. corrigée, 1992), notamment la note 8 de la 2ᵉ éd. pour la bibliographie sur le sujet.

3. Voir *De chymicorum cum Aristotelicis et Galenicis consensu ac dissensu* (Wittenberg, 1619) cap. III (« De inventoribus et cultoribus chymiae », éd. *Opera omnia* (Lyon, 1676), I, p. 185-186.

4. Voir *Explicatio quaestionis famosæ illius, utrum ex metallis ignobilibus aurum verum et naturale arte conflari possit* (Bâle, 1572), p. 102.

rum doctrinam animadvertitur (1648, 2ᵉ éd. augmentée 1669). Dans ce savant ouvrage qui s'attache à contester l'origine égyptienne de l'alchimie et de toute médecine hermétique autre que magique (et où Venel puisa nombre de ses informations, telle la remarque de J.-F. Pic de la Mirandole sur Apollonius de Rhodes et son scoliaste [5]), Conring mettait notamment en avant le caractère très tardif du témoignage de Suidas. Quelques trente ans plus tard, Olaus Borrichius (1626-1690) lui répondit avec son *Hermetis, Ægyptiorum, et chemicorum sapientia ab Hermanni Conringii animadversionibus vindicata* (1674) : rivalisant d'érudition, Borrichius reprochait entre autres choses à Conring de n'avoir pas remarqué que le texte de Suidas sur la Toison d'or était emprunté à Jean d'Antioche (7ᵉ siècle), ainsi que l'avait déjà fait remarquer Saumaise [6], et s'employait à défendre le sens alchimique de la quête des Argonautes tant pour des raisons historiques qu'au motif de l'accord des éléments du récit avec ceux du grand œuvre (cap. III, § XIX, p. 87-92).

Comme l'a souligné R. Halleux, l'enjeu de la polémique entre Conring et Borrichius sur l'antiquité de la chimie était essentiellement « de conférer à l'iatrochimie, rivale d'Aristote et de Galien, ses lettres de noblesse en la faisant remonter au moins aussi haut que possible », car « l'iatrochimie elle-même était trop peu fondée en raison, trop tributaire de l'ésotérisme allemand pour s'avouer fille de ses œuvres et se passer de l'appui rassurant d'une tradition ». Et R. Halleux observe qu'« il faudra l'essor de la chimie mécaniste de Boyle pour que le clivage entre chimie et alchimie se confirme, et que la chimie expérimentale et rationaliste renie ces ancêtres douteux » [7]. De fait, un tel reniement devint très fréquent au 18ᵉ siècle. Ainsi le professeur de médecine au Collège royal et de chimie au Jardin du roi, Paul-Jacques Malouin (1701-1778), dans le chapitre introductif (« De la chimie en général ») de son *Traité de chimie, contenant la manière de préparer les remèdes qui sont les plus en usage dans la pratique de la médecine* (Paris, 1734, p. 4-5), reconnaissant que longtemps il n'y eut presque que des « visionnaires » à s'appliquer à la chimie et que les premiers chimistes « étaient de la secte de la Cabale », usant

---

5. Voir *De Hermetica...*, éd. 1648, p. 25 (le passage de Pic de la Mirandole se trouve dans son *De auro* II, 1). Conring cite Suidas p. 24, et Eustathe p. 25.
6. Dans ses *Plinianae exercitationes in Caii Julii Solini Polyhistora* (Paris, 1629), p. 1097.
7. R. Halleux, « La controverse sur les origines de la chimie de Paracelse à Borrichius », *Acta conventus neo-latini turonensis* (Paris, 1980), II, p. 807-819, ici p. 813.

« d'allégories toutes plus obscures les unes que les autres », croit que cette science resta ignorée des Grecs, ceux-ci ayant été « peu cabalistes ». Vingt ans plus tard la question paraîtra même si peu importante à Malouin qu'il fera disparaitre ce chapitre sur l'origine de la chimie dans la troisième édition, pourtant augmentée, de son traité publiée sous le titre de *Chimie médicinale, contenant la manière de préparer les remèdes les plus usités et la méthode de les employer pour la guérison des maladies* (Paris, 1755, 2 vol.).

Cependant, si le débat sur le sens alchimique ou non de la quête de la Toison d'or perdit du même coup au 18e siècle de son importance et par là de sa vivacité, il ne s'éteignit pas pour autant : ainsi ce sont les avis opposés d'Éraste et de Sennert que, dans son *Historia medicinae universalis* (Francfort, 1717-1720, t. I, p. 208-210), continue de reproduire Andreas Ottomar Goelicke (1671-1744), qui fut professeur de médecine à Halle, Duisburg et Francfort. Goelicke, pour sa part, juge qu'il vaut mieux sur cette question suspendre prudemment son jugement. Une prudence qui parut superflue à Hermann Boerhaave (1668-1738). Dans le chapitre sur l'histoire de la chimie qui ouvre ses *Elementa chemiae* (Leyde, 1732), celui-ci juge en effet fort hardie l'affirmation de Suidas, puisqu'elle ne s'appuie sur aucune autorité et a contre elle le profond silence fait sur l'alchimie par les écrivains antiques tant sacrés que profanes [8]. Et c'est très certainement l'autorité de Boerhaave qui influa sur Peter Gerike (1693-1750). Ce professeur de médecine qui enseigna à Halle et Helmstadt, membre de l'Académie royale des sciences de Berlin, donna des *Fundamenta chymiae rationalis* (Leipzig-Wolfenbüttel, 1740) où, dans le chapitre II, sur l'origine et le progrès de la chimie, après avoir, lui aussi, souligné le silence des écrivains antiques sur l'art, il rappelle, de façon passablement ambiguë, qu'on a sérieusement raconté que les anciens avaient traité d'alchimie sous diverses fables comme la Toison d'or ou les pommes des Hespérides (voir § 21, p. 29-30, et § 22, p. 30).

Cette extension du sens alchimique d'un mythe particulier, celui de la Toison d'or, à d'autres mythes antiques, voire à la mythologie tout entière, se fit dans une très large mesure de manière indépendante des textes des lexicographes et historiens byzantins, qui restèrent ignorés du Moyen Âge latin. Un des

---

8. Voir éd. Venise, 1749, I, p. 6. Voir aussi la traduction française de J. N. S. Allamand, *Éléments de Chimie* (Amsterdam-Leipzig, 1752), I, p. 13-14. Pour les diverses éditions et traductions des *Elementa chemiæ,* voir Tenney L. Davis, « The vicissitudes of Boerhaave's textbook of chemistry », *Isis*, X (1928), p. 33.

premiers points de départ est en effet fourni par Albert le Grand (vers 1200-1280) qui interpréta dans son *De mineralibus* la fable de Pyrrha et Deucalion ainsi que celle de Gorgone, mais en leur donnant un sens plus minéralogique que proprement alchimique, puisque le regard de la Gorgone désigne chez lui une « vertu minéralisante ». C'est cependant cette explication qui se retrouve près d'un siècle plus tard, infléchie en un sens cette fois véritablement alchimique, dans la *Pretiosa margarita novella* (vers 1330) de Pietro Bono : la vertu minéralisante d'Albert le Grand y devient un puissant ferment « qui vainc tout et transforme tout en lui-même ». Surtout, Pietro Bono étend cette signification de la fable de la Gorgone à d'autres fables tirées des œuvres de Virgile et d'Ovide, en qui il voit deux initiés : il s'agit des fables de Protée, de Minerve, d'Énée et du rameau d'or, de Phaéton, de Thésée et du Minotaure, de Médée, de Jason, de Pyrame et de Thisbé. Confortée par la découverte des textes des Byzantins sur la Toison d'or, la démarche de Pietro Bono allait connaitre à la Renaissance un succès croissant dans les milieux alchimiques et trouver un puissant appui dans deux brefs ouvrages d'un auteur regrettablement oublié par Venel : Giovanni Bracesco. Ces ouvrages sont *Il legno della vita* (1542) et *La espositione di Geber* (1544), tous deux rapidement traduits en latin (1548). Bracesco (qui connait le *De mineralibus* d'Albert le Grand comme la *Pretiosa margarita novella* de Pietro Bono) y explique en détail comment les anciens cachèrent les diverses étapes du grand œuvre sous le voile des fables poétiques : la préparation du soufre sous la fable d'Hercule et d'Antée ; la distillation de l'or des philosophes sous la transformation de Jupiter en une pluie d'or ; les changements de couleur du soufre des philosophes, sous les yeux d'Argos transformés en queue de paon ; la douceur de la quinte essence et de l'or potable, sous la fable d'Orphée ; la matière et la pratique de l'art, sous la fable de Pyrrha et Deucalion ; la fixation de l'élixir, sous la transformation en pierre par la Gorgone de tous ceux qui la regardaient ; la distillation, sous la transformation de Jupiter en aigle élevé dans les cieux avec Ganimède ; la putréfaction et la distillation, sous la fable de Dédale et Icare ; la distillation de l'or des philosophes, sous le rameau d'or qui repousse aussitôt qu'il est arraché, ou encore sous la mutilation de Saturne par Jupiter ; l'eau mercurielle, sous le char de Phaéton ; sous la nuée épaisse dont Jupiter entoura Io, la pellicule apparaissant dans la coagulation de l'élixir ; sous les voiles noires avec lesquelles Thésée revint à Athènes, les pellicules noires apparaissant dans la calcination du soufre ; sous le déluge et la génération des animaux, la distillation et la génération du soufre ; sous Latone confinée dans l'ile de Délos, le cuivre des philosophes qui, placé dans le vase, engendre le Soleil et la Lune ; sous la précipitation de Vulcain en raison de sa difformité dans l'ile de Lemnos, la préparation du soufre ; sous la fuite d'Atalante, l'eau très vive et très légère des philosophes se coagulant et se solidifiant avec les soufres, qui sont eux-mêmes désignés par les boulettes avec lesquelles Thésée englua la bouche du Minotaure dans le labyrin-the, c'est-à-dire l'eau mercurielle dans le vase ; sous le phénix sans cesse renaissant, la multiplication de l'élixir, et enfin sous le nom et la fable de Démogorgon [9], la matière (c'est-à-dire le fer) et la pratique de l'Art.

Bien que dénoncées comme aberrantes par le mythologue Natale Conti (1520-1582, le « Noël le Comte » allégué par Venel) dans ses *Mythologiae, sive explicationis fabularum libri X* (1568), les interprétations de Bracesco furent approuvées par de nombreux alchimistes. Par exemple, par l'auteur du long poème *Le Grand Olympe ou philosophie poétique attribuée au très renommé Ovide, traduit du latin en langue française,* où on a voulu voir une œuvre du plus mythique des alchimistes de Flers, l'abbé Vicot, et que les manuscrits nous ont transmis accompagné de commen-taires datant au moins en partie de la première moitié du 17e siè-cle : texte que dans son *Examen des principes des alchimistes sur la pierre philosophale* (Paris, 1711) le médecin François Pousse citera avec étonnement [10]. Bien des adeptes [11] se bornèrent

---

9. Sur la fortune alchimique jusqu'à la fin du 18e siècle de ce dieu fictif introduit par Boccace, voir notre étude « La figure de Démogorgon dans la littérature alchimi-que », dans D. Kahn et S. Matton (éd.), *Alchimie : art, histoire et mythes,* Actes du premier colloque international de la Société d'Étude de l'Histoire de l'alchimie, Paris, Collège de France, 14-16 mars 1991 (Paris, Universitas, sous presse).

10. Voir *Examen...*, p. 188-190 (parlant de l'alchimie) : « La nature sublunaire n'est pas seulement de sa juridiction, et sous son obéissance, mais encore les anges. On trouve cette belle doctrine dans un vieux manuscrit latin, qui a pour titre, *Explication des Vers du Grand Olympe, par Pierre Vicot Prestre, en mil quatre cent trente :* On trouve encore le même manuscrit en gaulois, et les vers du même auteur. Il prétend dans ce livre que la science hermétique a été cachée sous les fables et métamorphoses de l'Antiquité. Cet homme dit des extravagances, en parlant de sa pierre, à qui il attribue une domination sur les anges, tant bons que mauvais, sur les astres, et sur l'air, et enfin sur la terre, qui comprend tous les règnes, et dit que Raymond Lulle possédait parfaitement toutes ces sciences [...]. Il y a beaucoup d'apparence que ces absurdités sont cause que les ouvrages de cet homme n'ont point été imprimés : car ils le méritent aussi bien que beaucoup d'autres, qui n'ont pas même si bien entendu, ni parlé de la philosophie comme cet homme. » C'est à tort que Pousse, trompé par le titre du poème, affirme l'existence d'un original latin ; voir D. Kahn, « Les manuscrits originaux des alchimistes de Flers », dans *Alchimie : art, histoire et mythes (ouvr. cit.).*

11. Sur ces adeptes, voir notre étude citée en note 2.

même à simplement recopier les interprétations de Bracesco, souvent telles qu'elles avaient été formulées dans la table des matières de *La espositione,* table qui devint dans l'édition latine une série de 129 « propositions » d'un « auteur inconnu ». Tel est le cas, dans son *Aureum Vellus, oder Güldenes Vliess* (Francfort, 1733, p. 158 s.), du mystérieux Ehrd de Naxagoras [12]. Les « propositions » de la table concernant la mythologie avaient en effet été largement diffusées à travers le *De veritate et antiqui-tate artis chemicae* de Robertus Vallensis, ouvrage publié en 1561 et non, comme l'indique Venel, en 1602, date de la seconde édition. Ainsi c'est probablement chez Robertus Vallensis que les lut Nicolas Lemery (1645-1715). En effet, après avoir rappelé que pour les adeptes « la Nation sainte, et le Peuple acquis dont il est parlé dans la Sainte Écriture, est selon eux, la Secte des Alchymistes » et que, toujours selon eux, « l'or et l'argent n'étaient si communs sous le règne de Salomon, que parce que ce roi avoit le secret du Grand Œuvre », Lemery écrit dans son *Cours de chimie* (1675), souvent réédité au 18e siècle : « Les Fables ont été aussi de la partie ; ce sont, disent-ils, des voiles sous lesquels les poètes ont voulu cacher au vulgaire le grand sujet de l'alchimie. Par Jupiter transfiguré en pluie d'or, ils ont prétendu désigner la distillation de l'or des philosophes ; par le rameau d'or qui renaissait toujours quand on l'avait coupé, ils ont entendu la multiplication de l'or ; par la fable d'Orphée, ils ont exprimé la douceur de l'or potable ; par Latone devenue grosse dans l'Ile de Délos, après le commerce qu'elle avait eu avec Jupiter, ils ont eu en vue le cuivre, qui étant mis dans le creuset y engendre l'or et l'argent » (éd. Baron, 1756, p. 53).

Mais tous les auteurs ne se contentèrent pas de reprendre Bracesco. C'est à une lecture alchimique originale de nombreux mythes antiques que procéda Blaise de Vigenère (1523-1596) dans ses *Images ou tableaux de plate peinture de Philostrate* (1578) [13], dont Venel donne un échantillon en reproduisant dans son article de l'*Encyclopédie* (p. 422) un texte concernant Promé-thée. Et c'est à la lecture alchimique systématique de la totalité

---

12. Voir H. Kopp, *Die Alchemie in ältrterer und neuerer Zeit* (Heidelberg, 1886), II, p. 208-220 ; J. Ferguson, *Bibliotheca chemica* (Glasgow, 1906), II, p. 127-131.

13. Voir notre étude, « Alchimie, kabbale et mythologie chez Blaise de Vige-nère : l'exemple de sa théorie des éléments », dans *Cahiers V. L. Saulnier*, 11 : *Blaise de Vigenère poète et mythographe au temps de Henri III* (Paris, 1994), p. 111-137.

de ces mythes qui se livra au début du 17ᵉ siècle Michel Maier (1569-1622), notamment dans l'ouvrage que Venel cite inexactement sous le titre d'*Arcana arcanorum omnium arcanissima* [14] et que Jean-Baptiste Le Mascrier (1697-1760) envisagea de traduire en français [15]. Après Maier, l'interprétation alchimique de la mythologie fut à nouveau reconduite, comme l'indique Venel, par Pierre-Jean Fabre (vers 1588-1658) dans son *Hercules piochymicus* (1634) puis dans son *Panchymicum* (1646) — l'*Alchymista christianus* mentionné par Venel ne portant pas sur la mythologie, mais sur l'accord entre l'alchimie et la théologie catholique. Surtout, le recteur du gymnase de Gouda, Jacques Tollius (Toll, † 1696) donna ses *Fortuita* (1687), « où l'on prouve, outre certains points de critique, que toute la fable grecque, phénicienne et égyptienne se rapporte à la chimie » [16]. Si le philosophe et professeur de théologie à Kiel, Georg Pasch (1661-1707), en trouva méritoire l'érudition [17], celle-ci parut ridiculement forcée à l'abbé Antoine Banier (1673-1741), qui s'en moqua à plusieurs reprises dans son *Explication historique des fables où l'on découvre leur origine et leur conformité avec l'histoire ancienne, et où l'on rapporte les époques des héros et des principaux évènements dont il est fait question* (Paris, 1711). Dans cet ouvrage, qui connut un grand succès et que Banier remania en 1715, puis en 1738-1740, en lui donnant le nouveau titre de *La Mythologie et les Fables expliquées par l'histoire,* Tollius est épinglé à propos d'Hercule :

Si [est vrai] ce que disent quelques auteurs, reprit Alcidon, que toute l'histoire d'Hercule n'est qu'une allégorie de chimistes, vous avez bien perdu du temps : Hercule selon eux n'est que le grand ornement de la terre philosophale, le feu immortel ; les deux serpents que ce Héros dompta dès le berceau, sont les deux sortes d'esprits volatiles, le redouta-

---

14. Le titre exact est *Arcana arcanissima, hoc est Hieroglyphica Aegyptio-Graeca vulgo necdum cognita, ad demonstrandam falsorum apud antiquos deorum, dearum, heroum, animantium et institutorum pro sacris receptorum, originem, ex uno Aegyptiorum artificio, quod aureum animi et corporis medicamentum peregit, deductam* (s. d. [vers 1614]).

15. Si du moins Le Mascrier est bien le traducteur des *Chansons intellectuelles sur la résurrection du Phénix* (Paris, 1758), autre ouvrage de Maier. Le projet de traduction des *Arcana arcanissima*, « ouvrage très curieux et fort recherché », y est annoncé dans l'Avertissement.

16. Comme l'explique le titre complet : *Fortuita. In quibus, praeter critica nonnulla, tota fabularis historia Graeca, Phoenicia, Aegyptiaca, ad Chemiam pertinere asseritur.*

17. Voir *De variis modis moralia tradendi liber. Accedit introductio in rem literariam moralem veterum sapientiae antistitum* (Kiel, 1707), p. 127.

ble acide et le fameux alkali ; l'Oecalie qu'il subjugua, est la maison du sel, Euristée la vaste campagne de la matière subtile, Junon l'air, etc. En vérité, interrompit brusquement Éliante, je voudrais pour la rareté du fait qu'on eût dit cela sérieusement. Très sérieusement Monsieur, reprit l'Abbé, et c'est un grand homme qui nous fournit cette découverte, il s'appelait Tollius. Ah ! je meure si je le connais répliqua Éliante, n'est-ce pas quelque Allemand ? Oui Madame, dit l'Abbé, et de plus un médecin. Dieu en soit loué, reprit-elle, il ne manque plus rien à la réputation du sens allégorique (II, p. 107-108).

Et encore, à propos de la Toison d'or :

Je ne suis pas contente, dit Éliante, en regardant Alcidon d'un air moqueur, est-ce qu'il n'y aurait pas là-dessous quelque mystère de chimie, pas un petit morceau de pierre philosophale et de chimie ? Ne pensez pas rire, Madame, reprit Alcidon, il y a grande apparence que cette fameuse Toison n'était que le secret du grand œuvre, et ce n'est pas seulement Tollius qui l'a dit ; Suidas avait cru longtemps avant lui que la Toison était un livre en parchemin où était écrit le secret de faire de l'or, digne sujet de l'ambition, non seulement des Grecs, mais de toute la terre. Il y a bien de l'apparence, dit Éliante en riant, que cela était ainsi ; car comme les chimistes et les souffleurs sont gens fort mystérieux, et qui cachent leurs moindres idées sous des noms spécieux et magnifiques, je ne doute nullement que sous les mots de Toison d'or et de Dragons, ils n'aient enveloppé leur grand œuvre, mais laissons continuer M. l'Abbé (II, p. 124-125).

Selon Banier, la Toison d'or ne désignait en réalité que les trésors d'Æétès, ce dont se convainquit également le rédacteur de l'article « Argonautes » du *Grand Dictionnaire historique* de Moréri, qui en rejetant lui aussi toutes les autres interprétations, prend soin de mentionner l'interprétation alchimique [18]. C'est que les lectures alchimiques des mythes antiques étaient loin d'avoir cessé ; elles s'étaient même tout à fait banalisées dans la littérature alchimique, encore qu'elles n'y fussent souvent que brièvement exposées, et en passant, comme dans l'*Alchymia denudata*

---

18. Voir éd. Paris, 1759, I, p. 294 : « Il y a d'autres auteurs qui tiennent que cette fable de Jason n'est qu'une leçon de chimie ; que par les choses qu'il fit dans son voyage, on nous a voulu représenter les changements des corps, qui se font par le moyen de cet art ; et que la Toison d'or, qu'il remporta après de si grands travaux, est la figure de ce que l'on appelle vulgairement *le grand œuvre* ou *la pierre philosophale*. Suidas a cru que cette Toison d'or, que l'antiquité a tant vantée, n'était autre chose qu'un livre fait de peaux de mouton, qui enseignait comme on peut faire de l'or, et que Jason l'enleva à Æétès, roi de Colchos, par l'intelligence qu'il eut avec Médée, fille de ce prince. [...] Mais toutes ces conjectures sont frivoles, et la vérité de l'histoire est que Jason fut envoyé en Colchide pour s'emparer des trésors du roi Æétès. »

(Breslau, 1708) d'Ehrd de Naxagoras, que le médecin T.-F. Geron s'appropria en la traduisant sous le titre de *Clavicule de la philosophie hermétique, où les mystères les plus cachés des Anciens et Modernes sont mis au jour en faveur des enfants de l'Art, et à la gloire de Dieu* (s.l., 1753 ; voir p. 27, sur Apollon, et p. 109, sur Cadmus). Et, comme cela avait été le cas au 16ᵉ siècle avec le célèbre recueil de l'énigmatique Salomon Trissmosin, la Toison d'or continuait de fournir aux auteurs le titre même de leurs traités : l'*Aureum Vellus, oder Güldenes Vliess,* évoqué plus haut, d'Ehrd de Naxagoras ou l'*Aureum Vellus oder Goldenes Vliess* (Leipzig, 1749) d'Hermann Fictuld [19]. Bien plus, ces lectures alchimiques avaient pénétré au début du siècle jusque dans la littérature universitaire, notamment en Allemagne, comme le montrent plusieurs discours inauguraux de Georg Wolffgang Wedel (1645-1721), professeur de médecine à Iéna, membre (sous le nom d'Hercule) de l'Academia Naturae Curiosorum, ainsi que de l'Académie royale des sciences de Berlin [20]. Dans son *Propemticum inaugurale de ramo aureo Virgilii* (Iéna, 1700), remarquant que les anciens distinguaient fort bien entre récits historiques et récits fabuleux, Wedel en conclut que tout ce qui est posé par eux comme un mythe ne saurait être entendu au sens immédiat : tel est le cas du rameau d'or de Virgile, qui ne peut s'expliquer pleinement que d'un point de vue alchimique. Et Wedel réitéra sa démonstration dans un autre discours *De captura Martis et Veneris* (Iéna, 1708). C'est également à une interprétation alchimique du rameau d'or que se livra dans son *De auro potabili* (Hambourg, 1701) le professeur de médecine à Kiel, Johann Frick, mais d'une tout autre manière que Wedel : tandis que ce dernier procède par rapprochements avec d'autres auteurs, Frick conduit, lui, un commentaire suivi et une explication interne du texte virgilien pour démontrer que le poète y enseigne la préparation du soufre et du mercure des sages, à partir desquels s'obtient l'élixir du premier ordre, jusqu'à celui du troisième ordre.

La démonstration du caractère alchimique de la mythologie antique s'appuyait ainsi sur une érudition qui n'avait rien à envier à celle d'un Tollius. Une telle érudition est toujours présente, bien qu'elle se fasse plus discrète et légère, dans l'ensemble qui

---

19. Sur ces deux ouvrages, voir A. Faivre, *Toison d'or et alchimie* (Milan, 1990), p. 59-84.
20. Sur Wedel et la chimie, voir J. R. Partington, *A History of Chemistry*, II (Londres, 1961), p. 315-317.

constitue la production majeure du 18e siècle du point de vue qui nous occupe ici, à savoir les deux célèbres livres de dom Antoine Pernety (1716-1796) [21], *Les Fables égyptiennes et grecques dévoilées et réduites au même principe, avec une explication des hiéroglyphes et de la guerre de Troye* (Paris, 1758, rééd. 1786 et 1795, 2 vol.) et le *Dictionnaire mytho-hermétique* (Paris, 1758, rééd. 1787), lequel tout en expliquant la signification alchimique des termes allégoriques, sert aussi d'index aux *Fables*.

Malgré les vives critiques qu'ils essuyèrent [22], les deux ouvrages de Pernety durent certainement en partie leur succès au fait que d'une part, contrairement à leurs antécédents, ils n'étaient pas écrits en latin mais en français, touchant ainsi un large public, et que d'autre part ils formaient, ou du moins se présentaient comme une somme des écrits antérieurs tant des alchimistes que des mythographes. Après un très long « discours préliminaire » où il expose le système de la « philosophie hermétique » depuis la théorie des principes jusqu'aux diverses opérations de l'œuvre, c'est en effet une centaine de dieux et de mythes, d'abord égyptiens puis grecs, que Pernety analyse en en dévoilant le sens alchimique. Ce nombre considérable de mythes alchimiquement interprétés avait en réalité été très largement dépassé vers la fin du 16e siècle dans l'*Auriloquio* de Vincenzo Percolla [23] ; mais

---

21. Sur Pernety, voir M. S. Meillassoux, *Dom Pernety et les Illuminés d'Avignon, suivi de la transcription intégrale de la Sainte Parole* (Milan, 1992), et plus particulièrement « Dom Pernety et l'alchimie : des *Fables égyptiennes et grecques dévoilées* (1758) à l'oracle de la Sainte Parole (1779) », *Chrysopœia*, III (1989), fasc. 3, p. 229-266.

22. Par exemple dans le *Journal encyclopédique* du 15 avril 1758 (t. III, 2e part., p. 143-147) : « C'est une chose bien singulière que l'opiniâtreté des hommes à revenir sur des erreurs suffisamment proscrites. [...] Au moins, si une erreur couverte de ridicule n'osait plus reparaitre, le progrès des connaissances humaines deviendrait plus rapide. Mais non : il y aura toujours des hommes, qui répèteront les sottises des anciens, comme si elles n'avaient pas été assez dites. [...] Qu'on y ait cherché [dans les fables des anciens] la philosophie hermétique, [...], c'est ce qu'il est encore aisé de concevoir de l'esprit humain. [...] Mais une idée aussi ridicule ayant été de tout temps accueillie avec tout le mépris qu'elle mérite, par quelle espèce d'enchantement a-t-elle pu s'impatroniser dans la tête d'un savant aussi distingué que le bénédictin Pernety ? » (p. 144-145). Un compte rendu élogieux des *Fables* fut en revanche donné dans l'*Année littéraire* (1758, IV, p. 336-353) de Fréron, avec lequel Pernety entretenait de bons rapports, ce qui lui permit de répondre lui-même dans ce périodique aux critiques qui lui avaient été adressées (voir *Année littéraire,* 1758, VII, p. 47-49).

23. Les mythes alchimiquement expliqués y sont en effet au nombre de deux cent neuf ; voir C. A. Anzuini, « Alchimie et mythologie dans un traité inédit du 16e siècle : l'*Auriloquio* de Vincenzo Percolla », *Chrysopœia*, V (sous presse).

Pernety, ses prédécesseurs et ses lecteurs ignorant ce traité resté manuscrit, les *Fables égyptiennes et grecques dévoilées* apparaissaient alors comme sans équivalent ; elles se plaçaient en particulier bien au-dessus de l'*Explication physique de la Fable ou Introduction à l'intelligence des philosophes* (Paris, 1724) donnée par « Philothaume » : estimant que « le dessein des plus sages [alchimistes] a été de parler dans quelques fables de la science secrète » (IIIe partie, p. 53), l'adepte qui se cachait derrière ce pseudonyme non élucidé n'avait effectivement examiné dans son petit ouvrage que *quelques* mythes, essentiellement ceux du chaos primordial, des quatre âges du monde, des pommes des Hespérides, de Jason, de Thésée et de la guerre de Troie.

Quoi qu'il en fût, Pernety, qui montre une bonne connaissance des textes classiques de l'alchimie, utilise abondamment dans ses *Fables* les *Arcana arcanissima* de Maier, non point, comme il le prétend, à la manière d'un simple « canevas » lui fournissant le plan de son ouvrage, mais en traduisant ou paraphrasant tout au long de son traité celui de Maier. Quant à Pierre-Jean Fabre et à Tollius, qu'il critique (le premier pour n'avoir qu'une connaissance assez superficielle de la littérature alchimique, le second pour être « trop entêté de la Chymie vulgaire »), Pernety en fait également un usage important. Par ailleurs il grossit son traité de discussions critiques des analyses de mythographes antérieurs, tout particulièrement celles de Banier, mais aussi nombre de celles qu'Athanasius Kircher (1602-1680), qui était hostile à l'alchimie transmutatoire, développa dans son *Œdipus Ægyptiacus* (1653).

L'accueil favorable fait par le public aux *Fables égyptiennes et grecques dévoilées* ne fut certainement pas étranger à la parution de *L'Encyclopédie des dieux et des héros sortis des qualités des quatre éléments et de leur quintessence, suivant la science hermétique* (Paris, 1773, rééd. 1776, 2 vol.) d'Étienne Libois († 1776), dont le contenu ne répond pas pleinement aux promesses du titre. Dans cet ouvrage dont, contrairement à ceux de Maier, de Tollius et de Pernety, la mythologie égyptienne est absente, Libois fournit finalement assez rarement le sens des mythes « quant à la science hermétique », en sorte qu'on a souvent le sentiment de n'être en présence que d'un traité de mythologie traditionnel, exposant les mythes concernant « les trois classes des Dieux et les Héros, qui tirent leurs origines de Jupiter et Neptune ». La connaissance qu'a Libois de la littérature alchimique y apparait fort limitée, si on en juge par ses rares références aux auteurs : Sindivogius (*sic,* voir I, p. 11), Synesius, Abraham le Juif, Marie la Prophétesse (voir I, 22), Despagnet (*sic,* voir I,

265). Et si Libois n'ignore pas les *Fables* de Pernety, qu'il loue
d'avoir ruiné les diverses tentatives des mythologues pour dater
les évènements rapportés par les mythes [24], il n'y puise à peu
près aucune interprétation alchimique [25]. Pernety ne se voit pas
même cité dans la Préface où Libois donne curieusement pour
ses devanciers et inspirateurs « M. l'Abbé Banier, l'un des plus
savants académiciens de notre siècle, et traducteur des Métamorphoses d'Ovide, [qui] a trouvé bien des mystères dans le quinzième livre, fable dixième, lorsque le poète romain fait la description des qualités des trois éléments ; de l'eau par les poissons,
de l'air par les oiseaux, et de la terre par les cerfs », ainsi que
« M. l'Abbé de Marolles, ancien académicien, [qui] en a trouvé
également dans la traduction qu'il a faite de la troisième Églogue
de Virgile, vers 71, sur les dix pommes d'or, et vers 105, sur
le ciel qui n'a que trois aunes ; et au troisième livre des Géorgi-
ques, vers 47, 48 et 49, sur une terre labourée qui a senti deux
fois les grandes chaleurs et deux fois les saisons froides, et qui
remplit l'espérance des laboureurs » (p. VII-VIII). Et Libois de
conclure : « L'on voit, par ce que nous venons de dire, quel a
été le but qui nous a portés à donner ce livre ». En fait, ses
motivations et son intention nous demeurent passablement obscures !

L'Encyclopédie des dieux et des héros apparait ne pouvoir
rivaliser en aucune manière, du point de vue alchimique, avec
les *Fables égyptiennes et grecques dévoilées* et le *Dictionnaire
mytho-hermétique* de Pernety. Mais le 18e siècle produisit d'autres
ouvrages qui, eux, le pouvaient à différents titres. Au début du
siècle, en effet, Jean Vauquelin des Yveteaux (1651-1716) [26] avait

---

24. Voir I, p. 48 : « M. l'Abbé Banier, dans ses Mythologies, et M. l'Abbé
de Claustre, son successeur, se sont donné bien de la peine, et ont mis leur esprit
à la torture pour fixer des époques, dans quel temps Saturne, les Titans, etc. et
les Héros ont vécu. Ils y ont perdu leur temps. Plusieurs auteurs avant eux ont
écrit dans la même gout, au nombre desquels sont Noël le Comte, M. l'Abbé
Langlet, et beaucoup d'autres auteurs. Dom Pernety, ce savant bénédictin, dans
les livres des Fables grecques et égyptiennes qu'il a composés, leur en donne
assez de preuves, et fait voir l'erreur de leurs calculs dans un grand nombre de
fables, auxquelles ils ont voulu fixer des temps pour ceux dont il est parlé. »
25. Libois ne renvoie guère aux *Fables* qu'à propos de Mausole : « Dom
Pernety, ce savant bénédictin, ayant donné une description des mercures, on peut
le voir ; car il est digne d'être lu, pour empêcher les souffleurs de tromper le
public ; car sous le nom du mari et de l'épouse sont cachés les deux mercures,
le volatile et le fixe » (I, p. 106-107).
26. Voir notre étude, « Une autobiographie de Jean Vauquelin des Yvetaux :
le traité *De la pierre philosophale* », *Chrysopœia*, I (1987), p. 30-55.

déjà composé une manière de gros dictionnaire mytho-hermétique intitulé *Vérités fabuleuses et hermétiques,* ainsi qu'un *Dictionnaire curieux pour l'intelligence des auteurs anciens et nouveaux,* en cinq volumes in-folio. Ces deux traités, restés manuscrits et qui ne circulèrent pas, sont cependant fortement compilatoires et dépassent largement le cadre de la mythologie antique puisque Vauquelin y explique que les arcanes du grand œuvre sont également dissimulés dans les romans et les légendes médiévales. Par ailleurs, vers la fin du siècle Fabre du Bosquet rédigea une *Concordance mytho-physico-cabalo-hermétique,* qui, elle, semble avoir joui, sous forme manuscrite et anonyme [27], d'une circulation relativement large si on en juge par le nombre de manuscrits connus. Tout en payant sa dette à Pernety comme à Maier, Fabre du Bosquet y donne une interprétation assez originale des mythologies égyptienne et grecque puisque fondée sur la théorie du phlogistique [28], à propos de laquelle Fabre du Bosquet publia par ailleurs un traité intitulé *Mes idées sur la nature et les causes de l'air déphlogistiqué, d'après les effets qu'il produit sur les animaux, en prolongeant leur force et leur vie* (Londres, 1785). Et l'exploration de la littérature alchimique manuscrite conservée tant dans les bibliothèques publiques que dans les collections privées révélera sans doute d'autres traités. Nous possédons ainsi, pour notre part, une brève *Explication des termes de la fable* donnant la signification alchimique des dieux et déesses antiques et insérée dans un recueil intitulé *Secret de philosophie occulte et hermétique. Ouvrage renfermant deux manuscrits d'un prix inestimable pour les initiés dans les connaissances de ce genre profond, avec la généalogie des dieux de la fable, expliquée par un amateur secret. En 1789, année de la Révolution française, 14 juillet.*

Ce rappel succinct des principaux textes concernant l'interprétation alchimique de la mythologie antique suffit, espérons-nous, à montrer la complexité de l'attitude du siècle des Lumières envers cette interprétation. En effet, l'acceptation par la communauté scientifique d'une « chimie raisonnable » qui ne cherche plus à fonder sa légitimité sur son antiquité mais sur sa seule rationalité

---

27. Voir l'édition donnée aux Ediciones Obelisco (Barcelone 1986) par Charles d'Hooghvorts, qui n'a cependant pas reconnu dans Fabre du Bosquet l'auteur du traité.

28. Pour son exposition, voir notre étude, « L'Égypte et la "philosophie chimique" de Maier à Pernety », *Les Études philosophiques,* n°s 2-3, 1987, p. 207-226, ici p. 225-226.

rend obsolète le débat sur ses origines et du même coup inutile une lecture « chimique » des mythes gréco-égyptiens, par le biais de laquelle les « chimistes » et iatrochimistes des siècles précédents tentaient de pallier le silence des anciens sur leur art. Ce à quoi ne renoncent pas les fidèles d'une « philosophie hermétique » qui, certes, voit son crédit progressivement disparaitre dans les milieux universitaires où elle comptait pourtant encore au début du siècle d'éminents représentants, mais connait un regain de faveur dans les milieux de l'Illuminisme. Grâce aux écrits de ces nouveaux adeptes, l'interprétation alchimique de la mythologie antique s'évade alors du cercle des savants et érudits où elle était restée plus ou moins confinée et se popularise en trouvant une audience qu'elle n'avait jusque-là jamais obtenue.

SYLVAIN MATTON
C.N.R.S., Paris

JAMES HALL

DICTIONNAIRE
DES MYTHES
ET DES SYMBOLES

Avec le *Dictionnaire des mythes et des symboles,* James Hall a voulu redonner la possibilité d'aller au-delà de la forme et de la couleur pour appréhender pleinement le contenu des œuvres d'art. Son ouvrage associe la simplicité du classement alphabétique à la diversité des sujets retenus : dieux et déesses, saintes et martyrs, types humains, plantes et animaux, objets les plus variés, parties du corps et pièces de vêtement... une foule de rubriques sont détaillées pour éclairer les titres, les attitudes, les attributs, tous les éléments qui concourent à la signification profonde des œuvres.

❧ GÉRARD MONFORT *Éditeur*

416 pages   270 F

VOYAGEURS AU LEVANT
A LA RECHERCHE DE L'ANTIQUITÉ

Si Winckelmann a eu plus d'importance au 18e siècle que le Père Joubert, auteur en 1739 de *La Science des médailles*[1], qui était comme lui amateur d'antiquités et collectionneur, c'est, parmi plusieurs raisons, parce que son approche de l'Antiquité ne s'est pas contentée d'être abstraite : il s'est forgé un « gout supérieur » par le contact permanent avec les œuvres elles-mêmes lorsqu'il était à Rome et cette pratique a été déterminante. Ainsi s'opposent deux attitudes : d'une part, celle de l'homme de cabinet attendant que l'Antiquité vienne à lui, déjà décrié par d'Alembert dans le discours préliminaire de l'*Encyclopédie* ; d'autre part, celle de l'homme qui va au monde, à l'art, l'homme de terrain, qui, parce qu'il traverse l'espace, peut traverser le temps et rencontrer une époque révolue qu'il va s'efforcer de ressusciter. C'est à ce voyageur que nous nous intéresserons, à cet homme qui part à la recherche de l'Antiquité. Nous nous limiterons à l'Antiquité du Levant, excluant la péninsule italienne et la Grèce continentale, pour éviter ainsi un monde où le nom même est *a priori* tellement chargé de sens et d'affect, avant même l'arrivée sur les lieux, que la perception est nécessairement faussée. Dans les faits, la considération des ruines d'Apamée est plus objective et sereine que celle des ruines de Rome ; il y a aussi plus d'aventure et de plaisir à découvrir l'antique Palmyre que le *Forum boarium*. On ne part pas ainsi sans de puissantes motivations et sans alléguer quelques raisons bien fortes. Quelles sont-elles ? Les voyageurs rencontrent-ils ce qu'ils sont partis chercher ? Que trouvent-ils ? A quelle sorte d'Antiquité sont-ils confrontés ? Comment y réagissent-ils ? Quelles sensations, quels sentiments éveille-t-elle en eux ? Ce sont ces questions qui vont nous guider.

Les difficultés matérielles et surtout les risques physiques impliqués par les voyages au 18e siècle font du voyageur un homme exceptionnel, et les raisons qui le poussent à agir sont

---

1. J. Krzysztof Pomian, *Collectionneurs, Amateurs et Curieux* (Paris, 1987), p. 148.

---

nécessairement impérieuses. Mais que savons-nous de ses raisons ? Il y a celles qui sont avouées et celles qui restent non dites, par exemple partir parce qu'on fuit quelque chose reste plutôt caché ; partir pour faire fortune peut se laisser entrevoir, mais une raison aussi vulgaire ne s'affiche pas. En revanche il est de nobles motifs que le voyageur n'aura aucune peine à avouer : ce peut être le service d'une dame, du roi, de Dieu, de la patrie, de la connaissance, et particulièrement le gout de l'Antiquité, parangon de toute culture.

Au Levant, la rencontre avec l'Antiquité ne se limite pas au classicisme gréco-romain et l'Antiquité biblique a son importance. De La Roque, par son *Voyage,* donne au début du siècle « ... un ouvrage qui ne laisse rien à désirer sur une région célèbre [Syrie et Mont-Liban] dont il semble qu'on n'a pas assez de connaissance, la matière en ayant été négligée jusqu'à présent, ou trop confondue dans des relations générales : pays cependant si beau, si digne d'attention et tellement compris dans les divines promesses » [2] ; à l'autre extrémité du siècle, les motivations religieuses de Potocki sont tout aussi déterminantes, comme il le montre dans les lettres envoyées à sa mère. *A contrario,* on s'étonne de l'indifférence presque totale aux éléments de la culture antique classique que manifestent pèlerins et religieux qui traversent l'Orient [3].

Beaucoup d'autres voyageurs sont animés d'une passion pour l'Antiquité classique : ainsi le commerçant Guys, tellement nourri aux sources de la littérature antique que cette image est fondatrice pour lui et qu'il va tenter une comparaison entre les anciennes mœurs des Grecs et les modernes, thème par thème, entre ce que rapportent les auteurs antiques et ce qu'il a vu. Il abandonne presque complètement la description pour se consacrer à des recherches ethnographiques et écrire ce qu'on peut considérer comme la première étude de folklore : « Je vous exposerai, écrit-il de Constantinople, les traits de ressemblance que j'ai trouvés entre les anciens Grecs et les modernes dans un grand nombre d'usages que ceux-ci ont fidèlement conservés » [4].

Au 18e siècle, gouvernements et institutions commencent à s'intéresser de près aux questions orientales et au renseignement ;

2. Jean de La Roque, *Voyage de la Syrie et du Mont-Liban* (Paris, 1722), Avertissement.
3. Les motivations du R.P. Néret dans ses *Lettres édifiantes* ont pour base la lecture des relations des missionnaires qui l'ont précédé (p. 268).
4. M. Guys, *Voyage littéraire de la Grèce* (Paris, 1783), p. 4.

ils ne peuvent plus se permettre d'avoir comme seules sources
d'information leurs représentants diplomatiques, dont la liberté
de manœuvre et les informations sont obligatoirement limitées
par leur position même, ou quelques particuliers dont la formation
et les intérêts ne coïncident pas nécessairement avec les leurs.
Aussi vont-ils envoyer des agents en mission, parfois secrètement,
comme ce fut sans doute le cas pour Volney. Cela ne l'empêchera
pourtant pas de porter une attention soutenue aux monuments
antiques. Les chargés de missions officielles sont les plus nombreux : Louis XIV envoie Tournefort et Lucas : le premier, professeur de botanique au Jardin royal des plantes, a pour mission
d'herboriser, mais une observation plus générale est aussi dans
ses fonctions. Tout au long de son voyage, de 1700 à 1702, il
se sentira concerné par les éléments les plus intéressants de
l'Antiquité qu'il rencontrera. Lucas est fils d'orfèvre et la première raison de ses voyages (de 1688 à 1726) est le trafic de
pierres précieuses : le roi lui confie la mission de « rechercher
des médailles, des pierres gravées et autres monuments dont il
voulait enrichir sa bibliothèque et son cabinet » [5]. Marie-Gabriel
de Choiseul-Gouffier dirige fort jeune encore une expédition
destinée à explorer les sites antiques des îles grecques et de
l'Asie mineure : « je ne voulais que satisfaire la passion de ma
jeunesse pour les contrées les plus célèbres de l'antiquité [...] je
me promettais une foule de jouissances sans cesse renaissantes,
une ivresse continuelle, dans un pays où chaque monument, chaque débris, et pour ainsi dire chaque pas, transportent à trois
mille ans l'imagination du voyageur, et le placent tout à la fois
au milieu des scènes enchantées de la fable et des grands spectacles d'une histoire non moins féconde en prodiges » [6]. Voilà un
bel enthousiasme, une motivation qui trouve sa source dans la
subjectivité la plus affirmée ; voilà l'équivalence enfin affirmée
entre Antiquité et plaisir : jouissance intellectuelle, jouissance
esthétique, délectation du souvenir, plaisir de l'imaginaire. Aller
vers le Levant, ce n'est pas seulement remonter dans le temps
à la rencontre de l'Antiquité, c'est sans doute plus encore remonter
dans son propre temps vécu, retrouver le temps de la formation
intellectuelle et mettre en acte un plaisir qui n'était qu'imaginaire.

---

5. Paul Lucas, *Voyage dans la Turquie, Syrie, Palestine, Haute et Basse Égypte*
(Rouen, 1719), Préface. Cependant, ce cabinet de curiosités est un mode de
collection qui a fait son temps et qui va être remplacé au 18ᵉ siècle par le musée,
lieu scientifique. Voir Annie-France Laurens et K. Pomian, *L'Anticomanie. La
collection d'antiquités aux 18ᵉ et 19ᵉ siècles* (Paris, 1992).
6. Marie-Gabriel de Choiseul-Gouffier, *Voyage pittoresque dans l'Empire ottoman, en Grèce, dans la Troade* (Paris, 1782-1822), Discours préliminaire.

Il est vrai aussi que certains voyageurs envoyés par le pouvoir pour des raisons extérieures à l'Antiquité n'en disent mot dans leurs motivations : on peut penser à Sonnini, chargé par Louis XVI de « ranimer le commerce et l'industrie » par les relations internationales, ou à Olivier, scientifiques réfractaires ou indifférents à la culture classique ; ils sont des exceptions.

Parti pour les raisons que nous venons de voir, le voyageur arrive enfin au Levant ; l'Antiquité peut alors se manifester sous diverses formes. Le nom est souvent le premier contact comme pour Lucas en 1719 : « Les Turcs, ennemis des sciences et des antiquités, laissent tout détruire dans ce beau climat [...]. Ces merveilles du monde, le temple de Diane, et le tombeau de Mausole, ne laissent même plus entrevoir leurs ruines. On ne trouve que des champs dans le lieu où était la célèbre ville de Troie ; celles de Sardes, où Crésus avait prodigué tant de richesse, les deux Magnésies, Milet, Laodicée, Pergame et tant d'autres, n'offrent plus que des ruines, sous lesquelles toute leur ancienne splendeur est ensevelie » (p. 163). Il fait preuve d'un état d'esprit caractéristique de la première moitié du siècle : le préjugé anti-turc est général et semble provenir autant de la vieille lutte religieuse opposant musulmans et voyageurs qui se définissent encore essentiellement comme chrétiens, que d'une certaine attente qui aimerait trouver dans le Levant la matérialisation des souvenirs de l'Antiquité. On retrouve un concentré de l'attente déçue : attente parce que le contact est la reconnaissance d'une culture, très solide, dont ils citent quelques noms chez les historiens et géographes : de La Roque cite ainsi ses « meilleurs auteurs : savoir Strabon, Josèphe, Pline, l'Itinéraire d'Antonin, Ptolomée, Étienne de Byzance, etc. » (p. 164). Ailleurs, il cite Plutarque et Lucien (p. 40) ou à nouveau Strabon et Pline (p. 32). A l'autre extrémité du siècle, en 1787, Volney, à propos de l'imprimerie du couvent de Mar-Hanna au Liban, oppose les historiens témoins des faits aux autres : d'un côté, « tel est César, acteur principal de ses mémoires, tel Xénophon, général des Dix mille, dont il raconte la savante retraite ; tel Polybe, ami et compagnon d'armes de Scipion, vainqueur de Carthage ; tels encore Salluste et Tacite, consuls ; Thucydide, chef d'armée ; Hérodote même, sénateur et libérateur d'Halicarnasse. [...] Quelle différence n'y a-t-il pas des écrivains précédents aux Tite-Live, aux Quinte-Curce, aux Diodore de Sicile ! » (*Voyage en Égypte et en Syrie,* Paris, 1959, p. 397). Cette Antiquité peut parfois être tardive : Tournefort cite Procope de Césarée, historien byzantin mort en 562. Et même quand il n'y a pas de référence explicite à un auteur, les informations montrent la précision des connaissances.

Le contact avec les monuments va, de façon assez paradoxale, garder à peu près la même forme tout au long du siècle. Le point de vue le plus partagé est sans doute ce désir de dresser un inventaire exhaustif de tout ce qui a été légué par l'Antiquité. Mais eu égard à la difficulté matérielle de cela, pour ne pas dire son impossibilité, et eu égard à l'attention du lecteur qu'il s'agit de soutenir, car si le voyageur fait le récit de son voyage, c'est bien pour un certain public, que celui-ci soit savant, honnête homme ou simple curieux, cette entreprise totalisante est vouée à l'échec ; mais il reste au voyageur la possibilité de considérer toute la production des récits de voyage comme une sorte d'œuvre unique à laquelle il apporte sa contribution particulière, ne faisant que l'enrichir et compléter les lacunes que ses prédécesseurs ont laissées.

Ce que Tournefort dit de Siphanto est une page exemplaire par son côté banal et habituel : « Pour ce qui est des antiquités de l'île, elles y sont fort maltraitées. En allant du port au château, proche d'un puits à gauche du chemin se voit un tombeau antique, lequel sert d'auge pour faire boire les animaux : c'est une pièce de marbre d'un grand goût, longue de six pieds huit pouces, sur deux pieds huit pouces de large, et deux pieds quatre pouces de hauteur ; ce tombeau est orné de feuilles d'acanthe, de pommes de pin et d'autres fruits. Tout auprès de ce monument est une autre pièce de marbre enclavée dans le mur, et qui était le reste de quelque autre tombeau » (*Relation d'un voyage au Levant...* (Paris, 1717), I, p. 177).

Le paysage antique ainsi proposé par la plupart de ces voyageurs présente quelque chose de profondément morcelé et incohérent ; il n'est, la plupart du temps, qu'un témoignage brut qui s'efforce d'être scientifique. Mais il décrit ainsi une réalité dont le sens échappe, car la logique de la description est sans rapport avec la logique du récit : d'une part, on va d'un endroit à un autre, en suivant la piste caravanière qui obéit essentiellement à des raisons géographiques, économiques et politiques ; d'autre part, il y a un sens qui pourrait être donné par une collection cohérente et complète d'un lieu ou d'une époque, collection qui serait à mettre en rapport avec ce qui est su par ailleurs. Mais ce sens ne se forme presque jamais, sauf chez Volney dont le voyage n'est pas la relation d'un itinéraire mais une synthèse sur le pays concerné. Ainsi sa description des ruines de Palmyre en Syrie ou de Baalbek au Liban est-elle particulièrement intéressante : à la description précise, archéologique pourrait-on dire, s'ajoute une réflexion sur l'esthétique qui se relie à ce qu'il sait par sa culture [7].

Pour ce qui est de la rencontre avec l'homme antique, nombreux sont les voyageurs qui vont citer ici ou là un usage antique semblable à l'usage moderne, mais aucun n'a poussé l'assimilation au point de Guys qui marque un va-et-vient constant entre ce qu'il a sous les yeux et ce que disent les auteurs antiques des mœurs et coutumes : ce ne sont que citations de toute la littérature antique, d'Homère à Tacite en passant par Pausanias : « Je vous le répète, M..., c'est ici qu'il faut lire Homère et les poètes grecs, pour faire attention aux plus petits détails qu'ils présentent parce qu'on les a sous les yeux et qu'on est bien aise de les retrouver » (p. 58).

Ce plaisir de la rencontre de l'Antiquité, tous les voyageurs l'affirment. Il est vrai qu'il reste discret au début du siècle : l'épanchement lyrique ne sied guère à un envoyé officiel de Louis XIV ; il lui faut conserver une retenue toute classique. Mais la sensibilité du 18e siècle libèrera les émotions qui iront se cristalliser sur la ruine antique. Assurément, quelques monuments sont cités, surtout au début du siècle. On pourrait penser qu'ils le sont pour leur seule beauté qui est affirmée et explicitée dans sa décomposition en éléments ; on pourrait croire à la neutralité du regard qui reste extrêmement objectif : or l'absence de tout monument byzantin ou franc, alors qu'ils possèdent des qualités semblables, montre qu'il y a valorisation de la ruine antique.

L'attention portée au réemploi de matériaux antiques confirme cette hypothèse : « Nous ne trouvâmes aucune inscription ni dans la ville, ni aux environs, mais en récompense, outre les monceaux de colonnes de marbre qui sont enclavés dans les murailles, on

---

7. « Les inscriptions qui subsistent sont conformes à cette opinion, et elle explique très bien pourquoi l'ordre employé est le corinthien, puisque cet ordre ne fut bien usité que dans le troisième âge de Rome : mais l'on ne doit pas alléguer pour la confirmer encore, l'oiseau sculpté sur la soffite : si son bec crochu, si ses grandes serres et le caducée qu'elles tiennent doivent le faire regarder comme un aigle, l'aigrette de sa tête, semblable à celle de certains pigeons, prouve qu'il n'est point l'aigle romain ; d'ailleurs, il se retrouve le même au temple de Palmyre, et par cette raison, il s'annonce pour un aigle oriental, consacré au soleil qui fut la divinité de ces deux temples. Son culte existait à Baalbek dès la plus haute antiquité. Sa statue, semblable à celle d'Osiris, y avait été transportée d'Héliopolis d'Égypte. On l'y adorait avec des cérémonies que Macrobe décrit dans son livre curieux des Saturnales » (p. 313).

en voit une prodigieuse quantité dans le cimetière des Turcs »
(Tournefort, p. 146) : de telles remarques sont habituelles, même
si toutes ne développent pas aussi bien l'idée. Cette attention
montre, en tout cas, qu'il y a une recherche minutieuse des
marques antiques dans des éléments contemporains.

Mais à travers les ruines gréco-romaines, ce n'est pas l'étude
des civilisations qui est poursuivie : il ne s'agit pas de reconstituer
les pièces d'un puzzle archéologique. Ces chapiteaux, ces colonnes, ces morceaux de marbre sont signes des bouleversements
historiques, sont des marques de l'inversion des valeurs, de la
ruine de la beauté. Remarquer une colonne de marbre consolidant
un mur de boue, un chapiteau aux fines volutes servant de siège
à l'entrée d'une masure, c'est créer une esthétique du pittoresque
par le contraste ; ainsi se crée une nouvelle catégorie du beau :
le bizarre. C'est de la confrontation des éléments des deux extré-
mités de la chaine temporelle que nait ce choc esthétique.

Cet ajout d'un piquant à la beauté du paysage contemplé n'est
pas une explication suffisante : en effet, il faut voir que les ruines
chatouillent délicieusement la sensibilité de nos voyageurs, et ce,
tout au long du siècle [8]. Les ruines antiques permettent à la
tristesse, à la mélancolie, à la déploration de s'épancher : c'est
la douceur de ressentir des émotions, d'ouvrir sa sensibilité. Bernardin de Saint-Pierre en fait l'analyse systématique dans ses
Études de la nature, publiées en 1784 : « [les ruines] nous plaisent
en nous jetant dans l'infini ; elles nous portent à plusieurs siècles
en arrière, et nous intéressent à proportion de leur antiquité. Voilà
pourquoi les ruines de l'Italie nous affectent plus que les nôtres ;
celles de la Grèce plus que celles de l'Italie ; et celles de l'Égypte
plus que celles de la Grèce » (p. 405). Il bénéficie de l'aboutissement de l'évolution de la sensibilité du 18e siècle.

La ruine antique sert donc d'exutoire au sentiment du voyageur,
mais très vite, et déjà au 18e siècle, l'image de la ruine va se
figer dans sa forme stéréotypée : « Cet ancien temple est démoli :
mais quelques colonnes en subsistent encore près d'un mur épais
à moitié détruit, sur lequel l'herbe croît et s'élève comme autour
de ces marbres mutilés et de ces sarcophages épars, dont les
ronces et les serpents défendent l'approche. Tel est ce marais

---

8. *A contrario,* Olivier, voyageur des six premières années de la République,
qui voudra se démarquer par une sensibilité nouvelle de ses prédécesseurs, spéci-
fiera qu'il a « souvent considéré sans étonnement des chapiteaux écornés, des
tronçons épars de colonnes » (p. VI).

couvert de joncs et de roseaux qui environne les restes de l'ancien temple d'Éphèse » (Guys, p. 310). Tous les ingrédients de l'imagerie romantique sont assemblés : l'étang, où le jonc flétri murmure, la solitude, la beauté ruinée, la volonté accordée aux éléments naturels : il ne manque plus que les « orages désirés ».

Cependant, face aux ruines antiques, la raison n'a pas abdiqué tous ses droits : elle en fait une base de méditation. Nous sommes devant une nouveauté radicale dans la perception du paysage. Il n'est plus point d'arrivée, connaissance qui vaut par elle-même, mais point de départ de l'envol de la pensée. Son impact sur le sentiment se double d'un impact sur la raison qu'il excite. D'objet de connaissance ayant sa propre fin en lui-même, il devient objet de compréhension, à l'origine d'une réflexion « sur la destinée des hommes et sur le sort des ouvrages qui semblaient faits pour la durée des siècles » (Guys, p. 310). Il touche à des problèmes métaphysiques, mais également à des problèmes politiques, au despotisme, aux causes de ces ruines, et il fait prendre conscience du caractère mortel des civilisations, de la romaine, de la grecque, de l'égyptienne en tout cas. L'exemple le plus développé de cette méditation est incontestablement *Les Ruines* de Volney, ouvrage publié en 1791 dans la suite quasi immédiate de son voyage, où il associe l'idée de décadence à celle de tyrannie, dénonçant dans la mystification religieuse la cause profonde de la perte de l'idéal civique.

Ainsi, « à mesure que le 18ᵉ siècle approche de sa fin, le thème des ruines y prend une place grandissante, [...] l'homme sensible découvre dans les ruines un décor de prédilection pour ses rêves, pour ses aspirations et pour ses regrets, en même temps qu'une incitation au départ et un puissant générateur de mélancolie. La ruine est le point de fixation d'un malaise qui n'a rien de spécifiquement romantique, tout en étant déjà le signe d'une crise des valeurs dont sortira plus tard le mal du siècle » (R. Mortier, *La Poétique des ruines en France,* Genève, 1974, p. 142).

Partir à la rencontre de la culture antique demeure donc la motivation principale parmi celles qui sont affirmées par les voyageurs du 18ᵉ siècle au Levant. Que savons-nous dans la réalité même de leur désir de partir, en dehors de ce qu'ils nous en affirment ? A peu près rien. Force est donc de se contenter de l'exposé de leurs motivations. On s'aperçoit alors que l'Antiquité biblique n'est une motivation que pour les missionnaires, et si l'édition des *Lettres édifiantes et curieuses* s'étend sur les trois premiers quarts du siècle, celles qui concernent le Levant se concentrent dans le premier tiers. C'est en fait un reliquat de ce qui avait été une forme habituelle au siècle précédent. L'Antiquité biblique est une valeur qui s'étiole jusqu'à disparaitre complètement au cours du siècle. Elle ressurgira au 19e siècle : le *Pèlerinage à Jérusalem et au mont Sinaï* du R.P. de Géramb sera un succès de librairie (douze éditions de 1834 à 1874) : mais c'est là une autre histoire.

Pour le 18e siècle, la recherche de l'Antiquité est liée à d'autres raisons de départ pour les voyageurs les plus nombreux : cause seconde peut-être, elle n'en est pas moins là comme une affirmation récurrente qui marque sa force pérenne : on a l'impression que le chemin pour redécouvrir l'Antiquité dans sa réalité n'est jamais définitivement accompli, et chaque voyageur va s'efforcer de retrouver un monument, une inscription à traduire, tâcher d'apporter sa contribution, aussi modeste soit-elle, à la reconstruction de l'édifice antique. D'une façon ou d'une autre, tous ces voyageurs ont une très solide culture antique que le terrain leur permet de vérifier pratiquement d'un bout à l'autre du siècle.

Cependant, l'attitude va considérablement évoluer entre le voyageur du début du siècle, à l'érudition trop méticuleuse, ergoteur et déçu de ne pas retrouver l'Antiquité intacte et inchangée depuis 2 000 ans, et celui de la fin du siècle, aux vues plus larges, pour qui le discours sur l'Antiquité est secondaire par rapport à la réalité même et qui peut se servir de cette connaissance aussi bien pour réfléchir sur l'état actuel des choses, dans une démarche positive, que pour se laisser aller à la douce émotion d'une évocation sensible. Dans le dernier tiers du siècle enfin, c'est un attrait sensible et affectif qui s'exprime pour l'Antiquité : pur plaisir jubilatoire de réaliser ce qui n'avait été jusque-là qu'idéal. La recherche de l'Antiquité s'affirme alors comme l'existence même du voyageur. Il ne s'agit plus d'un voyageur antiquaire, collectionneur, géographe, d'un érudit, mais d'un voyageur qui est devenu un connaisseur, un philosophe qui intègre toute la réflexion de son siècle. Si on peut penser que le voyageur reprend les conceptions philosophiques universelles développées par d'autres, son apport est cependant fondamental. Ce qu'il rapporte de ses pérégrinations se situe à plusieurs niveaux : d'abord des objets, médailles, fragments, statues de marbre, de bronze qui permettent la mise en place des collections et des musées : sans voyageur, point de musée. Il rapporte aussi des dessins ; pittoresques ou scientifiques, ils finissent par remplir tout l'espace du souvenir et ils entrainent l'Antiquité dans deux directions opposées : vers l'étude archéologique ou vers le cliché, héritier déformé de la « veduta » romaine. Mais le voyageur rapporte surtout un récit : il est évident que celui-ci sert de laboratoire d'écriture pour la littérature traditionnelle [9] ; c'est le lieu où les nouvelles sensibilités se forgent, où les nouvelles méditations s'essayent, et l'Antiquité en est le centre.

PATRICK JAGER
Proveyzieux

---

9. Voir *Confins*, n° 2, « Les Belles-Lettres et leur sauvage », à paraitre en 1996, chez P. Jager, Hameau de l'église, 38120 Proveyzieux.

LES VOYAGEURS FRANÇAIS
ET LES MUSÉES ITALIENS

Les voyageurs français visitent de grands centres urbains tradi-tionnels comme Florence, Rome, Naples ou, plus rarement, les régions méridionales et la Sicile. Ils y voient des ruines dont l'état matériel les déçoit souvent, mais en général, ils éprouvent à ce spectacle une fascination annonçant les méditations d'un Volney (les *Ruines* paraitront en 1791). Ils sont aussi frappés d'admiration par la quantité des objets proposés à leur admiration : ainsi Barthélemy évoque la Galerie de Florence, « arsenal des chefs-d'œuvre en tout genre », la Vaticane « immense », Rome « [l']accable » de ses « amas énormes » qui « épuisent l'admira-tion », les appartements sont, non pas ornés « mais remplis, com-blés » de statues, « carrières inépuisables d'antiquités », en atten-dant le coup de grâce qu'il aura au palais de Portici, où le roi de Naples expose les trésors que produisent sans arrêt Herculanum et Pompéi.

Ce demi-siècle est marqué par l'évolution qui aboutira à notre musée : le mot apparait timidement dans l'*Encyclopédie* [1] qui renvoie au terme plus courant de « Cabinet ». C'est le contenu, puis la disposition de celui-ci, qui changent : on voit dans les récits des voyageurs l'institution passer de la tradition humaniste de la *Wunderkammer* (le prince offrait à un public choisi la vue des *Mirabilia* qu'il avait accumulés) à un Cabinet où la disposition des œuvres exposées se ressent encore des vieilles habitudes. Ainsi de la Galerie de Florence : la description qu'en fait Cochin, sec catalogue qui ne nous en semble que plus digne d'intérêt, montre dans la même salle « Une Bacchante et un tigre, non antique » ; « une statue de *Bacchus*, par Michel-Ange » ; « la Chimère, ouvrage de bronze : elle a le corps d'un lion avec une

---

1. Dans l'art. MUSÉE, l'accent est mis sur le monument d'Alexandrie. A la fin : « Le mot de *Musée* a reçu depuis un sens plus étendu, et on l'applique aujourd'hui à tout endroit où sont renfermées des choses qui ont un rapport immédiat aux arts et aux muses. Voyez CABINET » (t. X, p. 893-894).

---

tête de chèvre ; très mauvaise » ; « une petite figure de *Bacchus* par Bandinelli » [2].

A Rome, l'accent est mis sur l'accumulation. Le cardinal Passionei reçoit les éloges de J. Barthélemy pour avoir accru les collections du Capitole : « ... c'est le lycée des philosophes, c'est un sénat composé des rois de l'Orient : que vous dirai-je ? un peuple de statues habite le Capitole ; c'est le grand livre des antiquaires » (*Voyage en Italie*, publ. par A. Sérieys, Paris, an X [1802], p. 96). De même pour les palais romains, à commencer par celui que l'on tient communément pour le plus beau, le palais Farnèse. Ses antiques étaient célèbres : après l'extinction de la famille (1731), ils passent aux Bourbons de Naples et viennent, à partir de 1734, enrichir les collections royales. Le dernier transporté (1788) sera le *Taureau Farnèse*, que Barthélemy fréquente durant son séjour de 1750 et qu'il évoque sur le mode familier : « Voilà deux jours que je passe dans une pièce du palais Farnèse, remplie d'inscriptions, de statues, de bustes, de fragments rangés autour du *spaventoso* taureau » (*ibid.*, p. 96-97). Sous le signe du faste romain, Barthélemy est impressionné par la Villa Albani, que le cardinal Alessandro, neveu de Clément XI, fait alors bâtir pour abriter les antiques qu'il va bientôt confier à Winckelmann. Sa fortune lui permet des fantaisies extraordinaires : « Il a vendu, il y a quelques années, son cabinet d'antiques au pape. Il lui a pris fantaisie d'en former un autre ; il a parlé, et tout a été fait » (*ibid.*, p. 31).

De tout temps, les antiques d'Italie avaient connu des vicissitudes diverses, plus particulièrement au 18e siècle où ils s'étaient déplacés dans le cadre d'arrangements dynastiques : Roland signale en 1776-78 des œuvres conservées à Rome et transportées

---

2. C.-N. Cochin, *Voyage d'Italie ou recueil de Notes sur les ouvrages de Peinture et de Sculpture qu'on voit dans les principales villes d'Italie* (Paris, Jombert, 1758), 3 vol., ici t. II, p. 50.

Le texte de Sade (*Voyage d'Italie*, publ. pour la 1re fois par G. Lely et G. Daumas, Paris, Tchou, 1967, p. 155-6) prouve qu'un quart de siècle plus tard la situation n'a pas encore changé. En 1782, la présentation de la Galerie par Lanzi précise qu'on a redistribué les œuvres selon des principes plus rationnels (cité par P. Barocchi, « Storiografia e collezionismo dal Vasari al Lanzi », *Storia dell'arte italiana*, vol. 2 : *L'Artista e il pubblico* (Torino, Einaudi, 1979), p. 79-80).

A Rome, Clément XIV (1769-1774), conseillé par G. B. Visconti, ami de Winckelmann à qui il succèdera comme préfet des Antiquités, transforme le Belvédère. Pie VI (1775-1799) continue cette œuvre. Ennio-Q. Visconti assiste, puis remplace son père pour rédiger le catalogue (*Il Museo Pio-Clementino*, 1782-1807).

à Florence et à Naples, ainsi que d'autres promises à un sort semblable : « Les Grands-Ducs ont fait passer à Florence, les *Vénus*, le *Faune*, les *Lutteurs*, l'*Espion*, ou l'*Émouleur*, et tant d'autres monuments grecs tirés de Rome. [...] Le roi de Naples a fait disparaitre la belle *Agrippine* du palais des Empereurs : n'en fera-t-on pas autant de l'*Hercule*, de la *Flore*, du *Taureau*, s'il peut se transporter ; du buste de Caracalla [...], etc. qui sont au palais Farnèse ; de la *Vénus aux belles fesses*, des bustes d'Homère, de Callisthène, de la *Vestale*, etc. qui sont à la Farnésine ? » [3]. C'est ainsi que Creuzé de Lesser, durant son voyage de 1801-1802, retrouve à Naples le *Taureau Farnèse* « ... placé au milieu de la promenade de la Chiaia ».

Creuzé de Lesser semble estimer que le Directoire a repris légitimement cette antique tradition de « mobilité » avec les saisies d'œuvres d'art qu'imposait la République aux souverains italiens vaincus : il évoque sans fausse honte ces déplacements forcés. L'*Hercule Farnèse* a failli partir pour Paris, comme « un magnifique *Antinoüs*, plus beau encore, s'il est possible, que l'*Antinoüs* [...] du Muséum » : il espère que la France aura plus de chance avec une *Pallas* colossale, sur laquelle la « Grande Nation » a, selon lui, des droits réels : « Cette statue, trouvée à Velletri pendant que nous étions les maitres de Rome, fut achetée et payée pour le compte du gouvernement français ; mais avant qu'elle pût être transportée en France, Rome fut évacuée, et les Napolitains, qui s'en emparèrent, transportèrent la Pallas à Naples. [...] Au moment où j'écris, la Pallas de Velletri nous est assurée, et même aussi, dit-on, la Vénus de Médicis, que M. Dufourny désespérait de ravoir, quand je le vis à Naples. Il était instruit qu'elle était cachée à Palerme ; moi-même, dans cette dernière ville, j'avais demandé des nouvelles de cette statue, et l'on s'était défendu d'en savoir, de manière à me prouver qu'on la possédait » [4].

Durant ce demi-siècle l'attitude des voyageurs envers l'Antiquité change bien plus sur un autre point. En 1749, le graveur Cochin relate son voyage aux côtés du marquis de Marigny, frère de la Pompadour et futur Directeur général des Bâtiments du roi : il s'intéresse surtout à la peinture, accordant aux antiques un intérêt plus relatif. En 1755, Barthélemy, Conservateur du

---

3. J.-M. Roland de la Platière, *Lettres écrites* [...] *au cours d'un voyage fait en 1776, 1777 et 1778* (Amsterdam [s.n.e.], 1780), 6 vol. ici t. V, p. 86.
4. A. Creuzé de Lesser, *Voyage en Italie et en Sicile fait en 1801 et 1802*, Paris, Didot, 1806, p. 145-9.

Cabinet des Médailles, et chargé d'enrichir celui-ci, jette sur les autres formes d'art un regard moins professionnel. Saint-Non, entre 1759 et 1761, a une formation de graveur, et l'Antiquité occupe chez lui une place marquée, mais il n'a pas de domaine d'élection précis, et c'est dans sa totalité qu'il étudie l'Italie méridionale. Lalande et Roland ont des intérêts comparables, plus encyclopédiques pour le premier, mathématicien renommé, plus géographiques et économiques pour le second, Inspecteur des manufactures : l'art et le monde antiques ont place dans leur œuvre, mais ils ne sont pas artistes de formation ni de gout. Denon se tourne de façon quasi exclusive vers une Antiquité qu'il a pu voir à loisir durant son séjour à Naples, aidé par sa formation d'artiste comme par ses relations à la cour et à la ville. Creuzé de Lesser enfin représente une jeunesse formée à la connaissance livresque du monde antique, et que la mode néo-classique amène à s'intéresser à ces reliques détenues par une Italie du Sud qu'il en juge politiquement indigne. Il y passe durant la période où la paix d'Amiens permet d'aller en Sicile : le souvenir de la République Parthénopéenne est tout frais, et les objets d'art mis à l'abri à Palerme par le roi de Naples n'ont pas encore regagné Portici (*ibid.*, p. 170). Ce futur préfet d'Empire a un tempérament de grand commis qui, après lui avoir fait jeter sur Naples un regard froid (« Qu'y a-t-il encore à voir à Naples ? Rien. [...] Il y a des villes où l'on trouve toujours quelque chose à étudier ; mais quand on a regardé Naples, on l'a vu »), l'incite à corriger son propos pour préserver l'avenir : il ne faut pas négliger ce qui plait au maitre et que la loi du vainqueur a pu récemment (et pourrait encore) amener au Louvre : « ... je ne comprends pas, dans ce qui n'est pas curieux à Naples, les statues, les tableaux ; [...] ces objets ne sont pas inhérents à Naples : ils y ont été assez récemment transportés, et ce qui y est encore peut ne pas y rester toujours » (*ibid.*, p. 136-137). (Il justifie ces spoliations par des considérations artistiques : « Les statues antiques au Louvre sont mieux disposées qu'elles ne l'étaient au Belvédère », p. 229-230.)

Le gout de l'Antiquité se fait concret. L'attirance de Cochin ou de Barthélemy pour un monde perçu comme idéal, et maintenu en vie par la magie des lettres, devient intérêt pour une réalité tangible. Qu'ils soient des profanes — par là plus utiles à notre propos — marqués par une formation culturelle d'honnête homme, ou bien dotés d'une sensibilité artistique intime ou profes-sionnelle, ces voyageurs privilégient de plus en plus, au détriment des grands morceaux antiques, l'objet quotidien préfigurant « le petit fait vrai » stendhalien. Creuzé de Lesser aborde Portici dans cet état d'esprit : ce qui le frappe, ce sont ces éléments de la vie au quotidien : « Tous les instruments de tous les arts mécaniques des anciens sont à Portici, et quelque intérêt qu'inspirent les statues, ils sont bien plus intéressants qu'elles » (*ibid.*, p. 174) Ces vestiges tangibles suscitent en lui une réflexion socio-technologique qui nous parait ressortir à l'état d'esprit de l'*Encyclopédie*, annonciateur du 19e siècle : rien d'étonnant si, dans ses réflexions sur l'état d'avancement matériel des Romains, Creuzé introduit parfois une solennité pratique digne d'un héros de Daumier (*ibid.*, p. 175, 187).

Il n'était pas le premier : déjà Lalande écrivait dans son *Voyage* (1e éd. en 1768) : « On voit aussi dans ce cabinet des instruments de tous les arts, et c'était pour moi la partie la plus curieuse » [5]. Plus près encore, Roland de la Platière reprend ce thème : « ... ce ne sont ni les bustes, ni les statues en bronze, en marbre, et de toute grandeur, qui m'ont le plus frappé [...]. Ce ne sont pas les divinités, les idoles, les priapes, les lampes, les *lampedari* [sic], les lacrymatoires, ni les instruments des sacrifices qui étonnent le plus ; mais les outils et ustensiles des arts et métiers, etc. » (*ouvr. cité*, t. IV, p. 234).

Au Sud de Naples, les voyageurs trouvent une Antiquité diverse : Rome cède à une Grèce parfois archaïque dont le dorique de Paestum offre un avant-gout. Mais aussi sont-ils confrontés à des ruines peu ou pas protégées, souvent détériorées, et que seule leur masse cyclopéenne a sauvées des outrages des hommes et du temps [6]. Pas trace de musée ou de cabinet, sinon de collectionneurs privés, souvent peu connus des voyageurs.

Ces derniers, dans la partie péninsulaire du Royaume de Naples, ont bien des difficultés à voir les lieux, à retrouver les objets qui les intéressent, si nombreux que les « musées » redistribuent sans cesse leurs collections. Ils déplorent le secret dont le gouvernement entoure les objets conservés à Portici, les ruines dont on

---

5. J.-J. Lalande, *Voyage en Italie*, contenant l'histoire et les anecdotes les plus singulières sur l'Italie, et sa description ; les usages, le gouvernement, le commerce, la littérature, les arts, l'histoire naturelle, et les antiquités ; avec des jugements sur les ouvrages de peinture, sculpture et architecture, et les plans de toutes les grandes villes d'Italie, 2e éd. corrigée et augmentée (Paris, 1786, 9 vol. in-8°), ici t. VII, p. 435.

6. Sur le rôle des savants et des nobles siciliens, voir G. Vallet, « "L'Antiquité" e "les antiquités" nei racconti dei viaggiatori del Settecento », dans *Viaggio nel Sud-I*, C.I.R.V.I., Bibliothèque du Voyage en Italie 36 (Genève, Slatkine, [s.d.]), t. I, p. 379-399, ici p. 392.

les a tirés, les monuments les plus anodins, comme le relève Barthélemy : « ... des ordres sévères et terribles empêchent toute communication » [7]. Ces dispositions (interdiction de prendre des mesures à Pompéi, au temple de Sérapis à Pozzuoli, ou des notes à Portici) subsistent longtemps. Lalande note une relative évolution : « ... comme il était défendu d'écrire sur le lieu, l'on ne pouvait en avoir alors qu'une notice assez imparfaite ; en 1775, il était permis d'écrire, mais non de dessiner » [8]. Voilà qui explique en partie ces mesures draconiennes ; on les atténue lors de la publication d'œuvres dont on a voulu sauvegarder l'intérêt. Barthélemy fait l'historique des intrigues de cour venues se greffer sur les querelles d'érudits pour élaborer et publier le catalogue d'Herculanum : on a fini par en confier le soin à une « académie » dont la prudente lenteur va retarder encore plus la publication attendue [9]. L'affaire aboutit, comme l'écrit Lalande par la suite : « Cette belle collection a été gravée par ordre et aux frais du roi, qui a fait d'abord des présents de la moitié de l'édition [...]. Mais le roi avait voulu se réserver le privilège de donner seul cette marque de distinction aux gens de lettres, ou aux personnes en place ; cependant on s'est ensuite déterminé à le laisser rentrer dans le commerce » (*ouvr. cité*, t. VII, p. 427).

Sur place, les voyageurs disposent de *ciceroni*. Ceux qui voyagent avec une mission officielle peuvent s'adresser à un artiste de leur nation résidant en Italie, comme le rappelle Cochin dans les lignes qu'il consacre à Rome (et où il explique que le sujet est démesuré) : « ... il y a toujours tant d'artistes de toute nation dans cette ville, qu'il est facile à tout amateur de se faire accompagner de quelqu'un d'eux » (*ouvr. cité*, t. I, p. 103). Il faut parfois se contenter des approximations du *cicerone* local, sans trop compter sur le personnel des galeries, souvent limité à un

---

7. Barthélemy, *ouvr. cit.*, p. 51, 57, 77. Cinq ans plus tôt, Cochin ne fait aucune remarque sur l'accessibilité de Portici. Ces interdits existaient ailleurs, comme à la Sixtine pour le fameux *Miserere* d'Allegri...

8. Lalande, *ouvr. cit.*, t. VII, p. 425. Mais Roland de la Platière note, dans son relevé des frais de voyage, la somme à donner au gardien de Portici suivant « la manière empressée et honnête avec laquelle il s'est prêté à ouvrir les armoires, laisser voir de plus près, toucher même les objets lorsqu'on l'a désiré » p. 255-256.

9. Barthélemy, *op. cit.*, p. 87-88 ; 122-3 ; 126-8. Prévisions pessimistes : voir Lalande dans la 2e éd. (1786) de son *Voyage* : « ... nous avons déjà 8 volumes (grand in-folio) [...] de descriptions, intitulés *Antichità di Ercolano*, ou *Pitture antiche d'Ercolano*. Le 6e qui a paru en 1774, contient des figures de bronze : le 7e a paru en 1779 ; c'est le 5e des peintures. [...] On m'écrit en 1784, que le 8e a paru » (p. 426-7).

« garde » dont on ne sait s'il faut y voir un simple gardien. Celui de Portici manque de compétence, à en croire Roland (« le garde de ce Muséum fait beaucoup regretter un homme plus instruit... », *ouvr. cité*, t. IV, p. 240) et, à Naples, Sade relève que les concierges, ou les sacristains des églises, sont d'une étonnante ignorance. Les guides imprimés sont finalement peu nombreux : Richard, puis Lalande, ont souvent remplacé Misson dans la faveur des voyageurs et le sérieux de leur information est peu discuté, mais, en cette époque de réorganisation des grandes collections, on peut s'interroger, comme Sade, sur l'utilité d'un guide souvent vite périmé.

Pour les compléter, les savants disposent d'ouvrages considérables, par leur volume comme par l'érudition qui les inspire. A Rome, on a les catalogues de Giovan Battista et plus encore d'Ennio Quirinio Visconti : *Il Museo Pio-Clementino* (7 vol. parus entre 1782 et 1807), les *Sculture del Palazzo della Villa Borghese detta Pinciana* (3 vol. 1796-97). Pour Naples-Portici ce sont les *Antichità di Ercolano* (1755-1784), mais aussi les quatre volumes in-folio des *Antiquités étrusques, grecques et romaines, tirées du cabinet du chevalier W. Hamilton*, de d'Hancarville (1766-7), repris à Paris en 1785-88 par le graveur-éditeur François David, lui-même auteur d'un *Muséum de Florence* (1787), et surtout d'un catalogue en 7 volumes des *Antiquités d'Herculanum* (1780) [10]. Certains de ces ouvrages ont sans doute un format dissuasif pour le voyageur, mais nombre d'entre eux sont moins encombrants. Et même in-folio, avec leurs gravures soignées, les catalogues sont de précieux produits de substitution pour quiconque hésite à courir les routes d'Italie. Enfin fleurissent les planches gravées et coloriées, comme celles reproduisant des peintures pompéiennes que Creuzé a trouvées à Rome, auxquelles il reproche « le coloris charmant qu'on leur prête » et qui « n'est qu'un rêve » par rapport aux originaux qu'il a vus, souvent réduits à un dessin flou. Un demi-siècle plus tôt, Barthélemy regrettait que certaines gravures de l'ouvrage de Cochin et Bellicard sur Portici [11] manquent d'exactitude (ce qu'il excusait en évoquant

---

10. Voir Fougeroux de Bondaroy, *Recherches sur les ruines d'Herculanum* (Paris, 1770). Le sous-titre (« les lumières qui peuvent en résulter relativement à l'état présent des sciences et des arts, avec un traité sur la fabrique des mosaïques ») est révélateur de l'état d'esprit de l'auteur, qui avait publié dans le cadre de la « Description des arts et métiers » de l'Académie des Sciences un *Art de tirer des carrières l'ardoise* (1741), un *Art de travailler les cuirs dorés* (1762), et un *Art du tonnelier* (1763).
11. A. Bellicard, C. N. Cochin, *Observations sur les antiquités d'Herculanum avec quelques réflexions sur la peinture et la sculpture des Anciens* (Paris, 1754).

les difficultés qu'on faisait aux visiteurs) : plus généralement, comme à propos des monuments de Rome, il reprochait à certains graveurs de ne pas indiquer clairement les parties restaurées.

A la fin du siècle, certains regrettent qu'on ait transporté objets et fresques à Portici : ainsi Roland, qui par ailleurs admet qu'il faut protéger ces objets du vol. Mais pour certaines fresques de Pompéi « les couleurs semblent avoir plus perdu depuis ce transport, qu'elles n'avaient fait en dix-sept-cents ans » (*ouvr. cité*, t. IV, p. 211). Ajoutons ce trait caractéristique de l'époque : le désir de certains voyageurs de voir *in situ* des objets qu'ils ont examinés à loisir dans les salles de Portici. L'idée se fait jour chez Roland ; puis Creuzé de Lesser la reprend à plusieurs reprises. Il regrette que les fouilles d'Herculanum aient été faites sans méthode et qu'on ait emporté sans réfléchir ce qui était intéressant : « ... on aurait senti que ces conquêtes faites sur le temps perdaient la moitié de leur prix en les sortant de leur place, et que les ruines d'Herculanum étaient le véritable cadre des choses remarquables trouvées dans Herculanum ». Ou encore : « Si tous les débris antiques sont d'un intérêt aussi vif, aussi neuf dans le cabinet inanimé de Portici, combien ne feraient-ils pas plus d'effet si on les avait laissés dans le lieu même où ils ont été trouvés, sous la lave d'Herculanum, parmi les cendres de Pompéi » (*ouvr. cité*, p. 167, 169-170, 176, 192).

Ce sont les villes exhumées, plus que le musée de Portici, qui suscitent l'intérêt : ainsi Creuzé, au terme d'une nouvelle visite à Pompéïa (« ... ce que je désirerais le plus revoir... ») ne tarit pas sur cette Antiquité « revisitée », notant naïvement ses impressions de voyageur enthousiaste : « ... voilà les maisons des Romains, voilà leurs rues, voilà leurs peintures, voilà leurs mœurs ; il n'y a pas là un objet qui ne soit remarquable, pas un caillou qui ne soit intéressant. Le plus curieux des muséum c'est Pompéïa » [12]. A cette époque, fait fureur à Rome la mode (attribuée à tort à Mme de Staël) de visiter le Forum au clair de lune ou à la lumière des torches. Ce n'est pas le fait de spécialistes,

---

12. *Ibid.*, p. 188. Voir Chateaubriand qui suggère dans une lettre (11-01-1804, dans *Voyage en Italie*, éd. M. Regard (Paris, Pléiade, 1969), t. II, p. 1474-5), de laisser en place les objets découverts à Pompéi et de subvenir aux frais de fouilles et de conservation en faisant payer les visiteurs.

Creuzé de Lesser se montre sensible à la beauté tragique et à l'intérêt particulier d'une maison pompéïenne (qui est peut-être la *Villa de Diomède* découverte lors des fouilles de 1771-74), et il conclut : « Ailleurs, à Pompéïa, on ne fait qu'habiter avec les Romains, ici on se promène avec eux » (p. 193-4).

d'« antiquaires » comme on disait alors, mais de voyageurs comme Roland, Creuzé de Lesser, représentatifs de cette catégorie qu'on va bientôt appeler touristes et pour lesquels ont œuvré les savants comme Denon, les auteurs de guides comme Lalande : il est compréhensible que, plus qu'à la présentation (scientifique selon les normes du temps) des objets de Portici, ils soient sensibles à la force de suggestion des cités ensevelies.

A travers les écrits de ces voyageurs, on voit comment une élite nouvelle (sociale, intellectuelle ou artistique) perçoit l'Antiquité. Il ne s'agit plus pour elle du monde gréco-latin dont l'art de Versailles avait pu exalter l'image mythique : ce public a des intérêts nouveaux, qui passent par l'attrait du dorique, celui d'une Égypte mystérieuse, évoquée dès 1755 par Barthélemy, celui de l'art étrusque, dont témoigne la constitution d'une collection par Denon. Peu avant 1789, et au bénéfice d'une vie quotidienne plus humble, le public français met un instant de côté une Antiquité solennelle, liée au registre du pouvoir et du culte, que récupérera en lui ajoutant une intensité nouvelle, familière et vécue à la fois, l'art de la Révolution.

GÉRARD LUCIANI
Université Stendhal (Grenoble-III)

	voyage	*publication*
BARTHÉLEMY (1716-1795)	1755	1801
COCHIN (1715-1790)	1749	1754-58
COURIER (1772-1825)	1798	[lettres]
CREUZÉ de LESSER (1771-1839)	1799-1802	1806
DENON (1747-1825)	1. 1778	1781-86
		[*Voy.* de Saint-Non]
	2. 1787-9	1788
		[*Voy.* de Swinburne]
LALANDE (1732-1807)	1765-66	1769
ROLLAND (1734-1793)	1765	1780
SADE (1740-1814)	1775	?
SAINT-NON (1727-1791)	1759-61	1781-86

PHILIPPE A. AUTEXIER

La colonne d'harmonie
Histoire-Théorie-Pratique

DETRAD

Ce livre est le premier travail d'ensemble sur la *colonne d'harmonie*, une formation originale que l'abondante littérature sur la « musique maçonnique » a presque systématiquement ignorée.

Ici, l'exposé sur l'histoire et la théorie est suivi d'un véritable manuel pratique. On découvrira comment les musiciens ont épousé dans leurs œuvres le symbolisme et les rituels de la Franc-Maçonnerie et comment ils ont agi au-delà de la porte du temple. On verra quels sont les moyens et la méthode pour composer des programmes riches et bien assortis au rituel. Très développée, la méthode s'appuie sur de nombreux exemples — une dizaine pour la seule cérémonie de réception — pris dans tout le répertoire qui correspond aux trois siècles que couvre l'histoire de la colonne d'harmonie elle-même. Elle permet d'utiliser toutes les œuvres qui ont été conçues pour les tenues maçonniques, tel le fameux recueil de Sibelius, mais aussi de travailler sur le champ ouvert de toute l'histoire musicale, en compagnie, entre autres, de Bach, Haydn, Mozart, Beethoven, Brahms ou Bizet.

L'auteur, souvent consulté pour des programmes de colonne d'harmonie, a travaillé pendant plus de vingt ans sur la question, ce qui l'a conduit à étudier toutes les grandes collections d'archives maçonniques en Europe (Paris, Strasbourg, Zurich, Vienne, Bayreuth, Berlin, Poznan, La Haye, etc.).

336 pages   **170 F**

Éditions DETRAD/AVS - 47, rue La Condamine - 75017 PARIS
Tél. : (1) 42 93 60 77 - Fax : 42 93 36 15

L'IMAGINAIRE ANTIQUE ET
LE PALLADIANISME DES LUMIÈRES

En 1768, alors qu'il était à Oakley Park, dans les jardins de Lord Bathurst, Hume écrivit à son ami John Crawfurd : « Je me trouve dans une demeure fort admirée de Pope et de Swift et où l'Antiquité semble revivre ; j'y suis en compagnie d'un homme en qui elle ne revit pas moins et qui fut l'ami de ces deux hommes de beaucoup d'esprit, ainsi que de Prior, Gay, Arbuthnot, Bolingbroke et de toutes les gloires de son temps » [1]. Si « l'antiquité semblait revivre » sous les yeux du philosophe, c'est qu'il percevait un lien esthétique entre ce château, ses jardins (célèbres à l'époque), et le style de vie de ceux qui l'habitaient. Puisque les écrivains qu'il cite furent connus de Voltaire et de Montesquieu, sa remarque ouvre une voie de recherche sur l'architecture, la représentation de la nature et l'imaginaire antique dans les valeurs esthétiques des Lumières.

Cette voie est importante, car les créateurs ont considéré, à l'époque, qu'ils représentaient la nature d'une façon nouvelle [2]. Il faut s'y engager pour analyser leur modernité, si on définit ce mot comme on devrait, c'est-à-dire : conscience qu'a tout écrivain, tout artiste, toute école, tout mouvement, d'œuvrer à la création d'une esthétique qu'appelle le monde où il vit. Mais des voies qu'emprunte la modernité d'une époque sont rarement les voies royales. Pour tracer celle qui s'offre à nous, il faut remonter à la première moitié du 18e siècle, travailler des deux côtés de la Manche, et nous servir de pôles d'orientation qui sont parfois distincts selon les disciplines. Ces précautions prises, on peut faire apparaître le langage formel, les références culturelles et les climats de sensibilité qui fondent l'esthétique que définit Hume, c'est-à-dire le palladianisme.

Comme toute esthétique, le palladianisme a connu une croissance perturbée, une apogée et une phase de refondation dont

---

1. E. C. Mossner, *New Letters of David Hume* (Oxford University Press, [1954] 1969), p. 184-185 (trad. M. B. ainsi que les suivantes).
2. Je renvoie à mon article, « Jardins et Paysages. Existe-t-il un style anglais ? », *Dix-Huitième Siècle*, n° 18, p. 432. Désormais abrégé en « Jardins ».

on peut analyser la dynamique. Ceci implique qu'on le situe par rapport au baroque, qui se trouve en amont, puis au renouveau gothique et au rococo (avec son antenne chinoise) qui lui sont contemporains et enfin au néo-grec, en aval, et qui lui aussi assoit sa modernité sur un sol antique, mais d'une autre nature. Faute de place, je me bornerai ici à esquisser des perspectives.

Revenons à la lettre de Hume. Elle cherche à caractériser une atmosphère intellectuelle qui trouve sa pleine expression dans les mots *Landscape and Antiquity* dont le regretté Kenneth Woodbridge fit le titre de son livre sur Stourhead [3]. Ceci prouve bien que cet effet d'antique était, au plein sens du terme, dans l'air, et qu'il correspondait à ce que Sir John Summerson a appelé le « déferlement de la vague palladienne » sur la campagne anglaise [4]. Prenons ici deux jardins connus en Angleterre et en France : Chiswick (FIG. 1) et Stowe (FIG. 2). Le premier parce que Burlington y lança le palladianisme dans les années 1720, et le second parce que de 1715 à 1760 tous les grands architectes sont venus y travailler. Ce sont des lieux privilégiés où artistes, écrivains et hommes politiques ont conscience de donner à leur époque son vrai visage.

Chiswick et Stowe sont des créations pilotes de taille très différente, un peu comme Vaux-le-Vicomte et Versailles au siècle précédent. C'est bien leur seul trait commun avec leurs prédécesseurs français, car, en un siècle, que de changements ! A Versailles, la nature est ordonnée jusqu'au bord extrême de l'horizon par une pensée unificatrice qui fixe le point de perspective dans les appartements du monarque. Le regard y embrasse une vaste étendue en passant successivement des parterres de broderie aux parterres de gazon, et de là aux bosquets, puis aux bois environnants. Cette « conduite » est aussi logique que celle de la tragédie parce que la géométrie réduit à l'abstraction les formes de la nature, tout comme les unités ramènent à leurs premiers principes le temps et l'espace. La progression se fait sans heurt et sans équivoque du « peigné » au « sauvage » ; mais le « sauvage », comme cela se voit dans le tableau de Patel, est repoussé aux confins du monde que balisent le compas et le cordeau (FIG. 3). Les éléments de ces jardins semblent fixés pour l'éternité parce

---

3. Kenneth Woodbridge, *Landscape and Antiquity. Aspects of English culture at Stourhead, 1738-1818* (Londres, 1970). Une vue de Stourhead est donnée dans « Jardins », pl. 3.

4. Sir John Summerson, « The Classical country house in 18th-century England », *Royal Society of Arts Journal*, n° 107.

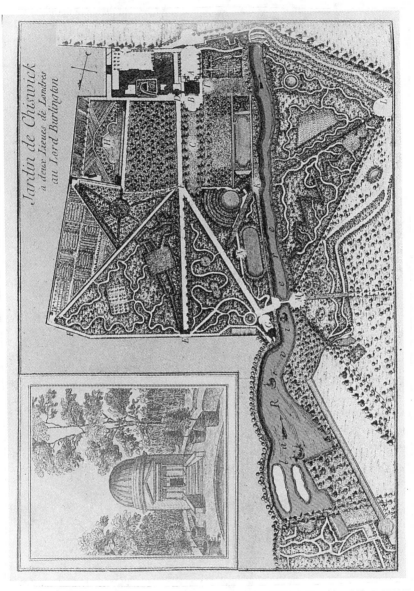

1. Plan de Chiswick. Lerouge, *Détail des nouveaux jardins à la mode,* cahier 1.

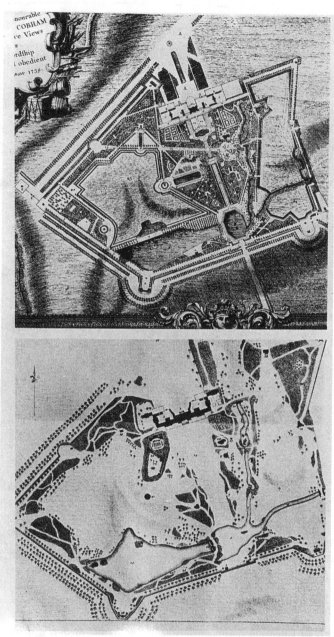

2. Stowe en 1739 et en 1797. En 1739, l'asymétrie est déjà visible ; en 1797, la dégéométrisation s'est imposée. Les *Elysean Fields* sont à droite. D'après L. Fleming et A. Gore, *The English Gardens* (Londres, 1980), p. 99.

que la géométrie est sans âge. Elle prescrit un ordre aussi immuable que la monarchie telle que la conçoivent les théoriciens de l'absolutisme, car si l'autorité de droit divin échoit au roi par un ordre fixé dès le premier chapitre de la Genèse, le temps n'a pas de prise sur la continuité dynastique[5].

Versailles nait donc d'une volonté politique, mais cette volonté politique converge avec une modélisation de l'image de la nature (« Jardins » p. 434) qui est régie par les lois de la physique mécaniste du siècle[6]. Cette physique se définit comme une physique du mouvement dont les sciences pilotes sont la géométrie et l'optique. Dans le cadre ainsi dessiné avec une rigueur de méthode digne de l'édifice critique qui se profile derrière la création littéraire (corpus de règles qui régit tous les genres, clarification du vocabulaire selon des valeurs hiérarchisées par les académies et la cour, construction d'une linguistique cartésienne conçue en termes de forces, de substances, de modes et d'attributs), c'est la mythologie qui annonce la présence de l'homme dans le paysage. Dans ce monde du baroque où le mouvement ne déplace pas les lignes, le visage des dieux exprime les éternelles passions humaines, celles que les Anciens ont le mieux peintes et qui sont les forces que chacun porte en soi. Le roi est aussi Apollon, ou Zeus, Versailles est aussi l'Olympe, la grotte du Palais est aussi celle de Téthys. La nature plante le décor du Panthéon classique et la perspective linéaire, en reculant jusqu'à l'horizon le point de fuite, organise tout le paysage en un théâtre où les hommes et les dieux antiques dialoguent comme dans l'*Amphitryon* de Molière.

C'est contre ce majestueux spectacle que le palladianisme impose sa modernité. Il crée un autre monde antique par une combinatoire de formes et de climats de sensibilité qui peut s'analyser, elle aussi, par la politique et l'épistémologie.

La théorie politique qui s'impose en Angleterre en 1688 s'inspire du modèle romain d'une manière très différente de l'État baroque. Il ne s'agit plus de partir de la Genèse pour sacraliser la personne du roi, de géométriser un espace politique homogène et de s'inspirer de l'antiquité pour y installer un théâtre de l'immuable. En Angleterre, seuls les tories dits « de Haute-Église »

---

5. Bossuet est certain que les rois tiennent leur autorité d'Adam par filiation directe (*Politique tirée des propres paroles de l'Écriture sainte*, livre II, art. 1, 7e proposition).
6. Jean-Marie Apostolidès, *Le Roi-Machine* (Paris, 1981) et Allen S. Weiss, *Miroirs de l'Infini* (Paris, 1992).

croient encore au droit divin des rois ; les autres tories et la plupart des whigs se réclament de la théorie harringtonienne de la monarchie limitée. Je dis la plupart, car dans le profond du corps social la théorie lockienne des droits inhérents à la nature même de l'homme a déposé un ferment qui se manifestera pendant la guerre d'indépendance des États-Unis.

Dans la première moitié du siècle nous n'en sommes pas là, et tous les politiques chantent les mérites de la « mixed constitution ». Ils s'appuient sur *Oceana*, livre publié en 1656 par Harrington qui définit le gouvernement idéal comme l'équilibre entre la monarchie, l'aristocratie et la démocratie. En son temps, ce livre n'avait été apprécié ni par le Lord Protecteur qui avait abattu deux des piliers du tripode en fermant la Chambre des Lords et en exécutant le roi, ni par Charles II qui mit Harrington à la Tour de Londres après la Restauration.

La révolution de 1688 permit aux néo-harringtoniens de faire surface. La théorie de la monarchie limitée dite aussi « mixed constitution » (*constitution* étant ici entendu au sens de nature de l'État et non pas texte fondateur de la souveraineté politique) put apparaitre comme une théorie du juste milieu qui conjurait deux périls : la tyrannie de droit divin et la démocratie des « saints ». De ce fait, et ce fut une grande aubaine pour la tolérance, le jeu politique se trouva laïcisé, et laïcisé par la pensée politique antique.

En effet, par Machiavel, qu'il appelle le « prince des politiques », Harrington remonte à la formule de l'équilibre tripodique qui, selon Polybe, a fait la grandeur de Rome. Cette théorie reprise par Cicéron et par Tite-Live est aussi celle de Tacite quand il fait du despotisme impérial la cause principale de la corruption qui mène Rome à sa perte. Dès la monarchie limitée installée en Angleterre, l'apologie du régime s'est donc appuyée sur Rome. Harrington fut réédité par Toland en 1700 et Thomas Gordon, qui avait lancé avec Trenchard l'*Independent Whig* dans les années 1720, donna une nouvelle traduction de Tacite en 1728 [7], l'année même où Swift fit l'apologie de la vertu antique dans les livres III et IV des *Voyages de Gulliver* et où Castell publia *The Villas of the Ancients illustrated*.

---

7. H. T. Dickinson, *Politics and Literature in the 18th century* (Londres, 1974), contient, entre autres références à la pensée politique antique, un intéressant extrait de Spelman où ce dernier applique le « système de Polybe » à la constitution anglaise (p. 112-114). Voir aussi J. G. A. Pocock, *The Machiavellian Moment* (Princeton, 1975) et mon *Gibbon et le Mythe de Rome* (Paris, 1977), p. 276-404.

Pierre Patel, *Vue de Versailles* (1668). Détail.

Mais selon *Oceana*, le mythe du gouvernement idéal pouvait être antique si on remontait aux institutions romaines avant le despotisme impérial, ou gothique si l'on se référait aux libertés du *witenagemote* germanique importé en Angleterre par les Saxons ennemis de Rome. Dans les deux cas, on pouvait citer Tacite [8]. C'est ce que firent Toland, Gibbon et Hume dont l'essai *On an Ideal Commonwealth* s'inspire d'*Oceana*. C'est ce que fit Montesquieu dans le célèbre chapitre de l'*Esprit des Lois* où il fait l'éloge de l'Angleterre en se référant à la *Germanie* et en citant le nom de Harrington. Ici, comme à Stowe, le temple de la vertu antique est voisin du temple des libertés gothiques (« Jardins », pl. 7) où on peut lire ce vers de Corneille : « Je rends grâces aux cieux de n'être pas Romain ».

Selon ces mythes politiques, l'équilibre entre monarchie, aristocratie et démocratie demeure précaire puisque chacune des trois forces tend à dominer les autres puis à dégénérer. Nous retrouvons ici l'*anacyclosis* de Polybe et, comme whigs et tories se reprochaient mutuellement de trahir la constitution idéale et de recourir à la corruption, il n'est pas faux de définir le système mis en place en 1688 comme un whiggisme polybien. Whig parce que les whigs avaient été les plus fermes ennemis du droit divin, et polybien parce qu'on trouve dans Polybe la théorie tripodique du gouvernement idéal et une conception cyclique de l'histoire. Ce whiggisme polybien, lié à l'anti-absolutisme des Lumières, explique l'essor d'un nouvel imaginaire antique et la mise en conjonction de la politique et de l'histoire. Les Lumières ne pouvaient plus s'en remettre, comme Bossuet, à la Providence. Il leur fallait trouver dans les sociétés elles-mêmes les principes de leur émergence et de leur déclin. Ainsi est né ce lien de la politique à l'histoire qu'Althusser a étudié chez Montesquieu.

Ceci a son importance dans la représentation de la nature parce que les jardins purent accueillir une autre forme de mythologie. Les statues des grands politiques se mêlèrent désormais à celles des dieux de l'Olympe et les portiques des temples devinrent, comme l'avait souhaité Harrington, l'image des libertés publi-

---

8. Sur Tacite et le mythe gothique, Samuel Kliger, *The Goths in England* (Harvard, 1952) et mon propre *Le Gothique des Lumières* (Brionne, G. Monfort, 1991), p. 82-101. Voir aussi C. Volpilhac-Auger, *Tacite et Montesquieu* (Oxford, 1985), plus particulièrement le chapitre « Tacite et Montesquieu historiens », p. 105-130.

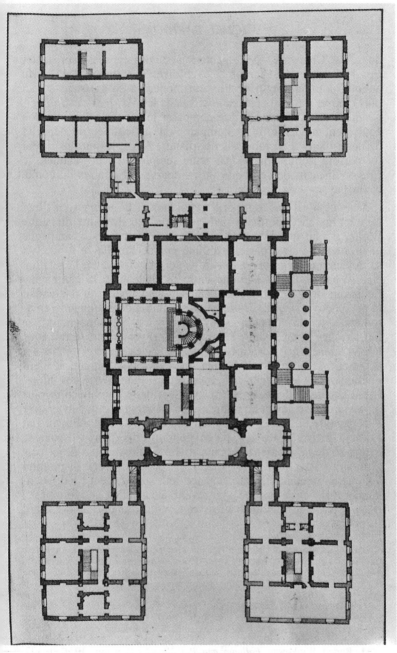

4. William Kent, *Plan de Holkham Hall* (1734). (Collection de Lord Leicester.) D'après R. Wittkower, *Palladio and Palladianism* (Londres 1974), p. 122.

ques [9]. A Chiswick, s'élevaient trois statues censées représenter César, Pompée et Cicéron [10]. A Stowe, le temple de la vertu antique dominait celui de la vertu moderne. Le message est ici plus clair et reprend celui de Swift dans les *Voyages de Gulliver*, quand il dit, au livre III, que comparer le sénat de Rome à son équivalent moderne, c'est comparer une assemblée de héros et de demi-dieux à un ramassis de truands. Ainsi, les jardins disent (et parfois ironiquement) par leurs temples et leurs statues, le rôle civilisateur de ceux qui ont en charge les affaires du comté et du pays.

Mais ce n'est pas tout ; si l'aristocratie et la *gentry* sont l'histoire en marche, comme le pensent aussi bien Boulainvilliers que Burke, il faut que le jardin s'ouvre largement sur la campagne environnante ; c'est par elle qu'une grande famille se fonde, vit sa destinée et développe son influence. Ceci inverse la relation établie par le jardin baroque entre le château et la campagne. Le jardin de Le Nôtre était déjà paysager en ce qu'il étendait la perspective jusqu'à l'horizon et envahissait la campagne environnante. Ici, la démarche s'inverse et c'est la campagne qui se fait paysage pour envahir le jardin. Ce renversement se fait avec tant d'audace que les trois nouveaux styles architecturaux s'y déploient à l'aise : le palladianisme dans la demeure, le néogothique dans les ruines et le rococo dans l'asymétrie des allées. L'imaginaire antique, en se manifestant dans l'architecture plus qu'au jardin, se devait de rompre avec le baroque, qui était associé à la papauté et à la centralisation absolutiste. Ce style avait fait fuser la pierre et les jets d'eau pour inscrire dans l'espace le triomphe de la géométrie organisatrice. Tout cela était désormais d'un autre âge. Revenir à Palladio, c'était retrouver l'inspiration antique en rejetant les extravagances qui surprennent l'œil, abandonner le décor de surface pour revenir à la solidité des volumes [11] [FIG. 4]. C'était combiner Vitruve, la villa romaine dont Castell

---

9. Dans un surprenant passage d'*Oceana*, Harrington demande que l'Angleterre soit divisée en tribus et que les votes de ces dernières se déroulent dans des « édifices semblables aux temples antiques, avec de belles colonnes », « upon fair columns, like the porch of some antient temple », *Oceana*, ed. Toland (Londres, 1700), p. 85.

10. Jacques Carré, *Lord Burlington (1694-1753), le Connaisseur, le Mécène, l'Architecte* (Thèse université de Bourgogne, 1980), II, p. 494. J. Carré remarque que la présence de César et Pompée aux côtés de Cicéron est curieuse ou peut-être ironique. Voir « Jardins », pl. 5.

11. Rudolf Wittkower, *Palladio and Palladianism* (Londres, 1974), p. 122. J. Carré, *ouvr. cité*, p. 532.

montrait le modèle, et des visions de la campagne vénitienne où les villas palladiennes alliaient les vertus rurales aux richesses gagnées sur les mers.

Ceci, les contemporains le voyaient et le disaient. Mais ce qu'ils ne pouvaient pas voir aussi nettement, faute de recul historique, c'est leur nouvelle construction de l'espace. Comme cette dernière promouvait le néo-gothique et le rococo (avec son antenne chinoise) parallèlement au palladianisme, ce qui n'allait pas sans provoquer des débats parfois violents, les remous étaient perçus plus aisément que le courant dominant. Hogarth se moquait de Burlington, Kent et Pope, lesquels n'appréciaient guère Vanbrugh. Mais où a-t-on jamais vu, si ce n'est dans certains amphis, que la modernité d'une époque s'avance au pas de parade ?

Partons de Locke pour démêler les cheminements de l'imaginaire scientifique dans le mouvement général des idées et des formes. Il promeut une nouvelle théorie de la connaissance parce que, en grand philosophe, il fait le lien entre les problèmes de toujours (l'éthique, la métaphysique), et ceux du moment (les avancées scientifiques, l'évolution socio-politique). Dans la querelle entre cartésiens et newtoniens, Locke est du côté de Newton car il reproche à Descartes de partir de principes (par exemple le dualisme pensée/substance) qui ne sont pas tirés de l'expérience mais d'un apriori philosophique [12]. De plus, il utilise la physique des *Principia* pour construire sa psychologie.

Les thèses de l'*Essai sur l'entendement humain* déconstruisent l'épistémologie géométricienne ; elles se rencontrent partout dans le développement de l'esthétique de la sensibilité. En effet, Locke fait des organes des sens les pourvoyeurs de la vie mentale. Celle-ci repose donc sur des signaux qui lui sont transmis par un contact physique avec le monde. La médecine, et Locke était médecin, importe ici plus que la géométrie et le dualisme entre pensée et substance. Il explique qu'un aveugle pourrait structurer le temps et reconnaître les saisons par son odorat (l. II, ch. 14, § 20). Ou encore que nous percevons l'espace par l'action conjointe du toucher et de la vue. Hogarth reprend exactement cette idée (*ibid.*, ch. 5, § 1).

Avec Boyle, ami de Locke, se manifeste une forte avancée des sciences du vivant. Ses recherches sur la respiration, la physiologie, la chimie des échanges organiques s'articulent avec la

---

12. Voir Alexandre Koyré, *Études newtoniennes* (Paris, 1968), p. 85-242.

botanique, la zoologie, toutes sciences qui s'accommodent mal du mécanisme géométricien. Nous entrons ici dans la crise de la géométrisation dont a parlé Yvon Belaval [13]. De plus, Boyle se fait le défenseur d'une nouvelle méthode d'investigation scientifique qu'il dénomme « history » [14]. L'observateur doit procéder sans idée préconçue, décrire les phénomènes en temps réel en notant tous les détails, tous les « particulars » de date et de lieu. Or qu'est-ce que le jardin anglais sinon une « history » au sens empirique du terme, c'est-à-dire une mise en forme rétrospective des épisodes survenus au cours de la visite ? Connaitre la nature c'est ne plus la voir selon l'axe central projeté apriori depuis la maison. C'est suivre des voies parfois circulaires comparables aux coquilles du rococo décrites par Philippe Minguet (FIG. 5 et 6). C'est bannir la symétrie et la géométrie qui rigidifient le monde vivant des arbres et des eaux et cachent l'emprise du temps sur leur visage. Castell dit que les jardins des anciens avaient d'abord été sauvages, puis réguliers, avant d'imiter l'irrégularité de la nature [15].

Le jardin des villas palladiennes va donc adopter une organisation polycentrique qui rejette la symétrie centrale et permet le tracé d'allées sinueuses fertiles en surprises. Ses allées seront une école du sentiment et de la sensation. Jacques Carré a montré comment l'espace était compartimenté à Chiswick et comment Kent, l'ami de Burlington, y avait établi une « communication visuelle » entre les différentes parties. Ceci créait un effet « d'involution » (on pense au concept d'intricacy cher à Hogarth) par lequel « les allées mènent d'une fabrique à une autre » et accentuent le polycentrisme de l'ensemble. De même à Stowe, car, quand bien même de longues allées rectilignes sont longtemps demeurées, l'asymétrie s'installe délibérément avec la création des *Elysean Fields*, dont le programme politique est aussi moderne que les formes sinueuses et la liberté des eaux (FIG. 1). Celles-ci courent ou s'étalent désormais au niveau du sol. Ici aussi, la préférence est accordée aux horizontales, à un effet de *staccato* (FIG. 7) qui nie implicitement les élans spectaculaires du baroque [16]. Les étangs reflètent les rotondes et les portiques revenus

---

13. Yvon Belaval, « La Crise de la géométrisation de l'Univers dans la philosophie des Lumières », *Revue internationale de Philosophie*, 6, 1952.

14. *Philosophical Transactions,* 1666, n° 13, p. 222-226.

15. Robert Castell, *The Villas of the Ancients illustrated* (Londres, 1728), p. 116.

16. Sur le *staccato* palladien, voir R. Wittkower, *ouvr. cité*, p. 120.

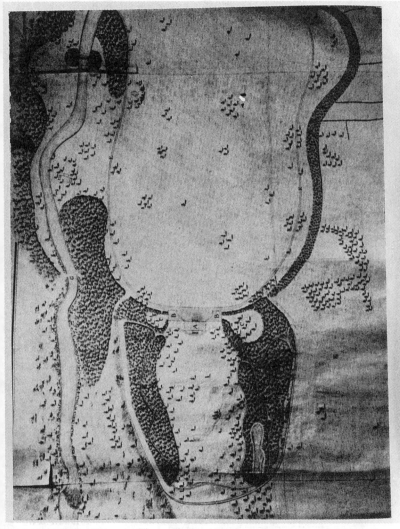

5. « Capability » Brown, *Plan pour le parc de Lowther* (Westmorland) (1763). D'après D. Stroud, *Capability Brown* (Londres, 1975), pl. 24.

6. Cartouche dans le style rococo. Frontispice du catalogue de l'exposition *Rococo* (Londres, Victoria and Albert Museum, 1984).

à la vraie forme antique ; ils reflètent aussi la campagne environnante et allient les cycles éternels de la nature à un songe d'antiquité.

Ceci mène à une dernière question. Existe-t-il un palladianisme littéraire et si oui, Pope, Fielding et Montesquieu n'en seraient-ils pas les meilleurs représentants ? Ce genre de parallèle suscite parfois l'hostilité de spécialistes qui défendent leur domaine en estimant sans doute que leur présence lui suffit. Des critiques plus ouverts lui reprochent de donner dans l'impressionnisme [17]. Avec la place que la technologie moderne donne à l'image dans la transmission du savoir, ce débat ne peut plus être esquivé. On peut le faire avancer en le fondant sur de solides bases historiques (d'où l'utilité du concept de modernité) et sur la théorie de la connaissance dans sa relation à l'imaginaire collectif. On voit alors plus nettement que tout créateur se saisit des éléments de la modernité pour leur imprimer sa marque par une chimie qui lui est propre.

Ainsi, Pope reprend Boileau pour fonder la critique sur des critères différents de ceux de l'âge baroque. Si son *Essay on Criticism* ressemble à *l'Art poétique*, il n'en est pas moins fort différent. Déjà par son titre qui s'interroge sur la critique plus qu'il ne prescrit des règles. « La nature, comme la liberté, n'obéit qu'aux lois qu'elle se donne elle-même » (v. 90-91). Les lois de la critique ressemblent donc à celles des États selon Montesquieu : on est libre quand c'est elles qui commandent. Autre nouveauté, la critique est présentée historiquement et soumise elle aussi à l'*anacyclosis* : « Rome et le savoir étendirent ensemble leur empire ; / [...] / Le même siècle vit leur chute commune. / A la tyrannie, s'ajouta la superstition. / [...] / Et les moines achevèrent ce que les Goths avaient commencé » (v. 683-692).

Pourtant, l'argument historique permet, comme à Stowe, une réhabilitation du gothique qu'il semble condamner :
« Une nation née dans la servitude obéit aux *règles*,
Et *Boileau* continue à régner à la place d'Horace.
Mais *nous, Britanniques*, avons bravé *les lois étrangères*,
Libres et *sauvages* nous sommes restés
Combattant pour nos *libertés* avec une hardiesse farouche
En défiant *Rome* comme *autrefois* » (v. 709-718).

---

17. Voir J. W. T. Mitchell, « Beyond comparison. Image, text and method », *Interfaces 5*, Publications du Dept d'Anglais de l'Université de Bourgogne, p. 13-38.

Ainsi la Renaissance a redécouvert l'Antiquité : l'« éternel Vida »
(v. 705) est un Palladio de la littérature mais l'âge baroque a
imposé la tyrannie des règles ; Boileau règne à la place d'Horace.
Il revient aux Britanniques, hommes du Nord, de « briser les
fers forgés au Midi », pour reprendre encore Montesquieu. C'est
ce que proclame le temple gothique de Stowe.

Fielding se réclame de la même esthétique. Lui aussi proscrit
les règles ; romancier, il laisse errer son lecteur sans jouer le
« jure divino tyrant ». Il écrit dans *Tom Jones* (l. II, ch. 1) : « Il
ne faut pas que mon lecteur s'étonne si dans cet ouvrage il trouve
quelques chapitres aussi courts que d'autres sont longs. Dans ce
genre de choses, je ne relève pas de la juridiction des critiques,
car je suis, de fait, le fondateur d'un nouveau domaine de la
littérature, et en cette qualité je suis libre d'y édicter les lois qui
me conviennent. » Et pour prouver sa liberté, il écrit, quelques
pages plus loin, « le plus court chapitre de ce livre » (moins
d'une page). Il allonge ou raccourcit le pas, selon ce qu'il observe,
comme dans un jardin à l'anglaise, et il annonce : « I am not
writing a system but a history » (l. XII, ch. 8). Le jeu étant ainsi
guidé sans apriori, cette histoire est aussi une *history* au sens
empirique du terme, et c'est pour cela que le roman nait d'une
nouvelle conception du temps. Les titres des livres de *Tom Jones*
sont révélateurs : à l'exception du premier, tous donnent une
indication de durée et s'enchainent comme une rhapsodie avec

7. William Kent, *Projet d'élévation pour Holkham Hall* (Collection de Lord Leicester.) D'après R. Wittkower, *Palladio and Palladianism* (Londres, 1974), p. 123.

des accélérations et des ralentissements : le livre III « contient » cinq ans, le livre IV un an, le V six mois, le VI trois semaines, le VII trois jours, etc. Le romancier se fait donc chroniqueur en temps réel et montre par la structure du récit que l'irrégularité est l'image même de la recherche de la vérité.

Si nous passons la Manche pour chercher semblable gout pour l'irrégularité prégnante, nous le trouverons chez Montesquieu. Lié avec Bolingroke, ainsi qu'avec la franc-maçonnerie qui attache à l'architecture civile l'importance que l'on sait [18], il retrouvait chez ses amis anglais ce gout pour le républicanisme aristocratique à l'antique qui se lisait si clairement à Chiswick et à Stowe. Il apparait comme le représentant le plus accompli du palladianisme littéraire français. C'est du reste ce qui irrite Voltaire dont les gouts vont davantage vers le Grand Siècle ou le rococo et qui reproche à *L'Esprit des lois* d'être « un cabinet mal rangé » dont l'irrégularité est une affectation [19].

18. Voir l'enthousiasme que manifestent les *constitutions* d'Anderson pour Burlington et le palladianisme, en annonçant que la Grande-Bretagne va devenir « the mistress of the world » pour ce qui concerne « the Royal Art » (*Constitutions d'Anderson*, éd. par D. Ligou (Paris, 1978), p. 174).

19. Voltaire, *Siècle de Louis XIV*, Catalogue de la plupart des écrivains français [...] art. Montesquieu : « Le défaut continuel de cet ouvrage, la singulière affectation de ne mettre que trois ou quatre lignes dans un chapitre, et encore de ne faire de ces quatre lignes qu'une plaisanterie [...] ».

En fait, Montesquieu trouve la vérité de son style dans le plaisir esthétique qu'il éprouve à maçonner des phrases que leur densité rend lapidaires. Comme dans les constructions palladiennes, sa rhétorique ne cherche pas d'effets spectaculaires. L'éloquence et la *copia* baroques ne sont pas son fait. Qu'on compare les Romains selon Bossuet aux Romains selon Montesquieu et on verra aussitôt que la voix du lecteur implicite sonne différemment dans les deux textes : elle ne les travaille pas de la même façon. Dans le premier, elle construit un volume sonore qui va pyramidant dans une période entière : « Tout cède à la fortune de César : Alexandrie lui ouvre ses portes ; l'Égypte devient une province romaine ; Cléopâtre qui désespère de la pouvoir conserver, se tue elle-même après Antoine ; Rome tend les bras à César qui demeure, sous le nom d'Auguste et sous le titre d'empereur, seul maitre de tout l'empire » (*Discours sur l'histoire universelle*, fin de la 9e époque). Dans le second, elle joint des éléments tronçonnés qui s'assemblent souvent à l'oblique en gardant leur propre équilibre interne par le jeu d'une ponctuation très accusée. L'effet de *staccato* ainsi obtenu vise au même effet que la syntaxe latine : « Il [Auguste] porta dans le Sénat une cuirasse sous sa robe, il refusa le nom de *Dictateur* et, au lieu que César disait insolemment que la République n'était rien, et que ses paroles étaient des lois, Auguste ne parla que de la dignité du Sénat et de son respect pour la République » (*Considérations sur les [...] Romains*, coll. G. F., p. 106).

Si la raison est « le plus exquis de nos sens », on ne peut l'éclairer que par une démarche qui ne soit pas construite apriori et par elle-même. Il lui faut, comme dans le jardin anglais, découvrir des perspectives inattendues, s'attarder sur un songe, s'amuser d'un rien, comparer l'incomparable et découvrir de la profondeur dans ce qu'on croyait futile. Ce que Voltaire prend pour de l'esprit est en réalité un souci de sensualiser la raison en montrant à l'homme par le contraste des dimensions et des éclairages, la subtilité, la variété et parfois la profondeur d'une vérité entraperçue.

On peut contester cette interprétation de Montesquieu, et invoquer la résonance cartésienne de la célèbre phrase « J'ai posé des principes », etc. Encore faut-il prendre garde que Montesquieu a écrit cette phrase une fois qu'il eut « d'abord examiné les hommes » et qu'il dit aussi : « Si l'on veut chercher le dessein de l'auteur, on ne le peut bien découvrir que dans le dessein de l'ouvrage ». Le « cabinet mal rangé » se dérobe à la construction rhétorique traditionnelle parce que ses principes sont nés de l'étude des hommes et non des lois du genre.

Je terminerai par quelques remarques.

La première, c'est que le palladianisme apparait bien comme l'une des esthétiques des Lumières, et que sa cohabitation avec le gothique dans les jardins montre que sa vitalité lui a permis de passer des compromis intéressants.

La seconde c'est que l'imaginaire d'une époque est toujours conditionné par le développement de la connaissance scientifique. Si le palladianisme, sous la forme qui a été décrite ici, a décliné dans la seconde partie du siècle, c'est que l'archéologie demandait une représentation plus exacte de l'art antique et que le sublime exprimait mieux les audaces d'un associationnisme radicalisé. C'est aussi que la perfectibilité, en s'appuyant sur toutes les sciences que cite Condorcet dans son *Esquisse*, promouvait une géométrie colossale pour régénérer l'architecture [20].

La dernière, c'est qu'il est possible de faire des parallèles entre le monde des mots et celui des images si on veut bien se donner la peine d'analyser les mythes et les structures de pensée qui se répondent dans différents types de création. De tout temps, architectes, peintres et écrivains ont parlé de ce qu'ils avaient en commun. Il serait bien surprenant qu'ils n'aient rien eu à se dire au siècle où l'esthétique s'est constituée en tant que discipline.

MICHEL BARIDON
Université de Bourgogne

---

20. Voir Annie Jacques et Jean-Pierre Mouilleseaux, *Les Architectes de la liberté* (Paris, 1988), p. 79.

PEINTURE ET BELLES ANTIQUES
DANS LA PREMIÈRE MOITIÉ DU SIÈCLE

LES STATUES VIVENT AUSSI

En 1710, *L'art de plumer la poule sans crier,* recueil anonyme de 21 courtes histoires comiques, rapporte, sous le titre *La Neuvaine de Cythère,* une curieuse anecdote qui touche de façon inattendue à la question de l'antique dans les arts plastiques. L'aventure se passe à Versailles et est introduite par un éloge en forme du « miracle » qu'y a réalisé le monarque qui en est à la fois, est-il dit, l'*architecte* et l'*ouvrier* [1]. Elle touche au roi d'une autre manière puisqu'il s'agit d'une « extravagance » à laquelle se livrent deux de ses jeunes mousquetaires, « enfants de famille, mais sans noblesse », fils de marchands enrichis sous Louvois (donc dans les fournitures aux armées), que rend inséparables une amitié qui tourne à la « passion démesurée ». Or les deux jeunes gens tombent amoureux d'une statue de Vénus située dans l'allée centrale des jardins [2]. Ils en viennent, non sans mal, à s'avouer leur rivalité à l'endroit de cette « belle pièce immobile » et les manœuvres auxquelles ils se sont déjà livrés sur la statue, qui leur ont déjà fourni des satisfactions d'ordre quasi hallucinatoire, ce qui leur donne l'espoir fou de la rendre sensible [3]. Et c'est dans cette idée (à laquelle ils croient sans y croire)

---

1. P. 34. On mentionne notamment le « mauvais terrain » de Versailles : « il n'appartient qu'à un pareil architecte de faire de pareils miracles ». Rappelons que c'est en 1705 que le roi donne sa dernière version de la *Manière de montrer les jardins de Versailles.*
2. Cette statue me semble encore aujourd'hui repérable dans l'Allée royale des Jardins de Versailles, comme la troisième à droite en s'éloignant du château. Il s'agit d'une médiocre copie moderne de la Vénus Médicis (envoi de l'Académie de France à Rome ?). La seule Vénus concurrente aurait pu être celle, autrement émouvante, de Gaspard Marsy, dans le cabinet de Diane, mais trop vêtue (et au reste bien proche du château) pour les attouchements de nos mousquetaires...
3. « Je te déclarerai même que depuis trois mois je la viens baiser à la joue tous les matins, et je me retire aussi content d'auprès d'elle, que si j'avais reçu des faveurs de la plus belle personne du monde. Je me mis même en tête, continua-t-il, hier au matin, étant monté secrètement sur le piédestal pour l'embrasser, qu'elle entrait dans mes peines, et qu'il semblait qu'elle écartait une jambe et me regardait avec des yeux mourants qui signifiaient ce que je n'ose t'exprimer. »

---

qu'ils décident de lui faire ensemble une « neuvaine », c'est-à-dire de se livrer sur elle à un certain nombre de cérémonies dont la première consiste, l'un prêtant son dos à l'autre, à lui baiser les fesses (à l'un la droite, à l'autre la gauche, non sans litige). L'histoire ne se réduit pas à un intermède comique — les deux personnages sont cultivés, sortent du collège des jésuites et disent eux-mêmes le « ridicule » de leur passion (« une passion dont les fins me paraissent ridicules », avoue l'un d'eux, qui se demande pourtant si cette statue n'est pas Vénus elle-même, « par quelque miracle particulier » [4]) — et l'auteur est sensible au tour fantastique qu'elle pourrait prendre, puisqu'il parle d'une « aventure qui dans son espace a quelque chose de surnaturel » (elle illustre bien la tendance de la fiction vers 1700 à aborder les situations psychopathologiques à travers un merveilleux auquel on ne croit plus) : Pygmalion n'est pas loin et pour nous, à l'horizon, *La Vénus d'Ille,* avec tout ce qu'a de troublant le passage de l'inanimé à l'animé, évoqué notamment par Freud dans *L'Inquiétante Étrangeté.* Rien n'est indifférent dans cette histoire qui prend pour objet une œuvre d'art, entendue comme telle, ni l'appartenance de la statue et des acteurs au roi, ni le fait qu'il s'agisse d'une Vénus, dont l'un des jeunes gens rappelle qu'étant « déesse » elle peut bien faire un « miracle » (terme qui qualifie aussi l'entreprise royale), ni la dimension sacrilège de la *neuvaine,* accomplie en un lieu que l'auteur n'hésite pas à placer immédiatement au-dessous du « paradis du grand Dieu tout-puissant » [5]. Or c'est précisément le mode problématique de cette croyance qui me semble en relation étroite avec le caractère artistique de l'œuvre. On a affaire ici à un rapport déviant ou pervers à l'œuvre d'art, qui dit à sa manière ce qui serait le refoulé du discours théorique et critique sur l'art à l'époque, à propos à la fois du nu et de l'antique, mettant en jeu une référence culturelle (il s'agit d'une Vénus), mais aussi une œuvre d'art antique dans sa matérialité (il s'agit d'une copie supposée fidèle). D'où la tentation d'élucider à travers ce mauvais usage de l'œuvre d'art quelques soubassements inconscients de ce rapport à l'antique qui s'inscrit dans les œuvres supposées régir son bon usage.

---

4. « Autrefois Vénus passait pour une déesse, que savons-nous si par quelque miracle particulier, ce n'est point elle-même sous cette figure. »

5. On retiendra aussi bien que les auteurs de cette « déviation » sont deux personnages de richesse récente, qui entreprennent de laver leur roture au service du roi et dont la culture n'est pas intégrée dans une tradition familiale. Un bon échantillon des groupes sociaux qui vont accéder à la consommation de l'art qui deviendra à son tour qualifiante.

« Les Antiques sont belles parce qu'elles ressemblent à la belle nature », déclarait, en 1668, Roger de Piles dans son commentaire au poème de Dufresnoy [6]. En 1699, il développe à ce propos, dans l'*Idée du peintre parfait,* une théorie qui tente de fonder, sur un mode anthropologique, la fonction normative déjà reconnue aux statues antiques. Distinguant entre les actions de la Nature « ou lorsqu'elle agit elle-même de son bon gré, ou lorsqu'elle agit par habitude au gré des autres », il précise : « Les actions purement de la Nature, sont celles que les hommes feraient, si dès leur enfance on les laissait agir selon leur propre mouvement ; et les actions d'habitude et d'éducation, sont celles que les hommes font en conséquence des instructions et des exemples qu'ils ont reçus » [7]. Une opposition nature/culture se dessine donc, l'une apparaissant comme le *vêtement* de l'autre. Pour de Piles, si le peintre ne doit pas ignorer « les actions différentes dont les principales Nations ont revêtu la nature », il doit savoir aussi que cette différence tient à une « affectation, qui est un voile qui déguise la vérité », et faire son étude « de débrouiller et de connaitre en quoi consiste le vrai, le beau et le simple de cette même Nature... ». Non sans avouer aussitôt que la différence est bien difficile à connaitre. Cette analyse se complète d'une autre, au chapitre IV, qui repose cette fois sur une distinction entre particulier et général : « La Nature est ordinairement défectueuse dans les objets particuliers, dans la formation desquels elle est, comme nous venons de dire, détournée par quelques accidents contre son intention, qui est toujours de faire un ouvrage parfait. Mais si on la considère en elle-même dans son intention et dans le général de ses productions, on la trouvera parfaite » (*ibid.,* p. 18). Dieu n'est pas nommé, mais sa bonté fondamentale est présente dans ce schéma qui adapte la théorie aristotélicienne des types. « C'est dans ce général que les anciens sculpteurs ont puisé la perfection de leurs ouvrages, et Polyclète a tiré les belles proportions de la statue qu'il fit pour la postérité et qu'on appela la règle ». Ce qui revient à faire jouir les Anciens d'un privilège quasi miraculeux. Une hésitation est évidente ici entre une vision idéaliste et une autre, historique, de la place de la référence antique, cette dernière intégrant en quelque sorte, sous une forme voilée, l'hypothèse théologique d'une Chute. C'est dans ce sens que va le *Cours de Peinture* de 1708, où une lettre de Rubens,

---

6. *L'Art de Peinture de C. A. Dufresnoy...* (éd. 1684), p. 107.
7. Piles, *L'Idée du peintre parfait...* (éd. 1708), p. 16 (originellement publié dans l'*Abrégé de la Vie des peintres...,* 1699).

citée *in extenso,* appuie la supériorité des statues antiques sur une
série d'arguments hétérogènes : idée d'une décadence généralisée,
d'une « vieillesse du monde », d'une plus grande perfection des
corps anciens due tant à une proximité de l'origine qu'à la dégradation entraînée chez les modernes par la paresse et l'absence
d'exercice et d'hygiène alimentaire, ce qui constitue la face mora-
lisante de ce discours (voir p. 139 et s.). La doctrine des pseudo-
types (selon l'expression de R. K. Lee) a donc quelque peine à
trouver sa cohérence. Ce qui s'y lit sans difficulté est le fantasme
d'une antiquité édénique, âge d'innocence où peut-être la belle
nature se laissait voir, où il était du moins plus facile d'y accéder,
un paradis terrestre et perdu. Dans le texte de Piles, la nudité
des statues antiques se met à fonctionner comme métaphore d'une
« belle nature épurée », s'opposant au vêtement situé du côté du
voile, du masque et donc de la corruption, cette métaphore traver-
sant et travaillant le discours sans que l'auteur la prenne explicitement en charge. Ce qui se trouve occulté est l'explication en
quelque sorte technique que Félibien et Le Brun donnaient de
la supériorité des Anciens dans le dessin : le fait que l'étude du
corps humain y était facilitée par la nudité des esclaves et l'usage
des gymnases [8]. L'argument, tout à fait historique, donne évidemment beaucoup moins à rêver que l'âge d'or suggéré par de Piles,
chez lequel il est refoulé, sans pour autant cesser de travailler
son discours. Effet analogue de cette occultation, semble-t-il, chez
Antoine Coypel (lui-même assez critique des modèles antiques
et enclin à rappeler leurs limites) qui fait entendre un rapport
mélancolique dans ce rapport à l'antiquité : « Que les anciens
peintres étaient heureux ! la nature s'offrait toujours à leurs yeux
avec ses plus naïves beautés ; ils n'avaient qu'à la voir et l'imiter.
Nous ne pouvons pas la suivre fidèlement, parce que nous ne
la voyons que contrefaite et masquée. Cependant notre objet
est de l'imiter. Cela est triste. » L'expression est curieusement
ambiguë : que faut-il entendre par cette naïveté et par cette contrefaçon ? S'agit-il des artifices de la vie moderne, à commencer
par ses vêtements ? Ou bien de la dégénérescence que déplorait
de Piles ? Quelqu'application qu'on en fasse, demeure l'image
d'une pureté et d'une vérité originelles, dont l'avantage ne
touchait peut-être pas que les peintres.

Que les statues antiques soient, en tant qu'œuvres d'art, en
quelque sorte les restes d'une nature perdue, voilà qui rendrait

---

8. Voir Félibien, *Entretiens...* (Paris, 1987), p. 171, (orig. 1666), et la Conférence de Le Brun sur Eliezer et Rébecca dans H. Jouin, *Conférences de l'Académie
royale...* (1883), p. 250-251.

compte de la singulière gravité que prend pour nos deux mousquetaires (qui n'ont certes pas lu de Piles) la rencontre de la Vénus, et du fait que l'aventure appartient à un registre qui n'est ni gaulois ni grivois, encore qu'il mette bien en jeu les corps eux-mêmes. La « neuvaine » est parodique, mais désigne un rapport au sacré dans le désir fou de croire en Vénus. Ce que montre l'histoire, en raison même de son inconvenance, c'est la sourde recharge idéologique et fantasmatique dont font l'objet les personnages et les données de la Fable et le mode à la fois trouble et troublant sur lequel peut agir leur représentation. Qu'à l'heure où on devient de plus en plus pointilleux sur la représentation des nudités (de Piles en offre un intéressant exemple dans son *Idée*, chap. 24), l'Antiquité soit moyen commode de l'autoriser au nom de la tradition, sans doute. Mais il s'agit ici de tout autre chose que de voir « des tétons et des fesses », pour reprendre l'expression de Diderot.

Que la statue vienne réveiller, dans la folle entreprise, une fort improbable « croyance » à Vénus (et en même temps une croyance archaïque et normalement refoulée à l'animation de l'inanimé), pourrait se dire ainsi : n'est-ce pas l'art et son discours qui viennent en somme prêter la main à une Fable dont on sait qu'à l'âge de Fontenelle, elle a perdu ses pouvoirs, notamment ceux de signifier indirectement une vérité cachée et de présenter des leçons morales ? Une longue tradition interprétative trouve sa fin dans l'orage critique des dernières années du 17e siècle. Cette fin a été à la fois retardée et provoquée par la réquisition massive de la Fable à l'usage personnel du monarque : cet usage a autorisé l'épanouissement d'une antiquité plastique en peinture comme en sculpture, nécessaire à célébrer la gloire du règne, mais aussi qui détourne et vide de leur sens les figurations traditionnelles, astreintes au rôle d'auxiliaires. Le cadre n'est donc pas indifférent : c'est grâce au roi que la Vénus antique parvient aux mousquetaires, objet digne de l'imitation des sculpteurs et des peintres, et qui mériterait intérêt lors même qu'on ne croirait plus à Vénus, ni au miracle royal, parce que si on en croit Roger de Piles, c'est là un morceau de « belle nature perdue ». Faut-il dire que cette trace de l'enfance du monde pourrait, chez le spectateur, rappeler quelque vert paradis plus personnel et expliquer le caractère éminemment régressif de l'histoire ? Toujours est-il que, dans cette Vénus, ce qui reste de plus vrai est peut-être son corps. A ce titre, l'*extravagante* entreprise des mousquetaires qui semble prendre *à la lettre* la théorie de l'imitation, ne manque pas de sens.

Parler de paganisme à propos de l'art apaisé, savant, méditatif et gracieux de La Fosse, d'Antoine Coypel, des Boulogne (pour nous en tenir aux exacts contemporains de nos textes) est sans doute excessif. Mais ces toiles qui se tiennent à distance de l'histoire qu'elles racontent ou se détournent même de toute histoire (qu'on pense à *La Nature et les quatre éléments* de Bon Boullongne ou au *Zéphyr et Flore* de Jouvenet), qu'inscrivent-elles dans l'espace apparemment absent de leurs significations perdues, sinon la célébration du bonheur d'exister, mais de l'exister tout court ? Même si parfois l'hommage à la nature se nuance de mélancolie (je pense à la *Clytie* de La Fosse, et à son soleil couchant). Non pas déchainement de sensualité, mais exaltation d'une beauté des corps animés, qui n'ignore pas les valeurs nouvelles de la civilité, de la délicatesse, de la politesse, en train de se substituer à celles de l'univers héroïque, les valeurs mêmes dont se réclament les Modernes de la Querelle, à la suite de Fontenelle. Faut-il dire qu'à la fin de son règne, le roi retrouve, sous une forme innocente, ou supposée telle, le paganisme autrement actif de ses débuts ? Il encourage en tous cas, à cette époque, une peinture qui entend moins penser que « donner à penser », selon la formule employée plus tard par Caylus, et qui se tient dans un rapport à la fois respectueux et souriant à la fable dont elle traite [9]. Katie Scott a remarquablement montré, notamment à propos d'Antoine Coypel et de la galerie d'Énée, comment le commanditaire (en l'occurrence Philippe d'Orléans, mais cela est vrai aussi du roi) libère le terrain, s'absente désormais de l'œuvre picturale. La célébration de la nature qui se dessine ici prend des formes plus évidentes chez les peintres de la période rococo, de Troy, Lemoyne, ou encore Noël-Nicolas Coypel, avec l'éblouissant hymne triomphal à l'amour que constitue son *Enlèvement d'Europe* [10].

Tourner ses regards vers les satyres de pierre aux regards lubriques et les statues de chair de Watteau, dont la nudité provocante semble rappeler aux assemblées galantes, à ces personnages

---

9. L'ensemble de toiles réunies à Trianon est ici particulièrement suggestif. Voir sur ce point J.-P. Néraudau, *L'Olympe du Roi-Soleil,* (Paris, 1986).

10. L'exposition de 1992, au Grand Palais, *Les Amours des Dieux,* a permis d'apprécier l'intérêt de la peinture de la fable. L'étude de Katie Scott, « D'un siècle à l'autre : histoire, mythologie et décoration au début du 18e siècle », qui figure dans le catalogue de cette exposition (R.M.N., 1992, p. XXXII-LIX) fournit une contribution capitale à la connaissance de cette période et on ne peut qu'être d'accord avec son souci de lire, dans un art volontiers tenu pour frivole, la présence des idées et des préoccupations sociales du temps.

trop habillés, déguisés, la fin ultime de leur rencontre, c'est ne pas être très loin de la thématique de notre histoire [11]. A perdre ses prestiges culturels, l'Antiquité se prête à une familiarité qui permet une relecture parodique ou critique : c'est la période des romans « critiques » de Marivaux, et notamment d'un *Télémaque travesti* qui vise moins à attaquer Fénelon qu'à le lire d'une autre manière, celle aussi où les comédiens de la Foire multiplient les parodies ou mettent Arlequin aux prises avec les dieux [12]. Que la reprise du sujet antique entraîne aussi le plaisir de la transgression, c'est peu douteux. Le plaisir du lecteur (pour ne pas parler de celui des héros) tient, dans *la Neuvaine de Cythère,* pour une large part, à l'usage *inconvenant* qui y est fait d'un objet qu'avaient magnifié non seulement sa place dans la tradition savante, mais aussi son appartenance au roi, au détournement, à des fins étroitement privées, d'une statue vouée à un usage public. L'usage fait de la fable par les peintres de la période rococo montre que cet effet de relecture fait partie du plaisir de leur spectateur : transgression douce, pourrait-on dire en pensant à la « surprise douce » de Fontenelle. Que l'on pense au thème d'Hercule et d'Omphale, bien représenté dans l'exposition de 1992, où chez Lemoyne, l'échange du regard amoureux fait facilement oublier le servage du héros, tandis que Charles-Antoine Coypel préfère fasciner son spectateur sur une figure d'éphèbe alangui, voluptueusement dénudé, dont le charme quasi féminin ferait méditer sur la différence des sexes plus que sur les dangers de l'amour, sous le regard d'une Omphale moins dominatrice qu'énigmatique. Boucher, lui, a choisi l'instant d'un fougueux baiser, où la puissance quasi animale du personnage (aggravée peut-être par le thème des jambes croisées, qui marque habituellement les amours de Mars et Vénus) tourne franchement en dérision l'interprétation traditionnelle [13]. Avec raison, Stefen Z. Levine évoque la cantate de Collé et Bodin de Boismortier qui, de l'histoire de Diane et Actéon (autre thème favori de l'époque), tire la moralité du

---

11. Faire de la chair avec de la pierre, il se trouve que c'est exactement le contraire de ce que Piles reprochait à Poussin : d'avoir fait de la « pierre » au lieu de chair à force de trop imiter les antiques...

12. A retenir dans le *Pharsamon* de Marivaux, élaboré sur le modèle de *Don Quichotte,* un exemple de mauvais usage des tableaux : celui où Pharsamon et son écuyer se mettent à embrasser les portraits peints de leurs maitresses, au grand ahurissement du paysan qui les a recueillis (dans Marivaux, *Œuvres de jeunesse,* Pléiade, 1972, p. 525-527).

13. Toiles qui sous le même titre, se trouvent dans une collection privée, à l'Alte Pinakothek de Munich, au musée Pouchkine de Moscou.

« moment favorable », manqué, hélas, par le timide Actéon, qui provoque ainsi la colère de la déesse frustrée [14]. Si de Troy (*Diane surprise par Actéon*, Kunstmuseum, Bâle) ne va pas jusque-là, montrant une Diane au milieu de ses nymphes plutôt surprise de ce cerf qui s'enfuit à l'extrême gauche, il est bien évident que l'intérêt de l'œuvre tient aussi à ce traitement désinvolte et déviant de la tradition interprétative. Que cet usage de la fable relève de tout autre chose que d'un « art d'assouvissement », pour rappeler la regrettable formule d'André Malraux, autrement dit que l'enjeu de ces toiles soit complexe, il n'est que de voir comment dans sa *Léda et le cygne* (occasion chez nombre de peintres des figurations les plus osées de l'accouplement), Boucher rassemble dans une étreinte très sensuelle deux femmes fixant avec une attention fascinée le bec d'un cygne détaché sur fond de chair : mise en scène d'une jouissance scopique (dont l'objet n'est certes pas indifférent), non sans connotation sapphique, comme l'a fait remarquer D. Posner [15]. Exemple typique d'une dérive du traitement traditionnel, décevant l'attente du spectateur, pour lui montrer le plaisir de voir... un bec de cygne. On pensera aussi, du même Boucher, à cette *Vénus demandant à Vulcain des armes pour Énée* (Louvre), étonnamment structurée autour du regard qui descend de la déesse au mari cocu, aux proportions fort peu héroïques, que ne gratifie même pas un sourire — l'ensemble faisant à vrai dire passer au second plan l'histoire d'Énée, et mettant en évidence la singularité d'un rapport conjugal (osera-t-on évoquer *La Nouvelle Héloïse* ?).

L'apport spécifique de Boucher (ce qui explique la violence des réactions dont il a été l'objet) est d'avoir manifesté, jusqu'à la provocation, le caractère fictif des scènes qu'il traite, et du coup la liberté du peintre à leur égard. Il s'en amuse parfois lui-même : le gros étau fort réaliste dont il affuble Vulcain dans sa *Vénus dans la forge de Vulcain* (Louvre) semble tout droit sorti de l'*Encyclopédie,* et sa modernité ne manque pas de surprendre dans cet espace où Vénus s'est confortablement assise sur des nuages... L'irritation des critiques devant de telles pratiques se lit dans la réaction de La Font de Saint-Yenne, soucieux de ramener à la vraisemblance commune le royaume du fantasme, blâmant Pierre de la complaisance déplacée que montre sa Vénus

---

14. S. Z. Levine, « Voir ou ne pas voir, Le mythe de Diane et Actéon au 18ᵉ siècle », *Les Amours des Dieux, ouvr. cité*, p. LXXXV.
15. D. Posner, « Les Belles de Boucher », *Les Amours des Dieux, ouvr. cité*, p. LXVIII. Tableau au Musée National de Stockholm.

pour un triton à la figure « barbaresque », ou Collin de Vermont d'avoir choisi le sujet du Festin des Dieux, nécessairement froid, puisque « la vraie joie se trouve rarement avec les grandeurs » et que les dieux ne mangent que « divinement et sans besoin » [16]. On songera aussi à la critique faite par le même La Font du *Lever* et du *Coucher du Soleil*, du même Boucher (Wallace Collection) : le foisonnement des nudités, bien entendu (qui a interdit à des ecclésiastiques l'accès du Salon...), mais aussi et surtout l'indifférence coupable que montrent Naïades et Tritons, et Thétis elle-même, au dieu du Soleil, qui devrait être l'objet essentiel de leur attention (*Sentiments...*, p. 42 et s.). L'inconvenance n'est peut-être si sensible que parce qu'il s'agit là d'un thème louisquatorzien, dont la composition éclatée de Boucher semble involontairement une transcription parodique. Exemple intéressant, me semble-t-il, chez un critique qu'obsédait *L'Ombre du grand Colbert*, d'un enjeu politique qui ne peut dire son nom [17].

Immorale, la peinture mythologique de l'époque l'est aussi par son mode d'action, en ce qu'elle se prête mal au modèle de *catharsis* élaboré par l'abbé du Bos dans ses *Réflexions critiques* de 1719. Dépourvu de sympathie pour la fable en tant que telle, du Bos la tolère comme appartenant à une tradition inséparable des Anciens auxquels il tient pour avoir saisi, mieux' que les philosophes, les secrets de l'âme humaine. Son objectif dans les *Réflexions* est assez clair : il s'agit de substituer aux objets réels des passions des objets fictifs suscitant des fantômes de passions, grâce à l'identification du spectateur avec le personnage, de préférence souffrant, la pitié jouant un rôle central dans cette opération, et la représentation de la souffrance se constituant en noyau de l'expérience esthétique. Par quoi se trouve justifiée une fonction sociale de l'art. Cette identification ne saurait produire la purgation des passions du spectateur qu'à la condition tout à la fois d'une intensité et d'une lisibilité des passions chez les personnages. L'aventure de nos deux mousquetaires pourrait passer pour une transcription burlesque de la dérivation de l'énergie libidinale

---

16. La Font de Saint-Yenne, *Réflexions...* (1747), p. 97, et *Sentiments sur quelques ouvrages de peinture...* (1754), p. 62.

17. La Font ne recourt pas à l'argument « technique » de la dominance de la figure principale autrefois développé par Roger de Piles, mais en reste à celui de la convenance psychologique. Eût-il recouru à de Piles qu'il eût justement trouvé, dans le *Cours de Peinture,* une comparaison du tout-ensemble du tableau avec un « tout *politique* » (*éd. cit.*, p. 104).

à laquelle songe du Bos. Le fantôme de passion se produit bien, mais aussi une fixation sur l'objet de fiction, au point d'amener le rêve fou d'animer la pierre. L'expérience montre sinon les risques, du moins les limites du système des *Réflexions,* étroitement lié à l'idée d'histoire, et notamment dans le cas des arts plastiques. Or aussi bien que la Vénus de Versailles, dont l'action est quasi nulle, la peinture mythologique se détourne de l'histoire pour offrir le *spectacle* d'un instant quasi autonome, où l'action, réduite souvent à l'échange d'un regard, ne donne qu'une prise réduite à l'expression des passions, sous une forme minimale et assez souvent énigmatique, et peu d'occasions à la compassion du spectateur.

Diderot s'attaquera avec une rare violence à l'immoralité de Boucher, rappelant avec insistance les tétons et les fesses qui le renvoient, pour son déplaisir, à son propre voyeurisme, recourant, pour accabler l'artiste, à la nature de son public (mondain et aristocratique, donc superficiel et immoral) ou, de manière plus discutable, à des allusions à sa vie privée qui paraissent parfois relever de la calomnie [18]. Il semble bien que son malaise propre ait tenu pour une large part à l'insuffisance narrative qu'il décelait chez le peintre, autant qu'à ce flottement des significations que permet la peinture mythologique. A travers les notions de *tapage,* de *désordre,* d'*inconvenance,* de *folie,* l'intention du philosophe est évidente qui tend à disqualifier moralement, à tout prix, une entreprise esthétique troublante, à prouver que la dégradation de l'art suit « la dépravation des mœurs », ce qui revient à inscrire biographiquement l'insaisissable transgression de la peinture-spectacle. Non sans contradiction parfois, puisque le même Boucher qui est supposé ne plus appeler le modèle (péché d'artifice) devrait la bassesse de ses figures à ses mauvaises fréquentations (« des prostituées du plus bas étage ») [19].

Le flagrant délit de réalisme où Diderot surprend Boucher mérite qu'on s'y arrête. Le désordre, c'est aussi cela : le risque de voir une figure populaire s'immiscer dans le monde élevé des dieux et des héros, pour lesquels Diderot préfère des modèles imaginaires étroitement asservis aux règles académiques et donc

---

18. Voir les analyses d'A. Laing dans le catalogue *Boucher,* Paris, R.M.N., 1987, passim et p. 220 et s.

19. *Salon de 1765, Œuvres esthétiques* (1968), p. 453. Est évoquée, aussitôt après, la Favart. A. Laing (*art. cit.* p. 73) souligne la dette de Boucher à Favart et au théâtre de la Foire, dont les innovations sont marquées par son origine populaire, bien qu'il soit fréquenté et apprécié de la bonne société.

à une imitation de l'antique. Il semble bien qu'une telle conception du rapport de la nature et de l'antique n'ait pas été celle des peintres et des amateurs de la première moitié du siècle. Assurément la doctrine des « pseudo-types » est généralement adoptée. Mais déjà Roger de Piles l'avait soigneusement modulée de diverses manières : en rappelant que les règles se sont formées par une « expérience heureuse » des « effets avantageux de la nature » (entendue cette fois comme nature visible, ce qui est une manière d'aménager la théorie classique du « beau choix », qui relativise l'exemplarité des antiques) ; en rappelant le risque couru par Poussin par une imitation trop attentive qui le conduit, en peinture, à faire de « la pierre », et surtout le fait que l'art de peindre dispose d'autres moyens que la sculpture, d'où la nécessité de regarder l'antique « comme un livre qu'on traduit dans une autre langue dans laquelle il suffit de bien rapporter le sens et l'esprit, sans s'attacher servilement aux paroles » (*L'Idée...*, p. 21). Et enfin en rappelant l'inépuisable variété de la nature (visible). Avertissements qui semblent avoir été entendus : les réserves d'Antoine Coypel, prompt à rappeler que les antiques furent autrefois des modernes, quant à la supériorité des Anciens, sont bien connues ; l'« anticomane » Caylus ne se prive pas de rappeler que les Grecs ont été des hommes, qu'il convient d'apporter « une sorte de sobriété » à l'étude des antiques, qui n'ont pas été à l'abri de la « manière » ; Cochin, partisan de la grande peinture, lui aussi évoque le risque de se maniérer, critique l'attention excessive portée au costume antique et suggère de retarder pour l'élève son étude, quitte à le faire travailler sur la bosse moulée sur nature [20]. Bref, pour cette période, les peintres ne semblent pas obsédés par l'opposition entre antique et nature (visible), mais plutôt soucieux d'élaborer leur accord et se montrent fort attentifs à l'étude du modèle vivant. Ce que Diderot perçoit comme inconvenance ou trivialité est aussi un résultat de cette *familiarisation* de la fable où ils se sont engagés et qui implique un renouvèlement de la typologie traditionnelle. Rien de scandaleux pour eux, semble-t-il, à ce qu'une actrice ou une courtisane devienne, en peinture, une déesse. Pour Diderot, en

---

20. Voir pour Caylus notamment la conférence *De la nécessité de conférences* (mss Sorbonne 155 f° 84) et les *Lettres à un jeune artiste* (1738), pour Cochin notamment les *Discours prononcés à l'Académie de Rouen* (1777-79). Sur cette question et la priorité du recours à la nature chez les peintres, leur libéralisme, aussi bien que sur l'opposition des artistes aux littérateurs, voir A. Fontaine, *Les Doctrines d'art en France* (1910), chap. 7 et 8.

quête de figures dignes de l'antiquité littéraire qu'il connait, cette métamorphose représente une menace [21].

Est-ce cet espace de relative liberté et de tolérance propres peut-être à la peinture que les artistes sentent menacé par le premier *Salon*, les *Réflexions* de La Font de Saint-Yenne, ce qui expliquerait la violence de leurs réactions ? Le texte de 1747 se contente d'attaquer le portrait mythologique, mais ce sont bien en 1754, les « peintres de la fable » qui sont la cible majeure des *Sentiments* (p. 71 et s.), où se trouvent éloquemment développées l'absurdité, l'horreur et l'immoralité des histoires qu'elle propose, de ces « imbécilités poétiques », directement contraires à la « fin la plus noble de la peinture », une instruction capable de « corriger nos penchants vicieux » et « d'élever notre âme au-dessus des sens », théorie appuyée sur une distinction radicale entre genre et histoire, le premier se contentant d'amuser nos regards, la seconde seule ayant le privilège d'émouvoir et d'instruire. La thématique amoureuse de la peinture rococo se trouve donc amalgamée à l'inceste et au cannibalisme des dieux grecs... On élimine ainsi de la peinture d'histoire, au nom des progrès de la raison, toute la Grèce fabuleuse d'avant l'ère chrétienne, au profit d'une histoire grecque, mais surtout romaine et même nationale, susceptible de fournir à foison des exemples d'héroïsme et de dévouement civique. La longue liste de sujets fournis par le critique fait une large part au sacrifice du désir individuel et à la représentation de la souffrance. Ce qui nous ramène à une *catharsis* chère à du Bos, mais augmentée d'un souci directement édifiant qui restait assez étranger à l'abbé.

Même s'il partage cette volonté moralisatrice, Diderot, qui confesse volontiers son gout de l'horrible, est plus soucieux de préserver les ressources offertes par la fable du côté du pathétique. S'il aboutit à une condamnation analogue, c'est à partir de prémisses inverses et surtout en se souciant de la fonder esthétiquement, à l'aide notamment de la notion de grandeur. L'Antiquité qu'il présente dans la digression des *Essais sur la peinture,* où il traite du rapport de l'artiste et du poète, cristallise, avec des prétentions historiques, le fantasme qui parcourt l'art rococo, et semble sortir de l'imagination de Boucher, la grivoiserie en plus, dont le « pein-

---

21. Parallèlement il conviendrait d'opposer le clivage binaire établi par La Font de Saint-Yenne entre genre et histoire et repris, sans guère de modifications, par Diderot, et la pratique des peintres qui, malgré la hiérarchie académique, ne se privent pas de circuler d'un secteur à l'autre (Boucher, Jeaurat, Pierre, Bachelier notamment).

tre des grâces » savait se tenir à distance : temps d'une religion d'Eros et de la nature, dont nous ne conserverions plus que quelques traces à rechercher du côté du Palais Royal [22]. Les horreurs liées à « l'abominable christianisme » ayant gagné, selon Diderot, le pouvoir exclusif de nous émouvoir et donc de fournir des sujets à l'art, l'Antiquité apparait comme le lieu définitivement perdu d'une jouissance non coupable. Ce qui revient à énoncer, sous une forme caricaturale et appauvrie, l'idéologie latente qui habite au long de ce demi-siècle la peinture mythologique. S'explique peut-être ici la violence de Diderot à l'égard de Boucher qui, en peinture du moins, avait pu donner corps et chair à cet objet perdu, et en quelque sorte le retrouver : mais quoi de plus haïssable que l'ennemi intérieur ?

Reste à rappeler alors les peintres au « gout antique », caractérisé par son opposition aux petitesses supposées des modernes, par son accord symbolique avec les exigences surmoïques, autour du terme de sévérité, bien commode puisqu'il rime avec vérité, et permet grâce à son double sens, moral et technique, de passer du registre de l'esthétique à celui de la moralité [23]. Le néoclassicisme passe par cette exigence de faire figurer aux formes mêmes les principes de cette moralité. On songera à cet affichage de la norme que constituent, dans les planches de l'*Encyclopédie,* les figures gravées des belles antiques, emberlificotées dans un réseau de pointillés et de chiffres, comme s'il s'agissait de maitriser symboliquement des corps susceptibles de donner à rêver.

Cette fin pédagogique, Diderot lui-même la met en question en ce moment de crise que marque le *Salon de 1767.* A l'heure où il proclame que la « belle nature » ne se trouve que dans la tête des artistes, loin de mettre en doute la perfection des antiques, il y voit un exemple décourageant pour l'artiste moderne, condamné à y chercher des règles ou des exemples qui, à leur tour, font écran à ce qui serait rapport direct avec la nature [24].

---

22. *Essais sur la peinture, éd. cit.,* p. 703 et s. On notera qu'en 1748, les anonymes *Observations sur la peinture,* proposaient déjà la vision d'une Grèce multipliant les œuvres d'art au nom d'une religion du plaisir, en interprétant le « peuple de statues » comme le témoignage des vertus civiques. A propos de ce texte qui a pu être une source de Diderot, je renvoie à mon étude : « La règle et le fantasme : réflexions sur l'Antiquité dans le discours sur l'art entre Poussin et Diderot. » *Images de l'Antiquité dans la littérature française : le texte et son illustration,* éd. E. Baumgartner et L. Harf (PENS, 1993).

23. Voir notamment le texte du Salon de 1761 sur Boucher, où Diderot réunit « vrai gout... vérité... idées justes... sévérité de l'art » et invoque contre lui « les gens d'un grand gout, d'un gout sévère et antique » (*Œuvres esthétiques*), p. 450.

24. Voir *Salon de 1767,* O.C., éd. R. Lewinter, Club français du Livre, t. VII, p. 37-42.

Les Anciens auraient eu la chance, eux, de ne pas avoir d'anciens. Resurgit ici, sous une forme désespérante, la nostalgie exprimée par la formule ambigüe de Coypel, le rêve heureux de l'origine, avec cette nuance, chez Diderot, que la corruption, le masque, la contrefaçon y seraient dus à la représentation artistique elle-même. Encore une fois s'impose l'image d'une nature perdue, dont la trace même se trouve curieusement délétère.

Le rapport avec l'antique est bien placé chez Diderot sous le signe de l'ambivalence. Il peut engendrer une violence inattendue. Promettant une rapide destruction aux ouvrages malhonnêtes, Diderot écrit dans les *Pensées détachées* : « Quoi ! vous seriez assez barbare pour briser la Vénus aux belles fesses ? — Si je surprenais mon fils se polluant aux pieds de cette statue, je n'y manquerais pas. J'ai vu une fois une clef de montre imprimée sur les cuisses d'un plâtre voluptueux » (*éd. cit.,* p. 769). On a connu Diderot, ailleurs, plus indulgent à cette manière de soulager la nature. Il est vrai que c'est la statue qui est punie. De fait, avec la double scène ici proposée, nous voici presque de retour à nos mousquetaires et à la question qu'ils posent à la jouissance esthétique. Faute de pouvoir animer la statue, la détruire, la *tuer*. Un crime passionnel en quelque sorte. Le vieux rêve d'animation n'est pas tout à fait mort. Il y a des croyances qui ont la vie dure...

RENÉ DÉMORIS
Université de Paris-III

ANTIQUITÉ, NATURE ET NATION
CHEZ WINCKELMANN

L'œuvre de Winckelmann, l'*Histoire de l'art dans l'Antiquité* (1764), et les travaux qui l'entourent, la préparent ou la complètent, se présente comme un corpus de textes sur l'histoire de l'art antique [1]. Au-delà de l'objet dont la description sur bien des points ne correspond plus aux connaissances actuelles, se dessinent une méthodologie et parfois une instrumentalisation du recours à l'Antiquité qui, elle, est essentielle à la compréhension de la culture du 18ᵉ siècle. Bien que les textes de Winckelmann, très mal connus et souvent inaccessibles, soient globalement ressentis comme l'une des principales sources, alors, de la référence à l'Antiquité, et que la plupart des notions qui les traversent méritent à cet égard des analyses détaillées, une lecture décontextualisée pourrait se révéler décevante. Autant qu'à ses qualités intrinsèques, cette œuvre doit son intérêt à la multiplicité des articulations qu'y entretient l'étude de l'art antique avec des préoccupations majeures de l'époque, l'appréhension scientifique de la succession des phénomènes, la relation d'imitation de l'art et de la nature, la relation entre la connaissance sensible et la connaissance par les textes, la spécificité d'une nationalité et les conditions d'émergence d'une littérature allemande, les droits de la sensibilité individuelle, fût-elle atypique.

L'*Histoire de l'art dans l'Antiquité* se construit à deux niveaux complémentaires et contradictoires, celui de l'essence et celui du devenir. Winckelmann veut expliciter les moments d'une histoire, comprendre le passage d'une phase à une autre, analyser des transitions. Mais en même temps cette histoire, qui pour une large part n'est que corruption et déclin, doit laisser se déployer l'essence de la beauté. Or la beauté, à laquelle, au niveau plus

---

1. Parmi les présentations globales de l'œuvre de Winckelmann parues récemment notons Th. Gaethgens (éd.), *J. J. Winckelmann (1717-1768)* (Hambourg, 1986), et E. Pommier (éd.), *Winckelmann : la naissance de l'histoire de l'art à l'époque des Lumières* (Paris, La Documentation française, 1991).

---

immédiatement sensible, la grâce [2] fraie un chemin, est divine mais aussi immanente : « Le concept de beauté est comme un esprit arraché à la matière et trempé dans le feu et qui cherche à engendrer une créature à l'image de la première créature esquissée dans l'entendement divin. Les formes propres à une telle image sont simples et continues et diverses dans leur unité, de ce fait elles sont harmonieuses ; à la manière dont un ton suave et agréable est produit par des corps dont les parties sont symétriques » [3]. La beauté qui se manifeste dans l'histoire de l'art résulte d'un équilibre des parties dans le tout que Winckelmann associe, aussi bien pour des raisons politiques que pour des raisons climatiques, à la Grèce. Certes la beauté est naturelle, mais elle est une nature construite, filtrée par une société et des pratiques culturelles, la nature de l'homme nu dans un stade. Encore cette beauté doit-elle être résumée en traits essentiels entre lesquels règne une solution de continuité. La beauté grecque est médiatisée par le dessin, elle est un réseau de lignes, et en cela Winckelmann apparait tributaire des moyens de reproduction des œuvres d'art du 18e siècle, des gravures. L'historicité est d'abord affaire de style, de lignes qui se dessinent nettement sur les pierres précieuses gravées, qu'il utilise comme l'une de ses sources favorites dans l'établissement des chronologies, ou sur les gravures, et dont le connaisseur, pour reprendre son propre terme, tend par un discours aux ambitions esthétiques évidentes à reproduire les spécificités.

La recherche des formes originales est toutefois remise en cause par un phénomène qui perturbe l'étude des styles et leur classement chronologique. Les statues antiques ont en effet été complétées de façon arbitraire lorsque les membres ou même les têtes avaient été brisés, et ces compléments ont été considérés comme des parties authentiques non seulement par les graveurs qui ont reproduit et fait circuler les œuvres antiques mais aussi par nombre de commentateurs. Winckelmann fait systématiquement la chasse à ces faussaires [4] et restitue aux œuvres antiques leur caractère fragmentaire, ce qui contribue à les mettre à distance

---

2. E. Pommier, « La notion de la grâce chez Winckelmann », dans E. Pommier (éd.) *ouvr. cit.* p. 39-81 ; J. J. Winckelmann, *Kleine Schriften. Vorreden. Entwürfe*, éd. par Walther Rehm (Berlin, Walter de Gruyter, 1968), p. 158.

3. J. J. Winckelmann, *Geschichte der Kunst des Altertums* (rééd. Munich, s.d.), Lothar Borowsky, p. 143.

4. Voir Markus Käfer, *Winckelmanns hermeneutische Prinzipien* (Heidelberg, Carl Winter, 1986), p. 46-49.

Frontispice de l'*Histoire de l'Art de l'Antiquité par M. Winckelmann,*
traduite de l'allemand par M. Huber (Leipzig, 1781), tome I. Les illustrations qui suivent sont tirées de cette édition.

et à les historiser. Les érudits les plus savants peuvent être pris en défaut d'affabulation. Étudier l'histoire de l'art antique, c'est dans une démarche herméneutique, libérer les œuvres de couches interprétatives successives, qu'elles soient fixées dans des textes ou dans les retouches de sculpteurs modernes. Pour cela il faut en revenir à une contemplation directe des œuvres elles-mêmes dans leur matérialité, ce que seul Winckelmann présent à Rome peut réellement faire. Pourtant l'idée selon laquelle, favorisant la contemplation, il s'éloignerait de la tradition écrite serait simplificatrice. Fondateur de l'archéologie, d'une science des objets antiques, il n'en reste pas moins un philologue, voire l'un des fondateurs de la philologie moderne. Telle particularité d'une statue lui sert à interpréter un texte obscur, et inversement les éléments d'interprétation d'objets récemment exhumés sont puisés dans les textes antiques. Pour déterminer le style d'une époque, il ne répugne pas à se servir métaphoriquement du style littéraire d'Homère ou de Thucydide.

L'histoire du texte de Winckelmann en éclaire la signification théorique. Il s'agissait à l'origine d'écrire non pas une histoire de l'art antique, mais de façon beaucoup plus conventionnelle une histoire du gout dans les œuvres des auteurs anciens, et une part au moins des cahiers de citations rassemblés par lui sont destinés à fournir à cette histoire du gout des matériaux qui peu à peu font dériver l'entreprise vers l'*Histoire de l'art*. Ce texte qui parait en 1764 reste au demeurant un *work in progress*. Dans son double mouvement d'archéologue et de philologue, Winckelmann continue à confronter dans ses notes des textes et des œuvres plastiques, des réflexions sur l'essence de l'art et des observations sur des aspects contingents de son développement. A terme ces notes devaient aboutir à une nouvelle édition. Un moyen terme fut la publication des *Remarques sur l'histoire de l'art* (1767), composées selon le même plan que l'histoire elle-même. Ces remarques montrent mieux encore que l'histoire elle-même la tendance de l'auteur à pratiquer une critique historique des sources, base de toute historiographie : « Mon plus grand plaisir, en expliquant les œuvres de l'art antique a été de pouvoir grâce à elles expliquer ou amender un auteur antique [...]. Comme j'ai réussi dans le travail sur les monuments inconnus de l'antiquité qui est actuellement sous presse à satisfaire grâce à ces monuments mon désir, je suis d'autant plus satisfait de n'avoir pas perdu ma brève existence au milieu de vieux manuscrits hors d'usage [...] » (*Kleine Schriften, éd. cit.*, p. 257). Bien que la collation des manuscrits lui semble un travail superflu, la contem-

Gravure de Thœnert, en tête du chap. 2, « De l'essence de l'art », du
livre IV, « De l'art des Grecs » (Tome II, p. 25).

plation, la connaissance par la sensibilité corrige le sens des textes qui eux-mêmes orientent ses conclusions. L'Antiquité sert de prétexte dans le travail de Winckelmann à la mise en place d'une méthode de réflexion sur les notions d'histoire, de critique des sources et à une herméneutique de la culture.

Winckelmann n'est pas devenu un apôtre de l'art grec après avoir séjourné à Rome et observé, sinon des exemplaires de l'art des sculpteurs grecs, du moins des copies. C'est l'inverse qui s'est produit. Les *Idées sur l'imitation*, publiées en 1755 à Dresde, traduites quelques mois plus tard en français dans le *Journal étranger* [5] et diffusées avec une telle efficacité qu'on en retrouve les traces dans l'article GRECS de l'*Encyclopédie* [6] (t. VII, 1757, p. 912 s.), sont l'œuvre d'un homme qui n'a jamais vu de statues antiques [7]. La cour de Dresde possédait bien une collection de moulages à l'époque où il y séjournait, mais ces copies étaient alors remisées dans un endroit difficile d'accès et n'ont jamais attiré l'attention de Winckelmann qui s'est au contraire intéressé de très près aux tableaux de la galerie de Dresde. La Madonne Sixtine est un exemple *a priori* de ce qu'il entend par imitation de l'art grec. « La noble simplicité et la grandeur apaisée des statues grecques est en même temps le signe distinctif de la littérature grecque des meilleures époques, celle de l'école socratique et ce sont ces qualités qui font toute la grandeur d'un Raphaël, grandeur à laquelle il est parvenu en imitant les anciens » [8]. C'est qu'on aperçoit dans l'art grec et dans les imitations auxquelles il donne lieu non seulement une imitation de la nature proprement dite mais des idées, des productions de l'intelligence dans un effort de conquête de l'autonomie. Les arts et le bon gout intro-

---

5. La traduction a été faite par un Saxon de Paris, Jakob Emmanuel Wächtler. Une version française récente est due à Marianne Charrière, *Réflexions sur l'imitation des œuvres grecques en peinture et en sculpture* (Nîmes, Éditions Jacqueline Chambon, 1991).

6. Le travail le plus complet sur la réception française de Winckelmann dans la France des Lumières est celui d'Édouard Pommier, « Winckelmann et la vision de l'Antiquité classique dans la France des Lumières et de la Révolution », *Revue de l'art* (1988), p.9-20.

7. Voir C. Justi, *Winckelmann und seine Zeitgenossen*. 5ᵉ éd. par W. Rehm, 3 vol. (Cologne, 1956). Malgré cent ans d'âge le travail de Justi reste la monographie fondamentale sur Winckelmann.

8. Winckelmann, *Ibid. Gedanken über die Nachahmung*, p. 45. Lors d'une excursion de Nöthnitz à Dresde, Winckelmann rassemble en 1752 les éléments d'une description des principaux tableaux de la galerie. Ce texte destiné à l'édification d'un fils du comte de Bünau montre la place prise par les peintres italiens dans la genèse de la contemplation esthétique du « découvreur de l'art antique ».

Gravure en tête du chap. 4, « De la beauté des parties du corps humain »,
du livre IV, « De l'art des Grecs » (tome II, p. 121).

duits en Saxe ont fait de Dresde une nouvelle Athènes. La comparaison n'est pas dépourvue d'une dimension programmatique.

Au cours de son séjour parmi les 40 000 ouvrages de la bibliothèque de Nöthnitz (1748-1754) [9], complété par un séjour d'un an à Dresde, Winckelmann s'adonne passionnément à la lecture des auteurs antiques dont il recopie des extraits [10]. La relation entre ces extraits et la rédaction des textes de Winckelmann n'est pas immédiate. En revanche il est clair que les extraits de ses lectures antiques sont complétés par des lectures dans le domaine de l'histoire (naturelle, historique ou politique). Un cahier de quatre-vingts feuillets (B.N., ms All. 64) regroupe presque exclusivement des considérations d'ordre scientifique. A côté de l'*Histoire naturelle* de Buffon ou des *Éléments de la philosophie de Newton* de Voltaire, des travaux comme les *Mémoires pour servir à l'histoire des insectes* de Réaumur ou les *Conjectures physiques* de Hartsoeker, révèlent une véritable curiosité technique. La curiosité de Winckelmann insère d'emblée sa démarche d'historien de l'art antique dans le contexte des Lumières européennes.

En effet il n'est pas le premier à tenter de procéder à une histoire des œuvres d'art grecques ou romaines. De Pierre Jean Mariette, auteur d'un immense *Traité des pierres gravées* (2 vol., 1750), au comte de Caylus et à son *Recueil d'antiquités, égyptiennes, étrusques, grecques et romaines* (1752), en passant par des Italiens comme le spécialiste des compléments apportés aux statues, Bartolomeo Cavaceppi, des Français comme d'Hancarville [11], les concurrents abondent même. Ce qui à l'évidence fait une différence, c'est la volonté délibérée de passer d'une histoire qui n'est que la juxtaposition de faits ou d'objets notables à une histoire qui veut faire apparaitre des règles, un système. La traduction la plus sensible de cette dualité réside dans le souci d'articuler un volet systématique (l'essence de l'art) et un volet simplement diachronique. Winckelmann est au demeurant lui-même parfaitement conscient de l'ambiguïté du terme même d'histoire : « L'histoire de l'art dans l'antiquité que j'ai entrepris

---

9. Un ami de Winckelmann composait précisément à l'époque un catalogue de cette importante bibliothèque : Johann Michael Francke, *Catalogus Bibliothecae Bunaviae* (Leipzig, 1750-1756), 3 vol.

10. Voir André Tibal, *Inventaire des manuscrits de Winckelmann déposés à la Bibliothèque nationale,* (Paris, 1911).

11. Voir Francis Haskell, *De l'art et du gout jadis et naguère* (Paris, Gallimard, 1989). En particulier le chapitre III, « Le baron d'Hancarville, un aventurier et historien de l'art dans l'Europe du 18e siècle ».

Gravure en tête du chap. 8, « De la peinture des Anciens », du livre IV, « De l'art des Grecs » (tome II, p. 317). « Nous pouvons parler et juger avec plus de connaissance de cause, aujourd'hui que les fouilles d'Herculanum et celles des autres villes ensevelies si longtemps sous les cendres du Vésuve nous ont rendu plusieurs centaines de tableaux antiques » (*idid.*).

d'écrire n'est pas un simple récit de la succession et des tranforma-
tions qui se sont opérées, mais je prends le mot d'"histoire" dans
l'acception large qui est la sienne dans la langue grecque et mon
intention est d'essayer de livrer un système » (*Geschichte der
Kunst..., éd. cit.*, p. 5). Le passage opéré, qui suppose que la
continuité est régie par le déploiement d'idées, fait de Winckelmann un des premiers historiens allemands au sens du 19e siècle.
La référence à un système synchronique au cœur du devenir
trahit chez lui l'existence d'une référence platonicienne liée non
seulement à une lecture de Platon, mais à une attention soutenue
portée à des auteurs comme Shaftesbury dont il recopie de larges
extraits [12].

La justice oblige néanmoins à reconnaitre que la coupure radicale attribuée à Winckelmann a été largement établie, *a posteriori*,
sur la foi des représentations de Winckelmann lui-même, de ses
polémiques. Les rapports les plus tendus sont ceux qui l'opposent
au comte de Caylus : Winckelmann va jusqu'à essayer d'empêcher qu'on ne dessine à Rome des objets antiques à son profit.

Contemplant les corps nus sur les stades, les Grecs pouvaient
imiter la belle nature et les modernes se doivent d'imiter à nouveau cette imitation. Le retour à la Grèce rend en apparence très
indirecte la relation avec la nature. Pourtant force est de constater
que, dans le paysage intellectuel du 18e siècle finissant, l'imitation
winckelmanienne des Grecs et le mot d'ordre du retour à la
nature sont deux attitudes intellectuelles, on dirait volontiers idéologiques, interchangeables. L'*Histoire naturelle* de Buffon fait
certainement partie des modèles sous-jacents à l'histoire de l'art
dans l'antiquité. Et à lire les textes de Winckelmann de près on
est frappé par l'accent mis sur les éléments physiologiques dans
la description des statues. La philologie et les sciences naturelles
ne sont pas perçues comme des domaines contradictoires mais
au contraire complémentaires. A cette proximité méthodologique
s'ajoute une proximité fonctionnelle. Dans la Dresde des années
1760 le renouveau esthétique est notamment assuré par deux
œuvres, celle de Winckelmann d'une part et d'autre part celle
du peintre Dietrich qui dans un style proche de celui des Hollandais peint des scènes de la vie populaire qu'il situe dans des
paysages inspirés par la vallée de l'Elbe. Winckelmann apprécie

---

12. Mss. B.N. All. 62 et surtout 66. Winckelmann cite notamment les *Characte-
ristics of Men* de 1749.

Gravure en tête du chap. 6, « De l'art depuis le siècle d'Auguste jusqu'à celui de Trajan », du livre VI, « Des révolutions de l'art » (tome III, p. 163).

fort les tableaux de Dietrich qui sont les garants d'une authenticité allemande au même titre que son éloge de l'art antique, c'est-à-dire d'un art en rupture avec une tradition baroque, d'un art perçu comme authentique et national. Le hollandisme et le néo-classicisme sont les deux versants d'une identité nationale allemande, d'un art qui se veut populaire. Dès les *Idées sur l'imitation* il est prêt à reconnaître la supériorité des modernes en matière de paysages : « Nos paysages, en particulier ceux des peintres hollandais doivent essentiellement leur beauté à la peinture à l'huile : leurs couleurs en retirent davantage de force, de joie et d'élévation, et la nature elle-même, sous un ciel plus plein et plus humide, n'a pas peu contribué à l'élargissement de l'art sous cette forme » (*Kleine Schriften...*, p. 55).

On considère communément que l'œuvre de Winckelmann se confond avec l'*Histoire de l'art dans l'Antiquité*. Or cette œuvre évolutive doit se concevoir dans le contexte d'une existence qui se met elle-même en scène. Winckelmann part bien à Rome pour aller boire à la source de l'art antique, mais aussi pour mener dans les palais et les collections romaines une vie libérée. Le souci hédoniste d'autoémancipation ne se sépare jamais de la curiosité pour l'art antique, c'est en réponse à ce souci que le protestant se convertit à la religion catholique et affirme son indifférentisme, qu'il s'entoure à Rome d'amis comme le peintre néo-classique Anton Raphaël Mengs en qui il voit l'un des plus fidèles imitateurs de l'art antique. Le réseau de ses amitiés se poursuit dans une correspondance très abondante où la description de pièces découvertes dans tel ou tel endroit de Rome, le récit de la genèse des œuvres en cours se juxtaposent à des impressions plus subjectives et autobiographiques. Ces lettres sont en fait une pièce essentielle de l'œuvre, au succès de laquelle elles ont très largement contribué. Dès la fin du 18e siècle on les collectionnait en Allemagne comme autant de fragments d'une œuvre épisto-laire. Seule la correspondance a fait au demeurant l'objet d'une édition historico-critique satisfaisante (4 vol., par W. Rehm, Berlin, 1952-1957), alors qu'on attend toujours une exploitation systématique des papiers liés à la genèse des textes publiés.

Parmi les nombreux éléments d'interprétation que recèle la correspondance, les uns sont liés au mode d'extension de la curiosité théorique. Winckelmann correspond sur des sujets fort techniques avec le philologue antiquisant de Göttingen, Heyne. Il entretient des relations avec Caylus, avec Claude-Henri Watelet, avec l'érudit antiquaire Jean-Jacques Barthélemy. Un autre aspect de sa correspondance tient à l'image qu'il cherche à imposer de

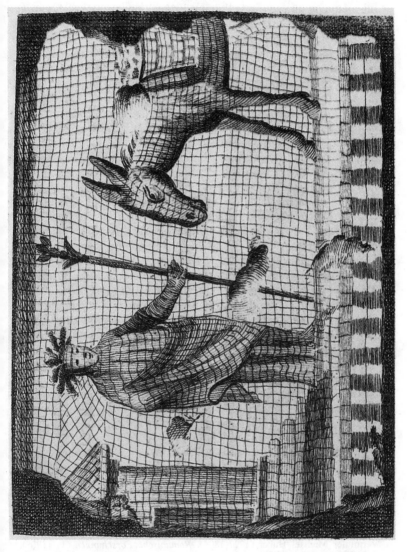

Gravure en tête du chap. 10, « De l'art depuis Septime-Sévère jusqu'à son dernier sort à Rome et à Constantinople », du livre VI, « Des révolutions de l'art » (tome III, p. 247).

lui-même ou que ses amis l'aident à développer. Cette élaboration d'une image s'observe au demeurant aussi dans la correspondance de tiers [13]. A partir du moment où il a publié l'*Histoire de l'art* et d'une certaine manière dès la publication des *Idées sur l'imitation*, il est devenu le représentant d'une culture allemande qui s'affirme à travers la redécouverte de l'Antiquité et peut désormais se mesurer aux productions françaises [14]. Défendre et propager à travers l'Europe l'œuvre de Winckelmann, c'est s'opposer à l'empiétement linguistique et culturel français. Mais pour que cette défense soit efficace, encore faut-il que l'auteur soit reconnu par les Français eux-mêmes. Le réseau des Allemands de Paris est mis très tôt au service de cette tâche patriotique. Après la très mauvaise traduction de l'*Histoire de l'art* publiée en 1766 par Gottfried Sellius et Jean Baptiste René Robinet de Chateaugiron, Michael Huber [15] de Leipzig, l'un des meilleurs traducteurs de l'époque, se met au service de l'œuvre de Winckelmann et publie en 1781 une traduction beaucoup plus ambitieuse que la première version de Sellius, une traduction qui, tenant compte des projets inachevés de réécriture engagés par Winckelmann, se veut aussi une édition complétée. L'histoire de la réception en France fait apparaitre à quel point cette stratégie de diffusion fut un succès. L'esthétique révolutionnaire se réclame de Winckelmann, l'homme grec est devenu une sorte de prototype du citoyen. Il est seulement paradoxal de constater que cet homme grec reste simultanément un signe de reconnaissance national allemand. La Grèce gœthéenne [16] ou hölderlinienne et le néoclassicisme révolutionnaire ont en lui un socle identique, car les responsables des questions d'art sous la Convention, tels Boissy

---

13. Voir M. Espagne, « Winckelmanns Pariser Werkstatt. Schreibverfahren und Image-Konstruktion », *Zeitschrift für deutsche Philologie,* Bd. 105 Sonderheft, p. 83-107.

14. Sur ce point voir notamment Martin Disselkamp, *Die Stadt der Gelehrten. Studien zu Johann Joachim Winckelmanns Briefen aus Rom* (Niemeyer, Tübingen, 1993).

15. Hanns Heiß, « Studien über einige Beziehungen zwischen der deutschen und der französischen Literatur im XVIII. Jahrhundert ». I Der Übersetzer und Vermittler Michael Huber (1727-1804), *Romanische Forschungen*, 25 (1908), p. 720-800.

16. Se remémorant ses études à Leipzig dans les années 1760, Goethe note dans *Dichtung und Wahrheit* que tout ce qui s'intéressait à l'art se mettait alors sous la dépendance intellectuelle d'un Winckelmann dont les mérites étaient reconnus par tous. La nouvelle de l'assassinat de Winckelmann fit l'effet de la mort d'une semi-divinité dont on attendait avec impatience le retour en Allemagne.

Vignette à la fin du chap. 8, « De la peinture des Anciens », ou livre IV, « De l'art des Grecs » (tome II, p. 352).

d'Anglas, se sont construit l'image très politique d'une Grèce où s'est absolutisé l'élément de la liberté [17].

L'Antiquité n'est pas dans l'œuvre de Winckelmann une découverte mais le résultat d'une construction. Dans l'homme grec stylisé par l'*Histoire de l'art dans l'Antiquité*, on perçoit des traces de la découverte philologique des textes antiques attestée par les extraits de lecture, des traces de la réflexion sur les œuvres d'art modernes exposées dans la galerie de Dresde, des traces de la réflexion sur l'histoire conduite dans le cadre de la bibliothèque de Bünau. On y reconnaît aussi l'expérience de la cour de Dresde faite par le jeune provincial de Stendal, venu des couches les plus profondes de la société allemande. Il y a la volonté de libération par rapport à la contrainte de vieux grimoires dont Winckelmann pour autant ne saurait se passer. Il y a enfin un souci d'affirmation nationale contre les Français qui avec l'École de Rome, où séjourne précisément Hubert Robert, occupent indument l'espace des recherches sur l'Antiquité. Un des paradoxes de Winckelmann est que cette relation au fond personnelle à l'Antiquité, même si elle repose sur un faisceau de tendances bien décelables chez certains de ses contemporains, s'universalise et devient simultanément une référence allemande et une référence européenne. De même qu'il est tout à la fois le fondateur d'une archéologie (puisqu'il met l'accent sur les objets matériels) et d'une philologie, de même la dimension française de son œuvre est-elle plutôt rattachée à une esthétique, alors que la dimension allemande est plutôt une dimension littéraire. On ne peut rendre compte dans une histoire de l'art de la beauté de l'Apollon du Belvédère sans que les outils linguistiques mis en œuvre, participant de la beauté dont il est par définition dépositaire, ne tracent la voie à un style littéraire allemand.

MICHEL ESPAGNE
C.N.R.S., Paris

---

17. Voir E. Pommier, *L'Art de la liberté. Doctrines et débats de la Révolution française* (Paris, Gallimard, 1991), en particulier p. 153 à 166. Alexandre Lenoir, premier conservateur d'un musée de l'art français, fit de Winckelmann le génie tutélaire d'une renaissance de l'art français.

MYTHOLOGIE DE LA VESTALE

> Mais pourquoi est-ce que ces figures de
> vestales nous plaisent toujours ? (Dide-
> rot, *Salon de 1765*).

Elles auraient pu ne faire l'objet que de savantes dissertations,
on leur consacre romans et poèmes, tragédies et opéras, toiles
et sculptures. Les vestales font partie de l'imaginaire du 18ᵉ siècle.
Un tel succès tient sans doute à la rencontre d'arguments idéologiques, de qualités esthétiques et de fantasmes profonds. La morale
des Lumières se heurtait à l'ascétisme chrétien et à la valorisation
de la virginité. Les vœux de chasteté prononcés par les vestales
romaines permettaient d'évoquer le célibat ecclésiastique. L'Antiquité servait alors de métaphore transparente pour critiquer les
institutions catholiques. L'élément idéologique ne peut expliquer
seul l'intérêt pour cette figure du passé, il est relayé par des
motifs esthétiques. La pureté des drapés, imaginaire autant
qu'archéologique, attire les plasticiens en réaction contre les excès
du rococo, tandis que l'opposition entre le feu dont les prêtresses
de Vesta sont les gardiennes, et l'ombre du tombeau où sont
emmurées vives les fautives, retient l'attention des amateurs de
clair-obscur. La critique de l'Église que mènent les philosophes
va de pair avec une fascination pour ses ressources esthétiques.
La lutte des Lumières se double d'une attirance pour l'obscurité
des cloitres, des souterrains et des tombeaux. Cette menace d'une
condamnation à mort atroce frappe surtout les imaginations à
une époque qui s'interroge sur la définition de la mort et sur
les risques d'inhumations précipitées. L'altérité du passé a pour
fonction de dénoncer les aspects les moins supportables du présent
aussi bien que d'exprimer ses inquiétudes sourdes.

La fixation autour des deux thèmes du célibat et de la condamnation à l'enterrement vif est sensible quand on compare les
œuvres de fiction aux traités historiques. L'abbé Augustin Nadal
a proposé à l'Académie des inscriptions et belles-lettres une
compilation des sources antiques et publié en 1725 une *Histoire
des vestales, avec un traité du luxe des dames romaines*. Dans
le dernier volume de textes de l'*Encyclopédie* (1765), le chevalier
de Jaucourt consacre aux vestales un long article d'une douzaine

de colonnes, emprunté pour l'essentiel au travail de l'abbé Nadal, et encadré des articles VESTA et VESTALIES qui sont également de Jaucourt. S'il cherche ainsi à répondre à « la curiosité d'un grand nombre de lecteurs », l'encyclopédiste souligne prudemment les différences entre les vierges romaines et les religieuses catholiques. « Nos religieuses, détenues dans des couvents, forment une classe de vierges des plus nombreuses ; elles sont pauvres, recluses et ne vont point dans le monde, ne sont point dotées, n'héritent, ne disposent d'aucun bien, ne jouissent d'aucune distinction personnelle, et ne peuvent enfin ni se marier, ni changer d'état ». Au même moment le jeune Dubois-Fontanelle devient soudain célèbre par l'interdiction de son drame *Ericie, ou les Vestales*, jugé hostile au christianisme. Il publie la pièce en dehors du circuit officiel, ainsi qu'un *Traité sur le feu sacré et sur les vestales* (1768). L'attention du public est cristallisée sur le vœu de virginité.

L'abbé Nadal et ses successeurs suivent l'histoire de l'ordre, depuis son établissement par Numa Pompilius jusqu'à sa décadence et aux mesures antipaïennes de l'empereur Gratien. Ils rappellent les prérogatives et honneurs attachés à la condition de vestale, destinés à compenser la rigueur du célibat et des peines contre celles qui l'enfreindraient. Les supplices prévus dans ce dernier cas ont varié au cours des siècles ; les fautives ont été passées par les verges, lapidées, précipitées du haut d'un rocher. Le supplice de l'enterrement vif, selon Denis d'Halicarnasse, aurait été institué par Tarquin. C'est lui qui, en liaison avec le célibat, provoque l'intérêt des créateurs et l'engouement de l'opinion. Un thème comme celui de la présence des vestales aux combats de gladiateurs et du privilège de vie ou de mort dont elles auraient disposé dans l'amphithéâtre est encore présent chez Nadal. Il vient des polémiques des pères de l'Église contre les institutions païennes. Prudence en particulier avait stigmatisé « cette pudeur si délicate, cette extrême horreur du sang, cette piété qui se plaisait dans le mouvement et le carnage de l'arène, ces regards sacrés, avides de morts et de blessure dont on faisait un cruel trafic, ces ornements si respectables que l'on revêtait pour jouir de la cruelle adresse des hommes, ces âmes tendres et compatissantes qui se réveillaient aux coups les plus sanglants, tressaillaient de joie toutes les fois que le couteau se plongeait dans la gorge d'un malheureux, enfin ces vierges modestes qui, par un signal fatal, décidaient de la vie d'un gladiateur » [1]. Un

---

1. Paraphrase de Prudence par l'abbé Nadal, *Histoire des vestales* (Paris, 1725), p. 113-114.

tel lien entre les vestales et les combats du cirque reparait au 18e siècle dans les réflexions morales sur la cruauté et la « curiosité », mais il est écarté des fictions qui mettent en scène des vestales, afin de mieux présenter celles-ci comme des victimes du pouvoir religieux et politique.

Ce lien est sans doute présent dans la première utilisation des vestales par la fiction, celle du chevalier de Mailly, *Anecdote, ou Histoire secrète des vestales* (Paris, 1700). L'originalité de son roman est de dédoubler la figure de la vestale et d'utiliser Pline selon lequel l'empereur Domitien aurait tenté de séduire une des gardiennes du feu sacré. Cornélie et Licinie, vestales contre leur gré, aiment, la première le citoyen Celer, la seconde un gladiateur gaulois qu'elle a sauvé de la mort. Poursuivies par les assiduités de Domitien et du sénateur Licianus, elles refusent de céder au chantage et préfèrent se laisser condamner. Leurs amants ne peuvent leur porter aide : Butelius est tué et Celer exécuté sous le fouet. Elles descendent dans la fosse. « C'est ainsi que périrent quatre amants dignes d'un meilleur sort ». La violence de l'Antiquité est déplacée sur les figures de l'empereur et du sénateur dont les jeunes femmes et leurs amants apparaissent comme les victimes innocentes. Êtres sensibles et malheureux, ils sont recrutés par le genre de l'héroïde qu'affectionnent les grandes douleurs durant la seconde moitié du siècle. La vestale de Lesuire est la sœur d'Héloïse, séparée comme elle de son amant et enfermée dans l'ombre ecclésiastique. Elle compose sa première épitre dans un cachot, la seconde dans le tombeau où elle est descendue pour toujours. La première est construite sur un chiasme entre l'inaction de la prison, provoquée par la vie passionnelle, et l'ancienne liberté de mouvement qui n'était qu'inaction morale.

« Je jouis du repos, stérile jouissance,
Froid bonheur, qui jamais n'offre rien de nouveau :
Le repos n'est qu'ennui, la vertu qu'un fardeau [...]
Ainsi dans mon devoir j'ai longtemps végété.
J'ai vu mes jours éteints dans l'uniformité ;
J'ai trainé sous le poids de mon indifférence,
Sans douleur, sans plaisir, ma fatale existence. »

Dans la seconde héroïde, la plainte se fait accusation. Clodia dénonce un système avant d'entendre au-dessus de sa tombe l'exécution de son amant et de se frapper. Son épitre n'a plus de destinataire :

« Et pourquoi mes plaisirs sont-ils illégitimes ?

Ceux qui firent les lois, firent aussi les crimes » [2].

A la fin du siècle, Demoustier consacre à la figure de Vesta une de ses lettres à Émilie qui mêlent le vers et la prose. Il joue une fois de plus du contraste entre le feu qui s'éteint sur l'autel et celui qui s'allume dans le cœur, entre le feu sacré qui représente le salut de la patrie et le feu de l'amour qui assure le bonheur individuel. Le supplice est horrible :

Touchés par l'innocence et l'éclat de leurs charmes,
Les bourreaux s'étonnaient de répandre des larmes ;
Les juges frémissaient : le peuple, avec horreur,
Écoutait les longs cris de ces tendres victimes...
Ah ! si les sentiments de l'amour sont des crimes,
Dieux cruels ! pourquoi donc leur donniez-vous un cœur ? [3].

Ces plaintes et ces questions vengeresses trouvent une audience plus large au théâtre. On a rappelé la censure qui s'est exercée contre *Ericie, ou les Vestales*, le drame de Dubois-Fontanelle. On comprend ce que les questions martelées d'Ericie la vestale et d'Osmide son amant, se réclamant de la liberté fondamentale de l'être humain, pouvaient avoir d'insupportable pour les censeurs :

« Est-ce un crime, en ces lieux, d'aimer la liberté ? [...]
Le premier vœu de l'homme est celui d'être libre.
Quel serment à ce vœu peut jamais déroger ?
Ceux qu'imposa la force ont-ils pu l'abroger ?
Est-ce offenser le ciel, et se rendre coupable
Que de briser un joug, un joug insupportable ?
Les dieux se plaisent-ils à causer nos tourments,
A voir nos pleurs, nos cris, et nos gémissements ?
Entassent-ils sur nous les fers et les entraves ?
Nous sommes leurs enfants et non pas leurs esclaves » [4].

Le siècle des Lumières lègue ainsi au Romantisme une belle figure de jeunesse révoltée. Le genre de l'opéra lui donne toute sa force, le cri de désespoir des amants séparés devient chant. En 1807, Étienne de Jouy compose un livret pour Gaspard Spontini et en 1841 c'est le tour de Salvatore Cammarano pour Mercadante. *La Vestale* de Jouy représente une exception dans le corpus : l'héroïne, amoureuse du général triomphateur Licinius, est finale-

---

2. Lesuire, *La Vestale Clodia* à Titus, s.l.n.d. [1767], p. 8, 9 et 25. Sur le genre, voir Renata Carocci, *Les Héroïdes dans la seconde moitié du 18e siècle (1758-1788)* (Schena-Nizet, 1988).
3. Demoustier, *Lettres à Émilie sur la mythologie* (Paris, 1790), t. I, p. 19.
4. Dubois-Fontanelle, *Ericie, ou les Vestales*, drame en trois actes en vers (Londres, 1768), p. 51-52.

ment sauvée. L'acte III se déroule sur « le champ d'exécration ».
Trois tombes pyramidales sont sur la scène, deux fermées d'une
pierre noire où se lit le nom de la vestale en lettres d'or, la
troisième ouverte. Julia y descend, prêtres et soldats de Licinius
sont prêts à en venir aux mains, lorsque le ciel s'obscurcit et la
foudre allume le feu sacré. Les amants peuvent se marier [5].
L'opéra de 1843 ne ménagera plus de tels accommodements. La
vestale est enterrée, le général victorieux, réduit à l'impuissance,
se suicide.

A l'époque où Dubois-Fontanelle et Lesuire exploitent les
malheurs de la vestale, les peintres se saisissent de sa figure
voilée. C'est le cas de Greuze (1761), de Carle Van Loo (1765),
d'Étienne Lavallée-Poussin (1767), puis de David une vingtaine
d'années plus tard. Diderot critique la toile présentée par Greuze
au salon de 1761. Les militants des Lumières jouent de l'assimilation entre vestale et religieuse catholique, le critique d'art oppose
les ressources esthétiques du paganisme à celles du christianisme,
la beauté des corps antiques à la mesquinerie des vêtements
modernes. « Cela, une vestale ! Greuze, mon cher, vous vous
moquez de nous ; avec ses mains croisées sur sa poitrine, ce
visage long, cet âge, ces grands yeux tristement tournés vers le
ciel, cette draperie ramenée à grands plis sur la tête, c'est une
mère de douleurs, mais d'un petit caractère et un peu grima-
çante » [6]. Diderot se laisse en revanche séduire par la toile de
Carle Van Loo. Alors que Grimm voudrait réserver ce type de toile
à Vien qui venait d'exposer une *Prêtresse brulant de l'encens*, il
apprécie le contraste entre la dignité religieuse et le charme
physique (ce que Grimm nomme « la beauté flamande »). Pourquoi aime-t-on les figures de vestale ? parce que celle-ci est un
être en même temps « historique, poétique et moral » (*Salon de
1765*, CFL, VI, p. 36 ; DPV, XIV, p. 49-50). Qu'aurait dit le
critique de la vestale, peinte par David, dont les yeux sont tristement tournés vers le ciel, mais le charme suggestif ? Elle tient
à la main une lettre et risque de laisser s'éteindre le feu sacré

---

5. *Œuvres complètes* d'Étienne de Jouy (Paris, 1823), t. 19. La tragédie lyrique
a été parodiée par Désaugiers dans *La Vestale, pot pourri* (s.l.n.d.). Le frontispice
de la seconde édition (Paris, 1810) montre la vestale qui descend au tombeau
tandis que la foudre frappe l'autel.

6. Diderot, *Salon de 1761, Œuvres complètes*, CFL, t. V, p. 89 et DPV, t. XIII,
p. 258. Déjà en 1759, il reproche à la vestale de Nattier son affèterie de femme
du monde, alors qu'il attendait « de la jeunesse, de l'innocence, de la candeur,
des cheveux épars, une draperie à grands plis [...], un peu de pâleur » (CFL,
t. III, p. 564 et DPV, t. XIII, p. 73).

qui fume derrière elle. Les yeux ne se lèveraient pas alors vers un ciel métaphysique, mais se perdraient dans le souvenir bien physique de quelque amant [7]. Si la mort ne lui a pas laissé voir la toile de David, Diderot du moins a pu connaitre en 1781 celle de Joseph Benoît Suvée, qui ne le convainc pas. Commandée par Louis XVI, *La Vestale qui rallume le feu sacré* montre un miracle païen (Fig. 1). La jeune vestale Émilie, accusée à tort d'avoir laissé s'éteindre le foyer sacré, prend le ciel à témoin de son innocence et, en présence du pontife et du peuple, jette son voile sur les cendres où des flammes se rallument (*Salon de 1781*, CFL, III, p. 91).

La sculpture propose à son tour des vestales. Houdon revient plusieurs fois à ce thème dans des matériaux divers : plâtre, terre cuite, marbre et bronze. Il crée des bustes très dépouillés, le voile sur les cheveux (Fig. 2), ou bien des vestales en pied portant une coupe de libation, tenue à mi-corps ou pressée contre la poitrine, la tête nue ou bien encapuchonnée par le voile. Houdon décline toutes les variations du motif, du corps voilé au corps suggéré, de la fonction indistincte à la fonction explicite. Clodion présente aussi en 1770 une Vestale faisant un sacrifice [8]. Mais avec la crise de l'ancien régime et la crispation révolutionnaire des antagonismes, le thème du supplice de la vestale remplace bientôt celui du portrait ou du buste ou encore de l'offrande. Bounieu traite le thème dès 1779, suivi par Lesueur (1791), Gamelin (1798), Peytavin (1801), Danloux (1802), Lucas (1804). Les portraits et bustes de vestales offraient la beauté d'un visage, les proportions d'un corps, l'harmonie d'un drapé. La scène du supplice donne à voir une violence faite à la liberté et au désir. Elle déploie la vision d'un scandale : l'enterrement vif d'un corps jeune, fait pour la vie. Le sacrifice d'Iphigénie, souvent traité par les artistes, présentait déjà le meurtre inacceptable d'une jeune femme pour raison d'État ou de religion. Le sacrifice de la vestale a quelque chose de moins supportable encore, à cause de l'enfermement dans la nuit, de la perspective d'une mort lente, d'une souffrance qui se prolonge. La scène peut être regardée

---

7. *Jacques-Louis David (1748-1825)*, catalogue de l'exposition du Louvre et de Versailles (Éditions de la Réunion des musées nationaux, 1989), n° 66.

8. Voir H. H. Arnason, *Jean-Antoine Houdon* (Edita-Denoël, 1976), p. 12-13, fig. 55-57, planches 1 et 108 ; Anne Poulet et Guilhelm Scherf, *Clodion*, catalogue de l'exposition du Louvre (Éditions de la Réunion des musées nationaux, 1992), p. 26-27, fig. 6 et 7. Winckelmann a souligné les ressources esthétiques du thème dans les *Monumenti antichi inediti* (Rome, 1767, vol. I, p. LXVII).

1. J.-B. Suvée, *La Vestale qui rallume le feu sacré* [ou *La Vestale Emilie*]
(Musée du Louvre). © Photo R.M.N.

du point de vue des survivants ou de celui de la victime. La toile de Jacques Gamelin, aujourd'hui au musée d'Orléans, montre la vestale qui s'enfonce dans le trou, elle n'a plus qu'à prendre la lampe à huile, le pain et la cruche avant de disparaitre, sous le regard de quatre soldats en armes. Celles de Peytavin, gravée pour les *Annales du Musée*, et de Pierre Danloux, récemment acquise par le Louvre, nous placent aux côtés de la suppliciée dans son caveau, juste avant que se referme le trou qui la relie encore au monde des vivants. Peytavin montre deux figures masculines, prêtes à quitter la condamnée, à remonter au jour et à tirer l'échelle. Chez Danloux (Fig. 3), la fautive est déjà seule. L'effet de pathétique s'accroit dans cette descente vers la mort [9]. Delille traduit le sentiment des spectateurs :

Nous pleurons, quand Danloux, dans la fosse fatale,
Plonge, vivante encor, sa charmante vestale :
Vers sa tombe avec elle, il conduit la Pitié ;
On ne voit que ses maux, son crime est oublié [10].

L'Antiquité dont la figure de la vestale devient révélatrice au 18e siècle apparait à la fois comme un temps de grandeur première et de violence gothique. Le costume des prêtresses, le décor des temples sont dépouillés, mais la pression des soldats, l'ombre du caveau appartiennent à un imaginaire qui est celui du théâtre monacal et du roman gothique. La souffrance des vestales devient celle de tous les religieux chrétiens enfermés dans des *in-pace*, de toutes les épouses infidèles murées vives dans un recoin du château [11]. On ne peut trop schématiquement opposer le gout

---

9. Voir les *Annales du Musée et de l'École moderne des Beaux-Arts* par le citoyen Landon (Paris, an IX-1801) planche 46 et p. 95-96 ; Robert Rosenblum, *L'Art au 18e siècle. Transformations et Mutations* (Gérard Monfort, 1989), p. 30-31, notes 43-47, fig. 12 ; J. Fr. Heim, Cl. Béraud et Ph. Heim, *Les Salons de peinture de la Révolution (1789-1799)* (CAC Éd., 1989), p. 277 ; Musée du Louvre, *Nouvelles Acquisitions du département des peintures (1987-1990)* (1991), p. 102-103.

10. Delille, *Malheur et Pitié*, poème en trois chants, chant I (*Œuvres*, Paris, 1833, p. 14).

11. La comtesse d'Alibre est condamnée à mourir de faim avec son fils dans un cachot (Loaisel de Tréogate, *La Comtesse d'Alibre ou le cri du sentiment*, 1779). Fleuriot de Langle souligne le parallèle entre l'*in-pace* où bientôt l'on meurt « de désespoir, de rage et de faim » et l'odieux supplice des vestales (*Voyage de Figaro en Espagne*, 1784, coll. « Lire le 18e siècle », 1991, p. 64). « Ta tombe en effet est préparée, mais c'est vivante qu'il y faudra descendre », déclare le duc de C. dans un récit enchâssé d'*Adèle et Théodore* de Mme de Genlis (5e éd., 1813, t. III, p. 121). « Vous serez à jamais privée de lumière, et gémissante au fond d'un horrible cachot » (*ibid.*, p. 137). Une jeune religieuse chez Louvet est « cette enfant que sa mère enterra vive » (*Émilie de Varmont*, Paris, 1791, t. III, p. 184).

2. Houdon, *La Vestale* (Musée du Louvre). © Photo R.M.N.

néoclassique et le renouveau médiéval. A la fin du siècle, Sade, brassant et pervertissant tous les discours, toutes les modes du temps, ne devait pas rester insensible à cette Antiquité de l'horreur. D'un côté, avec tous les romanciers libertins, il détourne le terme *vestale* de son contexte religieux et l'investit de sous-entendus grivois : Justine, toute jeune fille chaste, se voit accusée par les séducteurs de jouer les Lucrèces ou les vestales [12]. De l'autre, il met en scène, non sans complaisance, le supplice institué par Tarquin. Il l'intègre à la liste des manies criminelles égrenées par *Les Cent Vingt Journées de Sodome*. La victime devient anonyme et intemporelle, de même que tous les libertins se changent en un seul être polymorphe : « Elle entre dans une espèce de sépulcre sous terre, qui n'est éclairée que par des lampes ; elle en voit toute l'horreur. Dès qu'elle a pu observer un moment, tout s'éteint [...]. » « Il mure la femme dans un cachot, avec des vivres seulement pour quinze jours » (*Œuvres*, Pléiade, t. I, p. 338 et 349).

Justine est victime du même traitement de la part de Roland, le faux-monnayeur, qui la fait descendre au moyen d'une corde dans une cave de son château alpin : « Tout se termine et la pierre se ferme. O malheureuse Justine : ô fille trop infortunée ! te voilà donc vivante au milieu des morts, liée entre deux cadavres, et plus morte toi-même que ceux qui t'environnent ! — Juste Dieu ! s'écrie-t-elle en contemplant l'horreur de sa situation, est-il dans la nature un être aussi à plaindre que moi ? » L'histoire du crime à travers les âges que déploie l'*Histoire de Juliette* rappelle le modèle de toutes ces scènes. Le supplice des gardiennes fautives n'a plus de prétexte religieux, il perd son sens de châtiment, il devient pure violence et cruauté libertine : « Les vestales étaient murées dans de petites niches étroites où était la table, sur laquelle on plaçait une lampe, un pain et une bouteille d'huile. » Sade apporte la caution de l'archéologie à son interprétation cruelle et ajoute en note : « Je l'atteste pour l'avoir vu » : « On vient de retrouver nouvèlement, à Rome, un souterrain qui communiquait du palais des empereurs au champ sous lequel

---

12. Voir *Justine, Œuvres complètes* (Cercle du livre précieux, 1966-1967), t. III, p. 142 et 163. On parle déjà de « jouer la vestale » dans *Thérèse philosophe* (Éd. Babel, 1992, p. 120). D'où la dérive sémantique du mot : « On dit maintenant, quand on adoucit le mot, en parlant d'une femme qui ne vit pas régulièrement, qu'elle ne se pique pas d'être une *vestale* [...] On appelle aussi *vestales*, par contre-vérité, les filles de joie, les filles publiques » (Trévoux). Une des pièces de Delisle de Sales dans son pornographique *Théâtre d'amour*, resté manuscrit, s'intitule « César et les deux vestales ».

3. Pierre Danloux, *Supplice d'une vestale* (Musée du Louvre).
© Photo R.M.N.

ces caveaux des vestales étaient construits. Ce qui prouve que, vraisemblablement, ou les empereurs venaient jouir de ces supplices, ou ils faisaient passer dans leur palais les vestales condamnées, pour s'en divertir et les faire mourir devant eux ensuite d'une manière analogue à leurs goûts et à leurs passions » [13].

Le siècle s'ouvrait avec les égarements de Domitien. Le chevalier de Mailly notait dans la préface de son roman : « On ne doit pas trouver étrange dans mon histoire galante l'inclination que Domitien a pour une vestale. Quand le cœur est corrompu, il se porte aisément à violer ce qu'il y a de plus saint ; depuis cet empereur, le même dérèglement se fit voir dans Antonin et dans Héliogabale » [14]. Le siècle se ferme sur les folies meurtrières des empereurs auxquels Sade s'identifie. L'Antiquité est un magasin où les disciples de Winckelmann cherchent une beauté première, les âmes sensibles un aliment pathétique, les consciences civiques la dénonciation de toute loi arbitraire et despotique.

MICHEL DELON
Université de Paris-X

13. *La Nouvelle Justine, Œuvres complètes*, t. VII, p. 330 et *Histoire de Juliette*, t. IX, p. 197.
14. *Anecdote, ou Histoire secrète des vestales*, p. 36-37. Jaucourt dans l'*Encyclopédie* signale ce même gout de la transgression : « Catilina et Néron, hommes dévoués à toutes les actions hardies et criminelles, ne furent pas les seuls qui entreprirent de les corrompre ».

ÉNÉE ET DIDON À LA SCÈNE

OU L'ART D'ACCOMMODER LES RESTES

Le chant IV de l'*Enéide* a parfois été comparé à un « roman d'amour » enchâssé dans l'épopée virgilienne. Considéré ainsi comme une entité autonome, il a fait l'objet d'un nombre considérable d'adaptations, notamment scéniques, qui font des amours d'Énée et Didon l'un des thèmes les plus fréquemment exploités par le théâtre européen [1]. A qui étudie sa structure, ce chant apparait comme composé de deux grandes parties que sépare un épisode de transition.

La première partie, la plus courte, occupe les 172 premiers vers et pourrait à la rigueur être intitulée *le triomphe de l'amour* : on y voit la reine de Carthage, passionnément éprise du héros troyen mais déchirée entre cet amour et la fidélité qu'elle a jurée à son époux défunt, accepter peu à peu l'idée de rompre son serment ; et on assiste à l'épisode de la partie de chasse, au cours de laquelle un orage contraint la reine et le héros à se réfugier dans une grotte où se produit « l'inévitable ». Mais l'union charnelle des « amants de Carthage » se réalise dans l'ambiguïté, dans la mesure où, aux yeux de Didon, mais de Didon seule, elle constitue un authentique mariage. L'amour triomphe sans doute, mais on pressent dès ce moment que ce triomphe est plus apparent que réel.

Les 95 vers de transition sont consacrés à l'intervention auprès de Jupiter du roi numide Iarbas, qui avait en vain courtisé Didon

---

1. Voir à ce propos l'ouvrage collectif *Énée et Didon : naissance, fonctionnement et survie d'un mythe* (René Martin éd.) (Paris, 1990), et l'article de René Martin, « Énée et Didon dans la culture européenne », *Europe* (numéro consacré à Virgile) (janvier-février 1993), p. 73-80. Viennent d'être rééditées, sous le titre *Didon à la scène*, la *Didon* de Scudéry et la *Didon chaste* de Boisrobert (textes établis, présentés et annotés sous la direction de Christian Delmas, Toulouse, Société de Littératures Classiques, 1992), ainsi que la *Didon se sacrifiant* d'Alexandre Hardy (édition critique par Alan Howe (Genève, Droz, 1994). Un travail analogue reste à faire pour nombre d'autres *Didon*, notamment pour celles du 18e siècle.

et que la jalousie pousse à dénoncer au dieu la conduite, à ses yeux scandaleuse, de la reine ; à la suite de quoi Mercure est dépêché par Jupiter auprès d'Énée pour le rappeler à son devoir, qui est de quitter sans tarder la terre africaine pour se remettre en quête du site assigné à la nouvelle Troie.

La seconde partie, qui voit *la défaite de l'amour*, ne compte pas moins de 430 vers ; son thème principal est le désespoir grandissant de Didon devant l'inflexibilité d'Énée, qui ne manifeste à son égard aucun autre sentiment que celui de la pitié et n'hésite pas une seconde à quitter la malheureuse pour accomplir sa mission, sans se rendre compte, il est vrai, qu'il pousse Didon au suicide (il ne l'apprendra que plus tard, par ouï-dire). Tout au long de cette partie (mais déjà, dans la première, on est en présence d'un amour à sens unique : Didon brule de passion pour Énée), le héros est tout entier défini par son épithète de nature — il est *pius Aeneas*, et le « sentiment du devoir » (sens précis du latin *pietas*) est en fin de compte le seul qu'il connaisse et ressente.

Le problème qui s'est posé à tous les dramaturges désireux d'adapter à la scène ce récit, somme toute beaucoup plus pathétique que dramatique, a été de savoir comment « meubler » cinq actes avec une matière aussi pauvre en rebondissements. C'est un problème auquel ont été d'ailleurs souvent confrontés les adaptateurs classiques des tragédies grecques, et qui a été bien étudié, mais sur d'autres exemples, par Gérard Genette dans *Palimpsestes* (Paris, 1982, p. 298 et sv.).

Au 16e et au 17e siècles, diverses solutions avaient été trouvées : Jodelle, qui faisait débuter sa pièce (donnée vers 1555) au moment du départ d'Énée, avait choisi un total dépouillement en péripéties, et sa tragédie, pratiquement réduite à un long *lamento*, se bornait à présenter, à grand renfort de monologues lyriques et de chœurs, le spectacle d'une grande douleur, en utilisant à fond le procédé de l'amplification (par exemple, la scène de la confrontation des deux amants occupe près de 500 vers, contre 82 dans le texte virgilien). Alexandre Hardy, pour sa part, avait, en 1603, imaginé une intrigue plus complexe, en « étoffant » sensiblement le personnage de Iarbas, mais il avait, lui aussi, concentré son intrigue sur le départ d'Énée, et mis l'accent sur les ravages opérés par la passion dans le cœur de Didon. Scudéry, en revanche, dans sa *Didon* de 1636, avait pris le parti de ne pas se limiter au seul chant IV, mais d'embrasser la totalité de l'épisode africain imaginé par Virgile, depuis le chant I, c'est-à-dire depuis l'arrivée d'Énée à Carthage ; cela lui avait notamment permis de présenter Didon non seulement comme une amante blessée, mais aussi et d'abord (au sens chronologique) comme une reine énergique, entourée de tout un monde de conseillers et de courtisans [2].

Reste que, à la fin du 17ᵉ siècle, l'épisode virgilien semblait bien avoir donné tout ou presque tout ce qu'il était possible d'en tirer scéniquement. Aussi voit-on, en 1673, Antoine de Montfleury ne consacrer au sujet qu'une « minitragédie » en trois actes, mêlés de trois intermèdes comiques, et publiés sous le titre curieux de *L'Ambigu comique, ou les Amours de Didon et d'Énée*. On le voit en outre, pour la première fois, esquisser un thème qui fera fortune au siècle suivant : celui du drame intérieur d'Énée, qui à l'acte II cesse d'être l'inflexible héros de Virgile, et se laisse fléchir par Didon jusqu'à accepter le mariage, ce qu'il ne fait à aucun moment dans l'épopée latine. Cette trouvaille allait en fait donner un « second souffle » à un sujet qui paraissait usé jusqu'à la corde, et on peut voir là le point de départ d'une série de pièces qui jalonnent le 18ᵉ siècle (dans lequel on se permet d'inclure la dernière décennie du 17ᵉ) : ce sont, en 1693, *Didon*, tragédie lyrique de Madame de Saintonge ; en 1734, *Didon*, tragédie de Lefranc de Pompignan ; en 1776, *Didon heureuse*, de Le Fuel de Méricourt ; enfin en 1783, *Didon*, opéra avec un livret de Marmontel.

L'originalité de la première de ces pièces est double. Elle consiste à introduire le « suspense » et le romanesque, en multipliant les revirements d'Énée, qui devient un héros inconstant, déchiré entre l'amour et le devoir : rêvant d'épouser Didon et de régner avec elle sur Carthage, il n'obéit qu'à contre-cœur aux ordres des dieux, et le doute plane longtemps sur cette obéissance même, qui ne va pas de soi et ne se manifeste qu'*in extremis*. On observe ici un jeu subtil entre les deux procédés que G. Genette appelle « valorisation » et « dévalorisation ». Il y a dévalorisation morale du Troyen, qui perd l'auréole de *pietas* (doublée de *constantia*) qui le caractérisait chez Virgile et faisait de lui un authentique héros stoïcien, accomplissant les ordres des dieux sans même avoir à faire effort sur lui-même et illustrant à l'avance la formule de Sénèque, *Deo non pareo, sed assentior* : « je n'obéis pas à Dieu (c'est-à-dire : je n'ai même pas besoin de lui obéir),

---

2. Voir sur ce point, dans l'ouvrage collectif signalé ci-dessus, le chapitre rédigé par Michèle Ducos, « Passion et politique dans les tragédies de Didon », p. 97-106.

je suis du même avis que lui ». Mais cette dévalorisation morale a pour corollaire une authentique valorisation à la fois dramatique et psychologique, dans la mesure où Énée, chez Virgile, se caractérisait aussi par une totale passivité, d'abord à l'égard de Didon, dans la première partie, puis à l'égard de Jupiter, dans la seconde, alors que désormais il est beaucoup plus agissant, à tout le moins il se débat, il prend des initiatives, et il n'est plus tout d'une pièce : son déchirement, et les hésitations et revirements qu'il entraine, lui confèrent une relative « épaisseur » humaine et psychologique, en dépit de l'assez consternante mièvrerie d'un style marqué au coin de la préciosité : ainsi lorsque le triomphe de l'amour s'exprime en strophes alternées que couronne un touchant duo où les deux amants répètent à l'unisson : « De mille et mille feux mon cœur est consumé ». Quoi qu'il en soit, le héros troyen, après avoir quand même décidé de partir pour se conformer à la volonté divine, revient sur cette décision et affirme, en une « profession de foi » qui aurait stupéfié Virgile, ne plus connaitre d'autre divinité que la beauté de sa maitresse. Le mariage se prépare alors, et les dieux vont être obligés d'intervenir de façon fracassante et spectaculaire, avec coups de tonnerre et déluge de feu, pour mettre brutalement fin à la fête nuptiale et ramener dans le droit chemin... du célibat le fiancé qui avait cru pouvoir s'affranchir de leurs lois. Il en résulte l'apparition d'un thème ignoré de Virgile : le désespoir d'Énée, parallèle à celui de Didon.

Mais le comble de la liberté par rapport au texte virgilien est atteint avec la pièce de Le Fuel de Méricourt, qui n'hésite pas à jeter par dessus bord le dénouement traditionnel, et va jusqu'à imaginer un *happy end* quelque peu délirant : Énée épouse Didon et reste à Carthage dont il devient roi, ce qui implique que Rome ne sera jamais fondée et nous plonge dans une « mythologie-fiction » digne des péplums les plus fantaisistes. Au demeurant l'auteur de cette tragédie lyrique, qui est aussi une tragi-comédie, considère visiblement, d'un bout à l'autre, le texte virgilien comme un simple prétexte, ou tout au moins comme un canevas sur lequel il ne se prive pas de broder divers enjolivements : après avoir fait assister le public au naufrage des Troyens (qui arrivent à la nage sur le rivage africain), il lui apprend qu'Énée et Didon se connaissent de longue date, et ont déjà connu le vert paradis des amours adolescentes à l'occasion d'une visite protocolaire effectuée, dans sa jeunesse, par le prince troyen à la cour phénicienne. Il introduit en outre un intéressant renversement des rôles, en mettant en scène une Didon d'abord « cruelle » et un Énée à ce point désespéré par la froideur de son ancienne

« amie », qu'il décide de quitter Carthage non point par *pietas*, mais tout bonnement par dépit amoureux ! De quoi faire se retourner dans sa tombe le malheureux Virgile... Ce qui n'empêche pas l'amour de triompher à la fin, grâce à Vénus qui « change les destins », et permet au chœur de célébrer avec enthousiasme « de l'aimable Nature / la loi divine et pure » et de proclamer « qu'on n'est heureux que quand on sait aimer ». On ne saurait imaginer trahison plus complète de l'hypotexte par son hypertexte : la sombre tragédie imaginée par Virgile devient une souriante bluette où tout baigne dans l'eau de rose. On peut juger le résultat navrant, ou admirer au contraire l'absence de complexes et la parfaite désinvolture de Méricourt ; mais on ne saurait lui refuser le mérite de l'originalité.

La seconde originalité que présentent au 18e siècle les réécritures dramatiques du chant IV consiste à amplifier, comme l'avait déjà fait Hardy, mais en allant beaucoup plus loin que lui, le rôle du prince numide Iarbas. Sans doute doit-on rappeler qu'il existait, dans l'Antiquité, deux versions de la légende de Didon : dans l'une, probablement la version originelle, le personnage d'Énée n'intervenait pas, et le protagoniste masculin était Iarbas qui, après avoir concédé à Didon l'exilée une portion de terre africaine, entendait en retour être aimé d'elle et l'épouser (dans cette version, Didon ne se suicidait point par désespoir d'amour, mais par vertu, afin d'échapper à son redoutable prétendant) ; l'autre version, celle de Virgile, sans doute d'ailleurs empruntée par lui à son devancier, le poète archaïque Naevius, constituait une *contaminatio* de cette légende et de la légende troyenne (on est déjà en pleine intertextualité), et il en était résulté, dans l'*Énéide*, une forte « dévalorisation » du personnage de Iarbas, réduit à jouer les utilités dans l'épisode de transition résumé plus haut. Dans les derniers siècles de l'Antiquité les deux versions étaient restées longtemps concurrentes : on opposait la « Didon chaste » de la première à la « Didon impudique » de la seconde [3] ; en revanche, la quasi-totalité des réécritures modernes de la légende adoptent la version « avec Énée », c'est-à-dire la version virgilienne (seule exception, en France, *La Vraye Didon ou la Didon chaste*, publiée par François de Boisrobert en 1642). Mais il était facile, dès lors qu'on éprouvait le besoin d'étoffer quelque peu la trop maigre diégèse virgilienne, de redonner à Iarbas la

---

3. Voir Jean-Michel Poinsotte, « L'image de Didon dans l'Antiquité tardive », *ibid.*, p. 43-54.

stature et le statut qui étaient les siens dans la version antévirgilienne. Tel est le procédé astucieux auquel recourent plusieurs dramaturges du 18e siècle, chez qui Iarbas, chétif « comparse » chez Virgile, acquiert une stature égale à celle d'Énée, dont il devient le rival et qu'il affronte non seulement à la cour de Didon (où il est présent, déguisé en son propre ambassadeur), mais aussi sur le champ de bataille. Dévalorisé par le poète latin, le voilà revalorisé par les poètes français, ce qui revenait au fond à réaliser la synthèse des deux versions léguées par l'Antiquité : en effet, chez Lefranc de Pompignan, puis chez Marmontel (qui sont par ailleurs beaucoup plus fidèles à Virgile que Saintonge et Méricourt), Iarbas se montre (par dépit amoureux autant que par politique) aussi menaçant à l'égard de Didon et de son royaume qu'il l'était dans la version antérieure à Virgile ; on assiste même à une déclaration de guerre des Numides contre Carthage, et cela vaut à Énée de prendre la tête des troupes puniques, qu'avec le renfort de ses Troyens il mène à la victoire contre les « Barbares ». Le thème est d'ailleurs repris, mais avec beaucoup moins d'insistance, par Méricourt, plus porté sur la galanterie que sur l'héroïsme guerrier.

On assiste donc, au 18e siècle, à un renouvèlement assez considérable de la légende rapportée par Virgile. Et on y voit jouer à plein les procédés d'« amplification », d'« altération » et de « valorisation/dévalorisation » mis en lumière par G. Genette. Naturellement, tout cela relève beaucoup d'un art d'accommoder les restes et se fait nécessairement aux dépens de la fidélité à Virgile : les œuvres scéniques que le 18e siècle consacre à Énée et Didon pourraient être définies comme le type même des « belles infidèles ». Dire qu'on y trouve des chefs-d'œuvre serait excessif ; mais, si le texte de Marmontel n'est qu'un livret d'opéra, la tragédie de Lefranc de Pompignan ne manque pas de souffle, celle de Mme de Saintonge a le mérite d'apporter une présence et une sensibilité féminines dans un milieu où elles font singulièrement défaut, et la pièce inclassable de Méricourt a au moins celui de l'audace, pour ne pas dire du culot. Il convient de leur ajouter, pour faire bonne mesure, un très étonnant « travestissement », qui est une parodie non pas de Virgile, mais de l'opéra de Marmontel : c'est *La Veuve de Nulcifrote*, publiée en 1785 par un certain Coursiaux ; Didon y devient « Dodon », Iarbas « Fierabras », et Énée s'appelle curieusement « René ». Cet ultime avatar du chant IV au 18e siècle vole, on le devine, assez bas, mais on peut lui trouver une certaine drôlerie. Les « aristocrates » de l'épopée et de la tragédie y deviennent des « sans-culottes » avant la lettre, et l'esprit de dérision y coule à plein bord : signe des temps, sans doute... Reste que les tragédies consacrées durant le 18ᵉ siècle aux « amants de Carthage » représentent en France les derniers avatars scéniques de la légende racontée par Virgile. Contrairement à ce qu'on observe en Allemagne, où les réécritures théâtrales de la légende ont été peu nombreuses jusque-là, mais foisonneront au contraire au siècle suivant (où on n'en compte pas moins d'une quinzaine), le 19ᵉ siècle français ne s'intéressera plus guère à Didon et Énée, si on excepte *Les Troyens à Carthage* de Berlioz (1864), à quoi s'ajoutera deux ans plus tard la piquante opérette d'Adolphe Belot, *Didon reine de Carthage*. Les pièces que nous avons examinées constituent donc ensemble une sorte de chant du cygne du « roman d'amour » virgilien, qui brille alors de ses derniers feux. Même si elles ne peuvent guère être considérées comme des chefs-d'œuvre impérissables, c'est une raison suffisante pour ne pas les négliger.

RENÉ MARTIN
Université de Paris-III

Jean-Jacques Rousseau
traducteur de Tacite

Le dossier ici réuni propose : La traduction de Rousseau avec le texte latin en regard ; la reproduction en fac-similé des 130 pages du manuscrit autographe comportant de nombreuses corrections (MS R5 de la bibliothèque de Neuchâtel) ; des passages significatifs des sept autres traductions du Livre I des *Histoires* de Tacite parues au dix-huitième siècle. Une copieuse introduction analyse de manière minutieuse les procédés de Rousseau, ses réussites et ses échecs de traducteur, en les comparant aux tentatives de ses prédécesseurs et successeurs.

Un ouvrage de 304 pages 16 x 24, broché
ISBN 2-86272-048-8

PRIX : 150 FF

Prière d'adresser toute commande à :

**Société française d'Étude du XVIIIe Siècle
Henri Duranton
21 rue des Deux-Fermes
69500 Bron**

Le règlement sera fait à l'ordre de :
**Société Française d'Étude du XVIIIe Siècle
CCP LYON 759 48 A**

ROUSSEAU ET HOMÈRE

En 1754, à l'occasion d'un tour en bateau sur le lac de Genève, Rousseau notait dans son carnet de route : « Repas frugal de l'hospitalité. N'y a-t-il pas quelque chose d'Homère digne de mon voyage ? » (*O.C.,* Pléiade, t. I, p. 1178).

Dix ans plus tard, il disait au ministre bernois Jakob Meister combien il était séduit par l'univers homérique. Nous l'apprenons par la relation que le pasteur fit de cette discussion : « Homère lui plait infiniment. C'est la simplicité, c'est la force de ses tableaux qui m'enchantent — Je n'ai rien vu de pareil — Je ne sais quel pouvoir ce poète a sur moi — mais je ne me lasse point de le lire, même dans la mauvaise traduction latine que j'en ai. Je ne puis me consoler de ne pas entendre le grec pour le lire dans l'original. — Dacier a eu la méchanceté de le mettre à la française. — Il n'y a que Diderot qui l'aurait pu traduire comme il faut » (6 juin 1764, *Correspondance générale,* Leigh 3326).

Dans leur simplicité, ces remarques témoignent de la présence vivante d'Homère dans la pensée de Rousseau. De quand date cette connivence ? Nous n'avons pas d'indices qui nous indiqueraient que Jean-Jacques ait lu l'*Iliade* ou l'*Odyssée* dès sa jeunesse. Mais à défaut d'un contact direct avec ces textes grecs ou leur traduction, Jean-Jacques avait été évidemment conduit, dès ses années de formation, à rencontrer les récits homériques. Il avait ainsi découvert l'œuvre de Fénelon, qui s'était attaché à faire revivre lui-même le monde d'Ulysse dans son roman pédagogique, *Les Aventures de Télémaque,* Fénelon qui estimait qu'Homère laissait entendre la voix de la « pure nature » et qui s'employait à rapprocher l'enseignement homérique et le message chrétien : « Par cette simplicité originale, dont nous avons tant perdu le gout, ce poète a beaucoup de rapport avec l'Écriture » (*Dialogues sur l'éloquence).*

Dans une perspective comparable, le pédagogue Charles Rollin consacrait un long développement de son *Traité des études* à établir l'excellence d'Homère [1]. Rousseau avait lu Fénelon, il avait lu Rollin, il avait trouvé d'autres intercesseurs encore : Diderot en particulier, qui fut pour lui un ami très cher et qui vouait à Homère, pour sa part, une véritable passion. Rousseau avait donc de bonnes raisons de se tourner vers le poète grec. Et il lui accorda en effet une attention très remarquable.

Sans doute les références homériques sont-elles assez discrètes sous sa plume. La présence d'Homère y est certes moins visible que celle de Plutarque, que Jean-Jacques avait lu avec enthousiasme à l'âge de sept ou huit ans, dans l'atelier de son père (voir *Confessions, O.C.*, I, p. 9). Les *Hommes illustres* de Plutarque parlaient à Rousseau de la liberté civique, de la communauté égalitaire, ils apportaient des exemples lumineux de vertu et de patriotisme. L'exigence républicaine qui animait l'auteur du *Contrat social* doit beaucoup à ces images civiques venues de la Grèce antique et de l'ancienne Rome.

L'univers homérique proposait des valeurs sensiblement différentes. Avec Homère, Rousseau pensait rejoindre un temps très lointain, antérieur au temps de la cité. Un temps qui demeurait tout proche de la nature et qui, cependant, n'était plus celui de la vie grossière et solitaire de l'homme primitif. C'était en quelque sorte le temps de la « société commencée » évoquée dans le *Discours sur l'inégalité* (*O.C.*, III, p. 171). Là se situait le véritable moment de l'âge d'or. Dans son *Essai sur l'origine des langues* (1754-1761), Rousseau se demande « si Homère connaissait l'écriture » et il défend l'hypothèse selon laquelle les poèmes homériques seraient l'expression d'un chant encore étranger à la médiation de l'écriture, encore préservé des artifices de la langue « articulée ». « Si l'*Iliade* eût été écrite, elle eût été beaucoup moins chantée. Les Rhapsodes eussent été moins recherchés et se seraient moins multipliés. [...] Les autres poètes écrivaient, Homère seul avait chanté » (éd. J. Starobinski, « Folio », p. 81-82). Le monde d'Homère n'était pas encore celui de la parole politique ; ce temps n'était pas celui des citoyens, c'était le moment de la langue *accentuée* et naturellement chantante, c'était le moment des héros et des communautés primitives.

---

1. Charles Rollin, *Traité des études* (1726-1728), livre second, « De la lecture d'Homère ». Cent pages de ce manuel qui fit longtemps référence sont consacrées à établir les « règles qui peuvent servir de principes aux jeunes gens pour juger sainement d'Homère », avant de dégager les « instructions qu'on peut tirer d'Homère ».

Voilà pourquoi la référence homérique ne pouvait guère animer le *Contrat social* [2]. Mais, à l'inverse, elle colore de façon très remarquable l'ensemble d'*Émile*. On en est moins surpris si on se souvient que, dès l'ouverture de ce traité pédagogique, Rousseau expliquait qu'il n'y proposerait pas une éducation publique ou politique, mais une éducation domestique et naturelle. Il n'avait pas ici l'ambition de former un *citoyen,* mais celle de former un *homme* — et c'était là, disait-il, deux objectifs radicalement différents, peut-être même contradictoires : « Forcé de combattre la nature ou les institutions sociales, il faut opter entre faire un homme ou un citoyen ; car on ne peut faire à la fois l'un et l'autre. [...] De ces objets nécessairement opposés, viennent deux formes d'institution contraires ; l'une publique et commune, l'autre particulière et domestique » (*O.C.*, IV, p. 248-251).

La couleur homérique qui se pose sur le traité d'éducation se marque d'emblée dans les *figures* qui accompagnent les éditions originales (des libraires Duchesne et Neaulme). Trois des cinq gravures nous conduisent explicitement au pays d'Homère. Voici comment ces estampes sont présentées dans l'*Explication* que le lecteur découvrait à la suite de la *Préface* :
« I. La Figure qui se rapporte au premier Livre et sert de Frontispice à l'Ouvrage, représente Thétis plongeant son Fils dans le Styx, pour le rendre invulnérable. [Fig. 1].
II. La Figure qui est à la tête du Livre second, représente Chiron exerçant le petit Achille à la Course. [Fig. 2].
V. La Figure qui est à la tête du cinquième Livre [...] représente Circé se donnant à Ulysse, qu'elle n'a pu transformer. » [Fig. 3].

Les deux autres figures nous laissent dans l'univers de la mythologie grecque :
« III. La Figure qui est à la tête du troisième Livre [...] représente Hermès gravant sur des colonnes les éléments des Sciences.
IV. La Figure qui appartient au Livre quatre [...] représente Orphée enseignant aux hommes le culte des Dieux » (*ibid.*, p. 869).

Ces gravures dessinent en quelque manière l'espace imaginaire à l'intérieur duquel la pensée conceptuelle viendra se déployer.

---

2. Dans le *Contrat social,* il ne se rencontre qu'une mention homérique, dans le chapitre IV du livre II, lorsque Jean-Jacques évoque la prétendue tranquillité que l'esclavage et le despotisme assuraient aux sujets : « Les Grecs enfermés dans l'antre du Cyclope y vivaient tranquilles, en attendant que leur tour vînt d'être dévorés. » (*O.C.*, III, p. 355-356). Diderot aussi fit référence à cet épisode : voir l'article de Gianluigi Goggi, « Polyphème mangeant les compagnons d'Ulysse, une image politique de Diderot », *Dix-Huitième Siècle,* nº 19 (1987), p. 339-345.

La réflexion théorique est ainsi préparée, accompagnée et prolongée par ces évocations qui, à l'ouverture de chacun des livres, accueillent le lecteur et ouvrent devant lui les chemins de la rêverie.

Dans le texte même, nombre de références homériques viennent ponctuer le parcours de l'enfant. Dès le début du livre I, lorsque Jean-Jacques conseille de ne pas trop protéger l'enfant, il rappelle l'anecdote bien connue qu'annonçait la première estampe : « Thétis, pour rendre son fils invulnérable, le plongea, dit la fable, dans l'eau du Styx. Cette allégorie est belle et claire. Les mères cruelles dont je parle font autrement : à force de plonger leurs enfants dans la mollesse, elles les préparent à la souffrance, elles ouvrent leurs pores aux maux de toute espèce, dont ils ne manqueront pas d'être la proie étant grands. [...] Voilà la règle de la nature. [...] Endurcissez leur corps aux intempéries des saisons, des climats, des éléments ; à la faim, à la soif, à la fatigue ; trempez-les dans l'eau du Styx » [3].

Émile sera donc comme un petit Achille. Il faut qu'il apprenne aussi à ne pas avoir peur des masques, comme autrefois le tout jeune Astyanax avait appris à maitriser l'effroi que lui inspirait le casque de son père : « Quand dans les adieux d'Andromaque et d'Hector le petit Astyanax, effrayé du panache qui flotte sur le casque de son père, le méconnaît, se jette en criant sur le sein de sa nourrice, et arrache à sa mère un souris mêlé de larmes, que faut-il faire pour guérir cet effroi ? Précisément ce que fait Hector ; poser le casque à terre, et puis caresser l'enfant. Dans un moment plus tranquille on ne s'en tiendrait pas là : on s'approcherait du casque, on jouerait avec les plumes, on les ferait manier à l'enfant, enfin la nourrice prendrait le casque et le poserait en riant sur sa propre tête ; si toutefois la main d'une femme osait toucher aux armes d'Hector » (p. 283).

Les exercices rigoureux qui font le bonheur du jeune garçon lui apprendront à dominer ses peurs, à développer son adresse et sa force. Il deviendra ainsi un nouvel Ulysse — ou un nouveau David : « La nuit ne lui rappelant que des idées gaies ne lui sera jamais affreuse ; au lieu de la craindre, il l'aimera. S'agit-il d'une expédition militaire ? Il sera prêt à toute heure aussi bien seul qu'avec sa troupe. Il entrera dans le camp de Saül, il le parcourra

---

3. *O.C.*, IV, p. 259-260. A la fin du livre, le précepteur fait ce même rapprochement : « mais cher Émile, j'ai eu beau tremper ton âme dans le Styx, je n'ai pu la rendre par tout invulnérable [...] » (p. 815).

Thétis. Liv. I.

1. *Thétis*. Frontispice du livre I de l'édition Duchesne, in-12, d'*Emile*.
Cliché Ville de Nantes, Bibliothèque municipale.

Chiron, *Liv. II*.

2. *Chiron.* Gravure en tête du livre II de l'édition Duchesne, in-12,
d'*Émile*. Cliché Ville de Nantes, Bibliothèque municipale.

Circé, Liv. V.

3. *Circé*. Gravure en tête du livre V de l'édition Duchesne, in-12, d'*Emile*. Cliché Ville de Nantes, Bibliothèque municipale.

sans s'égarer, il ira jusqu'à la tente du roi sans éveiller personne, il s'en retournera sans être aperçu. Faut-il enlever les chevaux de Rhésos ? Adressez-vous à lui sans crainte : parmi les gens autrement élevés vous trouverez difficilement un Ulysse » [4].

Quand Émile en arrive à l'âge des passions, il faut bien toute l'habileté d'Ulysse pour dénouer les pièges redoutables de l'adolescence : « Si la main d'une femme se posant sur la sienne le fait frissonner, s'il se trouble ou s'intimide auprès d'elle ; Ulysse, ô sage Ulysse, prends garde à toi, les outres que tu fermais avec tant de soin sont ouvertes ; les vents sont déjà déchainés : ne quitte plus un moment le gouvernail, ou tout est perdu » (p. 490).

Dans ces moments difficiles, le jeune homme décide de lui-même de remettre à son précepteur la garde de sa liberté et lui demande de le protéger contre les passions qui pourront lui faire violence. Avant d'accepter cette responsabilité, le précepteur avertit son élève qu'il se prépare une épreuve aussi rude que celle qu'Ulysse s'était imposée en demandant à ses compagnons de l'attacher au mât de son bateau : « Tel qu'Ulysse ému du chant des Sirènes criait à ses conducteurs de le déchainer, séduit par l'attrait des plaisirs vous voudrez briser les liens qui vous gênent ; vous m'importunerez de vos plaintes, vous me reprocherez ma tyrannie quand je serai le plus tendrement occupé de vous [...] » (p. 652).

Cette référence homérique, qui se marque ainsi de façon diffuse dans l'ouvrage, prend un éclat singulier dans le livre V, c'est-à-dire dans les pages où Émile rencontre Sophie, dans les pages où le traité d'éducation subit l'attraction de la *tentation romanesque*.

Pendant qu'Émile se préparait à affronter les tempêtes de la passion, Sophie était emportée par une invincible langueur. Elle attendait l'amour et se désespérait de ne pas trouver le jeune homme de ses rêves. Cet amour idéal, Sophie l'avait rencontré grâce à Fénelon, dans le pays des livres : il s'appelait Télémaque et la jeune fille en était passionnément éprise. A ses parents alarmés par son désarroi, elle répondait qu'elle essaierait d'être raisonnable : « Je ne cherche point Télémaque, je sais qu'il n'est qu'une fiction : je cherche quelqu'un qui lui ressemble ; et pour-

---

4. *O.C.*, IV, p. 387-388. Notons la conjonction de cet épisode homérique et d'une scène de l'*Ancien Testament*. Le « camp de Saül » rappelle l'épisode où David pénètre dans la tente du roi endormi, épargne sa vie et repart en prenant à son chevet une lance et une jarre d'eau (1 *Samuel*, 26). L'histoire d'Ulysse dérobant les chevaux du roi thrace Rhésos est rapportée au chant X de l'*Iliade*, v. 465-525.

quoi ce quelqu'un ne peut-il exister, puisque j'existe, moi qui me sens un cœur si semblable au sien ? » (p. 762).

Son espoir ne pouvait être déçu car Jean-Jacques ne résiste pas au plaisir de retrouver l'*Odyssée*. Émile et son précepteur partent en voyage, « par les champs en vrais Chevaliers errants » (p. 770). Ils marchent longtemps, et un jour, par un temps de grande pluie, ils s'égarent « plus qu'à l'ordinaire dans des vallons, dans des montagnes où l'on n'aperçoit aucun chemin » (p. 773). Mais ils découvrent bientôt une maison, où ils reçoivent l'hospitalité la plus généreuse : « On nous montre un appartement fort petit mais propre et commode, on y fait du feu, nous y trouvons du linge, des nippes, tout ce qu'il nous faut. Quoi ! dit Émile tout surpris, on dirait que nous étions attendus ! [...] quelle attention, quelle bonté, quelle prévoyance ! et pour des inconnus ! Je crois être au temps d'Homère. Soyez sensible à tout cela, lui dis-je, mais ne vous en étonnez pas ; partout où les étrangers sont rares ils sont bienvenus [...] Du temps d'Homère on ne voyageait guère, et les voyageurs étaient bien reçus partout » (p. 774). Et la scène se poursuit dans la même tonalité. L'hôte salue ses invités en remarquant qu'ils sont « las et mouillés comme Télémaque et Mentor dans l'ile de Calypso » : « Il est vrai, répond Émile, que nous trouvons ici l'hospitalité de Calypso. Son Mentor ajoute : et les charmes d'Eucharis. Mais Émile connait l'*Odyssée* et n'a point lu Télémaque ; il ne sait ce que c'est qu'Eucharis » (p. 775).

La nymphe Eucharis, en effet, dans le livre VI du roman de Fénelon, inspirait à Télémaque une vive passion. On remarque la répartition des positions entre Émile qui a lu l'*Odyssée,* et Sophie qui n'en connait que le prolongement romanesque. Émile et Sophie se rencontrent en se projetant dans des rôles qui permettent la conjonction d'une image épique et d'une fiction amoureuse : c'est une façon pour Rousseau de suggérer l'harmonie subtile qui vient s'établir entre la vigueur de l'épopée et la douceur du roman d'amour.

Sophie pense revivre son roman de prédilection et lorsqu'Émile se précipite, en larmes, pour embrasser la main de ses hôtes, elle « croit voir Télémaque affecté des malheurs de Philoctète » (p. 775). Peu après, Émile découvre avec émerveillement dans la propriété de ses hôtes un jardin qui lui rappelle aussitôt le jardin d'Alkinoos :

Ce jardin a pour parterre un potager très bien entendu, pour parc un verger couvert de grands et beaux arbres fruitiers de toute espèce, coupé en divers sens de jolis ruisseaux et de platebandes pleines de fleurs. Le beau lieu ! s'écrie Émile, plein de son Homère et toujours dans l'enthousiasme ; je crois voir le jardin d'Alkinoos. La fille voudrait savoir ce que c'est qu'Alkinoos, et la mère le demande. Alkinoos, leur dis-je, était un roi de Corcyre dont le jardin décrit par Homère est critiqué par les gens de gout comme trop simple et trop peu paré. Cet Alkinoos avait une fille aimable qui, la veille qu'un étranger reçut l'hospitalité chez son père, songea qu'elle aurait bientôt un mari. Sophie, interdite, rougit, baisse les yeux, se mord la langue ; on ne peut imaginer une pareille confusion (p. 783-784).

Nous pourrions suivre encore ces références homériques dont les échos se prolongent, mais arrêtons-nous plutôt devant ces jardins simples et enchanteurs. Rousseau y accordait tant de valeur qu'il ajoutait à cette page une longue note, remarquable, dans laquelle il proposait une traduction de ces vers 112-131 du chant VII de l'*Odyssée,* où précisément se rencontre l'évocation du « jardin décrit par Homère ».

Les jardins du roi des Phéaciens ont en effet ce charme précieux que Jean-Jacques a reconnu à d'autres lieux privilégiés. On pense évidemment au verger de Mme de Warens et à la douceur des Charmettes. On se souvient que Julie, elle aussi, avait ses jardins et son « Élysée », dont la savante simplicité recréait les charmes de la pure nature (Voir *La Nouvelle Héloïse, O.C.,* II, p. 470-488). Autour de la jeune femme, la campagne retrouvait les couleurs de « l'âge d'or », elle reconduisait le visiteur au « temps des patriarches » (*ibid.,* p. 603).

Ce thème des jardins à la fois magnifiques et simples, cultivés et naturels, prend pour Jean-Jacques la dimension d'un mythe intégrateur, autorisant la convergence d'images pourtant très disparates. Il lui suffit d'évoquer une maison accrochée au pendant d'un vallon, où se réuniraient « l'eau, la verdure, l'ombre et la fraicheur » (*ibid.,* p. 483), et son imagination se déploie dans un libre vagabondage. Elle rejoint des souvenirs venus de l'enfance genevoise, dans la campagne de Bossey, elle rencontre les années de bonheur vécues aux côtés de Mme de Warens, elle « rétrograde » vers les « temps de l'amour et de l'innocence, où les femmes étaient tendres et modestes, où les hommes étaient simples et vivaient contents » (p. 604), elle en revient aux âges originels où l'on pouvait « être bon sans effort et juste sans vertu » (*Émile, éd. cit.,* p. 468). Et elle retrouve Ulysse et Nausicaa dans les jardins d'Alkinoos.

Si Homère est éclairé par la présence de Fénelon dans la pensée de Jean-Jacques, il y est rejoint par les poètes italiens, et en particulier par le Tasse et sa *Jérusalem délivrée*. L'*Essai sur l'origine des langues* rapprochait les aèdes homériques et les gondoliers qui chantaient le Tasse sur les canaux vénitiens [5]. Nous voyons à l'occasion, dans *Émile,* le poète italien accompagner le poète grec. Remarquant l'embarras d'Émile, Sophie comprenait que le jeune homme découvrait l'amour : « elle voit son triomphe, et en jouit : / *Nol mostra già, ben che in suo cordo ne rida.* / Elle n'a pas changé de contenance ; mais malgré cet air modeste et ses yeux baissés, son tendre cœur palpite de joie et lui dit que son Télémaque est trouvé » (p. 777). « Elle ne le montre pas, bien qu'elle s'en réjouisse déjà dans son cœur » : la citation venue de la *Jérusalem délivrée* (IV, 33) évoque la joie d'Armide charmant par sa beauté l'armée chrétienne. Trente pages auparavant, dans ce même livre V d'*Émile,* quatre vers, extraits eux aussi du chant IV de la *Jérusalem délivrée,* mettaient en lumière les pouvoirs séducteurs de la coquetterie féminine (p. 734). La poésie du Tasse était douce et rude, tendre et vigoureuse, sonore et harmonieuse : on y entendait l'accent de la langue originelle des peuples du Midi, on y percevait l'écho du chant homérique [6].

Homère, Fénelon, le Tasse : ces références venaient tisser autour d'Émile et de Sophie la douceur protectrice d'un monde homogène. En un sens, ces images homériques permettaient à Jean-Jacques de résister à l'antagonisme qui se durcissait au plus profond de lui-même lorsqu'il opposait l'idéal de la *vie avec les autres,* dans la cité républicaine, et celui de la *vie en soi,* en communion avec la nature. Le traité d'éducation commençait par opposer de façon brutale, nous l'avons vu, l'éducation de l'homme et celle du citoyen. Et, de façon plus générale, tout l'effort de réflexion conduit par Rousseau l'amenait devant cette aporie : d'un côté, la cité, la liberté politique, la délimitation exclusive du patriotisme ; de l'autre, la nature, la vie solitaire, l'ouverture sur l'au-delà. Ici, la cité du contrat social, et là, la parole du Vicaire savoyard. Deux options, toutes deux fondamentales, toutes deux essentielles, mais qu'il était pourtant impossible de suivre d'un

---

5. Dans le chapitre VI, déjà mentionné, consacré à cette question : « S'il est probable qu'Homère ait su écrire » : « Aucun autre poète n'a été ainsi chanté si ce n'est le Tasse à Venise, encore n'est-ce que par les gondoliers, qui ne sont pas grands lecteurs » (*éd. cit.,* p. 82). Rousseau établit le même rapprochement dans l'article « Barcarolles » de son *Dictionnaire de musique.*

6. Rousseau ne connaissait pas assez le grec pour lire Homère dans le texte, mais il traduisit deux passages de la *Jérusalem délivrée.* Sur Rousseau traducteur du Tasse, voir Jean Starobinski, « L'Imitation du Tasse », dans *Annales Jean-Jacques Rousseau,* XL (1992), p. 265-288.

même mouvement. Les valeurs de la citoyenneté et celles du christianisme n'étaient pas conciliables. Homme ou Citoyen ? Chrétien ou Républicain ? Il fallait choisir, Rousseau le répétait avec une obstination douloureuse, alors même qu'il lui était impossible de retenir la république *contre* le christianisme, ou le christianisme *contre* la république. Son identité contradictoire et déchirée témoignait en quelque manière de cette impossible synthèse [7].

L'imagerie homérique conduisait précisément vers un temps où ces deux figures de l'homme et du citoyen ne s'étaient pas encore dégagées dans leur relation contradictoire. Le monde d'Homère est un monde unitaire : on y demeure en pleine harmonie avec la nature tout en connaissant le bonheur des joies partagées. En suivant les pas d'Homère, Jean-Jacques se plaisait à retrouver à la fois la nature et la communauté, la douceur de l'amour et la vigueur guerrière, les jardins d'Alkinoos et la vaillance d'Achille.

L'*Iliade* et l'*Odyssée* invitaient par ailleurs Jean-Jacques à rejoindre un univers qui n'était pas foncièrement différent de celui qu'il rencontrait dans l'*Ancien Testament*. Caton et Jésus appartenaient, certes, à des mondes absolument hétérogènes. Mais en remontant le temps, en « rétrogradant », on voyait se résorber la ligne de faille qui avait déchiré l'unité première de l'existence. Le monde d'Abraham se situait dans la proximité immédiate du monde d'Ulysse — telle était bien, déjà, la lecture de Fénelon ou de Rollin. Mentor et Siméon, Rachel et Calypso marchaient sur les mêmes chemins. Loin de se heurter, ces images homériques et ces références bibliques suggéraient les mêmes harmonies. Le monde d'Homère, comme celui de l'*Ancien Testament*, se situait dans ces moments privilégiés, antérieurs à l'histoire pour ainsi dire, qui constituaient « la véritable jeunesse du Monde » (*Discours sur l'origine de l'inégalité, O.C.*, III, p. 171). L'homme vivait alors dans une relation immédiate et transparente avec les autres, avec la nature, avec le divin. Ces temps heureux étaient peut-être « chimériques », ils n'en avaient que plus de prix. Comme la musique, comme la poésie italienne, comme les récits de l'*Ancien Testament,* le chant de l'épopée homérique permettait de revivre l'âge d'or. Il apaisait la déchirure. Il conjurait la tragédie.

Yves Touchefeu
Lycée Gabriel Guist'hau, Nantes

---

7. Je résume en ces lignes trop schématiques l'axe d'une recherche que j'ai développée dans une thèse soutenue en 1992, *L'Antiquité et le Christianisme dans la pensée de Jean-Jacques Rousseau* (École des hautes études en sciences sociales).

L'ANTIQUITÉ POUR LA MODERNITÉ DANS L'INSPIRATION D'ANDRÉ CHÉNIER

André Chénier et l'Antiquité : le sujet n'est pas neuf, vingt titres l'attestent, mais il n'est pas inutile d'y revenir en essayant, sur des concepts anciens, de bâtir une pensée nouvelle. Trop longtemps le problème a été ramené à ses incidences scolaires, autour de notions inventoriées et définies par la rhétorique : l'imitation et l'invention au premier chef [1]. La responsabilité de cette réduction incombe d'abord aux poètes du 18e siècle. C'est Louis Racine dès 1722, c'est Chénier après lui qui parlent d'une « imitation inventrice » pour essayer de résoudre le dilemme de la création esthétique : ne serait-il pas aussi mortel pour la poésie d'imiter sans inventer que d'inventer sans imiter ? « Et toujours, écrit André Chénier, cette sorte d'imitation inventrice dont j'ai parlé enrichit les auteurs les plus justement renommés pour leur originalité » [2]. Ce constat ouvre la voie à la compréhension du paradoxe. Quant à la relation à l'antique, s'il est vrai qu'elle s'intensifie dans la seconde moitié du siècle avec la naissance de l'archéologie moderne et qu'elle prend une place grandissante dans la problématique de l'inspiration et cela dans tous les arts « ramenés au même principe », la poésie occupant une position privilégiée parce qu'elle est à la fois langage, peinture et musique, elle n'est pas pour autant une fin en soi. La formule ici proposée, l'Antiquité pour la modernité, incite à élargir la réflexion à partir des deux fils directeurs suivants : André Chénier, figure de proue de sa

---

1. Citons, par exemple : P. Morillot, « La poésie d'A. Chénier : imitation et invention », *Revue des Cours et Conférences*, I, 2 (1893), p. 348-352 et 380-384 ; M. Jouglard, « L'imitation inventrice, ou les contradictions d'A. Chénier », *Revue de Littérature comparée*, VIII (1928), p. 640-53 ; E. Mérial, « A. Chénier, l'Antiquité et la poésie », *R.C.C.*, 1947, p. 31-38 ; É. Guitton, « Un thème philosophique, l'invention des poètes de Louis Racine à Népomucène Lemercier », *Studies on Voltaire* (1972), vol. 88, p. 677-709. Voir aussi les ouvrages fondamentaux de P. Dimoff, *La Vie et l'Œuvre d'A. Chénier jusqu'à la Révolution française* (Paris, 1936) et de J. Fabre, *Chénier* (rééd. Hatier, 1965).
2. *Essai sur les causes et les effets de la perfection et de la décadence des Lettres et des Arts, Œuvres complètes*, éd. G. Walter (Bibliothèque de la Pléiade), p. 690.

---

génération, appartient pleinement à son époque, il en épouse les tendances ; la pratique de la poésie ne peut être comprise si on ne la relie pas au système de pensée qui la sous-tend, le syncrétisme de l'après-Lumières.

Les idées reçues ont la vie dure. Ne lit-on pas dans une publication récente : « *D'abord* imitateur des Anciens, A. Chénier a composé *ensuite* des "Élégies" aux accents romantiques » ? [3] Chronologiquement faux, ce découpage en tranches repose sur un complet contresens dans la mesure où il introduit une disjonction ruineuse entre deux postulations que Chénier n'a cessé d'unir, même si elles semblent se contredire : le besoin de modèles et l'effusion naïve de l'âme. Le fameux vers « Sur des pensers nouveaux faisons des vers antiques », qu'on estropie encore [4], était un vers donné par les dieux, jeté sur un bout de papier après cette remarque : « Côtoyer toujours les anciens auteurs », avant de figurer en bonne place dans *l'Invention* : il a nui à son auteur en accréditant l'idée d'une dichotomie là où il s'agissait de la synthèse de deux éléments indissociables, sauf par une opération chimique ; comme si le buveur d'eau pouvait distinguer l'hydrogène de l'oxygène ! Il y a beau temps qu'on a fait litière des trois manières et des deux programmes dont E. Faguet (*André Chénier,* Paris, 1902) avait cru devoir affecter la courte carrière de Chénier en assurant qu'il avait été d'abord un traducteur des Grecs, ensuite un imitateur des Latins, enfin, sous la Révolution, un poète personnel et qu'il avait voulu faire succéder des essais modernisants à des exercices antiquisants. « Imitation et invention dans l'œuvre de Chénier, constatait M. Jouglard, sont si étroitement liées que toute analyse risque, en les séparant, de fausser le sens de sa poétique » (*R.L.C.*, 1928, p. 640). Diagnostic pertinent mais insuffisant s'il n'établit pas une relation dialectique entre les deux termes comme s'y employait J. Fabre dès 1955 : « Au sens où il l'entendait, écrit-il, tous les vers de Chénier sont des vers antiques, et ce caractère se manifeste presque aussi clairement dans les *Élégies* ou les *Iambes* que dans les *Bucoliques*. Réciproquement, sa dialectique présente l'imitation de l'Antiquité non comme une occasion de fuir le monde moderne, mais comme un moyen de le rénover » (*Chénier*, p. 179). On ne saurait mieux dire : il reste néanmoins à essayer de comprendre comment et

---

3. *Les Audois,* Dictionnaire biographique (Carcassonne, 1990), p. 107. — C'est moi qui souligne.
4. « Sur des pensers anciens faisons des vers nouveaux », lisait-on récemment dans le bulletin de la Société des Poètes Français.

pourquoi l'antique était alors un point de passage obligé pour
parvenir à rénover le moderne. J. Fabre lui-même reste en deçà
de son propre raisonnement lorsqu'il intitule « Vers antiques »,
« Pensers modernes » et « Le cœur seul est poète » les trois
chapitres de sa monographie consacrés successivement aux *Buco-*
liques, aux *Poèmes*, enfin aux *Élégies, Odes* et *Iambes* : ces
libellés sont repris à Chénier, certes, mais ne résonnent-ils pas
comme un écho ultime et imprévu des catégories de Faguet ?

Il n'est rien de tel que de suivre de près la formation et les
travaux du poète (parole d'éditeur !) pour mesurer l'inanité de
certaines définitions courantes : néoantique ? préromantique ?
premier des romantiques ? dernier des classiques ? en avance ou
en retard sur son temps ? L'intéressé serait bien étonné, s'il
revenait parmi nous, de se voir ainsi tiré à hue et à dia. Car s'il
rassemble toutes ces potentialités en lui, aucune d'entre elles ne
définit son originalité. Tête bien pleine, farcie de lectures, et bien
faite (idéologue avant la lettre) il sait à vingt ans à peu près
tout ce qu'il va écrire : un *Art d'aimer*, des élégies, des chants
bucoliques, une genèse de l'univers, une épopée de la conquête
américaine, des satires, des odes ; rien que ne lui dictent les
modes du jour. L'enseignement qu'il a reçu au Collège de Navarre
accordait un soin égal aux humanités classiques et à ce qui définit
un modernisme intellectuel. L'étude du grec conjointement au
latin était une nouveauté dont le jeune André a d'autant mieux
profité qu'il avait le grec dans le sang : ses origines maternelles
ont contribué à éveiller très tôt en lui une mythologie familiale
tournée vers l'Orient. Son esprit précoce s'ouvrait simultanément
à la connaissance du monde par l'histoire, la géographie, les
sciences physiques et naturelles. Et c'est à partir du sensualisme
de Condillac, voire d'Helvétius, qu'il a appris la philosophie.

Le sensualisme a profondément transformé la situation de
l'homme dans la nature : toute connaissance passe par les sens ; la
sensation, principe universel d'explication, contient en puissance
toutes les opérations de l'esprit, elle les informe par dérivation
et suivant son degré d'intensité ; elle met en relation l'être vivant
avec l'ensemble du monde selon un réseau d'infinies répercus-
sions dans les espaces et dans les époques. La sensibilité est
conçue comme une force vitale, *vis sentiendi*. Le contact de l'âme
sensible et de la matière est celui de deux énergies en perpétuel
travail [5]. André Chénier fait siennes ces idées : il lui revenait de

---

5. Voir sur ce point M. Delon, *L'Idée d'énergie au tournant des Lumières*
(1770-1820) (Paris, P.U.F., 1988).

comprendre mieux que personne quelle réserve de « jeune poésie » recélait le sensualisme qui mettait l'unité dans les composantes de la poétique dans la mesure où celle-ci reposait désormais sur une psychologie. La distinction hiérarchique des genres, pierre d'angle de l'art classique, pouvait s'expliquer, dans l'optique sensualiste, par référence à la rose des vents ou au prisme : les genres émanent tous d'une source unique, le langage, mais l'impact sur l'âme varie suivant l'orientation et l'intensité du courant aérien ; ce sont souffles de l'âme ou réfractions de la lumière en attendant les vents de l'esprit hugoliens. L'âme caisse de résonance, l'âme instrument de musique : on connait la fortune de cette métaphore au 18e siècle.

Placé lui aussi dans une perspective nouvelle, le culte de l'Antiquité changeait de statut. Il n'était plus l'effet d'un mimétisme artisanal mais celui d'un besoin vital de l'âme : ravitaillement de la force inventive, reviviscence du passé dans le présent, viatique du génie créateur. « Salut, Thrace ma mère et la mère d'Orphée ! » En établissant un lien généalogique et comme viscéral avec les origines mythiques de la poésie, Chénier opère une soudure entre la fable lointaine et le réel immédiat et vivifie l'un par l'autre. L'opération mentale correspondante déborde l'application mécanique d'une analogie entre deux moments de la civilisation : elle suppose un processus dynamique, voire biologique, de réactivation de l'inerte par le vivant. Les images par lesquelles le poète figure l'alchimie poétique renvoient soit aux éléments (le feu et l'eau en particulier), soit à l'un des trois règnes de la nature : argile animée, marbre sculpté, combustion, métal en fusion coulé dans le moule du fondeur laissent entendre que l'« artefact » n'est pas récusé ; transplantation et greffe de rameaux, fleurs changées en miel, ambre distillé par les sapins des pays nordiques donnent l'idée d'un phénomène en parfaite symbiose avec les éléments de la nature. Germination, fécondation, incubation, l'art comme transmission de la vie ; les modèles de beauté provoqueront la naissance d'« un fruit noble et beau » comme eux, si la femme près d'accoucher les a contemplés auparavant : « Ainsi je veux qu'on imite les anciens, etc. » souligne le poète (*O.C.*, éd. P. Dimoff, III, p. 311).

C'est dans *l'Invention*, cette invitation à la poésie placée sous le signe de l'audace, qu'est le mieux valorisé le rôle d'aiguillon tenu par les Anciens auprès de leurs émules, stimulant indispensable pour voir les choses « près de nous » et saisir les éclatantes richesses de la science contemporaine, celle de Newton, de Buffon et de Bailly. Un autre leit-motiv du poème, peu remarqué [6], réside dans la notion de totalité. Tout se tient ici-bas, le monde est un Grand Tout (Diderot l'avait déjà dit, et Roucher, instruit par Court de Gébelin, l'affirmait avec force dans les *Mois*) ; « Tout a changé pour nous », « Tous les arts sont unis », « L'âme est partout », l'art est une totalisation : « Tout l'Olympe respire en ses détours secrets » (il s'agit du bloc de marbre devenu statue) ; « Dieu tout entier habite en ce marbre penseur » (il s'agit du *Moïse* de Michel-Ange). Au sommet de l'élan lyrique la création esthétique est ainsi décrite dans *L'Invention* (vers 335-340 et 357-358 ; c'est moi qui souligne) :

« Les images, les mots que le génie inspire,
Où *l'univers entier* vit, se meut et respire,
Source vaste et sublime et *qu'on ne peut tarir*,
En foule en son cerveau se hâtent de courir.
D'eux-même ils vont chercher un nœud qui les rassemble :
Tout s'allie et se forme, et *tout* va naitre ensemble. »

Du passé au présent et du présent à l'avenir pas la moindre césure :

« *Tout* porte au fond du cœur le tumulte ou la paix ;
Dans la mémoire au loin *tout* s'imprime à jamais ».

Appétit d'omniscience, soif d'omniprésence étayent un système de pensée qu'on serait tenté d'appeler une « panesthésie » en souvenir du panthéisme d'Épicure et de Lucrèce dont il procède sans le reproduire. Comme eux, comme Meslier, d'Holbach, Diderot et surtout comme le feront les idéologues, Chénier professe un matérialisme intégral et s'en tient au monisme des substances, mais sa volonté d'embrassement universel, sa psychologie qui incline vers le subjectivisme d'un Kant, les relations de finalité qu'il établit entre les diverses composantes du monde, modernisent son approche et l'apparentent, malgré des options radicalement différentes, au spiritualisme providentialiste d'un Bernardin de Saint-Pierre. Dieu, pour André, est la plus belle invention du génie humain, ou la plus sotte et la plus dangereuse du genre humain. L'art seul a le droit de créer des dieux et l'art poussé à l'excellence fait de son auteur un dieu, tel Hercule sur son bûcher dont « la flamme rapide / Porte aux palais divins l'âme du grand Alcide ». « Image saisissante du génie », commente J. Chouillet (*ouvr. cit.*, p. 137). Au plus fort de l'extase qui termine l'hymne à la Nuit, « l'âme remontant à sa grande origine / Sent

---

6. Sauf par J. Chouillet (*L'Esthétique des Lumières*, Paris, P.U.F., 1974, p. 132-135) dont la démonstration est d'une remarquable pertinence.

qu'elle est une part de l'essence divine ». Parlera-t-on d'un pan-théisme ? [7]. Rappelons que Bernardin de Saint-Pierre, animé d'une sorte de délire cosmologique, situait le paradis des grands esprits dans le soleil et y plaçait en rêve son éternité future. Quoique gravitant aux antipodes, les deux écrivains croyaient à l'harmonie générale du système des êtres et convergeaient par là dans un naturalisme euphorique.

L'effort créateur du poète associe dans une synergie les deux dimensions du temps, la régression et la progression, pour en tirer une motricité décuplée. Plus la rétrogression s'intensifie, plus la propulsion vers l'avant augmente : ainsi fonctionne le couple, association de deux forces de sens contraire dont le mouvement confirme qu'un principe de contradiction « peut être le principe de cohérence du système de l'espace » [8]. Raisonnement de physique mathématique, dira-t-on. Il n'aurait pas déplu à Ché-nier, esprit féru de science exacte, qui, logiquement et non sans présomption apparente, définit l'originalité du poète comme la somme nombrable de toutes les « manières » qui ont précédé la sienne : « Un poète qui vient après, qui les connait tous et sait les sentir tous, peut [...] se composer une manière d'après toutes celles-là, une manière à lui [...]. Ils l'ont aidé à se faire sa manière qui n'est celle d'aucun d'eux, qui est aussi, tout comme la leur, celle de la nature, originale comme la leur, puisqu'elle est vraie, pittoresque, facile, imprévue, et difficile à imiter ». Une simple accumulation mécanique n'y suffirait évidemment pas : l'opéra-tion est chimique, physiologique puisqu'elle suppose que chaque génie « digère cela à sa façon et [...] en fasse sa nourriture propre... » (*O.C.*, éd. G. Walter, p. 691). Faguet parlait à juste titre d'innutrition. Il reste que Chénier a voulu mettre les faits en rapport avec les principes en s'imposant une lecture intégrale des « vieux auteurs » et une « imitation » systématique des modè-les jusque dans le détail des expressions. Il a prévenu à l'avance le « juge sourcilleux » qui épie ses larcins et « dénonce vingt passages / Traduits de tel auteur qu'il nomme », tout fier « de se voir si savant » : « Que ne vient-il vers moi ? je lui ferai connaitre / Mille de mes larcins qu'il ignore peut-être » (*Épitre sur ses ouvrages*, vers 97-101).

---

7. « Le terme, écrit fort bien M. Delon (*ouvr. cit.*, p. 184), a le mérite de souligner les échanges qui s'opèrent entre matérialisme et spiritualisme. Mais il ne doit pas servir à évacuer un matérialisme qui, grâce à la notion d'énergie est bien une vision totalisante et dynamique de la nature sans Dieu ».

8. M. Serres, dans *Le Préromantisme, Hypothèque ou hypothèse*, éd. par P. Viallaneix (Paris, 1975), p. 619-620.

Hyperbole vantarde ? Avec Chénier, la quête des réminiscences n'est jamais close. Encore faut-il s'entendre sur la portée des mots. La traduction poétique au 18ᵉ siècle n'est rien moins qu'un calque littéral du texte : le traducteur doit trouver un équivalent verbal qui préserve la poésie dans la poésie, ce qui suppose de sa part une inventivité permanente. L'*imitation* des poètes anciens, genre pratiqué au moins depuis le 16ᵉ siècle, laisse une liberté plus grande encore à l'imagination. Chénier s'y est exercé dès le collège. Dans tous les cas le modèle antique sert de piste d'envol vers la modernité. Rien n'est plus faux par conséquent que l'assertion parnassienne de Faguet : « Vers sa vingtième année il n'avait d'autre dessein que d'être un poète grec en français » (*ouvr. cit.*, p. 42-43). L'erreur réside dans la restriction, non dans le fait lui-même, et dans le passéisme rétrograde qu'elle semble cautionner. Lorsqu'il décide à dix-neuf ans de composer un *Art d'aimer*, Chénier a deux stimulants, sa fougue sensuelle et l'exemple d'Ovide, et une seule ambition : mettre la mythologie païenne au service d'une toute neuve physiologie de l'amour en accord avec l'anthropologie des Lumières. L'impact des modèles antiques ne se relâche pas d'un pouce avec les projets supposés modernes comme l'*Hermès* et *L'Amérique* ; il ne se relâchera pas davantage pour écrire les *Iambes*, brulots vengeurs suscités par les circonstances, ou l'*Ode à la Jeune Captive* éclose au pied de l'échafaud. « Même quand nous traçons des tableaux et des caractères modernes, c'est d'Homère, de Virgile, de Plutarque, de Tacite, de Sophocle, de Salluste, d'Eschyle qu'il nous faut apprendre à les peindre », édicte le poète à propos de *l'Amérique*. La réactivation mythologique s'obtient au prix d'un transfert dont il fournit au même endroit la recette : « Il faut que j'invente entièrement une sorte de mythologie probable et poétique avec laquelle je puisse remplacer les tableaux gracieux des anciens, ces Néréides accompagnant le navire d'une femme, etc. » (*O.C.*, éd. P. Dimoff, II, p. 127 et 109). Le syncrétisme esthétique d'André Chénier implique donc bien un amalgame et un brassage permanents des apports culturels, opération que facilite son métissage franco-levantin.

L'exemple des *Bucoliques* pourrait donner lieu à une démonstration récapitulative [9] parce que la surenchère néoantiquisante, plus intense que partout ailleurs, au point de mettre le poète en

---

9. On la trouvera développée dans la nouvelle édition des *Poésies complètes* d'André Chénier (« Bibliothèque classique », Le Livre de poche, à paraître).

état d'imitation perpétuelle, ne vise pas à le détourner du monde moderne, mais à réanimer le genre exsangue de l'idylle, but obtenu par un approfondissement de la secousse émotive qui favorise la personnalisation du propos et la frémissante actualité, tant dans la forme que dans le fond, de l'inspiration. Ainsi naît l'œuvre d'art, fusion sans césure apparente d'un savoir totalisant et d'un transport, d'une impulsion éclatés [10], produit suspendu entre le direct et le différé dans une zone indivise où s'additionnent les époques et les lieux, car le temps et l'espace, que Kant définira bientôt comme des catégories de l'esprit, deviennent dans ces jeux récréatifs pour des cerveaux gorgés de science et des âmes débordant de sensibilité, la somme idéale de tous les temps et de tous les lieux. Peut-être, en définissant une poétique de l'ambivalence articulée sur une « correspondance » perpétuelle du monde antérieur et de la vie ultérieure, Chénier a-t-il cédé à l'éblouissement d'une idée, à un vertige adolescent que ne devait pas relayer une pensée adulte puisque il n'avait pas trente ans quand il théorisait. C'est miracle qu'il ait tiré de sa rêverie des figures aussi peu abstraites que Myrto ou Néère. Il appartient à une génération qui cultive à la fois, malgré la contradiction apparente, le mythe de la perfection originelle, représentée par Homère (l'Aveugle divin), Virgile, les Grecs, les Romains, et le dogme de la perfectibilité de l'esprit humain. Sans qu'il le sache clairement, son système des beaux-arts se situe à la charnière de deux conceptions du temps dont les travaux d'un Laplace vont élucider la coexistence : un temps réversible, de type mécanique, qui est encore celui de Newton, le temps du calendrier, des saisons et des rythmes, et un temps irréversible, qui repose sur un principe physique de chaleur, de thermodynamique (M. Serres, *art. cité*, p. 353-355), le temps de l'évolutionnisme et du « ce que jamais on ne verra deux fois ». Le concept de *corrélation*, central dans le « Système du monde » tel que l'expose Laplace, aide à rendre compte de la convergence de l'antique et du moderne dans l'inspiration d'André Chénier.

Une telle réflexion, si on la poursuivait, amènerait à ajouter un chapitre à *L'Esthétique des Lumières* de J. Chouillet. En posant comme horizon « l'expérience des limites », en terminant son parcours par la question « le néoclassicisme existe-t-il ? », quitte à répondre comme on s'y attendait par la négative, J. Chouillet

---

10. Terminologie reprise à M. Delon, « Savoir totalisant et forme éclatée », *Dix-Huitième Siècle* (1982), n° 14, p. 13-26.

prend le risque de boucher les issues du temps et de refermer son admirable synthèse sur elle-même [11]. Du moins avait-il parfaitement compris que « la réactualisation de l'Antiquité » à la fin du 18ᵉ siècle était « chargée d'un potentiel moderne et révolutionnaire » (*ouvr. cit.*, p. 201) dont l'œuvre inachevée d'André Chénier donne la plus juste idée. La mort prématurée du poète nous a privés en la matière d'un complément d'information dont il aurait puisé les ingrédients à la lecture de l'*Exposition du système du monde* et du *Génie du Christianisme*, et les historiens de la littérature disposeraient d'un élément qui leur manque pour désigner de manière satisfaisante la béance innommée qui sépare les Lumières du romantisme.

ÉDOUARD GUITTON
Université Rennes-2

---

11. « Le mouvement improprement appelé "néo-classicisme" », déclare-t-il p. 204. Pour des raisons analogues et en vertu de la substantialité d'une époque donnée, le « préromantisme », auquel J. Chouillet ne fait jamais allusion, n'a pas davantage existé sur le moment.

UNIVERSITÉ DE GRENOBLE

CENTRE UNIVERSITAIRE
D'ÉTUDES FRANÇAISES
COMITÉ DE PATRONAGE
DES ÉTUDIANTS ÉTRANGERS

ANNÉE UNIVERSITAIRE - ÉTÉ

L'Université de Grenoble-III offre aux étudiants et professeurs étrangers, outre les cours normaux des étudiants français :

- UNE FORMATION DE PROFESSEURS DE FRANÇAIS :
  - Stages mensuels d'été
  - Formation annuelle préparant au Diplôme Supérieur d'Aptitude à l'enseignement du Français langue étrangère ou à la Maîtrise ou au D.E.A. de Français langue étrangère.

- DES COURS SPÉCIAUX DE LANGUE, LITTÉRATURE ET CIVILISATION FRANÇAISES

- PRÉPARATION AU D.E.L.F. ET AU D.A.L.F.

- DES STAGES INTENSIFS AUDIO-VISUELS DE FRANÇAIS GÉNÉRAL

- DES STAGES DE FRANÇAIS SPÉCIALISÉ (économique, juridique, scientifique)

Le Centre assure également régulièrement des stages sur place dans les différents pays étrangers à la demande des attachés linguistiques ou des ministères et universités concernés.

Pour tous renseignements complémentaires, écrire à :
CENTRE UNIVERSITAIRE D'ÉTUDES FRANÇAISES
B.P. 25 X
38040 GRENOBLE CEDEX
FRANCE
Tél. : 76 42 48 37

VICO JUGE ET TÉMOIN
DE LA PENSÉE ROMAINE

Vico doit beaucoup à Rome. Il l'admire ; il la comprend de manière originale et fait entrer les enseignements de l'*Urbs* dans les différentes synthèses qu'il propose au cours de sa vie. Un tel dialogue présente une très grande importance pour la connaissance du 18ᵉ siècle européen et des temps qui l'ont préparé et suivi. L'auteur de la *Scienza nuova* était imprégné de la culture fondée par la Renaissance. Il en connaissait les grands textes. Cela lui permettait à la fois de comprendre et de critiquer son siècle, de proposer aussi des solutions neuves et fécondes aux problèmes qu'il discernait ou pressentait. Ainsi s'explique le fort élargissement de son influence qui s'est produit au début de l'époque romantique.

En tout cela la tradition romaine a joué son rôle. Il est donc légitime de l'étudier chez Vico. Nous le ferons de trois façons. D'abord, nous montrerons comment il perçoit cette tradition, la distingue, la préfère. En second lieu, nous verrons comment il l'utilise. Pour y parvenir, il l'accorde à la modernité : nous l'indiquerons en un troisième point. Il est bien clair que ces diverses perspectives s'ouvrent aujourd'hui à quiconque étudie l'histoire et l'influence de la latinité [1].

Vico admire Rome et la Grèce. Il connait les deux cultures et il les utilise ensemble. Il essaie aussi de déterminer leurs rapports. Il se trouve donc confronté avec les hiérarchies qu'ont établies ses prédécesseurs. Quelques-uns, comme Jules César Scaliger, affirmaient hautement qu'ils préféraient Virgile à Homère, parce que le poète latin présente un art plus achevé, plus savant, imprégné d'une culture plus avancée et plus parfaite, donc plus proche de l'idéal. D'autres préféraient Homère, et on sait l'importance que la querelle a prise au début du 18ᵉ siècle. Dans le cas

---

1. Pour la bibliographie, nous renvoyons à notre ouvrage *La Parole et la Beauté* (Paris, 1982 ; réimpr. augmentée d'une préface, Albin Michel, 1994), p. 287. Voir la traduction française du *De constantia iurisprudentiae* par Catherine Henri et Annie Henry, intr. par Jean-Louis Schefer (Paris, 1983).

---

de Vico, il n'est pas sûr qu'on puisse parler de préférence. Mais, dans la perspective historique qui est la sienne, il semble attacher plus d'importance à l'*Iliade* et à l'*Odyssée* qui lui permettent de scruter l'état primitif de la poésie. Cependant, il n'ignore pas que Rome a connu une période primitive qui n'est pas très éloignée de celle où Homère put vivre. Chez elle la genèse de la pensée humaine, religieuse, politique et sociale se manifeste essentiellement par la Loi des douze tables.

La poésie est assurément première et fondamentale : pour cette raison l'œuvre d'Homère a une importance immense. Mais le droit accompagne la poésie de très près. Or il appartient à Rome de l'avoir compris et d'avoir ainsi établi une relation originale entre son passé et son présent. Car, d'après Vico, lorsque les siècles se sont succédé, les Grecs ont découvert la philosophie. Ils l'ont reliée à la rhétorique, qu'ils avaient aussi développée. Mais ils n'ont vraiment relié au droit ni l'une ni l'autre. On peut s'étonner d'un tel jugement, en pensant aux *Lois* de Platon, à la *Politique* d'Aristote. Vico songe sans doute au droit pris dans toute son ampleur, comprenant le droit public et le droit privé, le droit civil et le droit des gens à côté du droit politique. Il est alors certain que nous touchons au génie propre de Rome. Vico peut donc écrire :

Dans la seule personne du jurisconsulte romain se confondaient le philosophe, le pragmatique et le rhéteur des Grecs [...]. Dans la république libre, peu avant les temps de la première guerre punique, Tiberius Coruncanius commença le premier à enseigner aux jeunes patriciens l'art d'interpréter le droit et avec le progrès du temps la jurisprudence s'érigea en doctrine propre aux Romains, ignorée des Grecs : on la professa non par les détours captieux de l'éloquence, mais par une sage gravité, non par les séductions oratoires mais par le poids même des choses mesuré selon le droit de la façon la plus brève et selon les choix d'une équitable élégance : dans la république libre, elle fut rigide et accordée à la raison de la cité ; sous le principat, elle fut bénigne, selon la raison naturelle [2].

Vico montre à la fois que le droit romain est antérieur au développement de la philosophie et qu'il a donc pu en accueillir avec originalité les enseignements au fil du temps.

Ainsi se trouve dessiné un admirable portrait de Rome, une analyse de sa grandeur qui écarte les fausses querelles. Les quali-

---

2. *De uniuersi iuris uno principio et fine uno, De opera proloquium*, 7 (éd. F. Nicolini, *Scrittori d'Italia*, p. 28). Dans la suite de notre texte nous désignerons quelquefois cet ouvrage par le titre *Diritto uniuersale* ou *Droit universel*.

tés, les découvertes et les mérites de la Grèce ne sont pas niés. Mais l'originalité de l'*Urbs* est mise en lumière. Elle ne doit pas sa réussite au seul usage de la force ou à la pratique d'un pragmatisme opportuniste. Certes, le pragmatisme nécessaire à toute *praxis* n'est pas rejeté [3]. Mais il ne peut exister sans le double accord de la parole et de la sagesse. Le mérite de Rome est de l'avoir compris. Nous discernons ainsi comment Vico se représente la sagesse antique et notamment romaine. Nous pouvons maintenant montrer comment il l'utilise pour l'élaboration de sa méthode, de son savoir, de sa doctrine.

D'emblée, insistons sur un point essentiel. A la philosophie et au droit, à la rhétorique aussi, puisqu'il s'agit de la parole, il faut ajouter une autre discipline dont le rôle est majeur, puisqu'elle permet de les accorder entre elles et d'assurer leur cohésion : c'est la philologie sans laquelle il serait impossible d'étudier aussi bien Homère que Virgile et même la Loi des douze tables (car il faut comprendre le latin pour les aborder !). Aussi, dans le second livre du *De uniuersi iuris uno principio* qui a pour titre *De constantia iurisprudentiae*, Vico distingue deux parties : *De constantia philosophiae* et *De constantia philologiae*. La convergence de ces trois titres est remarquable. Elle nous renvoie à la grande tradition humaniste qui passe par Cicéron, Varron, Érasme et Guillaume Budé. Qu'il nous suffise de mettre maintenant l'accent sur quelques aspects d'un tel enseignement.

D'abord, il se veut historique et nous interroge sur l'origine des mots. Vico, qui doit beaucoup au *Cratyle* de Platon et au *De lingua latina* de Varron, connait l'importance de l'étymologie et la place qu'elle tient dans la réflexion de l'Académie stoïco-platonicienne sur la définition. Nous devons insister ici sur l'originalité de Vico. La recherche de l'*etumon*, telle qu'il la pratique, ne tient pas un compte exclusif des ressemblances purement phonétiques. Il reproche même à Platon et à ses successeurs de les avoir utilisées, car il comprend très bien qu'elles peuvent être fortuites [4]. Les philologues du 20ᵉ siècle mettront au point

---

3. Vico emploie le terme *pragmaticus* au sens de praticien du droit, sans allusion à la notion philosophique de pragmatisme, qui est plus moderne que lui.

4. Voir *De constantia philologiae*, XX. Vico critique d'abord les auteurs d'étymologies. Il indique sa préférence pour Descartes et pour Malebranche, qui rejettent, dit-il, la philologie (XXIV). Il se réfère ensuite à Platon (XXV) mais lui reproche de soumettre la philologie à la philosophie, alors qu'il faudrait aller en sens contraire. Il adresse un reproche analogue à Jules César Scaliger, dont il évoque les *arguta tentamina magis quam uera*.

un système de vérifications positives qu'il ne peut encore connaitre mais dont il a le mérite de sentir la nécessité. Il indique
néanmoins quelques voies fondamentales : l'histoire d'un peuple
ne peut se comprendre hors de celle de son langage ; celui-ci
dépend toujours d'une rhétorique, c'est-à-dire d'une sagesse,
d'une esthétique, d'une sociologie, d'un système de valeurs transi-
toires et éternelles. C'est alors, précisément, que le droit devient
utile. Il est archaïque, et le langage qu'il utilise a le même
caractère. Il montre comment la philosophie trouve ses origines
et d'abord ses vocables, avant elle-même, dans le temps. L'étymologie, telle que Vico la pratique, est donc plus sémantique que
phonétique. Elle ne se sépare pas de la recherche historique ou
métaphysique du vrai. Nous y reviendrons. Retenons maintenant
que le droit est sans doute la plus vraie des poétiques. En lui
le langage se révèle dans son archaïsme créateur. Vico rappelle
à juste titre que la science des juristes se trouve associée à la
philosophie mais aussi à la rhétorique (et donc à la poétique)
dans les *Topiques* de Cicéron [5]. Tout son effort, tel qu'il se
manifeste dans le *Droit universel*, consiste à tirer de telles observations une théorie d'ensemble. Au même ouvrage de l'Arpinate
sont empruntées les observations relatives à l'invention qui doit
toujours s'ajouter au jugement critique [6].

La coopération des disciplines, ainsi instituée, développe la
réflexion antique d'Aristote ou, surtout, de Cicéron sur la culture
générale. Les suggestions offertes par Vico conduisent tout droit
à une théorie de l'éducation. Ici encore, la tradition latine joue
un grand rôle.

Rappelons d'abord que, dès 1708, avant le *Droit universel*,
Vico a publié un programme d'éducation pour l'Université de
Naples. Il y professe déjà plusieurs de ses idées majeures, en
mettant au premier rang la poésie et le droit, c'est-à-dire les
principaux éléments d'une culture littéraire. Il se situe alors dans
la droite tradition de Cicéron et d'Horace, reprise par les humanistes. La poésie est le meilleur moyen à ses yeux de chercher et

5. Par exemple *De uno... principio*, I, LI, 6 (voir Cicéron, *Topiques*, 9), à
propos de l'*aequum bonum*. Dans l'ensemble du *De constantia philologiae*, Vico
s'attache à montrer comment le langage du droit, avec tous les termes archaïques
dont il préservait la précision, s'est développé en même temps que la langue
commune et celle de la poésie.

6. Cicéron insiste, au début de ses *Topiques*, sur la distinction entre *iudicium*
et *inuentio*. Vico écrit dans le *De constantia philologiae* (XII, II, 6) : *Ingenii
uirtus est inuenire ut est rationis perficere*. Il insiste, on le voit, sur *inuentio*,
non sur *iudicium*.

de dire l'idéal. Telle était la doctrine du *De oratore*, qui traitait plus spécialement de l'éloquence, mais il s'agissait toujours des lettres. Les humanistes, de Pontano à Fracastor, à Vida, à Patrizzi et au Tasse, ont repris le même enseignement en lui donnant sa pleine portée poétique et en l'associant aux préceptes de convenance et de grâce que donnait *L'Art poétique* d'Horace. Mais Vico ajoute une autre observation : la poésie est aisément comprise des enfants. L'éducation peut donc commencer par elle. Vico s'oppose ainsi dans une certaine mesure à Descartes, et aussi aux éducateurs positivistes qui voudront plus tard faire, dans la hiérarchie et dans le progrès des savoirs, passer les mathématiques avant la poésie. Vico répond à Descartes : la poésie est capable de préparer les esprits aux mathématiques puisqu'elle aussi cherche l'idéal par la pensée, qui crée des types de beauté [7]. Elle est donc, elle aussi, une méthode pour marcher vers le vrai — et elle est plus ouverte à l'enfance.

Or il est utile de revenir à l'enfance. C'est elle d'abord qui reçoit la révélation directe du vrai, telle qu'elle est donnée par Homère ou surtout par la Bible. Ainsi se dessine, à travers les contes, les légendes, les mythes, la croyance dans les dieux et dans les fées, une culture « héroïque » qui convient, comme le montrent l'*Iliade* et l'*Odyssée*, à l'état primitif et bienheureux des sociétés. Puis viendront monarchies et démocraties, qui feront passer dans la possession de tous les hommes la liberté qui n'appartenait d'abord qu'aux héros. On voit que Vico rejoint ici la théorie des constitutions telle que Platon, Aristote et Cicéron l'avaient établie. Mais il change leur ordre et, comme les philosophes antiques, il les lie étroitement aux méthodes d'éducation. A république idéale, éducation idéale. Or, dans un autre essai, l'*Oratio de mente heroica*, Vico a expliqué ce qu'il entend par éducation ou culture héroïque :

Ayant affermi cette démarche comparative, vous vous assurerez la faculté de comparer entre elles les sciences mêmes, qui, comme des membres célestes, composent pour ainsi dire le corps divin de la sagesse intégrale... De cette façon, vous porterez à sa perfection l'universalité de la Raison humaine, à l'image de la plus pure et de la plus brillante

---

7. *De studiorum ratione*, VIII (sur la poétique). Vico ne cite pas expressément Descartes. Mais il s'appuie sur Aristote et souligne en même temps que la poésie est une manière d'aller au vrai, et qu'en dégageant les types, les idées, les essences, elle procède en quelque façon *more geometrico*. Tout se passe en somme comme si Platon se réconciliait avec les poètes et accordait du même coup Descartes et le Stagirite.

lumière, qui, de quelque côté que vous tourniez les yeux de votre esprit, dirige vers lui ses rayons : de telle sorte que toutes les connaissances qu'on dit susceptibles d'être objets de science, toutes les parties de ce savoir s'accordent, se répondent, s'unissent ensemble à vos yeux avec la plus agréable beauté, comme en un point, dans chacune de vos pensées ; ce qui constitue l'exemple le plus absolu du sage dans son intégrité (*Oratio de mente heroica* (1732), dans *Opere* (éd. Nicolini), p. 5-20).

L'encyclopédie s'accorde dans la lumière à la concentration du savoir. On voit comment la tradition d'Aristote, de Cicéron et de la Renaissance aide Vico à résister à ce qui sera une des tentations du 18e siècle et notamment de Rousseau. Le retour aux sources et à la nature ne le conduit pas à rejeter la culture [8]. Il veut au contraire l'épanouir dans la liberté et dans la splendeur de la parole humaine et de la beauté divine.

Tout nous conduit vers l'absolu ou au moins vers la vérité. Ici encore, Vico combine dans une pensée philosophique les sagesses des Grecs et des Romains. La démarche synthétique et conciliatrice qu'il accomplit ainsi est conforme à ce qu'il décrit comme *mens heroica*. Cicéron, qui a voulu lui aussi regrouper et accorder ses sources, est alors son principal modèle.

Dans le *De constantia philosophiae*, Vico marque très claire-ment les données que lui propose sa conception de la culture. Dans la « métaphysique » qui lui parait nécessaire pour fonder sa doctrine littéraire et juridique [9], il fait entrer d'une part la nature et de l'autre la parole. La première contient le vrai, la seconde l'autorité. *Verum* et *auctoritas* sont des termes essentiels dans la pensée latine. L'autorité peut se fonder sur les différentes formes de la persuasion. Mais est-il possible d'atteindre le vrai ? Vico se réfère ici à Cicéron, à Carnéade et reconnait qu'en dehors des révélations de la Foi (auxquelles il donne son adhésion), il n'existe aucune science absolue chez l'homme. L'homme ne peut atteindre le vrai. Mais notre auteur ajoute aussitôt qu'il peut atteindre la certitude *(certum)* :

Le vrai est engendré par la conformité de l'esprit avec l'ordre des choses et le certain par une conscience sûre quant au doute. Or cette conformité avec l'ordre même des choses est et est appelée raison. Pour

---

8. Cette manière de concevoir la culture dans son achèvement et son développe-ment suprêmes n'exclut pas le rôle initial de l'enfance.

9. Voir *De constantia philosophiae*, I-VII (III : *De ueritate metaphysicae chris-tianae* ; V : *Quae Platonis dogmata metaphysica recipienda* : voir surtout *De opera proloquium* dans son ensemble).

cette raison, si l'ordre des choses est éternel, la raison est éternelle, elle à partir de qui le vrai est éternel. Mais si l'ordre des choses ne demeure ni partout, ni toujours, ni pour tous, alors dans les objets de connaissance la raison sera probable, dans les objets de l'action la raison sera vraisemblable. Si le vrai demeure par raison, la certitude s'appuie sur l'autorité, soit celle de nos sens, que l'on appelle autopsie, soit sur les paroles d'autrui qui sont appelées spécialement autorité : de là naissent l'une et l'autre persuasion. Mais l'autorité même est une part de la raison (*De opera proloquium*, 31).

Cet ensemble de définitions vient de la tradition antique. Il fait place à la rhétorique, qui porte sur le vraisemblable et le probable, qui utilise les ambigüités de la persuasion et de l'*auctoritas* verbale. Mais, comme Cicéron, Vico souligne que la persuasion est une forme de la raison : elle peut donc et doit en respecter les exigences. Elle cherchera l'éternel. On revient donc à la *constantia* stoïcienne, on passe de Cicéron à Sénèque sous l'invocation de Platon et d'Augustin.

On voit que Vico utilise une sorte de retour à l'éclectisme latin pour définir la pensée qui lui est propre. Il veut absolument se défendre contre le scepticisme et se réfère donc au dogmatisme des stoïciens. Le vrai existe et réside objectivement dans la *constantia* de la raison. Mais il n'est connu que dans la certitude, qui est une adhésion de la conscience. La parole, la sensibilité physique, l'*auctoritas*, retrouvent ici leur rôle. Vico se souvient qu'il n'est pas professeur de droit, quelque envie qu'il en ait, mais professeur d'éloquence. La distinction qu'il établit entre vérité et certitude est essentiellement platonicienne. Elle suppose que la vérité existe en elle-même. Mais elle rappelle, sans employer exactement la même terminologie, que le sage, pour l'approcher ou pour la vivre, doit traverser le domaine de l'opinion vraie [10].

Cela permet à Vico d'affirmer ses certitudes tout en maintenant entre les sectes et les doctrines le dialogue et la conciliation que les anciens avaient établis et que Cicéron a souvent décrits [11]. Nous avons dit comment il rapproche et distingue platonisme et stoïcisme, en donnant ses préférences au premier. En effet, il ne

---

10. Vico ne reprend pas cette terminologie. Il revient à la distinction entre *uerisimilis* et *probabilis* qui était celle de la « Nouvelle Académie » platonicienne et des disciples latins de Carnéade de Cyrène.

11. Pour tout ceci et pour le paragraphe qui suit, voir *De constantia philosophiae*, V-XX (où l'humanisme chrétien vient sans cesse justifier le platonisme, qui joue un rôle dominant dans le dialogue entre les sectes).

peut croire au déisme stoïcien qui, selon lui, conduit au panthéisme. Dieu, selon l'idéal platonicien qu'Augustin a retrouvé dans le christianisme, doit être transcendant au monde. Aristote se trompe également parce que, comme le montraient les doxographies utilisées par Cicéron (dans *De finibus*, 5), il conçoit le souverain bien d'une manière mixte : biens de l'âme mais aussi biens du corps et biens extérieurs. En réalité, le bien est un et ne peut être saisi que par l'âme. Quant aux Épicuriens, leur doctrine est évidemment fausse, puisqu'elle ramène toutes les valeurs au plaisir, à l'utile, au corps. Mais Vico pense que leur méthode de vie est correcte par rapport au principe que pose leur conception du souverain bien : ils le placent dans la *voluptas* [12].

Les deux exigences de la *mens heroica* se trouvent ainsi respectées. D'une part, toutes les formes de la sagesse sont mises en jeu dans le dialogue et dans l'ampleur de la culture ; d'autre part, on aboutit à une telle concentration de la lumière que le doute peut être surmonté dans la transcendance et dans l'élévation, sans que la compréhension humaniste soit récusée [13].

Telles sont les démarches originales et traditionnelles à la fois qui, à travers divers ouvrages (auxquels il faudrait ajouter le *De antiqua Italorum sapientia*) conduisent vers la *Scienza nuova*. Nous constatons que la modernité de la doctrine ne cesse de s'affirmer. Nous devons y insister maintenant : nous verrons que le recours à l'antiquité romaine et l'interprétation qu'il en présente permettent à Vico de dialoguer aussi avec son siècle, de le dépasser par la pensée et de créer pour l'avenir.

Il est un homme de son temps. Il le rencontre notamment dans les deux domaines que nous avons signalés : l'esthétique, la philosophie. En esthétique, il dépend du milieu napolitain dans

---

12. Dans le *De constantia philosophiae*, VII, Vico critique ce qu'il considère comme le matérialisme d'Épicure. Celui-ci a déclaré injustement la guerre à la métaphysique. En XIV, Vico indique que la méthode d'Épicure est rigoureuse mais part d'un principe faux : prendre le plaisir pour souverain bien (ce qui est inévitable si on nie les valeurs spirituelles). En XVIII, il indique qu'à ses yeux Épicure est le maitre à penser de Machiavel, Hobbes, Spinoza et Bayle. On voit que sa critique est plus radicale encore que celle de Cicéron. Il ne concède même pas que l'ataraxie d'Épicure présente en pratique certains mérites.

13. V. en particulier *De constantia philosophiae* II. Cf. aussi *De uno... principio* I, XII : *Homo est omnium animantium praestantissimus*. Certes, dans l'ensemble de son œuvre, Vico se rappelle que Dieu reste le bien suprême et infini ; l'homme, qui est fini mais qui aspire à l'infini, l'imite selon ses moyens et sa vocation. Le péché l'a corrompu. Mais il a été restauré dans l'« héroïsme chrétien » par Jésus, qui fut Dieu et homme en même temps.

lequel il vit. Le baroque italien s'y marie avec le classicisme, dans un esprit qui dépend encore étroitement de la Renaissance et surtout du maniérisme triomphant au 16ᵉ siècle. Vico est à peu près contemporain de Pergolèse. Quant il cite ses maitres, il évoque volontiers Patrizzi et le Tasse. Il va jusqu'à Florence et au Politien. Mais il peut penser aussi à Pontano et à Sannazar. Les Français ne lui sont pas inconnus. Il lui arrive de se référer à Bouhours [14]. Ainsi se fait jour une esthétique qui cherche à accorder la sensibilité à l'imagination, les figures au sublime.

C'est surtout en philosophie qu'on peut mesurer chez Vico l'ampleur de la documentation et l'aptitude à dessiner les grandes tendances qui vont dominer le 18ᵉ siècle. Il les fait dialoguer selon la méthode que nous avons décrite et prépare ainsi certaines évolutions qui expliquent le succès de son œuvre au début de la période romantique. Nous avons dit que sa théorie du doute et de la certitude lui permet à la fois de dépasser le sensible et de lui faire sa part, de récuser le doute et de lui garder une place : le doute est à l'erreur ce que la certitude est à la vérité [15]. Il suffit de se placer au point de vue des contemporains pour comprendre que ce platonisme augustinien répond exactement aux tendances et aux exigences du cartésianisme. En rejetant le déisme, Vico s'écarte de Locke, dont il récuse aussi le sensualisme. Il s'oppose ainsi, par avance, à beaucoup d'aspects du voltairianisme. Mais surtout, en insistant sur le fait que le véritable aboutissement du déisme est le panthéisme, il réfute Spinoza en même temps que les stoïciens (*De constantia philosophiae*, VI). Son éloge mitigé du droit naturel, tel que le présentent le Lycée et le Portique, lui permet d'accueillir et de critiquer Grotius [16]. Il sait et il dit, bien entendu, que son platonisme et son christianisme le dressent contre Hobbes [17].

Son effort tend donc à répondre aux questions de son temps et à montrer du même coup la continuité, la cohérence chronologique, la *constantia* de la philosophie. Devant les problèmes qu'il

---

14. Voir Mario Fubini, *Stile e Umanità di Giambattista Vico* (2ᵉ éd., Milan, Ricciardi, 1965), « Vico e Bouhours », p. 135-146.

15. *De opera proloquium*, 30 : ... *quantum distat a dubio falsum, tantum distet a uero certum*. Il ne faut pas les confondre. Nous avons vu comment Vico les distingue, dans un esprit platonicien.

16. *De constantia philosophiae* XV : Vico lui reproche surtout de séparer les trois morales, éthique, métaphysique et politique. Il insiste ainsi de manière profonde sur l'essence même du Platonisme et de l'Augustinisme.

17. Nous avons signalé qu'il le rapproche de l'utilitarisme épicurien, qui, d'après lui, mène nécessairement au règne de la force (XVIII).

dégage ainsi, il peut alors présenter ses propres solutions, qui sont profondément créatrices et qui influenceront l'avenir plus que le présent.

Nous n'insisterons pas ici sur la *Scienza nuova*, dont les thèses majeures sont bien connues et répondent à ce qu'annonçaient les ouvrages précédents. Vico rappelle que la poésie et le droit sont les deux premiers langages de l'humanité dans son enfance. Cela lui permet d'interpréter de manière sociologique l'évolution historique des peuples à travers les divers régimes politiques. Il en modifie l'ordre en donnant le premier rang à l'aristocratie héroïque dont procèdent les deux constitutions suivantes : la monarchie affermit le pouvoir, la démocratie l'accorde à la liberté. Il étudie de manière privilégiée les transformations sociales par lesquelles l'histoire romaine décrit les rapports des patriciens et des plébéiens. Mais pour lui Romulus vient après l'époque héroïque incarnée par Énée (*De constantia philologiae*, II-IV).

Nous voudrions d'abord revenir sur le *De antiqua Italorum sapientia* et sur le *Droit universel* pour indiquer comment Vico annonce des théories sur le langage et sur la poétique qui prendront beaucoup d'importance au 18ᵉ siècle. Il réfléchit sur les tropes et les figures qui jouent évidemment un grand rôle dans les poétiques maniéristes. Il en montre l'utilité et parfois la nécessité. Certaines notions sont difficiles à exprimer directement dans leur sens propre. Mais le recours aux images, aux métonymies, aux métaphores permet, comme Aristote l'avait déjà compris après les Sophistes, de répondre à cette difficulté. On s'en souvenait déjà au Moyen Age et au temps de la Renaissance. Vico reprend la tradition, qui était restée vivante dans l'Italie baroque. Mais il l'interprète d'une manière originale qui apparait dès le *Droit universel*. Ici encore, il s'inspire de Cicéron et il annonce le proche avenir. Il explique en effet que l'usage des tropes, et notamment de la métaphore, n'est pas réservé aux doctes, aux savants, aux virtuoses du langage. Il apparait dans le peuple qui, précisément, manque souvent de mots propres pour exprimer sa pensée. Cicéron montrait par exemple que les paysans emploient le mot « gemmes » pour désigner le point où se divisent et naissent les sarments de la vigne [18]. Du Marsais reviendra vers la même source pour faire l'éloge du langage des crocheteurs du Port-au-foin. Nous assistons ainsi à une renaissance de la rhétorique qui

---

18. Voir Cicéron, *De oratore*, III, 255 ; pour Vico : *Scienza nuova* (1744), II, 7, 1 et *De constantia philologiae*, XII s.

ne doit pas nous étonner chez Vico. Mais il faut bien en distinguer les raisons, qui sont originales et qui n'apparaissent pas de la même façon chez Du Marsais ou chez les amis des encyclopédistes. Ils s'attachaient surtout à chercher dans la sensibilité les sources de la parole. Vico n'éprouve nullement un tel souci. Mais il veut réfléchir sur les origines du langage. Il les trouve dans le peuple, dans la poésie et chez les enfants, qui utilisent spontanément de tels moyens parce qu'ils ne connaissent pas encore beaucoup de mots et qu'ils vont donc spontanément vers les tropes (*De constantia philologiae*, XII-XV). Ainsi se constitue d'emblée une réflexion sur ce qu'on appellerait aujourd'hui la pensée primitive et sauvage.

Les commentateurs modernes ont eu parfois l'impression que, lorsque Vico développe une telle manière de voir, il s'écarte de la rhétorique et cesse de parler d'elle. Mais, avec M. Crifo, nous préférons adopter une position différente. Nous croyons que notre auteur n'a pas cessé de réfléchir sur la poétique dont il affirmait avec constance le primat. Il connaissait le fonctionnement des tropes et des figures et il l'avait d'abord montré dans le peuple, les enfants, chez les poètes. Mais il ne suffisait pas, il ne suffit jamais de décrire le fonctionnement du langage. Il faut en dégager le sens et la portée. Vico insiste alors sur deux valeurs qui lui paraissent régir éternellement la morale ainsi que l'esthétique : ce sont la pudeur et la liberté, qui se répondent et s'équilibrent dans la beauté comme dans la cité (*ibid.*, II-IV). Il propose dès lors un équilibre fécond entre classicisme et romantisme [19]. A la fin du siècle et au début du 19e siècle, les écrivains en auront conscience. L'originalité de Vico pourra dès lors s'affirmer. Il prépare ce qu'il y a de plus fécond dans la sociologie moderne : l'union de l'histoire et du langage dans une philosophie qui médite sur les mythes, la rhétorique et la poétique, qui découvre en *libertas* et *pudor*, dans la spontanéité vive et dans la pureté, les pouvoirs créateurs de l'enfance et du peuple.

De toutes les manières, cela va plus loin que le siècle. C'est pourquoi Vico s'écarte du sensualisme. Il préfère Descartes à Locke. Mais il ne s'arrête pas au philosophe français. Il remonte à Platon, qu'il interprète à travers Cicéron, parce qu'il croit à la culture « héroïque » des juristes et des orateurs, et à travers

---

19. Le terme n'existe pas à l'époque où il écrit. Mais quand cette école de pensée va naitre, la tradition vichienne jouera un rôle important (voir les travaux d'I. Berlin).

Augustin, parce qu'il place au-dessus de tout la doctrine chrétienne et la foi. Ici encore, son originalité s'exerce et il tient dans son siècle une place unique de conciliateur. Il a toujours su que l'exigence religieuse dominait encore son temps.

Michelet, en l'interprétant, allait transposer son enseignement dans une théorie du progrès. En cela, il se montrait moins fidèle à la tradition antique que Vico ne l'avait été. Les anciens avaient une conception cyclique du temps et ils décrivaient volontiers l'éternel retour des régimes et des constitutions. Le Napolitain, quant à lui, insiste de même sur les *ricorsi* de l'histoire. Il ne croit pas au progrès tel que le décrira Condorcet et n'évoque guère la doctrine de la perfectibilité, que les anciens connaissaient pourtant. Il croit plutôt que les exigences de l'équilibre entre *pudor* et *libertas* passent continuellement d'un régime à l'autre. Lorsque la liberté et le sens de la vertu deviennent impossibles dans la monarchie, qui les avait d'abord favorisés, ils se traduisent de manière différente dans la démocratie, qui les conçoit autrement. Dans les premières décennies du 19e siècle, Pierre-Simon Ballanche [20] a mieux compris Vico que ne le faisait Michelet. Il a compris que toute époque en expie ou en renouvelle une autre. Le temps reconstruit ce qu'il semble détruire. Tout renaît dans le moment où tout meurt. Vico, avant Ballanche, n'est pas seulement philosophe : il est chrétien. Il ne croit pas au progrès mais il n'abolit pas l'espérance : il croit à chaque instant au salut.

ALAIN MICHEL
Université de Paris-IV

---

20. Voir P. S. Ballanche, *La Palingénésie sociale* ; sur son approche de l'histoire, voir son *Essai sur les institutions sociales*, où Vico n'apparait pas. Voir aussi Ballanche, *Le Vieillard et le Jeune Homme* (éd. par Arlette Michel) (Paris, 1981).

LES GRANDS HOMMES DE L'ANTIQUITÉ
ET LA RÉFLEXION SUR LE GÉNIE
EN ALLEMAGNE DE 1760 à 1790

Dès les années 1720, certains savants se sont détournés de l'histoire comprise comme l'action des grands hommes, dans la double tradition de l'humanisme et du baroque, pour étudier les cadres institutionnels du Saint-Empire. Les perspectives ainsi ouvertes enrichirent les histoires universelles des années 1760-1780, de sorte que des passages sur les institutions, les coutumes, la philosophie, les lettres et les sciences y alternent avec d'autres beaucoup plus narratifs. Toutefois les formes traditionnelles de l'écriture de l'histoire sont demeurées plus vivaces dans les réflexions sur l'Antiquité, qui apparait largement comme une histoire de rivalités et d'ambitions. L'Antiquité, dans laquelle l'historiographie allemande cherche des modèles de pensée politique pour ses « miroirs des princes », est ainsi la période pour laquelle le modèle de l'exemplarité, positive ou négative, conserve le plus d'attraits. Une perspective nouvelle apparait au début des années 1760, représentée d'abord essentiellement par les *Conjectures sur l'histoire de l'humanité* (1764) d'Isaak Iselin et qui conduit à Herder, Adelung et Kant. Dans cette histoire anthropologique, qui analyse le devenir de l'humanité en relation avec les pulsions fondatrices de la nature humaine telles que le désir du bien, l'agressivité ou la sociabilité, les hommes pris individuellement ne jouent à peu près aucun rôle. Dans *Une autre philosophie de l'histoire* (1774), leur rôle comme agents de l'histoire est systématiquement minoré, car pour Herder les grands bouleversements ne résultent pas de l'action consciente et volontaire des hommes. Ce sont des personnages comme Luther, qui n'eut jamais l'intention de provoquer un schisme, qui engagent l'histoire sur des voies nouvelles. Cette analyse constitue la réponse herdérienne à une interrogation qui a pris une dimension nouvelle : la problématique du génie. Après avoir été appliquée essentiellement aux poètes et aux artistes et considérée comme une disposition particulière des facultés de l'esprit, la notion de génie subit dans les années 1760 une double mutation.

D'une part s'effectue une osmose entre le grand homme de la tradition historienne et le génie de la réflexion anthropologique : comme chez Bouhours, le grand homme ne sera plus seulement le guerrier ou l'homme d'État, mais aussi le poète, l'artiste ou le savant, tandis qu'on comptera au nombre des génies les hommes de science et les grands politiques. D'autre part, l'idée de génie est nettement mise en relation avec l'utilité sociale. Seront des génies tous ceux qui, soucieux du bien public, apportent par leurs inventions gloire et bien-être à leur peuple en contribuant au progrès de leur nation ou, mieux, de l'humanité tout entière. Émerge ainsi une nouvelle conception de l'histoire universelle définie comme l'ensemble des faits ayant contribué à faire avancer l'humanité ; pour Johann Georg Zimmermann : « Des hommes qui ont éduqué leur patrie par leurs talents, l'ont fortifiée par leur philosophie et illustrée par leur génie portent pour ainsi dire sur leurs épaules le nom de leur nation vers les peuples les plus éloignés et dans le monde futur. Arrachée à l'éphémère par leurs écrits, la plus noble partie d'eux-mêmes continue de vivre et d'agir après leur mort pour devenir l'héritage de tous les peuples » (*Vom Nationalstolze,* Zürich, 1758, p. 244).

Dans *Du mérite* (1765), Thomas Abbt établit une classification précise des génies parfaitement compatible avec les positions de Voltaire qui place les philosophes et les physiciens plus haut que les grands conquérants, Newton plus haut que César et Alexandre (voir *Lettres philosophiques,* 12, *Essai sur les mœurs,* ch. 11, et *Correspondance,* Best. D 1174). Chez Abbt, le plus haut degré, celui des « hauts mérites », regroupe ceux dont les inventions assurent un perfectionnement de l'esprit humain (IIIe - partie, p. 225), suivis de ceux qui luttent pour la liberté civique (p. 366). Viennent ensuite les « grands mérites » : actions patriotiques en faveur de la paix et de l'accroissement de la gloire d'un peuple. En cinquième position de cette catégorie, les activités intellectuelles qui débouchent sur des savoirs utiles, par exemple pour l'agriculture ou les manufactures. Pour finir, les « beaux mérites » : les écrivains, en premier lieu ceux dont les textes servent à l'instruction des rois et des peuples. Les deux types de génies, les hommes d'action et les hommes de pensée, se rencontrent dans le législateur, dont les pensées deviennent des actions. Toutefois s'exprime ainsi une notion fort large du législateur, qui recouvre tous les « guides » des nations (*Du mérite,* II, p. 28), lesquels doivent disposer des pleins pouvoirs et en user pour le bien général de la société, dussent-ils s'écarter de la morale commune. Cette conception du génie, qui doit peu à la réflexion esthétique mais reflète des enjeux d'histoire, nationale et universelle, constitue, sans que jamais le terme de génie soit employé, l'arrière-plan des histoires universelles de la seconde moitié du siècle, dont nous retiendrons le *Manuel d'histoire universelle* de Christoph Gatterer et la *Méthode pour la connaissance de l'histoire générale* de Christian Daniel Beck, qui constituent des sommes du savoir de leur temps [1].

L'attachement de Gatterer à la conception traditionnelle du grand homme, homme d'État et non artiste, transparait dans la sécheresse de ses jugements sur les hommes de lettres et coïncide avec le classement effectué par Abbt, s'il ne l'a pas directement inspiré. Il mentionne très brièvement Homère, Théocrite et Pindare, et traite les dramaturges grecs avec un laconisme qui parait exprimer la méfiance d'un luthérien à l'égard d'un théâtre qui n'est pas considéré comme un instrument d'éducation. Il est un peu plus précis à propos des philosophes, dont il mentionne également quelques « mineurs » ; à Platon, il préfère Aristote, dont il faut retenir « avant tout l'*Histoire des animaux* en dix volumes » (p. 84), un texte qui fit progresser le savoir objectif (p. 901). Les médecins, et plus encore les mathématiciens, sont l'objet d'éloges qui contrastent avec la brièveté de ces jugements, du fait de l'utilité de leurs travaux et de leur participation à l'histoire du savoir (p. 587-589). Parmi les philosophes et les poètes romains, il retient avant tout Cicéron, Lucilius, Sénèque et Julien l'Apostat, témoignant de son intérêt pour le stoïcisme et pour les penseurs proches des hommes de pouvoir.

Gatterer fait le plus grand éloge des juristes romains (p. 908), et plus encore de Solon, dont le grand mérite est d'avoir aboli la plupart des lois de Dracon, créant ainsi « une démocratie aux fondements sûrs » (p. 492-493), un vrai système républicain, puisque les élites sont elles-mêmes soumises aux lois et que son « intention était de donner au peuple le pouvoir suprême et à la noblesse l'administration du pouvoir » (p. 584). En instituant la séparation des pouvoirs ainsi que des contre-pouvoirs, il améliora la réforme de Lycurgue qui avait cherché à « équilibrer les pouvoirs entre les rois et le peuple, afin que ce dernier soit détourné

---

1. Gatterer (1727-1799, Univ. de Göttingen), *Handbuch der Universalhistorie nach ihrem gesamten Umfange von Erschaffung der Welt bis zum Ursprunge der meisten heutigen Reiche und Staaten*, t. 1 (Göttingen, 1761) — cité d'après la 2ᵉ éd. (peu) augmentée de 1764-1765, 1030 p. + index. Christian Daniel Beck (1757-1832, Univ. de Leipzig), *Anleitung zur Kenntniß der allgemeinen Welt- und Völker-Geschichte für Studirende*, t. 2 (Leipzig, 1788).

de révoltes nuisibles et les premiers de menées tyranniques »
(p. 512). Esprit républicain et homme avisé, Solon refusa les
pleins pouvoirs (p. 492-493). N'abusant pas de ses droits, il agit
donc comme un souverain absolu éclairé dont les lois conduisent
à un dépassement de l'absolutisme. Épousant une des thèses de
la pensée antidespotique des années 1760 qui vante les vertus
de l'absolutisme (vraiment) éclairé, Gatterer suggère implicitement que l'absolutisme est bon entre les mains de qui s'en sert
pour mettre en place un système républicain. Souvent abordée
au 18e siècle, la question de la faible viabilité des lois de Solon
est évacuée par Gatterer, dont on repère bien ici les limites de
la réflexion sur les institutions puisqu'il impute cet échec à la
lutte qui opposa Solon à Pisistrate. L'histoire de l'Antiquité se
déroule comme l'affrontement de défenseurs des libertés républicaines et de tyrans, le plus souvent débauchés. Le gout des lettres
semble parfois contrebalancer certains vices privés et cruautés
(p. 844-845 et 852) et est mentionné le plus souvent possible :
Beck précise également qu'Hannibal était un grand amateur de
littérature grecque (Beck, p. 440).

Alors que le législateur et le bâtisseur de villes est généralement
loué, les conquérants, presque tous « avides de gloire », sont
souvent disqualifiés, car ils se laissent vite griser par leurs victoires et versent dans une sorte d'*hybris*. La grandeur du guerrier,
esprit anarchique, va de pair avec celle de ses vices. Philippe
de Macédoine aurait pu être le plus grand souverain de l'Antiquité
(p. 633), et plus encore Alexandre, mais celui-ci, mu par une
ambition effrénée et une infâme cruauté (p. 641-644), devint le
premier despote oriental de l'histoire : il sut « dominer de nombreux pays, mais n'apprit jamais à se dominer lui-même »
(p. 653). Le cas d'Alexandre illustre parfaitement une dimension
de « miroir des princes » très présente dans le *Manuel*. La typologie des souverains héritée de l'époque baroque et largement reproduite à l'époque de l'*Aufklärung*, qui oppose l'ambition à une
politique soucieuse du bien de l'État, se trouve enrichie d'une
composante plus propre au rationalisme des Lumières : la maitrise
de soi et le contrôle des passions sont promus vertus cardinales
des princes, car seules susceptibles d'engendrer « l'intelligence
politique » dont firent preuve des personnages comme Thémistocle ou Miltiade. C'est cette absence de maitrise de soi qui
condamne Alexandre : « Si Alexandre avait eu autant d'intelligence politique que d'ambition », il aurait accepté la proposition
de Darius, qui voulait lui céder la moitié de son empire (p. 642).
Le non-contrôle des passions entraine l'imprudence ; quand on

voit ce qu'il a conquis, il parait mériter le surnom de « grand » :
« Mais quand on considère qu'il a principalement attaqué des
peuples qui ne l'avaient pas offensé, et qu'il a commencé des
guerres qu'il n'a pas su finir, si l'on considère par ailleurs son
insatiable ambition, sa cruauté furieuse, sa folle audace aveugle
et ses autres grands vices, alors on est enclin à considérer plutôt
ce prétendu héros comme un bandit de grand chemin » (p. 654).
Le pendant positif d'Alexandre est Hannibal : « Hannibal était
par sa nature doté de tous les talents nécessaires à faire un grand
homme. Il était extrêmement travailleur, mesuré en toutes choses,
impavide dans les plus grands dangers, prompt à prendre des
décisions, et habile » (p. 758).

Les rois macédoniens toutefois eurent une action positive en
politique intérieure : ils préfigurent à la fois les mécènes et les
souverains éclairés. Ce jugement de Gatterer révèle quelques
critères essentiels d'appréciation de l'action d'un souverain :
« Les Macédoniens furent toujours soumis à des rois, mais ceux-
ci régnèrent avec tant de modération que le peuple conservait,
dans cette monarchie, plus de liberté qu'il n'est habituel dans
bien des États républicains [...]. On doit dire à la gloire des rois
macédoniens qu'ils se sont occupés eux-mêmes avec zèle des
affaires du gouvernement ; ils favorisèrent l'érudition, et étaient
eux-mêmes de bons connaisseurs des lettres » (p. 725). Ces critères sont ceux des *Aufklärer* adversaires du despotisme : la garantie
de la liberté républicaine, laquelle peut se rencontrer également
dans une monarchie, ainsi que Kant l'affirmera encore ; un engagement personnel du souverain dans les affaires de l'État. On
n'a pas de lois comme dans une république, mais les ordres
donnés par le roi sont « modérés, raisonnables et justes » (p. 726),
dès lors que prévaut une justice « aveugle » devant laquelle tous
les citoyens sont égaux et qu'il leur est permis de se défendre
(p. 726).

Gatterer est avant tout attentif aux progrès accomplis dans
l'organisation des États, mais il demeure dans l'axe de la typologie
et de l'exemplarité traditionnelles. Vingt-cinq ans plus tard, Beck
reprend en les radicalisant les positions de Gatterer, dont il adopte
largement aussi les perspectives psychologiques. S'il n'omet pas
de louer l'action d'Alexandre en politique intérieure (p. 11), le
guerrier en revanche est l'objet d'un commentaire accablant, qui
figure dès la première page de son ouvrage : ce prince, « le plus
grand dont le monde ait lieu de déplorer qu'il ait vécu », doit
ses succès moins à son intelligence et à son courage qu'aux
défaillances de ses ennemis (p. 1). Beck, avec plus de netteté

que Gatterer, s'emploie à rabaisser Alexandre des hauteurs mythiques où ses prédécesseurs historiens l'avaient élevé. Comme Gatterer, il valorise Hannibal contre Alexandre (p. 132). De même que Solon fut vaincu par Pisistrate, Hannibal le fut par les ruses de ses adversaires à Carthage, un État que les luttes intestines ruinèrent, comme ce sera plus tard le cas de Rome (p. 128). Le passage de Beck sur Scipion l'Africain reflète une nouvelle fois la typologie du héros positif, exemple de *virtù* et de *magnanimità* : « [il] se distingue par sa retenue et sa modération (il refusa le titre de roi d'Espagne), mais aussi par son aptitude à lier la ruse et la bravoure dans les buts qu'il poursuivait, et à associer à bon escient la sévérité et la mansuétude [...]. Lui aussi aimait la littérature grecque » (p. 140). Mais Beck recourt aussi à d'autres exemples que Gatterer, ou évalue différemment l'action de certains héros de l'Antiquité, se livrant en particulier à une « démolition » de César, assez bien traité par Gatterer et qui représentait pour Abbt un génie du pouvoir [2]. Passant vite sur les conquêtes, il souligne son implication probable dans la conjuration de Catilina. Le meurtre de César témoigne d'une renaissance de « l'esprit républicain-aristocratique » : « un républicain n'a rien à redire [à cette conspiration], sinon que les instigateurs en étaient des amis et des favoris déloyaux » (p. 239). L'action des meurtriers doit être appréciée « du point de vue d'un républicain spolié de ses droits : César est couvert de la gloire d'avoir tué 1 192 000 hommes. Quel grand prince ! » (p. 252-253).

Les positions républicaines sont chez Beck nettement plus affirmées que dans le *Manuel* de Gatterer. Non seulement il analyse avec une grande précision la dimension politique de la rivalité qui opposa Marius et Sylla (dont Gatterer dit seulement qu'ils se combattent par jalousie, p. 832), mais il s'étend longuement sur les Gracques, que Gatterer ne mentionne même pas. Beck s'intéresse à tous ceux qui cherchent à réformer l'État, préférant les réformateurs prudents, Tiberius Gracchus à son frère. Renonçant à la prudence de Gatterer, il déclare : « Tiberius Gracchus mérite la considération des hommes libres de la postérité, ainsi que la haine de tous les aristocrates et les tyrans » (p. 161). Alors qu'on a abusivement héroïsé César ou Alexandre, les intentions de Tiberius Gracchus furent trop souvent méconnues. Le « crime » de Tiberius, un homme « doux et modéré, simple dans

---

2. *Briefe, die neueste Litteratur betreffend,* 245e lettre (15e partie, Berlin, 1762), p. 70.

sa façon de vivre, estimé de tous », fut d'avoir voulu « adoucir la misère d'un grand nombre de citoyens et freiner l'essor de la cupidité » (p. 159-160), à une époque où l'État ne cherchait plus qu'à bâtir une monarchie universelle sans nul souci du bien public. Beck pense en revanche que les projets de Caïus Gracchus étaient nuisibles, car ils entraînaient un affaiblissement du Sénat, instance nécessaire « pour dompter la plèbe » (p. 163). Le long passage sur Spartacus, à qui Gatterer ne consacre qu'une phrase des plus sèches, laisse entrevoir que Beck ne préconise nullement un pouvoir entre les mains des masses [3], mais il souligne que la révolte des esclaves résulte de l'inhumanité avec laquelle on les traitait (p. 157-158).

L'idéal républicain demeurait chez Gatterer à la discrétion du prince. Plus attentif aux mécanismes politiques, Beck met l'accent sur la période d'ébranlement de la république romaine au 1er siècle avant Jésus-Christ et pose, avec davantage d'ardeur militante, la question de l'esprit républicain. Selon le modèle des « vies parallèles », il oppose Marius aux Gracques, voyant en Marius, souvent considéré avec trop d'indulgence par les historiens (p. 174), un Alexandre inculte à qui les succès donnèrent le sentiment de son importance (p. 173). A la noblesse des intentions républicaines des Gracques s'oppose l'ambition personnelle liberticide de Marius. Mus par la seule ambition personnelle et privés de tout souci du bien public, Marius, Sylla et Mithridate, relayés dans la génération suivante par Pompée, Crassus et César, « les trois plus horribles citoyens » (p. 213), mirent le monde à feu et à sang (p. 185-186) et anéantirent la liberté romaine (p. 220).

Les livres de Gatterer et de Beck permettent de discerner une typologie des hommes d'État et des enjeux idéologiques nets. Le savoir historique y est toujours nettement instrumentalisé. La valeur des principes républicains (« Amour de la patrie, incorruptibilité, honnêteté, noblesse de l'âme, prudence et sagesse », Beck, p. 32) est clairement affirmée, ainsi que la nécessité, pour les hommes de gouvernement, de ne pas considérer l'État comme un instrument destiné à satisfaire leurs ambitions personnelles, lesquelles entraînent la décadence (p. 213) ou sont génératrices de ces luttes intestines qui firent échouer Hannibal et ruinèrent la puissance romaine. Seuls le patriotisme désintéressé et l'intelligence politique sont susceptibles d'assurer la cohésion de l'État.

---

3. Sans doute en partie du fait de leur absence de lucidité politique : après l'assassinat de César, la plèbe souhaitait la mise en place d'un système monarchique, alors que l'aristocratie voulait sauver la liberté (Beck, p. 253-254).

Tempéraments bouillonnants et enclins à satisfaire leurs ambitions sans égard pour la chose publique, les grands généraux, moins capables de gérer les États que de les conquérir, s'écartent du modèle du génie décrit par Abbt « qui, tel un ange gardien, est capable de créer un empire, de le maintenir, de le protéger et de l'agrandir » (245ᵉ *Litteratur-Brief, cit.*) et rappellent une définition formulée dans l'*Encyclopédie* : « les hommes de génie [...] me paraissent plus faits pour renverser ou pour fonder des États que pour les maintenir, et pour rétablir l'ordre que pour le suivre » (art. GÉNIE). Déjà présente chez Gatterer, nettement accentuée chez Beck, cette analyse coïncide avec un des grands motifs littéraires de l'avant-garde des années 1770 : l'échec de l'individu-génie, dont les intentions ne sont pas suivies de résultats positifs. Esprit anarchique, tout génie participe d'une dialectique de la création et de la destruction : selon Lavater, proche de Goethe et de Herder : « Son chemin est toujours le chemin de l'éclair [...] Créateur ! Destructeur ! » (*Physiognomische Fragmente,* 1775-1778, t. 2, p. 83). De même que le nouveau concept de génie des années 1760 devait plus à l'histoire qu'à l'esthétique, la problématisation du personnage du génie à l'époque du jeune Goethe, modèle qui cesse d'être positif et dont l'échec ou parfois la nocivité fonde le tragique, parait procéder largement d'une réflexion sur l'histoire, ce qui se reflète dans de nombreuses œuvres dramatiques dont les sujets sont historiques (*Götz von Berlichingen*) ou décrivent l'action d'un individu héroïque dans l'État *(Les Brigands).*

Chez les historiens, les grands conquérants, cruels et incapables d'inscrire leur action dans la durée, sont en tant que tels disqualifiés, et l'historien, passant brièvement sur leurs campagnes, ne retient que leur action de politique intérieure et leur contribution à l'histoire de l'humanité : l'amélioration du calendrier ou la reconstruction des villes de Carthage et de Corinthe pour César (Gatterer, p. 838) ; la contribution d'Alexandre au progrès des techniques, de l'agriculture, ainsi que les fondations de villes (Beck, p. 11). A côté de la question de la cohésion des États, menacée dès que des factions s'y affrontent, c'est le problème de la guerre, grand sujet de réflexion dans le dernier tiers du 18ᵉ siècle en Allemagne, qui hante les historiens allemands. Si toute nostalgie du héros est absente chez Beck, on note une ambigüité dans certains passages du *Manuel* de Gatterer : bien que peu enclin à valoriser les temps anciens et à opposer, comme Rousseau, le valeureux guerrier de l'Antiquité au soldat mercenaire moderne (voir *Discours sur les sciences..., O.C.,* Pléiade,

t. 3, p. 10), Gatterer laisse paraitre une certaine admiration quand il évoque Alexandre (p. 638), l'excellente organisation guerrière de Carthage (p. 779) et de la Macédoine, nation courageuse dotée d'une armée peu nombreuse mais efficace (p. 727). Ces États, surtout la Macédoine dont les souverains lui apparaissent comme des guerriers éclairés, sont-ils des préfigurations de la Prusse ?

Si la guerre et les conquérants sont condamnés au nom d'un idéal philanthropique, ce dernier est borné par l'idéal patriotique. Gatterer oppose implicitement les guerres de conquêtes aux guerres patriotiques, et considère comme un « beau moment de l'histoire » celui où les Spartiates de Léonidas alliés aux Athéniens écrasèrent l'armée perse aux Thermopyles (p. 519). Le seul héroïsme admissible est celui que dicte le patriotisme. Le modèle de la guerre de conquête, avec les références à César et à Alexandre, parait bien faire revivre l'opposition à la politique de conquête de Louis XIV, fort mal acceptée en Allemagne, et à laquelle Herder se réfère encore en 1774, avant que Kant ne formule dans les années 1780 l'idée de perspective cosmopolitique, modèle fédératif distinct de la monarchie universelle ou de l'État-monde dont il constitue l'équivalent positif dans l'optique de la « paix perpétuelle ». Beck toutefois n'est pas très éloigné de Kant quand il reconnait à la conquête un effet positif. Comme avant lui déjà Montesquieu et Voltaire, il pense que, si dévastatrices qu'aient été les guerres d'Alexandre, « elles eurent l'avantage de favoriser la communication entre les États les plus éloignés du monde et les échanges de produits et de connaissances » (p. 33). Cette analyse coïncide largement avec l'objet de l'histoire universelle tel que le définit Schlözer : elle ne doit pas être un catalogue polyhistorique considérant tous les États, mais retenir les pays qui, par leur rayonnement ou leur participation aux relations internationales, ont contribué au progrès de l'humanité. Ainsi se définit l'appartenance d'une civilisation à la « Weltgeschichte », tout comme le génie le plus éminent travaillait pour l'ensemble de l'humanité, faisant progresser ce qu'on ne va pas tarder à appeler « Weltkultur ». S'il est possible de relever des convergences entre certaines perspectives de Beck et des idées antidespotiques des *Stürmer und Dränger* (Goethe et Klinger dans *Les Jumeaux* (1776) élèvent Brutus au rang de tyrannicide libérateur d'un peuple et de l'humanité), les positions de Beck apparaissent aussi comme la reprise parfois radicalisée des idées formulées par Montesquieu dans ses *Considérations sur les causes de la grandeur des Romains et de leur décadence,* mais tout comme Meiners, dont *L'Histoire de la décadence des mœurs des Romains* se veut un complément des analyses de Montesquieu [4], il souligne davantage les effets néfastes de l'enrichissement, et il adopte également une position plus favorable à l'égard des plébéiens. A plusieurs reprises on relève chez lui la promotion d'un nouveau modèle d'homme d'État, qui n'est plus un héros de la guerre et de la conquête, ni même un grand législateur comme Solon, mais un homme de condition plus modeste, allant d'Eumène, compagnon d'Alexandre et haï des autres généraux pour ses origines (Beck, p. 27), aux Gracques, et dont est souligné l'engagement patriotique.

GÉRARD LAUDIN
Université de Rouen

---

4. Christoph Meiners (U. de Göttingen), *Geschichte des Verfalls der Sitten der Römer und deren Staatsverfassung* (Leipzig, 1782).

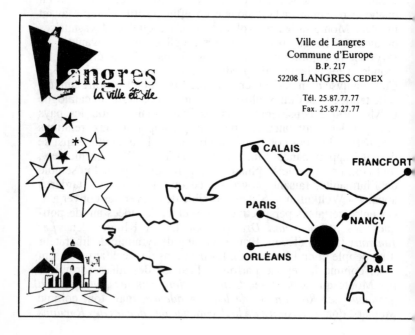

Ville de Langres
Commune d'Europe
B.P. 217
52208 LANGRES CEDEX

Tél. 25.87.77.77
Fax. 25.87.27.77

LES AMBIGUÏTÉS DU PHILHELLÉNISME

L'AMBASSADE DU COMTE DE CHOISEUL-GOUFFIER AUPRÈS DE LA SUBLIME PORTE (1784-1792)

En 1776, à l'âge de 24 ans, Marie Gabriel Florent, comte de Choiseul-Gouffier, partit pour la Grèce. Il était accompagné par un ingénieur des Ponts et Chaussées, Foucherot. Le jeune homme avait de bonne heure été initié à l'Antiquité par l'abbé Barthélemy, grand admirateur de la Grèce, qui travaillait depuis son retour d'Italie au *Voyage du jeune Anacharsis*. Familier donc des auteurs anciens, il avait aspiré à faire ce pèlerinage historique et ce fut avec enthousiasme qu'il foula le sol grec [1].

Sur place, les voyageurs accumulèrent dessins et relevés, lurent et relurent Homère, Strabon, Pausanias. De retour en France, Choiseul-Gouffier fit appel à Barthélemy afin qu'il l'aidât (comme il avait auparavant aidé Julien-David Leroy à rédiger les *Ruines des plus beaux monuments de la Grèce,* 1758) à mettre en forme et corriger ses notes. Il se tailla ainsi à peu de frais une réputation d'érudit et d'amateur éclairé en publiant, en 1782, le premier tome du *Voyage pittoresque de la Grèce*. Immédiate-ment, il envisagea de donner une suite à cet ouvrage qui reçut le meilleur accueil et envoya Foucherot faire de nouveaux relevés, accompagné, cette fois, d'un peintre alors inconnu, Louis-Sébas-tien Fauvel [2]. La publication de cet ouvrage avait valu à Choiseul-Gouffier les plus grands honneurs : il fut élu, dès 1779, à l'Acadé-mie des inscriptions, qui avait déjà reçu Leroy, puis à l'Académie

---

1. Voir Choiseul-Gouffier, *Voyage pittoresque de la Grèce* (Paris, 1782), dis-cours préliminaire. Sur Choiseul-Gouffier, il n'existe qu'un ouvrage vieilli de L. Pingaud, *Choiseul-Gouffier, La France en Orient sous Louis XVI* (Paris, 1887). Sur Barthélemy, M. Badolle, *L'abbé J.-J. Barthélemy et l'hellénisme en France dans la seconde moitié du 18ᵉ siècle* (Paris, 1927). Plus général : Ch. Grell, *Le 18ᵉ siècle et l'Antiquité en France. Étude sur les représentations sociales et littéraires et esthétiques de la Grèce et de la Rome païennes* (Oxford, 1995), 2 vol.

2. « Fauvel'first trip through Greece, 1782-1784 », éd. par C. G. Lowe, *Hespe-ria,* 5 (1936), p. 206-224.

Française où il vint occuper le siège prestigieux de d'Alembert (1784) ; cette même année, il fut encore nommé ambassadeur de France auprès de la Sublime Porte, poste envié que Vergennes avait lui-même occupé entre 1754 et 1768. Tout à sa gloire littéraire, Choiseul-Gouffier voulut tirer profit de ce nouveau séjour officiel pour faire entreprendre de plus amples recherches sur la Grèce antique. Il organisa ainsi, à la veille de son départ, la première grande équipe scientifique française. Participaient à l'entreprise Louis-Sébastien Fauvel, désormais antiquaire attitré du nouvel ambassadeur, qui se vit confier le soin de surveiller le marché des antiquités à Athènes ; le philologue d'Ansse de Villoison devait découvrir de nouveaux manuscrits ; l'astronome Tondu avait pour mission de vérifier les mesures itinéraires des anciens à la faveur des découvertes des modernes ; inspiré sans doute par les muses antiques, le poète Jacques Delille était censé chanter les beautés de la Grèce antique et, peut-être, louer la générosité de ce nouveau Mécène ; l'helléniste Jean-Baptiste Le Chevallier devait, en compagnie de Cassas, peintre paysagiste, retrouver en Troade le site d'Ilion ; enfin, le géographe Barbié du Bocage, qui élabora l'atlas du *Voyage du jeune Anacharsis,* était chargé des relevés topographiques et de l'élaboration des cartes. Jusqu'alors, les Français avaient voyagé seuls au Levant, même lorsqu'ils étaient venus dans le cadre de missions officielles comme les abbés Sevin et Fourmont en 1729-1730 [3]. Leroy, au milieu du siècle, avait aussi entrepris seul et sans secours ce « pénible et dangereux voyage » (*Année littéraire,* 8 nov. 1758, p. 100).

A l'origine de cette entreprise, il y a, tout d'abord, la gloire liée à la découverte de nouveaux vestiges. Choiseul-Gouffier avait deux ambitions : se constituer des collections exceptionnelles (mission de Fauvel) et attacher son nom à la découverte du site de Troie qu'il avait déjà cherché à identifier lors de son premier voyage, tâche qui incombait à Le Chevallier. Incontestablement, les découvertes archéologiques et la publication des grands recueils de planches étaient alors source de grand prestige : le roi de Naples l'avait bien compris qui avait interdit aux visiteurs de griffonner dessins et notes au Museum de Portici avant la publication des *Antichità d'Ercolano* (Naples, 1757-1792, 8 vol. in-fol.) dont il offrait lui-même des exemplaires. Les Anglais ne

---

3. Voir, à ce propos, H. Omont, *Missions archéologiques françaises en Orient* (Paris, 1902), p. 432-765.

l'ignoraient pas non plus depuis la fondation, en 1734, de la société des Dilettanti qui avait patronné les voyages et publications de Wood et Dawkins à Palmyre et à Baalbek (1750-1751) puis financé les expéditions de Stuart et Revett à Athènes et en Grèce en 1751-1754 et de Chandler et Revett, en Asie Mineure notamment, en 1764-1766 [4]. Les Français l'avaient aussi compris : s'ils avaient laissé la publication des *Ruines de Paestum* leur échapper, c'était à cause de l'indélicatesse de Stoufflot qui avait dérobé les plans du comte de Gazolles [5]. Mais, en ce qui concernait Athènes, Caylus et Barthélemy avaient mis un point d'honneur à faire paraitre les *Ruines des plus beaux monuments de la Grèce* de Leroy (1758) avant l'ouvrage de ses concurrents anglais publié en 1762 seulement (voir D. Wiebenson, *ouvr. cit.*) ; dans les années 1780, Français et Anglais se livraient une rude concurrence, avec un net avantage, d'ailleurs, en faveur des premiers qui comptaient à leur actif les grands recueils de Clérisseau, *Antiquités de la France* (I, 1778), de Delagardette, *Les Ruines de Paestum* (1778), de Saint-Non dont le *Voyage pittoresque ou Description des royaumes de Naples et de Sicile* (1781-1786) était l'œuvre collective d'une équipe à laquelle étaient attachés les noms de Vivant Denon et Hubert Robert. Quant à Jean Houel, il s'était rendu en Sicile grâce à une pension accordée par Louis XVI qui lui avait permis d'effectuer les relevés et études publiés dans le *Voyage pittoresque des iles de Sicile, de Malte et de Lipari* (1782-1787). Non seulement ces grands ouvrages,

---

4. Voyages qui ont donné lieu à la publication des *Ruins of Palmyra* (1753) ; *Ruins of Balbec oserwise Heliopolis in Cælosyria* (1757) ; des *Antiquities of Athens* (1762, 1794, 1816) et des *Ionian antiquities* (1762-1915). La Société des Dilettanti a été étudiée par L. Cust et S. Colvin, *History of the Society of Dilettanti* (Londres, 1898) et par Fr.-Ch. Mougel, *La Société des Dilettanti, 1734-1800. Contribution à l'étude socio-culturelle des iles britanniques au 18e siècle*, thèse (1973), « Une société de culture en Grande-Bretagne au 18e siècle : la Société des Dilettanti, 1734-1800 », *Revue Historique*, 526 (1978), p. 389-414. Plus général : D. Wiebenson, *Sources of Greek Revival Architecture* (Londres, 1969).

5. Soufflot à Paestum (1751) s'était emparé des relevés effectués par le comte de Gazolles, son hôte, qui s'en plaignit publiquement. Aussi ces plans furent-ils publiés sous le nom de Dumont et sans grande publicité : G. P. M. Dumont, *Suite des plans des trois temples antiques tels qu'ils existaient en 1750 dans le bourg de Paestum et mesurés et dessinés par J. G. Soufflot* (1764). Ce furent donc les Anglais qui s'emparèrent du sujet avec une première édition anglaise des *Ruines de Paestum, autrement dit Posidonia* (1767) suivie d'un nouveau tirage à Paris et Londres en 1769. Major publia parallèlement les *Ruins of Paestum* (1768). Sur la découverte de Paestum, *La Fortuna di Paestum e la Memoria moderna del dorico* (Florence, 1986), 2 vol.

bien que très couteux [6], étaient en fait fort rentables pour les éditeurs [7], mais les souverains eux-mêmes rachetaient les dessins des artistes pour leurs propres collections (Louis XVI et Catherine II se partagèrent ainsi les dessins de Houel [8] ; Catherine II fit aussi l'acquisition de ceux de Clérisseau), signe de la grande faveur dont jouissait alors- l'Antiquité, primitive, égyptienne et surtout grecque, objet d'un engouement sans précédent dont les manifestations sont sensibles dans l'évolution de la mode, du mobilier [9], de la peinture [10] mais aussi de l'architecture avec les grands programmes monumentaux dits « révolutionnaires » [11]. En outre, l'assassinat de Winckelmann à Trieste en 1768 n'avait pas mis fin au grand débat qui opposait les admirateurs de la grandeur romaine regroupés autour des Piranèse aux zélateurs de l'esthétique grecque dont l'antiquaire allemand avait avec passion affirmé la supériorité. A une époque où Homère connaissait, en France, un nouveau regain de faveur, réussir, où les Anglais avaient échoué [12], en révélant le site de l'antique Troie, ne pouvait qu'être source de célébrité pour celui qui signerait la somptueuse publication consacrée à cette découverte.

Cet engouement n'explique toutefois pas tout l'enthousiasme que suscita l'initiative de Choiseul-Gouffier. Cette entreprise scientifique complète en fait une mission diplomatique que les instructions permettent de mieux comprendre. Les enjeux de cette ambassade pour le moins délicate faisaient, à Paris même, l'objet d'appréciations contradictoires.

La décrépitude de l'Empire ottoman avait de longue date préoccupé les diplomates français. Choiseul, déjà, avait recommandé

---

6. Le prix de souscription annoncé par Houel en 1781 était de 600 livres pour 300 planches.

7. Voir à ce propos l'étude de Chr. Michel, « Une entreprise de gravure à la veille de la Révolution : le Tableau général de l'Empire ottoman », *Nouvelles de l'Estampe* (déc. 1985), p. 6-25.

8. *Houel, voyage en Sicile, 1776-1779,* catalogue de l'exposition du Louvre (1990).

9. Svend Eriksen, *Early neo-classicism in France. The creation of the Louis XVI style in architectural decoration, furniture and ormolu, gold and silver and Sèvres porcelain in the mid-eighteenth century France* (Londres, 1974).

10. Jean Locquin, *La Peinture d'histoire en France de 1747 à 1785...* (Paris, 1912).

11. Concept ambigu dû à Emil Kaufmann, *L'Architecture au siècle des Lumières : baroque et post-baroque en Angleterre, en Italie et en France* (Paris, 1963). Voir, parmi les travaux de Jean-Marie Pérouse de Montclos, *Étienne-Louis Boullée, 1728-1799 : de l'architecture classique à l'architecture révolutionnaire* (Paris, 1969).

12. Notamment Pococke, Wood et Chandler qui se rendirent sur place entre 1730 et 1760.

à Saint-Priest, ambassadeur auprès de la Sublime Porte entre 1769 et 1784, de suivre de très près les étapes de la décadence de cet État. Favorable à l'alliance traditionnelle avec la Porte, Choiseul préférait soutenir cet empire chancelant contre la Grande-Bretagne intéressée déjà par l'Égypte, pièce maîtresse vers la route des Indes. Jugeant néanmoins possible un effondrement, il recommandait à son ambassadeur de veiller à ce que la France fût toujours en position de participer au dépècement de son allié et de s'emparer, le cas échéant, de quelque morceau [13]. Cynique et opportuniste, la politique de Choiseul consistait donc à mettre la France à même de tirer profit de toutes les situations. Choiseul préparait l'avenir : lors de la signature du traité de Paris (1763), il avait cédé le Canada à la Grande-Bretagne dans l'idée que ce cadeau empoisonnerait un jour les relations de la métropole avec ses colonies américaines et ce calcul, on le sait, s'avéra juste, beaucoup plus tôt, d'ailleurs, que le ministre ne l'avait escompté. La France se voyant donc dépouillée d'une grande partie de son empire, convoitait de nouveaux territoires sur la route des Indes, notamment l'Égypte, stratégiquement placée, dont Leibniz avait naguère suggéré la conquête à la France [14]. Les Français, toutefois, ne pouvaient ouvertement rendre publiques leurs vues puisque, héritage d'une longue tradition, la Sublime Porte était leur alliée. Officiellement, Choiseul soutenait donc l'alliance turque, dénonçant au besoin les visées anglaises ; officieusement, il se préparait à prendre part au dépècement de l'empire ottoman s'il ne pouvait l'éviter.

Vergennes ne partageait pas ces vues [15]. Lorsqu'il avait lui-même occupé ce poste d'ambassadeur, entre 1754 et 1768, il s'était efforcé de faire prévaloir une politique « de conservation, de temporisation, d'abstention ». Ces deux tendances de la diplo-

---

13. Voir Archives des Affaires Étrangères, Turquie, Instructions de Choiseul à Saint-Priest (juillet 1768), *Recueil des instructions données aux ambassadeurs...*, XXIX, 1969, Turquie, p. 456. Les jeux diplomatiques sont analysés par J. Gaulmier, *L'Idéologue Volney, 1757-1820. Contribution à l'histoire de l'orientalisme en France* (2ᵉ éd. Paris-Genève, 1980). Sur les projets de conquête de l'Égypte au 18ᵉ siècle : F. Charles-Roux, *Autour d'une route. L'Angleterre, l'isthme de Suez et l'Égypte au 18ᵉ siècle* (Paris, 1922) ; *Le Projet français de conquête de l'Égypte sous le règne de Louis XV* (Le Caire, 1929). Exposé sur la géopolitique des Lumières dans H. Laurens, *L'Expédition d'Égypte, 1798-1801* (Paris, 1989), chap. 1.
14. En 1672. Voir R. Etiemble, *L'Orient philosophique au 18ᵉ siècle* (Paris, 1956), p. 133-171.
15. Sur Vergennes, J.-Fr. Labourdette, *Vergennes, ministre principal de Louis XVI* (Paris, 1990), p. 39-46, 86-88, 281-84, notamment.

matie française, définies dans les années 1760, devaient s'opposer avec plus de netteté dans les années 1780 et, notamment, au lendemain du traité de Versailles (1783) qui consacrait l'indépendance des colonies américaines. France et Grande-Bretagne n'étaient toutefois pas les seules puissances intéressées. Trois souverains sans grands scrupules (Frédéric II, Joseph II et Catherine II) entendaient à l'Est éliminer les États chancelants pour accroître leurs possessions. Pour venir au secours de la Pologne, la France avait appuyé, en 1768, une attaque turque à titre de diversion. Quelque peu improvisée, l'affaire s'était soldée par un échec militaire qui n'avait pas permis d'éviter le premier partage de la Pologne et avait, de plus, contribué à ébranler l'Empire ottoman au point que son avenir même semblait compromis en 1774, à la fin des hostilités. Durant le conflit, les agents de la tsarine avaient convaincu les Grecs de se soulever contre le joug ottoman. La révolte de 1770, promptement écrasée après avoir donné lieu à des atrocités diverses (du côté grec comme du côté turc) fut l'un des premiers conflits étrangers dont la presse européenne, britannique notamment, se fit l'écho [16]. D'une manière générale, les Turcs furent sévèrement jugés et la sympathie des opinions publiques, acquise aux Grecs opprimés et vaincus. L'enthousiasme fut toutefois mitigé : Voltaire, notamment, qui louait sans aucune retenue les projets de la Sémiramis du Nord, n'hésita pas à proclamer son mépris pour un peuple qui n'avait su se montrer à la hauteur des ambitions généreuses qu'on nourrissait pour lui : « Mon chagrin, c'est que les Grecs soient indignes de la liberté qu'ils auraient recouvrée s'ils avaient eu le courage de vous seconder. Je ne veux plus lire ni Sophocle, ni Homère, ni Démosthène » écrivait à la grande Catherine le patriarche de Ferney (Best. D 17627). Catherine, pour sa part, partageait ce sentiment : « Les Grecs, les Spartiates, ont bien dégénéré, ils aiment la rapine mieux que la liberté » (Best. D 16714). Son philhellénisme était de pure façade : ce qu'elle souhaitait, c'était le libre passage dans les Détroits et, sous prétexte de défendre les orthodoxes, une extension de la domination russe dans l'archipel des Balkans. Après l'échec du soulèvement de 1770 et de l'intervention de Grégory Orloff, elle ne renonça nullement à ses ambitions et, bien au contraire, se servit du prétexte de la libération des Grecs pour continuer à séduire les

---

16. Il s'agit de l'un des premiers conflits suivis par la presse, comme l'a souligné David Constantine, *Early Greek Travellers and the Hellenic Ideal* (Cambridge, 1984), p. 168-187.

philosophes. Preuve de sa détermination, Catherine, dans une lettre de septembre 1782 à Joseph II, exposait le « projet grec » de son favori Potemkine devenu « prince de Tauride ». Joseph II toutefois se montra plus exigeant que la tsarine ne l'avait supposé et réclama, en outre, l'assentiment de la France (alors alliée à l'Autriche) qui devait, en échange, recevoir l'Égypte.

Quelle fut, dans cette affaire, l'attitude de la France ? A Versailles, les deux tendances précédemment définies de la diplomatie tentaient de faire prévaloir leurs vues. D'un côté, les « interventionnistes » : Saint-Priest et Sartine, secrétaire d'État à la Marine et chargé, en cette qualité, des relations avec le Levant entre 1774 et 1781, estimaient que la France devait favoriser la dislocation de l'Empire ottoman et se tenir prête à en saisir une pièce importante : la Crète, Chypre ou, surtout, l'Égypte. Ils prônaient donc une politique agressive, fondée sur une alliance avec la Russie. Dès 1774, le Premier commis à la Marine, Saint-Didier, insistait sur la facilité de la conquête de l'Égypte : « La prise de l'Égypte ne présente pas de grandes difficultés, si l'on ne doit avoir à vaincre que les Mameluks et les Turcs qui s'y trouvent », écrivait-il. Au lendemain de la défaite turque de 1774, le baron de Tott remit un mémoire intitulé *Examen de l'état physique et politique de l'Empire ottoman* où il insistait sur l'intérêt de la conquête de l'Égypte. Si les Affaires étrangères n'y portèrent pas grande attention, les services de Sartine, en revanche (et malgré les objections de Vergennes), chargèrent le baron d'une mission secrète en Égypte afin d'en préparer la conquête militaire. Le compte rendu en fut remis en 1779 mais Vergennes se montra ferme : il cherchait à maintenir, au nom de l'équilibre européen, l'alliance traditionnelle avec le sultan en veillant à préserver un empire menacé par les visées de Joseph II et de Catherine II. Durant tout son ministère, il s'efforça donc d'affaiblir, sinon de briser, l'alliance austro-russe, afin de réduire les menaces pesant sur l'Empire ottoman et révélées au grand jour par l'occupation de la Crimée en 1783. Les interventionnistes appuyaient, au contraire, l'alliance russe pour préparer un partage favorable à la France. A leurs yeux, cette dernière alliance présentait en outre l'avantage de mettre la France en position de force vis-à-vis de la Grande-Bretagne qui surveillait avec tout autant d'attention les signes d'un effondrement prochain. Dans le domaine de la propagande, reprenant les thèmes chers à Catherine II, les partisans de l'alliance russe affirmaient aussi défendre les intérêts des Grecs opprimés et leur philhellénisme prenait donc la forme d'une admiration sans bornes pour la Grèce antique.

Dans ce contexte très complexe, le philhellénisme de Choiseul-Gouffier et ses projets de mission scientifique pouvaient fort bien servir les intérêts de la France. Sa nomination comme ambassadeur auprès de la Sublime Porte permettait de différer les décisions à prendre et d'attendre de voir comment le rapport de forces allait évoluer. Les instructions de Vergennes lui donnaient ordre de « rendre tout le ressort possible au gouvernement turc, de le porter à adopter les moyens indispensables pour prévenir la ruine totale de l'Empire, d'offrir le secours du roi, et de tout employer pour prévenir une révolution qui changerait la face de la plus grande partie du globe » (*Instructions..., ouvr. cit.,* p. 491). Dans ce contexte, le *Discours préliminaire* du *Voyage pittoresque*, publié en guise d'introduction en 1782 puis sous forme de brochure l'année suivante (signe de l'intérêt que portaient alors les Français à la « question d'Orient » et aux enjeux diplomatiques) pouvait, en effet, satisfaire les deux partis, car il s'agit, en fait, d'un assez habile compromis entre les tendances opposées de la diplomatie française ; compromis aussi entre une opinion publique entraînée par les philosophes favorables à la Russie et des intérêts économiques soucieux de maintenir l'alliance turque garante de privilèges commerciaux. En outre, ce texte qui exaltait à point nommé la grandeur et les intérêts de la France semblait répondre aux déceptions du traité de Versailles.

Initialement, ce *Discours préliminaire* n'avait pas été rédigé en vue d'une nomination prochaine et son ton n'avait rien de diplomatique. A la suite de Pierre-Augustin Guys [17], Choiseul-Gouffier s'était fait l'apologiste des Grecs modernes, glorieux héritiers de leurs ancêtres humiliés, accablés, abrutis par une impitoyable servitude. Les allusions au soulèvement de 1770 abondent et les commentaires qui les accompagnent s'apparentent à un appel à la révolte comme devaient les apprécier les admirateurs de la Sémiramis du Nord : « Comment voir sans indignation le stupide Musulman appuyé sur les ruines de Sparte et d'Athènes imposer tranquillement les tributs de la servitude en des lieux où les poignards ont été tant de fois aiguisés contre la tyrannie... Esclaves des Turcs [les Grecs] l'abhorrent maintenant et c'est un pas vers la liberté. A la haine qu'ils ont vouée à leurs vainqueurs, il semblerait que la prise de Constantinople soit une calamité récente [...]. L'amour de la liberté n'est pas encore éteint dans tous les

---

17. Auteur du *Voyage littéraire de la Grèce, ou Lettres sur les Grecs anciens et modernes avec un parallèle de leurs mœurs* (Paris, 1771).

cœurs ; ils saisissent avec avidité tout ce qui peut les flatter dans cet espoir. »

Pour Choiseul-Gouffier, la France pouvait tirer parti de cet amour pour la liberté des Grecs modernes qui, une fois affranchis du joug qui les écrasait, retrouveraient toutes les vertus de leurs ancêtres. Mais le comte se méfiait aussi de la Russie et estimait qu'il n'était pas bon, pour l'équilibre des puissances européennes, de laisser ce pays accroitre ses conquêtes sous le couvert d'une prétendue libération des Grecs [18]. Il penchait donc, suivant les vœux de Vergennes, pour une réforme interne de l'Empire ottoman, pour une modernisation de cet État accompagnée de la reconnaissance et du respect de la province de Grèce, pour un développement, sous l'égide des négociants français, du commerce et des échanges avec l'Autriche et la Russie, favorisant, avec l'enrichissement de tous, la paix : « Sous un empire devenu plus doux, les provinces de la Grèce, plus florissantes, sembleraient une colonie commune à plusieurs peuples, tous intéressés à sa conservation, où ils se rencontreraient et se réuniraient pour s'échanger des productions diverses de vingt climats différents, également enrichis par ces heureuses transmutations ». L'intérêt porté à la Grèce antique pouvait donc apparaitre, sur le plan diplomatique, comme un argument pour faire prendre conscience au sultan de la nécessité d'entreprendre des réformes. Au philhellénisme ouvertement impérialiste de la tsarine s'opposait ainsi une forme plus subtile d'apologie de la Grèce présentée comme source de régénérescence pour un empire apparemment voué à la décadence et source aussi de prospérité pour le négoce français, les diplomates ne perdant d'ailleurs pas l'Égypte de vue. Le sultan, qui ne prit pas connaissance de la version agressive du *Discours préliminaire,* fit confiance à l'ambassadeur qui venait accompagné par des ingénieurs militaires experts en fortifications chargés d'étudier les problèmes liés à la défense de Constantinople et des Détroits.

Parallèlement, les savants et hommes de lettres qui accompagnaient l'ambassadeur se mirent au travail. D'Ansse de Villoison

---

18. « Si par une de ces révolutions qu'un sort heureux amène ainsi que l'infortune, les Grecs se trouvaient affranchis de l'empire des Turcs, l'Europe ne verrait-elle pas avec inquiétude ces peuples passer sous le joug d'un autre maitre ? et n'aurait-elle pas à craindre qu'un grand empire, quel qu'il puisse être, accru des provinces grecques, ne rompît bientôt l'équilibre des puissances ? Alors, sans doute, on aimerait mieux protéger les Grecs devenus libres, et les défendre d'une domination nouvelle, que de les redouter sous le gouvernement d'un empire déjà puissant et redoutable » (Discours préliminaire).

n'eut pas autant de chance qu'à Venise où il avait découvert un manuscrit de l'*Iliade* avec des scholies inédites. Chargé de trouver de nouveaux manuscrits et d'en faire l'acquisition pour le compte de l'ambassadeur, il visita les bibliothèques de très nombreux monastères, mais en vain. Sa seule découverte fut un traité de Jean Lydus sur les magistratures romaines, mentionné par Photius [19]. Mais, au cours d'un périple qui dura près de deux années, il fit, en revanche, une abondante moisson d'inscriptions, comme il l'écrivait à son retour : « Je rapporte une foule d'inscriptions et d'observations neuves sur la langue, les mœurs et les usages des Grecs modernes comparés avec les anciens. J'ai parcouru trente-quatre îles de l'archipel, Constantinople, Scutari, ses environs, Gallipoli, Salonique, le mont Athos, presque toute l'Attique, Eleusis, Marathon, Salamine, Egine, Thèbes, Mégare, une grande partie de la Morée, surtout Corinthe, Argos, Tripolissa, Naples de Romanie, Sparte, Amycles, Épidaure, Smyrne et ses environs, Éphèse, etc. Dans le pays des Tzaconiens, j'ai retrouvé la langue grecque des anciens Doriens, le dialecte de Pindare et de Théocrite, et, près d'Épidaure, le plus bel amphithéâtre de la Grèce et de l'Italie, au jugement de Pausanias... » [20].

De son côté, Fauvel ne resta pas inactif. Après un séjour à Constantinople, il se fixa à Athènes où il tenta d'acquérir, pour le compte de l'ambassadeur, des métopes du Parthénon et du Théséion. Il fit surtout exécuter de très nombreux moulages, achevés au début de 1787, puis il partit pour le Péloponnèse où il leva des plans et fit des croquis de divers monuments, prit des notes en vue de la description de l'Attique et de la Morée que préparait le comte. Il transcrivait des inscriptions, dérobait au besoin quelques marbres (dont une métope du Parthénon arrachée par un ouragan) pour son protecteur dont les convoitises allaient croissant : « enlevez tout ce que vous pourrez [...]. Ne négligez aucune occasion de piller dans Athènes et dans son territoire tout ce qu'il y a de pillable, n'épargnez ni les morts, ni les vivants... » [21]. La peste le chassant de l'Attique, il se rendit en Égypte, en 1789, et ne regagna Constantinople qu'au mois de décembre où ses relations avec Choiseul-Gouffier s'envenimèrent. De son côté, Le Chevallier avait arpenté la Troade, à la

---

19. Édité, après la mort de Villoison, aux frais de Choiseul-Gouffier, en 1812.
20. Lettre à Hennin du 26 novembre 1786, citée par Charles Joret, p. 296-297.
21. Cité par Ph. E. Legrand, « Louis Sébastien Fauvel, antiquaire et consul, 1753-1838 », *Revue archéologique* (1897), XXX, p. 57.

recherche du site de Troie. Il fit sur les lieux, trois voyages successifs. Le premier, simple reconnaissance en 1785, lui permit d'effectuer une première confrontation entre le témoignage d'Homère et le paysage ; il revint l'année suivante comparer les mesures de l'astronome Tondu avec les observations d'Homère et de Strabon. La même année, il effectua avec Cassas des relevés pour élaborer une carte de la Troade homérique. Enthousiasmé par ces plans, Choiseul-Gouffier vint lui-même sur place vérifier les hypothèses de l'helléniste qui avait proposé le site de Bounar-Bashi. En 1788, Choiseul-Gouffier voyait donc son rêve près de se réaliser : quelques relevés supplémentaires, une analyse plus détaillée des textes homériques, quelques fouilles au besoin et le voyage pittoresque de la Troade pourrait voir le jour.

Il n'en fut rien, car la Révolution bouleversa tous ses plans. Le nouveau conflit qui avait embrasé l'Orient en 1787 avait conduit le comte de Choiseul-Gouffier à se rapprocher de la Russie en même temps que la diplomatie française, au lendemain de la mort de Vergennes en février 1787, cédait au mirage d'un empire méditerranéen comprenant Chypre et l'Égypte. En renonçant à l'alliance avec la Sublime Porte sans pour autant s'engager fermement dans un système d'alliances opposé, la diplomatie française laissa la place libre à l'Angleterre qui s'érigea aussitôt en défenseur de l'intégrité de l'Empire ottoman, s'emparant en même temps des marchés levantins qui lui avait été si longtemps fermés. Cette ambassade se soldait donc par un échec diplomatique, avant même que la Révolution n'éclatât et, dans les années qui suivirent, Choiseul-Gouffier qui resta fidèle au roi gagna la Russie en 1792 et ne put rentrer en France qu'en 1802. Fauvel, favorable à la République, entama une carrière diplomatique (comme consul à Athènes) à laquelle l'expédition d'Égypte mit brutalement un terme. En quelques années, il parvint à prendre la direction du marché des antiquités et à réunir une collection qui faisait l'admiration de tous les voyageurs et qui aurait probablement compris les marbres du Parthénon s'il n'avait été emprisonné en 1798 [22]. Il n'est pas sûr toutefois qu'il aurait abandonné à l'ambassadeur le fruit de toutes ses découvertes : les relations entre les deux hommes s'étaient beaucoup détériorées dès 1787-1788, Fauvel supportant mal d'être traité comme un domestique plus que comme un savant. L'entente avec Le Chevallier n'était

---

22. Les négociations entamées furent mises à profit par lord Elgin, voir William Saint-Clair, *Lord Elgin and the marbles* (Oxford, 1967).

pas meilleure, et l'helléniste profita de l'exil de Choiseul-Gouffier en Russie pour entreprendre de publier, sous son nom, le fruit de ses découvertes [23]. Le « Tableau de la plaine de Troie, accompagné d'une carte levée géométriquement en 1785-1786 », parut en 1791 dans les *Transactions of the Royal Society of Edimburg* et le *Voyage de la Troade* eut successivement, en France, trois éditions (an VII, an VIII et an X) qui se firent l'écho des débats suscités en Grande-Bretagne par cette découverte. Choiseul-Gouffier, en publiant en 1809 la suite de son *Voyage pittoresque,* dénonça les procédés de Le Chevallier qui lui avait volé des découvertes qu'il considérait comme siennes, puisqu'il avait financé les voyages qui avaient permis de les réaliser. Dès son retour, il contraignit François-Louis Cassas à interrompre la publication d'un *Voyage pittoresque de Syrie et de Phénicie* (dont les premières planches avaient été livrées en 1800) estimant toujours que le patronage d'une telle initiative devait lui revenir. Les autres membres de l'équipe, plus fidèles à leur ancien mécène, se refusèrent à publier leurs notes aussi vouées à l'oubli : d'Ansse de Villoison n'écrivit pas l'*Histoire comparée de la Grèce ancienne et moderne* qu'il pensait rédiger en 1789. Certains relevés effectués par Foucherot servirent à confectionner l'atlas du *Voyage du jeune Anacharsis,* ce qui n'était pas trahir la confiance de Choiseul-Gouffier qui avait une si grande dette à l'égard de l'érudit, mais les notes, destinées à la suite du *Voyage pittoresque,* mises de côté, furent perdues. Choiseul-Gouffier entreprit de publier la suite de son voyage : le tome II parut en deux livraisons, en 1809 et 1822, ce dernier tome à titre posthume. L'enthousiasme était toutefois bien retombé : fuites et indiscrétions avaient enlevé toute nouveauté au projet et les enjeux diplomatiques préoccupaient moins les Français.

L'entreprise avait donc échoué pour des raisons qui ne tiennent d'ailleurs pas seulement à la Révolution mais aussi à la personnalité très controversée du comte, qui exerçait sur ses collaborateurs une véritable tyrannie. Bien qu'il fût impatient de publier sous son nom les résultats de toutes les recherches, Choiseul-Gouffier n'avait, en fait, défini aucun plan d'ensemble, et l'équipe initialement réunie avait commencé à se dissoudre, du fait des retours en France et des défections, avant que la Révolution ne mît un terme à l'entreprise. L'importance ne doit toutefois pas en être

---

23. Ch. Grell, « Troie et la Troade de la Renaissance à Schliemann », *Journal des Savants* (janv.-mars 1981), p. 63-68.

sous-estimée. En premier lieu, parce qu'elle contribua à intéresser les Français au sort des Grecs. En second lieu, parce qu'elle servit de modèle à Dominique Vivant Denon, pour l'organisation de l'expédition d'Égypte. Vivant Denon réfléchit très certainement aux causes de l'échec de Choiseul-Gouffier qui tiennent notamment aux travers du mécénat privé, dénoncé par Fauvel. Chargé par Bonaparte de constituer l'équipe d'hommes de science qui devait accompagner les armées françaises, Vivant Denon définit une mission d'étude tout à fait officielle, et la création, au Caire, de l'Institut d'Égypte le 5 fructidor an VI (22 août 1798), confirma la volonté de l'État français de promouvoir les sciences. La *Description de l'Égypte,* publiée sous la direction de Jomard à partir de 1809, fut aussi une entreprise d'une autre envergure que le *Voyage pittoresque :* 5 volumes de planches et 4 de textes pour l'antiquité ; 2 volumes de planches et 3 de textes pour l'Égypte moderne ; 3 volumes de planches et 2 de textes pour l'histoire naturelle et un atlas. Pour ranger l'ensemble de la collection, un meuble était proposé aux souscripteurs [24]. Monument à la gloire de Sa Majesté Napoléon le Grand, la *Description* constituait, à sa manière, l'aboutissement des recherches sur l'antiquité que la rivalité franco-anglaise avait, depuis le milieu du 18e siècle, efficacement contribué à développer.

CHANTAL GRELL
Université de Versailles-Saint-Quentin

---

24. Sur la *Description de l'Égypte,* voir les trois derniers chapitres de *L'Expédition d'Égypte,* rédigés par les collaborateurs d'H. Laurens.

HUMANISME

(revue des Francs-Maçons
du Grand Orient de France)

*Publication libre faite par des hommes libres pour
des citoyens libres ne vit que par ses lecteurs.*

SI vous avez pris de l'intérêt à la lecture de ce numéro
d'HUMANISME

SI vous désirez être informé des activités
du GRAND ORIENT DE FRANCE

SI vous souhaitez recevoir le texte de nos
ÉMISSIONS RADIO

SI vous désirez que nous vous adressions de la
DOCUMENTATION

Écrivez-nous au GRAND ORIENT DE FRANCE
16, rue Cadet, 75009 PARIS

HUMANISME

BULLETIN D'ABONNEMENT

à adresser à EDIMAF : 16 bis, rue Cadet, 75009 PARIS

Je soussigné ....

Domicilié ....

Profession ....

Souscris un abonnement annuel (6 numéros)

ci-joint la somme de ....

(abonnement 1 an   France : **70 F**   Étranger : **85 F**   Avion : **130 F**)

A .... le **1995**

Signature

HUMANISME

*publication libre faite par
des hommes libres
pour des citoyens libres
ne vit que par ses lecteurs*

S'ABONNER A HUMANISME C'EST DÉFENDRE
LA LIBERTÉ DE PENSÉE

L'INSPIRATION ROMAINE
DANS *LES CHAINES*
DE L'ESCLAVAGE DE MARAT

Les Chaines de l'esclavage, ouvrage publié anonymement en anglais, par Marat en 1774, alors qu'il séjourne en Grande-Bretagne depuis presque dix ans, étaient d'abord destinées à des lecteurs d'Outre-Manche. L'auteur a précisé plus tard que c'est « à l'occasion de la nouvelle élection du parlement d'Angleterre » (qui devait avoir lieu peu de temps après) qu'il avait tenté de « réveiller les Anglais de leur léthargie, de leur peindre les avantages inestimables de la liberté, les maux effroyables du despotisme, les scènes d'épouvante et d'effroi de la tyrannie ». On s'explique d'entrée de jeu la prédominance des faits empruntés à l'histoire d'Angleterre.

Après le 10 août 1792, Marat, député à la Convention, fait rééditer son livre à Paris en français ; plusieurs notes sont ajoutées pour l'actualiser [1]. L'histoire de plusieurs autres pays d'Europe, outre l'Angleterre, lui fournit la possibilité, comme il l'écrit, de « développer les noirs attentats des princes contre les peuples, les ressorts secrets [...] qu'ils emploient pour détruire la liberté, et les scènes sanglantes qui accompagnent le despotisme » (soustitre, p. 3) : tout d'abord la France, mais aussi l'Espagne, la république de Venise, les Provinces-Unies, la Russie, etc.

Au 18e siècle, l'homme cultivé connait aussi bien, sinon mieux, l'histoire ancienne (et particulièrement romaine) que l'histoire moderne. Il n'est donc pas étonnant que Marat, dans un ouvrage où les faits historiques sont constamment sollicités afin d'étayer les affirmations de l'écrivain politique, recoure fréquemment à l'histoire romaine. Un décompte approximatif permet de voir que si l'Angleterre reste largement en tête des références (particulièrement celle du 17e siècle, avec le règne des Stuarts, véritables

---

1. Cette édition a été reproduite en 1972 (présentation de J. D. Seiche, « 10 × 18 ») et en 1988 (préface de M. Vovelle, Bruxelles, éditions Complexe). Mes références renvoient à l'édition de l'an I conservée à la Bibliothèque Nationale.

« bêtes noires » de Marat), Rome et la France viennent en second lieu, devançant largement l'Espagne, et plus encore Venise.

Je me propose d'étudier comment Marat, dans son premier ouvrage politique, parle de l'Antiquité romaine. Sur quels thèmes spécifiques recourt-il à Rome pour illustrer sa véhémente dénonciation du despotisme et lesquels omet-il, comme ne s'intégrant pas à cette dénonciation ? Quels rapports se tissent entre la Rome antique et les puissances de l'Europe moderne, d'où puisse découler la conception qu'il se fait du devenir humain ?

La démarche que suit Marat dans *Les Chaines de l'esclavage* le conduit-elle à une vision nouvelle de l'histoire de Rome ? La réponse ne va pas de soi. La vision traditionnelle (en gros celle qu'avait synthétisée Bossuet dans son *Discours sur l'histoire universelle*) a été réformée sur bien des points par les *Considérations sur les [...] Romains* de Montesquieu, un auteur que Marat admire beaucoup [2]. Il l'admire au point de lui emprunter des passages entiers, qu'il introduit dans son texte, le plus souvent à propos. Il est aussi des traits qui sont son bien propre.

1° Marat n'attend pas que le *sénat* s'avilisse sous les empereurs pour dénoncer cette institution. Dès le début de la période républicaine, le sénat a « voulu dominer trop impérieusement » (p. 21, n. 1) ; lorsqu'à la suite de la retraite sur le Mont Sacré il a dû concéder à la plèbe quelques droits, il n'entend en aucune façon partager le pouvoir avec elle (p. 152). Alors que Tite-Live et toute la tradition (Montesquieu s'y conforme sans difficulté, voir *L'Esprit des Lois,* XII, 21) font de Manlius un ambitieux qui s'appuyait sur la plèbe pour s'emparer du pouvoir suprême, Marat voit en lui le défenseur du peuple, de ceux qui sont menacés de l'esclavage pour dettes, contre l'oppression des riches, et finalement le martyr de la liberté, à la fois à cause des « artifices » du sénat (p. 156) et de la lâcheté du peuple (p. 194-5). Ayant dû concéder, en lieu et place des consuls, des tribuns militaires à pouvoir consulaire, le sénat emploie, pour n'avoir point de tribuns plébéiens, des ruses qui exploitent les superstitions du peuple. Les Gracques furent aussi les victimes de ces « maitres de la République », qui firent échouer les entreprises par lesquelles les deux frères « tâchaient d'affranchir les plébéiens de l'oppres-

---

2. Marat a écrit un *Éloge de Montesquieu*, présenté à l'Académie de Bordeaux le 28 novembre 1785, resté inédit jusqu'en 1883. L'Académie de Bordeaux avait, quelques années plus tôt, ouvert un concours qui avait pour sujet l'éloge de Montesquieu. Aucun concurrent n'avait encore remporté le prix en 1789...

sion » (p. 194, n. 1). Ainsi, tout au long de l'histoire de la République, avant de « baisser la vue » devant les chefs militaires qu'ils revêtent « de toutes les forces de la république » (Marius, Sylla, Pompée, César) (p. 288-9), puis de devenir une « bande d'hommes vils, toujours prêts à servir les fureurs d'un maître » sous les premiers empereurs (p. 304, n. 1), les sénateurs sont, aux yeux de Marat, une caste oppressive, qui ne lâcha des bribes de pouvoir que contrainte et forcée, toujours prête à les reprendre. Dans tout l'ouvrage, on ne trouve pas une seule expression favorable à ce corps, pourtant célébré par Bossuet, ménagé par Montesquieu, et encore loué par Rousseau (du moins pour « les bons siècles de la république »).

2° Le *peuple* romain, auquel la tradition accorde tant de qualités (dans les premiers siècles, son amour de la liberté et de la patrie, sa frugalité, son mépris des richesses, son courage, etc.) et qui aurait conservé, jusqu'à la fin de la République, ses vertus militaires, est présenté par Marat de façon ambivalente. D'une part, il reproduit le lieu commun selon lequel ce peuple, pauvre et vertueux, s'est vu corrompre par les richesses qu'entraînèrent ses conquêtes (p. 82). De l'autre, il le montre de tout temps superstitieux, naïf, lâche, irrésolu ; soumis au sénat aux temps de la République, plus tard aux empereurs, le peuple se voit reprocher (comme le disent les titres de certains chapitres) sa « sottise », ses « préjugés stupides », sa « ridicule vanité » (ch. 67, 68, 69). Enfin, s'il est vrai que ceux qui le dominent sont sans cesse occupés à maintenir et parfaire leur système d'oppression, le peuple lui-même y prête les mains et « forge » des fers que ses maîtres n'auront plus qu'à « river ».

Ce qui n'est pas traditionnel non plus, c'est l'absence quasi complète de l'aspect demeuré le plus important de l'histoire de Rome : sa *politique conquérante*. Comment expliquer cette absence, ainsi que celle du phénomène qui lui est intimement lié, l'extension de l'*esclavage* ?

Alors que Rome vit, dès l'aube de son histoire, sur le pied de guerre, que ses institutions la portent à « une guerre éternelle », comme l'écrit Montesquieu (*Considérations*, ch. I), Marat néglige cet aspect capital. Voici les seules allusions faites aux conquêtes et à l'oppression des peuples conquis : « Rome vit entrer dans ses murs la servitude avec l'or des peuples qu'elle avait dépouillés » (p. 30, n. 1). Encore s'agit-il de la servitude *des Romains*, dont le régime républicain, à forte coloration aristocratique, va se dégrader avec l'introduction des richesses et l'accroissement des inégalités, non de la servitude des peuples vaincus. C'est encore la liberté des Romains qui est en question, alors qu'ils se sont répandus partout, lorsque Marat, dans une période inspirée de Montesquieu, évoque le résultat funeste *pour Rome elle-même* de ses conquêtes : « Voyez cette Rome superbe, qui avait désolé la terre pour imposer son joug à tant de nations vaincues ; à quoi se terminèrent ses nombreuses victoires, ses triomphes éclatants ? qu'à se voir déchirée à son tour par mille factions atroces, et réduite à l'opprobre de devenir le jouet d'un affranchi, la proie d'un brigand ! » (p. 239-240).

Deux passages examinent, sans grande précision, le sort réservé, après la conquête, aux populations vaincues et asservies. En voici d'abord la face agréable : parlant des anciens Bretons, des Gaulois et des Germains, Marat note que, « pour les asservir, les Romains introduisirent parmi eux l'industrie, les arts, le commerce : de la sorte ils leur firent acheter les douceurs de l'abondance aux dépens de la liberté » (p. 69). Et la face désagréable : « les Gaulois étaient accablés d'impôts : telle était la rapacité des procurateurs et des gouverneurs, qu'ils pillaient de toute main : tandis que les Italiens, qui avaient accaparé tout le commerce, exerçaient l'usure [...]. La continuation des impôts en pleine paix, l'excès de l'usure, et les contraintes par corps exercées contre les débiteurs, réduisirent les Gaulois au désespoir et les poussèrent à la révolte. Forcés d'abandonner leurs propriétés pour sauver leur vie, un grand nombre se vendirent en esclavage » (p. 241). Au-delà de l'opposition entre ces deux textes, il est clair que, pour Marat, la perte de la liberté est de toute façon un malheur. Il ne parle d'ailleurs pas en termes très différents de l'oppression exercée par le sénat sur la plèbe romaine et de celle qu'il exerce sur les peuples vaincus. Juste avant de mentionner la triste situation des Gaules, il écrit : « Le sénat de Rome avait pour maxime de fouler les plébéiens par l'usure » (p. 241).

Or on sait que la plèbe commença, à partir du moment où Rome étendit ses conquêtes hors d'Italie, à en être bénéficiaire : fin du *tributum*, distributions gratuites de blé, etc. Les réformes agraires des Gracques en faveur de la plèbe visaient à récupérer des terres du domaine public dont s'était emparée sans justification la *nobilitas* ; mais ces terres provenaient de la spoliation des vaincus. L'amalgame que fait Marat des victimes de la rapacité sénatoriale empêche de bien voir que tous les Romains, riches et pauvres, sont partie prenante, quoique fort inégalement, dans l'exploitation des territoires conquis. Il ressort de ces remarques que Marat ne fait pas une place suffisante ni spécifique à la conquête, alors qu'elle est au cœur de l'analyse de Montesquieu. Comment peut-on expliquer une telle absence ? D'abord le propos de Marat concerne essentiellement le type d'oppression qu'exerce, dans les limites d'un État, un gouvernement sur son peuple, autrement dit d'un individu, ou d'une pluralité d'individus, sur l'immense majorité. Dans le cas de Rome, Marat nous parle de Romains opprimant des Romains, que ce soit sous la République ou sous l'Empire. L'oppression des Gaulois, Espagnols, Africains, Macédoniens, Syriens, etc. par les Romains n'entre pas vraiment dans son analyse : il parle du sénat ou des empereurs de Rome comme du sénat de Venise, ou de Charles-Quint, ou d'Henry VIII, lesquels traitent leurs compatriotes en sujets. Il n'est qu'accessoirement ou pas du tout question des habitants de la terre-ferme vénitienne, des populations du Nouveau-Monde (soumises à l'Espagne), des Irlandais (qu'opprime l'Angleterre). Dans presque tous les exemples proposés, le rapport s'établit entre le « souverain » (au sens du *Contrat social*), injustement dépossédé, et le « prince », qui ne devrait être que l'exécutant des volontés populaires.

Une autre explication, qui inclurait la première, en ayant l'avantage de rendre compte de la démarche choisie par Marat, est que, à son époque, il n'existe pas de puissance qui joue dans le monde un rôle comparable à celui que Rome, parvenue au faîte de sa puissance, joua dans l'Antiquité. Même l'empire de Charles-Quint, d'ailleurs éphémère, n'a rien de commun avec la « monarchie universelle » constituée par les Romains. Montesquieu avait solidement démontré dans un opuscule [3] qu'à l'époque moderne une puissance qui s'imposerait durablement à tous les peuples est inconcevable. L'aventure napoléonienne ne viendra pas infirmer cette analyse, ni le 19e siècle. Marat traitant, sous le titre de *Chaines de l'esclavage*, du problème de la domination (politique) qu'exercent certains individus sur une grande quantité d'autres est donc fondé, par ce qu'il observe de l'histoire de son temps et des siècles immédiatement antérieurs (la majorité des faits cités se situe aux 15e, 16e, 17e siècles) à limiter son analyse aux procédés par lesquels une oligarchie ou un prince transforme un pouvoir restreint, que le peuple lui a confié ou laissé prendre, en un pouvoir absolu. S'adressant aux électeurs anglais et, au-

---

3. *Réflexions sur la monarchie universelle en Europe*. Marat n'a pu connaître cet opuscule, que Montesquieu fit imprimer en même temps que les *Considérations* en 1734, à Amsterdam, mais qu'il fit détruire. La première publication est de 1891.

delà d'eux, à tous les peuples insuffisamment vigilants à l'égard de gouvernants qui inclinent à renforcer leurs pouvoirs, il peut négliger (ce qui ne veut pas dire qu'il les ignore) les cas où une nation en opprime une ou plusieurs autres. C'est pourquoi Rome est étudiée quasi exclusivement sous l'aspect de l'oppression exercée sur la plèbe, par le sénat, puis par les empereurs : elle est ainsi ramenée à la norme de ce que constatait Marat en étudiant les monarchies de son temps.

Qu'il manque ainsi ce qui a été le caractère principal de la Rome de l'Antiquité n'est pas contestable, mais la destination de l'ouvrage exigeait que l'histoire moderne fût plus mise à contribution que l'ancienne ; et, dans l'ancienne, la montée du pouvoir, dont le peuple « souverain » se laissait dessaisir, vers l'absolutisme, plus que la conquête et la constitution d'un empire. Ce qui reste, au moins apparemment, paradoxal, c'est que dans *Les Chaines de l'esclavage*, où Marat se réfère fréquemment à l'histoire romaine, il ne soit presque à aucun moment question de *l'esclavage*, cette institution si caractéristique du monde antique, dont Rome n'a évidemment pas eu le monopole, mais qu'elle a développée considérablement grâce à ses conquêtes. Marat n'ignore pas que le droit de la guerre permettait, dans l'Antiquité, de tuer, ou de faire prisonniers, ce qui autorisait ensuite leur vente comme esclaves, tous les habitants des pays conquis (voir p. 30-31). Il est arrivé, Marat le sait aussi, que des esclaves se révoltent collectivement et que Rome ait à mener de véritables guerres pour réprimer ces soulèvements. Or le nom de Spartacus n'apparaît pas chez Marat. Il semble ne s'intéresser, comme le Rousseau du *Discours sur l'économie politique* et du *Contrat social*, qu'aux « citoyens », laissant la main-d'œuvre servile à son triste sort. Montesquieu y fut davantage sensible, lui qui écrivait dans les *Pensées* : « La guerre de Spartacus était la plus légitime qui ait jamais été entreprise » (174). L'esclavage n'apparait dans le livre de Marat que rarement. Une note indique que « les Romains regardaient les arts de luxe et le commerce comme des professions d'esclaves » (p. 28). Marat ne partage pas ce préjugé, mais il considère néanmoins que « le commerce et le luxe ont toujours des effets [...] funestes aux nations qui ont des mœurs » (p. 71). Si Manlius l'intéresse, c'est pour avoir voulu « affranchir les Romains de l'oppression du sénat » (p. 194), en évitant aux débiteurs insolvables de tomber dans l'esclavage. Les Gaulois, on l'a vu, révoltés par les exactions fiscales de leurs maitres (mais le texte est peu clair) « se vendirent en esclavage » (p. 241). Il est donc fort peu question, ici, d'une institution qui permettait dans l'Antiquité (et a permis de nouveau, du 16e au 19e siècles, dans les colonies [4]) l'exploitation la plus brutale de la force de travail d'un être humain. Mais ne nous en étonnons pas plus que de l'absence d'un discours sur la conquête romaine. De Rome, Marat n'a presque retenu que ce qui lui permettait de faire des rapprochements avec l'histoire des peuples modernes, essentiellement de l'Europe. Or l'esclavage, au sens propre du terme, n'y sévit pas, refoulé qu'il est dans de lointaines colonies [5].

Il est d'ailleurs caractéristique que ce soit surtout la réduction du citoyen en esclavage par impossibilité de payer ses dettes qui ait retenu son attention. La chose était courante à Rome, et Tite-Live l'évoque à plusieurs reprises, notamment dans un passage saisissant du livre II (ch. 23). Marque impitoyable du pouvoir exercé par les riches contre les pauvres (un pouvoir sanctionné par la loi), elle constitue la forme extrême du dessaisissement subi par un citoyen de la fraction de pouvoir qu'il exerçait dans la cité : comment pourrait-il encore être partie du « souverain », alors qu'il ne s'appartient plus ? Mais les « esclaves » dont Marat se plait à parler sont d'une autre sorte : on en trouve dans la Rome antique, mais aussi dans les États modernes, y compris « dans une ile qui para[it] [le] dernier asile [de la liberté] », c'est-à-dire l'Angleterre (voir notice p. 5). L'emploi métaphorique du terme permet à Marat de développer le double aspect du processus qui conduit au pouvoir absolu : les tyrans travaillent à le produire et ne ménagent pas leurs efforts pour y atteindre ; les peuples, faute de vigilance, par « sottise » et par d'autres traits, forgent eux-mêmes leurs propres fers. Il convient donc de rechercher les rapports que tisse Marat entre l'histoire moderne et l'histoire ancienne (spécialement romaine) et la philosophie de l'histoire qui s'en dégage. Le profond pessimisme qui marque bien des pages des *Chaines de l'esclavage* et qui parait couronné par la dernière phrase du livre [6], comment le Marat révolutionnaire,

---

4. Mais le Marat de la période révolutionnaire est plus sensible à cet attentat aux lois de la nature que constitue l'esclavage (des noirs) : il n'hésite pas à écrire dans *l'Ami du peuple* n° 624 (12-12-1791) : « Pour secouer le joug cruel et honteux sous lequel ils gémissent, [les esclaves noirs] sont autorisés à employer tous les moyens possibles, la mort même, quand dussent-ils être réduits à massacrer jusqu'au dernier de leurs oppresseurs » (cité dans *Textes choisis* de Marat, Paris, Éd. sociales, 1963, p. 244-5).

5. Ou dans les jeunes États-Unis d'Amérique, que loue Marat (dans l'édition française), comme il loue les Suisses parce que ce sont les seuls chez qui l'on trouve aujourd'hui « des soldats citoyens » (p. 133).

6. « Telle est la marche ordinaire des princes au pouvoir absolu. Ainsi la liberté a le sort de toutes les autres choses humaines : elle cède au temps qui détruit tout, à l'ignorance qui confond tout, au vice qui corrompt tout, et à la force qui écrase tout » (p. 321-322).

sans le renier, a-t-il pu, quand il devient « l'ami du peuple », le tourner dans le sens de l'espoir ? Comment le peuple pourra-t-il reconquérir de façon durable, sinon irréversible, sa liberté ?

Ce qui frappe d'abord, c'est la *banalisation* de l'histoire romaine. Rome est privée de sa dimension conquérante ; le sénat est comme tous ces monarques d'hier et d'aujourd'hui qui cherchent à usurper toute l'autorité ; et tant pis si l'évolution, sous la République, est en fait l'inverse de celle de la plupart des monarchies européennes, si la plèbe acquiert une place au soleil en revendiquant ses droits, et si, au contraire, le peuple français, notamment à partir de Charles VII, voit les siens dépérir ; tant pis aussi si le modèle anglais de conquête des droits, lors de la chute des Stuarts, est comme noyé dans l'ensemble européen où l'absolutisme se maintient ou même gagne du terrain.

Si l'histoire de Rome perd ainsi sa spécificité et son éclat, au point qu'on peut se référer indifféremment à elle ou à celle des nations modernes pour faire le procès de gouvernants toujours avides d'un pouvoir étendu, et de gouvernés trop souvent passifs, il en ressort une philosophie de l'histoire profondément pessimiste : l'histoire se réduit aux efforts presque toujours couronnés de succès d'hommes ambitieux, avides de dominer, et à ceux, presque toujours vains, des peuples pour entraver la marche vers le despotisme, quand ils n'y prêtent pas eux-mêmes les mains.

Cependant on peut découvrir une vertu positive dans ce pessimisme, laquelle va permettre à Marat, la Révolution venue, de jouer, essentiellement dans le journalisme politique, un rôle important : sans illusion sur les puissants et sur le peuple, il ne cessera d'avertir, de prévoir le pire, de sonner l'alarme, parce que l'historien, en lui, se souvient de tous les pièges tendus, dans l'histoire ancienne et moderne, par ceux qui ont le pouvoir, et de toutes les faiblesses de ceux sur lesquels ce pouvoir s'exerce. Rome désacralisée, démythifiée (dût la vérité historique en souffrir), l'histoire moderne mise au même niveau, voilà qui crée l'égalité entre peuples anciens (et le plus prestigieux d'entre eux) et peuples d'aujourd'hui. La même flétrissure s'attache aux despotes de l'antiquité et à ceux de ce siècle et des siècles immédiatement antérieurs. C'est surtout aux rois d'Angleterre qu'il s'en prend, notamment aux Stuarts, sans jamais se lasser, se livrant même à un parallèle sur les atrocités respectives qu'on peut reprocher aux pires empereurs de Rome et à Jacques II (p. 307, n. 1) : la même dérision amère frappe la plèbe romaine qui s'en laisse imposer par le sénat, puis par les empereurs, et les peuples modernes incapables de se soustraire au joug.

Telle est la voie inattendue qui permet à l'ouvrage de Marat de n'être pas désespéré. Chacun sait que Rome a péri, que sa domination étendue aux limites de « l'univers » s'est peu à peu effondrée : sur ce point Marat suit Montesquieu, qui sait gré aux barbares d'avoir détruit ce gigantesque système d'oppression que fut l'empire romain. De même, les monarchies modernes ne sont pas éternelles, du moins sous la forme despotique qu'elles connaissent. Ainsi l'Angleterre, à la fin du 17ᵉ siècle, a dû se convertir au libéralisme [7] et, tout récemment, après une guerre de plusieurs années, consentir à ce que ses colonies américaines se séparent d'elle et constituent la première démocratie moderne (malgré l'esclavage) (p. 133). Ainsi, traiter de Rome comme Marat l'a fait (même si elle est l'exemple privilégié du dernier chapitre de son livre, où culmine le despotisme auquel on parvient dans le 1ᵉʳ siècle de l'Empire) avait en quelque sorte une valeur libératrice. Rome cesse d'être la référence par excellence pour ce qui est de la liberté, du courage comme de l'oppression et de la lâcheté. Et s'il existe une tendance générale qui conduit à la perte progressive de la liberté, Marat n'ignore pas qu'un peuple est capable de sursauts, et que ceux qui aspirent à le réduire à la servitude peuvent échouer (voir l'ultime note du livre, p. 321-322). La Rome antique, les États modernes, ont connu de telles « révolutions ». Ainsi l'analyse des Romains d'autrefois, à laquelle se juxtapose celle des Anglais, Français, Espagnols, Vénitiens, etc. d'aujourd'hui (ou d'hier), interdit un pessimisme radical. Les « idées faites » avec lesquelles Marat « [arriva] à la Révolution », comme il le dit lui-même (*Textes choisis, éd. cit.*, p. 7), impliquent donc la conscience lucide, grâce à Rome et malgré elle, grâce aussi à toute l'histoire écoulée depuis elle, que la liberté est toujours menacée, très souvent vaincue, mais jamais abattue au point de ne pouvoir renaître.

Les Chaines de l'esclavage contiennent la représentation que Marat s'est faite, bien avant la Révolution, et qu'il a ensuite conservée, de l'Antiquité romaine. A une Rome célébrée et incomparable, que lui léguait toute une tradition, et jusqu'à son maitre Montesquieu, il a substitué une Rome beaucoup moins prestigieuse, marquée seulement, comme le sont tous les peuples, par quelques avancées et beaucoup de reculs dans le combat pour la liberté. Cette attitude attentatoire à la « grandeur » romaine

---

7. Libéralisme fragile. C'est pourquoi Marat met en garde les Anglais contre les tentatives que fait George III, avec l'aide du Parlement, pour limiter la liberté de la presse (voir p. 176-177).

(qui apparaissait, malgré la contradiction, jusque dans sa chute) reste isolée. Rome pèse sur toutes les générations qui vont se succéder au 19ᵉ siècle, et encore après : l'idée d'empire conçue par la France et l'Angleterre coloniales, par d'autres puissances encore, est, en Occident du moins, une idée « romaine ». Marat détache de l'histoire de Rome son caractère impérial pour se limiter aux combats internes et aux manifestations du despotisme exercé sur les seuls Romains ; il lui ôte son lustre et, par là, peut guérir ses lecteurs d'une fascination dangereuse. Son échec sur ce point n'est que l'un des aspects d'un échec plus vaste : on sait que Marat n'a guère été entendu, ni de son temps, ni plus tard.

PATRICK ANDRIVET
Université Denis-Diderot (Paris-VII)

UNIVERSITÉ D'ORLÉANS
Relations internationales

La visioconférence

L'université d'Orléans est la première de France à s'être dotée d'un studio de visioconférence, technique assurant à distance une liaison interactive (image et son) par écrans interposés. Cet équipement très moderne, qu'elle met aussi à la disposition des entreprises, lui a permis de prendre en charge des cours de français à mi-temps avec des universités suédoises (la Mitthögskolan et l'Université de Gävie-Sandviken) et reste un atout considérable pour la poursuite de son développement international.

La visioconférence offre un large champ d'applications, et l'Université d'Orléans, pionnière en ce domaine, espère en faire profiter des partenaires étrangers de plus en plus nombreux.

Les échanges

L'Université d'Orléans participe activement aux programmes européens : ÉRASME-LINGUA (quinze programmes d'échanges d'étudiants et plusieurs d'échanges d'enseignants), TEMPUS (avec la République Tchèque, la Slovaquie et la Roumanie) et COMETT (stages en entreprises à l'étranger, en association avec la Chambre Régionale de Commerce et d'Industrie, le Conseil Régional et l'Université de Tours).

En outre, dix universités américaines, deux universités suédoises, une université japonaise, une université australienne et une université allemande ont signé avec l'Université d'Orléans des accords de coopération. Ce partenariat se concrétise par des échanges qui permettent aux étudiants de passer un semestre ou une année d'études hors de leurs frontières.

Château de La Source - B.P. 6749
45067 ORLÉANS Cedex 2
Tél. : (33) 38 41 71 88 - Fax : (33) 38 41 70 69

L'ANTIQUITÉ CHEZ PHILIPPEAUX

Pierre Philippeaux naquit en 1759 à Ferrières dans la Sarthe. Homme de loi, conventionnel, il s'acharna à demander l'exécution de Louis XVI, dont il vota la mort avec enthousiasme. Auteur d'un projet de constitution [1], ce fut un extrémiste convaincu, dont certaines propositions effrayèrent les plus enragés des Montagnards : ainsi voulait-il trainer dans la salle où l'on jugeait le roi les blessés du 10 août, pour convaincre tout un chacun de la perversité du monarque ; de même préconisait-il la mise sur pied d'un tribunal révolutionnaire sans jurés, dont Barère dit lui-même que c'était une « monstruosité ». Il montra tant de violence et d'emportement qu'il finit par déplaire à tout le monde : arrêté le 30 mars 1794 comme conspirateur, il fut traduit devant le tribunal révolutionnaire et condamné à mort le 5 avril. Victime de ces excès qu'il voulait renforcer encore, Philippeaux pensait sans le moindre doute détenir la vérité : à Fouquier-Tinville qui, lors de son procès, ironisait sur son compte, il rétorqua : « Il vous est permis de me faire périr, mais je vous défends de m'outrager » [2]. Bien que ses contemporains ne semblent pas avoir eu pour lui une estime débordante [3], ce personnage se considéra comme un martyr [4].

Comme beaucoup d'autres à son époque, Philippeaux cite l'Antiquité dans ses écrits politiques, mais les citations sont chez lui d'un genre particulier. Tout d'abord, dans le recensement général

---

1. 71 députés de la Convention (voir la liste dans notre ouvrage *Les Toges du Pouvoir*, (Toulouse, Éd. Éché et Université Toulouse-Le Mirail, 1986, p. 401, n. 59) proposèrent un projet de constitution à l'assemblée.
2. Ces renseignements biographiques figurent sur la page de garde du journal *Le Défenseur de la Vérité ou l'ami du genre humain* qu'il fit paraître du 5 janvier 1793 au 10 Frimaire an II (B.N. 8° Lc² 773).
3. Dans un discours publié au *Moniteur* (an II, n° 111, p. 446), Robespierre déclare « Les anciens ont fait des Philippiques, et Philippeaux n'a composé que des Philippatiques. »
4. Voir sa « Troisième et dernière lettre à sa femme », qui fait suite à une *Réponse de Philippeaux à tous les défenseurs officieux des bourreaux de nos pères dans la Vendée, avec l'acte solennel d'accusation, fait à la séance du 28 nivôse* (B.N. Z 14293 (2)).

---

qu'on peut faire des citations à l'Antiquité à partir des textes du *Moniteur*, Philippeaux n'apparait que quatre fois (voir *Les Toges du Pouvoir*, p. 506) ; cela ne signifie pas qu'il ne cita que quatre fois l'Antiquité dans toute sa carrière, mais que le *Moniteur* ne l'a retenu qu'à quatre reprises. Signe que ce n'était pas un ténor de l'assemblée ou qu'il n'affectionnait pas particulièrement les Anciens ? Un peu les deux.

Philippeaux réserva sa plume pour son journal *Le Défenseur de la Vérité ou l'ami du genre humain*, dont il semble avoir été le principal, sinon (pour certains numéros) l'unique chroniqueur. Dans ces feuilles, auxquelles il convient d'ajouter quelques autres rapports, discours ou opinions, Philippeaux cite dix-sept personnages de l'Antiquité romaine, onze de l'Antiquité grecque, treize lieux ou peuples de l'Antiquité grecque et quatre de l'Antiquité romaine. Comme l'ensemble de ses contemporains, Philippeaux effectua des choix parmi ces références : chez les « bons » on retrouve Brutus, Decius, Caton et... les femmes spartiates, chez les « méchants » César ; Rome et les Romains sont tantôt positifs, tantôt négatifs, selon les périodes considérées. Il est intéressant de noter que peu de références sont affectivement neutres ; même les personnages mentionnés une seule fois sont en principe « chargés », en général de manière positive : chez les Romains six sur dix-sept seulement sont condamnés ; chez les Grecs, les chiffres doivent être interprétés différemment (l'accumulation de données dans le numéro 41 du *Défenseur de la Vérité* ne doit pas faire illusion : Philippeaux évoque beaucoup de réalités grecques en vilipendant... César ; ici la seule analyse chiffrée ne signifie rien). Au fond, tout se présente comme si Philippeaux dressait une sorte de catéchisme moral avec quelques saints à honorer au gré des circonstances ; une fois encore, il y a bien là similitude avec les députés de la Convention, mais chez ces derniers toutefois les « vertueux » ne représentaient que 44 % de l'ensemble (*Toges du Pouvoir*, p. 110). Philippeaux est plus engagé, politiquement plus dur. En outre, il cite assez abondamment l'Église primitive et la Bible. Chez ce personnage qui voulait être « chrétien comme un quaker », comme il le disait, il y a là une démarche originale qui accroit sa spécificité par rapport à ses contemporains.

Par ailleurs, si on observe les sujets sur lesquels Philippeaux en appela à l'Antiquité, on peut distinguer quatre catégories : 1° les grands évènements politiques (la guerre contre la Vendée et les hostilités en général, le procès de Louis XVI), 2° des réflexions politiques (centrées sur les notions d'égalité et de vertu), 3° des réflexions sur la constitution ou sur des points d'administration (la division administrative du territoire français, la convocation aux assemblées primaires, l'enseignement), 4° la législation. Ce conventionnel est donc un publiciste, inspiré pour refaire le monde à l'aune de ses critères sur fond de modèle antiquisant. En cela il reste proche de beaucoup de ses condisciples. En revanche, là où il devient original, c'est que, dans presque tous ces domaines, il « traite » l'Antiquité comme un élément de son dogme politique : les Anciens lui servent d'*exempla* (c'est une hagiographie), mais en même temps il n'omet pas de rappeler que les Modernes sont supérieurs aux Anciens.

En somme, cet homme parle de son époque et grâce à l'Antiquité il pense sans doute en parler mieux : Brutus, le poignard-allant-frapper-le-tyran, modèle entre les modèles, fait rougir encore le « tyran » César d'avoir eu si peu de vertu ; on aurait peut-être attendu plus de références à Tarquin. Ensuite on s'apercevra que Philippeaux sait peu de choses et commet même parfois de grossières erreurs. Bref, il utilisera l'Antiquité dans son discours politique aussi bien pour construire un ordre nouveau que pour détruire l'ordre ancien.

Philippeaux est un de ces législateurs révolutionnaires qui redéfinissent le « logos » (*Toges du Pouvoir*, p. 179 s.) ; tout comme on a pu l'observer de manière générale (*ouvr. cit.*, p. 177 s.), l'Antiquité permet d'une part la requalification du niveau politique, d'autre part elle suscite des modèles administratifs.

La pensée de Philippeaux, manichéenne inégalitaire, est innervée d'une Antiquité à la manière d'un catéchisme. On retrouve sous sa plume les exemples les plus connus : l'éducation d'Achille (*Le Défenseur...*, n° 36, p. 584) ou les vertus des anciens Romains (*ibid.*, p. 585). Ce que le conventionnel veut démontrer, c'est que la république doit reposer sur un fort code de valeurs morales ; le dire, au nom des principes de 89, ne suffit pas. Mais se faire « gratuitement » idéologue, c'est-à-dire sans s'appuyer sur l'autorité du prestigieux passé gréco-romain, serait bien hasardeux. C'est pourquoi, comme tous les Montagnards ses contemporains, mais aussi comme beaucoup d'autres qui ne sont pas Montagnards, il tente de persuader ses lecteurs qu'il est un des dépositaires des vertus antiques.

C'est donc tout naturellement qu'il peut écrire à sa femme, juste avant son exécution : « J'ai toujours invoqué l'âme de Brutus et celle de Caton ». Sans doute le croit-il sincèrement car, après s'être réclamé en ce moment solennel de cette forte caution morale, il dicte ses dernières volontés au sujet de son fils : « Je laisse auprès de toi une tige précieuse, digne de la république ; tu te dois tout entière à l'éducation de cet être intéressant. Communique-lui ton âme et la mienne ; les exemples de son père le porteront à la vertu. » L'âme héritée de ses parents sera composée d'une moitié de Caton/Brutus (legs paternel), on l'a vu, et d'une moitié de Porcia/Cornélie (legs maternel), dont Philippeaux parlait juste avant. Une telle référence, lors d'un moment aussi crucial, conduit à penser que pour Philippeaux l'évocation de l'Antiquité dépassait la simple clause de style, même si, nous ne cesserons pas de le constater, ses emprunts sont à la fois pauvres et sommaires. C'est parce qu'il y a charge affective qu'une expression aussi répandue que « les beaux jours de Rome et de Sparte »[5] revêt chez lui une portée tout à fait significative et éloquente.

A ces belles vertus antiques, qui doivent servir de modèle de conduite dans les temps troublés que vit Philippeaux, il oppose de laides turpitudes, antiques aussi, qui, contre-épreuve des premières, permettent de recomposer à coup sûr un dogme manichéen inégalitaire ; ainsi en va-t-il de la référence à César, tyran orgueilleux (*Le Défenseur...*, n° 6, p. 96). La démarche de Philippeaux ne présente donc aucun caractère spécifique à ce niveau de l'analyse : il traite l'Antiquité comme un simple corpus de connotants, à la manière de plusieurs de ses contemporains. En revanche, il a une façon bien à lui de parler de l'enseignement.

Dans le numéro 46 de son journal (daté du sextidi 2e décade, brumaire II), il consacre plus d'une dizaine de pages à des réflexions sur l'enseignement. Pour définir les trois parties de l'enseignement (la première qui développe les forces intellectuelles, la seconde qui consiste en une éducation du cœur, c'est-à-dire les mœurs et les vertus, la troisième qui comprend tous les exercices pour augmenter la force et la souplesse du corps), il évoque la Grèce. Cela ne surprend pas le lecteur qui se souvient de la vogue du modèle spartiate chez les Montagnards et du succès (théorique, car sur le terrain les réalisations furent étiques) du plan d'éducation de Lepelletier de Saint-Fargeau, lu à l'assemblée par Robespierre. Lisons Philippeaux : « Quant aux anciens législateurs qui se sont principalement occupés de l'éducation, le législateur des Crétois, par exemple, et celui des Spartiates,

---

5. A propos des femmes de Châteauroux qui sont venues le ceindre de la couronne civique : « ... un cortège de dames patriotes, la plupart belles comme l'Amour, vinrent me complimenter d'une manière digne des beaux jours de Rome et de Sparte » (*Compte rendu à la Convention Nationale* B.N. 8° Lc³⁹ 36).

je ne sais pourquoi l'on nous cite encore si souvent leurs institutions. Je veux croire un moment qu'elles étaient convenables à leur nation et à leurs siècles ; c'est précisément pour cela qu'elles ne nous conviennent point. » Le ton est donné : l'ancien c'est bien, mais le moderne, c'est mieux. Dans cette approche, Philippeaux se range non seulement aux côtés de certains révolutionnaires, mais surtout des intellectuels des 17ᵉ et 18ᵉ siècles face à l'Antiquité : dans la querelle des Anciens et des Modernes, ces derniers l'emportent ; Philippeaux n'hésite pas à écrire qu'il y a autant de différence entre les Anciens et les Modernes qu'entre « les proportions débiles de l'enfance et la vigueur de l'âge mûr. » On ne saurait être plus clair.

Quant au contenu de l'enseignement tout d'abord, il faut relativiser « la langue de l'ancienne Rome » et les « romans politiques, faiblement échafaudés d'après la république de Platon, ou d'après les romans historiques composés sur Lacédémone. » Si l'attaque contre le *Voyage du jeune Anacharsis* de Barthélemy est à peine voilée, quels sont les « romans politiques » visés par Philippeaux ? Rousseau ? Peu probable, car le conventionnel révère le citoyen de Genève, auteur d'*Émile*, « immortel ouvrage », enté sur « le système de Platon ou plutôt l'intérêt de la nature » (priorité aux Modernes, toujours). Montesquieu ? Peut-être, car Philippeaux l'attaque à travers sa théorie des climats : « La Grèce n'était point une terre privilégiée ; ce n'est pas, il faut en convenir, parce que la petite ville d'Athènes était située sur le 39ᵉ degré de latitude qu'elle a produit, dans l'espace d'un siècle et demi, un plus grand nombre d'hommes prodigieux en tous genres que les plus vastes États de l'Europe moderne dans l'espace de quatorze siècles. » On remarquera dans ce dernier exemple que les Anciens peuvent sembler supérieurs aux Modernes. C'est à nuancer : les Anciens vivaient sous l'empire de la liberté ; en cela ils étaient grands. « Les descendants de Thémistocle et d'Aristide, les descendants de Socrate et de Sophocle » sont en fait esclaves et victimes de « la verge d'un pacha » et de « la férule évangélique d'un archimandrite ». Mais que les Modernes en viennent à se libérer, et ils seront plus grands que les Anciens car, à leur différence, ils ont, eux, compris le mystère du monde et ce qui fait la grandeur des peuples : la liberté et la vertu.

Étrange conformisme de Philippeaux en fait : la pensée chrétienne, tout en relevant la profondeur des Anciens, constatait qu'ignorant la Révélation, ils ne pouvaient qu'être inférieurs aux chrétiens ; Philipeaux croit de même ; simplement la « Révélation » est chez lui d'une autre nature. Ainsi, pour résumer d'un mot le dogme politique que propose Philippeaux en s'appuyant sur l'Antiquité, on pourrait dire, nous détenons aujourd'hui (c'est-à-dire, sous la Révolution) la Vérité et nous profitons du legs de nos grands anciens.

En matière administrative, Philippeaux présente plus d'une originalité. Dans une *Motion d'ordre sur l'organisation politique des citoyens français* (du 27 mai 1793) [6], il préconise de grouper les citoyens en « dizaines, centaines et milliers ». Nous avons déjà pu constater que cette option « présentant des vestiges de pouvoir ultra décentralisé, parait assez isolée » (*Toges du Pouvoir...*, p. 187). Analysons un peu plus en détail ce document. C'est sur Tacite que Philippeaux prétend s'appuyer pour proposer ses découpages :

> Au rapport de Tacite, nos pères les Germains étaient divisés en tribus, par le moyen desquelles ils jouissaient de la plus grande liberté politique, avant que les mœurs corrompues des Romains dégénérés, la superstition stupide, inspirée par la fourberie des prêtres, et l'institution monstrueuse de la royauté les eussent abâtardis. Dix familles formaient une association qui choisissait son arbitre ou son juge en temps de paix, et son chef en temps de guerre... Dix associations envoyaient chacune un député dans le lieu dont on était convenu : ceux-ci servaient d'arbitres, conciliaient les différends, et exprimaient ce que l'on pourrait nommer la volonté des cent. C'est ainsi qu'en procédant par degrés jusqu'au *maximum* de toute la société, elle se trouvait définitivement représentée par une assemblée générale.

D'où Philippeaux a-t-il tiré cette description si précise ? Dans *La Germanie*, Tacite évoque bien des centaines pour l'armée [7] et pour la justice [8], mais point de dizaines et surtout point de milliers. L'organisation en milliers semblerait d'ailleurs bien anachronique dans cette société mouvante. Philippeaux ne confondrait-il pas avec l'organisation des Mérovingiens, où les habitants sont groupés en unités de dix, cent, cinq-cents ou mille ? Par ailleurs, le système prétendument germanique qu'il préconise fait largement penser aux listes de notabilités de la constitution de

---

6. Conservée à la fois aux Archives Nationales sous la cote AD XVIIIᵉ 258, pièce 117, et à la B.N. dans la collection complète du *Défenseur...*, dont elle constitue une partie du nᵒ 23.

7. « Le nombre même en est fixé : ils sont cent de chaque canton, ainsi sont-ils désignés parmi les leurs et ce qui d'abord fut un nombre est désormais un nom et un titre » (*La Germanie*, VI, 5).

8. « On choisit encore dans ces mêmes assemblées des chefs qui rendent la justice dans les cantons et dans les bourgs ; cent assistants tirés du peuple sont adjoints à chacun pour lui donner conseil et autorité » (*ibid.*, XII, 3).

l'an VIII, dont on sait qu'elles satisferont si peu la population (consciente d'être dupée) que Bonaparte devra prévoir, en l'an X, un système de collèges électoraux, dans lesquels Philippeaux aurait retrouvé avec stupeur des « centaines » et des « milliers ». Quant à l'« assemblée générale » de ces Germains d'opérette, elle est sans doute constituée par le *mallum* ; hélas pour le conventionnel sarthois, le *mallum* existait dans chaque *civitas* (tribu) et non point à l'échelon d'une hypothétique « nation germanique » qui ne relève que de la fantaisie.

Le modèle sur lequel s'arcboute Philippeaux n'est qu'un accessoire dans un magasin de l'imaginaire, mais sa démarche politique n'en reste pas moins inquiétante : après avoir doctement exposé les idées que nous avons rapportées et qu'il synthétise au sein de sa trilogie, il note : « il ne s'agit pas encore du mode des élections ». Que cet « encore » est éloquent ! On retrouve bien ici la même tournure d'esprit : en matière de dogme politique ou d'enseignement, les Modernes, heureusement instruits par les Anciens, mais supérieurs à eux car plus éclairés, sont en définitive de meilleure venue.

La naïveté ignorante dont il fait preuve est, en définitive, touchante, à moins qu'un « centralisme démocratique », fonctionnant chez lui à sens unique, du haut vers le bas, ne soit à terme le but poursuivi. Si on suit notre « défenseur de la Vérité », le système tripartite constituerait une pyramide idéale de gouvernement « pour porter la lumière jusque dans les plus petits hameaux, un mécanisme admirable, dont les ressorts se meuvent par une impulsion simultanée, depuis l'agence exécutive de l'État jusqu'au chef de chaque dizaine »... ce qui permet de constater 1° qu'il a oublié les mésaventures des derniers Carolingiens, incapables de maitriser ce type de construction politique voulu par Charlemagne, 2° que la monarchie absolue vomie par Philippeaux fonda pourtant ses assises sur la fiction que le roi occupait le sommet d'une pyramide vassalique, 3° que l'« ami » se montre favorable à un système de confusion des pouvoirs où l'assemblée générale des habitants serait en même temps « l'agence exécutive de l'État », à moins que ce ne soit un pouvoir délégué, ce qui n'est dit nulle part et ce qui, alors, s'apparente à certaines pratiques de comités dont l'histoire nous a appris ce qu'il fallait en penser, mais que Philippeaux soutient.

De fait, si l'on considère le « projet de Décret » (en cinq articles) proposé par notre homme sur la base de ces principes, on constate avec étonnement que le « défenseur » partage les idées de Bonaparte : « une bonne constitution doit être courte et obscure ». On lit en effet avec surprise dans l'article 1 que les citoyens seront divisés par tribus (les *civitates* de Tacite) « en voisinage de dizaines, centaines et mille », que chaque « agrégation de citoyens aura un chef civil et un chef militaire » (art. 2) sur le pouvoir desquels l'« ami » s'attarde beaucoup, sans jamais dire ni comment ils seront institués, ni quelles seront les prérogatives de ces nouveaux Germains groupés en tribus. On sait bien (art. 3) qu'au sein de chaque tribu se trouvera un établissement d'enseignement, ouvert aux adultes le dimanche pour des cours de « formation continue » dirait-on aujourd'hui (à l'époque il s'agit de « s'instruire des droits et des devoirs de l'homme libre, prendre connaissance des lois, des principes du gouvernement et de la morale publique »), mais on frémit un peu quand on voit notre « ami » confier aux comités de législation et d'instruction publique le rapport à faire sur son projet « et sur la mesure de fonctions politiques qu'il convient d'attribuer aux chefs de dizaines, centaines et mille » (art. 4). Heureusement, Philippeaux nous éclaire sur ses intentions : tout cela est fait pour le bonheur de l'humanité sans « réminiscence odieuse à la plèbe féodale », mais avec « le soin de les [les citoyens] unir de proche en proche par une harmonie fraternelle » ; comme chez les Germains, en somme !

Après avoir exposé quelle était la conscience de l'ordre nouveau chez Philippeaux, nous devons montrer (et la mention de la « plèbe féodale » nous y incite) comment la référence à l'Antiquité l'autorise à détruire l'« ordre ancien », ce qui, dans l'esprit du « défenseur », désigne deux adversaires : l'Église et la monarchie.

L'Église est haïssable, pour cet adepte de la Vérité, parce qu'elle délivre de fausses vérités ; c'est pourquoi il l'attaque sur deux fronts : d'une part en rappelant la grandeur de l'Église primitive, d'autre part en s'insurgeant contre l'Église de Rome [9].

Dès le numéro 1 de son journal, Philippeaux brosse un portrait sympathique de la « secte des Nazaréens », qu'il faut entendre comme nom porté « quelques temps » par la « secte obscure des chrétiens », qu'il définit alors comme « une espèce de francmaçonnerie assez semblable à la nôtre, dont la liberté et l'égalité

---

9. Il ne se déclare toutefois pas athée, mais dit de lui et de ses semblables : « nous deviendrons chrétiens à la mode des quakers » (*Le Défenseur*..., n° 35, p. 295).

étaient la base ». Apparemment le « défenseur » connait aussi mal l'Église primitive que la Germanie, à moins qu'il ne soit mal documenté sur la franc-maçonnerie. Toujours est-il que, sans s'interroger outre mesure sur un diachronisme osé, il écrit (mais il n'est pas le seul à le faire à son époque) que « la bonne Nouvelle des Nazaréens de Jérusalem était un sans-culottisme tout pur » (*Le Défenseur...*, p. 14). La preuve, « Paul était un faiseur de tentes », ce qui est donc bien la marque que Jésus-Christ a choisi le peuple et singulièrement le peuple pauvre puisque, si on en croit le « défenseur », Paul ne gagnait que « 30 ou 40 sols » par jour. D'autres considérations sur l'Église primitive reviennent à deux reprises dans le journal (n° 14 et n° 20) ; l'auteur y varie sur la notion de démocratie idéale qui régnait alors (sans s'interroger le moins du monde sur ce que ses plans d'administration peuvent avoir de peu compatible avec cet égalitarisme primitif) : les évêques étaient élus par le peuple (sous-entendu : c'est bien), mais saint Martin « paysan mal vêtu et mal frisé » [10] (sous-entendu toujours : c'est bien) était rejeté par les autres évêques (sous-entendu : c'est mal), mais il gagna en définitive et conquit le siège épiscopal de Tours, car « le choix du peuple l'emporta ».

Ces notations suggèrent deux remarques. 1° Le « défenseur » semble ignorer qu'à l'époque de saint Martin la charge épiscopale, certes élective, constituait une étape de la carrière administrative, à laquelle on accédait après bien d'autres marches, et que les évêques étaient rarement des obscurs. 2° Comment résoud-il cette apparente contradiction : les évêques sont élus, mais ils jalousent saint Martin ? Le peuple se serait-il trompé, ou la fonction perver-tirait-elle ? (Mais alors saint Martin serait un futur perverti, sauf si, par la grâce de ses origines, il était préservé de toute souillure ?) L'« ami » ne se garde pas contre cette éventuelle critique, mais nous instruit beaucoup en notant qu'« un certain Maliface [11], cano-nisé dans la suite pour avoir foulé aux pieds les droits de l'homme » succéda à Zosime (auquel, comme à Martin, Philip-peaux conserve le titre de « saint », on ne sait pourquoi). Outre

---

10. En fait saint Martin était fils d'un tribun militaire, mais il est vrai que sa pratique épiscopale « populaire » lui attira les foudres de plusieurs de ses contemporains et qu'il ne mourut pas en odeur de sainteté.

11. Zosime mourut en 418 ; Eulalius, considéré comme antipape, ne régna qu'un an (418-419) ; le pape légitime aux yeux du Saint-Siège est Boniface Ier (418-422) — on voit le jeu de mots dans lequel Philippeaux se laisse entraîner sur Boniface/Maliface.

le fait que l'anachronisme est décidément cher à l'esprit du personnage, on notera qu'il cherche à attaquer l'Église de Rome.

Dans le numéro 21 du journal, Philippeaux nous offre un bel exemple de ce « logos » qui sert de trame structurante à la pensée révolutionnaire : puisque le dogme repose sur une certitude (celle de sa supériorité et de son « bon droit »), le dépositaire, parce que défenseur de la Vérité, s'adresse à l'intérieur de l'hexagone et à l'extérieur. Tel est le sens de l'*Adresse aux Romains*. L'« ami » commence par se désoler : « Postérité des héros de Rome, considère ce qu'ils furent et ce que tu es ; vois ce que fut Rome jadis libre, et ce qu'est Rome aujourd'hui *sainte* » ; le diagnostic est posé : d'un côté une belle Rome ancienne, d'un autre côté une laide Rome moderne ; les choses sont telles parce que la première Rome était libre et que la seconde est esclave de l'Église (les italiques affligeant le qualificatif « sainte » le prouvent assez) ; il incombe donc aux hommes de la fin du 18e siècle d'« aider » les Romains de l'heure à redevenir dignes de ce que furent leurs ancêtres, en exportant les principes et les valeurs de 1789 aux riverains du Tibre, non pas par le biais d'une conquête mais par la révélation des principes de Vérité, quitte à se faire le bras armé de cette transfiguration. Alors, fidèles aux Anciens mais plus éclairés, les Modernes leur seront supérieurs.

Après sa forte déclaration liminaire, Philippeaux laisse entendre la supériorité considérable du sénat, des consuls, des tribuns, des légions, des cérémonies religieuses (en évoquant la majesté du peuple romain) sur la chambre apostolique, les cardinaux, les *podesta*, les milices et les « farces » des « druides » (c'est-à-dire du clergé), en soulignant la misère de la « populace » contemporaine. Nous ne reviendrons pas sur ces clivages grossièrement manichéens, ni sur les aprioris (ou les ignorances) quant au fonctionnement institutionnel de la Rome antique (du reste de quelle Rome antique ? celle de la République ? à quelle époque ?) ; constatons simplement que Philippeaux rassemble en un amalgame démagogique toutes les rancœurs que la population romaine pouvait nourrir contre le gouvernement ecclésiastique. Ce discours ressemble à tant d'autres, tenus aux quatre coins de la planète tout au long de l'histoire, qu'il pourrait servir de parangon en raison de la banalité de son contenu. L'Antiquité n'est ici qu'un fonds de boutique parmi d'autres, auréolé simplement d'une forte connotation affective.

En outre, le rappel de l'Antiquité (que les Italiens ne pratiqueront pas même au moment de leur unité, mais simplement au début du 20e siècle lors d'une période particulièrement douloureuse de leur histoire) étaye l'appel à la révolte : « N'entends-tu pas sortir du fond de ces colonnes, des débris de ces temples, ruines augustes dont des images superstitieuses profanent aujourd'hui la sainteté, une voix qui te dit : "Autrefois on vit ici des hommes, il n'existe plus qu'une race dégradée" ? » Tout naturellement Philippeaux lance que l'« affront fait à une fille suffit pour les armer contre le tyran » ; l'insurrection contre le pape est donc non seulement juste mais indispensable, et puisque les Français descendent des Gaulois qui « allèrent autrefois jusque dans Rome », ils peuvent aujourd'hui, sur un mot (« dis un mot et nous partirons ») « servir » les Romains dans leur « noble conjuration contre les tyrans ».

Car Philippeaux se montre évidemment adversaire déclaré de la monarchie (pontificale ou autre), pour laquelle il ne trouve pas de mots assez durs. Sur ce point, l'Antiquité vient également à son secours, mais une Antiquité qu'on n'attendrait peut-être pas : celle de l'Ancien Testament (*Le Défenseur...*, n° 35, p. 292 à 295). L'« ami » part d'un constat : « Il s'était écoulé plusieurs siècles avant que le peuple d'Israël connût le fléau du gouvernement royal ». Il est vrai que les Hébreux ne se dotèrent d'un roi qu'à l'extrême fin du 11e siècle avant Jésus-Christ, mais les raisons de cette modification politique sont ambiguës. Les *Livres de Samuel* contiennent deux explications contradictoires : selon la première, Israël a demandé un roi à Dieu « pour être comme les autres nations », selon la seconde, c'est Dieu lui-même qui choisit de doter son peuple d'un roi. Pour Philippeaux tout est très clair parce qu'il ne doute pas de ses compétences à interpréter la volonté de Dieu : Dieu « avait en horreur tout ce qui portait le nom de roi » puisqu'il ne voulait pas en donner un à Israël et que, par ailleurs, il incitait son peuple à combattre « tous les rois du voisinage ». « Inconstants et soumis », les Hébreux se soulevèrent contre les juges devenus tyranniques (ce qui est bien aux yeux de l'« ami », mais il fallait alors substituer d'autres juges à ces « agens prévaricateurs » en « réformant leur gouvernement ») et ils « eurent la sottise de consommer leur esclavage en voulant se donner un roi ». Même donné par Dieu, le roi est mauvais. Du reste, Philippeaux n'explique pas, là non plus, la contradiction : si Dieu est tel, comment peut-il 1° céder aux caprices des hommes et 2° faire un mauvais choix ? C'est ainsi qu'« ils ne cessèrent d'être malheureux, accablés de toutes les misères qui peuvent peser sur l'espèce humaine ». Dès lors on peut se poser une question : pourquoi ne se sont-ils pas révoltés, une fois comprise leur erreur ? Après tout, les Romains ont bien chassé Tarquin, et Philippeaux le sait ; les Français ont bien châtié le roi, et Philippeaux s'est même acharné contre lui. La réponse tombe, sans appel : « Ils n'eurent pas en eux-mêmes, comme le peuple français, des ressources capables de briser ces fers ignominieux ».

Au demeurant, Philippeaux croit comprendre le sens de l'histoire dans ce qu'il a de plus ésotérique. Il voit en effet au *Livre d'Ezéchiel* (XVII, 15 s.) une prophétie qui « désigne les caractères de notre révolution en termes si clairs qu'il est impossible de s'y méprendre » (n° 42, p. 405). Ezéchiel avait prévu deux choses : 1° le jugement de Louis XVI qui devait le conduire à la mort ; cela est imminent (Philippeaux écrit le 1er décembre 1792). On comprend peut-être mieux l'acharnement qu'il mit à condamner le roi et l'enthousiasme que lui cause le verdict, s'il se pensait inspiré par Dieu. Plus que jamais, effectivement, il se voyait « défenseur de la Vérité ». 2° La poursuite « des fugitifs conspirateurs associés aux perfidies royales » de manière à les disperser « comme les feuilles poussées çà et là par le vent ». Le comité de législation travaille « actuellement », précise-t-il, à mettre la dernière main à une loi de cet ordre [12].

Si on entre dans le raisonnement de l'« ami », on ne peut que se souvenir du Nouveau Testament, dans lequel le Christ rappelle sans cesse qu'il accomplit telle ou telle chose « pour que se vérifie l'Écriture ». Philippeaux pensait-il écrire un nouvel Évangile ? Après tout, Saint-Simon écrira bien un *Nouveau Catéchisme* ! Mais si tel est le cas, cet « ami du genre humain », ce « défenseur de la Vérité », n'est rien d'autre qu'un nouveau prophète, un messie, martyrisé comme le premier par des compatriotes ne sachant pas ce qu'ils faisaient... Alors, comment ne pas sourire quand Philippeaux réplique à son juge : « Il vous est permis de me faire périr, mais je vous défends de m'outrager » ?

JACQUES BOUINEAU
Université Paris-X (Nanterre)

---

12. Il s'agit d'un décret contre les émigrés, incomplet car toujours en discussion au Comité de législation, mais que Philippeaux brule d'impatience de communiquer et que, de fait, il transcrit en l'état (p. 407-411 du même numéro).

L'ANTIQUITÉ TÉNARÉENNE DE BARÈRE

Tout autant que la Révolution, l'Antiquité hanta le 19ᵉ siècle, Marx les associa et l'historiographie y vit un décor obligé, une morale, des morales ou des imaginaires contrastés propres à conjurer l'angoisse des novations, le substitut obligé de l'impossible fondement des ébranlements premiers. Elle joue comme miroir et double inquiétant ou radieux, comme délice de l'imagination et *consolamentum*. Par-delà Lycurgue et Solon, il nous semble nécessaire de suivre les usages profonds de ces appels à la réminiscence de collège tout au long de la Révolution et pour l'un de ses acteurs principaux, Bertrand Barère, le plus prolixe de ses orateurs [1]. Plutôt que de nous interroger sur l'Antiquité proposée, nous pensons déplacer le procès en légitimité qui s'y déroule. Malgré les apparences, notre auteur n'en use que relativement peu [2] et s'en défie. Elle est pour lui une langue dépassée, un objet d'horreur et d'opprobre plus qu'un paradis perdu. Elle se joue dans sa péremption, faute de pouvoir s'ériger en lieu des origines. En cela Barère est révolutionnaire : homme des filiations impossibles, il ne peut juger et jauger le monde à l'ombre de quelque généalogie.

De révérencieuse, la référence à l'Antiquité devient infamante. Ce parcours est linéaire sous la Constituante. En toute continuité

---

1. Notre ambition première était de suivre l'usage de l'Antiquité chez Barère sur cinquante ans, de son premier éloge académique (1782) à son retour à Tarbes (1832), en y incluant tous les écrits de son exil belge, corpus sur lequel repose ma thèse, *Bertrand Barère sous la Restauration ou la rhétorique du Ténare*, sous la direction d'Alain Corbin (Paris, 1993).

2. Si on en croit les décomptes de Jacques Bouineau (*Les Toges du pouvoir ou la Révolution du droit antique*, Université de Toulouse-le-Mirail, éd. Éché, 1986) dont plusieurs approches sont fort utiles, en particulier ses périodisations par régime, Robespierre est au panthéon de la citation antique devant Barère. Or les chiffres sont à considérer au prorata de leurs interventions respectives. Nous prenons, avec Aulard, l'indice très grossier que constitue la longueur de leur énoncé récapitulatif au sein du *Moniteur* : 8 colonnes contre 11,5. Ainsi défini, le rapport est de l'ordre de 1 à 0,57 (et Saint-Just, viendrait en tête du palmarès puisqu'il concentre 57 références sur un ensemble qui s'énonce autour d'une colonne).

avec un éloge académique antérieur à la Révolution et selon une formule qui sera un des leitmotivs de sa vie [3], Barère s'écrie le 15 décembre 1789 : « C'est ainsi messieurs qu'à Rome, par une allégorie admirable on n'arrivait au temple de l'honneur qu'en passant par celui de la vertu » (t. 10, p. 575). En janvier 1790, il préconise encore, à l'instar des Romains, la distribution de couronnes civiques (t. 11, p. 402) [4]. Il ne parle que peu en 1789 [5] ; en 1790, il oublie le passé pour fonder l'avenir. C'est le mouvement même de l'Assemblée où J. Bouineau ne donne plus que 0,6 référence quotidienne là où quelques mois avant on frôlait les trois. Le 6 août 1790, il renvoie en note infra-paginale le long passé romain des bois et forêts (t. 17, p. 630), son évocation à propos des chasses royales est désinvolte, pire, elliptique, un approximatif « Voyez les lois des Romains » tient lieu de science (t. 18, p. 723). Simultanément, ce passé a perdu toute aura puisque Caton lui-même dut se justifier à 36 reprises devant les tribunaux (t. 17, p. 672). *Roma semper* certes, mais pas au péril du présent.

Est-ce à dire que la médiation d'autorité soit devenue superfétatoire ? Non, mais on en change, et Montesquieu, pour qui notre auteur manifesta une admiration sans borne [6], vient opportunément combler la lacune. Afin de ne pas nuire à la patrie, il admet avec le philosophe « qu'il y a des cas où il faut mettre un moment un voile sur la liberté comme l'on cache les statues des dieux » (25 février 1791, t. 23, p. 507), ruse quelque peu évasive qui ne

---

3. Dans *Éloge de Lefranc de Pompignan* produit pour l'Académie de Montauban et publié à Paris en 1806 dans ses *Éloges académiques* (p. 169). Le manuscrit de ces éloges figure aux Archives départementales des Hautes-Pyrénées, fonds Barère, F 65. On retrouve cette séquence dans son œuvre la plus politique, *De la pensée du gouvernement républicain publiée* (en l'an V) alors qu'il vivait clandestinement à Bordeaux (p. 107).
Nous citons les archives manuscrites du fonds Barère en indiquant seulement la cote. Pour les *Archives parlementaires*, nous ne mentionnons que le tome et la page.
4. Thème également repris, le 9 novembre 1792 (t. 53, p. 325) et le 21 mars 1793 (t. 60, p. 392) puis dans *De la pensée du gouvernement républicain*, p. 104, et encore en 1818, fonds Barère, F. 34.5. Voir ma thèse, *ouvr. cit.*, p. 193.
5. Il ne prit la parole que 11 fois pour 7 colonnes de texte selon les *Archives parlementaires* ; en 1790, il intervient 18 fois mais sur 47 colonnes et en 1791, 31 fois pour une valeur de 73 colonnes. On peut véritablement parler d'une voix qui se cherche et s'enfle.
6. Il envoya successivement trois éloges au concours ouvert par l'Académie de Bordeaux (Bibliothèque municipale, Ms 828-95, nos xv, xx et xx *bis*). Le premier parvint à Bordeaux en 1787, le dernier, un simple remaniement du second, présenté en 1788 fut encore modifié l'été 1789 alors que Barère publiait le *Point du jour*. Le 20 Juin, le 14 Juillet et le 4 Aout réactivaient son intérêt pour l'auteur de *L'Esprit des Lois* !

souligne que la défaillance argumentaire du texte ; il en produit la théorie le 24 mars 1791 : « Mais qu'importent les exemples quand on peut évoquer les principes et les fortes considérations » (t. 24, p. 330). Désormais l'Antiquité peut n'être qu'automatisme de langue lorsque les Catilina s'inscrivent dans une chaine sémantique au milieu de rebelles, factieux, conjurés et conspirateurs (14 avril 1791, t. 25, p. 92). Elle fournit l'origine convenable d'une banalité convenue lorsqu'on déplore que « les savants et les orateurs ayant commencé à paraitre parmi nous, les hommes de bien se soient éclipsés » (19 mai, t. 26, p. 225). En fait, la réflexion s'inscrit au futur. La phrase suivante l'aspire : « Voulez-vous vérifier ce mot des philosophes anciens ? » et marque toute la tension inhérente aux temps de l'utopie à l'œuvre. Le futur absorbe le passé quand le présent se doit d'imaginer la démocratie aux prises avec son chiasme constitutif : démagogie ou profesionnalisme alors que se profile simultanément la montée en puissance des sociétés populaires. Barère, en politique, ne voyait alors plus de force stabilisatrice que dans le respect des lois et l'opinion publique, aussi sa position fut-elle très pondérée sur la question de la réélection des représentants du peuple. Lorsqu'il fait voter, le 28 septembre, une subvention à David occupé à réaliser le *Serment du Jeu de Paume,* il parle encore dans l'absorbement du futur. Le passé n'est que prétérition dite : « Je ne vous rappellerai pas ce que les peuples anciens ont fait pour les artistes célèbres. Il me suffit de vous rappeler l'époque du 20 juin... L'acte courageux du 20 juin... » (t. 31, p. 428). Conformément à son analyse — le 27 août, il avait qualifié le 17 juin de « fiction sublime » (t. 29, p. 742) —, il souhaite voir ce tableau dans le lieu des futures assemblées « pour rappeler aux législateurs le courage qu'elles doivent apporter dans leurs travaux », posant ainsi la nécessaire inchoativité de l'ordre politique. Barnave ne l'entend pas ainsi. Il parle de « rédaction vicieuse » et fait couper l'ultime élément de la phrase. Il a « terminé la Révolution ».

En cette phase où Barère parle beaucoup (de fin mai à septembre, 20 interventions correspondant à plus de 56 colonnes des Archives parlementaires), il n'use plus de l'Antiquité qu'à titre de (non-) évènement chronologique. La Corse fut romaine et carthaginoise (t. 30, p. 205). Il l'abolit même dans sa pérennité juridique car elle n'était qu'un temps et qu'une société où « l'esclavage était établi dans les familles », en faisant sauter la clause qui incapacite les « fils de famille » (les héritiers en terre de droit écrit). Il fait de cette cause le pendant de celle « des serfs du Mont-Jura » (t. 31, p. 594) et fait supprimer cette clause de droit dans les ultimes moments de la Constituante, alors que chacun a déjà quasiment un pied dans la diligence au terme de deux lourdes années d'éprouvants travaux. Belle manœuvre et vaste programme [7]. *Exeat Roma !*

Athènes surgit de l'éblouissement républicain. Face aux pygmées de l'heure, Barère ne croit pas au danger des démagogues : Aristide lui-même fut condamné (29 septembre 1792, t. 52, p. 228) ; il souhaite que chacun, comme en Grèce, puisse participer à l'œuvre législatrice (19 octobre, t. 52, p. 577) et que la Commune, même victorieuse, sache se soumettre à l'instar du général romain couronné puis banni (30 octobre, t. 53, p. 77). Ce sont les temps heureux mais furtifs d'une Antiquité construite en miroir. La montée des tensions la brise. Le 5 novembre, la réminiscence n'est plus laudative même si le présent ne fait encore craindre aucun César (t. 53, p. 166). Le 9, ce monde se dissout dans la *koiné* des républicains, des philosophes et des philanthropes (t. 55, p. 325) et, le 4 décembre, la condamnation prévaut : Rome imposa sa loi aux vaincus. Seul un demi-dieu, Hercule au berceau écrasant les serpents, se montre digne des temps (7 et 24 décembre, t. 54, p. 411 et t. 55, p. 384) ; encore fut-il acclimaté dès le Grand Siècle et gère-t-il une polysémie inquiète et inquiétante.

Le procès du roi cristallise les conflits. Le 4 janvier, en un immense (32 colonnes) et remarquable discours, l'un des mieux construits de cette douloureuse affaire, Barère fit basculer la Plaine du côté de la Montagne. Il parla en son nom propre et nullement au service de quelque comité. L'Antiquité émaille le texte mais par réfutation. D'autres l'avaient ainsi posé. La *captatio benevolentiae* s'orne d'une métaphore menaçante et quelque peu outrée : à Rome, et très intemporellement semble-t-il, les statues des despotes démolies par le temps écrasent encore « les meilleurs citoyens » (t. 56, p. 199). Pour le reste, l'Antiquité n'offre que le fâcheux arsenal de pratiques à récuser : la théorie de l'inviolabilité royale est ridiculisée par renvoi au culte et à l'autel des dieux inconnus (p. 204), l'appel au peuple impraticable dans une nation nombreuse, outre que république à l'ancienne et république représentative ne sont pas de même nature (p. 203-205), enfin si les Thermopyles peuvent convenir à l'évocation de Jemmapes, Barère

---

7. En réalité, en zone rurale, cette mesure authentiquement révolutionnaire ne fut guère appliquée dans les faits avant 1914, puisque l'on continua à ne rien donner aux héritiers avant la mort des parents.

refuse de penser la Convention en termes de camps et d'y voir Xerxès face aux Lacédémoniens (p. 213). La seule métaphore/projection qu'il admet concerne l'exil de Tarquin. Elle fonda la république romaine (p. 203), mais il en fait une affaire de sureté là où Pétion veut parler jugement et loi. On retient généralement l'appel final de ce discours : « Vous allez prononcer devant la statue de Brutus » (p. 204). On en oublie la structure binaire qui l'engloutit : « devant votre pays, devant le monde entier ». En termes d'économie de la grandeur [8], patrie et humanité surpassent alors singulièrement l'autorité d'une idole défunte. Simultanément, les *topoï*, Néron ou Marc-Aurèle ont été jumelés à leurs doublets français, Louis XI et Louis XII (le Père du peuple, le roi préféré de Barère). Ainsi peut-on constater que le passé banalise plus qu'il ne solennise un présent suffisamment grandiose pour n'avoir d'autre origine que lui-même, mais avec Jean-Clément Martin [9], nous admettons surtout qu'il aide à le dire.

Pour autant, ce passé même connu et illustrissime n'est pas pure transparence. Barère, en note, reprend à frais neufs la question de la mort de Socrate, non pour en contester les faits et la responsabilité d'Anitus que l'historiographie remettait déjà partiellement en cause, mais, dans le cadre de la narration convenue, pour y réaménager le poids de l'utopie démocratique. Son postulat (et à ce titre, peu importe le caractère controuvé des faits) est que la raison triomphera toujours de l'opinion égarée alors qu'il n'est point de légitimité extrinsèque des minorités : « Autrement la terre serait inhabitable, notre état actuel serait effrayant et nos fonctions pour perfectionner l'état social ne seraient qu'un jeu ridicule ». Avec « l'opinion contraire, toutes les sociétés sont désorganisées, les idées du juste et de l'injuste sont anéanties, la tyrannie est érigée en principe et les républiques sont en dissolution » (p. 214). Bel exemple d'inscription du futur dans le passé et de relecture de ce passé tout inféodé aux besoins du présent/futur [10].

L'année 1793 fut celle de tous les dangers. Trahisons et dissensions rendent l'Antiquité solidaire de la formule « la liberté ou la mort ». L'assassinat de Lepelletier introduit comme par rafale un cortège de victimes ensanglantées et de tyrans sanguinaires :

8. Au sens de Luc Boltanski, *Les Économies de la grandeur* (Paris, 1987).
9. Dans *Présence de l'histoire romaine dans la Révolution française, Caesarodunum*, 24 *bis* (Tours, 1991, p. 223-224).
10. Voir Reinhardt Koselleck, *Le Futur passé. Contribution à la sémantique des temps historiques* (Paris, 1990, p. 161 et s.).

Sextius et Papirius, Appius et Virginie, Lucrèce et l'ami de César qui brandit la toge maculée (t. 56, p. 604-605). Le surlendemain, une Rome non moins civique mais juridique permet d'établir l'adoption patriotique de la fille du martyr de la liberté, une invention bien barérienne qui jette une ombre d'accalmie sur fond de forte émotion. Lorsque le 10 mars, il s'agit de mourir pour la patrie, Barère ne cède point au défi en forme sépulcrale, il observe qu'il vaut mieux la sauver, dit-il, mais ensuite il se livre à une abondante digression sur Salluste et les Trente Tyrans, puis Sylla, images infernales dont il s'excuse : « Je reviens à l'objet de la discussion... » (t. 60, p. 61). On évoque tantôt la roche tarpéienne d'un Dumouriez qui n'a pas encore trahi (t. 60, p. 126), tantôt la République qui ne doit point désespérer même si l'ennemi est aux portes (t. 60, p. 392), on suggère enfin à l'ennemi présent intra-muros qu'il pourrait bien subir le sort des écuries d'Augias (Hercule toujours ! Le 18 mars, t. 60, p. 294). Le 5 avril, la création du Comité de Salut public se fait à travers un débat sur la dictature. Barère dénonce celle de la calomnie et ne veut pas jouer les Athéniens se déchirant quand Philippe est déjà là (t. 61, p. 312). Jamais, de toute sa vie publique, son horizon ne fut aussi sombre : « Nous sommes comme de nouveaux Curtius se dévouant pour leur pays [...]. Il est impossible de s'occuper de la chose publique [...] sans faire le sacrifice de son existence » (p. 313). Cet épilogue, et hapax, montre que Barère, quitte à s'y refuser, entrevit ce jour la pente ténaréenne qui s'ouvrait à tous : sa réponse fut de célébrer les crimes de la Montagne et de la liberté, de substituer un horizon apollinien [11] aux antres par trop chthoniens des fondements mythiques et aux peurs suscitées par le présent, dont on sait combien elles qualifient, pour Michelet, le personnage, et pour Quinet, la Terreur tout entière [12].

---

11. L'esthétique de Barère, indubitablement liée à un horizon de réflexion théologico-métaphysique, s'exprime dans la gravure qui figure en exergue de la seconde édition de *De la pensée du gouvernement républicain (an V)* — sans doute sur ses indications : on y voit un couple adamique sur un rivage plein d'animaux mythiques ou symboliques où se confondraient les temps et les lieux à l'aube (toujours le *Point du jour*) d'un monde en devenir.

12. Voir *La Révolution* (rééd. 1987), « Théorie de la Terreur », p. 497 et s. Voir le commentaire de Marc Richir, *Du sublime en politique* (Paris, 1991), chap. III : « La leçon d'Edgar Quinet : le sublime moderne en histoire et son court-circuit terroriste dans la Révolution française », p. 143-180. Notons au passage que la peur de soi et de l'autre s'inscrit dans le texte politique dès le premier jour du Comité de Salut public, soit dès avant l'élimination de la Gironde.

Dès lors, toujours hostile aux ruptures prématurées, Barère évite toute dramatisation et minimise ses interventions tout le temps de la crise qui conduisit au 31 mai. En simple rapporteur, position d'autorité et de médiation, il préconise le 25 mai dans une adresse aux armées que les Français, comme jadis les Romains, se signalent par leur invincible horreur de la royauté (t. 65, p. 237). Point d'autre référence à l'antique pour ces heures tragiques tant il est vrai que celle-ci n'était plus que le Ténare qui engloutit. Le 27 juin, la crise est avalisée par le déni : non, les Girondins n'étaient point des Décius (t. 67, p. 554). Vaincus, ils rejoignent les Enfers tandis que pour ne s'y point précipiter, Barère décline le *vivre libre ou mourir* sous la forme *que nos noms périssent !*. Désormais il n'a d'autre préoccupation que de (re)constituer dans une visibilité solaire le corps politique. Il développe l'appareil imaginaire qui accompagne la fête du 10 août. L'impensable doit s'incarner. Son souci est la communauté comme telle, mais il ne peut s'agir que d'une sacralisation/sanctification fondée sur le culte commun, à ciel ouvert, celui de la nouvelle constitution : « Cette constitution tant désirée qui comme les tables de Moïse, n'a pu sortir de la Montagne sainte qu'au milieu des foudres et des éclairs » et on comprend qu'elle doit pour le moins être aussi adorée que jadis le manuscrit des lois romaines et d'édits barbares retrouvé dans les ruines d'Amalfi et dont on fit lecture dans les temples à la lueur des cierges bénis ; bref, une apothéose civique doit instaurer le peuple dans sa légitimité tandis que lois et institutions, opinion et société s'en trouveront réconciliées. Barère n'entend point déplacer cette architecture fantasmatique lorsque la Terreur est à l'ordre du jour. Aussi est-ce l'ennemi qu'il voue aux gémonies de l'ordre antique. Certes notre propre armée (mais elle est le bras séculier de ce combat métaphysique) ne doit point véhiculer des intendances dignes des rois de Perse et doit pratiquer le mot d'ordre, la marque du défi, en forme de noms d'anciens républicains (t. 70, p. 102-103) ; plus encore Carthage doit mourir !

Plus que jamais, les déclarations comminatoires usent des Gaulois (contre Rome, mais elle est alors quelque peu punique, qu'à cela ne tienne), assurent que des armées entières sortiront de terre comme jadis les peuples de statues à Rome (23 août, 13 prairial). Tout général, même fautif et défait, se veut Scipion le Vendéiste. Il n'est plus question que de glaive de Damoclès (t. 75, p. 316) ou de républicains français pour le moins aussi grands que les aristocrates romains du cercle de Popilius. La politique se résume à des maximes simples : former des Décius et des Coclès (t. 84, p. 174 et 182), tout cela afin de « rebâtir le plus bel édifice de l'univers ». Le 13 prairial, l'École de Mars permet de promettre aux ennemis présents et futurs (que l'on exterminera) une foule de Cincinnatus, Thémistocle, Epaminondas, Scipion, Marcellus, Rome et les Grecs et tous les Anciens que « le coq gaulois surpassera » (t. 91, p. 213, 215, 216). Parfois, une formule glisse comme par prétérition « sans chercher de comparaison... » ou « pardonnez cette digression produite par le sentiment de nos besoins... » (23 août, t. 72, p. 676 et 679), mais il reste que l'Antiquité ne gère plus que la disqualification de ceux qui ont quitté le genre humain et qui ne doivent point revenir, de là le fameux décret : « Il ne se fait aucun prisonnier anglais et hanovrien » et la formule « seuls les morts ne reviennent point » (7 prairial, t. 92, p. 278 et 16 messidor, t. 92, p. 392).

Sortent de ce contexte trois notations : l'une forte, le 22 floréal (t. 90 p. 252), quand il est rappelé qu'à Thèbes les pauvres pouvaient faire élever leurs enfants aux dépens de la République, une mention qui traverse la vie entière de Barère avec une remarquable constance, encore qu'il soit rappelé que le secours à domicile est plus conforme « à la nature des droits les plus sacrés » ; les deux autres se glissent à l'intérieur du rapport sur les idiomes : on apprendra à lire dans la Déclaration des Droits comme jadis à Rome on le faisait dans les lois des Douze Tables ; et les Basques sont définis comme « un peuple neuf quoiqu'antique, un peuple pasteur et navigateur, qui ne fut jamais ni esclave ni maitre, que César ne put vaincre... » (t. 83, p. 714). Les origines et le neuf, l'enfance et les horizons des devenirs purs (et non purifiés) signalent une forme de tendresse pour ce qui n'est pas un double mais la dignité de quelque *Point du Jour...*

L'élimination de Robespierre le 9 thermidor, puis l'explication qu'il présente à la Convention le 14 se font grâce aux anathèmes usuels. Il fut comploteur et factieux, Catilina et Pisistrate (t. 93, p. 591), au besoin Caligula car ce dernier « désirait que le genre humain n'eût qu'une tête pour l'abattre d'un coup » (t. 94, p. 31). ainsi disent les Comités, les Jacobins et la Commune de Paris. Barère soutint en l'an V qu'il ne fut point un Sylla car il n'agissait point par intérêt mais avec le glaive des lois (*De la pensée...*, éd. cit., p. 61). Le danger passé, Barère intervient une ultime fois, le 21 fructidor, avant de perdre toute fonction, pour parler de la mise en place d'un code civil. Là encore, la dynamique du neuf abolit « le code civil des Romains tant vanté par ceux qui n'ont pas été condamnés à le lire ou à l'étudier... [ce] volume énorme corrompu par le chancelier pervers d'un empereur imbécile » (t. 96, p. 339) ; elle a non moins périmé la rhétorique du Ténare. L'ironie succède à la peur. Faute de doubles honnis et mortels, pervers et imbéciles, il n'est plus de place qu'au persifflage. Barère, sur un mot d'Alquier, devient l'Anacréon de la guillotine. Passé de l'autre côté du miroir, Barère y reste pour une vie d'errance et de proscription. Arrêté lors des émeutes de germinal, il connait la prison à Oléron et à Saintes, l'évasion pour échapper à la Guyane, la claustration la plus stricte à Bordeaux chez un ami marchand de bois en bord de Garonne puis à Saint-Ouen chez la comtesse Guibert qui le recueille. Toujours supposé de mèche avec les comploteurs sous l'Empire, il reprend du service sous les Cent-Jours pour finir en exil en Belgique, tel l'« Homme sans nom » de Ballanche, seul proscrit à devoir vivre sous nom d'emprunt, M. de Roquefeuille, pour ne point embarrasser les chancelleries peu désireuses d'en être interpelées, ni les services intérieurs plus prompts à fournir de vrais faux papiers qu'à affronter l'opinion ou à assumer le passé commun. A persécuter son double, on se coupe les chemins du retour.

Les limites de cet article ne permettent pas de saisir le statut de la référence antique chez Barère sur un demi-siècle (1782-1832) de son éloge de Louis XII au *Salon imaginaire ou le 20e siècle* (F 114.2), son testament politique, un « je maintiendrai ». Notre idée est que l'Antiquité, signe et texte banalisés [13], est arrivée après 1815 lorsque la Révolution l'a constituée comme passé et lorsque le sujet s'est lui-même posé en individu historique. Ainsi substituerions-nous volontiers à la formule de Sergio Luzzato, « L'Antiquité ne reviendra pas » (dans *Mémoire de la Terreur*, Lyon 1991), « L'Antiquité est arrivée ».

Dès avant 1789 se dessinent chez Barère quelques éléments de sa grammaire politique. On n'accède au temple de l'honneur que par celui de la vertu (*Éloges, ouvr. cit.*, p. 169) et l'homme de loi doit s'imposer à côté de l'homme de guerre : « Périclès balance Démosthène dans l'estime publique, Cicéron et César sont en concurrence » (*ouvr. cit.*, p. 43). Louis XII fut le roi d'élection de Barère selon un système d'imputations positives qui, dès 1782, va bien au-delà de la question des États Généraux.

---

13. « Les Grecs, disait-il souvent, ont fort peu de choses mais ils ont rendu leurs exploits grands et glorieux par la sublimité de leur éloquence. Les Français ont fait quantité de belles actions, mais ils n'ont pas su les écrire. Les Romains sont ceux de tous les peuples qui ont fait beaucoup d'exploits d'armes glorieux et qui ont su les écrire et les raconter dignement » (*Éloge... ouvr. cit.*, p. 43, ou manuscrit F 65, p. 43, repris, an V dans F 46.2, p. 47) ; voir ma thèse (*ouvr. cit.*, p. 142).

Il s'autorise du « père du peuple » pour stigmatiser les Anciens, admirateurs outrés d'eux-mêmes, comme il le reprit en l'an V [14], mais au total, Barère n'use que peu de la référence ancienne : une douzaine d'occurrences pour six éloges académiques et les *Promenades pittoresques* [15].

Dès l'an V, Barère revient à Montesquieu ; il amplifie moins son *Éloge* de 1787-1788-1789 pour livrer en 169 pages un *Montesquieu peint d'après ses ouvrages*, qu'il ne tente, comme il le dit dans sa préface, de livrer une édition abrégée des œuvres de son grand homme à l'usage des républicains (p. VI). Le plus politique de ses ouvrages, *De la pensée...* ne confirme que ses figures préférées en même temps qu'il dit comment l'Antiquité... s'est glacée : « A Rome, on n'entrait dans le temple de l'honneur que par le temple de la vertu et le marbre glacé de ces temples antiques était une leçon vivante pour tous les citoyens » (p. 107). A la même date, il revendique une histoire plus démocratique et plus pacifiée, en quelque sorte, anacréontique, sur fond d'Antiquité revisitée (voir F 46.4, p. 20-21, dans ma thèse, p. 140-141), mais son véritable retour à Rome inaugure ses *Senilia*, pensées et commentaires en forme de mélanges et fragments, posés sous l'autorité de l'âge, et qui regroupent une cinquantaine de carnets. En une longue séquence (quelque 5 500 mots), il note sous forme de 21 points les thèmes qui l'intéressent au sein des premières *Décades*. Il recompose, sous forme vagabonde, des éléments qui l'aident à gérer son anamnèse et à humaniser ce que A. J. Greimas, dans sa *Sémiotique des passions*, appelle « l'humiliation didactique » quand tout semble perdu. Il n'est alors plus de double possible que dans le temps universel de la méditation partagée. Les figures du passé deviennent une des formes privilégiée du travail de deuil tandis que le pouvoir a transformé les signes et symboles en insigne. Les couronnes civiques finiront en feuilles de chêne sur les képis des maréchaux tandis que l'esthétique néoclassique s'est installée pour mettre un terme aux tournoiements du monde baroque qui gérait le vide et l'infini en forme d'utopie possible, mais c'est là un autre chantier.

MARIE-THÉRÈSE BOUYSSY
C.N.R.S. (Paris), URA 96

---

14. Voir mon article , « Stratégie d'écriture et préromantisme, Barère en 1788 », *Annales du Midi*, t. 105, n° 202, p. 247-261.

15. Voir « Présence de Tite-Live chez Barère en 1817 », *Actes du colloque Présence de Tite-Live*, coll. *Caesarodunum 27 bis* (Tours, 1994), p. 187-197.

MYTHOLOGIE ET ART POÉTIQUE

L'ANTIQUITÉ DANS LA THÉORIE
DE L'ARCHITECTURE RÉGÉNÉRÉE DE LEDOUX

Vous me croyez inférieur aux cygnes pour la divination. Quand ils sentent approcher l'heure de leur mort, les cygnes chantent ce jour-là plus souvent et plus mélodieusement qu'ils ne l'ont jamais fait, parce qu'ils sont joyeux de s'en aller chez le dieu dont ils sont les serviteurs. Mais les hommes, par suite de leur crainte de la mort, vont jusqu'à calomnier les cygnes et disent qu'ils déplorent leur trépas par un chant de tristesse [...]. Mais moi je ne crois pas qu'ils chantent de tristesse [...] ; je pense, au contraire, qu'étant les oiseaux d'Apollon, ils sont devins et que c'est parce qu'ils prévoient les biens dont on jouit dans l'Hadès, qu'ils chantent et se réjouissent ce jour-là [...]. Or je me persuade que je suis moi-même attaché au même service que les cygnes [...] (Platon, *Phédon,* trad. Chambry, coll. « G. F », p. 140).

Tel un nouveau Socrate, persécuté politique, Ledoux sous la Terreur entreprend d'exposer sa perception du monde. Rédigeant en prison [1] le premier tome d'un gigantesque ouvrage auquel il pensait depuis longtemps [2], il entend toucher la postérité par le double message de son expérience vécue, *dévoilée,* et d'une vision prospective de son art qu'il destine aux « enfants d'Apollon », « disciples », « favoris », enfants « chéris » ou « prédestinés » d'Apollon... [3] Dans le rôle de l'architecte qui se souvient d'avoir bénéficié d'une très brillante carrière et d'innombrables chantiers, sous Louis XV et Louis XVI, c'est l'*artiste* qui s'exprime. L'archi-

---

1. Voir W. Szambien, *Les Projets de l'an II. Concours d'architecture de la période révolutionnaire* (Paris, 1986).
2. Voir M. Gallet, *Architecture de Ledoux. Inédits pour un tome III,* texte de présentation (Paris, 1991). Les deux monographies les plus récentes et les plus complètes sur Ledoux sont : M. Gallet, *Claude-Nicolas Ledoux. 1736-1806* (Paris, Picard, 1980) et A. Vidler, *Claude-Nicolas Ledoux, Architecture and Social Reform at the End of the Ancien Regime* (Cambridge (Mass.) et Londres, 1990 ; version abrégée en français, Paris, Hazan, 1987).
3. C.-N. Ledoux, *L'Architecture considérée sous le rapport de l'art, des mœurs et de la législation* (Paris, 1804) : expressions répétées tout au long de son livre (j'utilise la réimpression anastatique publiée à Nördlingen, éd. Alfons Uhl, 1981).

---

tecte-artiste décide de témoigner pour enseigner l'indicible spécificité d'un art libéral qu'il juge incompris et trop mal servi et, dans ce but, il met en pratique sa vocation de poète, de peintre, d'historien, de philosophe, d'utopiste voué au culte du Dieu du gout et de l'harmonie.

Le titre du livre que Ledoux publie finalement en 1804, deux ans avant sa mort, se veut prosaïquement explicite comme celui d'un traité : *L'Architecture considérée sous le rapport de l'art, des mœurs et de la législation* [4]. Or le texte qu'il recouvre, entrecoupé de somptueuses gravures qui illustrent les œuvres réalisées, idéalisées [5] ou projetées de l'architecte, ne s'apparente ni au discours explicatif ou démonstratif qu'on attend d'un traité, ni à l'exposé discursif qui signalerait l'œuvre encyclopédique à vocation didactique. Certes, les deux dimensions, théorique et pédagogique, existent dans l'écriture de Ledoux, mais elles sont à extraire d'une gangue éloquente jusqu'à la grandiloquence, dont le propos est d'entrainer le lecteur dans un parcours initiatique (celui de l'artiste inspiré, celui de l'utopie) où le récit fictif se mêle à l'histoire (ancienne, nationale, moderne), au mythe païen, à la Bible, à l'économie politique, à la théorie des arts et au lyrisme le plus personnel.

Dans ce concert des genres mêlés, la *référence* à l'Antiquité (elle est permanente dans les 240 pages grand in-folio du volume) ressortit d'abord au système théorique de l'architecture classique que Ledoux ne renie pas, mais qu'il souhaite réformer et régénérer. Opposé au vitruvianisme blondellien, combattant toute idée de doctrine académique, très proche de la pensée relativiste et sensualiste de Laugier [6], Ledoux se place résolument dans le mouvement du renouveau classique « à la grecque » qui a marqué le courant progressiste de la création artistique et auquel il a participé à ses débuts, dans les quinze dernières années du règne de Louis XV (de Soufflot aux piranésiens français [7], mais également de Vien à Gluck dans d'autres domaines). Sectateur de

---

4. Un second tome posthume, et sans texte, fut édité par Daniel Ramée, sous le titre : *L'Architecture de C.-N. Ledoux* (Paris, 1847).

5. Voir J. Langner, « Ledoux Redaktion des eigener Werke für die Veröffentlichung », *Z. F. Kunstgesch.*, t. 23 (1960) et W. Herrmann, « The problem of chronology in C.-N. Ledoux engraved work », *Art Bulletin,* vol. 42 (sept. 1960).

6. M.-A. Laugier, *Essai sur l'architecture* (Paris, 1753 ; 2ᵉ éd. augmentée, 1755) et *Observations sur l'architecture* (Paris, 1765). Voir W. Herrmann, *Laugier and Eighteenth-Century French Theory* (Londres, 1962).

7. Voir *Piranèse et les Français, 1740-1790,* catalogue de l'exposition (Rome, Dijon, Paris) (Rome, éd. Dell'Elefante, 1976).

Palladio, profondément marqué par l'esthétique de Piranèse, Ledoux n'ignore rien de la réflexion (ou plutôt de la *modélisation*) archéologique qui oriente l'art de son temps, même s'il situe par inadvertance Paestum en Sicile... Toutefois, en 1804, son attitude par rapport au rôle de l'Antique dans la création moderne apparait totalement en porte-à-faux avec l'idée dominante d'*imitation* alors défendue par le « Winckelmann français » (disait-on), l'intransigeant Quatremère de Quincy. Celui-ci s'était violemment opposé à l'esthétique de Ledoux, notamment dans l'*Encyclopédie méthodique* à propos des fameux pavillons d'octroi du mur des Fermiers généraux qui ceignait Paris (1785-1789) [8]. Si, dans son principe, l'art de Ledoux diffère de la démarche *néoclassique* orthodoxe du début du 19e siècle, alors qu'il reconnait les vertus du recours au modèle antique, on doit s'interroger moins sur la nature même de la référence qu'il exploite que sur le statut de celle-ci dans la pensée de l'artiste. Et puisqu'elle est également d'ordre littéraire, à travers le texte illustré (métaphoriquement, constamment *imagé*), il convient d'explorer ce recours à l'Antiquité à travers une double lecture textuelle et iconographique. A ma connaissance, ce point de vue sur l'œuvre de Ledoux n'a jamais été sérieusement abordé, bien au contraire [9].

Deux magnifiques gravures, vues à vol d'oiseau et paysages pleine page, encadrent le début et la fin du livre de Ledoux : *Le Pont sur la Loue* et *La Perspective de la forge à canons*. Introduction et conclusion de ce qui n'est (ne l'oublions pas) que le premier tome d'un plus vaste ensemble, ces deux images tiennent compte de l'*itinéraire* évoqué par l'auteur qui, d'une manière très discontinue, montre un jeune architecte (ou lui-même, comme dédoublé) à la découverte de l'utopie ledolcienne.

Le Pont sur la Loue (FIG. 1) qui donne accès au « Val d'Amour » (lieu-dit où Ledoux construit réellement la Saline royale de 1774 à 1778, entre les villages d'Arc et de Senans, entre la Loue et la forêt de chaux [10]), conduit le voyageur à *La*

---

8. A.-C. Quatremère de Quincy, 1er vol., *Architecture,* de l'*Encyclopédie Méthodique* (1788), articles « Barrière » et « Bossage »).

9. Quand les auteurs ne l'ont pas simplement ignoré, ils s'en sont gaussé. Voir L. Hautecoeur, *Histoire de l'architecture classique en France*, tome V (Paris, 1953), p. 57 ; M. Gallet, *Claude-Nicolas Ledoux (ouvr. cit.,* note 3, p. 26) y voit un travers dû à l'influence de Delille.

10. Abbé Lacroix, *La Saline d'Arc-et-Senans et les techniques de canalisation en bois : notes d'histoire comtoise* (Lons-le-Saunier, 1970) et M. Deming, *La Saline d'Arc-et-Senans de C.-N. Ledoux* (Arc-et-Senans, Fondation Ledoux et C.N.M.H.S., 1985).

Grange parée, projet illustré par ailleurs. Le thème agreste, en introduction, est manifeste et développé ensuite dans l'évocation de la nature arcadienne où s'élèvent d'innombrables projets de « maisons de campagne » [11]. Mais le pont de bateaux que montre la gravure, ou plutôt, le pont aux piles sculptées à l'imitation de bateaux, dont les proues figurent des cols de cygnes, sollicite et l'histoire ancienne et la mythologie. D'une part, l'ingéniosité d'un dispositif technique dont les Perses en guerre contre la Grèce avaient donné l'exemple [12], rappelle la geste d'Alexandre ; d'autre part, les figures de proue illustrent la présence emblématique d'Apollon, divinité tutélaire de l'inspiration du génie, chef des Muses et souverain des Planètes, maître de l'oracle, qui inspire et nourrit la « concaténation et ronde perfection des Lettres, Muses, Arts libéraux, Vertus cardinales et Grâces » [13], auxquels l'architecte consacre plus d'un monument apte à *inciter* à l'ardeur civique [14]. Détaché des fastes intemporels du Parnasse, conforme à la course du dieu des jours et des saisons (littéralement, il obsède l'architecte dans l'exposé de sa poétique des ombres « décidées »), l'épisode de l'Apollon berger révélant aux hommes leur aptitude à devenir civilisés, trouve sa place dans le texte de Ledoux, comme dans le *Télémaque* de Fénelon, pour faire sentir l'harmonie de l'Age d'or où la pratique des arts libéraux apparait comme la déduction de l'activité paisible de cultiver... son jardin. Tandis que le « jeune artiste » qui conduit Ledoux vers le pont s'échauffe à l'évocation des Merveilles du Monde, citant la ville que Dinocrate se proposait de bâtir pour Alexandre sur le mont Athos, Ledoux tempère son *enthousiasme* (autre notion clé du discours ledolcien) en lui suggérant d'exercer *également* son discernement :

« On sait que souvent l'histoire se nourrit de substances exagérées. Les miracles en tout genre peuvent bien constater les délires du temps, mais ce que vous me citez ne les accrédite pas, et ne peut me convaincre. La vérité dans les arts est le bien de tous ;

---

11. Sur ce thème, qui reste à étudier, voir Monique Mosser, introduction à *L'Architecture de Ledoux. Inédits pour un tome III (ouvr. cit.).*
12. Un tel pont est gravé dans l'*Encyclopédie* : A. Vidler (*ouvr. cit.*, note 3) a été un des premiers à s'intéresser à cette source d'inspiration de Ledoux, sans toutefois en tirer les conséquences sur le plan symbolique.
13. J. Seznec, *La Survivance des dieux antiques* (Paris, 1980 ; 1re éd. Londres, 1940), p. 130.
14. Voir D. Rabreau, « La sculpture considérée sous le rapport de l'architecture selon C.-N. Ledoux », *Clodion et la sculpture française [...],* actes du colloque du Louvre, Paris, 1992 (Paris, 1993).

1. *Vue perspective du pont sur la Loue* (à l'extrême gauche, sur le quai : la *Grange parée*), gravée par E. Bonivet, dans C.-L. Ledoux, *L'Architecture...*, pl. 4 (1804).

c'est un tribut libéral que l'on offre à la société ; chercher à le découvrir est un droit qui appartient à tout le monde » (Ledoux, p. 46). En clair, l'artiste sera, auprès des citoyens (mais également dans son rôle de Mentor des édiles, p. 37-39), ce devin capable de transmettre la lumière ; le miracle, ici, ressortit au monde de la création dans les arts plus qu'à la simple utopie urbaine, champ dans lequel les études sur Ledoux sont généralement circonscrites [15].

La seconde image, *La Perspective de la forge à canons,* qui clôt le livre, peut être lue comme un pendant contraire du *Pont sur la Loue ;* mieux, par le programme industriel qu'elle sert, la forge devient l'anti-Saline, c'est-à-dire l'usine qui illustre la folie belliqueuse du monde. Vu à vol d'oiseau, son environnement ne le cède en rien à celui de la Saline : de somptueuses maisons de campagne, des maisons de commerce, des entrepôts et même une église dans le lointain, ajoutent, par contraste, à la beauté terrible du coup d'œil. Quatre hautes pyramides libèrent d'intarissables fumées... Le monument brave-t-il l'atmosphère paisible du « Val d'Amour » ou s'offre-t-il comme le défenseur des jouissances des biens de la Terre et de l'industrieuse activité humaine ? Présentée à la suite du théâtre urbain, monument-paradigme de la civilisation des Lumières qui, pour la première fois depuis Palladio (premier imitateur des Grecs), retrouve l'instrumentalité de la *cavea* antique [16], la forge à canons coïncide dans le texte avec le retour du héros, le voyageur qui conduit le récit fictif du livre. Le jeune architecte accède au cœur d'un « gouffre sanguinaire de Pandémon » (Ledoux, p. 238), un nouveau genre de chaos où les images rutilantes, accumulées dans un fracas étourdissant, font surgir le portrait hideux de la Discorde et la vision de son cortège de vices et de maux. Comme dans la légende d'Hercule, ou celle d'Énée (héros omniprésents dans le livre), la descente aux Enfers est un privilège accordé à l'architecte-utopiste, nouveau héros « né avec le Soleil » (p. 17), pour qu'il puisse persuader la postérité de la nécessité de vaincre les errements ou les tentations... La découverte des entrailles de la Terre où s'accumulent les richesses minières (détournées de l'industrieux exemple de la nature, celles-ci symbolisent tous les maux que la folie du pouvoir inflige aux hommes, p. 235-237), la

15. Voir M. Ozouf, « L'image de la ville chez C.-N. Ledoux », *Annales E.S.C.* (nov.-déc. 1960) et B. Baczko, *Lumières de l'Utopie* (Paris, 1978).

16. Voir J. Rittaud-Hutinet, *La vision d'un futur : Ledoux et ses théâtres* (Lyon, 1982).

rencontre de l'énergie sulfureuse mise en œuvre par le Dieu du feu (inventeur des techniques et maître de la forge d'où sortirent les armes d'Achille) ne sauraient faire oublier la présence des criminels que les dieux de l'Olympe faisaient supplicier dans le séjour d'Hadès (Apollon, lui-même, n'avait-il pas manqué y être précipité après avoir tué les Cyclopes ?). Très contrasté, obscur sans doute aux premières lectures, le texte de Ledoux flamboie par l'accumulation sciemment entretenue des images. Après le Tartare (ou en même temps), c'est l'action de Thétis qu'il évoque : le rôle de la mère d'Achille auprès d'Héphaïstos révèle la puissance de l'énergie fluide que symbolise la Néréide (p. 456). L'économie de cet article ne permet pas de détailler l'exégèse du texte de Ledoux dans un domaine où personne ne semble encore s'être aventuré [17]. Toutefois, l'évocation mythologique pourrait révéler ici une allusion au thème orphique du châtiment dans le Tartare : Ledoux, dans d'autres passages, est un peu moins secret sur ce mythe, notamment dans l'exposé de son projet d'une maison de plaisir, l'*Oïkéma,* « fragment d'un monument grec », qui a suscité bien des interprétations approximatives de la part de lecteurs inattentifs à la poésie *à l'antique* du texte et au jeu *hiéroglyphique* des images qu'affectionne Ledoux [18].

Après la prometteuse image du *Pont sur la Loue,* accompagnée, nous l'avons vu, d'une mise en garde sur le bon usage de l'*art,* le premier tome s'achève donc par un *commentaire* qui engage l'artiste dans son rôle de témoin des *mœurs* et d'acteur du travail *législatif* (ou de conseiller du prince, combattant les « préjugés », p. 37-39) : la parité que suggère le titre de son livre fonde son unité sur cet enthousiasme poétique qui, dans l'exposé comme dans l'esthétique architecturale qu'il défend et illustre concrètement, fait revivre le climat de l'épopée grecque et romaine. Ledoux n'en demeure pas moins un chroniqueur engagé dans

---

17. Sauf dans le domaine ésotérique ; voir trois études de S. Conard : « De l'architecture de C.-N. Ledoux considérée dans ses rapports avec Piranèse », *Piranèse et les Français,* actes du colloque de la Villa Médicis, Rome, 1976 (Rome, 1978), « Pour une herméneutique de *L'Architecture... de* C.-N. Ledoux », *Soufflot et l'architecture des Lumières* (Paris, 1980) et « Aux sources de l'architecture parlante, l'archéologie mystique de C.-N. Ledoux », *Piranesi e la cultura antiquaria* (...), actes du colloque de Rome, 1979 (Rome, 1983). Sur d'autres aspects symboliques du texte de Ledoux, voir R. Gerken, *Von der Repräsentationskunst sur Sozialkunst. Der Funktionswandel der Kunst im ausgehenden 18 Jahrhunderst in der « Architecture [...] » von Ledoux* (Munich, 1987).

18. Voir l'étude, très incomplète et bien contestable dans son explication utilitariste de la pensée de Ledoux, de M.-J. Bueno, « Le Panopticon érotique de Ledoux », *Dix-Huitième Siècle,* n° 22 (1990).

son temps : il s'agit d'apprendre à le lire. On comprend alors que *La Forge à canons* n'est pas un projet à proprement parler, mais qu'elle fonctionne comme une sorte d'allégorie. L'édifice consacré à l'armement le plus meurtrier, cette gangrène de l'industrie, est le monument symbole des dérives de l'humanité *urbanisée,* le miroir de « l'empire du dieu Pan fracassé » (p. 235).

A l'issue du vaste panorama des maux politiques que Ledoux brosse, depuis maints exemples empruntés à l'Antiquité, comment ne pas se souvenir que ce texte est publié en 1804, précisément à l'époque où le Premier Consul s'empare de la geste augustéenne pour justifier l'écho de ses canons à travers l'Europe ? Ledoux, historien de son temps, clôt le premier tome de son « utopie » par une ultime critique engagée, mais aussi génératrice d'un optimisme responsable. N'est-ce pas à l'idée d'une formidable force de dissuasion qu'il consacre l'usine infernale ? La question mérite d'être posée en discernant dans certains passages du texte le poids de la fatalité : « Pour être indépendant des sectaires homicides » (p. 239). « Il faut du canon pour soumettre la raison [...]. Quand on a conçu le projet de cet édifice, on était loin de croire aux maux qu'il renferme » (p. 240).

D'Anacharsis, ou de Télémaque, vient le modèle du jeune artiste inspiré par son *guide,* l'architecte-philosophe. Mais celui-ci se persuade-t-il d'allumer le feu de l'imagination chez son disciple ? C'est alors en poète qu'il a recours au style épique des Anciens et qu'il expose, le plus somptueusement possible, les arguments, qui nourrissent le débat séculaire de l'*Ut pictura poesis* (on dirait ici *Ut architectura poesis* [19]). Dans l'apprentissage des effets en architecture, le glissement d'une discipline artistique à une autre est clairement recommandé par Ledoux, au niveau de la formation du futur praticien, et, implicitement, dans l'éducation du regard du public : « L'architecte du monde n'a-t-il pas varié ses *tableaux* [je souligne] à l'infini ? » (p. 28). « Vous qui voulez devenir architecte, commencez par être peintre » (p. 113). Comme il évoque Poussin, pour exalter le rôle du paysage dans la conception naturaliste et idéalisée (« à l'antique ») à la fois de son œuvre, Ledoux-peintre s'engage clairement dans le débat de l'art poétique :

J'imiterai ceux qui ne pouvant atteindre les têtes des hautes statues de nos dieux, déposent les couronnes à leurs pieds [...] ; si je ne fais

---

19. Voir R.-W. Lee, *Ut Pictura Poesis. Humanisme et théorie de la peinture 15e-18e siècles* (Paris, 1991, 1re éd. en anglais, 1967).

pas des vers comme le traducteur [son ami Delille] du poète de Mantoue [Virgile], mes pensées seront écrites en prose de feu sur ces marbres glacés par la rigueur des hivers ; on y lira : Ledoux, au pied de ces autels, vous rend grâce par ces inscriptions solennelles ; en pensant à vous il fut heureux (p. 161).

Voulez-vous faire bouillonner le cerveau du poète ? Retracez-lui la fougueuse éloquence d'Homère, la déchirante expression de Skakespear *[sic]*, l'ode pompeuse d'Horace, le charme épuré de l'Énéïde. Voulez-vous concentrer les affections analogues qui sollicitent les puissances de l'âme, remettez-lui sous les yeux Catulle et Properce, le savant Gallus et le tendre Tibulle ; la douce muse de Sapho charmera ses sens ; Philétas lui donnera le style élégiaque ; la gaité qui prolonge la vieillesse d'Anacréon égaiera ses loisirs (p. 147), etc.

Entre la première image et la dernière du tome I de *L'Architecture considérée sous le rapport de l'art, des mœurs et de la législation,* trente ou cinquante autres images, projets réalisés ou utopiques, ou « tableaux » parlants, exigent d'être analysés selon les préceptes de l'art classique. Et Ledoux cite en effet Aristote, Cicéron, Horace ou... Boileau, quand il s'agit de justifier sa théorie d'un art poétique mis au service de l'*architecture parlante*. Que celle-ci, comme on l'a montré à juste titre [20], soit née sous l'influence du sensualisme et du relativisme philosophique et scientifique, fortement imprégné du sentimentalisme expressif que défendaient à l'époque les Diderot, Greuze, Gluck, Piranèse, David ou Le Camus de Mézières [21], n'empêche nullement de suivre l'architecte dans les *raisons* qu'il donne de s'approprier l'éloquence du style des Anciens — style de l'architecture grecque des origines, style du discours héroïque et du récit épique. Souvenirs complaisants, réactivés, du collège où il fut formé [22] ? Rhétorique conventionnelle et *bizarre* dans l'usage particulier qu'en fait l'artiste-écrivain ? Les historiens de l'architecture se sont bien gardés jusqu'ici de faire un sort aux soixante-dix dieux et héros gréco-romains que Ledoux cite plus de cent-soixante-dix fois, aux auteurs, artistes et hommes politiques grecs (plus de quarante, cités quatre-vingts fois), romains (trente-cinq, cités une quarantaine de fois), auxquels s'ajoute une quarantaine de sites, réels ou mythiques, évoquant la Grèce ou Rome ! Ce compte,

---

20. Voir B. Saint Girons, *Esthétique du 18ᵉ siècle. Le modèle français* (Paris, 1990) et *Fiat lux. Une philosophie du sublime* (Paris, 1990).

21. N. Le Camus de Mézières, *Le Génie de l'architecture ou l'analogie de cet art avec nos sensations* (Paris, 1780).

22. R. P. M. Chapotin, *Le Collège de Dormans-Beauvais et la chapelle de Saint-Jean-l'Évangéliste* (Paris, 1970).

qu'il faudrait affiner (et analyser dans le détail, en rapport avec les autres personnages et lieux cités, modernes, médiévaux ou orientaux) laisse apparaitre une très forte prépondérance de la Grèce, somme toute attendue depuis la nouvelle orientation archéologisante de l'art de la seconde moitié du 18e siècle [23]... Enfin, Homère et Virgile remportent la palme des statistiques, tandis que ce dernier et Horace se partagent quelques citations, en latin, de leurs vers.

L'histoire littéraire n'a pas fait un meilleur sort au texte de Ledoux, de ce point de vue. Béatrice Didier, à qui revient le mérite d'avoir été la première à étudier *Ledoux écrivain,* dans un article qui a fait date [24], a bien hâtivement évacué cette question de l'inspiration antique, au bénéfice d'une analyse fine du style *préromantique* de l'auteur-artiste. Ce parti pris méthodologique, non sans avantages pour faire grimper Ledoux au rang des petits maitres (écrivains non professionnels) du romantisme naissant, occulte complètement l'attitude réformatrice de l'architecte, considérée dans le contexte classique qui l'a formé, et sa volonté de régénérer, je l'ai dit, l'éternel débat de l'*Ut pictura poesis* appliqué à l'art de bâtir. L'affaire est jugée en quinze lignes. Constatant qu'« on pourrait faire un inventaire des *figures* qui servirait d'illustration à l'ouvrage de Fontanier, son presque contemporain », Béatrice Didier poursuit : « Le recours à la mythologie est dans l'arsenal de la rhétorique classique ce qui a certainement le plus vieilli. Or Ledoux convoque sans hésiter, Thétis, Apollon, Plutus et tout l'Olympe. Ainsi apparait un contraste entre la sobriété scientifique du dessin et la redondance de la prose. Mais il arrive (rarement certes), que cette redondance envahisse le dessin. Et je citerai l'exemple très curieux de la planche, *L'Abri du pauvre* (FIG. 2). Son abri est la nature ; il est assis sur des pierres au pied d'un arbre. Au-dessus de lui des nuages encombrés de toute une population étrange de dieux et de déesses, qui me semblent comme une sorte de débordement de la prose sur le dessin, comme un effet de rhétorique » (art. cité, p. 257). Il n'est pas question de nier ces effets de rhétorique,

---

23. Voir A. Braham, *L'Architecture des Lumières de Soufflot à Ledoux* (Paris, 1982 ; 1re éd. en anglais, 1980).

24. B. Didier, « Ledoux écrivain », *Soufflot et l'architecture des Lumières (ouvr. cit.)* ; B. Didier, *La Littérature de la Révolution française* (Paris, 1988). L'œuvre de Ledoux n'est pas évoquée dans un ensemble d'études fort utiles pour comprendre certains partis pris de son style : *La poésie en prose des Lumières au romantisme, 1760-1820* (Paris, Presses de l'Université de Paris-Sorbonne, 1993).

Pl. 33.

L'ABRI DU PAUVRE.

2. *L'Abri du pauvre,* dans C.-N. Ledoux, *L'Architecture...*, pl. 33 (1804).

mais de s'interroger sur le rôle qu'ils partagent (toujours le thème de la parité annoncé par le titre du livre) avec les envolées lyriques personnelles, puissantes ou tendres, toujours très imagées, où Ledoux s'identifie au peintre de la nature, des caractères, des comportements de l'amour ou de la misère humaine ; où il expose, avec *enthousiasme,* les arcanes de son art qu'il souhaite, en réalité, hausser au niveau équivalent du *grand genre* en peinture. Seul, à ma connaissance, Jacques Cellerier, premier biographe, architecte lui-même et ami de Ledoux, a relevé dans la prose de *L'Architecture considérée sous le rapport de l'art, des mœurs et de la législation,* l'exacte justification de l'auteur [25]. Parlant d'une « encyclopédie architecturale », d'un « véritable dictionnaire élémentaire, où l'exemple se trouve toujours à côté du précepte », Cellerier juge le livre « étonnant par sa vaste étendue, par l'érudition, le génie, le *style magique et poétique* [je souligne] de l'auteur ». Le biographe évoque ensuite les critiques du temps qui attendaient évidemment le style d'un traité.

On reproche assez généralement à cet architecte d'avoir employé, dans le texte de son ouvrage, un style ampoulé et surchargé de figures ; on désirerait plus de simplicité et moins d'exaltation dans un livre élémentaire. Voici comment il se défend lui-même à cet égard :

« L'architecture est à la maçonnerie, ce que la poésie est aux belles-lettres : c'est l'enthousiasme dramatique du métier ; on ne peut en parler qu'avec exaltation. Si le dessin donne la forme, c'est elle qui répand le charme, qui anime toutes les productions. Comme il n'y a pas d'uniformité dans la pensée, il ne peut y en avoir dans l'expression [...]. Pourquoi, me dira-t-on, employer sans relâche le style figuré ? [...] La Fontaine, cet homme inimitable, fait tenir aux bêtes le langage qui leur convient. Virgile, dans ses Églogues, met dans la bouche du berger le mot de son état, il peint la simplicité de ses mœurs ; il met dans l'Énéïde l'élévation du poème héroïque. Homère chanta la guerre d'Ilion, mais s'il s'était contenté de la décrire, il aurait ennuyé à la vingtième page. Quand l'architecte décrit les usages déjà trop avilis des campagnes, il faut qu'il élève l'âme de ses lecteurs ; s'il n'est pas toujours obligé de donner de l'esprit aux bêtes, il est toujours forcé d'animer, je dirai plus, de faire respirer ses murs. L'art sans l'éloquence est l'amour sans virilité » [26].

Il n'est pas étonnant qu'avec cette manière de voir et de sentir, Ledoux ait employé l'exagération, et se soit écarté des formes didactiques qui

---

25. Notice nécrologique de Ledoux, publiée dans les *Annales de l'Architecture et des arts* (1806).
26. Cette dernière phrase est textuellement dans C.-N. Ledoux : « L'art sans éloquence est comme l'amour sans virilité » (p. 16).

demandent plus de simplicité et d'ordre dans le style ; il fallait qu'il fût conséquent avec lui-même, et que son style fût en relation avec son imagination.

Et c'est bien dans le lyrisme épique d'Homère et de Virgile (mais il sait varier les *tableaux* en pratiquant l'églogue, la fable, l'apologue, la satire, etc., p. 4 et 148) que Ledoux trouve les plus exaltantes évocations de la *nature humaine.* Une de ses définitions de l'architecture ne saurait être plus explicite : « Ici, ce n'est pas l'Architecture qui forme l'Architecte, c'est l'Architecte qui puise, dans le grand livre des passions, la variété de ses sujets » (p. 86).

Dans certains de ses *tableaux,* gravures pleine page qui représentent ou non un projet, Ledoux a souhaité solliciter l'imagination du lecteur : « l'imagination est un contrat tacite entre celui qui conçoit et l'artiste qui donne à penser » ; « mon but est d'étendre l'imagination du lecteur » (p. 78 et 125). Ainsi, la parité qu'il juge essentielle dans la création, entre l'imitation de la nature *physique* et l'inspiration morale que lui dicte la nature *humaine*, est-elle illustrée par le recours à la mythologie. *L'Abri du pauvre* qui, on l'a vu plus haut, embarrassait le critique littéraire, trouve en tant qu'image son explication dans cette dialectique. L'interprétation la plus directe voit dans la relation entre les Éléments et l'homme nu, assis sur un bloc équarri, à l'abri d'un arbre, isolé sur une ile, l'emblème des origines naturelles de l'habitat. Mais la position de l'homme, les bras tendus vers les divinités de la fable qui trônent dans les nuées, est relative à une invocation ou à sa reconnaissance : ne sont-ce pas les dieux (allégories des caractères, comme des actions humaines qu'ils inspirent) qui conduisent en conscience son comportement social et industrieux ? L'idée de la cabane rustique de Laugier n'est pas loin [27], mais elle ne saurait introduire la poésie de l'art de bâtir selon Ledoux. La métaphore mythologique de la création est ici inscrite dans la gravure et non pas dans le texte ; il ne s'agit pas d'une formule de rhétorique, mais d'une illustration qu'il faut savoir lire. En effet, on identifie clairement dans cette image l'arrivée dans l'Olympe de Psyché qu'accompagne Mercure [28]. Comment ne pas souscrire alors, avec Jean Seznec, à

---

27. Voir J. Rykwert, *On Adam's House in Paradise* (New York, 1972 ; éd. en français, Paris, 1976).

28. Sur les sources et l'interprétation de cette image allégorique, voir W. Oechslin, « *L'Abri du Pauvre* di Ledoux », *Eden. Rivista dell'Architettura nel paesaggio,* n° 1 (1993) (l'interprétation porte surtout sur l'omniprésence de la nature).

l'interprétation courante des aventures de la maitresse de l'Amour qui, en partage avec le mythe de Marsyas (Ledoux l'évoque aussi dans son texte), « recèle[nt] essentiellement la même leçon : la purification par l'épreuve. Le Marsyas terrestre est torturé pour que soit couronné le céleste Apollon ; les malheurs de Psyché ne sont que les étapes d'une initiation mystique, et d'une rédemption » (J. Seznec, *ouvr. cit.*, p. 134) ? On pourrait multiplier ce type d'illustration mythologique *opératoire* dans le texte de Ledoux. Un exemple, encore : le rôle du *Deus ex machina* est fort bien évoqué dans l'explication des origines du plan développé de la Saline royale. Comme une ellipse qui se pose sur la « carte du pays », le plan projette une ombre portée sur le sol que seule explique la métamorphose d'une goutte d'eau salée ; ici, c'est la légende de la naissance de la Voie lactée, issue d'une goutte de lait échappée du sein de Junon, que Ledoux raconte (p. 69, voir pl. 14). Il amplifie d'ailleurs son style imagé « à l'antique » par la présence de cryptogrammes, presque cachés dans l'eau-forte, représentant quatre constellations dont Vitruve invoquait l'influence bénéfique dans son système d'architecture ritualisé (Voir S. Conard, *art. cité* (1978), note 28)... La lecture initiatique destinée aux « enfants prédestinés d'Apollon » est indubitablement fondée sur une réactivation de certains mythes qui fonctionnent comme des *machines poétiques* [29].

« Je m'éveille, comme Épiménide, après un sommeil de douze années. Mes bras fatigués de leurs chaines, desséchés par la misère, soulèvent la pierre de ma tombe. Ma tête quitte le long deuil des hivers. Mes yeux décillés sont blessés du nouveau jour : ils ne voient rien ». Telles sont les premières phrases du *Prospectus* qui, en 1802, annoncèrent la publication du livre de Ledoux. Les suivantes évoquent le chaos dû au vandalisme et que complète l'image de « décombres politiques ». Le premier sens, implicite, de cette citation, situe l'auteur dans son temps, témoin de la Révolution et acteur de la reconstruction (restauration) future. Le renouveau, toutefois, ne saurait se suffire d'un *revival*, d'un formalisme historiciste à la Winckelmann ou à la

---

29. Voici leur définition dans le *Dictionnaire portatif des Beaux-arts* publié par M. L. [J. Lacombe] (Paris, 1752) : « C'est le nom qu'on donne à l'invention des Anges et des Démons, des songes, des enchantements, des apparitions et généralement des Êtres moraux que les poètes personnifient et font entrer dans les poèmes épiques, pour y mettre du merveilleux et de l'action » (p. 129). Voir aussi D. Rabreau, « De l'embellissement. L'iconographie urbaine comme catharsis au 18e siècle », *Architecture et comportement*, vol. 6, n° 1 (Lausanne, 1990).

Quatremère [30]. Le génie de l'architecte, réchauffé par les rayons apolliniens (les Lumières) et inspiré par l'éternelle nature, tel un titan, s'attaque au mal et donne l'impulsion d'une *régénération de la société* agissant pour son bien... La figure de l'Architecte-Épiménide renvoie à ce poète, philosophe, législateur de la haute antiquité grecque, que l'oracle de Delphes fit sortir de sa caverne pour qu'il se consacre à la *purification* de la ville, c'est-à-dire d'Athènes au temps de Solon (plusieurs fois évoqué par Ledoux). Par delà le recours à l'histoire, une signification plus forte qui fait surgir le mythe des profondeurs du chaos (thème récurrent dans le livre), montre comment Ledoux assoit la légitimité absolue de sa démarche, comment aussi seul un initié sera guidé par elle. En effet, aux côtés de Pythagore, Épiménide de Cnosse peut être également évoqué dans son rôle de fondateur légendaire d'un culte ésotérique. Il s'agit en l'occurrence de l'orphisme, mentionné par Ledoux lui-même à l'appui de son projet d'*Oïkéma*, l'une des figures emblématiques fondamentales de son système initiatique. Le fameux plan phallique, hiéroglyphe parlant, qui exprime le lieu des pulsions assouvies et des vices, est aussi (et peut-être surtout) le signe de la régénération cachée « au centre des mystères » (p. 203). Le culte de Priape auquel Ledoux renvoie explicitement (p. 50) à l'appui du premier projet de bâtiment utilitaire qu'il publie à la suite du pont sur la Loue, la *Grange parée,* illustre le thème du culte agraire de la fertilité des sociétés primitives. Célébré en Égypte et en Grèce, pays civilisateurs, il s'identifie également avec les origines sacrées de l'architecture. Ce grand thème de la symbolique pré-classique, qui s'oppose à la théorie vitruvienne des origines domestiques de l'art de construire, a été abordé dans de nombreux travaux savants consacrés justement, du temps de Ledoux, au culte de Priape dans l'Antiquité indo-européenne. Les études d'Hancarville, de Payne Knight, Viel de Saint-Maux, C.-F. Dupuys [31] et autres polygraphes de la fin du 18e siècle, montrent qu'on peut, sans risque d'erreur, élargir la signification de certaines images, métaphores ou comparaisons obscures ou, apparemment, incongrues transmises par Ledoux, telle cette phrase citée plus haut : « L'art sans éloquence est comme l'amour sans virilité », véritable profession de foi d'un artiste fécond...

---

30. Voir *Winckelmann : la naissance de l'histoire de l'art à l'époque des Lumières,* sous la dir. d'E. Pommier (Paris, La Documentation française, 1991).
31. Voir A. Ponte, « Phallocentrisme et architecture : la théorie de R. Payne Knight », *Le Progrès des arts réunis,* actes du colloque de Bordeaux-Toulouse, 1989 (Bordeaux, 1992).

De surcroit, Ledoux prouve l'erreur dans laquelle l'abbé Batteux entretenait ses contemporains. En leur faisant croire que l'architecture n'était pas un art d'imitation, l'auteur du célèbre essai, *Les Beaux-Arts réduits à un même principe,* excluait l'art de bâtir de la catégorie noble des *arts libéraux* [32]. Le recours au grand genre littéraire « à l'antique » et l'usage des *machines poétiques,* avec l'ésotérisme mythologique (et sans aucun doute franc-maçon [33]) fondent, tout autant que le recours à l'utopie, les principes de l'*architecture parlante* [34].

DANIEL RABREAU
Université de Paris-I

32. Abbé Batteux, *Les Beaux-Arts réduits à un même principe,* éd. critique par J.-R. Mantion (Paris, 1989).

33. Voir M. Mosser, chapitre sur les architectes, dans D. Ligou, *Histoire des Francs-Maçons en France* (Toulouse, 1981) et A. Vidler, *The Writing of the walls. Architectural theory in the late Enlightenment* (Princeton, 1987).

34. Voir E. Kaufmann, *Architecture in the Age of Reason* (Cambridge (Mass.), 1955 ; éd. en français, Paris, 1963).

LUCIUS JUNIUS BRUTUS

UN PROJET D'EXPOSITION AU MUSÉE
DE LA RÉVOLUTION FRANÇAISE (VIZILLE)

En 1993, le Musée de la Révolution Française a acquis un tableau représentant la *Mort de Brutus*, peint par Pierre-Narcisse Guérin (1774-1833) [1] pour le concours du prix de peinture, organisé au printemps 1793 par l'Académie (anciennement royale), peu de temps avant sa dissolution. Jusqu'à la redécouverte de cette toile, apparue sur le marché de l'art sans la moindre indication de provenance, on ne connaissait ni tableau ni dessin pouvant être mis en rapport avec ce concours. Ce défaut d'image suscitait un regret d'autant plus vif que les cinq tableaux en concurrence pour le prix se trouvent longuement commentés dans le procès-verbal imprimé des délibérations du jury [2].

La nouvelle acquisition du musée fournit l'occasion de constituer un dossier sur les circonstances de sa création et de sa réception et, plus largement, sur les usages politiques de la référence à Brutus avant et pendant la Révolution [3]. Il est vrai que le concours auquel le tableau se rattache, qui mit en compétition un nombre restreint d'élèves, n'eut pas l'envergure de celui décrété par le Comité de Salut public en floréal an II, dont le programme, en plusieurs rubriques, s'adressait à tous les artistes. Relativement peu étudié, le concours de peinture de 1793, organisé en parallèle avec ceux de sculpture et d'architecture, est intéressant à plusieurs titres.

On peut commencer par relever qu'entre la première annonce en avril 1793 et le jugement du jury en février 1794, son histoire

---

1. Les raisons qui permettent d'attribuer à Guérin ce tableau (huile sur toile, 114 sur 144 cm), ni signé, ni daté, seront détaillées dans le catalogue de l'exposition.
2. *Procès-verbal de la première séance du jury des arts* [...], s.l.n.d. [février 1794], 90 pages (B.N., Estampes, collection Deloynes, LVI, pièce 1723).
3. L'étude la plus complète sur la référence à Brutus sous la Révolution demeure celle de Robert Herbert, *David, Voltaire, Brutus and the French Revolution* (Londres, 1972). Voir aussi Édith Flamarion, « Brutus ou l'adoption d'un mythe romain par la Révolution française », *La Révolution française et l'Antiquité*, coll. *Caesarodonum*, XXV *bis* (Tours, 1991), p. 91-111.

---

se situe peu après les levées en masse pour repousser les armées étrangères, qui provoquent la contre-révolution en Vendée. Ce climat d'urgence n'empêche pas la discussion ; au contraire, il la stimule, avant que la Terreur, l'élimination des factions et la loi des suspects, n'amènent les citoyens à opter prudemment pour le silence ou la langue de bois. La dissolution de l'Académie le 8 août 1793 laissa orphelins les élèves qui avaient concouru au prix : leurs œuvres restèrent en attente de trouver une place dans le cours de la Révolution. L'épreuve d'un jury désigné par la Convention devait les laver de la souillure de leur origine académique. Les « opinions motivées » des jurés traitaient de la nature et du caractère de l'art républicain et de la référence aux grands hommes de l'Antiquité. En dépit de propos parfois convenus et sans relief, ce débat culturel, jusque dans ses modalités, se caractérisait par un esprit d'ouverture : pour constituer le jury, le Comité d'Instruction publique (en vérité, l'un de ses membres, le peintre-conventionnel David) fit appel à des artistes mais aussi à des hommes étrangers au monde de l'art ; afin d'assurer la légitimité du choix du jury, il dut travailler à la vue de tous, chaque membre devant consigner son opinion par écrit. Toutefois, cette procédure transparente n'empêcha pas certains de crier, après Thermidor, à la parodie et au truquage, dont Guérin, élève de Regnault, aurait fait les frais au profit d'un élève de celui (David) qu'on n'hésitait plus à appeler le « Robespierre des arts ». Le catalogue de l'exposition (qui se tiendra à l'été 1996) comprendra une analyse de ces divers aspects du débat suscité par le concours et le texte complet du procès-verbal des délibérations du jury.

De la Renaissance au siècle des Lumières, les humanistes européens furent constamment fascinés par l'histoire de Brutus l'Ancien et par les récits, parfois problématiques, qu'en proposaient Tite-Live et Plutarque. Si en Italie, en Suisse et en Hollande notamment, où le civisme adoptait clairement une intonation républicaine, le libérateur de Rome était invoqué comme modèle de dévouement patriotique, les commentateurs en France se contentèrent d'apprécier sa conduite de façon plus détachée, du point de vue de l'éthique et de la morale ; au cours du 18e siècle, de nombreux historiens avaient servi sa mémoire, chacun cherchant à apporter une nuance à la manière de considérer la peine de mort qu'il infligea à ses propres fils parce qu'ils avaient trahi la patrie [4]. Que certains aient trouvé sa « triste fermeté »

---

4. Pour la Suisse, voir François de Capitani, « Die Antike im schweizerischen Staatsdenken des 18. Jahrhunderts », actes du colloque *Préromantisme en Suisse,*

P.-N. Guérin, *La Mort de Brutus* (1793) (Musée de la Révolution française, Vizille).

excessive n'était guère une nouveauté : Plutarque lui-même avait refusé de se prononcer sur la condamnation des fils de Brutus par leur père, « car ou c'était une excellence de vertu, qui rendait ainsi son cœur impassible, ou une violence de passion qui le rendait insensible » (*Vie de Publicola*, IX). Ainsi, lorsque les Républicains en 1792 l'adoptent comme référent central de leur pensée morale et civique, ils doivent redessiner sa figure pour lui conférer plus nettement un profil positif qu'auparavant elle n'a pas eu.

Ce fut le *Brutus* de Voltaire (1730) qui prépara cette évolution et qui, en France, fit tenir au Romain un rôle emblématique au-delà des cercles érudits. Avant même la Révolution, il allait fournir quelques mots d'ordre : une estampe allégorique célébrant l'*Alliance de la France avec l'Amérique en 1778* porte en légende deux vers tirés de la scène 2 de l'acte I, défendant le droit de s'opposer à la tyrannie, de rompre dans ce cas les serments de fidélité au souverain : « Sous un sceptre de fer tout ce peuple abattu / A force de malheurs a repris sa vertu ». D'autres auteurs dramatiques s'inspirèrent de l'histoire de Brutus (Hirzel en 1761, Alfieri en 1789), mais au début de la Révolution, la pièce de Voltaire suffit presque seule à donner sa charge politique au culte.

Si, grâce à Voltaire, la référence à Brutus fut employée dès le début de la Révolution pour aider à définir et à valoriser le nouveau patriotisme des Français, c'est surtout après le 10 août 1792, pour parrainer la fondation de la République française, que « le premier qui voulut purger la terre des rois » (Manuel) fut introduit au centre de la scène révolutionnaire. La société des Jacobins accueillit son buste dès le 22 aout et l'Assemblée nationale le 1er septembre. Lorsque David demanda en février 1793 à ses collègues de la Convention de placer le buste de Brutus en permanence dans la salle des séances à côté de celui du député Lepeletier, le premier martyr de la liberté qui venait d'être

---

éd. par Ernest Giddey (Fribourg, 1982), p. 217-236 ; Christian Klemm, « Tischbeins Brutus. Ein Hauptwerk des deutschen Klassizismus aus Zürcher Geist », *Zürcher Kunstegesellschaft Jahresbericht* (1992), p. 69-80. Pour la France, voir Antoinette et Jean Ehrard, « Brutus et les lecteurs », *Revue européenne des sciences sociales*, 27 (1989), n° 85, p. 102-113 ; Catherine Volpilhac-Auger, « Histoires d'une révolution. La chute de la monarchie romaine chez quelques historiens du 18e siècle », *Éclectisme et Cohérences des Lumières*, éd. par Jean-Louis Jam (Paris, 1992), p. 387-396 ; Yves Touchefeu, *L'Antiquité et le Christianisme dans la pensée de Jean-Jacques Rousseau* (thèse de doctorat, E.H.E.S.S., Paris, 1992), p. 690-705.

assassiné pour avoir voté la mort du roi, il leur offrait deux modèles de dévouement : le Romain qui avait immolé ses fils à la patrie, le Français qui avait fait don de sa vie. De toute évidence, les républicains ont plébiscité Brutus parmi les héros de l'Antiquité : l'étude des prénoms révolutionnaires choisis par les Parisiens en l'an II place Brutus littéralement hors concours, très loin devant Mucius Scaevola, Cornélie, Lycurgue, Démosthène et les autres héros de l'histoire antique [5].

L'étude attentive de l'usage politique de l'invocation de Brutus sous la Révolution oblige cependant à distinguer entre la figure emblématique qui inspire cet engouement populaire et l'ambigüité de ses figures cultivées. A la fin de l'Ancien Régime, le courant d'interprétation issu de Plutarque, qui présentait la condamnation des fils de Brutus par leur père comme une action douteuse, restait vivace. David exposa en 1789 un tableau retentissant montrant un homme tourmenté réfugié chez lui, assis dans l'ombre auprès de la statue de Rome, au moment où les corps de ses fils lui sont rapportés et provoquent les lamentations accusatrices de sa femme. C'est pour dissiper cette ombre du remords qui s'empare de l'homme privé, que Robespierre, parmi d'autres Montagnards en l'an II, allait invoquer ce tableau en feignant de croire que David avait peint la scène publique du jugement (effectivement retenue dans un premier temps puis rejetée par l'artiste).

On connait la belle phrase péremptoire de Prudhomme dans les *Révolutions de Paris*, lors de la fondation de la République : « Nous voulons, nous, la république, mais non pas à la manière des Grecs, des Romains, des Bataves, des Anglais, des Suisses, etc. » L'impulsion de rejeter tout référent historique, expression d'une conception de la Révolution comme absolument inédite et novatrice en rupture avec les modèles du passé, anime aussi les artistes. Ceux-ci vantent la représentation de sujets contemporains aux dépens des scènes antiques traditionnellement prônées par l'enseignement académique [6]. Il conviendrait d'évaluer à quel point cette attitude a pu avoir pour conséquence de freiner le développement du culte de Brutus sous la République.

De l'iconographie du consul romain, rien ne permet de conclure à une célébration univoque. Un nombre restreint de moments de

5. Raphaël Bange, « Recherches sur les prénoms révolutionnaires à Paris », *Annales historiques de la Révolution française* (1994), n° 1, p. 39-65.

6. Udolpho Van de Sandt, « Notes sur la hiérarchie des genres sous la Révolution », *Revue de l'Art* (1989), n° 83, p. 71-76.

son histoire inspire les artistes : le serment de venger Lucrèce, sur le corps de celle-ci (Gavin Hamilton, 1763 ; Jean-Antoine Beaufort, 1771), le jugement de ses deux fils (Johann Heinrich Tischbein, vers 1785 ; Angelica Kauffman, 1788 ; Guillaume Guillon-Lethière, 1788), l'irruption des corps des suppliciés dans la demeure familiale (David, 1789), le combat mortel avec Aruns, la réception du convoi funèbre par les Romains (Guérin, 1793). Le dossier iconographique de l'exposition de 1996, qui comprendra des peintures, des dessins, des estampes et des sculptures, s'articulera autour de ces thèmes ; son ampleur dépendra des accords de prêt.

Au regard de la tradition iconographique, la scène du convoi funèbre de Brutus, conçue par l'Académie en 1793, parait être un thème inédit, ce qui n'est pas son aspect le moins intéressant. Lorsque les officiers et professeurs de l'Académie avaient préparé le concours à l'intention des élèves de peinture en avril 1793, ils avaient sans doute conscience de la position très précaire de l'institution, attaquée comme un repaire de royalistes, et de la nécessité pour eux d'affirmer clairement leur adhésion aux valeurs de la République. Ils eurent l'idée de célébrer la gloire de Brutus, de la parachever, de faire, en quelque sorte, du Romain un martyr de la liberté. Et par un de ces retours du refoulé dont l'inconscient a le secret, en même temps, ils ont imaginé et mis en scène sa mort. Leur haine d'un régime qui menaçait leurs privilèges et leur statut social, devait être immense. En tuant Brutus, c'est la République qu'ils visaient.

La seule issue de ce drame mortel, selon les principes politiques élaborés notamment lors de la mort de Marat en juillet 1793, et appliqués à l'automne par David dans son hommage pictural, ne pouvait qu'être la négation de la disparition : la résurrection du corps héroïque du martyr. Un élève de David, Harriet, dans son tableau de la mort de Brutus peint pour le concours, avait justement adopté ce parti : les jurés furent rassurés par la puissance intacte de sa figure et lui attribuèrent le prix (en fait, un second prix sans qu'un premier soit décerné). Le jeune Guérin choisit de montrer un « cadavre disloqué », un corps pathétique, irrécupérable. A l'exception de quelques-uns, les jurés réprouvèrent ce choix esthétique, refusant même de reconnaitre que ce corps meurtri et verdâtre puisse être celui de Brutus. Dans le discours par lequel David en novembre 1793 avait annoncé la formation du jury, il avait clairement indiqué son goût pour le parti adopté par son élève : « Les arts sont l'imitation de la nature dans ce qu'elle a de plus beau, dans ce qu'elle a de plus parfait. » Mais

David, *Les Licteurs rapportant à Brutus les corps de ses fils* (1789)
(Musée du Louvre). © Photo R.M.N.

en même temps, il avait implicitement laissé la voie ouverte à la démarche de Guérin : « Ce n'est pas seulement en charmant les yeux, que les monuments des arts ont atteint le but, c'est en pénétrant l'âme, c'est en faisant sur l'esprit une impression profonde, semblable à la réalité. » Le rejet du *Brutus* de Guérin par les membres du jury républicain relève-t-il seulement d'une stratégie politique ? L'image de la mort que Guérin montrait, devant laquelle le spectateur ne peut qu'être affligé, n'était-elle pas justement celle que l'administration efficace de la Terreur tenait à bannir ? Le débat sur le corps de Brutus, qu'il conviendra d'aborder par rapport à ces positions esthétiques divergentes et à un contexte politique en mutation constante, montre, une fois de plus, à quel point la naissance en France d'une esthétique nouvelle accordant la primauté à l'expression et à l'émotion, courant qui s'épanouira un peu plus tard sous le nom de romantisme, est indissociable de l'expérience de la Révolution.

PHILIPPE BORDES
Musée de la Révolution Française (Vizille)

MÉLANGES

ÉTUDES

DOCUMENTATION

CINQ LETTRES DE
NICOLAS-ANTOINE BOULANGER
A HELVÉTIUS

L'Université de Toronto a récemment acquis, dans une vente aux enchères, une série de cinq lettres autographes, écrites entre janvier et aout 1759, adressées à Helvétius par un correspondant qui signe soit par des initiales, soit par des pseudonymes à consonance hébraïque (B.U. Toronto, mss 302). Ce correspondant n'est autre que Nicolas-Antoine Boulanger. Il a été identifié grâce à son écriture, dont nous possédons au moins un échantillon, conservé à la bibliothèque municipale de Lille [1].

La première de ces lettres est la seule qui ne soit pas inédite. Il s'agit du manuscrit de la *Lettre de l'auteur à M.* *****, plus connue sous le nom d'« épître dédicatoire à Helvétius », qui sert de préface aux *Recherches sur l'origine du despotisme oriental*, ouvrage posthume publié en 1761 par les soins du baron d'Holbach, mais rédigé par Boulanger en 1755. On a beaucoup discuté sur ce texte. Si personne ne met en doute l'identité du destinataire, on a généralement supposé, dès le 18e siècle, que Boulanger ne pouvait en être l'auteur : Grimm le sous-entend nettement : « Ce morceau est mieux écrit que l'ouvrage même de M. Boulanger » [2]. Voltaire l'attribue à Diderot, comme le montrent les annotations de son exemplaire personnel [3]. Les critiques modernes, Franco Venturi, Paul Sadrin [4], sont tout aussi sceptiques. La pensée de la *Lettre* leur paraît trop hardie pour l'auteur du *Despotisme oriental*.

---

1. Manuscrit 854, folio 370. Il s'agit d'une lettre professionnelle concernant l'élargissement d'un chemin sur la route de Rambouillet (20 octobre 1757). Boulanger était ingénieur des Ponts et Chaussées.
2. *Correspondance littéraire*, 15 aout 1763.
3. *Corpus des notes marginales de Voltaire* (Berlin, 1979), tome I (A-B), p. 498. Sur son exemplaire personnel, Voltaire ajoute au-dessus du titre, *Lettre de l'auteur à M* ***** (p. III) : « Helvétius/par M. Diderot », et à la fin de la même lettre (p. XXXII) il écrit le nom « Diderot » après la formule de politesse.
4. Franco Venturi, « Postille inedite di Voltaire al alcune opere di Nicolas-Antoine Boulanger e del barone d'Holbach » (*Studi francesi*, 2, 1958, p. 231-240). Venturi reproduit en facsimilé les notes de Voltaire. Il fait remarquer que Voltaire se trompe quelquefois (p. 233) et ne tranche pas. Paul Sadrin, lui, est plus affirmatif dans son *Nicolas-Antoine Boulanger (1722-1759), ou avant nous le déluge* (Oxford, 1986). Pour lui, Boulanger ne saurait être l'auteur de cette lettre (p. 53-55).

Seul J. Hampton attribue la *Lettre* à Boulanger [5]. Il propose de la dater de 1759, « à l'époque où il était si malade qu'il entrevoyait déjà sa fin », et considère que ce fut le dernier essai littéraire de Boulanger.

La lettre manuscrite que nous avons découverte confirme cette dernière hypothèse. L'écriture et le ton sont identiques à ceux des lettres suivantes, dont l'attribution ne fait pas de doute. Elle est datée du 5 janvier 1759, et signée d'un paraphe peu lisible. Le texte en est légèrement plus long que celui que nous connaissons. Il comporte un premier paragraphe occupé par des considérations sur l'inutilité des lettres de vœux, et trois passages (en tout une trentaine de lignes) qui, dans l'édition originale, ont été omis ou réduits, visiblement pour en édulcorer le sens. Hampton considère que d'Holbach, lorsqu'il publia le manuscrit du *Despotisme*, « utilisa celui qui appartenait à Helvétius, et qu'il y ajouta l'épitre, qui se trouvait sous la même couverture. » C'est là un scénario plausible. La lettre autographe que nous possédons a en effet été manifestement préparée pour l'éditeur. C'est donc Helvétius qui l'aurait procurée à d'Holbach, pour servir de préface au *Despotisme*. Nous ignorons si cet assemblage de deux textes écrits à quatre ans d'intervalle avait été prévu par Boulanger, ou s'il s'agit d'une initiative de son éditeur. Restent à mesurer la cohérence interne et l'évolution d'une pensée multiforme qui ne se laisse pas aisément réduire.

Les quatre autres lettres sont inédites. Boulanger les écrivit peu de temps avant sa mort, entre juillet et aout 1759. Elles sont également datées de Paris, et adressées à Helvétius « en son château de Lumigny ».

Leur premier intérêt est de confirmer certains renseignements biographiques donnés par Diderot sur les derniers jours du philosophe dans son *Extrait d'une Lettre écrite à l'Éditeur sur la vie et les ouvrages de M. Boulanger* : « Il était attaqué d'une maladie bizarre qui se portait sur toutes les parties du corps, à la tête, aux yeux, à la poitrine, à l'estomac, aux entrailles, et qui s'irritait également des remèdes opposés. Il était allé passer quelque temps à la campagne chez un honnête philosophe alors persécuté : son état était déjà très fâcheux : il sentit qu'il empirait et se hâta de revenir à Paris dans la maison paternelle où il mourut peu de semaines après son retour » (Préface à *L'Antiquité dévoilée*, Amsterdam, 1766, p. XII). Boulanger fait plusieurs fois allusion à son récent séjour chez le philosophe (12 juillet, 12 aout). Très malade, il habite chez ses parents (12 juillet : « [...] mon esculape [...] a demandé et exigé de mes bons parents qu'ils fissent faire une consultation de plusieurs médecins »). Ceux-ci demeurent rue Saint-Jacques, et non rue Saint-Denis, comme le croient Hampton et Sadrin : fin juillet, « tout Paris » a admiré l'amélioration de son état, « c'est-à-dire deux ou trois maisons de la rue Saint-Jacques » [6]. Le thème essentiel de cet ensemble,

5. J. Hampton, *Nicolas-Antoine Boulanger et la science de son temps* (Genève-Paris, 1955), p. 38-40.

6. Voir les documents reproduits par J. Hampton (*ouvr. cit.*, p. 11-12). Ils concernent un certain Nicolas Boulanger, marchand papetier demeurant à Paris rue Saint-Denis, que Hampton considère comme le père de l'encyclopédiste. (B.N. Mss. fr. 22068 et 22082).

c'est la maladie : « Depuis trois mois je suis l'homme de douleurs » (12 aout). On sent l'impuissance des médecins, qui ne savent pas établir de diagnostic. Tantôt son mal, sans être le scorbut, « avoisine le vice scorbutique » (12 juillet), tantôt c'est une « pulmonie », tantôt « la bile et l'estomac sont les seules causes de tous les accidents qui [le] persécutent depuis sept ou huit ans » (1er aout). On fait essayer au patient différents régimes qui se révèlent tous inefficaces.

Le second intérêt de ces textes est de nous faire mieux connaitre la personnalité d'un homme qu'on a supposé secret parce qu'il était mal connu [7]. Il se révèle sensible et enclin aux épanchements. Un mélange d'affection et de vénération imprègne ses lettres, dont l'une commence par un curieux « Monsieur et cher Papa » [8]. Il regrette de n'être plus à la campagne : « je serais auprès de vous et ce ne serait pas en peinture que je vous embrasserais » (19 juillet). Il manifeste aussi un grand attachement à Mme Helvétius. Il lui a, semble-t-il, promis de faire construire un pont à Lumigny, et, moribond, se tourmente encore de négliger ses engagements : « Je suis pour Mme Helvétius un serviteur inutile [...] je ne fais rien pour elle. J'ai un pont sur la conscience, et ce n'est pas peu de chose qu'un pont. Aussi j'étouffe quand je songe qu'il n'est pas fait » (12 aout) [9]. Il termine cette lettre, peut-être la dernière qu'il ait écrite (il meurt le 16 septembre) par un éloge de la sensibilité qui est bien dans le gout du temps : « Je ne crains point la paralysie du cœur. Votre amitié y entretiendra toujours une vie de reconnaissance et de sensibilité [...]. Qui ne sent point est bien malade. » On devine aussi, à travers ces lignes, le travailleur acharné que Diderot donnait en exemple aux jeunes littérateurs, cet « homme si extraordinaire, mort à trente-deux ans, après avoir fourni une carrière qu'on pourrait à peine parcourir dans l'espace d'une vie longue et tranquille » [10]. Il fait de nombreuses allusions à ses travaux littéraires interrompus, en particulier à sa grande idée du déluge, évoque des thèmes de *L'Antiquité dévoilée*, dont il a sans doute débattu avec Helvétius : « J'avais [...] la tête fort faible et très incapable de penser aux hydrophories d'Athènes et de Jérusalem »

7. Voir P. Sadrin, *ouvr. cit.*, p. 232 : « Cet ami des philosophes, qui a fréquenté Diderot, Helvétius et Rousseau, est aussi un homme seul qui, en ce siècle épistolaire, n'écrit à personne et à qui jamais personne n'écrit. Cette âme sensible [...] s'est, avec une infinie pudeur, si bien gardée de toute confidence que son lecteur en est réduit aux supputations et aux investigations indiscrètes s'il veut deviner quelque chose de ses gouts et de ses dégouts ».

8. Cette appellation nous parait aujourd'hui bizarre. C'est pourtant ainsi que Franklin se faisait appeler à Paris par ses intimes, hommes ou femmes. Voir Claude-Anne Lopez, *Mon Cher Papa : Franklin and the Ladies of Paris* (New-Haven et Londres 1966), dont la version française a paru sous le titre *Le Sceptre et la foudre. Benjamin Franklin à Paris, 1776-1785* (Paris, 1990).

9. Boulanger avait participé à de nombreux ouvrages en Champagne et en Lorraine (pont de Vaucouleurs, pont de Foulain près de Langres). Voir Diderot, *Extrait d'une Lettre...* (préface à *L'Antiquité dévoilée,* Amsterdam, 1766), p. IV-V.

10. Naigeon, *Mémoires historiques et philosophiques sur la vie et les ouvrages de Denis Diderot* (Paris, 1821), p. 192. Boulanger est mort en fait à 37 ans.

(31 juillet) [11]. Son inactivité intellectuelle le désole : « Ma vie au reste n'est pas celle d'un misérable fainéant mais celle d'un fainéant misérable » (19 juillet). Il trouve pourtant le moyen de ne pas désespérer. A la fin du mois de juillet, il se croit guéri et « fai[t] des romans pour l'avenir » : « Je mettrai à côté de moi la sobriété et la philosophie, et lorsque j'aurai dissipé avec ces secours les ennemis de mon individu matériel, je reprendrai la chasse des ennemis de l'esprit humain » (31 juillet). Le style de Boulanger est celui d'un bel esprit qui aime les formules brillantes et les jeux de mots (« les phénomènes de mes infirmités étaient assez compliqués, et impliqués, pour ne pouvoir être aisément *dépliqués* par un seul docteur », 12 juillet) mais aussi les plaisanteries moins raffinées : « [...] j'ai été en tout autre endroit qu'au siège de Munster et [...] je suis aussi triomphant d'avoir dompté mes rebelles entrailles que si j'avais emporté d'assaut une citadelle » (31 juillet) [12].

Ce ton familier atteste au demeurant l'intimité des deux hommes. Boulanger détaille par le menu le dérèglement de ses fonctions naturelles et les diverses thérapeutiques suivies. Ce faisant, il nous donne un document de première main sur la pratique ordinaire de la médecine de l'époque, et c'est par là qu'il retient le plus notre attention. Outre le médecin de famille, les parents de Boulanger ont appelé en consultation deux sommités, Louis-Claude Bourdelin, membre de l'Académie des sciences, professeur de chimie au jardin du roi, qui devait être nommé en 1761 premier médecin de Mesdames, et Jean-Baptiste-Nicolas Boyer, spécialiste des maladies épidémiques, professeur de pharmacie et médecin ordinaire du roi, censeur royal et doyen de la faculté de médecine de Paris depuis 1756 [13]. Leur premier geste médical a été d'étudier le thème de la nativité de leur patient. Il est clair qu'ils se montrent ici les adeptes d'une antique doctrine médicale, la médecine astrologique, qui, née dans l'Égypte alexandrine, a conquis certains hommes de science au Moyen Age, pour s'imposer, aux 15e et 16e siècles, dans nombre de milieux humanistes, en Italie, en Allemagne et en France. Comme le montre L. Thorndike (*History of Magic and Experimental Science*, Columbia, Univ. Press, tomes VII et VIII, 1958), cette doctrine est loin d'avoir perdu son autorité au 17e siècle en Europe. Le grand-père d'Helvétius était médecin astrologue. Pour le 18e siècle, on suppose

---

11. *Hydrophories* : cérémonies religieuses destinées à « retracer la mémoire du déluge » (*Dictionnaire de Trévoux*, 1743). Boulanger suppose que toutes les religions commémorent la catastrophe initiale du déluge universel. Il retrouve des « usages hydrophoriques » aussi bien à Athènes qu'en Syrie. Il assimile la fête des Tabernacles à Jérusalem à une fête diluvienne. C'est le thème central de *l'Antiquité dévoilée*.

12. Cette métaphore militaire nous rappelle que Boulanger commença sa carrière d'ingénieur des Ponts à l'armée, sous les ordres du baron de Thiers, qu'il accompagna en 1743 et 1744 au siège de Fribourg. Voir Diderot, *ouvr. cit.*, p. IV.

13. Sans doute est-ce grâce à la protection d'Helvétius que ces honnêtes papetiers ont obtenu que d'aussi importants personnages que Boyer et Bourdelin se déplacent pour leur fils.

toujours que cette technique médicale a été abandonnée, mais aucune étude approfondie n'a été tentée. Il est possible ici que ces deux médecins aient eu recours aux astres en désespoir de cause, pour un homme à l'extrémité, et dont la maladie déjouait tous les pronostics. En tout cas, selon les règles de l'art, le thème natal est censé indiquer la nature du mal. Né un 11 novembre, Boulanger est sous le signe du Scorpion, un des « domiciles » de Mars, « la plus chaude et la plus bilieuse de toutes les planètes » (12 juillet) [14]. Mars domine la géniture et provoque une inflammation générale : le patient voit son corps se transformer en un « Etna » ou un « Vésuve ». Il souffre d'un excès de bile qui a « mis dans le sang une matière âcre et corrosive ». La thérapeutique utilise des médicaments dont les vertus astrales s'opposent à l'influence martienne : ici le lait, substance vénusienne, doit combattre les effets de cette bile en purgeant le corps. Mais le tableau n'est pas entièrement cohérent : cette humeur n'est pas jaune comme on pourrait s'y attendre, mais noire, comme chez un saturnien mélancolique. Au reste, si le tableau clinique évoque aujourd'hui pour nous la tuberculose, aucune notion nosographique de l'époque ne semble pouvoir expliquer le cas : le scorbut, qui désigne alors une entité vague, ou syndrome, ne répond pas non plus au cas précis du malade [15].

Les pseudonymes rabbiniques dont Boulanger signe deux de ses lettres ne sont pas pour étonner, quand on sait qu'il avait étudié les langues orientales et qu'il avait rédigé pour l'*Encyclopédie* l'article LANGUES HÉBRAÏQUES [16]. Badinage sans conséquences sans doute, mais de savant versé dans l'histoire des sciences et des religions [17].

MARIE-THÉRÈSE INGUENAUD   DAVID SMITH
Université Denis-Diderot (Paris-VII)   *Université de Toronto*

---

14. Voir A. Bouché-Leclercq, *L'Astrologie grecque* (Paris, 1899, repr. 1979), p. 184.

15. Dans la « question médicale » présidée et conclue par Louis-Claude Bourdelin en 1744 *(Quaestio medica quodlibetaria : an pulmonum etiam in morbis suus sit kinae-kinae locus ?* B.N. S 5903), celui-ci parle du scorbut comme d'un syndrome de maladies (« morborum syndrome ») ; il l'appelle « centiceps scorbuti bellua » (monstre aux cent têtes).

16. Même si la majeure partie des mots qui entrent dans leur composition est identifiable, nous n'avons pas réussi à décrypter le sens global de ces pseudonymes ; mais ils ne sont surement pas forgés au hasard. Une des passions de Boulanger est en effet l'étymologie comparée des noms propres. Voir le témoignage de Morellet : « Son principe général était que l'histoire ancienne n'est qu'une *cabale* : le nom de chaque personnage célèbre, dont les actions y sont racontées, exprime tous les évènements de sa vie, c'est-à-dire que les évènements ont été imaginés d'après ces noms [...] les ouvrages des rabbins ne sont que la suite des livres historiques de l'Écriture ; les faits qu'ils racontent résultent des nouvelles combinaisons qu'ils ont trouvées dans les noms propres » (*Mémoires*, Paris, 1988, p. 90). Les notes de *L'Antiquité dévoilée* fourmillent de conjectures sur les noms propres.

17. Nous remercions de leur aide Andrew Brown, Alan Dainard, Jean Dupèbe, Marion Filipiuk, François Moureau et Bertram Schwarzbach.

1.   * A Paris, ce 5 janvier 1759

Monsieur,

On fait dans un temps comme celui-ci tant de lettres superflues qui ne sont propres qu'à consommer le temps sans profit pour le cœur ni pour l'esprit que je vous demande la permission de me dédommager auprès de vous en vous écrivant philosophique-ment et non en compliment. Ce n'est point pour m'assujettir ni vous non plus, Monsieur, à une nouvelle lettre périodique et à un tribut de quatre paroles. Peut-être ferai-je exprès ma lettre si longue que vous jugerez au seul coup d'œil qu'elle ne sera point dictée par le génie de la saison. Heureux si je ne tombe point d'un inconvénient dans un autre, mais puisque je prends la plume pour converser avec vous, j'avoue d'avance que j'ignore quand je la quitterai * [18].

Puis-je vous demander, Monsieur, si les vains trophées que la superstition s'est dressés à l'occasion de votre ouvrage ont pu altérer la sérénité de votre grande âme ? Je ne le trouverais pas étonnant. Comme homme vous pouvez être sensible à la persécution, et comme philosophe vous pouvez plaindre la philo-sophie outragée et persécutée. Quoi qu'il en soit, je veux aujour-d'hui vous distraire d'un objet que sa grande proximité peut vous rendre trop touchant et trop vif. C'est dans ce dessein que je vous invite à vous transporter avec moi dans l'avenir pour considérer de loin ce temps présent, et pour le voir de ce même œil juste et tranquille que vous savez si bien porter sur le passé. Voyons ensemble la superstition lutter dans toute la succession des temps contre le génie et les connaissances sans qu'elle ait cependant pu jamais en arrêter totalement la marche et les progrès. Voyons les apôtres de l'erreur et de la fable toujours honteusement lâches et ridiculement fiers et impudents persécuter les grands hommes sans pouvoir empêcher qu'une vénération constante nous en transmette les noms et les éloges. Voyons le livre *De l'Esprit* paraître au mois d'août 1758, proscrit par des arrêts, des mande-ments et des critiques, tandis que plus de vingt éditions faites avant la fin de la même année, dans toutes les grandes villes de l'Europe [19], publient la réclamation et le suffrage de tout ce qu'il

---

18. Nous signalons entre des astérisques un passage omis ou réduit dans l'édition originale de 1761.

19. Nous n'avons trouvé que huit éditions de *l'Esprit* en français datées de 1758 et cinq de 1759. La traduction en anglais est parue à Londres en 1759 et la traduction en allemand à Leipzig en 1760.

y a d'êtres pensants dans le monde philosophique. Voilà de ces spectacles, Monsieur, que je vous invite à considérer. Vus de ce point reculé, ils sont consolants, parce qu'ils sont vus tout entiers, et qu'on en saisit mieux alors le dénouement qui est toujours le triomphe de la philosophie et la récompense du mérite persécuté. Voyez donc, s'il le faut, votre temps comme une antiquité.

Pour moi, en considérant de ce lointain les brigues, les cabales de l'erreur et tous les différents rôles qu'y font la méchanceté et la haine en sa faveur, je remarque que, sous votre époque, vous y faites le rôle de grand homme, que tous ces cris, qui de près paraitraient sans doute des rugissements, ne sont que des cris de grenouilles qui se perdent dans la sphère d'un étroit horizon, que les traces de ces reptiles s'effacent dans leur limon. Je vois que votre nom seul et votre ouvrage s'élèvent et subsistent pour faire la méditation de tous ceux qui savent lire et penser, et qu'enfin les critiques tombent oubliées, parce qu'on n'a pu vous rien reprocher personnellement, et parce que dans votre vie, vous n'avez fait que des actions grandes, nobles et généreuses, présomption forte pour votre façon de penser, si on ne la connaissait pas.

Comment, hélas, toute cette fourmilière incapable de lire et de juger de votre ouvrage, et qui n'en parle que d'après la voix des arrêts et des mandements, pourrait-elle en imposer à la postérité ? Quant à ceux qu'on aurait lieu de croire plus éclairés et qui néanmoins crient avec les autres, ce sont des âmes faibles que le torrent entraine, ce sont des esprits politiques que l'intérêt d'un nom, d'un titre ou d'un caractère soulève contre leurs propres lumières. Ils veulent conserver sur le reste des hommes une puissance que différents hasards ont établie sur l'imbécilité et sur l'ignorance. Ce sont, à la vérité, ces gens-là, ces apostats volontaires de la vérité et de la raison qui seuls peuvent être à craindre, si ce n'est pour l'avenir, au moins pour le présent, eux par qui se sont toujours laissé inspirer et conduire les gouvernements faibles. * Peut-être le nôtre commence-t-il à se laisser effrayer de cette succession d'ouvrages philosophiques que notre France produit dans ce siècle, et peut-être, Monsieur, payez-vous, comme dernier, pour vos prédécesseurs. Je vois en effet une multitude d'âmes dégradées et timides, même parmi les admirateurs de nos meilleurs ouvrages, qui gémissent sur le ton de liberté que ces ouvrages respirent. Ils en présagent des malheurs, et peut-être en est-il parmi eux qui portent leurs alarmes jusqu'au trône. L'homme est un animal si craintif que ce seul sentiment de terreur pourrait l'emporter sur tous les autres, même dans les âmes royales *.

En ce cas, il n'y aurait rien de flatteur à annoncer à ceux qui oseront encore continuer cette chaine d'écrivains nobles et hardis. Si vous aviez donc à vous affliger, Monsieur, ce serait sur vos successeurs. Ceux-là en effet pourront être bien plus maltraités que vous, à moins que le chapitre des accidents ne change le train des choses. J'ai cependant une grande confiance dans ce chapitre. Le même hasard, par exemple, qui nous donne et nous ôte si fréquemment tant de ministres mauvais ou médiocres ne peut-il pas nous en donner un bon ? Mais j'ai bien plus de confiance dans l'esprit général qui se monte de plus en plus sur le ton de la raison et de l'humanité. J'ai bien plus de confiance sur le progrès des connaissances, ce fleuve immense qui grossit tous les jours et qu'aucune puissance (si ce n'est un déluge) ne peut plus aujourd'hui se flatter d'arrêter. Quelle soif pour l'instruction n'indique pas le prodigieux et rapide débit de votre ouvrage ! Enfin j'ai encore une grande confiance dans les sottises même de nos hiérophantes [20], dans les querelles intestines de nos galles [21] et de nos archigalles, dans l'ambition indiscrète du fantôme hiérarchique, et dans le mépris universel où il est tombé malgré tout l'appareil de son crédit. Voici comme je me représente sa situation actuelle. Je veux vous la peindre pour vous distraire de la vôtre.

Imaginez une de ces figures antiques autrefois élevée par l'ido-lâtrie, et enclavée par le mauvais goût dans la façade de quelque édifice, que sa console et sa base sont détruites par le temps et que la statue n'est plus retenue dans sa place que par une adhé-rence cachée qui fait paraître sa position merveilleuse, mais qui ne la rend pas plus solide. Tel est, Monsieur, l'état présent de l'idole hiérarchique. Tous les fondements antiques sur lesquels elle était dressée sont déjà tombés par le vice de leur construction primitive. Le colosse comme suspendu est encore retenu par une adhérence latérale avec un édifice politique plus solide et plus entier, mais enfin il n'a plus rien sous ses pieds, et ce qu'il y a encore de plus fâcheux pour lui, c'est qu'une multitude de gens s'en sont aperçus. Déjà il commence à ne plus paraitre qu'un hors-d'œuvre, et le ridicule de cette situation ne peut continuer d'être remarqué, sans qu'à la fin on ne sente l'inutilité

---

20. Prêtres athéniens.
21. Prêtres de Cybèle en Phrygie.

de cet ornement gothique qui défigure et qui altère depuis si longtemps l'accord et l'harmonie de tout l'édifice.

Il est bien inutile en effet. Je ne cesserai jamais de continuer à le démontrer après vous, par un grand nombre de faits et surtout par l'esprit d'une multitude de coutumes et d'usages. Je montrerai qu'il y a eu un temps, très ancien à la vérité, où la police avait enfin reconnu qu'il est superflu et même contraire au bonheur et à la stabilité des sociétés de la gouverner par ces ressorts surnaturels qu'on appelle religion et révélation, que c'est à cette fin que cette police avait jeté un voile impénétrable sur tous les dogmes religieux, pour ne plus laisser d'action qu'à la morale et aux lois. Elle avait senti que toute loi surnaturelle énerve et affaiblit les lois naturelles, sociales et civiles, et que celles-ci n'ont jamais tant de force et tant de vigueur que lorsqu'elles régissent seules le genre humain.

Ce tableau sera intéressant par lui-même et encore plus par ses suites qui toutes n'ont pas été aussi heureuses qu'elles auraient dû l'être, faute de certaines précautions qu'on n'était pas encore tout à fait en état de prendre dans cet ancien âge. C'est par exemple par une suite de ce grand projet que le culte extérieur, qui ne fut plus dès lors interprété, est devenu dans tout le monde païen, bizarre, énigmatique et la source de la mythologie. L'histoire de la religion est devenue un chaos parce qu'il fut bien plus aisé à la police de supprimer les instructions que les fêtes et que les spectacles religieux qui en étaient auparavant la matière et l'occasion ; et ce chaos à la fin est devenu tel, que les gouvernements eux-mêmes se perdirent dans leurs mystères, qu'ils ne purent remédier aux abus parce qu'ils en méconnurent les causes, et qu'ils oublièrent tout à fait les principes et l'esprit de l'ancienne police. Esclaves des usages les plus ridicules, les gouvernements furent entraînés avec le peuple aveugle, et lorsque les abus et le temps ont fait naitre les systèmes religieux qui couvrent aujourd'hui la terre, ils furent forcés de s'y soumettre, ce qui a presque annihilé toute législation sociale.

Non, il n'y a encore que la philosophie et la raison qui puissent aujourd'hui ramener la police à ses anciens principes, et la tirer de l'esclavage où elle est. Qu'il est étrange de voir la police persécuter ce qui la sauvera un jour, au lieu d'y chercher un constant abri et de lui en offrir un réciproquement ! N'apercevra-t-elle point que la raison et la foi fondée sur la raison doivent être les uniques reines des mortels, et que lorsqu'une religion établie commence à pâlir et à s'éteindre devant les lumières d'un siècle éclairé, ce n'est plus qu'à cette raison qu'il faut immédiatement recourir pour maintenir la société, et pour la sauver des malheurs de l'anarchie ? C'est cette raison qu'il faut alors presque diviniser, au lieu de l'affaiblir et de l'humilier.

Il y a un peuple innombrable de jeunesse à demi-instruite qui, parce qu'elle ne croit plus, comme ses pères, que les lois aient été dictées ou écrites par les dieux dans les ténébreuses cavernes d'un mont Ida, s'imagine qu'il n'y a point de lois. Voilà le monstre qui effraie avec quelque sujet notre police, mais elle accuse la raison de l'avoir fait naitre, lorsqu'elle n'en doit accuser qu'une religion insuffisante et fausse, qui a fondé l'existence des devoirs naturels sur un mensonge, afin d'avoir par là le droit de gouverner les hommes par l'autorité, et non par la nature qu'elle dit criminelle pour qu'on la méconnaisse, ainsi que la raison qu'elle a dégradée pour n'en avoir rien à craindre. Ce système est affreux sans doute *, mais l'égarement de cette formidable jeunesse n'en est pas moins réel et terrible ; plus inspirée par un esprit de hardiesse et de liberté que par des lumières réelles et de vraies connaissances, elle semble annoncer un avenir capable d'ébranler le plus solide gouvernement. Il faut y succomber s'il est faible et aveugle sur la source du mal, il se soutiendra s'il est sage et éclairé et s'il n'a de recours qu'en la philosophie. Tout égarée que soit cette jeunesse, elle n'est point perdue, elle n'a pas encore trouvé la bonne route, mais c'est beaucoup d'en avoir quitté une mauvaise et d'en être dégoutée *. Il faut lui aider à trouver le chemin qui lui convient et elle est bien plus disposée à le prendre que si elle suivait encore stupidement sa première voie. A qui donner une telle commission si ce n'est à la philosophie ? Elle ne doit pas même attendre qu'on la lui donne ; elle a fait du passé l'objet de ses études, elle doit faire du futur l'objet de ses prévoyances, porter ses vues au plus loin, et former un plan de philosophie politique pour régler les progrès de la philosophie même. Pourquoi les philosophes ne la cultive-raient-ils point dès à présent comme une science d'État puisqu'elle le sera tôt ou tard ? Les élèves de la philosophie sont déjà nom-breux. Un bien plus grand nombre est tout prêt de suivre ses étendards et l'anarchie religieuse qui augmente tous les jours lui montre un peuple de sujets qu'il lui sera facile de conquérir. Elle doit sans doute se hâter de le faire : si cette anarchie était de longue durée, elle pourrait précipiter le genre humain dans un plus mauvais état que le premier. On a dit l'Europe sauvage, l'Europe païenne. On a dit l'Europe chrétienne. Peut-être dirait-on encore pis, mais il faut qu'on dise, enfin, l'Europe raisonnable.

Ce plan de philosophie politique demanderait, Monsieur, un philosophe comme vous pour directeur. Que je travaillerais avec plaisir sous votre puissant génie ! Vous marchez à grands pas par la force de vos raisonnements, je tâcherais de vous suivre de loin en montrant aux mortels étonnés des faits, et en leur développant leur histoire ignorée. Qu'il serait à souhaiter que les philosophes concertassent ainsi leurs démarches ! Il y a un certain ordre à mettre dans les pas que fait la philosophie pour qu'elle les fasse avec utilité, et que toutes ses instructions se secondent les unes les autres. Nous avons quelques excellents livres qui n'ont d'autres défauts que d'avoir appris au monde des vérités anticipées sur le progrès naturel du commun des esprits, et sur l'ordre des choses. Peut-être est-ce le défaut de votre ouvrage, s'il en a. Je le soupçonnerais sur ce que vous y présentez le tableau des erreurs de la métaphysique et de la morale à des yeux qui en général ne sont point encore habitués à envisager le tableau des erreurs de l'histoire.

L'histoire est encore en enfance, elle est restée dans le chaos d'où on a eu le courage et l'adresse de retirer tous les arts et toutes les autres sciences, et c'est cependant dans l'histoire que sont déposés tous les titres de la société, et tous les monuments de ses égarements. Si vous remarquez, Monsieur, que le mépris et le ridicule où le progrès des études a fait tomber depuis un siècle toutes les légendes de nos églises et de nos saints, a été le premier coup qu'ait reçu la religion ou la superstition chrétienne, vous jugerez aisément par là de quelle importance il est de débrouiller de plus en plus les faits généraux de l'histoire du genre humain et de conduire les hommes à reconnaitre d'eux-mêmes par le simple développement des évènements * que * tout ce qui leur a été jusqu'ici donné pour une succession continue et non interrompue * de faits et de vérités, n'est qu'une succession continue et non interrompue * d'erreurs humaines, d'impostures sacerdotales, et de sottises populaires. L'esprit résiste peu à la lumière des faits. Lorsqu'on a reconnu la fausseté de la plupart de nos légendes, on les a abandonnées sans bruit. L'illusion tombe nécessairement lorsqu'elle n'a plus l'incertitude et l'ignorance pour point d'appui ni la nuit du mystère pour lui servir de relief. La seule vue de la suite de tous les faits sera, je crois, de toutes les instructions la plus puissante, et c'est ensuite qu'il sera convenable et à propos de donner à l'homme étonné de nouveaux principes de conduite, qu'on pourra parler de morale et de raison avec lui et qu'il écoutera enfin avec profit pour lui-même, et avec autant de reconnaissance pour ses maitres qu'il leur témoigne aujourd'hui d'indocilité et d'ingratitude.

Je vous invite, Monsieur, à envisager cet avenir avec complaisance et à ne pas douter du futur bonheur des sociétés. C'est une consolation digne du sage persécuté. Il sème un grain très lent à produire, il n'en a que la peine, les races futures en ont le fruit, mais puisqu'il est capable de lire dans l'avenir, il en peut jouir en quelque sorte, et oublier ce présent qu'on ne peut le plus souvent envisager sans chagrin.

Voilà bien des paroles et une bien longue lettre pour consoler une âme forte qui se suffit à elle-même, mais je vous prie de me le pardonner. On ne quitte pas aisément la plume quand on écrit à un philosophe tel que vous. La bienséance suffit à peine pour m'arrêter. Je m'imagine être et causer avec vous, et tenter de vous suivre dans vos méditations profondes. Arrêtons cependant ces saillies de l'esprit pour faire place aux mouvements du cœur. Il doit vous exprimer combien je m'estime heureux d'avoir le bonheur de vous connaitre, et vous témoigner les sentiments d'estime et de vénération avec lesquels j'ai l'honneur d'être et je serai toute ma vie,

Monsieur, / Votre très humble et très obéissant / serviteur / B

2.   Ce 12 juillet 1759

Ce ne sera pas ma servante, mais votre serviteur qui aura enfin le plaisir de vous écrire. Il est bien fâché, Monsieur et cher Papa, de ne l'avoir fait ni pu faire plus tôt. Jusqu'aujourd'hui une plume a été un gros fardeau pour moi, et ce n'est pas sans suer que je la soutiens présentement. Je jeûne depuis si longtemps que je suis incapable de la moindre action suivie, tant est grande ma faiblesse. Enfin il n'y a plus depuis huit jours de crachement de sang, et ma poitrine se remet un peu et se remettrait plus vite s'il ne faisait extraordinairement chaud. Je vas donc peu à peu reprendre mes petites occupations et me recréer par votre correspondance. L'intérêt que vous daignez prendre à ma petite santé exige que je vous dise que mon esculape, ayant vu le crachement apaisé et songeant à me prescrire un régime pour l'avenir, a demandé et exigé de mes bons parents qu'ils fissent faire une consultation de plusieurs médecins parce que tous les phénomènes de mes infirmités étaient assez compliqués, et impliqués, pour ne pouvoir être aisément *dépliqués* par un seul docteur. On s'est rendu à ces raisons. MM. Bourdelin et Boyer ont été appelés. Je leur ai présenté le thème de ma nativité et ils ont vu que j'étais né sous la planète la plus chaude et la plus bilieuse de toutes les planètes et que c'était justement là la raison pour laquelle mon corps était un Etna ou un Vésuve peu sujet aux éruptions, mais qui se minait et se dévorait lui-même, que j'avais une bile épaissie qui ne circulait pas comme elle devait et qui avait mis dans le sang une matière âcre et corrosive qui attaquait les nerfs, les articulations, et qui pouvait même avoir vicié la partie supérieure du poumon. Ces docteurs disent encore que je n'ai point de scorbut, mais que la bile n'est pas jaune chez moi mais noire, ce qui avoisine le vice scorbutique. Ils ont conclu à diriger les premiers remèdes pour rétablir la poitrine en me mettant au lait pour toute nourriture, et à diriger les seconds remèdes, dans le même temps, à rendre la liberté, *visceribus* (tout le monde parle de liberté), par des bols [22], des aposèmes [23], et des eaux blanches [24] légèrement purgatives.

C'est demain que je commence ce régime. Je prendrai d'ici à huit jours tous les matins un demi-setier [25] de lait de vache coupé avec les eaux de Cauterets [26]. La huitaine suivante j'en prendrai deux fois le jour, et ainsi de huitaine en huitaine toujours en augmentant, jusqu'à ce que je sois au lait pour tout le jour. Et lorsqu'il m'aura suffisamment réparé et fortifié la poitrine, on verra s'il est nécessaire d'user de cresson et autres antiscorbutiques. Ce régime me plait assez, mais il faudra être souvent aux expédients pour faire passer ce lait. Mes docteurs m'ont laissé un grand libelle de tous les moyens qu'on doit employer pour cela. Du reste j'ai pour médecin ordinaire un ami qui a du savoir et de l'adresse, et ce qui vaut encore mieux, qui prend un vif intérêt à ce qui me concerne. Je n'en parlerais pas sur ce ton avantageux s'il ne suivait pas justement et précisément la doctrine

---

22. Grosse pilule composée d'argiles ocreuses (terme générique). « Les bols sont des remèdes internes qui sont ordinairement un peu plus solides que les opiates » (*Pharmacopée royale et chymique* de Moyse Charas, « docteur en médecine, ci-devant démonstrateur de l'une et l'autre pharmacie au Jardin Royal des Plantes », Lyon, nouvelle édition, 1753, p. 93). (Ouvrage sans cesse réédité, depuis 1676, avec l'approbation de la Faculté de médecine.)

23. *Aposème* ou *apozème* (terme générique) : « médicament liquide, composé de diverses décoctions de plusieurs plantes, racines, fleurs, feuilles, fruits et semences, dulcifiées avec du miel ou du sucre, clarifiées et aromatisées avec canelle et santaux. Il y a deux sortes d'aposèmes, les altératifs et les purgatifs » (*Dictionnaire de Trévoux*, 1743).

24. Eaux blanches : mélange d'eau et d'extrait de saturne (sous-acétate de plomb).

25. *Demi-setier* : ancienne mesure de capacité pour les liquides valant 0,233 litre.

26. Cauterets, station thermale des Hautes-Pyrénées réputée pour ses eaux sulfureuses sodiques.

de Madame Helvétius, mais j'ai remarqué qu'il avait été à la même école puisque depuis que je suis à Paris la seule nourriture qu'il m'ait permis a été le gruau, et la seule boisson, l'eau de gruau coupée avec l'eau de poulet. Or voilà l'ordonnance de mon premier médecin, et mon second médecin va me la faire encore continuer jusqu'à ce que la dose du lait augmentant de semaine en semaine l'usage du gruau se trouvera enfin supprimé lorsqu'il m'aura suffisamment préparé.

Un autre article de la délibération doctorale est de mettre une trêve à tout travail, à toute tension d'esprit. On m'ordonne de vivre quelque temps *materialiter* pour pouvoir vivre ensuite plus longtemps *spiritualiter*. Je sens qu'il y a quelque raison dans cette ordonnance, mais j'aurai de la peine à la suivre pour peu que je me porte mieux. Quant aux moments présents je ne fais rien, et suis incapable de rien faire. Je laisse le déluge sur la terre, jusqu'à ce que j'aie assez de poitrine pour souffler sur ces eaux *more mosaico* [27] et les dissiper. Enfin je vous demande la permission de finir ici ma lettre. Voilà un gros ouvrage que je viens de faire. J'en ferai plus dans huitaine. Recevez les embrassements de votre très humble serviteur.

Rabbin Nathanael-Ismaioth ben Senathiel al thi Bechor Ben Izral, &c., &c., &c.

[*adresse :*] A Monsieur / Monsieur Helvétius en / son château de Lumigny / Par Rozay-en-Brie.

3.   Ce 19 juillet 1759

Je serais un mauvais chrétien si je ne vous tenais point parole, Monsieur et cher ami. Voici la huitaine, et c'est un tribut que je vous dois à toute sorte de titre de vous rendre compte de mon individu. Et bien, mes beaux docteurs m'ont mis au lait. Le crachement ayant été tout à fait arrêté vers le commencement de ce mois, ils m'ont mis quelques jours aux aposèmes et aux casses [28] cuites pour préparer et relâcher les organes. Ils ont eu quelque succès. L'ange qui tient les sceaux fermés les a ouverts, dont je me suis senti fort débarrassé et très aise. On m'a ensuite prescrit de prendre du lait une fois le matin pendant huit jours pour augmenter de huitaine en huitaine. Le premier jour je m'en suis bien trouvé, ou je ne m'en suis point trouvé mal. Le second

---

27. Pour le passage de la mer Rouge, Moïse n'a pas soufflé sur les eaux mais il a étendu la main sur elles (voir *Exode,* XIV, 16, 21 et 26-27).
28. Légumineuse qui produit des fruits à propriétés purgatives.

jour sur le soir je me suis senti échauffé. Le troisième jour au matin j'ai craché légèrement du sang. On a espéré que ce ne serait rien, mais le quatrième jour au soir je l'ai craché avec flux et abondance et j'ai été incommodé d'une grande chaleur de gorge et d'entrailles et d'une bonne insomnie qui n'est pas encore dissipée. Voilà quel est déjà le succès de mon lait. On l'a suspendu deux jours et le crachement s'est apaisé. Aujourd'hui je le crache très peu. Cependant j'ai retourné au lait par obéissance et par complaisance. Mes docteurs me disent n'avoir rien de mieux à m'ordonner. Jugez du mal qu'ils peuvent faire par le bien ou le mieux qu'ils font. Je ne pousserai pas cependant toujours la complaisance à ce point, mais comme je commence à me familiariser avec ces hémorragies, je veux bien encore leur donner occasion d'observer une ou deux fois si le lait ramènera le même phénomène, auquel cas je dirai serviteur à leurs excellences de crainte que leur mieux ne me conduise au pire.

Ma vie au reste n'est pas celle d'un misérable fainéant mais celle d'un fainéant misérable. Je n'ai nulle occupation parce qu'il n'est pas possible que je m'en donne dans l'état où je suis. Je vois très peu de monde, et si j'en voyais beaucoup, je ne pourrais leur parler faute de poitrine. Je ne me promène point faute de jambe, et depuis mon retour je n'ai encore sorti que deux fois pour me recréer d'une messe au jour de dimanche. Je suis Job, plus gai que Job néanmoins, et sauf quelques instants d'ennui je me console dans l'espérance du mieux. Je ne veux point rendre mon état plus triste par le chagrin, et pour me distraire de mes maux je rêve aux sottises humaines. Je lis un peu, je regarde les passants, et j'écris parfois quelques mauvaises lettres comme celle-ci.

Je viens de lire l'opuscule imprimé de Voltaire sur l'Ecclésiaste et sur le C. des Cantiq[ues] [29]. Il a su tirer parti de l'épicuréisme de l'Ecclésiaste — je crois cette édition fort tronquée — mais légèrement et superficiellement selon sa méthode ordinaire. Il est bien bizarre que la doctrine d'Épicure soit dans la Bible la doctrine de l'Esprit saint. C'est une preuve que les épicuriens n'ont pas tout le tort qu'on leur donne. Prendre le temps comme

---

29. Le *Précis de l'Ecclésiaste en vers* avait d'abord paru à Liège dans le *Journal encyclopédique* du 15 juillet 1759 (p. 133-142). D'après la typographie et les fleurons, c'est sur les mêmes presses qu'on a imprimé *Précis de l'Ecclésiaste et du Cantique des cantiques, en vers ; avec le texte en français et des remarques de l'auteur* (Paris, 1759 ; B.N., cat. Voltaire nos 2313 et 2320).

il vient était un des axiomes de Salomon [30]. Ce serait constamment le mien si je me portais mieux.

D'aujourd'hui parait l'arrêt pour l'augmentation des postes et pour l'établissement d'une poste de billets et paquets dans Paris [31]. Ce dernier établissement sera fort commode aux culs-de-jatte comme moi. La distribution ou le tarif des lettres de province me parait mal fait. Je n'y vois ni règle ni proportion ni mesure.

Il fait toujours chaud et trop chaud pour moi. Cet été est bouillant.

Je suis bien heureux de n'être plus en campagne, et bien malheureux de n'y être pas. Je serais auprès de vous et ce ne serait pas en peinture que je vous embrasserais. Je prendrais des leçons de Madame et je sentirais. Votre serviteur s'appelle aujourd'hui

Rabb. Emmer-Ha-Harim Ben Aziza Mechnedebaï, &c

[*adresse :*] A Monsieur / Monsieur Helvétius, en / son château de Lumigny / Par Rozay-en-Brie

4.   Ce 31 juillet 1749 [= 1759]

Vous ne voulez point, Monsieur et cher ami, que je m'expose à courir des aventures avec mes médecins. J'en ai cependant couru et de grandes depuis que je n'ai eu l'honneur de vous écrire. Ces aventures ont été singulières et mêlées de maux et de biens comme toutes les aventures le sont, et elles nous ont fait trouver justement ce que nous ne cherchions pas, ce qui est encore ordinaire aux chercheurs. Comme elles ont eu quelques suites, j'ai passé la huitaine sans vous donner de mes nouvelles, mais je suis actuellement assez reposé pour reprendre des engagements qui me sont chers. Maltraité par le premier essai que j'ai fait du lait, j'ai donc eu le courage et la complaisance de m'y remettre peu de jours après. Précautionné et préparé encore par des aposèmes, j'ai eu des rapports doucereux le second jour, et de très mauvais le quatrième, avec les plus grands maux d'estomac

---

30. « Prendre le temps comme il vient » est une paraphrase familière des premiers chapitres de *l'Ecclésiaste,* que Boulanger, selon la tradition, attribue à Salomon.

31. Le tarif des lettres, resté le même depuis 1703, avait été accru d'un tiers par une déclaration du roi, préparée par le contrôleur général Silhouette, et enregistrée par le Parlement le 8 juillet 1759. Cette déclaration établissait en outre une nouvelle poste dans l'enceinte des barrières de Paris. Pour cette « petite poste », le tarif prévu était de deux sols pour les lettres, billets et cartes, et de trois sols pour l'once des paquets, le port devant être payé d'avance.

qu'on puisse, sans avoir cependant ni crachement ni aucun mal de poitrine. On n'a pas eu de peine à me résoudre à quitter le lait pour reprendre le gruau, mais les rapports et le mal d'estomac ont continué, mes douleurs de jambes sont revenues ainsi que les aphtes et une grande faiblesse dans toute l'habitude du corps. Je me suis trouvé dans le dernier épuisement. Au lieu de gruau on m'a donné de la soupe, au lieu de lait, du vin de Bourgogne et de Rota [32], du chocolat et quelques cordiaux. Il m'est alors revenu assez de force pour prendre une médecine légère de casse et de manne [33], laquelle à mon grand étonnement m'a fait les plus grands et les meilleurs effets. Je me suis vu purgé sans peine et sans douleur comme je n'avais jamais pu l'être depuis dix ans. Tout Paris en a été dans l'admiration, c'est-à-dire deux ou trois maisons de la rue Saint-Jacques. Je m'étais attendu à me porter très bien le lendemain et les jours suivants, m'étant très bien porté le jour même de la médecine. Cependant pendant quatre ou cinq jours j'ai continué dans l'état d'épuisement où j'étais auparavant. L'épuisement même s'est augmenté. Je me trouvais mal dix fois par jour. Je fus toujours hors d'état de marcher. Mon estomac demandait sans cesse à manger et le peu qu'on lui donnait lui faisait mal. J'avais un pouls très petit, le cœur abattu et la tête fort faible et très incapable de penser aux hydrophories d'Athènes et de Jérusalem. Mon médecin me soutint comme il put. Il n'osait me rien faire. Il attribuait cette continuation d'état à la dernière médecine, et moi j'employai tout ce qui me restait de force à lui assurer qu'il n'en était rien, que cette faiblesse qui avait commencé cinq ou six jours avant la purgation ne venait que d'une décharge générale de bile qui, atténuée et résolue par le régime que je tiens depuis trois mois, s'était enfin fondue et m'inondait l'estomac et les entrailles. Je le persécutai pour me repurger le plus tôt possible. Il aurait fallu le faire le troisième jour. Il ne le voulut pas et ne l'osa pas. Il me fit espérer qu'il me purgerait après la huitaine, et il me soutint avec quelques cuillerées de vin et de bons bouillons. J'eus de la complaisance encore cette fois-ci, mais au quatrième jour je n'en eus plus. Ma poitrine déjà s'échauffait, et sentant mes viscères soupirer après une seconde médecine, je forçai mon docteur à me la laisser prendre le cinquième jour. Et je m'en suis bien trouvé. La pre-

---

32. Ville d'Andalousie, en face de Cadix, renommée pour son vin rouge *(tinto de Rosa)*.

33. *Manne :* « suc condensé découlant de deux espèces de frêne qui naissent dans la Calabre » (Charas, *ouvr. cit.,* p. 541). Sert de purgatif doux.

mière n'a été qu'un petit miracle en comparaison de cette seconde, et je n'y ai pas eu plus de mal ni plus de peine. Je me suis débarrassé par là d'un amas énorme de bile de la plus haute antiquité, et je me suis trouvé le soir très dégagé et très bien portant. Mon médecin est dans un étonnement sans pareil de réussir aussi bien. Pour moi je m'écrie : « *Quantum mutatus ab illo* »[34]. Je ne suis plus cet Hector *omnia rapiens, nulla reddens*[35], je suis un tout autre homme, et avant qu'il soit peu j'aurai, je l'espère, la conscience bien nette. Ne voilà-t-il pas de belles aventures pour vous en entretenir ? C'est que j'ai été en tout autre endroit qu'au siège de Münster[36] et que je suis aussi triomphant d'avoir dompté mes rebelles entrailles que si j'avais emporté d'assaut une citadelle. Après un si grand avantage je me flatte beaucoup de ma fortune future. Je fais des romans pour l'avenir. Je vais encore donner la chasse à cette bile ennemie dans peu de jours. Je la suivrai sans relâche jusqu'à ce que je l'aie exterminée. Je ferai suivre mon train d'une cave de cordiaux et de stomachiques. J'exilerai le lait pour jamais. Je mettrai à côté de moi la sobriété et la philosophie, et lorsque j'aurai dissipé avec ces secours les ennemis de mon individu matériel, je reprendrai la chasse des ennemis de l'esprit humain, et j'irai me reposer ensuite auprès de vous pour y reprendre de nouvelles forces de toute manière. Mon roman ne vaut-il pas mieux que celui de Pyrrhus[37] ?

Ce premier aout [1759]
Je puis vous assurer que je vous écrivais hier du champ de bataille. C'était le jour de cette fameuse médecine, et vous avez pu à mon style reconnaître l'insolence de la victoire. Je ne l'ai pas chantée trop haut néanmoins, puisqu'après avoir passé une nuit de paradis je me porte aujourd'hui le mieux du monde. Enfin il n'est plus question de mal de poitrine ni de pulmonie. La bile

---

34. *Énéide*, II, 274-275 : « *Quantum mutatus ab illo / Hectore qui redit exuvias indutus Achilli* » (Comme il était différent de cet Hector qui revient revêtu des dépouilles d'Achille !)

35. *Omnia rapiens, nulla reddens* : Boulanger n'est plus cet Hector « ravissant tout et ne rendant rien ». Manière élégante de dire qu'il est purgé.

36. Le 25 juillet 1759, la ville de Münster, capitale de la Westphalie, avait été prise par les troupes du marquis d'Armantières le jour même où le bombardement de la ville avait commencé. Les Français n'évacuèrent Münster que quatre mois plus tard, le 22 novembre.

37. Allusion au célèbre entretien entre Pyrrhus et son conseiller Cinéas, où le roi d'Épire se complait dans de belliqueux projets de conquêtes (Plutarque, *Vie de Pyrrhus*, chap. 14). Le dialogue est évoqué par Montaigne à la fin du chap. 42 des *Essais* (1-I) et, surtout, paraphrasé par Boileau dans son *Épitre* I.

et l'estomac sont les seules causes de tous les accidents qui me persécutent depuis sept ou huit ans, et le défaut d'attention, de soin, de régime et de remède est ce qui a rendu les derniers accidents si cruels pour moi. Mais le mal est passé et la cause en est reconnue. On ne s'instruit jamais bien qu'à ses dépens. J'en ai fait l'expérience.

M. Valleré [38] n'est plus malade. Il me vient voir souvent. Je n'ai point encore vu M. Diest [39] qu'il m'a annoncé et que je recevrai comme je le dois avec le plus grand plaisir et la plus grande confiance.

On a crié ces jours-ci dans les rues de Paris un arrêt du Conseil qui ordonne aux libraires encyclopédistes de restituer trois louis à tous les souscripteurs [40]. Ces libraires n'ont été instruits de cet arrêt que par les colporteurs. J'ai accusé la clique antiphilosophique de ce coup, mais il n'en est rien. Les libraires n'en accusent que M. de Malesherbes, homme inexplicable, qui les a aidés et consolés dans les commencements de la disgrâce de l'*Encyclopédie* et qui par pique et par boutade veut les ruiner aujourd'hui [41].

Je vois quelquefois l'abbé Morellet. Il n'est pas venu me voir depuis quelques jours. Ainsi je ne sais ce qu'il pense de cet arrêt. Pour moi, je sais qu'il est fort lié et même ami de M. de Malesherbes, et j'ai remarqué que cet abbé ci-devant très lié et très ami des libraires encyclopédistes leur est devenu un homme suspect depuis quatre mois. Ils croient devoir s'en méfier. Je ne sais de quoi ils l'accusent ni ce que je dois penser de tout cela [42].

---

38. Pierre Valleré, avocat au Parlement, ami intime et homme de confiance d'Helvétius.

39. Jean de Diest (1701-1764), fils de Louise-Marie Helvétius et d'Henri, baron de Diest, était un cousin germain du père d'Helvétius. Né à Altena, près de Cologne, il vient en France à l'âge de trente ans, est naturalisé en 1751, et loge chez Helvétius, rue Sainte-Anne. Docteur en médecine, il meurt régent de la faculté de médecine de Paris.

40. Un arrêt du Conseil du 21 juillet 1759 avait ordonné aux libraires qui avaient publié l'*Encyclopédie* de rendre aux souscripteurs trois louis (72 livres).

41. Malesherbes, directeur de la Librairie, avait été chargé par son père, le chancelier et garde des sceaux Lamoignon, de rédiger le texte de l'arrêt du 8 mars 1759, qui avait supprimé le privilège de l'*Encyclopédie,* et celui du 21 juillet (voir note précédente). En empêchant la diffusion du second arrêt, il en avait atténué les conséquences. Le 29 juillet, les libraires lui avaient adressé une requête, lui demandant d'ordonner que, au lieu des 72 livres, les quatre premiers volumes des planches soient livrés aux souscripteurs. Ce projet fut adopté et permit à l'entreprise encyclopédique d'échapper à la ruine, car aucun souscripteur ne demanda à être remboursé.

42. Sans être « neutre dans le combat qui ne tarda pas à s'engager entre les philosophes et leurs ennemis », l'abbé Morellet crut devoir user de discrétion.

Il est Lyonnais, on dit qu'il faut se méfier des gens de ce pays. Je vous en préviens, vous, Monsieur, qui avez le cœur si ouvert, afin qu'à la première rencontre vous vous teniez sur vos gardes s'il est nécessaire. De mon côté j'avais déjà mis une partie de ma confiance en lui, parce que c'est une tête élevée au-dessus des préjugés vulgaires, un homme instruit. Mais a-t-il toujours l'esprit juste et le cœur droit dans l'économie de ses affections ? C'est ce que je ne peux assurer. Au reste, jusqu'à présent je ne m'étais méfié que de sa vivacité et d'une certaine âcreté de bile dont je le soupçonne. Qu'il vienne, qu'il vienne, je lui ferai prendre une de mes admirables médecines. Puisse-t-il avoir dans ses amitiés autant de franchise et cordialité que vous en avez, mais tout le monde n'est pas si heureusement né. Je me déclare cependant en cela votre rival et je ne croirai jamais vous témoigner assez d'estime ni assez de reconnaissance.

Je souscris ici mes respectueux hommages aux pieds de Madame.

Ce 2 aout, continuation de beau temps et d'espérance de santé. A demain un breuvage d'esculape.

5.   Ce 12 aout 1759

Ma santé suit la fortune de l'État. Quand les Français triomphaient à Münster, j'avais lieu aussi de me louer de ma santé, et lorsqu'ils ont été battus je ne sais encore où [43], mais bien fort néanmoins, ma pauvre santé a aussi été très déconfite. Ç'a été pour moi l'affaire de vingt-quatre heures de voir ma fortune changée. Je ne voudrais pas, Monsieur et cher ami, que notre gouvernement fût ainsi le baromètre de ma santé, puisque tout y a [été] si mal.

Je n'ai pu prendre le 3 la purgation que je vous avais annoncée dans ma dernière, le crachement m'ayant repris la nuit. Il n'a

---

« L'*Encyclopédie* ayant été supprimée par arrêt du conseil, je ne pensai pas devoir partager désormais la défaveur que cette suppression jetterait sur un homme de mon état, qui continuerait, malgré le gouvernement, à coopérer à un ouvrage proscrit comme attaquant le gouvernement et la religion » (*Mémoires,* 1988, p. 98-99). A ce sujet, Diderot avait écrit à Grimm : « Le Turgot, le d'Alembert, le Morellet et le Bourgelat sont au fond de deux complots odieux dont je vous parlerai quelque jour, s'il m'en souvient. L'un est le déshonneur de la nation par la chute ou la suppression de l'*Encyclopédie*. Ces morveux-là se mettent à côté du roi de Prusse, et ils croiraient avoir gagné une grande bataille s'ils y réussissaient » (*Correspondance,* éd. Roth-Varloot, t. II, p. 130).

43. Le 2 aout 1759, l'armée française, commandée par le marquis de Contades, fut défaite à Minden.

point été cette fois-ci fort abondant. Il n'en a pas moins duré jusqu'au 9 avec des douleurs rhumatismales sur la poitrine. M. Valleré m'est venu voir dans ces circonstances, croyant que j'allais mieux et que M. Diest m'était venu voir, ce qu'il n'a point fait encore jusqu'aujourd'hui, ce qui me fâche un peu contre lui, étant très disposé à prendre de ses avis. Je les ai même déjà suivis par anticipation, M. Valleré m'ayant appris que sur le mémoire de mes accidents que M. Diest avait lu, il devait me conseiller de me mettre au lait pour toute nourriture plusieurs années de suite. J'ai osé m'y remettre encore ces jours-ci en modifiant autrement que par le passé la quantité et la façon, ainsi que les heures de le prendre. Il n'y a pas eu moyen de m'y tenir plus de cinq jours de suite. Il m'a causé dès le troisième jour de grands maux d'estomac, et il le détruit tellement que depuis mon estomac ne peut pas mieux supporter le gruau ou la soupe ou le bouillon que le lait ; il ne veut plus faire aucune fonction. Cependant je ne crache plus de sang depuis trois jours, ma poitrine est en assez bon état, et j'ai été hier au soir faire un tour de boulevard pour secouer ce mauvais estomac. Je ne m'en suis point trouvé mal. Voilà la première fois que j'ai pris l'air depuis mon retour à Paris.

Toutes ces alternatives et ces rechutes indiquent, je crois, que mon mal primitif n'est pas une pulmonie mais une humeur telle qu'elle soit qui se promène de la poitrine à l'estomac et de l'estomac à la poitrine, et quelquefois aux articulations des bras et des jambes suivant qu'elle est inquiétée par les remèdes et le régime.

Demain j'aurai la recette d'un nouveau remède que je dois au moins connaître, si je ne veux pas le pratiquer. Dès les premiers jours de mon retour à Paris, l'abbé Morellet me proposait de me mettre aux herbes et aux salades crues pour toute nourriture. Depuis peu une autre personne de ma connaissance m'est venue faire la même proposition, et comme je ne suis point tenté de ce remède bizarre, demain cette personne m'amènera un chanoine de la Sainte-Chapelle de ses amis qui a été sujet à tous mes accidents, et qui a vécu comme Nabuchodonosor [44] pendant un an et demi, ne mangeant qu'herbes et salades, et depuis il s'est bien porté, et même il a prêché. C'est plus que je ne demande

---

44. Nabuchodonosor II, dit le Grand, roi de Chaldée de 605 à 562 av. J.-C., à qui Daniel avait prédit l'écroulement de son empire, détruisit tout le royaume de Juda, mais frappé de folie, il alla vivre parmi les bêtes pendant sept ans (voir *Daniel,* chap. IV).

comme vous voyez, mon cher ami, car je désire à la vérité de me bien porter mais je me soucie peu de prêcher.

Quel dommage pour moi que nous ne soyons plus au temps des sorts et des sorciers ! Je lis dans les expressions de votre amitié que vous voudriez, exprès pour m'obliger, exceller dans cette science afin de faire un transport de mes maux sur la poitrine ou sur l'estomac de quelque tête à bonnet triangulaire, ou de quelque homme fourré et herminé. Hélas, je vous en tiendrais quitte, et je vous aurais autant d'obligation, quand après avoir évoqué mes douleurs, vous ne les feriez passer que dans le corps d'un troupeau de pourceaux [45]. Ne serait-ce pas au reste la même chose ? Ces gens-là sont, dit-on, les cochons du bon Dieu. Que ne sommes-nous sur le bord du lac de Génésareth [46] ? C'est seulement là où se peuvent faire de si belles choses, et malgré toutes vos vertus et votre amitié il faudra bien que je garde ici mes maux, et que j'endure ceux qui voudront encore venir. Depuis trois mois je suis l'homme de douleur. C'est pourquoi vous me voyez si résigné. Au reste je ne crains point la paralysie du cœur. Votre amitié y entretiendra toujours une vie de reconnaissance et de sensibilité.

Je suis pour Madame Helvétius un serviteur inutile. Tandis qu'elle travaille comme un notaire, je ne fais rien pour elle. J'ai un pont sur la conscience, et ce n'est pas peu de chose qu'un pont. Aussi j'étouffe quand je songe qu'il n'est pas fait. Il n'y a que son indulgence qui puisse me rendre la respiration. Quand on ne respire point, on ne sent point, et qui ne sent point est bien malade.

[adresse :] A Monsieur / Monsieur Helvétius en / son château de Lumigny / Par Rozay-en-Brie.

---

45. Allusion au miracle accompli par Jésus qui fit passer les démons du corps d'un ou de deux possédés dans un troupeau de pourceaux qui se précipita ensuite dans la mer de Galilée (voir *Luc,* VIII, 27-37, *Marc,* V, 2-16 et *Matthieu,* VIII, 28-32).
46. Le lac de Génésareth ou de Tibériade est la mer de Galilée.

RAYNAL AU PRINTEMPS 1793
D'APRÈS DEUX DOCUMENTS INÉDITS

Après la publication de la 3e édition de l'*Histoire des deux Indes*, condamnée par le Parlement en mai 1781, Raynal quitta Paris pour un périple qui devait durer jusqu'à l'été 1784 et le conduire dans les Pays-Bas autrichiens, en Allemagne et en Suisse. Quand il obtint l'autorisation de rentrer en France, à la condition de ne pas s'installer à Paris, il s'établit dans le Midi, d'abord à Toulon chez son ami Malouet, puis à Marseille. En août 1790, Malouet obtint l'annulation de l'arrêt du Parlement de 1781 ; Raynal rentra à Paris au printemps 1791 et s'installa à Chaillot. Le 31 mai 1791, lecture fut donnée à l'Assemblée nationale de son *Adresse*. Cette *Adresse*, dont le contenu contredit les principes que Raynal avait défendus dans l'*Histoire des deux Indes*, surprit l'Assemblée et suscita une violente réprobation [1]. Si Raynal ne fut pas inquiété pour ces propos hostiles à la Révolution, c'est que Robespierre trouva dans le « grand âge » de l'auteur « une excuse suffisante » (Feugère, p. 384). Mais à partir de cette date, l'auteur de l'*Adresse* fut nettement distingué de celui de l'*Histoire des deux Indes* et définitivement exclu de la scène politique [2].

Les documents autographes que nous présentons et qui datent du 12 avril 1793 appartiennent à cette période d'oubli. A cette date, Raynal réside depuis quatre mois à Athis-Mons chez un certain Carrevoisin [3]. S'il écrit cette lettre de Paris, c'est qu'il doit y être de passage, séjournant provisoirement chez son ami, le banquier Ferdinand Grand. En demandant une réponse dans les plus brefs délais, Raynal laisse supposer qu'il entend quitter Paris au plus tôt.

---

1. Sur cette période de la vie de Raynal, voir les chapitres 8 à 11 d'A. Feugère, *Un précurseur de la révolution : l'abbé Raynal (1713-1790)* (Angoulême, 1922).
2. Voir H.-J. Lüsebrink, « Stratégies d'intervention, identité sociale et présentation de soi d'un "défenseur de l'humanité" : la carrière de l'abbé Raynal (1713-1796) », *Bulletin du Centre d'analyse du discours*, n° 5, Université de Lille-III (1981), p. 29-64.
3. Voir C. Couderc, « Documents sur l'abbé Raynal », *Annales du Rouergue et du Quercy* (1888), vol. 1, p. 152-153 et 170-171. Le certificat de résidence qui lui a été délivré le 24 mars 1793 (dont il est question dans cette lettre), porte que Raynal s'est établi à Athis-Mons le 13 décembre 1792. C. Couderc pense qu'il y resta jusqu'en 1794, et peut-être jusqu'en 1795.

Ces documents consistent en une lettre et un placet [4]. Dans ce dernier, Raynal sollicite pour lui-même et pour son valet Louis Henri L'Hommes une autorisation de sortie du territoire français ; il veut se rendre en Suisse pour y régler les difficultés financières que lui a occasionnées « l'infidélité de quelques débiteurs de mauvaise foi ». Ce placet est accompagné d'une lettre adressée à M. Serres à qui Raynal demande de présenter et d'appuyer sa demande auprès du « tribunal qui doit décider de son sort ». De quel tribunal s'agit-il ? Raynal dit l'ignorer. Méconnaissance réelle ou ignorance feinte ? Si on considère les changements institutionnels qui sont survenus pendant le mois qui précède cette correspondance, et notamment la légalisation, le 21 mars, des comités révolutionnaires, l'imprécision de Raynal pourrait bien recouvrir une ignorance réelle, conséquence de l'évolution rapide des institutions, et le tribunal dont il s'agit pourrait bien être celui des comités révolutionnaires. D'abord seulement chargés du contrôle des étrangers résidant dans le royaume, les comités révolutionnaires étendirent rapidement leurs attributions au contrôle de tous les citoyens. Et de la même manière qu'il fallut être agréé par eux pour obtenir un certificat de civisme de la Commune, il serait tout à fait dans la logique de leur évolution qu'ils se soient également chargés des autorisations de sortie du territoire [5].

[Premier feuillet]. Paris, le douze avril [1793] [6]

Voilà, mon ami, un placet dont le succès fera le bonheur du peu de jours qui me restent à vivre. J'ignore où il doit être présenté. Si vous pouvez, si vous voulez l'appuyer, vous le remettrez au tribunal qui doit décider de son sort. Ne balancez pas à certifier les faits qu'il renferme. Vous en aurez demain la démonstration si vous la souhaitez.

Je me meurs et suis plus malheureux qu'on ne saurait dire de me voir un citoyen suspect à raison uniquement de mon état. Depuis quatre mois que je suis à la campagne, je ne suis sorti de ma chambre que pour aller chercher à mon canton un certificat de résidence.

Quelles que soient vos occupations, faites-moi un mot de réponse par mon domestique. S'il ne pouvait parvenir à vous

---

4. Ces documents, qui ne sont pas répertoriés dans la rubrique « Correspondance » de la *Bibliographie critique de l'abbé Raynal* d'A. Feugère (Angoulême, 1922, p. 58-65), se trouvent aux Archives nationales sous la cote M 667 (26).

5. Sur cette hypothèse qui m'a été suggérée par Jacques Proust, voir J. Jaurès, *Histoire socialiste de la Révolution française*, édition revue et annotée par Albert Soboul (Paris, 1972), tome V, p. 536-539.

6. *1793* est ajouté au crayon d'une main qui n'est pas celle de Raynal. Les informations, qui sont données dans le placet (l'âge de Raynal et le fait qu'il réside à Athis-Mons depuis quatre mois) confirment cette datation. J'ai modernisé l'orthographe des documents.

joindre, écrivez-moi sans délai chez M. Ferdinand Grand, banquier, rue des Capucines.

Mes respects à Mme Serres, mille tendresses à votre joli enfant, et à vous mes plus tendres embrassements.

Si vous m'appuyez de votre crédit, j'irai m'enterrer dans le village le plus obscur de la Suisse, et je m'y rendrai par la Franche-Comté.

[Deuxième feuillet]. Je suis né, le 12 avril 1713, dans la paroisse de Lapanouze, district de Sévérac, département de l'Aveyron. Les lettres ont rempli tous les instants de ma vie, et le bien qu'il m'a été possible de faire a été ma plus grande consolation.

J'ai donné à l'Académie Française une rente perpétuelle de douze cents livres, autant à l'Académie des Sciences, autant à l'Académie des Belles-Lettres, pour qu'elles pussent distribuer des prix à ceux de nos écrivains qui auront montré le plus de talent. J'ai donné une rente perpétuelle de douze cents livres à la société d'agriculture de Paris, pour la mettre en état d'envoyer de bons modèles d'instruments d'agriculture à tous les départements de la République. J'ai donné une rente perpétuelle de douze cents livres aux départements du Lot et de l'Aveyron pour récompenser ceux de leurs laboureurs qui auraient le mieux cultivé leurs terres. J'ai fait une fondation pour assurer aux malades de mon pays les remèdes et les bouillons dont ils pourraient avoir besoin [7]. Lorsque les citoyens furent invités à donner le quart de leurs revenus, je me présentai le premier, j'en donnai le tiers et fis mes trois payements à la fois [8].

Depuis mes affaires ont souffert quelque dérangement par l'infidélité de quelques débiteurs de mauvaise foi qu'un malheureux hasard m'a donnés en Suisse. Je demande la permission d'y faire un voyage, et m'engage formellement de rentrer dans le sein de la république aussitôt que j'en recevrai l'ordre.

Mais j'ai quatre-vingts ans et un besoin absolu d'un pansement journalier. Cet état me rend absolument nécessaire le seul serviteur que j'aie, et qui me sert de valet de chambre, de cuisinier et de chirurgien. On le nomme Louis Henri L'Hommes, de la paroisse de Saint-Saphorien, département d'Eure-et-Loir. Il vient d'envoyer à ses frais un homme à la frontière.

---

7. Sur les actes philanthropiques de Raynal, voir A. Feugère, *ouvr. cit.*, p. 335-337, et H.-J. Lüsebrink, *art. cit.*, p. 41 et 42.
8. Il s'agit de la contribution patriotique du quart du revenu votée le 26 septembre 1789.

Je ne suis pas sorti des terres de la république depuis la révolution. De Marseille où j'étais à cette époque, je me rendis à Paris où j'ai vécu dix-huit mois sans interruption dans la section des Champs-Élysées. Des infirmités m'ont conduit depuis quatre mois à Mons sur Athis, canton de Villeneuve-Saint-Georges, district de Corbeil, département de Seine-et-Oise [9]. J'ai régulièrement payé mes contributions, et j'ai toutes les preuves de résidence et de civisme que la loi exige.

Guillaume Thomas Raynal

Sans parler du serviteur Louis Henri L'Hommes, sur lequel il a été impossible d'obtenir de renseignements, ces documents font référence à des personnages qu'il est difficile d'identifier. Le destinataire de la lettre est un certain M. Serres dont on ignore le prénom et la fonction sociale. Il s'agit semble-t-il d'un ami de Raynal, assez proche pour que Raynal connaisse son épouse et leur enfant. Sur le manuscrit de cette lettre, en tête du premier feuillet, la même main qui a ajouté *1793* a aussi noté : « Un placet et une lettre à M. Serres (probablement Jean-Jacques Serres, moniteur de la Convention) ». Cette identification est problématique car Jean-Jacques-Joseph Serres est prisonnier des Anglais à cette date et ne se trouve donc pas en mesure de rendre quelque service que ce soit [10]. Joseph Serre (1762-1831), député des Hautes-Alpes, siège en revanche à la Convention pendant le printemps 1793 (voir Kuscinski, p. 562), mais rien ne permet d'affirmer qu'il est le correspondant de Raynal. De plus, si Raynal a respecté l'orthographe du patronyme de son correspondant, Joseph Serre (sans *s* final) ne peut être compté parmi les destinataires éventuels de cette lettre. Reste une hypothèse. A la date de cette lettre, le président du directoire du district de Corbeil s'appelle Michel Serres de Prat. Si l'on ignore tout des éventuelles relations qu'il a pu avoir avec Raynal, il reste que sa fonction de président du Directoire du district, où réside Raynal à cette date, en ferait un destinataire naturel de cette demande d'autorisation de sortie du territoire [11]. Mais, si les informations biographiques fournies par l'ouvrage de Pinard sont exactes, Michel Serres de Prat ne semble pas

---

9. Ancien département du Bassin parisien que la loi du 10 juillet 1964 a fait éclater en trois nouveaux départements (Essonne, Val d'Oise et Yvelines). Athis-Mons est maintenant dans le département de l'Essonne.

10. Sur la biographie de Jean-Jacques-Joseph Serres, voir A. Kuscinski, *Dictionnaire des conventionnels* (Paris, 1916-1919), p. 562-563. La détention de J.-J.-J. Serres (1755-1828) dura cinq mois, entre fin février 1793, date où il quitta Port-Louis pour rentrer en France, et le 5 octobre 1793 où il fut élu à la Convention.

11. D'après les renseignements qui m'ont été communiqués par M. Olivier Gorse, des Archives de l'Essonne, le nom de Michel Serres de Prat apparait dans les registres L 5, L 6, L 8, L 9, L 11, L 12, L 14 et L 16 des délibérations du Directoire du district de Corbeil. La première mention en série L (L 5) est du 4 décembre 1792, date à laquelle il devient vice-président. La dernière mention (L 16) est du 22 pluviôse an III, date de sa sortie de fonction comme président.

avoir d'enfant à la date de cette correspondance. Son fils ainé est né le 22 floréal an IV (11 mai 1796) et le cadet le 3 vendémiaire an VIII (24 septembre 1799) [12]. Or Raynal écrit : « Mes respects à Mme Serres, mille tendresses à votre joli enfant, [...] ». A moins de supposer que les Serres auraient perdu un enfant en bas âge, ce qu'il ne semble pas, cette identification n'est pas plus acceptable que les précédentes [13].

Si le destinataire de la lettre pose problème, il est encore plus difficile, voire impossible, d'identifier les « débiteurs de mauvaise foi » qui justifient un voyage en Suisse car toutes les hypothèses sont permises. Il pourrait s'agir des libraires et imprimeurs qui se sont occupés de l'impression à Genève de la 3e édition de l'*Histoire des deux Indes* [14] comme de particuliers auxquels Raynal aura prêté de l'argent lors de son séjour en Suisse en 1784 (Feugère, p. 295-320). Raynal était coutumier de cette pratique comme le prouve une note de sa main où figurent les noms de ses débiteurs et le montant de leur dette [15]. Il peut enfin s'agir de débiteurs inventés de toutes pièces pour justifier sa requête, et cette version, pour fantaisiste qu'elle paraisse, n'est pas la plus improbable, surtout si l'on compare la lettre et le placet.

Entre la lettre et le placet, il y a d'abord une différence de ton. S'il évoque la vieillesse et la maladie de Raynal, le placet n'exprime pas l'angoisse pressante qui fait le fond de la lettre. Cette différence de ton s'explique d'abord par la différence de destinataire. Dans le placet qui est adressé à un tribunal, Raynal ne peut laisser percevoir son trouble face aux évènements. Dans la lettre qui est destinée à un ami, Raynal est en confiance et peut être plus sincère. Cette différence de ton recouvre ensuite une différence de requête. Dans le placet, Raynal sollicite l'autorisation de se rendre en Suisse pour y régler les difficultés financières que lui occasionne « l'infidélité de quelques débiteurs de mauvaise foi ». Mais, sitôt ses affaires réglées, et surtout sitôt qu'il en recevra l'ordre,

---

12. Sur Michel Serres de Prat, voir Pinard, *Histoire du canton de Longjumeau* (1864), p. 62-64.

13. D'après Olivier Gorse, les tables décennales de naissances et de décès d'Athis et de Corbeil ne mentionnent aucun autre enfant hormis les deux cités par Pinard.

14. G. Goggi, « Les contrats pour la troisième édition de l'*Histoire des deux Indes* », *Dix-Huitième Siècle*, n° 16 (1984), p. 261-277.

15. La note, publiée par C. Couderc, *art. cit.*, p. 171, s'intitule « État de ce que mes parents ont reçu de moi » et mentionne un prêt de 6000 livres à Madame Serre, peut-être l'épouse du correspondant. Gilles Bancarel, s'appuyant sur *Documents sur l'histoire de Prades d'Aubrac* d'Ernest Plagnard (Villefranche de Rouergue, 1960), me précise que les Serres sont des neveux et des petits-neveux de Raynal. Une sœur de Raynal, Jeanne-Catherine-Marguerite, épousa Antoine Arnal du Claux. Ils eurent deux filles : Marie-Anne épouse Malrieu et Marie-Victoire épouse Serres. Les descendants du mariage Serres sont : Antoinette, Angélique, Etiennette-Marie-Anne, Romain-Hippolyte et Bernard-Hyacinthe. Le destinataire pourrait donc être l'un de ces deux derniers, mais il faudrait identifier leur situation sociale pour préciser cette hypothèse.

Raynal s'engage explicitement à « rentrer dans le sein de la république ». Son intention parait un peu différente dans la lettre privée qu'il adresse à M. Serres. Dans cette lettre où il ne mentionne pas du tout l'infidélité de ses débiteurs, Raynal ajoute un post-scriptum où il parle en revanche d'aller s'« enterrer dans le village le plus obscur de la Suisse ». Cette addition, qui évoque davantage un exil définitif qu'un séjour limité dans le temps, et l'inquiétude qui se dégage de la lettre, laissent penser que Raynal a cherché à quitter la France. En ce printemps 1793 où la Convention vote les mesures exceptionnelles qui annoncent le gouvernement révolutionnaire, cette tentative de quitter le pays n'est ni surprenante, ni originale. Au durcissement général que constituent l'établissement du tribunal révolutionnaire, l'officialisation des comités révolutionnaires et le renforcement des lois contre les émigrés s'ajoutent pour Raynal les prémices de la déchristianisation qui a été particulièrement vive dans le district de Corbeil [16]. Dès le début du printemps 1793, les prêtres du district, assermentés ou pas, sont de plus en plus inquiétés et leurs relations avec la population et les autorités locales se dégradent. Bien que n'ayant fait l'objet d'aucune tracasserie ni d'aucune surveillance particulière comme le prouve le recueil des délibérations du directoire de Corbeil pour la période concernée [17]. Raynal a dû s'inquiéter de la tournure que prenaient les évènements. Entre l'*Adresse* à l'Assemblée Nationale et son ancien statut de prêtre, il avait toutes les raisons de se croire « un citoyen suspect à raison uniquement de [son] état ».

Quelle que soit l'identité des personnages qu'ils mettent en scène, ces documents sont intéressants, car ils révèlent l'état psychologique de Raynal au printemps 1793 et l'écart entre la lettre et le placet pourrait montrer qu'il a tenté de quitter la France pour échapper à la tourmente révolutionnaire. Outre qu'il n'est mentionné par aucun des biographes de Raynal, ce voyage en Suisse ne semble pas avoir eu lieu, car un certificat de résidence, délivré à Montlhéry le 8 pluviôse an IV (28 janvier 1796), certifie que Raynal « réside en France depuis le premier mai 1792 jusqu'à présent sans interruption, qu'il n'a point émigré et qu'il n'est point détenu » (Couderc, *art. cit.*, p. 171).

MURIEL BROT
C.N.R.S., Montpellier, U.R.A. 1037

---

16. S. Bianchi, *La Déchristianisation dans le district de Corbeil, 1793-1797* (Corbeil-Essonnes, Mémoires et documents de la société historique et archéologique de Corbeil, de l'Essonne et du Hurepoix, 1990).

17. D'après les informations que m'a transmises Mme Bezaud, le volume 2LK6, qui contient les délibérations du Directoire de janvier à juillet 1793, ne fait état d'aucune surveillance particulière concernant Raynal. A. Feugère, *op. cit.*, p. 392, dit que : « sa vie ne parait pas avoir été menacée », mais qu'« il fut pourtant, comme tout le monde, en butte à des tracasseries qu'il supportait avec peine ».

A LA DÉCOUVERTE DE LAHONTAN

Le 10 novembre 1710, dans une lettre à Bierling, Leibniz, alors à la fin de sa vie, écrivait : « Lahontan [...] produira encore beaucoup aux éditeurs si sa santé, qui n'est pas très bonne, le lui permet. Pour moi, je l'ai connu assez intimement et, comme il convient, je l'estime » [1]. Malheureusement, Lahontan, alors exilé de France et courtisan à Hanovre, ne fera plus rien paraitre avant sa mort le 21 avril 1716 [2]. Mais il avait suffisamment publié en 1702-1703 pour attirer l'attention de l'Europe intellectuelle.

On a d'abord retenu de son œuvre une critique sévère de la politique coloniale française et des hommes en place, à commencer par Pontchartrain, le ministre de la Marine. Cette critique lui a valu l'inimitié de l'administration et l'a sans doute empêché de rentrer en grâce auprès du pouvoir, mais elle n'a guère rejoint le public, plus sensible à l'aventure américaine. Non pas qu'on

---

1. Cité dans Lahontan, *Œuvres complètes*, édition critique par R. Ouellet, avec la collaboration d'A. Beaulieu (Montréal, les Presses de l'Université de Montréal, coll. « Bibliothèque du Nouveau Monde » [diffusion en France : C.D.U.-S.E.D.E.S.], 1990), 1 474 p. Toutes mes citations de Lahontan renvoient à cette édition.

2. Né Louis-Armand de Lom d'Arce, le 9 juin 1666, au château de Lahontan dont il prend le nom, le futur auteur des *Dialogues avec un sauvage* devient vite orphelin et, sa famille ruinée, il s'embarque pour le Canada en aout 1683, avec trois compagnies de Marine que le roi envoie pour contrer les attaques des Iroquois. Il participe à la défense de la colonie, explore la région des Grands Lacs jusque dans le Minnesota actuel et fait quelques séjours en France. Son avancement rapide s'arrête brutalement quand, à la suite d'une querelle avec le gouverneur Brouillan, il s'enfuit au Portugal, craignant d'être enfermé à la Bastille. Après une errance de dix ans en Europe, pendant laquelle il fournit des renseignements sur l'Amérique à l'Espagne et à l'Angleterre, il publie ensemble, fin 1702 à La Haye, ses *Nouveaux voyages* et ses *Mémoires de l'Amérique septentrionale*. Un an plus tard, paraitront ses fameux *Dialogues* avec des *Voyages au Portugal et au Danemark*, mais ses œuvres complètes auront déjà été publiées en anglais quelques mois plut tôt. Alors que ses textes obtiennent un énorme succès, l'auteur mène une vie de misère, errant d'un pays à l'autre jusqu'à ce qu'il devienne courtisan à la cour de Hanovre où il mourra. Au printemps 1716, quelques semaines après sa mort, Leibniz (qui mourra lui-même le 14 novembre de la même année) lui attribue un de ses pamphlets politiques, *Réponse à la lettre de M. N. N. [...] au sujet du manifeste de Sa Majesté britannique*.

ait cherché de l'exotisme dans des textes qui nous frappent aujour-
d'hui par leur qualité de vision et par leur distance ironique ; on
y a surtout vu une attaque des orthodoxies européennes dans les
domaines du politique, de la philosophie et même de la théologie.
Si ses *Dialogues* ont cristallisé le mythe du « Bon Sauvage »,
ils ont surtout mis en scène le stéréotype du Sauvage raisonneur
qui remet en cause toutes les valeurs de la civilisation. Personne
n'a vraiment pris Adario pour un vrai Huron. Les jésuites des
Mémoires de Trévoux ne s'y trompèrent pas, qui virent dans ses
textes « le précis de ce que les déistes et les sociniens disent de
plus fort contre la soumission que nous devons à la foi et contre
cette captivité de la raison sous l'empire de la révélation » [3].
Jacques Bernard, qui avait pris la succession de Pierre Bayle aux
Nouvelles de la République des Lettres, rejette du revers de la
main les objections de Lahontan sur les dogmes chrétiens dans
la conclusion de son compte rendu des deux premiers volumes :
« comme la plupart de ces difficultés ne sont pas fort différentes
de celles de nos libertins, auxquelles on a répondu mille fois,
nous ne nous y arrêterons point » (p. 103). C'est probablement
cette réputation de déiste et de libertin qui assura à Lahontan
une bonne partie de son audience, comme le révèlent les journaux,
les histoires et les compilations de l'époque. L'historien de la
Virginie (*History and present State of Virginia*, 1705), Beverley,
tout en rappelant certains détails des *Mémoires de l'Amérique*
touchant le calumet de paix ou les signes hiéroglyphiques amérindiens, l'attaque vivement dans son chapitre sur la religion des
sauvages : « M. le Baron de Lahontan leur attribue des notions
si raffinées, et des arguments si subtils, que peut s'en faut qu'ils
ne refusent son christianisme, et qu'il ne soit prêt à y renoncer
en leur faveur. [...] Pour ce qui est de M. de Lahontan, il me
pardonnera, s'il lui plait, si je ne le crois pas sur sa parole. Je
suis très persuadé que les Indiens ont quelques pensées indignes
de Dieu, et d'une autre vie ; et je ne doute pas que M. le Baron
ne nous ait plutôt débité ses propres sentiments que ceux des
Indiens » (trad. parue chez Lombrail, 1707, p. 271-272).

Dans son compte rendu du livre (*Nouvelles de la République
des Lettres*, déc. 1705, p. 620), Jacques Bernard se fera l'écho

---

3. *Œuvres complètes*, p. 1185. Dans la partie de l'introduction sur la fortune
littéraire de Lahontan, j'ai cité *partiellement* les divers comptes rendus de ses
œuvres ; on en trouvera le texte intégral dans *Sur Lahontan : comptes rendus et
critiques (1702-1711)*, textes présentés et annotés par R. Ouellet (Québec, l'Hê-
trière [diffusion en France : Jean Touzot], 1983).

de cette affirmation, qui reviendra comme un leitmotiv dans presque toutes les critiques de Lahontan : l'auteur « nous a plutôt débité ses propres opinions, que celles des Indiens ». Un autre polygraphe hollandais, l'éditeur Jean-Frédéric Bernard, qui publiera et rééditera sur plusieurs années un *Recueil de voyages au Nord*, accusera à son tour Lahontan « de semer le libertinage dans ses ouvrages » en prêtant aux sauvages « des raisonnements sophistiques dont ils ne sont pas capables » :

« On leur fournit contre le christianisme des subtilités étudiées, auxquelles on répond si faiblement, qu'il est aisé de voir qu'on souhaite que le sauvage l'emporte sur le chrétien. Si le sauvage se contredit quelquefois, ce sont des contradictions affectées. Qui pourrait ne pas sentir le venin du raisonnement d'un Algonquin, pour rendre le christianisme absurde, sous prétexte qu'il ne s'accorde pas avec notre raison ? etc. » (préface au t. IV, 1718) [4].

Les accusateurs de ce procès sont aussi bien des journalistes de toutes tendances que des jésuites comme Lafitau, qui publiera un savant traité d'anthropologie comparée dont on connait l'importance : *Mœurs des Sauvages Amériquains* (Paris, 1724). La verve et l'ironie iconoclaste du Huron Adario ne pouvaient que choquer l'anthropologue-théologien dont l'entreprise visait à montrer que les peuples sauvages ont gardé dans leur cœur les traces d'une religion unique originelle qui s'est corrompue « dans la suite des temps ». Aussi ne manque-t-il pas de prendre Lahontan à parti, répétant contre lui les accusations de libertinage qui se camouflent derrière les faux raisonnements des Indiens : « les sauvages [...] n'ont pas à la vérité cette métaphysique que leur donne le baron de Lahontan dans ses Dialogues, où il fait parler un sauvage sur la religion, de manière cependant qu'il en prétend conclure contre la religion même. Tous les raisonnements qu'il lui fait faire sont de son invention, et l'on y découvre aisément un de ces libertins, qui s'étourdissant sur des vérités incommodes, voudraient que les autres n'eussent pas plus de religion qu'eux » (t. I, p. 111). L'attaque de Lafitau portera d'autant plus qu'elle sera reprise textuellement par Jean Leclerc, qui y ajoutera l'allu-

---

4. Bernard conclut sa réfutation de Lahontan par un argument *ad hominem* qui sera souvent repris par la suite : « il est bon d'apprendre au public que le sauvage Adario est un moine défroqué et libertin auteur de quelques ouvrages qui en leur genre ne sont pas les meilleurs du monde ». Ce « moine défroqué et libertin » est évidemment Gueudeville, qui avait partiellement récrit, en 1705, sans l'assentiment de son auteur, les *Nouveaux voyages en Amérique* et les *Dialogues avec un sauvage*. En récrivant les *Dialogues*, Gueudeville en transforme complètement le sens quand il incite l'armée à se révolter contre son roi, qui « suce » ses sujets « jusqu'à la moelle des os » (*Dialogues* de 1705, p. 307).

sion malveillante au « moine défroqué » Gueudeville, présumé auteur des *Dialogues* : « Ces Dialogues sont d'un nommé Gueudeville, moine défroqué, mort misérable depuis deux ou trois ans à la Haye ; et le baron de Lahontan s'est assez plaint du tour qu'on lui avait fait. Gueudeville a composé, comme l'on sait, l'Esprit des Cours, qui paraissait à la Haie [...]. C'était un libertin déclaré, et qui sur la fin de sa vie s'enivrait d'eau-de-vie, comme il avait fait de vin, quand il en avait eu » (*Bibliothèque ancienne et moderne*, t. 22, 1724, p. 221-222).

L'utilisation de la figure du sauvage pour attaquer les dogmes chrétiens et, plus largement, la civilisation européenne, ne provoquera pas seulement l'hostilité. Loin de là. Claude Buffier, jésuite et collaborateur aux *Mémoires de Trévoux*, sans mentionner Lahontan, s'inspirera des *Dialogues* dans son *Examen des préjugés vulgaires* (Paris, 1704, p. 85-36). Un chapitre s'intitule « Que les peuples sauvages sont pour le moins aussi heureux que les peuples polis » et met en scène deux personnages raffinés et sans passion : Timagène et Téandre. Le premier vante les bienfaits de la civilisation, tandis que le second n'y voit qu'artifice et mensonge qui rendent les humains mauvais et malheureux. Les bonnes manières, le confort et la science, bien loin d'être un progrès pour l'humanité, éveillent à l'infini des désirs que rien ne saurait combler, alors que le sauvage sait assouvir ses besoins essentiels sans se jeter dans les peines qui empoisonnent la vie du civilisé. Devant un Timagène réduit au rôle de faire-valoir, Téandre dénonce encore la justice des civilisés qui s'embarrasse de règles et de procédures compliquées au lieu de suivre la simple loi de la nature.

Plus importante pour l'histoire de la pensée européenne, est la lecture de Lahontan par Leibniz vers 1710. A l'affut de tout ce qui se discutait en Europe, le philosophe, alors âgé de 64 ans, semble avoir été mis sur la piste de Lahontan par les journalistes hollandais et allemands, mais aussi par le texte d'un obscur théologien de Helmstedt, Conrad Schramm, dont la leçon inaugurale universitaire sur « la Philosophie balbutiante des Canadiens » avait été publiée en latin en 1707. Se référant d'abord à Platon et à Aristote (qu'il abandonnait presque aussitôt), Schramm utilisait les *Dialogues* et les *Mémoires* de Lahontan pour montrer comment les « barbares canadiens frappent à la porte de la philosophie mais n'y entrent pas parce qu'ils n'ont pas les moyens suffisants ou qu'ils sont enfermés dans leurs coutumes » [5].

---

5. Le texte de Schramm, traduit en français par A.-M. Étarian, est reproduit intégralement dans *Sur Lahontan*, p. 73-97.

Ce qui intéresse Leibniz n'est pas de savoir si les sauvages nord-américains sont capables de philosopher, mais s'ils vivent vraiment dans la concorde sans gouvernement. A son correspondant Bierling [6], qui lui demande comment les Indiens du Canada pouvaient vivre « en paix bien qu'ils n'aient ni lois ni magistratures publiques », Leibniz répond : « Il est tout à fait véridique [...] que les Américains de ces régions vivent ensemble sans aucun gouvernement mais en paix ; ils ne connaissent ni luttes, ni haines, ni batailles, ou fort peu, excepté contre des hommes de nations et de langues différentes. Je dirais presque qu'il s'agit d'un miracle politique, inconnu d'Aristote et ignoré par Hobbes » [7]. Cette conviction de Leibniz s'exprimera encore dans son *Jugement sur les œuvres de M. le Comte Shaftesbury, publiées à Londres en 1711 sous le titre de Charactéristicks* : « Les *Iroquois* et *les Hurons,* sauvages voisins de la Nouvelle France et de la Nouvelle Angleterre, ont renversé les maximes politiques trop universelles d'*Aristote* et de *Hobbes.* Ils ont montré par une conduite surprenante, que des peuples entiers peuvent être *sans magistrats et sans querelles*, et que par conséquent les hommes ne sont ni assez portés par leur bon naturel, ni assez forcés par leur méchanceté à se pourvoir d'un gouvernement et à renoncer à leur liberté. Mais la rudesse de ces sauvages fait voir, que ce n'est pas tant la nécessité, que l'inclination d'aller au meilleur et d'approcher de la félicité, par l'assistance mutuelle, qui fait le fondement des sociétés et des États ; et il faut avouer que *la sureté* en est le point le plus essentiel » [8]. L'observation par Lahontan et quelques autres voyageurs du « miracle politique » amérindien permet donc de contester les thèses de Hobbes sur l'état de guerre qui aurait donné naissance aux institutions politiques et l'hypothèse de ceux qui voient l'origine de la société dans une nécessité physique. Pour Leibniz, les institutions politiques sont nées d'une aspiration naturelle à la félicité et à l'harmonie. Dans cette perspective, l'œuvre de Lahontan ne contribue pas à construire un savoir neuf ; elle confirme seulement une thèse déjà constituée.

---

6. La correspondance Leibniz-Bierling montre à quel point la notoriété de Lahontan se mêlait parfois avec la légende : à Bierling qui doutait de l'existence de Lahontan, Leibniz répondit qu'il était « un homme très réel, non inventé, comme Sadeur », le voyageur imaginaire de *La Terre Australe connue* de Foigny (*Sur Lahontan*, p. 98-99).

7. La correspondance Bierling-Leibniz a d'abord paru dans les *Opera Omnia* de Leibniz, (Genève, t. 5, 1768) ; je la cite ici d'après la traduction française par A.-M. Étarian, publiée dans R. Ouellet, *Sur Lahontan*, p. 98-103.

8. *Opera Omnia*, t. 5, p. 40. Leibniz revient rapidement sur ce sujet dans sa *Théodicée*, § 256.

Si les textes de Lahontan continuent à circuler dans les courants philosophiques européens jusque vers le milieu du siècle, ce ne sera que de manière diffuse, par allusions rapides ou de seconde main. On en voit quelques traces dans la littérature clandestine, mais ni Montesquieu ni Voltaire ne le citent ; Diderot et Rousseau mentionnent son nom mais ne l'ont manifestement pas lu [9]. Dramaturges et romanciers, en revanche, s'en inspireront jusque vers les années 1740. Je citerai, parmi les emprunts les plus importants, ceux de Delisle de la Drevetière et de l'abbé Desfontaines.

Créé par la Comédie-Italienne le 17 juin 1721, l'*Arlequin sauvage* de Delisle de la Drevetière connut un succès considérable en France, où la pièce fut jouée presque chaque année jusqu'en 1740 à tout le moins ; elle fut aussi représentée en Angleterre et Rousseau la cite à la fin de sa *Lettre à d'Alembert sur les spectacles* [10]. Elle met en scène un Arlequin ensauvagé qui se trouve plongé dans la réalité sociale française. Sa transplantation brutale lui permet de s'étonner, comme ses contemporains Usbek et Rica, de ce qu'il découvre en France. Comme Adario, ses origines lui permettent de rappeler que les sauvages, guidés par la raison et la seule loi naturelle, sont restés bons et heureux face à des Européens malheureux, asservis à leurs codes sociaux et religieux. Comme Adario encore, Arlequin stigmatise l'inégalité qui maintient les pauvres dans la misère pendant que les riches ne savent que faire de leur « superflu » : « Les pauvres ne travaillent que pour avoir le nécessaire ; mais les riches travaillent pour le superflu, qui n'a point de bornes chez eux, à cause de l'ambition, du luxe et de la vanité qui les dévorent ; le travail et l'indigence naissent chez eux de leur propre opulence » (p. 470).

On s'attendrait qu'Arlequin dénonce cette injustice et prêche quelque forme de révolte. Mais ce serait oublier que la pièce était jouée devant un public qui aimait les sauvages moralisateurs, tant qu'ils ne menaçaient pas ses intérêts. Aussi est-ce bien en termes moraux que s'exprime la dénonciation vitupérant la folie des Européens, esclaves de leurs richesses : « Vous êtes fous, car vous cherchez avec beaucoup de soin une infinité de choses inutiles ; vous êtes pauvres, parce que vous bornez vos biens dans l'argent ou d'autres diableries, au lieu de jouir simplement

---

9. Voir là-dessus l'introduction aux *O. C.*, et R. Ouellet, « Jésuites et philosophes lecteurs de Lahontan », *Saggi e ricerche di letteratura francese*, vol. 29 (1990), p. 119-164.

10. Je cite la pièce d'après l'édition de J. Truchet, *Théâtre du 18ᵉ siècle* (Paris, « Bibliothèque de la Pléiade », 1972), t. I, p. 449-490.

de la nature comme nous, qui ne voulons rien avoir afin de jouir plus librement de tout ; vous êtes esclaves de toutes vos possessions, que vous préférez à votre liberté et à vos frères, que vous feriez pendre s'ils vous avaient pris la plus petite partie de ce qui vous est inutile » (p. 470). Sans prêcher, comme Gueudeville en 1705, la révolte contre le roi, Arlequin n'en porte pas moins cette blessure inguérissable provoquée par tout contact avec la civilisation : « Pourquoi donc, scélérat, m'as-tu tiré de mon pays pour m'apprendre que je suis pauvre ? Je l'aurais ignoré toute ma vie sans toi ; je ne connaissais dans les forêts ni la richesse ni la pauvreté, j'étais à moi-même mon roi, mon maitre et mon valet, et tu m'as cruellement tiré de cet heureux état, pour m'apprendre que je ne suis qu'un misérable et un esclave » (p. 471). Ainsi que le montrera Rousseau vingt ans plus tard, la connaissance est néfaste à l'homme qui vit heureux, à mi-chemin entre l'état de nature et celui de civilisé.

Le Nouveau Gulliver (1730) de Desfontaines, comme l'*Arlequin sauvage* et comme les *Dialogues* de Lahontan, fait de l'Européen le dénonciateur de sa propre culture en expliquant « naïvement » comment la société civilisée est fondée sur l'injustice. Cette « naïveté » un peu grosse permet au sauvage Abenoussaki de flétrir ces hommes civilisés qui « ont le cœur assez bas » « pour souffrir que leurs compatriotes soient leurs esclaves ». Un moment, le texte semble appeler implicitement la révolte contre l'ordre établi, quand Abenoussaki demande si les lois qui maintiennent l'injustice sont « des hommes armés de fusils et de sabres, qui servent de sauvegarde aux riches, pour les maintenir dans la possession de leurs richesses, et pour les défendre contre les justes prétentions des pauvres » (p. 222) ; mais la critique de la civilisation ne dépasse pas la condamnation morale qui met l'accent sur la liberté naturelle asservie par « cette multitude de règles superflues qui forment notre société civile » (p. 233).

Si l'œuvre de Lahontan marque un moment important de la « crise de conscience européenne » qui a précédé les grands textes classiques des Lumières, elle s'impose aussi par son écriture qui emprunte à diverses formes génériques de son époque. Née d'un pacte avec le pouvoir marchand ou politique qui finançait les expéditions vers l'Amérique, la relation de voyage en Nouvelle-France a dû inventer une forme qui lui permît de satisfaire à la fois le commanditaire qui voulait en avoir pour son argent et le public lecteur qui souhaitait apprendre et se divertir. Le pouvoir attendait, sur la géographie physique et humaine, un compte rendu exact, attesté par une action sur le terrain ; le public voulait se divertir en lisant une aventure de type romanesque, agrémentée de *curiosités* exotiques. Pour rejoindre ses deux destinataires, le relateur devait donc produire à la fois le récit d'une action et la richesse d'une encyclopédie. Très tôt, les auteurs se sont rendu compte que les deux modes discursifs de la description et du récit ne se combinaient pas toujours facilement. Comment, par exemple, raconter son aventure en pays sauvage et la faire comprendre sans décrire longuement cette nouveauté humaine ou animale dans laquelle s'insère l'action ? Mais comment, en même temps, produire cette description indispensable sans perdre le fil du récit ? C'est ce problème que pose fort bien le jésuite Lejeune dans ses deux premières *Relations* et qu'il résout en 1634, quand il ajoute à ses douze chapitres encyclopédiques une longue expansion narrative intitulée « Contenant un journal des choses qui n'ont pu être couchées sous les chapitres précédents ». Lahontan, comme plus tard Charlevoix et bien d'autres, répartira d'abord la matière diégétique dans un premier ensemble sous forme épistolaire, les *Nouveaux Voyages,* qui racontent l'histoire d'un tout jeune homme découvrant l'Amérique. Cette formule a l'avantage de morceler l'information encyclopédique en petites unités dynamisées par les rebondissements de l'action et de créer un effet de suspense qui jouera sur le double plan du futur imprévisible et de la lettre qui peut être perdue ou interceptée.

Un deuxième volume, *les Mémoires de l'Amérique*, reprendra le savoir élémentaire éparpillé dans le premier pour l'organiser en traité géographique sur le commerce et l'administration de la colonie, sa richesse faunique et végétale et surtout les mœurs des Indiens. A nouveau, les frontières entre le récit et la description encyclopédique ne sont pas toujours nettes puisque le relateur cherche à attester ce qu'il décrit par son action sur le terrain.

Mais l'auteur de la relation de voyage ne saurait se contenter de raconter une anecdote et de dérouler le catalogue des richesses et particularités américaines : il veut aussi rendre compte du choc culturel qu'il a éprouvé au loin. Nulle part mieux que dans des dialogues ne pourra s'exprimer à la fois la transformation qu'il a subie et le malaise qu'il ressent face à sa propre culture. Quand on sait l'importance du mythe du bon Sauvage dans l'imaginaire occidental (ne rappelle-t-il pas, outre l'âge d'or des poètes, la bonté et le bonheur du paradis biblique ?), on ne s'étonne pas que le dialogue avec le sauvage en soit l'expression privilégiée. Bien d'autres relateurs avant Lahontan avaient fait parler le primitif. Mais Lahontan, lecteur passionné de Lucien de Samosate, est le premier à avoir détaché le dialogue du reste de la relation.

Là ne s'arrête pas l'intérêt de ces textes qu'on étudie vraiment depuis une vingtaine d'années seulement. J'en fournirai deux exemples. La tradition historiographique a longtemps condamné Lahontan comme fantaisiste et mensonger. Or, l'édition critique de ses œuvres a montré qu'il n'est ni mensonger ni fantaisiste. Aucun document officiel ne le contredit sur ce qu'il raconte, et sa dénonciation du gouverneur Brouillan, administrateur concussionnaire, aussi bien que ses attaques contre les abus de pouvoir du clergé en Nouvelle-France se sont avérées fondées. D'où vient donc cet acharnement passionné et agressif qu'on a manifesté envers lui ? J'en verrais une raison première : l'ironie fondamentale qui marque tous ses textes. Alors que le principal contradicteur de Lahontan, celui qui a le plus contribué à le déconsidérer [11], le jésuite Charlevoix, écrit l'histoire comme une succession d'actions qui s'enchainent mutuellement, l'auteur des *Nouveaux voyages* et des *Dialogues* raconte les évènements comme si la seule causalité présente était celle du hasard. Aussi n'y a-t-il pas pour lui de grands ou de petits évènements, de grande Histoire ou de petite histoire : tout est traité à l'aune du fait divers. Pour la même raison, Lahontan refuse d'héroïser les personnages civils ou militaires que Charlevoix présentera comme les moteurs des évènements. Dans le célèbre épisode de l'attaque de Québec par les Anglais en 1690, ni le vainqueur Frontenac ni le vaincu Phips ne sont présentés comme protagonistes responsables de l'issue des combats. Une courte scène illustrera mon propos. Le récit de l'attaque commence de manière à montrer à quel point la ville (et même toute la Nouvelle-France) est en danger, puis reproduit textuellement la longue sommation de l'envoyé anglais pour s'arrêter sur une scène proprement burlesque :

M. *de Frontenac* [...] ordonna au capitaine de ses gardes de faire planter un gibet devant le fort pour faire pendre ce pauvre major, qui selon toutes les apparences devait entendre le Français, puis qu'il fut sur le point de s'évanouir lorsqu'il entendit prononcer cette funeste sentence. [...] M. *de Frontenac* prétendait que c'était une flotte de fourbans ou gens sans aveu, puis que le roi d'Angleterre était en France ; Mais à la fin, s'étant apaisé, il dit à ce major de s'en retourner incessamment à bord de son amiral [...]. Il finit sa réponse en jetant au nez du major la lettre de son amiral, ensuite il lui tourna le dos. Alors ce

---

11. Il est significatif, par exemple, que presque toute l'information de l'*Encyclopédie* sur l'Amérique vienne de Charlevoix et non pas de Lahontan. L'œuvre de celui-ci perd son crédit comme source historique quand parait l'*Histoire et Description de la Nouvelle-France* (1744).

pauvre ambassadeur un peu rassuré prit la liberté de demander à M. *de Frontenac*, portant sa montre à l'œil, s'il ne voulait pas lui donner sa réponse par écrit avant que l'heure fut passée. Mais il lui répondit, avec autant de fierté que de dédain que son commandant ne méritait pas qu'il répondit à son compliment d'autre manière que par la bouche des mousquets et des canons (p. 461-462).

En mettant sur le même pied l'important (la colonie française en danger) et l'accessoire (l'évanouissement de l'envoyé anglais), l'attitude noble (« avec autant de fierté ») et le geste caricatural (« portant sa montre à l'œil »), la mise en scène textuelle joue sur le double plan de la logique des actions et de l'implication du narrateur dans son récit. Comment assigner une place et proposer une explication logique à l'attaque de Phips dans une histoire cohérente de la Nouvelle-France quand tous les éléments diégétiques sont posés sur le même registre ? Comment le lecteur peut-il évaluer la situation quand le geste d'éclat se fige dans la grandiloquence et le détail concret sombre dans le risible ? L'ironie, ici, ne récuse pas les faits ; elle refuse de les sérier dans un enchaînement causal, si bien que l'évènement ne peut devenir Histoire.

Le traitement du dialogue par Lahontan me semble tout aussi original [12]. Non pas parce qu'il fait contester la civilisation par une voix *paradoxale* : le cynique de Lucien le faisait déjà, comme les « philosophes » australiens de Foigny et de Veiras ou même de véritables Indiens que des missionnaires comme Lejeune ou Leclercq faisaient parler dans leurs *Relations* ; mais parce qu'en tant qu'auteur il adopte, à l'égard de son Adario, la même attitude ironique que lorsqu'il raconte les évènements. On a pris trop au pied de la lettre les répliques du Huron, considérées comme une simple apologie du monde sauvage et une condamnation des valeurs européennes. Une lecture attentive du texte ne résiste pas

---

12. Sur les *Dialogues* de Lahontan, voir les introductions de G. Chinard (John Hopkins Press, 1931), M. Roelens (Éditions sociales, 1973) et H. Coulet (Desjonquères, 1993). Voir aussi J.-M. Apostolidès (« l'Altération du récit », *Études françaises*, 22/2, 1986, p. 73-86) pour qui la figure du sauvage remplace, à l'aube du 18e siècle, celle du fou de cour « dont les propos insensés renversaient l'ordre apparent des choses et mettaient à nu les plaies du système ». Dans un remarquable chapitre sur « le dialogue d'idées » (*La Littérature des Lumières en toutes lettres*, Bordas, 1989), J.-M. Goulemot montre comment Lahontan « utilise surtout Adario comme un révélateur des tares de l'Europe » (p. 113), mais son analyse est limitée parce qu'il n'étudie pas les *Dialogues* en eux-mêmes mais en fonction de ceux de Diderot dont la « perfection » formelle n'aurait jamais été égalée. Voir aussi : A. Pizzorusso, « Lahontan e gli argomenti del selvaggio », *Belfagor*, vol. 35 (1980), p. 125-138.

à pareille simplification. Si on conçoit que la valeur principale vantée par Adario est celle de la liberté, on s'explique mal qu'il accepte l'esclavage dans sa nation comme allant de soi. Après une longue tirade sur l'inégalité qui règne en Europe, il termine sur cette phrase :

« Ainsi n'ayant ni *tien* ni *mien*, vous vivrez avec la même félicité des Hurons. C'en est assez pour aujourd'hui. Voilà mon esclave qui vient m'avertir qu'on m'attend au village » (p. 848).

Ces propos ne peuvent être vus comme une incohérence passagère puisqu'un autre rappel de l'esclavage se retrouvera quatre pages plus loin et que des « incohérences » du même genre reviennent dans le dialogue sur la religion. Le lecteur est bien forcé d'admettre que l'auteur se distancie ironiquement de son prétendu porte-parole. La position critique de Lahontan se situerait alors dans une espèce de hors-lieu philosophique qu'on pourrait appeler pyrrhonisme [13]. Sur un autre plan, celui de l'écriture, Lahontan fait du dialogue avec le sauvage la mise en rapport dynamique de deux discours conformes, comme un musicien composerait un double jeu de variantes sur des airs connus. C'est cette ambigüité profonde, cette ironie perturbatrice de tout sens définitif qui donnent aux œuvres de Lahontan une portée qu'on avait à peine soupçonnée jusqu'ici.

RÉAL OUELLET
Université Laval, Québec

---

13. L'accusation de pyrrhonisme a été lancée contre Lahontan qui, lui-même, emploie le mot dans ses *Mémoires de l'Amérique* : « J'ai déjà vu tant de relations pleines d'absurdités, quoi que leurs auteurs passassent pour des saints, qu'à présent je commence à croire que toute histoire est un pyrrhonisme perpétuel » (*O. C.*, p. 631). Dans son « Projet d'un corps d'histoires du nouveau Monde », paru dans les *Mémoires de Trévoux* en janvier 1735 et repris dans le t. III de son *Histoire et description de la Nouvelle-France*, Charlevoix prétendait publier son histoire pour lutter contre ce pyrrhonisme envahissant : « si on peut reprocher avec fondement à ces derniers siècles une licence effrénée d'écrire, plus capable d'établir parmi le commun des hommes un vrai pyrrhonisme en fait d'histoire », « on trouvera dans cet ouvrage un remède à ce désordre ».

Musée du Grand Orient de France et de la Franc-Maçonnerie Européenne

Conservateur : M. Paul GOURDOT.
Administration : Mme Hélène CAMOU.

Collections d'objets maçonniques anciens et de documents retraçant l'histoire de la Franc-maçonnerie en Europe.

Ouvert de 14 h à 18 h tous les jours sauf dimanches et fêtes.
Fermeture annuelle : première quinzaine de septembre

Entrée libre et gratuite. Visites guidées (sur rendez-vous) pour des groupes de 15 à 30 personnes.

Tél. : 45 23 20 92
postes 303 et 332

LE CHRISTIANISME AU MIROIR DE L'ISLAM DANS LE *NAZARENUS* DE JOHN TOLAND

En 1718, l'Irlandais John Toland publiait à Londres un livre intitulé *Nazarenus, or Jewish, Gentile, and Mahometan Christianity*. Il se compose de deux lettres, dont seule la première retiendra notre attention : l'auteur y relate, à l'occasion de ce qu'il présente comme la découverte d'un manuscrit de l'évangile des mahométans, l'histoire de l'antique évangile de Barnabé, dont le texte serait une version tardive et interpolée ; en outre, il y décrit ce qu'il nomme « le plan originel du christianisme », tel qu'on peut le reconstituer à partir de l'histoire des Nazaréens, ces premiers chrétiens issus du judaïsme antique. La seconde lettre n'est toutefois pas sans rapport structurel et thématique avec la première, puisque Toland y présente, d'une part, un manuscrit irlandais des quatre évangiles, et y donne, d'autre part, une description de l'ancien christianisme irlandais, tel qu'il était organisé avant sa soumission à Rome. Voici en quels termes il fait état de la découverte de cet « évangile mahométan » : « Vous y trouverez d'abord l'histoire succincte d'un Nouvel Évangile, que j'ai découvert à Amsterdam en l'an 1709. C'est un évangile mahométan, qui n'a jamais jusqu'à ce jour été divulgué parmi les chrétiens, bien qu'ils aient beaucoup parlé du fait que les mahométans reconnaissent l'Évangile » (I, Préface, p. II) [1].

Si notre auteur a été mis sur la piste de ce manuscrit par le conseiller du roi de Prusse, Jean-Frédéric Cramer, c'est lui qui en saisit, et en souligne, toute l'importance. Il en fait une description matérielle brève, mais soignée, d'où il déduit que ce texte, rédigé en italien, daterait du 15e siècle ; eu égard à cette datation, il ne peut s'agir d'un original, mais d'une copie où se rencontrent plusieurs interpolations. Ce manuscrit ne serait autre que la version en usage en Islam de l'antique évangile de Barnabé, dont Gélase atteste l'existence, ainsi d'ailleurs que d'autres sources de même ancienneté.

---

1. Toutes les citations sont traduites par mes soins. La pagination des deux lettres composant *Nazarenus* étant distincte, l'indication de page est précédée du numéro, en chiffres romains, de la lettre d'où la citation est tirée.

Avant de s'interroger sur l'utilisation du manuscrit par Toland dans son propre livre, il convient de répondre à une question préalable : a-t-il vraiment découvert, comme il l'affirme, un « évangile des musulmans » fondé sur celui de Barnabé, ou s'agit-il d'un faux pur et simple ? De la réponse dépend le statut qu'on peut accorder, aujourd'hui encore, au *Nazarenus ;* simple pièce de propagande, qui n'a alors d'intérêt, même s'il est grand, que dans le cadre de l'histoire de la polémique anti-chrétienne, ou bien étape significative de l'histoire de l'exégèse ? L'un et l'autre en vérité, et l'un parce que l'autre : c'est bien parce que Toland a mis le doigt sur une question fondamentale touchant aux origines chrétiennes que *Nazarenus* a une pertinence toute particulière dans la polémique dans laquelle il s'insère. Pour répondre brièvement à la question posée, signalons seulement que le manuscrit même dont Toland traite dans la 1ère lettre a fait l'objet d'une édition critique très complète aux éditions Beauchesne [2]. Ses auteurs ont pu établir qu'il s'agit d'une remarquable compilation, témoignant de la part de son ou de ses rédacteur(s) d'une solide connaissance des religions du Livre, et entrelaçant, en une structure diatessérique, des textes d'époques différentes, dont le plus ancien, et le plus mutilé, n'est autre en effet que l'Évangile de Barnabé. En outre, si les thèses audacieuses et novatrices développées par Toland à propos du « plan originel du christianisme » furent ignorées ou négligées de son temps, elles furent redécouvertes et exploitées par l'école exégétique de Tübingen, au milieu du 19e siècle. Ce qui est remarquable, c'est, malgré d'inévitables erreurs, l'acuité critique dont Toland a été capable à une époque où l'exégèse historique n'en était qu'à ses balbutiements [3]. Nous nous bornerons ici à considérer *Nazarenus* en tant qu'il s'inscrit, de manière originale, dans le cadre d'un débat dont il nous faut maintenant préciser les enjeux.

L'intérêt pour la religion musulmane n'est pas, au début du 18e siècle, une singularité. *Nazarenus* s'inscrit dans un mouvement européen, vieux de plusieurs décennies déjà, d'étude et de réexamen de l'islam, du Coran, de la figure de Mahomet. Signalons, entre autres, et parce que Toland y fait référence, les travaux

---

2. L. Cirillo et M. Frémiaux, *Évangile de Barnabé — Recherches sur la composition et l'origine* (Paris, 1977).
3. Sur ces points, et sur l'importance historique de l'œuvre de Toland dans l'histoire de l'exégèse, voir l'article fondamental de Francis Schmidt, « John Toland, critique déiste de la littérature apocryphe », *Apocrypha. Le champ des apocryphes* (Torhout, 1990), vol. 1, p. 119-145.

de Marracci, auteur du *Prodomus ad refutationem Alcorani* (1691) ainsi que d'une traduction du Coran publiée en 1698 ; ceux du néerlandais Adrien Reland, dont le *De religione mohammedica* (1705) donne de l'islam une vision notablement épurée des préjugés courants ; en Angleterre même, ceux de Humphrey Prideaux, auteur du best-seller que fut sa *Life of Mahomet*, publié pour la première fois en 1697 (dix éditions jusqu'en 1722). Lorsque Toland publie *Nazarenus* en 1718, la représentation de la religion de Mahomet que se fait en Angleterre le public lettré est très largement fondée sur le livre de Prideaux, qui fait figure de classique, et dont le titre complet est *The True Nature of Imposture fully display'd in the life of Mahomet.*

Il pouvait être tentant, pour cet adversaire de toute forme de préjugé qu'était Toland, de rompre quelques lances avec ceux qui, pour faire des travaux savants, n'en gardaient pas moins une animosité certaine à l'égard de la religion fondée par l'imposteur Mahomet ; il pouvait être intéressant, pour cet homme d'une curiosité insatiable, avide d'élargir le champ des connaissances de l'humanité, trop longtemps restreint au monde européen et à l'antiquité gréco-romaine, de pousser ses investigations vers ce monde si proche, et si lointain à la fois, qui s'étendait sur l'autre rive de la Méditerranée. Ce qu'il avait déjà commencé à faire pour l'ancienne Irlande, et pour les Hébreux, pourquoi ne pas le faire pour les musulmans ? « ... il ne m'a jamais paru bien étonnant que nous soyons si peu au fait des choses que contiennent les langues mortes, ni des affaires de nations totalement disparues, alors que nous sommes si honteusement ignorants de celles d'un peuple qui prospère depuis plus d'un millénaire, qui est notre contemporain, qui est composé de sectes nombreuses parlant des dialectes variés, avec lequel nous conversons et commerçons quotidiennement, et qui de surcroît fait preuve en certains endroits d'une politesse et d'une subtilité extrêmes, qui compte de nombreux lettrés et possède une grande variété de livres » (I, p. 4).

D'abord et surtout, il s'agit pour Toland d'apporter sa contribution, non pas tant à la connaissance du monde musulman en tant que tel (on chercherait en vain ici les prémices d'une enquête ethnographique, malgré le préambule qui vient d'être cité) qu'à la polémique concernant à la fois la relation entre le christianisme et le mahométanisme, et la nature même du christianisme, dont la confrontation avec l'islam remet en cause des dogmes fondateurs. La rencontre de la religion mahométane pose en effet deux questions si étroitement imbriquées qu'elles constituent les deux aspects d'un unique problème. Dans la mesure où l'islam se reconnait tributaire, et héritier, des autres religions du Livre, se pose la question de la relation entre christianisme et islam ; cette première question en enveloppe une seconde, concernant ce qui fait la spécificité de la religion chrétienne. On ne peut répondre à l'une de ces questions, sans répondre simultanément à l'autre, dans le cadre d'une interrogation de fond sur l'identité du christianisme, tant sur le plan du dogme, que de son mode d'institution.

Les réponses possibles peuvent se réduire à deux grandes tendances : ou bien la relation entre ces deux religions est celle d'un faux (le mahométanisme) à un original (le christianisme), et on obtient alors la thèse traditionnelle selon laquelle Mahomet serait un imposteur, d'ailleurs illettré, dont le Coran aurait été inspiré par un moine nestorien du nom de Serge : l'islam ne serait alors qu'une hérésie chrétienne, dans la mesure où le nestorianisme est une hérésie des tout premiers siècles de l'Église. Telle est en substance la position orthodoxe qu'on trouve chez un Marracci ou un Prideaux. Ou bien la relation est inversée, et le christianisme devient, sinon une religion fausse, du moins une religion corrompue, alors que le mahométanisme est un christianisme restauré, et un monothéisme parfait. Pour les tenants de cette thèse, le cœur du problème est la nature de Dieu, et celle du Christ ; comme les musulmans, ils croient Dieu un, et non trin, et tiennent Jésus pour une créature, éminente entre toutes, mais qui n'est pas de toute éternité. On aura reconnu sans peine ici les unitariens, dont il faut rappeler qu'ils sont, au même titre que les catholiques, exclus de la tolérance promulguée par l'Édit de 1689. Leurs œuvres marquantes, dans cette polémique, sont, de Stephen Nye, *A Brief Vindication of the Unitarians called also Socinians* (1687), et *The Judgment of the Antient Fathers [...] against the Trinity* (1688) ; d'Arthur Bury, *The Naked Gospel* (1690) ; de William Freke, *Vindication of the Unitarians* (1690) ; sans omettre un texte plus ancien, qui ne circula que sous forme de manuscrit, *An account of the rise and progress of Mahometanism* (1671) de Henry Stubbe, dont Toland eut certainement connaissance [4].

Aussi était-il devenu courant, dans le vocabulaire polémique de l'époque, de taxer de « mahométan » quiconque était, à tort ou à raison, soupçonné d'unitarisme ou de socinianisme. Toland

---

4. Pour une vue d'ensemble de la question de l'unitarisme dans ses rapports avec l'islam, voir J. A. I. Champion, *The pillars of priestcraft shaken* (Cambridge, 1991), en particulier le chapitre « Orientalism : images of Islam, 1660-1730 ».

lui-même, vingt ans avant *Nazarenus,* se vit ainsi qualifié par ses détracteurs, en raison des thèses que, selon eux, il soutenait dans *Christianity not mysterious :* P. Brown l'accuse de vouloir devenir un imposteur aussi célèbre que Mahomet en fondant une nouvelle religion ; R. South voit en lui « un certain chrétien mahométan » (Champion, *ouvr. cit.,* p. 112) ; et le Français Barthélemy d'Herbelot écrit à son propos, en 1697 : « Je m'étonne qu'il se trouve aujourd'hui des chrétiens qui veuillent fortifier les preuves des mahométans » (Cirillo et Frémiaux, *ouvr. cit.,* p. 554). Quoi qu'il en soit de la validité de ces imputations, il n'en reste pas moins que le *Nazarenus* est extrêmement proche, à bien des égards, des écrits unitariens de l'époque. A bien des égards, certes ; mais pas à tous égards : il convient de souligner en quoi la méthode de Toland est originale, et fait de *Nazarenus* un livre singulier.

Plus même que philosophe, Toland s'est toujours voulu historien, et c'est en historien qu'il écrit *Nazarenus* : « Et bien que pour l'essentiel je ne sois qu'un historien, décidé à ne faire de réflexions, que celles qui sont tout naturellement suggérées par les faits que je rapporte, lesquels sont en général tirés de la Bible et des Pères, pourtant, je ne manque pas, quand l'occasion s'en présente, de marquer les méthodes par lesquelles les erreurs — qu'elles soient dues à l'ignorance ou à la malice des hommes — peuvent être opportunément réfutées » (I, p. 5).

Ces réflexions que suggère l'histoire sont explicites, lorsque l'auteur tire l'enseignement d'un exemple passé, ou implicites, quand le lecteur doit reconnaitre, dans le passé, une configuration des choses qui lui est familière. L'histoire a valeur prudentielle ; en renvoyant aux hommes leur image, de manière indirecte et réfractée, en donnant à voir des analogies, des homologies, elle est bien un miroir à l'usage des magistrats, pour paraphraser un titre célèbre. Toland ne se prive pas d'utiliser ce procédé extrêmement traditionnel ; ainsi, au cours du débat sur l'armée de métier des années 1690, compare-t-il la situation de l'Angleterre à celle de Rome, en montrant que, de même que Rome n'était demeurée libre et puissante que tant qu'elle avait été défendue par ses citoyens en armes, de même l'Angleterre ne conserverait sa puissance et sa liberté que si elle était défendue par une milice de propriétaires terriens ; inversement, Rome avait été vaincue et asservie du jour où elle s'en était remise, pour sa défense, à des armées de mercenaires, et l'Angleterre connaitrait le même destin si elle instaurait une armée de métier. La démonstration s'appuie sur des auteurs classiques (essentiellement Tite-Live et

Cicéron), dont la véracité n'est pas mise en doute (Toland, *The Militia reform'd,* Londres, 1698).

Mais alors que la fiabilité des sources classiques est reconnue, il en va tout autrement des sources chrétiennes : loin qu'on puisse s'y fier, elles sont elles-mêmes dans un tel état de confusion qu'il faut d'abord essayer d'y mettre un peu d'ordre avant de pouvoir espérer en tirer un enseignement quelconque. Le constat de Toland est que les livres dont nous disposons pour connaitre les origines du christianisme sont douteux : « ... les moines furent les seuls transcripteurs, et pour ainsi dire les seuls conservateurs de tous les livres, bons ou mauvais ; mais au fil du temps il devint presque absolument impossible de distinguer l'histoire de la fable, ou la vérité de l'erreur, quant aux origines du christianisme, et aux documents qui les relatent. » (I, p. 73-74).

Même si on laisse de côté la question de la mauvaise foi et de l'imposture cléricales (du complot des prêtres en un mot), tout texte est soumis à un processus inévitable d'altération et de déperdition d'information par transposition, omission, lapsus, etc., dès lors qu'il est indéfiniment recopié. Ici, nulle malice, que celle, toute mécanique et inconsciente, du temps qui passe et use toutes choses, allié à la faillibilité humaine : voilà pour mettre en garde contre tout excès de confiance en l'Écriture comme norme, et c'est une pierre dans le jardin des protestants. Mais le problème est redoublé, puisqu'il n'est même pas de tradition sur laquelle on puisse faire fond pour pallier les défauts du texte écrit, tant les Pères de l'Église se contredisent, à tous les sens de l'expression : « Et quelle importance accorder au témoignage de ces Pères qui, non contents de se contredire mutuellement, sont souvent incohérents avec eux-mêmes dans leur relation des mêmes faits ? » (I, p. 75). Et voilà pour la pierre dans le jardin des catholiques.

Comme il ne subsiste que des textes, il faut les soumettre à la question, les passer au crible de cet *ars critica* dont le 17e siècle avait commencé à forger les instruments. Si on considère un instant la formation de Toland, on reconnaitra qu'il était particulièrement bien placé pour en faire usage ; non seulement il maitrisait les langues anciennes, ce qui était normal pour un étudiant de l'époque, mais en outre il avait été formé à Leyde par le grand orientaliste Frédéric Spanheim ; il connaissait bien Jean Le Clerc, dont l'*Ars Critica* avait contribué à systématiser les préceptes exégétiques les plus récents ; et il avait lu avec attention le *Tractatus Theologico-Politicus* de Spinoza. Ainsi armé, il s'attaque à un problème d'une redoutable ampleur : celui de l'authenticité du canon des Écritures. Mesurons ici le déplacement qu'il fait subir à la polémique anti-chrétienne : il ne s'agit pas, il ne s'agit jamais de débattre en métaphysicien des preuves de l'existence de Dieu, ni même de contester, comme le font encore les unitariens, telle ou telle interprétation de l'Écriture, dont la canonicité n'est pas contestée, mais de mettre en doute la fiabilité et la validité de l'Écriture en tant que telle. Au vrai, *Christianity not mysterious,* le premier livre important de Toland, publié en 1696, doit être compris comme un congé définitif donné à la métaphysique, qui ne traite que de questions abstruses et proprement inintelligibles à l'entendement humain, pour mieux assoir la légitimité du seul ordre de connaissance qui vaille, le seul où on puisse poser adéquatement des questions pertinentes, auxquelles on peut donner des réponses certaines, ou qui atteignent du moins le plus haut degré de certitude possible : l'ordre des faits (« matters of fact ») qu'on peut établir et vérifier. Il ne reviendra pas sur cette répudiation de la métaphysique, et fera, à la place, de l'histoire : histoire des origines de la religion chrétienne, qui s'identifie à l'histoire critique du canon ; mais encore, bien avant Hume, histoire naturelle des origines de la religion tout court.

C'est dès 1699, dans *Amyntor,* qu'il commence ses travaux sur le canon scripturaire : il y publie une longue liste d'ouvrages réputés apocryphes, et y adjoint surtout des considérations dont il ressort que le canon lui-même est sujet à caution, puisqu'il a été établi très tardivement (en 360, au Concile de Laodicée), et qu'y figurent des livres dont l'authenticité avait été mise en doute, cependant que d'autres, pourtant vénérés depuis toujours, en sont exclus. Toland montre par là qu'au regard de la critique, il ne saurait exister aucune différence essentielle entre textes réputés canoniques, et textes réputés apocryphes : tous posent des problèmes identiques de datation et d'attribution qui doivent être résolus en recourant aux mêmes méthodes. Cela lui valut de violentes critiques, tant de la part de l'Église, que des unitariens, comme Stephen Nye et Samuel Clark (voir Schmidt, *art. cit.*, p. 126-142). Ce très long détour était nécessaire pour situer *Nazarenus,* qui s'inscrit dans le droit fil de la problématique développée dès *Amyntor.*

Dans cette histoire du canon, *Nazarenus* revêt donc une importance toute particulière, pour des raisons qu'il faut maintenant évoquer. Toland rappelle au préalable que, dans l'histoire des religions abrahamiques, la religion de Mahomet occupe une place privilégiée, puisque le Prophète récapitule et purifie l'enseignement de ses prédécesseurs, pour le porter à un degré supérieur de perfection : « ... les Mahométans croient comme l'un de leurs articles fondamentaux que six hommes très éminents se sont succédé, qui furent à l'origine d'institutions nouvelles, chacune d'elles surpassant à son tour en perfection celle qui l'avait précédée, bien qu'il s'agisse toujours en substance de la même religion. Ce sont Adam, Noé, Abraham, Moïse, Jésus et Mahomet ; ce en quoi tous les chrétiens (à l'exception du dernier nommé) s'accordent avec eux, comptant dans leurs différents systèmes autant de périodes ou de dispensations, et appelant l'ensemble économie divine » (I, p. 9). Il s'agit certes ici du résumé d'un article de foi musulmane, mais on ne peut que relever qu'il s'accorde assez bien avec l'un des thèmes favoris de l'Irlandais : celui, emprunté à Polybe, du cycle des constitutions, joint à celui de la nécessité d'un grand législateur pour rompre le cycle et inaugurer la période du gouvernement immortel. De nombreux textes prouvent d'ailleurs qu'il voit moins, dans la personne de Moïse ou de Jésus, des fondateurs de religion, si on donne à ce mot une connotation métaphysique, que des instituteurs d'un ordre civil plus juste. Il n'est donc pas incongru de penser que pour lui, Mahomet a toute sa place aux côtés, et peut-être au-dessus, des législateurs qui l'ont précédé.

Mais, fondamentalement, ce qui est au cœur de la première lettre de *Nazarenus*, c'est bien le manuscrit découvert par l'auteur et supposé être l'Évangile des musulmans. Il s'agit aux yeux de Toland d'une découverte capitale pour l'histoire du canon : c'est la preuve formelle du lien historique entre les premières communautés chrétiennes, les Nazaréens ou ébionites, et l'islam naissant, car l'Évangile des Nazaréens, dit Évangile des Hébreux, a pour noyau l'Évangile de Barnabé, dont l'Évangile des mahométans est également dérivé. Un même texte-source (l'Évangile de Barnabé) se trouve ainsi à l'origine à la fois de l'Évangile des Hébreux, et de celui des mahométans. Or ces trois textes, dont l'existence est attestée par de nombreux témoignages, étaient considérés comme perdus jusqu'à ce que la découverte du manuscrit d'Amsterdam permette enfin d'en reconstituer l'enseignement, et d'éclairer d'un jour nouveau tant la christologie des origines, que le « plan originel » du christianisme, c'est-à-dire son mode d'organisation. Pourquoi, dira-t-on, accorder plus d'importance à cet apocryphe qu'à d'autres ? C'est que la communauté des Nazaréens n'est pas simplement l'une des premières communautés chrétiennes, mais bien la première, formée de juifs qui ont connu Jésus et qui sont devenus chrétiens. Aussi est-ce d'eux qu'il faut apprendre la conception authentique du Christ que se faisaient les premiers chrétiens, et non de saint Paul, qui ne doit sa conversion qu'à d'improbables visions, postérieures à la vie du Christ. Les questions que pose Toland ont une valeur toute rhétorique : « Puisque les Nazaréens, ou ébionites, sont unanimement reconnus par tous les historiens de l'Église comme les premiers chrétiens, ou ceux d'entre les juifs qui crurent au Christ ; puisque c'est parmi eux qu'il vécut et mourut, puisque ce sont eux qui furent les témoins de ses actions, et que c'est d'eux encore que furent issus tous les apôtres : en considérant tout cela, dis-je, comment eussent-ils pu être les premiers de tous (car on fait d'eux les premiers hérétiques) à se former des conceptions fausses de la doctrine et des desseins de Jésus ? et comment les Gentils, qui ne crurent en lui qu'après la mort par la prédication de personnes qui ne le connurent jamais, en vinrent-ils à se former de véritables notions de ces choses ; ou bien d'où pouvaient-ils tenir leurs informations, sinon des juifs qui croyaient en lui ? » (I, p. 76). La réponse qu'appellent ces interrogations figure d'ailleurs, comme pour les vider de leur sens par anticipation, une cinquantaine de pages auparavant : « Ces Nazaréens ou ébionites, donc, étaient les ennemis mortels de Paul, qu'ils qualifiaient d'apostat [...] et de transgresseur de la loi : le représentant comme un intrus dans le christianisme authentique et, bien qu'étranger à la personne du Christ, substituant pourtant les révélations qui lui auraient prétendument été faites aux doctrines de ceux avec qui le Christ avait conversé, et à qui il avait véritablement communiqué sa volonté » (I, p. 25).

Oubliée, ou plutôt censurée dans le christianisme officiel, cette connaissance originelle du Christ a pourtant persisté, intacte, à travers les siècles, et c'est la religion mahométane qui en a conservé l'enseignement authentique. Les musulmans peuvent donc, en matière de christianisme, en remontrer aux chrétiens eux-mêmes, puisque : « Vous comprenez maintenant (Megaletor) que ce que les Mahométans croient à propos du Christ et de sa doctrine, n'était ni l'invention de Mahomet, ni de ces moines dont on prétend qu'ils l'auraient aidé à forger son Alcoran, mais remonte à l'époque même des apôtres, ayant été le sentiment de sectes ou d'églises entières » (I, p. 84-85). Ainsi s'avère-t-il que parler d'un « christianisme mahométan » ne relève ni du gout du paradoxe, ni d'un abus de langage : en tant que dépositaires de l'antique christologie nazaréenne, les musulmans font de plein droit partie de la famille chrétienne, et devraient pouvoir bénéficier de la même tolérance que n'importe quelle secte de non-conformistes : « ... en un sens, il n'est pas impropre de compter les mahométans pour une variété, ou une secte, de chrétiens, de même que le christianisme fut à l'origine tenu pour une branche du judaïsme ; et par conséquent, si le Sultan l'exigeait, ils pourraient avec autant de raison et de sureté être tolérés à Londres ou Amsterdam, que les chrétiens de toutes sortes le sont à Constantinople et dans toute la Turquie » (I, p. 4-5).

A aucun moment, Toland n'explicite la conclusion évidente, à savoir que la doctrine musulmane du Christ est la seule vraie. Il prend même la peine d'expliquer, un peu laborieusement, que s'il se qualifierait volontiers de « nazaréen » pour définir sa position religieuse, il ne le fait que dans la mesure où les Nazaréens avaient, sur l'organisation de l'Église, un point de vue qu'il partage ; et il s'empresse de souligner qu'il n'est nazaréen que sous ce seul rapport, demandant qu'on ne lui impute aucune croyance à laquelle il n'ait expressément déclaré souscrire. Le lecteur conclut aisément pour lui-même que, la christologie musulmane étant fondée historiquement sur celle des Nazaréens, elle ne peut être que la doctrine authentique, que Toland résume ainsi : « C'est, en bref, l'antique système ébionite ou nazaréen, qui consiste à faire de Jésus simplement un homme (bien qu'il ne soit pas selon eux le fils de Joseph, mais divinement conçu par la Vierge Marie) ... » (I, p. 16) ; il « s'accorde en presque tout avec celui de nos modernes unitariens » *(ibid.)*, et est semblable à celui des sociniens.

En effet, le Christ de Mahomet et des Nazaréens, comme celui des sociniens et des unitariens, ne préexiste pas à la création ; s'il peut être qualifié de Fils de Dieu, ce n'est pas en vertu d'une *deitas* de nature, mais d'une *divinitas* de fonction, ce qui modifie profondément toute l'économie du salut : le Christ n'est plus celui qui, par son sacrifice, réconcilie Dieu et l'homme, mais celui qui, par l'exemple qu'il donne aux hommes, les ouvre au repentir et à la pratique de la vie droite. La foi ne suffit plus à la justification ; seule la charité active suscitée dans les cœurs par l'exemple christique, et incarnée dans les œuvres, peut faire accéder au salut. Aussi le christianisme bien compris n'est-il pas cette religion opaque et inintelligible, centrée sur des mystères d'autant plus incompréhensibles qu'ils sont irrationnels, mais la religion naturelle même, dont il constitue la plus parfaite expression : « ... un dessein principal du christianisme était d'améliorer et de rendre plus parfaite la connaissance de la loi de nature, ainsi que de faciliter et d'imposer son observation » (I, p. 67).

De même que la religion mahométane conserve la christologie authentique, de même elle préserve, dans toute sa pureté, une religion naturelle dont tout l'enseignement est caractérisé par sa parfaite conformité avec la raison, où rien n'est mystérieux, ni inintelligible, et dont la fin est de conduire l'homme à la vie droite. Deux ans après *Nazarenus*, Toland revient sur ce point dans *Mangoneutes, being a defence of Nazarenus...* (l'un des quatre traités composant le *Tetradymus,* Londres, 1720) en utilisant la longue citation suivante du Père Marracci : « "J'ai toujours été d'avis, l'expérience et la raison m'en persuadant, que si on propose à ces nations [les juifs et les païens] l'Alcoran et l'Évangile, ils embrasseront plutôt l'Alcoran et la superstition mahométane, que l'Évangile et la religion chrétienne, à moins qu'auparavant ils ne soient soigneusement instruits de la vérité de l'Évangile, et des mensonges et des impostures de l'Alcoran. Car à première vue les choses que contient l'Alcoran paraitront plus conformes aux principes de la nature corrompue, que ce que propose l'Évangile ; comme, par exemple, qu'il y a un dieu, omnipotent, omniscient, créateur et maitre de toutes choses, et qui n'a rien de commun avec les êtres créés..." » (*Mang.,* p. 161). C'est bien en catholique convaincu que Marracci raisonne ; s'il oppose la simplicité et l'intelligibilité manifestes de l'enseignement coranique à l'apparente absurdité des dogmes chrétiens, tels ceux de la trinité ou de la transsubstantiation, c'est pour mettre le paradoxe au service de l'apologétique : la leçon qu'il dégage est qu'il ne faut pas se fier aux apparences, et que le Coran, pour avoir toutes les marques du vrai, n'en est pourtant pas moins un faux. Mais en citant Marracci, Toland s'amuse à le prendre au mot, et à son propre piège, en lui laissant énoncer ce qui n'est alors plus un paradoxe, mais devient une irréfutable évidence : la religion mahométane est conforme à la raison, et plus fidèle à l'esprit du christianisme que le christianisme même.

Toland ne se déclare pourtant pas « mahométan », mais « nazaréen », en raison de son accord avec le « plan originel » du christianisme que révèle selon lui l'étude de cette communauté. Pour le dire en quelques mots, le christianisme devait se fonder non pas sur une distinction radicale entre juifs et gentils, mais, pour reprendre l'expression même de Toland, sur leur « union sans uniformité ». Union, car juifs christianisés et gentils christianisés se rejoindraient sur les minimums théologiques que sont la foi en un Dieu un et le respect des principes évangéliques donnés par le Christ ; mais union sans uniformité, car si les juifs devaient continuer à respecter la loi mosaïque, en tant qu'elle est leur foi nationale, les gentils ne seraient pour leur part tenus qu'à l'observance des préceptes noachiques. L'union sans uniformité est d'autant plus désirable, que l'histoire prouve assez que l'uniformité n'est jamais consentie, mais toujours imposée : prenant, dans la seconde des lettres du *Nazarenus*, l'exemple des Irlandais, Toland note que « ... les papes ne parvinrent pas à [les] réduire à l'uniformité par l'intermédiaire de leurs envoyés ; je veux dire à les assujettir, ce qui a toujours été la signification de cette expression » (II, p. 21).

L'histoire des origines chrétiennes de la lettre I a donc pour contrepoint thématique, et pour prolongement, celle du christianisme irlandais d'avant la soumission à Rome. L'Église irlandaise primitive donne à voir ce que doit être l'Église en tant que telle : « L'Église n'était tenue ni pour un empire politique, ni pour une société organisée avec une hiérarchie propre de dignitaires et de sujets, mais pour la congrégation des fidèles à travers le monde, qu'elle soit visible ou invisible, et quelles que puissent être par ailleurs leurs divergences en matière de discipline ou de liturgie » (II, p. 34). S'il est encore un exemple d'utilisation de l'histoire par Toland, pour inviter le lecteur à y reconnaître des analogies avec le présent, le voilà. Quel Anglais de l'époque, en lisant ces lignes, n'eût pas songé aux tentatives de la Haute-Église anglicane pour contraindre les non-conformistes à la conformité, ou, de manière plus précise encore, à la controverse de Bangor, qui faisait rage au moment de la publication de *Nazarenus* ?

Le 31 mars 1717, l'évêque de Bangor, Benjamin Hoadly, avait en effet prêché devant le roi George Ier un sermon sur « la nature du royaume du Christ ». Il se fondait sur la célèbre parole, « mon royaume n'est pas de ce monde », pour affirmer que l'Évangile ne stipule rien quant au mode d'organisation de l'Église visible. En définissant à son tour l'Église authentique comme invisible, et en soulignant que son organisation temporelle doit être laissée à la discrétion du magistrat civil, Toland apportait, sous forme de preuves tirées de l'histoire, sa contribution à la cause de Hoadly, et par delà, à celle de toute la Basse-Église, qui souhaitait vivement, pour des raisons politiques, un rapprochement avec les non-conformistes. L'histoire des origines chrétiennes est ainsi mise au service de la cause de la conformité occasionnelle [5] et

---

5. La pratique de la conformité occasionnelle consistait, pour les non-conformistes, c'est-à-dire les protestants qui n'appartenaient pas à l'Église d'Angleterre, à recevoir la communion selon le rite anglican afin de pouvoir accéder aux emplois civils qui leur étaient normalement interdits. On n'entrera évidemment pas ici dans le détail technique et chronologique de ce qui fut une polémique centrale dans la vie politique et religieuse de l'Angleterre du 18e siècle.

de la tolérance : « Je suis autant que n'importe qui en faveur de la conformité occasionnelle entre des Églises qui ne diffèrent pas sur les points essentiels, ce qui était à l'évidence la pratique, fondée sur des raisons incontestables, de l'Église primitive au sens le plus exact du terme. La tolérance [...] est non moins manifestement un devoir évangélique, qu'elle ne va de soi selon la loi de nature, de sorte que ceux qui persécutent les autres dans leur réputation, leurs droits, leurs biens, ou leurs personnes, pour des opinions purement spéculatives ou pour des choses par nature indifférentes, n'agissent ni humainement ni chrétiennement » (I, p. 40).

Au terme de ce parcours, on ne peut qu'admirer l'aisance et le talent avec lesquels Toland parvient à faire d'une pierre deux coups : à travers l'histoire de l'évangile mahométan, il contribue à une remise en cause du canon scripturaire, et de l'histoire des origines chrétiennes, qui trouvera son prolongement, à long terme, dans l'exégèse allemande du siècle suivant ; cependant que d'autre part, il renforce, à court terme, dans le contexte précis d'une polémique spécifique à l'Angleterre du début du 18e siècle, l'argumentaire des partisans de la tolérance et de la conformité occasionnelle. Faisant à la fois œuvre savante, et œuvre de polémiste, il parvient à mettre la rigueur de l'un au service de la verve de l'autre. Mais c'est pourtant là que se trouve aussi la limite de *Nazarenus* : même si on ne peut opposer mécaniquement connaissance pure et polémique, dans la mesure où il est bien rare que le savoir ne se constitue pas au prix d'une critique acérée des représentations fausses, il n'en reste pas moins que ne sont présentés, dans *Nazarenus*, que les seuls traits de la religion mahométane qui sont susceptibles d'être intelligibles, et surtout utiles, dans le cadre de débats spécifiques au monde chrétien. Toland ne s'intéresse à l'islam que pour autant qu'il y voit un moyen de connaissance, sans jamais lui conférer vraiment le statut d'objet de connaissance. Il ne s'agit pas tant de le comprendre, que de mieux comprendre le christianisme *à travers* lui : son regard ne s'y attarde pas, mais le traverse en effet sans s'y arrêter, de même que la surface d'un miroir n'intéresse pas celui qui cherche seulement à y reconnaitre sa propre image.

PIERRE LURBE
Université de Caen

**Pour la première fois regroupés par thèmes
dans un volume de 496 pages**

PLUS DE 300 POEMES ECRITS DANS LES CAMP
PAR DES DEPORTES DE TOUTE L'EUROPE

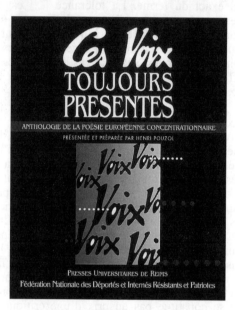

Le témoignage irremplaçable des poètes de l'indicible

JOSEPH MORGAN
ET LE MONDE ISLAMIQUE

Joseph Morgan fait partie de ces personnages qu'on aperçoit furtivement, qui surgissent à un moment donné et puis qui disparaissent et dont nous ne connaissons que très peu de choses. Nous ignorons ses dates de naissance et de mort, et presque tout de sa vie ; il existe même une incertitude sur son prénom : si l'un de ses écrits indique bien Joseph Morgan, nous trouvons aussi une référence à John Morgan [1]. Pourquoi alors s'occuper de lui ? Parce qu'il a publié un certain nombre de livres intéressants sur le monde islamique, et notamment sur l'État d'Alger, où, selon lui, il a passé une vingtaine d'années de sa vie. En lisant ce qu'il a écrit, j'ai eu envie de tirer de l'oubli et l'auteur et certaines de ses publications qui, à l'époque, étaient apparemment assez lues. Il me semble aussi, comme nous le verrons, que ces ouvrages soulèvent une question intéressante sur les raisons et les implications de l'intérêt pour le monde islamique, dans la première moitié du 18e siècle au moins. Jusqu'ici l'intérêt manifesté par les chercheurs pour cet écrivain a été presque nul car, vu le grand nombre de ses traductions, ils ont eu tendance à traiter tous ses ouvrages comme des plagiats sans aucun intérêt, et son auteur au mieux comme une sorte d'escroc, « n'avouant pas ses sources et s'attribuant volontiers la paternité » des ouvrages des autres [2]. J'avoue moi-même avoir été longtemps influencée par Playfair, le rédacteur de la *Bibliography of Algeria, 1541-1887*, publiée à la fin du siècle dernier, qui présente tous les livres de Morgan comme des traductions ou des plagiats, et qui écrit même : « Morgan was an indefatigable plagiarist » (p. 24). Je tenterai de montrer que le personnage et ses publications méritent qu'on s'y attarde.

---

1. La lettre à Prideaux reproduite dans son *Mahometism Fully Explained* (t. I, 1723, p. IX) est signée Joseph Morgan, mais le *Gentleman's Magazine* (nov. 1732), p. 1081, parle de John Morgan.
2. Magali Morsy, *La Relation de Thomas Pellow. Une lecture du Maroc au 18e siècle,* (Paris, 1983), p. 14.

D'abord, il faut présenter ce Morgan à partir des maigres renseignements que nous possédons. Il est jugé digne d'un article, très court, dans le *Dictionary of National Biography (D.N.B.)*, qui nous informe qu'il était actif autour de 1739 et qui ne parle que de deux de ses publications. Quand nous regardons ce qu'il a publié (au moins les livres dont nous avons connaissance), la liste éveille notre curiosité : des livres sur l'histoire d'Alger et de la Barbarie (c'est-à-dire l'Afrique du Nord) et sur l'expédition espagnole en Algérie ; des traductions de livres en français sur la même partie du monde (y compris l'Espagne), mais aussi d'un livre arabe sur l'Islam ; la mise en forme et la continuation d'un livre projeté par l'éminent arabisant et traducteur du Coran, George Sale, qui réunit des biographies de personnages orientaux ; la traduction d'un livre sur la mort écrit par un libre-penseur et refugié politique italien, Alberto Radicati di Passerano, qui a provoqué l'arrestation de l'auteur, du traducteur et de l'éditeur ; une collection de pamphlets du 17e siècle placée sous le signe de la franc-maçonnerie [3]. Nous reviendrons par la suite sur ces publications, mais nous pouvons déjà faire quelques remarques sur cette liste. Qu'il ait gagné de l'argent en faisant des traductions n'a rien de surprenant, mais il semble aussi avoir été reconnu comme un spécialiste du monde islamique. Le lien avec George Sale intrigue : se connaissaient-ils ou l'éditeur a-t-il fait appel à Morgan après la mort du premier pour mener à bien la publication ? Magali Morsy estime également qu'il a pu aider Thomas Pellow à réécrire son ouvrage sur le Maroc dans les années 1740 (M. Morsy, *ouvr. cit.*, p. 14). Le lien avec Radicati et avec la franc-maçonnerie nous amène sur d'autres terrains. Ce lien est quand même responsable d'une confusion dans le célèbre diction-naire des libres-penseurs publié en Allemagne en 1759 (Trinius, *Freydenker Lexikon*, p. 370) : l'article consacrée au libre-penseur anglais Thomas Morgan indique que ce dernier a passé une vingtaine d'années en Barbarie, le confondant ainsi avec notre Morgan, Joseph.

Celui-ci, Joseph Morgan, semble bien avoir passé une vingtaine d'années à Alger. A partir de remarques semées ici et là dans ses ouvrages et qui semblent authentiques, nous apprenons qu'il y était pendant les vingt premières années du siècle. Il participe au siège d'Oran en 1707, et il dit avoir quitté Alger en 1719

---

3. Le catalogue de la British Library indique plusieurs autres traductions, y compris d'un certain E. Lécuyer de la Jonchère (qui ne figure pas dans le catalogue de la B.N.) mais pas la traduction du livre de Radicati.

pour Tunis, et être parti définitivement de l'Afrique au début de l'année 1720 [4] ; il nous dit aussi qu'à Alger il était le « cancellera » du consul britannique Robert Cole (*History of Algiers,* Préface, p. V). Il semble effectivement être rentré en Angleterre autour de 1720 : dans la dédicace du premier volume de son *Mahometism Fully Explained* (1723), il dit être arrivé en Angleterre trois ans auparavant. Après la publication du deuxième volume de cet ouvrage en 1725, il semble s'être consacré, à part des traductions sans doute alimentaires, à son *Histoire d'Alger*. Cette *Complete History of Algiers* a été publiée d'abord en deux volumes, en janvier 1728 et en février 1729 [5], mais une nouvelle édition composée de deux beaux volumes in-quarto parait en 1731, précédée d'une histoire de la Barbarie : c'est cette édition, dont la publication est annoncée dans le *Gentleman's Magazine,* en janvier 1731 (p. 42), qui est la plus répandue. En 1731 est publiée également la première édition de son *Phœnix Britannicus,* une collection de pièces diverses, et notamment de pamphlets datant de la république au 17e siècle et dédiée au duc de Richmond, Grand Maître des Maçons, où il affirme hautement son appartenance à la franc-maçonnerie (ce qui justifie selon lui le patronage du duc et l'aide de ses frères [6]). Dans la préface du volume réunissant les 6 numéros que connut cette collection et qui parait en 1732, Morgan parle d'un « Monthly Pamphlet » auquel il aurait collaboré et qui aurait duré six mois en 1731, mais il ne subsiste aucune trace de cette publication. A la fin du volume il affirme vouloir continuer la publication, mais il n'y eut pas de suite, peut-être à cause de l'affaire scandaleuse à laquelle il fut mêlé.

Car au même moment il traduisait de l'italien la *Philosophical Dissertation on Death* du comte Radicati Di Passerano, parue en 1732 chez William Mears (qui publie plusieurs livres de Morgan, et qui est aussi l'éditeur d'ouvrages de Toland, et un maçon). Le contenu de ce livre, qui tend vers l'athéisme et le matérialisme, attire les foudres de l'évêque de Londres : celui-

---

4. *A Compleat History of the Present Seat of War in Africa...,* (1732), p. 22 ; *Several Voyages to Barbary...,* (1736), p. 113 ; *Voyage to Algiers and Tunis...,* (1735), p. 36 ; *History of Algiers,* (1731), p. 315.
5. Voir le *Register of Books 1728-1732,* extracted from the *Monthly Chronicle* (reprint, Gregg, 1964), I, p. 26, II, p. 47.
6. *Phœnix Britannicus, being a miscellaneous collection of scarce and curious Tracts...,* (Londres, 1732) ; voir aussi H. Sirr, « J. Morgan and his *"Phœnix Britannicus"* with notes about his other works », *Trans. Quatuor Coronati Lodge* (1906), vol. 19, p. 127.

ci saisit Newcastle, le secrétaire d'État, avec comme résultat l'arrestation de l'auteur, du traducteur et de l'éditeur en novembre 1732. L'affaire fait grand bruit et émeut même la reine qui exprime son hostilité envers ce livre, dans lequel Radicati, selon elle, « embrasse l'athéisme de Spinoza et tire ensuite des conclusions de sa doctrine qui détruisent toute société et toute vertu » [7]. Nous n'entrerons pas dans les détails de cette histoire, qui sont rapportés par F. Venturi dans son ouvrage très complet sur Radicati [8]. Remarquons que dans l'information sur cette affaire que donne le *Gentleman's Magazine*, on parle de « John Morgan », et non de Joseph. Il est néanmoins probable qu'il s'agit bien de la même personne, comme l'affirme la *Bibliothèque raisonnée* (1733, vol. X, p. 230) ; nous ne disposons pas d'autres détails sur sa vie, et nous ne pouvons que constater la suite de ses publications : la dernière que nous connaissons semble bien être sa traduction du livre de Laugier de Tassy sur le royaume d'Alger en 1750.

C'est donc vers ses ouvrages que nous devons nous tourner. Morgan a publié un certain nombre de traductions, mais aussi quelques ouvrages qui sont présentés comme émanant de sa plume : il s'agit notamment de son *Histoire d'Alger*, précédée d'une histoire de la Barbarie, en 1731, et de l'ouvrage sur la guerre entre les Espagnols et les Algériens, publié en 1732. Les deux livres utilisent des sources classiques sur la région, et le premier les détaille dans la préface et fournit des références dans des notes tout le long du texte. Il ne me semble donc pas qu'on puisse accuser Morgan de s'attribuer les ouvrages des autres, d'autant plus qu'il indique clairement dans la préface de l'*Histoire d'Alger* qu'il se fonde notamment sur Haedo et Laugier de Tassy, tout en ajoutant ses propres informations. Morgan puise souvent ses renseignements chez d'autres écrivains, mais il ne se les approprie pas, et il distingue toujours (à la différence de beaucoup d'autres) ce qui est copié ou traduit et ce qui provient de lui-même.

L'accusation de plagiat semble être surtout fondée sur la traduction du livre célèbre de Laugier de Tassy, *Histoire du Royaume d'Alger* (1725), traduction publiée en 1750 et qui constitue la

---

7. Journal, cité par F. Venturi : « Il Manifesto del Conte Radicati di Passe-rano », *Rassegna Storica del Risorgimento*, 42 (1955), p. 650. Toutes les citations sont traduites par moi, A.T.

8. Franco Venturi, *Saggi sull'Europa illuminista I : Alberto Radicati di Passe-rano* (Turin, 1954), p. 209 et sv.

plus grande partie d'un ouvrage intitulé *A Compleat History of the Piratical States of Barbary..., by a gentleman who resided there many years in a public character.* Ce livre n'est pas présenté comme une traduction et on n'y trouve le nom ni de Morgan ni de Laugier de Tassy. Tout ceci a créé une certaine confusion, et on a pu croire que Morgan n'a fait partout que piller d'autres livres : la bibliographie de Playfair, par exemple (p. 20), présente l'*Histoire d'Alger* de 1728 comme une simple traduction de Laugier, ce qui n'est pas du tout le cas. Cette confusion, entretenue depuis longtemps, a fait qu'on ne s'est pas penché sur l'*Histoire* écrite par Morgan. Pour revenir un moment sur la publication de 1750, un mystère subsiste. En 1735 Morgan publie une traduction d'ouvrages français sur l'Afrique du Nord par les Pères rédemptoristes qui partaient négocier la liberté des chrétiens captifs en Barbarie. Cette traduction, publiée sous le titre de *Voyage to Algiers and Tunis, for the Redemption of Captives...*, est bien indiquée comme telle, les auteurs en sont nommés, et Morgan se présente comme le traducteur et l'auteur des annotations (voir ci-dessous). Or cet ouvrage est réédité en 1736 chez un autre imprimeur sous le titre de *Several Voyages to Barbary..., Second edition*, d'où ont disparu non seulement la dédicace (au lord Carpenter) mais également toute indication du nom des auteurs et de celui du traducteur. A la place nous trouvons le nom du dessinateur des cartes et des illustrations, un certain Captain Henry Boyd, de sorte que Playfair donne cet ouvrage sous le nom de Boyd, qui est accusé du plagiat. S'agit-il d'une édition piratée ? Pourquoi Morgan accepterait-il qu'on enlève son nom, comme de la traduction de Laugier en 1750 ? Dans toutes ses autres publications il indique toujours son nom, comme traducteur ou comme auteur, et souvent les dédie à un bienfaiteur possible. En outre, il semble généralement très soucieux d'indiquer (et de critiquer) ses sources. On peut en déduire que l'ouvrage qui l'a surtout fait accuser de plagiat est peut-être une édition piratée où il n'était pour rien.

Présentons brièvement les deux ouvrages sur l'Afrique du Nord dont il est l'auteur. Son ouvrage principal, *A Complete History of Algiers,* se présente sous sa forme définitive en 1731 en deux parties : d'abord, *An Epitome of the General History of Barbary, from the earliest Times*, et ensuite, avec une autre page de titre indiquant la date de 1728, *A Complete History of Algiers and its Territory, from the Time of its being possessed by the Turks.* Morgan y raconte, comme on pouvait s'y attendre, l'histoire de la région et de l'État d'Alger, et il puise dans des sources classiques, qu'il indique d'habitude. Mais il fait beaucoup plus : il décrit la région et ses habitants, sur lesquels on discutait beaucoup, ainsi que sur leur origine [9] : il développe ses propres hypothèses à ce sujet. Et il ajoute partout dans le livre, sous forme de digressions, « de nombreux passages et remarques curieux, jamais effleurés par aucun autre auteur », comme il dit lui-même sur la page de titre. Sa méthode en général est de suivre des ouvrages qui font autorité, comme Marmol ou Haedo, tout en les critiquant et les corrigeant, et en ajoutant ses propres remarques et des détails tirés de sa propre expérience. Ce qui est neuf et original est donc disséminé partout dans le livre, souvent de façon assez anarchique, et l'organisation chronologique cache en fait une foule de renseignements précieux.

L'autre ouvrage, publié l'année suivante chez Mears et Stone, présente les mêmes caractéristiques, comme l'indique son titre complet : *A Compleat History of the Present Seat of War in Africa, between the Spaniards and Algerines, giving a full and Exact Account of Oran, Al-Marsa ; Compiled from the best approved Spanish Writers ; the Author's Twenty Years Knowkedge of the Country ; and from Diverse late Conferences with Hadj Mahammed the Algerine Envoy, and Hadj Ali, his Excellency's Secretary, now here Resident* [10]. Comme nous le voyons, il ne cache pas ses sources. Ici, à part le récit de batailles et de campagnes, et les descriptions d'Oran et de Mers-el-Kebir, tirées de Marmol, il fournit des détails tirés de ses expériences et ses réflexions personnelles.

La première chose qui frappe est le fait que Morgan refuse d'ajouter des histoires romanesques ou croustillantes, comme le font nombre de ses contemporains, et comme le fait Laugier de Tassy dans son *Histoire d'Alger* en 1725 : ce dernier raconte notamment une histoire invraisemblable d'amour entre Barberousse et la femme du Sultan d'Alger qu'il a fait assassiner. Morgan critique l'« air of romance » des lettres d'amour que publie Laugier de Tassy car, dit-il « les lettres sont écrites dans un style qui n'a jamais, je l'affirme, pu couler d'une plume

---

9. Voir mon livre *Barbary and Enlightenment* (Leyden, 1987).
10. « Histoire complète de la guerre actuelle en Afrique entre les Espagnols et les Algérois, avec une description exacte et détaillée d'Oran et d'El-Marsa ; tirée des auteurs espagnols les mieux autorisés ; des connaissances de l'auteur acquises au cours d'un séjour de vingt ans dans le pays ; et de plusieurs discussions récentes avec l'envoyé algérois, Hadj Mohammed, et Hadj Ali, secrétaire de Son Excellence, actuellement résidant à Londres ».

africaine » (p. 239) [11]. Notre auteur veut être reconnu comme un auteur sérieux et donner un ouvrage scientifique : il discute des sources, qu'il compare entre elles et avec ce qu'il connait du pays. Il discute de la vraisemblance des détails racontés par différentes autorités, se fondant sur des témoignages d'autochtones, sur d'autres sources, sur l'étymologie, etc. Son souci premier, à la différence de beaucoup d'autres voyageurs qui cherchent à distraire ou à émerveiller, semble être l'exactitude. Un exemple de ce souci suffira : il discute du nombre d'évêques africains comptabilisés par saint Augustin et indiqués sur les registres. Pour prouver que le chiffre avancé n'est pas crédible, il décrit le peu de vestiges de grandes villes ou de palais épiscopaux, les populations indomptées et réfractaires, leurs coutumes opposées aux pratiques chrétiennes et notamment leur grande hostilité envers les images (p. 65-68, 150-1), etc.

Son soin apparait notamment dans de nombreuses remarques linguistiques. Il s'élève souvent contre la façon dont on transforme ou estropie les noms, et il appuie ses analyses sur une connaissance apparemment assez étendue de l'arabe. Il donne souvent des dictons et des expressions arabes, translittérées en caractères latins. Mais ses foudres s'abattent également sur tous ceux qui font preuve de légèreté linguistique, car il explique : « en fait, nous avons trop de personnes qui, tout en possédant à peine une connaissance superficielle de la langue des Français (qui, aussi bien que les autres, ou plutôt aussi mal que les autres, font subir des dégâts atroces aux noms et aux appellations étrangers) osent présenter des versions anglaises de traductions françaises d'ouvrages écrits en espagnol, italien, portugais, etc. » (p. 307).

Il déteste tout particulièrement la façon dont les Espagnols, comme il dit, « *mangle* » [estropient] les noms maures, à tel point que dans l'avertissement du traducteur qu'il annexe à sa traduction du livre de Vertot sur l'Espagne, il consacre plusieurs pages, et une table, à expliquer la façon dont les Espagnols transforment les noms arabes (*The History of the Revolutions in Spain*, 1724, p. VII-XVIII). Son souci d'exactitude ne peut être comparé qu'à celui de l'érudit Thomas Shaw, dont les voyages en Barbarie, publiés à Oxford en 1738, seront reconnus pendant très longtemps, y compris au 19e siècle, comme l'ouvrage le plus fiable sur la

---

11. Cependant il sacrifie quelque peu à cette mode dans l'introduction au 2e tome de son *Mahomestism Fully Explained* (1725), mais sans toutefois faire parler les Africains dans un style fleuri : il s'agit d'aventures ridicules de Français, et de détails sur les femmes musulmanes, ajoutés peut-être pour attirer les lecteurs.

région. On peut même dire que le soin consacré par Morgan à comparer et à critiquer ses sources dépasse celui de Shaw, qui quelquefois prétend avoir vu lui-même des choses dont il a connaissance uniquement de deuxième main.

Cette méthode critique, qui aspire à l'objectivité, va en fait beaucoup plus loin chez Morgan et s'applique non seulement aux faits historiques mais aussi aux gens. Car dans la préface de son *Histoire*, il cite, parmi les raisons qui l'ont poussé à la publier, « les erreurs inexplicables qui sont, comme je l'ai découvert, généralement entretenues par la masse des gens ici au sujet de ceux qu'ils appellent des barbares » (p. III). Ensuite il fournit la traduction d'un passage très important de l'introduction de l'*Histoire* de Laugier de Tassy, qui dénonce les préjugés des chrétiens contre les Turcs et les musulmans en général. Le début suffit pour donner une indication de sa teneur. Dans la première édition française (Amsterdam, 1725), on lit : « Les préjugés de la plupart des chrétiens sont si terribles contre les Turcs et les autres mahométans, qu'ils n'ont point d'expressions assez fortes pour faire voir le mépris et l'horreur qu'ils en ont ». Et après avoir dénoncé l'ignorance des chrétiens à leur sujet, il écrit : « je suis persuadé que si ces mêmes personnes pouvaient converser sans le savoir avec des mahométans qui n'eussent point le turban et qui fussent habillés à la manière des chrétiens, ils trouveraient dans eux ce qu'on trouve dans les autres peuples. Mais s'ils avaient le turban, cela suffirait pour les faire opiniâtrer dans leurs préventions ».

Denise Brahimi a analysé cette préface pour montrer le désir de l'auteur de lutter contre les préjugés et d'affirmer que l'homme est partout le même : il ne cherche pas à justifier Alger mais à dénoncer l'erreur. Pour ce critique, Laugier de Tassy a donc « sa place parmi les penseurs qui, comme Bayle, auquel il fait souvent penser, ont inauguré en Europe le siècle des Lumières et de la Raison » [12]. Si Morgan choisit de citer ce « worthy gentleman » (qu'il a connu, comme il l'indique ailleurs, *Voyage to Algiers...*, p. 35), c'est pour montrer clairement que son but est le même. Et en effet, nous trouvons partout dans ses publications, et dans cette *Histoire* en particulier, des remarques qui dénoncent l'erreur et les préjugés et qui plaident pour la compréhension des autres.

---

12. D. Brahimi, « Laugier de Tassy et sa préface à l'Histoire du Royaume d'Alger », *Revue d'Histoire et de Civilisation du Maghreb* (janvier 1970), p. 74-81.

Voici un seul passage, assez typique : après avoir cité avec approbation un texte de Procope qui dénonce les Maures comme pares-
seux et motivés par intérêt, il continue :

Comme je proteste vigoureusement contre toute sorte de préjugé, de
quelque côté qu'il vienne, je me montrerai, dans les limites de mes
connaissances et de mes souvenirs, aussi scrupuleusement juste envers
le peuple dont j'ai entrepris d'écrire l'histoire, dans la description de
telle ou telle qualité ou exemple de moralité qui se présente (et ils en
ont certainement assez pour faire rougir trop de nos prétendants européens
à la chrétienté, à la civilité et aux bonnes mœurs), qu'envers la vérité,
dans la peinture de leurs difformités ; difformités parmi lesquelles celle
dont je viens de parler n'est pas des moindres et qui, surtout, tout en
étant odieuse, est si loin de leur être particulière, que j'aimerais pouvoir
dire qu'elle n'est pas scandaleusement commune à toutes les nations
dans l'univers, malgré les prétentions bruyantes de supériorité en matière
de morale, de droiture, de politesse et ainsi de suite, des nations plus
raffinées pour ce qui est des mœurs et de la politique et d'une fidélité
inviolable, qualités brillantes dont ils se vantent au moins ; et ces prétentions sont poussées si loin qu'aucun peuple, ou presque, hormis leur
propre précieuse personne, n'est censé mériter même le nom de peuple :
ce sont des sauvages, des brutes, des monstres, dénués de toute semblance
d'humanité sauf la forme seule. Si je ne me trompe pas grossièrement,
c'est un préjugé grossier (p. 90-91).

Les principes qu'il défend ici sont ceux qu'il appliquera partout.
Il n'hésite pas à montrer les défauts des Maures et des Arabes,
mais il souligne partout que les Européens partagent les mêmes
défauts. Il plaide pour que les mêmes critères soient appliqués
à tous, et que les mêmes qualités soient louées ou blâmées.
Ce qui ne l'empêche pas de montrer ses préférences : il décrit
longuement ailleurs son dégout pour la saleté des nomades et,
en décrivant un mariage il condamne leur « wretched Musick »
jouée sur « the most execrable Bag-pipes » : à côté de ces gens,
dit-il, « our Caledonian mountaineers [...] are complete organists »
(*Mahometism fully explained*, II, p. XXIV).

Ces préférences esthétiques mises de côté, son souci d'objectivité l'amène naturellement à critiquer ceux qui font preuve de
partialité ou de préjugés. Son critère pour juger de ceux qui ont
écrit sur la Barbarie avant lui est, avant tout, leur degré de
partialité : ainsi il rejette l'Espagnol Marmol tout en montrant
plus d'indulgence pour un autre Espagnol, de Haedo (p. VII). Son
mépris, comme celui de son prédécesseur Laugier de Tassy, est
surtout dirigé contre les moines catholiques, et notamment les
pères rédemptoristes, qui ont noirci l'image des pays barbaresques
et exagéré les souffrances des captifs chrétiens qu'ils sont venus

libérer. Ce sont les récits de ces moines que Morgan traduit en 1735, sous le titre de *Voyage to Algiers and Tunis for the Redemption of Captives*. Il accompagne sa traduction de nombreuses notes critiques, où il souligne notamment le fait que le sort des chrétiens prisonniers en Barbarie est infiniment préférable à celui des galériens musulmans en France (p. 44-45). On trouve également des remarques du genre : « Surely Father, you dream all this » (p. 74), concernant la punition des chrétiens qui refuseraient de se convertir, ou, au sujet d'un moine martyrisé pour être entré dans une mosquée pour y prêcher le christianisme : « this good Friar's Zeal seems somewhat misplaced » (p. 70).

En fait nous voyons ici, non seulement un souci d'objectivité envers les Nord-Africains, mais également une hostilité permanente envers le fanatisme et la superstition. Cette hostilité est généralement présentée comme celle du protestant envers les catholiques : il dénonce les moines, et surtout l'Inquisition, en Espagne. Par exemple, dans son ouvrage sur la guerre entre les Espagnols et les Algériens, il critique la persécution des Morisques par les Espagnols et leur conversion forcée. Il décrit l'hostilité des Musulmans envers « whatever savours of Idolatry or Image Worship, with all the rest of that Romish Trumpery » (*A Complete History...*, p. 6). Ailleurs dans le même livre, il dénonce le « fiery Catholic Zeal and insupportable Bigotry » (p. 91) des Espagnols. De telles remarques, avec la critique de l'intolérance de l'Église catholique, reviennent souvent sous sa plume. La question se pose, malgré ses affirmations de fidélité envers l'Église de son pays, de savoir dans quelle mesure il ne fait qu'exprimer l'hostilité d'un protestant « Low Church » envers les papistes et envers Rome, ou s'il veut aller plus loin et critiquer toute religion établie.

Cette question ne peut être ignorée, à cause de l'utilisation de références à l'islam, surtout dans ces années, par les écrivains antireligieux. En effet, l'intérêt pour le monde islamique, qui se répand en Europe dans les premières décennies du 18e siècle, est assez ambigüe. Si des arabisants comme Edward Pocoke à la fin du 17e siècle ou H. Prideaux ont un but polémique, d'autres montrent nettement plus de sympathie pour cette religion. George Sale, le traducteur du Coran, est soupçonné d'hétérodoxie à cause de son attitude sympathique [13], et le libre-penseur Boulainvilliers

---

13. Voir I. R. Netton, « The Mysteries of Islam », dans G. S. Rousseau et R. Porter (éd.), *Exoticism in the Enlightenment* (Manchester U.P., 1990), p. 23-45.

écrit une *Vie de Mahomed* (Amsterdam, 1730), qui réfute les préjugés simplistes. Radicati, que nous avons rencontré, montre lui aussi de l'intérêt pour l'islam et il écrit un *Parallel between Muhammed and Sosem* (c'est-à-dire Moïse) (1732), texte athée qui montre, avec des références érudites au Coran et aux auteurs arabes, que Moïse est un imposteur comme le Prophète, qui cependant était moins cruel. En 1737, il remanie ce texte pour en faire un pamphlet, publié en Hollande, intitulé *La Religion muhammedane comparée à la paienne de l'Industan, par Ali-Ebn-Omar, Moslem...* Vu les liens entre Radicati et Morgan en 1731-1732, il n'est pas impossible que celui-ci partage ses opinions hérérodoxes et même que ce soit lui qui ait fourni à l'auteur les détails sur le Prophète et sur l'islam.

Car Morgan avait aussi publié un livre sur l'islam, *Mahometism Fully Explained,* qui est la traduction d'un manuscrit écrit en 1603 par un Maure d'Aragon, Mahomet Rabadan, à l'intention des Morisques. Morgan affirme avoir acheté ce manuscrit, écrit en espagnol mélangé d'arabe, en Tunisie en 1719, et il semble l'avoir donné à la collection de Lord Harley à Oxford. Cette traduction, accompagnée de notes et de commentaires, parait en deux volumes en 1723 et 1725 : le premier publié par Mears, est dédié à Harley et accompagné d'une lettre datée du 12 aout 1723, adressée à Humphrey Prideaux ; et le deuxième, en souscription chez l'auteur, est dédié à Richard Mead, grand collectionneur de livres. Selon le *D.N.B.*, de nombreuses dédicaces furent adressées à Mead, même contre sa volonté. Morgan semble ici, à son retour en Angleterre, très soucieux d'acquérir une certaine respectabilité et une réputation d'érudit, et il explique qu'il est l'un des très rares Anglais et même Européens, capables de traduire ce manuscrit, vu le mélange d'espagnol et d'arabe typique des Morisques, qu'il a beaucoup fréquentés (*Mahometism...*, I, p. VIII et II, p. VI). De même, il prend partout soin de traiter Mohammed d'imposteur et de ne pas mettre en cause les doctrines chrétiennes, tout en critiquant l'Inquisition et « the bigotry and mistaken Zeal of the Romish Clergy » (t. I, p. VIII). Il explique qu'il a voulu faire cette traduction afin « de donner à mes compatriotes une idée plus juste des opinions des Mahométans que celle qu'ils ont reçue jusqu'ici, et parce que je croyais réellement que de nombreuses choses chez cet auteur étaient très curieuses et ne devraient pas être ensevelies dans les langues peu connues (dans cette partie du monde) dans lesquelles elles furent publiées » (I, IV).

Les mêmes raisons animeront ses autres publications, mais ici il doit se défendre contre toute accusation de montrer trop de sympathie pour cette religion ennemie. Ce souci doit aussi expliquer son invocation de Humphrey Prideaux, dont le livre dénonçant l'imposture du Prophète est dirigé explicitement contre les déistes (*The True Nature of Imposture...*, Londres, 1697). Notons qu'un autre livre contemporain sur *La religion des mahométans*, écrit en latin par un huguenot nommé Reland, prend les mêmes précautions. Une traduction française, également par un huguenot, est publiée à la Haye en 1721, et le traducteur prend lui aussi soin d'affirmer sa foi protestante. Or ce livre, cité plusieurs fois par Morgan, veut lui aussi présenter une image beaucoup plus juste de cette religion : le traducteur, tout en prenant soin de louer le livre de Prideaux, explique néanmoins, dans un passage repris par Morgan en anglais, que les sources de Prideaux ne sont pas fiables et que beaucoup d'histoires colportées sur le Prophète sont douteuses [14]. Le traducteur, comme l'auteur, défend sa publication et l'utilité de connaitre l'Islam et l'arabe pour aider la compréhension (et le commerce) entre les peuples.

Morgan affirme également son désir d'exposer au public britannique « de nombreux détails concernant les croyances dominantes des propriétaires de la moitié de la terre connue, dans une lumière très différente et nettement plus claire que celle où ils ont jusqu'ici été mis » (Ded. t. II, p. VI). Mais va-t-il plus loin ? Désire-t-il non seulement faire connaitre ces « Autres » mais également saper les croyances chrétiennes ? Il est certain qu'il souligne à maintes reprises la cruauté de l'Inquisition et la barbarie des Espagnols envers les Morisques, qui sont également longuement décrites dans *The Case of the Moriscoes or Spanish Moors*, publié à la fin du livre. Mais cela n'est guère surprenant chez un protestant. De même, il traduit fidèlement les critiques portées dans le manuscrit contre les miracles de Jésus, mais il se défend ainsi en note : « Cette doctrine est, à vrai dire, très antichrétienne, mais ce sont les paroles d'un Maure et non pas d'un Chrétien. Il écrit selon les sentiments véridiques de son cœur honnête et bien intentionné, sentiments qu'il suça avec le lait de sa mère, qui lui furent légués par les traditions erronées de ses ancêtres, et que ces derniers héritèrent de leur législateur subtil, l'imposteur Mahomet... » (t. I, p. 214). Doit-on prendre ces remarques à la lettre ou doit-on les appliquer aux croyances des chrétiens, d'autant plus qu'il reconnait la bonne foi de l'auteur ? Notons qu'il

---

14. *La Religion des Mahométans, exposée par leurs propres Docteurs...*, tiré du latin de M. Reland... (La Haye, 1721), p.LI et s. ; traduit par Morgan dans *Mahometism Fully Explained*, t. II, p. LIII et s.

prend soin de souligner la condition opprimée de celui-ci, « our poor terrified Moor » et les raisons qui l'ont mené à écrire ce manuscrit, en comparant l'oppression subie par les musulmans en Espagne à celle de l'Église chrétienne dans ses débuts (II, IX). Ce qui met toutes les religions sur le même plan. Quand il critique les « superstitious and ridiculous ceremonies » des pèlerins à la Mecque, les comparant aux idolâtres, doit-on prendre cela aussi pour les cérémonies de toutes les religions, ou uniquement pour les catholiques ? Il est certain que quand il décrit longuement les supercheries d'un *taleb* constantinois, il les compare à celles qui existent en Europe, et il affirme que les histoires invraisemblables racontées dans le manuscrit ne sont pas plus absurdes que celle de saint Denis. Mais il prend toujours soin de ne critiquer que le fanatisme, l'intolérance, les croyances ridicules.

A ceux qui estiment la lecture de ce livre dangereux pour ceux qui ne sont pas « well grounded in their faith » (opinion qu'il juge digne d'un « Portuguese Inquisitor »), il répond, comme Reland d'ailleurs, que cette lecture leur fera aimer la pureté de leur propre religion, tellement plus rationnelle que « that Medley of inconsistent Incoherencies, *Mahomet's Alcoran* », mais il continue : « A vrai dire, il contient une abondance de bonne morale, qui ferait rougir les meilleurs d'entre nous de nous voir si surpassés par un païen ignare mais subtil, si je peux ainsi appeler quelqu'un qui détestait l'idolâtrie et qui enseignait l'adoration du seul vrai Dieu existant par lui-même, même s'il l'enseignait à sa manière » (II, LVII-LVIII).

Dans *The Case of the Moriscoes or Spanish Moors*, qui se trouve à la fin du deuxième volume, il reprend en grande partie un pamphlet, qu'il recommande chaleureusement, *The History and Expulsion of the Moriscoes out of Spain*, publié en 1702 par Michael Geddes, livre qui se présente comme de la propagande protestante en faveur de la tolérance et dirigée contre l'ennemi catholique [15]. Mais Morgan ajoute aussi des détails tirés d'autres sources, et notamment des extraits traduits d'un manuscrit qu'il aurait eu entre les mains pendant son séjour en Barbarie, écrit en 1615 par un Morisque expulsé d'Espagne, nommé Abdelkrim Ben Aly Perez. Ce texte attaque violemment la cruauté des catholiques espagnols et leur persécution des musulmans et des juifs,

---

15. Voir Michael Geddes, *Miscellaneous Tracts*, vol. I (1702), qui contient également des pamphlets contre l'Inquisition, entre autres.

et il affirme que les musulmans n'ont jamais persécuté les autres mais ont toujours permis la pratique d'autres religions dans leurs territoires (II, 297-8). En outre il condamne les pratiques idolâtres des chrétiens et leurs doctrines, qui mettent en cause l'unité de Dieu. Rejoignant la phrase de Morgan citée plus haut, il affirme : « il n'existe et ne peut exister qu'un seul vrai Dieu omniprésent, incompréhensible, existant par lui-même et éternel, sans début et sans fin » (II, 295).

De telles remarques indiquent un désir chez Morgan de défendre une religion rationnelle, épurée de croyances et de coutumes ridicules, proche peut-être du déisme. N'oublions pas la préface de son *Phœnix Britannicus* où il se déclare franc-maçon. Il est évident que dans un livre comme celui-ci, où l'auteur cherche à se faire une réputation dans le monde, il n'irait pas plus loin. Mais ce genre d'écrit peut fournir des arguments aux déistes, surtout en France. Car la comparaison des doctrines et des pratiques ridicules des différentes religions est une tactique courante dans les écrits antireligieux (comme dans ceux de Radicati que nous avons cités) qui ne se bornent pas à traiter Mohammed, comme Jésus ou Moïse d'imposteur, mais qui souvent insistent sur la tolérance de l'islam en particulier et la pureté de ses doctrines, plus proche de la religion naturelle. Il n'est pas impossible que Morgan, qui semble avoir circulé sur les marges des milieux hétérodoxes [16], ait voulu donné des arguments aux critiques de la religion établie. A ce propos, il est à remarquer que parmi les souscripteurs du deuxième volume de *Mohametism Fully Explained* se trouve Anthony Collins.

Ce qui est indéniable dans ce livre, comme dans les autres publications de Morgan, est le souci, qu'on peut qualifier d'éclairé, de comprendre les autres selon leurs propres principes, de les juger comme on jugerait ses semblables, de les traiter en fait comme des êtres égaux. Et ce souci est appuyé sur une foule de connaissances, assez fiables, scrupuleusement pesées, qui font que ses livres sont une mine de renseignements non négligeable. Il fait donc sans aucun doute partie de ce mouvement d'opinion qui manifestait un esprit d'ouverture envers le monde et les autres, de ces gens qui exerçaient leur sens critique aussi sur leur propre civilisation.

Est-ce pour cette raison qu'il n'a pas reçu la reconnaissance qu'il recherchait et qu'il semble être resté un *outsider*, comme

---

16. Voir ce qu'en dit M. Jacob, dans *The Radical Enlightenment* (Londres, 1981), p. 172.

Toland peut-être ? Nous perdons sa trace après la fin des années 1730 et nous ne savons pas ce qu'il est devenu par la suite. Il est peut-être étranger à la publication de la traduction de Laugier de Tassy, qui ne porte pas son nom, en 1750. Ses livres sont cités comme étant des sources fiables dans *The Modern Part of an Universal History*, ouvrage collectif publié par des érudits dans les années 1750 et 1760 (voir vol. 18, sur la Barbarie, 1760) ; mais pour le reste il semble être non pas totalement oublié mais pire, calomnié et ses écrits négligés. Joseph Morgan méritait un meilleur sort.

ANN THOMSON
Université de Caen

Centre d'Etudes du XVIIIᵉ siècle de Montpellier

(Unité de Recherche Associée 1037 du C.N.R.S.)

Le livre ancien dans la réseau Sibil-France, Catalogues sur microfiches (auteurs-titres-lieux d'édition et systématique), coédité avec Sibil-France, 150 F (à paraître en 1994).

Logiciel *TopoSator,* thésaurus de la topique romanesque avant 1800 - P. RODRIGUEZ et M. WEIL - 2 500 F.

Vers un thésaurus informatisé : Topique des ouvertures narratives avant 1800. 4ᵉ colloque SATOR (Montpellier 1990), éd. P. Rodriguez et M. Weil, Université Paul Valéry - Montpellier III, 1991, 449 p., 150 F.

Pour les publications ci-dessus, les commandes doivent être adressées au Centre d'Etude du XVIIIᵉ siècle, Université P. Valéry, B.P. 5043 - 34032 Montpellier Cedex, accompagnées d'un chèque à l'ordre du Régisseur des Recettes Publications, C.C.P. : 523942 Y Montpellier - Rens. : 67 14 22 73.

Chez d'autres éditeurs :

La Bibliothèque de L. Médard à Lunel, éd. G. DULAC (histoire du protestantisme, Révolution française, théâtre de l'époque révolutionnaire, etc.), 1987, 184 p., 26 ill. (**à commander à :** S.V.P.I., 4, rue Ecole-Mage - 34000 Montpellier).

Editer Diderot, 31 études, éd. G. DULAC, Avant-propos de J. VARLOOT, *Studies on Voltaire and the 18th Century,* Oxford, 1988, 555 p.

Denis FONVIZINE, *Lettres de France* (1777-1778), trad. et commentaire par J. PROUST, H. GROSSE et P. ZABOROV, préface de W. Berelowitch, (Archives de l'Est), C.N.R.S.-Editions et Voltaire Foundation, 1994.

Ferdinando GALIANI, Louise d'EPINAY, *Correspondance,* éd. G. DULAC et D. MAGGETTI, Paris, Desjonquères, 1992 (5 vol. prévus, 3 parus).

Claude LAURIOL, *La Beaumelle. Un protestant cévenol entre Montesquieu et Voltaire,* Genève, Droz, 1978, 602 p.

J.-N. PASCAL, *Lettres de Mᵐᵉ de Lespinasse à Condorcet,* Desjonquères, 1990.

Jean-Noël PASCAL, *La Fable au siècle des Lumières* (Lire le XVIIIᵉ siècle), Presses de l'Université de St-Etienne, 1991.

POTOCKI, *Ecrits politiques,* éd. D. TRIAIRE, Paris, Champion, 1987, 335 p.

POTOCKI, *Parades* théâtre, éd. D. TRIAIRE, Arles, Actes Sud, 1989, 128 p.

Répertoire du théâtre républicain, Genève-Paris, Slatkine, 1986, 15 vol.
(213 pièces jouées pendant la Révolution, catalogue par C. FORTUNY).

Dominique TRIAIRE, *L'Œuvre de Jean Potocki. Inventaire.* Paris, Champion, 1985, 342 p.

Dominique TRIAIRE, *Potocki : essai,* Arles, Actes Sud, 1991, 270 p.

Michèle WEIL, *Robert Challe romancier,* Genève, Droz, 1991.

Michèle WEIL, *Robert Challe : Continuation de l'histoire de l'admirable Don Quichotte de la Manche,* éd. par J. Cormier et M. Weil, Genève, Droz, 1994.

UNE PRÉDICATION RÉPUBLICAINE
AU MILIEU DU SIÈCLE

LES *BAGATELLES MORALES* DE L'ABBÉ COYER

L'abbé Gabriel-François Coyer (1707-1782), connu surtout pour sa *Noblesse commerçante* (1756), n'a pas laissé un nom illustre dans l'histoire des Lumières. Pourtant ses premières œuvres, une série de feuilles volantes rédigées entre 1747 et 1754 et réunies cette année-là sous le titre *Bagatelles morales*, connurent auprès d'un large public un succès durable. Pour l'historien des idées, elles offrent un précieux témoignage sur les origines, la constitution et la diffusion d'un esprit républicain dans les dernières décennies de l'absolutisme français.

Lorsqu'il s'engagea dans la carrière des lettres, Coyer avait déjà atteint sa quarantième année. Issu de la toute petite bourgeoisie franc-comtoise, il étudia chez les jésuites, rejoignit leurs rangs, puis, rapidement, les quitta pour préserver son indépendance d'esprit [1]. Devenu « prêtre sans fonctions de prêtrise » [2], il se fixa en 1738 dans la capitale, vécut trois ans « sur le pavé de Paris, dans la misère et sans emploi » [3], avant d'entrer au service de la famille de Bouillon qui l'employa, le logea et le pensionna sa vie durant.

On connait mal la genèse de sa pensée politique, mais il est remarquable qu'à chaque étape de son existence, il put rencontrer l'image d'un modèle de gouvernement fort éloigné de la

---

1. Son premier biographe écrit que « l'intolérance combinée des chefs de ce corps, aux mœurs et aux talents desquels il rend l'hommage le plus solennel, avait été l'un des motifs les plus puissants de sa sortie » (« Essai sur la vie et les ouvrages de M. l'abbé Coyer », *Œuvres complètes* de Coyer (Paris, 1782-1783), vol. I, p. II. Sauf pour l'*Astrologue du jour,* nos références aux textes de Coyer renvoient à cette édition.

2. Épitaphe de Coyer, rédigée par lui-même et citée par Georges Malibran, *Un Ami de la « philosophie »*, *l'abbé Coyer* (Paris, thèse dactylographiée, 1953), p. 51.

3. Joseph d'Hémery, *Historique des auteurs*, manuscrits de la B.N., N.A. Fr. 10781, fol. 124.

monarchie de droit divin. Sa Franche-Comté natale, soumise jusque dans le dernier quart du 17ᵉ siècle à la lointaine et bienveillante tutelle des Habsbourg, avait formé « une espèce de république » [4] autonome, dont la bourgeoisie municipale se sentait bien plus d'affinités avec les cantons suisses qu'avec la France des Bourbons. Les premiers gouverneurs français de la province durent longuement batailler contre « cet esprit républicain qui se reprend si aisément » [5]. Le futur abbé grandit dans ce climat et en fut assez marqué pour exprimer, bien plus tard, le regret du temps où sa Comté était « vraiment franche » (vol. VI, p. 195).

Chez les jésuites, il découvrit une autre incarnation de cet idéal républicain : les régents de la Compagnie ne manquaient jamais une occasion de rappeler les vertus patriotiques cultivées par les citoyens de Sparte, d'Athènes et de Rome ; au travers de leurs leçons, il dut apprendre à aimer cette liberté des Anciens que bien des pages de son œuvre ultérieure exalteraient.

De manière plus inattendue, c'est auprès des Bouillon que Coyer put voir dans la République autre chose que l'objet d'une nostalgie régionale ou d'un mythe culturel. Le duc, son protecteur, avait épousé la petite-fille de Jean Sobieski ; il maintenait vivace dans sa famille le souvenir de ce grand ancêtre et entretenait autour de lui « le culte de la libre Pologne » [6], cette république royale où la nation assemblée faisait les lois, élisait son chef et au besoin en prononçait la déchéance. En 1761, c'est à un petit-fils du duc de Bouillon que Coyer dédia une *Histoire de Jean Sobieski* qui choqua les autorités royales par l'« enthousiasme avec lequel l'auteur parle sans cesse de la liberté et du gouvernement républicain » [7].

Ces influences convergentes suggèrent qu'avant de prendre la plume, Coyer s'était constitué une doctrine politique achevée et cohérente [8]. D'emblée, il était un opposant, hostile au régime absolutiste et au système social que celui-ci couronnait. S'il se fit écrivain, c'est pour assurer à ses idées la diffusion la plus

4. Voltaire, *Le Siècle de Louis XIV (Œuvres historiques,* « Pléiade », 1957), p. 701.

5. Marquis de Duras, lettre adressée à Louvois en 1676, citée par Yves Durand, *Les Républiques au temps des monarchies* (Paris, 1973), p. 10.

6. Jean Fabre, « Stanislas Leszczynski et le mouvement philosophique en France », *Utopies et Institutions* (Paris et La Haye, 1963), p. 35.

7. Malesherbes, *Mémoire* sur l'*Histoire de Sobieski,* manuscrits de la B.N., N.A. Fr. 3346, fol. 120.

8. C'est ce que pense Paul Deslandres, « Un Humoriste oublié, l'abbé Coyer » (*Académie de Besançon* (1931-1932), vol. 171-1), p. 205.

efficace possible, et pour ce faire, il mit au point une adroite, bien que classique, stratégie. Dès le départ, il choisit le mode d'expression le plus propre à assurer à son œuvre de nombreux lecteurs : le pamphlet, la courte brochure satirique, à la fois plaisante et percutante. En sept ans, il en fit publier neuf, dont une seule, en format in-quarto, compte plus de dix pages. La brièveté de tels textes ne pouvait que lui attirer maints amateurs que les pesants traités rebutaient.

Les prétextes et le ton adoptés par l'abbé ont beaucoup contribué à la popularité de ses feuilles volantes. Dans les cinq premières, écrites entre 1747 et 1749, Coyer joue sur le gout de ses contemporains pour l'irrationnel : il leur propose des histoires qui, par leur thème ou leur titre, font référence à l'astrologie, l'alchimie, la magie. Il débute par deux adaptations de brochures alors attribuées à Swift : *La Découverte de la pierre philosophale* et l'*Année merveilleuse* [9]. Dans la première, il propose d'instituer une taxe sur les vices à la mode : « le parjure, la médisance, le larcin de l'honneur, l'infidélité conjugale, les dettes, les petites maisons » (vol. I, p. 23). Dans la seconde, il prophétise que le 1er aout 1748, « les hommes seront changés en femmes et les femmes en hommes ! » (vol. I, p. 34).

Aussitôt après l'*Année merveilleuse,* Coyer en reprend le schéma avec l'*Astrologue du jour.* Seulement cette fois, le renversement qu'il prédit n'affectera pas les sexes, mais la hiérarchie sociale : « *Erunt renovissimi primi et primi novissimi* [...]. Le père de famille va entrer dans sa vigne et il mettra les derniers ouvriers à la place des premiers, et les premiers à celle des derniers » (*Astrologue,* p. 4).

Publiée, comme les deux titres précédents, en 1748, la *Magie démontrée* traduit un effort de renouvèlement formel ; Coyer y utilise le procédé cher à son siècle du voyageur naïf adressant à un ami ses impressions sur la civilisation française. Ici, c'est un rabbin qui écrit à un coreligionnaire demeuré sur une ile mystérieuse où des familles juives ont fui les persécutions espagnoles. Quant à la « magie démontrée », c'est celle qui fait accep-

---

9. La première reprend *An Infallible Scheme to pay the public debt of this nation in six months,* la seconde l'*Annus mirabilis, or the wonderfull effects of the approaching conjunction of the planets Jupiter, Mars and Saturn.* Les transcriptions qu'en donne Coyer sont parfaitement adaptées aux réalités françaises. Voir Louise Elsoffer-Kamins, « Un Imitateur original de Jonathan Swift : l'abbé Coyer et ses *Bagatelles morales* (1754) », *Revue de Littérature comparée* (1949), vol. 23, p. 469-481.

ter aux Parisiens des usages incompréhensibles, absurdes ou scandaleux [10].

Enfin, parut au début de 1749 le dernier texte de cette première série : *Plaisir pour le peuple*, sorte de prospectus publicitaire où l'abbé annonce la venue à Paris de Foki, magicien chinois, et détaille tous les prodiges, tours et spectacles dont il va régaler le bon peuple de Paris.

A partir de l'été 1749, Coyer renonce définitivement à la fiction de la magie. Son inspiration va en se tarissant : après avoir fait publier cinq brochures en deux ans, il n'en donne que quatre durant les cinq années suivantes. Il est vrai que l'une d'elle, la *Découverte de l'Ile Frivole,* dépasse largement le cadre étroit de la feuille volante : c'est un véritable conte philosophique d'une cinquantaine de pages, qui se présente comme un chapitre ajouté au récit du voyage autour du monde effectué entre 1740 et 1744 par l'amiral anglais Anson, récit publié en France en 1749. Fidèle à la tradition du voyage imaginaire, Coyer expose que l'escadre britannique, déroutée par le mauvais temps, avait dû relâcher dans une ile inconnue et singulière où rien n'avait de consistance : les arbres tombent déracinés à la première poussée ; les fruits ne nourrissent pas ; les dents des tigres sont molles ; les autochtones pèsent moins de cinquante livres et font preuve d'une insondable futilité, ne songeant qu'à danser, s'amuser, s'occuper de rubans et de perruques.

Les trois autres textes de cette seconde période sont aussi brefs que *l'Astrologue* ou la *Magie*, et utilisent un même procédé d'écriture, dont Coyer, dans son œuvre ultérieure, a fait abondamment usage : celui du discours ironique, de l'antiphrase systématique. Deux *Lettres* de ce type, l'une de 1749, l'autre de 1751, encadrent l'*Ile Frivole*. La première s'adresse *à une jeune dame nouvellement mariée* [11] ; Coyer y joue l'arbitre des élégances offusqué par le manque d'usages dont fait preuve une jeune Anglaise, mariée depuis six mois à un marquis français et encore

---

10. Coyer s'inspire ici de Montesquieu qui, dans sa 24e lettre persane, faisait écrire par Rica à propos de Louis XIV : « D'ailleurs ce roi est un grand magicien : il exerce son empire sur l'esprit même de ses sujets ; il les fait penser comme il veut ». Coyer met sous la plume de son rabbin : « je t'ai parlé des Grands. La magie les sert bien : comme ils ne peuvent être grands qu'aux dépens du peuple, elle persuade au peuple [...] que tout dans les Grands est aussi grand que le nom » (vol. I, p. 54).

11. Le titre et deux courts passages renvoient encore à un texte d'inspiration swiftienne : *Letter to a very young lady on her marriage.* Après 1749, la brochure de Coyer apparait sous le titre : *Lettre à une dame anglaise.*

rebelle au bon ton de Paris : n'a t-elle pas l'inconvenance d'être
fidèle à son époux, de ne pas faire de dettes, de se soucier plus
de son salut que de sa parure et d'ignorer le jargon des petits--
maitres ? Deux ans plus tard, Coyer endosse le même rôle, mais,
cette fois, c'est *à un Grand* qu'il écrit pour lui faire la leçon et lui
rappeler que la noblesse ne saurait se concevoir sans l'affectation
d'« airs » à la mode : gout de luxe, recherche des plaisirs faciles,
vanité sourcilleuse et mépris écrasant pour le peuple. Et ce n'est
qu'en 1754 que Coyer met un point final à la « campagne »
lancée sept années auparavant : il réunit en un recueil tous les
pamphlets précédents, sauf l'*Astrologue*, et les fait précéder d'un
texte nouveau : le *Siècle présent*. Il y reprend le procédé de
l'ironie, et se livre à l'éloge ridiculement outrancier de la légèreté,
des ridicules, des vices et des sottises de son temps [12].

C'est au volume constitué ainsi en 1754 qu'il donna le titre
de *Bagatelles morales*. Certaines des pièces qui venaient de s'y
intégrer avaient en leur temps suscité l'enthousiasme des lecteurs [13]. Leur publication collective ne fut pas moins prisée et
une quinzaine d'éditions [14] se succédèrent en moins de trente
ans, sans compter de nombreuses traductions ou adaptations en
plusieurs langues européennes [15]. Cette réelle réussite éditoriale
ne signifie cependant pas que ses *Bagatelles* aient toujours fait
prendre Coyer au sérieux. Aux yeux de certains, il ne fut jamais
que le censeur très frivole de la frivolité nationale (voir la *Correspondance littéraire* de Meister, janvier 1783). Et de fait, en
apparence, rien de plus frivole, de plus bouffon que ces libelles
pleins de fantaisie, de vivacité, d'imagination burlesque. Pourtant,
si Coyer lui-même parle bien de bagatelles, il ajoute aussitôt
qu'elles sont morales, et il donne à son recueil une épigraphe
empruntée à Horace : « *Ridentem dicere verum quid vetat ?* »

---

12. Jane Kaplan, *On the margin of Philosophy : the abbé Coyer in the French
Enlightenment* (Louisiana State University and Agricultural and Mechanical Col-
lege, thèse dactylographiée, 1970), p. 71, refuse le caractère ironique du *Siècle
présent* et y voit « a [...] reaffirmation that the Moderns were the victors of the
Ancients ». Cette interprétation parait insoutenable.

13. Selon le *Journal de Trévoux* (mai 1754, vol. 2, p. 1190), l'*Année merveilleuse* fut tirée à vingt-mille exemplaires.

14. On compte six éditions des *Bagatelles* entre 1754 et 1755, puis une pour
chacune des années 1757, 1758, 1759, 1761 et 1769, auxquelles il faut encore
ajouter les éditions collectives des œuvres de Coyer en 1764, 1765, 1782.

15. La *Magie* fut adaptée en russe en 1767, la *Lettre à une dame* en italien
et en anglais dès 1749 ; *L'Ile frivole* eut six éditions anglaises entre 1750 et
1752 ; le recueil des *Bagatelles* fut traduit en allemand en 1762 et en italien
vers 1764.

Qu'est-ce qui empêche de dire le vrai en riant ? Ainsi l'enjouement, la plaisanterie se trouvent explicitement mis au service d'une cause élevée ; ils ne sont en réalité que le prétexte qui permet de faire passer un message.

L'abbé manifeste avant tout un évident désir de persuader ses contemporains de corriger leurs mœurs. Le prêtre reparait sans cesse sous l'habit de l'homme de lettres, tant il vrai que les thèmes abordés par Coyer l'ont déjà été par des générations de prédicateurs et de moralistes chrétiens. Chaque brochure, quel qu'en soit le point de départ, lui fournit l'occasion de passer en revue les ridicules et les vices dominants à son époque. Par exemple, la transformation surnaturelle annoncée dans l'*Année merveilleuse* ou l'*Astrologue du jour* est préparée, explique-t-il, par un certain nombre de signes avant-coureurs : bon prétexte pour railler tantôt les petits-maitres efféminés ou les femmes qui prétendent disposer de leur personne dans l'amour et du bien de leur mari pour leurs dépenses, tantôt la décadence des anciennes familles, la prolifération des faux nobles, l'ascension de domestiques et de paysans à la fois parvenus et pervertis : « Que Jasmin soit jeune et bien fait, qu'il entre au service d'une dame, qu'il ait la complaisance de travailler avec elle à la tapisserie, qu'il la prévienne dans ses moindres désirs, qu'il soit exact dans ses commissions et discret dans ses confidences, qu'il habille Madame, qu'il frise Madame, il ne tardera point à coiffer Monsieur, et sa fortune est faite » (*Astrologue,* p. 7).

Inlassablement, dans chacun de ses textes, Coyer oriente sa satire vers les mêmes cibles : la futilité, la vanité, les débauches, le libertinage sexuel, les extravagances de la mode, les ridicules de la vie littéraire, la sottise des « airs » et du « bon ton », qui tous règnent en maitres dans ce Paris du milieu du siècle. Divisés en courtes sections, chacune consacrée à un travers précis, la *Pierre philosophale* et *Plaisir pour le peuple* constituent les catalogues de ce qu'un moraliste et un chrétien exècrent dans la société moderne. Les deux *Lettres* dessinent en creux le portrait sans complaisance d'une jeune noblesse écervelée, dénuée de morale comme de bon sens. Et Coyer veille à ce que ses flèches ne manquent leurs objectifs : ainsi a-t-il soin de placer dans l'Ile Frivole, avec la fonction essentielle de « Grand Contrôleur des modes »... un Parisien ruiné par le « Système » et échoué là en voguant vers le Pérou ; c'est lui qui a formé le gout de la nation frivolite et lui a permis d'« égaler Paris » (vol. I, p. 115).

La finalité moralisatrice des libelles de Coyer a été reconnue par ses contemporains ; elle lui a valu les suffrages de tout ce que la critique littéraire de son époque comptait de nostalgiques du bon vieux temps et de défenseurs de la morale chrétienne traditionnelle : le très conservateur Fréron trouve chez Coyer « la satire la plus générale, la plus vive et malheureusement la plus vraie à bien des égards » (*Année littéraire,* 23 avril 1754) ; quant au *Journal de Trévoux* (mai 1754) il félicite l'abbé pour « cette espèce de cours d'instructions ironiques » et n'hésite pas à écrire que dans « tout cet agréable badinage [...], il y a plus de bonne morale que dans Platon et Aristote » ! Les cénacles éclairés, en revanche, conçoivent un dédain et une hostilité solides à l'endroit de ces *Bagatelles* d'un moralisme si conventionnel : Grimm, dans la *Correspondance littéraire* (par exemple, le 15 avril 1754), accable chaque libelle de Coyer sous de pesants sarcasmes ; bien des années plus tard, Voltaire ne se souvient de l'*Année merveilleuse* que comme d'une satire contre Mme du Châtelet (à Damilaville, 19 décembre 1766, Best. D 13747), et Diderot regarde l'abbé comme un folliculaire réactionnaire [16].

Avec de tels jugements, la cause parait entendue : Coyer serait un conservateur effrayé par la dégradation des mœurs, à qui la littérature donnerait un moyen de poursuivre plus efficacement sa mission de sermonnaire ; il n'entrerait dans son propos rien de subversif, et son œuvre fournirait même un bon exemple de la satire permise dans un État autoritaire, qui ne critique la société qu'au nom de ses propres valeurs. Cependant, ce n'est pas ainsi qu'en ont jugé les autorités politiques et policières. Car Coyer, à plusieurs reprises, eut maille à partir avec la censure. L'*Astrologue* ne put être diffusé qu'à un très petit nombre d'exemplaires et son texte ne fut jamais repris par la suite. *Plaisir pour le peuple* fit l'objet d'une mesure d'interdiction réclamée par le Contrôleur général Machault (voir J. d'Hémery, mss cité). Le *Siècle présent* dut être remanié et édulcoré à la demande de Malesherbes, Directeur de la librairie (voir B.N., Mss. F. fr. 22159, fol. 24, du 4 avril 1754).

Ces tracasseries répétées ne laissent pas de suggérer que dès 1748-1749, Coyer apparaissait comme un auteur suspect aux yeux du pouvoir [17], et cette image d'opposant nous invite à étudier

---

16. En 1767 parut une feuille volante anonyme, *La Lettre aux académiciens du royaume,* dont l'auteur prenait le parti du bon vieux temps contre les progrès des Lumières. Diderot lui lança une cinglante réplique commençant par ces mots : « Cela sent diablement le Coyer réchauffé » (*Œuvres complètes,* édit. Assézat-Tourneux, vol. 6, p. 372).

17. L'inspecteur d'Hémery le soupçonnait en 1750 de préparer « un ouvrage en prose contre le Roi et M. le Dauphin », intitulé les *Cinquièmes Philippiques,* qui ne vit jamais le jour (*Historique des auteurs,* mss. cité).

dans ses écrits ce qui avait pu susciter cette méfiance. On se rend très vite compte que dès le départ, Coyer dépasse la satire morale, car celle-ci, poussée au terme de sa logique, débouche sur une contestation de l'ordre social. Déjà, dans la *Découverte de la pierre philosophale*, comme en passant, il remarque que ses taxes sur les vices frapperont presque exclusivement les privilégiés et épargneront le peuple (vol. I, p. 29-30 ; p. 33), indiquant ainsi que la part la plus pauvre et la plus nombreuse de la nation est aussi la plus saine et que la soi-disant élite ne réunit qu'une poignée de débauchés. L'*Année merveilleuse* complète la démonstration en soulignant les désastreuses conséquences que les vices des grands entraînent pour la masse des petits : « Une fille de seize ans dit à un homme de quarante : "Au lieu d'examiner dans votre cabinet si ce malheureux conservera sa fortune ou la perdra, regardez-moi tous les jours pendant quelques heures" ; il la regarde » (vol. I, p. 40).

Favorisant les vices des uns au détriment de l'existence des autres, l'inégalité sociale ne peut qu'aboutir au malheur du plus grand nombre. Tout au long des *Bagatelles,* Coyer se montre extrêmement sensible aux souffrances d'un peuple accablé par la misère, l'injustice et l'oppression. Ses porte-paroles, tels le rabbin de la *Magie* et l'amiral de l'*Ile Frivole*, rencontrent partout les mêmes lamentables spectacles : « [...] dans un État qui se glorifie d'être le plus riche de l'Europe et dans la ville la plus riche de l'État, s'indigne le premier, je trouve à chaque pas des citoyens qui me demandent du pain et qui poursuivent leurs frères jusque dans les temples » (vol. I, p. 54). Quant au second, au milieu des perpétuelles fêtes que se donnent les Frivolites, il aperçoit un jour « deux hommes armés qui n'avaient pas l'air si obligeants. C'était deux exacteurs des tributs, qui faisaient respecter le souverain. Ils entraînaient un habitant du lieu chargé d'un fardeau. Une jeune femme suivait, toute en pleurs : on lui enlevait son mari et son lit » (vol. I, p. 98). Le pays des écervelés et des ridicules était aussi celui de la taille, des galères et des prisons d'État, Coyer ne laissait pas l'oublier à ses lecteurs.

Ces virulentes indignations n'ont certes pas le mérite de la nouveauté. Là encore, Coyer s'inscrit dans une tradition de moralistes et de prédicateurs illustrée au siècle précédent par Bossuet, La Bruyère ou Fénelon. Mais si ces auteurs ont déjà plaidé avec chaleur la cause du peuple affamé ou tonné contre les turpitudes des puissants, ils ont, semble-t-il, voulu plutôt dénoncer des abus que remettre en cause tout l'édifice social. Coyer, en revanche, suggère que tous ces maux sont inhérents à l'essence même du système. La société devient en effet sous sa plume une jungle, un état de guerre perpétuelle où « ici comme là, les forts mangent les faibles, les grands mangent les petits » (vol. I, p. 78).

Le critère retenu par Coyer pour définir les deux groupes qui s'affrontent ainsi est surtout remarquable. La critique sociale des « Philosophes » s'exerce essentiellement contre les privilèges indus de l'aristocratie, et Coyer ne méconnait pas cette opposition entre nobles et roturiers. Ainsi, dans la *Magie*, il ironise sur ces nobles dégénérés dont « le mérite [...] coule avec le sang, quelque gâté qu'il soit » (vol. I, p. 56). Pourtant plusieurs passages des *Bagatelles* suggèrent que, pour Coyer, là n'est pas (n'est plus ?) le combat essentiel, mais que celui-ci se joue désormais entre riches et pauvres. L'abbé se garde bien d'ailleurs de séparer les deux modes de domination : le privilège et l'or. Dans l'*Ile Frivole*, il montre clairement que la richesse ouvre le chemin des honneurs et que les honneurs sont le moyen de multiplier les richesses. « L'ordre des juges, remarque l'amiral, est fort nombreux. Un aspirant est examiné fort sérieusement. La première question qu'on lui fait, c'est le nombre des agathines [monnaie locale] qu'il possède : s'il répond bien à celle-là, il est sûr de satisfaire à toutes les autres » (vol. I, p. 139). Une fois entré dans l'ordre dominant, il n'est pas difficile d'y accroitre sa fortune : « Dès qu'on voulait mettre la cognée à un arbre [18], l'Intendant des forêts en montrait un autre qui ne convenait pas. L'amiral montrait son ordre et s'en tenait à la lettre, l'Intendant en expliquait l'esprit. Deux mille agathines les ramenèrent au même sens » (vol. I, p. 118).

Les Lumières, très ouvertement, ont joué l'argent contre la naissance, le bourgeois industrieux, utile et vertueux contre le noble oisif, inutile et débauché [19]. Au milieu du siècle, on ne cite guère que Rousseau pour s'opposer à cette lénifiante mythologie et dénoncer dans la propriété la source de tous nos maux [20]. Or Coyer, lui non plus, ne croit pas à la valeur progressiste du riche et se pose lui aussi en dissident par rapport à la bonne conscience de son siècle face au capitalisme naissant [21] : dans

18. L'amiral avait besoin de bois pour réparer ses vaisseaux.

19. C'est en particulier le schéma des drames bourgeois, tel le *Philosophe sans le savoir*, de Sedaine, joué en 1765.

20. Voir Jacques Roger, introduction à Rousseau, *Discours* (« G.F. », 1971), p. 17.

21. Il a ensuite évolué sur le sujet, au point de vouloir en 1756 qu'on inscrive à la porte des riches commerçants : « Il est opulent, donc il a servi l'Etat » (*La Noblesse commerçante,* vol. II, p. 113).

Plaisir pour le peuple, par une saisissante allégorie, il met en scène une féroce lutte des classes entre ceux qui possèdent sans travailler et ceux qui travaillent sans posséder : « [Paraissent] deux armées ennemies, citoyennes d'un même État : l'une couverte de velours, l'autre de bure ; celle-ci toujours courbée vers la terre pour en tirer du pain, celle-là se reposant sur des magasins toujours remplis, mais sans perdre de son avidité, car elle disputera à l'autre le peu de pain qui ne sera pas entré dans ses dépôts [...] et par [ses] signes fer [a] encore entendre aux vaincus que ne pas les manger eux-mêmes, c'est leur faire grâce » (vol. I, p. 69).

Sans les mots, Coyer décrit en 1749 le combat des capitalistes contre les prolétaires pour la possession de la plus-value ! Faut-il pour autant parler de modernité à propos de Coyer ? Sa vision de la lutte des classes lui fait-elle dépasser son siècle pour devenir un précurseur ignoré du marxisme ? On pourrait à l'inverse souligner le profond archaïsme d'une démarche qui se fonde sur le très vieux thème de l'argent corrupteur et s'inspire probablement de l'opposition biblique du bon pauvre et du mauvais riche. Le mépris de l'or, le désintéressement ne sont-ils pas, en ce milieu du siècle, des arguments régulièrement mis au service de l'idéologie de la réaction nobiliaire ? [22] Un tel débat, en fait, n'aurait guère de sens. Peu importe, au fond, que la position de Coyer, comme celle de Rousseau, soit d'inspiration moderniste ou traditionaliste ; il n'en demeure pas moins qu'elle tend à la subversion d'un ordre social inégalitaire, quel qu'il soit. Après tout, le rejet d'un présent, fût-ce au nom du passé, finit toujours par influer sur l'avenir. En revanche, rapprocher Coyer, *a posteriori,* de telle ou telle idéologie inconnue en son époque, risquerait de conduire à méconnaitre son message propre. Car si son analyse de la réalité sociale peut évoquer le marxisme, les solutions qu'il propose vers 1750 n'ont rien à voir avec ce que prônera plus tard le socialisme scientifique.

Pour Coyer, l'inégalité sociale et son cortège de maux, corruption féroce des riches et misère opprimée des pauvres, ne constituent pas en effet une fatalité naturelle et insurmontable. Elles se sont instaurées au cours d'un processus négatif qui a violé l'ordre établi aux origines de l'humanité. Dans l'*Astrologue*, Coyer esquisse déjà le schéma mythico-historique que Rousseau

---

22. C'est le point de vue des adversaires de Coyer dans la célèbre querelle de la noblesse commerçante. Voir le chevalier d'Arc, *La Noblesse militaire* (1756), p. 85, p. 148...

ne commencerait à populariser que deux ans plus tard : « La nature avait d'abord créé l'homme égal et indépendant » (*Astrologue*, p. 10) ; ce n'est donc pas à elle qu'il faut imputer « cette inégalité des conditions si contraire à l'ordre qu'elle avait prescrit lors de l'établissement de la grande manufacture humaine » (p. 4). D'ailleurs cette égalité naturelle entre tous les individus demeure inscrite en chacun de nous : « C'est la même constitution de corps et d'esprit pour tous les hommes en général, donc l'un est fait pour pouvoir faire ce que l'autre fait » (p. 11). Le problème de Coyer, comme celui de Rousseau, est d'expliquer comment et pourquoi l'humanité a répudié cet état de pure nature. Il montre qu'en fait, dès que l'homme est sorti de l'isolement total et a connu sa première forme de vie collective, la famille, l'égalité primitive a été remise en cause : « L'autorité paternelle a commencé par s'arroger le droit de supériorité : plus un père avait de femmes et d'enfants, plus il comptait de vassaux » (p. 10-11). Puis se noua, aux origines de la société, cette alliance indissoluble entre le vice, la richesse et le pouvoir, de sorte qu'on peut voir chez Coyer la reprise, sous une autre forme, du thème du Péché et de la Chute : « La corruption des mœurs a bientôt ensuite prévalu sur l'innocence et la simplicité : le plus corrompu est devenu le plus puissant, parce qu'il s'est emparé, à main armée, de l'héritage du plus faible, qu'il a rendu son tributaire » (p. 11).

Bien sûr, cette reconstitution des origines et des fondements de l'inégalité parmi les hommes, six ans avant celle de Rousseau, demeure fort rudimentaire, et appartient bien davantage au domaine du mythe qu'à celui de la science sociologique ou historique. Elle n'en permet pas moins à Coyer de saper dans ses fondements « cette inégalité des conditions que la politique trouve nécessaire, pour la subordination et pour la société civile : mais qui a imaginé cette politique et cette subordination ? C'est l'homme. *Omnis homo mendax,* dit David » (p. 11). L'abbé conteste radicalement l'opinion de ceux pour qui « c'est le sort [...], c'est le hasard qui décide de tout, et il faut *nécessairement* qu'il y ait des riches et des pauvres : faux préjugé, qu'un bon naturaliste n'admet point et que la raison détruit » (p. 11). Voilà l'aboutissement de la pensée de Coyer : il a prouvé qu'au-dessus du droit du plus fort instauré au fil des siècles, il existe un droit naturel imprescriptible qui garantit à l'homme liberté et égalité. Les *Bagatelles*, au-delà de mille plaisanteries éculées et d'une diatribe morale rebattue, visent à démontrer que ce droit naturel peut être rétabli pour fonder une société unie, débarrassée du vice et du malheur, de l'oppression et de l'indigence. Mieux même, Coyer envisage ce rétablissement, non seulement comme souhaitable et possible, mais même comme prochain : au début de l'*Astrologue*, l'abbé retrouvait l'éloquence du sermonnaire pour prêcher menace et espérance : « Patientez encore quelques jours, pauvres peuples, vous verrez finir tous vos maux, et vous, riches, faites usage du peu de temps qui vous reste à jouir de votre fortune, car elle va bientôt passer en d'autres mains. La nature, voulant venger la moitié de ses créatures de cette inégalité des conditions [...], a enfin résolu d'opérer une révolution générale dans tous les états actuels des hommes » (p. 4).

C'est dans la *Magie*, texte contemporain de l'*Astrologue,* que Coyer donne la première esquisse de ce que serait une société vivant selon les lois de la nature : ce sont elles qui règnent dans l'île d'où vient le rabbin, et qui y garantissent « l'égalité, la justice, l'humanité et la bonne foi » (vol. I, p. 64). Au fil des brochures suivantes, Coyer s'employa à montrer qu'un tel idéal ne relevait pas seulement de l'utopie. Que sont en effet la jeune dame nouvellement mariée et l'amiral Anson, sinon des individus vivant en conformité avec les saines maximes dictées par la nature, et brusquement confrontés aux tares de la société française ? La jeune dame respecte la vertu, la franchise ; bien que mariée à un marquis, elle n'a nulle morgue, nulle vanité ; elle regarde les gens du peuple comme ses semblables, en fait l'objet de sa sollicitude et de sa bienfaisance. Quant à l'amiral, il n'hésite pas à parler de ses soldats et de ses marins comme de ses « frères » (vol. I, p. 98) et multiplie au long de son aventure les actes de courage et de vertu.

Or, outre ce comportement cher aux yeux de Coyer, la dame et l'amiral ont pour point commun d'être anglais. Depuis un quart de siècle, l'opposition entre les Anglais sérieux et vertueux et les Français légers et pervers était devenue un lieu commun des moralistes [23]. Mais pour Coyer, cette différence ne tient pas à un hypothétique caractère national donné une fois pour toutes. Elle découle des institutions politiques sous l'égide desquelles vit chaque peuple. Si les Anglais sont tels que Coyer les décrit, c'est qu'ils sont, non les sujets d'un roi absolu, mais les citoyens d'un État libre, résolus à se montrer dignes des droits et des responsabilités qui leur sont conférés par leur constitution : « Tous

---

23. L'un des premiers ouvrages à développer ce thème parait être les *Lettres sur les Anglais et sur les Français et sur les voyages* du Suisse Béat de Muralt (1728).

les mots de patrie, de liberté, de grandeur anglaise, d'immortalité, avaient passé dans les cœurs. Il n'y avait pas un soldat, pas un matelot qui ne se regardât comme environné de la Chambre des Communes et qui ne crût avoir les yeux de l'Angleterre tournés sur lui » (vol. I, p. 141). Ce qui élève l'âme de l'Anglais, c'est sa certitude qu'« il n'y a rien de bas pour qui sert sa patrie » (vol. I, p. 117-118). Les Français, comme les Frivolites, sont dès leur plus jeune âge habitués à révérer l'esclavage le plus vil et à le croire de bon ton : « on ne les entend jamais dire qu'ils servent l'État ; mais il répètent sans cesse que leur fortune, leur vie, tout leur être est à l'Empereur. Un citoyen qui dirait bien sérieusement qu'il est beau de mourir pour la patrie se donnerait un ridicule » (vol. I, p. 137).

Mais puisque le caractère national dépend des institutions socio-politiques, il ne serait donc pas impossible de donner aux Français toutes les qualités qui prévalent chez les Anglais. C'est ce qu'illustre la *Lettre à un Grand*. Le jeune seigneur à qui Coyer s'adresse est bien français. Pourtant il est vertueux, sérieux et patriote. C'est qu'il a su sortir de sa condition de simple privilégié d'une monarchie et qu'il s'est « coiffé de la qualité de citoyen » (vol. I, p. 89). Il a redécouvert « l'amour de la patrie », il utilise « de vieux mots, de vieilles idées des Grecs et des Romains », que les Français monarchistes voudraient « reléguer à Bâle, à Amsterdam ou à Londres » (vol. I, p. 89). Cette énumération est fondamentale : l'homme selon le cœur de Coyer se trouve dans les Républiques, anciennes ou modernes — étant entendu que pour lui l'Angleterre, malgré son roi, est aussi républicaine que la Hollande et la Suisse.

Les *Bagatelles* ont bien pour but de rendre l'homme meilleur. Mais au lieu de déplorer seulement la décadence des mœurs, elles posent en axiome que la vertu ne saurait être que la conséquence de l'amour de la patrie. Et cette patrie ne se confond ni avec la terre et les morts, idée totalement étrangère à Coyer, ni avec la personne du chef de l'État. Elle est constituée par la libre association de citoyens solidaires au sein d'institutions qui rétablissent dans la civilisation la liberté et l'égalité naturelles. Ce sentiment d'appartenance à un groupe efface la lutte des classes et instaure entre les différents ordres non seulement la paix, mais même un mouvement de bienfaisance par lequel les plus puissants n'usent de leurs avantages que pour le soutien de plus faibles : « [...] les Grands de Rome et d'Athènes servaient autant la République par les talents et les vertus que par les armes ; [...] ils étaient modérés dans leurs maisons et prodigues

pour le bien commun [...] ; ils payaient les dettes des pauvres [...],
ils dotaient les filles [...], ils faisaient des largesses au peuple
pour soulager le poids du travail et de l'inégalité et [...] il leur
arrivait de finir par tester en sa faveur » (vol. I, p. 89-90). Quel
contraste avec la guerre sans pitié évoquée dans *Plaisir pour
le peuple* ! Il appartient à l'art d'immortaliser et d'exalter ces
comportements patriotiques, pour répandre dans le public l'admiration et l'imitation des hauts faits de la vertu civique. Ainsi le
rabbin de la *Magie* s'étonne-t-il de ne pas retrouver à Paris un
théâtre aux ambitions politico-pédagogiques : il voudrait « voir
sur la scène un roi bienfaisant ou un citoyen assez grand pour
rendre la liberté, la vertu et l'abondance à sa patrie » (vol. I,
p. 65).

Droit naturel, égalité, liberté, abondance, amour de la patrie,
solidarité, vertu : voilà l'idéal que Coyer a voulu propager dans
ses *Bagatelles ; a posteriori*, on ne peut manquer d'être frappé
par la progression logique et concertée qui parait s'établir entre
ses différentes brochures. Les deux premières, la *Pierre philosophale* et l'*Année merveilleuse,* sont essentiellement consacrées
à une satire morale en apparence inoffensive, mais qui déjà
suggère que le vice est inséparable de l'inégalité sociale. L'*Astrologue,* la *Magie* et *Plaisir pour le peuple* s'attaquent plus directement à cette inégalité, montrent ses conséquences atroces et
dénoncent son illégitimité au regard du droit naturel. La *Lettre
à une dame* et l'*Ile Frivole* présentent le modèle anglais en
contrepoint du triste constat effectué sur la France. Enfin la *Lettre
à un Grand* élargit à d'autres pays cette référence anglaise et
donne son nom au modèle esquissé par Coyer : la République.

La dernière des *Bagatelles,* le *Siècle présent*, ne s'intègre pas
à ce schéma. Rédigé plus de trois années après la *Lettre à un
Grand*, ce texte marque en fait l'amorce d'une réorientation de
la réflexion et de l'action de Coyer. Certes l'abbé n'abandonnerait
jamais sa campagne en faveur de son idéal républicain : dès la
fin de 1754, ses deux *Dissertations pour être lues, l'une sur le
vieux mot de patrie, l'autre sur la nature du peuple* (vol. I, p. 165-
202) en administreraient la preuve éclatante en condensant et en
radicalisant toute l'argumentation diffuse dans les *Bagatelles*. Par
la suite l'*Histoire de Sobieski* (vol. VI et VII), en 1761, le *Voyage
de Hollande,* en 1775, ou les *Nouvelles Observations sur l'Angleterre* (vol. V), en 1779, se pencheraient avec ferveur sur l'histoire
ou l'actualité de trois grandes « républiques » modernes. Mais à
partir du milieu des années 1750, Coyer s'intéresse aussi à des
problèmes plus concrets et techniques, dont la résolution n'impli-

que pas un bouleversement socio-politique total, mais peut contribuer rapidement et facilement à soulager la misère populaire. C'est de cela qu'il se soucie dans le *Siècle présent,* où il aborde des thèmes nouveaux : réforme judiciaire, éducation, économie politique, démographie, assistance sociale... Toutes ces pages portent déjà en germe une autre grande part des œuvres de Coyer, en particulier ses traités et ses pamphlets économiques de 1756, 1757 et 1768 (vol. II), ou son *Plan d'éducation publique* de 1770 (vol. III).

Il est pourtant un aspect du *Siècle présent* qui doit être retenu pour l'analyse du républicanisme de Coyer : son orientation résolument antiprogressiste. Coyer consacre cette brochure à ridiculiser par l'ironie ceux qui ne croient pas à « la décadence du siècle » et refusent d'admettre que « les arts, les sciences, le gout, les talents, les vertus, tout s'affaiblit, tout tombe » (vol. I, p. 3). Certes, l'esprit triomphe, suscitant la multiplication des auteurs, des salons, des Académies et des dictionnaires ; mais cela n'empêche en rien la misère de s'aggraver et son lamentable spectacle de s'imposer même aux observateurs les plus frivoles : « Nous regardons autour de nous et, sortant de notre caractère national, nous oublions de chanter et de rire » (vol. I, p. 20).

On ne saurait mieux prendre ses distances avec les thuriféraires des progrès de l'esprit humain. En 1754, Coyer n'a pas encore rallié les rangs du « parti philosophique » ; son républicanisme ne doit donc rien aux « idées nouvelles ». Il représente, à cette date, un courant intellectuel bien distinct de celui des « Lumières », qui mêle d'évidents archaïsmes avec d'étonnantes anticipations intellectuelles. En ce milieu du siècle, c'est à Rousseau qu'il faut le comparer. Même si naturellement la pensée du Citoyen de Genève est infiniment plus complexe et achevée, leurs démarches se recoupent de manière frappante. Tous les deux partent du constat de la déchéance morale de l'homme moderne ; tous les deux en rendent responsables l'abandon du droit naturel antérieur à l'histoire, à la propriété et à l'inégalité ; tous les deux envisagent, pour ramener la vertu, un total bouleversement de l'ordre social et l'instauration d'un système politique nouveau visant à ressouder les hommes en un groupe homogène et solidaire, à l'image des patries antiques. Si deux auteurs qui, à cette date, ne paraissent avoir eu aucun contact, en sont arrivés à ces conclusions, ne peut-on supposer que le même cheminement s'opérait alors dans bien des esprits ?

Et n'a-t-il pas continué durant les quatre décennies qui suivirent, jusqu'à l'explosion révolutionnaire ? Car cette révolution, à qui l'on a donné tant d'explications sociologiques, idéologiques, économiques, philosophiques, culturelles ou mystiques, a aussi pris la forme d'un immense soulèvement du peuple opprimé et vertueux, ou de ses porte-paroles plus ou moins autoproclamés, contre des privilégiés et des nantis dont on voulait autant châtier les vices qu'anéantir le despotisme. La République de Robespierre, comme celle de Coyer, visait à ramener la vertu et à restaurer l'unanimité entre les hommes, devenus citoyens grâce au retour de l'égalité et de la liberté. Coyer avait prêché, dans ses *Bagatelles,* pour la vertu et le civisme. Mais il devait écrire, bien plus tard, que le gouvernement est « le vrai prédicateur » (*De la prédication* (1767), I, p. 398-400), puisque lui seul est maître des récompenses et des punitions pour rétablir les mœurs. Ne serait-ce pas ainsi qu'il faudrait essayer de comprendre la Terreur ?

CHRISTIAN CHEMINADE
Paris

ÉDUCATION, MORALE ET POLITIQUE CHEZ F.-M. GRIMM

Admirateur de Voltaire, ami de Diderot et des encyclopédistes, habitué des salons philosophiques, F.-M. Grimm a participé activement à la vie intellectuelle des Lumières. Au siècle dernier, Sainte-Beuve avait loué ses qualités de critique [1]. Plus près de nous, Jean Fabre fait un portrait très sévère de celui qu'il surnomme le « Barnum des philosophes » [2]. Un tel personnage ne laisse donc pas indifférent car il a donné son avis sur beaucoup de choses [3]. En particulier, il a fréquemment parlé d'éducation dans sa *Correspondance littéraire* (1753-1773) au fil de ses analyses critiques [4]. A côté de quelques développements substantiels sur le sujet, on trouve ici ou là une expression, quelques réflexions, un paragraphe. On ne peut prétendre qu'il ait été toujours très original en ce domaine. Habile picoreur d'idées, il a également emprunté, aux encyclopédistes notamment. A l'évidence, cette dispersion nuit parfois à la cohérence de la pensée, surtout quand ses humeurs tenaient lieu d'opinion. Malgré tout, une certaine unité apparait dans sa réflexion sur l'éducation. Il a critiqué les insuffisances du système scolaire et dénoncé l'utopisme de J.-J. Rousseau. Il a aussi proposé quelques solutions. On découvre ainsi que les objectifs assignés à l'éducation par Grimm, zélateur du despotisme éclairé, dérivaient d'un choix politique bien affirmé qui ne laissait guère de place à une véritable émancipation des peuples.

---

1. « Grimm et sa *Correspondance littéraire* », *Causeries du lundi*, t. VII (Paris, 1853), p. 244-260.

2. J. Fabre, *Stanislas-Auguste Poniatowski et l'Europe des Lumières* (Paris, 1952), p. 331.

3. Parmi les études qui lui ont été consacrées, citons : E. Scherer, *Melchior Grimm. L'homme de lettres, le factotum, le diplomate* (Paris, 1887) ; A. Cazes, *Grimm et les Encyclopédistes* (Paris, 1933) ; J. R. Monty, *La Critique littéraire de Melchior Grimm* (Paris, 1961).

4. Désormais il est possible de connaitre la contribution effective des différents participants à la *Correspondance* (Grimm, Diderot, Raynal, Meister...), grâce au minutieux travail de U. Kölving et J. Carriat, *Inventaire de la Correspondance littéraire de Grimm* (Oxford, 1984, *Studies on Voltaire...*, vol. 225, 226 et 227).

Une éducation gothique au pays des Welches ? Grimm en était persuadé. La critique de la pédagogie traditionnelle fut l'un des lieux communs de la pensée des Lumières. Dans l'*Encyclopédie*, avaient paru les articles COLLÈGES (1753) et ÉDUCATION (1755), rédigés par D'Alembert et par Dumarsais. Le premier s'était livré à une attaque en règle d'un enseignement scolastique, jugé routinier et inefficace. Rien d'étonnant à ce que le système traditionnel d'éducation ne trouvât point grâce auprès de Grimm.

Comme d'autres, il voyait dans la tutelle cléricale sur l'enseignement, la cause générale du mauvais fonctionnement de l'éducation en France. Il allait plus loin dans la critique, en liant cette question à un véritable enjeu de civilisation. N'affirmait-il pas en effet que l'emprise ecclésiastique sur les institutions scolaires avait abouti à des conséquences particulièrement néfastes pour les États catholiques qui se trouvaient ainsi dépassés par les pays protestants ? Cette argumentation fut développée dans la *Correspondance* du 15 avril 1763 lorsque Grimm rendit compte d'un ouvrage intitulé *De l'Éducation publique*. Sans doute ce traité d'études innovait-il en certains domaines, mais son auteur anonyme ne témoignait d'aucune vue « véritablement grande ». Surtout, il se glorifiait d'avoir conservé à la religion « partout la première place » [5]. En quelques lignes sarcastiques, le critique châtia ce crime de lèse-philosophie et exposa ensuite longuement son analyse. Selon lui, l'avènement du christianisme avait marqué le début d'une décadence générale en Europe. Même après les ténèbres moyenâgeuses, les nations modernes n'avaient jamais pu atteindre à la grandeur des peuples anciens. Sans doute les pays européens avaient-ils produit « une foule de grands hommes dans tous les genres », mais leur civilisation ne put jamais s'engager sur les chemins « de la raison et de la félicité publiques », à cause du christianisme dont le message s'est trouvé altéré par l'ambition des prêtres. Cette religion qui devint orgueilleuse, entreprenante, intolérante, inonda l'Europe de ses « fureurs dogmatiques ». Et Grimm d'affirmer : « Cette révolution produisit ce système d'éducation, uniforme dans tous les pays où le christianisme a pénétré ; système qui a tenu les peuples abrutis pendant une longue suite de siècles ; qui, malgré la renaissance des lettres,

---

5. *De l'Éducation publique* (Amsterdam, 1762), p. 200. L'ouvrage a parfois été attribué à Diderot qui, selon Grimm, n'en aurait écrit que quelques phrases ; dans son *Dictionnaire des anonymes*, Barbier propose comme auteur principal J. B. L. Crevier ; plus récemment R. R. Palmer a cité aussi : D. F. Rivard et D. Thiebault (*The Improvement of Humanity...*, Princeton, 1985, p. 54-55).

subsiste dans toute sa force dans tous les pays où la superstition s'est maintenue, et dont les principes se sont conservés même dans les contrées où la raison a fait le plus de progrès » (V, p. 263)[6]. Ainsi ce despotisme de l'Église avait-il perverti non seulement les « principes des gouvernements », mais également et conséquemment l'esprit de l'éducation des peuples. Quelles furent, selon Grimm, les manifestations et les conséquences de cette « dégradation générale des esprits », surtout effective dans les États catholiques ?

Premier constat navrant : la jeunesse des « princes de la communion romaine » a été entièrement livrée à l'influence ecclésiastique. Éduqués dans un « esprit monacal », comme s'ils devaient un jour régir quelque monastère, comment ces futurs souverains pourraient-ils défendre leurs États en héros et faire le bonheur de leurs sujets » (III, p. 217, V, p. 264) ? L'enseignement reçu leur commanderait toujours de sacrifier « la cause du peuple » à celle, « chimérique », de la Divinité. Ainsi par exemple ne songeraient-ils point à extirper la « monasticité » doublement « inutile au monde » à cause de son parasitisme et de son dédain pour la propagation de l'espèce.

Second constat tout aussi déplorable : la mauvaise éducation des garçons. Grimm ne s'intéressait guère aux petites écoles mais aux collèges et à l'Université de Paris. Cette dernière était en pleine décadence[7] et ses professeurs ne formaient plus qu'« un corps de pédants ». Les collèges qui étaient sous sa dépendance ne valaient guère mieux que ceux des jésuites : « les enfants en sortent complètement inaptes à tous les états de la société » (V, p. 79 ; voir aussi III, p. 239). Dans son article COLLÈGES, D'Alembert faisait le même constat, tout comme il dénonçait le verbiage des leçons de rhétorique et la futilité des leçons de métaphysique. Grimm renchérit : « Gâtés » par la philosophie scolastique, ayant fait « provision de sottises et d'emphase et de pédanterie » pour le reste de leurs jours, les collégiens ne savaient qu'argumenter de façon stérile. Encore pourraient-ils user de leurs talents pour séduire les filles. Mais les meilleurs éléments

---

6. Nos références renvoient à la *Correspondance littéraire, philosophique et critique par Grimm, Diderot, Raynal, Meister, etc.*, éd. par M. Tourneux, 16 vol. (Paris, 1877-1882).

7. Sur la situation des universités, voir J. de Viguerie, « Quelques remarques sur les Universités françaises au 18e siècle », *Revue historique*, t. 262/1, p. 29-49 ; D. Julia, J. Revel, *Les Universités européennes du 16e au 18e siècle. Histoire sociale des populations étudiantes*, t. 2 (Paris, 1989).

demeuraient insensibles « aux impressions de l'amour et de la volupté » et s'acharnaient à faire abstinence de « l'acte de propagation ». Quant aux autres, dont le sang circulait avec « plus d'effervescence », ils manquaient d'héroïsme pour respecter l'idéal monastique de la chasteté et, sans doute, parce qu'ils ne pouvaient atteindre à la perfection, sombraient dans l'abjection en souillant dans la débauche les « devoirs les plus sacrés » et si conformes « aux vues de la nature ». Grimm déplorait aussi l'absence d'un véritable enseignement patriotique, susceptible de faire germer des idées de grandeur et de gloire. Pouvait-il en être autrement puisque l'éducation de la jeunesse masculine ignorait les « exercices du corps » ! Le résultat, c'était la quasi-disparition de la « race des beaux et grands hommes » (V, p. 82) et la dégénérescence de « l'élite de la nation » ! Depuis deux siècles, à l'exemple d'un Maurice de Saxe, les héros venaient du Nord...

Dans la *Correspondance*, apparait un troisième constat sur les insuffisances du système d'enseignement. Il touchait à l'éducation des filles et plus particulièrement, celle des demoiselles de condition. Élevées dans des couvents, mal instruites par des religieuses, elles n'étaient pas préparées à leur futur rôle social. On berçait leur enfance avec les « préceptes de ces devoirs imaginaires » dont l'expérience de la vie allait montrer l'inanité. Souvent mariées contre leur inclination, imbues d'une morale arbitraire et factice, elles ne pouvaient éviter les pièges tendus sans cesse à leur vertu. Aussi devenaient-elles « artificieuses, hypocrites et rusées » (III, p. 238-240). Le vernis de leur mauvaise éducation monastique ne résistait pas longtemps aux dangers du monde.

Le bilan s'avérait donc désastreux pour les pays catholiques. Sans doute la renaissance des lettres s'était-elle faite en Italie, et un pays de catholicité pouvait produire de grands poètes, de grands musiciens, de grands peintres. Mais la philosophie ? Sa renaissance ne s'était-elle pas accomplie dans les pays protestants ? Les études y étaient « beaucoup meilleures » dans leurs universités et celles de leurs collèges n'étaient pas mauvaises (VIII, p. 110). A cause de l'absence des jésuites ? Pas seulement, mais parce que la doctrine protestante se montrait moins absurde et donc plus raisonnable que celle de l'Église romaine. C'est pourquoi dans ces États, « la multitude est plus éclairée, plus sage, plus heureuse... depuis le prince jusqu'au paysan, tout reçoit une éducation plus raisonnable... et s'en ressent le reste de sa vie » (V, p. 83). Les gouvernements y prenaient à cœur l'instruction des peuples, contrairement aux monarchies catholiques qui la redoutaient et la regardaient comme contraire à leur autorité.

Cette bienveillance de Grimm pour les États protestants ne s'étendait pourtant pas à l'ensemble de leurs ressortissants, surtout lorsque l'un d'eux, « citoyen de Genève et copiste de musique », s'avisait de prétendre à une triomphante renommée en parlant d'éducation.

Émile parut vers le 20 mai 1762 et fut condamné le 9 juin suivant. Dès le 15 juin, Grimm évoqua l'ouvrage dans sa *Correspondance* mais en retraçant d'abord une biographie fielleuse de son auteur (V, p. 199-106). Le livre fut analysé longuement dans les livraisons suivantes (V, p. 111-117, 121-130, 148-154). Le critique ne s'y montrait pas toujours à l'aise. D'ailleurs au départ, peut-être par fausse modestie, il avait prévenu ses lecteurs qu'il ne pouvait promettre d'en réfuter avec succès toutes les « faussetés ».

A l'époque, Rousseau et lui n'étaient plus en bons termes. Cette brouille n'expliquait cependant pas à elle seule l'opiniâtreté critique du rédacteur de la *Correspondance*. Certes Grimm accordait-il à *Émile* quelques qualités : un style « rempli de chaleur et de force », l'évocation de « beautés grandes et sublimes », une description par endroits de « choses vraies [...] touchantes [...] consolantes pour l'humanité ». Ces quelques éloges n'avaient qu'une apparence d'amabilité. Ils étaient concédés à une opinion déjà largement favorable à *Émile*. Cette objectivité de convenance préparait une critique impitoyable. Grimm commençait par suggérer que Rousseau avait largement puisé son inspiration dans ses propres idées et qu'il lui avait suffi d'en prendre le contrepied. Jean-Jacques n'était somme toute qu'un voleur d'idées. Un auteur maladroit aussi. Dans son attaque en règle, Grimm s'en prenait d'abord à la forme. Outre les « choses arides », les platitudes et les superfluités, il reprochait à Rousseau d'avoir présenté un livre didactique « rempli de principes, de maximes ». Ne fallait-il pas écrire plutôt l'histoire ou « le roman » d'une éducation, comme lui, Grimm, en avait eu l'idée, malheureusement non réalisée, faute de loisirs suffisants. Au vrai, ce reproche n'était guère fondé. Une grande partie du succès d'*Émile* s'expliquait justement par la présentation d'un traité d'éducation sous une forme romanesque : les lecteurs découvraient un héros et une histoire, celle de la formation d'un individu depuis sa tendre enfance. Pourquoi d'ailleurs, se demandait sérieusement Grimm, Rousseau n'avait-il pas commencé l'éducation de son élève avant sa naissance, au moment même de « l'acte auguste, auquel la nature a attaché le plus grand de tous les délices » ? Pour le fond, l'intransigeant critique ironisait sur « les égarements de M. Rousseau ». Ne découvrait-on pas en effet dans *Émile* de faux principes, des méthodes absurdes ainsi que des « faussetés ».

En premier lieu, les principes. En se référant à « un modèle fictif », à cet « homme idéal et chimérique » existant dans un hypothétique « état de nature », Rousseau n'avait fait que « se guinder l'esprit à une foule de paradoxes ». Grimm approfondissait ainsi la critique feutrée qu'il avait faite du second *Discours* de Rousseau. Il considérait que seul l'état social était naturel, l'être humain n'ayant pu vivre durant des siècles « dans un état entièrement opposé à sa nature ». L'homme de l'état de nature, symbolisant l'enfance de l'espèce humaine, cet homme sauvage qualifié de « mignon du citoyen de Genève », cet homme-là n'avait vraiment rien de naturel. « Cerveaux creux » que ceux de Condillac et de Rousseau qui, en hardis théoriciens du sensualisme, cherchaient à raisonner sur la nature humaine d'après la parabole de la statue ! Autre grand reproche formulé à l'encontre d'*Émile* : puisque son auteur considérait que chaque moment de la jeunesse était décisif pour l'éducation d'un individu, que valait une démonstration qui ne pouvait prévoir « la vicissitude des choses humaines » imposée par « la main invisible » ? Que valait aussi cette éducation qui laissait l'individu « au milieu des bois » et ignorait la double influence de la famille et de la société ? Grimm réprouvait ainsi nettement « l'insuffisance et l'absurdité » des idées des « docteurs du droit naturel » [8]. Ayant tenté de réfuter les mauvais principes d'*Émile*, Grimm s'en prenait aux méthodes éducatives exposées par l'auteur. Il dénonçait vigoureusement celle préconisée pour l'éducation du premier âge [9]. Là-dessus pourtant, il ne s'expliquait guère et usait de la métaphore commode du jeune arbre mal conduit et succombant à la gourmandise de ses trop nombreuses branches. Il tentait pourtant de préciser sa pensée en désapprouvant l'usage de cette « liberté bien réglée » qui, selon Rousseau, devait conduire l'enfant à prendre conscience

---

8. Grimm méconnaissait volontairement ou non une dimension importante de la fiction rousseauiste : l'homme de l'état de nature n'est pas seulement le « sauvage » de la fin du Paléolithique ; c'est aussi et surtout l'homme dans sa nature profonde ; sur la complexité de l'idée de nature chez Rousseau, voir J. Ehrard, *L'Idée de Nature en France à l'aube des lumières* (Paris, 1970), p. 392-4 : « à la fois essence et processus, la *nature* est tantôt un état, tantôt un devenir » ; également J. Starobinski, *Jean-Jacques Rousseau. La transparence et l'obstacle* (Paris, 1972), p. 25-35.

9. « Elle consiste non point à enseigner la vertu ni la vérité, mais à garantir le cœur du vice et l'esprit de l'erreur... » (*Émile...*, livre II, éd. « G.-F. » p. 112-113).

lui-même de ses devoirs par la seule nécessité. Selon Grimm, l'idée de devoir n'était pas séparable de celle de la nécessité ; il ne lui semblait pas possible qu'un enfant, n'ayant aucune expérience de la vie et n'ayant aucune habitude du raisonnement, pût s'y résigner ; en fait il se plaçait sur un plan strictement philosophique et feignait d'ignorer ce que préconisait véritablement Rousseau, à savoir une prise de conscience de la nécessité de partir de « la dépendance des choses » et non de démonstrations ; il est vrai que d'un point de vue moral, l'idée selon laquelle la nécessité devait être le « seul frein » pour Émile pouvait avoir des prolongements redoutables.

Au passage, Grimm s'étonnait, non sans justesse, de voir un précepteur, si empressé de répandre « l'amour de la vérité », employer toujours « l'artifice et le mensonge » pour *captiver* la volonté de son élève en lui laissant l'apparence de la liberté. L'opiniâtre censeur s'étonnait également qu'on pût consacrer autant de soins et de temps pour enseigner aux enfants ce que les plus abandonnés d'entre eux pouvaient apprendre seuls. Pourquoi se tourmenter ainsi « autour des sens de son élève ? » Ainsi ne trouvaient grâce ni l'enseignement pratique de la géographie, ni le prétendu égarement en forêt pour forcer Émile à retrouver son orientation, ni l'expérience du vin frelaté, ni celle du bâton brisé dans l'eau pour démontrer la fausseté de certaines apparences... Pourquoi encore cette « peine inutile » pour qu'Émile apprît à lire et à écrire de lui-même, par la méthode des petits billets ? Enfin, Grimm doutait de l'efficacité des recettes proposées par Rousseau : « Le tout était de nous montrer qu'Émile est devenu si merveilleux par les méthodes seules de son gouverneur : or voilà ce qu'on ne voit nulle part » (V, p. 129). Grimm rejetait encore ce qu'il considérait comme des assertions hardies, des contradictions ou des « faussetés ». Il serait fastidieux de les relever toutes. Grimm s'opposait à l'idée que l'Être suprême fût « nécessairement souverainement bon ». Il réfutait également l'affirmation selon laquelle les incrédules préféraient leur propre bien-être au bien public, fût-ce au prix de la disparition d'une partie de leurs semblables (V, p. 150-154). Pourquoi aussi Rousseau voulait-il qu'Émile méprisât le jugement des autres et qu'au contraire, Sophie s'y soumît impérativement ? Ne se contredisait-il pas enfin en ôtant toute notion de douleur à son « homme sauvage » et en prétendant par ailleurs qu'un homme insensible à la souffrance serait un monstre parmi ses semblables ?

Grimm s'est montré très dur pour *Émile*, qualifié de « livre inutile », montrant « partout, le même défaut de naturel, de vérité et de philosophie ». La « Profession de foi du Vicaire savoyard » put être jugée intéressante, mais sa première partie semblait extraite d'un cours de philosophie scolastique et le reste de la démonstration péchait par son défaut de vraisemblance. Émile est vu comme un « assez sot enfant » et sa compagne, Sophie, comme « une petite bégueule, pie-grièche et insupportable ». A l'évidence, la critique de Grimm, parfois fondée, relevait fréquemment d'une volonté systématique de dénigrement non exempte de mesquinerie [10].

Trois raisons paraissent expliquer cette attitude. La première, c'était évidemment la jalousie devant la célébrité grandissante de quelqu'un dont les œuvres et le commerce séduisaient tant les femmes, mais que Grimm, jaloux, considérait comme une sorte de demi-fou, un ermite exalté, ayant pris opportunément « la livrée de philosophe ». La seconde raison tenait à la tonitruante intervention de Rousseau dans le domaine du droit politique. Or la *Correspondance littéraire* parla à peine du *Contrat social* paru également en 1762. De même parait-il surprenant que Grimm n'ait point évoqué ce passage du livre d'*Émile*, contenant précisément un résumé du *Contrat social*. Tout se passe comme s'il avait voulu détourner l'attention de ses lecteurs des productions politiques de Rousseau, sans doute par crainte de voir le citoyen de Genève devenir un oracle politique, consulté par les têtes couronnées de l'époque. N'était-ce point le rôle qu'ambitionnait alors secrètement Grimm qui s'efforçait de compter Frédéric II de Prusse au nombre de ses correspondants [11] ? Une troisième raison expliquait l'hostilité de l'ancien ami de Rousseau. Elle concernait la théorie fondamentale d'*Émile* qui visait à former « l'homme social », attentif au « règne de sa liberté », déterminé à se défendre contre toutes les contraintes. Pour Grimm, ce genre d'homme ne pouvait faire la grandeur d'un État. Émile ne pouvait pas vivre en Prusse.

Examinons à présent le catéchisme pédagogique de Grimm. Sa théorie éducative se caractérise sur le plan philosophique par

---

10. Par exemple, le 1er août 1762, Grimm laisse entendre que Diderot partage ses idées défavorables sur *Émile* ; or dans une lettre du 18 juillet 1762, le même Diderot écrit à Sophie Volland : « Grimm s'est avisé d'examiner son ouvrage (*Émile*) de plus près, et il m'a dit que j'avais complètement raison et qu'il l'avait trouvé bon partout où il était réellement beau » (cité par J. R. Monty, *ouvr. cit.*, p. 53).

11. Ce fut en juillet 1763, après une longue suite de manœuvres que Grimm put compter Frédéric II au nombre de ses correspondants, d'après J. R. Monty, *ouvr. cit.*, p. 53.

une croyance de plus en plus mesurée dans la perfectibilité humaine. Sur le plan éducatif, elle propose un programme moral, patriotique et utilitaire. Enfin sur le plan politique, elle s'intéresse de près à la bonne éducation des princes, condition impérative de la grandeur des États.

Dans sa critique contre *Émile*, la pensée de Grimm n'était pas toujours exempte d'imprécisions voire d'ambigüités. Qu'en est-il pour le reste de ses analyses ? Roland Mortier a naguère souligné l'évolution interne de la *Correspondance littéraire* dans laquelle il décèle, au fil des ans, une tendance croissante au pessimisme, surtout après 1765 [12]. Le jugement est pertinent. Ce pessimisme se manifestait pourtant dès 1756. En février 1755, Grimm espérait de « la science de l'éducation » qu'elle permît de « montrer à quel degré de perfection et d'excellence la nature peut parvenir lorsqu'elle est secourue dans son premier âge » (II, p. 494). Il se montrait alors confiant dans la « perfectibilité » [13] de l'être humain avec ses conséquences, à savoir le progrès « dans toute sa nature ». En juillet suivant, à l'inverse de Rousseau dont il analysait le second *Discours*, Grimm estimait encore que la « faculté de se perfectionner » n'avait pas fait régresser l'espèce humaine. En juillet 1756, il tempérait déjà son optimisme en écrivant : « la perfection en tout genre est une chimère ». Au début de 1757, dans le contexte de l'attentat de Damiens, il admettait que « l'esprit des nations » pouvait se modifier mais que « le fond » ne changerait pas dans l'homme. Au « vrai philosophe » de constater que le peuple ne pouvait participer aux « avantages » du siècle et prétendre ainsi à la perfection et à la sagesse idéales, réservées à « un petit nombre d'élus ». Grimm affichait là sa véritable opinion en la matière. Il la reproduisit à plusieurs reprises (V, p. 260 ; X, p. 109). Rien d'étonnant ainsi à ce qu'il en vînt à relativiser le rôle de l'éducation, à jamais imparfaite et incapable de changer réellement la nature humaine : « ... il n'y a point de danger pour un bon sujet au milieu de la corruption, et [...] il n'y a guère de moyen de rendre un mauvais sujet meilleur ; c'est, du peu qu'on sait sur l'éducation, tout ce qu'il y a peut-être de plus incontestable » (cité par J. Monty,

---

12. R. Mortier, *Clartés et Ombres du siècle des Lumières* (Genève, 1969), p. 35, 79-83.
13. Cette notion fut évoquée dans la *Correspondance* du 15 février 1755 dans des termes très voisins de ceux que Rousseau employait dans son second *Discours* que Grimm analysa en juillet suivant. Grimm semblait ainsi s'attribuer la paternité de ce néologisme inventé par Rousseau.

p. 50). Grimm se montre ici proche de Diderot : le neveu de Rameau n'affirme-t-il pas que l'éducation croise sans cesse « la pente de la molécule » ? Un tel pessimisme réclamait un nouvel élitisme, excluant une réelle émancipation intellectuelle pour la « multitude ». A celle-ci, Diderot refusait la gratuité de l'enseignement des collèges mais lui accordait l'accès aux petites écoles afin de la « civiliser ». Grimm ne devait pas être d'un avis différent. Sa conviction profonde était que l'éducation devait être au service de l'État et non des individus. La fonction qu'il lui assignait était avant tout civique, d'où son caractère moral, patriotique et utilitaire.

En février 1755, ayant dénoncé l'extravagance de l'éducation de la jeunesse, Grimm proposait son « Essai d'un catéchisme pour les enfants », composé de quinze maximes. Dans son esprit, il s'agissait de l'ébauche d'un « catéchisme moral » destiné à l'enseignement des droits et devoirs de l'humanité et de la société. Cette étude devait être faite en priorité, avant celle du catéchisme traditionnel, car « il faut être homme et citoyen avant que d'être chrétien ». En fait, l'auteur sacrifiait aux autels de la religion naturelle, du panthéisme spinozien en l'occurrence. Le texte de cette catéchèse inséré dans la *Correspondance*, n'échappe pas à une excessive sensiblerie. Sept mots y sont à l'honneur, qui en résument le contenu et en définissent l'esprit : *Nature, Vérité, Vertu, Bienveillance, Amour, Bonheur, Devoirs*. L'enfant vertueux doit apprendre à se résigner et à se soumettre : il ne murmurera pas contre les évènements de la vie car il n'en connait ni la cause ni le but. De droits, point vraiment, si ce n'est celui d'être heureux dans son malheur et d'espérer. Il implorera même : « ô toi qui règles ma destinée, donne-moi beaucoup de devoirs à remplir, afin que mon cœur ait beaucoup de sujets de satisfaction ! » Peut-on mieux faire l'éloge d'une future servitude acceptée ?

Cette éducation morale devait s'effectuer d'abord au sein des familles. Sur elles reposait l'amour de la patrie. Pour Grimm, l'État ressemblait à une grande famille composée de familles particulières dont dépendaient sa prospérité et sa force. Les liens familiaux, l'amour et le respect filiaux, la tendresse et la justice paternelles, contribuaient à former « les mœurs publiques d'une nation », d'où la nécessaire éducation des filles, futures mères (III, p. 238-241). S'agissait-il d'une réelle émancipation, comme Grimm l'insinuait en réclamant qu'elles fussent libérées de l'emprise religieuse ? En réalité, la femme demeurait un être dépendant et soumis, uniquement considérée du point de vue des « doux et sacrés devoirs de l'hymen ». Surtout, la formation morale de la jeunesse ne pouvait ignorer l'instruction civique. En novembre 1755, Grimm l'évoquait ainsi en réclamant implicitement l'intervention de l'État : « ... l'éducation publique des citoyens... exige que non seulement ils soient formés en général à la vertu, à la justice et à la raison, afin d'être hommes, mais qu'ils apprennent encore à regarder les maximes du gouvernement sous lequel ils doivent vivre, comme sacrées et inviolables, afin d'être des citoyens, et qu'ils contractent de bonne heure cette affection pour le climat, cette prédilection pour leurs usages, pour leurs arts, pour leur façon de vivre, ces préjugés pour leur patrie et pour leurs compatriotes qui tous assurent à un gouvernement ses forces, ses ressources et sa durée » (III, p. 123).

Une éducation patriotique par l'État et pour l'État, une éducation prêchant la soumission totale aux lois. A celles du despote éclairé, évidemment. « Absorbés dans l'amour de leur patrie », les peuples pourraient ainsi oublier « toutes les petites misères de la vie » (II, p. 509). Il n'est pas surprenant que Grimm ait approuvé chaleureusement les écrits de Caradeuc de La Chalotais, notamment le célèbre *Essai d'éducation nationale* (1763), « un des meilleurs ouvrages de ce siècle ». On sait que l'auteur, pour une fois « plus philosophe que janséniste », y condamnait l'ultramontanisme réputé apatride des jésuites. Il y revendiquait également une éducation qui dépendît seulement de l'État et qui fût obligatoirement relative à sa constitution et à ses lois. Cette préoccupation apparait aussi nettement chez d'Holbach, Helvétius et Diderot [14].

Il fallait également que l'éducation fût efficace et rentable. Cet utilitarisme pédagogique apparait dans la livraison du 1er mai 1762. Grimm exposait alors ses vues sur la rénovation des études classiques. Parmi ses suggestions, retenons la proposition de rejeter « cette absurde philosophie qui règne dans les écoles » et de n'en conserver qu'un enseignement limité à la morale et à un peu de logique. D'Alembert n'avait pas dit autre chose. L'étude de la grammaire et des langues anciennes n'était pas abandonnée mais devait être nettement améliorée. Il fallait développer surtout les leçons sur l'histoire de la nature et sur les arts mécaniques. N'était-il pas plus utile de savoir comment se faisaient les souliers

---

14. D'Holbach, *Éthocratie ou le Gouvernement fondé sur la morale* (Amsterdam, 1776), p. 22 ; Helvétius, *De l'Esprit* (Paris, 1758), « Corpus des œuvres de philosophie » (Paris, 1988), p. 555 ; Diderot, *Plan d'une Université pour le gouvernement de Russie* (*Œuvres*, éd. Assezat-Tourneux, t. III, p. 431, 530).

que de s'exercer aux subtilités syllogistiques de la scolastique ?
Grimm, proposait également de sortir les élèves des classes pour
les amener dans les lieux publics, dans les champs, dans les
ateliers, afin qu'ils puissent se familiariser avec les différentes
activités humaines. L'approbation enthousiaste qu'il accorda au
plan de La Chalotais indique qu'il n'était pas hostile à la promotion des études scientifiques. Il souhaitait avant tout que les
« exercices du corps » fussent largement développés dans « l'instruction publique ». Pourquoi cette priorité ? Parce qu'évidemment les « facultés de l'âme » se trouvaient stimulées proportion-
nellement à la vigueur et à l'agilité corporelles. Traduisons : plus
on était agile, fort et résistant, plus on était vertueux, patriote...
et bon guerrier. Ces diverses propositions ne formaient pas, loin
s'en faut, un véritable programme pédagogique. Grimm n'entrait
pas dans ces détails qui l'ennuyaient et qu'il abandonnait à des
auteurs qualifiés dédaigneusement de régents de collège.

L'éducation du prince retenait davantage son attention. Qu'elle
fût mauvaise, c'est-à-dire soumise à l'influence des prêtres, et
le sort des peuples s'en ressentait dramatiquement. Un souverain
philosophe, au contraire, se préoccupait du bonheur de ses sujets
auquel il contribuait de manière décisive. Même constat chez
Helvétius et d'Holbach. Dans le même esprit, Grimm écrivait :
« toute nation est capable de grandes choses sous un grand
prince » (IV, p. 506). On songeait à Frédéric de Prusse. Mais
comment reproduire le modèle, sinon par une éducation philosophique ? Grimm traita ce « beau sujet » en novembre-décembre
1755 et en mai 1756. Selon lui, les talents les plus éclairés
devaient obligatoirement consacrer leurs lumières à cet objet aussi
important. En attendant, il se permettait quelques suggestions.
D'abord, opérer une sélection sévère des éducateurs du jeune
prince : on les choisirait parmi les personnes les plus méritantes,
les plus éclairées, les plus vertueuses du royaume. Seconde idée,
reprise d'ailleurs de l'abbé de Saint-Pierre : « l'enfant royal »
devait passer son enfance loin de la Cour, « au milieu de la
nation ». Grimm demeurait assez imprécis là-dessus, signalant
seulement que le jeune prince assisterait souvent aux assemblées
publiques et aux spectacles. Selon lui, une telle éducation le ferait
citoyen et honnête homme « avant que de le faire roi ». Enfin,
« l'enfant public » devait être élevé dans l'amour de l'humanité,
dans le respect de la modération du pouvoir, dans le souci de
l'intérêt public et d'une justice raisonnable. En mai 1756, la
Correspondance présentait un « Essai d'un catéchisme pour les
princes », long d'une soixantaine de lignes et divisé en vingt-

deux maximes. Le style toujours ampoulé et le ton parfois emphatique font sourire. Le contenu désole souvent par sa sensiblerie exagérée, voire par sa niaiserie. Par exemple : « O vous, mes sujets moins que mes enfants, soyez tous bons, afin que je puisse vous aimer tous, et que nous puissions être tous heureux ! » Maxime révélatrice à plus d'un titre ! Par ailleurs, ce catéchisme se caractérisait par sa profession de foi déiste et son rejet des religions révélées. Le bon prince se promettait également de ne point persécuter ses sujets pour leurs opinions et d'œuvrer continuellement pour leur bonheur. Cette dernière responsabilité légitimait en quelque sorte une autorité qui n'était plus fondée sur le droit divin : « Si je suis au-dessus de mes semblables, c'est pour les rendre heureux. [...] Je ne suis qu'un faible mortel et j'ai à remplir les devoirs d'un Dieu... » Frédéric II ne se considérait-il pas comme le premier fonctionnaire de l'État prussien ? Enfin, le prince idéal n'hésitait jamais à placer la vérité auprès du trône, dans la personne d'un sage, « dont la personne serait aussi sacrée que la sienne ». Grimm se souvenait du *Télémaque*. Peut-être même espérait-il remplir bientôt le rôle de Mentor... [15].

En matière d'éducation, les positions de Grimm se caractérisent par une double opposition. Il était persuadé que le christianisme avait contribué à la décadence des États européens dont « l'esprit » avait été amolli par une éducation uniforme. D'où sa condamnation de l'emprise cléricale symbolisée par l'éducation ultramontaine des jésuites, suspectée de répandre des principes contraires au « génie » de la Nation. D'où son adhésion également à une éducation publique, fondée sur l'instruction pratique, la morale naturelle et la formation patriotique. Ce dernier enseignement devait contribuer à forger « l'esprit national ». Les thèses de Rousseau ont également suscité l'irréductible opposition du rédacteur de la *Correspondance littéraire*. A sa manière, l'auteur d'*Émile* se préoccupait de l'éducation de l'individu. Grimm considérait davantage celle des sujets. Il préférait une éducation de masse, susceptible de former des individus soumis corps et esprit à leurs princes, des individus capables de mettre en valeur les landes poméraniennes comme de conquérir la Silésie ou d'occuper la Pomérélie polonaise [16].

---

15. Grimm se réfère explicitement à Fénelon ; voir R. Granderoute, *Le Roman pédagogique de Fénelon à Rousseau* (Berne-Nancy, 1983), t. II, p. 671.

16. Voir, par exemple, ce passage caractéristique (V, p. 266) où Grimm affirme qu'un paysan poméranien, ayant tout perdu dans la guerre, se trouvait encore plus heureux qu'un paysan autrichien vivant dans la paix ; le premier en effet avait la chance de pouvoir compter sur le « génie » et le « talent » de son roi-héros...

En définitive, l'examen des idées de Grimm sur l'éducation révèle des convergences avec des thèses chères aux encyclopédistes. Mais, signe d'une certaine hétérogénéité du mouvement des Lumières, Grimm manifestait sa circonspection à l'égard de la perfectibilité et de l'idée de progrès. Surtout il refusait véritablement d'adhérer aux thèses du droit naturel. A celui-ci, il opposait déjà le droit historique. A sa manière, Grimm annonçait l'historicisme de Müller et de Savigny [17].

RENÉ GREVET
Université Charles de Gaulle (Lille-III)

---

17. Vers 1808-1809, A. Müller exposait sa conception organiciste de l'État possédant une « âme commune » ; en 1814, Savigny énonçait sa théorie du droit, « produit historique et communautaire de l'âme du peuple » *(Volksgeist)*, d'après J. Touchart, *Histoire des idées politiques*, t. 2 (Paris, 1970), p. 488.

ÉTAT PRÉSENT DES ÉTUDES
SUR MARIVAUX

Depuis les bilans donnés par F. Deloffre et H. Coulet [1], la critique marivaudienne s'est encore développée et le présent travail ne saurait être exhaustif. Il serait peut-être temps de constituer, comme pour Voltaire, une bibliographie critique de Marivaux. Le jeu croisé entre la critique rigoureuse, savante et l'audace interprétative fait certainement partie de la vitalité de son œuvre comme la redécouverte contemporaine de son théâtre. H. Coulet l'a dit, les mises en scènes ont renouvelé l'image de Marivaux et sur certains points infléchi la critique. Leur histoire pourrait dire celle de la représentation théâtrale depuis 1970, et Marivaux intéresse tous les publics. L'inquiétude moderne, la crise du mariage, la quête d'un langage vrai, la rigueur dramaturgique de ses pièces... beaucoup de raisons ont été données de cette renaissance [2]. Cependant nous ne présenterons pas ces mises en scène : la matière est si dispersée et pulvérulente, depuis les premiers coups d'audace de P. Chéreau ou d'A. Vitez, qu'il faut, et une distance, et l'association d'un savoir universitaire à des compétences professionnelles du théâtre, en bref une équipe pour mener à bien cette tâche. Des jalons existent, l'ouvrage de P. Pavis, *Marivaux à l'épreuve de la scène*, des dossiers dans la revue *Comédie française* (1988), et des analyses de détail, évocation de mises en scène ou argumentation fondée sur elles [3]. La *Revue*

---

1. F. Deloffre, *Information littéraire [I.L.]* (1964), 5, H. Coulet, *I.L.* (1979), 2, F. Deloffre, « Un demi-siècle de marivaudage », *Colloque d'Edmonton* (1988), p. 10-23. Voir aussi F. Deloffre ,« Points de vue américains sur Marivaux », *Marivaux d'hier et d'aujourd'hui [M.H.A.]* (Paris, 1991), p. 143-150. Notre étude couvre la période 1987-1994 mais rappelle des travaux antérieurs importants ou omis par F. Deloffre en 1988.
2. J. von Stackelberg, « Zur Modernität Mx », *Colloque de Dusseldorf*, p. 14-26. L. Matthes, « Mx' Theater », *id.*, p. 98 et s. C. Bonfils, « Le théâtre de Mx et sa présentation au public », *M.H.A.*, p. 207-217.
3. P. Pavis, *Marivaux à l'épreuve de la scène* (Paris, 1986). N. Guibert, « Mx à la Comédie française », *Comédie française* (1988), n° 167 et « Mx chez les comédiens français », *Revue Marivaux [R. Mx]* (1991) 2, p. 66-75. F. Rubellin, « Mx et l'Arlequin du *Prince travesti* », *Arlequin et ses masques* (Dijon, 1992), p. 29-35 (mises en scène de J. Charron (1972), A. Vitez (1983), L. Martinelli

---

Marivaux indique dans sa chronique théâtrale tout ce dont il lui a été fait part depuis 1988 environ, ébauche d'un matériau qui à lui seul ne suffira pas. Encore que chaque « marivaudien » sente en « spectateur » ce qu'il nomme fidélité ou trahison, une réflexion sur l'éthique et l'esthétique d'une mise en scène de Marivaux semble nécessaire associant tous ceux qui veulent le faire connaitre [4].

Le tricentenaire de sa naissance a suscité huit colloques, « Visages de Marivaux » (mars 1988), à Lampeter (U.K.), organisé par D. J. Culpin (éd. *Romances Studies*, Winter 1989) qui, fondé sur la diversité, se veut état présent ; « Anatomie des menschlichen Herzens » (fév.-mai 1988), à Düsseldorf, organisé par B. Kortländer et G. Scheffel (éd. 1990) qui explore l'homme selon Marivaux ; Messine (mai 1988) sur la « théâtralité des romans » (éd. G. Bonaccòrso, Atti della Accademia Peloritana..., Messine, 1990) ; « Marivaux d'hier, Marivaux d'aujourd'hui » regroupant la rencontre de Riom (octobre 1988) organisée par J. Ehrard et H. Coulet, et celle de Lyon organisée par F. Rubellin (avril 1988) (éd. C.N.R.S., 1991), sur les liens de Marivaux avec la société de son temps, et avec ses lecteurs et publics actuels. « Le triomphe de Marivaux » (octobre 1988) à Edmonton (Canada), organisé par G. M. Magdir et V. Bosley en hommage à E. H. Greene (éd. Edmonton, 1989) très éclectique ; « Marivaux et le théâtre italien » (septembre 1990), très riche colloque de Cortone, organisé par M. Mattucci (éd. Pise, 1992) ; « Marivaux et les Lumières » (juin 1992, à Aix-en-Provence), organisé par H. Coulet et la Société Marivaux (encore inédit), indispensable réflexion sur cet auteur auquel Voltaire reconnait (sincèrement ?) « un caractère de philosophie, d'humanité et d'indépendance » (Best D. 1000) tandis que Diderot le range avec le roman licencieux et la peinture de Boucher. Un numéro spécial des *Études Littéraires* (vol. 24) préparé par R. Joly sous le titre *Vérités à la Marivaux* (Québec, 24, été 91) contient une série de dévoilements souvent psychanalytiques de l'œuvre. Les volumes offerts à H. Coulet, à F. Deloffre et à M. Gilot sont partiellement consacrés à Marivaux [5].

(1989)). H. Coulet rappelle que la sensualité et l'érotisme sont suggestion chez Marivaux, « Érotisme et marivaudage », Colloque de Lampeter (voir ci-dessous), p. 75-88.

4. On attend le bilan du colloque franco-allemand (Nolay, juillet 92) organisé à l'initiative de G. Scheffel avec des metteurs en scène allemands et français.

5. Lampeter *[Lam]* contient 9 contributions. Messine *[Mess.]*, 6. Düsseldorf *[Düss]* en contient 10, outre l'ouverture par B. Kortländer et en conclusion, la traduction par G. Scheffel de l'*Éducation d'un Prince*, Mx d'hier, Mx d'au-

Le jaillissement critique, qui déborde largement ces publications, a trouvé un centre dans la fondation en 1990 d'une Société Marivaux à vocation internationale, sous le patronage de F. Deloffre, H. Coulet, M. Matucci, M. Gilot, et rassemblant des universitaires et des gens de théâtre. C'est elle qui publie la *Revue Marivaux* qu'anime la secrétaire générale, F. Rubellin.

Nous présenterons d'abord (I) les éditions, (II) les travaux biographiques ou historiques et quelques ouvrages généraux. Dans les trois « genres » (roman, théâtre, journaux) pratiqués par Marivaux, il faut saisir et des spécificités et des lignes communes. Des figures reparaissent, l'histoire de la dame âgée « comble l'écart entre Marianne et sa narratrice » (F. Deloffre, *R. Mx*, 1, p. 12). Il y a interaction entre roman et théâtre (voir W. Trapnell, J. Rousset, M. Matucci). Nous adopterons donc le classement suivant, selon le type d'approches critiques : (III) études techniques (style, analyse du discours, dramaturgie, narratologie, poétique romanesque et les *Journaux*) ; (IV) approches structurales, psychanalytiques, féministes, le plus souvent ancrées dans une analyse thématique ; (V) histoire littéraire et générique de ce qui fait de Marivaux un écrivain « moderne » ; (VI) études portant sur la pensée philosophique, religieuse, sociale et politique de Marivaux ; (VII) prolongements intertextuels et diffusion de l'œuvre qui engloberont réception, traductions, transformations.

I. Les éditions

Les « grandes » éditions des « Classiques Garnier » du *Théâtre* (F. Deloffre), *La Vie de Marianne, Le Paysan Parvenu* (F. Deloffre), les *Journaux et œuvres diverses* (F. Deloffre et M. Gilot) ont été revues [6]. Au théâtre a été ajouté le fragment de *Mahomet*

---

jourd'hui plus de 20. Nous séparerons **Riom** et **Lyon**. Edmonton **[Edm.]**, 16. Cortone **[Cort]**, 22. Aix-en-Provence **[Aix]** inédit comprendra notamment 6 contributions sur les *Journaux* (G. Benrekassa, M. Boixareu, A. Deneys-Tunney, M. Grevlund, R. Joly) des études sur les aspects religieux et philosophiques (G. Bonaccorso, C. Cazenobe, D. Culpin, J. Ehrard, O. Haac, J. S. Munro, W. Trapnell, S. Woodward), sur le théâtre (A. Niederst, A. Rivara, J. Von Stackelberg...), les romans (F. Gevrey, C. Gallouet-Shutter, S. Jones, J. Rustin, J. P. Schneider...). Certaines seront évoquées ici. Dans *Vérités à la Marivaux* **[Vérités]** 10 articles. Dans *Lettres et Réalités*, offerts à H. Coulet (Aix-en-Provence, 1988), J. Sgard, « Réflexions sur le romanesque au 18e siècle, à propos de *La Vie de Marianne* », p. 353-367. Dans *Langue, Littérature du 17e siècle et du 18e siècle*, offert à F. Deloffre (Paris, 1990), 8 études **[mél. Deloffre]**. Dans *Recherches et travaux, 18e siècle, Hommage à M. Gilot* [Grenoble, 1993] 3 études **[Hom. Gilot]**.

6. *La Vie de Marianne* **[V.d.M.]** en 1990, *Le Paysan parvenu* **[P.P.]** en 1992 par F. Deloffre-F. Rubellin. Nous ne pouvons citer ici les nombreuses éditions de poche récentes, par J. Morel, E. Mortgat, J. Goldzink, F. Rubellin, M. Gilot...

second, retrouvé par H. Lagrave dans le *Mercure* de 1747. La
dernière révision, en collaboration avec F. Rubellin, fondée sur
le réexamen d'éditions originales (B.N. et Grenoble) rend plus
scrupuleusement, dans l'orthographe notamment, les passages
patoisants ou les hardiesses linguistiques. Elle commente des
mises en scène récentes. H. Coulet a édité *Le Paysan parvenu*
chez Gallimard (1981). Pour les *Œuvres de jeunesse*, dans le
texte donné par F. Deloffre, avec Cl. Rigauld (Gallimard, 1972),
les coupes, imposées par l'éditeur, dans *L'Homère travesti* ou
L'Iliade en vers burlesques, nous privent toujours d'une édition
complète. F. Rubellin y travaille et elle présente *Le Bilboquet*
dans la collection *Lire le 18ᵉ siècle*. Des éditions critiques
d'œuvres isolées manquent encore, hormis celle du *Télémaque
travesti* par F. Deloffre (Droz, 1956).

H. Coulet et M. Gilot viennent de rééditer le *Théâtre* complet
(Pléiade, t. 1, 1993 ; t. 2, 1994). Prenant appui sur les travaux
antérieurs, c'est aussi une révision du texte, un enrichissement
de la chronologie par des inédits. C'est un renouvellement majeur
par son introduction synthétique dense. L'édition Deloffre suit
l'ordre des premières représentations, H. Coulet et M. Gilot celui
de la composition des pièces. Placer *Annibal* plus près de la date
des *Pensées sur la clarté du discours* souligne un intéressant
paradoxe de la pièce, le contraste entre son inspiration, sa tonalité
de « générosité » cornélienne et la méfiance de Marivaux devant
le « sublime d'auteur », et sa critique de Corneille. Notices et
notes tiennent compte des découvertes récentes (la lettre publiée
par F. Moureau par exemple) ou d'inédits (une étude d'H. Lagrave
sur *Mahomet* (t. II, p. 1109-1119)). Cette richesse rajeunissante
est triple : elle rend compte du jaillissement poétique du langage,
de la rigueur des structures dramatiques et de la résonance philosophique ou sociale des pièces. Celles-ci sont constamment rapportées aux *Journaux* et aux débats d'idées (illustration amusée
des « Passions de l'âme » dans *Arlequin poli*..., souvenirs de
Malebranche et de la querelle du machiavélisme dans *La Double
Inconstance*, de Law dans l'*Amour et la vérité*, origine philosophique mystérieuse du nom Blectrue...). Des bilans sont faits sur les
textes d'attribution contestée, comme *La Provinciale*, reconnue
authentique (contre B. Dort, W. Trapnell et avec F. Deloffre),
mystérieuse transposition dans la langue de 1750 d'un scénario
à la Dancourt et difficile à dater [7]. Sur *La Commère*, hésitation

---

7. Voir P. Koch, « Du nouveau sur *La Provinciale* », *R. Mx* (1990), 1, p. 26-
36.

et nouveau témoignage, non concluant (t. II, p. 1052). Marivaux a-t-il voulu écrire son *Mahomet* comme une tragédie en prose ? Le fragment, si peu tragique et si pauvre, pourrait n'être qu'un « dialogue schématique » destiné à être versifié (t. II, p. 1111-1112). Éditer le théâtre de Marivaux est une œuvre de rigueur qui se perfectionne par le travail collectif. Les difficultés sont grandes. L'histoire des textes de Marivaux n'est pas encore faite. Le choix de l'édition originale n'est donc qu'*a priori* sans difficultés. Il faut sans cesse choisir (orthographe, ponctuation, texte) entre fidélité et adaptation selon sa perception du texte, le type d'édition et le public visé. F. Deloffre, H. Coulet, M. Gilot et F. Rubellin s'expliquent chacun sur les exigences nécessaires, nous renvoyons à leurs analyses [8]. F. Rubellin contribue à nous informer sur les éditions des *Effets surprenants* et de *La Voiture embourbée* et montre l'intelligente compréhension des registres du second roman dans les gravures de l'édition de 1715. F. Moureau a découvert, édité et présenté un carnet d'esquisses qu'il pense être de Marivaux, *Traits pour des comédies et des tragédies* [9] ; il présente, en outre, *L'Ile des Esclaves* et *La Colonie* (Strasbourg, 1994).

II. Études biographiques ou historiques

La chronologie établie par F. Deloffre, complétée par M. Gilot-H. Coulet, l'excellent ouvrage de G. Bonaccorso, laissent beaucoup d'ignorances sur la vie de Marivaux. Une découverte tout à fait certaine, par J. Houdaille : l'acte de naissance de Colombe, la fille de Marivaux (*Population*, 1988, n° 4-5, p. 906). Enfant conçue avant la cérémonie, d'un père qui se dit curieusement « avocat au Parlement de Paris », Colombe donc est née le 26 janvier 1718 : voilà corrigée une erreur accréditée, mais les circonstances manquent pour interpréter ces évènements. Le témoignage apporté par F. Deloffre (*La Vie de Marianne*, 1990, p. XCVII) de Marivaux qui, vers 1743, dans l'agitation du Procope « se taisait et prenait modestement une tasse de chocolat »

---

8. H. Coulet, « Éditer Marivaux aujourd'hui », *Lyon*, p. 175-184 ; F. Deloffre, « A propos d'une édition... », *R. Mx* (1993), 3, p. 149-158 ; F. Rubellin, « Établissement et rétablissement de texte », *ibid.*, p. 159-165 ; *Théâtre,* Coulet-Gilot, t. I, p. CLXIII-CLXX.

9. F. Rubellin, « Remarques sur les éditions de deux romans de jeunesse de Mx », *Studi Francesi* (1989), 33, fasc. 1, gennaio-aprile, p. 54-69 et « A propos des gravures de *la Voiture*... », *Mél. Deloffre*, p. 367-379 ; F. Moureau, *Le Cahier d'esquisses de Marivaux et autres textes* (Paris, 1992) et « Traits pour des comédies et tragédies... », *Cort.*, p. 75-85.

contraste avec une combattivité qui pourrait l'avoir opposé à Voltaire, plus tôt, à l'époque du *Temple du goût*, de *Zaïre* et de *Mahomet second*. Si elle est bien de Marivaux, la lettre du *Glaneur* atteste (F. Moureau le montre bien) une polémique forte contre Voltaire au moment où le Pouvoir hésite. Il est vrai que Voltaire craignit une réponse de Marivaux à ses *Lettres philosophiques*. H. Coulet et M. Gilot suggèrent d'ailleurs que *Mahomet second* pourrait être soit l'ébauche d'une *Anti-Zaïre* « moderne », soit la trace d'un projet abandonné devant le succès de Voltaire. Le colloque de Riom complète nos connaissances sur la civilité riomoise, sur les crises graves de la ville [10]. Grâce à R. Marchal (*Madame de Lambert et son milieu*, Oxford, 1991) on connait bien désormais ce salon où Marivaux fréquenta, encore que l'auteur attribue parfois à Mme de Lambert une influence peut-être excessive sur Marivaux [11]. Un travail du même genre sur le salon Tencin, complétant le passionnant ouvrage de J. Sareil, éclairerait les « apparentements politiques et religieux » de Marivaux à Paris. De ce groupe cosmopolite et intrigant, plus pragmatique qu'idéologique, subsiste en lui quelque chose mêlé à ce qu'il doit à La Motte, Fontenelle, Malebranche. Marivaux a été dit « quiétiste » (H. Coulet) car « molinosisme » et « molinisme » ne sont pas alors bien distingués. Il n'est certes pas un homme de parti. Socialement en porte-à-faux, il est par là peut-être meilleur « spectateur », observateur passionné. Évitons de l'assigner à « un groupe social » dit M. Gilot [12].

En « intermédiaire à la fois très authentique et très déformant » (H. Coulet, *Riom*, p. 138), le romancier réfracte, dans *La Vie de Marianne*, une société bien réelle au triple miroir de l'auteur, de la narratrice et de l'héroïne en un « réalisme subjectif » (B. Didier, *ibid.*, p. 84). Avant Richardson, Diderot et Balzac, presque en même temps que Challe, dès le *Télémaque travesti*, Marivaux donne leur prix aux « petits faits vrais », parfois burlesques. De fait, il « détravestit » Fénelon le ramenant au monde vrai. Il offre une réalité « comme atmosphère... occasion [pour les héros] de souffrance, de plaisir ou de curiosité, curiosité qu'il prête au

---

10. F. Moureau, « Mx contre Voltaire, une lettre retrouvée », *Mél. Deloffre,* p. 405-413 ; J. Van den Heuvel, « Note sur Voltaire et Mx », *18ᵉ siècle européen* (Paris, 1990) ; J. Ehrard, « Mx Arvernus riomensis », *Riom,* p. 13-21 ; B. Dompnier, « Riom au temps de la jeunesse de Mx », *id.*, p. 23-36.

11. R. Marchal, « Le souvenir de la marquise de Lambert dans *La Colonie* », *R. Mx* (1992), p. 38-48.

12. H. Coulet, « Hypothèses sur l'apparentement politique et religieux de Mx », *Riom,* p. 37-43 ; M. Gilot, « Toutes les âmes se valent », *id.*, p. 97-106.

lecteur » (H. Coulet). Ainsi de ce monde des objets dont H. Lafon révèle les modèles représentatifs dans les romans du siècle. Le monde réel ne « prédétermine » pas, mais il compte. L'argent n'est pas valorisé, son bon usage est don. Mais l'aristocratie n'est pas, chez Marivaux, d'essence consommatrice comme la définit H. Lafon ; riche par alliances ou héritage, elle mesure ses dépenses (J. Ehrard). La misère et l'injustice sociale pèsent lourdement. Des réalités juridiques précises encadrent les pièces de théâtre. Des liens subtils se tissent chez Marivaux entre la figure d'auteur et le monde. Dans l'agencement des rôles narrateurs des *Journaux* se cache l'amour propre d'auteur, masqué « derrière le dilettantisme d'un porte-parole qui inspire confiance au lecteur et fait oublier le premier » (W. Trapnell). Salutaire mise en garde à l'entrée d'une œuvre qui n'est pas naïve encore qu'elle suive un « geste naturel » [13].

Les grands travaux de synthèse sont connus, ceux de F. Deloffre, puis d'E. H. Greene, de M. Matucci, les thèses, beaucoup plus amples que leur titre strict, d'H. Coulet et M. Gilot [14]. Les récents et assez généraux, *Marivaux and Reason* de D. Culpin (Berne, 1993) et *Marivaux ou le dialogue avec la femme* de H. Verhoeff (Orléans, 1993) représentent, avec les excellents *Discours mal apprivoisé* d'H. K. Sanaker (Oslo-Paris, 1987) et *Eavesdropping in Marivaux* de W. Trapnell (Genève, 1987), les centres d'intérêt majeurs des critiques, analyse du discours, « scénographie », psychanalyse et philosophie.

III. Études techniques (style, analyse du discours, dramaturgie, narratologie, poétique romanesque et les journaux)

F. Deloffre l'a démontré le premier, le « marivaudage » est langage ; le « lambertinage » l'est aussi d'ailleurs. H. K. Sanaker

13. B. Didier, « La Société au miroir de Marianne », *Riom,* p. 73-85 ; F. Rubellin, « Le mode de vie dans les romans de jeunesse de Mx », *ibid.,* p. 45-52, H. Coulet, « Les aventures de Brideron ou le Télémaque détravesti », *Il Confrontario letterario,* VII, 13, maggio 1990, p. 45-56, et « Quelques réflexions sur le réalisme et sur Mx », *Studies in French Fiction, in honour of V. Mylne* (Londres, 1988), p. 81-88 ; H. Lafon, *Les Décors et les Choses dans le roman français du 18ᵉ siècle* (Oxford, 1992) ; G. Bonaccorso, « Coutumes et langages populaires dans le Paysan parvenu », *Riom,* p. 87-96 ; M. R. Ansalone, « L'"Indigent" Mx... », *id.,* p. 53-63 ; J. Ehrard, « L'argent dans *La V.d.M.* », *Cort.,* p. 35-45 ; J. Rubellin-Devichi, « A propos de Mx, quelques remarques de juriste », *R. Mx* (1990), 1, p. 40-52 ; J. Ehrard, « La mise en scène de la mort dans *La V.d.M.* », *Mess.,* p. 213-224 ; W. Trapnell, « Identité et sympathie chez Mx », *Riom,* p. 107-120.

14. Voir aussi C. Miething, *Marivaux* (Darmstadt, 1979) et J. Terrasse, *Le Sens et les Signes, étude sur le théâtre de Mx* (Sherbrooke, 1987).

reformule en termes énonciatifs l'analyse stylistique du dialogue dramatique. Dans le cadre ferme de notions dramaturgiques précises le langage amoureux est défini comme « état trouble entre surprise initiale et dénouement », « discours perturbé », avant la déclaration finale, « discours clairvoyant et univoque » (p. 70). La technicité de ce rigoureux protocole respecte la poésie du langage et par l'étude de la conversation pose des questions centrales sur la pensée de Marivaux et sur les personnages : « caractères » ou « êtres relationnels » ? On peut en effet compter sur ces analyses énonciatives à condition qu'elles ne méconnaissent pas les catégories mentales du temps, inscrites par exemple dans le lexique, ni non plus la dimension philosophique du jeu théâtral marivaudien. Comparer un passage du *Prince travesti* et un entretien de Meilcour avec Mme de Lursay suppose une attention à l'opposition philosophique des deux mondes. « Amour », « délicat », « tendresse » n'ont pas même sens chez Marivaux et chez Crébillon. Le vocabulaire affectif peut avoir un emploi particulier à une pièce. Touchant au primordial, du physique au métaphysique, ce langage dramatique est poétique. On lit l'enjeu sous-jacent des pièces dans les métaphores de leurs divertissements. Métaphore et comique ont la même « lumineuse impropriété » pour saisir le « je ne sais quoi » (M. Gilot) [15]. La rhétorique recommande le style « simple », Marivaux choisit « l'imagé ».

Un intérêt apparait pour les premiers romans. Le style de Marivaux « travestit » Fénelon par une somme d'imitations elles-mêmes dissonantes entre lexiques éthique, galant, réaliste, moyen de refuser l'ascèse fénelonienne (F. Berland). Lumineuse leçon de méthode, la comparaison par J. Popin d'énoncés communs aux *Effets* et aux *Illustres Françaises*, rapportés aux « topoi » du roman héroïque et à une nouvelle esthétique du « naturel touchant ». Dans la préface de *La Voiture embourbée* un « méta-texte ludique » joue sur les « topoi » préfaciels de l'impossible préface (V. Costa). Mais cette « préface polyphonique » à un « roman polyphonique », s'affirme, selon nous, comme « natu-

---

15. A. Paillet-Guth, « Mx, Crébillon et la mauvaise foi », *R. Mx* (1991), 2, p. 52-64 ; M. Gilot, « Deux formes d'approche du cœur... », *R. Mx* (1992), 3, p. 97-104 et « Jeu métaphorique et comique », *La Métaphore* (Grenoble, 1988), p. 304-315 ; R. Runte, « Romans dramatiques et théâtre romanesque », *Edm.*, p. 145-150 ; M. Claisse, « Approches du discours... *Les Fausses Confidences* », *R. Mx* (1990), 1, p. 17-25 ; F. Rubellin, « Le marivaudage dans l'*École des mères* », *op. cit.*, n° 1 (1992), Pau, p. 167-176.

relle », « nouvelle préface » d'une nouvelle autorité à fonder, division virtuose de l'instance énonciative, assez cohérente avec une conception malebranchiste de la divisibilité de l'âme : elle s'achève sur « moi, l'auteur ! ». C'est une réinterprétation « moderne » de l'opposition pascalienne, affirmant certes l'autonomie de la « littérature » [16].

Marivaux est un de ces dramaturges qui paraissent réinventer le théâtre à leur propre usage. Étrangère à tout système sclérosant, sa dramaturgie [17] est peu théorisée sauf dans *Le Spectateur français* (feuille 20) et l'« Avertissement » des *Serments indiscrets* ; sa rigueur est entière (échos, contrastes, progressions) même dans ses pièces couvertes, vraies « machines infernales » où la poésie transcende une variation sur quelques « situations » dramatiques, comme celles qu'a étudiées E. Souriau. L. Desvignes et F. Deloffre ont montré la reconstruction dramatique par Marivaux de sujets, pris librement à Dancourt, à Dufresny, à Molière (dont il n'accepte guère « l'autorité » alors incontestée), et à ses propres œuvres de jeunesse. Dans *Les Sincères* Marivaux régénère la structure du *Misanthrope* en la recentrant sur la scène du sonnet auquel se substituent les charmes de la marquise, et en redistribuant les couples. Tous les personnages comptent, comme dans les *Acteurs de bonne foi*. Les « meneurs de jeu » comme Flaminia *(Double Inconstance)* construisent un théâtre dans le théâtre, auquel ils se prennent eux-mêmes (J. Rousset). Les structures peuvent être trajet d'initiation à un langage. Elles mènent les personnages à un état d'aporie intellectuelle et sentimentale qui remet en question leur identité afin de les conduire à la connaissance. Mais il peut suffire de quelques apartés pour esquisser sans la révéler totalement une intériorité (Mme Argante dans *La Mère confidente*). Certaines pièces se relaient : *La Dispute* semble parachever la structure des trois *Iles*. Les divertissements se nouent subtilement à l'action, dans ce théâtre qui, selon Ph. Robinson, ne cherche pas « l'illusion dramatique » par le vraisemblable classique mais « un monde de l'artifice accepté ». Nuançons ce

---

16. F. Berland, « Lexique et parodie, *Le Télémaque* de Fénelon et le *Télémaque travesti* de Mx », *Burlesque et formes parodiques* (Paris-Seattle-Tübingen, 1987), p. 423-433. J. Popin, « L'an 1713 ou le style et la fortuité », *Mél. Deloffre*, p. 321-330. V. Costa, « La préface de la *Voiture embourbée...* », *Hom. Gilot*, p. 53-66. I. Mander « Nom (non) propre, authorial responsibility explored in Mx's *P.P.* », *Transactions of... Bristol Congress* (Oxford, 1992), p. 1207-1210.

17. Voir les « états présents » donnés par F. Deloffre, H. Coulet et aux bibliographies des éditions Deloffre-Rubellin et Gilot-Coulet (travaux de M. Meyer, R. Pomeau, M. Gilot, P. Hoffmann...).

propos ; le « geste naturel » est aussi important que le jeu. Dans l'_École des Mères_ le divertissement « décalé » de Panard crée une distanciation : la tendresse honnête fait place à la farce en un contrepoint acidulé, second espace scénique ou « registre », celui des sollicitations du désir. Angélique épouse Éraste qui a un bon père : qu'est-ce que cela garantit ? Tout compte donc, et dans les limites de la brièveté et de la convention, des indications scéniques accompagnent la psychologie dynamique de ces personnages toujours en alerte [18]. On aimerait une synthèse sur cette dramaturgie qui, A. Niderst le démontre, illustre les théories de La Motte. M. Gilot la dessine magistralement pour la période 1730-1737. De nouvelles inventions dramatiques y répondent à un pessimisme présent déjà dans les _Journaux_, « jeux de leurre », « de vérité », « surprises de l'identité ». Mais quand l'énergie dramatique parait avoir faibli, chaque pièce semble dégrader une construction antérieure. _Les Fausses Confidences_ enfin annulent et achèvent tous les systèmes antérieurs. La notion de « sublime » telle que la détaille Marivaux dans les _Pensées sur la clarté_... nous semble fondatrice, comme tension interne au personnage dramatique liant des « mouvements » contradictoires. Elle rend compte aussi du rapport entre comique et temps d'émotion (qu'il faut différencier de la « comédie larmoyante », du « drame bourgeois », de la « comédie attendrissante » voltairienne), plus proche sans doute de Fontenelle. « Chaque situation principale est toujours tenue présente à [nos] yeux... frappe partout sous des images passagères qui la rappellent sans la répéter » (_S.F._, feuille 20, sur _Inès_ de La Motte). Le coup de théâtre n'a donc guère de place ici dans l'enchainement des instants vers la révélation. Il est au contraire une nécessité profonde dans les romans, dissimulée par un lent investissement de l'imagination (J. Sgard) [19].

18. L. Desvignes, « _Les Sincères_ de Mx (1739) : une vision originale des rapports sociaux », _Mémoires Ac. Dijon_ (1989), p. 265-279 et « Du _Misanthrope_ aux _Sincères_ », _id._ (1990), p. 167-182 ; J. Rousset, « Une dramaturgie dans la comédie... », _Rivista di Letteratura moderne e comparate_ (1988), vol. 41, p. 121-130 ; A. Spacagna, « Le jeu linguistique et l'épreuve dans _L'Épreuve_ », _Mél. Deloffre_, p. 393-404 ; F. Regnault, « N'est-ce rien que d'être un autre », _Düss._, p. 84-93 ; Ph. Robinson, « Mx Italian divertissements... », _Lam_, p. 21-28 ; H. Coulet, « Les indications scéniques dans le théâtre de Mx », _Cort._, p. 259-fin.
19. Voir _Le Sublime_, _R.H.L.F._ (1986) 86 ; 1 ; J. Goldzink, _Les Lumières et l'idée du comique_ (Paris, 1991) ; M. Gilot, « L'invention des lieux scéniques », _Recherches et Travaux_ (Grenoble, 1988), p. 63-71 et « Du jeu... aux _F.C._... », _Vérités_, p. 9-18 ; A. Niderst, « Marivaux et La Motte », _Aix_ (à paraitre) ; J. Sgard, « Le coup de théâtre », _Cort._, p. 57-64. Voir aussi A. Principato, opposant énonciation narrative englobante et condensation dramatique de plusieurs plans dans « Dialogue romanesque et dialogue théâtral », _Cort._, p. 87-98 ; V. Mylne montre

Sur la poétique romanesque, la thèse d'H. Coulet est si dense que ses richesses sont encore à exploiter. L'édition F. Deloffre des *Œuvres de jeunesse* fournit les données fondatrices de la première esthétique marivaudienne, laboratoire de formes et de sujets, à un moment de crise de croissance de la fiction. Quelques analyses de détail pertinentes : interruptions d'auteur et disparates du discours brisant la séparation narratologique des niveaux d'énonciation (C. Gallouet-Shutter) ; procédés de la parodie dans le *Pharsamon*, dissonances et déréalisation, retournement de la topique héroïque en « convention créatrice » (J. Guilhembet). On peut voir ce roman comme roman-voyage de l'écriture, marqué par le statut ambivalent du lecteur, interlocuteur-critique. C'est un roman critique de la création (F.Sturzer) [20]. Ces études prendraient encore plus de force rapportées aux jeux internes à la fiction du 17e siècle chez Sorel et Scarron.

Sur la poétique des grands romans, B. Didier a montré dans *Marianne* l'interversion de fonctions narratives (le corrupteur/le protecteur), la topique du nom, les effets métatextuels de la parole écrite (*La Voix de Marianne*, Paris, 1987). Les études récentes sur l'épistolarité éclaireraient cette longue lettre. F. Sturzer dit le *Paysan parvenu* mal compris. Elle distingue judicieusement mémorialiste campagnard anonyme, paysan nommé Jacob, pseudo-bourgeois se faisant appeler La Vallée. Mais l'expression « shifting narrative voices » nous semble ici impropre puisque la narration est le fait de la première figure qui englobe toute autre voix. Il y a là, outre une focalisation complexe, « opacité référentielle », et passionnantes richesses dans l'emploi des noms propres. Si ce texte est « subversion », dans l'univers marivaudien la valeur de vérité du langage a un sens, même difficile à atteindre. Ayant expérimenté la fiction, par la parodie, dans ses œuvres de jeunesse, Marivaux a franchi une crise. Ses expériences ont changé de nature. S'il poursuit une démarche d'effacement de l'auteur (au théâtre et par le roman-mémoires), sa fiction est devenue réflexion sur l'individuel, qui seul permet une observa-

---

les glissements du récit au dialogue dans le roman : « Dialogue in Marivaux's novels », *Lam,* p. 51-62.

20. C. Gallouet-Shutter, « Les romans du roman... », *La Lecture dans le roman,* Colloque S.A.T.O.R. de Louvain, 1994 ; J. Guilhembet, « *Pharsamon...* quelques procédés parodiques... » *R. Mx* (1992), 2, p. 14-21 ; F. Sturzer, « Narration and the creative process in *Pharsamon...* », *Studies on Voltaire* (1987), vol. 249, p. 175-182 ; Z. Rudelic, « *La Voiture embourbée* ou la non-identité romanesque », *id.* (1988), vol. 256, p. 107-115 ; D. Marshall, *The Surprising Effects of Sympathy* (Chicago, 1988), un chapitre sur Mx.

tion authentique, par « l'attention » à soi-même, intuition de soi dans le monde, parmi les autres. Comme Prévost, Marivaux fait confiance à la fiction. Adaptant l'opposition entre narration « consonante » et « dissonante » (D. Kohn, *Transparent minds*, Princeton, 1978, p. 26). V. Papadopolou étudie les procédés d'évaluation de soi dans l'analyse et le récit du *Paysan*. F. Gevrey nous semble dans la voie juste lorsqu'en dégageant de *Marianne*, une « poétique », que nous dirions « du clair-obscur », elle conclut sur « le sublime », qu'elle rapproche de la maxime 104 de La Rochefoucauld. Une fois encore, ce mot qualifie bien cette esthétique, associé au mot « sensible », mais minutieusement défini. C'est à notre sens l'aspect discutable des excellents travaux de P. Hartmann : l'émotion et les larmes ne sont pas garantie absolue de vérité, même esthétique chez Marivaux. Dans la « scénographie » du silence, la « langue à part » des gestes et des regards, « mi-conventionnelle, mi-analogique », ajoute « un surplus sensible » de « signifié un peu flottant et polysémique » (J. Rousset). On pourrait étudier de nouveau le silence chez Marivaux, en relation avec les « topoi » scénographiques. Le langage marivaudien cherche une exactitude « non donnée d'emblée » dans les mots usuels (Coulet) [21]. En relation avec les articles CONNAISSANCE, ANALYSE LOGIQUE, PENSÉE MÉTAPHYSIQUE *(Encyclopédie)*, Cl. Labrosse met merveilleusement en lumière la « poétique de la pensée » de *Marianne*, esthétique de l'observation, où, dans le moindre objet de sensation le récit ouvre des abimes, le besoin de comprendre s'exerce, trouve ses limites et interroge ses propres croyances comme chez Fontenelle. Dans cette « fable épistémologique implicite », inséparable de « l'expérience du deuil », se

---

21. F. Sturzer, « The text against itself... » *Edm.*, p. 127-13 ; V. Papadopoulou, « Le moi divisé... dans le *P.P.* », *Edm.*, p. 93-105 ; F. Gevrey, « La poétique de l'obscur dans *V.d.M.* », *R. Mx* (1992), 2, p. 22-33 ; P. Hartman, *Le Contrat et la Séduction, essai sur l'intersubjectivité amoureuse dans le roman des Lumières* (thèse Paris III, 1989), et « La scansion du pathétique » *(Aix,* à paraître) ; J. Rousset, « Scènes muettes et messages gestuels », *Cort.*, p. 11-22. La « scénographie » mériterait d'autres études, comme celle de W. Trapnell et en relation avec les « topoi » étudiés par la S.A.T.O.R. Voir H. Coulet, « Les lieux communs romanesques dans *V.d.M.* », *Vérités,* p. 95-104, utilisés, parodiés, détournés, comme le « locus amoenus », la reconnaissance, la beauté surprise, le « puer senex » dès les œuvres de jeunesse. Nous avons étudié cet aspect dans notre thèse en l'étendant à d'autres romans. Ph. Stewart a montré les « tableaux », moment d'action ralentie où les personnages s'immobilisent dans *Half told tales, Dilemnas of meaning in three French novels* (Chapel Hill, 1987) ; Voir A. Guedj, *Évènement et Prose narrative* (Paris, 1991) ; A. Del Longo, « Poétique de l'incipit », *Poétique* (1993), 94, p. 131-152.

marient toutes les opérations de l'âme et de l'esprit [22]. Chaque œuvre de Marivaux est certes en quelque façon une histoire de l'esprit humain, saisie dans la recherche d'une identité particulière.

Depuis les travaux de G. Bonaccorso, M. Matucci, E. H. Greene, et la thèse, malheureusement mal diffusée, de M. Gilot, on a peu étudié les *Journaux*. R. Chadbourne décrit la reconnaissance tardive de Marivaux essayiste et esquisse une poétique : discours de forme « libertine », pensée qui s'élabore, dialogue avec le lecteur qu'il exclut et inclut. La phrase peut être microcosme de l'essai, qui n'est pas celui de Montaigne ou Diderot. M. Matucci, une fois encore, suit finement cette démarche heuristique du « spectateur » : observer est un « effort de stabilisation de l'être marivaudien ». C. Gallouet-Shutter étudie la structure déceptive et démultipliée du « voyage au monde vrai ». C. Miething montre la mise à l'épreuve de la connaissance de soi et de l'art dans la tension constitutive à *l'Indigent* : hétérogénéité des thèses, principe esthétique de désordre et philosophie du comique. Le « je suis à peindre », matière de la perception « moderne », pose la question des fondements de l'esthétique, qui peut se dire en « tableau ». Il faudrait approfondir cette sorte d'esthétique du « fragment », « manière qui relève d'une certaine forme d'acuité de perception » et « participe d'une fidélité presque musicale à la tonalité originelle du surgissement des pensées » (G. Benrekassa) [23].

IV. Analyses thématiques d'inspiration structurale, psychanalytique ou féministe

Certains thèmes sont souvent étudiés dans le théâtre de Marivaux : l'être et le paraitre, la cruauté. S'y joignent actuellement la théâtralité, souvent liée au « rococo », forme miniaturisée du

---

22. Cl. Labrosse, « Le roman, une poétique de la pensée », *Hom. Gilot,* p. 79-88 ; H. Coulet, *art. cit.*, note 18 ; J. P. Sermain, « La parodie et après... », *Rivista di Letterature moderne e comparate,* 45, 4, 1992, p. 347-358, nous semble intelligent mais plus négateur que Mx.

23. R. Chadbourne, « Discovering Mx the essayist, or How many writers are there in Mx ? », *Edm.,* p. 135-144 ; M. Matucci, « Les Journaux de Mx », *Lyon,* p. 199-206 ; C. Gallouet-Shutter, « Le voyage abymé... », *Eighteenth-Century Fiction* (1992), vol. 5, 1, p. 55-67 ; C. Miething, « Mx' Poetik. Anmerkungen zu "L'Indigent philosophe" », *Düss,* p. 27-38 ; G. Benrekassa, « Mx et le style philosophique dans ses *Journaux* », *Aix,* à paraitre. Voir aussi P. Frances, *Society, journalism and the essay, two spectators* (New York, 1991), p. 85-112, qui oppose l'adresse plutôt féminine du périodique anglais à la cible masculine du texte, plus subversif, de Marivaux.

baroque, la séduction dans le langage, aspect essentiel des Lumières, selon P. Saint-Amand, et les relations familiales, en particulier
la figure maternelle, objet de la thèse d'I. Brouard-Arendts [24].

Sur le théâtre comme jeu révélateur de la vérité par l'obstacle,
« la feinte et le mensonge », de remarquables études, celle
d'H. Cotoni révélant avec un vrai bonheur d'expression le monde
dangereux du *Prince travesti*, celle de R. Tomlinson fondée sur
une lecture du *Banquet* qui détaille le projet paradoxal de Léonide-
Phocion démasquant par la séduction le narcissisme du philosophe
Hermocrate. C. Miething voit dans *Les Fausses Confidences* une
manipulation involontaire des consciences par Marivaux, chez
qui il y a faille entre « raison esthétique synthétique », intuition
créatrice de comique, et « raison analytique », plus sombre. Nous
n'opposerons qu'une remarque à la brillante étude d'Y. Moraud :
toute « énonciation excède l'énoncé » puisqu'elle y ajoute ses
conditions concrètes ; Y. Moraud veut-il parler de l'hyperbole
(« excès ») ou des sous-entendus (« retrait ») ? Mais nous souscri-
vons à son développement et à sa conclusion : le langage de
Marivaux maintient le plus longtemps possible « la légèreté de
l'indécidable ». Dans le roman, R. Howells démontre que la dimi-
nution de soi ou dépréciation est en fait séduction. Cette forme
« moderne » de *captatio benevolentiae* est un instrument de réévaluation éthique, littéraire et « philosophe ». M. Matucci enfin
redonne, avec une extrême pertinence, leur valeur à la coquetterie
et à la vanité comme ressort central de la conscience sociale
chez Marivaux. De fait celles-ci ne sont pas sans lien avec l'identité profonde du moi. La coquetterie rassemble les traits des
personnages majeurs, pénétration, perspicacité, intuition et permet
« la poussée la plus féconde de la science mondaine du cœur
humain » [25]. Enfin c'est la théâtralité, « tout ce par quoi le théâtre

24. R. Démoris, *Lecture de... « Les F.C. » de Mx, l'être et le paraitre* (Paris,
Belin, 1987) ; *Analyses et réflexions sur Mx, l'être et le paraitre* [ouvr. coll.]
(Paris, Marketing, 1987) ; P. Hoffmann, « De l'amour dans *Les F.C.* », *Travaux
de linguistique et de littérature* (1987), 25, 2, p. 93-105 ; J. Y. Boriaux, « Les
jeux de l'être et du paraitre dans *Les F.C.* », *I. L.* (1988) ; P. Saint-Amand, *Séduire
ou la passion des Lumières* (Paris, 1987) ; I. Brouard-Arendts, *Vies et Images
maternelles dans la littérature française du 18e siècle* (Oxford, 1991).
25. M. H. Cotoni, « La feinte et le soupçon dans *Le Prince travesti* de Mx »,
Hommage à Cl. Digeon, Fac. Nice (1987), 36, 1re série, p. 67-77 ; R. Tomlinson,
« Mx dans les jardins de Socrate ou l'anti-Banquet », *Vérités*, p. 39-49 ; C. Miething, « Le problème Mx, le faux dans *Les F.C.* », *id.*, p. 81-94 ; Y. Moraud,
« Le discours de la séduction dans le théâtre de Mx », *I.L.* (1987) ; 3. R. Howells,
« "Little me" : Marianne, Jacob and seduction... », *Lam*, p. 63-74 ; M. Matucci,
« De la vanité à la coquetterie », *Riom*, p. 65-72 ; A. Rivara, « Des parodies de
la *V. de M*... », *Burlesque... (ouvr. cité)*, p. 435-465.

s'exprime dans ses effets ou ses vertus de théâtre avec son espace propre et ses techniques particulières » (M. Gilot), transposée dans des œuvres non théâtrales, qui définit la rencontre de Messine. Dans *Pharsamon*, un auteur met en scène des héros acteurs et appelle à une réflexion sur la théâtralité des sentiments (F. Rubellin). Avant la rencontre du Nouveau Théâtre Italien, le *Télémaque travesti* expérimente découpage scénique, dialogue, reprise de mots et emplois, vraie animation descriptive, « cinématographique » (F. Deloffre). En cinq actes comme une comédie, *Les Effets* ont une matière romanesque trop lourde. C'est l'inexpérience d'un jeune auteur prenant hâtivement le parti des « Modernes » (G. Bonaccorso). Dans *Marianne,* tandis que la bonne mort, réconciliée, sans hideur, est éclairée par le moraliste chrétien (Climal), la mort profane (Dursan), plus théâtralisée, plus construite autour de la mère, effraie parce qu'elle sanctionne une vie déréglée (J. Ehrard). La « machinerie théâtrale », la mise en scène, les effets de surprise immobilisés se développent mais ne doivent pas faire oublier que le roman fait partager une intériorité dans un cheminement mental qui emporte le détail, gestes, notations scéniques, réflexions, transition insensible entre discours direct et indirect, et « épiphanies » plutôt que coups de théâtre (M. Gilot). Les romans ne sont-ils pas essentiellement étrangers à la théâtralité ? se demande H. Coulet, en étudiant la transposition du *Paysan parvenu* dans *La Commère*, mystérieuses différences, si la pièce est de Marivaux [26].

La thématique de la mère a été saisie dans une multiple approche, relation fantasmée et quête dont l'accomplissement arrête le récit (B. Didier), étude de mœurs, juridique et religieuse (I. Brouard), études plurielles de l'*École des Mères* et *La Mère confidente* (*R. Mx*, n° 3). En relation avec une idéalisation mariale de la mère comme intercesseur par la souffrance et la prière, I. Brouard, comme B. Didier, oppose dans le roman « maternités électives » et « reniements maternels ». Le théâtre montre plusieurs figures, mère sans pitié, mère aimante faible, veuves terribles. La confiance en la Nature chez Marivaux est cependant une idée à préciser et nous ne dirions pas que « la réflexion

---

26. Dans *Mess.,* M. Gilot, « Théâtralité et intimité dans la *V.d.M.* », p. 255-268 ; F. Rubellin, « La théâtralité de *Pharsamon* », p. 225-239 ; F. Deloffre, « Une théâtralité paradoxale, le cas du *Télémaque travesti* », p. 241-254 ; G. Bonaccorso, « Problemi di regia negli *Effets surprenants...* », p. 269-287 ; J. Ehrard, « La mise en scène de la mort dans *La V.d.M.* », p. 213-224 ; H. Coulet, « Du roman au théâtre, *Le P.P.* et *La Commère* », p. 201-211.

pédagogique approfondie n'existe pas chez Marivaux » (p. 186). Très intéressante en général, cette étude, éliminant la dimension philosophique de Marivaux, tend à l'appauvrir cependant. Sur l'*École des Mères* et *La Mère confidente,* la diversité de la *R. Mx*, 3, est exemplaire : analyse dramaturgique et historique (Ch. Mazouer), commentaires de sa remarquable mise en scène (par F. Pruner), très belle étude de l'adolescence (L. Desvignes), approches onomastique et lexicale (Ph. Koch, M. Gilot), synthèse philosophique et sociale rigoureuse (S. Woodward), études psychanalytiques (H. Verhoeff et R. Howells). C. Cave compare les « modèles » d'éducation opposés, présents dans les *Journaux* (*S.F.*, feuilles 12, 16, 24). La dramatisation de ces « épures narratives » intériorise les propos, démultiplie les points de vue dans les deux pièces opposées et liées. Nous dirons qu'elle problématise la relation de la mère et de la fille. C'est bien ce qui dynamise la discussion autour de la Mme Argante de *La Mère confidente.* Voir en elle un modèle (Ph. Koch) c'est, selon nous, confondre Marivaux avec La Chaussée ou Marmontel, « Intelligence » affrontée à ses limites (I. Brouard), épouse peut-être déçue (F. Pruner) ? Laissant « l'impression d'un insupportable chantage à la tendresse » (L. Desvignes), sans doute. « Dangereuse » et « folle de tendresse » (M. Gilot), à coup sûr : la passion est « meilleure ménagère de ses intérêts qu'on ne pense » (*S.F.*, feuille 20). « Force maternelle » triomphante, qui sauve l'amour après avoir révélé ses dangers, est-elle le « surmoi intérieur, familial et social » qui culpabilise le désir hors de la loi ? (H. Verhoeff, R. Howells) [27]. La pièce met à « l'épreuve », une relation forte (la plus forte peut-être chez Marivaux), où amour et pouvoir, influence et rébellion, don et avidité, sublime et feinte sont liés, à des niveaux de profondeur parfois vertigineux. H. Verhoeff a raison, il reste d'abord des hypothèses sur cette intériorité qui ne « se confie » pas, mais subsistent aussi des émotions, un soulagement « comique » et des questions constamment posées. Le contraire du « drame bourgeois » en somme.

Il est logique que l'approche psychanalytique ait abordé Marivaux. Figures parentales, quête de l'identité liée aux pièges du

---

27. A. Rivara, « *L'E.M.* comédie "moderne" », *Bulletin de la Soc. de Litt. comparée* (1992), nov., p. 27-49, et « *La Mère Confidente* ou la surprise de la tendresse... », *R.H.L.F.* (1993), p. 73-93. Dans *R. Mx* (1993), 3, Ch. Mazouer, « Les *Écoles* au théâtre jusqu'à Mx », p. 5-19 ; L. Desvignes, « Mx et l'adolescence », p. 20-40 ; S. Woodward, « L'initiation à l'être social... », p. 41-50. Ph. Koch, « Onomastique marivaudienne... », p. 51-62 ; I. Brouard, « De "l'*E.M.*" à "la *M.C.*" ... », p. 63-68 ; C. Cave, « Journaux et théâtre : les chemins de

narcissisme et de l'amour-propre dans un langage à plusieurs niveaux, en appellent à un substrat plus profond. La pauvreté de notre information biographique, le risque d'appliquer des concepts d'un autre temps et celui de se substituer au sujet lui-même nous laissent cependant hésitante. Plusieurs des analyses déjà citées frôlent pourtant quelque intéressante réflexion freudienne sur le narcissisme ou lacanienne sur le langage et les miroirs. Pour C. Miething, le théâtre de Marivaux est un « gigantesque travail de refoulement ». On comparera les études de M. J. Perron et de R. Kuhn à propos des figures paternelles dans *Annibal* et de *Marianne* comme histoire du sujet *Marivaux*, fils de *Marie Anne,* écrivant de *Marianne*, « au nom de la mère ». Se fondant sur les concepts freudiens d'identification et de choix d'objets, R. Démoris voit dans ce roman un inceste suggéré et masqué. Il y a, certes, une « troublante unanimité » familiale autour de Marianne, et le rapport maternel domine le rapport amoureux, mais jusqu'où mener « l'analyse » ? R. Howells associe les deux grands romans en un roman familial œdipien. R. Tomlinson traduit l'amour du Prince *(La Double Inconstance)* en termes lacaniens. R. Joly présente quelques aspects d'une étude d'ensemble entreprise sur Marivaux. Comme R. Tomlinson, il analyse dans *Le Triomphe de l'amour* les mécanismes narcissiques amoureux qu'éclaire le narcissisme d'auteur des *Lettres sur les habitants de Paris*. La pièce est violente : « lutte à mort », dit déjà F. Deloffre. « En l'identifiant à des figures redoutées de son imaginaire inconscient » (usurpation, sexualité masquée, possession, séquestration), Marivaux justifierait sa « haine du philosophe ». Dans les lacunes du récit de *Pharsamon* apparait la trace de l'histoire symbolique de Cliton, que l'incertitude sur l'identité parentale gêne dans son accès à la communication symbolique. La défaillance maternelle l'a laissé au stade oral ; mais faut-il entendre là « le désir de tuer la mère »[28] ? Dans *Marivaux ou le dialogue*

---

l'éducation », p. 69-96 ; M. Gilot, *art. cit.* ; H. Verhoeff, « Manipulation ou thérapie, les aléas de la confidence... », p. 105-113 ; R. Howells, « La force maternelle : *L'E.M.* et *La M.C.* », p. 114-120 ; J. Guilhembet, « A l'école du théâtre... », p. 121-138 ; M. Pruner, « L'école du soir... », p. 139-148.

28. M. J. Perron, « Rome et l'amour dans *Annibal* », *Edm.* p. 151-164 ; R. Kühn, « Im Namen der Mutter... », *Düss,* p. 74-83. R. Tomlinson, *art. cit.,* et « Generic subversion in *Arlequin poli par l'Amour* and *the Double Inconstance* », *Lam,* p. 29-40 ; R. Joly, « La Haine du philosophe, pour une lecture psychanalytique du *Triomphe de l'amour* », *Vérités*, p. 50-62 et « La bouche de Cliton... », *Edm.,* p. 82-92 ; R. Démoris, « L'inceste évité... », *Vérités,* p. 119 ; R. Howells, « Mx and Sexuality, oedipal reading... », *French Studies* (1990), vol. 44, 1, p. 10-17. Voir aussi Y. Moriarty, « Language desire and the imaginary in Mx »,

avec la femme, H. Verhoeff applique une méthode freudienne et lacanienne aux structures dramatiques et aux *Journaux*. Au théâtre, quoique socialement vulnérable, la femme mène le jeu, c'est elle qui par son discours « inclusif » protège l'homme qu'elle réconforte « dans son insécurité » (p. 85). Elle transcende ainsi la différence des sexes. La structure dramatique repose sur un « décentrement des fonctions actantielles », l'opposant s'étant intériorisé, et le sujet corrélativement affaibli. Les fonctions latérales (valets, et spectateur) se développent donc, sans qu'il y ait subversion sociale. Des « médiateurs » (concept pris à R. Girard), interviennent dans l'élection de l'objet du désir, d'autant plus forts qu'ils sont imaginaires. Marivaux souscrirait peut-être à la formule : « L'homme ne peut rien sans la grâce efficace de la femme » (p. 91). Mais le glissement de sens, de fonctions identifiées sous le terme « confident » (dans le théâtre et les *Journaux*) manque, selon nous, de rigueur.

Marivaux propose bien selon la formule de B. Kortländer « une réévaluation du rôle de la femme ». L'inégalité des conditions sociales de fait est pour lui un scandale et il voit une égalité « naturelle » des deux sexes, même par l'intellect. La pertinence du regard de la comtesse est aussi « philosophe » que celle du « spectateur ». Mais égalité n'est pas similitude, comme chez Poullain de la Barre. Selon R. Baader, Marivaux, transposant au théâtre l'utopie précieuse « anatomiste du cœur » des romans de Mlle de Scudéry, en appelle en outre à une construction éthique où la femme « quitte la forteresse précieuse » pour se livrer au « penchant ». Ainsi la « tendresse » vaincrait la légèreté. « Fierté » et « espoir » complètent la carte du Tendre. C. Gallouet-Shutter montre dans *Le Spectateur* une pédagogie du regard masculin. La femme serait « agent d'un déplacement épistémologique et esthétique » qui chercherait à éclairer l'opacité féminine. Une perspective féministe voit dans *Marianne* « l'échec de la femme généreuse dans le système patriarcal » et la projection d'une chimère masculine par la comtesse narratrice qui cependant le subvertit. R. M. Ansalone s'est demandé au contraire si Marivaux,

Romance Studies (1990), 16, p. 381-392 ; H. Verhoeff, « Mx psychanalyste », *Neophilologus* (1988), 72, p. 200-208. Dans *L'Âge du théâtre en France,* que nous n'avons pas pu lire : R. Tomlinson, « Love and Politics, semiotic constraints in Mx's *Prince travesti* », p. 119-131 ; R. Joly, « *La Fausse suivante,... »,* p. 145-154 ; P. Bouillaguet, « L'attribution des rôles sexuels dans le théâtre de Mx.. », p. 188-195 ; P. Pavis, « *Le jeu de l'Amour...,* une singerie post-moderne en trois bonds », p. 349-363 (Edmonton, 1988).

écrivain homme, peut plus facilement qu'une romancière y traduire sa sympathie. J. Storme oppose avec brio stratégie sociale féminine (la distinction morale) et masculine (la séduction), pour atténuer ce contraste à un niveau plus profond. L'inachèvement de l'œuvre laisse obscure la source des deux succès. Dans ces héros qui affrontent la société, Marivaux explore l'efficacité des deux formules pour les invalider : la narration s'interrompt sur la trahison et l'humiliation [29].

V. Histoire littéraire et générique d'une œuvre « moderne »

L'univers de Marivaux est un univers « moderne ». On connaît la complexité des clivages entre les deux partis et l'importance de la seconde querelle qui porte au-delà d'Homère sur le statut de l'Histoire et de l'autorité [30]. R. Howells oppose à la traduction somme toute plus classique (ordonnée, concentrée, élevée, vraisemblable) de La Motte les aspects plus « modernes » de l'*Homère travesti* de Marivaux (diversité des registres, orientation « sensible » du didactisme aux dépens de l'héroïque). En helléniste, F. Létoublon décèle chez Marivaux une compréhension plus profonde du monde grec qu'on ne le dit [31]. Ce que G. Poe a qualifié également de « rococo » [32] renvoie à tout un réseau d'influences génériques ou individuelles. R. Tomlinson et D. Culpin analysent le rôle du conte, agent de diffusion, on le sait, de la pensée cartésienne des Modernes. Le premier lit dans *Arlequin poli...* et dans *La Double Inconstance* une variation subversive sur

---

29. B. Kortländer, *Düss*, « Zur Einführung », p. 6-9 ; R. Baader, « Erkundung der "Terres inconnues" ... », p. 39-53 ; J. J. Allison, « Ennobling Woman : social legitimaly Won and Lost... », *Edm.*, p. 69-81 ; M. Therrien, « La problématique de la féminité dans *La V.d.M.* », *Stanford French Review* (1987), Spring, p. 51-61 ; M. R. Ansalone, « Une continuazione interrotta, *La suite de Marianne* », *Saggi e ricerche di Litteratura Francese* (1988), vol. 27, p. 11-25 ; E. Gallouet-Shutter, « Aux marges du texte, la femme dans le *Spectateur* », *R. Mx*, 4, à paraître. Voir aussi une étude plus ancienne de H. T. Mason, dans *Woman and Society in eighteenth-century France* (London, 1979), p. 42-54.

30. Sur la querelle, *D'un siècle à l'autre, Anciens et Moderne*, C.M.R. 17 (Marseille, 1987), ensemble de mises au point remarquables. R. Howells y a donné une étude sur « la religion des chefs ».

31. R. Howells, « Rewriting Homer, Dacier, La Motte, Marivaux », *Romance Studies* (1990), 17, p. 35-51 ; F. Letoublon, « Mx ou l'Athènes travestie », *Hom. Gilot*, p. 67-78.

32. G. Poe, *The Rococo and Eighteenth-Century French Literature. Study through Mx's theater* (New York, 1987). F. Deloffre fait remarquer, en soulignant le grand intérêt de l'ouvrage, que l'application du concept de rococo à Mx demande à être affinée : étude différentielle des structures selon le genre, de la liberté des *Journaux* comme des œuvres de jeunesse, comparaison avec le théâtre italien, *art. cit.*, Lyon, p. 146-150.

deux genres problématiques, l'aristocratique pastorale de contenu bucolique et le conte où la culture savante se réapproprie un genre populaire. Rencontre de la bergère et du prince, discours sur l'amour et dénouement imposé font apparaitre la même équivoque entre nature et culture que dans ces genres. Marivaux associe les rêves, dont il garde la structure en niant leurs fondements, au commentaire ironique. D. Culpin mesure avec finesse la place chez lui du « conte précieux » (R. Barchilon). Il le rattache au « merveilleux moderne » opposé au « merveilleux païen » mythologique ; il rappelle le pouvoir révélateur symbolique du conte, dont la présence chez Marivaux tiendrait surtout à des « modalités littéraires ». C'est un esprit « moderne » nouveau, plus rebelle, plus passionné de littérature que Perrault, qui rassemble Dufresny et Marivaux, dans une juvénile insolence (F. Moureau). Marivaux doit à Dufresny quelque chose de son système préfaciel posant la singularité d'un génie particulier. Dans cette « amnésie », qui renie La Bruyère et Molière, nait l'écrivain qui sort tout de lui-même, « mesure absolue de la vérité ». C'est encore une recomposition « moderne » que dessine J. S. Munro. L'originalité de Marivaux est d'exploiter, selon les leçons de Fontenelle réinterprétées à propos des « contradictions agréables de l'amour », les ressources dramatiques comiques de la surprise amoureuse, traitée déjà comme un chemin vers la lucidité, dans l'éthique de la tendresse de Mlle de Scudéry. C'est corriger les dangers du romanesque pour l'âme sensible [33].

P. E. Rice replace Marivaux dans l'histoire sociale des nouveaux genres français, opéra comique, divertissement, comédie mêlée d'ariettes et opéra à vaudevilles. D. Trott dessine de façon très intéressante un lien problématique du théâtre de Marivaux avec la vie théâtrale des grandes scènes dans la riche période 1730-1737. L'« enchâssement réflexif » créé par la présence chez Marivaux de personnages commentateurs ne cadrerait ni avec l'esthétique de l'illusion théâtrale néo-classique ni avec les visées idéologiques d'un Voltaire. L'étude entreprise du théâtre « non officiel », non édité, joué sur les scènes privées devrait éclairer cette situation [34]. Le lien de Marivaux avec les Italiens est bien

33. R. Tomlinson, « Generic subversion... », *art. cit.*. D. Culpin « Mx and the "conte merveilleux" », *Lam*, p. 99-109 ; F. Moureau, « Un maître de Mx à ne pas imiter, Dufresny », *Edm.*, p. 24-32 ; J. S. Munro, « Sensibility and the subconscious, Mx and Mlle de Scudéry », *Lam*, p. 89-99 ; L. Desvignes a étudié l'influence de la pastorale. Voir aussi les notices éd. Deloffre-Rubellin, Coulet-Gilot.

34. P. F. Rice, « Theatrical controversies and the musical stage... », *Edm.*, p. 165-180. D. Trott, « Mx et la vie théâtrale (1730-1737) », *Vérités*, p. 19-29.

connu. Les colloques de Cortone et de Dijon attestent l'intérêt actuel pour les figures d'Arlequin. Prenant pour départ Gherardi, patrimoine de l'ancien théâtre italien, C. Vinti le montre acquérant chez Marivaux une politesse de langage nécessaire au théâtre de l'amour. F. Deloffre a déjà dit la transformation du « zanni » avide et brutal en âme simple et naïve, le liant en outre à Brideron, Cliton, l'Indigent et Jacob. De quelque manière qu'il ait pu connaître Arlequin, poursuit F. Rubellin, Marivaux compose par « fusion » d'Arlequins antérieurs et de personnages qu'il a lui-même créés dans ses premières œuvres. Il ferait ressurgir « l'Ur-Arlequin » « truculent symbole du comique mimico-gestuel » (C. Vinti). Chaque apparition d'Arlequin chez lui a son individualité. P. Koch dessine avec justesse son évolution. M. Matucci le place dans un parcours philosophique, de La Hontan, Delisle de la Drevetière à l'Indigent. Au Nouveau Théâtre Italien le « zanni » est devenu « la nature toute simple opposée parmi nous aux lois, aux arts et aux sciences » (Lélio). L'Indigent a la même lumière naturelle qui fonde la justice, critique l'avidité des riches, méprise l'hypocrisie sociale. L. Desvignes définit le mythe d'un Arlequin populaire, résistant à la misère, explosif. M. Gilot étudie le goût commun à Marivaux et aux Nouveaux Italiens pour les gageüres dramatiques. En désaccord sur ce point avec G. Bonaccorso, qui le montre méfiant devant leurs « lazzis », convenant mal à son théâtre de l'amour, il voit Marivaux confiant dans la « spontanéïté construite » de l'art italien. L'histoire de la troupe de L. Riccoboni lui a permis essais et expériences : il a cultivé le talent de tous les acteurs parmi lesquels M. de Rougemont étudie finement la diversité d'emplois de Silvia. Les pièces données aux Italiens et aux Français par Marivaux méritent donc une étude différentielle. J.-L. Rivière saisit quelques spécificités des ouvertures. Dans les pièces « italiennes » qui jouent sur « le charme » prédomine l'intensité du présent. Dans les « françaises », qui jouent sur « la maitrise », une tension dramatique vers le futur [35], logique héritée de la dramaturgie classique comme l'avait montré M. Meyer. Cette opposition serait à approfondir.

VI. La pensée de Marivaux

Quoique peu estimé des « Philosophes », Marivaux est bien un philosophe. Il n'est pas l'homme d'un système, mais il a

---

35. Dans *Cortone,* M. de Rougemont, « Silvia : l'actrice et ses personnages », p. 65-75 ; R. Gasparro, « Gli amori di Arlecchino : da Mx alla *Foire* », p. 193-205 ; C. Vinti, « I lazzi nel teatro di Mx », p. 206-220 ; P. Koch, « Arlequin sur l'échiquier de Mx », p. 227-237 ; F. Rubellin, « Silhouettes d'Arlequin dans le

pensé, en termes dépassant et englobant la mise en fiction, les problèmes de l'homme dans son rapport à lui-même, à la société et à la transcendance. La querelle des Anciens et des Modernes, où il s'est engagé d'abord en doctrinaire mais sans fanatisme, a des implications dans tous ces domaines. La critique actuelle porte en particulier sur la pensée sociale et politique, sur les rapports entre nature et culture, sur les idées religieuses et le rôle de la raison, enfin sur la connaissance et le langage. Au-delà de toute polémique idéologique, personne ne nie l'attention passionnée de Marivaux à la société, dont ses œuvres dessinent les lignes de force, dans un moment où les structures aristocratiques se raidissent et où, en revanche, des échanges naissent entre gens « éclairés » des différents ordres. Chez Marivaux un regard peut être initiative sociale, une structure dramatique peut être distanciation. M. Gilot et J. Von Stackelberg rappellent la portée radicale de sa critique des préjugés de la naissance. Le romancier dénonce la double expérience de l'humiliation et de l'exclusion, l'aliénation et le pouvoir de l'argent. « Prédécesseur, sinon maitre d'Helvétius », il revendique pour l'individu, dignité et développement de la personne : « toutes les âmes se valent » a pour lui un sens plein (M. Gilot). Son regard sur la société, pour laquelle l'homme est cependant fait, s'assombrit, dans la période des grands romans, du *Petit Maitre* et du *Legs*. P. Pavis majore donc l'aspect bourgeois de l'œuvre. H. Coulet a vu dans l'inachèvement des romans une distance critique avec les « moyens de parvenir », incompatible avec l'adhésion à soi de l'ambition. J. Hellinx reformule cette contradiction, qu'il voit entre deux « circuits » sociaux, le vraisemblable efficace et l'acquittement solennel, idéalisant, des héros. Le silence s'impose au romancier qui ne peut faire parvenir Jacob et Marianne par la vertu. En une très bonne synthèse récente de la pensée politique et sociale de Marivaux, D. J. Culpin montre ce que cette pensée de transition doit à Locke, à Hobbes, mêlant les idées de contrat établi arbitrairement par un souverain, de loi naturelle comme expression de la volonté divine, et d'historicité des lois positives *(Spectateur)*. L'homme est sociable naturellement et on peut se fonder sur les « sentiments

---

roman de jeunesse de Mx », p. 237-248 ; M. Gilot, « L'invention d'un Nouveau Théâtre italien... », p. 249-258 ; L. Desvignes, « Prénom A., nom de famille P. », *Arlequin et ses masques,* éd. M. Baridon et N. Jonard (Dijon, 1992), p. 17-29 ; J.-L. Rivière, « L'ile des Français et la barque des Italiens », *Düss.,* p. 94-97. Sur Mx chez les Italiens à la fin du siècle, H. Lagrave, « Mx chez les comédiens Italiens à la fin du 18e siècle (1779-1789) ... », *R. Mx,* 1992, 2, p. 49-65.

de justice et de religion que tous les hommes apportent en naissant » (*Les Effets, O.J.*, p. 288 ; *J.O.D.*, p. 364). Encore que Marivaux n'ait pas une théorie de la monarchie, il la montre comme « loi inviolable », ne la limitant pas, comme Montesquieu, par des pouvoirs intermédiaires. Contre la tyrannie et le machiavélisme, il moralise la royauté dont il réclame tolérance religieuse et politique (voir le *Télémaque travesti* à propos des protestants et de la guerre). Comme la douceur des lois pour Montesquieu avec qui il partage une attitude d'enquête, la persuasion est pour lui plus efficace que la persécution. Cet absolutisme moralisé est conservateur, mais renvoie, à l'évidence, à toute une éthique du Prince qui traverse l'œuvre [36]. A propos des « iles », R. Howarth fait remarquer que le mot utopie est lâchement employé et rappelle que l'ile est sur les scènes de la Foire un ressort central de satires souvent banales. La thèse de J.-M. Racault apporte une clarification décisive sur les cadres génériques et l'histoire de « l'utopie narrative ». Celui-ci, comme R. Howarth, et en accord avec R. Trousson, parle pour ces pièces de « perspective » morale plutôt que sociale et politique. Trivelin dans *L'Ile des esclaves* rappelle Saint-Evremond ou Fénelon. Marivaux y souligne certes le « furieux sujet de faiblesse humaine » (*La Colonie,* I, 1). Dans ces actions traversées par « de violents courants perturbateurs des certitudes de convention » (F. Moureau), une solution conservatrice succède à une critique cependant audacieuse. O. A. Haac montre des « traces d'esprit utopique » dans les *Effets*, et au théâtre une tension comique entre un idéal qui ne peut s'établir et la réalité d'où le respect d'autrui est absent. Selon I. Zatorska qui engage une étude de la distance ironique dans les « utopies dramatiques » marivaudiennes, *L'Ile des esclaves* parvient à préserver le difficile équilibre entre égalité et liberté par combinaison du jeu italien et de la logique enchaînée du théâtre français. Mais il ne faut certainement pas, selon nous, sous-estimer la force subversive de ce théâtre qui est « action » [37].

Les questions politiques se lient à celle de l'origine mais *La Dispute* n'est pas une utopie. W. Moser y lit la fable de Pygmalion

36. C. Bonfils, « "Se voir et être vu" : le regard dans le théâtre de Mx », *Le siècle de Voltaire* (Oxford, 1987), t. 1, p. 111-123 ; A. Spacagna, *art. cit.* M. Gilot, *Riom, art. cit. ;* J. Von Stackelberg, *Düss, art. cit.* ; J. Hellinx, « Entre l'utopie et la réalité : pour une sociologie du roman inachevé de Mx », *Les Lettres Romanes* (1987), nov., p. 279-288 ; D. Culpin, « The Political theory of Mx », *Modern Language Review* (1986), 81, p. 592-599.

37. R. Howarth, « Innovation and experiment in utopia : Mx's island comedies and their context », *Lam*, p. 7-20 ; J. M. Racault, *L'utopie en France et en Angle-*

(si riche dans le siècle, chez Boureau-Deslandes, Rousseau...) transposée au domaine spéculatif et distanciée par rapport à sa propre logique. Dans cette mise en discours expérimental du passage de la Nature à la culture, Pygmalion masqué en Prince use de stratégies cognitives. Une question se pose en effet dans tout le siècle : comment faire de la Nature l'objet d'une reconstruction sans l'altérer ? mais il n'y a, épistémologiquement parlant, de moyen d'atteindre cette Nature que *par* un objet construit, et *dans* cette construction même. Comment en effet conter l'histoire d'une sociabilité naturelle ? R. Tomlinson avait déjà marqué la complexité de l'opposition nature-culture jusque dans le lien entre jardin, palais, prairie qui est encore *locus amoenus* pastoral, pour conclure sur un plan mythique : « il n'y a de nature que fantasmée » [38]. L'amour peut être « naïf », il n'est pas la pure nature.

O. A. Haac relie à la religion de Marivaux cette méfiance à l'égard de l'utopie, sentie comme présomption et associée cependant à une foi dans un progrès possible des Lumières, lié à l'histoire de l'esprit humain. Depuis l'ouvrage, excessif, de W. P. Jacoboée, deux grandes tendances s'opposent. Pour l'une, Marivaux appartient avant tout à une tradition dite parfois paulinienne d'humilité et d'amour, parfois augustinienne ou dans la ligne de Fénelon *(Maximes des saints)*. La foi est certes vibrante dans le *Spectateur* : Marivaux combat l'athéisme et le matérialisme, et pour cela emprunte à Pascal. H. Coulet et A. McKenna le montrent, mais selon une seconde vision critique. Romancier, dramaturge (et non apologiste), Marivaux réhabilite les égarements « vrais » de l'homme, sans pour autant idéaliser sa nature. Dans *Marianne* si le moi est le véritable « lieu du sacré », moi « capable de Dieu » (B. Didier), cette présence reste totalement implicite. « D'origine chrétienne », l'humanisme de Marivaux « se formule très bien sans référence à la chute d'Adam et la Rédemption » (Coulet-Gilot, *Théâtre*, t. I, p. 993). S'il doit à Pascal, c'est sans tragique et Marivaux veut croire comme l'abbé de Saint-Pierre en la « bienfaisance ». Son idéal est « laïc et social » (O. Haac), comme sa morale (F. Deloffre), qui en appelle

terre, *1675-1761* (Oxford, 1991) et, outre de plus anciens articles, « Le motif de l'Enfant de la Nature... », *Primitivisme et mythe des origines dans la France des Lumières, 1680-1820* (Paris, 1989), p. 101-117 ; I. Zatorska, « *L'Ile des Esclaves* de Mx : une utopie à l'italienne », *Cort.*, p. 113-125.

38. W. Moser, « Le Prince, le philosophe et la femme-statue, une lecture de *La Dispute* », *Vérités*, p. 63-79. R. Tomlinson, *art. cit., id.*

à des valeurs humaines. O. Haac le rapproche toutefois de l'humanisme « moderne » de Houtteville. Séparant, comme Bayle, mystères de la foi et raison des philosophes, Marivaux se trouve à l'articulation des grands débats entre rationalisme chrétien (comme celui de Leibniz qui englobe la foi dans une logique à deux échelons) et fidéisme. Sa religion, comme celle de Malebranche, est « raisonnable » et de « persuasion ».

H. Coulet, M. Matucci avaient déjà admirablement mis en lumière ce que sa morale contient de « sentiment », entendu comme intuition dont les perceptions sont conformes à la raison même. D. Culpin résume bien le débat entre la vision d'un Marivaux rationaliste et celle d'un métaphysicien du sentiment comme Rousseau (J. Spink). Par l'étude de l'amour propre (amour de soi positif, et orgueil condamnable), par la notion de « générosité », D. Culpin retrouve la dialectique du cœur et de l'esprit, objet des chapitres 4 et 7 de la thèse d'H. Coulet (qu'il ne cite pas). Dans l'homme, pris entre corps et âme, raison et sentiment, individuel et universel, C. Miething insiste lui aussi sur l'imbrication de l'affectif et du rationnel. Moins bien inspirée dans son étude du « corps de Marianne » que sur Diderot cependant, A. Deneys-Tunney croise avec une finesse virtuose Barthes, Derrida, Foucault et Pierce. Dans *Marianne*, le « corps-discours » prendrait la parole, aurait une autonomie contraire à la séparation cartésienne des substances. Ce corps a certes valeur performative, langage à décrypter dont la narration problématise et théorise le déchiffrement par étapes, maitrise qui chez la narratrice s'oppose à l'impuissance sociale féminine. Cependant l'absence du descriptif n'est pas propre à Marivaux qui décrirait plutôt plus qu'un Crébillon. « Récit libertin », vision « par effraction », « voyeurisme », « sadisme latent » décrivent, selon nous, un autre monde que celui de Marivaux. Ce « babil » du corps s'éclairerait bien par un passage de Malebranche à propos de « ceux qui ont l'imagination forte » et qui reçoivent « des traces » cérébrales profondes : « Ces traces sont naturellement suivies d'une grande émotion d'esprit qui dispose d'une manière prompte et vive tout leur corps »... « L'air de leur visage, le ton de leur voix et le tour de leurs paroles animant leur expression préparent ceux qui les écoutent et qui les regardent, à se rendre attentifs... » (*Recherche*, livre II, III). Ajoutons cette remarque de la narratrice, venue de Fontenelle : « notre âme est plus ou moins bornée, plus ou moins embarrassée suivant la conformation des organes auxquels elle est unie » (p. 214-215). Il y a, chez Marivaux, un lien complexe entre innéisme et rôle de l'expérience sensible. J. d'Hondt pose avec rigueur ce problème central du rapport en l'homme entre variables et essentiel. Mettant en œuvre une modalité théâtrale de la méthode philosophique, la démarche anthropologique de Marivaux fait coexister la « ressemblance générale des âmes dont chacune a le commencement de ce qui lui manque », la « généralité diverse d'attributs communs » et l'intérêt passionné pour l'unicité irréductible de chaque combinaison particulière. Comment donc dire l'homme ? Une théorie de la connaissance est au cœur de la philosophie de Marivaux. Une même conception du langage traverse le théâtre et les journaux. La variation d'un scénario comme celui de la coquette au miroir est instrument épistémologique, et le « voyage au nouveau monde » définit ce « langage à part », celui d'Angélique opposé à celui de Lucidor mais « la langue à part » a besoin de la médiation de la langue de convention, qui est renouvelée par la langue du cœur (N. Altenhofer).

Trois articles et un livre dessinent enfin le vrai philosophe selon Marivaux. J. Sgard le montre confiant dans les lumières naturelles venues de Dieu et plein d'humanité sociable, ce qui l'oppose en 1734 au « philosophe français », sage et en retrait de Prévost, et à l'interprète plus libertin de la philosophie anglaise chez Voltaire. W. P. Jacoboée détaille chez Marivaux l'opposition entre l'homme de système, et ce vrai philosophe qui sait penser génériquement son expérience individuelle et instruire par le sentiment. En une remarquable analyse, C. Cazenobe oppose sa confiance concernant une sincérité possible de l'amour et les chances d'une perfectibilité morale au scepticisme de Crébillon [39]. *Marivaux and reason* de D. Culpin définit lumineusement en quoi chez Marivaux l'expression « le cœur de l'esprit » recouvre la distinction cartésienne entre jugement et raison sensible. Il donne une synthèse informée sur les liens de Marivaux, étudiés par H.

---

39. O. A. Haac, « Le clair-obscur de l'humanisme », *R. Mx* (1990), 1, p. 5-10 ; « De l'utopie à la perpective du moraliste », *Mél. Deloffre,* p. 415-422 ; « Mx et les mystères de la religion... », *Cort.*, p. 125-142 ; B. Didier, « Représentation du sacré dans les romans de Mx », *id.*, p. 165-184 ; A. McKenna, *De Pascal à Voltaire* (Oxford, 1990), p. 276-277 ; D. J. Culpin, « Morale et raison dans la pensée de Mx », *R.H.L.F.* (1987), 4, p. 626-637 ; C. Miething, *Düss. et Vérités, art. cit. ;* A. Deneys-Tunney, *Écritures du Corps...* (Paris, 1992) ; « Marianne ou le babillage du corps », p. 71-129 ; J. d'Hondt, « Mx le masque, l'habit et l'être », *Riom*, p. 121-135 ; N. Altenhofer, « Das Labyrinth der Zeichen... », *Düss.*, p. 61-73 ; J. Sgard, « Trois philosophes de 1734... », *Vérités*, p. 29-38 ; W. P. Jacoboée, « Mx et ses philosophes », *R.H.L.F.* (1989), 1, p. 71-78 ; C. Cazenobe, « Mx et Crébillon... », *Aix* (à paraître). J. Dagen, « Mx et l'histoire de l'esprit », *Approche des Lumières* (Paris, 1974), p. 95-108, reste essentiel.

Coulet et M. Gilot, avec le contexte intellectuel, l'Oratoire, Mme de Lambert, Fénelon, la tradition cicéronienne, Fontenelle. Or ces liens posent une question centrale, celle de la cohérence dans ces multiples rattachements. Nous suivons volontiers D. Culpin qui la trouve dans la tradition cartésienne mais il est contraint à juste titre à des rapprochements qui font éclater ce cadre (encore qu'il majore selon nous l'influence de Fénelon). En Marivaux apparait certes la complexité de la période 1690-1750, transformations paradoxales du mécanisme cartésien qui a pu mener à Malebranche et à La Mettrie, double orientation de l'inquiétude philosophique, augustinienne « psychologisée » chez Malebranche, lockienne dans l'humanisme dynamique d'un Voltaire, apport des déistes anglais, affrontement entre cartésiens et newtoniens, opposition entre innéisme et critique lockienne sensualiste. Marivaux n'est pas un « spectateur » de la vie philosophique mais un expérimentateur des idées. Sa foi étant à l'abri, dans le « régime chrétien » de son temps (G. Gusdorf), il a le champ libre dans le domaine de la « lumen naturale », comme Descartes, pour concevoir des occasions philosophiques, expériences romanesques analysées dans une conscience, mises en « épreuve » par les actes et les paroles au théâtre, enquêtes, observation et segments narratifs dans les journaux : ces hypothèses ne susciteront pas nécessairement des vérités imprévisibles, mais les conséquences, assez souvent problématiques, de chaque choix. Marivaux exerce avec confiance les droits de la pensée *quaerens*, moins inquiet, cependant, que l'« homo quaerens » de Malebranche. Il est sur le tranchant de cette transformation de la pensée qui va couper ses « amarres » avec l'absolu, selon la formule de J. Fabre (*Lumières et Romantisme*, Paris, 1963, p. VI). Cette réflexion expérimentale est problématique et par là elle inquiète tous les dogmatismes. C'est la démarche d'un esprit dans son « geste naturel », fondé sur l'appropriation originale d'une culture. Il peut donc y avoir selon les œuvres et les genres des combinaisons variables à prédominances nuancées de références philosophiques multiples. Fénelon et le cartésianisme dialogueront dans la dialectique de l'amour inquiet et du contrat raisonnable à propos de l'éducation. Une définition de la vertu comme renoncement rencontrera un humanisme indulgent proche de l'abbé de Saint-Pierre. Cette problématisation allie à la rigueur intellectuelle sous-jacente (parce que le langage, ou bien colle aux « choses » comme chez Descartes, ou bien sait ses insuffisances), indulgence morale, tendresse, vision « comique ». Affrontant des conduites outrancières, *Les Sincères* sont en ce sens emblématiques et comme le dit L. Desvignes *(art. cit.)*, le modèle de tolérance vraie n'y parait pas dans un personnage ; il est « appelé par l'insuffisance » de ceux qui sont sur scène. La lecture de Marivaux n'est pas certitude rassurante mais interrogation.

VII. Lecture, prolongements intertextuels et diffusion

L'incertitude suggérée des dénouements de théâtre [40], l'ouverture des journaux, l'inachèvement romanesque offrent et demandent beaucoup au lecteur et au public... encore un trait « moderne ». Les études de réception sont donc une part importante de la critique marivaudienne. Il faut distinguer lecture, réception et diffusion des œuvres dans leur texte au 18e siècle et ensuite, en France et à l'étranger, traduction du temps et d'aujourd'hui, enfin « suites », parodies et lectures transformatrices.

Les recherches contemporaines sur la lecture (R. Chartier, F. Furet, U. Éco, J.-M. Goulemot, W. Iser, D. Roche) portent à la fois sur les mécanismes interprétatifs, sur les aspects sociaux de la lecture et sur le « lector in fabula ». Or l'œuvre de Marivaux est centrale dans les conflits du 18e siècle sur la lecture des romans. V. Costa lui donne donc une place notable dans sa récente thèse sur « le péché de lecture », « phénoménologie de la conscience lisant », liée au discours religieux et médical du temps (Grenoble, 1994). La nôtre (*Les Sœurs de Marianne, Suites, imitations, variations*, Oxford, 1991) étudie le réseau intertextuel de lectures-récritures transformatrices de *La Vie de Marianne,* exemple combattu, mais constamment présent dans le siècle, du roman « moderne ». Elle n'est pas essentiellement une étude de sources mais d'un « massif d'œuvres » où *Marianne,* roman inachevé, est un « foyer de résonance » (thématique, éthique, narratologique) significative de leur rattachement commun à un ensemble problématique lié de questions idéologiques majeures (mérite individuel féminin, mérite et société, marginalité et vertu ...) et d'enjeux littéraires (roman « sérieux », écriture en je, pragmatique du récit). Elle devrait être complétée sur plusieurs points : rôle médiateur de *Clarisse Harlowe*, révision du terme « roman bourgeois », analyse du discours (par exemple associée à la « scénographie » étudiée et à des points névralgiques du récit, incipit, articulation des parties ...). La problématique de l'inachèvement dans le roman du siècle mériterait d'ailleurs une étude d'ensem-

---

40. Le trait a été souvent souligné (F. Deloffre, W. Moser, R. Tomlinson, C. Miething, A. Rivara, H. Veroef).

ble [41]. C. Séférian [42] étudie actuellement dans sa thèse pourquoi l'intertextualité du *Paysan parvenu* s'organise différemment : le paysan, le gueux, le picaro en ascension ont un statut littéraire plus constitué avant Marivaux que l'orpheline marginale sérieuse, « vraie ».

Foyer de résonance, Marivaux le fut éminemment, et notre travail trouve un contrepoint dans les deux remarquables articles de R. J. Merett sur le statut de Marivaux en Angleterre au 18e siècle. Tôt traduits, ses deux grands romans sont souvent utilisés dans la polémique nationaliste anglaise contre le goût français. R. J. Merett rend compte par la notion féconde d'« échange par voie de fiction » (« fictional exchange ») des liens dialectiques entre roman anglais, adaptations de Marivaux et réactions critiques à ces textes. S'y révèlent des tensions idéologiques conscientes et inconscientes. Un contraste se joue entre critique et influence de Marivaux chez les romanciers, Fielding, Burney, Richardson. Seul Sterne lui reconnait un statut médiateur : en faisant problématique la narration du moi, il la rend possible [43].

Sur la diffusion et la critique de Marivaux en Allemagne, après les éminents travaux de J. Lacant, citons une étude de D. J. John sur les traductions et mises en scène avant 1770. G. Scheffel consacre son talent de traductrice à Marivaux depuis 1974. F. Deloffre dessine un Marivaux aux États-Unis en regrettant l'absence de traductions de qualité en nombre suffisant. O. Cragg montre Marivaux en Russie, R. M. Ansalone et C. Vinti, Marivaux en Italie. Le numéro 4 de la *R Mx* est en partie consacré à ces questions [44].

---

41. Voir l'excellent article de Ph. Koch, « Le *P.P.* roman parfait et imperfectible », *R.H.L.F.* (1986), 6, p. 955-968. Nous ne pouvons détailler les nombreuses études qui mettent Mx en relation avec Mouhy, Gueullette, Saint-Jorry, Mme de Tencin, Marmontel, Roussel, Goldoni, Beaumarchais, par F. Deloffre, J. Cormier, A. Rivara, J. Rousseau, D. H. Pageaux, G. Guilhembet... puis avec Pirandello, Anouilh par Y. Naggy et R. Mortier.

42. Ella a lu les études en langue allemande, nous l'en remercions. Voir J. Dagen, « De la rusticité selon Mx », *Der Bauer im Wandel der Zeit,* éd. par Willi Hirdt (Bonn, 1986), p. 115-128.

43. R. Merrett, « Mx and England, Fictional exchange », *Edm.*, p. 57-68 et « Mx translated and naturalized... », *Revue canadienne de litt. comparée* (1990), sept.-déc., p. 227-254.

44. D. J. John, « Translations and performance of Mx in German before 1770 », *Edm.*, p. 47-56 ; G. Scheffel, « Mx — der Unbekannte ?, *Düss.*, p. 10-13 ; traductions récentes : *La Surprise, l'Épreuve, L'Ile de la Raison*, mais aussi *Le Télémaque travesti*. Sa présentation d'extraits de Mx, « Die Kunst, in den Köpfen des Menschen zu lesen » a été traduite (Nîmes, 1990) ; F. Deloffre, *Lyon, art. cit.* Dix comédies traduites en anglais ont paru (Londres et New York, 1988) et trois

Des études manquent donc encore : la poétique des *Journaux,* une synthèse sur les œuvres de jeunesse, une dramaturgie de Marivaux, des analyses transversales de « scénographies », et de l'intéraction entre les genres, une recherche sur les liens de Marivaux avec la littérature espagnole, l'étude de la diffusion de l'œuvre, sans compter l'édition critique de textes séparés. Écrira-t-on enfin un *Marivaux* qui absorberait la richesse de toutes ces études ? Marivaux est désormais « objet critique » dans toute son étendue, saisi par toutes les approches. Il faut s'en réjouir mais aussi s'interroger : il tenait d'un mouvement pour qui l'autorité dans les matières de l'esprit n'avait pas de poids absolu en tant que telle. Quels sont les droits d'un nouvel esprit « moderne » sur cet esprit « moderne » ? Ses visages de 1994 sont-ils plus « vrais » ? A quand une suite à l'ouvrage d'H. Lagrave ?

ANNIE RIVARA
Université Lyon-2

(*Absolute classics*, Bath, 1989) ; O. Cragg, « The French theatre and Mx in Russia », *Edm.*, p. 31-46 ; R. M. Ansalone, « L'image de Mx en Italie », *Lyon*, p. 151-162 ; C. Vinti, « Mx en Italie », *Aix* (à paraître).

LA FICTION SELON Mme RICCOBONI

Romancière célèbre du 18e siècle, Mme Riccoboni contribue, à la suite de Mme de Tencin et Mme de Grafigny, au renouveau du roman féminin, après le déclin du début du siècle [1]. En outre, dans sa correspondance échangée avec ses amis, notamment Garrick et Liston, elle fait part des réflexions que lui suggèrent ses activités d'écrivain. Pour tenter de comprendre sa démarche, nous nous appuierons sur les références biographiques, le témoignage de la correspondance, et les jeux de l'imaginaire et de la réalité dans la mise en œuvre de la pure fiction [2]. Ainsi pourrons-nous mettre en lumière les contraintes et les intentions de la romancière, avant de nous interroger sur ses motivations plus secrètes.

Comment est née la vocation d'écrivain de Mme Riccoboni, si on en croit sa biographie et ses propres suggestions ? Avec la troupe des Italiens, elle vit dans un milieu favorable aux activités littéraires. Son mari a adapté quelques comédies et l'a invitée à participer à ses travaux. Elle-même écrit plusieurs compliments, des poésies, et on lui attribue des passages de pièces de théâtre. Son entourage a dû la pousser sur la voie de la littérature, comme le montre l'anecdote concernant la *Suite de la vie de Marianne* et qui remonte à 1751 [3]. A cette occasion, Mme Riccoboni relève

---

1. Le présent article reprend des conclusions de ma thèse soutenue en juin 1991, à Paris-III, *Madame Riccoboni, une idée de bonheur au féminin au siècle des Lumières* (reprod. par l'Atelier des thèses de Lille-III).
2. Voir la bibliographie dans la thèse citée. Ajoutons quelques repères : née en 1713 dans une famille bourgeoise de Paris, Marie-Jeanne de Laboras se marie avec le fils de Lelio Riccoboni, directeur du théâtre des Italiens où elle est actrice de 1734 à 1760 et joue dans des pièces de Marivaux. En 1757 son premier roman est un succès. Elle échange une correspondance avec Diderot en 1758 à propos du théâtre. Après s'être séparée de son mari, elle quitte la scène, se consacre à ses romans, et partage un logement avec son amie Thérèse Biancolelli. De 1765 à 1777 elle entretient une correspondance avec l'acteur anglais Garrick. Sir Robert Liston, jeune précepteur écossais, fréquente son salon ; cette amitié est le point de départ d'une longue correspondance échangée entre 1766 et 1783. Elle meurt en 1792.
3. Voir l'« Avertissement de la suite de Marianne » (1765) dans Marivaux, *La Vie de Marianne* (Paris, Garnier, 1963), p. 583-584.

---

avec succès le défi lancé par Saint-Foix qui estimait que le style de Marivaux était inimitable.

Diderot a aimé *Les Lettres de Fanni Butlerd*. Il exhorte sa correspondante à écrire quelque « roman domestique » où paraissent des caractères : « Veuillez-le, veuillez-le ; vous qui avez de la sensibilité, de l'imagination, du style, de la grâce ; vous qui connaissez les mœurs, les usages, les hommes, les femmes ; vous qui avez de la gaieté, du naturel, de la finesse, de l'honnêteté, de l'originalité » (27 novembre 1758). Tout au long de sa vie, les amis de Mme Riccoboni ont loué les qualités de son style et l'ont invitée à persévérer. Ils la poussent à traduire le *Charles Quint* de W. Robertson ou la « persécutent » pour qu'elle entreprenne une comédie [4]. Thérèse Biancolelli soutient sa compagne, rassemble les papiers épars de la traduction d'*Amélia* et participe à l'adaptation des comédies anglaises. Enfin, l'amitié pour Garrick l'a poussée, prétend-elle, à composer *Les Lettres de la Comtesse de Sancerre*.

Son talent, les encouragements qu'on lui prodigue, le succès des premiers essais ont conforté la romancière dans sa vocation. D'autres motifs sont intervenus. Dans une lettre adressée à Garrick qui lui demandait de lui raconter son « histoire », elle écrit le 2 janvier 1772 : « Le désir de quitter la comédie, de vivre sans assujettissement m'a conduite à écrire et mes ouvrages m'auraient procuré de l'aisance sans la piraterie exercée dans la librairie. J'ai acquis de la considération, c'est beaucoup. En cessant d'être jeune une femme cesse de plaire ; j'existe encore et quand je ne devrais à ma petite réputation que votre connaissance et votre amitié, je me saurais très bon gré de m'être fait auteur » (*éd. cit.*, p. 227-228). L'actrice ne parait pas provoquer l'enthousiasme du public ; Diderot prétend qu'« elle avait la mort dans l'âme au sortir de la scène » [5]. A défaut d'être reconnue par ses talents de comédienne, elle a donc pu chercher dans l'écriture une com-

---

4. Voir Mme Riccoboni à R. Liston, 14 mai 1771, et 25 mars 1772 dans *Mme Riccoboni's letters, to David Hume, David Garrick and Sir Robert Liston, 1764-1783*, edit. by James C. Nicholls, *Studies on Voltaire*, vol. 149 (1976), p. 203 et p. 241 (*Ric. Let.*).

5. Diderot, *Réfutation suivie de l'ouvrage d'Helvétius intitulé L'Homme*, dans *Œuvres Complètes*, édit R. Lewinter, tome XI, p. 522. Voir la mise au point de Pierre Gourdin qui parle de la « méchante légende » née du témoignage de Diderot (« Que savons-nous de la vie de Mme Riccoboni, comédienne dans la troupe italienne, de 1734 à 1760 ? » dans *Théâtre et spectacles hier et aujourd'hui, Époque moderne et contemporaine*, 115e Congrès des Sociétés savantes (Avignon, 1991), p. 453-467.

pensation, qui lui était nécessaire : « j'existe encore », écrit-elle. Elle n'est pas mécontente qu'il soit du « bon air » en France de « la trouver intéressante et naturelle » (à Garrick, 27 juillet 1772, (*Ric. Let.*, p. 267). Pourtant, elle ne parle guère de ses relations avec les lecteurs, sinon avec lassitude, comme en témoignent ses commentaires à propos de l'accueil réservé aux *Lettres de Sophie de Vallière* : « Mon livre parait depuis trois semaines. Si j'avais le bonheur d'être vaine la considération qu'il m'attire me flatterait sans doute, mais les visites m'ennuient, les compliments m'assomment et l'admiration d'un public, qui se trompe souvent, ne me fera jamais trop présumer de mes talents » (à Liston, 15 décembre 1771, p. 84). Malgré ce dédain affiché, elle s'inquiète des réactions des critiques, lors de la publication des *Lettres de Milord Rivers* : « Mon livre va paraitre. Je le vois tombé, hué, sifflé, mis en pièces et traîné dans les boues. Ces imaginations me tourmentent à chaque ouvrage. Je ne veux plus rien faire » (*idem,* 15 novembre 1776, p. 389). Aussi attache-t-elle de l'importance aux compliments formulés par La Harpe. Dans tous les cas, sa lucidité, un manque de confiance en soi aussi, lui évitent de s'aveugler sur le fondement et sur la solidité de sa réputation. Satisfaite de l'approbation des lecteurs, réservée sur leurs dédains, elle ne s'exalte pas du succès ni ne s'emporte contre l'échec.

La lettre à Garrick de janvier 1772 insiste sur un autre avantage accordé par le succès littéraire, à savoir la connaissance de nouveaux amis, comme Garrick lui-même. En effet, la réputation de la romancière semble lui ouvrir le monde des lettres. Sa correspondance avec Diderot, Hume, Laclos témoigne de ses relations avec les plus grands écrivains de son temps. D'emblée, elle se place sur un pied d'égalité avec eux, et discute avec aisance de questions de théâtre ou de littérature.

Mais l'acte d'écrire a pour première raison d'assurer l'indépendance économique, grâce à la publication des œuvres. Après avoir rompu avec les liens déterminant sa place dans la société, Mme Riccoboni voit dans ses activités d'écrivain, comme plusieurs de ses consœurs [6] un moyen convenable de subsister, et trouve dans son nouveau statut une riposte à son exclusion. Au cours de ses démêlés avec le libraire Becket, elle prétend être traitée et payée comme un auteur ; les contrefaçons qui la dépossèdent

---

6. Voir Marie-Laure Giroud-Swiderski : « Profil socio-économique de la femme de lettres française, 1740-1780 » dans *Actes du 7e congrès international des Lumières* (1987), *Studies on Voltaire...* (1989), vol. 264, p. 1159 à 1161.

de ses droits sur ses romans provoquent son indignation. Elle veut faire carrière dans la littérature et, tant bien que mal, en tirer son gagne-pain. Aucune romancière, peut-être, n'a été aussi engagée qu'elle dans cette voie.

Elle s'est attelée à ses activités avec un relatif plaisir. Certes, les exigences du libraire, qui lui réclame des œuvres achevées trop lentement, provoquent ses protestations, ou bien elle se plaint d'avoir entrepris des romans dont le sujet ne lui plait plus ; mais la tâche ne parait jamais l'avoir écrasée. D'après sa correspondance, elle semble écrire au gré de son humeur, de sa fantaisie et de ses découvertes. Lit-elle un ouvrage anglais qui lui plait ? Elle a envie de le traduire ou de l'adapter selon son gout. (Voir lettre à Garrick, 2 aout 1765, p. 52). La composition des *Lettres de Sophie de Vallière* est interrompue : « le dégout et l'ennui me l'ont fait laisser là », pour le plaisir d'adapter des comédies anglaises (lettre à Garrick, 27 juillet 1768, p. 122). Si la mode est au genre troubadour, elle invente des histoires situées au moyen âge (voir lettre à Liston, 27 mai 1779, p. 433). Essayer différentes formules la séduit. Quant aux romans d'amour, elle s'en dégoute lorsque sa vie affective est suffisamment remplie pour qu'elle n'ait plus envie de créer des êtres imaginaires (voir lettres à Liston, 19 mars 1766, p. 65 et à Garrick, 3 mai 1769, p. 149-150). A ce compte, écrire serait un plaisir d'amateur, un simple passe-temps ? Les préoccupations de la romancière montrent qu'elle attache plus d'importance à ses activités qu'elle n'ose l'avouer.

Les conseils donnés à Liston révèlent son souci constant de perfectionner son art. Sans cesse, elle est en quête d'un matériau qui pourrait être à l'origine d'un nouveau travail ; elle recommence son ouvrage jusqu'à en être parfaitement contente ; le roman des *Lettres de la comtesse de Sancerre* lui donne quelques tourments : « Il m'occupe, il m'ennuie, il ne veut pas avancer, je défais en un matin l'ouvrage de trois semaines, je me lis, je me déplais, crac, tout en pièces » (à Garrick, 31 aout 1765, p. 57). Les *Lettres de Milord Rivers*, reprises et corrigées sur les conseils de Liston, progressent lentement. Sa tâche lui parait difficile et ingrate : « L'écriture me vieillit et me tue », déclare-t-elle (à Liston, 12 mai 1767, p. 109). Mais lors d'un séjour à Sarcelles, elle confie à Liston que sans l'écriture, elle devient bête (27 octobre 1773, p. 320). Ainsi, considère-t-elle son activité d'écrivain comme celle d'un bon artisan soucieux de satisfaire des lecteurs exigeants. La littérature n'est pas sa passion, dans les différents sens du terme, capable de satisfaire toutes ses aspirations ; c'est à la fois un plaisir et un travail sérieux dont elle tire de quoi vivre.

Ce rapport à l'écriture est à rapprocher de sa conception du rôle de l'écrivain, comme en témoignent quelques remarques incidentes. L'auteur s'interdit, dans *L'Abeille,* de donner une leçon, du moins une leçon pessimiste [7]. Sa critique du *Vicaire de Wakefield* repose sur le même refus d'une littérature qui rend compte d'une réalité triviale pour attaquer les vices de la société (voir lettres à Garrick, 11 septembre 1766, p. 84 et à Liston, 20 septembre 1766, p. 87). Dans la correspondance avec Laclos, elle rejette la peinture de la dépravation au nom de la vérité et de l'efficacité de l'enseignement moral : « Ce sont des vérités douces et simples qui s'insinuent aisément dans le cœur ; on ne peut se défendre d'en être touché parce qu'elles parlent à l'âme et l'ouvrent au sentiment dont on veut la pénétrer » [8]. Les romans, sans l'exprimer aussi clairement, illustrent la même idée. Notre auteur a quelque chose à dire ; le mot « message » serait excessif, mais nous constatons que l'œuvre prend une signification morale : dénoncer une injustice. Toutefois, l'écrivain doit s'insinuer dans les cœurs sans chercher à jouer au maitre de morale [9].

Un autre but assigné à l'œuvre, plus constamment et plus nettement revendiqué, correspond à l'esthétique de Mme Riccoboni et tient en un mot : « plaire », ce qui signifie satisfaire les gouts du public, sans pour autant se soumettre à ses caprices, séduire le lecteur et le distraire, offrir une représentation de la « belle nature » en donnant une image idéalisée des êtres et des choses. Somme toute, la romancière reprend, en la modifiant, l'ancienne formule classique « plaire et être utile », lorsqu'elle revendique dans *L'Abeille* « le mérite de tendre au bien ou à l'amusement de la société » (*ouvr. cit.,* p. 231) ou qu'elle espère, dans la préface des *Lettres de la comtesse de Sancerre,* qu'on trouvera, sinon de l'agrément, du moins de l'honnêteté, dans son roman [10].

7. *Recueil de Pièces détachées* (1761), *Œuvres,* tome 2 (Paris, 1781), p. 233-234.

8. « Correspondance entre Mme Riccoboni et M. de Laclos », avril 1782, dans Laclos, *Œuvres complètes* (La Pléiade, 1979), p. 763.

9. Ses romans restent fidèles aux recommandations des critiques du temps comme Aubert de la Chesnaie des Bois ou d'Argens.

10. Elle rejoint ainsi la pensée de Jaucourt dans l'*Encyclopédie* (art. ROMAN) lorsqu'il juge que le roman peut avoir plus d'efficacité dans la réforme des mœurs que tous les essais de morale.

Enfin, elle donne une part nouvelle à l'expression du « moi » et à la dénonciation de l'injustice masculine. Sous sa plume, l'écriture tend à se parer des charmes attribués à la féminité ; elle devient un instrument qui vise à défendre la femme en mettant en représentation sa vocation fondée sur la douceur et la sensibilité, vocation que Mme Riccoboni ne songe pas à remettre en cause ; aussi est-elle indignée par les personnages des *Liaisons dangereuses* qui heurtent autant ses conceptions littéraires que son sentiment de solidarité à l'égard des femmes (voir *ouvr. cit.* p. 757).

La cohérence de ces principes esthétiques s'accorde avec des motivations intérieures plus secrètes ; blessures et fantasmes affleurent dans les représentations romanesques. L'étude précise des personnages révèle des parallélismes entre la vie affective de l'auteur et la fiction. La naissance de Mme Riccoboni a été marquée par un drame, puisque sa mère venait d'intenter un procès à son mari accusé de bigamie. Si l'épistolière ne parle jamais de cet épisode, il est remarquable que dans ses romans les femmes soient le plus souvent en quête d'un nom que ne leur a pas donné le père ; à la recherche d'une place dans la société, elles changent d'identité comme leur créatrice, née Marie-Jeanne de Laboras et devenue Marie de Mézières Riccoboni. L'une des héroïnes, Jenny, se découvre liée par un faux mariage à un homme déjà marié. On ne peut non plus oublier les unions malheureuses qui remplissent ses œuvres et la destinée des filles victimes de la faute de leurs parents. La romancière reprend ainsi des lieux communs revivifiés par l'intensité dramatique qu'elle leur donne, sans doute parce qu'elle projette ses propres malheurs.

Les contemporains, quant à eux, ont vite décelé des éléments autobiographiques dans ses romans, notamment dans le premier. L'auteur avoue elle-même cette source d'inspiration. Les *Lettres de Fanni Butlerd* traiteraient le topos de l'abandon de l'héroïne par l'homme aimé, en reprenant l'épisode malheureux des amours de Mme Riccoboni avec le comte de Maillebois, amours vécues une dizaine d'années avant la publication du roman en 1757. Sur ce canevas, l'auteur construit l'intrigue des romans suivants. Dans *L'Histoire du marquis de Cressy,* l'héroïne se dédouble en quelque sorte, et devient, d'une part, une jeune fille naïve abandonnée par son amant, d'autre part, une jeune veuve trompée par son mari. Les *Lettres de Fanni Butlerd* s'achevaient au moment où l'amant était à la veille de contracter un mariage par ambition, tandis que l'héroïne décidait de publier les lettres qu'elle lui avait adressées pendant leur liaison. *L'Histoire du marquis*

de Cressy parait reprendre la narration juste avant cette publication : nous observons la destinée des trois personnages, la jeune
fille abandonnée, la femme épousée par ambition, l'homme séduc-
teur et mari infidèle ; la punition du héros est remaniée : il n'est
plus démasqué devant le public, mais condamné à ignorer le vrai
bonheur. Les *Lettres de Juliette Catesby,* troisième roman, paru
en 1761, s'appuient sur le même schéma et le modifient encore :
après avoir été abandonnée par son amant de manière inexplicable,
Juliette, l'héroïne, est de nouveau recherchée par Milord d'Ossery
devenu veuf ; il parvient à se justifier, Juliette pardonne et accepte
le mariage.

   Le traitement du topos éclaire la signification de la fiction.
Écrire, c'est donner la parole à des personnages sur lesquels
l'auteur projette ses déceptions, ses aspirations, ses inquiétudes
et son indignation. Les modifications données au schéma initial
de l'abandon traduisent le désir de remodeler le réel, et la volonté
d'interpréter l'expérience vécue à la lumière de l'opposition des
sexes [11].

   Comme Diderot, nous sommes encore tentés de voir un aveu
de Mme Riccoboni sur elle-même, lorsque Fanni écrit dans
l'adresse « à un seul lecteur » : « Le désir de faire admirer son
esprit ne l'engage point à publier ces lettres ; mais celui d'immortaliser, s'il est possible, une passion qui fit son bonheur, dont
les premières douceurs sont encore présentes à son esprit, et
dont le souvenir lui sera toujours cher » [12]. Le champ lexical de
l'affectivité annonce le caractère personnel et lyrique des lettres.
Une étroite confusion est entretenue entre le réel et la fiction ;
inspiré d'une correspondance authentique, le roman tire peut-être
une part de son intensité dramatique de l'incertitude où il laisse
le lecteur qui ressent la forte implication de l'auteur. Si beaucoup
d'écrivains recourent à l'illusion en faisant croire qu'ils se conten-
tent d'éditer un document véritable, notre romancière parait, au
contraire, se livrer elle-même au public, comme si elle prenait
le jeu au sérieux et se soumettait au jugement des lecteurs.

---

11. Dans son essai, *Gynographs, French novels by Women of the Late
Eighteenth Century* (Lincoln and London, University of Nebraska Press, 1993),
Joan Hinde Stewart fait le point sur la part des confidences personnelles dans
les œuvres de Mme Riccoboni. A juste titre, elle met en garde contre une lecture
qui réduirait les romans à une « monotone autobiographie » et souligne que
l'auteur ne met pas en scène le monde du théâtre, dont elle a eu, pourtant, une
longue expérience.-

   12. *Lettres de Mistriss Fanni Butlerd, à Milord Charles Alfred de Caitom-
bridge, comte de Plisinte, duc de Raislingth, écrites en 1735 ; traduites de
l'anglais en 1756 par Adélaïde de Varençai* (Paris, 1757), p. 3-4.

En outre, elle ne semble pas douter que l'expérience d'une femme d'un rang ordinaire, qui mène une existence obscure, ne soit digne d'échapper à l'oubli, grâce à l'écriture. Les *Lettres de Fanni Butlerd* racontent seulement comment une femme répond aux avances d'un homme, l'aime éperdument avant d'être abandonnée..., et n'en meurt pas. Mme Riccoboni le rappelle à Garrick : « On devrait s'appliquer à peindre les situations les plus ordinaires, celles où beaucoup de personnes peuvent se trouver » (11 septembre 1766, p. 84).

On comprend qu'elle se plaigne de terminer difficilement des romans où elle n'est plus soutenue par ses propres émotions, comme les *Lettres de la comtesse de Sancerre* [13]. Elle revient sur cette difficulté à propos des *Lettres de Sophie de Vallière :* « Je vais tâcher de reprendre mon ouvrage, avoue-t-elle à Liston, il serait fini sans vous. Mais quelle fiction pouvait trouver sa place dans un esprit agité de ses propres mouvements ? » (à Liston, 23 janvier 1771, p. 182). Une telle remarque laisse supposer que la romancière n'écrit que pour remplir le vide de sa vie affective, pour se faire plaisir. Elle partage, à propos de la fonction attribuée à la littérature, le point de vue des critiques de la première moitié du 18e siècle, qui mettent l'accent sur l'« agréable occupation » de l'auteur de romans et davantage sur l'« agréable amusement » du lecteur de fictions [14]. On écrit ce qu'on imagine et non ce qu'on vit. C'est aussi pour parler de ses désirs qu'elle prend la plume, comme le confirme *a contrario,* l'agacement qu'elle traduit devant Garrick : « Faire encore des romans, toujours parler d'amour, de sentiment, de passion ! je suis bien grande pour m'occuper de ces propos enfantins ; le temps où j'aimais est si loin de moi ! Quand je m'applique à peindre les transports de deux jeunes amants il me semble que je radote » [15].

---

13. Elle avoue à Liston : « J'ai voulu reprendre mon ouvrage, mais la situation de Madame de Sancerre est trop différente de la mienne pour que je puisse m'occuper d'elle. Je pense sans cesse à vous, je ne saurais m'attacher à ce qui n'est pas à vous, à ce qui ne se rapporte point à vous » (19 mars 1766, p. 65).

14. Aubert de la Chesnaye des Bois, *Lettres amusantes et critiques sur les romans en général anglais et français...* (1743) cité dans H. Coulet, *Histoire du roman avant la Révolution,* II, *Anthologie,* p. 121. Le plaisir est la condition de l'efficacité morale du roman, rappellent la plupart des critiques depuis Lenglet du Fresnoy jusqu'à Béliard.

15. Garrick, 3 mai 1769 (p. 149-150). Peu auparavant, elle avait écrit à Liston sur le même sujet, soulignant avec les mêmes termes sa volonté de prendre ses distances avec une réalité qui ne lui parait plus convenir à son âge (1er mai 1769, p. 146). A 55 ans, elle éprouve à l'égard de Liston des sentiments amoureux qui lui paraissent sans doute plus nouveaux et inattendus que les amours de jeunesse, dont ses romans commencent à donner une vision répétitive.

Mme Riccoboni éprouve une difficulté à séparer le statut de l'auteur de sa propre réalité historique ; elle devine que le lecteur n'établit pas cette distinction.

Au rapport ambigu entre la fiction et la biographie vient s'ajouter une incertitude concernant les frontières du narratif et de l'extra-narratif, du moins dans *Les Lettres de Fanni Butlerd*. Le préambule parait appartenir à la fiction romanesque ; cependant, les premiers mots mêmes nous en font sortir : « Si le naturel et la vérité, qui font tout le mérite de ces lettres, leur attirent l'approbation du public ; si le hasard vous les fait lire [...] » (p. 3). Le jugement littéraire, l'allusion au public, et plus loin l'emploi du verbe « publier » renvoient à la réalité, et dénoncent le caractère ambivalent du texte qui fonctionne à la fois comme une adresse fictive d'un personnage de roman à un autre, et comme la préface de l'auteur dédiée à un individu réel dont on préserve l'anonymat [16]. Dans la dernière lettre du roman, il est encore fait appel au public qui est sollicité comme un témoin et un juge [17]. Comment ne pas confondre cet arbitre fictif et le public des lecteurs réels ? L'écriture devient à la fois une dénonciation du coupable et une vengeance de la part de la victime. Or, cette victime est aussi bien l'épistolière que l'éditeur des lettres, aussi bien Fanni que l'auteur. Quant à Alfred, le destinataire, il fait partie du public. Le roman devient la pièce d'un procès.

Le prolongement du fictif dans le réel donne un statut particulier aux *Lettres de Fanni Butlerd*, mais les œuvres de Mme Riccoboni, pour la plupart, peuvent être considérées chacune comme une tentative de justification ; procédé littéraire, sans doute, mais aussi réponse à la question posée par le jugement d'autrui. Miss Jenny, Juliette Catesby, la comtesse de Sancerre prennent la plume pour expliquer leur comportement à leur confident [18]. L'interlocuteur

---

16. Jan Herman analyse le procédé en ces termes : « Le mécanisme oblique consiste dans l'identification de l'épistolière intradiégétique et de l'éditeur extradiégétique d'une part, du destinataire intradiégétique des lettres et du narrataire extradiégétique du recueil d'autre part » (*Le Mensonge romanesque,* Amsterdam, 1989, p. 171).

17. « Je vous dois une réponse, Mylord, déclare Fanni, et je veux vous la faire ; mais comme j'ai renoncé à votre amour, à votre amitié, à la plus légère marque de votre souvenir, c'est dans les papiers publics que je vous l'adresse » (p. 182). Le rapprochement avec le dénouement des *Liaisons dangereuses* s'impose.

18. *Histoire de Miss Jenny, écrite et envoyée par elle à Milady Comtesse de Roscomond, ambassadrice d'Angleterre au Danemark* (1764) (Paris, 1781), 1re partie, p. 2. Voir aussi *Lettres de Milady Juliette Catesby à Milady Henriette Campley, son amie* (1759) (Paris, Desjonquères, 1983) et *Lettres d'Adélaïde de Danmartin, comtesse de Sancerre à M. le Comte de Nancé* (1767) (Paris, 1781).

est pris à témoin ; il devient le juge de l'héroïne, dont le style naturel garantit l'innocence et la vérité des propos. Il faut convaincre, mais il faut aussi charmer le destinataire. Le style des épistolières s'accorde avec leur pouvoir de séduction. La limpidité, due notamment à la simplicité de la syntaxe, tente de refléter la candeur féminine, de même que l'écriture rapide et légère exprime la grâce et la mobilité de sa sensibilité. Le destinataire, du moins pour les lettres et les mémoires qui recréent la spontanéité de l'expression orale, est à la fois le correspondant et le lecteur anonyme qui entre dans l'intimité d'une amitié ou d'une relation amoureuse par le biais d'un discours entrecoupé d'appels, de signes d'affection et de marques de confiance ou de reconnaissance.

Ces différents traits présupposent l'adhésion au mythe de la transparence de l'écriture. L'emploi de la première personne (ainsi que le recours au présent) rend manifeste, aux yeux du lecteur, l'ingénuité des personnages. La sincérité des propos est attestée par les difficultés rencontrées pour trouver les mots justes, par les hésitations et la franchise des aveux. Le silence même, loin de cacher l'état d'âme de l'épistolière, fait entrevoir plus qu'elle ne voudrait ou n'ose dire. Le recours au discours mimétique fait coïncider le temps de l'écriture et celui de l'expérience vécue.

Colette Piau a montré comment la subjectivité de la romancière lui donne un regard personnel sur la réalité féminine [19]. Elle prête « davantage de vie et d'émotion » aux monologues intérieurs des femmes : le rythme est créé par la densité et la sobriété de l'expression, que soulignent des procédés syntaxiques comme la juxtaposition verbale, l'énumération et l'emploi du présent de narration ; la vivacité s'accentue parfois pour aboutir au rythme haletant des phrases où s'accumulent les exclamations et les interrogations ; les points de suspension expriment des silences chargés d'émotion. Cette représentation ne va pas sans une véritable théâtralisation des sentiments. Les *Lettres de Milord Rivers* offrent à ce sujet un point de comparaison significatif, en opposant le style de Milord, pondéré et grave, avec ses phrases assez amples, à celui de ses amies, beaucoup plus vif et sautillant : la seule différence marquée entre les styles des correspondants est placée sous le signe de la différence des sexes.

---

19. Son écriture au féminin signifie « avec plus de pertinence la réalité féminine que l'écriture au masculin » (C. Piau, « L'Écriture féminine ? A propos de Marie-Jeanne Riccoboni », *Dix-Huitième Siècle*, n° 16 (1984), p. 385).

A la manière de Rousseau dans *Les Confessions,* la narratrice s'adresse au tribunal des lecteurs, et peut-être d'abord des lecteurs masculins, comme si elle cherchait à établir une communication entre « vous » les hommes et « nous » les femmes. Nombreuses sont les formules dans *Les Lettres de Fanni Butlerd,* notamment, où les hommes sont pris à partie, non sans emphase, comme le montre ce passage de la dernière lettre : « Pensez-vous que nos mains se refusassent à laver dans le sang les outrages que nous recevons, si la bonté de notre cœur n'étouffait en nous le désir de la vengeance ? Sur quoi fondez-vous la supériorité que vous prétendez ? Sur le droit du plus fort ? Eh que ne le faites-vous donc valoir ? que n'employez-vous la force au lieu de la séduction ? Nous saurions nous défendre ; l'habitude de résister nous apprendrait à vaincre » (p. 186-187).

Un tel discours illustre le « féminisme » de la romancière [20] ; mais s'il traduit l'indignation, il reflète aussi une sorte de griserie qui ne va pas sans plaisir. Plus que l'aigreur à l'égard des hommes, son écriture met en valeur une forme d'allégresse. Sa correspondance témoigne de sa facilité, d'une euphorie même, née de l'acte d'écrire. Ses héroïnes partagent ce plaisir, lorsqu'elles prennent la plume. Juliette Catesby amuse son amie avec la galerie des portraits qu'elle trace de ses hôtes. Mi-confuse, mi-plaisante, Mme de Sancerre se plait à raconter l'épisode où ses amies et elle ont abandonné leurs compagnons à Paris pour une partie de campagne secrète et improvisée.

Plus encore, la rédaction de la lettre invite l'héroïne à exprimer ses espoirs et ses inquiétudes et la pousse à libérer son désir. Fanni le reconnait elle-même : elle écrit plus qu'elle ne voudrait. Avant de consentir à s'unir à Alfred, elle lui avoue son attente de manière détournée. La lettre lui permet d'écrire son bonheur après la relation ou de rappeler plus tard à son amant le plaisir ressenti. La correspondance est l'occasion d'un dévoilement, d'une prise de conscience que l'épistolière souhaite et repousse à la fois ; elle se complait dans cette découverte d'elle-même qui flatte son narcissisme. Fixer la vérité, donner une forme à ce qui était senti confusément, c'est ce que recherchent les héroïnes lorsqu'elles s'adressent à leurs confidents. Écrire, c'est redire qu'on aime, en convaincre l'autre et se convaincre soi-même, pour se donner le spectacle de son propre bonheur. Les personnages

---

20. Voir l'*ouvr. cité* de J. H. Stewart qui, p. 76-77, fait sur cette question, un bilan net et concis.

semblent surtout attentifs au retentissement de l'amour en eux. Fanni ressent les bienfaits de l'écriture avec une telle acuité qu'elle ne peut s'empêcher d'en faire l'éloge : « Je bénissais l'inventeur d'un art qui l'emporte sur tous les autres, non parce qu'il nous transmet les actions des héros, l'histoire du monde, les causes de tout ; qu'il satisfait le désir insatiable d'apprendre et la vaine curiosité des hommes ; mais parce qu'il me fait lire dans votre cœur, malgré la distance qui nous sépare. Que l'amour doit à cette heureuse découverte ! Quel trésor pour lui que ces lettres, soulagement d'un cœur, et délices de l'autre ! enchanté de les écrire, on jouit du plaisir que l'on sent, et de celui que l'on va procurer » (p. 121).

Écrire préserve aussi la fusion des êtres pendant les courts moments de séparation ; les lettres doublent la présence physique. Juliette Catesby se souvient avec émotion des six mois de bonheur passés avec Ossery à Erford : « [...] nous nous voyions sans cesse et la nuit nous nous écrivions ce que nous n'avions pas pu nous dire pendant le jour. Que ce temps est encore cher à mon souvenir ! Que je vivais heureuse ! » (p. 59). La correspondance procure une telle satisfaction qu'on peut s'interroger dans le cas de Juliette : l'acte d'écriture se substituerait-il à l'intimité sexuelle, qui n'est jamais évoquée dans cette période de sa relation avec Ossery ? Peut-être faut-il penser qu'écrire est moins inquiétant pour deux être déçus par une première expérience douloureuse.

Le passage à l'écrit, en donnant forme aux émotions et aux aspirations, permet de se sentir exister. Sans aller jusqu'à échapper à sa condition, l'héroïne, devant son écritoire, pervertit le principe esthétique qui vise à plaire et à émouvoir, au profit d'une nouvelle séduction, libérée des aléas du corps. Plus encore, l'écrit, prolongeant le rôle de la parole, conduit la femme à prendre conscience de son désir et à l'exprimer. Enfin, l'expérience de l'écriture, expérience où se mêlent les charmes de l'imagination et une forme de complaisance à l'égard de soi-même, offre un miroir si fascinant de la relation amoureuse, que la lettre parait nécessaire à la parfaite félicité de l'héroïne, quand elle ne suffit pas à la combler.

A dessein, nous avons rapproché les finalités de l'écriture définie comme l'activité de la romancière, celles des interventions d'auteur et celles des lettres ou des mémoires rédigés par ses personnages, parce que ces trois niveaux convergent pour illustrer la fonction qu'assume finalement l'œuvre de Mme Riccoboni : la mise en scène de la vie intérieure, mise en scène liée à la conscience qu'a l'auteur de la condition de la femme. Grâce à ses activités d'écrivain, Mme Riccoboni s'est construit un art de vivre qui lui a permis d'imposer aux autres et d'élaborer pour elle-même l'image d'une femme sensible et apaisée, particulièrement soucieuse de ses devoirs et de sa dignité. L'écriture a été le creuset des déceptions et des chagrins surmontés, des charges assumées, du désir de plaire et de s'affirmer. Les mots ont évoqué les facettes d'une sagesse qui tend au bonheur.

MIREILLE FLAUX
Lycée de Montgeron

LES ABOLITIONS
DE L'ESCLAVAGE

de L.F. Sonthonax à V. Schoelcher
1793-1794-1748

Actes du colloque
tenu à l'Université de Paris VIII
les 3, 4 et 5 février 1994

Organisé par l'*Association pour l'étude de la colonisation européenne*
et placé sous le patronage du programme
"La route de l'esclave" de l'UNESCO

Textes réunis et présentés par Marcel DORIGNY
Université de Paris VIII

Ouvrage publié avec le concours :

du Centre Jean Bouvier de l'Université de paris VIII
du ministère des départements et territoires d'outre-mer
du ministère des droits de l'homme et de l'action humanitaire
de la ville de Saint-Denis
du conseil général de la Seine-Saint-Denis
des cercles Condorcet et de la ligue de l'enseignement

une co-édition

Presses universitaires de Vincennes
et
Éditons UNESCO

(416 pages, couverture quadrichromie, index des noms cités)

commandes à adresser à
P.U.V. Université de Paris VIII, 2 rue de la Liberté, 93200 Saint-Denis

Prix public : 180 F.F

LE PROJET ESTHÉTIQUE
DE BEAUMARCHAIS

Que Beaumarchais soit, avec le *Barbier de Séville* et plus encore le *Mariage de Figaro*, le découvreur et le créateur d'une dramaturgie nouvelle et originale, c'est désormais une affaire entendue : les travaux de J. Schérer, P. Larthomas, et G. Conesa, notamment, l'ont suffisamment établi, ratifiant de la sorte le jugement spontané de l'amateur éclairé, voire d'un plus vaste public [1]. Il n'en reste pas moins que, face à l'éclatante réussite d'un tel théâtre, les écrits proprement théoriques de son auteur semblent souffrir d'une certaine désaffection, comme s'il était admis une fois pour toutes que le praticien a éclipsé le théoricien, la réussite concrète reléguant la réflexion esthétique et poétique au rang des justifications inutiles ou des vaticinations superflues. Il est vrai que cette réflexion s'est plus particulièrement exercée à propos du *drame*, dont on est assez généralement convenu qu'il était la branche morte de ce théâtre. Il est encore avéré que cette même réflexion ne prétend pas à l'originalité, se plaçant explicitement, et de façon parfois appuyée, sous l'obédience de ce chef d'école qu'est, pour l'auteur d'*Eugénie* et de la *Mère coupable*, celui du *Fils naturel* et du *Père de famille*. Et il est possible qu'une lecture hâtive des pages consacrées par Beaumarchais à la dramaturgie en général comme à son propre théâtre peut déconcerter, tant l'application parait incertaine et douteuse, au point que peut légitimement affleurer l'idée selon laquelle la dramaturgie de l'auteur du *Mariage* s'est élaborée à côté, voire s'est imposée à l'encontre de sa réflexion proprement esthétique.

Sans prétendre trancher dans cette difficile question des rapports qu'entretiennent le dramaturge et le poéticien, l'homme de cabinet et l'homme de la rampe (le praticien et l'idéologue ?), on essayera du moins, ici, de faire toucher du doigt l'originalité et la cohérence de la réflexion esthétique de Beaumarchais. On le fera en centrant paradoxalement le propos sur un terme (celui

---

1. J. Schérer, *La Dramaturgie de Beaumarchais* (Nizet, 1954) et G. Conesa, *La Trilogie de Beaumarchais* (P.U.F., 1985).

---

de *nation*) qui n'appartient pas en propre au lexique de l'esthétique ou de la poétique, mais dont Beaumarchais fait un emploi constant et volontaire. Que ce terme occupe en revanche une place cardinale dans le langage politique en train de se forger dans le dernier tiers du 18ᵉ siècle n'est certes pas fortuit. Ainsi se profile dès l'abord l'idée que peut-être les principes recteurs de l'esthétique de Beaumarchais sont à découvrir en dehors du site naturel de leur usage, par un geste qui veut que, de tout temps (de Platon à Brecht), toute réflexion un tant soit peu ambitieuse sur le théâtre prenne naissance et trouve sa justification dernière à l'extérieur de son enceinte, dans l'espace social et politique à partir duquel seul il devient pensable dans son intimité et sa clôture.

Il faut d'abord, et contre Beaumarchais lui-même, faire justice d'une idée encore trop répandue : non, il n'est pas vrai qu'avant lui Diderot avait tout dit [2]. Les deux grands textes de Diderot portant sur la dramaturgie (Beaumarchais ignore le *Paradoxe sur le comédien*, ouvrage posthume exhumé une première fois en 1830) recèlent sans doute un nombre impressionnant d'idées novatrices, en vertu de cette intuition prolifique et foisonnante qui signe la marque du philosophe. Placées en regard de ce massif, les quelques pages de l'*Essai sur le genre dramatique sérieux* paraissent d'abord un peu étiques. Elles sont au vrai beaucoup plus rigoureuses et mieux centrées. Au bouillonnement et à l'éparpillement des idées a succédé leur mise en ordre, leur articulation et leur hiérarchisation. Plutôt que de douter si le gain compense la perte, mieux vaut raisonner en termes de complémentarité et de stratégie. L'*Essai* apparaît alors comme un *manifeste* doté de l'ensemble des qualités propres à un tel genre : une polémique incisive doublée de propositions suffisamment abstraites et générales pour offrir un point de ralliement aisément identifiable ; l'auteur de Mémoires célèbres en son temps est bien là, avec ses qualités spécifiques. Ensuite, il n'est pas davantage avéré que les différentes Préfaces de Beaumarchais à ses propres ouvrages soient de pures interventions circonstancielles, de simples *captationes benevolentiae*, de laborieuses ou plaisantes justifications *post festum*. Ni la *Lettre modérée*, ni le *Mot sur la Mère coupable* ne se laissent réduire à des plaidoyers *pro domo*. Quant à la préface du *Mariage* et à celle de *Tarare*, elles constituent l'une et l'autre un écrit théorique complexe et considérable,

---

2. « (C'est encore M. Diderot qui dit cela). Que ne dit-il pas, cet homme étonnant !... » (p. 138 de l'*Essai*, dans l'édition mentionnée ci-dessous, note 4).

celle-là proposant dans sa seconde partie une lecture rétrospective
de la pièce par son auteur, et dans sa première partie une *poétique*
assez précisément centrée sur la notion difficile mais éclairante
de « *disconvenance sociale* ».

Autant donc il serait absurde de valoriser outrancièrement ces
morceaux (Beaumarchais n'a pas écrit une seconde *Dramaturgie
de Hambourg*), autant il paraitrait injuste, et à coup sûr contre-
productif, de les négliger. S'y révèle en effet un auteur singulièrement attentif à son métier, et surtout un artiste bien moins spontané
ou intuitif qu'on a longtemps voulu le faire croire, pour des
raisons en partie inavouables. S'y découvre, en un mot, non pas
un créateur de fortune, habile à humer l'air du temps, mais un
artiste habité par une haute idée de son art, et pleinement conscient
qu'il ne saurait exister d'œuvre valable qui ne soit adossée à
une réflexion esthétique authentique ; c'est-à-dire qui prenne en
considération la dimension nécessairement extra- ou supra-poéti-
que de son œuvre.

« J'entreprends de frayer un nouveau sentier à cet art » : amenée
modestement, au détour d'une phrase et comme en incise, cette
proposition qui figure au second paragraphe de la préface du
Mariage vaut pour l'ensemble de l'œuvre théâtrale de Beaumarchais, d'*Eugénie* à *Tarare*, du *Barbier* à *La Mère coupable*.
Publié en 1767, mais médité, selon l'auteur depuis une décennie [3],
l'*Essai sur le genre dramatique sérieux* se veut une défense et
illustration de ce genre nouveau qu'est le drame. Il s'agit, on
vient de le dire, d'un véritable manifeste. Or le propre d'un
manifeste est de s'adresser explicitement à un public, à un audi-
toire *constitué en* public. C'est pourquoi le point de départ de
la réflexion esthétique dans l'*Essai* est une méditation sur la
notion de *public*. Art public par excellence, le théâtre ne saurait
se penser avec quelque rigueur sans penser simultanément le
public auquel il s'adresse. Et ce non seulement pour la raison
triviale que c'est le public qui fait son succès ou son échec, mais
plus essentiellement parce que ce public est un *être abstrait*,
auquel le dramaturge ne peut s'adresser qu'en tentant préalablement de le caractériser, de le définir, de le *constituer en théorie*.

Aussi la réflexion de Beaumarchais débute-t-elle par une polémique incisive sur la notion même de public : « Le public ! ...

---

3. « Il y a environ huit ans que je m'amusai à jeter sur le papier quelques
idées sur le drame sérieux... » (première phrase de l'*Essai*).

qu'est-ce encore que le public ? » [4]. A cela, deux réponses possibles, qui paraissent immédiatement deux prises de position fermes
et antagoniques. La première est mise au compte des opposants
du genre sérieux, qui sont donnés pour des tenants de la tradition
et des adversaires de toute innovation en matière d'art et de gout.
Ce sont, au fil du texte, « ces poltrons d'adversaires... retranchés
derrière des monceaux d'autorités » ou de « beaux-esprits de
société, qui ne font qu'effleurer ce qu'ils jugent » ; bref, la coali-
tion hétéroclite mais redoutable des doctes et des mondains, des
« critiques » et des « gens du monde ». Le gout étroitement classique des pédants et le gout aristocratique sont ici désignés comme
faisant alliance contre l'émergence d'un genre nouveau, dont on
sait par ailleurs l'orientation foncièrement bourgeoise. C'est la
sainte alliance, l'alliance qui en d'autres temps eût paru contre-
nature, mais qui semble maintenant aller de soi sous la plume
de Beaumarchais. Au demeurant, peu importe pour l'heure la
réalité ou la vraisemblance d'un tel amalgame : de même qu'il
n'y a de public que constitué par le dramaturge qui le vise, il
n'y a d'adversaire que constitué comme un « être collectif » par
le polémiste. A cet adversaire ainsi constitué, Beaumarchais prête
l'opinion suivante : « Et qu'un chétif auteur ne vienne pas se
targuer des suffrages momentanés du public, juste salaire du
travail et du talent des comédiens ! ... Le public ! ... qu'est-ce
encore que le public ? Lorsque cet être collectif vient à se dissoudre, que les parties s'en dispersent, que reste-t-il pour fondement
de l'opinion générale, sinon celle de chaque individu, dont les
plus éclairés ont une influence naturelle sur les autres qui les
ramène tôt ou tard à leur avis ? D'où l'on voit que c'est au
jugement du petit nombre, et non à celui de la multitude, qu'il
faut s'en rapporter ».

On le voit, l'opinion adverse est celle qui dénie au public
toute consistance et toute validité. Toute consistance, parce qu'il
ne s'agirait que d'un « être collectif » occasionnel dont la rapide
et nécessaire dissolution ne laisserait plus face à face que des
individus. Prenons bien garde cependant que ces individus, qui
constituent les éléments concrets de l'être collectif abstrait, ne
sont nullement des éléments simples et interchangeables, des
individus égaux en droits : la dissolution du public comme être

---

4. *Essai sur le genre dramatique sérieux*, p. 121. Pour l'ensemble des textes
cités, nous nous référons à l'édition des *Œuvres* de Beaumarchais procurée par
Pierre Larthomas dans la collection de la Pléiade (1988). Compte tenu de la
relative brièveté des textes, nous nous dispenserons souvent des renvois paginaux.

collectif ne précipite pas dans le creuset démocratique des individus libres et égaux ; elle manifeste au contraire la présence d'une inégalité foncière, que l'être collectif avait pour effet, et peut-être pour fonction d'occulter. La dissolution de cet être collectif, chimérique aux yeux du parti adverse, réinstalle l'inégalité naturelle de ses constituants individuels, le « petit nombre » des « plus éclairés » devant se subordonner la « multitude » des « autres ». Autrement dit, selon Beaumarchais, le public n'apparait aux yeux du parti adverse que comme un ectoplasme chargé de dissimuler, ou plutôt d'empêcher « l'influence naturelle » qu'il revient à la minorité d'exercer sur la foule. Le jugement du public est donc disqualifié, ramené à celui d'une multitude ayant momentanément et frauduleusement ravi à ses guides naturels la conduite de « l'opinion générale ».

Il semble à peine besoin d'insister sur le caractère politique d'une telle présentation : ce n'est pas seulement quant au fond, c'est dans le choix du vocabulaire et dans la façon même de conduire le raisonnement que l'esthétique de Beaumarchais commence d'apparaitre comme une politique. D'où une seconde définition du public et de ses droits, chargée de faire pièce à la première, et que l'auteur revendique pour sienne : « Quoiqu'en disent les censeurs, le public assemblé n'en est pas moins le seul juge des ouvrages destinés à l'amuser ; tous lui sont également soumis ; et vouloir arrêter les efforts du génie dans la création d'un nouveau genre de spectacle, ou dans l'extension de ceux qu'il connait déjà, est un attentat contre ses droits, une entreprise contre ses plaisirs ».

Le « public assemblé » : à l'être collectif ectoplasmique, appelé à se dissoudre pour laisser apparaitre le principe aristocratique du petit nombre, seul apte à diriger l'opinion générale, Beaumarchais oppose de suite la compacité du public assemblé, dont la cohésion principielle ne saurait être fragmentée pour qu'on prétende distinguer une multitude non qualifiée et une élite naturelle. Autrement dit, un principe démocratique auquel tous les ouvrages « sont également soumis ». Le public assemblé apparait donc maintenant, dans l'optique de Beaumarchais, comme un être collectif cohérent et valide, possédant un droit collectif, et qu'on devine déjà inaliénable. Ce droit est celui du jugement souverain en matière d'art et de spectacle, c'est-à-dire en matière de gout, cette faculté réputée jusqu'ici l'apanage du petit nombre. De cette appréhension du public au concept de nation, il n'y a qu'un pas rapidement franchi. De fait, c'est dans la bouche de ses contradicteurs que Beaumarchais place une première fois le vocable : « un pareil genre [le drame]... ne convient point du tout à notre nation ». A quoi il répond un peu plus bas qu'il est « aussi hasardé de soutenir que le jugement du public ému est faux et mal porté qu'il le serait de prétendre qu'un genre de spectacle dont toute une nation aurait été vivement affectée, et qui lui plairait généralement, n'aurait pas le degré de bonté convenable à cette nation ».

Deux appréhensions du public s'affrontent ici, dont on découvre qu'elles sont solidaires de deux conceptions antagoniques de la nation. Dans la première, placée par le polémiste dans la bouche de ses contradicteurs, la nation est définie relativement à son passé ; il existerait une tradition nationale, forgée et verrouillée par « ce qu'ont pensé des auteurs célèbres dont l'opinion fait autorité », et qui refuserait légitimement toute place à un « genre équivoque », dont « on ne sait ce que c'est », et dont l'acclimatation ouvrirait immanquablement « la porte à la licence », elle-même génératrice de « barbarie ». Dans la seconde conception, celle avancée par l'auteur, la nation ne se définirait plus par son adéquation à une tradition, mais par le jugement actuel de ses membres. A l'autorité de la tradition viennent en conséquence s'opposer les « droits » du « public assemblé », lesquels ne tirent pas leur légitimité du passé, mais du sentiment et de la décision actuels de « l'opinion générale ». A cette opposition d'une nation définie autoritairement par son histoire à une nation se définissant librement au moment de sa consultation, on reconnaît derechef un antagonisme idéologique auquel la Révolution de 1789 donnera une pleine signification politique. Il est dès lors possible de définir avec davantage d'exactitude le sens conféré par Beaumarchais à sa tournure : le public assemblé, ce n'est plus cet être abstrait appelé à se dissoudre promptement pour faire place à l'autorité du petit nombre ; c'est l'incarnation même de la nation habilitée à juger souverainement de ce qui convient à ses plaisirs comme à son gout. Prétendre légiférer en lieu et place d'un public ainsi conçu, c'est donc plus encore qu'une « entreprise contre ses plaisirs », un « attentat contre ses droits » en tant qu'ils sont ceux-là même de la nation.

Une telle position du problème entraine à sa suite une redéfinition du jugement esthétique, c'est-à-dire de ce jugement qui porte sur ce que l'auteur nomme « les objets de goût (et) de sentiment ». Cette nécessaire redéfinition repose sur un distinguo introduit entre le jugement esthétique et le jugement purement doxologique : « Je conviens qu'une vérité difficile sera plutôt rencontrée, mieux saisie, plus sainement jugée par un petit nombre de personnes éclairées que par la multitude en rumeur [...] mais les objets de goût, de sentiment, de pur effet, en un mot de spectacle, n'étant jamais admis que sur la sensation puissante et subite qu'ils produisent dans tous les spectateurs, doivent-ils être jugés sur les mêmes règles ? » Ce qui ressort de cette distinction, c'est d'abord, sinon l'autonomie, du moins la spécificité du jugement esthétique, lequel n'est pas relatif à une « vérité », mais à une « sensation ». On sent bien que ce distinguo n'est pas de pure forme, mais qu'il amène après lui une longue suite de conséquences.

La première en est la disqualification définitive du « petit nombre des personnes éclairées », non plus dans un geste purement polémique, mais au terme d'une argumentation serrée. Autant l'influence naturelle d'une élite pensante parait légitime dans le domaine doxologique, autant elle devient suspecte lorsqu'il s'agit « de sentir, de s'amuser ou d'être touché ». Suite immédiate de cette première conséquence, la défiance portée à la notion de règles : s'il peut exister des règles pour la direction de l'esprit, où et comment trouver des règles pour la direction du gout ? C'est ici la porte ouverte à une nouvelle discussion qui suit de près et sur laquelle nous n'insisterons pas : la polémique contre les règles, « cet éternel lieu commun des critiques, cet épouvantail des esprits ordinaires ». Enfin, troisième conséquence à prendre en considération, la revalorisation concomitante de la multitude de « tous les spectateurs ». Le public assemblé, ce n'est plus foule insensée, « multitude en rumeur », canaille en un mot, mais « public ému » par une « sensation puissante et subite » excitée par un « spectacle ». C'est dire à quel point l'esthétique promue par Beaumarchais épouse avec bonheur la courbe même du siècle et de la pensée éclairée : « spectacle », « sentiment », « sensation » et émotion n'apparaissent plus comme les vecteurs privilégiés de la confusion et de l'erreur, mais bien comme les garants d'un certain « degré de bonté », tant au point de vue esthétique que moral.

Les choix démocratiques de l'auteur d'*Eugénie* ne sont pas séparables d'une revalorisation en profondeur de la sensibilité, puisqu'aussi bien la sensibilité esthétique n'apparait jamais que comme le prolongement naturel de la sensibilité humaine. Voilà pourquoi, préalablement à toute discussion, Beaumarchais ouvrait sa démonstration par cette phrase concernant le public : « Commençons par nous rendre notre juge favorable, en défendant ses droits ». Nulle rouerie dans un tel propos, nulle démagogie semblable à celle dénoncée par le parti adverse. Rendre ses droits au public c'est bien restituer le jugement esthétique à son détenteur légitime, tel qu'il vient d'être redéfini. Et ce n'est que sur cette base solide, et non sur le terrain mouvant de « suffrages momentanés » que pourra se profiler une nouvelle alliance entre le dramaturge et cette expression de la nation qu'est le public assemblé et ému [5].

Puisqu'il s'est agi, dans un premier temps, de dénoncer la sainte alliance des pédants et des aristocrates, il s'agit maintenant de reformuler les règles du jeu dramatique, en proposant la nouvelle alliance de l'artiste et du public. À vrai dire, cette alliance a déjà été discrètement scellée dans une phrase précédemment citée, où elle passe à la faveur d'une équivalence supposée évidente : « vouloir arrêter les efforts du génie dans la création d'un nouveau genre de spectacle... est un attentat contre ses droits » (du public). Notons l'association, dans une même phrase, de termes issus des vocabulaires politique *(attentats, droits)* et esthétique *(génie, création)*. Notons surtout qu'au moment même où le public se voit reconnaitre son autonomie de jugement avec la légitimité de ses plaisirs, l'artiste apparait sous la figure du créateur et du novateur. Et, de même que la référence à la nation s'était débarrassée des idées de tradition et d'autorité pour endosser celle d'un jugement actuel et libre, de même la réflexion sur le génie et les règles s'emploie à inverser le rapport que croyait y découvrir la tradition classique : « En quel genre a-t-on vu les règles produire des chefs-d'œuvre ? N'est-ce pas au contraire les grands exemples qui de tout temps ont servi de base et de fondement à ces règles, dont on fait une entrave au génie en intervertissant l'ordre des choses ? »

En profond accord avec la pensée des Lumières, ce retournement ne peut être qu'un retour à l'origine, une redécouverte de la genèse, une restauration. Mais une restauration émancipatrice, libérant l'artiste de la « barrière du préjugé » et restituant par là même l'art à sa dynamique originelle. D'où un mouvement rhétorique d'une belle tenue, lors duquel l'artiste est identifié au « hardi navigateur » qui ose enfin franchir « ce *nec plus ultra* des colonnes d'Alcide, aussi menteur qu'orgueilleux » [6], et le

---

5. On remarque un mouvement similaire dans la préface de *Tarare* intitulée *Aux abonnés de l'Opéra qui voudraient aimer l'opéra* : « ... le public n'en sentirait pas moins qu'un tel essai n'est point une œuvre méprisable. Peut-être irait-il même jusqu'à encourager des hommes d'un plus fort génie... » (p. 503).
6. La référence aux colonnes d'Alcide est un emprunt direct à Diderot (*De la Poésie dramatique*, I, « Des genres dramatiques »).

drame à un « Nouveau Monde » attendant son découvreur. C'est ainsi que l'artiste génial « porte au loin dans la nuit du possible le fanal vers lequel on s'empresse de le suivre. Il a fait un pas de géant, et l'Art s'est étendu ». Passons sur le caractère inspiré et le ton lui-même novateur de cette page, qu'une lecture aveugle nous ferait probablement situer bien plus avant dans l'histoire littéraire, du côté de Hugo et du romantisme flamboyant. L'essentiel est que tente de s'y nouer, par le truchement de la rhétorique et d'un lyrisme de bon aloi, une nouvelle alliance entre l'artiste et son public, alliance dont on a voulu montrer qu'elle se pensait elle-même dans le vocabulaire de la politique naissante qui tend à placer le concept de nation en son centre, le soustrayant en amont à son allégeance à l'autorité d'une tradition pour le réinscrire en aval dans la perspective de la novation et du progrès. On voit encore que, par la médiation de cette alliance, la thématique diderotienne du génie échappe par avance au régime où se complaira un certain romantisme, celui qui installera l'artiste dans sa solitude pour en faire l'incompris, voire le réprouvé ou le maudit. C'est qu'alors, dans l'après-coup de la Révolution française et de ce qui apparaîtra comme son échec, aura pâli le miroitement du mythe agglomérant de la nation, et que ne subsistera plus, dans la vision d'un romantisme pessimiste, que la stérile opposition de l'individu génial et de la multitude retournée à l'éparpillement, à l'indifférence, et peut-être à l'hostilité.

Quelque vingt années plus tard, les propos tenus par Beaumarchais dans la préface de la *Folle Journée*, s'ils diffèrent sensiblement quant à leur objet, puisqu'on est passé du drame à la comédie, coïncident quant au fond. Il faut remarquer d'abord le surgissement de la notion de nation à l'endroit même où, dans l'analyse rétrospective de sa pièce, Beaumarchais introduit son héros éponyme, « l'homme le plus dégourdi de sa nation, le véritable Figaro ». Cette présentation de Figaro le met immédiatement en opposition avec le comte Almaviva. Que cette « lutte assez vive », qui constitue selon Beaumarchais le moteur agonistique de la pièce, oppose un serviteur à son maitre, c'est chose trop connue pour qu'il paraisse nécessaire d'y revenir. Ce qu'il importe en revanche de souligner, c'est l'interpénétration des motifs politique et poétique qui la nourrit et lui donne son assise dramatique. L'agonistique propre à cette *Folle Journée* confrontera certes « l'abus de la puissance, l'oubli des principes, la prodigalité, l'occasion, tout ce que la séduction a de plus entraînant ; et le feu, l'esprit, les ressources que l'infériorité piquée au jeu peut opposer à cette attaque », c'est-à-dire deux faisceaux de traits où se reconnait sans peine une caractérisation réciproque de la noblesse et du Tiers État, celui-ci opposant les seules armes de son mérite personnel aux séductions objectives du rang et de la puissance financière, selon une partition dont Beaumarchais a clairement indiqué qu'elle était « le précepte qui fait le fond de (son) sujet » dans *Tarare* (*Aux abonnés de l'Opéra...*, p. 505). Mais ce « précepte », c'est-à-dire cet antagonisme idéologico-politique coïncide très exactement avec le ressort intime de la comédie : ainsi, « d'une lutte assez vive [...] il nait dans ma pièce un jeu plaisant d'intrigue ». Ce ressort intime du comique, Beaumarchais le précise encore en indiquant qu'il dépend de la confrontation des défauts du maitre et du mérite du serviteur, le moteur agissant se situant du côté de ce dernier : « Le défaut même dont je l'accuse n'aurait produit aucun mouvement comique, si je ne lui avais gaiment opposé l'homme le plus dégourdi de sa nation, le véritable Figaro... ».

On comprend mieux alors le *projet esthétique* que Beaumarchais met au principe de sa vocation d'auteur comique, lorsqu'il se propose de « ramener au théâtre l'ancienne et franche gaieté », la « franche et vraie gaieté qui distinguait de tout autre le comique de notre nation ». Le mouvement parait une nouvelle fois celui d'une restauration, celle d'une tradition nationale dont Figaro, en dépit de la consonance étrangère de son patronyme, serait la pure incarnation. En quoi il est effectivement « le véritable Figaro », terme qui pourrait paraitre bizarre mais qui désigne manifestement la pointe extrême de cet esprit national qu'il incarne exemplairement [7].

A ce stade de la réflexion, on pourrait être tenté de taxer l'auteur d'incohérence. L'*Essai sur le genre dramatique sérieux* n'avait-il pas procédé à une nette dissociation de la nation et de la tradition, dans un geste à la fois polémique et idéologique visant à désolidariser la première de la seconde, en l'arrimant inversement au mouvement prospectif de la novation et du progrès ? De fait, la contradiction n'est que de surface, et se résorbe à une lecture attentive des premiers paragraphes du texte : « A force de nous montrer délicats, fins connaisseurs, et d'affecter, comme j'ai dit autre part, l'hypocrisie de la décence auprès du relâchement des mœurs, nous devenons des êtres nuls, incapables

---

7. On voit que, parvenu à ce stade de sa réflexion esthétique, Beaumarchais a tout à fait oublié le costume andalou de son personnage. *La Folle Journée*, c'est déjà dans la France pré-révolutionnaire qu'elle se joue, avant que la *Mère coupable* ne réintègre effectivement la capitale des Gaules.

de s'amuser et de juger de ce qui leur convient... Déjà ces mots si rebattus, bon ton, bonne compagnie, toujours ajustés au niveau de chaque insipide coterie [...] ont détruit la franche et vraie gaité qui distinguait de tout autre le comique de notre nation ».

Ce paragraphe et les suivants se veulent d'abord un tableau négatif de l'évolution de la comédie française au 18e siècle. Centré sur le constat d'un affaiblissement et d'un affadissement du comique, ce tableau a été maintes fois corroboré à l'époque ; Grimm, notamment, parlait de ses contemporains comme d'une « génération qui a perdu le sens du rire ». De cette déplorable évolution, Beaumarchais indique nettement la raison dans une altération du gout, elle-même doublement déterminée. D'une part, le gout aurait été soumis à une forme insidieuse de censure sociale, dont témoignent ici les mots *bon ton* et *bonne compagnie*, à la résonance typiquement crébillonienne. Cette censure est ouvertement désignée plus bas, dans le fait qu'inversement, « tous les états de la société sont parvenus à se soustraire à la censure dramatique », ce qui a pour effet de priver la comédie tout à la fois de son personnel et de son magasin de situations. A cette censure sociale se superpose une sublimation esthétique de mauvais aloi, par l'effet de laquelle « nous devenons des êtres nuls, incapables de s'amuser ».

Toutefois, derrière ces motifs différenciés de la dégradation du comique, on reconnait à l'œuvre une cause unique : la prépondérance d'un gout aristocratique qui impose ses propres canons esthétiques, censure la « franche et vraie gaité », « intimide tous les auteurs » et « garrotte le génie » (où on reconnait l'une des thématiques principales de l'*Essai*). Dès lors, toute équivoque est appelée à disparaitre, au terme d'une dialectique où s'entrecroisent exemplairement les motifs esthétique et politique : la tradition nationale à laquelle en appelaient les adversaires de Beaumarchais n'est qu'une pseudo-tradition s'appuyant sur la règle et l'autorité, une tradition de facture récente au service d'intérêts actuels. En somme, tout à la fois un vernis culturel et une chape sociale, une sublimation esthétique elle-même solidaire d'une censure sociale — le tout coiffant et recouvrant, opprimant l'authentique « comique de notre nation » que Beaumarchais tient à cœur et se donne pour tâche de « ramener au théâtre ».

On comprend mieux alors la profonde cohérence des propositions de Beaumarchais, qui ne cesse de raisonner dans le cadre, à lui familier, de la philosophie des Lumières. Dans une époque où déjà « l'esprit de la nation semble être dans une crise heureuse » et où « une lumière vive et répandue fait sentir à chacun que tout peut être mieux » (*Aux abonnés de l'Opéra...*, p. 497), il s'agit de formuler les principes d'une esthétique dramatique éclairée. Nul hasard dès lors, mais nul effet de mode non plus, si une telle formulation trouve à s'arrimer fermement au concept de nation. A l'heure où ce concept vient au centre de la réflexion et du combat politiques, il était inévitable qu'il manifeste sa prépondérance et sa centralité à propos du plus ostensible des arts littéraires, celui qui n'accède à sa pleine existence que devant un « public assemblé ». Diderot déjà, et le Rousseau de la *Lettre sur les spectacles* par un autre tour, avaient senti et marqué cette place cardinale du théâtre dans une société en voie de transformation, sans même parler des épigones français (Mercier) ou des maitres allemands (Lessing). Lorsque l'idée de nation devient l'enjeu d'une lutte politique, il est nécessaire qu'elle figure aussi à titre d'enjeu stratégique dans toute réflexion esthétique digne de ce nom : c'est un fortin qu'il faut enlever à l'ennemi, en prévision de plus rudes combats. D'où cette insistance de Beaumarchais à rapatrier son barbier andalou et à lui restituer ses habits français, jusqu'à en faire l'incarnation de l'esprit national, puisqu'aussi bien cet esprit ne saurait être personnifié que dans un membre du Tiers État qu'une « lutte assez vive » oppose à un représentant de la noblesse. Otez à la nation l'ordre privilégié, pourrait-on dire en parodiant Siéyès, qu'en reste-t-il ? le véritable Figaro, l'incarnation de la franche et vraie gaieté qui distingue une nation « où tout finit par des chansons ».

Formulée en ces termes, l'esthétique de Beaumarchais repose également, on l'a vu, sur une revalorisation du public et une nouvelle appréhension de la place de l'artiste. De fait, le critère souverain du jugement esthétique s'est déplacé : il ne réside plus ni dans une quelconque « coterie », ni dans une table de la loi où seraient déposées une fois pour toutes les règles de l'art. C'est le public assemblé et ému qui en est désormais le dépositaire, au terme d'un raisonnement qui, faisant de la sensibilité le véritable universel et le seul critère décisif de l'humanité, libère un espace dramaturgique propice à une nouvelle alliance entre l'artiste et la nation.

Sans doute, ces termes restent-ils trop généraux pour pouvoir définir une dramaturgie nouvelle et agissante. Aussi bien n'avons-nous voulu donner ici que le cadre général dans lequel se déploie la pensée de Beaumarchais théoricien de l'art dramatique. Une autre tâche nous attend encore, ou plutôt une double tâche. La première consisterait à passer du plan général de cette esthétique au plan plus spécifique d'une *poétique*, puisque tel est le terme employé par Beaumarchais lui-même. On y vérifierait aisément, à travers les mêmes textes, que sa pensée ne se cantonne pas dans les abstractions : de l'*Essai* et des préfaces du *Barbier*, du *Mariage* et de *Tarare* se dégage une poétique dont les grandes lignes sans doute sont connues, mais qui gagnerait, selon nous, à être plus méthodiquement explorée. Quant à la seconde tâche, elle consisterait à poser en regard des thèses du poéticien l'œuvre du dramaturge, en vue d'en évaluer la conformité, ce qui est assurément plus délicat, tant il est vrai que l'art dramatique obéit à ses propres lois, règles parfois secrètes auxquelles se plient souvent malgré eux et sans toujours s'en rendre un compte exact ses plus décidés réformateurs : de Diderot à Brecht en passant par Hugo, les exemples sont légion. Encore conviendrait-il de ne pas faire, selon une pratique trop courante, de la dramaturgie réelle de Beaumarchais l'unique critère d'appréciation de sa poétique et de son esthétique. Celles-ci ne sont nullement invalidées par cela seul qu'elles s'appliqueraient mal aux meilleures pièces de l'auteur. On discerne dans une telle attitude une façon de censure correspondant à celle longtemps exercée à l'encontre des œuvres théoriques de Rousseau : il est aussi fallacieux de circonscrire Beaumarchais comme l'auteur du *Mariage de Figaro* que de définir Rousseau comme romancier. Mieux vaut admettre que, dans le domaine esthétique également, la réflexion théorique définit un espace autonome, en ce qu'elle ouvre un champ à partir duquel une poétique devient simplement pensable. « On peut offrir cette remarque à une nation renommée... » (*Un mot sur la Mère coupable,* dernière phrase, p. 603).

PIERRE HARTMANN
Université de Strasbourg

Le XVIIIᵉ siècle dans la «Bibliothèque de l'Evolution de l'Humanité»

Annie Becq
Genèse de l'esthétique française moderne
De la raison classique à l'imagination créatrice,
1680-1814.
98,00 F

Professeur de littérature française à l'université de Caen, spécialiste du XVIIIᵉ siècle et du pré-Romantisme, l'auteur analyse l'histoire des idées esthétiques de la littérature française du XVIIIᵉ au Romantisme.

Jean Ehrard
L'Idée de Nature en France dans
la première moitié du XVIIIᵉ siècle
92,00 F

Avec cette œuvre classique, Jean Ehrard, grand spécialiste de la littérature française du XVIIIᵉ siècle, s'est attaché à la notion de nature, au moment où Newton et le cartésianisme s'apprêtaient à bouleverser les consciences. Cet ouvrage réunit science, littérature, théologie et morale.

Robert Mauzi
L'idée du bonheur dans la
littérature et la pensée française
au XVIIIᵉ siècle
85,00 F

Professeur de littérature à la Sorbonne, Robert Mauzi exerce une grande influence sur les spécialistes du XVIIIᵉ siècle. Cette grande thèse analyse minutieusement comment les hommes ont appréhendé la notion nouvelle de bonheur, ce sentiment qui a dominé la pensée du XVIIIᵉ siècle.

Jacques Proust
Diderot et l'Encyclopédie
(Octobre 1995)

Professeur émérite des universités, spécialiste de la littérature du XVIIIᵉ siècle, l'auteur fut l'un des premiers à s'intéresser à la place que l'Encyclopédie occupa dans la vie de Diderot et dans sa pensée politique.

Michèle Duchet
Anthropologie et histoire
au siècle des Lumières
Postface de Claude Blanckaert
(Octobre 1995)

Ce livre, paru pour la première fois en 1971, fut le livre-pionnier de l'histoire de l'anthropologie. En analysant le regard des hommes des Lumières sur le «bon sauvage», Michèle Duchet, professeur à l'E.N.S de Fontenay, saisissait l'anthropologie à un moment où, naissante, elle ne se distinguait pas de la philosophie.

A L B I N   M I C H E L
22, rue Huyghens - 75014 Paris

WANDA : DU MYTHE AU ROMAN

> Il y avait longtemps que l'Orient avait
> décidé que la femme est née pour obéir.
> Venda régna pourtant et glorieusement
> (Louis de Jaucourt).

En 1793, Sylvain Maréchal donne à un public en effervescence une pièce affectée d'un titre de la plus fraiche actualité, *Le Jugement dernier des rois*. Il s'agit d'une intrigue de politique-fiction où on voit les rois d'Europe (pape compris) conduits en exil par les sans-culottes sur une ile volcanique. Les souverains s'y entre-déchirent, avant de subir le juste châtiment de la nature : le volcan entre en éruption et « le feu assiège les rois de toutes parts ; ils tombent, consumés, dans les entrailles de la terre » [1]. Voilà donc réalisé ce qui était annoncé au début de la pièce : « La main de la nature s'empressera de ratifier, de sanctionner le jugement porté par les sans-culottes contre les rois, ces scélérats si longtemps privilégiés et impunis » (*éd. cit.*, p. 1311). La nature n'est donc pas sauvagement vengeresse, mais justicière, elle est le bourreau exécutant des condamnés dont la faute irréparable et monstrueuse avait été d'être rois. Et qu'est-ce qu'un roi, alors ? Non plus le lieutenant de Dieu sur la terre, mais un usurpateur, non plus le père de la patrie, mais un Saturne mangeur de ses propres enfants, non plus le bras de la justice, mais le suppôt de l'arbitraire et du caprice, non plus l'autorité de l'exemple, mais le parangon de la dissolution morale.

Dans le discours de Maréchal si fortement déterminé par son contexte, tout roi est le tenant d'un pouvoir nécessairement corrompu ; en somme, le résultat final du processus de dégradation de la monarchie décrit par Montesquieu dans le 8ᵉ livre de *L'Esprit des lois*. Il est donc légitime qu'il revienne à la nature d'exécuter la sentence sous les yeux réjouis des sans-culottes associés aux sauvages des iles voisines dans une fraternité primitive qui s'exprime par le langage des signes gestuels, mode de communication élémentaire par excellence. Le raisonnement

---

1. *Théâtre du 18ᵉ siècle*, éd. par J. Truchet (la Pléiade), t. II (1974), p. 1325.

---

sous-jacent est parfaitement stéréotypé : le roi est le produit suprême, soit suprêmement vicieux d'une civilisation corruptrice, abolie désormais et remplacée par le règne des simples et donc vertueux citoyens. Dès lors, il ne peut y avoir de bons rois ; un bon roi est un roi exilé ou raccourci [2].

Cependant, s'ils connurent le privilège confortable d'une réponse univoque, les sans-culottes n'eurent pas l'exclusivité de la question qui consistait à savoir ce que sont, respectivement, un bon et un mauvais souverain. Depuis qu'existent les livres et les rois, la littérature s'appuie sur le mythe, la légende et les reflets du réel pour constituer le corpus des exemples et des contre-exemples où à tous les saint Louis viennent faire méchante pièce les cousins de Popiel, ce roi légendaire polonais réactivé par les écrits édifiants du 16e siècle dans son statut de type du mauvais roi justement châtié par la sentence divine. Le succès de Popiel tient à la force de l'exemple autant qu'à la puissance des symboles qui s'associent dans son histoire. Fils du défunt roi, il monte sur le trône et épouse, sur le conseil de ses oncles, une princesse allemande ; mais le jeune roi se révèle un tyran cruel inspiré par son épouse qui est maléfique. Sous son conseil, Popiel fait empoisonner ses oncles et, prétextant une conspiration contre le roi, il leur refuse la sépulture. Les cadavres pourris alimentent une armée de rats qui seront les instruments du châtiment. Ils assiègent en effet le donjon où le couple royal s'est enfermé pour festoyer à plaisir. Mais rien n'arrête les rats qui finissent par dévorer le roi, la reine et leurs enfants. La tyrannie, le parenticide et la débauche sont punis : à mauvais roi, bons rats ! Voilà donc une histoire qui pourrait parfaitement servir *ad usum delphini* ; mais elle se prête aussi à une lecture plus symbolique où s'affirme la victoire du rat sur la ratière, c'est-à-dire le triomphe d'un ordre masculin (moral et politique) sur la fourberie et la luxure inspirées par la *femina-muscipula* [3], la femme-piège.

Dans *Le Jugement dernier des rois*, les rois sont tous mauvais, puisqu'ils sont rois. Mais un personnage est encore plus noir

---

2. Sur la pièce de S. Maréchal, on consultera avec profit J. Proust, « Le Jugement dernier des rois » dans *Approches des Lumières* (Paris, Klincksieck, 1974), p. 272-275 et B. Didier, « Le Jugement dernier des rois de Sylvain Maréchal » dans *Écrire la Révolution 1789-1799* (Paris, P.U.F., 1989), p. 171-180.

3. Pour une généalogie de l'histoire de Popiel et pour ses implications symboliques et littéraires, voir J. Berchtold, *Des rats et des ratières, anamorphoses d'un champ métaphorique de saint Augustin à Jean Racine* (Genève, Droz, 1992), p. 57-95, 130-147.

que les autres : c'est l'impératrice Catherine II qui essuie non seulement la fureur politique des sans-culottes, mais aussi les effets d'une longue tradition de misogynie. Non contente de tenir le sceptre, la voici femme, de surcroit. C'en est assez pour doubler d'un procès en mauvaises mœurs toutes les accusations de tyrannie : « Voici Sa Majesté Impériale de toutes les Russies ; autrement, madame de l'Enjambée ; ou si vous aimez mieux, la Catau, la Sémiramis du Nord : femme au-dessus de son sexe, car elle n'en connut jamais les vertus ni la pudeur. Sans mœurs et sans vergogne, elle fut l'assassin de son mari, pour n'avoir pas de compagnon sur le trône, et pour n'en pas manquer dans son lit impur » (p. 1319). Au milieu de ses pairs couronnés, Catherine est la plus débauchée, la plus violente, la plus autoritaire, la plus avide et aussi, naturellement, la plus farouche ennemie des Jacobins.

Les annales légendaires de la Pologne qui avaient offert aux auteurs édifiants du 16ᵉ siècle, en la personne du roi Popiel, un motif particulièrement pertinent, fourniront plus tard une autre figure, féminine celle-ci et (apparemment du moins) positive : la princesse Wanda. Selon la légende rapportée par les mêmes chroniqueurs polonais qui avaient fait la célébrité de Popiel (Kadlubek, Dlugosz, Cromer, Fulstyn), Wanda était la fille du roi Krak ou Cracus, fondateur et premier souverain de Cracovie. A la mort de ce dernier, vers le milieu du 8ᵉ siècle, les deux frères de Wanda se disputèrent le trône ; le plus jeune assassina l'aîné, puis tomba dans un désespoir qui le conduisit à la mort. Le peuple choisit alors Wanda pour souveraine, en dépit du principe du gouvernement des mâles, mais en vertu des qualités exceptionnelles de Wanda en qui s'unissaient la beauté, le courage, la chasteté, la piété et l'intelligence. La princesse règne ainsi pour le bonheur de ses sujets, mais sans partage, car elle a fait vœu d'une virginité offerte aux dieux protecteurs du royaume. Or un prince allemand, Ritiger, convoite la reine autant que son royaume et tente de se les approprier par la force. Wanda se met à la tête de son armée et part au-devant de l'agresseur. En la voyant, belle, fière et vaillante, telle une sublime apparition, les soldats de Ritiger se rendent ; l'ennemi est vaincu. Wanda rentre à Cracovie où l'attend un triomphe glorieux. Mais au lieu de recevoir les honneurs de ses sujets, Wanda s'offre elle-même en sacrifice aux dieux. Du haut d'un pont, elle se jette dans la Vistule et disparait dans les flots. La couronne est alors remise par le peuple à un artisan nommé Premislas.

Il est intéressant de signaler au passage qu'une légende fort semblable figure dans les annales de Bohême à la même époque [4]. Le roi Krok a trois filles. Avant de mourir, il transmet le pouvoir à la cadette, Libusa, dont l'intelligence et la grandeur d'âme n'ont d'égales que la beauté. Sous la pression du peuple qui veut être gouverné par un homme, Libusa épouse Premislas, un paysan fort sage ; le couple gouverne à la satisfaction générale et fonde la ville de Prague. A la mort de Libusa, un groupe de jeunes filles menées par Wlasta se révolte et tente de s'emparer du pouvoir, une guerre s'ensuit où les troupes de Premislas auront mille peines à faire front aux farouches amazones de Wlasta. L'une et l'autre légende, dont la parenté est évidente [5], associent au motif de la fondation de la ville-capitale la question du partage du pouvoir entre les sexes. On observe ainsi qu'en évoquant l'épisode de Wanda dans son article POLOGNE de l'*Encyclopédie*, Jaucourt focalise la légende sur cette question de la femme au pouvoir : « L'an 750, les Polonais n'avaient pas encore examiné si une femme pouvait commander à des hommes ; il y avait longtemps que l'Orient avait décidé que la femme est née pour obéir. Venda régna pourtant et glorieusement ; la loi ou l'usage phallique de la France fut ensuite adopté par la Pologne ».

Wanda est une héroïne en qui se croisent plusieurs grands mythes de la féminité : c'est la vestale, c'est la reine céleste triomphant dans sa virginité, c'est l'amazone impérieuse. Un tel cumul est rare et il suffirait à justifier le succès de Wanda parmi les prosateurs et les dramaturges français [6]. Cependant, une lecture attentive des textes laisse apparaitre que l'histoire de Wanda suscite moins de curiosité et d'étonnement que de malaise. Car si l'héroïne est glorieuse, elle n'en est pas moins dérangeante. Souveraine élue, femme-souveraine, rétive aux appels du mariage et de la maternité, femme-soldat, suicidaire enfin : voilà qui, pour un seul personnage, faisait beaucoup d'écarts et de bizarreries. Le matériau était béni pour les compilateurs de chroniques, pour ces chasseurs d'étrangetés propres à charger l'image d'un passé considéré comme obscur et barbare. Mais il n'en allait pas ainsi pour les créateurs soucieux de satisfaire le gout et la réflexion

---

4. Voir P. Samuel, *Amazones, Guerrières et Gaillardes* (Bruxelles, Éditions Complexe, 1975), p. 36-43.

5. La parenté des légendes des origines tchèques et polonaises a été exposée par A. Brückner, *Dzieje kultury polskiej* (Varsovie, 1957), t. I, p. 144-160.

6. En Pologne, A. Brückner fait état de 165 œuvres littéraires fondées sur le motif de Wanda.

de leur public en réactualisant la figure d'un personnage de légende. Ainsi, l'histoire de Wanda, abondamment répercutée au 18ᵉ siècle, ne sera pas offerte aux lecteurs comme un simple récit prolongeant la vie d'une légende intéressante, parce qu'exotique (à tout point de vue), mais comme une entreprise de purification, de correction, de redressement d'un motif proprement scandaleux.

Au siècle de la raison, les historiens commentent l'épisode en lui cherchant des explications. L'abbé Desfontaines, dans son *Histoire des révolutions de Pologne* (Amsterdam, 1735), conclut : « C'est dommage de voir cette grande princesse devenir folle après cet évènement [la victoire contre les ennemis]. Elle le regarde comme une marque de faveur de ses Dieux Tutélaires, et elle croit devoir leur en témoigner sa reconnaissance, par le sacrifice le plus étrange, où elle servit elle-même de victime : enfin elle se précipita dans la Vistule » (p. 4-5). Le sacrifice, le suicide, trouvent ainsi une justification médicale : c'est la démence. Le vœu de virginité est expliqué, lui, en 1770, par André-Guillaume Contant d'Orville, selon des motifs politiques et psychologiques très simples : « Cette Princesse, si l'on en croit les auteurs polonais, était d'une grande beauté, d'une vertu irréprochable, et d'un courage au-dessus de toute expression, mais fière, ambitieuse et incapable de céder à la prudence ou à la politique, pour peu que son autorité ne fût compromise [...]. L'orgueilleuse Princesse jure publiquement qu'elle ne sera jamais assez lâche pour partager son trône avec un mortel »(*Les Fastes de la Pologne et de la Russie,* Paris, 1770, p. 5-6) ; de même Antoine Hornot écrira, toujours en 1770 : « elle s'était engagée, par un vœu exprès, de garder une perpétuelle virginité, peut-être pour avoir un prétexte plausible d'écarter ceux qui prétendaient à sa main » (*Anecdotes du Nord...*, Paris, 1770, p. 6). On le voit : en rendant compte d'une histoire qu'ils jugent pleine d'invraisemblances, les auteurs sont poussés à fournir des explications recevables (ou prétendues telles).

La carrière littéraire de Wanda en France semble commencer au milieu du 17ᵉ siècle. On note en 1644, au collège de Troyes, la représentation d'une tragédie intitulée *Vende ou le triomphe et le sacrifice de la chasteté*. Le titre laisse à penser que ce spectacle répondait à la mission primordiale dévolue au théâtre dans les collèges de l'époque, soit à l'édification morale. Tout autre, en revanche, est l'orientation de la tragi-comédie de Gillet de la Tessonerie, *Sigismond, duc de Varsau* (Paris, 1647). L'avertissement précise qu'en dépit du titre de la pièce, c'est bien l'histoire de Wanda qui en est le prétexte. « Vanda, reine de

Pologne, régna en l'an 750 et quitta volontairement la couronne, après avoir gagné une bataille contre un de ses sujets qui voulait la contraindre à l'aimer ». La tournure euphémique évoquant la fin de la reine en terme de simple retrait n'est pas innocente. Gillet de la Tessonerie s'en prend en effet au règne de la femme, sur le plan temporel autant que spirituel. C'est pourquoi il assortit l'héroïne d'un Sigismond, duc de Varsovie, sujet d'autant plus fidèle à la reine qu'il en est amoureux. L'intrigue aura donc un double enjeu : il s'agira, pour l'homme, au demeurant affecté d'une vertu de type chevaleresque, de conquérir le cœur d'une femme idéalisée (elle possède toutes les qualités du corps, de l'esprit et du cœur, qualités rehaussées par le choix de la virginité) et, par la même occasion, de redresser une anomalie en offrant à la couronne une tête mâle. L'entreprise consiste donc à apprivoiser un idéal, une *farouche vertu*, ce que le héros parviendra à réaliser dans un *happy end* d'une rare ambigüité. Consommé sous la forme d'un mariage, le sacrifice de Wanda n'est plus un effacement devant la vie, une immolation de l'être vivant, mais un renoncement au statut d'exception, à une pureté symbole d'élévation, à l'incarnation du sublime. La victoire du héros veut être une fin heureuse ; elle a cependant pour prix la profanation de l'idéal féminin. Notons que l'auteur dédie sa pièce à la Reine régente, Anne d'Autriche qui est précisément en train d'exercer le pouvoir par procuration, flanquée d'un héros-cardinal qui fut peut-être son époux. En tout cas, les termes de l'*Épitre dédicatoire* éclairent pleinement les enjeux et les motifs de cette adaptation de la légende polonaise.

Madame, ce n'est pas sans raison que je présente cet ouvrage à Votre Majesté, puisqu'il est la peinture parlante d'une reine dont le mérite est d'avoir donné de l'admiration à toute la terre ; les rares qualités qu'elle posséda forcèrent la politique de son pays de faire justice à son sexe, et changeant en sa faveur la forme de l'État qui n'admettait que des hommes au souverain gouvernement, obligèrent le peuple de lui donner par succession la couronne d'un royaume qui fut toujours électif. Aussi ne gouverna-t-elle pas longtemps sans faire avouer que si son sexe l'empêchait d'être au nombre des héros, sa vertu la mettait au rang des plus grandes âmes, et qu'enfin en un corps de femme l'on pouvait porter un cœur véritablement mâle et généreux.

Wanda pouvait ainsi rester telle qu'en elle-même, pourvu qu'elle voulût bien se métamorphoser en Sigismond. Son statut de femme et d'héroïne, Wanda le recouvra dès le début du 18ᵉ siècle, à l'orée d'une époque instituant et célébrant le règne de la femme, un règne il est vrai postiche, puisqu'il n'avait à s'exercer que sur l'univers de la fiction, du roman.

En 1705 parait la première édition d'un roman anonyme, qui sera promis à une assez belle fortune, sous le titre : *Venda, reine de Pologne ou l'histoire galante et curieuse de ce qui s'est passé de plus mémorable en ce temps-là* [7]. La dédicace à la duchesse douairière de Radziwill, née princesse d'Anhalt, permet de supposer que l'auteur (désigné par les initiales A.T.) est un homme qui aurait épousé une personne appartenant à la suite de la dédicataire [8]. En tout cas, le roman est assez bien enlevé et présente, par rapport au motif initial, un enrichissement considérable qui touche aussi bien la technique de narration que le contenu de l'intrigue.

Un narrateur impersonnel raconte assez rapidement les évènements qui devaient conduire au sacrifice de Venda. Le contexte général de la légende originelle est pimenté par la présence de deux réfugiés prussiens à la cour de Cracovie (Thorixenne et son frère Polemir), par l'existence d'une Casimire, belle princesse permettant de dédoubler les intrigues amoureuses, par les manigances d'un orgueilleux général, Sisifroy, qui a un fils vertueux, Premislas. Après la mort de l'héroïne, Casimire fait à Thorixenne le récit rétrospectif des aventures de Venda. On y apprend, notamment, que la jalousie haineuse et fatale des deux frères de Venda n'était pas motivée par un désir de pouvoir, mais par le désir tout court, les deux frères nourrissant une même passion incestueuse à l'égard de leur parfaite sœur. Venda qui n'est pas, ici, cet être surhumain inaccessible éprouve quelque sentiment à l'endroit de Premislas (sentiment évidemment partagé), mais c'est le père de celui-ci, Sisifroy, qui prétend épouser Venda. Il y aura encore une histoire insérée, celle de Thorixenne, puis on retrouve le discours du narrateur pour le récit d'un extraordinaire coup de théâtre. Premislas rentre victorieux d'une campagne militaire (car le royaume est menacé de l'extérieur, en même temps que la

---

7. La Haye, 1705. Il y aura encore une édition à Amsterdam, en 1706, puis deux à Paris, en 1713 et 1718 ; c'est l'une de ces deux éditions qui est citée, sans date, par Langlet-Dufresnoy, dans sa « Bibliothèque des romans », *De l'usage des romans* (Amsterdam, 1734), t. II, p. 119.

8. « J'ai pris chez vous, Madame, celle à qui Dieu avait destiné de m'unir pour le reste de mes jours ; je prends part à l'honneur qu'elle a eu de se former auprès de Votre Altesse Sérénissime » (Épitre à la duchesse douairière de Radziwill). L'auteur du roman pourrait être Antoine Teissier, né à Montpellier en 1632, mort en 1715 à Berlin où il avait émigré après la Révocation de l'Édit de Nantes. Devenu historiographe du roi de Prusse, il publia, outre de nombreuses traductions, un *Théophraste en vers ou vérités sur les mœurs de ce siècle* (Paris, 1701).

princesse est harcelée dans son propre château) et tombe dans le désespoir en apprenant la nouvelle du sacrifice de Venda. Ce sacrifice n'était d'ailleurs pas, comme dans la légende, la conséquence d'un vœu ; c'était ici l'ultime issue offerte à la princesse qui ne voulait pas céder aux violences de Sisifroy. Premislas s'en va prier dans un temple au bord de la Vistule où il entend la voix de Venda. Celle-ci s'avère en effet vivante, car elle avait été retirée des eaux par le prêtre du temple. Les amants réunis peuvent se marier et Premislas devient roi.

Ce qui est très remarquable et tout à fait nouveau, dans ce roman, c'est la complication du réseau des intrigues amoureuses où apparaissent les motifs de l'inceste, de la rivalité entre père et fils et où sont affectés d'une énergie renouvelée ceux de l'amour entre représentants de nations différentes, de l'entreprise de séduction par force, de la jalousie fratricide. Au milieu d'un tel contexte, l'héroïne ne saurait se cantonner dans le rôle de vestale intouchable ou dans celui de victime sacrificielle. C'est une femme considérée dans son identité psychologique particulière, une identité qui se révèle à elle-même dans le miroir des passions nourries autour de sa personne. Venda est devenue une héroïne typique de roman, un personnage apparemment individualisé dont la vie particulière peut être considérée comme un exemple de destinée féminine caractéristique [9]. A cet égard, le dénouement inventé par l'auteur est significatif. Il prétend, en effet, dans son épître dédicatoire, que son invention visait d'abord à ménager les sentiments et l'adhésion du lecteur :

Elle [Venda] se signala tant qu'elle vécut par toutes les vertus qui doivent concourir à former une âme véritablement royale ; mais la fermeté et le courage qu'elle témoigna dans la cause et le genre de sa mort, se peuvent appeler des prodiges, qui en leur temps surpassèrent infiniment la gloire de sa vie, toute merveilleuse qu'elle avait été. C'est dans cette époque de son règne qu'elle est représentée, on en a un peu adouci l'évènement pour apaiser le lecteur du chagrin de voir si tôt et si funestement terminer cette belle vie ; cependant cet adoucissement ne diminue en rien le merveilleux qui se rencontre dans un pareil évènement, il ne fait qu'y ajouter une circonstance qui le rend beaucoup plus agréable et l'on doit savoir gré à l'auteur de l'avoir imaginée.

Mais le lecteur se plaira surtout à voir ainsi se résoudre le dilemme mis en scène par Gillet de la Tessonerie, où l'issue se

---

9. Pour un développement de ce trop rapide raccourci, voir P. Fauchery, *La destinée féminine dans le roman européen du 18e siècle* (Paris, 1972).

présentait dans les termes d'une stricte alternative : le sacrifice aux dieux ou le sacrifice à l'amant, la victoire du divin ou la victoire de l'humain qui était plus exactement la victoire de l'homme. Avec la fausse mort de Venda, le romancier de 1705 se donnait le moyen de figurer le passage du divin à l'humain, du féminin à la femme, du mythe au roman. Cette femme s'en trouvait d'autant plus inapte à tenir les rôles impossibles que la légende voulait lui attribuer. Ainsi, au terme du roman, Venda n'est plus reine, elle n'est plus vierge, elle n'est plus morte. On se demande seulement pourquoi le romancier ne l'a pas fait gouter aux joies de la maternité ; tout fût alors pleinement rentré dans l'ordre [10].

Le roman connut quatre éditions jusqu'en 1718, puis il fut publié intégralement, en 1741, dans un volume des *Amusements des dames ou recueils d'histoires galantes des meilleurs auteurs du siècle* (La Haye, t. 6, 1741, p. 355-455) pour être enfin largement commenté dans une livraison de la *Bibliothèque universelle des romans* (Paris, mai 1777, p. 11-18).

Mais, entre-temps, un épigone de Voltaire désavoué par son maitre, Michel Linant, avait donné une tragédie, *Vanda, reine de Pologne* (Paris, 1751), présentant une nouvelle forme de manipulation du motif originel. Le contexte polonais permettait à l'auteur de concentrer l'enjeu et les circonstances de la tragédie autour des questions de l'élection du souverain, du pouvoir de la femme, des brigues étrangères. Dans l'intrigue échafaudée par Linant, Vanda hérite de la couronne qu'avait convoitée Premislas, palatin de Sandomir, ainsi que Volomir, jeune roi du Danemark. Celui-ci a une sœur, Ulrie, aimée de Premislas, mais cet amour est impossible, car il n'est pas agréé à la cour danoise. Devant une double adversité, Premislas enlève Ulrie et s'en va rejoindre les troupes du prince hongrois Tabor, lequel cherche à épouser Vanda par la force des armes. Le roi du Danemark se rend en Pologne dans la double intention de venger sa sœur et d'épouser Vanda. Or celle-ci, qui a mis en fuite les soldats de Tabor, s'avère

---

10. Recommandé à Voltaire par Cideville, Linant avait été engagé comme précepteur du fils de Mme du Châtelet. Voltaire n'en était guère satisfait et il écrivait à Cideville, le 31 mars 1734 : « Je n'ai pas perdu toute espérance sur Linant. Je ne crois pas qu'il ait jamais un talent supérieur, mais je crois qu'il sera un ignorant inutile aux autres et à lui-même. Plein de gout, et d'esprit sans imagination, il n'a rien de ce qu'il faut, ni pour briller ni pour faire fortune ; il a la sorte d'esprit qui convient à un homme qui aurait vingt-mille livres de rente » (Best. D 715).

éprise de son ennemi Premislas ; elle lui offre le mariage et la couronne, mais le cœur de Premislas appartient à Ulrie. Cette inadéquation générale des sentiments engendre toutes sortes d'intrigues sous très haute tension, jusqu'au dénouement tragique où on assiste au suicide de Vanda, vaincue par le dépit amoureux. En refusant l'offre de Vanda, Premislas prononce ces vers significatifs (II, sc. 3) :

> Maitresse de l'État, qui serait votre maitre ?
> En devez-vous avoir ? Sachez mieux vous connaitre :
> Votre âme est sage, grande, incapable d'effroi ;
> C'est l'âme d'un héros : Madame, soyez Roi ;
> La Pologne en veut un, non une souveraine,
> Ses arrêts, devant vous, vont se taire sans peine ;
> Mieux que nous la nature a voulu vous traiter ;
> Elle vous excepta, la loi doit l'imiter ;
> Et quoi que contre vous, son caprice publie,
> Parlez, daignez paraitre ; à l'instant on l'oublie,
> Vous avez un attrait plus puissant que ses droits.
> Et qui change le cœur, peut bien changer les lois.

Au contraire de la tragi-comédie de Gillet de la Tessonerie et du roman de 1705, le texte de Linant n'édulcore par le sort de Vanda. C'est, après tout, une tragédie et la mort de l'héroïne était imposée ne fût-ce que par les lois du genre. Mais cette mort est bel et bien tragique parce qu'elle est la seule issue d'un conflit irréductible entre les deux faces de Vanda : l'héroïne, d'une part, qui est un *héros, exceptée* par la *nature*, non une *souveraine* mais un *roi*, un être supérieur justifiant jusqu'au bouleversement des lois et, d'autre part, la femme qui aime et qui souffre, parce que sa grandeur sublime l'exclut de ce monde où l'amour peut s'épanouir. L'élection de Vanda, résultat des suffrages conjoints de la nature et du peuple, implique une transgression des lois de la nature, comme de celles des hommes. Or, si ces dernières s'avèrent susceptibles d'adaptation, les premières se rappelleront à Vanda comme une fatalité. La femme pourrait régner et présenter aux hommes la figure triomphalement abstraite de la force, de la beauté et de la vertu, à condition qu'elle abandonne au pied du trône sa condition de femme. Linant raconte en somme le drame d'une femme appelée à n'être plus qu'une figure allégorique [11].

---

11. Il est difficile de mesurer le succès de cette tragédie auprès du public. Le texte est aujourd'hui presque introuvable, dans l'unique édition connue qui parut, avec des pièces d'autres auteurs, sous le titre collectif de *Recueil de*

Lorsque la *Bibliothèque universelle des romans* présente, en 1777, une sorte de bilan de la carrière de Wanda dans le siècle, elle ne manque pas de signaler l'œuvre de Linant. Le projet de ce périodique à l'audience respectable consistait, en ce qui concerne l'histoire de Wanda, dans une remontée aux origines de la légende, dans l'exposé d'un récit qui fût, selon l'intention des auteurs tout au moins, le plus proche possible des sources polonaises. L'intention sera bien vite démentie par les nombreuses traces de jugements, par l'expression constante de cette distance séparant le narrateur de l'objet de son récit. Voici, par exemple, le portrait de Wanda où se révèlent en même temps des lectures et des opinions :

> Celle-ci était une de ces beautés dignes d'être célébrées par les historiens et poètes du Nord. Sa taille était haute, son regard fier, son âme élevée : elle avait presque dès l'enfance suivi son père aux combats et, dans les dernières années du règne de Cracus, il lui avait donné lui-même des leçons de politique ; en un mot, cette princesse était capable de vaincre et de gouverner. Mais appelée au trône par sa naissance et par le libre choix des Polonais, elle ne voulait le partager avec personne. Elle craignait d'être dominée et séduite par un époux. Elle se résolut donc de ne se jamais marier ; et, pour s'en ôter les moyens, elle se plaça elle-même au rang des vierges consacrées aux dieux qu'adorait alors la Pologne. Cette résolution lui procurait un nouvel avantage : elle devenait à la fois Prêtresse, Prophétesse, Générale et Souveraine de sa nation (*éd. cit.*, p. 12-13).

Wanda répond donc à des idées reçues véhiculées par la littérature (elle confirme les portraits élaborés par les historiens et les poètes) et, d'autre part, elle s'affirme comme souveraine bien moins sublime qu'absolue ; ce n'est pas une reine d'exception, digne d'être roi, mais une ambitieuse qui cherche à régner sans partage. Voilà qui rappelle singulièrement les propos des historiens Desfontaines, Contant d'Orville ou Hornot ; et ce rapprochement ne tient pas du hasard, puisque c'est probablement Contant d'Orville lui-même qui a rédigé le texte de la *Bibliothèque universelle des romans* dont il était l'un des principaux rédacteurs [12]. Le même genre de suspicion vient teinter les explications que

---

tragédies. L'avertissement indique que « Cette tragédie qui fut jouée pour la première fois le 17 mai 1747, n'eut que six représentations ; mais elles furent assez considérables ». Cependant l'abbé de Laporte écrit dans son *Dictionnaire dramatique* (Paris, 1776), à l'article « Linant », que *Vanda* « tomba à la première représentation ».

12. Voir R. Poirier, *La Bibliothèque universelle des romans* (Genève, Droz, 1976), p. 22-24.

le rédacteur s'efforce d'inventer pour justifier l'incompréhensible suicide de Wanda : « Après avoir joui quelque temps de sa gloire et de sa liberté, Vanda crut pouvoir n'y rien ajouter que le sacrifice de ses jours aux dieux barbares de son pays. On ne sait si ce fut par un effet de sa seule superstition, ou par un principe de gloire et de vanité mal entendu ou enfin, par la crainte que quelque sentiment tendre n'amollît son courage et ne ternît sa réputation, qu'elle s'y détermina » (p. 16).

Dans ce concentré de récit présentant toutes les caractéristiques d'une rubrique du *Reader's digest*, le lecteur peut suivre le fil de la légende dans un récit qui prétendait reconstituer fidèlement les leçons des sources polonaises. Or, bien que reprochant aux romanciers et dramaturges français d'avoir traité leur sujet avec trop de liberté et surtout, de n'avoir pas « conformé [leur récit] au costume et aux mœurs polonaises du 18e siècle » (p. 11), le rédacteur exprime clairement (quoique de façon implicite) les raisons pour lesquelles la légende polonaise avait fait l'objet de manipulations dans les œuvres de fiction. Certes, les costumes et les mœurs polonaises du 18e siècle n'y étaient pas reconstitués, mais c'étaient bien des opinions courantes françaises de l'époque qui s'y déployaient. L'histoire de Wanda qui implique en elle-même le motif de l'étranger incapable de respecter l'identité particulière de la princesse, présentait une héroïne parfaitement exotique, dont le statut de femme souveraine et le comportement de victorieuse sacrifiée ne pouvaient être admis tels quels. Les auteurs avaient alors le choix entre deux solutions, entre deux attitudes qui pouvaient s'exprimer, respectivement, dans des configurations textuelles ou des genres différents. Dans les œuvres purement littéraires (œuvres de création), la légende fit l'objet d'adaptations qui permettaient une assimilation. C'était le contraire des textes à vocation documentaire, comme la *Bibliothèque des romans* ou les œuvres relevant de l'historiographie, qui véhiculaient, dans leurs commentaires, des jugements confinant l'héroïne exotique dans sa situation d'étrangère, d'aliénée, princesse d'un pays dévolu à des divinités *barbares*.

Au théâtre et dans le roman, cet épisode du mythe des origines polonaises est intégré dans un univers de pensée particulier qui n'est d'ailleurs pas immuable ; là, Wanda sert de support à l'énoncé d'interrogations politiques, philosophiques et esthétiques fondamentales portant sur le rapport des sexes face au pouvoir, sur le statut politique et psychologique de la femme, sur la relation entre l'être humain et la figure, sur la communication entre l'écrivain et son lecteur. Les réponses sont évidemment inspirées par l'espace culturel de l'énonciation qui ne correspond pas, tant s'en faut, au pays et au temps historique de Wanda. De leur côté, les propos commentatifs des historiens (comme des rédacteurs de la *Bibliothèque des romans*), tiennent le mythe polonais comme à distance, tel un objet d'évaluation, et le renforcent par là-même dans son inexplicable étrangeté. Mais qu'il s'agisse d'assimilation ou d'éloignement, c'est toujours le même problème qui se pose et qui dérange ; c'est celui qu'avait si lucidement compris Mme de Staël lorsqu'elle écrivait, en 1793 (soit alors même que Maréchal donnait son *Jugement dernier des rois*), ses *Réflexions sur le procès de la reine*. « On cherche bassement à déjouer le respect que doit inspirer la reine, par ce genre de calomnie dont il est si facile de flétrir toutes les femmes » (*Œuvres complètes*, t. I, 1844, p. 28) ; et, plus loin, « quand une princesse illustre est livrée à l'outrage, je mesure la chute et je souffre à chaque degré » (p. 31). Le parcours de Wanda n'est certes pas aussi tragique, mais il suit le même mouvement. De degrés en degrés, nous la voyons rentrer dans le rang en devenant de moins en moins roi et même de moins en moins reine, de plus en plus femme ; de moins en moins figure et de plus en plus personnage. Ce processus la préservait au moins de la fureur excitée contre Catherine de Russie, souveraine obstinée, ou contre Marie-Antoinette, cette étrangère qui était fille et épouse de roi. Repêchée des flots de la Vistule, descendue de son trône, Wanda pouvait alors vivre en héroïne, en héroïne de fiction [13].

FRANÇOIS ROSSET
Université de Lausanne

---

13. Cette vie de personnage devait se prolonger sous des formes diverses au 19e siècle. La Wanda de Vigny, princesse russe révoltée contre l'autorité arbitraire du tsar, la Vanda de *L'Envers de l'histoire contemporaine* de Balzac, fille d'un mariage franco-polonais, figure sublime de l'esprit exacerbé dans un corps malade ou encore, la *Vénus à la fourrure* de Sacher-Masoch, Wanda issue d'un motif autobiographique et traduite en mythe de l'amazone impérieuse du Septentrion.

DERJAVINE, POÈTE RUSSE

Le nom de Gavrila Romanovitch Derjavine (1743-1816) symbolise le génie poétique dans l'histoire littéraire russe ; c'est l'un des plus grands poètes russes, précurseur de Pouchkine. Descendant d'une famille noble, mais ruinée, d'origine tatare, qui se mit au service de la Moscovie sous Vassilij Temnij au 15ᵉ siècle, il incarne l'idée principale du 18ᵉ siècle russe, née à l'époque de Pierre le Grand : la valeur d'une personne est dans ses propres mérites. Toute sa vie, il a considéré que son devoir était de servir la société et son œuvre s'inscrit dans cette perspective. Ses mémoires *(Zapiski iz izvestnykh vsem proischestviev i podlinnykh del, zakljutchajuchtchie v sebe jizn' Gavrily Romanovitcha Derjavina)* (1813) offrent le récit d'une vie agitée, pleine de troubles. Autour de 1780, il a fait dans la littérature russe une entrée brusque et triomphante. Il avait alors quarante ans. C'était tard au regard des autres poètes russes de son âge ou plus jeunes (Fonvizine, N. L'vov, V. Kapnist, H. Bogdanovitch) qui avaient déjà gouté la gloire et pris part aux querelles littéraires de l'époque dont Derjavine n'avait pas une idée bien claire.

Pendant que ses futurs confrères se querellaient à propos de littérature, il grimpait les échelons de la hiérarchie sociale : après des études au lycée de Kazan, il débuta comme simple soldat. A cause de sa pauvreté, il vécut dans les casernes de Saint-Pétersbourg avec des soldats recrutés parmi les paysans. C'est à eux qu'il adressa ses premiers vers. Comme il faisait souvent partie de la garde, il a été témoin de grands évènements ; la chute de Pierre III et l'accession au trône de Catherine II ; il a ainsi assisté au spectacle impressionnant du coup d'État et de la conduite audacieuse de sa future « Felitza ».

Gouverneur des régions d'Olonetz et Tambov, secrétaire d'État et sénateur sous Catherine II, ministre sous Paul Iᵉʳ et Alexandre Iᵉʳ, Derjavine servit quatre souverains, mais il resta toujours un homme de devoir, droit et honnête. Pendant sa longue vie, nulle douleur, nulle trahison ne put le contraindre à changer. Il a dit à son sujet : « Je suis un diable pour la vérité » [1]. Derjavine

---

1. D. D. Blagoï, *Istorija russkoj literatury XVIII veka* (Moscou, 1951), p. 486.

ne cachait la vérité à personne : d'augustes personnalités furent souvent contraintes d'entendre rapports, projets, observations marqués au coin de la franchise. Catherine II était la plus tolérante, mais elle ne supporta pas longtemps la liberté de son « mourza » qui voulait toujours voir en elle sa Felitza : la souveraine idéale. A la mort de l'impératrice, Derjavine a écrit dans ses *Zapiski* : « Peut-être parce qu'en voyant les ruses de la cour et les incessants affronts dont il [Derjavine se désigne à la troisième personne] était victime, il ne put trouver le courage de lui [à Catherine] écrire des éloges aussi délicats que ceux qu'il avait écrits loin de la cour — puisque les choses qui de loin lui paraissaient divines et enflammaient son imagination lui parurent de près bassement humaines et indignes de la grande Catherine —, son esprit se refroidit et il ne put rien écrire à sa louange d'un cœur ardent et sincère » [2].

On a oublié son rôle public, mais sa poésie demeure. Son génie n'entre pas dans les normes étroites d'un courant littéraire. Les critiques se sont longtemps demandé s'il appartenait au classicisme, au réalisme, au préromantisme ou au baroque russes. Pavel Naoumovitch Berkov a montré la vanité de ces efforts, car la poétique de Derjavine ne se soumet à aucune norme [3]. Sa poésie lyrique, le genre principal de son œuvre, prend en compte tout ce qu'offrait son époque.

Au cours des années 1760-1770, se développe dans la littérature russe une grande discussion entre les successeurs de Lomonossov et l'école de Soumarokov à propos de l'ode et des formes littéraires du classicisme [4] — ces deux groupes étant eux-mêmes attaqués par les écrivains qui se sont orientés vers le réalisme et la prose. A la même époque, apparaissent les premiers signes du sentimentalisme russe chez les disciples de Soumarokov.

Dernier grand représentant du classicisme, Derjavine a réuni la poésie pathétique de Lomonossov et la poésie « de chambre », philosophique et méditative, du groupe de Soumarokov et Kheraskov (Gukovskij, *ouvr. cit.*, p. 193-201). Comme il ne possédait

---

2. G. R. Derjavine, *Sotchinenija s objasnenijami i primetchanijami J. Grota* (Saint-Pétersbourg, 1876), t. 6, p. 669-670.
3. P. N. Berkov, « Derjavine i Karamzine v istorii russkoj literatury kontza XVIII-natchala XIX veka », *XVIII vek, Derjavine i Karamzine v literatournom dvijenii XVIII-natchala XIX veka*, n° 8 (1970), p. 13.
4. Voir Y. N. Tynjanov, « Oda kak oratorskij janr », *Poetika, Istorija literatury, Kino* (Moscou, 1977), p. 227-252, et G. A. Gukovskij, *Russkaja poezija XVIII veka* (Leningrad, 1927), p. 183-186.

pas une instruction solide et qu'en raison de ses activités, il était souvent éloigné des capitales littéraires de la Russie, il ne prit pas part aux querelles. Pendant une vingtaine d'années, il garda pour lui ce qu'il écrivait : vers parodiques, burlesques ou érotiques. Ses « maîtres » étaient Lomonossov et Soumarokov, mais aussi leurs successeurs, Vassilij Petrov et Kheraskov. Derjavine écrivit à la manière des uns et des autres et resta très longtemps un « apprenti ».

Il connut la gloire brusquement avec son ode *Felitza* adressée à Catherine de Russie et publiée en 1783. Jusque-là, la forme lyrique la plus répandue était, malgré les attaques des disciples de Soumarokov, l'ode panégyrique illustrée par Lomonossov. Dans ce genre, le principe essentiel de l'organisation du texte est la fantaisie de l'auteur qui permet le libre emploi d'images d'origines différentes : dieux grecs et latins, personnages et topoï folkloriques, héros nationaux (Ivan le Terrible, Alexandre Nevskij, Pierre le Grand ; selon la tradition littéraire russe et l'Antiquité, l'histoire nationale offre un idéal à imiter). Le poète dispose librement en un « beau désordre » les différents épisodes passés et présents. Dans l'ode de Lomonossov, l'espace est semblable à celui des chants épiques du folklore et de la littérature médiévale (la « letopis' », la chronique historique) : large et vaste, embrassant les frontières immenses de la « terre russe », avec les lieux caractéristiques de l'espace national russe. Dans l'ode de Lomonossov, le poète parle au nom de la nation [5]. Le classicisme russe gomme les traits personnels ; le poète est dans la position du citoyen consacrant sa vie au devoir public. Le destinataire de l'ode est le souverain idéal et éclairé, « travailleur sur le trône » selon la définition donnée à Pierre le Grand. Dans les textes des années 1730-1770, l'image du monarque éclairé (Pierre Ier compris) n'est pas plus individualisée que celle du poète et quand sont fournis des attributs individuels, ils gardent toujours un sens général et abstrait et correspondent à la personnalité idéale et désirée par les théories sociales des Lumières. Le modèle sur lequel Lomonossov construit son ode correspond à son interprétation théorique du système classique des genres et des styles (la célèbre « théorie des trois styles ») et à sa vision du lyrisme. L'ode est écrite dans un style élevé, basé sur le lexique slave ecclésiastique, principalement tiré de l'ancien bulgare.

---

5. Pierre R. Hart, « Continuity and change in the Russian ode », *The Russian Literature in the age of Catherine the Great* (Oxford, 1976), p. 56-58.

Conformément aux normes classiques et à celles de l'ode, le vocabulaire « bas » et « moyen » de la vie quotidienne est proscrit. Par le choix des symboles et des métaphores, l'emploi de couleurs éclatantes et vives (or, pourpre, bleu, vert, blanc), la fréquence des oxymorons, l'ode de Lomonossov s'inspire du baroque russe [6].

Contre ces tendances luttent Soumarokov et son école, prônant un bon gout proche de la notion classique de Boileau (Soumarokov prétendait d'ailleurs au titre de « Boileau russe »). La polémique dura près de quarante ans et trouva sa solution dans la poésie de Derjavine qui réunit le pathos rhétorique de Lomonossov avec la simplicité, la netteté, la réflexion de Soumarokov et Kheraskov (voir Gukovskij, *ouvr. cit.,* p. 201). Derjavine fut attentif à toutes les tendances esthétiques du dernier quart du siècle. Les Lumières européennes exerçaient alors une forte influence et se créait progressivement la poétique du sentimentalisme.

La grande « révolution » poétique de Derjavine consiste dans la découverte du caractère humain réel et de la vie quotidienne qui s'opposent à l'homme abstrait de la littérature classique et à la primauté du devoir civique sur la vie individuelle. Dans *Felitza,* il présente l'image humaine et quotidienne du monarque éclairé dans le personnage de Felitza-Catherine II. Ce nom poétique de la tsarine est tiré d'un conte allégorique traitant du gouvernement idéal des Kirguizes-Kaïsaques. Les qualités du monarque idéal se confondent dans le texte avec les traits biographiques de Catherine ; on retrouve l'attitude simple de l'impératrice en petit comité, sa passion de lire et d'écrire, son esprit éclairé et raisonnable, son caractère tolérant, ignorant les « passions » de ses courtisans. On a l'habitude de voir là une transgression des règles de l'ode classique et une intervention de la satire, des genres « bas ». Effectivement, les épisodes présentent la vie des magnats (personnifiés par le *mourza,* c'est-à-dire le noble kirguize) ont de nombreux traits communs avec la satire russe du 18e siècle tels qu'ils se trouvent chez Kantemir, Soumarokov, D. Fonvizine, N. Novikov, Krylov : détails « réels » du quotidien de la noblesse russe, critique des vices personnels et sociaux, défense de la vertu, didactisme et polémique. Mais en même temps, le *mourza* derjavinien est individualisé ; l'auteur lui prête ses traits, ses gouts, ses habitudes. La dimension autobiographique est capitale dans l'image du *mourza ;* Derjavine fait des allusions

---

6. I. Z. Serman, *Russkij klassicizm. Poezija. Drama. Satira* (Leningrad, 1973), p. 41.

à sa famille, à son ancêtre Bagrim. La tonalité de l'ode change :
à la monotonie de Lomonossov, se substitue avec Derjavine un
style « polytonal ».

L'écriture mimétique nouvellement introduite par Derjavine ne
doit pas être envisagée du seul point de vue de la transgression
de la poétique classique ; elle est également liée à des particularités de la culture russe de l'époque. Le dernier quart du siècle
en Russie est assez différent des époques précédentes ; apparait
une culture *nouvelle* orientée et ouverte vers les cultures occidentales. Quand furent définitivement réglés les problèmes nés de
l'établissement du nouveau gouvernement russe, des aristocrates
commencèrent à protéger activement l'art. Ils rassemblèrent de
riches collections. Une esthétique russe s'élabora alors en rapport
avec les nouvelles tendances philosophiques. La poésie lyrique
de Derjavine est un exemple significatif de cette évolution. Derjavine, qui aurait pu devenir peintre, ressentait un vif intérêt pour
les beaux-arts ; il était lié avec de célèbres artistes russes ou
italiens, avec de grands collectionneurs. La poésie de Derjavine
peut donc être considérée non seulement comme un refus des
règles classiques, comme une combinaison de l'ode (genre
« élevé ») et de la satire (genre « bas ») [7], mais aussi comme un
reflet littéraire des différents courants de l'art russe à la fin
du siècle : à la fois tradition nationale, proche d'une esthétique
médiévale, et réception des arts de l'Europe contemporaine.

Felitza reflète cette antithèse dans l'opposition de deux
portraits. Le premier portrait de Felitza se situe dans le développement du portrait russe au 18ᵉ siècle. Les maîtres russes des années
1750-1770, Argounov, Lossenko, Antropov, Rokotov, préfèrent
le portrait d'intérieur, délaissant les poses compliquées et les
gestes. Dans ce genre, l'attention est concentrée sur la figure de
la personne représentée, sur son esprit. Tout le reste est codé et
inaccessible pour le spectateur [8]. D'après O. S. Evangulova, cette
manière de peindre se distingue de celle de l'école française et
se rapproche par sa statique des tableaux des maitres allemands
et anglais. Une certaine dynamique apparaitra un peu plus tard
chez Levitzkij et Borovikovskij dans les années 1780-1790. Elle
voit là l'héritage de la tradition de l'iconographie, encore vivante
au 18ᵉ siècle, et explique cette particularité par le manque d'expé-

---

7. A. A. Morozov, « Mikhaïl Vassilievitch Lomonossov », M. V. Lomonossov,
Izbrannie proizvedenija (Moscou, 1986), p. 42-43.
8. G. V. Moskvitcheva, *Russkij klassicizm* (Moscou, 1978), p. 89.

rience des peintres russes pour qui le portrait était encore un genre nouveau. L'image de Felitza-Catherine II correspond à cette tradition nationale du portrait ; elle se rapproche de l'image iconographique par l'idéalisation de la souveraine qui évoque par sa conduite celle des saints. Felitza est simple, modeste et sage ; sa grandeur et sa puissance ne sont pas soulignées. C'est une souveraine éclairée, qui mène une vie presque ascétique, remplie de travail, et qui méprise les passions. Derjavine accentue surtout le travail intellectuel de son héroïne (statique), par opposition à l'activité débordante du « Pierre le Grand » de Lomonossov : maçon, navigateur, héros guerrier.

L'image de Felitza offre deux plans de signification : le monarque dans la simplicité de la vie quotidienne et l'idéal d'une conduite soumise au devoir civique. Si Derjavine conserve les caractères individuels tels qu'ils sont, ils acquièrent en même temps un sens abstrait et idéal. Cette dualité se retrouve chez le mourza. Son portrait est « peint » selon les principes de l'école française qui préfère le portrait *dynamique* en situant l'homme au milieu d'objets qui portent l'empreinte de son gout, ou dans la nature, en plein air, selon l'esthétique des Lumières [9]. La dualité de l'homme permet à Derjavine de considérer son *mourza* comme un personnage satirique incarnant les vices des nobles — les contemporains reconnurent les traits de quelques magnats : les caprices et le gout du luxe du prince Potemkine, les passe-temps préférés des comtes A. G. Orlov et P. I. Panine, des princes S. K. Narychkine et A. A. Vjazemskij [10]. Mais dans le même temps, l'image est individualisée et rendue concrète par les traits autobiographiques : l'origine du poète dont nous avons déjà parlé, ou la description de ses habitudes (la grasse matinée, la pipe, le thé, le café, autant d'éléments impensables dans les odes précédentes). Le *mourza* aime la compagnie des amis autour d'une table, il est gourmand et hospitalier, il apprécie les danses des paysans et les divertissements de la campagne. Semblables à des tableaux de genre, les épisodes forment une suite narrative. A cet égard, l'arrière-plan, pittoresque, qui représente le plus souvent l'espace de la maison (les intérieurs, les objets, le domaine, les environs) est très important dans *Felitza*. D'après Gaston Bachelard, la maison représente un ensemble d'images qui donne

9. O. S. Evangulova, « Russkie portretisty XVIII veka i ih frantzuzskie sovremenniki », *Le Siècle des Lumières. Russie. France* (Moscou, 1989), p. 283 et s.
10. Voir les notes de V. P. Stepanov dans G. R. Derjavine, *Sotchinenija* (Leningrad, 1987), p. 448.

à l'homme des raisons ou des illusions de stabilité, ce que prouve, dans l'ode de Derjavine, l'attitude des personnages. La maison est l'espace sacré du *mourza* où il se sent heureux et en sécurité. Les strophes consacrées au *mourza* révèlent autant l'ironie satirique que la lassitude née, en cette fin du siècle, de l'opposition entre la vie sociale et la vie individuelle et le désir d'oublier quelque temps les devoirs du service ; le préromantisme s'amorce. Le pathos rhétorique de l'ode officielle de Lomonossov se transforme dans *Felitza* en un ton spontané et intime où on retrouve la conversation amicale, où le *haut* et le *bas*, le quotidien et le sublime trouvent place.

Selon I. Z. Serman (*ouvr. cit.*, p. 89), le succès de *Felitza*, littéraire et social, peut être expliqué par le fait que Derjavine remplaça le rapport traditionnel statique entre le Moi de l'ode et son destinataire (le tsar) par un système complexe de rapports entre le Moi du narrateur et l'incarnation de l'idéal (Felitza). Il est important de noter que Derjavine, qui ne songeait peut-être pas à la publier, garda son ode pendant presque une année dans ses papiers avant de la confier à des amis et de la publier (voir *éd. cit.*, 1876, t. 6, p. 533-534).

La dualité se retrouve dans la plupart des sujets de Derjavine. Ses autres découvertes, le paysage réel et la nature morte (inconnue de la culture russe), portent toujours une double signification : le sens direct, quand il s'agit d'une étude pittoresque de la nature, et le sens métaphorique, basé sur des connotations supplémentaires.

Avant Derjavine, la poésie russe ne connaissait que le paysage abstrait, conforme aux normes du classicisme. Chez Soumarokov, le paysage est presque absent ; chez Lomonossov, la nature brille de couleurs vives. Mais la réalité n'apparait ni chez l'un ni chez l'autre ; ce sont des développements des paysages mythologiques de la belle Arcadie, parfois proches du folklore russe — fleuves de lait et rivages de crème chez Lomonossov. Derjavine « découvrit » le paysage réel et lui donna une place importante dans ses odes fameuses *Kljutch* [La source] (1778), *Ossen' vo vremja ossady Otchakova* [Automne au siège d'Otchakov] (1788), *Vodopad* [La cascade] (1792), etc. Pour lui, le paysage exalte la beauté de la nature, mais il est aussi prétexte à une méditation sur les problèmes de l'être et des mœurs humaines. C'est pourquoi le paysage introduit un thème, qui a souvent un sens allégorique, ou est en contraste avec le texte essentiel. La « montagne » d'eau brillante de la cascade est non seulement un beau point de vue, mais aussi une métaphore de la gloire et des malheurs de la vie. Derjavine travailla beaucoup sur le texte afin qu'il fût achevé à la mort de Potemkine ; il ne fit pas l'éloge de cet homme exceptionnel, mais sa mort soudaine, précédée de sa disgrâce, suscita une méditation philosophique. La métaphore de la cascade, présentée dans l'introduction, est déchiffrée par la suite. Les raisonnements sur la vanité et le caractère transitoire de la gloire correspondent à des réflexions sur la valeur d'un héros et sa conduite dans la société. *La Cascade* n'est pas une ode funèbre en l'honneur de Potemkine. Dans le texte figure aussi, sous l'apparence d'un vieux guerrier, un autre héros fameux de l'époque, Roumjantzev. Selon I. Z. Serman (*ouvr. cité*, p. 93), ces deux grands stratèges représentent la gloire comme vanité et comme intérêt commun. L'ode de Derjavine prend ainsi une dimension philosophique qui en fait une œuvre unique.

Derjavine en usa de même dans une de ses premières odes, *La Source*, où il décrit une source du domaine de Kheraskov Grebenevo. Il médite sur la nature de la verve poétique et la vocation du poète. Dans *Automne au siège d'Otchakov*, un paysage paisible introduit une ode triomphale aux princes Potemkine et Golytzine, héros de la guerre russo-turque de 1787-1791. Dans ses célèbres natures mortes, il suit le même principe ; sa peinture rappelle par ses couleurs et ses thèmes les tableaux des grands maitres hollandais. Elle consiste en une description séduisante de différents vins dans lesquels se reflètent les cheveux des femmes (*Raznye vina*, Les vins différents, 1772) et de mets russes, *chtchi, pirog, sterlet* de Cheksna, crème fraiche et *borchtch* (*Priglachenie k obedou*, L'invitation à diner, 1795, *Felitza, Yevgueniju, Jizn'zvanskaja*, La vie à Zvanska, 1805). Ces tentations ont toujours un deuxième plan de signification : l'amour, l'amitié, l'honnêteté et la conscience en paix, l'épicurisme, le divertissement et la jouissance opposés à l'activité publique. La nature morte de la table servie est le centre sacré de l'espace de la maison dans *Felitza* et *L'invitation à diner*. Sa statique a le sens d'un équilibre momentané dans le courant de la vie, le temps d'un rituel auquel prennent part les initiés, membres de la famille et amis. Pour pénétrer dans ce monde, l'honnêteté est indispensable *(L'invitation à diner)*. Dans ces natures mortes, le lexique « bas » du quotidien envahit la poésie lyrique russe, annulant définitivement la division en trois styles et ouvrant de nouvelles voies à la création.

Derjavine est l'un des grands poètes-philosophes de la littérature russe ; il est l'intermédiaire entre la poésie lyrique méditative de Lomonossov et Kheraskov et la génération des romantiques du 19ᵉ siècle : Joukovskij, Lermontov, Tjutchev. L'intérêt qu'il porte aux problèmes de Dieu et de l'homme rejoint les recherches de la poésie européenne. Les thèmes et les genres de sa poésie spirituelle (*perelojenije*, traduction libre des psaumes, odes didactiques et funèbres) viennent de la tradition russe littéraire et de la poésie allemande qu'il lisait et connaissait parfaitement. Il préserve son originalité, il n'imite jamais, mais discute ou accepte les interprétations des autres écrivains. Ses pensées religieuses correspondent souvent à des thèmes de son œuvre. Par exemple, sa paraphrase du psaume 80, *Vlastiteljam i soudjam* [Aux souverains et aux juges] (1787), réunit le thème de la vanité et du caractère passager de la vie terrestre à celui du pouvoir, propre à ses odes profanes. L'opposition entre l'abime de la mort et les délices de la vie est au centre d'une de ses premières odes, *Na smert' knjazja Mechtcherskogo* [Sur la mort du prince Mechtcherskij] (1778). L'horreur de condamner la vie cède la place au désir de jouir.

L'une des odes les plus illustres de Derjavine, traduite en neuf langues au milieu du 19ᵉ siècle (quinze traductions en français) est *Bog* [Dieu], 1784. Quelques idées évoquent Lomonossov (*Outrennee* et *Vetchernee razmychlenie o Bojiem velitchestve*, Réflexion du matin et du soir sur la grandeur de Dieu, 1743) : la toute-puissance du Créateur et la dualité en l'homme d'une nullité apparente et d'un esprit vigoureux, ressemblant à la sagesse divine. Derjavine alla plus loin que Lomonossov dans son essai d'expliquer la puissance de Dieu par l'homme, sa création. L'homme, chainon essentiel dans la chaine des êtres, extraordinaire création, qui doit sa puissance et son impuissance à Dieu : « Je suis roi, je suis esclave, je suis ver, je suis Dieu » s'exclame le poète (*Sotchinenija*, 1868, t. I, p. 132). Dieu est inexplicable pour l'imagination de l'homme qui ne peut se rapprocher de lui que par la foi.

Derjavine aima toute sa vie établir le bilan de son œuvre. C'est une tradition qui trouve son origine chez Lomonossov. Trois des plus grands poètes russes, Lomonossov, Derjavine, Pouchkine, interprétèrent la célèbre ode d'Horace *A Melpomène* (« *Exegi monumentum aere perennius...* ») que des poètes russes ont traduite jusqu'à nos jours : au 18ᵉ siècle, V. V. Kapnist, ami de Derjavine, et A. Vostokov, au 19ᵉ siècle, A. A. Fet, et au 20ᵉ siècle, Valery Brussov. Il existe de nombreuses interprétations ;

M. P. Alekseev en a publié quinze [11]. La différence principale entre les textes de Lomonossov, Derjavine, Pouchkine et les autres se trouve dans l'attitude libre des trois grands poètes envers le texte latin et dans la valeur autobiographique de leurs traductions. Dans les trois textes, les auteurs n'ont pas donné le titre original. Le caractère imitatif des textes russes n'est accessible qu'au lecteur averti ; les vers des trois « Monuments » correspondent d'une manière ou d'une autre à la pratique poétique et à la biographie de chacun des trois auteurs. L'interprétation de Lomonossov est la plus proche du texte original. Seule innovation, un détail autobiographique : l'origine modeste coïncidant avec la biographie d'Horace. Ce qui ne surprend pas puisque Lomonossov traduit *A Melpomène* comme illustration de sa *Rhétorique* (1748).

La leçon de Derjavine, datée de 1795, est assez éloignée du texte original. Il souligne l'importance de son œuvre pour la poésie russe ; il a conscience d'être un poète national. L'espace dans son *Monument* est celui des textes anciens et folkloriques : la gloire du poète qui eut l'audace de chanter en style plaisant la vertu de Felitza, de « causer cordialement » avec Dieu et de dire la vérité en souriant aux souverains, se répand sur toute la terre russe, de la mer Blanche à la mer Noire, de la Volga au Don et de la Néva à l'Oural. Les vers de Pouchkine sont dominés par le civisme ; ils rappellent ceux de Derjavine sur l'indépendance du poète et la gloire nationale de son œuvre. Le *Monument* de Derjavine est devenu un archétype. Le poète revint à Horace dans sa pièce *Lebed* [Le cygne] (1804), transposition de l'ode *A Mécène*.

Le génie de Derjavine attira l'attention de nombreux artistes qui travaillaient en Russie à l'époque. Quelques-uns ont fixé sur la toile ou dans la pierre le visage du poète. Chacun de ces portraits, réalisés par Salvatore Tonci, Vassilij Borovikovski, Rachette, Vassiljev, servit de prétexte à un « autoportrait » littéraire dans *Moj istukan* [Mon idole] (1798) ou *Tonciju* [A Tonci] (1804). Par ailleurs, le thème du bilan reparait dans les poésies anacréontiques : *Dar* [Don] (1797), *K lyre* [A ma lyre] (1797), *Venetz bessmertija* [La couronne d'immortalité] (1797), *K samomou sebe* [A moi-même] (1798). Dans les « autoportraits », le problème de l'immortalité de l'œuvre est capital. Le portrait peint ou sculpté est un pas vers l'éternité. Malgré son impatience, le

---

11. M. P. Alekseev, « Russkie perevody ody Horatzija "Exegi monumentum" », *Pouchkine i mirovaja literatura* (Leningrad, 1987), p. 236-264.

poète ressent de la confusion devant le beau travail du sculpteur Rachette et se demande si toute personne est digne de l'immortalité, symbolisée par la pierre, matériau « éternel », inaltérable au temps *(Mon idole)*. Selon Derjavine, un petit nombre d'hommes est digne d'un tel honneur : les souverains, les héros, les grands artistes, passés au crible sévère de la postérité, seul juge objectif des actes humains.

Au passage du 18e au 19e siècle, Derjavine écrit quand se développe en Russie la poésie anacréontique : on se lassait alors des thèmes et des genres traditionnels. Les tendances préromantiques et sentimentalistes, l'influence de Rousseau modifient le regard sur l'homme. L'idée dominante du classicisme russe qui soumettait l'individu à l'intérêt général disparait devant l'attention portée à la singularité humaine, basée sur la prépondérance des sentiments. Dès le début du 18e siècle, Anacréon avait attiré la curiosité. Au milieu du siècle, images et thèmes anacréontiques avaient été au centre d'une polémique avant d'être opposés aux thèmes civiques (Lomonossov : *Pazgovor s Anacreonom*, Dialogue avec Anacréon, 1758-1761). Dans le dernier tiers du siècle, l'attitude changea. Les poètes manifestèrent un vif intérêt pour l'écrivain grec et commencèrent à le traduire. L'ami de Derjavine, Nikolai L'vov, grand spécialiste de l'antiquité et de l'esthétique contemporaine, publia un recueil de traductions en 1794. Les autres poètes qui s'essayèrent dans ce genre furent N. Karamzine et I. Dmitriev (les futurs sentimentalistes) ; ils avaient été précédés par Kantemir, Soumarokov, Kheraskov et Bogdanovitch, Muravjev et Kapnist. Cet intérêt suivait les tendances européennes. La philosophie épicurienne et anacréontique fut l'objet de controverses dans les revues littéraires de la fin des années 1770 au début des années 1780. Les thèmes des plaisirs de la vie et de la sensibilité furent liés dans la conscience littéraire russe aux idées d'Helvétius, d'Holbach et Voltaire [12]. Plus tard, les discussions portèrent sur les idées de Rousseau, Bayle et Spinoza. Les poètes russes virent dans la poésie anacréontique un rapport avec la tradition folklorique ; aussi firent-ils place dans leurs vers à des images et des sujets d'origine folklorique.

Derjavine ne resta pas insensible à ces nouvelles orientations, mais il sut dans ses poésies anacréontiques préserver les thèmes civiques, satiriques ou philosophiques qu'il affectionnait.

---

12. G. N. Ionin, « Tvortcheskaja istorija "Anakreontitcheskih pesen" », G. R. Derjavine, *Anakreontitcheskie pesni* (Moscou, 1987), p. 313.

G. N. Ionin, qui a étudié cette partie de l'œuvre de Derjavine, signale des motifs anacréontiques dans les grandes odes *(Felitza, Pour la prise d'Izmaïl*, 1791, *Mon idole, Magnat*, 1794, *Automne au siège d'Otchakov)*. L'essentiel des chants anacréontiques de Derjavine fut écrit durant de longues années ; une partie entre dans le recueil *Anakreontitcheskie pesni* [Chants anacréontiques] (1804). La plupart de ces poésies parurent dans l'édition de ses œuvres complètes en 1808. L'un des thèmes principaux est le style et la vocation poétiques. Le contenu des odes *A ma lyre, Don, Envie, La couronne d'immortalité* marque la désillusion née du rôle civique de l'artiste, thème d'origine classique à résonance autobiographique : Catherine est morte et l'accession de Paul Ier au trône a été suivie de la disgrâce de l'écrivain. Derjavine a retenu les thèmes d'Anacréon : l'amour, la jeunesse et la beauté, les plaisirs de la vie et l'amitié. Dans les vers de cet « Anacréon du Nord », comme il se dénommait lui-même, apparait non pas le refus de servir la société, mais plutôt l'amertume du réel. Dans ces textes, variations libres sur les sujets du poète grec, Derjavine chanta la sagesse d'Anacréon qui gagna gloire et immortalité en refusant la poésie civique.

Celui qui avait donné sa place à l'homme de la réalité dans la poésie ne pouvait rester indifférent aux recherches des préro-mantiques sur le caractère individuel et national. Le vieux Derja-vine-Anacréon chanta la beauté des femmes : *Rousskie devouchki* [Les filles russes] (1799), *Tziganskaja pljaska* [Danse tzigane] (1806), *Harity* [Les charites] (1796), *Rojdenije krassoty* [La nais-sance de la beauté] (1808), *Angelike Kaufman* [A Angélica Kauf-man] (1795), etc. Il tente de cerner les traits de la beauté russe : la démarche somptueuse et gracieuse, le teint rose argenté contras-tant avec la danse expressive et impétueuse de la tzigane. Sujets et images de la mythologie se mêlent aux éléments de la culture nationale.

Après une vie agitée, Derjavine gouta la tranquillité. Il écrivit alors ses *Zapiski*, témoignage précieux de sa vie et de son époque. Il travailla, les dernières années, à un traité théorique, *Rassoujde-nie o lyritcheskoi poesii, ili ob ode* [Sur la poésie lyrique, ou sur l'ode] (1813), dans lequel il essaya d'expliquer les origines et la spécificité du genre.

Au début du 19e siècle, dans une grande querelle littéraire, s'affrontent les sentimentalistes, groupés autour de Karamzine, et les néo-classiques de Chichkov, réunis dans une société nommée *Besseda ljubitelej rossijskogo slova* [Conversation des amateurs de la parole russe] qui forme le camp conservateur en appelant à un retour aux normes classiques de Lomonossov. Derjavine ouvrit sa maison de Pétersbourg aux réunions de la société, ce qui ne l'empêcha pas d'estimer les adversaires de Chichkov ; ses liens amicaux avec Karamzine en firent le médiateur des deux camps. Sa poésie enchanta le jeune Vassilij Jukovskij, qui deviendra un des grands romantiques russes et traduira le premier en français l'ode *Dieu* (1799). Le vieux Derjavine vit en lui son héritier : « A toi, Jukovskij, je donne en héritage ma lyre vétuste ; j'ai déjà penché mon front au-dessus de l'abime glissant du tombeau » écrivait Derjavine en 1808 (*Sotchinenija...*, 1987, p. 271). Mais le sort lui donna pour héritier un autre grand poète.

La dernière année de sa vie a dans la culture russe une signification presque mythologique : à un examen du lycée des jeunes nobles à Tsarskoe Selo, Derjavine reconnut dans le jeune Alexandre Pouchkine, le futur génie. Les témoins de cette scène y virent la transmission du relais poétique.

ANGUÉLINA VATCHEVA
Université St Kliment Ohridski (Sofia)

N.D.L.R. : Il existait très peu d'études en français sur G. R. Derjavine. Signalons que l'Institut d'Etudes slaves vient de publier un recueil d'études bien venu, *Derjavine, un poète russe dans l'Europe des Lumières,* publié sous la direction d'A. Davidenkoff (Paris, 1994), 238 p. Voir, plus loin, la note de lecture page 652.

PUBLICATIONS DE L'UNIVERSITÉ DE BOURGOGNE

—————————— LXXVII ——————————

Christine LAMARRE

Petites villes et fait urbain en France au XVIIIème siècle

Le cas bourguignon

Editions Universitaires de Dijon
4, bd Gabriel - 21000 DIJON

LE DIX-HUITIÈME SIÈCLE
COMME ÈRE DE LA PEINTURE

> Le génie de la peinture est l'âme de
> tous les beaux-arts. Le même esprit que
> l'on appelle pittoresque [...] répand dans
> ses ouvrages un air de grandeur, de
> grâce et de noblesse, que ce génie seul
> inspire, et que tous les livres et les mai-
> tres du monde ne sauraient presque
> enseigner (Antoine Coypel).

L'esthétique en tant que philosophie de l'art traite de ce qui
s'applique à tout art. Mais comme il n'y a pas un art en général
et que c'est toujours une musique, une peinture, une littérature,
etc., qui existe, l'esthéticien s'appuie, le plus souvent, sur un ou
deux arts particuliers pour construire sa théorie générale. Ce choix
de l'art de base doit décider plus ou moins de sa théorie. Ce choix
peut être dicté par la préférence personnelle de l'esthéticien ; mais
n'y a-t-il pas quelque chose qui soit déterminé par la tendance
de l'époque ? S'il en était ainsi, ce serait l'époque qui déciderait
dans une certaine mesure de l'art de base ; l'époque tendrait alors
à concevoir le monde et à déterminer le mode de l'expression
sur le modèle d'un art particulier. Je propose ici l'hypothèse de
l'existence d'un art-paradigme à chaque époque, au moins à
quelques époques caractéristiques.

Par exemple, au 19ᵉ siècle la musique a servi d'art-paradigme.
Pour Verlaine, la poésie doit chercher « la musique avant toute
chose » *(L'Art poétique)* ; Schelling a comparé l'architecture à
la musique [1] ; selon W. Pater « tout art aspire à l'état de musi-

---

1. Schelling a pris l'architecture pour « la musique en arts plastiques » *(Philosophie der Kunst,* Darmstadt, Wissenschaftliche Buchgesellschaft, 1966, p. 216) et
il cite le mythe d'Amphion quand il présente cette fameuse métaphore de « la
musique figée » *(ibid.,* p. 237). La métaphore de Friedrich Schlegel (« la musique
pétrifiée ») précède celle de Schelling. Mettant cette métaphore en cause, Goethe
propose à sa place : « une musique réduite au silence » *(eine verstumme Tonkunst)*
et mentionne le mythe d'Orphée *(Maximes et Réflexions,* traduit par S. Skalwer,
1842, p. 172-174 ; le traducteur écrit : « la musique muette »).

---

que » [2] ; et le même esprit avait déjà dominé le système des arts présenté par Schopenhauer [3]. Prenons le cas de Pater : à son avis, dans la musique, le contenu et la forme constituent un tout indissociable, ce qui est l'idéal après lequel court tout art ; la poésie, la peinture et l'architecture peuvent être dignes du nom d'art quand elles réussissent à parvenir à cet état de musique. Bref, pour un Pater, la musique est l'art par excellence et le paradigme pour tous les arts.

En ce cas-là, le mot *musique* est employé comme métaphore du ton fondamental, de la vision du monde dominante de l'époque. Pensons à l'architecture du Moyen Age et au théâtre de la Renaissance : le Moyen Age qui a élevé la flèche de la cathédrale gothique concevait le Créateur comme architecte ; l'ère baroque de Shakespeare et de Calderon regardait le monde comme un théâtre. Ces métaphores suggèrent suffisamment la succession de visions du monde, dont la portée est d'autant plus profonde qu'il s'agit d'une cognition préconsciente. On adopte cette métaphore sans y penser particulièrement parce qu'elle constitue une matrice de pensée au point d'être naturelle. Nous devons ainsi accorder une valeur méthodique à la conception de l'art-paradigme : elle ouvre sur la vision du monde d'une époque. Il va sans dire qu'il s'agit de l'histoire de la philosophie ou des idées plutôt que de celle de l'art.

Ma thèse consiste à proposer que l'art-paradigme du 18ᵉ siècle a été la peinture, comme la musique pour le 19ᵉ, et à préciser en même temps l'image de la peinture de l'époque. Pour parler comme Pater : tout art aspirait à l'état de peinture au 18ᵉ siècle. Qui parle de paradigme parle d'une révolution de la vision, comme Thomas Kuhn qui a lancé cette notion (*Structure de la révolution scientifique,* Paris, 1962) [4]. En fait, du siècle de la peinture au siècle de la musique, on est passé par une révolution, bien qu'on n'y voie en général qu'une continuité.

2. Walter Pater, *Études sur l'histoire de la Renaissance,* « École de Giorgione » (Paris, 1878).

3. A. Schopenhauer, *Le Monde comme volonté et comme représentation,* vol. 3, « le monde comme représentation », Réflexion 2, § 52.

4. Quand j'ai publié la première version de cette étude en japonais (juin 1987), je ne savais pas que Michael Fried avait soutenu, sur l'esthétique picturale du 18ᵉ siècle, la thèse du paradigme-théâtre (*Absorption and Theatricality. Painting and Beholder in the age of Diderot,* University of California Press, 1980). Tout en appréciant ses remarques pénétrantes sur l'« absorption », je ne partage pas son point de vue sur la théâtralité, notion qui ne lui sert que comme principe négatif et pour laquelle il renvoie à Diderot sans préciser la source (p. 101). Or nous verrons que chez Diderot la conception du théâtre renvoie à la peinture.

★

Avant de vérifier ma thèse à travers des textes de l'époque, j'aimerais d'abord essayer d'esquisser le fond des pensées contemporaines. Ce fond est marqué par l'intérêt qu'on a pris à la vision.

On trouve la pensée classique qui prend la peinture pour art-paradigme dans le demi-vers d'Horace, *ut pictura poesis* (*Ars poetica*, v. 361). A l'époque de la Renaissance, on a adopté ce mot, coupé de son contexte original, comme une raison méthodique pour constituer une théorie de la peinture sur la base de la poétique [5]. Comme on sait, l'essor des activités esthétiques provoqué par la redécouverte de la culture classique a accompagné un mouvement de revalorisation des arts plastiques, qui avaient été sousestimés comme travaux manuels, comme *cosa mentale* (L. de Vinci). De là beaucoup de théories des arts plastiques ; mais n'ayant pas de modèle antique, la peinture a dû recourir aux classiques de la poétique et de la rhétorique pour se construire une théorie systématique. Le mot horatien est alors invoqué pour justifier ce processus méthodique. C'est un fait bien connu dans l'histoire de l'esthétique que sur la base de cette thèse comprise à la manière de l'esthétique comparée, Du Bos (*Réflexions critiques...*, 1719) et Lessing (*Laokoon*, 1766) ont développé la comparaison entre la poésie et la peinture.

Il faut noter que ce n'était pas *ut pictura poesis* qu'on a voulu souligner à l'époque de la Renaissance, mais la thèse inverse, c'est-à-dire *ut poesis pictura* [6] ; puisqu'on cherchait à construire la théorie de la peinture sur le modèle de la poétique. C'est au 18e siècle que cette relation entre sujet et modèle a été renversée et qu'on est revenu à la thèse proprement horatienne : la peinture était promue modèle de tout art, poésie comprise. C'est sans doute la montée de l'intérêt pour la vision qui a fait évoluer d'*ut poesis pictura* à *ut pictura poesis*. Pour le constater, le cas de l'architecture est intéressant. Un dictionnaire de 1963 décrit la

---

5. Voir Rensselaer W. Lee (« *Ut pictura poesis :* the humanistic theory of painting », *Art Bulletin* (Déc. 1940), vol. 22, n° 4, p. 197-269) ; R. G. Saisselin, *The Role of reason and the ruse of the heart* (The Press of Case Western Reserve University, 1970), p. 216-24 ; et surtout Peter-Eckhard Knabe, *Schlüsselbegriffe des kunsttheoretischen Denkens in Frankreich von dem Spätklassik bis zum Ende der Aufklärung* (Düsseldorf, L. Schwann, 1972), p. 463-471.

6. Selon Lee ci-dessus, c'est Charles Du Fresnoy (*De arte graphica*, 1667) qui a présenté explicitement cette formule : « Ut pictura poesis erit ; *similisque Poesis sit Pictura...* » (souligné par moi).

place du Parvis-Notre-Dame comme suit : « ce lac d'asphalte créé par Haussmann, en 1865, est six fois plus vaste que le parvis du Moyen Age et quatre fois plus grand qu'avant les démolitions du Second Empire. Il nuit à Notre-Dame qui a été édifiée pour être vue du pied de ses tours et non pas de l'extrémité du désert actuel, vision qui la diminue » [7]. L'auteur veut dire que Notre-Dame était originellement conçue de telle manière qu'on la regardât depuis sa base et qu'on en reçût physiquement le poids imposant. Voir exige la perception de la totalité ainsi que la scrutation des détails. Quand donc a-t-on commencé à élargir le parvis pour mieux voir le tout de la cathédrale ? Selon ce dictionnaire, c'est en 1747. Et en effet, nous pouvons remarquer dans la théorie de l'architecture de l'époque une montée de la demande de visibilité. Nous allons l'observer à propos de deux concepts spécifiques.

Le premier, c'est le « caractère » comme version moderne du « *decor* » vitruvien. Les Français modernes ont traduit *decor* d'abord par « bienséance » (seconde moitié du 17ᵉ siècle), puis par « convenance » (18ᵉ), et enfin par « caractère », à partir de la seconde moitié du 18ᵉ siècle [8]. Les deux premiers sont en accord avec le *decor* par leur sens de conformité : chez Vitruve le *decor* a signifié l'accord de l'extérieur d'un temple avec le caractère du dieu auquel est dédié le temple, ou l'harmonie de l'aspect extérieur d'un bâtiment avec sa décoration intérieure, ou encore la convenance de la position et de l'usage avec la direction naturelle du bâtiment. Et effectivement, la « bienséance » ou « convenance », en théorie moderne de l'architecture, signifiait l'accord entre l'extérieur et l'intérieur, y compris l'usage, du bâtiment (*De Architectura,* 1.1, c.2, 5-7). Or le « caractère » est un concept complètement différent de la convenance. On n'a eu ce concept que lorsqu'on a fixé le regard sur l'aspect qui exprime convenablement soit le caractère du dieu célébré, soit l'usage du bâtiment. Il est donc clair que l'esthétique du caractère prête une attention particulière à la dimension de la qualité visible ou même de l'impression visuelle, alors que la théorie plus ancienne de la convenance développe ses arguments au niveau objectif du rapport entre l'extérieur et l'intérieur [9].

7. Jacques Hillairet, *Dictionnaire historique des rues de Paris* (Paris, 1963), article « Parvis-Notre-Dame (place du) », p. 232.

8. Voir Koichi Yoshida, « Caractère », *Journal of the Faculty of Letters, The University of Tokyo, Aesthetics* (ou *J.T.L.A.*) (Dépt. d'Esthétique, Faculté des Lettres, Université de Tokyo), vol. 14 (1989), p. 68-69.

9. W. Szambien, *Symétrie, Goût, Caractère, théorie et terminologie de l'architecture à l'âge classique 1550-1800* (Paris, 1986) traite du « caractère » (p. 174

La même tendance s'observe aussi dans le concept d'« aspect ». Ce concept qui désigne l'apparence totale de l'extérieur du bâtiment semble reconnu comme terme technique vers 1750 (voir W. Szambien, *ouvr. cit.,* p. 94). Nous trouvons une description intéressante dans le court article que Jacques-François Blondel a écrit sur ce concept dans le tome I de l'*Encyclopédie* (1751). A savoir, que le bel aspect typique qui suscite l'admiration du spectateur est « la vue du péristyle et des façades intérieures du Louvre », à la condition toutefois de supprimer les bâtisses qui empêchent de les regarder comme un tout. Toujours selon Blondel, alors que l'ordonnance des façades du Louvre fait honneur au 17ᵉ siècle qui les a produites, ces bâtiments gênants construits dans la cour qui empêchent la vue déshonorent le 18ᵉ siècle. Il va sans dire que cette mise en question constituait un argument pour dégager la cour du Louvre et pour élargir le parvis de Notre-Dame. Et au fond de cette conscience s'exprimait l'intérêt devenu de plus en plus fort pour la vision ou l'acte de voir.

Le 18ᵉ siècle a eu des théories caractéristiques de la vision. Pour ne citer que les plus grands noms, nous avons celles de Berkeley, de Condillac, de Diderot et de Herder dans son essai sur « l'Art plastique ». L'analyse de ces théories philosophiques de la perception ne nous intéresse pas ici ; je voudrais seulement souligner un élément commun à nos philosophes, à savoir que pour eux (y compris Diderot sous certaines réserves) la vision est appuyée sur le toucher. Retenons ce fait puisqu'il deviendra important pour interpréter ce que les gens du 18ᵉ siècle ont cherché dans la vision.

Examinons la métaphore de la peinture employée dans les théories des différents arts. Elle se trouve dans la littérature propre à chacun d'eux : nous verrons, dans l'ordre, le cas de la poésie, du théâtre, de la danse et des jardins. Pour la musique, je la mentionnerai en conclusion.

« Lorsque la peinture d'un paysage riant et paisible vous cause une douce émotion, une rêverie agréable, consultez-vous, et vous trouverez que dans ce moment vous vous supposez assis au pied de ce hêtre, au bord de ce ruisseau, sur cette herbe tendre et fleurie, au milieu de ces troupeaux, qui de retour le soir au

---

s.) à la fin du siècle, où le mot ne signifie pas seulement l'usage du bâtiment mais aussi « la diversité perçue/sentie » comme style.

village, vous donneront un lait délicieux. Si ce n'est pas vous, c'est un de vos semblables que vous croyez voir dans cet état fortuné ; mais son bonheur est si près de vous, qu'il dépend de vous d'en jouir, et cette pensée est pour vous ce qu'est pour l'avare la vue de son or, l'équivalent de la jouissance » (Marmontel).

Ce passage est tiré de l'article INTÉRÊT du *Supplément* (1777) de l'*Encyclopédie*. Il s'agit du mécanisme de l'« intérêt » par lequel le spectateur se laisse entrainer dans le paysage peint, mais cela n'importe pas ici. Notre problème consiste à saisir la référence de ce paragraphe. Probablement presque toutes les personnes lisant ces phrases doivent croire que l'auteur parle de la peinture, ou qu'il parle en ayant la peinture en tête. En fait, dans l'*Encyclopédie*, après le titre est précisé entre parenthèses le domaine auquel appartient le sujet, c'est-à-dire aux « Belles-Lettres, Poésie » ; effectivement l'auteur développe un argument sur le problème de la création du poète. Mais au milieu du cinquième paragraphe, juste avant celui cité ci-dessus, on lit « Qu'on se demande à soi-même, d'où nait le plaisir délicat et vif que nous fait le tableau de la belle saison » : c'est comme si l'auteur discutait en se servant de l'exemple de la peinture. On croirait qu'il a emprunté la peinture en raison de la commodité d'explication. En réalité, même dans cette partie, Marmontel parle toujours de la poésie et non pas de la peinture. A preuve, la phrase qui suit la partie citée : « Mais à ce tableau que vous présente la nature, le poète sait qu'il manque quelque chose » ; le poète fait alors entrer sur la scène une bergère, pour mieux entrainer les lecteurs dans le monde de l'œuvre.

Chez Marmontel l'usage de la métaphore de « tableau », « peinture » ou « peindre », est si fréquent qu'elle est devenue une métaphore presque morte. Il s'agit probablement d'un usage général au 18e siècle. D'abord le mot *tableau* a été équivalent à *paysage* ou *spectacle*, et son usage typique est ceci : « tout ce qu'on appelle tableaux pathétiques dans la nature » *(ibid.)*. Ici, grâce à la détermination « dans la nature », nous savons sans aucun doute qu'il s'agit du « spectacle » avant l'art. En ce qui concerne la « peinture », en dehors de la partie citée, nous avons deux emplois du mot dans l'article de Marmontel, qui sont tous les deux au sens artistique. Mais si nous prêtons attention à la forme du verbe *peindre*, nous en avons au moins deux emplois qui attribuent le verbe non pas au peintre mais au poète. Surtout l'un des deux prouve que « la peinture », au début de la citation ci-dessus, signifie « la description poétique ». A savoir, traitant l'intérêt pour le spectacle mélancolique et obscur, Marmontel remarque que voulant inspirer de la mélancolie, « c'est un désert qu'il vous peindra ». Ce n'est pas seulement le peintre qui « peint », mais aussi le poète [10].

Par rapport à l'ambigüité du paragraphe cité, il faut tenir compte d'un autre élément, qui est l'influence de Du Bos sur Marmontel. En effet, celui-ci hérite de Jean-Baptiste Du Bos la conception de l'intérêt, et l'idée qu'un personnage introduit dans un paysage sert à intéresser le spectateur. Il faut aussi remarquer qu'il s'agit là chez Du Bos d'une technique du peintre et non pas du poète. Cela prouve que Marmontel n'a pas tenu à distinguer le cas de la poésie de celui de la peinture au sujet de l'expérience de l'intérêt. Il est ambigu, parce qu'il ne présente point cette différence entre *voir* et *lire* (ou *écouter*) : c'est que son attention se porte ailleurs. En évoquant la présence du spectateur, en effet, Marmontel pense surtout à ce qui peut « causer une douce émotion, une rêverie agréable », et à donner « le plaisir délicat et vif ». Bref, c'est l'effet psychologique qu'il évoque. Et si on adopte ce point de vue, la différence entre *voir* et *lire* ne parait pas très forte : le paysage peint dans l'œuvre fait face directement à la conscience du spectateur, et la couche de l'expression particulière de chaque œuvre est, pour ainsi dire, rendue transparente.

Le cas de Marmontel n'est pas unique ; il s'agit plutôt d'une tendance générale de l'époque : par exemple, les *Salons* de Diderot consistent en grande partie dans la description des tableaux et des sculptures exposés. Cependant une lecture attentive permet de s'apercevoir qu'on a affaire ici à la description verbale du paysage ou de la réalité peinte dans le tableau plutôt qu'à la description du tableau même. C'est un critique d'art français qui dit : « Critique d'un art qui agit par l'évidence visuelle, Diderot cherche à forger un langage critique qui suscite une présence imaginaire équivalente. Par l'artifice conventionnel de son propre discours littéraire, il essaie de susciter la présence imaginaire d'un paysage réel que l'artifice conventionnel de la peinture est censé susciter au 18e siècle. Par ailleurs, en substituant à l'œuvre même un paysage supposé réel, Diderot supprime l'œuvre en tant que telle. Paradoxalement, pour susciter la présence de l'œuvre, la

---

10. Cet « intérêt pour le spectacle mélancolique » va de pair avec « l'intérêt pour le spectacle heureux » dans la citation. Ainsi, sur le plan de la forme de présentation, les deux paragraphes sont mis en parallèle. De là, le lecteur peut juger que « la peinture » dans la citation est équivalente au « spectacle peint par le poète ».

critique l'annule, dans sa matérialité et sa spécificité picturale, au profit de l'illusion qu'elle a pour but de susciter » [11].

Selon cette tendance, tout art de l'imitation de la nature (ce qui est identique à tout art à cette époque) est regardé à travers le filtre de la peinture. Car étant peint dans l'imagination, le paysage de la nature imité par une œuvre d'art serait considéré comme image picturale. Ainsi, il n'y a qu'un seul point sur lequel je m'oppose à l'intuition d'Arasse. C'est le suivant : « ... malgré son effort pour affirmer l'originalité du visuel, Diderot reste un homme de son temps qui demande à l'œuvre figurative de transmettre un contenu du même type que celui de l'œuvre litté-raire » (*ibid.*, p. XVI). En effet, la peinture de cette époque a un contenu diégétique. Mais les gens de l'époque n'ont jamais pensé que la peinture soit littéraire pour autant. Plutôt, on prenait pour l'essence de la peinture même cette manière de montrer dans une composition instantanée la situation d'un récit, ou cette vision prégnante. Ce qui est aperçu d'une manière frappante dans l'emploi métaphorique des mots *peinture, peindre* que fait Diderot dans sa théorie du théâtre. Il convient de prêter une attention particulière à son exigence d'exprimer dans une vision instantanée picturale le contenu littéraire d'un drame en tant que spectacle.

Nous remarquons dans la théorie diderotienne du théâtre deux aspects à première vue contradictoires. D'un côté, Diderot cherche dans le théâtre avant tout l'émotion, ce qu'exprime le sujet même du *Paradoxe sur le comédien*. Son aspiration à la « communica-tion des passions dans les émeutes populaires » dans le grand théâtre antique (*Œuvres esthétiques*, Classiques Garnier, p. 122) montre aussi cet idéal d'émotion. Mais il y a un autre côté. Diderot aimerait « mieux des tableaux sur la scène [...] que ces coups de théâtre » (*ibid.*, p. 88). Le coup de théâtre est « un incident imprévu qui se passe en action, et qui change subitement l'état des personnages », en d'autres termes un point culminant machiné d'une manière forcée : le tableau est, en revanche, un spectacle qui « rendu fidèlement par un peintre, [...] me plairait sur la toile » *(ibid.)*, grâce à sa fidélité au réel, bref la scène littéralement « pittoresque ». La peinture est ainsi prise comme pierre de touche du théâtre, ou baromètre de sa valeur. « Il faut que l'action théâtrale soit bien imparfaite encore, puisqu'on ne

---

11. Daniel Arasse, « Les *Salons* de Diderot... », dans Diderot, *Œuvres complè-tes,* éd. Lewinter (Club français du livre, 1970), t. 7, p. XV-XVI.

voit sur la scène presque aucune situation dont on pût faire une composition supportable en peinture. » Car on peut penser que « si un ouvrage dramatique était bien fait et bien représenté, la scène offrirait au spectateur autant de tableaux réels qu'il y aurait dans l'action de moments favorables au peintre » (p. 89-90).

Cette esthétique théâtrale se distingue nettement du style classique (surtout de la tragédie qui consiste principalement dans la récitation des vers) et s'apparente à l'idée du « genre sérieux » ou de ce qu'on appelle le drame bourgeois lancé par Diderot. Comme on pourrait aisément présumer du propos ci-dessus que la disposition sur la scène fait le tableau, on fait ici grand cas de l'expressivité d'un jeu muet ; Diderot dramaturge augmentait beaucoup la quantité des indications scéniques en sorte qu'il fut au moins un des pionniers qui ont vu dans le silence une expression profonde [12]. Il dit, dans le contexte de la revendication d'un nouveau genre : « Surtout, négligez les coups de théâtre ; cherchez des tableaux ; rapprochez-vous de la vie réelle, et ayez d'abord un espace qui permette l'exercice de la pantomime dans toute son étendue » (*ibid.*, p. 148). Il entend par là qu'il faut à tout prix expulser le public qui occupait à l'époque les deux côtés de la scène. Il va sans dire que cette réclamation se fonde sur l'émotion profonde qu'un jeu muet, et par conséquent un « tableau » produit.

Le type de ce tableau est la scène de la mort de Socrate. Sans entrer dans les détails, nous pouvons facilement imaginer ce que Diderot y a cherché. En dehors de ce que l'attitude paisible de Socrate devant la mort est touchante, il est important que la mort s'approche de lui petit à petit à cause des effets de la ciguë, en sorte que tout moment vers la mort constitue un tableau. La scène est vraiment « une toile, où des tableaux divers se succèderaient par enchantement », et cette scène de la mort de Socrate est comparable même à un tableau de Poussin (*ibid.*, p.276). Revendiquer le tableau, c'est faire cas du jeu, mais du côté calme du jeu plutôt que des mouvements. Ce n'est pas qu'il n'y ait pas de mouvements. Dans le tableau de la mort de Socrate décrit par Diderot aussi, il y a d'abord la scène pathétique de Xanthippe qui crie. Mais il semble que cette scène soit mise non pas pour elle-même mais plutôt pour renforcer l'émotion du tableau calme

---

12. Voir mon ouvrage [en japonais], *Structure du langage théâtral* (1982) dont j'ai donné en français l'Introduction et la première moitié du chapitre I, dans *J.T.L.A.*, vols. 8 et 11 (1983, 1986), Département d'esthétique, Faculté des Lettres, Université de Tokyo.

qui vient après. Un tableau calme à peu de mots et à peu de mouvements est émouvant parce que ce peu de mots et de mouvements s'imprègnent d'un sens profond. Le tableau n'est pas simple phénomène visuel, mais texte à déchiffrer.

Comme autre notion procédant du même esprit, nous pouvons citer celle de « condition ». La comédie se fondait jusqu'ici sur le caractère. Mais maintenant, la version comique du genre sérieux doit être fondée sur « la condition, ses devoirs, ses avantages, ses embarras [...]. Il me semble que cette source est plus féconde, plus étendue et plus utile que celle des caractères. Pour peu que le caractère fût chargé,un spectateur pouvait se dire à lui-même, ce n'est pas moi. Mais il ne peut se cacher que l'état qu'on joue devant lui, ne soit le sien ; il ne peut méconnaitre ses devoirs. Il faut absolument qu'il s'applique ce qu'il entend » (*ibid.*, p. 153). Nous nous rappelons l'argument de Marmontel : le tableau est un dispositif de sympathie dans lequel tout appréciateur se laisse entrainer en y trouvant son propre double.

La métaphore du tableau n'est pas propre à Diderot ; les emplois que nous en avons trouvés chez Marmontel ne sont pas dus à une influence de Diderot. Cet emploi figuré a été déjà allégué dans la première édition du Dictionnaire de l'Académie Française (1694). En la prenant littéralement, la théorie de Diderot vivifie cette métaphore déjà morte. Le tableau qu'il revendique n'est pas une simple description, mais une *peinture*. La particularité d'être sans mouvements correspond au postulat de déchiffrer un sens profond. Ici, nous pouvons entendre un écho de la fameuse thèse de Diderot selon laquelle « le beau est la perception des rapports » (*ibid.*, p. 418).

La théorie du théâtre-tableau suscite enfin un intérêt pour la danse. Nous venons de puiser les idées de Diderot principalement dans ses *Entretiens sur le Fils naturel* (1757), à la fin desquels nous trouvons une discussion sur la danse (*ibid.*, p. 162 s.). C'est vers cet art du mouvement que nous allons maintenant nous tourner.

Diderot soutient que la danse est « un genre d'imitation » (*ibid.*, p. 162). Pour lui qui vient d'affirmer que « tous les arts [ne sont] qu'une imitation » (p. 161), cette thèse signifie une revendication de la qualité de l'art pour la danse. Comme il y a une théorie qui dit plus clairement que la danse est une peinture, nous l'examinerons ici. C'est celle de Jean-Georges Noverre (1727-1810), maitre de ballet et créateur du ballet d'action, dans ses *Lettres sur la danse et sur les ballets*, publiées en 1760, trois ans après les *Entretiens sur le Fils naturel*.

Après avoir lancé sa thèse : « La poésie, la peinture et la danse ne sont, Monsieur, ou ne doivent être qu'une copie fidèle de la belle nature » (*Lettres sur la danse...*, Paris, 1952, p. 88), Noverre développe en détail l'analogie entre le ballet et la peinture.

« Un ballet est un tableau, la scène est la toile, les mouvements mécaniques des figurants sont les couleurs, leur physionomie est, si j'ose m'exprimer ainsi, le pinceau, l'ensemble et la vivacité des scènes, le choix de la musique, la décoration et le costume en sont le coloris ; enfin le compositeur est le peintre » (*ibid.*). La correspondance n'est ici que formelle. Mais à travers les moyens d'expression énumérés, nous devinons qu'en parlant du « tableau », Noverre pense surtout à la peinture historique. Ce qui nous rappelle que Diderot parlait de Poussin par rapport au « tableau » dans le théâtre, et nous fait comprendre que cette analogie amène Noverre à sa doctrine du ballet d'action. Il oppose le caractère constructif du tableau au simple portrait comme suit :

Les tableaux exigent une action, des détails, un certain nombre de personnages, dont les caractères, les attitudes et les gestes doivent être aussi vrais et aussi naturels qu'expressifs. Si le spectateur éclairé ne démêle point au premier coup d'œil, l'idée du peintre ; si le trait d'Histoire dont il a fait choix, ne se retrace pas à l'imagination du connaisseur avec promptitude, la distribution est défectueuse, l'instant mal choisi, et la composition froide et de mauvais goût.

Cette différence du tableau au portrait devrait être également reçue dans la danse ; le ballet, comme je le sens, et tel qu'il doit être, se nomme à juste titre ballet ; ceux au contraire qui sont monotones et sans expression, qui ne présentent que des copies tièdes et imparfaites de la nature, ne doivent s'appeler que des divertissements fastidieux, morts et inanimés (*ibid.*, p. 103-104).

Il est frappant, ici, que l'auteur souligne le rôle de l'« expression ». C'est en vue de discerner exactement celle des personnages qu'il fait grand cas de l'identification du sujet historique, car, à la limite, on pourrait lire indifféremment soit une joie soit une tristesse dans une même image. Chez Noverre, l'expression du sentiment soutient la qualité d'art de la danse, qui la revendique à la base de l'analogie avec la peinture. Il cherche, tout d'abord, qu'on reconnaisse la danse comme égale à la poésie et à la peinture : « Qu'un homme de génie arrange les lettres, forme et lie les mots, elle [la danse] cessera d'être muette, elle parlera avec autant de force que d'énergie et les ballets, alors, partageront avec les meilleures pièces du théâtre la gloire de toucher, d'attendrir, de faire couler des larmes, et d'amuser, de séduire et de plaire dans les genres moins sérieux. La danse embellie par le sentiment et conduite par le génie, recevra enfin avec l'éloge et les applaudissements que toute l'Europe accorde à la poésie et à la peinture les récompenses dont on les honore » (*ibid.*, p. 98).

C'est une ironie de l'histoire. La peinture a dû faire un dur effort pour se faire promouvoir à l'époque de la Renaissance et a eu recours à l'analogie avec la poésie. Maintenant, c'est cette peinture dont on invoque l'appui pour élever le statut de la danse. Mais s'il s'agissait simplement de ce but pratique, l'analogie avec la poésie ne serait-elle pas plus efficace ? Peut-être. Mais, Noverre reconnaissait au moins un avantage de la peinture sur la poésie : c'est « qu'ils sont de tous les pays, de toutes les nations ; que leur langage est universellement entendu, et qu'ils font partout une égale sensation » (*ibid.*, p. 107). Ce n'est pas tout. Même comparée à la peinture, la danse prend l'avantage : « Un beau tableau n'est qu'une copie de la nature ; un beau ballet est la nature même, embellie de tous les charmes de l'art. Si de simples images m'entrainent à l'illusion ; si la magie de la peinture me transporte ; si je suis attendri à la vue d'un tableau ; si mon âme séduite, est vivement affectée par le prestige ; si les couleurs et les pinceaux dans les mains du peintre habile, se jouent de mes sens au point de me montrer la nature, de la faire parler, de l'entendre et de lui répondre ; quelle sera ma sensibilité ! quel empire n'auront pas sur mon imagination des tableaux vivants et variés ! Rien n'intéresse si fort l'humanité que l'humanité même » *(ibid.).*

Ainsi sur la base d'un seul principe, se forme une hiérarchie des arts dont le sommet est occupé par la danse. Ce principe consiste dans la force d'expression ou la profondeur de l'émotion qui entraine le spectateur dans le monde de l'œuvre. Voilà le même principe que nous avons constaté chez Marmontel et Diderot. Noverre affirme plus nettement que la peinture représente l'art-paradigme incarnant ce principe. Il nous faut aussi remarquer chez lui la force d'illusion attribuée à la peinture et l'émotion forte venant de l'illusion. Mais je pense que la vision de cette époque qui met la peinture au premier rang des arts du point de vue de la force d'émotion, est assez particulière. Il ne semble pas qu'on puisse aujourd'hui alléguer la peinture comme art émotif.

Une attention particulière doit être accordée à la notion de « tableau vivant », qui est d'ailleurs naturellement évoquée par la métaphore de la peinture appliquée au théâtre et à la danse. Dans sa lettre du 11 octobre 1763 adressée à Noverre, Voltaire en parle lui aussi : « Vous faites trop d'honneur à *la Henriade*, de vouloir bien prendre le temple de l'amour pour un de vos sujets : Vous ferez un tableau vivant de ce qui n'est chez moi qu'une faible esquisse » (Best. D 11456). Selon Noverre « le ballet est une continuité d'actions », et il dit : « je mettrai le ballet en action en parallèle avec la galerie du Luxembourg, peinte par Rubens » (*Lettres...*, *éd. cit.*, p. 25). Cette pensée coïncide avec celle de Diderot qui préfère la pièce qui a plus de scènes pittoresques. Et la notion la plus propre pour exprimer cette opinion partagée par les deux, est « le tableau vivant ». Cette notion mériterait une étude approfondie.

La métaphore type de la peinture à cette époque est évidemment le « picturesque », notion établie dans la seconde moitié du 18e siècle en Angleterre [13]. Ce concept n'est vivant aujourd'hui que comme terme d'architecture [14] mais son domaine originaire est le jardin : le jardin « picturesque » est celui dit anglais ou « landscape garden ». Ici nous examinerons *De la Composition des Paysages...* (Genève, 1777) par R. L. de Girardin, vicomte d'Ermenonville (1735-1808).

L'idée de composer un jardin sur le modèle du tableau de paysage est beaucoup plus naturelle que par exemple celle de prendre la peinture pour le modèle du ballet. La distance entre la peinture et le jardin est si courte que la métaphore de la peinture n'est presque pas sentie : pour présenter la peinture comme son modèle, le théoricien ne semble avoir qu'à souligner la particularité du jardin [15].

Parmi tous les arts libéraux qui ont fleuri avec tant d'éclat à différentes époques, tandis que les poètes de tous les âges, que les peintres de tous

---

13. Voir Tsunemichi Kambayashi, « Le pittoresque » [en japonais], dans *Cours d'esthétique,* éd. par T. Imamichi (Presses universitaires de Tokyo), et Isao Toshimitsu, « Picturesque comme catégorie esthétique » [en japonais], *Bigaku,* n° 142 (1985).

14. Le « picturesque » désignait originairement le bâtiment qui convient au paysage naturel que le jardin anglais prendrait volontiers pour modèle, c'est-à-dire une maison de campagne à la différence d'un grand édifice. Nous trouvons dans Girardin (voir ci-dessous) des emplois comme « constructions pittoresques » (p. 20) et « une maison de Jardinier pittoresque » (p. 68). Sur le concept de « picturesque » dans l'histoire de l'architecture du 18e siècle, voir Peter Collins, *Changing Ideas in Modern Architecture, 1750-1950* (Londres, 1969), p. 49-58.

15. Une perspective générale sur les théories françaises du jardin de paysage est donnée dans E. Wheeler Manwaring, *Italian Landscape in 18th Century England* (Oxford, 1925), p. 163-65. Selon cette étude, H. Watelet (*Essai sur le Jardin,* 1764) a mentionné le pittoresque à côté du poétique et du romanesque comme « caractères ».

les siècles représentaient les beautés et la Nature dans les peintures les plus intéressantes, il est bien surprenant que quelque homme de bon sens (car c'est du bon sens que le gout dépend) n'ait pas cherché à réaliser ces descriptions et ces tableaux enchanteurs, dont tout le monde avait sans cesse le modèle sous les yeux, et le sentiment dans le cœur. Il est bien étonnant qu'on n'ait pas vu se former l'art d'embellir le pays autour de son habitation ; en un mot, de développer, de conserver, ou d'imiter la belle nature. Cet art peut néanmoins devenir un des plus intéressants ; il est à la poésie et à la peinture, ce que la réalité est à la description, et l'original à la copie (Girardin, *De la composition...*, p. XI-XIII).

L'auteur revendique non pas une rénovation d'une chose déjà existante, mais la création d'un nouvel art. Dans cette citation ainsi que dans son titre, il évite soigneusement le mot *jardin*. Un peu avant, il critique le jardin français de Le Nôtre : c'est une destruction de la nature et on construit « les quatre murailles » « à grands frais » pour avoir « de tristes massifs » (*ibid.*, p. X) — voilà le « jardin », et nous entendons certainement ici un écho de Rousseau. Ce n'est pas un jardin nouveau que Girardin projette, mais un nouvel art, la composition de paysage, qui est plus proche de la peinture de paysage que du jardin de Le Nôtre : la seule différence entre eux consiste dans celle de la composition d'une *réalité* et d'une simple description. S'agissant de la réalisation d'un tableau de paysage, le mot peinture est employé plutôt littéralement que métaphoriquement.

De la Composition des paysages n'est pas simplement une théorie mais aussi un manuel pratique. Dans cette pratique la peinture et le peintre s'engagent *littéralement*. Quand on veut en composer un réellement, comment doit-on procéder ? Comme « le tableau d'un paysage ne peut être inventé, esquissé, dessiné, [...] colorié, retouché par aucun autre artiste que le *peintre de paysages* » (*ibid.*, p. 14), l'aide d'un peintre est sollicitée. Girardin recommande le processus suivant (p. 13-27) : d'abord le peintre prépare plusieurs esquisses et en choisit une pour l'achever comme paysage ; puis, à la base de ce paysage, on dessine sur cette toile qu'est la terre (voir p. 65) « une espèce de carte géographique » (p. 19) ; on met du tissu blanc pour la partie de cours d'eau, on tend une corde pour circonscrire et on plante des piquets à la place des arbres, etc.

Ainsi le statut paradigmatique de la peinture pour ce nouvel art est déjà suffisamment constaté. Ce qui nous intéresse mainte- nant, c'est le fond du concept de peinture chez Girardin, qui montre un certain écart par rapport à celui des autres auteurs que nous avons mentionnés. L'écart vient de cette distance minime entre la peinture et la composition du paysage : ce n'est plus au niveau de l'impression ou de l'image mais sur le plan presque matériel que les deux arts sont rapprochés. Même quand Girardin parle de l'effet pittoresque, ce n'est plus l'effet illusionniste et émotionnel comme chez un Marmontel ou un Diderot qui est souligné ; il le trouve plutôt dans le formel et le technique : « ...*l'effet pittoresque* consiste précisément dans le choix des formes les plus agréables, dans l'élégance des contours, dans la dégradation de la perspective ; il consiste à donner, par un contraste bien ménagé d'ombre et de lumière, de la saillie, du relief à tous les objets, et à y répandre les charmes de la variété, en les faisant voir sous plusieurs formes ; comme aussi dans la belle harmonie des couleurs, et surtout dans cette heureuse négligence, qui est le caractère distinctif de la nature et des grâces » (p. 7-8). En dehors de la « négligence », on n'y trouve pratiquement pas d'élément de l'effet ; c'est comme si l'auteur énumérait simplement les éléments de la peinture. La notion chez Girardin du pittoresque s'incline nettement vers le constructif : « ce principe [commun à l'effet pittoresque et à la belle nature], c'est que TOUT SOIT ENSEMBLE, ET QUE TOUT SOIT BIEN LIÉ (p. 9).

On pourrait sans doute proposer quelques hypothèses pour expliquer cette déviation conceptuelle. Est-ce qu'on a perdu, avec le temps, le sens de l'illusion dans la peinture ? C'est possible. Je pense toutefois que la raison la plus forte tient au fait que Girardin a consulté la théorie technique de la peinture pour l'appliquer utilement à sa composition du paysage. En effet, sa notion formelle du pittoresque coïncide presque parfaitement avec le contenu de l'article « PITTORESQUE, COMPOSITION » par Jaucourt dans le tome 9 de l'*Encyclopédie* (1765) : Jaucourt aussi ne parle que de l'arrangement des parties en vue de la totalité visuelle saisie, d'un coup d'œil, et non pas de l'effet émotionnel. D'ailleurs, nous retrouvons cette notion constructive de la peinture chez Du Bos [16] : elle est loin d'être hétérodoxe à l'époque. Cela veut dire que les notions constructive et « émotionnaliste » ne s'excluent pas. Quand Girardin envisage l'effet de sa composition de paysage au niveau de l'émotion, il partage la même vision que nos autres auteurs. C'est d'ailleurs tout à fait normal, puisqu'il

---

16. Voir sa notion de la « composition pittoresque » sans ses *Réflexions critiques sur la poésie et la peinture* (éd. 1770, réimpr. Slatkine 1967), p. 278-286.

s'oppose au jardin géométrique fait au compas et à la règle et qu'il cherche la nature exemptée de l'artifice. Il nous fait penser que la diversité naturelle est présupposée pour son idéal d'unité. « ... Le plus souvent un bel homme, ou une belle femme, ne sont que des effigies, des beautés statuaires ; la plus grande laideur d'une physionomie, c'est de manquer de mouvement et d'esprit, comme celle d'un terrain d'être enfermé par des murailles, et d'être défiguré par la règle et le compas » (Girardin, p. 66). Avec ce « mouvement et esprit », nous rejoignons la notion de peinture constatée dans les autres genres.

Il nous faut maintenant examiner la position de la peinture dans la théorie générale de l'art. Quand on emploie métaphoriquement le mot *peinture* dans la théorie de chaque art particulier, on prend rarement conscience de ce qu'est réellement la peinture. En revanche, il s'agit maintenant de savoir quelle conscience en avaient les gens du 18ᵉ siècle.

Théoriquement parlant, c'est au 18ᵉ siècle qu'une théorie systématique des arts est devenue possible, parce que le concept générique de l'art s'établissait à cette époque. Dans cette histoire des idées, l'ouvrage de Batteux *Les Beaux-Arts réduits à un même principe* (1746) jouit d'une importance symbolique. Il est bien connu que son « même principe » est l'imitation. Dans la génération plus jeune, Diderot emploiera l'expression idiomatique « arts d'imitation » pour désigner les beaux-arts, et Noverre « arts imitateurs ». Mais le principe de Batteux avait été proposé avant lui par Du Bos (*ouvr. cit.,* p. 484). Chez eux, l'imitation étant synonyme de représentation, il est tout à fait naturel que la peinture soit prise pour paradigme de tous les arts. *Peinture* était employé aussi comme synonyme d'*imitation* ; par exemple quand Du Bos parle de « peinture et imitations qui font l'essence de la poésie » (*Réflexions,* p. 44), ces deux noms ne désignaient pas deux choses différentes, et Du Bos fait des verbes correspondants le même emploi parallèle (p. 47) [17]. Et dans l'argument sur l'art en général chez Batteux, *peintre, toile* et *pinceau* sont devenus

---

17. Citons deux exemples d'autres auteurs. Le premier est le mot du peintre Antoine Coypel dans un discours à l'Académie en 1721 : « tout ce qui imite la nature s'appelle peinture » (*Discours prononcés dans les conférences de l'Académie Royale de Peinture...,* Paris, 1721, p. 35). L'autre est une phrase dans l'article anonyme PASSIONS de l'*Encyclopédie* (1765) : « la peinture ou l'imitation exacte des objets, des mouvements, des *passions...* »

synecdoques respectivement d'*artiste*, de *couche matérielle de l'œuvre* et de *technique d'expression* (Batteux, p. 115-116). Il n'est pas fort étonnant que la partie consacrée à la peinture chez lui soit très sommaire à la différence de celle de la poésie. L'auteur développe d'abord en détail sa théorie de la poésie sur le modèle de la peinture, et après, il n'a qu'à en appliquer le résultat purement et simplement à la peinture (*ibid.*, p. 330). Malgré les apparences, c'est la peinture qui sert ici de modèle.

Pour ce qui concerne la pensée, Batteux est superficiel et peu intéressant. C'est Du Bos qui importe. Nous allons maintenant le suivre un peu dans ses discussions comparatives de la poésie et de la peinture, en vue de savoir quelles sont, pour lui, les propriétés essentielles de la peinture. Par rapport au sujet ou au contenu propre à chaque art, Du Bos situe le domaine de la poésie dans l'expression des sentiments, et celui de la peinture dans la description des objets. « Le poète arrive encore plus certainement que le peintre à l'imitation de son objet. Un poète peut employer plusieurs traits pour exprimer la passion et le sentiment d'un de ses personnages. [...] Ainsi quoiqu'il en soit des caractères qu'un peintre ne puisse pas exprimer, moralement parlant, il n'en est pas qu'un poète ne puisse copier. Nous allons voir aussi qu'il est bien des beautés dans la nature que le peintre copie plus facilement, et dont il fait des imitations beaucoup plus touchantes que le poète » (*Réflexions..., éd. cit.*, p. 92-94).

Cette caractérisation des deux arts parait tout à fait banale. En fait, Du Bos fut novateur concernant la notion de peinture. Nous avons déjà remarqué l'inversion du rapport entre la poésie et la peinture. Avec Du Bos, le point de vue de la théorie est passé d'*ut poesis pictura* à *ut pictura poesis*. Avant Du Bos, en cherchant à construire une théorie de la peinture sur le modèle de la poétique, on a insisté sur la parenté que la peinture pourrait avoir avec la poésie. Et par conséquent, c'est dans l'expression des sentiments qu'on a cherché le fort de la peinture. Il va sans dire que ce point de vue fondait l'importance qu'on cherchait à accorder à la peinture historique [18].

---

18. Pour rapprocher la peinture de la poésie, les théoriciens de la peinture cherchent à prétendre que leur art partage les mêmes sujets, les mêmes expressions et les mêmes règles avec la poésie (voir Lee, p. 254). La suprématie de la peinture historique (comme typiquement soutenue par un Félibien ; voir Lee, p. 212-13) dérive de celle de l'épique ou de la tragédie. L'insistance sur l'expression des passions, dont Lee allègue comme théories représentatives G. P. Lomazzo et Ch. Le Brun, renforce la valeur de la peinture historique, puisqu'elle est réalisée dans le tableau grâce à la mise en situation dramatique du personnage.

Alors, pourquoi Du Bos a-t-il pu renouveler la notion de peinture ? [19] C'est parce qu'il a fondé sa pensée sur l'analyse de la condition matérielle d'expression des deux arts [20]. Alors que la poésie se développe dans le temps, le tableau constitue une totalité spatiale. Parce qu'il domine la temporalité, « un poète peut nous dire beaucoup de choses qu'un peintre ne saurait nous faire entendre » (p. 84). En revanche, le tableau n'a qu'un seul instant, mais dans cet instant, il peut présenter plusieurs objets pleins de caractères et leur combinaison significative (voir p. 105). Dans ce sens, la peinture historique est estimée conforme à l'essence de la peinture (p. 102-103), bien que la peinture ne puisse pas raconter une histoire. Ces considérations se résumeraient dans le tableau suivant :

	Détermination matérielle	Détermination thématique
Le Poétique	Diégétique	Expression de sentiments
Le Pittoresque	Structure simultanée	Description

En trouvant l'essence de la peinture dans la description séparée de l'expression de sentiments, Du Bos retrouvait l'ancienne esthétique de la peinture. Mais quand il admet que la peinture historique est conforme à cette essence de la peinture, Du Bos se laissait entrainer par les conditions actuelles de cet art.

---

19. Lee en propose deux raisons : d'abord l'influence de la philosophie empiriste de l'Angleterre qui se base sur les données sensorielles et puis l'intérêt devenu de plus en plus fort pour le beau du monde naturel.

20. Du Bos s'intéresse à la dimension de l'expression qu'il analyse pour la poésie ainsi que pour la peinture. Je me borne à présenter le résultat de ses analyses (p. 291-312) en forme d'un tableau :

	Articulation première		Articulation deuxième
	Poésie du style		Mécanisme de la poésie
Poésie	Image	Expression	
Peinture	Expression		Coloris

« Mécanisme de la poésie » signifie la manipulation des sonorités des mots pour obtenir l'euphonie. Signalons aussi que Du Bos parle d'*ut pictura poesis* dans ce contexte par rapport à « la poésie du style » (1re partie, chap. 33).

Or notre dernier problème est de savoir, entre la poésie et la peinture, laquelle Du Bos a adoptée comme fondement de son esthétique. Étant donné que le premier principe de son esthétique est l'effet psychologique (l'intérêt) et qu'il fait grand cas de la peinture historique, nous conjecturons tout naturellement que la priorité est sans aucun doute accordée à la poésie. Mais Du Bos affirme catégoriquement la priorité de la peinture :

Je crois que le pouvoir de la peinture est plus grand sur les hommes que celui de la poésie, et j'appuie mon sentiment sur deux raisons. La première est que la peinture agit sur nous par le sens de la vue. La seconde est que la peinture n'emploie pas des signes artificiels ainsi que le fait la poésie, mais bien des signes naturels [...].

La vue a plus d'empire sur l'âme que les autres sens. C'est celui en qui l'âme par un instinct que l'expérience fortifie, a le plus de confiance. C'est au sens de la vue que l'âme appelle du rapport des autres sens lorsqu'elle soupçonne ce rapport d'être infidèle. Ainsi les bruits et même les sons naturels ne nous affectent pas à proportion des objets visibles. Par exemple, les cris d'un homme blessé que nous ne voyons point, ne nous affectent pas comme nous affecteront la vue de son sang et de sa blessure, bien que nous sachions le sujet qui lui fait jeter les cris que nous entendons. On peut dire poétiquement que l'œil est plus près de l'âme que l'oreille.

En second lieu, les signes que la peinture emploie pour nous parler ne sont pas des signes arbitraires et institués tels que sont les mots dont la poésie se sert. La peinture emploie des signes naturels dont l'énergie ne dépend pas de l'éducation. Ils tirent leur force du rapport que la nature elle-même a pris soin de mettre entre les objets extérieurs et nos organes, afin de procurer notre conservation. Je parle peut-être mal quand je dis que la peinture emploie des signes. C'est la nature elle-même que la peinture met sous nos yeux (p. 413-415).

N'est-il pas contradictoire d'affirmer la priorité de la peinture, dont le domaine se trouve dans la description, sur la poésie qui consiste dans l'expression des sentiments, tout en prenant l'émotion pour mesure de valeur ? Jugeant selon l'intensité de l'émotion, un tableau de Poussin pourra-t-il rivaliser avec une tragédie de Corneille ? A travers cette théorisation, nous pouvons deviner la couche ultime que visait Du Bos dans son esthétique, qui est la réalité, ou la nature si l'on préfère la terminologie de l'époque. Du Bos a confiance dans la vision, parce qu'elle est la dernière référence pour connaitre la nature. D'une part, la vision est pour Du Bos telle qu'elle peut atteindre la réalité, et d'autre part, la réalité est pour lui telle qu'elle peut être atteinte par la vision. Dans ce contexte, il nous faudrait nous rappeler le caractère commun des théories de la vision de l'époque, que nous avons constaté au début de cet article : la vision était considérée comme étant à fonder sur le toucher. En d'autres termes, la vision assistée par le toucher n'était pas à deux dimensions, mais à trois ; et par conséquent, elle était l'organe de saisie de la réalité. C'est pourquoi il considère le signe visuel comme naturel, au point de l'assimiler à « la nature même ». Ainsi, pour Du Bos, la source de l'émotion profonde d'une tragédie se trouve aussi dans les « tableaux » qui s'y voient (p. 423). A nos yeux, il y a quelque chose de forcé dans cette conception. Mais ce côté forcé représente le nouvel horizon ouvert par Du Bos. Il s'agit justement de la pensée que partageront beaucoup de penseurs, dont Diderot, à travers ce siècle. L'esthétique sollicitant l'émotion souligne en même temps le visuel avant tout, et sympathise profondément avec l'image peinte. Voilà la sensibilité de base de l'époque.

Nous pouvons maintenant résumer la notion de peinture à l'époque et conclure à partir de quelques notions-clés : description, composition d'un ensemble, peinture historique, réalité, expression des sentiments et, surtout intérêt.

Depuis la Renaissance, la peinture s'est approchée de la poésie sur le plan de la théorie en vue de se procurer au moins le prestige dont la poésie jouissait. La notion directrice de ce mouvement était *ut poesis pictura*, et comme caractère commun à ces deux arts on alléguait l'expression des sentiments et l'histoire comme sujet. Au début du 18e siècle, ce point de vue est renversé avec Du Bos, qui établit son esthétique sur le modèle de la peinture. En d'autres termes, il construit sa théorie sur l'idée d'*ut pictura poesis* proprement dite. A partir du mode d'existence matériel du tableau, qui consiste dans la totalité donnée simultanément, il en déduit que la description est son essence. Parallèlement, il affecte le domaine de la poésie à l'expression des sentiments. De ce point de vue, c'est évidemment le moment constructif qu'on souligne dans le tableau. Et Du Bos s'en sert pour valoriser le tableau historique. Et la même attitude est observée dans la théorie du drame bourgeois chez Diderot et dans celle du ballet de Noverre. Ils ont placé l'idéal dans le genre du tableau vivant. Par ailleurs, le moment constructif propre au tableau est remarqué d'une manière frappante dans la théorie de Girardin sur la « composition des paysages », parce qu'il n'y a plus d'élément diégétique ici. Il n'est peut-être pas nécessaire de préciser la tendance de l'histoire de l'art à cette époque où la peinture historique déclinait en même temps que le paysage prenait son essor.

Voilà pour la caractérisation de la peinture. Examinons maintenant la raison pour laquelle la peinture est prise comme art-paradigme dans l'esthétique de l'époque. L'idée de peinture, très particulière à cette époque, relie la peinture à la force d'émotion, au lieu de la perception de la vérité objective. Sur ce point, un Du Bos a présenté une vue très claire : la simultanéité spatiale de la peinture constitue à son sens la réalité même. La peinture nous donne une expérience de la réalité ou, au moins, d'une presque-réalité. Voilà l'esthétique illusionniste, et le concept d'« intérêt » devrait être interprété sous ce rapport. Un cas extrême de cette esthétique se trouve dans la pensée de Cahusac qui a expliqué l'enthousiasme musical en fonction du tableau. Comme il s'agit aussi d'un emploi métaphorique du mot *peinture* dans la musique, nous pourrons ainsi compléter notre examen sur la métaphore de peinture dans les arts [21].

Dans l'article ENTHOUSIASME de *l'Encyclopédie* (vol. 5, 1755), Cahusac (1706-1759) a recours tout le temps à la peinture pour définir l'enthousiasme ; cela est d'autant plus remarquable qu'il pense que l'enthousiasme est le synonyme de « la fureur poétique » (p. 719 b) : le paradigme est déplacé de la poésie à la peinture. Or, pour Cahusac, l'enthousiasme représente le moyen de transformer la réception en création : il s'agit de l'état psychologique exalté causé par une expérience forte, qui sert de ressort pour créer une chose nouvelle. Le fait que l'auteur invoque la peinture tout le temps pour analyser ce processus signifie déjà qu'il comprend la peinture en fonction de sa force d'émotion [22]. Et voici sa définition de l'enthousiasme : « une émotion vive de l'âme à l'aspect d'un tableau *neuf* et bien ordonné qui la frappe, et que la raison lui présente » (p. 720 b). Évidemment, le mot *tableau* est employé ici comme métaphore de l'image. Ce qui est surtout significatif pour nous, c'est que l'auteur croit que la même définition s'applique aussi à l'enthousiasme de la musique.

---

21. Tout le monde connait l'emploi métaphorique du mot couleur appliqué à la musique ; sur cette métaphore, voir J. Graham, « Ut pictura poesis », art. dans le *Dictionary of History of Ideas* (sous la dir. de Philip P. Wiener), t. 4 (New-York, 1973), qui mentionne le clavecin oculaire du Père Castel.

22. La description commence avec la supposition que « vous voyez dans son plus beau jour un excellent tableau. » Le plus remarquable est que l'auteur entend « par le mot *génie*, l'aptitude naturelle à recevoir, à sentir, à rendre les impressions du tableau supposé », et qu'il « le regarde comme le pinceau du peintre, qui trace les figures sur la toile... » (p. 720 a).

« Quel est le tableau, dira-t-on peut-être, que la raison peut offrir à peindre à l'art du musicien ? Il ne s'agit là que d'un arrangement géométrique de tons, etc. » A cette mise en question, Cahusac répond « qu'il n'existe point de musique de ce nom, qui n'ait peint une ou plusieurs images : son but est d'émouvoir par l'expression, et il n'y a point d'expression sans peinture » (p. 721 b).

Concluons par une description du mode d'expérience propre à cette esthétique. Il s'agit d'un extrait des *Salons* de Diderot. En effet, l'illusion constituait le fond de l'expérience picturale que Diderot a eue en face des meilleurs tableaux. La citation suivante est prise de la description du tableau, *Pastorale russe*, que Jean-Baptiste Le Prince expose au Salon de 1765.

C'est un vieillard qui a cessé de jouer de sa guitare pour entendre un jeune berger jouer de son chalumeau. Le vieillard est assis sous un arbre ; je le crois aveugle, s'il ne l'est pas, je voudrais qu'il le fût. Il y a une jeune fille debout à côté de lui. Le jeune garçon est assis à terre, à quelque distance du vieillard et de la jeune fille ; il a son chalumeau à la bouche. Il est de position, de caractère, de vêtement, d'une simplicité qui ravit ; sa tête surtout est charmante. Le vieillard et la jeune fille écoutent à merveille. Le côté droit de la scène montre des rochers au pied desquels on voit paitre quelques moutons. Cette composition va droit à l'âme. Je me trouve bien là, je resterai appuyé contre cet arbre, entre ce vieillard et sa jeune fille, tant que le jeune garçon jouera. Quand il aura cessé de jouer et que le vieillard remettra ses doigts sur sa *balalaye,* j'irai m'assoir à côté du jeune garçon, et lorsque la nuit s'approchera, nous reconduirons tous les trois ensemble le bon vieillard dans sa cabane (Diderot, *O.C.,* t. 14, 1984, p. 226).

Diderot pénètre presque physiquement dans le monde du tableau. Il ajoute : « Un tableau, avec lequel on raisonne ainsi, qui vous met en scène, et dont l'âme reçoit une sensation délicieuse, n'est jamais un mauvais tableau. » Le tableau de Le Prince n'est pas un chef-d'œuvre. Mais c'est un bon tableau, sinon on n'arriverait jamais à en avoir cette expérience presque physique de l'illusion. C'était le style authentique de la peinture à cette époque, et c'était aussi le style authentique de l'expérience esthétique. En ce sens-là, le 18e siècle a été vraiment une ère de la peinture.

KEN-ICHI SASAKI
Université de Tokyo

L'ALLÉGORIE RÉVOLUTIONNAIRE

DE LA LIBERTÉ A LA RÉPUBLIQUE

De la première image de la Liberté, représentée au lendemain de la prise de la Bastille, à la statue de la République figurant sur la colonne nationale de l'an IX, plus de dix ans ont passé qui ont vu se dresser dans l'espace parisien, dans les Salons, dans les expositions de concours, tout un éventail de figures insolites [1]. Et l'éventail de s'élargir si on tient compte des tableaux, sceaux, monnaies ou assignats. Or, à l'exception des recherches de Maurice Agulhon (*Marianne au combat,* Paris, 1979) qui ne s'étend pas du reste sur la Première République, une vision globale et approfondie de l'imagerie allégorique fait défaut. Ce n'est pas que soient rares les articles sur le sujet, mais, dans la plupart, les auteurs se flattent de déceler de grandes divergences dans les initiatives successives qui mènent de la Liberté à l'Égalité, de l'Égalité au Peuple et du Peuple à la Liberté ou à la Propriété [2]. Si la Terreur n'y est jamais passée sous silence, la période du Directoire est peu citée, comme si la Révolution se terminait au 9 thermidor. Enfin, personne depuis M. Agulhon, qui, rappelons-le, se fonde principalement sur des ouvrages de référence, n'a cherché à vérifier dans quelle mesure la Liberté s'était confondue avec la République et quelles avaient été à l'époque les diverses images de la Première République. Il s'agira donc, ici, de découvrir les allégories privilégiées tout au long des dix années révolutionnaires et de reconsidérer leur

---

1. Cet article est une version remaniée du chapitre sur l'allégorie révolutionnaire de ma thèse de doctorat : *Les Monuments de la Révolution ; le discours des images dans l'espace parisien, 1789-1804* (Amsterdam, 1993). Pour plus de détails, se référer à ce travail.
2. L. Hunt, *Politics, culture and class in the French Revolution* (Berkeley-London, 1984) ; J. Leith, « Le symbolisme montagnard », *L'Image révolutionnaire*, t. 1 (Pergamon Press, 1989-1991) et J. Leith, « Allégorie et symbole dans la Révolution française », *L'image de la Révolution française* (Québec, 1989) ; J.-C. Benzaken, « Hercule dans la Révolution française ou les nouveaux travaux d'Hercule », *Les Images de la Révolution française*, éd. M. Vovelle (Paris, 1988).

---

destinée et leur diversité à la lumière de l'ensemble des productions officielles.

A peine éclose, la Révolution, obsédée par l'idée de sa représentation, se préoccupe très vite de l'édification de monuments à sa gloire, de célébrer ses conquêtes ; elle rêve de fixer dans la pierre ou sur la toile les premiers acquis afin d'exorciser la crainte de leur disparition, afin de convaincre le peuple français de leur réalité et ses ennemis de leur pérennité. Visualiser contribue à assoir effectivement l'ordre nouveau. Tous se retrouvent pour percevoir la nécessité de donner corps aux abstractions formulées dans la Déclaration des Droits et la Constitution. Tous se retrouvent pour croire en l'efficacité des signes.

Au terme de la Constituante, seules ont vu le jour quelques allégories emblématiques [3] : *Liberté, Nation* ou la Constitution sous la figure conventionnelle de *Minerve,* et des allégories narratives, tels *le Triomphe de la Liberté, l'Acceptation de la Constitution par Louis XVI* ou *l'Apothéose de Mirabeau.* L'imagerie est mouvante, elle se cherche. Peu à peu, cependant, la Liberté retrouve la codification de Cesare Ripa et arbore le bonnet phrygien et la pique, tout en se francisant sous l'emblème du coq ou du tricolore. A ces premières images s'en ajoutent bientôt d'autres qui accordent une grande place aux principes sur lesquels se fonde la Révolution : Égalité, Justice, Loi, Sagesse, Raison, Vérité, Force, Félicité publique. Les abstractions relatives à l'entité territoriale et identificatoire qu'est la France, à la valeur unificatrice et collective qu'est la Nation régressent au profit de l'idée sacrale de Patrie. Cette prééminence apparait tout particulièrement dans les travaux de Quatremère de Quincy au Panthéon, où il conçoit deux figures de *la Patrie* et un vaste décor allégorique qui personnifiera les valeurs révolutionnaires *(Liberté, Égalité, Nature, Loi)* [4], tandis que les fêtes parisiennes mettent de

---

3. L'allégorie emblématique personnifie des idées abstraites ; l'allégorie narrative raconte une histoire, transposée dans un autre cadre spatio-temporel. Voir Ph. Bordes, « Le recours à l'allégorie dans l'art de la Révolution française », *Les Images de la Révolution française, ouvr. cit..* Comme le dit Quatremère de Quincy, personnifier c'est « faire croire à l'existence des êtres », ce sera rendre sensibles les abstractions créées par les législateurs, tous formés à l'école sensualiste.

4. Voir A. Jourdan, *Les Monuments... (ouvr. cité),* p. 186-194. L'image de la Patrie est symbolisée soit par la couronne de tours (Moitte), soit par la figure de Minerve-Athéna (Quatremère). Quatremère l'assimile en 1792 à une République (« Patrie ou République »). Les deux versions se maintiendront au cours de la Révolution. La couronne de tours demeurera l'attribut de la Patrie, la version Minerve incarnera parfois la Constitution ou la République.

Anonyme (chez J. Chéreau), *Hommage à la Constitution,* eau forte coloriée (Paris, 1790) (Musée de la Révolution française, Vizille).

plus en plus fréquemment en scène les images de *la Liberté* et de *la Loi*.

La proclamation de la République le 21 septembre 1792 pourrait à son tour modifier ces images nouvelles et leur substituer celle d'une abstraction purement politique. France, Nation, Patrie, République. Ces quatre notions ne sont pas synonymes, bien que, parfois, elles se confondent dans l'imagerie ; chacune présente une facette de l'ensemble complexe qui constituerait l'identité et la personnalité de la France de la Révolution au sens large du terme, puisque c'est avec la Révolution qu'elles acquièrent leur pleine signification. Si Dieu et le roi ont fait la France, les révolutionnaires en bouleversant l'ordre établi transfèrent le pouvoir du roi à la Nation. A l'amour du roi se substitue l'amour de la Patrie, à la monarchie (absolue ou constitutionnelle) le gouvernement de la République.

La monarchie constitutionnelle était aisée à symboliser. L'image du roi au centre ou dans la périphérie de la représentation, accompagnée de celle de la Liberté ou de la Constitution suffisait à visualiser le nouveau gouvernement, à figurer l'union de deux termes qui se révèlent rapidement incompatibles. Mais comment figurer une abstraction politique, aussi intangible et désincarnée que la République ? Les artistes, il est vrai, tout au long des mois de troubles qui précèdent le 10 aout ont su pallier l'absence (éventuelle) du pouvoir exécutif (dès la fuite de Varennes) en donnant la précellence à la figure de *la Liberté*. La Liberté acquiert alors une indépendance vis-à-vis du monarque et se dresse souveraine au sommet des colonnes de la Liberté, projetées par les architectes à partir de 1790. David l'a promenée pour la fête de la Liberté du 15 avril 1792 où elle arbore une massue. Cette vision vigoureuse ne sera pourtant pas privilégiée. La massue répond trop bien à la figure d'Hercule, à laquelle se réfèrent dès 1789 l'Assemblée pour désigner ses rudes travaux ou Camille Desmoulins pour faire allusion à ceux de Mirabeau. Danton, très friand de métaphores énergiques, va même jusqu'à comparer la nation renaissante « à cet Hercule qui écrasa les serpents qui cherchaient à le dévorer » [5]. Barère ne dira pas autre chose sous la Convention. Et l'image se maintiendra tout au long du Directoire.

Très vite, c'est le bonnet et la pique qui correspondent le mieux aux images que conçoivent les patriotes de la Liberté. Ces

---

5. A. Aulard, *La Société des Jacobins* (Paris, 1892), t. 3, p. 13. Signalons également une version de la Liberté avec massue chez Gois dès 1790.

Projet de Groupe à exécuter au fond du Panthéon Français.

A.-C. Quatremère de Quincy, *Projet de groupe à exécuter au fond du Panthéon,* gravure à l'aquatinte (1792) (Musée de la Révolution française, Vizille).

attributs s'imposent d'autant plus qu'ils deviennent ceux des sans-culottes dès mars 1792. *La Liberté* allait donc seule ou accompagnée, comme au Panthéon, de *l'Égalité* ou de *la Loi*. Le 14 juillet 1792 tout comme le 25 aout, l'imagerie se dédouble en effet pour célébrer la Loi et la Liberté. Ce qui semblait incompatible le 15 avril (la présence de la Loi à la fête de la Liberté) ou le 3 juin dans la fête de Simoneau (où les *Révolutions de Paris* interprétaient la symbolique de la Loi comme un affront fait à la Liberté) parait alors aller de soi. En juin on contestait la légitimité de la Loi qu'on lui rend en juillet. C'est qu'à présent elle sert la stratégie jacobine qui tient à contenir le mouvement populaire jusqu'à l'arrivée des fédérés. Lors de la fête du 14 juillet 1792, le 20 juin a eu lieu ; la nation est en crise, la Constitution chancelante, la Liberté menacée, la patrie en danger. Au lieu d'encourager le peuple à l'insurrection, les chefs jacobins l'incitent à ne combattre les ennemis communs qu'« avec le glaive des lois », seule instance de légitimité quand faillit le pouvoir exécutif. L'heure est grave, la sagesse est de mise en attendant que, le 10 aout, les « Brutus français » (*Correspondance de M. et A. Robespierre,* Paris, 1926, p. 151) sauvent la Révolution. A la fête funèbre qui succède à la prise des Tuileries et qui en célèbre les victimes, si la Loi est à nouveau présente aux côtés de la Liberté, les *Révolutions de Paris* (nº 164) prennent bien soin de préciser qu'il s'agit maintenant des « lois vengeresses du peuple ». La Loi a changé de visage et surtout de faction. C'est le Peuple à présent qui en manie le glaive.

La chute de la monarchie instaure une ère nouvelle, où le roi déchu disparait de la scène publique. La destruction des statues royales laisse un autre vide. La vacance du pouvoir se double d'une vacance spatiale. Un espace doit être comblé qui visualisera le nouveau régime, encore innommé, innommable, puisque né de l'insurrection populaire. L'Assemblée s'en soucie dès le lendemain du 10 aout quand Albitte demande aux législateurs de prouver au peuple qu'ils s'occupent de sa liberté, en élevant son image sur les piédestaux royaux. Mieux que tout discours, la présence monumentale de la Liberté sur la place publique parlera de la (nouvelle) révolution et de l'ultime victoire sur le despotisme et la royauté. La Constituante n'avait montré qu'un fantôme de la liberté, le nouveau gouvernement va réellement instaurer son règne (voir *Le Moniteur,* t. 13, p. 388). Mais si la liberté doit devenir le premier principe des législateurs, il faut assoir sa présence dans l'espace public. Tout comme celui du roi, pour être cru, son pouvoir doit être vu. La présence du signe fera croire en la réalité et en la pérennité de l'idée.

Les projets de Gaudin d'aout 1792, seuls projets monumentaux d'envergure de la Législative, vont dans ce sens. C'est le moment, ou jamais puisque toutes les statues royales sont mises à bas et que l'espace parisien ne présente plus que des ruines. Aux monuments du despotisme devront alors se substituer les images de *la Liberté,* de *l'Égalité,* de *la Loi* et de *la Félicité publique* [6]. Il ne semble pas que ce projet fût discuté hors du Comité d'Instruction publique et l'Assemblée n'eut pas à s'en préoccuper. En revanche, elle avait arrêté le 16 juin 1792 que *la colonne surmontée d'une Liberté* et proposée par l'entrepreneur Palloy serait érigée sur l'emplacement de la Bastille (Guillaume, p. 334). La première pierre avait été posée le 14 juillet. Ces diverses initiatives auxquelles s'ajoute encore celle de la Commune de Paris qui souhaite remplacer la statue de Louis XIV par une image de la Liberté, prouvent bien que cette figure, devenue l'emblème de la Révolution, s'impose définitivement et éclipse, auprès des pouvoirs, celles de la France, de la Patrie ou de la Nation. La prise de la Bastille avait été le symbole d'une première liberté : la liberté civile. Le 10 aout, avec la chute de la royauté, fait accéder l'ensemble de la nation à la liberté politique. Le temps d'une insurrection, brisant toutes les barrières, le peuple démontre dans le concret la souveraineté que lui accorde la Constitution dans l'abstrait. De cette totale liberté, l'allégorie au bonnet phrygien devient le symbole.

Le 21 septembre, date décisive, puisque l'Assemblée réunie pour la première fois en Convention, abolit la royauté, est aussi le premier jour de l'an I de la République. Or, s'il y est question du futur gouvernement, c'est moins l'institution de la République qu'on célèbre que l'abolition du despotisme et la poursuite des travaux dans la voie qui mènera à l'Égalité et à la Liberté, celle qui conduira au bonheur du peuple. La République s'installe discrètement car la France s'effarouche déjà de se voir engagée dans une voie que lui déconseillent ses plus grands penseurs, ses plus grands patriotes. Aux yeux de la plupart, la République passe encore pour un gouvernement anarchique, « un corps monstrueux composé d'autant de têtes que de bras », qu'« il faut sans cesse combattre, sans cesse dénoncer et punir » (*Révolutions de Paris,* nº 168, 22-29 sept. 1792). Elle n'est pas non plus adaptée à la topographie de la France et ne conviendrait qu'aux petits

6. M. J. Guillaume, *Procès-verbaux du Comité d'Instruction publique de la Législative* (Paris, 1889), p. 380.

pays, aux pays de montagnes, aux iles. Mais pour les véritables républicains et pour tous ceux qui doivent motiver cette « création improvisée », la République est « le meilleur des gouvernements, car c'est le gouvernement de tous ». C'est le seul où tous les hommes sont libres et égaux. Et, par sa singularité (issue de son impossibilité même), la République française surpassera tout ce qui a été fait en ce domaine, en se fondant non pas sur l'aristocratie des richesses, comme en Amérique ou en Hollande, mais sur la Liberté et l'Égalité, sur l'amour de la Patrie et la Vertu. La royauté abolie, il parait urgent d'en abolir les symboles sur les assignats, sceaux et monnaies. L'Assemblée s'en préoccupe le même jour. Le sceau de l'État portera *un faisceau surmonté du bonnet de la Liberté,* avec pour exergue « La République française » [7]. L'abstraction du symbole répond à l'abstraction de la représentation, d'autant plus abstraite que l'Assemblée se refuse à la voir incarnée par un président. Le 27 octobre, Cambon, ministre des Finances, propose de remplacer l'effigie du roi sur les assignats par *une ruche et un soleil levant (Archives parlementaires,* t. 53). La ruche est maintes fois évoquée dans l'imagerie révolutionnaire pour suggérer l'activité diligente de l'Assemblée et le collectif formé par les représentants. Quatremère y voit même un des symboles de la République. Quant au soleil levant, c'est dans les discours surtout que l'image se retrouve pour célébrer la victoire de la Raison et des Lumières, l'âge d'or ressuscité par la mort du despotisme.

Le décret du 21 septembre avait arrêté que les emblèmes du sceau de l'État seraient *le faisceau de l'Union et le bonnet de la Liberté,* sans faire allusion à une quelconque figure humaine, contrairement à celui du 15 août 1792 dans lequel la Commission extraordinaire, par la voix de Gensonné, proposait de substituer au sceau monarchique *la figure de la Liberté, armée d'une pique surmontée du bonnet de la Liberté,* portant la légende « Au nom de la Nation française ». Ce type aurait déjà été appliqué en août 1792 si on en croit Lina Propeck [8]. Le 22 septembre, quand

---

7. Ce décret est mentionné par la plupart des journaux : *Le Moniteur* (25 septembre), *Le Patriote français* (23 septembre), *La Quotidienne (idem)* et *Les Révolutions de Paris* (22-29 septembre). Mais pour les uns, il s'agirait d'une pique surmontée d'un bonnet, pour les autres d'un faisceau.

8. Cela parait peu probable, puisque le nouveau sceau n'est à l'ordre du jour que le 14 août. Lina Propeck : « Monnaies et sceaux. Deux aspects de David sous la Révolution », dans *David* (Paris, Réunion des Musées nationaux, 1989). Sur les discussions du 14 et du 15 aout, voir *P.V. de la Convention* et sur le décret du 22 septembre 92, *Archives parlementaires,* t. 52, p. 93.

Camus demande au nom des Archives que le sceau en soit changé, c'est à nouveau pour adopter *la figure d'une femme appuyée d'une main sur un faisceau et de l'autre tenant une lance surmontée d'un bonnet de la Liberté*. La motion est décrétée, et les mêmes signes seront appliqués à tous les sceaux de l'administration publique. Qu'ils soient ou non immédiatement mis en place, n'empêche pas de constater un flottement entre deux tendances : l'une privilégiant les seuls symboles et l'autre la personnification des valeurs par une femme. Flottement qui ne sépare point deux factions spécifiques et qui se présente en même temps dans l'esprit des conventionnels de la première heure mais qui, chez tous, démontre la précellence de la symbolique de la Liberté [9].

Ces divers projets de sceaux et de monnaies témoignent donc que, conformément aux discours, la *République française* s'entend dès lors comme un *gouvernement d'hommes libres* et *comme synonyme de Liberté et de Fraternité* (symbolisée par le faisceau), puisque la Révolution réunit une nation de frères qui n'appartiennent plus à des provinces ou à des départements mais qui communient ensemble dans le même amour de la Patrie. Et surtout, depuis la proclamation de la République, dans cette assemblée de frères aucun individu ne saurait avoir la prééminence sur les autres. Si les discours privilégient les allusions à la triade révolutionnaire (Liberté, Fraternité, Égalité), les emblèmes de la République mettent au premier rang le bonnet de la Liberté et le faisceau de l'Union. Ils omettent le plus souvent dans les symboles officiels le triangle ou le niveau de l'Égalité [10]. Est-ce à dire que Liberté implique Égalité et vice versa ? Le 25 aout 1792, quand l'Assemblée permet aux artistes de Lyon de fondre de la monnaie, les pièces figurent le buste de la Liberté aux cheveux épars, ayant à ses côtés une pique surmontée d'un bonnet. Seule la légende spécifie « Liberté, Égalité ». Il en va de même dans le projet de Dupré pour la monnaie de cuivre où se maintient

---

9. Grégoire en l'an IV spécifie bien que ce sceau du 22 septembre était provisoire et que les divers décrets ne statuent « en rien en définitive sur le sceau de la République » (*Rapport fait au Conseil des Cinq Cents sur les sceaux de la République*, Paris, an IV). A titre d'exemple, la Commune de Paris arbore pour vignette, en 1792 comme en l'an II, une couronne de chêne avec au milieu un faisceau surmonté du bonnet.

10. On retrouve le triangle dans la vignette du Comité des Inspecteurs en l'an III ou bien dans le sceau du Directoire exécutif de l'an VII, alors qu'il est absent en l'an II des papiers examinés jusqu'ici. Sur la vignette du Comité de Salut public, au lieu du niveau ou du triangle, on retrouve les balances de la Justice, synonymes d'Égalité.

le Génie de la France, accompagné d'un coq, d'un faisceau surmonté d'un bonnet au bout d'une pique et où seule l'inscription mentionne : « Union, Liberté, Égalité ». La rareté de la symbolique égalitaire dans l'image officielle provient-elle de ce que le niveau ou le triangle est moins populaire, moins usité ? Pourtant, si le niveau est d'origine franc-maçonne, le triangle n'est pas inconnu des Français qui le retrouvaient à l'église pour figurer la trinité ou dans les estampes pour symboliser la réunion des trois ordres. En outre, Quatremère avait introduit le niveau dès 1791 dans l'imagerie du Panthéon. Il est difficile d'autre part d'imputer l'absence d'une iconographie égalitaire à une indifférence des législateurs qui, tout au long de l'année 1792, ne cessent d'exiger une Constitution fondée sur la Liberté *et* l'Égalité.

Mieux vaut sans doute voir dans cette absence la prédilection affichée pour la liberté, sans cesse invoquée au cours du siècle pour évoquer soit des libertés particulières (presse, pensée, commerce, etc.) soit la liberté batave ou la liberté américaine, sans oublier les revendications philosophiques, parlementaires ou jansénistes qui elles aussi se font au nom de la nation et de la liberté, contre le despotisme. A la veille de la Révolution, la déesse au bonnet phrygien n'est donc point une inconnue. Il n'en va pas de même de l'Égalité au niveau qui, bien que codifiée chez Ripa ou Gravelot et Cochin, est encore rarement représentée par les artistes. La rareté de la symbolique égalitaire est sans doute due aussi aux contraintes de la numismatique qui font que les monnaies et les sceaux ne sauraient exposer plusieurs figures sans devenir confus [11]. Une figure unique étant plus lisible, elle sera privilégiée, comme le sera dans l'imagerie monumentale, la Liberté érigée seule au centre de la place publique et qui ne rejoindra l'Égalité que pour marquer les entrées. Et, de fait, sur les assignats, qui ont plus d'ampleur que les monnaies se retrouvent des compositions plus complexes : tels ceux de 10 sols d'avril 1792 où est représenté, aux côtés de deux figures portant un bonnet de la Liberté, le triangle de l'Égalité. Relativement peu présente dans l'imagerie officielle, l'Égalité prend sa revanche dans les discours où elle marche quotidiennement main dans la main avec la Liberté.

La popularité de la Liberté n'avait pas permis son érection définitive dans l'espace parisien, il était donc peu vraisemblable

---

11. C'est du reste ce que diront Dupré et Crétet. Voir Benzaken, *art. cit.*, p. 209 pour Crétet ; et, du même, « Pouvoir politique et graveurs de monnaies et médailles. L'exemple du graveur général des Monnaies Augustin Dupré », *Iconographie et image de la Révolution française* (Québec, 1990).

qu'il en aille autrement de l'Égalité et de la Fraternité. Les multiples projets et arrêtés n'avaient abouti à rien. Le 22 septembre, Sergent avait encore suggéré qu'on érige une figure en bronze de la Liberté sur le bassin des Tuileries, devenues Palais national. La proposition avait été ajournée à l'instigation de Merlin de Thionville ; le bronze servirait exclusivement à la fabrication de canons. Les statues seront uniquement exécutées à l'occasion des fêtes ; elles sont alors en matériaux fragiles comme la Liberté du 14 octobre 1792, érigée sur la place de la Révolution pour la fête de la Savoie. La Liberté constituera également et au même endroit la troisième station de la fête du 10 aout 1793. A partir de là, c'est cette statue « en plâtre bronzé », attribuée à Lemot, qui siège « sur la place de la Révolution où elle doit être un jour exécutée en airain ».

La fête de l'Unité et de l'Indivisibilité de la République célèbre le retour de la concorde (et en filigrane la chute des Girondins et du fédéralisme), la Constitution de 1793 et la République Une et Indivisible. David n'élève cependant aucune image de la République, citée uniquement dans le nom de la fête ; il privilégie les éléments constitutifs du gouvernement : *Liberté, Égalité, Union, Peuple* tandis que la *Nature* apparait comme le symbole d'une ère nouvelle, symbole de l'origine, des droits imprescriptibles de l'homme. Le gouvernement se définit par ses valeurs et n'a pas encore de visage propre. Réduction métonymique qui met en relief plusieurs qualités pour mieux insister sur ce qui en constitue la personnalité. Si le Peuple est voué à demeurer sur un lieu militaire, la Liberté, installée à l'endroit même où a péri le dernier des tyrans, assied sa légitimité définitive et sa prééminence au détriment de la République. La République idéale s'entend décidément comme un gouvernement d'hommes libres. C'est ce qu'expliquent les *Révolutions de Paris* au lendemain du 21 septembre, car qu'est-ce qu'une République sinon « un gouvernement où tout le monde est libre, où personne n'est maitre, où chaque citoyen a pour sa patrie la même sollicitude qu'un chef de maison porte à sa famille ». C'est encore ce que soulignera Grégoire en l'an IV : « il faut surtout à la République un sceau qui tant aux yeux des Français qu'aux yeux des étrangers, présente l'emblème et les attributs de la Liberté ». C'est ce qu'affirme Barère dans ses *Mémoires,* quand il impute la fondation de la République à « un besoin des hommes libres ».

Plus intéressante encore que la présence réitérée de la Liberté, est l'émergence dans l'espace public d'une allégorie masculine, celle d'Hercule, dont l'avènement a souvent été attribué à la

Terreur [12]. Sa première occurrence monumentale date de 1792 où elle est introduite au Panthéon par le patriote très modéré qu'est Quatremère de Quincy [13], tandis que, grâce à David, elle investit l'espace parisien en aout 1793, lorsque, les Girondins disparus, la Convention espère sauver l'unité de la République et la concorde entre Français. La victoire des Jacobins est alors assimilée à la victoire du peuple qui les a soutenus dans cette dernière bataille. Le succès de la nouvelle allégorie conçue par David est tel que l'Assemblée en décrète le 27 brumaire an II l'érection définitive sur l'emplacement (populaire) du Pont Neuf, décision qui parait répondre à la volonté de souligner la souveraineté du Peuple. C'est la même image que, le 5 février 1793, Robespierre proposait à ses lecteurs. Par sa force et sa vertu, le Peuple français serait parmi les nations « ce qu'Hercule fut parmi les héros » (*Lettres à ses commettants,* Gap, 1961, p. 265). Crédible le 10 aout 1793, où l'effigie évoque la révolution du 31 mai et la force populaire, une fois accaparé par les pouvoirs en brumaire an II, où Romme conseille en outre de réaliser un sceau portant l'emblème davidien, le Peuple français devient une figure problématique, car, à cette date, ce n'est plus la force du peuple qui fait la force de la Convention et que célèbre Robespierre, mais sa vertu (avec toute l'ambigüité que comporte le terme).

L'emblème d'Hercule ne tarde pas en effet à être défiguré par les évènements. La crise de l'été et de l'automne 1793 qui débouche sur la Terreur modifie les rapports de force. De fait, c'est au moment même où le gouvernement révolutionnaire est décrété et le mouvement populaire freiné qu'est décidée l'érection du Peuple sur la place publique. Le Comité de Salut public centralise le pouvoir, la Constitution est suspendue. La Révolution se poursuit et repousse l'institution réelle de la République à la paix. Le Peuple est souverain mais dans les circonstances extraordinaires où se trouve la nation, « c'est de la centralité

---

12. L. Hunt *(art. cit.)* voit Hercule comme l'image même du radicalisme politique. J.-C. Benzaken reprend cette interprétation, ce qui le contraint à plier les données recueillies pour les faire coïncider avec l'hypothèse (« Hercule dans la Révolution... », *art. cit.*, p. 211-212 et note 15). J. Leith *(art. cit.)*, distingue bien en revanche la diversité des images montagnardes mais amplifie trop le rôle de l'Égalité, qui est tout comme Hercule présente avant et après la Terreur. Elle est prévue deux fois dans la décoration du Palais du Luxembourg.

13. On peut signaler des occurrences (révolutionnaires) d'Hercule dès 1790-1791, dans les projets de Rousseau, de Varenne et Janinet, de Gatteaux, de Moreau Le Jeune ou de Giraud. Mais à cette date, Hercule soutient le roi dans sa dure tâche de restaurateur de la Liberté.

que doivent partir toutes les impulsions ». Alors même qu'on l'encourage à disparaître des affaires publiques, le peuple se voit donc offrir dans l'ordre symbolique la place qu'il perd dans le réel. Sa statue, son symbole lui rappelleront sa souveraineté, tandis que, provisoirement, il perd ses droits ; substitut d'une démocratie réelle et promesse d'un avenir plus doux où la Constitution redeviendra « le régime de la liberté victorieuse et paisible ».

Est-ce à dire que la radicalisation politique va de pair avec une radicalisation iconographique ? S'il est vrai que la figure du Peuple français est proposée le 27 brumaire an II en tant qu'emblème du sceau de l'État, son exécution n'est pas entreprise avant le 22 germinal an II, date à laquelle Dupré est nommé pour le réaliser tandis que se maintient sur les papiers officiels le sceau de la Liberté décrété en 1792. De même, en nivôse an II, le ministre de l'Intérieur n'a toujours pas mis en œuvre les décrets relatifs à la statue colossale du Peuple debout pour le Pont-Neuf, à la grande déception des artistes qui devront attendre les décrets de floréal. Et puis, cette image qui parait si novatrice et si radicale a été également introduite par Quatremère au Panthéon, où dans le courant de 1793, il n'en commande pas moins de trois versions. Ce n'est pas que Quatremère interprète Hercule comme un symbole du Peuple à la manière de David ; il y voit au contraire et, comme Robespierre en un sens, le génie de la Vertu, symbole des vertus guerrières et des vertus patriotiques. Mais l'Hercule du Panthéon, coiffé d'une peau de lion et portant la massue et la pique, avec laquelle il vient de percer le monstre abattu à ses pieds, ne peut passer pour un Génie anodin, passif et résigné. A l'instar de celui de David, il ne recule pas devant la violence du combat. La Force conçue par Boichot, bien que figurée assise, adopte elle aussi le motif d'un Hercule à la massue. Il est vrai que ces géants de plâtre demeurent dans l'enceinte du Panthéon et n'investissent pas le centre de la ville. Il n'en reste pas moins qu'au lendemain du jugement des concours de l'an II, le jury des arts reprend l'idée d'une statue colossale du Peuple à ériger sur le Pont-Neuf, ce qui implique qu'en prairial an III, Hercule n'est toujours pas incompatible avec les nouvelles orientations du gouvernement. Et, il ne l'est pas non plus en l'an VII, quand le député Rollin déclare « le Peuple debout, armé contre les ennemis intérieurs et extérieurs » ou quand le Directeur Treilhard proclame : « En vain, les rois se liguent pour étouffer cette République naissante ; en vain ils entourent son berceau de monstres dévorants ; Hercule a déployé dans son enfance toutes les formes de virilité et les premiers jours de son existence ont été marqués par des prodiges de grandeur et de gloire » [14] ? Peuple français, Union et Force, Génie du patriotisme, Peuple souverain, Peuple uni, Hercule guerrier, Force populaire ou Force gouvernementale, allégorie de la Terreur ou de la République naissante (curieusement virilisée [15]), cette figure masculine est donc loin d'être univoque et comporte des significations inattendues. Elle hante et continue à hanter les esprits révolutionnaires.

Les discussions du 27 brumaire qui envisagent de substituer à l'imagerie féminine (et pacifique) la figure belliqueuse d'Hercule évoquent une apparition antérieure du prétendu symbole jacobin, décrété à l'instigation de la Commission générale des Monnaies le 30 octobre 1792. Les monnaies d'or et d'argent porteraient le Génie du Commerce avec des attributs qui rappellent la Liberté, la Fidélité, l'Abondance. Les petites pièces seraient moins chargées. Seule une balance y serait figurée dans un encadrement de fers de lance. La monnaie de cuivre, en revanche, arborerait le niveau et le bonnet de la Liberté et la pièce de deux sous figurerait la Constitution nouvelle gravée sur un bouclier et au revers *Hercule combattant l'Hydre*. Il est vrai qu'un nouveau décret en avril 1793 avait transformé ces monnaies et les avait revêtues de symboles abstraits : Table de la Loi, Œil rayonnant entouré de grappes de raisin et d'une gerbe de blé avec sur le revers une balance dont les deux bassins étaient en équilibre, jointe à une couronne civique surmontée du bonnet de la Liberté. Parfois, symboles et allégories alternent dans une même émission, telle celle du 3 avril 1792 qui modifiait les ornements des assignats. On y voyait encore le chiffre du roi avec à ses côtés un triangle, symbole de l'Égalité, sur lequel s'appuyaient deux figures supportant le bonnet de la Liberté. Sur celui de 25 sous, un œil rayonnant et deux médaillons contenant le portrait du roi et un faisceau surmonté du bonnet avec, en bas un coq et un étendard déployé. Sur celui de 10 livres étaient représentées la Loi, la Justice, la Prudence et *La Force* (*Archives parlementaires,* t. 41, p. 107-

---

14. *Rapport fait par Rollin au nom du Comité d'Instruction publique sur la fête du 1er vendémiaire* (Paris, an VII) ; *Motion d'ordre faite au Conseil des Cinq Cents par Parent-Réal pour consacrer la fête du 1er vendémiaire [...]* (Paris, an VII).

15. L'allégorie de la Naissance de la République est le plus souvent exprimée par la naissance de Minerve, sortant tout armée du cerveau de Jupiter. Mais depuis Danton, la Nation ou la République se virilise parfois. Elle devient l'enfant colosse, écrasant les serpents qui tentent de l'étouffer. République et Peuple alors se confondent.

108). Outre l'hésitation entre allégories et symboles qui transparait dans ces multiples projets et décrets, ce qui frappe, c'est que les images de l'époque « girondine » ne diffèrent guère de celles qu'on attribue aux seuls Jacobins : triangle, œil rayonnant, bonnet de la Liberté et faisceau ou allégorie de la Force, de la Liberté, *Hercule combattant l'Hydre.* Ces exemples témoignent de la variété des images sélectionnées qui ne se limitent ni à l'Égalité, ni à la Liberté, ni à Hercule (adopté bien avant l'an II) et démontrent que les Jacobins n'ont ni l'exclusive de l'emblème d'Hercule ni celle du triangle de l'Égalité. Et que dire de la décision de la Convention du 27 thermidor an III, qui modifie les noms de la monnaie (en francs) et attribue à la monnaie d'argent la figure d'Hercule unissant l'Égalité et la Liberté avec la légende « Union et Force » ? Que dire des assignats de 100, 2 000 et 10 000 F qui reprennent trois versions distinctes de l'allégorie masculine ? Peuple français accompagné de la Liberté ; Peuple français colossal, appuyé sur la Nature, portant dans la main droite une massue et soutenant de la main gauche la Liberté et l'Égalité posées sur un globe. Peuple souverain sous la figure d'Hercule réunissant la Liberté et l'Égalité et foulant aux pieds les emblèmes de la royauté. Enfin, faut-il négliger le fait que, jusqu'en l'an XI, la pièce d'argent de Dupré continue à être frappée ? [16]

S'il voile la liberté dans le réel, le gouvernement révolutionnaire meuble le décor urbain de son image. La statue de *la Liberté* investit la place de la Révolution, le salon de la Liberté aux Tuileries, elle est prévue sur le dôme et à l'entrée du Palais National. Inversement, le Peuple français demeure absent du décor officiel. Tout comme y est invisible la République malgré les premiers projets d'artistes, tels celui de Chinard de 1794 (figure d'*une femme assise, coiffée du bonnet de la Liberté et s'appuyant sur les tables de la Déclaration et de la Loi*) ou celui de Prudhon (*Minerve casquée avec pique*). Est-ce à dire qu'elle n'a pas encore d'existence ? C'est plus ou moins ce que suggère Robespierre tout au long de l'an II. Comme si l'établissement réel de la République ne saurait se faire qu'après l'anéantissement des ennemis du dedans comme du dehors. Le gouvernement républicain a pour objectif de conserver la République mais au préalable, le gouvernement révolutionnaire se doit de la fonder.

---

16. J.-C. Benzaken, « Hercule dans la Révolution », p. 208. Plus de 21 millions d'exemplaires auraient encore été frappés jusqu'en l'an XI. Quant au sceau représentant Hercule appuyé sur sa massue et portant la Liberté et l'Égalité qui aurait subsisté jusqu'en l'an V (selon le *Journal des Hommes libres*), nous n'en avons trouvé aucune occurrence, sur tous les papiers examinés jusqu'ici.

Tout au long de la Terreur, non seulement la Liberté domine au Palais National mais des allégories diverses décorent les monnaies et les assignats qui, s'ils n'ont pas l'impact de l'art monumental, ne jouent pas un moindre rôle dans l'affermissement, d'un gouvernement. Eux aussi peuvent s'emparer des sens et éveiller des idées républicaines. Et les révolutionnaires en sont fort conscients quand ils prétendent tuer la chose en détruisant son image ou la pérenniser en régénérant son visage. Le 21 aout 1793, le Comité des monnaies propose d'assigner à la monnaie de bronze *la figure de la France sur un globe, appuyée sur la table de la Loi, tenant d'une main un niveau et dans l'autre la baguette « Vindicta » surmontée d'un bonnet de la Liberté.* La légende serait « Égalité, Liberté ». Proposition rejetée par le Comité d'Instruction publique qui opte, non pour Hercule, mais pour *la figure de la Nature faisant jaillir de son sein l'eau de la Régénération.* Le 26 octobre, les deux Comités parviennent à un compromis. La monnaie portera *la figure de la France tenant d'une main le faisceau, de l'autre le niveau ; elle s'appuiera sur les tables de la Loi.* Y sera inscrit : « Le Peuple est souverain » et « La Constitution française ». Le 10 octobre, un arrêté avait été pris pour l'empreinte des sceaux et des monnaies qui figurerait *l'Arche de la Constitution et le faisceau* [17], « symbole de la réunion de tous les Français ». Ces deux derniers arrêtés suppriment de fait le symbole de la Liberté pour le remplacer non par une allégorie « radicale » mais par *une figure ou un symbole qui évoque la République par le biais de la Constitution.* C'est reprendre en fin de compte l'idée des Jacobins (Amis de la Liberté et de l'Égalité) du 21 septembre 1792 qui refusent de changer de nom tant que la République n'a pas de constitution. La République sera représentée par le biais des valeurs qu'elle est censée incarner : république unie et indivisible, fondée sur la Constitution de 1793 qui assure Liberté et Égalité. Ces deux projets présentent la première ébauche d'une symbolique de *la République qui se résume dans sa Constitution.* C'est bien ainsi qu'elle sera le plus souvent figurée en l'an II, par Chinard par exemple ou par Moitte, qui lui donnent pour emblèmes les tables de la Loi, le bonnet de la Liberté et le faisceau. C'est dire qu'il lui arrivera de se confondre avec l'image de la Liberté. Les Libertés peu à peu en viennent en effet à arborer divers emblèmes, telle celle de Nanine Vallain qui se donne pour Liberté mais qui pourrait passer

---

17. Pour ces décrets, voir *Procès-verbaux du Comité d'Instruction publique de la Convention*, t. 2, p. 337 et 714-715.

Hubert Robert, *La Fontaine de la Liberté,* dessin à la sanguine (1793-1794) (Musée de la Révolution française, Vizille).

pour une République puisqu'elle est entourée du faisceau, des tables de la Loi, du bonnet de la Liberté et d'une couronne de chêne. Mais, la Constitution étant suspendue jusqu'à la paix, c'est dire aussi qu'à l'instar des allégories du Peuple souverain et de la Liberté, le signe se substitue au référent pour évoquer une vague promesse et non point son accomplissement.

Les quelques conclusions qu'on peut tirer de ce foisonnement d'images ne vont pas forcément dans le sens traditionnel. La première est que les Montagnards ont tendance à privilégier la personnification des principes comme si elle seule était accessible au peuple. Mais, on vient de le voir, ils ne sont pas les seuls, et la République « girondine » n'opte pas seulement pour des symboles intellectuels ou la figuration des législateurs antiques. C'est à un comité « girondin » qu'on doit la première personnification de la République d'août 1792 [18], et c'est le vertueux Roland qui fait dresser tout en haut du Palais national un gigantesque bonnet phrygien. Initiative qui parait aussi, sinon plus, radicale et populaire que le bel athlète gréco-romain conçu par David [19]. A y regarder de plus près, ce n'est pas si simple. Les Montagnards ne conservent-ils pas le décor « élitiste » des Tuileries, ne conjuguent-ils pas dans leur palais allégories emblématiques (Liberté, Bonheur public, Justice) et statues consulaires ou copies de l'antique ? Ils ne s'opposent pas non plus en avril 1793 à l'introduction de symboles et en adoptent même sur l'en-tête du papier du Comité de Salut public qui tente par l'accumulation de signes emblématiques de décrire les multiples activités du gouvernement. Une image complexe qui annonce l'emphase du Directoire et qui n'a rien de populaire ni de radical, sinon à considérer le canon comme tel. La monnaie de cuivre (destinée au pauvre) n'a pas non plus attendu les Jacobins pour s'orner d'allégories emblématiques, censées être plus populaires puisqu'en principe directement lisibles [20]. Le décret d'octobre 1792 la revêt entre

---

18. *Mémoire de la Commission générale des Monnaies* (Paris, 1792). A l'époque, c'est Clavière, ministre des Contributions publiques, qui en est responsable.

19. En fin de compte, seules les inscriptions du Peuple colossal de David suggèrent qu'il était destiné au peuple. Et c'est du reste à ces « détails puérils » que s'en prendront les Thermidoriens. Mais les inscriptions « déradicalisent » l'image en quelque sorte puisqu'elles évoquent non seulement la force populaire mais aussi et surtout le travail, la lumière, la nature, la vérité.

20. Plus directement lisibles en ce sens qu'elles ne comportent qu'un niveau de signification, contrairement aux allégories narratives qui peuvent se percevoir au premier ou au second degré. Quant aux compositions symboliques complexes, elles sont trop abstraites —puisque non personnifiées — pour parler réellement au peuple.

Désombrages, *L'Egalité, la Liberté et la Raison,* eau-forte (Lyon, 1793-1794) (Musée de la Révolution française, Vizille).

autres de l'allégorie d'Hercule, tandis que ceux de l'an III et de l'an VI reprendront la figure de la Liberté. A l'inverse, le décret d'avril 1793 l'avait revêtue d'emblèmes abstraits. Enfin, dans une même émission les assignats pouvaient être revêtus d'allégories emblématiques (10 livres) ou de symboles abstraits (25 sous). Si on ne peut conclure en faveur d'une imagerie jacobine populaire face à une imagerie girondine élitiste ou modérée, étant donné que dans les deux factions se maintiennent les deux tendances (intellectuelle et populaire), on ne peut donc non plus alléguer que la symbolique hermétique est réservée aux élites et les grandes figures allégoriques au peuple. La démarche est pour le moins dénuée de cohérence.

Il en va de même sur les vignettes et les sceaux des divers corps constitués où, de 1791 à 1800, les images se maintiennent et se diversifient [21]. Celles-ci démontrent une fois de plus la précellence de la Liberté (ou de la République-Constitution, puisque toujours accompagnée d'emblèmes divers), constamment présente en l'an II et en l'an III, reprise sous le Directoire sous une forme emphatique, par le Premier Consul sous une forme altière et triomphante. Elles démontrent également que les sceaux et vignettes peuvent alterner dans une même période. Le Comité d'Instruction publique opte pour la bannière avec bonnet phrygien ou pour la Liberté assise lisant un livre et vice-versa. En fructidor an II, la Convention peut aussi bien apposer sur ses procès-verbaux le sceau de la Liberté que la couronne de chêne surmontée d'un bonnet. Le Directoire exécutif orne ses arrêtés d'un génie masculin en l'an IV et d'une Liberté en l'an VII. Certains bureaux du ministère de l'Intérieur n'ont pas craint de conserver le faisceau surmonté du bonnet (et la vignette du Comité de Salut public demeure encore inchangée en nivôse an III). Les pratiques sont donc décalées par rapport aux discussions ou aux décrets. C'est ainsi qu'en l'an III, les législateurs n'hésitent pas à emprunter le papier à lettres de l'an II (où jamais ne figure Hercule) ; les Directoriaux n'agiront guère autrement. Le ministère de l'Intérieur conserve tout au long du Directoire et du Consulat son sceau et sa vignette où domine la Liberté au bonnet phrygien. L'étude de l'ensemble des vignettes et des sceaux suggère que le choix des emblèmes ne se fait pas en fonction d'une politique spécifique mais en fonction des activités attribuées au service en question.

---

21. Pour retrouver leurs occurrences réelles, voir les Archives nationales ; entre autres : F 17-1232, F 17-1057, 1058, F 17-1305, 1306, F 13-502.

Les vignettes et sceaux de la Convention, du ministère de l'Intérieur, du Comité de décrets arborent une symbolique paisible. Le Comité de Salut public, le Comité de Sureté générale privilégient la symbolique énergique et guerrière. On y trouve donc pour l'un le canon aux côtés de la Liberté et pour l'autre la Liberté avec bouclier (type Minerve), tandis que la Commission des Travaux publics se représente par un génie masculin qui resserre le faisceau de l'État et que le Directoire exécutif adopte soit une Liberté soit un génie qui tous deux évoquent les victoires et les biens culturels qui en découlent.

La continuité de l'imagerie provient sans doute en partie de problèmes pratiques puisque ni les papiers ni les sceaux ne sont remplacés du jour au lendemain. Le meilleur témoignage en demeure la circulation constante et inopportune de monnaies à l'effigie de Louis XVI. Mais, et on l'a trop peu souligné jusqu'ici, cette continuité est également due à la soif de légitimité et de prestige de la représentation nationale qui fait qu'elle ne se conçoit qu'en des termes pour le moins élégants, voire ostentatoires. Et, en cela, point n'est besoin de distinguer entre une Convention populiste et un Directoire élitiste, car c'est avec la Convention montagnarde que s'impose l'aspiration à la dignité de la représentation. En témoignent les vastes projets d'embellissement des Tuileries, la politique muséale, les achats de chefs-d'œuvre, les concours de restauration de tableaux et la préséance de la belle déesse de la Liberté dans l'imagerie officielle. Enfin, la continuité procède d'une stratégie purement politique, car tous se donnent pour les seuls et véritables défenseurs des principes révolutionnaires et républicains. Aussi plus qu'un autre, le Directoire réhabilitera-t-il l'image de l'Égalité. Il n'y a pas jusqu'à l'armée d'Italie qui n'en adopte (ou n'en conserve) en l'an IX l'emblème sur sa vignette aux côtés de l'inévitable Liberté.

Avec la Constitution de l'an III sonne l'heure de la « véritable ère républicaine ». La Terreur abolie, la Convention définitivement victorieuse des factieux, se fondant sur les principes de Justice, Humanité, Sagesse et Fermeté, la France jouira de la paix et de la liberté. L'installation du gouvernement le 14 brumaire an IV est donc saluée par *le Moniteur* comme l'entrée véritable de la France dans la République. Ce qui était resté vague depuis le 21 septembre 1792 commence à prendre forme. Et quand Trouvé formule sa petite phrase, « La France est donc républicaine », elle résonne à la fois comme l'expression d'une incrédulité et la constatation d'un aboutissement. L'insistance de la presse et des pouvoirs sur cet avènement si longtemps différé aurait dû se refléter dans la décoration des fêtes, dans les œuvres exposées au Salon, dans l'imagerie publique. On cherchera en vain tout au long de l'année 1795 la figure de la République. Dans les fêtes célébrées, c'est toujours *la Liberté* qui domine. Pour le 2 pluviôse an III comme pour celui de l'an IV ; pour la fête du 1ᵉʳ vendémiaire comme pour celle du 9 thermidor. La véritable nouveauté (une figure de la République) se fait attendre. Si tous évoquent son règne, personne ne fait allusion à son image. Le 11 pluviôse an IV, Grégoire dans un rapport sur les sceaux, insiste sur la nécessité de « tout républicaniser » mais se borne à présenter trois sceaux d'une telle complexité qu'ils ne déboucheront sur aucune réalisation. Un seul évoque *la République sous les emblèmes de la démocratie*, figure féminine tenant dans la main une grenade (égalité et union), un triangle et un faisceau. Il élude toute référence à la Liberté, alors que paradoxalement Grégoire ne conçoit la République que sous son égide.

Pour retrouver d'autres images de la période thermidorienne, on peut visiter le Salon de 1795, premier Salon depuis la chute de Robespierre. Pour la première fois, on y trouve un *Buste de la République française* par Suzanne. Beauvallet, patriote ci-devant Jacobin, y expose opportunément *La Tyrannie renversée* ; Boizot une *Minerve* (qui pourrait à la rigueur passer pour une République) et *La Piété filiale* ; Boichot un modèle d'*Hercule* destiné au Panthéon ; Dumont deux statues du *Peuple français*. Hercule y fait donc concurrence à *La Liberté*, représentée deux ou trois fois par Dumont, Lorta (et/ou Lanta) [22]. La présence redoublée d'une allégorie en passe d'être détrônée ne doit pas surprendre quand on sait que les sculpteurs exposent au Salon des modèles exécutés pour les concours de l'an II. Le registre des Inspecteurs de Salle permet de l'affirmer sans réserve, puisqu'ils décrivent brièvement les œuvres déposées au salon de la Liberté et le nom des artistes qui les ont apportées. Il n'en reste pas moins que l'exposition des statues du Peuple français n'est pas ressentie chez les artistes comme incompatible avec la République directoriale. Les critiques ne s'y trompent pas qui s'en prennent non au peuple français mais à *La Liberté ou la Mort* de Regnault, « sujet mal choisi qui ne pouvait flatter que Robespierre ». De fait, le dernier terme de la devise est désormais frappé d'anathème. Il ne regagnera d'actualité qu'avec la vague jacobine de l'an VII

---

22. *Collection Deloynes*, vol. 18, pièce 468. Pour le registre des Inspecteurs, voir A.N., D 35* Cl.

et ce, par la voix de Lucien Bonaparte. Reste que la République n'inspire toujours pas sculpteurs et peintres et que la seule version exposée n'a même pas droit aux honneurs de la critique.

C'est la fête du 1ᵉʳ vendémiaire an V qui mettra sur le devant de la scène une statue provisoire de *la République française, appuyée d'une main sur une statue de la Liberté et de l'autre sur un faisceau.* Image qui évoque les premières personnifications de la République-Constitution fondée sur la Liberté et l'Unité. L'Égalité cède ici la place au faisceau de l'Union, devenu au fil des ans un attribut indissociable de la République qui ne se perçoit qu'en termes d'unité et d'indivisibilité [23]. Cette imagerie se marie cependant à un tel syncrétisme qu'elle annonce non pas une renaissance du symbolisme révolutionnaire mais une dégénérescence. La République y est accompagnée d'une toile où sont représentés la *Justice,* le *Soleil* et les *douze heures escortées des quatre saisons.* Le char du Soleil, sous la figure d'Apollon, est censé faire l'ouverture de l'année républicaine. Au milieu du cirque du Champ-de-Mars, un segment du zodiaque est accroché en haut duquel se trouve le signe de la Balance. Que ce soit *la Décade* qui apprécie peu l'hermétisme de cette symbolique de l'origine ou *le Journal de Paris* qui en goute peu la bizarrerie, tous réprouvent l'emphase du décor. *Le Journal des hommes libres* (n° 325), porte-parole des « anarchistes » n'y découvre « aucun rapport avec la Nation, [...] aucune idée républicaine ». « Du feu, du bruit, cela éblouit mais ne dit rien à l'âme ». Le journal ne cessera du reste de se plaindre de la magnificence arborée par le Directoire pour regretter d'autant plus fort la simplicité et la vertu républicaines.

A une date où les Jacobins sont poursuivis (les arrestations de Grenelle viennent d'avoir lieu), le Directoire exécutif a malgré tout ressenti le besoin de présenter l'image de *la République s'appuyant sur la Liberté et l'Union.* Et ce, malgré le peu d'enthousiasme de Bénézech, ministre de l'Intérieur clichyen, qui avait omis de figurer la République dans une fête qui lui était consacrée. Il fut rappelé à l'ordre par le Directeur « jacobin ». Cette intervention de Barras montre bien que, s'il freine les velléités jacobines, le gouvernement n'a pas l'intention d'aban-

---

23. Même si la Constitution de l'an III adopte le bicamérisme, elle ne conçoit de pouvoir qu'unique. Cette division « n'est qu'un moyen perfectionné pour obtenir toujours l'unité ultime du pouvoir [...] ». Voir M. Gauchet, *La Révolution des droits de l'homme* (Paris, 1989), p. 273.

donner les acquis républicains (voir *Mémoires de Barras*, Paris, 1895, t. 2, p. 187). Le Directoire est bien tel que le décrira le 22 fructidor an VIII le *Journal des hommes libres,* « un parti neutre et mitoyen, destiné par sa sagesse à tenir toujours la balance à la main ». L'image de la République est-elle à l'image de ce parti ? Les réactions royalistes tendraient à le suggérer, car elles ne s'en prennent même pas à cette allégorie et (à l'instar des véritables républicains) ne déplorent que l'hermétisme des attributs mythologiques : signe du zodiaque, Apollon couronné de papier doré, cortège des quatre saisons et « escorte de filles qu'on nomme les Heures ». Pour les uns, la fête n'a rien de républicain, pour les autres, il s'agit là d'une fête grecque qui renoue avec d'antiques superstitions, incompréhensible au peuple, dont on désire paradoxalement l'instruction.

Tout au long du Directoire, de parcimonieuse qu'elle était dans les premiers temps, l'imagerie se fera variée et prolixe. Si, dans les fêtes, elle délaisse les allégories de la première heure au profit d'emblèmes hermétiques, de bustes de législateurs et de généraux antiques et modernes, de copies des chefs-d'œuvre de l'Antiquité ou de figures incongrues, dans les intérieurs officiels, en revanche, s'installent les grandes divinités révolutionnaires : *Liberté et République* aux Tuileries, *Liberté* au Palais-Bourbon et une multitude de Vertus au Luxembourg, parmi lesquelles *l'Égalité, la Force, le Courage, la Liberté et la République*. L'allégorie révolutionnaire ne disparait donc pas mais investit les lieux mêmes du pouvoir. Tendance qui ne fera que s'amplifier après le 18 fructidor de l'an V. En particulier, en l'an VII, quand le Conseil des Cinq Cents désirera s'entourer des chefs-d'œuvre réalisés sous la Révolution. La *Liberté*, de buste qu'elle était durant l'an V et VI, reprendra corps et s'érigera aux côtés de la *Paix* [24].

A la fête du 1er vendémiaire an VI, la Liberté éclipse à nouveau la République qui n'orne plus qu'une médaille. Faut-il voir dans cette résurgence de la divinité révolutionnaire par excellence une conséquence du 18 fructidor an V et une allusion à la nouvelle direction prise par le gouvernement, qui s'appuie désormais sur les néojacobins pour survivre ? Car entre-temps la Liberté (et notamment celle de la place de la Révolution), est devenue l'emblème des « terroristes ». Critiquée par *la Quotidienne* en l'an V, « la fille de David [...] laide à faire peur » [25], la « grosse Liberté »

---

24. Voir au sujet des palais nationaux, A.N. F 21-586, A.N. F 21-584, et Ferdinand Boyer, « Les Tuileries sous la Convention », *Bulletin de la Société de l'histoire de l'art français* (1934) et « Les Tuileries sous le Directoire », *ibid.*

25. Ces critiques suggèrent, comme celles adressées au « géant Robespierre » (Hercule des Invalides), que ce ne sont pas les allégories en soi qu'on rejette, mais ceux qui les ont élevées.

Jean-Guillaume Moitte, *Projet de sceau de la République,* dessin (vers 1798) (Musée de la Révolution française, Vizille).

aurait dû être rhabillée à l'instigation du « *Journal des tigres* » pour la fête du 10 aout 1797. Autant l'effigie de la République laisse indifférent, comme le prouve le silence fait sur sa représentation, autant la Liberté de la place de la Concorde est attaquée ou vénérée, ce qui n'est pas sans suggérer que la statue en plâtre bronzé malgré sa laideur est plus éloquente que la nouvelle effigie. Elle demeure le véritable symbole de la Révolution, l'unique référence des véritables républicains.

La République couronnée de lauriers, présentée en effigie sur une des faces de la médaille offerte aux défenseurs de la Patrie, dit bien ce qu'elle veut dire. La République que célèbre le Directoire est une République triomphante. Et en cela, le Directoire ne fait que suivre le chemin tracé en l'an II (A. Jourdan, p. 75). La fête, plus que commémoratrice de la fondation de la République, est une fois de plus consacrée aux invalides, aux soldats blessés et aux armées. Les premières évolutions militaires y voient le jour qui annoncent les revues bonapartistes. Dans un discours de l'an VII, Daunou spécifie le rôle que jouent les armées françaises dans la manipulation de la mémoire. Ce sont leurs triomphes qui à présent estomperont les désastreux souvenirs, « les erreurs obscures peut-être trop expiées » (*le Moniteur*, t. 29, p. 407). Les armées non seulement contribuent à reconsidérer la France, déshonorée par les crimes sanglants de la Terreur, les malversations et corruptions du Directoire, mais elles se substituent aussi au peuple pour remettre les Conseils dans la voie tracée par le Directoire exécutif. Aussi l'Hercule « gaulois » n'incarnera-t-il plus seulement la souveraineté populaire. Il donnera corps à une souveraineté indicible qui peu à peu se déplace chez les seuls militaires, chez les généraux victorieux. Les Salons en témoignent où, à partir de l'an VI, peintres et sculpteurs assimilent parfois Hercule à *Mars* ou lui font revêtir les traits du *jeune Héros de la France*.

Le décalage à l'œuvre sous le Directoire ne se borne pas à glorifier les seules victoires. De plus en plus s'élève la certitude que la République pour s'affirmer doit se faire aimer et, à cet effet, elle devra assurer prospérité et abondance, stimuler commerce et industrie. C'est aussi ce qu'envisage François de Neufchâteau, ministre de l'Intérieur, quand il introduit en l'an VII les expositions des produits de l'industrie. Car à présent que les Français « ont étonné l'Europe par la rapidité de leurs exploits guerriers, ils doivent s'élancer avec la même ardeur dans la carrière du commerce et des arts de la Paix ». La fête du 1er vendémiaire an VII se trouve donc sous le signe de l'utile. Le Champ-de-Mars, bordé de tapisseries des Gobelins, a perdu ses références révolutionnaires pour se voir envahi de portiques sous lesquels sont exposés les produits des manufactures et des fabriques françaises. Au centre de l'enceinte est érigé un temple de l'Industrie. Dans la cour du Louvre, la statue de l'*Industrie* refuse encore de se voir remplacer par l'*Apollon* de bronze que certains voudraient imposer, tandis qu'au Palais-Bourbon se dresse près d'un arc de triomphe l'allégorie de l'*Immortalité*. L'ostentation et le pragmatisme dès lors sont à l'ordre du jour. Afin de « célébrer d'une manière digne de la Grande Nation l'époque immortelle qui a assuré sa prospérité », encore faut-il persuader le peuple de cette réalité. L'exposition de l'an VII va dans ce sens et a quelque succès ; il n'y a pas jusqu'au *Journal des hommes libres* qui ne se laisse séduire par cette nouvelle splendeur nationale.

Les fêtes nationales, et en particulier celle de la Souveraineté du Peuple instaurée en l'an VI, n'ont pas uniquement pour objet d'instruire et de moraliser. Elles visent aussi à persuader les foules des préoccupations populaires des pouvoirs, surtout quand approchent les élections. Ainsi pour la fête du 30 ventôse an VII, François de Neufchâteau, le ministre poète, n'oublie-t-il pas (comme en l'an VI du reste) de préconiser la présence de la statue du *Peuple adolescent, assis et couronné de chêne et de laurier, avec un épi de blé et un niveau* [26]. Sur un piédestal un éléphant rappellerait sa force. Progressivement, l'effigie du Peuple se diversifie et reflète les réalités politiques à l'œuvre depuis Thermidor. Car, à la suite des journées de germinal et de prairial, au cours des discussions constitutionnelles de l'an III, les révolutionnaires ont enfin pris conscience de ce que le véritable peuple ne ressemblait en rien à l'image idyllique qu'ils s'étaient forgée. Le « Peuple vertueux » n'est qu'un « peuple vandale », le « Peuple adulte » n'est qu'un « peuple enfant ». La désillusion a débouché sur la certitude qu'une éducation, une moralisation, une socialisation s'imposaient, et les discussions de l'an III et de l'an VI sur l'instruction publique et les institutions vont dans ce sens. Cette conscience bute cependant sur la nécessité de légitimer la République par la Souveraineté du Peuple.

D'une part, le Peuple est donc omniprésent dans les discours comme dans l'imaginaire, puisque la République s'établit en son nom, mais c'est un Peuple abstrait, une abstraction politique ; et d'autre part, en tant que peuple réel, il est désormais réduit à

---

26. *Arrêté du 23 pluviôse pour la fête de la Souveraineté du Peuple*, le ministre de l'Intérieur aux administrations centrales, B.H.V.P., 136.281.

l'infantilisme en raison de son incapacité à agir en citoyen éclairé. Contradiction qui permet de comprendre la persistance de l'imagerie herculéenne ou à l'inverse sa réduction et sa transformation au cours des ans. Considéré comme un peuple enfant qu'il faut stimuler à remplir ses devoirs de citoyen ou freiner quand il les interprète à la lettre, il est représenté en adolescent, désarmé et inoffensif. Mais quant il s'agit de sortir les masses de leur apathie, quand il s'agit de souligner la source du pouvoir ou d'insister sur l'énergie du gouvernement ou bien quand, comme en l'an VII, la Patrie est déclarée en danger, Hercule reprend aussitôt sa monumentalité et son dynamisme ; il redevient le *Peuple debout,* « *l'enfant colosse* » qui anéantira l'Aigle de l'empire austro-hongrois : *Peuple debout, armé contre les ennemis intérieurs et extérieurs.* Et il s'en fallut de peu du reste que les Conseils ne fassent réellement appel au peuple pour sauvegarder la Patrie. Les victoires de Masséna et l'échec de l'offensive anglo-russe coupèrent court à cette éventualité. Cette ambivalence permet de comprendre que l'image du Peuple français demeure ou régresse selon les aspirations ou contraintes du moment. Elle témoigne bien de ce que l'imagerie radicale (volontariste, énergique, dynamique) ne se restreint ni à une époque délimitée ni à une faction déterminée et qu'elle ressuscite dès que le besoin, quel qu'il soit, s'en fait sentir.

Au terme du Directoire, l'absence de monuments publics consacrés à la Révolution ou à la République est significative de l'indifférence du gouvernement à visualiser les grands principes qui ne font plus recette. Il est vrai que sur les places s'élèvent la ou les statues de la Liberté, des monuments provisoires dédiés aux martyrs de la Liberté, aux défenseurs de la patrie. A l'exception de l'Hercule provisoire des Invalides mis à bas en prairial an III, le décor parisien arbore encore les emblèmes de l'an II. C'est que le Directoire délaisse peu à peu l'espace public pour se concentrer sur les espaces intérieurs. Et si les illuminations s'amplifient au cours des ans, ce n'est plus pour éclairer les Champs-Élysées (rendez-vous populaire) mais pour « dessiner l'architecture des palais des deux Conseils et du Directoire » et pour souligner explicitement où réside désormais la souveraineté. C'est que l'expérience a montré qu'il est « plus facile de fasciner les yeux que de convaincre la raison », et, par conséquent, mieux vaut « frapper les sens » et « imposer le respect » par la magnificence de la représentation. Aussi dans le même temps où les Thermidoriens et le Directoire imputent aux problèmes financiers les retards apportés dans les embellissements de la capitale, de grands travaux s'amorcent dans le jardin national et dans les trois palais du gouvernement. C'est dire que les priorités se déplacent et qu'au lieu de républicaniser l'espace public pour éduquer le peuple tout entier, comme ils en avaient dès les débuts l'intention, les politiques désormais se soucient avant tout de l'impressionner en vue de conforter leur pouvoir et leur dignité. En l'an VII, le Directoire exécutif envisage, dans le même dessein, d'embellir les abords des Tuileries et les terrains qui s'étendent jusqu'au pont de Neuilly. A cette occasion, il se propose de remplacer la statue provisoire de la place de la Concorde par un monument plus durable et il reprend donc, en partie, le programme du Comité de Salut public de l'an II. Décision très vite critiquée par le ministre de l'Intérieur (Quinette) qui réprouve les dépenses engagées et qualifie d'« impolitique » la décision de « supprimer la seule statue de la Liberté qui existe sur les places publiques de Paris » [27]. Il faudra au contraire la restaurer pour la fête de la République. L'ancien piédestal sera remplacé par un piédestal en proportion avec la statue et orné de bas-reliefs où seront évoquées les grandes époques de la Révolution : 20 juin 1789, 14 juillet 1789, 10 août 1792 et 1er vendémiaire an I. Le Directoire tente ainsi de renouer avec la Révolution. Le décret sonne la victoire définitive de la Liberté au cœur de la République.

Dès lors, *la Liberté* est assise sur une base inébranlable, comme le souhaitait en son temps Neufchâteau. C'est ainsi qu'elle apparait aux Parisiens le 1er vendémiaire an VIII, fraîchement restaurée pour la modeste somme de 3 000 livres. Pour peu de temps, puisque le 26 juin 1800, Lucien Bonaparte, le nouveau ministre de l'Intérieur, annonce que les Consuls ont décidé de substituer à la déesse de la Liberté une colonne nationale qui exprimerait la reconnaissance de la patrie envers ses défenseurs. Un concours est ouvert à cet effet, remporté par Moreau. Or le sommet de la colonne est orné d'une statue de la République. *Les Annales du Musée et de l'École des Beaux-Arts* (1801, t. 1, p. 51) de Landon la décrivent ainsi : « une femme debout, couronnée de lauriers, vêtue d'une tunique longue et d'un manteau. Elle est armée d'une pique et tient dans la main gauche des épis de blé, symboles de l'Abondance et de la Prospérité ». Cette allégorie, exécutée par le sculpteur Espercieux, allie divers emblèmes qui rappellent à la fois la Victoire, la Paix, la Liberté et Minerve.

---

27. A. Aulard, *Paris pendant la réaction thermidorienne* (Paris, 1902), t. 5, p. 414. Et p. 702 pour la réaction de Quinette.

La République ainsi figurée s'identifie à tout ce qui la constitue et qui la consolide au-dedans et au-dehors. Une image qui inclut bien plus que les seuls principes révolutionnaires et qui fait l'impasse sur la Constitution. Elle retrouve pour ainsi dire la codification de la République de Ripa : *un gouvernement fondé sur les forces de la Guerre et les biens de la Paix.* C'est bien sous ses traits que, peu à peu, le Directoire avait envisagé la République française. Mais comme ce fut le cas pour l'effigie du Peuple en l'an II, c'est au moment même où la République est menacée de disparaitre que son image s'installe dans l'espace public. Cette fois encore, l'image masque l'évanescence du référent. La colonne nationale ne fait pourtant pas l'unanimité. Certains déplorent la disparition de la Liberté. Le *Journal des hommes libres* s'inquiète, les « exagérés » protestent. Aussi, pour rétablir l'équilibre et tranquilliser les esprits, les Consuls commandent le 10 frimaire de l'an VIII une statue en marbre de la Liberté pour le palais consulaire. C'est que même la *Gazette de France* en venait à signaler la suppression de la « seule effigie de la République *(pour parler allégoriquement)* ou la statue de plâtre bronzé qu'on appelait Liberté », révélant que la Liberté était progressivement devenue la seule et véritable incarnation de la République [28]. Faute de consensus sur cette République déchirée sous la Convention, invisible sous la Terreur, déconsidérée sous le Directoire où les principes avaient cédé la place aux intérêts, la Liberté de Lemot symbolisait aux yeux des patriotes la République idéale qui aurait pu naitre de la Constitution de 1793.

Une Liberté auprès des Consuls, une République sur la colonne nationale, les « derniers des Romains » n'ont plus à se plaindre. Mais bientôt, le Consulat déplacera la Liberté du Champ-de-Mars, supprimera le monument de la place des Victoires, substituera dans les inscriptions le mot *Concorde* à celui d'*Égalité* et dans le sceau de l'État la balance au niveau. Quant à la République, elle fut bientôt détruite sous prétexte que le monument ne faisait pas l'unanimité et n'était pas assez représentatif de la Grande Nation. La colonne et sa statue subirent le sort de tous les monuments révolutionnaires. La République enfin ne tarderait pas à être incarnée par un personnage réel. *Mars Bonaparte* remplacerait à lui seul *Hercule* et *Minerve*.

ANNIE JOURDAN
Université d'Amsterdam

---

28. Voir A. Aulard, *Paris sous le Consulat* (Paris, 1903-1904), t. 1, p. 454, 460, 510, 638, 650. Sur la Liberté en marbre commandée en l'an VIII, p. 37.

NOTES DE LECTURE

Studies on Voltaire and the Eighteenth Century. Éd. HAYDN MASON. Oxford, Voltaire Foundation, 1994. Vol. 317, VI + 266 p. ; vol. 319, V + 431 p. ; vol. 323, V + 343 p.

Ces trois volumes totalisent 32 contributions, de longueur inégale, en quelque 1040 pages serrées. La plupart portent sur la littérature française. On pourrait s'étonner de la part fort réduite faite à Voltaire (deux articles dans le n° 319 : sur un ami juif de V. en 1740, Cardos, de la Cour de Bruxelles, et sur la présence de la Bible dans sa correspondance) si les *Studies* n'avaient pas, par ailleurs, consacré à V. pour son tricentenaire un volume entier, le 320 (dont nous reparlerons plus loin).

Signalons d'abord deux longues études, chacune à la dimension d'un livre. La première ouvre le n° 323 : « The use of parody in French 18th-century fiction », par Bill BROOKS (p. 1-130) ; l'A. y analyse notamment la fonction de la parodie en rapport avec le réalisme comique de Lesage, le réalisme psychologique de Marivaux, la tradition du conte (Hamilton, Cazotte, Duclos, Bougeant, et surtout Crébillon et le Diderot des *Bijoux indiscrets*). La seconde porte sur *La Religieuse*, par P. W. BYRNE (319, p. 169-293) et, dans un bel esprit de synthèse (« a tolerant critical inquiry ») analyse tous les aspects de l'œuvre, ce qui lui donne aussi la portée d'un état présent des recherches sur ce roman.

C'est encore Diderot, parmi les auteurs français ou francophones abordés, qui vient en tête avec 5 articles : sur D., Rameau et les cordes vibrantes — où on conclut à une collaboration entre D. et R. dès les années 1740 (323), le *Fils naturel* comme récit romanesque *(ib.)*, le visage et l'expression dans les *Salons (ib.)*, le début de *Jacques le Fataliste* (317), sur D. lecteur de l'*Esprit des lois* dans les *Observations sur le Nakaz* (319). Deux articles sont consacrés à quatre autres écrivains : à Marivaux, sur *Le Bilboquet* (323), sur la tradition d'« honnêteté » dans les romans de M. et de Crébillon (319) ; à Crébillon (avec l'art. précédent), sur l'éducation visuelle dans les *Égarements...* *(ib.)*, à Bernardin de Saint-Pierre, avec une étude de son projet d'un Robinson en Sibérie — d'après les manuscrits du Havre (317), et un état présent des recherches sur *Paul et Virginie* (1953-1991) *(ib.)* ; à Mme de Staël : concernant des influences inconnues sur *Corinne* et sur *Sapho* — contribution à l'étude de l'hellénisme romantique en France *(ib.)* — et l'orientalisme dans *Corinne (ib.)*. Avec, pour chacun, un article, mentionnons le pasteur D. R. Boullier (1699-1759), à propos de Locke et de l'hypothèse de la matière pensante (323) ; Condillac, sur sa célèbre statue et le problème de l'individu, en rapport avec les préoccupations actuelles de l'Occident *(ib.)* ; Mme de Grafigny, sur les langues et le langage dans les *Lettres d'une Péruvienne (ib.)* ; J.-J. Rousseau, sur son influence, pour la représentation du moi, dans le roman autobiographique féminin (notamment les *Mémoires* de Mme Roland et *Mme de Montbrilland* de Mme d'Épinay) (319) ; d'Holbach en tant que traducteur et vulgarisateur de la science allemande et suédoise (323) ; Potocki, avec 13 lettres inédites (1785-1805) dont douze à son lointain cousin Stanislas-Félix Potocki et une à la femme de celui-ci (317) ; Rétif, sur la fonction de divers objets observés dans *Les Nuits de Paris* (319). Signalons à part, eu égard à son ampleur, l'étude d'Angelika Schober tirée d'une thèse soutenue en 1982

(319, p. 1-65) qui porte sur « Les conceptions épistémologiques et politiques de D'Alembert vues à travers la pensée des Lumières, l'*Aufklärung* de Kant et le positivisme de Comte » où sont soulignées, avec toute la netteté souhaitable, les différences profondes entre la pensée de D'Alembert et le positivisme. Pour achever le tour du domaine français, relevons plusieurs articles traitant de sujets variés et concernant surtout le théâtre : sur le thème d'Idoménée de Racine à Mozart (317) ; amazones et sauvagesses au théâtre de la Foire (319) ; le jeu des « lazzis » dans le théâtre de société (1731-1732) ; l'espace de la séduction dans les « romans de boudoir » en rapport avec l'architecture de l'époque *(ib.)* ; les Anglais dans la presse de Dijon (1730-1789) *(ib.)*.

L'ouverture sur l'étranger est limitée à trois articles : deux pour la Grande-Bretagne, sur les Lumières écossaises et la contribution de Thomas Gordon (1714-1797) à la Société philosophique d'Aberdeen (317), et sur le tutorat de Ferguson auprès de Chesterfield — ce qui fait suite à l'article publié en 1990 dans le volume 278 et nous vaut ici la présentation d'une correspondance inédite de 13 lettres (1773-1775) (323) ; un pour la Hollande, sur la controverse chez les Huguenots concernant le « mensonge officieux » (1705-1731) (317).

Roland Desné

Études sur le 18ᵉ siècle, XXII : *Retour au 18ᵉ siècle.* Bruxelles, Université libre de Bruxelles, 1994, 146 p.

Ce volume est consacré à mesurer la postérité du 18ᵉ siècle dans les domaines littéraires et artistiques par-delà la rupture trop proclamée du romantisme. L'expression *le roi Voltaire* n'est-elle pas née du titre de la volumineuse biographie qu'Arsène Houssaye consacra en 1858 au patriarche de Ferney ? Dans la Bruxelles du 19ᵉ siècle, des éditeurs plus ou moins clandestins redonnent les « textes rares et curieux » de la littérature pornographique ou érotique du siècle précédent ; Poulet-Malassis, Kistemaeckers, Vital Puissant, Jules Gay (dont la liste des publications est fournie) s'illustrent dans cette activité. *Le Contrat social* n'a pas laissé indifférents les hommes de 48 ; Proudhon récuse Rousseau en qui il voit le père de l'État despotique. Quatre contributions sont consacrées à la musique. Bien que la querelle des gluckistes et des piccinistes continue à être une référence au 19ᵉ siècle, les écrits musicaux du siècle précédent sont rejetés, y compris le *Dictionnaire* de Rousseau, même si on le plagie. Mais l'esprit du siècle se retrouve chez Offenbach qui puise son inspiration dans Mozart et dans le théâtre de la foire. César Franck trouve dans Dalayrac les motifs de deux fantaisies pour piano et d'un duo pour piano et violon. Dans les années du 20ᵉ siècle apparait le concept musical de néo-classicisme, difficile à définir ; démonstration en est faite avec le final de la *Sonate* pour piano de Stravinsky et la *Suite op. 25* de Schönberg. En peinture, une contribution suit la représentation de Persée et Andromède regardant la tête de Méduse du 18ᵉ siècle aux préraphaélites. Les arts « mineurs » ne sont pas négligés : les relieurs belges du 19ᵉ siècle réagissent contre le néo-gothique en reprenant les fers anciens du rococo. Ce recueil se clôt avec la destinée des *Liaisons dangereuses* dans les films de Vadim, Frears et Forman.

Claude Michaud

Ulrich Im Hof : *Les Lumières en Europe*. Traduit de l'allemand par Jeanne Étoré et Bernard Lortholary, Paris, Seuil, 1993, 316 p. (Coll. « Faire l'Europe ».)

Alors qu'on attend avec impatience la publication du Dictionnaire des Lumières européennes (en préparation aux P.U.F.), c'est (prélude prometteur) un magnifique ouvrage de synthèse qui vient se ranger dans la collection « Faire l'Europe » dirigée par Jacques Le Goff aux éditions du Seuil (l'ouvrage paraît simultanément dans la version originale allemande, en italien, en anglais et en espagnol). L'A.,

Nestor suisse de l'histoire du 18ᵉ siècle, parvient à tracer, sur un espace restreint, un panorama très complet où l'évolution des idées et le poids des grandes préoccupations sont replacés dans leur contexte social, politique et culturel propre. Loin de postuler *a priori* l'homogénéité européenne d'un courant de pensée pourtant universaliste et fondé sur des bases philosophiques largement partagées, l'A. met en évidence les particularités locales, nationales ou plus largement culturelles (tel l'excellent chapitre consacré au *christianisme éclairé*), sans jamais perdre de vue l'unité de son objet symbolisé par la gravure *Aufklärung* de l'artiste polonais établi en Allemagne, Daniel Chodowiecki. A la fois très savant et subtil dans la formulation (pas toujours bien servie par une traduction inégale) comme dans le choix des citations qui nous font découvrir nombre d'auteurs peu accessibles, l'A. offre un modèle de synthèse, un ouvrage tout à la fois riche en information et admirable de clarté lorsqu'il s'agit de mettre en évidence les grands courants, les tendances générales, les questions majeures.

FRANÇOIS ROSSET

ANNIE BECQ : *Lumières et Modernité. De Malebranche à Baudelaire.* Préface de Robert MAUZI. Orléans, Paradigme, 1994, 467 p.

Ce recueil, qui reprend 31 articles (dont trois en cours de publication, et un inédit en tête de volume sur la querelle des Anciens et des Modernes), entend refléter l'activité « encyclopédique » d'A. B. et démontrer que, si celle-ci a renouvelé les études esthétiques en France, elle est loin de s'être limitée à ce domaine, si vaste soit-il. Sont donc ainsi abordés aussi bien le matérialisme que l'illuminisme, Marivaux que Baudelaire, la notion de littérature que la sociocritique. Il serait évidemment paradoxal qu'aient été négligées l'esthétique et l'*Encyclopédie*. On trouvera donc ici, non pas l'essentiel des travaux de l'A., puisque sa thèse sur *La Genèse de l'esthétique moderne française* en constitue l'épine dorsale, mais des illustrations particulièrement probantes qui en faciliteront l'abord. Un regret : on n'a guère soigné la présentation ; on a affaire à la simple reproduction des articles, avec toute la diversité typographique que cela suppose.

CATHERINE VOLPILHAC-AUGER

ANNE-LAURE ANGOULVENT : *L'Esprit baroque.* Paris, Presses Universitaires de France, 1994, 128 p. (Coll. « Que Sais-je ? »)

Rupture d'avec la pensée traditionnelle théologico-politique, l'esprit baroque, présenté comme ce qui correspond à la période de l'histoire qui va de la fin du 16ᵉ siècle au 18ᵉ siècle, recouvre une vision du monde et de l'homme. Il nait avec l'apparition de nouvelles questions philosophiques et scientifiques. Après avoir ainsi retracé la genèse de cet esprit, l'A. en analyse la « phénoménologie », propose notamment une « lecture baroque » du *Discours de la méthode*, étudie « l'État baroque » marqué entre autres traits par une sécularisation de la pensée politique, avant de suivre les « figures du baroque » dans les sciences exactes (où triomphe la science du mouvement) et dans les différents arts dont l'objectif spécifique est « la coïncidence de l'émotion que crée la complexité de la nature avec celle qui naît de la complication de l'art » (p. 88). Logiquement articulé, conduit avec fermeté, l'ouvrage qui s'attache à déceler les traits particuliers qui peuvent distinguer les divers pays de l'Europe est riche d'observations propres à susciter la réflexion et la discussion.

ROBERT GRANDEROUTE

BARBARA M. STAFFORD : *Artful Science. Enlightenment Entertainment and the Eclipse of Visual Education.* Cambridge (Massachusetts), The MIT Press, 1994, XIX + 350 p., 197 ill., 21 × 28 cm.

Il en va des livres comme de certains personnages : ce ne sont pas les fées qui manquent autour de leur berceau. Celui-ci est né d'une idée ingénieuse et moderne qui allie les pouvoirs du langage à celui de l'image ; il est illustré de façon ingénieuse, originale, et il explore un territoire important de la vie intellectuelle du 18e siècle, un territoire qu'on pourrait situer aux confins de la science, de la pédagogie et des arts. Le premier chapitre est consacré à la didactique des sciences dans une société où l'enfant tient une place de plus en plus importante, ce qui s'explique par la psychologie et la pédagogie lockiennes et par le développement économique qui achemine l'Angleterre vers son destin de grande puissance impériale. Le second passe des données socio-historiques au climat intellectuel qu'elles génèrent, analysant le rôle des expériences dans l'acquisition d'un savoir authentique reposant sur les données sensorielles ; le troisième et le quatrième décrivent les moyens concrets utilisés pour y parvenir, des automates aux cabinets de curiosités. Au cours de cette passionnante enquête l'A. montre comment le 18e siècle a utilisé le sensualisme pour s'ouvrir les chemins de savoirs nouveaux. Par des moyens qui allient l'histoire de l'art et l'histoire des sciences, c'est donc tout le processus de cognition qui se trouve analysé. La synthèse qui s'opère ici est en tous points remarquable.

MICHEL BARIDON

BARBARA M. STAFFORD : *Body Criticism. Imaging the Unseen in Enlightenment Art and Medicine.* Cambridge (Mas.), Londres, The MIT Press, 1993, XXI + 587 p., 247 ill., 20 × 27 cm.

Voici la deuxième édition d'un livre paru en 1991. Le premier but de cette recherche est une identification et interprétation des « stratégies et des théories visuelles » proposées et utilisées au 18e siècle pour montrer en images ce qui est invisible, c'est-à-dire l'expérience ou l'activité physique et mentale qui n'est pas apparente. Le thème de la « visualisation de l'invisible » avait été déjà lancé par Sergio Moravia, qui y voyait l'une des stratégies philosophiques et scientifiques utilisées à l'époque pour la « capture » anti-métaphysique des mouvements de l'esprit. Pour l'A., cette visualisation constitue en elle-même un profond besoin et l'un des problèmes épistémologiques, artistiques et scientifiques majeurs du siècle des Lumières et dès lors, de la modernité. Son second but est donc de contribuer à expliquer le rôle actuel de la communication et de la connaissance visuelles et à proposer, en tant qu'historienne de l'art et iconologue, ou « imagiste », comme elle le dit, une nouvelle attitude intellectuelle et pédagogique (« the aesthetics of almost ») à l'égard de l'image et de la perception sensorielle. Fruit d'une recherche de grande ampleur dont l'importance n'est pas affaiblie par certains schématismes sur la pensée des Lumières et sur ses sources, ce volume souligne et documente l'étroit rapport entre l'image des artistes et celle des médecins. L'A. l'a organisé autour de six « métaphores constitutives », à partir de celle, fondamentale, de la dissection, pour passer à l'abstraction, à la conception (un chapitre centré sur le problème du grotesque et de l'hybride), à la métaphore de la marque (sur la surface du corps), au grossissement et, enfin, à la gamme du sentir. On reste seulement un peu perplexe sur un ton « polémique » qu'on remarque parfois chez les historiens d'Outre-Atlantique.

ERICA J. MANNUCCI

Du gout, de la conversation et des femmes. Études rassemblées par ALAIN MONTANDON. Clermont-Ferrand, Association des Publications de la Faculté des Lettres et Sciences humaines de Clermont-Ferrand, 1994, 237 p. (Coll. « Littératures ».)

Ce recueil s'insère dans le cadre plus large d'un programme de recherches sur les traités de savoir-vivre en Europe dirigé par A. M. (voir notre note dans *D.H.S.*, 26, p. 562-63). Des treize essais réunis dans ce volume, dont certains sont issus de communications à une journée consacrée au « gout » à l'Université Blaise Pascal en mars 1993, quatre portent sur le 18e siècle : C. CHANTALAT étudie la notion de gout au début du siècle chez Morvan de Bellegarde et Nicolas Gédoyn ; J. CARRÉ le débat en Angleterre sur l'homme de gout *(the Man of Taste)* de 1710 à 1760) ; F. COBLENCE la *Critique de la faculté de juger* et *l'Anthropologie du point de vue pragmatique* de Kant ; S. PUJOL évoque le passage « De la conversation à l'entretien littéraire ». Ce dernier essai présente l'éventail le plus large sur le sujet et rappelle, avec une solide documentation à l'appui, que durant cet « âge d'or de la conversation » en France, il existe depuis les clubs, cercles, salons ou académies de province jusqu'aux dialogues et entretiens textuels, en passant par ce nouveau venu qu'est l'opinion publique, un réseau culturel et de mentalités étroit qui relie communication orale et écrite, et fait du français, selon l'expression de Galiani, « le langage le plus dialoguant ».

BÉATRICE FINK

La Peur au 18e siècle. Discours, représentations, pratiques. Études réunies et présentées par JACQUES BERCHTOLD et MICHEL PORRET. Genève, Droz 1994, 276 p. (Coll. « Recherches et rencontres ». Publications de la Faculté des Lettres de Genève.)

Parmi les grands thèmes de la sensibilité collective, la peur reste encore un parent pauvre, surtout si on considère son historiographie pour le 18e siècle. Peu de contributions ont enrichi la liste où les ouvrages de G. Lefebvre, J. Delumeau et Ch. Begemann sont toujours à l'honneur. J. B. et M. P. ont eu l'idée de publier ce recueil de 13 essais dont le but est de soumettre « la peur au 18e siècle » à une analyse collective. Les perspectives des auteurs sont en effet très différentes. M. ENGAMMARE a suivi la manière dont un premier recueil d'images bibliques à l'usage des enfants a expulsé la violence, tout en éduquant les esprits dans l'optique chrétienne. M. PORRET se penche sur la « pédagogie de l'effroi » chez quelques criminalistes. J. BERCHTOLD étudie minutieusement la peur inspirée par la compagnie des rats dans le séjour en prison, tandis qu'Y. CITOON met en relief les angoisses d'impuissance. Un mot seulement pour rappeler l'analyse d'Ute HEIDMANN VISCHER sur les récits qui décrivent la descente dans une caverne comme expérimentation symbolique de la peur de la mort, ou encore l'étude de S. MOUSSA sur l'émergence du mythe bédouin chez les voyageurs français. A travers ce volume, la peur montre ses multiples visages. Même *Les leçons de clavecin* de Diderot y trouvent leur place (G. POITRY). Mentionnons encore l'essai de J. STAROBINSKI qui n'oublie pas l'effort de surmonter la peur par des pratiques « immunisantes », en particulier celle du rire.

STEFAN LEMNY

CLAUDINE COHEN : *Le Destin du mammouth.* Paris, Seuil, 1994, 351 p., ill.

C'est à une saga assez extraordinaire que nous convie C. C., auteur d'une thèse sur le *Telliamed* de Maillet dont on attend avec impatience la publication. Si pour Maillet la vie est sortie de la mer, l'A. exhume de la terre un grand mythe que, fort heureusement, les Lumières ne réussirent pas à mettre à bas, celui du mammouth, l'archétype de nos terreurs et la racine de tant de fleurs étranges de l'imaginaire. Des géants de saint Augustin justifiés par la Bible au géant Theutobochus, belle supercherie du 17e siècle, et aux illustres Patagons du siècle suivant, le terrain était dégagé pour que la science en marche produise des monstres comme la « licorne » de Leibniz composée d'ossements de mammouth et de rhinocéros assemblés « logiquement ». En 1692, le nom du mammouth apparait dans la littérature de voyage pour désigner des restes retrouvés en Sibérie. Parmi les autochtones, l'animal passe pour vivre sous terre et pour mourir quand il parvient à la lumière du jour. Mais la présence d'ossements à l'intérieur des terres renforce la position des « diluvianistes » qui justifient ainsi la Genèse. Le mammouth est le témoin de la naissance du monde ; et Jefferson, le père de la Déclaration d'Indépendance américaine, ne peut manquer de convoquer le mammouth du Nouveau Monde à la « Naissance d'une Nation » : il reste à le trouver. « L'animal inconnu de l'Ohio » qui hante les Académies des sciences britannique et française, qui amène Buffon à sa théorie du refroidissement progressif de la terre et de l'installation des « animaux du Midi » dans les contrées du Nord, les premières à être tempérées, est le chainon manquant parfait. Cuvier prouva fort peu poétiquement que le « mammut ohioticum » n'en était pas un, mais un « mastodonte », de la famille des Proboscidiens. Le fondateur de la paléontologie scientifique en fit la révélation à l'Institut de France lors d'une mémorable séance de 1796. La science du mammouth ne tua pas néanmoins — et il faut s'en réjouir — les fantasmes qu'il suscite. On lira avec intérêt le chapitre sur le mammouth de la reine Victoria ou celui sur les scénarios de la disparition de l'espèce, dont les péripéties valent plus d'un roman.

FRANÇOIS MOUREAU

Bollettino del C.I.R.V.I. Centro Interuniversitario di Ricerche sul « Viaggio in Italia », n° 20 (luglio-dicembre 1989), 201 p., n° 21 (gennaio-giugno 1990), 224 p.

Dans le n° 20 de ce *Bulletin*, les dix-huitiémistes trouveront un article de G. PAPOFF MIGLIACCIO sur le *Voyage historique d'Italie* de M. Guyot de Merville, publié en 1729. Le voyage en Italie (1717-1721) du dramaturge n'avait pas suivi l'itinéraire « établi » : il avait évité des étapes comme Venise ou Milan, et en revanche il avait par exemple séjourné à Sienne plus d'un an ; dans cet ouvrage, en forme épistolaire, l'auteur préfère le récit d'anecdotes, d'aventures extraordinaires et des histoires de personnages fameux à la description des villes et des monuments. Parfois son récit ne correspond pas à la réalité historique, mais il saisit bien l'atmosphère de l'Italie de son époque : sa polémique anti-cléricale, sa critique des injustices, le révèlent ici homme des Lumières beaucoup plus que dans sa production théâtrale. Le *Viaggio in Europa* et d'autres écrits de A. Bonfilioli Malvezzi sont traités par M. FARNETTI ; F. PALOSCIA reconsidère la culture du voyage de l'âge d'or du Grand Tour et s'interroge sur la mutation « touristique » postérieure. Dans le n° 21, M. K. ABRAHAM consacre au 19e siècle quelques pages de son article sur les images de l'Arène de Verone dans les récits illustrés de voyageurs anglais et américains (17e-18e siècle) : on ne trouve en effet une image de ce monument que dans *Some Observations Made in Travelling through France, Italy &c. in the Years 1720, 1721 and 1722*, de E. Wright. F. CALI nous présente une lecture des *Lettres sur la Sicile* du marquis Marie-Joseph de Foresta, qui visita en particulier Catane en 1805.

E. J. MANNUCCI

EMANUELE KANCEFF : *Poliopticon italiano*. Genève, Slatkine, 1993, 864 p. en 2 vol. (Coll. « Bibliothèque du voyage en Italie ».)

Spécialiste inlassable de l'histoire du voyage en Italie et créateur du Centre de Recherche du voyage en Italie (C.I.R.V.I.), E. K. a réuni, après modification, des articles parus de 1965 à 1991. Ce recueil vaut enfin le jour et le spécialiste de l'histoire des voyages ne pourra que se féliciter de voir ainsi rassemblés des textes dispersés dans des revues parfois peu accessibles, assortis d'un appareil critique représentant plus du tiers du volume total. Le recueil s'ouvre sur une première partie consacrée à la problématique générale que pose ce que l'on peut considérer comme un genre en soi et passe ensuite à l'évocation rapide d'un érudit français, J. J. Bouchard, mort à Rome en 1641, puis à une série d'« histoires parallèles » où on rencontre les figures de Stendhal, Liszt, Nerval, etc. Les seules pages que l'on puisse dire expressément consacrées au 18e siècle sont celles où E. K. présente et rapporte le texte de la longue conclusion inédite d'une lettre que Ch. de Brosses date de Rome, 21 octobre 1739 (vol. I, p. 171-3), ainsi que l'article consacré aux Français à Turin de la Renaissance au Romantisme (vol. I,

p. 299-360) qui contient des remarques intéressantes sur le passage à Turin du comte de Caylus, Montesquieu, Silhouette, de Brosses, Mme du Boccage, le comte d'Espinchal, ainsi que le texte pittoresque d'un contrat de transport de Turin à Florence en 1778. Mais les dix-huitiémistes qu'intéressait l'étude du voyage d'Italie ne négligeront pas pour autant cet ouvrage riche d'informations de toute sorte, en particulier sur les 16e, 17e et 19e siècles, qui contient de copieuses et utiles pages de bibliographie sur le sujet, et qui est pourvu d'un index exhaustif.

GÉRARD LUCIANI

MADELEINE VAN STRIEN-CHARDONNEAU : *Le Voyage de Hollande : récits de voyageurs français dans les Provinces-Unies, 1748-1795.* Oxford, Voltaire Foundation, 1994, XIV + 522 p. (*Studies on Voltaire...*, vol. 318).

Si le voyage en Hollande ne jouit pas du prestige du voyage en Angleterre ou en Italie, il a cependant, dans la seconde moitié du 18e siècle, un succès considérable. Depuis le 16e siècle, où la Hollande avait servi de terre d'asile, bien des auteurs s'y sont attardés, de Prévost et d'Argens à Sade et Voltaire. L'A. étudie ici 82 récits de voyages répartis sur un demi-siècle. Ils sont le produit d'une élite sociale et culturelle (diplomates, officiers, étudiants, littérateurs, savants, etc.), mais aussi des débuts d'un « tourisme mondain » qui nécessite des guides ou des programmes d'excursions. Six chapitres couvrent l'ensemble de la question. Dans le premier, les problèmes pratiques du voyageur (itinéraires, auberges, repas, horaires, choses à voir) ; dans le deuxième les curiosités intellectuelles (cabinets, universités, distractions, musicos) ; dans le troisième les sources d'information (guides, itinéraires, descriptions) ; dans le quatrième les spécificités du genre du « voyage » (didactisme, conditionnement du lecteur, etc.) ; dans le cinquième les paysages, la mer, l'urbanisme, les mœurs et le mode de vie ; dans le sixième enfin, la mise en situation dans la géographie des Lumières, qui permet le développement d'une réflexion critique sur le pays d'origine (idéal de liberté, république, tolérance, prospérité économique, etc.). Même si on ne peut parler d'une « hollandomanie », un intérêt vif et soutenu se manifeste, et qui est fort bien mis en lumière dans cette étude exhaustive complétée par une riche bibliographie et un appendice réunissant quelques textes particulièrement représentatifs.

RAYMOND TROUSSON

PIERRE M. CONLON : *Le Siècle des Lumières. Bibliographie chronologique.* Tome XIII : *1761-1763.* Genève, Droz, 1994, XXIX + 484 p. (Coll. « Histoire des idées et critique littéraire ».)

Le présent volume prend directement la suite du tome VII (1991) de la monumentale bibliographie pluridisciplinaire, puisque les tomes IX à XII, publiés en 1992 et 1993 comportaient les suppléments, les index des titres et des auteurs pour les huit premiers tomes traitant des années 1716 à 1760 (voir *D.H.S.*, n° 26, p. 543). On se réjouit de voir cette entreprise continuer et selon les mêmes principes. Ce nouveau tome s'ouvre par une présentation précise de la période marquée, entre autres, par la guerre de Sept ans, la condamnation des jésuites et l'affaire Calas. Pour les trois années un total de 3 916 titres est répertorié. On observe que le record du nombre de titres pour une année (1 363 pour 1 756) est dépassé en 1762 (1 379) et en 1763 (1 394). On peut penser que ces nombres augmenteront encore dans les années suivantes.

Il n'est pas besoin de redire l'utilité, pour les chercheurs, d'un tel inventaire qui indique la localisation des éditions dans les bibliothèques (françaises et étrangères). Observons — en vue des index futurs — qu'il conviendrait d'ajouter quelques renvois dans le cas des noms à l'usage incertain : par exemple, La Chalotais figure seulement ici sous l'entrée Caradeuc de La Chalotais (alors que dans la *Bibliographie* de Cioranescu la situation est inverse : l'entrée est à La Chalotais et on ne trouve rien à Caradeuc) ; dans le cas de deux auteurs pour un même ouvrage : il est bien dit à l'entrée Coudrette (1761, p. 69) que *l'Histoire générale*... a été écrite en collaboration avec Le Paige mais il n'y a aucune renvoi sous Le Paige ; dans le cas, enfin, où deux auteurs sont proposés pour un même anonyme : *De l'éducation publique* (1762) figure à Crevier (p. 230), selon l'attribution de Barbier, mais comme il y est précisé que l'ouvrage est aussi attribué à Rivard (par R. Mortier), il aurait été bon qu'il y eût une entrée à Rivard (avec renvoi à Crevier).

R. DESNÉ

L'Autorité de Cicéron de l'Antiquité au 18ᵉ siècle. Actes de la table ronde organisée par le Centre de recherches sur les classicismes antiques et modernes, Université de Reims, 11 décembre 1991. Sous la direction de J.-P. NÉRAUDAU. Caen, Paradigme, 1993, 154 p.

Des huit textes qui composent ce recueil, un seul concerne le 18ᵉ siècle. Chantal GRELL y étudie la réception de Cicéron à l'âge des Lumières (p. 133-151). C'est alors l'auteur latin le plus publié et le plus diffusé dans l'enseignement, surtout pendant les premières décennies du siècle. Pour nombre d'esprits, la confrontation avec Catilina prend l'allure d'un combat entre le bien et le mal, tandis que le personnage de C. homme « nouveau » ouvre la voie au mythe du patriote et du philosophe homme d'État, expression du Tiers État.

R. TROUSSON

Regards sur l'histoire de l'enseignement des langues étrangères. Actes du colloque de la SIHFLES au Romanienstag de Potsdam (27-30 septembre 1993). Édités par HERBERT CHRIST et GERDA HASSLER. Paris, SIHFLES, 211 p. (*Documents pour l'Histoire du français langue étrangère ou seconde*, n° 14, décembre 1994.)

L'histoire de l'enseignement du français à l'étranger — et celui des langues étrangères en France — reste, pour le 18ᵉ siècle, un vaste champ à explorer. Il revient à la Société internationale pour l'histoire du français langue étrangère ou seconde (SIHFLES), créée en décembre 1987, d'avoir impulsé les recherches en ce sens. Le présent volume rassemble les 19 communications au colloque organisé dans le cadre du congrès des romanistes allemands de Potsdam et qui portaient sur le 18ᵉ siècle et la première moitié du 19ᵉ. 15 communications ont traité du 18ᵉ siècle (et du début du 19ᵉ). L'Italie occupe la première place ici avec six contributions concernant la grammaire franco-italienne de Féri de La Salle, les manuels de français (la phraséologie, la traduction dans les manuels de français et d'italien), l'enseignement de la prononciation française, le français à Parme. L'Espagne est abordée avec trois articles : sur le rôle du français chez Feijoo, Jovellanos et Capmany, sur la traduction dans l'enseignement du français, sur la grammaire de Galmace (1ʳᵉ éd., 1748) ; les Pays-Bas avec deux ; sur l'influence de la grammaire latine et de la grammaire de Port-Royal sur la *Nouvelle Méthode* de Pieter Marin (1718), sur l'enseignement du français dans la ville hanséatique de Deventer (1795-1813). Relevons encore une étude sur le français en Écosse pendant et après l'époque napoléonienne, une autre sur un maitre de français à Londres, le Suisse Théophile Frêne (1760-1803/1804), une autre enfin, fort bien documentée, sur l'enseignement du français à Berlin au 18ᵉ siècle. Signalons également une analyse des propositions de Mᵐᵉ de Genlis pour l'apprentissage des langues étrangères. On espère que ce riche recueil favorisera, ne serait-ce que par la diversité des approches qu'il illustre, de nombreux travaux appelés à mieux faire connaitre l'Europe des Lumières et aussi à prolonger, à compléter ou à nuancer parfois la monumentale *Histoire de la langue française* de Ferdinand Brunot.

R. DESNÉ

Nicolas Fréret, légende et vérité. Colloque des 18 et 19 octobre 1991 (Clermont-Ferrand). Textes réunis et présentés par CHANTAL GRELL et CATHERINE VOLPILHAC-AUGER. Oxford, Voltaire Foundation, 1994, 215 p.

Il n'est pas exagéré de dire que les actes du colloque de Clermont-Ferrand, dûment réunis dans ce bel ouvrage, représentent un apport fondamental (dans le jargon moderne on dirait « incontournable ») pour notre connaissance de Fréret. Les articles présentés ici évoquent son image (C. VOLPILHAC-AUGER), la bibliographie des études qui lui ont été consacrées et la chronologie de ses propres recherches (C. GRELL) ; plusieurs articles présentent une approche de ses travaux, notamment dans le domaine historique, à comprendre au sens le plus large du terme (C. GRELL , B. KRIEGEL, G. STENGER, J.-J. TATIN-GOURIER). Il faut remarquer également des études d'une grande valeur au sujet de l'intérêt que Fréret portait à la Chine (C. LARRÈRE) et à la linguistique (D. DROIXHE) ainsi qu'une considération de son influence sur la chronologie historique de Voltaire (M. SATORI). Le dernier article propose une approche génétique de la célèbre *Lettre de Thrasybule à Leucippe* dans laquelle M. BENÍTEZ nous fournit ce qu'il appelle modestement « une conjecture raisonnable », à savoir que plusieurs mains auraient contribué à l'écrit tel qu'il nous est connu. De cette somme de travaux émerge un Fréret érudit et fascinant dont les connaissances s'étendaient à des domaines multiples.

CATRIONA SETH

Recherches sur Diderot et sur l'Encyclopédie. N°s 16 (avril 1994), 191p. et 17 (octobre 1994), 203 p.

Pour l'ensemble de ces deux livraisons, le quart des pages est consacré à la partie « Chroniques, comptes rendus (15 publications recensées), documentation (avec la précieuse liste commentée des autographes et documents passés dans les catalogues de vente), bibliographie ». Sur les 18 articles rassemblés, 12 concernent Diderot : on relève deux lettres inédites — une de D., du 9 juin 1781, probablement adressée à Suard (n° 16) et une de sa fille Angélique à Mme Necker, peu après le 24 mai 1772 (*ib.*) ; deux art. portent sur *La Religieuse :* l'illusion dans la Préface-annexe (*ib.*), l'autoportrait de la narratrice (17) ; les autres concernent la notion d'utilité dans la philosophie de D. (16), D. lecteur de l'*Essai sur l'homme* de Pope (16), D. et le confucianisme dans l'art. CHINOIS de l'*Encyclopédie* (16), *le Neveu de Rameau* — sur la lecture de Bakhtine — (17), les « Adieux du vieillard » dans le *Supplément au voyage de Bougainville* (16), le Strasbourgeois F.-D. Ring, premier éditeur des *Regrets sur ma vielle robe de chambre* (1772) (16), D. vu de l'Académie des sciences de Saint-Pétersbourg (à partir des lettres inédites de J. A. Euler dans le fonds Formey de Berlin (16), la « double écriture » dans les *Principes de la politique des souverains* (17), les échos berlinois de D. dans la correspondance de son petit-fils Denis-Simon de Vandeul (1800-1801) (17). Trois art. traitent de l'*Encyclopédie* : la pré-science des monstres dans l'*E.* (16), Rousseau contre Rameau : musique et nature dans l'*E.* et au-delà (17), l'évolution du béhémoth, monstre sibérien (17). Ajoutons enfin l'étude du projet de voyage d'Italie (manqué) de d'Alembert et Condorcet en 1770, lequel les aura fait rejoindre Voltaire à Ferney (17, p. 9-53).

R. DESNÉ

Notable Encyclopedias of the late eighteenth century : eleven successors of the Encyclopédie. Edited by FRANK A. KAFKER. Oxford. Voltaire Foundation, 1994, v + 424 p. *(Studies on Voltaire..., vol. 315.)*

Après l'ouvrage édité en 1981 par F. A. KAFKER et consacré à neuf « précurseurs » de l'*Encyclopédie*, on trouvera ici onze excellentes études sur les entreprises encyclopédiques postérieures à celle de Diderot et d'Alembert. Dans le domaine français, on a retenu la dernière édition (1771) du *Dictionnaire de Trévaux*, les rééditions de l'ouvrage français à Livourne et à Lucques, la célèbre *Encyclopédie* d'Yverdon et les éditions quarto et octavo de l'*Encyclopédie* des années 1777 à 1782. Pour le champ anglophone, apparaissent l'*Encyclopaedia Britannica* de William Smellie, publiée en Écosse, la *Cyclopaedia* d'Abraham Rees, version revue et augmentée de celle de Chambers et l'édition américaine de l'*Encyclopaedia Britannica* par Thomas Dobson. On mentionnera encore la *Deutsche Encyclopädie* et les traductions d'environ 500 articles de l'*Encyclopédie* française en russe. F. A. K. fait, pour terminer, le point sur l'influence de l'*Encyclopédie* sur les autres entreprises similaires et la montre moins évidente et moins profonde qu'on n'aurait pu croire, du moins en ce qui concerne les ouvrages composés en d'autres langues. On constate enfin que son influence diminue à l'époque révolutionnaire (qui préfère les textes brefs, pamphlets ou journaux) et qu'elle est peu à peu remplacée par le *Dictionnaire* de Robinet ou l'*Encyclopédie méthodique*. On se souviendra cependant qu'en 1823 encore, Mme de Genlis rêvera de « refaire » l'*Encyclopédie* de fond en comble et obtiendra même une subvention de Châteaubriand, ministre des Affaires étrangères. On lira avec le plus grand intérêt ce riche volume, d'une érudition très sûre, qui fait admirablement le point sur la passion « encyclopédique » du siècle.

R. TROUSSON

Rousseau and the Eighteenth Century. Essays in memory of R. A. Leigh. Edited by MARIAN HOBSON, J. T. A. LEIGH and ROBERT WOLKER. Oxford, Voltaire Foundation, 1992, VIII + 443 p. + 16 ill.

L'ouvrage est divisé en quatre parties distinctes : la première, consacrée à l'œuvre de R. Leigh, réunit des anecdotes et des souvenirs autour de la personne de « RAL » (pour les intimes) ; même sa bibliothèque personnelle a inspiré deux études. La deuxième partie est tout naturellement consacrée à Rousseau : la philosophie et la politique tiennent la première place dans les articles de L. G. CROCKER (« *Émile* : life, liberty and the pursuit of happiness »), J. STARO-BINSKI (« Surmonter la peur »), M. J. VILLAVERDE (« R. et le fardeau de la tradition »), F. BAKER (« La peine de mort dans le *Contrat social* »), M. CRANSTON (R. on war and peace »), M. HOBSON (« *Nexus effectivus* and *nexus finalis* » : causality in the *inégalité* and in the *Essai sur l'origine des langues* »), J. H. MASON (« The *Lettre à d'Alembert* and its place in R's thought ») et A. ROSENBERG (« 18th century theories of generation and the birth and development of R's natural man »). Les autres contributions concernent l'homme et l'œuvre : J. E. McEACHERN dresse un inventaire précis des passages censurés dans la première édition de la *Nouvelle Héloïse*, R. MORTIER étudie la paresse et le travail dans l'introspection de R., R. TROUSSON, les stratégies de R. pamphlétaire et S. B. TAY-LOR, la réaction des contemporains à la querelle entre Voltaire et R. La troisième partie traite de quelques écrivains et philosophes du 18e siècle ; H. MASON revient sur la naissance du conte voltairien dans *Zadig* ; C. P. COURTNEY et D. WOOD consacrent respectivement un article aux études universitaires et au rousseauisme de Constant ; D. W. SMITH décrit la rupture entre Cabanis et l'abbé Morellet. La dernière partie, enfin, traite de Rousseau et la Révolution française : à propos des déclarations des droits de l'homme de 1789 et de 1793 (R. BARNY), de l'image de R. dans la *Grande dispute au Panthéon entre Marat et Jean-Jacques Rousseau* de Dubrail (M.-H. COTONI), de l'influence d'*Émile* sur des pamphlets féministes (J. BLOCH) et de la pédagogie révolutionnaire (B. BACZKO) ; la question « Jean-Jacques terroriste ? » (J.-L. LECERCLE) clôt ce riche et volumineux recueil.

GERHARDT STENGER

Dictionnaire de Voltaire. Sous la direction de RAYMOND TROUSSON, JEROOM VERCRUYSSE et JACQUES LEMAIRE. Bruxelles, Espace de Libertés, 1994, 281 p.

Cet ouvrage, auquel ont collaboré plus de 50 chercheurs issus d'une dizaine de pays, a d'abord une utilité pratique. Au néophyte, il tend le fil d'Ariane dont il a besoin pour s'orienter dans le labyrinthe des œuvres et de la pensée voltairiennes. Mais le spécialiste y trouve tout aussi bien son compte, qui y moissonnera d'innombrables informations et y découvrira des mises au point assez détaillées pour baliser ses propres recherches. En effet, ce dictionnaire est moins une entreprise de vulgarisation qu'une somme alphabétique. La longueur des articles varie suivant l'importance du sujet : de quelques paragraphes (article *Dialogue du chapon et de la poularde*) à quelques pages (article *Politique*). Comme indiqué dans l'« Introduction », il s'est révélé nécessaire « de regrouper parfois divers textes sous une rubrique unique », afin d'« éviter la dispersion » : ainsi plusieurs pièces sont réunies sous l'entrée *Calas*, ce qui permet de donner une vue synthétique des interventions de V. pour obtenir la réhabilitation du condamné. Aux articles sur les œuvres ont été ajoutées à l'occasion « des notices d'ensemble, lorsqu'elles concernaient un domaine ou un genre dans lequel Voltaire s'est montré particulièrement fécond » ; par exemple : *Histoire, Philosophie (de V.), théâtre*. Des personnages célèbres ayant joué un rôle important dans la vie de l'écrivain-philosophe ont enfin fait l'objet d'une attention spéciale, dans les rubriques qui leur sont consacrées. Faut-il considérer comme une lacune l'absence de renseignements sur les grandes éditions des œuvres de V. depuis le 18e siècle ? Ou encore, le fait qu'on a omis de réserver une notice aux rapports de V. avec le sensualisme, le matérialisme ou la philosophie de Leibniz, lesquels ne sont pas plus à négliger que ses opinions sur la physiocratie, examinées p. 165-166 ? Reconnaissons que, de par sa nature même, ce genre d'ouvrage ne saurait être complet : son rôle est d'irriter la faim, non de l'apaiser. Le lecteur désireux d'en apprendre davantage peut d'ailleurs se reporter aux études critiques mentionnées à la fin de chaque article. Il peut aussi, dans certains cas, compléter son information en recourant à la chronologie qui précède le répertoire alphabétique, et surtout aux deux index qui le suivent : l'index général (personnes, lieux, œuvres anonymes, concepts) et l'index des titres d'ouvrages de V. cités dans les notices.

JEAN TERRASSE

Pour encourager les autres. Studies for the tercentenary of Voltaire's birth, 1694-1994. Edited by HAYDN MASON, Oxford, Voltaire Foundation, 1994, v + 318 p. (*Studies on Voltaire...*, vol. 320).

Le titre de ce livre, emprunté, avec un humour très anglais, à la page de *Candide* où il est dit, à propos de l'exécution de Byng, qu'« il est bon de tuer de temps en temps un amiral pour encourager les autres », ne laisse pas en deviner l'originalité et la portée. Entre une préface de R. Pomeau (« Faut-il encore lire Voltaire ? ») et une post-face de H. M. qui soulignent l'actualité de V., onze études sont disposées en deux sections d'égale ampleur. La première (« The 1690 s ») porte sur la décennie 1690-1700 et présente une vue d'ensemble sur les années entourant la naissance de V., et la deuxième une série d'« états présents » sur notre connaissance actuelle de V. Nous sommes d'abord en amont de V. ; ensuite c'est V. qui est en aval pour nous aujourd'hui. Le parti adopté est d'offrir, pour chaque section, une suite d'études synthétiques. Dans la première, 7 art. traitent de l'histoire européenne, surtout politique, de la décennie, des sciences, et, en France, du genre romanesque (jusqu'en 1715), du théâtre, des « territoires de la poésie vers 1694 », de la presse périodique (40 pages), de la controverse sur la rhétorique et la prédication. Ces excellentes mises au point enrichissent et nuancent le célèbre tableau de P. Hazard sur la crise de la conscience européenne. On aurait aimé, sans doute, trouver aussi des exposés sur religion et libre pensée, les conditions de la vie littéraire, les beaux-arts, sur d'autres sujets encore. Mais il sera toujours loisible aux chercheurs de compléter (notre revue est à leur disposition) l'ensemble remarquable qui nous est proposé ici. On fera une remarque analogue sur la deuxième section qui comporte 4 art. : une très utile présentation des 19 volumes parus des *O.C.* de V. (de 1969 à 1994), des états présents sur la biographie de V., sur les *Contes* (1969 à 1993) (soit une ample bibliographie commentée de 52 p., avec index des auteurs) et sur la correspondance. Par la richesse et la précision de ces articles, on mesure la difficulté, au vrai l'impossibilité, de dresser *un état* présent des travaux sur V. comme on pourrait le faire pour tout autre écrivain (par exemple, dans notre numéro présent, pour Marivaux). Et il conviendrait d'ajouter aux domaines voltairiens explorés ici, ceux, entre autres, du théâtre, de la poésie, de l'histoire, de la philosophie. En tout cas, qu'il s'agisse de fournir d'autres états présents ou d'approfondir l'érudition voltairienne, les chercheurs qui ont collaboré à ce 320e volume des *Studies* donnent un bel exemple pour encourager les autres.

R. DESNÉ

Voltaire et l'Europe. Exposition Bibliothèque Nationale de France / Monnaie de Paris. Préfaces de JEAN FAVIER, PIERRE CONSIGNY et FRANÇOISE BLÉCHET. Introduction de RENÉ POMEAU. Catalogue édité et présenté par F. BLÉCHET avec la collaboration de MARIE-ODILE GERMAIN. [Paris], Bibliothèque Nationale de France ; [Bruxelles], Éditions Complexe, 1994, 244 p., 160 ill., 29 × 21 cm.

Organisée par F. B. à l'occasion du tricentenaire de la naissance de Voltaire, cette exposition a bénéficié, comme celle sur Diderot naguère, de l'appui efficace de la *Monnaie* de Paris. Complément obligé, ce catalogue en donne une belle et juste idée, car, pour la première fois, on a réuni un ensemble de pièces dispersées dans le monde — en particulier à Potsdam et Saint-Pétersbourg. Le sujet choisi : *Voltaire et l'Europe* était dans l'air du temps, mais V. fut-il « européen » ? On peut en discuter, car, en vérité, depuis l'effondrement de la *Romania* chrétienne on ne sait plus ce qu'est exactement l'Europe. Toujours est-il que V. fut un « européen » alors parce que l'Europe parlait et pensait français. Ce catalogue en fournit la preuve en illustrant le parcours du Philosophe qui, de Londres à Berlin, fut, quoi qu'on en ait, un Européen malgré lui. Nonobstant il accusait réception d'une nouvelle donne, dont cet ouvrage offre une excellente idée, car le despotisme deviendrait éclairé. Les contributions et notices (dont F. B. a rédigé plus de la moitié, le reste ayant été confié à des spécialistes rassemblés pour la circonstance), balisent le parcours de V., c'est-à-dire, pour l'essentiel, dans ce livre, l'impact de ses idées. D'utiles introductions (de R. POMEAU, E. LE ROY LADURIE, D. ROCHE, E. BADINTER, M. FUMAROLI, N. GUIBERT, A.-M. ROUSSEAU, J. VERCRUYSSE, A. MAGNAN, P. ZABOROV et J. BART) permettent au lecteur de se repérer dans le dédale des Europes de V., avant d'en venir aux différentes figures, lieux, ouvrages et choses qui les ont ponctuées (mais l'Italie ?). A l'appui, est offerte assez souvent une iconographie en grande partie inédite, et souvent méconnue — je pense à la *Voltairiade*, suite de tableautins satiriques de J. Huber, conservés à l'Ermitage et aux livres tirés de la Saltykova, mais est-on sûr que le n° 183 (qu'il fallait aller chercher aux États-Unis, j'en conviens) représente bien Mme Denis que Grimm donne « grosse comme un muid », il est vrai un peu plus tard ? cela parait trop beau pour être vrai ; mais je me trompe peut-être. Il reste que ce catalogue donne à voir et, heureusement, à penser ; il nous offre un bilan de la recherche voltairiste depuis quinze ans.

CHARLES PORSET

Association des Amis de Jean-Jacques Rousseau, Bulletin d'information. Neuchâtel.

L'Association des Amis de J.-J. Rousseau, dont le siège est à Neuchâtel, publie depuis plus de trente ans un intéressant Bulletin, insuffisamment connu, qui en est aujourd'hui à son 43ᵉ numéro. Le spécialiste y découvrira nombre d'informations du plus haut intérêt : notices sur des manuscrits récemment acquis par la Société, publication et présentation de documents inédits, articles originaux. Pour ne tenir compte, très rapidement, que des dix dernières livraisons, on y trouvera la description et l'analyse d'un texte rarissime (*Le Testament* de R.), un examen des rapports entre R. et Zinzendorf ou Deluc, une lettre inédite à Duchesne, un important commentaire sur la traduction de Tacite, qui invite à revoir la datation du texte, une étude sur l'humour de R., la reproduction en fac-similé des inscriptions du parc d'Ermenonville, etc. Il serait souhaitable d'accorder à cette publication de qualité l'attention qu'elle mérite.

R. TROUSSON

GILBERT FAUCONNIER : *Index-Concordance des écrits sur l'abbé de Saint-Pierre.* Genève-Paris, Slatkine, 1992, 298 p.

G. FAUCONNIER : *Index du Discours sur l'économie politique et Fragments politiques. Idem,* 286 p.

G. FAUCONNIER : *Index-Concordance d'Émile et Sophie et de la Lettre à Christophe de Beaumont. Idem,* 1993, 303 p.

G. FAUCONNIER : *Le Vocabulaire pédagogique de J.-J. Rousseau. Idem,* XIII + 460 p.

MICHEL LAUNAY : *Index-Concordance de la Lettre à d'Alembert sur les spectacles. Idem,* 1994, II + 327 p.

Il n'est plus nécessaire de présenter la série des index de Rousseau, qui compte aujourd'hui plus de vingt volumes. Après les grandes œuvres déjà traitées (*Confessions, Rêveries, Contrat social, Émile, Nouvelle Héloïse, Discours*), les textes de moindre importance ou de moindre renommée font l'objet du même traitement minutieux dans les deux volumes de 1992. G. F. propose ici un travail très poussé sur les mots-clés, des concordances et des indices de fréquence qui renseignent à la fois sur le style et la pensée de R.

Les trois derniers volumes viennent témoigner de la progression régulière de la vaste entreprise menée par M. LAUNAY et son équipe. G. F. propose l'index de deux œuvres, entièrement établi par ordinateur et particulièrement fiable. Grâce à l'index des concordances, il devient aisé de vérifier l'utilisation de tous les emplois d'un mot dans l'ensemble de ses nuances. Sa présentation du vocabulaire pédagogique autorise aussi la saisie de la totalité des champs sémantiques dans les œuvres de ce registre et vient utilement compléter les volumes déjà consacrés au vocabulaire politique ou littéraire. Pour la *Lettre à d'Alembert*, M. L. souligne à juste titre l'importance capitale de ce texte, à mi-chemin entre la lettre réelle et la lettre fictive et constituant, en réalité, un acte politique.

R. TROUSSON

GIUSEPPE A. ROGGERONE et PIA I. VERGINE : *Bibliografia degli studi su Rousseau (1941-1990). Appendice. Bibliografia generale delle opere di G.-G. Rousseau (1950-1990).* Lecce, Milella, 1992, 1387 p.

Les dates le montrent, ce volumineux ouvrage prend le relais de l'*État présent* dressé en 1941 par A. Schinz et témoigne du développement des études rousseauistes en énumérant, pour le demi-siècle considéré, quelques 5 000 livres et articles et 550 éditions et traductions des œuvres. On se réjouira de posséder un tel outil de travail, tout en regrettant que la répartition en grands chapitres thématiques (rapports avec les contemporains et correspondance ; les divers aspects de la pensée ; morale, politique et droit ; pédagogie, religion, etc.) contraigne parfois l'utilisateur à consulter plusieurs rubriques avant de découvrir ce qui l'intéresse, d'autant plus que l'index n'inclut pas les œuvres (il est donc malaisé de trouver, par exemple, ce qui existe sur des écrits secondaires, comme la *Fiction ou Morceau allégorique* ou *Les Amours de Claire et de Marcellin*) ni les thèmes (sinon à l'intérieur des chapitres thématiques ; pour trouver, par exemple, ce qui concerne le « législateur », il faut parcourir l'ensemble de « Politique »). De très nombreuses études recensées sont accompagnées d'une commode analyse succincte donnant un aperçu du contenu et de l'orientation du travail. Sans prétendre à une impossible exhaustivité (rappelons que la seule bibliographie concernant *Émile*, dressée par T. L'Aminot, compte 1 800 titres), cet important travail rassemble réellement l'essentiel et rendra de grands services.

R. TROUSSON

Presenza di Cagliostro. Actes du colloque de San Leo (20-22 juin 1991) publiés par DANIELA GALLINGANI. Florence, Centro Editoriale Toscano, 1994, 690 p.

Il y a un paradoxe dont A. FAIVRE fait état dans sa présentation : c'est que Cagliostro, en butte aux railleries et à la méfiance pendant sa vie, condamné par l'Inquisition romaine, en 1790, à finir ses jours dans le terrible cachot de la forteresse de San Leo, devient néanmoins sujet d'étude et de commémoration, à l'occasion de ce colloque organisé par D. G. sur les lieux mêmes de sa détention, et ne réunissant pas moins de 32 communications. En réalité, le personnage qui avait plus d'un tour de magie dans son sac, se révèle un extraordinaire témoin de son temps, dans la mesure, en particulier, où il sut se servir des angoisses de ses contemporains. Les deux axes principaux de cette rencontre qui concernent la dimension historique et mythique du personnage (avec sa fortune littéraire), et ne cessent d'ailleurs de se recouper, le confirment amplement. Le nom de C. est mêlé à la fois aux théories de la métempsychose, à la recherche de la pierre philosophale, à la branche illuministe de la franc-maçonnerie et, bien entendu, aux intrigues de cour alambiquées, la plus retentissante étant l'affaire du collier de la reine. Il s'agit donc d'un personnage important d'un point de vue historique, qui fit aussi beaucoup rêver les romanciers du 19e siècle, et dont les multiples facettes ont été bien décrites au cours de ce colloque.

LISE ANDRIES

Le Groupe de Coppet et l'Europe, 1798-1830 (Annales Benjamin Constant, nos 15-16). Actes du 5e Colloque de Coppet, Tübingen, 8-10 juillet 1993. Publiés sous la direction de KURT KLOOCKE, avec la collaboration de SIMONE BALAYÉ. Lausanne, Institut Benjamin Constant ; Paris, Jean Touzot, 1994, 390 p.

A lire les 24 études rassemblées ici, on est saisi par un phénomène de dépassement : celui des dates indiquées en couverture, celui de l'espace concerné, car le groupe de Coppet constitue un carrefour qui amalgame des idées puisées dans les Lumières (en amont et en aval de celles-ci), et par Europe il faut aussi entendre univers, ou du moins monde « civilisé ». Coppet, et les têtes pensantes qui s'y rassemblent sous l'égide de Mme de Staël, est un véritable creuset cosmopolite et dynamique d'érudition, de tradition, d'actualité et de modernité, qui se laisse difficilement cerner. Il s'agit d'un ensemble qui, comme l'Europe en pleine mutation des décennies post-révolutionnaires, dépasse largement la somme de ses parties, et qui, ainsi que le dit si bien M.-C. HOOCK-DEMARLE dans son rapport de synthèse, représente « une césure de la pensée au tournant du 19e siècle ». Aussi le lecteur ne sera-t-il pas surpris de trouver dans ces pages qu'on doit à un *Who's Who* de coppétiens, staëliens et constantiens, des investissements de toute sorte. Les sujets abordés dans le cadre des six « séances de travail » touchent en premier lieu aux questions politiques mais aussi aux définitions/conceptions de l'Europe, aux projets philosophiques et littéraires (il est d'ailleurs question de projets un peu partout), aux problèmes de langue, de traduction et de pédagogie, à l'histoire, au théâtre, à l'esthétique et à sa place et au rôle des femmes. La belle part du volume revient à la châtelaine de Coppet : plus de la moitié des essais la situent soit en première ligne, soit en filigrane. Autre sujet, qui revient à maintes reprises : celui de nation (nationalité, nationalisme...). Face à l'unité (on en est pas encore à l'union) européenne se dresse sans cesse en contrepoint la spécificité des nations. En fait, il s'agit souvent de jouer aux funambules, de situer interdépendances, convergences et coexistences. Parmi les écrivains/penseurs, Constant vient en deuxième place, mais les sujets portent aussi sur Bonstetten, Meister, Schlegel, Sismondi, Napoléon, et bien d'autres (un index des noms propres en fin de volume occupe neuf pages sur deux colonnes). Enfin, certains essais sont consacrés aux stéréotypes et aux mythes, à la réception et à la critique des ouvrages, voies d'approche permettant de faire ressortir redéfinitions et évolution des concepts. Bel hommage à une Société des Nations avant la lettre.

B. FINK

Annales Benjamin Constant, n° 14. Lausanne, Institut Benjamin Constant ; Paris, Jean Touzot, 1993, 192 p.

Ce numéro des *A.B.C.,* est à trois volets : les actes de la table ronde sur l'*Encyclopédie* d'Yverdon (Yverdon, 26-27 octobre 1992, six articles) ; deux textes de conférences et un article groupés sous « Benjamin Constant et le groupe de Coppet » (dans le sens le plus large de cette expression...) ; un article et un texte de conférence sous la rubrique « Œuvres complètes de Benjamin Constant ». Côté table ronde, des études ciblées (G. PEJRONE sur l'éditeur De Felice, D. CANDAUX sur les « sociétés de pensée » vaudoises), d'autres au large éventail (C. DONATO qui compare les encyclopédies de Diderot et d'Yverdon, A. Cernuschi sur la réception de l'*E.* d'Y., J. PROUST sur l'*E.* dans la pensée européenne). Dans le deuxième volet, un article d'importance de J.-P. PERCHELLET sur « *Wallstein* ou le jeu des miroirs » où l'A. se penche sur des éléments d'« autofiction » dans ce texte souvent négligé de B. C. On trouve aussi des études sur les liens entre Bonstetten, Müller et Friederike Brun (P. WALSER-WILHELM), sur *Le Mari sentimental* de Samuel de Constant (C. JAQUIER), et une magistrale présentation des *Œuvres complètes* à l'occasion du lancement de celles-ci en juin 1993 (P. DELBOUILLE) [Voir plus haut notre note sur les deux premiers volumes parus]. Ajoutons enfin une très intéressante étude de L. SAGGIORATO, « Comment traduire Godwin en 1799 ». Ces trois ensembles sont complétés par une série de comptes rendus et une chronique. Les *A.B.C.* prennent de l'envergure.

B. FINK

1789 : La Rivoluzione e i suoi « miti ». Éd. par BRUNA CONSARELLI. Pesaro, Éditrice Flaminia, 1993, 460 p., ill.

Organisé en juillet 1989 par B. CONSARELLI avec l'aide de l'association culturelle de la ville et du ministère italien de la culture, le colloque international de Pesaro a réuni un grand nombre de participants autour de l'étude de la Révolution française comme créatrice de mythes. Dans une double introduction, M. VOVELLE et G. CALABRIO, professeur à l'Université La Sapienza de Rome, dessinent les contours et les traits de ce vaste et redoutable sujet, et évoquent les conditions de la transfiguration en mythe de ce qui en soi-même n'en est nullement un. Dix-neuf communications, en français et en italien, forment un ensemble riche et varié : elles parcourent l'urbanistique, la peinture, l'allégorie, analysent l'imaginaire collectif de la Révolution, la place des femmes et de la mode, les idées d'opinion publique, d'énergie, d'égalité, le mythe historique de la Révolution chez Kant, Hegel et les marxistes, des aspects du mythe de la Révolution française en Italie. On trouve, p. 186-220, de nombreuses illustrations.

En appendice, une table ronde et une intervention d'Alberto POSTIGLIOLA sur Rousseau et la Révolution ; à la fin un index des noms propres.

PIERRE RÉTAT

ALBERTO POSTIGLIOLA (éd.) : *Opinione Lumi Rivoluzione.* Rome, Società italiana di studi sul secolo XVIII, 1993, 163 p.

Ce volume rassemble la plupart des communications présentées en 1989 au colloque franco-italien de Santa Margherita Ligure sur « L'Opinion publique entre la crise de l'Ancien régime et la Révolution ». Le premier problème est celui de la définition de la notion d'opinion publique. J. SGARD se concentre sur le passage de la notion de *vox populi* à l'interprétation politique de l'opinion lancée en 1788, qui maintient des aspects mythiques fondamentaux, l'« unanimité » de son « caractère rationnel ». La concise contribution d'E. TORTAROLO met en lumière l'instabilité de la notion d'opinion publique : il propose un schéma de ses variations sémantiques dans la seconde moitié du 18ᵉ siècle, et surtout des différentes acceptions qui se superposent durant les années révolutionnaires. Pour C. LARRÈRE, il y a, pendant la Révolution, une inversion du statut de l'opinion publique, un « transfert de rationalité » de la discursive opinion éclairée à l'assemblée représentative, lieu de la délibération. A.-M. CHOUILLET suit l'évolution de la conception de l'opinion chez Condorcet, et d'autres portent l'attention sur un seul personnage (S. BALAYÉ sur Mᵐᵉ de Staël, C. ALBERTAN sur Linguet, M. GILLI sur G. Foster, A. THOMSON sur Paine). C. DONI montre que A. Thiébaut de Berneaud, auteur d'un *Alfieri,* a renversé l'opinion qu'on avait du poète italien, en inventant qu'il regrettait son *Misogallo.* D'autres communications portent sur les mécanismes de la formation de l'opinion publique : G. E. VIOLA analyse l'influence des récits de voyage ; M. MAMIANI étudie l'opinion publique scientifique, L. DESGRAVES et G. P. ROMAGNANI les académies, C. CAMPA l'Opéra de Paris ; un groupe de contributions est consacré à la presse ou la figure du journaliste politique (P. RÉTAT examine d'un point de vue sémantique la relation dans laquelle le journaliste se pose avec l'opinion publique en 1789).

E. J. MANNUCCI

Atti della « Natio Francorum » (Bologna, 5-7 ottobre 1989). Raccolti da L. PETRONI e F. MALVANI. Bologne, Libraria Universitaria Editrice Bologna, 1993, LXXXVIII + 744 p. en 2 vol. (« Bologna Nationes ».)

Dans la série « Nationes », éditée à l'occasion du neuvième centenaire de la fondation de l'Université de Bologne, deux volumes proposent les Actes du colloque tenu à Bologne en octobre 1989. Le 18ᵉ siècle y occupe une bonne place grâce aux études consacrées à l'analyse de la Révolution française. 400 pages (sur 744) font ainsi de la Révolution le grand sujet du colloque, qu'il s'agisse de la littérature de l'époque, du rôle des institutions dans la recherche en sciences humaines, des arts et de la musique, sans compter aussi les études sur Montesquieu, groupées sous le titre « Révolution avant la Révolution ». Parmi les très nombreuses contributions qu'il est impossible de citer, même sélectivement, retenons cependant l'étude de M. VOVELLE sur l'Italie dans l'imaginaire révolutionnaire (avec un accent particulier mis sur le témoignage de Théodore Desorgues) ; Ph. ROGER invite à une lecture sémiotique de l'évènement, considérant la Révolution comme « logomachie », tandis que R. DESNÉ retrace l'histoire de la devise « Liberté, Égalité, Fraternité ». Dans le même contexte, Mona OZOUF propose une lecture de la fraternité, et M. MIAILLE dissocie le langage politique et juridique. N'oublions pas, pour leur aspect insolite, les contributions de J. SGARD (la Convention comme théâtre de la nation), de M. DELON (sur les prédictions de la Révolution) et de Béatrice DIDIER (sur les vicissitudes de l'écriture du moi).

S. LEMNY

Chantiers révolutionnaires. (Science, musique, architecture.) Manuscrits de la Révolution, II. Études réunies et présentées par BÉATRICE DIDIER et JACQUES NEEFS. Saint-Denis, Presses Universitaires de Vincennes, 1992, 237 p. (Coll. « Manuscrits modernes. »)

Le deuxième volume de la collection consacrée aux manuscrits de la Révolution contient les actes du colloque de Saint-Denis (11-13 décembre 1989) — ce qui n'est précisé nulle part. La première partie concerne Condorcet. Présentées par Anne-Marie CHOUILLET et Pierre CRÉPEL, 14 études traitent successivement des fonds, des manuscrits scientifiques, des manuscrits littéraires et sont suivis d'éléments de bibliographie. Dans la seconde partie, 5 études traitent de manuscrits de musiciens (notamment Grétry), 5 autres de manuscrits d'architectes (notamment Pâris). Entre les deux un texte sur les gravures de fêtes et frontispices. L'introduction de B. DIDIER et la conclusion de J. NEEFS dégagent l'intérêt de ces travaux : ils permettent de préciser le rapport du manuscrit à l'histoire, d'élaborer une réflexion théorique sur son statut, de mieux connaitre le processus de l'activité créatrice.

MARC BUFFAT

Sortir de la Révolution. Casanova, Chénier, Staël, Constant, Chateaubriand. Manuscrits de la Révolution, III. Études réunies et présentées par BÉATRICE DIDIER et JACQUES NEEFS. Saint-Denis, Presses Universitaires de Vincennes, 1994, 263 p. (Coll. « Manuscrits modernes ».)

Ce volume aborde encore plus d'écrivains et de pratiques scripturaires que son titre ne l'indique : il faut y ajouter les auteurs des « conduites politiques » de l'an II. La problématique est bien posée, en ouverture, par B. D. Au fil des 14 communications, on trouvera des états présents des fonds manuscrits et de leur exploitation, fournis par les maitres d'œuvre des grandes entreprises éditoriales en cours, et les résultats de travaux sur des œuvres particulières de chacun des quatre grands évoqués, Chénier, Mme de Staël, Constant et Chateaubriand. Autant sinon plus que « Sortir de la Révolution », c'est l'aspect « Manuscrits modernes » qui retient l'attention. Si une grande majorité des écrits originaux sont perdus (pas toujours irrémédiablement, peut-on espérer), on ne peut plus aujourd'hui ignorer leur importance et les leçons de l'analyse génétique. Voici d'éclatantes démonstrations de ce qu'*écrire* veut *dire*. On sera frappé aussi par la diversité des démarches, non seulement pour chaque auteur, qui a la sienne, mais pour chaque chercheur, qui forge sa méthode au double contact du discours théorique et de la matérialité du manuscrit. On regrette que les éditeurs n'indiquent pas que le volume est celui des actes du colloque de Saint-Denis (Paris-VIII) tenu en décembre 1990.

MARTINE DE ROUGEMONT

Présence de Babeuf. Lumières, Révolution, communisme. Actes du Colloque international « Babeuf » (Amiens, 7, 8 et 9 décembre 1989). Sous la direction de ALAIN MAILLARD, CLAUDE MAZAURIC, ERIC WALTER. Paris, Publications de la Sorbonne, 1994, 335 p.

Trente ans après les rencontres scientifiques de Stockholm, à l'origine des recherches les plus fécondes sur Babeuf, ce colloque d'Amiens a incontestablement ouvert des perspectives nouvelles, et cela au moment même où s'effondrait le système communiste de l'Europe de l'Est, qui se proclamait volontiers héritier de B. Les communications sont regroupées en quatre sections, précédées chacune d'un rapport introductif : « B. et les Lumières » ; « B. et la Picardie » ; « B. et la Révolution » ; « B. après B. ». Les deux premiers thèmes apportent des éclairages nouveaux sur le B. d'avant 1789 : la légende d'un homme mal informé des débats intellectuels du siècle ne peut résister à l'analyse de sa maitrise, progressive mais bien réelle, de Rousseau, Mably ou Morelly. De même, la littérature utopique ne lui était pas inconnue. L'enracinement picard de B. était certes connu, mais il est particulièrement mis en évidence ici : l'homme des luttes paysannes est omniprésent. B. est resté longtemps un homme de terrain, un militant, avant d'être un homme politique. La connaissance de sa carrière révolutionnaire, à partir de 1792, est également approfondie, en particulier l'importance de son talent d'écrivain. Enfin, l'impact de la conspiration des Égaux est apprécié, aussi bien en ce qui concerne son implantation sociale dans les années qui suivront, qu'à l'échelle du 19ᵉ siècle, voire du 20ᵉ siècle.

M. DORIGNY

Die Schriften der Mainzer Jakobiner und ihrer Gegner (1792-1802). Bibliographie und Begleitband zur Mickrofiche-Edition (publié par la « Stadtbibliothek Mainz » avec une préface de Geesche WELLMER-BRENNECKE). Munich, K. S. Saur, 1994, 111 p.

Klaus BEHRENS, le maître d'œuvre de cette gigantesque entreprise, a réuni sur 357 microfiches, complétées par une chronologie, la totalité des textes rédigés en 1792-93 par les défenseurs et les adversaires de la République de Mayence, ainsi que les publications relatives à ces évènements parues jusqu'en 1802 : discours politiques, proclamations, essais, chansons et poèmes, récits de voyage, journaux, etc. Ne sont pris en compte que les textes intégralement consacrés à la République de Mayence, à l'exclusion des articles séparés. Ces documents, qui proviennent de 32 bibliothèques, sont souvent difficilement accessibles, nombre d'entre eux étant conservés en un exemplaire unique souvent absent des bibliographies. Un remarquable instrument de travail.

GÉRARD LAUDIN

ESTHER SCHOR : *Bearing the dead. The British Culture of Mourning from the Enlightenment to Victoria*. Princeton University Press, 1994, x + 290 p.

En jouant sur les sens du mot *bear (supporter, porter, donner naissance à* et, par un tour de passe passe phonétique *enterrer* (burying)), le titre de ce livre en annonce la subtilité. Il étudie les rapports des morts et des vivants, la survie des uns dans la pensée des autres, et s'attache particulièrement à une période qui en fit un grand thème de la pensée politique, sociale et artistique, celle qui va des *Nuits* de Young aux effusions de Tennyson. Il progresse de façon logique en analysant successivement le gout de l'élégie au siècle des Lumières, le rôle de la sympathie dans la pensée de Burke, Paine et Wordsworth et s'achève sur la mort de la princesse Charlotte avec le concert de lamentations publiques qui s'ensuivit. Les citations placées en épigraphe des principales articulations du livre en expriment bien l'esprit : V. Woolf, M. de Certeau, Auden, Ęliot, nous rappellent que nous sommes toujours en vue des grands textes littéraires. Et cela se comprend si on observe que de nombreuses références à J. G. A. Pocock, Ph. Ariès et au *New Historicism* de Levinson ou de Simpson montrent que la démarche de l'A. concilie l'étude des mentalités et tous les phénomènes de réfraction et d'effets en retour par lesquels ces mentalités naissent de la diffusion des idées dans le profond du corps social. Un livre intéressant, très personnel, qui réussit son parcours et prouve que dans ce genre d'entreprise, la littérature est indispensable à l'historien.

M. BARIDON

NORBERT JONARD : *La France et l'Italie au siècle des Lumières. Essai sur les échanges intellectuels.* Paris, H. Champion, 1994, 203 p. (Coll. « Bibliothèque Franco Simone ».)

Cet « essai sur les échanges intellectuels » franco-italiens repose sur l'intention déclarée de reprendre le propos de Bédarida et Hazard et d'offrir cet « aperçu synthétique » qu'ils appelaient de leurs vœux en 1933, en sachant bien que « toute synthèse ne peut être qu'imparfaite », « tout bilan que provisoire ». Pour tenter de cerner cette réalité fluctuante dans le cadre de quelque 200 pages, l'auteur juxtapose une série d'études de dimensions sans doute inégales, mais d'ambition bien définie comme le démontrent leurs titres (« Voyage et voyageurs », « Les voies de communication », « La diffusion des œuvres »). D'autres portent sur les genres (« Le roman et la nouvelle », « Le théâtre », « La poésie ») voire leur théorie ou, plus largement, le monde du savoir, pour s'achever enfin sur la question « Gallomanie ou anglomanie ? » Il y parvient sur le ton de l'exposé, sinon de la conversation aimable, évitant des excès d'érudition qui pourraient découler, chez d'autres, des nombreuses (et précieuses) indications bibliographiques dont il étaie son propos. On sait que rien de ce qui a été écrit à l'époque, voire sur elle, n'est étranger à l'A., mais il réussit à faire passer son discours avec agilité, opérant ainsi ce qui peut être par certains côtés une utile « vulgarisation », au meilleur sens du terme. Certes on pourra reprocher à cette bibliographie de tenir plus compte des éditions du 18e siècle que des critiques les plus récentes ; on pourra aussi noter que le propos de l'A. reprend un peu trop sagement un discours qui « date » un brin, au même titre que le « précieux » petit livre de Bédarida et Hazard dont l'exemple l'inspire. Mais l'A. apporte ici une manne de réflexions utiles, de considérations de bon sens, et c'est une simplicité claire qui règne dans des chapitres riches d'information, comme celui sur « Les voies de communication » (qui traite en fait de la connaissance et de l'emploi de l'italien en France.) Qu'il nous soit permis de regretter que ce joli et utile essai soit déparé par trop de coquilles.

G. LUCIANI

Deutsches Italienbild und italienisches Deutschlandbild im 18. Jahrhundert. Éd par KLAUS HEITMANN et TEODOR SCAMARDI. Tübingen, Max Niemeyer, 1993, 188 p. (Coll. « Reihe der Villa Vigoni ».)

Les actes du colloque des amis de la Villa Vigoni, tenu à Loveno di Menagio (28-29 septembre 1992) offrent 15 communications traitant des images réciproques de l'Italie en Allemagne et de cette dernière en Italie durant le 18e siècle. Des voyages, comme celui du cardinal Garampi, des représentations du pays, dans l'*Ardinghello* de Wilhelm Heinse ainsi que des commerces épistolaires font l'objet d'excellents chapitres. Nous retiendrons surtout l'analyse de la célèbre *Prusse littéraire sous Frédéric II* (Berlin 1790-1791) du Piémontais cosmopolite Denina (1731-1813). On sait qu'il s'agit d'une de nos grandes sources sur l'histoire culturelle de la Prusse. Denina excelle d'ailleurs plus dans l'évocation du pays de l'*Aufklärung* que dans ses jugements proprement littéraires. Né en 1731, professeur à Turin, invité par Frédéric II par l'intermédiaire du marquis Lucchesini en 1782, on lui doit aussi des *Lettere brandebughesi* et des *Rivoluzioni della Germania*. Membre de l'académie des sciences de Berlin, il devient bibliothécaire à Paris en 1805 où il meurt en 1813. Médiateur entre deux cultures, précurseur du comparatisme littéraire, il mériterait une biographie détaillée. Très informé sur son temps et sur l'histoire de l'Allemagne, sensible aux charmes de Frédéric II, il n'est pas un admirateur aveugle même lorsqu'il défend l'usage du français à la cour dans son *Apologie de Frédéric II roi de Prusse sur la préférence qu'il parut accorder à la littérature française* (Dessau, 1787). Ce volume montre bien la richesse d'un champ encore assez peu exploré, celui des échanges entre la Prusse et l'Italie à la fin du siècle.

DOMINIQUE BOUREL

Jahrbuch für die Geschichte Mittel-und Ostdeutschlands, vol. 42. Munich-Londres-Paris, K. G. Saur, 1994, VII + 533 p. (Historische Kommission zu Berlin.)

Nous évoquons pour la première fois cette volumineuse revue annuelle afin de signaler qu'elle contient souvent un ou deux articles dévolus au 18e siècle et qu'elle a changé d'éditeur depuis le volume 41 (1993). Focalisée sur l'Allemagne centrale et orientale, elle offre en outre chaque année une imposante bibliographie. Cette livraison est importante car elle contient un article p. 185-226 riche de sources, celui d'H. HÜMPEL, « Was heisst aufklärer ? Was ist Aufklärung ? » qui reconstruit tout le débat de la Société du Mercredi entre 1783 et 1789. L'A. nous offre ici les résultats d'une recherche très attendue fondée sur des archives berlinoises. On suit ainsi l'élaboration de la célèbre question sur les Lumières, à laquelle tout le « gratin » de la pensée berlinoise va apporter une contribution. Les textes sont impeccablement présentés et annotés avec les remarques des uns et des autres. Avant publication définitive, c'est désormais cet article qui fera autorité. Il met en appétit !

D. BOUREL

Aufklärung und Erneuerung. Beiträge zur Geschichte der Universität Halle im ersten Jahrhundert ihres Bestehens (1694-1806). Éd. par GÜNTER JEROUSCHEK et ARNO SAMES. Hanau et Halle, Werner Dausien, 1994, 400 p.

Ce beau volume commémore le tricentenaire de l'université de Halle fondée en 1694. 35 articles d'excellente facture sont distribués en sept parties : fondation de l'université et ses débuts, la littérature, la philosophie, le piétisme, les facultés particulières, les grandes figures et la réputation de Halle en Allemagne et à l'étranger. Outre Francke, Wolff et Thomasius très présents, on retrouvera les questions philosophiques et théologiques du temps ainsi que l'histoire de la médecine et de la pédagogie. Le panorama est très riche. Relevons les rapports privilégiés et peu connus avec la France (par Wolff ou Eberhard), l'importance centrale du piétisme qui régna en maitre sur l'université et qui fut d'abord le véhicule d'une modernisation avant de devenir lui aussi une orthodoxie. C'est une bonne idée d'avoir rassemblé quelques récits de voyages concernant Halle car la ville fut un véritable aimant dans la culture européenne du début du siècle. Mais elle a aussi exercé une large influence comme multiplicatrice vers la Russie, une partie de l'Europe orientale et la Grèce par exemple. Tous les articles profitent largement des riches archives de l'université qui devraient pendant longtemps être une aubaine pour les chercheurs tant elles furent négligées, et difficile d'accès pendant longtemps. Avec une fort belle iconographie et un index, cet ouvrage brosse un élégant tableau de la vie universitaire allemande au 18e siècle.

D. BOUREL

Evolution des Geistes : Jena um 1800. Natur und Kunst, Philosophie und Wissenschaft im Spannungsfeld der Geschichte. Éd. par FRIEDRICH STRACK. Stuttgart, Klett-Cotta, 1994, 733 p. (Coll. « Deutscher Idealismus ».)

Les 38 articles réunis ici, constituent les actes du colloque de Iéna (5-8 octobre 1993). Ils sont articulés en sept parties : Iéna et son université à la fin de l'absolutisme, histoire et conscience historique, littérature et critique littéraire, théologie et philosophie transcendantale, philosophie de la nature et sciences naturelles, et, en appendice, les rapports de Goethe avec la ville et le commentaire d'un plan de la cité en 1758. Fondée en 1548, Iéna a été une des plus importantes universités en Europe durant plusieurs siècles, mais surtout au tournant des 18e et 19e siècles, l'objet de ce remarquable et très riche volume. Schiller, Fichte, Schelling, Hegel, Schlegel et tant d'autres dont Goethe, contribuèrent au lustre de l'endroit. La réception de Kant, l'enseignement du grec, l'histoire de l'exégèse, la célèbre affaire Fichte, accusé d'athéisme (dont les textes viennent d'être traduits en français par J.-C. Goddard, Vrin, 1993) mais aussi les différents journaux de l'époque, la poésie de Hölderlin et de Novalis sans oublier l'importance de Ritter et du galvanisme, sont étudiés dans ce livre qui apporte une incroyable somme de savoirs dans toutes les disciplines. On peut ainsi apprécier l'*Aufklärung*, l'idéalisme allemand et le romantisme dans leurs concurrences réciproques, dans leurs imbrications aussi. Voilà un monument qui honore une grande université, laquelle va reprendre rapidement son éminente place dans notre culture, qu'elle n'aurait jamais dû perdre.

D. BOUREL

THOMAS C. STARNES : *Der Teutsche Merkur. Ein Repertorium.* Sigmaringen, Jan Thorbecke 1994, 694 p.

Le maitre des études wielandiennes à qui on doit une grosse biographie de cet auteur chez le même éditeur en trois volumes (1987), offre ici un répertoire très utile de ce « Mercure allemand » (1773-1810). On trouvera d'abord une liste chronologique des articles : puis ils sont articulés selon les genres (prose, poésie, annonces, notices). Les artistes qui ont réalisé les planches-titres sont aussi recensés. Deux index (noms et choses) permettent d'utiliser rapidement ce précieux instrument de travail. D'après les remarques de l'A., aucune institution ne semble posséder complètement la série ! Même les reproductions modernes (microfiches et microfilms) ne sont pas complètes ! Ce gros volume n'est que la première partie d'une histoire du journal qu'on attend avec impatience tant ce périodique fut important pour la fin du siècle. Ce répertoire doit figurer dans toutes les bibliothèques.

D. BOUREL

Deutsch-Französische Begegnungen am Rhein, 1700-1789. Rencontres franco-allemandes dans l'espace rhénan entre 1700 et 1789. Éd. par HEINKE WUNDERLICH et JEAN MONDOT. Heidelberg, Universitätsverlag C. Winter, 1994, 243 p. (Coll. « Beiträge zur Geschichte der Literatur und Kunst des 18. Jahrhunderts ».)

Les actes du colloque franco-allemand de Düsseldorf (1-3 octobre 1992) réunissent 14 contributions en français et en allemand (avec un résumé dans l'autre langue). Quelques figures, Jean de Türckheim, « européen convaincu et démocrate déçu », Louis-Augustin Blondel, diplomate français, Georg Forster, le jacobin allemand ont chacun droit à une communication comme les relations musicales Paris-Mannheim, l'influence française à Düsseldorf ainsi que le Rhin. Ce dernier est même l'objet d'un concours (20 thermidor an III — 7 août 1795) : « Est-il de l'intérêt de la République française de reculer ses limites jusqu'aux bords du Rhin ? » C'est A. RUIZ qui en traite avec finesse et érudition, relisant toute la littérature du temps afférente à la question, non seulement dans les réponses publiées mais encore dans les journaux de l'époque. L'Alsace apparait comme une « terre de rencontre » entre deux cultures, bien présentées par B. VOGLER qui montre comment des élites francophones cohabitent avec des milieux plus populaires, luthériens et germanophones. C'est ce monde mixte que rencontre la dauphine Marie-Antoinette lors de son passage à Fribourg et à Strasbourg en 1770 qui donne lieu à des fêtes restituées par G. BUSCOT. Enfin on saura gré à F. BARBIER de traiter de « la librairie française et l'Allemagne rhénane » et d'offrir en appendice la liste des correspondants allemands de la Société typographique de Neuchâtel. Ouvrage très riche, ce recueil va grossir le dossier déjà épais de l'étude des transferts culturels franco-allemands en le précisant.

D. BOUREL

Die Bestände des Sächsischen Hauptstaatsarchivs und seiner Aussenstellen, Chemnitz und Freiberg. Éd. par BÄRBEL FÖRSTER, REINER GROSS et MICHAEL MERCHEL. Leipzig, Leipziger Universitätsverlag, 1994, t. I, XXXVII + 454 p. ; t. II, XII + p. 455-814 (Coll. « Quellen und Forschungen zur Sächsischen Geschichte ».)

Offert par la nouvelle maison d'édition de l'université de Leipzig, voici le catalogue des archives de l'État de Saxe en ses différents dépôts. Après l'histoire de ses fonds, suit une description soignée des richesses depuis les plus anciennes (948) jusqu'en 1990. Le dix-huitiémiste aura beaucoup à glaner dans ces pages comme dans les fonds eux-mêmes (dont une cinquantaine de fonds privés) vue l'importance de la cour de Dresde. Signalons une cote spéciale pour les familles et les personnes. C'est une excellente idée que d'avoir indiqué aussi les *saxonica* dans les archives du ministère des affaires étrangères à Paris et dans celles de Bratislava. Espérons qu'un tel inventaire incitera les chercheurs français de toutes les disciplines à venir travailler en Saxe !

D. BOUREL

EVA J. ENGEL : « *Gedanck und Empfindung* ». *Ausgewählte Schriften. Festgabe zum 75. Geburtstag von Eva J. ENGEL am 18. August 1994.* Stuttgart, Frommann-Holzboog, 1994, 365 p.

Née à Dortmund, ayant enseigné en Angleterre puis aux États-Unis, la germaniste Eva ENGEL est surtout connue par ses travaux remarquables de finesse et d'érudition sur Moses Mendelssohn ; elle assure d'ailleurs aujourd'hui, depuis la mort d'Alexander Altamnn, la direction générale de l'édition des œuvres de Mendelssohn, après avoir préparé et édité les volumes dévolus à la littérature. Cet ouvrage offre une anthologie de ses grands articles qui ont marqué la recherche. La liste de ses publications indique néanmoins d'autres intérêts également représentés dans le livre (Jean-Paul, Hesse, Schiller). L'A. a retrouvé plusieurs manuscrits très importants, plus de cent lettres de et à Mendelssohn, qui feront de la grande édition une réalisation importante dans les études sur le 18ᵉ siècle en Europe. Ajoutons enfin que nous avons été plusieurs à profiter, aux États-Unis comme en Allemagne, de son hospitalité et de ses conseils. C'est grâce à celle que nous verrons très prochainement la fin de la publication des œuvres de Mendelssohn, commencée en 1929. La revue s'associe donc pleinement aux vœux exprimés par ce livre.

D. BOUREL

Wiek Oświecenia [Siècle des Lumières], n° 10, Varsovie, Wydawnictwa Uniwersytetu Warszawskiego, 1994, 188 p.

« Parmi les sciences et les beaux arts », voici la dominante thématique de ce numéro marqué aussi par les derniers échos du bicentenaire de la Constitution du 3 mai 1791 (voir les comptes rendus et notes de lecture). La mort encore récente du Pʳ Stanisław Lorentz, directeur de *Wiek Oświecenia*, inspire à A. ROTTERMUND un bilan des recherches de cet éminent historien de l'art, portant sur l'architecture polonaise du 18ᵉ siècle. Plusieurs grandes familles ont contribué à l'épanouissement des Lumières en Pologne, dont celle de Radziwiłł, fondatrice (1743-1747) de l'Académie nobiliaire de Nieśwież, la première école polytechnique au Grand Duché de Lithuanie (M. J. BACZKOWSKI). A Varsovie, les faits et gestes de la Bibliothèque publique des frères Zaluski (J. KOZŁOWSKI), l'évolution du théâtre public dans la deuxième moitié du siècle (J. PAWŁOWICZOWA), complètent le panorama des institutions culturelles. Les particuliers y ont joué un grand rôle, notamment le roi Stanislas Auguste, un (vrai) Européen présenté par Z. LIBERA. Jan Potocki, objet de poésies circonstantielles du temps de la Grande Diète, apparait encore comme un personnage controversé (J. SZCZEPANIEC). Noter aussi le compte rendu de T. NAMOWICZ sur les recherches dix-huitiémistes menées en Allemagne dans les années 1980-1990.

IZA ZATORSKA

ZDZISŁAW LIBERA : *Rozważania o wieku tolerancji, rozumu i gustu.* [Considérations sur le siècle de la tolérance, de la raison et du gout.] Varsovie, Państwowy Instytut Wydawniczy, 1994, 400 p.

Sous ce beau titre l'A. a recueilli vingt études et essais concernant divers problèmes du siècle des Lumières en Pologne. On peut distinguer quatre domaines.

En premier lieu l'A. aborde une notion très importante dans cette période — celle de la tolérance, en présentant les attitudes face à la tolérance des écrivains, des journalistes et des créateurs du système d'éducation en Pologne au 18ᵉ siècle. Sont également étudiés le problème de la guerre et de la paix dans la littérature et le problème des juifs. Le deuxième champ d'intérêt c'est Ignacy Krasicki, le plus éminent poète polonais de l'époque ; l'A. étudie les opinions des contemporains sur son œuvre, et la réception de celle-ci par les lecteurs de la fin du 20ᵉ siècle ; il consacre des essais sur sa poésie lyrique et ses *Dialogues des morts*. Les réflexions sur la littérature dans les traités, poèmes et manuels de l'époque sont ensuite analysées (signalons, entre autres une étude très importante sur l'antiquité dans les manuels scolaires). Enfin, les mémoires des contemporains des Lumières sont l'objet d'un intérêt particulier pour l'A. Ce livre approfondit la connaissance des Lumières en Pologne et découvre des domaines peu étudiés (comme la question des juifs au 18ᵉ siècle).

TERESA KOSTKIEWICZ

IRENA STASIEWICZ-JASIUKOWA : *Encyklopedia uniwersalna ksiecia biskupa warmińskiego i jej rola w edukacji obywatelskiej czasów stanisławowskich* [Encyclopédie universelle du prince-évêque de Varmie et son rôle dans l'éducation civique au temps du roi Stanislas-Auguste], Varsovie, Wydawnictwo Retro-Art, 1994, 234 p. + 15 ill. [résumés en français et en anglais].

Au siècle des encyclopédistes les lecteurs polonais ont eu également la première encyclopédie universelle rédigée par un éminent écrivain, Ignacy Krasicki, *Zbiór potrzebniejszych wiadomości* [Recueil des informations utiles] publiée en 1781-1785. La présente étude constitue la première monographie sur ce dictionnaire, fondée sur une documentation nouvelle et notamment sur les manuscrits de Krasicki. L'A. présente d'une manière très détaillée le contenu de l'encyclopédie et la replace dans le contexte des nombreuses encyclopédies publiées alors en Europe occidentale. En analysant les articles consacrés à diverses matières, l'A. présente une nouvelle vision du monde contenue dans ces articles, une nouvelle conception de l'histoire de la Pologne, les informations sur les systèmes juridique, politique et économique du pays, traités comme instruments de l'éducation civique. Un chapitre montre comment la philosophie, selon Krasicki, doit permettre de former le comportement de la noblesse polonaise. Les articles sur la littérature, l'art et les artistes, sur l'histoire des sciences, de l'éducation et des techniques, sont aussi l'objet d'une analyse très précise. Ce livre situe fort bien le rôle de l'encyclopédie à la fois dans l'œuvre de Krasicki et dans le patrimoine intellectuel du siècle des Lumières en Pologne.

T. KOSTKIEWICZ

IOURI LOTMAN : *Conversations sur la culture russe. La vie et les traditions de la noblesse russe (18ᵉ-début 19ᵉ siècles)* [en russe]. Saint-Pétersbourg, Iskousstvo-SPB, 1994, 400 p.

Iouri LOTMAN, récemment décédé, est bien connu en tant que sémioticien, fondateur de l'école de Tartu, liée d'ailleurs à celle de Moscou. Ses travaux en ce domaine sont nombreux et de qualité, dépassant au surplus le cadre de la sémiotique et faisant appel à toutes les disciplines, comme, autrefois, les études de Tynianov sortaient largement du cadre du formalisme pur. Son commentaire du roman poétique de Pouchkine, *Eugène Onéguine*, est un modèle du genre. Le livre, malgré les énormes difficultés que connait actuellement l'édition scientifique en Russie, est d'une originalité aussi grande que son intérêt. Il a pour base les causeries que l'A. a faites à la télévision russe il y a quelques années, mais revues et élargies par lui peu avant sa disparition et présentées par thèmes : les grades administratifs et leur emprise sur l'homme, le monde de la femme et son éducation, le bal et sa sociologie, mariage et divorce, le dandysme russe, le jeu

de cartes, le duel, etc. C'est une véritable encyclopédie de la vie, parfois quotidienne et intime, de la noblesse russe (comme au théâtre, les autres classes
n'apparaissent qu'en silhouettes ou traversent furtivement la scène), offerte avec
talent, vivacité, s'appuyant sur de nombreux exemples littéraires et sur une fine
analyse. Les chapitres sur le jeu de cartes et sur le duel sont particulièrement
bien venus. L'illustration est abondante et parfois inédite. On comprend que ce
livre, pourtant tiré à 25 000 ex., a été épuisé en quelques jours : tout honnête
homme lisant le russe se doit de le posséder, et il serait fort souhaitable de le
traduire...

JEAN BLANKOFF

FERENC BIRÓ : *A felvilágosodás korának magyar irodalma* [La littérature hongroise de l'époque des Lumières]. Budapest, Balassi Kiadó, 1994, 446 p.

Dans cet ouvrage de caractère monographique, l'auteur entreprend de présenter les changements intervenus dans la conception du monde, dans l'esthétique,
la littérature et la philosophie du 18e siècle hongrois à la lumière des recherches
des quarante dernières années. Il divise l'époque en trois grandes périodes et
considère la laïcisation, l'utilisation de la langue hongroise, l'apparition de la
sensibilité et de la réflexion politisée comme autant de caractéristiques du siècle.
L'auteur souligne la survivance d'une réflexion caractérisant l'ère baroque ainsi
que l'hétérogénéité de la noblesse hongroise qui entreprend de renouveler la
littérature et la philosophie. Il attribue une grande importance au tournant des
années 80 et pose une ère entièrement nouvelle dès les premières années du
19e siècle. Il consacre des chapitres entiers aux mouvements des idées et à la
transformation des genres littéraires au 18e siècle (histoire, roman, théâtre, poésie).
Tous les écrivains et philosophes importants des Lumières hongroises trouvent
une place dans cette représentation et deux personnages reçoivent un rôle privilégié : György Bessenyei et Mihály Csokonai Vitéz ; on lira avec intérêt les belles
analyses consacrées à ces deux auteurs. Un index facilite l'utilisation du livre
qui (malgré le manque d'une bibliographie méthodique) est une source particulièrement importante d'information et de réflexion.

OLGA PENKE

CATHERINE BERNARD : *Œuvres*. T. I : *Romans et nouvelles*. Textes établis, présentés et annotés par FRANCO PIVA. Fasano, Schena et Paris, Nizet, 1993,
463 p. (Coll. « Biblioteca della ricerca ».)

Catherine BERNARD fait partie d'un long 18e siècle : ses dernières œuvres
publiées datent de 1698. Mais c'est une « moderne ». A la suite de C. Plusquellec
et D. Vatinei, F. P. pense que cette femme de lettres est bien Marie (filleule
d'une Catherine) Bernard, née le 24 août 1663 dans une riche et bourgeoise
famille réformée de Rouen. On ne lui trouve aucune parenté avec les Corneille
ou avec Fontenelle, mais bien avec Henri Basnage de Beauval, qui les fréquentait.
Abjurante en 1685, et peut-être déjà « montée » à Paris depuis plusieurs années,
elle est répudiée par sa famille (une tante la déshérite expressément) et doit
gagner sa vie dans le monde des lettres. Quand elle se sera fait connaître, le
milieu dévot de la cour la prend en charge (sans excès de générosité), et si, dès
lors, elle ne publie plus, cela semble être le résultat d'un choix libérateur. F. P.
conteste le « roman » d'A. Niderst qui lui ôterait toutes ses œuvres au profit
de Fontenelle. Ce volume contient, discrètement modernisées et soigneusement
annotées, ses quatre fictions narratives, dont *Frédéric de Sicile*, publié quand
elle avait 17 ans. Un second volume doit comporter le théâtre et les vers.

M. de ROUGEMONT

LEIBNIZ : *Système nouveau de la nature et de la communication des substances,
et autres textes, 1690-1703*. Présentation et notes de CHRISTIANE FRÉMONT,
Paris, Flammarion, 1994, 286 p. (Coll. « GF ».)

Il existe en allemand, outre la grande édition de l'Akademie-Verlag, une
excellente édition abrégée, à l'usage des étudiants, des *Philosophische Schriften*

und Briefe, présenté en ordre chronologique, avec une annotation, un index biographique et philosophique et une bibliographie, édité par Ursula Goldenbaum (Berlin, Akademie Verlag, 1992). C. FRÉMONT a une visée semblable, quoique moins ambitieuse : elle présente en trois volumes de la collection Garnier-Flammarion « une sorte de *Breviarium leibnitianum* ». Le tome I couvre la période 1663-1687 avec le *Discours de métaphysique* ; le tome II, la période 1690-1703, avec le *Système nouveau de la nature et de la communication des substances,* et le tome III la période 1704-1716, avec la *Monadologie* et les *Principes de la nature et de la grâce.* Chaque volume comporte ainsi, en ordre chronologique, une foule de textes de toutes sortes : lettres, articles, dialogues, éclaircissements, accompagnés d'une annotation et suivis d'un index des noms propres, une bibliographie et une chronologie. Le tome II, présenté ici, comporte seize textes principaux ; relevons en particulier : la *Lettre sur les différends de religion* (1690-1691), la *Lettre sur la question Si l'essence des corps consiste dans l'étendue* (1691), le *Dialogue effectif sur la liberté de l'homme et sur l'origine du mal* (1695), le *Système nouveau de la nature...* (1695) avec trois *Éclaircissements,* le *Sentiment [...] sur l'amour de Dieu désintéressé* (1697), ainsi que les textes-clefs des débats avec Pierre Bayle sur l'occasionalisme, avec François Lamy sur la démonstration de l'existence de Dieu et sur l'harmonie préétablie, et les *Considérations sur la doctrine d'un esprit universel unique* (1702). C'est un choix judicieux de textes essentiels, présentés sous un format qui les recommande pour les programmes d'enseignement universitaire.

ANTONY MCKENNA

EDMÉ BOURSAULT : *Treize Lettres amoureuses d'une dame à un cavalier.* Préface et notes de BERNARD BRAY. Paris, Desjonquères, 1994, 135 p. (Coll. « Dix-Huitième Siècle ».)

Les éditions Desjonquères font un choix judicieux en rendant accessible à un large public ces *Treize Lettres*, non rééditées depuis 1932 ; B. B. a établi le texte ; sa préface, ses notes et un sommaire de la vie et de l'œuvre de l'A. favorisent une mise en perspective de l'œuvre. « Je ne puis trop te conjurer de m'aimer toujours » : la formule finale, en forme de prière, de cette brève monodie épistolaire, donne le ton de l'ouvrage. Une femme mariée et honnête refuse tout d'abord les offres amoureuses d'un homme célibataire dont elle consent cependant à recevoir les lettres ; elle avoue rapidement qu'elle aime aussi, avant de devenir, après la dixième lettre et lors d'une ellipse narrative, la maitresse du cavalier. Les trois dernières lettres sont rédigées trois ans plus tard : l'amant ayant jugé bon de partir en Angleterre afin de complaire à sa famille, elles traduisent l'inquiétude de la dame menacée par l'oubli, même si des lettres lui parviennent toujours. L'intérêt du roman réside aussi dans sa genèse. Les treize lettres furent d'abord sept, en 1697, et publiées à la fin d'un recueil hétérogène, selon une formule proche des *Lettres de Babet*. L'addition, insérée dans l'édition de 1700, après la quatrième lettre, contribue à approfondir le début de la liaison : en effet, les dix premières lettres occupent moins d'une quinzaine de jours pendant lesquels sont condensés la découverte de l'amour, les hésitations, les craintes, la jalousie mais aussi les manèges de la coquetterie. Ce type de roman, qui met l'accent autant sur le plaisir d'aimer que sur la dégradation à laquelle aboutit la conduite d'une femme adultère, offre une morale ambigüe que la connaissance des dernières œuvres de l'écrivain infléchit dans le sens de l'édification morale. Avec les romans de Guilleragues et de la présidente Ferrand, les *Treize Lettres* fournissent un répertoire de situations, de thèmes, de propos appelés à devenir, s'ils ne le sont alors déjà, des lieux communs du roman épistolaire. Crébillon s'en souviendra dans les *Lettres de la Marquise de M*** au Comte de R**** : ce n'est pas un mince hommage.

SUZANNE CORNAND

FONTENELLE : *Rêveries diverses. Opuscules littéraires et philosophiques*. Édition préfacée, établie et annotée par ALAIN NIDERST, Paris, Desjonquères, 1994, 160 p. (Coll. « Dix-Huitième Siècle ».)

A. N. a eu la bonne idée de réunir en un élégant volume (en marge des *Œuvres complètes* de Fontenelle, dont il est le maître d'œuvre au Corpus des œuvres de philosophie en langue française (huit tomes prévus) de courts textes de l'A. sur des sujets très divers. « Rêver », pour un philosophe et savant comme Fontenelle, n'est pas divaguer ni abuser d'un discours dogmatique... On trouvera ici des écrits de critique littéraire et de politique qui interviennent dans les polémiques de l'époque (la querelle des Anciens et des Modernes, où il appuie La Motte attaqué par les néo-anciens ; la Révocation de l'Édit de Nantes qu'il conteste sous le couvert de la fable ethnologique de la *Relation de l'île de Bornéo*). Y sont joints des opuscules de morale et de philosophe rédigés sur des problèmes fondamentaux, sans souci de l'actualité (*Du bonheur*, le célébrissime *De l'origine des fables*). La densité de la présentation et des notes est remarquable.

ANNE DENEYS-TUNNEY

ROBERT CHALLE : *Continuation de l'Histoire de l'admirable Don Quichotte de la Manche*. Édition critique par JACQUES CORMIER et MICHÈLE WEIL. Genève, Droz, 1994, 505 p. (Coll. « Textes littéraires français ».)

Dans le cadre d'une édition des œuvres complètes de CHALLE, on appréciera cette magistrale édition critique de la *Continuation* du *Don Quichotte*, qui constitue les débuts de C. en littérature. Dans une introduction trop riche pour être résumée, les éditeurs rappellent les problèmes historiques et d'attribution, l'histoire de la première édition en 1713. Ils analysent les procédés littéraires et les techniques narratives qui annoncent déjà *Les Illustres Françaises*, montrent comment l'écrivain se raccroche habilement à la *Suite* déjà élaborée par Saint-Martin. On trouvera encore ici un très riche appareil bibliographique, un relevé de variantes, une notice grammaticale, la première partie de l'histoire de Sainville et de Sylvie, sur laquelle s'enchaine le récit de C., et un index des noms propres et des matières. Un travail de très grande qualité qui, au-delà de l'érudition, s'attache à faire voir l'intérêt propre de cette *Continuation*, elle-même révélatrice de l'œuvre à venir.

R. TROUSSON

Parité de la vie et de la mort. La *Réponse* du médecin GAULTIER. Textes rassemblés, présentés et commentés par OLIVIER BLOCH. Paris, Universitas et Oxford, Voltaire Foundation, 1993, 308 p., $17,5 \times 24$ (Coll. « Libre pensée et littérature clandestine ».)

Voici le premier volume de la collection nouvelle dirigée par A. MCKENNA et qui vise à mieux faire connaitre — et lire — les manuscrits clandestins. On présente ici un auteur, Abraham GAULTIER (vers 1650-1720), et son œuvre — une des premières expressions du matérialisme philosophique — qui existe en quatre états, deux manuscrits et deux imprimés. Le premier est une édition (approuvée par la censure) publiée à Niort et datée de 1714 sous le titre *Réponse en forme de dissertation à un théologien qui demande ce que veulent dire les sceptiques* [...] ; le second est un extrait manuscrit (Arsenal) postérieur à 1742, intitulé *Nouvelle philosophie sceptique* ; le troisième un autre extrait manuscrit, plus restreint et un peu plus tardif (Mazarine), intitulé *Parité de la vie et de la mort* ; enfin, sous ce dernier titre, a paru, sans doute en 1771, la 2e version imprimée, plus brève que l'originale (ici 61 pages contre 75). O. B. reproduit intégralement les deux versions imprimées, donne des passages des manuscrits (mais on peut regretter que ces manuscrits n'aient pas été intégralement édités) et indique, avec toute la précision désirable, le rapport entre l'imprimé de 1771 et les deux manuscrits. On apprécie la remarquable notice biographique (p. 21-62) sur la figure singulière de G., médecin poitevin et protestant qui séjourne en Hollande de 1682 à 1685 (où il est le coéditeur du *Mercure savant*) avant de revenir à Niort pour se convertir au catholicisme. O. B. présente aussi une étude précise et nuancée (p. 78-113) de la structure et du contenu philosophique de la *Réponse* dont l'A. « apparait comme un artisan précoce et vigoureux du passage de l'ancien libertinage au matérialisme des Lumières ». Eu égard à l'audace provocatrice du livre, O. B. s'étonne qu'il ait pu paraitre officiellement en 1714 et avance, avec prudence, l'hypothèse d'une édition clandestine faite peu après 1725. Une étude plus poussée de bibliographie matérielle permettrait sans doute de savoir si l'« adresse » de 1714 est authentique. Quoi qu'il en soit sur ce point, la présente édition est une contribution intéressante à l'étude de la libre pensée.

R. DESNÉ

FRANÇOIS-AUGUSTIN PARADIS DE MONCRIF : *Les Aventures de Zéloïde et d'Amanzarifdine*. Éd. présentée et annotée par FRANCIS ASSAF. Paris-Seattle-Tübingen, Papers on French Seventeenth-Century Literature, 1994, 104 p. (Coll. « Biblio 17 ».)

Voici un nouveau témoignage de l'attention aujourd'hui portée à des romans et contes qui ont été longtemps laissés dans l'oubli. Dans une introduction que suit une bibliographie des œuvres de l'auteur de la célèbre histoire des *Chats*, F. A. tente de renverser les jugement sévères qui ont été jadis prononcés sur ces *Aventures*. Paru pour la première fois en 1715, sous-titré *Contes indiens*, l'ouvrage ne lui semble guère s'inscrire dans la tradition issue de la traduction d'A. Galland, mais bien plutôt dans celle de l'« histoire galante » dont on sait la vogue dans les dernières décennies du règne de Louis XIV. La finesse de la peinture de l'amour et des sentiments qui lui sont liés, la morale suggérée de la fidélité et de la sincérité l'emporteraient en intérêt sur les inévitables éléments du merveilleux (intervention de fées et de génies) et de l'orientalisme (cadre spatio-temporel) que mettait en vedette le titre retenu par une édition de 1716, *Les Mille et Une Faveurs*.

R. GRANDEROUTE

CHRISTIAN THOMASIUS : *Ausgewählte Werke*. Introductions par WERNER SCHNEIDERS. Hildesheim, Georg Olms, 1994 :
— T. 2 : *Einleitung zur Hof-Philosophie*. VII + 343 + 24 p.
— T. 22 : *Kleine teutsche Schriften*. XIV + 791 + 51 p.
— T. 23 : *Auserlesene deutsche Schriften* (I). IX + 778 + 51 p.
— T. 24 : *Auserlesene deutsche Schriften* (II). X + 675 + 51 p.

Nous avons déjà dit tout le bien qu'il fallait penser de cette sélection (prévue en 24 volumes !) des œuvres de Thomasius (1655-1728) (voir *D.H.S.*, n° 26 (1994), p. 567). Il est logique d'avoir demandé à W. SCHNEIDERS des introductions à chaque tome puisqu'il est sans doute le meilleur connaisseur de l'homme et surtout d'une œuvre dont on ne dira jamais assez l'importance pour les débuts de l'*Aufklärung*. Le grand intérêt de ces volumes (outre l'impeccable typographie) et des index très soignés est précisément d'assurer le passage entre une philosophie aulique qui plonge ses racines dans l'éclectisme de la période baroque, vers une pensée rationnelle aux prises avec l'obscurantisme. Parmi les petits écrits relevons les « Lacunes de l'*Éthique* d'Aristote », « L'Amour entre les époux », ainsi que des analyses de l'état des étudiants de son temps, des ravages causés par les piétistes, avec lesquels il fit pourtant un bout de chemin à Halle, et l'éloge funèbre du juriste von Seckendorf. Dans le « Choix d'écrits allemands » on lira surtout les textes sur la tolérance envers les réformés, pour la liberté de conscience, les pages concernant ses cours et enfin la célèbre dissertation sur le concubinage qui donna matière à des polémiques illustrées ici par deux autres réponses. T. écrit bien, sans s'encombrer d'érudition et présente ses thèses de façon claire. Il aborde beaucoup de questions relevant de la vie intellectuelle et sociale du temps qu'on pourra, grâce à cette réédition, évaluer à nouveaux frais. La publication de ses œuvres est donc bien un évènement qu'il convient de saluer.

D. BOUREL

BOUGEANT : *Voyage merveilleux du prince Fan-Férédin dans la Romancie*. Édité par JEAN SGARD et GÉRALDINE SHERIDAN. Saint-Étienne, Publications de l'Université de Saint-Étienne, 1992, 127 p. (Coll. « Lire le dix-huitième siècle ».)

En 1734 parut *De l'Usage des romans*, apologie et défense audacieuses du roman, de Lenglet Dufresnoy. La même année marqua aussi le début d'une contre-offensive de la part de la Société de Jésus, ce pamphet de Lenglet lui fournissant effectivement la bonne occasion de pousser la lutte sur un terrain familier aux jésuites, celui de la pédagogie et de la direction de conscience. La Société confia ainsi à l'un des siens, le père BOUGEANT, la critique du roman de Lenglet et la fit paraitre dans ses *Mémoires de Trévoux*. Suite à cette critique Bougeant écrivit son *Voyage merveilleux*, à la fois procès de Lenglet et satire-pastiche de Prévost et d'autres et qu'il publia sous l'anonymat. Or, exploitant dans cet ouvrage les différentes formules de récit, les *topoï* romanesques, B. essaie de défendre une cause perdue d'avance. Pourtant, comme le notent les présentateurs, sa vraie critique du genre romanesque ne se trouve pas dans ses conclusions assez banales : le roman est le domaine du diable, le mal romanesque est une espèce de délire, le roman est un genre entièrement vide, qui n'a en fait rien à dire. Sa critique est plutôt et surtout située au niveau de sa technique d'écriture, et c'est cela qui fait la valeur de ce petit ouvrage leste et brillant.

ALEX SOKALSKI

VAUVENARGUES : *Fragments sur Montaigne*, manuscrit édité et précédé d'une étude, *Vauvenargues et les philosophes*, par JEAN DAGEN. Paris, H. Champion, 1994, 123 p.

Le texte de V. est court : 25 pages ; il s'agit d'un recueil de fragments (conservés à la B. N. et inédits jusqu'en 1980), qui parfois constituent les états successifs d'une même pensée. J. D., dans une présentation qui est en fait une véritable étude sur la pensée de V. (80 pages), en dégage le caractère synthétique et continu : on a là le véritable « système » du moraliste, littéralement « condensé » puisque la brièveté en est l'expression même ; l'activité vitale apparait ainsi, selon V., comme constitutive de l'essence de l'homme, de tous les êtres et de l'univers entier. L'examen des sources philosophiques — les influences antiques n'occupant qu'une place secondaire — permet de comprendre le dialogue que V. noue avec Montaigne (malgré un intérêt tout particulier pour celui-ci et des présupposés communs, le moraliste évolue vers un « activisme vitaliste » qui lui est étranger), Spinoza (qui le marque profondément) et peut-être Boulainvilliers, mais aussi avec plusieurs philosophes anglais : Pope, plus que Locke, et surtout Shaftesbury, à travers l'importance accordée à l'activité créatrice qui permet de traduire l'insertion de l'individu dans l'univers. L'écriture reflète cette éthique de l'action en livrant l'image d'un V. passionnément désireux « de s'arracher et d'arracher le lecteur à la tentation de la médiocrité ».

C. VOLPILHAC-AUGER

Le Parfait Maçon. Les débuts de la maçonnerie française (1736-1748). Textes réunis et commentés par JOHEL COUTURA. Publications de l'Université de Saint-Étienne, 1994, 283 p. (Coll. « Lire le Dix-Huitième Siècle ».)

Lorsque la franc-maçonnerie reflète encore mal ses origines, comme le constate d'emblée J. C., on comprend l'utilité de ce recueil. Son auteur publie

7 sur 70 ouvrages parus avant 1750, faisant un choix suffisamment suggestif pour alimenter la réflexion sur « la valeur de la franc-maçonnerie comme société initiatique, tout au moins à cette époque » (p. 7). Si l'anthologie représente un mémento pour les francs-maçons, elle est également un instrument de travail pour les dix-huitiémistes qui ont accès, à travers la collection dirigée par H. Duranton, à quelques textes rares, publiés officiellement hors de France. Parmi les textes les plus importants, on rappellera ici l'édition de 1736 d'une traduction des *Constitutions* des francs-maçons britanniques, sans mentionner le nom d'Anderson, « ce qui est — suggère J. C. — une première forme d'indépendance vis-à-vis de Londres de la part du traducteur » (p. 23). Les textes permettent ainsi une meilleure approche de l'histoire de la franc-maçonnerie française tout en révélant son impact dans la société de la première moitié du 18e siècle.

S. LEMNY

LE FRÈRE DE LA TIERCE : *Histoire des Francs-Maçons, 1745.* 27120 Rouvray, Les Éditions du Prieuré, 1994, 265 p.

Ce livre est une réédition, avec recomposition du texte, de cette œuvre célèbre et de référence de Louis François de La Tierce (1699-1782), dont le titre complet est : *Histoire des Francs-Maçons contenant les Obligations et Statuts de la très vénérable confraternité de la Maçonnerie, conformes aux traditions les plus anciennes. Approuvée de toutes les Grandes Loges et mise au jour pour l'usage commun des Loges répandues sur la surface de la Terre. A l'Orient, chez G. de l'Étoille, entre l'Équerre et le Compas, vis-à-vis le Soleil couchant* (1745). Nous avons donc ici la retranscription de la deuxième édition. On rappellera que la première (« A Francfort-sur-le-Meyn, chez François Varrentrapp », et mise en vente le 2 mai 1742) a fait récemment l'objet d'une reproduction en fac-similé par les Éditions Romillat (Paris, 1993). La présente retranscription comporte l'épitre dédicatoire, un « discours préliminaire » à la 1re partie, suivi de l'« Apologie des Francs-Maçons » du Frère Procope ; une adresse de l'A. aux Frères de sa loge ; l'« Histoire des Francs-Maçons, I » ; un « Discours préliminaire » à la partie ; l'« Histoire des Francs-Maçons, II » ; « Les Obligations d'un Franc-Maçon... » (avec les statuts) ; la « Manière de Constituer une nouvelle Loge » ; un « Extrait de l'histoire des Francs-Maçons de la Grande-Bretagne », etc. En fait, cette retranscription ne correspond qu'au tome premier de 1745, le tome second comprenant des recueils de pièces apologétiques, de poésies et de chansons.

GUY TAMAIN

Les Sept Grades de la Mère Loge Écossaise de Marseille, 1751. Les sources du rit français... (translation typographique, 1812). 27120 Rouvray, Les Éditions du Prieuré, 1993, [4] + 198 p.

Le présent ouvrage est la réimpression en fac-similé de la seule translation typographique de 1812, laquelle accompagnait originellement le manuscrit qui ne serait, en fait, pas antérieur à 1783, date pour laquelle on possède le premier document mentionnant l'intitulé de « Mère Loge Écossaise ». Signalons que le manuscrit (qui n'est hélas pas reproduit ici) avait été édité en regard de la translation aux éditions Les Rouyat (13122 Ventabren). Le livre comporte les rituels des grades d'Apprenti, de Compagnon et de Maître, de Maître Élu dit des Neuf, d'Écossais Vrai d'Écosse, de Chevalier de l'Épée ou de l'Orient ou de l'Aigle et de Souverain Prince de Rose-Croix. Ces rituels sont suivis d'une « Défense et Apologie de la Franc-Maçonnerie » et d'un « Discours Prononcé dans la R. L. [Respectable Loge] des Commandeurs du Mont Thabor... », le 18 août 1814. On regrettera toutefois une qualité variable de l'impression, et encore plus la non-reproduction de caractères, figures, dessins (les batteries, notamment) etc., et surtout celle des deux alphabets des Souverains Princes de

Rose-Croix, ... tous éléments représentés dans le manuscrit en question, mais absents dans la translation typographique, absence qui, ici, est fort préjudiciable.

G. Tamain

MARIVAUX : *L'Ile des esclaves suivie de La Colonie*. Paris, Cicéro, 1994, 128 p. (Coll. « Répertoire Théâtre National de Strasbourg ».)

Voici une agréable petite édition réalisée à l'occasion de la création des deux pièces de Marivaux au Théâtre National de Strasbourg le 3 mai 1994 et établie par F. Moureau qui, dans une préface élégante et suggestive, analyse l'ensemble cohérent que constituent les deux comédies fondées sur des procédés identiques et propres à favoriser l'élan de la réflexion d'ordre moral et politique. La première pièce, riche d'un contenu social de portée symbolique, est présentée dans la version originale de 1725, cependant que la seconde, probablement destinée à être jouée dans la société du château de Berny du comte de Clermont, reproduit le texte du *Mercure de France* de décembre 1750.

R. Granderoute

MARIVAUX : *Théâtre complet*. Édition établie par HENRI COULET et MICHEL GILOT. T. 1, 1993, CLXX + 1 205 p. ; t. 2, 1994, 1 239 p. (Coll. « Bibliothèque de la Pléiade ».)

Il suffira de deux exemples significatifs complétant les analyses proposées dans notre « état présent » (voir plus haut, pages 398-399) pour donner une idée des apports de cette édition : l'établissement du texte du *Legs* (si complexe, comme l'a montré F. Deloffre) et la notice de *La Dispute*. H. COULET et M. GILOT reprennent l'ensemble des variantes par rapport à l'édition complète de 1736 (Prault), corrigent la date du texte de la Bibliothèque Mazarine (1768 et non 1758), montrent que Marivaux ne s'est que « résigné » aux abrègements, même s'il y a procédé lui-même, et que les corrections du manuscrit de l'Arsenal ne sont pas autographes. En matière de ponctuation, la seule réplique de la comtesse (sc. 6) permettra de juger de la délicatesse des choix à faire en éditant ce texte de 1736 : « Mais oui, sans doute, oui... ; pourvu que vous ne l'ayez pas brusqué, pourtant ; il fallait y prendre garde ; c'est un ami que je veux conserver, et vous avez quelquefois le ton dur et revêche, Lisette ; il valait mieux le laisser dire » (éd. F. Deloffre, t. II, p. 312). « Mais oui sans doute, oui, pourvu que vous ne l'ayez pas brusqué pourtant. Il fallait y prendre garde, c'est un ami que je veux conserver, et vous avez quelquefois le ton dur et revêche, Lisette, il valait mieux le laisser dire » (éd. Gilot-Coulet, t. II, p. 314). Maintenir, tant que le texte reste compréhensible, la ponctuation indifférenciée par virgules, garde le « coulé » et le rythme scénique d'une émotion (voir H. Coulet, « Ponctuation des autographes et ponctuation des éditions critiques », dans *Les Problèmes techniques et éditoriaux des éditions critiques*, Annales U. Besançon, vol. 370). La notice de *La Dispute* synthétise les travaux de F. Deloffre et W. Trapnell et montre comment, outre son caractère allégorique et expérimental remontant lointainement au *Psammétique* d'Hérodote, cette pièce s'insère dans plusieurs lignées : une problématique philosophique et scientifique reliant Arnobe, les suggestions de Maupertuis à Frédéric II, La Mettrie et Réaumur, un thème religieux et poétique de Milton, le mythe de Pygmalion et la scénographie théâtrale de la révélation amoureuse d'un Autreau, ou d'un Delisle de la Drevetière. Mais elle est originale ; ces enfants ne sont pas « sauvages ». L'expérience qui reproduit ici les conditions du monde civilisé n'est pas concluante : les données sont brouillées et ne révèlent que la faille qui sépare le couple observateur-expérimentateur. Chaque pièce bénéficie de la même richesse d'information. Outre une ample introduction (86 p.), une remarquable chronologie détaillée de 66 pages (au t. 1), et 18 pages de bibliographie (au t. 2), ces deux tomes, dans la meilleure tradition des volumes de la

Pléiade, totalisent 920 pages servies de notices, notes et variantes (pour 1 460 pages de texte).

Annie Rivara

Montesquieu : *De l'Esprit des Lois* [en grec]. Introduction de Panayotis Kondylis, traduction de Costis Papageorgis et Panayotis Kondylis. Athènes, Éditions Gnosis, 1994, 2 volumes, 509 + 518 p. (« Bibliothèque philosophique et politique ».)

Voici enfin la traduction en grec moderne du texte intégral de l'*Esprit des Lois*. Au cours du 19e siècle, on peut signaler les traductions des *Lettres persanes* (Smyrne, 1836) et des *Considérations sur les causes de la grandeur des Romains...* (Athènes, 1836) et plus récemment l'*Essai sur le Goût*. L'introduction de P. Kondylis (p. 21-89), bien documentée, fait ressortir la contribution de Montesquieu à la science sociale ainsi que le parcours de sa propre transition de la théorie politique classique à la sociologie moderne. Les problèmes qui relèvent de la philosophie du droit de M. et de sa doctrine politique et constitutionnelle sont mis en évidence. On apprécie la traduction soignée et les précisions utiles ajoutées aux notes pour une meilleure compréhension du texte. Une bibliographie à jour avec les ouvrages les plus importants sur M. et un index des noms complètent ces deux volumes.

Roxane Argyropoulos

Hermann Samuel Reimarus : *Kleine gelehrte Schriften. Vorstufen zur Apologie oder Schutzschrift für die vernünftigen Verehrer Gottes.* Éd. par Wilhelm Schmidt-Biggemann. Göttingen, Vandenhoeck & Ruprecht, 1994, 652 p. (Coll. « Veröffentlichungen der Joachim Jungius-Gesellschaft der Wissenschaften Hamburg ».)

Avec une constance digne d'éloge la société Joachim Jungius poursuit l'édition des œuvres de Reimarus (1694-1768) dont on n'a plus à souligner le rôle central dans la première *Aufklärung*. Sous la rubrique « écrits savants » on trouve une quinzaine de petits textes en latin et en allemand (la plupart vers 1758) sur le génie de Socrate, Machiavel avant Machiavel, la nature de l'infini mathématique et une critique de la Bible de Wertheim, sans oublier les oraisons funèbres pour Johann Albert Fabricius et Friedrich Wagner. En ce qui concerne les textes préparatoires à l'*Apologie*, sept passages entièrement inédits provenant du *Nachlass* de Hamburg éclairent la genèse de la réflexion religieuse de Reimarus. Une ample introduction et des notes érudites accompagnent cette édition soignée qui a aussi le mérite de réimprimer de très rares exemplaires d'écrits de circonstances. Philosophes et théologiens, mais aussi orientalistes et latinistes, liront avec profit ces pages à classer dans le gros dossier des rapports de la raison et de la foi dans l'Europe des Lumières.

D. Bourel

Ange Goudar : *L'Espion chinois*. Avant-propos de Roger Gouze, présentation de Jean-François Lhérété. Bordeaux, L'Horizon chimérique, 1990, 103 p. (Coll. « De mémoire ».)

Précisons d'emblée qu'en dépit du titre il ne s'agit pas d'une réédition intégrale mais, comme l'annonce une note en page 8, d'un choix limité de lettres : 44 sur les 542 que compte la première édition de 1764 d'un ouvrage qui fut en dix ans plusieurs fois édité et qui fut même traduit en anglais (*The Chinese Spy*, Dublin, 1766). Goudar qui sut conjuguer littérature et aventures n'est pas un inconnu depuis les travaux de Francis L. Mars parus dans Casanova Gleanings (1966, 1967, 1969, 1971). Ouvert notamment sur un rapide essai biographique, le recueil présent rassemble des lettres qui, écrites pour la plupart de Paris, font revivre, à travers le regard étonné des observateurs chinois, les mœurs, le gouvernement, la religion... de la France et appellent inévitablement la comparaison avec les ... incomparables *Lettres persanes* dont le souvenir semble si proche. Il faut reconnaitre que l'entreprise éditoriale, louable dans ses intentions (proposer au lecteur contemporain des extraits d'un texte qui n'est pas exempt de qualités littéraires), n'échappe pas aux réserves liées à la sélection et au parti pris d'écarter tout appareil critique.

R. Granderoute

Nicolas Bricaire de La Dixmerie : *L'Ile Taciturne et l'Ile Enjouée*. Avec une introduction et des notes par Didier Gambert. La Rochelle, Rumeur des Ages, 1994, 83 p.

On a bien fait de rééditer ce petit texte (paru en 1759) parfois abusivement rangé dans la catégorie des utopies, alors qu'il s'agit d'un parallèle entre l'Angleterre et la France à l'époque de la guerre de Sept Ans. Une bonne introduction montre à l'œuvre le jeu constant de l'intertextualité et de la parodie de textes fameux (Montesquieu, Voltaire, Rousseau...), ainsi que les nombreuses allusions à l'actualité littéraire ou musicale. Littérature du « clin d'œil » et récit léger et enjoué dans la tonalité du conte philosophique, qui est aussi une réflexion sur la « perfectibilité » du genre humain. De nombreuses notes explicatives complètent heureusement cette édition fort bien venue d'une aimable babiole oubliée.

R. Trousson

Samuel Johnson : *Histoire de Rasselas, prince d'Abyssinie*. Traduit de l'anglais par Octavie Belot. Éd. préparée et annotée par Félix Paknadel. Remarques sur la traduction par Annie Rivara. Paris, Desjonquères, 1994, 192 p. (Coll. « Dix-Huitième Siècle ».)

Ce conte philosophique parut en 1759, l'année même de *Candide* avec lequel il présente d'indéniables ressemblances, s'il n'en a pas le tour rapide et incisif. Rasselas, rendu mélancolique par la vie protégée et lisse de la Vallée heureuse, où séjournent les princes d'Abyssinie avant de gouverner, s'échappe de cette fausse Thébaïde en compagnie de son mentor Imlac, de sa sœur Nekayah et de la suivante de celle-ci Pekuah. Le voyage initiatique à la recherche du bonheur amène le petit groupe en Égypte et au Caire où il rencontre des personnages divers, ermite, philosophe, astronome... qui tous sont échoué dans leur quête du bonheur. Ni la poésie, ni la dissipation, ni les voyages et l'aventure, ni la vie pastorale ou la solitude, ni le mariage, ni l'étude, la philosophie et l'usage de la raison ne permettent d'atteindre un tel but. Constat pessimiste qui pousse le quatuor, ayant perdu ses illusions, à sagement rentrer en Abyssinie puisqu'après tout, aucun de ses membres ne pourrait réaliser le souhait qu'il avait formé. « Imlac et l'astronome se contentèrent de finir le cours de leur vie, sans diriger leur pas vers aucun but ». La princesse conclut que l'emploi de sa vie lui était devenu moins important puisqu'elle n'en voyait point de parfaitement heureux. Du moins Rasselas avait-il appris la sagesse.

C. Michaud

Samuel Johnson : *Histoire de Rasselas, prince d'Abyssinie*. Introduction, traduction révisée et notes par Alain Montandon. Clermont-Ferrand, Éditions Adosa, 1993, 192 p. (Coll. « Le Parfum vert ».)

Ce conte oriental de Johnson, la seule de ses œuvres aux dires de Boswell à être traduite dans toutes les langues, est ici publiée dans une traduction française d'Alexandre Notré (1823) révisée par les soins de l'éditeur et précédée d'une introduction. Le héros, Rasselas, ayant constaté qu'il perdait son temps à ne rien faire, décide de quitter la Vallée heureuse. En compagnie d'Imlac et de sa sœur et de sa suivante, il réussit son projet et tous les quatre partent pour découvrir le monde. Dans leur passage de l'inexpérience à l'expérience, le lecteur est amené à une réflexion pessimiste sur la diversité de la vie, les avantages et les désavantages de la solitude, de la société et du mariage. Voyage pédagogique qui n'est pas sans rappeler le *Voyage du Pèlerin* de Bunyan, selon A. M. Mais, pour J., l'homme ne peut trouver le bonheur dans le seul accomplissement de ses désirs. Ses héros ne vont rien apprendre, car toute chose est aussi son contraire. A la fin de ce conte à dimension allégorique, les quatre voyageurs vont trouver moins important leur « choix de vie », titre primitif du conte, et seront finalement prêts à retourner là d'où ils viennent. Conclusion paradoxale. Pourtant leur voyage ne s'avère pas totalement inutile. Il a permis à son A. de réaliser la catharsis du deuil de sa mère. Pour conclure, comme celui-ci l'indique lui-même dans son *Rôdeur* (nᵒ 196), nos misères seraient accrues « si nous devions entrer dans le monde avec les mêmes opinions que nous avons en en sortant ».

A. SOKALSKI

IOAN INOCENȚIU MICU-KLEIN : *Illustrium poetarum flores — Florile poeților iluştri*. Éd. par FLOREA FIRAN et BOGDAN HÂNCU. Bucarest, Éd. Ştiintifică, 1992, 581 p.

Cet ouvrage représente la première édition, après presque 240 ans, d'un manuscrit conservé à Rome, à la Bibliothèque des Pères Basilieins, depuis la mort de son auteur jusqu'à nos jours. MICU-KLEIN avait été accueilli par l'Ordre de Saint-Basile le Grand pendant son long exil romain et enterré dans l'église de l'Ordre à sa mort, en 1768. Il avait été évêque de l'Église roumaine gréco-catholique en Transylvanie et un des premiers promoteurs des idées des Lumières dans la culture roumaine. Son combat acharné pour les droits civils et politiques des Roumains lui avait valu la disgrâce de l'impératrice Marie-Thérèse. Forcé à démissionner en 1751, après sept ans de résistance aux sollicitations conjointes de la cour impériale et de la Curie romaine, il trouve le moyen de se rendre encore utile aux siens par la rédaction d'une anthologie commentée de poésie latine, dont les citations étaient choisies et groupées d'après une longue série de lieux communs (plus de 250 notions-titres), mis en ordre alphabétique. De toute évidence, il destinait cet ouvrage aux grandes écoles roumaines en Transylvanie, qu'il avait lui-même fondées dans la ville de Blaj. Il s'était beaucoup inspiré dans son travail d'un livre homonyme du 16ᵉ siècle, dû à Ottavio Fioravanti (Octavianus Mirandula), comme l'a découvert son éditeur B. HÂNCU. Quoique son modèle fût renaissant, l'idée de « la raison par alphabet » n'était pas étrangère au siècle de Voltaire. Il ajouta à son anthologie quelques fragments, toujours en latin, d'un polémiste jésuite qui lui était contemporain, C. Cordara, et d'un théologien français, G. Antoine. Cette édition reproduit le texte latin d'après le microfilm du manuscrit (déposé aux Archives nationales roumaines) en lui ajoutant la traduction roumaine. La transcription du manuscrit, la sélection des traductions préexistantes (c'est surtout une excellente anthologie des meilleurs poètes latins !), la traduction des commentaires et des vers qui n'avaient pas encore été traduits en roumain (presqu'un tiers) et les notes appartiennent à B. HÂNCU qui pose aussi le problème des sources utilisées par MICU-KLEIN et qui analyse le degré d'originalité de l'anthologie ; les riches notes établissent les sources exactes des citations et les écarts importants par rapport aux éditions critiques des auteurs latins, et une bibliographie sélective présente un tableau assez complet des informations concernant ce manuscrit dans les ouvrages roumains de référence. L'ample introduction de F. FIRAN retrace les principaux moments de la vie de l'auteur. Cette édition critique, couronnée par l'Académie roumaine en 1994, représente une importante contribution à la redécouverte des valeurs du siècle des Lumières dans la culture roumaine.

ILEANA MIHAILA

DU LAURENS : *Imirce ou La Fille de la Nature*. Texte présenté et annoté par ANNIE RIVARA. Publications de l'Université de Saint-Étienne, 1993, 224 p. (Coll. « Lire le Dix-Huitième Siècle ».)

Écrivain, journaliste, correcteur de livres, contrebandier, vagabond, l'abbé Du Laurens fut une des figures les plus singulières du 18e siècle, et son roman *Imirce*, publié en 1765 avant sa fuite à Francfort, un des plus intrigants. Le personnage-titre, qui est en même temps la narratrice, a vécu depuis sa naissance dans une cave en compagnie d'un garçon appelé Émilor, pendant ironique de l'Émile de Rousseau. Tous deux ont été achetés par le philosophe Ariste, qui les élève jusqu'à 22 ans à l'abri de toute influence extérieure, et tel le Prince de *La Dispute*, observe leur développement naturel. L'expérience se présente comme la défense et l'illustration d'un concept de nature fort éloigné des idées de Jean-Jacques. Il s'agit cette fois d'une nature sans pudeur, où les désirs de la femme sont légitimés au même titre que ceux de l'homme, ni bonne ni mauvaise, à la fois destructrice et créatrice, englobant toutes les contradictions. Cette découverte est aussi bien le fait d'Imirce que du philosophe. En effet, celui-ci l'enlève quelque temps à son amant Émilor pour la promener dans le monde profitant de l'occasion pour en faire sa maitresse, puis la ramène au jeune homme avec lequel elle poursuivra, sous la direction d'Ariste, son exploration de la société. Le roman devient alors une sorte de pot-pourri, une satire quasi voltairienne des mœurs, des lois, des idées, de la médecine, des spectacles, des livres. *Imirce* doit une grande partie de son intérêt aux 6 textes qui l'encadrent, et dont certains sont ici réédités pour la première fois. La voix de Xang-Xung, pseudonyme de D. L., y alterne avec celle de l'héroïne. Mais le paratexte prête vie à bien d'autres personnages, liés aux deux premiers.

Dans sa remarquable préface A. R. fournit des points de repères sûrs pour la lecture d'une œuvre déroutante ; elle discerne la « forme intérieure de combat idéologique dont les figures dynamiques sont instances narratives » et apprécie un « disparate » qui est tantôt « cohabitation du rire, du plaisir, du besoin et de la pensée critique sans illusion », tantôt « disparate sémantique », tantôt « disparate géographique et temporel ». L'intertextualité est ici une composante essentielle, et les notes, aussi abondantes qu'érudites, apportent une aide non moins indispensable. Nous sommes conviés à un voyage intellectuel merveilleusement stimulant. Le texte est celui de l'édition de 1774, dite « de Londres », meilleure que l'originale de 1765. Le volume contient aussi une chronologie de la vie de D. L. et une bibliographie.

J. TERRASSE

CHARLES-GEORGES LE ROY : *Lettres sur les animaux*. Éditées par ÉLISABETH ANDERSON, Oxford, Voltaire Foundation, 1994, IX + 305 p. (*Studies on Voltaire...*, vol. 316.)

Le naturaliste et philosophe mineur Ch. G. LE ROY (1723-1789), se référant aux théories de la connaissance contemporaines de Condillac et d'Helvétius, infère de ses observations personnelles des animaux (il est lieutenant des Chasses des parcs de Versailles) que la thèse cartésienne de l'automatisme animal est contraire à l'expérience et indigne de l'ordre de la nature. Les animaux les moins éloignés de l'homme sont doués d'intelligence, à proportion de « la vivacité de leurs besoins ». Leurs actions supposent mémoire, comparaison, certaine sorte de jugement et de choix, et se révèlent perfectibles, puisque « leurs lumières s'augmentent en raison des obstacles qu'elles ont à surmonter ». Cependant la différence de l'espèce humaine (débat ancien et toujours compromettant à l'époque de la condamnation du livre de son ami Helvétius (1759)) n'est pas menacée : l'homme seul possède « cette curiosité inquiète qui est la mère des connaissances » et une sociabilité (et une écriture) capables de communiquer et fixer les expériences. Cette impeccable réédition reproduit les *Lettres sur les animaux* et *Sur l'homme*, l'article INSTINCT de l'*Encyclopédie*, etc., dans le texte de la 3ᵉ édition posthume (Roux-Facillac, 1802), accompagnés d'une introduction, d'un apparat critique, d'un index et de notes qui marquent les dettes de l'A. à l'égard des Condillac, Helvétius, Rousseau.

HENRY DENEYS

ZORZI BAFFO : *Œuvres érotiques*. Trad. du vénitien par A. RIBEAUCOURT. Éd. et prés. par PASCAL DIBIE. Cadeilhan, Zulma et Paris, Calmann-Lévy, 1994, 399 p. (Coll. « Dix-Huit ».)

Apollinaire, présentant une édition des œuvres de Baffo (1694-1768), parle de « ce fameux vérolé, surnommé l'obscène, que l'on peut regarder comme le plus grand poète priapique qui ait jamais existé et en même temps comme l'un des poètes les plus lyriques du 18ᵉ siècle » ; pour Ginguené « il parlait comme une vierge et écrivait comme un satyre ». Il est certain que les *Œuvres érotiques* de B. (1ʳᵉ éd., posthume, à Londres en 1771) méritent pleinement leur titre. Elles nous restituent un univers décadent de fêtes, de jeux, de petites maisons, de courtisanes et de nonnes libertines. Le tout est chanté sur le mode d'une jouissance franche, approche qui s'étend à la considération d'évènements politiques ou mondains. La traduction retenue ici, celle de Ribeaucourt, qui date de 1876, a le mérite de s'efforcer de nous restituer toute la saveur du dialecte-vénitien.

C. SETH

NICOLE MASSON : *Les Pages les plus célèbres de Voltaire*. Paris, Perrin, 1994, 279 p.

La masse considérable des écrits de Voltaire (l'équivalent de vingt Bibles, selon Besterman) rend nécessaire et utile, surtout pour le grand public, une anthologie comme celle-ci. N. M. a eu la bonne idée de choisir des extraits (précédés pour chacun d'eux par une notice de présentation) qui, en sept sections, offrent un vaste panorama des œuvres de V. dans leur diversité. Si les « Écrits philosophiques » et les « Contes et romans » tiennent la plus large place (respectivement 58 et 44 pages), la correspondance, le théâtre (extraits de cinq tragédies), la poésie, l'histoire sont assez bien représentés. On ne chicanera pas trop l'A. sur son titre ; elle reproduit effectivement certaines des pages les plus célèbres (l'épigramme contre Fréron, le chapitre de *Candide* sur la guerre, la « Prière à Dieu » du *Traité sur la tolérance*, etc.), et on lui sait gré de n'avoir pas oublié le *Prix de la justice et de l'humanité*. Mais on peut regretter, entre autres, l'absence d'extraits de *Mahomet* ou de *Jeannot et Colin*. Déplorons aussi qu'aucune source d'édition ne soit indiquée pour les textes cités.

R. DESNÉ

Le Rire de Voltaire. Textes réunis et présentés par PASCAL DEBAILLY, JEAN-JACQUES ROBRIEUX et JACQUES VAN DEN HEUVEL. Préface de BERTRAND POIROT-DELPECH. Paris, Éditions du Félin, 1994, 265 p.

Ce livre est d'abord une anthologie divisée en neuf sections, dont la raison d'être n'apparaît pas pleinement évidente : badinage et sourire de la raison ; Narration édifiante (avec des extraits des *Lettres philosophiques* : est-ce vraiment le rire ?) ; réécriture édifiante (avec des extraits de textes polémiques contre Rousseau) ; caricatures et fantoches (une section qui pourrait aisément être étendue) ; grivoiseries et malveillances (étrange association...) ; ricanements et sarcasmes ; humour noir (peut-être, mais enfin, ce n'est pas tout à fait celui de Jacques Vaché et d'André Breton) ; monde renversé et perversion des valeurs ; comique de l'absurde (ce qui aurait pu être l'idée directrice, à vrai dire). La préface de B. P.-D. souligne utilement les aspects actuels du combat voltairien, même s'il est un peu anachronique d'y voir un précurseur de la non-violence, et s'il faut rappeler que les jugements de Grimm, nous le savons maintenant, ne doivent être accueillis qu'avec plus de prudence que ne le fait notre académicien. En revanche, l'avant-propos des présentateurs peut nous laisser sur notre faim. Du moins dans ce choix, où figurent nombre de textes connus (et à juste titre), le lecteur trouvera au moins quelques extraits de cette *Pucelle* qui fit scandale, mais pourra lui paraitre bien anodine.

YVES BÉNOT

Voltaire et les droits de l'homme. Textes sur la justice et la tolérance présentés et annotés par RAYMOND TROUSSON. Bruxelles, Espace de Libertés, Éditions du Centre d'Action laïque, 1994, 399 p.

De nombreux érudits, de M. Chassaigne à E. Nixon, en passant par E. Galland, A. Coutet, et bien d'autres, ont produit des travaux de synthèse sur les actions menées par Voltaire en faveur des victimes de l'intolérance. L'idée de réunir au sein d'un même volume les textes de V. relatifs aux affaires Calas, Sirven et La Barre semble nouvelle et a l'avantage de mettre à la portée du lecteur les pièces essentielles d'un dossier qui n'a rien perdu de son caractère explosif. Certaines d'entre elles sont bien connues, d'autres le sont moins. L'ouvrage s'ouvre sur une introduction générale où l'auteur retrace les étapes les plus importantes du combat de V. contre les injustices liées au fanatisme religieux et à l'arbitraire de l'ordre féodal. Y sont évoqués aussi bien le plaidoyer des *Lettres philosophiques* pour la coexistence des cultes, que l'*Ode sur le fanatisme,* l'*Essai sur les mœurs,* la réhabilitation de Lally, la campagne de Voltaire pour la suppression de la mainmorte au Mont-Jura, son intervention dans l'horrible affaire Mont Bailli, le procès de Morangiès, etc. Des introductions plus spécifiques précèdent chacune des sections consacrées aux trois affaires qui retiennent davantage l'attention, ainsi qu'au *Traité sur la tolérance.* Rumeurs, faux témoignages, procédures expéditives et clandestines, intimidation, tortures se retrouvent dans les sinistres mises en scène qui font de Calas, Sirven et La Barre les victimes d'un système abominable — figures pitoyables destinées à perdurer dans la mémoire des hommes. Une dernière section intitulée « Pour une réforme de la législation criminelle » regroupe deux œuvres de V. : le *Commentaire sur le livre Des délits et des peines,* « réflexion personnelle stimulée », selon R. T., « par la lecture » de Beccaria plutôt qu'« une simple glose ou une paraphrase », et un projet de législation, « l'une des plus belles œuvres du philosophe », rédigée en 1776-1777 à l'occasion d'un concours ouvert par la Société économique de la ville de Berne, *Prix de la justice et de l'humanité.* Dans l'introduction de cette section, R. T. donne des renseignements précieux sur les pratiques judiciaires de l'Ancien Régime et leur surprenante barbarie. Du reste, le livre entier met au jour les ingrédients ordinaires du totalitarisme avec une remarquable précision.

J. TERRASSE

VOLTAIRE : *Dictionnaire philosophique.*
— Édition présentée et annotée par ALAIN PONS. Paris, Gallimard, 1994, 559 p. (Coll. « Folio Classique ».)
— Présentation notes et annexes par BÉATRICE DIDIER. Paris, Imprimerie nationale, 1994, 565 p., 15 × 20,5 cm (Coll. « La Salamandre ».)

Ces deux éditions sont appelées à être dépassées par la monumentale édition critique d'Oxford (dont nous rendrons compte dans notre prochain numéro). Elles n'en ont pas moins leurs mérites et leur utilité.

Elles prennent toutes deux pour base l'édition de 1769, mais A. PONS qui affirme présenter le texte de 1769 (voir p. 517) suit, en fait, l'édition Naves des Classiques Garnier — il aurait été plus honnête de le signaler —, ce qui le conduit à conserver les erreurs de cette édition (voir, entre autres, le début d'AMITIÉ et la fin d'AMOUR). En revanche, B. DIDIER, dans un livre imposant sur papier épais, reproduit scrupuleusement le texte de 1769, en maintenant, par exemple, l'addition à JOB en fin de volume, en conservant les deux articles FOI et FOY, en retenant même « Broukans » (coquille pour Broukana) en signature de JUDÉE. On peut toutefois se demander (la question n'est pas posée par B. D.) s'il n'aurait pas mieux valu adopter le texte de l'édition Cramer de 1770.

La préface d'A. P. (p. 7-32) souligne la portée historique et philosophique de l'ouvrage. Son édition, pourvue d'une chronologie de V. et d'une bibliographie sommaire, vaut surtout pour son annotation (p. 520-542). Là est le progrès le plus sensible accompli par rapport à l'édition Garnier, même si pour beaucoup d'allusions, d'évènements ou de personnages, le lecteur reste encore sur sa faim (il n'y a, par exemple, que trois notes pour CHRISTIANISME) ; il est au moins informé sur le texte de la chanson d'où V. tire l'incipit de ABBÉ, il apprend qui se cache sous les anagrammes de « Erueil » ou de « Ranoud », que c'est Helvétius le philosophe persécuté dont il est question à LETTRES, et Maupertuis le « fou » visé à PROPHÈTES, etc. L'édition de B. D. comporte une introduction beaucoup plus ample (p. 7-58) qui situe fort bien le *Dictionnaire* dans son temps et en dégage l'originalité littéraire. Le problème redoutable de l'annotation est résolu habilement — mais souvent aussi esquivé — par une série de notices globales, plus ou moins brèves (p. 461-508) sur chacun des articles qui font ainsi l'objet d'un commentaire pertinent (par ex., GENÈSE) mais sans que le lecteur ait toujours l'information attendue (il n'est rien dit sur la chanson citée dans ABBÉ, rien sur Helvétius pour LETTRES, ni sur Maupertuis pour PROPHÈTES, etc.). Cette annotation est complétée par un « Répertoire de quelques lectures, emprunts ou références de V. ». — avec renvois aux articles (p. 523-554).

Réparons une erreur commise par les deux commentateurs et qui est largement répandue : le *Dictionnaire de Trévoux* n'a pas été l'œuvre des jésuites (voir, sur ce point, la communication de M. Le Guern dans les *Cahiers de l'Association internationale des études françaises*, nº 35, 1983). Nous avions déjà rectifié cette erreur courante et donné cette référence dans une note de lecture, il y a cinq ans (*D.H.S.*, nº 22, p. 468) ; ce qui tendrait à montrer que nos notes de lecture n'ont qu'une utilité toute relative et à nous inciter à la modestie.

R. DESNÉ

VOLTAIRE : *Les Guèbres ou la Tolérance*. Présentation de CLAUDE LAURIOL. Montpellier, Éditions Espaces 34, 1994, 109 p. (Coll. « Espace théâtre ».) VOLTAIRE : *Mémoires*. Postface et notes de LOUIS LECOMTE. Paris, Seuil, 1993, 167 p. (Coll. « L'École des lettres ».)

La tragédie des *Guèbres* (1768) est l'une de ces œuvres négligées qui appartiennent à la dernière partie de la carrière de Voltaire. Il faut donc saluer l'heureuse initiative de la petite maison d'édition montpelliéraine, qui publie depuis plusieurs années des pièces peu connues du 18e siècle, de nous offrir aujourd'hui cette tragédie dont le sujet est, hélas !, toujours d'actualité. Le thème des *Guèbres,* du nom de descendants des Perses victimes de peuples conquérants, s'inscrit dans le combat que mène la philosophie contre le fanatisme des prêtres et traite en particulier de la difficile situation des protestants en France. Dans sa présentation, C. L. souligne que la pièce « fut l'objet des soins attentifs de V., qu'elle témoigne de son souci d'adapter aux circonstances sa lutte pour la tolérance et d'en renouveler les moyens d'expression, et que pour l'essentiel elle exerça sur les esprits l'action escomptée ». Avec les *Guèbres*, V. s'est donné les moyens de frapper la sensibilité du spectateur : sensible à la forte charge émotive de la tragédie (qui n'est pas si éloignée du drame), Diderot ne doutait point qu'au théâtre « on n'en reçût de fortes secousses ». Qu'attend-on pour vérifier ce propos ?

Contrairement à la composition des *Guèbres* dont on peut suivre les étapes dans près de 130 lettres depuis l'été 1768 jusqu'à la fin de l'hiver de 1770, on ignore encore dans quelles circonstances les *Mémoires pour servir à la vie de M. de Voltaire écrits par lui-même* ont été rédigés. Divers indices conduisent à en soupçonner la rédaction entre 1757 et 1760. Le voisinage de *Candide* donne à cette autobiographie intellectuelle une position centrale dans la vie et l'œuvre de V. même si leur auteur garda secrète l'existence de ce texte leste et brillant dont la liberté de ton (surtout en matière politique) aurait sans doute provoqué des remous s'il avait été connu de son vivant. Il n'a vu le jour qu'en 1784, dans plusieurs éditions furtives, avant de paraître « officiellement » dans le dernier volume de l'édition de Kehl (1789).

G. STENGER

VOLTAIRE : *Corpus des notes marginales de Voltaire*. Berlin, Akademie Verlag :
— T. 2 : *C*. Rédaction T. VORONOVA et S. MANÉVITCH. 1982, 895 p. + 20 ill.
— T. 3 : *D-F*. Rédaction T. VORONOVA et S. MANÉVITCH. 1984, 727 p. + 22 ill.
— T. 4 : *G-H*. Rédaction T. VORONOVA. 1988, 733 p. + 22 ill.
— T. 5 : *L-M*. Rédaction T. VORONOVA. 1994, 912 p. + 20 ill.

Si nous n'avons pas tardé à rendre compte du premier tome, paru en 1979, de cette monumentale entreprise (voir la note de R. Pomeau, *D.H.S.*, n° 12 (1980), p. 491), nous avons malheureusement négligé de signaler les volumes suivants. Il n'est que temps de réparer cet oubli fâcheux. D'autant qu'on pouvait craindre que cette publication de longue haleine ne survive à la chute du mur de Berlin et aux évènements qui ont suivi. Commencée et menée jusqu'au t. 4 par une équipe de conservateurs de la Bibliothèque publique d'État Saltykov-Chtchédrine à Léningrad (devenue aujourd'hui Bibliothèque nationale de Russie à Saint-Pétersbourg) et superbement éditée par la maison d'édition de l'ex-Académie des Sciences de la R.D.A., l'imposante série des *Marginalia* continue (Akademie Verlag existant maintenant au sein du VCH-Verlagsgruppe).

Rappelons que ces volumes reproduisent largement (d'où leur épaisseur) toutes les pages des livres de la bibliothèque de Voltaire (conservée à Saint-Pétersbourg) portant trace de la lecture de V. : notes muettes (traits, croix ou autres signes en marge, soulignements, etc.) et notes rédigées ; les pages marquées par des signets sont seulement signalées. L'ordre adopté est celui de la suite alphabétique des auteurs (et des titres pour les anonymes). Figurent ainsi déjà, jusqu'à la fin de M, 1183 ouvrages (deux éditions d'un même titre comptant pour deux ouvrages). Le t. 5 en offre le plus grand nombre (369) et le t. 2 le plus petit (166). Chaque tome comporte une annotation fort utile (947 notes pour le t. 5, 615 pour le 4, etc.). On découvre ici un V. inédit, réagissant à chaud et à vif à des œuvres dont certaines, aujourd'hui, sont bien oubliées. Par exemple, au t. 4, Helvétius avec *De l'Esprit* et *De l'Homme* (deux éditions) occupe 83 pages. V. possède quinze éditions de d'Holbach (dont deux du *Christianisme dévoilé* et deux du *Système de la Nature*), mais c'est le *Bon Sens* qu'il a annoté le plus abondamment. Pour nous en tenir au dernier volume paru, on observe que, contre toute attente, certains auteurs sont peu annotés (entre autres, Le Franc de Pompignan, Leibniz, Locke ou Maupertuis — on relève uniquement des notes muettes, mais nombreuses, sur la *Vénus physique*). En revanche, Montesquieu (*Les Romains* et l'*Esprit des lois*) est bien annoté (52 pages au total), *Les Caractères* de La Bruyère plus encore (59 p.) ; on y relève ceci, en marge du « Discours sur Théophraste » : « Ceux qui viendront après nous, nous trouveront bien plus ridicules que nous ne trouvons l'Antiquité ». Ailleurs ce sont des boutades et saillies fort divertissantes, par exemple sur Montillet-Grenaud, archevêque d'Auch pour sa lettre pastorale de 1764 (« Tu en as menti malheureux... ») ou sur Lafitau pour ses *Mœurs des sauvages américains* : à propos d'un témoignage rapporté par le jésuite sur l'existence de « nations entières de petits hommes hauts de trois pieds », V. écrit : « Va t-en informer et restes-y » ; et, plus loin, « va, pauvre sot, tu étais fait pour être le missionnaire des petites maisons ». Ces *Marginalia* réservent souvent de bons moments d'esprit voltairien.

On ne peut terminer cette note sans rendre hommage à la regrettée Larissa ALBINA qui a joué un rôle essentiel dans l'établissement du texte et dans l'annotation. Elle n'aura pas pu voir la parution du t. 5. Elle a, par son travail, préparé aussi la publication des tomes à venir.

R. DESNÉ

DIDEROT : *Œuvres*. Édition établie par LAURENT VERSINI. Paris, Robert Laffont, 1994. T. I : *Philosophie*, XCIX + 1492 p. ; t. II : *Contes*, IX + 1 019 p. (Coll. « Bouquins ».)

Cinq volumes d'*Œuvres* sont prévus dans cette collection — qui se recommande aussi par la modicité du prix (168 F pour le t. I, 129 F pour le t. II). Il s'agit presque d'œuvres complètes puisque les textes les plus importants ont été retenus ; ce qui offre un ensemble d'œuvres bien plus vaste, mieux établies, présentées et annotées que dans l'obsolète volume de la Pléiade.

Le t. I comporte une excellente chronologie de D. sur quatre colonnes (Vie et œuvres de D., Politique et société, Arts, lettres, sciences en France, d'une part, dans le monde, d'autre part) (p. XIII-XLIX), la meilleure qui ait encore été publiée. Consacré à la philosophie, le volume réunit les écrits majeurs de D., des *Pensées philosophiques* aux *Éléments de physiologie*. On peut regretter que l'*Essai sur le mérite et la vertu* ait été écarté et qu'on renvoie la *Lettre à Landois* au volume de la correspondance (t. V). Mais on se réjouit de la place importante réservée à l'*Encyclopédie* (314 pages avec 32 articles, le prospectus de 1750 et l'avertissement du tome 8), de la reproduction intégrale des *Observations sur Hemsterhuis*, de la *Réfutation de l'« Homme » d'Helvétius* (mais la critique de l'*Esprit* parue en 1758 dans la *Correspondance littéraire* n'a pas été retenue). Tous ces textes sont intelligemment présentés et font l'objet d'une annotation sobre et utile.

Le t. II rassemble la production romanesque. On pourrait chicaner L. V. sur ce titre de *Contes* et préférer, malgré ce qu'il en dit (p. 4), « Romans et contes » ou, à la rigueur « Œuvres narratives » (titre utilisé p. 462). Des *Bijoux indiscrets* à *Jacques le Fataliste*, rien ne manque, et le lecteur découvre même un bref récit inconnu, *La Vision de M. de Bignicourt* (vers 1771). On saura gré à L. V. d'avoir bien placé ici le *Supplément au voyage de Bougainville* qui complète et achève le cycle des trois contes ouvert avec *Ceci n'est pas un conte*. Les textes sont soigneusement établis (L. V. a raison de choisir pour *Jacques* la copie de Saint-Pétersbourg) et fort bien introduits. Par exemple, contrairement à H. Coulet, L. V. plaide, justement à mon avis, pour une genèse lente et par strates du *Neveu de Rameau* à partir de 1761 ; mais ni lui, ni H. Coulet, n'ont tenu compte de l'analyse matérielle de l'autographe du *Neveu* par P. Vernière (*R.H.L.F.*, 1966) qui permet de dater ce manuscrit des derniers mois de la vie de D. (1783-1784).

Il est à noter que chaque volume est pourvu de trois index : noms de personnes, historique et géographique (où on trouve *janséniste, jésuite, Romains*, etc.) — ces deux index étant commentés —, et œuvres citées ; ainsi que d'une riche bibliographie et d'un « Lexique » utile mais un peu mince (32 p. pour le t. I et 24 pour le t. II) ; pour s'en tenir à un sondage portant sur le *Neveu de Rameau*, il manque, entre autres, *chiffonner, comminge, diable, hétéroclite, musiquer, toquet*.

R. DESNÉ

JEAN-JACQUES ROUSSEAU : *Du Contrat social.* Précédé de *Discours sur l'écono-mie politique, Du Contrat social* (1re version) et suivi de *Fragments politi-ques.* Texte établi présenté et annoté par ROBERT DÉRATHÉ, Paris, Gallimard, 1994, 541 p. (Coll. « Folio Essais ».)

Cette édition de poche reprend dans le tome III des *Œuvres complètes* de Rousseau (Coll. Pléiade) tout ce qui avait été traité par Robert Dérathé avec les introductions, les variantes et les notes. Pas un seul mot n'a été changé ni ajouté. L'acheteur ne saura pas qu'il s'agit d'une édition vieille de 30 ans, et que, depuis, on a beaucoup écrit sur les œuvres politiques de Rousseau.

JEAN-LOUIS LECERCLE

FERDINANDO GALIANI-LOUISE D'ÉPINAY : *Correspondance,* vol. III : *mars 1772-mai 1773.* Présentation de GEORGES DULAC, texte établi par DANIEL MAG-GETTI et annoté par D. MAGGETTI en collab. avec G. DULAC. Paris, Desjon-quères, 1994, 266 p. (Coll. « Dix-Huitième Siècle ».)

La publication des 5 volumes prévus de la correspondance de Galiani se poursuit avec régularité. Avec celui-ci, nous parvenons au moment où l'on peut dire que G. se découvre et manifeste ses profondes divergences avec Diderot et le courant dominant des Lumières, essentiellement à propos de la première édition de l'*Histoire des deux Indes* de Raynal. Mais c'est avec des précautions qui lui permettent de sauvegarder ses amitiés parisiennes. C'est à Mme d'Épinay qu'il adresse le 5 septembre 1772 (p. 104) son jugement antiphilanthropique et très hostile sur Raynal (dont il a appris qu'il était l'auteur de l'*Histoire* et par sa correspondante et par Diderot, mais il prend soin de ne pas répondre à ce sujet à Diderot lui-même qui lui demandait son avis). Quant aux *Eleuthéromanes* que lui communique aussi sa correspondante, il s'abstient de porter le moindre jugement (p. 218). Il est vrai qu'il a formulé sa profession de foi machiavéliste le 2 janvier 1773 (p. 180-182) en faveur de l'inégalité et de la défense de l'intérêt personnel des riches. Débat on ne peut plus actuel, malheureusement ! Du même coup, Mme d'Épinay nous parait beaucoup plus intégrée aux Lumières. On doit cependant remarquer qu'il est un peu précipité d'affirmer que la protestation contre la traite et l'esclavage des noirs serait due à Diderot dès la première édition de Raynal (p. 104, note 1). Peut-être aurait-il été bon, aussi, de mentionner, au sujet de Bienyowsky, qu'il est arrivé à Paris en 1772 en compagnie du capitaine Khrouchtchev, son co-évadé du Kamtchatka. Ce sont-là des vétilles.

Y. BÉNOT

GOETHE : *Les Passions du jeune Werther.* Présentation, traduction et notes de PHILIPPE FORGET. Paris, Imprimerie nationale, 1994, 251 p. (Coll. « La Sala-mandre ».)

Les *passions* et non les *souffrances*... « L'étymologie de passion est *patior* qui signifie précisément *souffrir*... Passions englobe *souffrances*... comme *Leiden*... est pris dans *Leidenschaft* » (p. 38). Nous avons là une nouvelle traduction qui ne fait pas table rase des précédentes, en particulier l'anonyme de 1829, faussement attribuée à l'abbé Prévost, mais qui se veut plus proche de l'écriture goethéenne, plus respectueuse des champs et réseaux lexicaux tout en tenant compte de l'état de la langue actuelle. Par exemple, la traduction de 1829 et Groethuysen rendent *Keine Antwort, er röchelt nur noch* (le domestique trouvant Werther agonisant) par *Point de réponse. Il ne faisait plus que râler ;* Buriot Darsiles préfère *Pas de réponse, rien que des râles* et Angelloz *Pas de réponse, mais Werther râlait encore ;* Forget propose *Pour toute réponse, un râlement.* La présentation revient sur la trop exclusive identification du roman avec une histoire de suicide, caution-née par Goethe lui-même, mais bien longtemps après dans *Dichtung und Wahrheit.* Gardons-nous d'une lecture téléguidée. Werther « est beaucoup moins une histoire de suicide que l'échographie d'un cœur pour qui le suicide, peut-être un moyen, n'est en aucun cas une fin » (p. 19).

C. MICHAUD

Journal d'un voyage aux environs de la Loire et de la Saône jusqu'à la Méditerranée et sur les côtes du Languedoc et de la Provence (1772-1776). Publié par un collectif sous la direction de HENRI DURANTON et CHRISTIANE LAUVERGNAT-GAGNIÈRE. Publications de l'Université de Saint-Étienne, 1993, 204 p. (Coll. « Lire le Dix-Huitième Siècle ».)

C'est par le plus grand des hasards que le manuscrit de ce *Journal de voyage* a été retrouvé, acheté et finalement donné à l'équipe que dirige H. DURANTON. Il s'agit d'un journal tenu minutieusement par un prêtre, resté anonyme, d'un petit village de Bresse au cours de deux voyages de pur agrément : d'abord du 29 aout au 8 septembre 1772, de Saint-Pierre-de-Bresse jusqu'en Bourgogne et en Charolais ; puis du 10 septembre au 25 octobre 1776, de Chalon-sur-Saône jusqu'en Languedoc et Provence. L'intérêt de ces récits réside dans leur relative rareté : alors que les récits de voyages lointains sont nombreux, ceux ayant pris la peine de décrire villes, villages et paysages familiers sont exceptionnels, surtout avec la minutie, l'érudition et la curiosité de ce curé anonyme. Si aucun fait nouveau pour le connaisseur du 18ᵉ siècle n'apparait dans ce texte, on y trouve en revanche le témoignage spontané des réactions d'un ecclésiastique ordinaire, plutôt conservateur et réfractaire aux idées nouvelles, mais bon observateur de ses contemporains. Son récit conduit le lecteur à travers des paysages connus, mais rarement saisis ainsi à l'époque ; surtout, le curé nous donne de précieux détails sur les « conditions ordinaires » d'un voyage à cette époque, ses difficultés matérielles, ses fatigues et ses rencontres insolites dans les diligences et les coches d'eau, quand le voyageur n'était ni riche ni célèbre. La mise au point du texte, la traduction et l'identification des citations latines, le repérage des lieux cités ont été l'œuvre d'une équipe d'étudiants dans le cadre d'un séminaire de maitrise. Saluons cette méthode exemplaire de travail collectif et cette publication de qualité.

M. DORIGNY

CARLO GOLDONI : *Les Années françaises.* Paris, Imprimerie nationale, 1993 (Coll. « Le Spectateur français ») :
— Vol. I : *L'Amour paternel,* prés. et trad. GINETTE HERRY, *Le Mariage sur concours,* prés. et trad. SYLVIE FAVALIER. 253 p.
— Vol. II : *Les Aventures de Zelinda et Lindoro,* Trilogie, prés. et trad. GINETTE HERRY. 427 p.
— Vol. III : *Les Amants timides,* prés. et trad. LUCIE COMPARINI, *L'Éventail,* prés. et trad. GINETTE HERRY. 347 p.
— Vol. IV : *Le Bon Génie et le Mauvais Génie, A trompeur trompeur et demi,* prés. et trad. VALERIA TASCA, avec « Adieu à Venise » de MARIO BARATTO. 301 p.
— Vol. V : *Le Bourru bienfaisant, L'Avare fastueux,* prés. MONIQUE LE ROUX et JEAN GOLDZINK. 191 p.

Voici la fin d'une carrière : onze pièces (plus deux canevas au vol. III) écrites à Paris entre 1762 et 1772. Si deux sont françaises, la plupart des autres n'ont jamais été traduites ni jouées en France. Pendant ces années, GOLDONI se livre à une triple activité dont G. Herry, notamment, dans ses solides introductions, montre les liens complexes : les pièces composées pour la Comédie-Italienne de Paris (dont les acteurs n'acceptent de jouer que sur canevas), sont aussitôt rédigées pour être jouées à Venise, tandis que dans un long retour en arrière l'A. écrit des préfaces pour ses œuvres complètes publiées dans un ordre à peu près chronologique par Pasquali. Les époques se mêlent, les citations internes ou variations de thèmes se multiplient, les techniques dramaturgiques se confrontent : ce qui réussit à Paris tombe à Venise, et réciproquement. Où aller, que faire ? Goldoni tente alors l'aventure d'écrire en français à la manière de France : un succès suivi d'un échec, ce qui semble indiquer à lire M. Le Roux et J. Goldzink, une réelle incompatibilité culturelle. La publication, comme d'habitude, est belle et soignée.

M. DE ROUGEMONT

EMMANUEL KANT : *Remarques touchant les « Observations sur le sentiment du beau et du sublime ».* Traduites, introduites et annotées par BRIGITTE GEON-GET. Préface de BERTRAND BOURGEOIS. Paris, J. Vrin, 1994, 277 p. (Coll. « Bibliothèque des Textes philosophiques ».)

On trouvera ici traduites en français pour la première fois, présentées et annotées avec soin, les *« Remarques »* ou notes manuscrites portées par Kant sur l'exemplaire de son ouvrage *Observations sur le sentiment du beau et du sublime :* notations rapides, fragmentaires, à l'occasion d'évènements, de lectures (Rousseau surtout), réflexions sur des situations vitales ou sociales (le sexe, le luxe), elles préparent de loin la philosophie morale ultérieure de K., en révélant cependant à quel point la libre recherche du philosophe, en ces années 1764-1768, « s'oriente en bien des sens » (Présentation, p. 47).

Liées aux *Observations sur le sentiment du beau et du sublime* (1764) (éd. par R. Kempf, Vrin, 1979), ces *Remarques* sont développées dans les leçons de l'*Anthropologie* « pragmatique », publiées enfin en 1798 (traduction M. Foucault, Vrin, 1979), et prouvent « la constance de la réflexion anthropologique » de K. en philosophie morale (p. 14) et de sa méditation sur Rousseau et les moralistes français et anglais contemporains. Telles notations sur les acquis moraux de la culture, sur l'unité homme-femme, sur le rôle de l'apparence dans la société et l'art, sur l'utilité des passions en morale, etc., réjouiront ceux qui ne se résignent pas à la séparation de la morale et des analyses bio-socio-anthropologiques.

ANNE DENEYS-TUNNEY

JEAN-PAUL MARAT : *Über den Menschen oder über die Prinzipien und Gesetze des Einflusses der Seele auf den Körper und des Körpers auf die Seele.* Traduction éditée par G. MATTHIAS TRIPP. Weinheim, VCH, 1992, 304 p. (Coll. « Acta Humaniora ».)

Il s'agit de la traduction intégrale, due à Joachim WILKE, du livre *De l'homme* qui irrita les encyclopédistes. La substantielle postface de G. M. TRIPP montre comment Marat tente de redéfinir, sur la base des connaissances anatomiques de son temps et du constat d'échec de la métaphysique classique, la relation de l'âme et du corps en reprenant la théorie cartésienne des deux substances. M., qu'on pourrait qualifier d'empiriste métaphysicien, refusa aussi bien les thèses de Buffon sur la formation progressive de l'esprit humain, celles de l'anthropologie d'Helvétius dont l'objet est l'homme tel que la société peut et doit l'éduquer, que le matérialisme de La Mettrie. Les fondements de l'anthropologie de M., qui veut étudier la relation âme-corps chez l'homme individuel, sont la sensibilité invisible (l'âme), l'instinct et l'amour-propre, tous trois censément fondés en nature, c'est-à-dire dans les dispositions individuelles des hommes. Après avoir confronté les positions de M., en aval à celle de Cabanis, en amont à celles de Pope, Haller, Bonnet, Sarraz de Franquesnay, Louis et Le Camus, ainsi qu'à celles de l'école de Montpellier (Duncan et Maubec), l'A. examine les relations entre *De l'Homme* et *Les Chaines de l'esclavage :* suggérant un rapport souverain/peuple analogue à celui de l'âme et du corps, M. vilipende la tyrannie et le luxe, lie son anthropologie physique à une morale totalement inspirée de l'héroïsme antique, sans qu'en résulte toutefois une perspective historique, puisque c'est pour lui la *physis* qui détermine le domaine de l'affectif et le caractère individuel.

G. LAUDIN

Avantages et désavantages de la découverte de l'Amérique. Chastellux, Raynal et le concours de l'Académie de Lyon. Textes réunis et commentés par HANS-JÜRGEN LÜSEBRINK et ALEXANDRE MUSSARD. Publications de l'Université de Saint-Étienne, 1994, 150 p. (Coll. « Lire le dix-huitième siècle ».)

Cet ouvrage regroupe quelques-unes des réponses au concours proposé par l'Académie de Lyon en 1782, sur la suggestion de Raynal, et dont le sujet était : « La découverte de l'Amérique a-t-elle été nuisible ou utile au genre humain ? ... ». Trois auteurs, inégalement importants, sont publiés ici : Chastellux, l'avocat parisien Carle et un anonyme de Besançon. A ces « mémoires » a été ajoutée l'*Analyse* des autres contributions, rédigée par le Secrétaire de l'Académie de Lyon. Seul Chastellux apportait une réponse positive : à ses yeux la découverte de Colomb avait eu pour conséquence heureuse l'essor du commerce entre les nations et, finalement, permis la naissance des États-Unis. Les deux autres auteurs donnaient au contraire une réponse négative : 1492 avait donné le signal des crimes les plus horribles de l'histoire humaine, d'abord contre les Indiens, puis contre les Africains réduits en esclavage. Ces fléaux avaient été le corollaire de l'arrivée massive de l'or en Europe, source de la corruption des peuples et de la tyrannie des rois. Mais l'intérêt des textes réside dans l'ambivalence des réponses : Chastellux ne niait pas l'esclavage mais en espérait une lente extinction, et les deux adversaires de la colonisation admettaient que celle-ci avait favorisé le progrès des sciences et des arts, qui permettront à leur tour de transformer le Nouveau Monde en une terre de liberté. La synthèse la plus achevée consistait à voir dans la Révolution américaine de 1776 le juste châtiment des Européens : les États-Unis devenus libres vont être les libérateurs des autres colonies du Nouveau Monde. Le concours de Raynal n'eut pas de vainqueur : il n'avait pas, pour autant, débouché sur un simple exercice académique, mais provoqué une véritable profusion de pamphlets.

M. DORIGNY

NICOLAS GERMAIN LÉONARD : *Lettres de deux amants habitants de Lyon.* Lyon, Horvath, 1994, 261 p. (Coll. « Le roman de Lyon ».)

Un fait divers tragique (le suicide, en 1770, dans une chapelle, près de Lyon, d'une jeune femme, grande lectrice de romans, et de son amant, Faldoni, un Italien jaloux) est à l'origine de ce livre de Léonard, publié en 1783. Les *Lettres de deux amants*, avec leurs échos de Rousseau, de Goethe voire de Fénelon, connurent un succès immédiat. Les amours des deux jeunes gens, interdites au départ, sont protégées par la mère de Thérèse de Saint-Cyran. A la mort de sa femme, M. de Saint-Cyran, qui destine sa fille à un vieux goujat fortuné, empêche l'union des deux amants. Malgré la tendre affection qui la lie à sa sœur Lolotte et à sa cousine et confidente Constance, Thérèse décidera de mourir avec celui qu'elle aime. Au sentimentalisme se joint une critique sociale implicite (le frère de Thérèse file le parfait adultère sans que personne lui reproche quoi que ce soit) et une réflexion sur le « locus amoenus » des amours. Les éditions Horvath nous proposent, à la suite du roman, un bref dossier critique. Celui-ci donne de précieux éléments biographiques sur Léonard et situe ses *Lettres...* dans le contexte du traitement littéraire des suicides par amour et particulièrement de celui des « Amants de Lyon ». Il rappelle que Rousseau a écrit des vers sur Thérèse et Faldoni et que Voltaire s'est ému du « plus fort de tous les suicides ». Il y a plusieurs imprécisions regrettables dans l'appareil critique. Malgré ces points de détail, nous ne pouvons que féliciter G. GARDES d'avoir réédité cet ouvrage oublié en nous fournissant une documentation utile.

C. SETH

PAUL THIRY D'HOLBACH : *Elementi di morale universale o catechismo della natura*. A cura di VINCENZO BARBA. Rome-Bari, Laterza, 1993, LXXXVIII + 70 p. (Coll. « Biblioteca Universale Laterza ».)

Voici la première traduction italienne des *Éléments de la morale universelle ou catéchisme de la nature* (publiés pour la première fois en juillet 1790), qui paraît dans une collection destinée à un public assez vaste. L'éditeur y introduit une division du texte en 6 chapitres pour en faciliter la lecture. Il fournit aussi une note biographique. Son introduction est très claire et donne tous les éléments pour placer le *Catéchisme*, rédigé en 1765, dans l'évolution de l'œuvre de d'Holbach : il faut prêter plus d'attention à ce texte, qui est, explique l'éditeur, un « point de convergence et de rayonnement de lignes théoriques, et une exposition claire et concise de questions traitées diffusément dans les ouvrages majeurs ». Parmi les plus intéressantes contributions de l'éditeur à l'interprétation de la pensée du philosophe, signalons la comparaison entre l'anthropologie de d'H. et celle de Nietzsche, les objections à l'explication « historiciste » du concept unificateur d'intérêt, et la critique de la tendance de certains auteurs (Mauzi, Crocker, A. Negri) à nier l'autonomie des contenus de la morale laïque par rapport aux vertus de la morale chrétienne. D'une part, il est vrai que les vertus indiquées par d'H. sont aussi prêchées par le christianisme et que leur caractère est ascétique ; mais les motivations des deux morales sont irréductibles les unes aux autres. Quant aux vertus théologales, elles sont âprement critiquées et démasquées par d'H.

E. J. MANNUCCI

Lettres d'André Morellet. Publiées et annotées par DOROTHY MEDLIN et JEAN-CLAUDE DAVID, avec la collab. de PAUL LECLERC. T. II : *1786-1805*. Oxford, Voltaire Foundation, 1994, XXVI + 449 p.

Nous avons rendu compte du t. I de cette remarquable édition, paru en 1991 (voir *D.H.S.*, n° 24, p. 516), et qui portait sur 26 années (1760-1785 ; il n'y avait qu'une seule lettre pour 1759). Le présent volume rassemble les lettres de Morellet pour vingt années, du moment où il vient d'être élu à l'Académie française jusqu'à celui où, devenu membre de l'Institut (en 1803), il restitue à cet Institut les archives de l'Académie, soit de la fin de l'Ancien Régime à l'Empire. On apprécie l'excellente esquisse biographique (par J.-C. DAVID) pour ces vingt années, suivie d'utiles « repères chronologiques » (p. XIX-XXXVI). L'évolution de M. dans ces années de crise est particulièrement intéressante. J.-C. D. estime que, dans la tourmente révolutionnaire, M. s'est comporté de façon conséquente en « gardien et défenseur » des « idéaux de la philosophie des Lumières ». Les choses sont sans doute plus compliquées. Le conventionnel et montagnard Deleyre, par exemple, qui vote la mort du roi, n'est-il pas, lui aussi, un héritier des Lumières ? Cela dit, on observe que M. a su, au début, mesurer la portée des évènements : « Jamais les lumières et la sagacité d'un homme d'État n'ont eu un champ plus vaste et plus nouveau, puisque jamais il n'y a eu chez aucune nation une révolution aussi prompte, aussi entière... » (14 août 1789, p. 144). Mais ruiné par la Révolution, dès 1789, il ne pourra retrouver une certaine aisance que sous le Consulat (l'étude des revenus de M. est, ici, d'une parfaite précision). On est frappé, dans cette correspondance, de la disproportion entre les périodes : 49 lettres pour les quatre années 1786-1789, 40 pour les dix qui suivent (1790-1799) — une seule lettre pour 1794 ! —, et 108 pour les six dernières (1800-1805) — le record étant de 36 lettres pour 1800. On n'en admire pas moins la richesse et la nouveauté de l'ensemble. Quelques lettres non retrouvées sont seulement signalées ou résumées. La majeure partie de cette correspondance (111 lettres, sauf erreur) est inédite. On relèvera, entre autres, dans une lettre inédite à Roederer (du 4 août 1801), un curieux écho de la fameuse critique d'*Atala* par M. : Chateaubriand a « dit que j'avais fait tout ce que j'avais pu pour le faire fusiller » (p. 310). L'annotation des lettres est irréprochable et contribue à faire de cette édition de correspondance un modèle du genre.

R. DESNÉ

SADE : *Aline et Valcour ou le Roman philosophique.* Édition établie, présentée et annotée par J. M. GOULEMOT. Paris, Librairie Générale Française, 1994, 896 p. + 16 ill. (coll. « Le Livre de poche classique ».)

Composé à la Bastille entre 1786 et 1788, le grand roman épistolaire de Sade existe en deux versions légèrement différentes : l'édition originale, non diffusée, de 1793 et celle de 1795, rééditée pour la première fois dans la Pléiade (Voir *D.H.S.,* n° 24, 1992, p. 518-519). Le présent volume reproduit, pour l'essentiel, le texte de la Pléiade. Dans son introduction substantielle, J. M. GOULEMOT note que les corrections apportées par S. au texte de 1793 traduisent son intention de « transformer un texte largement monarchique en un texte franchement républicain ». Les œuvres de J.-J. Rousseau pâlissent à côté de la description de l'île de Tamoé, description qui nous livre le message « socialiste » de S. Cependant ce roman n'est en rien un roman à thèse : bien plutôt un roman heuristique, à la manière de ceux de Diderot et de toutes les grandes œuvres d'un siècle dont son œuvre à lui est le couronnement. Lignes délibérément brouillées, échos capricieux par lesquels des oppositions se muent en analogies, contrastes subtilement creusés dans ce qui paraissait semblable, cette structure complexe traduit le refus d'une vision normative et simplificatrice de la sexualité.

G. STENGER

Histoires anglaises. Sade, Florian, Baculard d'Arnaud. Présenté par MICHEL DELON. Cadeilhan, Zulma, et Paris, Calmann-Lévy, 1993, 192 p. (Coll. « Dix-Huit ».)

Dans le sillage d'une série de textes fictifs du 18e siècle moins connus et, pour la plupart, peu abordables, récemment réédités, voici trois « histoires » qui renvoient par leur inspiration et leur sujet à l'Angleterre : *Fanny, histoire anglaise,* de Baculard d'Arnaud (première version, 1764, remaniée en 1773) ; *Selmours, nouvelle anglaise,* de Florian (1792) ; *Miss Henriette Stralson, ou les effets du désespoir, nouvelle anglaise,* de Sade (an VIII). La belle préface de M. D. nous rappelle, si besoin est, que le modèle anglais, voire l'Angleterre modèle, ne se cantonnent pas dans les seules zones du philosophique et du politique. De Prévost à Sade, en passant par Diderot et Rousseau, de Mme Riccoboni à Mme de Staël, en passant par Mme de Charrière, les jalons anglais ne font pas défaut. Les textes en question ont été sélectionnés en vue de certains points de rencontre : recoupements thématiques et rhétoriques (mais avec inversion des signes) dans le cas des nouvelles de Baculard et de Sade ; chez Florian et Baculard, dénonciation du préjugé social et recours au duel théâtral. Le pittoresque d'une romance bilingue rehausse le texte de Florian. Sensibilité, libertinage, vertu persécutée, une entente cordiale littéraire s'établit entre les deux pays.

B. FINK

Cagliostro et l'affaire du collier. Pamphlets et polémiques. Textes réunis et commentés par JEAN-JACQUES TATIN-GOURIER. Saint-Étienne, Publications de l'Université de Saint-Étienne, 1994, 167 p. (Coll. « Lire le Dix-Huitième Siècle ».)

La mode serait-elle aux anti-Lumières ? Après le gros volume de documents sur Cagliostro publié par K. H. Kiefer, avec un texte de Goethe et un de l'avocat Thilorier, entre autres (voir *D.H.S.,* n° 25, p. 542), voici une série d'extraits de factum, d'épitres, de contes, de pamphlets autour de l'énigmatique charlatan et de l'affaire du collier. L'éditeur s'attache à montrer comment le personnage cristallisa un imaginaire social prompt à s'enflammer dès qu'il s'agissait de corruption et de mise en cause des élites et où personne n'était épargné à la date de 1789 : si Marie-Antoinette est cible interdite en 1785, elle ne l'est plus quatre ans plus tard dans *La Reine dévoilée*. Les pièces du procès, en particulier les charges de Mme de La Motte, focalisent l'intérêt du public sur le couple Cagliostro-cardinal de Rohan, le bonimenteur et sa victime-complice. L'aventurier, dans ses confessions et autre histoire de sa vie, accumule mystères, voyages et énigmatiques protections, convoque les mânes de Voltaire ou de Diderot, invoque Jean-Jacques, bref il parvient, en s'engouffrant dans la vacuité du champ philosophique, à faire phantasmer non seulement le public habituel mais aussi les cercles intellectuels plus illuminés qu'éclairés, perméables au charlatanisme moderne. Quand on s'approche de 1789, les textes font de Cagliostro un prophète annonciateur des évènements révolutionnaires. Cagliostro est donc une voix, constante dans sa provocation, mouvante dans les représentations qu'elle assume, le charlatanisme le plus traditionnel et le plus trivial, les Lumières du siècle, les contestations politiques et sociales du temps.

C. Michaud

Condorcet : *Vie de Voltaire*. Préface d'Élisabeth Badinter. Paris, Quai Voltaire, 1994, 192 p.

C'est une bonne idée de publier et de rendre accessible en l'année du tricentenaire de Voltaire et du bicentenaire de la mort de Condorcet, ce qu'Élisabeth Badinter appelle « L'hommage d'un fils » (titre de la préface). C. a écrit deux « Vies » (celle-ci et celle de Turgot, 1786) en plus de très nombreux éloges : c'était sa charge en tant que secrétaire perpétuel de l'Académie des sciences. Le texte reproduit ici est celui de l'édition de Kehl (volume 70) en 1789. Aucune annotation autre que celle des éditeurs d'alors ne vient éclairer le lecteur. Il eut été nécessaire, en particulier, de redresser certaines inexactitudes biographiques de C. en utilisant les recherches récentes. Il n'est pas signalé l'existence de manuscrits, partiels il est vrai, de cet ouvrage (Bibliothèque de l'Institut). La préface reprend l'histoire des relations des deux hommes qui firent connaissance en 1770, lors du voyage que C. fit avec D'Alembert, et nouèrent une amitié dont on peut suivre le développement dans la correspondance relativement abondante qui subsiste. E. B. note bien que C., tout en défendant Voltaire, n'est pas hagiographique ; cependant il s'identifie au patriarche dans ses combats contre le fanatisme sans toutefois parler de son propre rôle dans différentes affaires. Au total, c'est un petit livre qui permet de retrouver un texte peu disponible, mais qui n'apporte pas d'éléments nouveaux à la recherche.

Anne-Marie Chouillet

Condorcet : *Cinq Mémoires sur l'Instruction publique*. Présentation, notes, bibliographie et chronologie par Charles Coutel et Catherine Kintzler. Paris, Flammarion, 1994, 380 p. (Coll. « GF ».)

Cette réédition reproduit les cinq *Mémoires sur l'Instruction publique* de Condorcet (*Bibliothèque de l'homme public*, Paris, Buisson, tomes 1, 2, 3, 9, 1791), déjà réédités à l'occasion du bicentenaire de la Révolution française, par les mêmes présentateurs (Condorcet, *Écrits sur l'Instruction publique*, Paris, Edilig, 1989, 2 vol.) et, pour le premier *Mémoire* seul, par Bernard Jolibert (Paris, Klincksieck, 1989). Cette publication dans la collection « GF » constitue une réédition considérablement enrichie des *Mémoires*, comportant (outre le texte annoté de façon détaillée) une très substantielle présentation philosophique (p. 8-56), un dossier sur le contexte contemporain, une bibliographie et une chronologie.

Cela s'inscrit dans l'important développement contemporain des recherches sur C. en général et sur la partie de son œuvre qui « a longtemps subi un traitement hagiographique » (p. 7). Les présentateurs proposent de celle-ci, au-delà de polémiques superficielles, un exposé et une évaluation proprement philo-sophiques. La spécificité du projet « pédagogique » de C. tient à son unité avec sa philosophie « épistémologique » du primat de la raison éclairée. En prônant l'émancipation de tous par l'instruction, l'auteur des *Mémoires* pose « une autorité plus haute (...) que celle de la souveraineté populaire immédiate » et « construit un concept de l'égalité subordonné à celui de liberté » (p. 34). Ainsi s'expliquerait le clivage politique avec les projets des Le Peletier, Bouquier, etc. pour lesquels il s'agirait, à l'École, disent les présentateurs, « d'égaliser et non de libérer » (p. 35) (voir d'autre part B. Baczko : *Une éducation pour la démocratie. Textes et projets de l'époque révolutionnaire,* Garnier, 1982).

H. DENEYS

BENJAMIN CONSTANT : *Œuvres complètes. Correspondance générale,* publiée sous la direction de CECIL P. COURTNEY. T. I : *1774-1792.* Textes établis et annotés par C. P. COURTNEY et DENNIS WOOD avec la collaboration de PETER RICKARD. Tübingen, Max Niemeyer, 1993, 476 p., + 5 ill.

Dans la grande entreprise de publications constantiennes, la correspondance émergera peut-être comme un des éléments les plus intéressants et à coup sûr le plus amusant. L'humour et le primesaut ont peu de place dans les écrits sur les religions ou même sur la politique, et quel que soit l'intérêt des journaux et des écrits plus ou moins autobiographiques, les lettres de Constant apportent tout autre chose : de grands vents et des grains de folie. Dans ce volume, qui laisse notre A., âgé de 25 ans, sur ce constat : « le temps de l'amour est passé pour moi », on lira avec beaucoup d'intérêt les annexes, de plus de 100 pages, qui livrent toutes sortes de témoignages sur son enfance et son adolescence, et sur les procès de son père auxquels il prit une part active. Une importante annotation linguistique de P. RICKARD porte à s'interroger sur l'écart entre la langue parlée (celle des lettres) et la langue écrite (celle des livres). L'édition est scrupuleuse et bien documentée. Après les tables (chronologique et par correspondants), on trouve un excellent index, qui n'omet pas les chiens.

M. DE ROUGEMONT

BENJAMIN CONSTANT : *Œuvres complètes. Mémoires sur les Cent Jours.* Volume dirigé et texte établi par KURT KLOOCKE. Introduction et notes par ANDRÉ CABANIS. Tübingen, Max Niemeyer, 1993, 604 p. + 11 ill. (« Œuvres », XIV.)

Voici enfin B. C. en *Œuvres complètes.* L'attente aura été longue mais compensée par une édition (dite *OCBC*) qui parait dans les meilleures conditions vu la compétence des collaborateurs et les principes d'une exigence rare (édition diplomatique, totalité des états existants des textes, etc.).

La répartition se fait en deux séries, l'une rassemblant les œuvres, l'autre la correspondance générale. L'ensemble comptera environ 50 volumes. Ce volume, premier né des *OCBC*, présente dans toutes ses facettes un ouvrage qui est à mi-chemin entre le témoignage d'un acteur situé en première ligne et la réflexion, les jugements d'un penseur politique et d'un homme d'État. Les *Mémoires...* ont paru en trois étapes durant la vie de B. C. : une première mouture émise au compte-gouttes dans la *Minerve française* des années 1819-20 (voir la présentation d'E. Harpaz dans le vol. 2 de son *Recueil d'articles* de 1972), une première édition à part entière en deux volumes (1820 et 1822), suivie de celle de 1829 qui est augmentée d'une importante introduction. Une seule édition entre cette dernière et la présente : celle d'O. Pozzo di Borgo (1961). La distance parcourue entre 1961 et 1993 est de taille, et l'édition Kloocke-Cabanis est deux fois aussi longue. Se fondant sur le texte de 1829, elle rassemble un volumineux dossier qui comprend une part importante d'inédits, l'essentiel provenant de fragments et de fiches datant de 1815-16 qui constituent la nébuleuse de l'ouvrage à venir.

Cet ensemble est suivi d'un « carnet de notes » de plus de 100 p. où sont insérées de précieuses indications sur la méthode de travail et les intentions de l'auteur. Une note très brève pour une traduction anglaise (qui ne vit jamais le jour) et cinq documents en appendice complètent un dossier qui met en pleine lumière la trajectoire d'un texte majeur et complexe, ouvrant ainsi la voie à une étude génétique approfondie. L'apparat critique dans son ensemble est d'une grande richesse et contient un index des ouvrages et périodiques cités par B. C. Cet outil de travail indispensable aux études constantiennes est au-dessus de tout reproche.

B. FINK

Dialogues révolutionnaires. Textes établis et présentés par MALCOLM COOK. University of Exeter Press, 1994, XV + 93 p. (Coll. « Textes littéraires ».)

Les dialogues fictifs sont monnaie courante tant dans la série des pamphlets révolutionnaires, conservés à la Bibliothèque Nationale, que dans la presse. M. C. publie ici 12 de ces pamphlets datant de l'époque 1789-1793. Il a privilégié des textes courts, publiés anonymement sous forme de brochures in-8°. Il les reproduit sans moderniser l'orthographe et sans la moindre modification de ponctuation. Une certaine unité de ton lie ces 12 textes : la majorité d'entre eux procèdent du « langage populaire », et plus spécifiquement, pour certains, du langage poissard. Nous retrouvons ainsi le langage des Dames des Halles à travers les personnages fictifs de Mme Mille-Gueule, la Mère Fort en Gueule, le Fort de la Halle, etc. L'un des intérêts principaux de ces dialogues réside dans les gloses interprétatives sur les nouveaux mots de la Révolution française : *Tiers-État, liberté, patriotisme, monarchien,* etc. C'est surtout autour du mot *jacobin* que les échanges sont les plus fréquents, soit qu'il désigne l'interlocuteur le plus malmené (voir le *Dialogue très vif entre un jacobin et un Fort de la Halle qui a converti l'honorable membre*), soit qu'il serve d'appui à des jeux de mots antijacobins (« Commence par rayer de ta conversation c'nom de jacobin. Appelle-moi chien, si tu veux, mais tiens t'en là).

JACQUES GUILHAUMOU

LOUIS SÉBASTIEN MERCIER : *Tableau de Paris.* Édition établie sous la direction de JEAN-CLAUDE BONNET. Paris, Mercure de France, 1994. Tome I, CCII + 1 910 p ; t. II, 2 070 p.
L. S. MERCIER : *Le Nouveau Paris. Idem,* CCCXV + 1 897 p.
Le Paris de L. S. Mercier. Cartes et index toponymique. Idem, III + 175 p.

Il convient de saluer cette publication comme une des réalisations les plus marquantes dans l'histoire moderne des éditions de textes du 18e siècle, tant par son objet que par sa mise en œuvre. Voici enfin avec toutes les informations et tout l'appareil critique désirables, le texte intégral des *Paris* de Mercier.

D'abord le *Tableau de Paris,* consciencieusement pillé par des générations d'historiens et dont l'absence de réédition constitue un « véritable mystère bibliographique ». L'ouvrage, publié en 12 tomes de 1781 à 1789, est reproduit ici d'après une édition de 1789 considérée comme la meilleure. En 1 050 chapitres, souvent brefs, totalisant plus de 3 000 pages, on se retrouve plongé dans la vie quotidienne de la capitale grâce à une « énergie visuelle sans équivalent qui donne tant de relief et de profondeur à l'analyse sociale ». Parmi les titres de chapitres citons, au hasard, « Tabagies », « Jardinage », « Huitres », « Ivrognes », « Wiski » (*sic,* mais c'est le nom d'un cabriolet fort dangereux...). Il s'agit, ici, d'une conception largement ouverte de la culture et à laquelle les historiens récents nous ont rendus plus sensibles : arts, institutions, métiers, santé, urbanisme, modes, nourriture, etc. ont leur place à côté de considérations littéraires, politiques ou économiques. Mais il ne suffisait pas de rééditer seulement le texte de M. Sous la direction de J.-C. BONNET, une équipe de seize chercheurs rassemblée au

Centre d'étude des 17ᵉ et 18ᵉ siècles (Paris-Sorbonne et C.N.R.S.) a soigneusement pourvu l'édition de tous les éclaircissements nécessaires. Signalons la belle introduction de J.-C. B. (p. I-LXXII) ; l'histoire du texte par Shelly CHARLES, la description des éditions par M. SCHLUP, complétées par des « Repères biographiques » et une bonne bibliographie (au t. I) et, au t. II, un glossaire et un précieux index exhaustif des noms propres (p. 1923-2041). Ajoutons, pour mesurer l'étendue du travail collectif accompli, que ces deux tomes totalisent 712 pages de notes.

On doit à la même équipe l'édition, dans les mêmes conditions, du *Nouveau Paris* (publié en 1799 mais achevé en aout-septembre 1798), lequel constitue, en ses 271 chapitres, une étonnante chronique du Paris de la Révolution. « On pourrait dire du nouveau Paris, écrit M. en 1798, ce que Strabon disait de la Grèce : c'est dans tous ses points, un pays extraordinaire et tragique » (p. 32). S'inspirant à la fois de Shakespeare et de Tacite, M. s'applique « à peindre ce qui ne s'est jamais vu » (p. 19) et « conçoit une histoire totale qui parait moderne aujourd'hui [...] parce qu'il jette sur la Révolution un regard varié d'historien des mœurs et de la "vie privée" » (J.-C. B., p. LXV). Le texte proprement dit du *N.P.* occupe 926 p. Il est complété par d'autres écrits dont beaucoup sont peu connus ou inédits (tirés des manuscrits de l'Arsenal). Les introductions de J.-C. B. et de S. CHARLES sont ainsi enrichies par les « Lettres de prison » (1793-1794) adressées par M. à Louise Machard (79 p.), le discours préliminaire (du 7 sept. 1798) à la réédition de l'*An 2440* (21 p.), le manuscrit d'une trentaine d'articles journalistiques sur « Les journées mémorables de la Révolution en 1789 et 1790 » (42 p.). Enfin le *N.P.* est suivi par « Musées, jardins et fêtes de Paris » — textes publiés dans la presse de 1797 à 1800 (p. 941-1047) et par un riche ensemble d'inédits portant sur la période 1789-1809 (mais surtout 1796-1802) (p. 1051-1361). Sur la Révolution on possède ainsi, désormais, dans toute son ampleur, le témoignage de M., républicain anti-terroriste (et anti-babouviste). Le volume comporte 380 p. de notes complétées par un utile rappel des évènements mémorables dans le *N.P.* (du 14 juillet 1790 au 11 mai 1798) et un dictionnaire des personnages souvent évoqués par M. mais non présentés de façon synthétique dans les notes. On trouve aussi un index nominum complet pour l'ensemble du volume (signalons une erreur vénielle à l'entrée DIDEROT : lire p. 889 au lieu de 879). Observons enfin que ces trois volumes imposants, imprimés sur papier bible dans une belle typographie et somptueusement reliés en toile rouge sous jaquette cartonnée, honorent l'édition française.

Ces volumes sont complétés par un atlas (présenté par J. SELLIER et Anne LE FUR), relié pareillement et aux mêmes dimensions, qui offre les plans détaillés de 47 quartiers de Paris, avec, pour chacun d'eux, la carte de Verniquet (1796) — où sont marqués les lieux mentionnés par M. — et, en regard, la carte Michelin d'aujourd'hui. Cet atlas (qui ne sera pas seulement utile pour les lecteurs de M.) est suivi par un index toponymique général exhaustif (p. 107-173) renvoyant aux volumes du *Tableau de P.* et du *N.P.* et, en outre (pour les lieux de Paris), aux cartes de l'atlas. C'est peu de dire que le lecteur est comblé et que le chercheur dispose avec cet ensemble de 6 770 pages (!) d'un magnifique instrument de travail.

R. DESNÉ

DANIEL NORDMAN (sous la direction de) : *L'École Normale de l'An III*. Tome 2 : *Leçons d'histoire, de géographie, d'économie politique. Édition annotée des cours de Volney, Buache de La Neuville, Mentelle et Vandermonde*. Paris, Dunod, 1994, 486 p., 19 × 27 cm.

Du 22 janvier au 12 mai 1795, les 1 200 élèves de l'École Normale entendirent cinq leçons d'histoire, treize de géographie et huit d'économie politique, qui furent dument sténographiées. Les premières, professées par VOLNEY, denses et brillantes, n'ont cessé d'être rééditées ; celles des géographes BUACHE et MENTELLE tombèrent dans l'oubli ; les dernières dues à VANDERMONDE sont considérées comme l'inauguration d'une nouvelle discipline académique. La multidisciplinarité était un des principes de l'enseignement de l'École et les matières pouvaient s'interpénétrer. La liaison entre histoire et géographie était ancienne, née dans les collèges jésuites où les deux disciplines, d'abord servantes de l'explication des textes anciens, gagnèrent leur autonomie. En revanche, l'économie politique, nouvelle venue, fut conçue par Vandermonde comme une matière à traiter « d'une manière abstraite », théorique et logique, sans se préoccuper des applications à tel pays ou à telle époque, même si les nécessités pédagogiques entrainèrent l'utilisation d'exemples historiques ; mais il y a là catalogue raisonné plus qu'analyse d'une évolution. Au dire de l'élève mathématicien Joseph Fourier, Volney parle avec élégance et facilité, mais il se tient à un niveau philosophique qui fait oublier l'objet même de l'histoire ; Mentelle bavarde et n'est pas digne de l'établissement ; son cours montre en effet qu'il lit des notes hâtivement recopiées sur les livres qu'il plagie ; Buache, très savant, n'est pas pédagogue ; son enseignement prouve néanmoins qu'il sut sélectionner dans sa discipline les aspects les plus stimulants.

[N.D.L.R. : Le tome 1 consacré à l'École Normale de l'An III présentait les *Leçons de mathématiques (Laplace, Lagrange, Monge)* publiées par Jean Dhombres (Paris, Dunod, 1992), mais l'éditeur ne l'a pas envoyé à la revue.]

C. MICHAUD

JOSEPH DE MAISTRE : *Considerations on France*. Cambridge University Press, 1994, XLII + 132 p.

Richard A. LEBRUN a traduit et annoté cet ouvrage paru en 1797. Il était déjà l'auteur d'une précédente édition en anglais, parue en 1974 (Mc Gill-Queen's University Press) à partir d'une édition française de 1936. Cette nouvelle version tient compte du travail critique auquel s'est livré Jean-Louis Darcel (Slatkine, Genève, 1984), à partir des manuscrits-mêmes de MAISTRE. C'est donc, pour le public anglophone, la présentation la plus documentée de cette œuvre de M., auteur dont R. A. LEBRUN est le spécialiste. Un autre intérêt de ce livre est l'introduction, due à Isaiah BERLIN ; il s'agit du texte d'une conférence radiodiffusée, en 1952. I. B., qui s'est intéressé à M. dans le cadre de ses études sur l'histoire des idées, permet ainsi de dépasser le contexte historique de cette œuvre polémique et de la replacer dans celui du bouillonnement intellectuel des 18e et 19e siècles qui virent émerger, face au rationalisme ambiant, un courant traditionaliste dont M. fut une des premières figures.

ALAIN BLONDY

ROBERTO BALZANI (éd.) : *I Diari dell'età giacobina. Le Cronache di Argenta di Francesco Leopoldo Bertoldi (1796-1799)*. Bologne, Edizioni Analisi, 1993, 155 p. (« Biblioteca Europea della Rivoluzione Francese ».)

A l'occasion du bicentenaire de la Révolution, la Présidence du Conseil régional de l'Émilie-Romagne a promu la publication d'une série d'études et de documents. Ce journal des années 1796-1799 du chanoine BERTOLDI, érudit citoyen de la commune d'Argenta, dans la région de Ferrare, est le premier de la section consacrée aux journaux et aux mémoires. Dépositaire de la tradition municipale, auteur de plusieurs ouvrages d'histoire locale, chargé à plusieurs reprises d'offices d'« antiquaire » dans l'État de l'Église, B. était légitimiste et hostile aux Français, aux « jacobins » italiens et à la « liberté exécrable ». Son journal de l'« occupation » jacobine, ainsi que ses *Benefizi divini*, un pamphlet en vers enrichi de notes sur les évènements arrivés à Argenta, visaient surtout à défendre la population de la commune de toute accusation de « collaborationnisme ». Sa description fournit tous les détails locaux des évènements de cette période : caractéristique est le scandale implicite que constitue, pour le chanoine, l'émancipation des juifs, qui sont, selon lui, presque les seuls à fêter à Ferrare, en octobre 1796, l'érection de la Statue de la Liberté à la place d'un monument pontifical et à danser autour de l'arbre de la liberté.

E. J. MANNUCCI

NICOLAS DE BONNEVILLE : I : *Le Secret des Templiers du 14e siècle.* 27120 Rouvray, Les Éditions du Prieuré, 1993, [5] + 148 p.

II : *Les Jésuites chassés de la Maçonnerie et leur poignard brisé par les Maçons* (Orient de Londres, 1788). *Idem,* [12] + 136 p.

On saura gré à l'éditeur d'avoir réimprimé en fac similé cette œuvre de Nicolas de Bonneville (1760-1828), révolutionnaire pro-orléaniste, secrétaire de Mirabeau, ami du girondin Brissot et de Choderlos de Laclos, collaborateur de l'abbé Fauchet et adepte de Louis Claude de Saint-Martin. Le titre complet du vol. I est *La Maçonnerie écossaise comparée avec les trois professions et le secret des Templiers du 14e siècle,* tandis que celui du vol. II est ainsi complété : *Mêmeté des quatre vœux de la Compagnie de S. Ignace, et des quatre grades de la Maçonnerie de S. Jean.* Cette œuvre curieuse présente une vision parfois assez fantasque d'une Franc-Maçonnerie spiritualiste, où se mêlaient, en ce dernier tiers du 18e siècle, légende et pseudo-filiation templières, infiltration jésuitique, martinésisme, martinisme et illuminisme, foi, irrationalité, rêve et imaginaire. Un livre curieux pour curieux.

G. TAMAIN

Le Régulateur du Maçon, ou les trois premiers grades et les quatre Ordres supérieurs (1801), d'après le manuscrit de 1783. 27120 Rouvray, Les Éditions du Prieuré, s.d. [1993], 398 p.

Cette réédition reprend, dans son intégralité, l'ensemble des rituels maçonniques adoptés et codifiés par le Grand Orient de France dès 1783-1786, et repris par lui en 1801 dans *Le Régulateur du Maçon* (pour les trois premiers grades : Apprenti, Compagnon, Maitre, dits grades « symboliques » ou « bleus ») et *Le Régulateur des Chevaliers Maçons* (pour les grades, ou mieux Ordres dits supérieurs : Élu ou Élu Secret, Écossais, Chevalier d'Orient et Souverain Prince Rose-Croix). L'ensemble de ces rituels caractérise le Rite Français, qui fut au 18e siècle le rite habituellement, ou le plus généralement, en usage en France et qui ne fut qualifié de français que lorsque se développèrent et prirent de l'importance d'autres rites maçonniques. La pratique de ces Ordres supérieurs tomba en désuétude au 19e siècle, pour disparaître (presque) complètement. On assiste, ces dernières années, à la réactivation de ces Ordres dans plusieurs Obédiences nationales. Ceci fait tout l'intérêt de la présente édition, dont on recommandera sans peine la lecture.

G. TAMAIN

JEAN ITARD : *Victor de l'Aveyron,* précédé de *Le Docteur Itard entre l'énigme et l'échec,* par François DAGOGNET. Paris, éd. Allia, 1994, 127 p.

Sont ici réédités les deux rapports du Dr J. ITARD, l'un de 1801, l'autre de 1806, concernant ce sauvage de l'Aveyron qui fut trouvé au début de l'an VII et qui, transféré à Paris à la fin de l'an VIII, fut placé à l'Institut des sourds-muets et remis à la garde vigilante et affectueuse d'une gouvernante, Mme Guérin. On sait le mouvement de curiosité que souleva l'évènement : n'était-on pas en présence d'un véritable sauvage, d'une expérience adamique à la lumière de laquelle serait retrouvée l'humanité première ? Avec cet exemple limite, voici qu'un des efforts majeurs de la recherche philosophique du 18e siècle semblait devoir être enfin couronné. Partant du rapport de Pinel qui concluait, en dépit d'un doute, à l'impossibilité d'ouvrir l'enfant à la socialité et à l'instruction,

Itard, profondément marqué par la pensée de Condillac, relate, selon un procédé d'exposition méthodique, ses tentatives pour faire du jeune sauvage un être de langage. Construit autour de cinq visées, le premier rapport laisse entrevoir l'espoir d'une possible éducation et tend à trouver dans les observations consignées une vérification des vérités découvertes par Locke et l'auteur de l'*Essai sur l'origine des connaissances humaines*. Le second rapport qui s'attache à l'étude du développement des fonctions sensorielles, intellectuelles et affectives, est, lui, d'un ton plus mêlé, car, si des aspects positifs sont dégagés, d'autres traduisent la déception finale du médecin face à un être qui demeure frappé de mutisme et n'accède pas à une authentique socialité. Cherchant la cause de cet échec, F. DAGOGNET, dans son Introduction, est tenté de la déceler dans la méthode même du médecin et de sa pédagogie oraliste alors qu'une pédagogie fondée sur le langage gestuel, la mimologie, eût été plus efficace — quoiqu'il souligne également que Victor était peut-être trop âgé pour faire les acquisitions nécessaires.

R. GRANDEROUTE

Mme DE STAËL : *Correspondance générale*. T. VI : *De « Corinne » vers « De l'Allemagne » (9 novembre 1805-9 mai 1809)*. Texte établi et présenté par BÉATRICE W. JASINSKI. Paris, Klincksieck, 1993, XXII + 674 p.

Longtemps suspendue, la publication de cette correspondance, précieux outil de travail, reprend chez un nouvel éditeur, et toujours par les soins éclairés de B. J. 570 lettres et billets à 120 destinataires, la diversité est grande : affaires de cœur ou affaires d'argent, littérature, politique, voyages. L'annotation est des plus précises, et quelques versions anciennes sont corrigées ou complétées. C'est tout un pan d'existence qu'on peut suivre, où passe comme un orage Maurice O'Donnell, et d'où se retire de plus en plus Benjamin Constant. L'impression est pâle, mais le volume est beau, et on a hâte de voir les suivants.

M. DE ROUGEMONT

JOHANN HEINRICH FÜSSLI : *Conférences sur la peinture, 1801-1823*. Trad. de l'anglais par SERGE CHAUVIN, préface de MARIE-MADELEINE MARTINET. Paris, École nationale supérieure des Beaux-Arts, 1994, XXII + 264 p. (Coll. « Beaux-Arts histoire ».)

Dans la même excellente collection qui nous a redonné les textes de Hogarth et de Reynolds (voir *D.H.S.*, n° 26), connus en France dès le 18ᵉ siècle, voici la première traduction des conférences de Füssli. Certes, s'agissant de cours donnés à l'Académie royale des arts de Londres, on ne peut en attendre l'originalité qui éclate dans les œuvres de l'artiste. Le texte est pourtant souvent magnifique, et la bonne préface de M.-M. MARTINET en fait ressortir l'intérêt : sa situation à la croisée du néoclassicisme et du romantisme, la pulsion constante vers l'expression, la réflexion sur l'irreprésentable et sur le fantastique.

M. DE ROUGEMONT

DESTUTT DE TRACY : *Traité de la volonté et de ses effets. De l'amour* (1818). Textes réunis et revus par ANNE DENEYS-TUNNEY et HENRY DENEYS. Paris, Fayard, 1994, 481 p. (Corpus des œuvres de philosophie en langue française).

L'édition « reprint » de 1970 des *Éléments d'idéologie* de Destutt de Tracy (chez Vrin) avait été arrêtée à « Idéologie proprement dite » et à la *Grammaire* : du système visé par Tracy on risquait de ne connaître que « la philosophie première » et l'analyse du développement langagier de la pensée, alors que la spécificité de l'« idéologie » est d'intégrer à la philosophie ses applications utiles (voir cependant *Commentaire sur « L'Esprit des lois » de Montesquieu* et *Traité de la volonté...*, Slatkine reprint, 1970, 1980). Les responsables du *Corpus* ont eu la bonne idée de rééditer, d'abord les premiers écrits publiés par T. (dans les *Mémoires de l'Institut national*) : *Mémoire sur la faculté de penser, De la*

Métaphysique de Kant... (1798-1802), et maintenant le *Traité de la volonté* (1815, 1818). Cet ouvrage, peut être le chef d'œuvre de l'A., développe les applications de l'« idéologie » à la « science sociale » et à la conduite de la vie : elles consistent en une économie politique — fondée dans une analyse de la volonté conditionnée et de la personnalité (propriété) — et en une théorie non-physiocratique de la production et de l'échange social généralisés, qui intègre la formule de Malthus (non sans réserves). L'« idéologie » s'accomplit enfin dans une morale eudémoniste, qui doit concilier, au bénéfice des individus et de la société, *besoin de conservation* (générateur de concurrence et de haine) et *passions bienveillantes* de la sympathie et de l'amour. Une brève notice retrace l'histoire, franco-américaine, des éditions originales du *Traité de la volonté* dont la publication a dû beaucoup à l'aide de Jefferson. L'audacieux chapitre *De l'amour* (publié pour la première fois par G. Chinard en 1926 et retraduit en français à partir de l'édition italienne de 1819) est opportunément réuni au *Traité* de T. Mais est-il certain que l'original français de ce texte soit définitivement perdu ?...

G. TAMAIN

FOUCHÉ : *Mémoires*. Présentation de MICHEL VOVELLE. Paris, Imprimerie nationale, 1993, 525 p. (Coll. « Acteurs de l'Histoire ».)

Les *Mémoires* de Fouché parurent en 1824, quatre ans après la mort de l'homme d'État. Ils suscitèrent curiosité et polémique. Étaient-ils authentiques ? M. V discute la question de leur paternité et se range à l'avis de Louis Madelin, auteur en 1900 d'une thèse qui fait toujours autorité sur l'ancien conventionnel et duc d'Otrante. Si les *Mémoires* ne sont pas intégralement de la plume de F., ils ont été composés à partir de fragments authentiques rédigés par l'homme d'État et reliés entre eux par Alexandre de Bauchamp, pamphlétaire royaliste (après avoir servi le Comité de Salut Public) et « fabricant professionnel de souvenirs en tous genres » selon certains. En bon ministre de la Police qu'il fut, F. sait utiliser silences et bavardages. Il s'agit de mémoires politiques, plaidoyer *pro domo* d'un exilé qui ne se console pas de ne plus gouverner. F. passe très vite sur ses débuts, y compris son engagement révolutionnaire à Nantes, il occulte délibérremment 1793 et 1794 et ses missions à Troyes, Dijon, Nevers, Moulins et Lyon, alors que c'est là qu'on l'attend, il escamote ses rapports avec Babeuf. Mais il s'épanouit dès qu'il est appelé au ministère de la Police, tout en continuant à donner des coups de pouce à l'histoire : son attentisme lors du coup d'État de Brumaire se transforme en rôle décisif ; en 1809, en l'absence de Napoléon, le voilà qui veille au salut de l'Empire quant il est question d'un débarquement anglais en Hollande. La comparaison du nombre de pages entre le Fouché de Madelin et le Fouché de F. révèle les discordances. La part modeste réservée à l'abdication de Napoléon et aux deux Restaurations surprend. De fait F. a un projet, réconcilier et stabiliser ; c'est l'homme du retour à l'ordre qui veut terminer la Révolution en opérant un compromis acceptable entre les anciennes et les nouvelles élites. Le texte se termine par la fameuse phrase : « Je crois résumer ma vie en déclarant que j'ai voulu vaincre pour la Révolution et que la Révolution a été vaincue dans moi ». Ultime chute sur le mot « Révolution » de celui qui tient à passer à la postérité comme l'ultime défenseur de la Révolution et qui par ailleurs n'a pas voulu nous livrer ses souvenirs d'ardent conventionnel !

C. MICHAUD

Les Sciences historiques, de l'Antiquité à nos jours. Sous la direction de CHARLES-OLIVIER CARBONELL et JEAN WALSCH assistés de ROLAND MARX et LAURENT CESARI. Paris, Larousse, 1994, 640 p. (Coll. « Textes essentiels ».)

« Écrits sur l'histoire et le métier d'historien », tel pourrait s'intituler ce recueil, en référence à Marc Bloch et Fernand Braudel. Le dix-huitiémiste, tout comme le médiéviste, ne manquera pas de trouver qu'il est réduit à la portion congrue : quinze pages seulement et trois auteurs. De Fénelon est proposé un extrait de la *Lettre sur les occupations de l'Académie française* (1714) où l'archevêque demande à l'auguste assemblée de procurer au pays un traité sur l'histoire et prodigue quelques conseils aux historiens : s'affranchir des modèles gréco-romains et des sèches et tristes annales, proscrire l'anachronisme, rechercher le pittoresque, être attentif aux changements des mœurs. Voltaire est présent par ses *Nouvelles Considérations sur l'histoire* (1744) où il s'écarte de l'histoire traditionnelle évènementielle qu'il avait encore pratiquée avec son *Histoire de Charles XII* pour prôner une attention accrue aux forces démographiques et économiques, et par l'avant-propos de l'*Essai sur les mœurs* (1756) où il dresse le vaste programme d'une histoire de toutes les civilisations, européennes et extra-européennes. Condorcet, dans son *Esquisse d'un tableau des progrès de l'esprit humain* (1794) demeure fidèle à l'esprit des Lumières et demande qu'on ne fasse pas que l'histoire des individus, mais aussi celle des masses obscures et négligées.

C. MICHAUD

DIDIER MASSEAU : *L'Invention de l'intellectuel dans l'Europe du 18ᵉ siècle*. Paris, Presses Universitaires de France, 1994, 173 p.

A la suite des travaux d'E. Walter, de D. Roche et d'A. Viala, l'A. examine le statut de l'intellectuel au 18ᵉ siècle. S'il reconnaît qu'il s'agit bien d'un véritable âge d'or au cours duquel l'intellectuel acquiert un pouvoir qu'il n'avait encore jamais possédé, il ajoute que celui-ci reste tributaire des institutions, du marché du livre, des appareils culturels d'État et de tous les réseaux de la société civile, sans lesquels il ne peut obtenir de légitimité. La question se pose d'abord de savoir comment le définir. L'intellectuel, au 18ᵉ siècle, est toujours un homme d'écriture ; ce peut être un homme de lettres, un savant ou un philosophe, ce dernier étant paré du plus grand prestige, en partie parce qu'il cherche à intervenir dans la vie publique. L'A. distingue aussi ceux qu'il appelle les « intellectuels organiques », simples agents du pouvoir, des vedettes culturelles qui « s'exportent » bien à l'étranger et dont les rapports avec l'État sont parfois difficiles : Voltaire en est un bon exemple. Mais les phénomènes nouveaux, propres au 18ᵉ siècle, qui sont surtout soulignés ici, concernent à la fois l'expansion internationale et capitaliste du marché du livre, la progressive autonomie de la sphère culturelle par rapport au prince ou à l'Église, et l'apparition d'une opinion publique relayée par les académies, les clubs, les journaux, qui devient le véritable juge de la production intellectuelle. Il s'agit donc d'un ouvrage de synthèse qui pose les bonnes questions et rend compte avec clarté des recherches actuelles dans le domaine de l'histoire culturelle.

L. ANDRIES

Regionen in der frühen Neuzeit. Éd. par PETER CLAUS HARTMANN. Berlin, Duncker et Humblot, 1994, 286 p. (Coll. « Zeitschrift für historische Forschung ».)

Le colloque de Mayence (30 mars-2 avril 1993) portait sur les régions entre le 16ᵉ et la fin du 18ᵉ siècle. Ces actes offrent une superbe comparaison entre l'Allemagne, la France et les terres polonaises. Douze contributions dont trois concernent la France (Provence, Alsace et Bretagne). On retiendra aussi une utile mise au point sur le duché de Courlande (1561-1795) sans être surpris que l'Empire soit en bonne place (Saxe, Rhin supérieur, cercle de Souabe, Franconie (deux articles) et Westphalie). Cette Europe des régions offre bien des structures communes respectueuses de disparités évidentes. Elles sont ici replacées dans leurs dimensions historiques. Un très bel exemple de la fécondité de l'histoire comparée.

D. BOUREL

ALAIN PEYREFITTE : *Un Choc de cultures.* Volume 1 : *La Vision des Chinois.*
Paris, Fayard, 1991, CXV + 523 p.

Ce premier volume d'une trilogie dont les volumes 2 et 3 s'intituleront *Le
Regard des Anglais* et *L'Œil des missionnaires* voit sous l'angle chinois la
fameuse mission envoyée par George III auprès de Qiang Long. Il nous donne
en effet la traduction de la correspondance impériale consacrée à la venue en
Chine de Lord Macartney et de George Staunton (1792-94), correspondance
échangée entre l'empereur d'une part, son conseil et ses grands administrateurs
(gouverneurs, etc.) d'autre part. Dans une large mesure ces textes étaient inédits
en traduction française et ils émanent des archives conservées dans la Cité interdite
à Beijing. L'A. place son livre dans la lignée qui commence avec *Quand la
Chine s'éveillera* et à laquelle nous devons *l'Empire immobile, La Tragédie
chinoise* et deux albums : *Chine immuable et changeante* et *Images de l'Empire
immobile.* Mais cette fois il nous ouvre, pour ainsi dire, les fondations de son
édifice puisqu'il s'est entouré d'une équipe de sinologues pour nous révéler le
contenu des « coffres de santal et des sacs de jute de la Cité interdite ». Il retrace
l'histoire de ses documents dans une vigoureuse introduction de plus de cent
pages et les présente ensuite dans l'ordre chronologique avec des commentaires
qui soulignent l'impact et les enjeux de ce choc de cultures. En un temps où
la planète s'est beaucoup rétrécie et où la Chine s'ouvre tous les jours un peu
plus à la technologie occidentale, le lecteur sourira peut-être de la naïveté d'un
empereur qui regrettait de n'avoir pas le temps d'acquérir la culture scientifique
« des hommes aux cheveux rouges ». Mais il n'en comprendra pas moins, et du
dedans, pourquoi l'histoire ultérieure de la Chine fut cette longue suite de revers
et de malheurs qui la marque encore aujourd'hui.

M. BARIDON

MARTINE SONNET, THÉRÈSE CHARMASSON, ANNE-MARIE LELORRAIN : *Chronologie de l'histoire de France.* Paris, Presses Universitaires de France, 1994,
X + 877 p. (Coll. « Premier Cycle ».)

Quarante ans après la classique *Chronologie des Civilisations* de Jean
Delorme, voici un nouvel instrument de travail et de référence fort substantiel
appelé à rendre de grands services. Entre un 17e siècle de 76 pages et un 19e de
108, le 18e siècle, avec 106 p. est bien représenté. L'économie générale dispose
le texte en quatre colonnes sur deux pages : le roi, son entourage et la politique
intérieure, les relations extérieures et la France dans le monde, l'économie et la
société, les œuvres et les savoirs. Quelques encadrés viennent préciser telle notion
ou institution, les traités d'Utrecht et de Rastadt, la polysynodie, le traité de
Paris, la réforme judiciaire de Maupeou ; avec la Révolution, ils se multiplient,
de la Grande Peur au 18 Brumaire, pour se limiter strictement au siècle. On
relèvera l'attention portée à la climatologie et à ses conséquences sur les récoltes
et les crises de subsistances, ainsi que l'abondance des mentions concernant la
vie littéraire, philosophique, scientifique et artistique. Le lecteur minutieux pourra
toujours noter quelques inexactitudes. L'historien de l'Europe centrale relèvera
qu'en 1701, il est fait allusion au roi *de* Prusse et non au roi *en* Prusse (p. 388),
que l'empereur François 1er est un Habsbourg-Lorraine (p. 436), que Joseph II
est dit empereur d'Autriche (p. 444). Une courte bibliographie, quelques généalogies et cartes et surtout deux index exhaustifs, des personnes et des lieux, concluent
ce très utile ouvrage.

C. MICHAUD

LUCIEN BÉLY : *La France moderne, 1498-1789.* Paris, Presses Universitaires de
France, 1994, XV + 670 p. (Coll. « Premier Cycle ».)

A nouvelles générations d'étudiants, manuels nouveaux. Il est bien révolu
le temps de la *Glotz* et d'*Halphen et Sagnac...* On n'en regrettera pas la compacité

de présentation, si on peut à bon droit s'interroger sur les niveaux d'exigence alors requis. Ne soyons pas partiaux et reconnaissons que les manuels d'aujourd'hui intègrent souvent les nouveaux territoires défrichés par l'historien. Ce n'est pas vraiment le cas avec cette *France moderne* destinée aux étudiants de DEUG, qui privilégie une histoire politique où les évènements et les préoccupations internationales de la France, dont l'A. est un spécialiste, ont la meilleure part. Est-ce sagesse ? Le 18ᵉ siècle occupe neuf chapitres sur 28, dont huit déroulent le fil chronologique, depuis la guerre de Succession d'Espagne jusqu'à la marche à la Révolution ; un seul chapitre pour embrasser la croissance économique, la vie religieuse, l'évolution de la société, l'éducation, la culture, les lettres et les arts, le mouvement philosophique et les Lumières. N'est-ce pas trop d'un côté, pas assez de l'autre ? Il faut souligner la clarté du discours, l'abondance des titres, sous-titres et intertitres, la modération de la longueur des paragraphes, une typographie aérée. Bref, l'étudiant doit se retrouver facilement dans le récit du siècle. Un double index facilite la recherche. Si l'illustration est pauvre (onze cartes), la bibliographie, pour le public visé, est abondante et méthodiquement présentée. Elle est massivement en langue française : pour le 18ᵉ siècle, quatre ouvrages en anglais seulement (Butler Rohan sur les Choiseul, Van Kley sur l'affaire Damiens, Hufton sur les pauvres et Mac Manners sur la société ecclésiastique dans le diocèse d'Angers).

C. MICHAUD

GABRIEL AUDISIO : *Les Français d'hier. Tome 1 : Des paysans, 15ᵉ-19ᵉ siècles.* Paris, Armand Colin, 1994, 367 p. (Coll. « U Histoire ».)

Voici une synthèse passionnée et vivante, à mi-chemin entre la vision de l'ethnologue et celle de l'historien, partiellement décapante par l'origine du regard qui, pour une fois, n'est pas totalement celui du ruraliste de la France du Nord pour qui, trop souvent, tout se joue exclusivement entre Bourgogne et Beauvaisis. L'ouvrage met en place, dès le départ, ce que fut le milieu de vie des ruraux d'autrefois, avec le souci de marquer l'éloignement dans le temps et l'insertion dans ce que l'A. appelle l'implacable nature. On lui saura gré, notamment, d'avoir su réserver quelques pages à la présentation de l'outillage technique, de la maison et, d'une manière générale, de l'équipement paysan. La place du pain, si importante dans la civilisation de nos pères, est également judicieusement évoquée. De même en est-il des solidarités au sein du village. Mais le monde paysan, si spécifique soit-il, n'échappe pas aux règles de la vie économique d'un milieu dans lequel la rente foncière, sous toutes ses formes, a joué un rôle déterminant. Il s'ensuit tout un jeu de relations spécifiques entre exploitants et propriétaires, dans un contexte permanent de précarité qui ne conduit pas toujours, d'ailleurs, à la misère. L'ouvrage se termine par l'évocation des mutations que la fin de l'époque moderne introduit : la lente pénétration de la civilisation de l'écrit et de l'agronomie dans un monde où l'oralité et la référence à la pratique coutumière étaient, de toute éternité, les maitres du jeu. On regrettera seulement, à côté de quelques scories faciles à corriger dans une prochaine édition, que l'A. n'ait fait, contrairement à ce qu'annonce le titre, qu'une tïmide incursion dans l'histoire du 19ᵉ siècle. C'est, peut-être, parce que le parti-pris ethnologique finalement l'emporte. Il eut été pourtant intéressant de voir les paysans de G. A. tendre la main à ceux de Weber à l'époque de la fin des terroirs.

JEAN BOISSIÈRE

JOËL FÉLIX : *Économie et Finances sous l'Ancien Régime. Guide du chercheur, 1523-1789.* Paris, Comité pour l'Histoire économique et financière de la France, 1994, XIV + 493 p. (Coll. « Sources ».)

Les guides du chercheur ravissent et accablent. On s'y perd avec délices au hasard des pages, on s'y désespère dès qu'on suit le fil d'une recherche qui n'en finit pas. Celui-ci s'ouvre par une excellente introduction de Françoise BAYARD qui dessine à grands traits les moments importants de l'histoire économique en France et salue au passage quelques illustres thèses. La mode est aux mentalités, aux pratiques culturelles, à l'anthropologie, à tel point qu'on a pu écrire en 1986 : « L'histoire économique est actuellement portée disparue ». Pas tout à fait, si on en juge par le renouveau des études rurales et par la forte avancée de l'histoire financière. Il reste à labourer plus profond et à défricher, et ce guide évitera bien des errances et du temps perdu. Non seulement il présente les fonds selon l'ordre traditionnel (Archives nationales, départementales, Bibliothèque nationale, autres bibliothèques publiques...), mais il fournit quarante pages initiales sur les sources de la recherche bibliographique et les ouvrages généraux fondamentaux, pages qui trouvent leur complément naturel dans les notes infrapaginales. Les trois classiques index concluent un volume dont il n'est point besoin de dire le caractère indispensable.

C. MICHAUD

MICHEL ZYLBERBERG : *Une si douce domination. Les milieux d'affaires français et l'Espagne vers 1780-1808*. Paris, Comité pour l'Histoire économique et financière de la France, 1993, XVIII + 655 p. (Coll. « Études générales ».)

Le 18e siècle fut l'âge d'or de la pénétration économique des milieux d'affaires français en Espagne. En dépit de la concurrence anglaise ou de l'offensive du gouvernement éclairé de Charles III, à partir de 1770, pour mettre fin à une situation subordonnée, la position de la France demeura sans égale. Le monde hispanique fournissait en abondance à la France la laine brute pour ses industries textiles et les « flots blancs » des piastres d'argent qui servaient à éponger le déficit du commerce avec l'Asie ; en retour la France procurait à une Espagne sous-industrialisée et à son Empire toutes sortes de « manufactures » de qualité, dont les toiles plutôt de lin. Un véritable réseau de Français (souvent originaires du Béarn et de Bayonne) s'installa en Espagne, à Cadix surtout. Les maisons de commerce ne se satisfirent pas de l'import-export ; elles élargirent leur activité en jouant des opportunités offertes par les besoins fiscaux de la monarchie madrilène lors de son engagement dans la guerre d'Indépendance américaine : François Cabarrus fut à Charles III ce que Necker fut à Louis XVI, le financier indispensable. La Révolution mit fin au Pacte de Famille ; mais les hostilités entre les deux pays furent de durée limitée ; paradoxalement, ce fut l'engagement de l'Espagne aux côtés de la France à partir de 1796 qui fut préjudiciable aux Français, car il signifia la guerre avec l'Angleterre. Néanmoins le réseau français ne s'affaiblit pas de façon significative, bien que les richesses de l'Empire commençassent à lui échapper. Gabriel Julien Ouvrard et son consortium réussirent presque une OPA totale sur une bonne part de l'économie et des finances de l'Espagne. Ce furent les relations commerciales entre l'Espagne et son Empire qui se dégradèrent ; le monopole fut perdu au profit de l'Angleterre et des États-Unis, et cette nouvelle donne ne put être que dommageable aux intérêts français. Cela pesa-t-il dans la décision de Napoléon de placer son frère sur le trône de Madrid ?

C. MICHAUD

Paris et ses campagnes sous l'Ancien Régime. Mélanges offerts à Jean JACQUART. Textes réunis et publiés par MICHEL BALARD, JEAN-CLAUDE HERVÉ, NICOLE LEMAITRE. Paris, Publication de la Sorbonne, 1994, 382 p.

C'est une de ces belles moissons propres aux riches terres de l'Ile-de-France que nous offre ce recueil en l'honneur de l'un de ceux qui se dépensa sans compter pour qu'une histoire digne de ce nom leur soit enfin consacrée. Le 18e siècle est largement présent puisqu'une vingtaine de contributions (sur 36) s'y rapportent. L'ouvrage est construit autour de six thèmes allant de la terre, son exploitation et ses hommes, à l'État, en passant par la ville et le commerce. L'histoire religieuse n'est pas absente, avec, notamment, une intéressante contribution de G. TROUPEAU sur la bibliothèque du curé d'Argenteuil à la veille de la Révolution. Comme c'est souvent le cas dans ce genre de publication on retrouve l'écho de recherches déjà connues qui sont là en hommage à celui qui sut les inspirer (on pense à la communication de J.-M. MORICEAU sur la famille des Navarre). On peut y voir également les traces de quelques chantiers nouveaux dont il faudra, sans nul doute, reparler : tel est le cas des remarques sur l'histoire de la culture équestre à l'époque moderne que donne ici D. ROCHE à propos de Chateaubriand et des *Mémoires d'Outre-Tombe*. Au total un bel ouvrage qui honore l'œuvre d'un grand professeur.

J. BOISSIÈRE

JEAN-PIERRE GUTTON : *Guide du chercheur en histoire de la protection sociale.* Vol. 1 : *Fin du Moyen Age-1789.* Paris, Association pour l'étude de l'histoire de la Sécurité sociale, 1994, 215 p., 8 ill.

La seconde partie de l'ouvrage est bien un guide qui recense les fonds d'archives et de bibliothèques ainsi que les sources imprimées, les documents publiés et les travaux divers. La première est une belle synthèse sur la protection sociale avant la Révolution française. En ce domaine, le 18e siècle, surtout après 1750, innove : un environnement matériel plus sûr, un recours plus fréquent à la justice, un Dieu moins vengeur et plus rassurant, l'essoufflement des confréries, tel est le contexte qui permet la naissance d'une vraie conception de la protection sociale. Sous Louis XIV, on aide les pauvres ou on les enferme en les faisant travailler ; le 18e siècle sensible et humanitaire réfléchit aux causes sociales et économiques de la pauvreté. Pour Montesquieu, l'État « doit à tous les citoyens une subsistance assurée » et l'*Encyclopédie* proclame le droit au travail. On tente de séparer vagabonds et mendiants, parqués dans des dépôts de mendicité au caractère pénitentiaire affirmé, des malades recueillis en 1789 dans 2 326 établissements comptabilisant 86 252 lits, ce qui est fort honorable. La médecine d'observation tente quelques percées, les 45 000 chirurgiens sont séparés des barbiers depuis 1691, Mme du Coudray forme 10 000 sages-femmes et 200 chirurgiens-démonstrateurs. Si les confréries connaissent un certain déclin, les loges maçonniques s'exercent à la bienfaisance. Le siècle « invente » le vieillard et la pension de retraite, initiée chez les séculiers et les militaires, est instituée pour les employés de la Ferme générale et des Ponts et Chaussées. En 1777, Necker fait ouvrir le Mont-de-Piété de Paris. La façon de penser et de revendiquer la sécurité a donc bien changé.

C. MICHAUD

GILLES DEREGNAUCOURT et DIDIER POTON : *La Vie religieuse en France aux 16e-17e-18e siècles.* Gap et Paris, Ophrys, 1994, 310 p. (Coll. « Synthèse Histoire ».)

Destinée à la formation des étudiants d'histoire dans un domaine considéré comme particulièrement sensible dans le contexte de sécularisation qui est actuellement celui de notre culture, cette publication témoigne amplement des efforts entrepris pour pallier une carence. A dire vrai, l'ouvrage se laisse porter par la qualité des études d'histoire religieuse qu'une cohorte de grands historiens, catholiques pour l'essentiel, depuis une génération au moins, ne cesse de produire, et il le fait avec beaucoup de jugement et d'éclectisme (la bibliographie sélective en témoigne amplement). L'essentiel du texte se présente comme une mise au point des connaissances. L'histoire de l'Église en sort confortée : le temps de la Réforme devient celui du peuple chrétien à l'épreuve tandis que la révocation de l'édit de Nantes est noyée au sein d'un chapitre (seize pages) traitant un siècle d'histoire du protestantisme (1660-vers 1760). Le 18e siècle, comme on pouvait s'y attendre, est coupé en deux, la première partie étant présentée comme le prolongement et la diffusion de l'œuvre de rénovation menée antérieurement. Passé le milieu du siècle, c'est peut-être moins à un début de déchristianisation que nous assistons qu'à l'apparition des premiers signes de cette sécularisation triomphante aujourd'hui, dans un contexte déjà dévalorisant pour tous les dogmatismes et les intolérances. On saura gré aux auteurs d'avoir conduit leur étude jusqu'en 1791 qui est, dans le domaine de l'histoire religieuse, une date sans doute aussi importante que celle de 1685. L'ouvrage se termine par deux dossiers, l'un sur les chanoines, l'autre sur les consistoires protestants, une chronologie et, surtout, un glossaire particulièrement précieux.

J. BOISSIÈRE

RICHARD MOWERY ANDREWS : *Law, Magistracy and Crime in Old Regime Paris (1735-1789).* Volume I : *The System of Criminal Justice.* Cambridge, Cambridge University Press, 1994, XX + 608 p., ill.

Réfutant la « légende noire » de la justice d'Ancien Régime considérée comme une administration brutale et arbitraire, l'A. tente de prouver que les institutions judiciaires françaises du dernier siècle de la monarchie furent au contraire fondées, sinon dirigées, par des principes rationnels et moraux qui ne le cédaient en rien aux réformes révolutionnaires, dont la pratique fut souvent en contradiction avec l'idéologie égalitaire qui présidait à leur définition. Analysant les deux Cours de justice parisiennes, du Châtelet et du Parlement, l'A. y trouve la preuve d'une instruction menée selon les règles les plus positives. A une époque où la criminalité parisienne est en expansion dans les classes inférieures de la population, le système judiciaire criminel s'adapte à cette nouvelle donne. L'A. étudie le personnel de ces Cours : son origine sociale, sa formation, son idéologie et ses relations avec la société civile et les autres institutions, dont le pouvoir royal et l'Église. Les procédures judiciaires depuis l'Ordonnance criminelle de 1670, la jurisprudence, les privilèges régaliens sont analysés et éclairés par trois exemples longuement décrits : « une rébellion à la justice » contre le Guet en 1749, une affaire de « vol simple » en 1761, un meurtre en 1781. La précision de la machine judiciaire, sa prudence aussi, mettent en évidence trois des éléments qui fondent la conviction des juges : le témoignage, la matérialité des faits et l'évidence. Un second volume doit être consacré à l'évolution de la criminalité parisienne et à ses effets sur la crise de l'institution judiciaire dans les dernières décennies du 18e siècle.

F. MOUREAU

Juifs en France au 18e siècle. Sous la direction de BERNHARD BLUMENKRANZ. Paris, Commission française des Archives juives, 1994, 272 p. (Coll. « Franco-Judaica ».)

Le regretté B. BLUMENKRANZ qui a beaucoup fait pour le développement de l'histoire des juifs en France n'est plus là pour voir ce volume qu'il avait pensé. Il est remarquable par ses 14 contributions, généralistes (littérature hébraïque et patriotisme en France) ou régionales (de Bordeaux à l'Alsace). Enfin les représentations des juifs, dans l'opinion publique, chez les philosophes (R. MORTIER reprend le dossier) et dans la presse parisienne. De l'abbé Grégoire à Reubell, de Jacob Silva à Berr Isaac Berr, les grands acteurs sont relus, requestionnés par des experts (M. CATANE, M. YARDENI, M. LEMALET) mais aussi par des spécialistes d'autres problématiques ayant rencontré la « question juive » dans leurs recherches (D. ROCHE, J.-R. SURATTEAU, O. ELYADA). Une excellente manière d'apprécier la richesse de la vie juive dans la France des Lumières.

D. BOUREL

592 NOTES DE LECTURE

DANIEL LIGOU : *La Postérité d'Hiram. Histoire et devenir de la Franc-Maçonnerie*. Paris. Éditions Dervy, 1993, 288 p.

L'A. propose ici une synthèse de l'histoire maçonnique, depuis les origines mythiques de l'Ordre jusqu'à nos jours, en faisant le partage entre les connaissances certaines, les questions encore en débat et les légendes à écarter définitivement. Limitons-nous au seul 18e siècle. L'A. fait d'abord justice des légendes qui font remonter la maçonnerie à une antiquité mythique : 1717 pour l'Angleterre et 1724 pour la France sont les dates les plus reculées où l'activité maçonnique peut être attestée. Avant ces dates il y a certes une « préhistoire » de la maçonnerie, mais pas d'organisation structurée et régulière. Quant à la franc-maçonnerie française, l'A. y consacre plus d'une cinquantaine de pages de mise au point claire et pédagogique : l'histoire encore mal connue des premières loges, le premier essor de l'ordre jusque vers 1750, puis la rapide progression sous l'égide des premiers grands-maitres. La création du Grand Orient, en 1773, est mise en valeur comme étant le moment décisif de l'essor de la maçonnerie des Lumières : la centralisation et la « démocratie » interne en firent la forme de sociabilité la plus influente du siècle. A propos de la Révolution française, l'A. détruit la légende du « complot » maçonnique et montre que les maçons se sont divisés dès 1789 ; leur influence a été multiple et non unilatérale. La vie des loges s'est du reste étiolée jusqu'à disparaitre presque totalement en 1793, pour renaitre lentement après Thermidor et sous le Directoire. Avec le Consulat et l'Empire, il y eut réorganisation de l'Ordre, à la fois protégé et surveillé par Bonaparte, dont le frère, Joseph, était promu grand-maitre.

M. DORIGNY

PIERRE CHEVALLIER : *Les Ducs sous l'Acacia ou les premiers pas de la Franc-Maçonnerie française, 1725-1743. Nouvelles recherches sur les Francs-Maçons parisiens et lorrains, 1709-1785. Les idées religieuses de Davy de La Fautrière*. Genève, Slatkine, 1994, 336 p. (Coll. « Classiques de la Franc-Maçonnerie ».)

Le présent ouvrage est une réédition du livre de 1964, augmentée de plusieurs pièces et documents. Il est le deuxième publié dans la collection dirigée par Alain Bernheim. La première partie *(Les ducs sous l'Acacia...)* comporte six chapitres qui traitent successivement de « La loge de Saint Thomas et les Grands Maîtres des origines à 1743 », « Les loges du Louis d'argent et de Bussi-Aumont », « La loge de Coustos-Villeroy », « La Franc-Maçonnerie, l'opinion publique et le pouvoir royal, de 1737 à 1745 », « MM. de Ramsay et de Tressan », « Lunéville et Versailles ». La seconde partie *(Nouvelles recherches...)* suit la division en ces six chapitres. La troisième partie expose les idées religieuses de La Fautrière (1700-1756), janséniste et maçon, conseiller au parlement de Paris et membre du club de l'Entresol. Cette réédition augmentée arrive fort à propos, à un moment où, précisément, nos connaissances en ce domaine évoluent et se renouvellent... Et, parce qu'elle apporte une vision claire des origines et des débuts de la Franc-Maçonnerie en France, dument basée sur des textes patiemment recensés, solidement argumentée et analysée sans *a priori* mais d'une façon scientifique, sa lecture s'avère désormais incontournable. Un excellent livre.

G. TAMAIN

La Franc-Maçonnerie. Bordeaux, Musée d'Aquitaine, 1994, 232 p., nombreuses ill. en noir et en couleurs, 22 × 28 cm.

Voici le catalogue de l'exposition à Bordeaux du 11 juin au 16 octobre 1994. Un bon nombre des 471 notices est dû à Johel COUTURA, coordinateur de cette partie du volume. Elles sont précédées d'une introduction collective sur la franc-maçonnerie où on retrouve tous les grands maçonologues, L. NÉFONTAINE sur la symbolique, R. DACHEZ pour les rites, C. PORSET pour la philosophie, J.-P. LASSALLE pour le vocabulaire, J. BRENGUES pour la littérature et les auteurs, P.-H. MORBACH pour les objets. P. CHEVALLIER traite des rapports de la franc-maçonnerie avec les pouvoirs, P. GOURDOT de l'évolution de l'institution en France, A. COMBES de la franc-maçonnerie et de la liberté, D. LIGOU des relations de l'Ordre avec la République, Hélène CAMOU des loges féminines, Aldo MOLA de l'anti-maçonnisme, J. COUTURA enfin de la franc-maçonnerie à Bordeaux. Ce sont les relations commerciales intenses avec l'Angleterre qui expliquent la précocité de la création en 1732 par des Britanniques de la loge bordelaise nommée *Anglaise* installée aux Chartrons ; Montesquieu y fut initié avant 1737. La loge essaima en créant une fille en 1740, baptisée *Française* qui compta Victor Louis parmi ses adhérents. La loge *L'Amitié* ouvrit en 1746. Toutes deux se firent agréger au Grand Orient de France. On apprendra aussi les multiples fonctions de la symbolique maçonnique, diacritique, moralisatrice, sociale, unificatrice, réconciliatrice, métaphysique, gnostique, libératrice, propédeutique, orientante et émotive ou la classification du vocabulaire maçonnique en ergolecte, socio-ordinolecte, hagiolecte et crypto-herménolecte... Et sait-on qu'un écrivain d'expression française sur huit, au 18ᵉ siècle, était franc-maçon ? Ou que David d'Angers représenta ses frères de loge au fronton du Panthéon ?

C. MICHAUD

Bulletin de l'Association française du Temple de Salomon. Tome 3 (1993) : nᵒˢ 9 (mars), 75 p. ; 10 (juin), 75 p. ; 11 et 12 (déc.), 150 p. (S'adresser au directeur, Guy Tamain, Les Millepertuis A-1, avenue de Berry, 91940 Les Ulis).

Ce *Bulletin*, habituellement trimestriel, présente des articles de fond, d'autres de vulgarisation, des synthèses, etc. et rend compte des résultats inédits des recherches menées par l'Association et ses membres. Il comporte également des notes de lecture, présentation et analyses de livres, de revues et d'articles, reproduction de documents, etc. concernant l'histoire de la Franc-Maçonnerie, principalement au 18ᵉ siècle. Il annonce, enfin, des congrès et colloques. Signalons les articles d'A. BERNHEIM, « La troisième édition du *Dictionnaire* de D. Ligou » (9), de F. DELON, « Les *Sea-Serjeants*, une société paramaçonnique dans les comtés de l'Ouest du Pays de Galles... » (11-12), et « *The Stirling Royal Arch Chapter No. 2* (1743) », de Marie-Thérèse GRAVIER, « La Franc-maçonnerie et la religion dans l'Europe du 18ᵉ siècle » (10), de G. TAMAIN, « L'hypothèse d'une réimpression en 1731 (?) du Livre des Constitutions de 1723 » (9), « La place de Dieu dans les premiers textes maçonniques britanniques (1696-1730) » (10), et « Le projet maçonnique de Société en Angleterre (1717-1732), en France (1732-1750) et en Europe (1740-1743) » (11-12). Parmi les documents présentés, on relève la Condamnation des Francs-maçons (Naples, 10 juillet 1741) (9), un très beau tablier de Chevalier de l'Aigle Noir (9), une superbe médaille de Martin Folkes (9 et 10). Sans oublier l'annonce de la constitution du Comité français pour l'Histoire de la Franc-Maçonnerie, ouvert à tous les historiens.

R. DESNÉ

MICHEL LECUREUR, OLIVIER PRINGARD : *La Franc-Maçonnerie au Havre, 1738-1815.* Préface de Jean-Robert RAGACHE. Luneray, Éditions Bertout [rue Gutenberg, 76810 Luneray], 1994, 290 p., 35 ill., 21 × 29,5 cm.

Comme le rappellent les A., il n'existait pas d'étude véritablement satisfaisante sur la maçonnerie havraise ; prenant donc le prétexte du bicentenaire de la fondation de la Loge des *3 H*, ils se sont mis au travail. L'ouvrage qui en résulte est un imposant *in-quarto* de 300 pages environ, richement illustré ; il porte sur la période 1738-1815, mais un second volume est annoncé. Il n'est pas possible de résumer un tel travail ; je me bornerai à dire qu'il est une contribution majeure à la connaissance de la maçonnerie provinciale et de la maçonnerie tout court ; il a sa place à côté des classiques, Bouton pour le Maine, Taillefer pour Toulouse, Fénéant pour la Touraine, etc., car non seulement il apporte une foule de documents inconnus ou inexploités tirés d'archives publiques ou privées, mais à la différence des monographies habituelles sur le sujet, celle-ci est écrite par des « professionnels ». *Première thèse :* la maçonnerie havraise a des origines continentales, elle n'a pas été importée par des marins anglais, comme ce fut, par exemple, le cas à Bordeaux. Elle s'implante dès 1738, et cela parait indiquer qu'il a existé *très tôt* une maçonnerie coupée de ses origines anglaises, et une maçonnerie assez forte puisque capable d'essaimer de la capitale vers la province. *Deuxième thèse :* les loges du Havre ne jouèrent aucun rôle dans la préparation de la Révolution ; loin d'être des « sociétés de pensée », comme le crurent Cochin et Gaston Martin, elles n'étaient que des lieux de convivialité (p. 195) ; si les Frères devaient parler entre eux des affaires du temps, aucune trace de travaux sur des sujets de société n'a été conservée. En revanche, la Révolution a profondément transformé la maçonnerie, et l'engagement de nombreux Frères dans le processus révolutionnaire prouve simplement que les maçons nobles ou roturiers avaient une conscience aigüe du rôle qu'ils devaient jouer dans la cité. *Troisième thèse :* il a existé une maçonnerie révolutionnaire au Havre qui a maintenu le contact avec le Grand Orient jusqu'en 1795 : la loge des *3 H[aches]* fut constituée le 30 avril 1794 ; une remarque en passant : lors de son installation, en juin, le Frère Aubrée rappela « les vrais principes de l'Ordre : *la liberté, l'égalité, la fraternité*, la bienfaisance » (p. 180). Cela ressemble au ternaire républicain ; davantage, au cours des agapes, la sixième santé fut suivie de « chansons patriotiques inspirant la *liberté, l'égalité et la fraternité* ». Je le souligne parce que O. Pringard, qui cite ces textes, parait les oublier et conclut péremptoirement, p. 198, que l'origine maçonnique de la devise républicaine est « une contrevérité flagrante ». Quoi qu'il en soit, cette histoire de la maçonnerie havraise est remarquable ; on attend avec impatience la suite (qui donnera, on l'espère, une liste alphabétique des Frères de cet Orient avec indication de leur profession et de leur cursus maçonnique et, c'est indispensable, un index général).

C. Porset

Michel Balmont : *Le Tuilage.* Monistrol-sur-Loire, Les Amis des Élus, 1994, 206 p.

Ce livre reprend une remarquable thèse de doctorat sous la direction de Jacques Brengues, traitant de la *Sémiotique du mot de passe maçonnique* et soutenue en novembre 1992 à l'Université de Rennes-2. Le tuilage est cet interrogatoire qui précède l'admission de tout visiteur dans une loge maçonnique. Il correspond en premier lieu à une procédure de vérification de la qualité et de l'« âge » maçonniques dudit visiteur. Mais, à un second niveau, il a pour fonction d'intégrer ce « Frère » à la loge à laquelle il se présente. Enfin, en tant que méthode de communication, il développe une théorie de l'échange symbolique (espace, temps, langage) et, qui plus est, la met en pratique. C'est en sémioticien, affirmé, que l'A. a mené sa réflexion et ses recherches sur cet aspect particulier de la communication qu'est le tuilage entre francs-maçons, et il nous donne ainsi une analyse approfondie et tout à fait originale, inédite.

Ce livre est à recommander. On se le procurera chez l'A. : Michel Balmont, Le Bessy, 42230 Roche-La-Molière.

G. Tamain

Roger Béteille (sous la direction de) : *La Charente.* Toulouse, Privat, 1994, 189 p., 32 × 25 cm (Coll. « Rivières et vallées de France ».)

Ce livre pour grand public, bien illustré, comporte un aperçu historique dû aux meilleures plumes, R. Favreau pour le Moyen Age, J. Marcadé pour les périodes suivantes. Le fleuve certes, mais aussi le pays alentour, Aunis et Angoumois, qui, au 18e siècle, connait calme social et prospérité. La présence protestante perdure le long du cours moyen et inférieur de la Charente ; Segonzac retrouve un temple en 1755, Cognac en 1763. Le port et arsenal de Rochefort, création colbertienne, compte 20 000 âmes en 1750 et arme pour le compte du roi à destination de l'Amérique ; grâce à Turgot et en dépit de La Rochelle, il obtient en 1775 l'autorisation de commercer avec les Antilles ; l'abandon des galères entraine l'ouverture d'un bagne en 1767. Si l'industrie papetière à Angoulême souffre de la révocation de l'édit de Nantes, la métallurgie prospère. Le vignoble couvre 150 000 ha et l'appellation de *cognac* se généralise ; Jean Martell s'installe à Cognac en 1719, Roland Hennessy en 1765 ; les exportations atteignent 75 000 hl en 1789, vers l'Angleterre, les Provinces-Unies et les Antilles. Jarnac est le grand port du sel. La Charente inspire la dénomination de deux départements : l'Angoumois, une partie du Confolentais et l'élection de Cognac forment la Charente avec Angoulême comme chef-lieu ; Aunis et Saintonge s'unissent dans la Charente inférieure dont La Rochelle, ville principale, ancien siège de la généralité, mais privée de son évêché, Saint-Jean-d'Angély, siège de sénéchaussée et Saintes, ville plus centrale, se disputent le chef-lieu ; Saintes l'emporte jusqu'en 1810, date du transfert à La Rochelle. Le commerce maritime souffre de la menace anglaise et le blocus fait tomber des deux tiers les exportations d'eau-de-vie ; le trafic sur la Charente décline ; les grands travaux se préoccupent plus de sa traversée que de sa navigabilité. En 1815, Napoléon s'embarque à Rochefort pour son dernier voyage. Le cognac peut alors reprendre la voie de l'Angleterre.

C. Michaud

Jean-Marc Moriceau : *Les Fermiers de l'Ile-de-France, 15e-18e siècles.* Paris, Fayard, 1994, 1071 p.

Cette belle et ample étude suit le destin de l'aristocratie du monde rural de l'Ile-de-France (Hurepoix et plaine du Longboyau au sud de Paris, Pays de France, Multien et Valois au nord) du règne de Charles VI à celui de Louis XV. Passons sur la façon dont a été constitué le *Who's who* pour insister sur les fortes conclusions qui intéressent le 18e siècle. La dépression séculaire (1650-1740) entraina une sélection impitoyable parmi les producteurs agricoles : alors que les charges fiscales et les salaires augmentaient, que les fermages résistaient, les profits s'effondrèrent au moment où jamais les familles n'avaient été si nombreuses. Les faillites culminèrent de 1640 à 1670 et de 1690 à 1720. Pour ceux qui résistèrent, le salut passa par la concentration des exploitations : il fallut désormais 150 ha pour continuer à paraitre ; un Jean Navarre (terroirs de Compans et Villeroy) parvint à 754 ha. Ces gros fermiers livrent directement sur le marché parisien, non seulement leurs blés mais aussi la paille nécessaire à la cavalerie ; ils rentrent avec le fumier urbain prêt à l'emploi. L'ascension sociale conduit à une *gentry* à la française, celle des fermiers-gentilshommes, souvent anoblis par la « savonnette à vilain » ou par quelque autre office. On met ses fils chez les Oratoriens de Juilly et ses filles chez les Ursulines. Les actifs successoraux tournent autour de 200 000 livres, avec des réserves monétaires non négligeables. Les inventaires révèlent chez certains le souci de confort, de distinction et d'urbanité : argenterie, miroirs, pendules et baromètres, tableaux, bois exotiques, perruques et dentelles étrangères, autant de marqueurs sociaux qui composent un nouveau monde de représentation. Nous sommes bien éloignés de Georges Dandin et de maitre Blaise et en présence d'un patronat de la terre, choyé par les physiocrates, disponible pour d'éventuelles expériences agronomiques et pour le capitalisme extra-agricole. N'oublions pas que nous sommes dans l'orbite parisienne et que Paris n'est pas la France.

C. Michaud

YVETTE BARADEL : *Belfort, de l'Ancien Régime au siège de 1870-1871. Fonction régionale - Impact national, 1780-1870*. Belfort, Société belfortaine d'émulation, 1993, 303 p., ill., 21 × 30 cm.

Née de la volonté de Louis XIV et de Vauban, la ville de Belfort ne s'est pas hissée au rang de véritable place de guerre. Entre l'Alsace et la Franche-Comté, au carrefour des routes Paris-Bâle et Lyon-Strasbourg, elle n'est qu'un entrepôt et un gite d'étape, peuplée en 1789 de 4 000 civils et de 2 000 militaires. Le comté de Belfort appartenait aux Mazarin et formait un bailliage ; la ville était siège d'une subdélégation de l'intendance d'Alsace. En 1787, la réforme administrative en fit un chef-lieu d'un district où communautés de langue française et allemande s'équilibraient ; l'élargissement de la base électorale provoqua de rudes luttes de clans. Cette ville d'artisans et de marchands n'échappa pas à la conjoncture difficile des années 1780. Le milieu était exclusivement catholique. La pénétration des Lumières se mesure dans quelques inventaires de bibliothèque et l'existence de la loge des *Bons Amis de la Miotte*. Des évènements et transformations de la Révolution, retenons ceux qui sont originaux dans cette zone frontière. Belfort fut touchée par l'onde de la Grande Peur partie de la Haute-Saône. En 1791 la municipalité s'émut fort du passage vers Soleure, pour rembourser un prêt, d'un demi million de livres ; n'était-il pas destiné au comte d'Artois ? Surtout, avec la guerre, Belfort devint place de guerre. En mai 1792, des Belfortains participèrent à une expédition à Porrentruy, résidence de l'évêque de Bâle occupée par les Autrichiens et en septembre à celle contre Montbéliard, possession du duc de Wurtemberg. Le représentant en mission Hérault de Séchelles (nov. 1793) voulut faire de Belfort un camp retranché. La garde nationale et la société populaire entretinrent le civisme. Ainsi naquit dans la cité cette mentalité durable d'esprit militaire, de défense de la patrie, d'idéal de liberté et d'égalité.

C. MICHAUD

THIERRY SARMANT : *Le Cabinet des médailles de la Bibliothèque nationale, 1661-1848*. Paris, École des Chartes (Diffusion : Genève, Droz et Paris, H. Champion), 1994, 409 p. (Coll. « Mémoires et documents de l'École des Chartes ».)

Malgré ses riches collections et traditions, le Cabinet des médailles a souvent une place effacée dans les histoires consacrées à la Bibliothèque nationale (moins dans le livre de Simone Balayé). Le présent ouvrage veut lui rendre justice, en en proposant une histoire détaillée : l'évolution des collections tout d'abord, mais aussi l'historique des bâtiments qui les ont abritées, tout comme l'histoire du personnel et du public, sans oublier l'étude de l'architecture et du décor. Dans cette histoire, le 18ᵉ siècle représente une étape importante. Si le 16ᵉ siècle marque le point de départ des collections et le 17ᵉ la création du Cabinet, c'est à partir de 1719 que ce Cabinet fut indissolublement lié à la Bibliothèque du roi. Pendant cette époque, le Cabinet a eu une direction d'une continuité exceptionnelle, représentée par deux conservateurs, Claude Gros de Boze et Jacques Barthélémy, qui se sont succédé entre 1713 et 1795. La Révolution a troublé sa tranquillité, mais elle a enrichi les collections et même le personnel. Ce livre est plus qu'une reconstruction érudite de tout ce passé. L'A. a réussi aussi à recréer une atmosphère, tout en donnant du relief à l'histoire du Cabinet des médailles dans l'histoire plus large de la Bibliothèque nationale.

S. LEMNY

Un ingénieur des Lumières : Emiland-Marie Gauthey. Sous la direction de ANNE COSTE, ANTOINE PICON et FRANCIS SIDOT. Paris, Presses de l'École nationale des Ponts et chaussées, 1993, 280 p., ill.

Cet ouvrage collectif regroupe treize études. Gauthey, ingénieur-architecte a œuvré pendant la période 1759-1806. Sa carrière s'est déroulée en Bourgogne, sa province natale, puis, en 1792, il est venu habiter Paris, après sa nomination comme inspecteur général des Ponts et Chaussées. Il fait partie de ces grands commis qui ont permis la modernisation des moyens de transport et participé aux grands projets de construction de canaux pour relier le bassin de la mer du Nord à celui de la Méditerranée. Quatre études (P. BODINEAU, C. LAMARRE, M. BONNEVIOT, J. GUILLERME) sont consacrées plus précisément à l'ancrage de G. en Bourgogne, cinq autres (J. M. GOGER, P. PINON, P. NOTTEGHEM, F. PLASSARD, F. SIDOT) aux travaux sur les canaux : canal du Centre, canal du Charolais, tandis que les quatre dernières s'intéressent aux talents d'architecte de G. : ponts, église de Gibry (E. BEVENUTO et M. CORRADI, J. DESVIGNE, A. COSTE, A. PICON). Les annexes permettent de bien suivre la vie et l'œuvre de G. et de lire un de ses mémoires inédits. Des illustrations, des cartes, des tableaux clairs, bref tout pour faire une excellente monographie. Il n'y manque qu'un index.

A.-M. CHOUILLET

SERGE DERUETTE (éd.) : *Réfléchir la Révolution française. Histoire, historiographie, théories.* Bruxelles, Institut de Sociologie de l'Université libre de Bruxelles, 1993, XXII + 284 p., 10 ill. en noir et en couleurs.

Du 16 au 18 mai 1990 s'est tenu à Bruxelles un colloque à l'intitulé significatif : il s'agissait autant de s'intéresser à ce que fut la Révolution française en son temps que de s'interroger sur sa commémoration en 1989. L'exposé introductif de S. D. prend nettement position : le Bicentenaire a célébré les valeurs prônées par la Révolution, la liberté bien plus que l'égalité, ce transfert d'intérêt du fait commémoré aux valeurs en vogue s'inscrivant dans le contexte précis de la fin du 20ᵉ siècle où individualisme et libéralisme à-tout-va occupent le devant de la scène. Les évènements des pays de l'Est aidant, ne revivons-nous pas aujourd'hui Thermidor ou la Restauration avec le retour en force des privilèges de la richesse ? On ne s'étonnera pas que la première contribution porte sur Robespierre, le grand oublié du Bicentenaire, « l'Incorruptible » ; mais la réaction de rejet vient-elle uniquement du fait que la vertu ne fasse plus recette chez nos politiques ? La Terreur ne continue-t-elle pas à effrayer, et à bon droit ? Suivent 18 communications qui portent sur les sociétés populaires en Haute-Normandie, le rôle des femmes, la vente des biens nationaux dans l'Eure, le poids de la province, le décalage dans les masses entre adhésion aux idées nouvelles et poids des traditions, la culture de Sylvain Maréchal, la Révolution chez le caricaturiste anglais Gillray, l'historiographie de la Révolution en Allemagne, en Belgique et en Italie, le rejet du jacobinisme, de la Révolution et de sa commémoration en Suisse, les conceptions des historiens chinois devant l'évènement, les résistances à la Révolution, le caractère opératoire d'un marxisme maintenu ou actualisé pour comprendre la Révolution, les rapports de l'utopie et de la Révolution, sa signification pour le Tiers Monde. Une trop sèche énumération pour un contenu riche et parfois provocateur. L'histoire de la Révolution, plus que celle de tout autre épisode de notre histoire, prouverait, s'il en était besoin, que l'histoire est bien fille de son temps.

C. MICHAUD

NÉOCLÈS CASASIS : *La Révolution française.* Sixième partie : *Bilan de la Révolution. Analyse psychologique. Réflexions et théories* [en grec]. Introduction, notes, chronologie de ROXANE ARGYROPOULOS. Athènes, éd. Trochalia, 1993, 220 p. (Coll. du Centre de Recherches Néohelléniques de la Fondation Nationale de la Recherche.)

N. CASASIS (1849-1936), professeur de philosophie du droit et d'économie politique à l'Université d'Athènes a été un personnage fascinant de la vie culturelle hellénique. Il se lia d'amitié avec plusieurs personnalités françaises de son temps : Clemenceau, Denys Cochin, P. de Coubertin, Ch. Diehl, C. Saint-Saëns et tant d'autres. Antitotalitariste, cet intellectuel engagé dénonce dans les années trente la montée du fascisme. Traducteur en grec moderne de V. Hugo, C. s'avère, en Grèce, l'historien par excellence de la Révolution française. Il a laissé inédit un manuscrit volumineux de plus de mille pages, achevé en 1915, où avec une érudition inépuisable, il entreprend dans la sixième partie l'examen de l'émergence et de la diffusion de la doctrine révolutionnaire et des principes des théories contre-révolutionnaires, libérales et socialistes. Dans l'introduction pertinente de R. A. (p. 13-52), on entrevoit le travail de C. influencé par les thèses hegéliennes sur l'histoire et par le positivisme de la fin du 19e siècle ; on peut également déceler les orientations de son analyse sur les origines de la Révolution, son évolution et ses prolongements politiques et philosophiques en Europe. Influencé par Taine, C. lui emprunte les descriptions des manifestations révolutionnaires. Il a lu de près Mme de Staël, B. Constant, A. de Tocqueville, Quinet, Renan, Thiers et il essaie de saisir l'apport des grandes œuvres historiques de von Sybel et Lamartine à L. Blanc et J. Jaurès. Son propre jugement est au fond pessimiste et il concentre son analyse sur les traits de la psychologie individuelle sans la porter à la dynamique sociale de la Révolution.

ANNA TABAKI

MICHEL TROPER et LUCIEN JAUME (sous la direction de) : *1789 et l'Invention de la constitution.* Actes du colloque de Paris organisé par l'Association Française de Science Politique, 2-4 mars 1989. Paris, LGDJ-Bruylant, 1994, 303 p.

Les manifestations scientifiques du Bicentenaire ne pouvaient laisser de côté cette « constitution », première volonté, ardente obsession de ceux qui en juin 1789 ont formé l'« Assemblée Nationale ». Les actes du présent colloque apportent une contribution capitale de juristes, de philosophes du droit, de chercheurs en science politique, à l'étude de la constitution de 1791, de son enracinement dans la pensée du 18e siècle, de sa réalisation, du devenir de ce modèle constitutionnel jusque dans le monde contemporain. On trouve donc des communications sur l'idée de constitution au 18e siècle, sur la déclaration des droits, sur la contre-révolution et le refus de la constitution, sur l'idée et le problème du bicamérisme sous la Révolution, sur l'éthos du citoyen inséparable de la constitution de 1791, mais aussi sur l'écriture de la constitution, sur les fondements de la pensée constitutionnaliste, sur la constitution américaine ou celle de la Ve République. L'ouvrage dépasse donc cet et encadre largement l'occasion historique qui l'a fait naître. Il est destiné surtout aux juristes et philosophes du droit, mais intéressera aussi les dix-huitiémistes historiens des idées et les historiens de la Révolution.

P. RÉTAT

Révolution et République. L'exception française. Actes du Colloque de l'Université de Paris-I. Sous la direction de MICHEL VOVELLE. Paris, Éditions Kimé, 1994, 704 p.

Si le bicentenaire de la proclamation de la première république, le 21 septembre 1792, a été célébré avec discrétion par les autorités officielles, il n'en a pas moins fait l'objet de manifestations scientifiques importantes, dont le présent colloque a été le point culminant. Placé sous le haut patronage du Président de la République, il a réuni une soixantaine de chercheurs. Le volume présenté ici regroupe 46 communications, réunies autour de neuf thèmes, allant des prémices de l'idée républicaine à la république gaullienne des années 1958-62. Sans pouvoir retracer par le détail ce parcours républicain, je soulignerai simplement les éléments les plus novateurs. Tout d'abord une part importante des premières séances a été consacrée à la « préhistoire » de l'idée républicaine en France : contrairement à une idée reçue le consensus monarchique n'était pas partagé par la totalité de l'élite de la fin des Lumières. Les républiques antiques, les républiques marchandes de l'Europe classique et surtout la naissance de la république américaine avaient été au centre d'un débat qui avait éveillé les consciences et amené une partie des « radicaux ». à concevoir, certes à long terme, la possibilité d'une république en France. Après deux séances qui ont minutieusement retracé les circonstances et les modalités de « l'épiphanie républicaine » de septembre 1792, puis de la République de 1793, le second point fort fut la séance consacrée au Directoire, première république constitutionnelle en France. Longtemps parent pauvre de l'historiographie révolutionnaire, la république directoriale prend ici sa place dans l'histoire républicaine. Un troisième groupe de communications s'est ensuite attaché aux héritages républicains et révolutionnaires, indissolublement mêlés dans la mémoire des hommes du 19e siècle. Enfin, une ultime séance a permis de mettre en scène la « république rêvée », celle des utopistes et des réformateurs du 19e siècle, ouvrant la voie à d'autres révolutions à venir.

N.B. : La totalité des communications du colloque n'a pu être publiée dans ce seul volume : un numéro spécial des *Annales Historiques de la Révolution française* (n° 2, 1994) a réuni les textes relatifs aux « Républiques sœurs ».

M. DORIGNY

RAYMONDE MONNIER : *L'Espace public démocratique. Essai sur l'opinion publique à Paris de la Révolution au Directoire.* Paris, Éditions Kimé, 1994, 288 p.

Ce livre n'est pas une histoire synthétique de Paris pendant la Révolution (qui reste à écrire) mais une juxtaposition d'éclairages ponctuels, insérés dans une vision globale de l'histoire de la Révolution dans la capitale. Les mots-clés autour desquels s'organise l'ouvrage sont ceux d'*espace public*, emprunté à Habermas, de *médiations* et de *médiateurs*, de *moments*, au sens de temps forts du parcours révolutionnaire parisien. Si cet ouvrage s'inscrit ouvertement dans l'héritage d'A. Soboul, ses conclusions n'en contredisent pas moins bon nombre de ses affirmations : le rôle du Club des Cordeliers est réévalué ; la Commune de Paris devient centrale ; l'hégémonie jacobine du printemps de l'an II, puis la « sclérose des appareils » sont fortement nuancées. En fait ce recueil met au premier plan les intermédiaires politiques et culturels : sociétés populaires et fraternelles, club des Cordeliers, Cercle Social, mais également des individualités comme Santerre, Chaumette, Bonneville. La figure du « journaliste radical » devient le point de cristallisation de l'opinion publique démocratique, dès 1789 et jusque sous le Directoire malgré une conjoncture devenue hostile. Au fil des chapitres, l'A. s'attache à démontrer l'existence et la cohérence d'un « projet démocratique radical » alternatif au système purement représentatif, mais non réductible à la revendication mythique de la « démocratie directe ». Le « porte-parole » en est la figure emblématique et « l'école citoyenne » l'instrument privilégié, comme l'illustrent le projet d'*éducation commune* de Léonard Bourdon, les *écoles sectionnaires* ou les *bibliothèques du peuple*. Mais la *Société populaire* reste le lieu par excellence de cette éducation citoyenne, dans une démocratie radicalement opposée à celle de Condorcet.

M. DORIGNY

Révolutions aux colonies. Préface de MICHEL VOVELLE. Paris, Société des Études robespierristes, 1993, 238 p. (Tiré à part des *Annales Historiques de la Révolution française*, n°s 293-294.)

Le geste symbolique que constitue le vote, par la Convention nationale en pluviôse an II (1794), de l'abolition de l'esclavage et les oppositions ouvertes ou masquées au décret abolitionniste font l'objet d'enquêtes fines, qui évitent les réponses doctrinales globales. Concernant les motivations militaires du décret, Y. BÉNOT n'adopte pas une conclusion « démythologisante » : « il a fallu une volonté idéologique pour que la décision soit enfin prise » (p. 25). La célèbre

Société des Amis des Noirs œuvrait-elle en vue de la fin des colonies, de leur droit de sécession ? Son projet africain recherche plutôt une « alternative à la colonisation esclavagiste » (M. DORIGNY, p. 92). Les évènements, leurs effets, la « réception » contrastée du vote de la Convention sont étudiés en France (J. BERNET, F. GAUTHIER) mais surtout tels qu'il sont vécus à Saint Domingue (S. MANIGAT), aux Iles du Vent (L. ÉLISABETH), à l'Ile de France dans l'océan indien (C. WANQUET) : ainsi se dessine la réalité refoulée « d'une révolution caraïbe ou plus largement coloniale » (M. VOVELLE, p. 10). La réaction napoléonienne y mettra bon ordre, en 1801-1803, pour quelque temps. L'étude du débat dans les journaux (Y. BÉNOT), organes des insurgés (*Le Créole patriote*, J.-D. PIQUET) ou spécialisés dans les questions coloniales (le *Républicain des colonies*, B. GAINOT) — révèle la complication des questions, des positions et des tactiques. Ainsi se profilent, à côté des personnalités majeures de Toussaint Louverture, de Sonthonax et de Polverel, des figures plus ambigües : un jacobin de l'Ile de France, virtuose de « l'esquive de l'abolition de l'esclavage » (C. WANQUET), le projet en fait assimilationniste d'un partisan de l'abolition (B. GAINOT). Des exemples du rapport maitres-esclaves dans le théâtre et le folklore (J.-C. HALPERN), une confrontation de la thématique africaine de Hegel et de Grégoire (P. F. TAVARÈS) complètent ce riche recueil, qui comporte en outre un compte rendu du colloque Sonthonax de 1990 (S. BARCELLINI) et une historiographie haïtienne (M. HECTOR).

H. DENEYS

JEAN LHOTE : *Louise Louise de Poutet. Un amour à Metz sous la Révolution.* Sarreguemines, Éditions Pierron, 1993, 86 p.

Louise Louise de Poutet, fille d'un conseiller au parlement de Metz et ancien maire de la ville, épousa par convenance le 3 janvier 1791 François Fidèle Rumpler, jeune officier issu lui aussi de la noblesse de robe. Quand il eut émigré, elle divorça et on crut longtemps que c'était pour sauver ses biens. Elle se remaria avec un imprimeur de Metz, plus ou moins jacobin, Charles Marie Brice, dont elle divorça en fructidor an V, pour incompatibilité d'humeur et de caractère. Et lorsque Rumpler fut rayé de la liste des émigrés et rentré en France, Louise se remaria avec lui sous les clauses passées en 1791. En réalité, la vie commune ne reprit pas, et, pour l'A., Louise fut obligée par sa famille et le conservatisme de son milieu, les temps tragiques étant passés, de renoncer à son amour-passion pour Charles Marie Brice. Quelques lettres de l'an IV adressées par Louise à Charles Marie sont données à l'appui. Le tout conté avec légèreté en recréant espace et temporalité.

C. MICHAUD

RAYMOND QUINOT : *Charles-Joseph de Ligne. Prince wallon et européen.* Bruxelles, Fondation Charles Plisnier, 1992, 91 p., 6 ill.

Cet aimable essai fait revivre le prince de Ligne, depuis le « grand Congrès des fées » autour de son berceau lors de sa naissance à Bruxelles en 1735 jusqu'au « nuage rose et or... qui se trouve en un coin de paradis », sur lequel le prince monte après sa mort à Vienne en 1814. Le lecteur n'apprendra rien de neuf sur « l'enchanteur de l'Europe ». L'arrière-plan historique est expédié par quelques formules faciles ou fausses : Ligne vit « ses plus belles années à une époque historiquement pâle » (p. 42), « François II, ses ministres, le baron Thugut en tête, et ses généraux, étaient ternes et gris » (p. 67)... Relevons que Joseph II n'était pas « empereur d'Autriche » (p. 32 et 57) et qu'il ne se faisait pas appeler, lors de ses voyages, comte de « Kalkenstein » (p. 57).

C. MICHAUD

PHILIP MANSEL : *Le Charmeur de l'Europe, Charles-Joseph de Ligne (1737-1814)*. Traduit de l'anglais par FRANÇOISE ADELSTAIN. Paris, Stock, 1992, 331 p. + 18 ill.

Pour accompagner les nombreuses rééditions des principaux écrits du prince de Ligne, nous disposons enfin d'une nouvelle biographie, sérieuse et bien documentée après celle, plus romancée, de Claude Pasteur (voir *D.H.S.*, 13, 1981, p. 484) L'A. a suivi avec passion les traces du « divin prince » (P. Valéry), découvrant dans les archives familiales des lettres et des poèmes inédits, dont certains sont publiés en annexe. La bibliographie fait état des nombreux manuscrits de Ligne dispersés à travers l'Europe, mais elle est moins complète en ce qui concerne les œuvres du prince ainsi que les études récentes : nulle mention des *Nouvelles Annales Prince de Ligne* (depuis 1986), de l'importante monographie d'H. Walbröhl (*Der Fürst von Ligne. Leben und Werk*, Genève-Paris, 1965) ou des travaux de spécialistes reconnus comme B. Guy, R. Mortier ou R. Trousson.

G. STENGER

ITRIA CALIA : *Francia e Sardegna nel Settecento. Economia-Politica-Cultura*. Milan, Giuffré Editore, 1993, XXIII + 281 p. (Università di Sassari, Pubblicazioni della facoltà di Giurisprudenza.)

Fruit d'un considérable travail dans les archives françaises, de Turin et de Cagliari, ce livre, qui développe une thèse soutenue en 1985 à l'École des Hautes Études en Sciences Sociales, utilise l'angle particulier des rapports entre la Sardaigne et la France pour comprendre les facteurs « extérieurs » qui concourent à « déterminer, changer ou confirmer » la condition périphérique d'une ile qui se trouve au centre de la Méditerranée occidentale et au carrefour de ses trafics maritimes et commerciaux. Et le problème de la Sardaigne s'insère dans la question plus vaste et encore ouverte du rôle économique et commercial de la Méditerranée entre les 15e et 18e siècles. Au 18e siècle, un nouvel axe commercial « vertical » entre Marseille et les ports de l'Afrique du Nord et du Levant place la Sardaigne sur les routes du commerce français, ce qui explique en partie les visées constantes — mais toujours inconciliables avec la réalité politique et économique — des gouvernements français sur l'ile, de l'époque du traité d'Utrecht à celle de Napoléon. Cette recherche basée sur la nouvelle conception globale des relations internationales tire de la documentation diplomatique et politique (la Sardaigne était exclue, avant l'époque romantique, des itinéraires des voyageurs et des savants) non seulement un tableau exhaustif de la situation économique et politique de l'ile, mais aussi une reconstitution de l'image de la Sardaigne dans la culture française du 18e siècle. Cette image doit être rattachée à la perception des réalités « arriérées » par rapport au « progrès » français et européen. Un livre solidement organisé et bien écrit qui montre l'intérêt d'un sujet peu étudié.

E. J. MANNUCCI

ALAIN BERNHEIM : *Les Débuts de la franc-maçonnerie à Genève et en Suisse*. Avec un essai de répertoire et de généalogie des Loges de Genève (1736-1994). Préface d'ANDRÉ BINGGELI. Genève, Slatkine, 1994, 674 p.

Écrire l'histoire de la franc-maçonnerie en Suisse consiste avant tout pour A. B. à surmonter l'obstacle causé par l'éparpillement de ses archives, surtout à l'étranger. D'où la grande importance des archives dans son travail et l'accent sur l'approche d'une « Histoire en archives » dès les premières lignes de son introduction. Le livre est conçu par ailleurs comme un riche répertoire de sources, qui occupent une bonne partie des annexes (p. 429-577) mais aussi la partie proprement dite de l'étude, parsemée de documents inédits. Grâce à ce travail, de nombreux détails sur les débuts de la franc-maçonnerie sont mieux connus et peuvent prendre leur place dans une nouvelle lecture de cette histoire, ceci dans la tradition historique de François Ruchon à qui l'A. rend hommage.

S. LEMNY

ANTON SCHINDLING : *Bildung und Wissenschaft in der frühen Neuzeit (1650-1800)*. Munich, R. Oldenbourg Verlag, 1994, VIII + 147 p. (Coll. « Enzyklopädie Deutscher Geschichte ».)

Destiné à un large public universitaire, ce nouveau volume de l'« Encyclopédie de l'histoire allemande » offre un panorama vite brossé, mais précis, des organismes d'éducation dans les pays d'Empire pendant les cent cinquante dernières années de cette structure politique. La diversité des pratiques, liée entre autres aux différences de religions, amène l'A. à étudier ces institutions selon la géographie politique de l'Empire : terres des Habsbourg, Bavière, Franconie, Souabe, Rhénanie, Hesse, Saxe, Thuringe, Brandebourg-Prusse, etc. Une étude comparée des systèmes et de leur évolution achève la première partie de l'ouvrage. La seconde traite, d'un point de vue synthétique, de la réforme universitaire, des alternatives diverses aux Universités (dont les Académies), du passage d'une culture scolastique à un esprit utilitariste, de la naissance des lycées et des universités populaires, de l'internationalisation de la culture. Un ultime chapitre sur les difficultés de périodisation dans un tel domaine précède une bibliographie très complète habituelle dans les volumes de cette série encyclopédique.

F. MOUREAU

FRIEDRICH-WILHELM HENNING : *Handbuch der Wirtschafts-und Sozialgeschichte Deutschlands*, vol. I. Paderborn, Ferdinand Schöningh, 1991, 1089 p.

Voici une somme imposante de savoir. Ce premier volume d'un vaste manuel de l'histoire sociale et économique de l'Allemagne (trois sont prévus) couvre une longue période, de la préhistoire à la fin du 18ᵉ siècle. La partie qui nous intéresse ici commence en réalité avec la fin de la guerre de Trente ans, placée sous le signe du triomphe du caméralisme. Ainsi la cohérence socio-économique s'étend sur un siècle et demi et s'articule en une série de chapitres synthétiques sur la campagne et les villes, sans oublier les diversités régionales. Le développement du secteur des services, les finances et le service publics et les rapports sociaux durant le 18ᵉ siècle préparent « l'époque de la bourgeoisie ». Une ample bibliographie, des illustrations et des tableaux font de cette magnifique synthèse un exposé absolument magistral de l'histoire allemande. La masse des connaissances est impressionnante et toujours parfaitement lisible. Bien plus qu'un manuel, ce livre deviendra vite une référence.

D. BOUREL

Adel und Bürgertum in Deutschland, 1770-1848. Éd. par ÉLISABETH FEHRENBACH. Munich, R. Oldenbourg, 1994, XV + 251 p. (Coll. « Schriften des Historischen Kollegs ».)

Invitée du prestigieux *Historisches Kolleg* de Munich pendant un an, l'historienne de Sarrebruck, conformément à l'habitude du lieu, a organisé un colloque (6-9 juillet 1992) au Collège dont les actes réunissent 13 communications dont une très grande partie concerne notre époque. Dans la diversité géographique (duché de Nassau, Grand duché de Bade, Silésie et quelques petites principautés), des élites sont ici considérées (aristocrates, banquiers, femmes ou entrepreneurs). Les rapports de ces noblesses avec l'*Aufklärung*, avec le constitutionnalisme et la réforme de l'aristocratie au début du 19ᵉ siècle ne sont pas éludés. Comme souvent dans ce type de publication, il s'agit de petites synthèses extrêmement utiles, d'autant que la recherche sur les élites se portent plutôt bien en Allemagne après un purgatoire de plusieurs années. H. MÖLLER, L. GALL et H.-P. ULLMANN prêtent leur savoir afin de mettre en relief les différentes manières de vivre dans l'élite et dans la bourgeoisie. Différences et points de contact vont se modifier au fur et à mesure que se fera sentir l'effet de la Révolution française. Mais des logiques, des aspirations autonomes marquent aussi les pays allemands. Elles sont, ici, parfaitement mises en situation avec leurs interférences et leurs singularités. Une contribution substantielle à l'histoire politique et sociale de l'Allemagne.

D. BOUREL

RICHARD L. GAWTHROP : *Pietism and the Making of Eighteenth-Century Prussia.* Cambridge, Cambridge University Press, 1993, XIII + 305 p.

1993 est une année faste pour les études piétistes. Le présent ouvrage parait en même temps que le premier tome d'une histoire générale du mouvement (voir *D.H.S.*, n° 26, p. 632). Le point de départ de l'A. est l'anomalie de l'État prussien au 18ᵉ siècle, cette « Sparte du Nord » caractérisée par l'absence de Cour, l'adhésion sans faille de la noblesse terrienne à l'ethos militaire, l'efficacité et l'intégrité de sa bureaucratie. L'histoire s'est surtout intéressée au règne de Frédéric II et a négligé celui du père. Or c'est sous Frédéric-Guillaume 1ᵉʳ (1713-40) que se met en place une idéologie dont ni les historiens de l'école nationaliste de la fin du 19ᵉ siècle, ni les historiens marxistes n'ont reconnu l'importance. Une notable exception, Carl Hinrichs qui lia les origines et le développement de l'idéologie prussienne du service de l'État au piétisme. L'A. explore cette relation fondamentale qui est pour lui une vraie révolution culturelle. Le piétisme n'est pas que recherche individuelle d'ascèse intérieure, comme pouvait le laisser croire Max Weber quand il l'opposait au courant parent du puritanisme, mais aussi un mouvement de réforme de la société qui, sous l'influence de Francke, professeur à Halle, bastion piétiste, se trouva lié à ou même dépendant d'un patronage royal qui n'avait pas été désiré à l'origine. A Halle se développa un activisme social, véritable force idéologique et pédagogique, qui rencontra les buts administratifs, militaires et économiques du Roi-Sergent. De cette conjonction naquit une véritable culture d'État, variante prussienne du processus de civilisation au sens de N. Elias. La Prusse devient un gigantesque *work-house* où le piétisme réussit remarquablement à faire intérioriser l'obéissance et la subordination aux institutions. L'*Aufklärung* prussienne, nullement anticléricale et subversive à la différence des Lumières françaises, fit fructifier le legs du moralisme et de la solide conscience sociale hérité du piétisme. En ce sens il y a continuité entre les deux règnes, la théorie du contrat social de Frédéric II étant la sécularisation des idées de son père. Le chantier demeure ouvert de l'impact du modèle sur l'ensemble de l'Allemagne d'hier et d'aujourd'hui et du degré de profondeur de cette intériorisation des normes sociales.

C. MICHAUD

Die Rothschilds. Éd. par GEORG HEUBERGER. Vol. I, *Eine europäische Familie* ; vol. II, *Beiträge zur Geschichte einer europäischen Familie.* Sigmaringen, Jan Thorbecke, 1994, 216 p. et 424 p., nombreuses ill. en noir et en couleur.

Publiés à l'occasion d'une grande exposition du musée juif de Francfort-sur-le-Main, ces deux volumes retracent une histoire de 250 ans d'une des familles les plus célèbres de l'Occident, à la fois symbole et mythe à l'intersection du destin des juifs, de la vie économique et de l'Europe moderne. Tout a été dit sur ce clan, mais cette synthèse offre la somme de nos connaissances et un voyage élégant et savant dans une épopée singulière. Le premier volume est simplement chronologique alors que le second avec 24 articles remarquables, tentent de saisir leur importance pour l'histoire de la banque, mais aussi en littérature, dans le domaine du mécénat (musique et peinture), dans les activités philanthropiques et politiques. Le deux cent-cinquantième anniversaire fêté en 1994 correspond aussi aux 1 200 ans de la ville de Francfort qui a voulu saluer à sa manière la réussite des enfants du ghetto, fils de Meyer Amschel Rothschild

NOTES DE LECTURE

(1743/44-1812). Chacun représente un monde à lui seul, une véritable saga du travail, du risque, des revers et des succès. Cinq générations sont présentes dans ces deux magnifiques volumes superbement illustrés et d'une science puisée aux meilleures sources. Pas un domaine de la vie sociale et culturelle qui ne soit de près ou de loin touché par un membre de cette lignée qui, aujourd'hui encore, malgré les persécutions entre 1933 et 1945, ne cesse de tenir son rang. Un ouvrage de référence.

D. BOUREL

UDO ARNOLDI : *Pro Iudaeis. Die Gutachten der hallischen Theologen im 18. Jahrhundert zu Fragen der Judentoleranz*. Berlin, Institut Kirche und Judentum, 1993, 286 p. (Coll. « Studien zu Kirche und Israel ».)

Ce remarquable ouvrage analyse 22 recommandations données par la faculté de théologie de Halle à propos des juifs entre 1702 et 1767. On retrouve les grands professeurs que furent les Michaelis, Anton, Francke, et Baumgarten qui prennent position sur des questions aussi différentes que celles du droit de construire une synagogue, de baptiser des enfants juifs ou de répondre aux accusations de crimes imaginaires ou de prières anti-chrétiennes. La position de Halle est la plus avancée d'Allemagne, plaidant inlassablement pour le respect des juifs et la tolérance. Les piétistes prussiens comme les *Aufklärer* modérés qui interviennent à la demande des juifs ou à celle des autorités universitaires se montrent des experts bienveillants, souvent très bien informés. Ce livre montre aussi les contacts entre les communautés juives et chrétiennes en Prusse-Brandebourg et excelle à passer du plan strictement théologique à celui de l'histoire de la culture. On peut alors mesurer avec précision les effets de la nouvelle conception des juifs et du judaïsme dans les élites du temps. Très détaillée, cette enquête est un modèle de ce qu'il faudrait étendre à toute l'Allemagne pour comprendre les conditions de possibilité de l'émancipation qui sera incarnée par Mendelssohn et la génération des *maskilim*. Halle fut le grand centre d'hébraïsme chrétien de l'Europe occidentale et centrale et donna le ton dans un domaine extrêmement sensible, celui de la découverte de l'Autre et de ce qu'avait d'étrange cette reconnaissance, surtout dans les milieux théologiques. Ce livre décisif apporte une contribution de poids à l'histoire de la tolérance en Allemagne et à celle de la religion en Prusse.

D. BOUREL

HORST CARL : *Okkupation und Regionalismus. Die Preussischen Westprovinzen im siebenjährigen Krieg*. Mainz, Philipp von Zabern, 1993, 489 p. (Coll. « Veröfflichungen des Instituts für europäische Geschichte ».)

Ce gros livre traite des questions soulevées par l'occupation de la Prusse occidentale durant la guerre de Sept Ans. Très détaillé, il envisage successivement la Prusse occidentale, l'administration d'occupation des Impériaux, la France comme puissance occupante, l'administration prussienne sous l'occupation, le poids de la guerre dans ces provinces, l'intégration de ces dernières après la guerre et enfin les effets de l'occupation sur ces régions. Histoire politique, militaire et économique, l'ouvrage, très informé, s'impose par la largeur de vue de l'A. : ce qui n'est considéré d'habitude que comme une péripétie est ici replacé dans tous les enjeux du conflit. Comment fonctionne une occupation ? que rapporte-t-elle aux vainqueurs ? comment les vaincus la subissent-ils ? Collaborations et résistances, manipulations monétaires et mesures inutilement humiliantes, rien ne manque pour tenter de saisir la globalité d'une politique, souvent ruineuse pour les deux parties, d'autant plus que la corruption semble générale ! Même le célèbre marchand « patriote » Gotzkowski gagne de l'argent sur le dos de Frédéric II ; ce dernier demande à ses banquiers juifs de frapper de la monnaie de singe. Loin des centres de décision, les provinces sont difficiles à aider ; elles éprouveront les limites de l'absolutisme prussien et apprécieront les solidarités religieuses de l'administration (élites réformées à Clèves). Enfin l'A. observe la naissance d'un certain patriotisme prussien. Tableaux, index et bibliographie font de ce livre un ouvrage remarquable.

D. BOUREL

MARTIN JUNG : *Die württembergische Kirche und die Juden in der Zeit des Pietismus (1675-1780)*. Berlin, Institut Kirche und Judentum, 1992, 395 p. (Coll. « Studien zu Kirche und Israel ».)

Publiée dans l'excellente collection de l'Institut berlinois d'études sur les rapports entre l'Église et le judaïsme, cette monographie traite des relations entre les théologiens piétistes du Wurtemberg et les juifs. On a souvent souligné l'importance du piétisme pour la réévaluation positive du monde juif en Allemagne. Mais seules des enquêtes précises comme celle-ci pourront valider ou invalider la démonstration. L'A. a retenu une dizaine de théologiens, dont les plus grands comme Bengel et Oetinger, afin d'interroger leur formation, leur expérience des juifs et ce qu'ils écrivirent sur le sujet. Cet ouvrage très informé et convaincant montre, malheureusement, que le piétisme du Wurtemberg ne peut pas être taxé de philosémitisme comme on le fait rapidement. Certes, ces théologiens sont nombreux à savoir l'hébreu ; beaucoup sont mêmes chiliastes et croient parfois qu'avant le retour du Christ les juifs réhabiliteront la Palestine et reparleront leur langue ! Mais cela ne se traduit jamais, ou très peu, par des actions concrètes en faveur des petites communautés vivant dans le Wurtemberg. Ces dernières sont d'ailleurs bien présentées ici, et, pour la première fois de manière précise, l'A. nous donne une liste des conversions. Contrairement au cas de la Prusse, on s'attache, au Wurtemberg, à conserver l'ordre ancien, même si on reconnaît la particularité du peuple d'Israël. Avec de très bons ouvrages de ce type, il sera bientôt possible de dessiner une carte détaillée de la géographie de la liberté de conscience et de la tolérance en Allemagne. Ici c'est à une révision vigoureuse de l'importance du piétisme en matière d'émancipation des juifs, qu'invitent ces pages remarquables.

D. BOUREL

STEVEN M. LOWENSTEIN : *The Berlin Jewish Community. Enlightenment, Family and Crisis, 1770-1830*. Oxford University Press, 1994, XII + 300 p. (Coll. « Studies in Jewish History ».)

Voici le grand livre qu'on attendait sur l'histoire sociale et économique de la communauté juive de Berlin. On le doit à l'un de ses meilleurs connaisseurs, longtemps archiviste au Leo Baeck Institute, aujourd'hui professeur à l'université du Judaïsme de Los Angelès et qui avait collaboré naguère à notre numéro spécial sur les juifs (n° 13 (1981)). Avec une précision admirable, l'A. détaille la vie d'une communauté assez petite pour l'époque (3 500 âmes) mais qui deviendra rapidement un phare pour l'Allemagne et l'Europe. La communauté, beaucoup plus traditionnelle qu'on ne le dit, change d'aspect après la guerre de Sept Ans car une élite enrichie à cette occasion met la main sur son administration et son destin. Un groupe se modernise en une génération, alors que deux autres, les pauvres et les orthodoxes, restent bien en deçà de l'évolution. On peut parfaitement identifier les apôtres d'une nouvelle manière de vivre le judaïsme, et qui soutiendront massivement les efforts de Mendelssohn. On ne peut ignorer aussi les défections induites par les conversions, surtout autour des salons. Le détail de la démonstration, les indications démographiques et financières sont remarquables ; elles font de cette étude un modèle pour les recherches sur d'autres grandes villes. Pour les juifs comme pour d'autres confessions l'histoire sociale et indissociable de l'histoire des idées. Une excellente contribution à l'étude des juifs en Europe.

D. BOUREL

ANDREAS SCHWENNICKE : *Die Entstehung der Einleitung des Preussischen Allgemeinen Landrechts von 1794*. Frankfurt a.M., Vittorio Klostermann, 1993,
488 p. (Coll. « Ius commune ».)

Dans l'excellente collection du Max Planck Institut pour l'histoire du droit
en Europe, voici une enquête très technique sur la genèse de l'introduction du
célèbre code juridique de Prusse de 1794. On sait que Frédéric II tenait beaucoup
à une grande réforme du droit prussien. Elle commença dans les années 1780-
1783 à Berlin, et c'est ce bouillonnement que détaille cet ouvrage très érudit,
magnifiquement informé et qui devrait trouver des lecteurs dépassant le cadre
des juristes. En effet, il s'agit de fixer des sources, des filiations intellectuelles
et des emprunts à la tradition juridique qu'on trouve dans l'introduction du code.
Ce dernier comprend 87 paragraphes qui sont ici disséqués et replacés dans leur
contexte. L'A. puise largement dans les archives de Prusse, ainsi que dans les
œuvres des deux grands promoteurs de ce texte, Carl Gottlieb Svarez et Ernst
Ferdinand Klein. Aussi à l'aise en philosophie politique qu'en histoire du droit
allemand, l'A. démêle un écheveau subtil mais n'oublie jamais les grandes questions posées par ce code : s'agit-il d'un texte jusnaturaliste ? Le roi aurait-il
abandonné une partie de sa souveraineté en autorisant une telle publication ? Les
discussions françaises de l'époque eurent-elles de l'influence en Prusse ? Une série
d'annexes apportent à la démonstration des éléments qui la rendent parfaitement
accessible.

D. BOUREL

JOHANNES ARNDT : *Das Niederrheinisch-westfälische Reichsgrafenkollegium und
seine Mitglieder (1653-1806)*. Mainz, Philipp von Zabern, 1991, X + 430 p.
(Coll. « Veröffentlichungen des Instituts für europäische Geschichte
Mainz ».)

Nous sommes heureux de rendre compte de cet ouvrage (reçu tardivement)
centré sur un organisme mal connu, un collège réunissant les comtes d'Empire
du Rhin inférieur et de la Westphalie ; heureusement une carte est jointe au
livre ! Les territoires sont disséminés de la Frise du Nord à Mayence, de Gronsfeld
près de Maastricht à Barby en dessous de Magdebourg. Très analytique, cette
thèse, soutenue à Bochum en 1987, détaille le fonctionnement du collège, donne
le relevé complet de ses membres et montre comment le travail se répartissait
entre le directoire et ses directeurs, le syndic et les responsables de chancellerie
ainsi que les représentants au Reichstag. De nombreuses pages traitent de questions
financières et politiques et analysent la fonction des comtes d'Empire. C'est en
réalité un corps hétérogène que ce collège d'un autre âge, avec des protestants
et des catholiques, des grands commis et des petites principautés, avec pas moins
de vingt-quatre réunions à Cologne (sauf une fois à Aix) entre 1697 et 1747.
Cette curiosité administrative et politique n'a pas son pareil en Europe ; elle
méritait bien une belle monographie ! Cette dernière, bien informée et parfois
très technique, lève une partie de l'opacité de l'histoire politique allemande du
Saint-Empire. Voilà un champ de recherche à ne pas négliger.

D. BOUREL

*Sachsen und Anhalt. Jahrbuch der historischen Kommission für Sachsen und
Anhalt*. T. 18, 1994. Publié par ERNST SCHUBERT. Weimar, Verlag Hermann
Böhlaus Nachfolger, 1994, 612 p., 60 ill.

Ce fort volume vaut surtout par l'imposante bibliographie sur la Saxe et
l'Anhalt qu'il propose en deux séquences : d'abord, par J. HARTMANN, la liste
des publications de la Commission historique pour la Saxe et l'Anhalt, qui reprend
la bibliographie parue en 1935 et la complète par les contributions postérieures,
puis par T. KLEIN et en presque 200 pages, les résultats de cinquante ans de

recherche historique sur ces mêmes anciens États de 1942 à 1992. Par ailleurs deux articles retiendront le dix-huitiémiste. Le premier, par H. KATHE, montre le rôle de Halle, passé en 1680 au Brandebourg, pour le développement des Lumières dans l'État des Hohenzollern au temps de Frédéric Iᵉʳ : création de l'Université en 1694, enseignement de Thomasius et de Wolff, ouverture à Glaucha par Francke en 1695 de l'école pour les pauvres et les orphelins, dont les presses devinrent rapidement célèbres... Le second, dans la tradition des études sur la *Kleinstaaterei* allemande, par Élisabeth SCHWARZE-NEUSS, débrouille l'histoire constitutionnelle et administrative complexe du comté de Mansfeld qui fut partagé en 1780, à la mort de Joseph Népomucène Venceslas, dernier mâle de la famille, entre la Prusse qui obtint la plus grande part et la Saxe électorale.

C. MICHAUD

RENATE ENDLER et ELISABETH SCHWARZE : *Die Freimaurerbestände im geheimen Staatsarchiv Preußischer Kulturbesitz*. Tome I. Francfort-sur-le Main, Berne, Peter Lang, 1994. 425 p. (Schriftenreihe der Internationalen Forschungsstelle « Demokratische Bewegungen in Mitteleuropa 1770-1850 ».)

Le but de ce travail est de mettre à la disposition des chercheurs des données précises sur ce qui reste dans les archives de Merseburg concernant le matériel confisqué entre 1933 et 1935 dans les loges maçonniques allemandes par les autorités nazies. Celui-ci fut dispersé en différents endroits au cours de la deuxième guerre mondiale, puis systématiquement regroupé à Merseburg dans les années 50. Ce but est atteint, et ce premier des deux tomes prévus est d'une clarté et d'une précision exemplaires. Une introduction concise trace les grandes lignes de l'évolution de la franc-maçonnerie en Allemagne de 1737 à 1935, puis présente les archives et explique comment elles furent constituées et organisées. Ce premier volume est consacré aux Grandes Loges qui furent créées à partir de 1770 (à Berlin, Francfort, Hambourg, Dresde, Bayreuth, Hanovre et Darmstadt) ainsi qu'aux fondations et associations diverses qui en dépendaient. Le descriptif de chaque section d'archives est ensuite précédé d'une introduction précisant l'historique et l'organisation de la loge ou de l'institution présentée ainsi que la bibliographie qui s'y rapporte. Quiconque s'intéresse de près ou de loin à l'étude de la franc-maçonnerie allemande trouvera là un remarquable instrument de travail.

J. DELINIÈRE

HELMUT REINALTER (éd.) : *Aufklärung und Geheimgesellschaften : Freimaurer, Illuminaten und Rosenkreuzer : Ideologie, Struktur und Wirkungen*. Actes du colloque d'Innsbruck (22-23 mai 1992). Bayreuth, Selbstverlag der Freimaurerischen Forschungsgesellschaft Quatuor Coronati, 1992, 175 p.
WOLFGANG KELSCH : *Licht - Liebe - Leben. Johann Gottfried Herder und die Freimaurerei* (Zum 250. Geburtstag am 25. August 1994). *Idem*, 1994, 60 p.
ELMAR WILDT : *Die Loge zu Münster, ihr Umfeld und ihre Mitglieder um 1780*. Tiré à part du *Westfälische Zeitschrift*, 143/1993, Paderborn, Bonifatius Verlag, 1993, 72 p.

Ces trois publications émanent de recherches menées par les membres de la loge *Quatuor Coronati* de Bayreuth.

Très érudites, les 17 contributions du livre publié par H. R. sont pour une part des monographies consacrées, entre autres, à G. Forster, à F. Nicolai, à la loge de Hesse-Cassel, aux membres de la loge berlinoise *Zur Eintracht*, aux Rose-Croix en Allemagne du Nord, à l'intervention des Illuminés au couvent de Philalèthes à Paris en 1787, aux Illuminés de Zurich et à leurs spécificités (leur programme politique) par rapport aux autres maçons ; aux francs-maçons hongrois, ainsi qu'aux archives maçonniques de Merseburg, La Haye, Bayreuth. F. MAURICE étudie un aspect mal connu des relations entre l'État absolutiste et les sociétés secrètes : considérées d'abord comme des « États dans l'État », elles sont vues par les pouvoirs en particulier autrichien et prussien comme des instruments comparables aux écoles et au théâtre en ce qu'elles permettent, dans le domaine de l'éthique individuelle qui échappe au contrôle possible et souhaitable du pouvoir, la promotion de la vertu en vue d'une mise en ordre plus efficace des cités. Confronté aux thèses de théoriciens des années 1760 et de la fin du siècle, ce changement de perspective apparait comme un aspect latéral de l'émergence du « nouveau droit naturel » : celui des droits inaliénables de l'individu à la liberté revendiqués par les maçons, après qu'eut prévalu l'idée contractualiste d'une abdication partielle de liberté des individus entrant en société, qui fonde, entre autres, le serment maçonnique.

L'étude de W. KELSCH examine les hauts et les bas de l'engagement maçonnique de Herder, dont on trouve trace dans certains écrits de jeunesse ainsi que dans son concept d'« humanité ». Membre d'une loge à 22 ans, Herder ne tarda pas à s'éloigner des maçons. Son hostilité aux Rose-Croix, à la « Stricte observance » et à toutes les pratiques qu'il jugeait trop mystiques et ésotériques, le poussa à soutenir, tout en conservant ses distances, le projet de réforme des rituels maçonniques engagé autour de 1800 par F. L. Schröder qu'il souhaiterait plus radical et surtout plus centré sur l'« éducation à l'humanité ». Fort bien documenté, ce petit livre, qui reproduit des écrits maçonniques dispersés dans l'édition Suphan, aurait pu étudier plus en profondeur les traits maçonniques de la pensée de Herder.

L'étude de E. WILDT porte sur les relations entre la politique de Fürstenberg, ministre éclairé de Münster, et la fort éphémère loge *Friedrich zu den drey Balken* (1778-1785) dont un des principaux animateurs fut le poète Anton M. Sprickmann. Le cas de cette loge, dont les activités se ralentissent dès 1783, parait caractéristique des difficultés rencontrées alors par les loges allemandes : le pouvoir politique réduit son soutien, tandis qu'une partie de ses membres se tourne vers les Illuminés de Weishaupt aux positions politiques plus radicales. Mais les Illuminés cesseront bientôt toute activité à Münster, et un « club de lecture » aux statuts très maçonniques leur succèdera, avant de devenir une loge en 1789.

G. LAUDIN

WILHELM BRAUNEDER (éd.) : *Heiliges Römisches Reich und moderne Staatlichkeit.* Francfort-sur-le-Main, Berne, Peter Lang, 1993, 219 p. (Coll. « Rechtshistorische Reihe ».)

Voici les actes du symposium de Vienne (décembre 1992) sur le bicentenaire de l'ultime élection d'un empereur du Saint Empire. Trois ans jour pour jour après la prise de la Bastille, François II fut couronné au milieu de la pompe monarchique et féodale alors que la guerre était déjà déclarée avec la France. Goethe fut plus sensible à Valmy qu'à cette cérémonie dont il ne dit rien. On utilisa les Capitulations électorales de Léopold II qui n'étaient plus celles de 1764. Les agressions de Joseph II contre l'Empire avaient amené la Prusse, le Hanovre et la Saxe à les faire modifier. J.-S. Pütter, professeur à Göttingen, élabora trois projets ; il était trop bon juriste pour ne pas reconnaître les droits fondés de l'Empereur, en particulier à propos du *Reichskammergericht* dont il faisait une pièce maitresse du dispositif impérial, alors que les électeurs protestants y voyaient une limite à leur souveraineté. Les A. réagissent contre l'idée d'un Empereur sans pouvoir ; certes il n'est pas absolu dans l'Empire ; mais, en sus de ses droits sur les fiefs, il possède des droits concrets regroupés sous le terme de *Reservat*, pour lesquels il ne partage pas avec les *Stände*. Et il propose des lois à la Diète, les sanctionne et les promulgue. L'Empire qui est *sacrum* et non *sanctum*, pour marquer sa sainteté divine, et non une sanctification humaine, échoit en 1792 à François II, un mal aimé de l'histoire, écrasé entre Joseph II et Metternich. Il lui revint en 1806 de mettre fin à une institution désarticulée par le Recès d'Empire de 1803 ; mais en aout 1804, il s'était proclamé empereur d'Autriche, en réponse à l'élévation de Bonaparte. Rupture ? L'Église du *Reich*, menacée par des États comme l'Autriche, par la centralisation romaine et par l'épiscopalisme, avait déjà reçu des coups avant le Recès qui supprima les principautés ecclésiastiques. Quant à la création de 1815 (les efforts furent vains pour restaurer une institution privée de fonction), elle n'eut rien d'un *Machtstaat* impérialiste ; elle s'inspira plutôt du Reich de 1648. Enfin le patriotisme d'Empire *(unser geliebtes deutsches Vaterland)* précéda l'idée d'une Nation unique née du libre consentement des parties.

C. MICHAUD

HELMUT REINALTER (éd.) : *Aufklärung - Vormärz - Revolution. Jahrbuch der internationalen Forschungsstelle « Demokratische Bewegungen in Mitteleuropa von 1770-1850 » an der Universität Innsbruck*, tomes 10/11/12 (1990/92). Francfort-sur-le-Main, Berne, Peter Lang, 1994, 291 p.

Ce volume double des Annales du Groupe de recherches sur les mouvements démocratiques en Europe centrale (1770-1850) s'oriente principalement sur l'œuvre et la personnalité de Joseph II. Il contient, entre autres, trois articles bien documentés sur la formation et le caractère de Joseph II (L. MIKOLETZKY), sur la critique du sermon dominical dans le cadre de la réforme impériale du service divin et des querelles qui s'ensuivirent entre partisans et adversaires, entre 1781 et 1788 (G. WISCHOUNIG), ainsi que sur les aspects démocratiques de la nouvelle répartition des paroisses de Marie-Thérèse et de Joseph II (H. KRÜCKEL). Ces études sont complétées par d'excellentes indications bibliographiques sur les publications parues depuis 1960 concernant Joseph II et son œuvre. Cet ouvrage contient également d'autres articles, ainsi que des comptes rendus sur les activités et les projets de ce groupe de recherches fort actif.

J. DELINIÈRE

STEPHAN TULL : *Die politischen Zielvorstellugen der Wiener Freimaurer und Wiener Jakobiner im 18. Jahrhundert*. Francfort-sur-le-Main, Berne, Peter Lang, 1993, 258 p.

Cet ouvrage de seconde main veut démontrer les liens entre la franc-maçonnerie viennoise et les jacobins qui tentèrent au début du règne de François II de changer radicalement le régime politique et social de la monarchie des Habsbourg. Une première partie rappelle les origines de l'ordre depuis les loges londoniennes de 1717 et les *Constitutions* d'Anderson. Dans les États de Marie-Thérèse, la première loge nait à Breslau en 1741 ; à Vienne, à l'éphémère loge *Aux trois Canons* (1742-43) succèdent en 1776 *L'Espérance couronnée* et en 1781 *La Vraie Concorde*, loge de l'élite où brille Ignaz von Born et qui publie le *Journal für Freimaurer* où écrivent Blumauer et Sonnenfels. Les francs-maçons sont des supporters de l'*Aufklärung* autrichienne, des réformes de Joseph II, jusqu'à ce que la patente de 1785 les oblige à se déclarer officiellement et ne tolère plus qu'une loge par capitale de *Land*. Suivent une partie sur la Révolution française, forcément schématique, qui se termine par la discussion des thèses de Barruel (partie dont on peut se demander si elle était réellement utile) et une sur le jacobinisme en France, essentiellement d'après Grab, Manfred et Kossock. On revient alors dans l'Empire pour évoquer le jacobinisme allemand et la République de Mayence ; on s'étonnera de ne pas trouver mention des recherches de Marita Gilli et de T. C. W. Blanning. La cinquième partie ramène à Vienne où, après les espoirs entretenus par le court règne de Léopold II, un petit groupe de joséphistes et francs-maçons déçus, fonctionnaires, médecins, militaires, professeurs, étudiants, marchands, artisans, écrivains..., qui dans les loges avaient agité les thèmes humanitaires et égalitaires, commenté les idées de Rousseau sur la souveraineté du peuple, lu Kant et Fichte, mais aussi Johann Benjamin Erhard, élaborent des plans subversifs : les plus modérés, Jutz ou Wollstein, veulent une monarchie constitutionnelle, les plus radicaux, Riedel, Hebenstreit, Ruzsitska, une république fondée sur l'égalité politique. Disons que le propos aurait pu être resserré sur ce qui est proprement viennois. Signalons l'abondance des coquilles, surtout dans les titres français de la bibliographie.

C. MICHAUD

HANS-JOSEF IRMEN (éd.) : *Die Protokolle der Wiener Freimaurerloge « Zur wahren Eintracht » (1781-1785).* En collaboration avec FRAUKE HESS et HEINZ SCHULER. Francfort-sur-le-Main, Berne, Peter Lang, 1994, 452 p. (Schriftenreihe der internationalen Forschungsstelle « Demokratische Bewegungen in Mitteleuropa, 1770-1850 ».)

C'est le troisième volume d'édition d'archives concernant la franc-maçonnerie que publie le Centre international de recherches d'Innsbruck, et celui-ci est particulièrement intéressant. Il concerne la fameuse loge viennoise *Zur wahren Eintracht* qui, dirigée par Ignaz von Born et malgré son existence éphémère, n'en a pas moins marqué profondément la franc-maçonnerie par ses méthodes novatrices. Tous les procès-verbaux de ses nombreuses séances ont été conservés dans le fonds confidentiel des archives d'État à Vienne et sont désormais, grâce à cet ouvrage, accessibles à tous. Une introduction claire et exhaustive montre la naissance de cette nouvelle loge inscrite dans le cadre d'une Grande Loge nationale autrichienne qui vient de se séparer du reste de l'Empire germanique, à la suite de la guerre de Succession de Bavière. Sous l'impulsion de Sporn, membre actif de l'ordre des Illuminés de Bavière, elle rassemble l'élite intellectuelle éclairée de la capitale des Habsbourg avec des membres aussi prestigieux que Joseph von Sonnenfels, Franz von Zeiler, des médecins célèbres, de hauts fonctionnaires, des écrivains ou des artistes comme Joseph Haydn. On y retrouve même les noms de Schlosser, le beau-frère de Goethe, de G. Forster ou du philosophe kantien K. L. Reinhold. Le succès de la loge *Zur wahren Eintracht* s'explique aussi bien par la qualité de ses membres que par ses activités : au lieu de s'en tenir, comme le faisaient les autres loges, à l'explication des lois, des cérémonies et des usages maçonniques, Sporn demande à ses frères de faire des exposés sur les connaissances ou les arts dont ils sont détenteurs. On publiera même ces conférences et travaux soit dans des cahiers destinés au grand public, soit dans un journal réservé aux seuls maçons. D'une vingtaine de membres au début, elle avait, cinq ans plus tard, dépassé le chiffre de deux-cents. Elle serait sans doute allée bien au-delà si la tentative de Joseph II de réformer les loges maçonniques autrichiennes à sa manière n'avait pas provoqué sa fin prématurée. Les procès-verbaux sont complétés par de nombreuses précisions biographiques sur les membres ou visiteurs de cette loge ainsi que par un index des noms de lieux ou de loges évoqués dans ces textes. Ce livre est à ce titre un excellent instrument de travail.

J. DELINIÈRE

RENATE ZEDINGER : *Hochzeit im Brennpunkt der Mächte : Franz Stephan von Lothringen und Erzherzogin Maria Theresia.* Préface de Moritz CSAKY. Wien-Köln-Weimar, Böhlau Verlag, 1994, 168 p.

Dans sept chapitres solidement documentés, l'A. éclaire la personnalité de François-Étienne de Lorraine (1708-1765), dernier duc de Lorraine (1729-1737) et premier empereur de la maison de Lorraine-Habsbourg (1745-1765). Un examen méthodique des archives du Haus-, Hof-und Staatsarchiv de Vienne lui a permis d'apporter des éléments d'information nouveaux sur l'époux de l'impératrice Marie-Thérèse, ainsi que des précisions sur les domaines de Holics, de Sassin et le « Kaiserhaus » de François-Étienne dans la Wallnerstrasse à Vienne où le duc aimait à travailler dans le calme, la Hofburg ne disposant pas suffisamment de place et le château de Presbourg étant réservé à la liquidation des affaires toscanes et hongroises et aux penchants de François-Étienne pour la numismatique, les sciences naturelles et l'alchimie. Dans le chapitre consacré à la personnalité du duc sont notamment évoquées les figures de Valentin Jamerey-Duval, Jean de Baillou, Philippe Vayringe, Robert Laugier et Jean-Nicolas Jadot. La monographie contribue ainsi à raviver des personnages que l'histoire a parfois oubliés mais qui, en leur temps, avaient joué un rôle non négligeable. Au tableau effacé et sans éclat de François-Étienne transmis par le siècle précédent, les historiens doivent répondre par une recherche, une exégèse et une critique approfondies des documents d'archives permettant de redresser ou de nuancer des images gauchies ou incomplètes. Une bibliographie, un index des noms, un tableau généalogique et des illustrations complètent cette bonne monographie qui devrait constituer un tremplin pour des études encore plus fouillées sur le personnage en question.

PAUL DE ZUTTERE

MARIE-JEANNE ROSSIGNOL : *Le Ferment nationaliste. Aux origines de la politique extérieure des États-Unis : 1789-1812.* Paris, Belin, 1994, 400 p. (Coll. « Cultures américaines ».)

Ce livre relate les tout débuts de la nation américaine, entre l'élection de George Washington à la présidence des États-Unis (1789) et l'éclatement de la « Deuxième Guerre d'indépendance » en 1812 : vingt-trois années déterminantes pour l'élaboration de la politique extérieure de la jeune nation. La négation de la présence autochtone et le refus de reconnaître la révolution haïtienne menée par des anciens esclaves africains servent de toile de fond à cette politique extérieure. L'A. relate le retrait des Britanniques, puis l'élimination progressive de l'Espagne, qui restait le principal rival européen des États-Unis en Amérique du Nord depuis 1763. En ce qui concerne les relations avec la France, les relations diplomatiques se sont avérées très délicates dès 1793 avec la visite du citoyen Genêt aux États-Unis. C'est particulièrement à cette époque que les États-Unis insistèrent sur leur vocation à la neutralité, qui n'était d'ailleurs qu'un impérialisme déguisé, comme l'explique l'A. Les relations avec l'Amérique française ont trouvé leur point d'orgue avec l'achat de la Louisiane occidentale par les États-Unis à la France. Les États-Unis avaient mis en place leur politique de conquête de l'ouest. Ils pouvaient désormais défier à nouveau la Grande-Bretagne. Remarquablement étayé par une documentation riche et variée, écrit dans un style alerte et convaincant, cet excellent ouvrage nous donne des clés pour comprendre la politique extérieure et intérieure des États-Unis non seulement au tournant des 18e et 19e siècles, mais tout au long de leur histoire et même jusqu'à nos jours.

JEANNE HENRIETTE LOUIS

LARRY WOLFF : *Inventing Eastern Europe. The Map of Civilisation on the Mind of the Enlightenment.* Stanford, Stanford University Press, 1994, 419 p., 13 ill.

L'idée initiale du livre est portée par un concept vivement sollicité et mis en discussion aujourd'hui : celui d'« Europe de l'Est ». L'A. démontre que ce concept est né au 18e siècle, comme une projection des Lumières occidentales sur une partie du continent mal connue et considérée comme la face d'ombre, la moitié obscure de l'Europe. En réunissant et analysant des documents d'espèces très diverses, l'A. reconstitue un processus d'appropriation intellectuelle où l'objet est d'abord défini et ordonné comme un tout, puis saisi et soumis à une évaluation fondée sur l'idée de civilisation. Il y a donc un axe qui conduit, d'Ouest en Est, du plus au moins connu, lesquels sont aussi considérés comme plus et moins connaissant. L'invention de l'Europe orientale est un processus de connaissance reposant en même temps sur les données du réel et les produits de l'imagination, où sont rassemblés des pays, des peuples multiples et fort différents les uns des autres, en une association rangée sous la rubrique « Europe orientale » : un objet mental résultant tout à la fois d'expériences et d'observations du réel, d'opérations intellectuelles, de projections culturelles et d'élaborations purement imaginaires. Richement documenté, le livre est admirable de précision dans les analyses et de finesse dans l'énoncé ; un ouvrage fondamental qui vient copieusement nourrir la réflexion sur l'élaboration et la diffusion des concepts de la géographie culturelle et humaine.

F. ROSSET

JERZY SNOPEK : *Prowincja oświecona*. Varsovie, IBL, 1992, 446 p.

Ce livre [La province éclairée] présente une histoire admirablement documentée et très complète de l'histoire culturelle d'une province polonaise au temps des Lumières, province au caractère particulier puisqu'il s'agit de la région de Cracovie, déchue de son rang de capitale royale à la fin du 16ᵉ siècle. L'A., connu notamment pour une belle étude sur le courant libertin en Pologne (1986), décrit finement les conditions de la vie littéraire locale, avant de procéder à une présentation des œuvres elles-mêmes. L'ouvrage illustre ainsi de façon exemplaire l'interaction entre les grands courants des Lumières européennes et les déterminations culturelles propres à un milieu particulier. Mais il apporte aussi un rééquilibrage intéressant dans la perspective de l'histoire des Lumières en Pologne, centrée le plus souvent sur Varsovie et la cour de Stanislas-Auguste Poniatowski. Dommage seulement que le livre ne soit pas rendu plus accessible au lecteur occidental par la publication d'un résumé dans une langue courante, pratique pourtant quasi systématique dans les éditions savantes polonaises.

F. ROSSET

TERESA KOSTKIEWICZOWA : *Oświecenie — próg naszej współczesności* [Le siècle des Lumières — le seuil du temps contemporain]. Varsovie, Wydawnictwo Semper, 1994, 260 p.

Le livre est divisé en trois parties dont la première est intitulée « Les Polonais éclairés face à l'Europe ». Comment les Polonais du 18ᵉ siècle comprenaient-ils l'unité et la diversité de leur continent ? Quelle était l'image des Français aux yeux des écrivains polonais de cette époque ? Que pensaient-ils du caractère national des Italiens, ou bien du gouvernement et de la nature montagnarde de la Suisse ? Ces problèmes sont étudiés dans quatre chapitres appuyés sur l'analyse de nombreux et divers documents : œuvres littéraires, manuels, dictionnaires et encyclopédies, articles de presse. Le changement qui se produit à partir des opinions stéréotypées mène à la recherche des manifestations du caractère national et à l'acceptation de la diversité du genre humain et de l'autre. La deuxième partie du livre est consacrée à la culture littéraire au temps des Lumières en Pologne. L'A. présente les changements du circuit des livres, de leur production et réception, le changement du rôle de l'écrivain dans la vie sociale. Les chapitres sur la littérature et les institutions en Pologne et sur la littérature et le développement de la presse décrivent la naissance des institutions nouvelles qui changent le fonctionnement et la réception des œuvres. Le chapitre qui traite des opinions sur les livres et de la lecture prouve que les esprits éclairés étaient conscients des dangers provoqués par une « inondation » des livres, produits comme une marchandise et perdant leur valeur culturelle. Parallèlement, le chapitre sur la vision de la ville dans la littérature traduit une position réticente face à certaines manifestations de la culture urbaine qui menace l'homme, aliéné dans l'espace urbain, hostile et menaçant. La troisième partie concerne les façons de parler et d'utiliser la langue. Les manières de persuasion, créées et décrites par la rhétorique depuis l'antiquité, changent ; les écrivains politiques cherchent à influencer la conscience des lecteurs, en utilisant les méthodes nouvelles, intermédiaires et cachées. L'analyse des traités de Konarski, Kołłataj, Staszic et des articles et essais de Jezierski dévoile ce processus. Le dernier chapitre porte sur des phénomènes de manipulation linguistique aperçus dans les écrits des Lumières. Dans tout le livre les faits et les documents polonais sont situés dans un large contexte européen. On y discerne plusieurs tendances et aspects des Lumières qui ouvrent sur des processus culturels et sociaux fondamentaux pour notre époque.

ZOFIA SINKO

Revue des Études sud-est européennes. Civilisations. Mentalités. Tome XXXI, 1993, 460 p. en deux vol., Bucarest, Editura Academiei Române.

Dans le premier volume, le dix-huitiémiste retiendra une intéressante discussion sur la notion de coutume ou d'usage dans les relations entre le gouvernement turc de Constantinople et les principautés roumaines (Viorel PANAITE). Dans le second, M. CARATAŞU inventorie les manuscrits grecs dédiés au voïévode de Valachie, Constantin Brancovan, par Sévastos Kyménitès de Trébizonde, Chrysanthe Notara, futur patriarche de Jérusalem, Jean Comnène, médecin et philosophe, Jérémie Cacavélas, professeur de Dimitrie Cantémir. Cornelia PAPACOSTEA-DANIELOPOLU s'insurge contre la connotation péjorative qui s'attache au phanariotisme ; le grand Nicolas Iorga avait déjà tenté de réagir ; l'A. valorise quelques grandes figures des Lumières roumaines, les Grecs Daniel Philippidès, le premier à véritablement employer le toponyme « Roumanie » pour désigner l'ensemble des trois provinces et Démètre Catargi, promoteur de la langue roumaine. Valentina PELIN fait le point sur la correspondance du staretz Païsie Veličikovskij (1722-1794) du monastère de Neamţu et analyse vingt lettres, 19 envoyées par le saint homme, une reçue par lui.

C. MICHAUD

AL. ZUB : *La Sfîrşit de ciclu. Despre impactul Revoluţiei franceze.* [A la fin du cycle. Sur l'impact de la Révolution française]. Iaşi, Institutul European, 1994, 231 p. (Coll. « Istorie şi diplomaţie ».) [Résumé et sommaire en français]

Un des meilleurs historiens roumains d'aujourd'hui, l'A. avait publié jusqu'ici surtout des ouvrages concernant les 19e et 20e siècles. Son intérêt pour la Révolution française de 1789 s'était déjà matérialisé dans la coordination d'un recueil d'études, *La Révolution française et les Roumains : impact, images, interprétations,* paru à Iaşi en 1989, en français. Le présent livre est divisé en deux parties relativement indépendantes. La première esquisse un bilan des points de vue actuels sur la Révolution française, au moment du Bicentenaire, repensée dans la perspective de la chute des régimes communistes en Europe de l'Est et, par conséquent, de l'abandon d'une certaine distorsion du modèle français dont était surtout responsable l'idéologie soviétique. L'A. va encore plus loin, en suggérant une possible réévaluation de la contre-Révolution, et même une identité de sens entre les évènements de 1989 et celle-ci... L'image du « Grand 1789 » chez les Roumains fait l'objet des chapitres suivants. Une place de choix est réservée aux contributions de l'historien roumain N. Iorga, qui s'est penché à maintes reprises sur les possibles significations du phénomène, sinon avec objectivité, du moins avec un très vif intérêt. La seconde partie, « L'Héritage de la Révolution chez Tocqueville », rassemble plusieurs études concernant ses idées sur la démocratie, mais aussi ses traces dans la culture roumaine. L'A. refait, au profit du lecteur roumain, dans quelques-uns des chapitres de son livre, le trajet sinueux des toutes dernières contributions à l'étude de ces thèmes, tel qu'il a été esquissé dans les colloques internationaux des années 1989-92, en y intégrant aussi ses propres recherches. Les deux centres d'intérêt de l'ouvrage se complètent réciproquement, et confèrent au texte une cohésion enrichie par la multitude de données qui invitent à la réflexion.

ILEANA MIHAILA

ALEXANDRU DUȚU (éd.) : *Sud-Estul european în vremea Revolutiei Franceze. Stàri de spirit, reactii, confluente.* Bucuresti, Academia Romànà, Institutul de Studii Sud-Est European, 1994, 278 p.

Quatre études forment la première partie de ce volume et reconstituent l'image de la société est-européenne à l'époque de la Révolution française. Alexandru DUȚU met en relief les éléments de la sensibilité prérévolutionnaire et de la volonté de changer les structures traditionnelles. Càtàlina VELCULESCU étudie les témoignages des voyageurs occidentaux. Zamfira MIHAIL saisit les transformations des mentalités, ayant comme échantillon d'étude les proclamations impériales qui ont servi à la propagande anti-révolutionnaire. Enfin, Emanuela POPESCU-MIHUT étudie les actes publics des princes phanariotes pour démontrer les « topoi » de la propagande princière. Dans l'image d'ensemble qui résulte de ces contributions, la Révolution française semble très loin des réalités immédiates de la vie dans cette partie de l'Europe. Mais cette image dévoile en même temps une société en pleine évolution, un mélange bizarre de tradition et de modernité. La deuxième partie du livre offre un utile appui documentaire à cette analyse, par le biais d'une riche sélection de textes. Publié avec l'aide financière de la Fondation Soros, ce volume représente la deuxième contribution importante des historiens roumains pour marquer le bicentenaire de la Révolution française (après le volume *La Révolution française et les Roumains*, édité par Al. Zub en 1989).

S. LEMNY

TORE FRÄNGSMYR : *Sökandet efter upplysningen. En essä om 1700-talets svenska kulturdebatt.* [Suède, sans indication de lieu], Wiken, 1993, 200 p.

Le titre et le sous-titre de cet ouvrage (« A la recherche des Lumières. Un essai sur le débat culturel suédois au 18e siècle ») révèlent clairement la double intention de l'A., professeur d'histoire des sciences à l'Université d'Uppsala. En réaction contre les acceptions vagues et les extensions abusives, il s'emploie d'abord à redonner au concept même de Lumières un sens précis, historiquement et socialement bien délimité (ch. 1-2). Vient ensuite l'application à la Suède (ch. 3-7). L'examen successif des lettres, des sciences, de la philosophie, de l'économie et de la politique débouche sur un constat de carence : l'évolution de la culture suédoise au 18e siècle ne laisse nullement apparaitre l'existence d'un véritable mouvement des Lumières, en dépit de quelques tentatives isolées. Brillamment défendue et illustrée, cette thèse, qui s'inscrit résolument en faux contre toute la tradition suédoise, conduit à dénier toute pertinence au concept *upplysning* (Lumières) pour dénoter cette période. D'où la charge polémique d'un ouvrage auquel certains reprocheront sans doute de s'appuyer sur une définition trop restrictive des Lumières. Mais ce petit livre clair et percutant contribue à l'hygiène de la pensée en posant de manière exemplaire un problème méthodologique essentiel, celui de la pertinence des critères servant à la périodisation des grandes époques culturelles.

JEAN-FRANÇOIS BATTAIL

MAGNUS NYMAN : *Upplysningens spegel. Götheborgs Allehanda om Frankrike och världen, 1774-1789* [Le Miroir des Lumières. La France et le monde dans le journal *Götheborgs Allehanda*, 1774-1789]. Stockholm, Atlantis, 1994, 269 p.

Dans sa thèse, *Press mot friheten* [Presse et liberté] (Uppsala, 1988), l'A. a analysé les différentes attitudes vis-à-vis des minorités religieuses, comme les juifs et les catholiques, au travers de la presse suédoise dans les années 1770 et 1780. Dans le présent ouvrage, il traite de la même période, mais son regard se porte sur un seul journal, le *Götheborgs Allehanda*. Par ce choix, l'A. a voulu montrer qu'une gazette ordinaire pouvait être un moyen d'information sur les idées nouvelles et le développement intellectuel de l'époque. Le fait que ce journal parut à Göteborg, ville particulièrement exposée aux influences extérieures, largement ouverte sur le monde, est significatif. L'objectif principal de l'A. est de voir dans quelle mesure les idées des Lumières se reflètent dans les nouvelles en provenance de France, qui constituent en moyenne 20 % des informations venues de l'étranger (celles d'Angleterre sont plus nombreuses encore). L'A. emploie le terme « Lumières » dans un sens très large, pour caractériser l'esprit de l'époque ou les points de vue réformistes les plus répandus. Il s'attache plus à restituer le ton des débats du moment qu'à définir des opinions précises. L'analyse des informations françaises tourne autour de thèmes centraux comme l'autorité du roi, la religion, l'aristocratie, les rapports économiques et sociaux, la guerre et la politique étrangère, les progrès scientifiques, etc. Un chapitre est consacré à l'image qui est donnée du monde extra-européen. D'après l'A., la présentation des nouvelles est généralement pluraliste et idéologiquement équilibrée. Les lecteurs sont bien informés sur les « philosophes », Voltaire en particulier. Leurs points de vue sont exposés de manière nuancée ; ils n'apparaissent pas comme les ennemis du système établi. La personne du roi, sa famille, l'Église et l'aristocratie sont le plus souvent traitées avec un profond respect traditionnel, ce qui n'exclut pas toutefois certains jugements négatifs, voire des tendances à critiquer les principes. Dans les informations sur les troubles sociaux de la France pré-révolutionnaire, le journal prend parti pour le Tiers-État. D'une manière générale, conclut l'A., le journal est marqué par l'esprit des Lumières « dans son sens large, c'est-à-dire tourné vers les réformes et le progrès, fidèle à l'optimisme de l'époque ».

Le livre apporte des connaissances nouvelles et utiles. On peut regretter que l'A. n'essaie pas de retrouver les sources (notamment les journaux étrangers) d'où le *Götheborgs Allehanda* a tiré ses informations : dans quelle mesure le choix des informations et les attitudes idéologiques exprimées dépendent-ils de modèles imposés ou d'une prise de position délibérée du journal suédois ? Ajoutons qu'on s'étonne que ce livre consacré à la diffusion d'informations et d'idées sur le plan international ne comporte pas de résumé dans une langue autre que le suédois.

INGEMAR OSCARSSON

JEAN HEFFER et FRANÇOIS WEIL : *Chantiers d'histoire américaine*. Paris, Belin, 1994, 475 p. (Coll. « Cultures américaines ».)

Les récents développements de l'histoire coloniale retiendront l'attention du dix-huitiémiste dans cet ouvrage collectif qui dresse un état des lieux de l'historiographie des États-Unis. L'accent est mis sur la diversité politique, économique et sociale des Treize colonies, dont l'histoire s'envisage bien comme celle « de plusieurs cultures atlantiques se développant de façon inégale » (p. 62). Quelques grandes tendances se dégagent pourtant : la précocité d'un développement débordant largement le cadre territorial étroit des Treize colonies — ce qui éclaire la notion de « frontière » sous un angle nouveau, et donne aux Amérindiens une place centrale dans le processus historique. Également, une évolution culturelle originale se manifeste avec le renouveau puritain de 1740-1742 (*Great Awakening*), sans équivalent en Angleterre. Enfin, le développement, dès les premières années du siècle, d'une vie politique très animée, centrée sur le respect des droits inhérents à tout sujet anglais, et faisant figure de véritable prélude à la Révolution.

PHILIPPE CHASSAIGNE

La Mesure. Instruments et philosophies. Sous la direction de JEAN-CLAUDE BEAUNE. Seyssel, Éd. Champ Vallon, 1994, 287 p. (Coll. « Milieux ».)

De la trentaine de communications présentées au colloque de Lyon-III en 1992, un tiers environ concerne le 18ᵉ siècle. Le rationalisme des Lumières s'efforce de fixer les objets les plus lointains ou les moins saisissables, que ce soit la chronologie antique (qui provoque une dispute entre Newton et Fréret) ou le son musical (dont Rameau et Diderot construisent la théorie, à partir des travaux de Mersenne et de Sauveur). La précision de la mesure permet la fondation de sciences nouvelles, telles que la cristallographie, ou la définition d'un concept comme celui de la résistance des métaux. Des sciences exactes, le modèle de la mesure mathématique est transposé par Condillac et Diderot à l'expérience sensible (c'est un des enjeux du problème de Molyneux), par Condorcet au domaine social (c'est ce qu'il nomme la mathématique sociale). Pour les encyclopédistes, il n'est de connaissable que le mesurable, mais toute mesure est relative et aucune langue ne peut atteindre à l'exactitude d'un étalon. C'est peut-être qu'elle est un « instrument à mesurer la démesure » (p. 259) et l'*Encyclopédie* un défi à l'arbitraire de l'alphabet. Le 18ᵉ siècle qui culmine avec l'adoption par la Révolution du système métrique décimal, constitue un moment décisif dans l'universalisation de la mesure et l'unification des étalons. On pourra compléter toutes ces suggestions par le livre d'Éric Brian, *La Mesure de l'État. Administrateurs et géomètres au 18ᵉ siècle* (Paris, Albin Michel, 1994).

MICHEL DELON

ROGER HAHN : *L'Anatomie d'une institution scientifique. L'Académie des Sciences de Paris, 1666-1803*, Bruxelles-Paris, Éditions des Archives contemporaines, 1993, XXIV + 594 p. + 4 ill. (Coll. « Histoire des sciences et des techniques ».)

On ne peut que se réjouir de disposer enfin de la version française de l'ouvrage de R. Hahn (*The Anatomy of a Scientific Institution, The Paris Academy of Sciences, 1666-1803*, Berkeley, 1971) que l'A. s'est résolu à traduire et éditer lui-même. Un siècle après que le tableau de l'Académie des sciences fut dressé par des membres de l'Institut (Maury, Bertrand, Maindron), l'A. entendait conduire un travail de réflexion sur l'institution même, disséquer ses rapports avec la société et la pensée scientifique, d'où le titre de l'ouvrage. L'intérêt porté à l'évolution de cet organisme sous la pression de facteurs sociaux et politiques justifie le cadre chronologique large de l'étude, depuis la création de l'Académie royale des sciences par Colbert en 1666 jusqu'à la réorganisation napoléonienne de l'Institut en 1803. L'A. propose ainsi un panorama de l'histoire de l'Académie : les débuts de l'institution, avec la rencontre des aspirations des cercles savants et celles de l'État monarchique soucieux de disposer d'un corps qui puisse servir de conseil technique ; l'inscription de ce corps dans la « République des Sciences », son rôle dans la société de l'Ancien Régime et ses apports à la pensée scientifique du temps ; ses transformations à la veille de la Révolution ; la fin de l'Académie royale et le passage à l'Institut. L'ouvrage est aussi un instrument de travail pratique. L'index par matières et l'index onomastique se doublent d'un index bio-bibliographique par académicien qui est fort utile. La bibliographie a été mise à jour.

GILLES CHABAUD

ROSELYNE REY : *Histoire de la douleur.* Paris, La Découverte, 1993, 415 p. (Coll. « Histoire des sciences ».)

A travers un parcours chronologique qui va de l'antiquité gréco-romaine à la première moitié du 20ᵉ siècle, l'A. retrace les étapes scientifiques les plus significatives de la connaissance de la douleur, d'un côté, et de ses traitements, de l'autre. Cette *Histoire de la douleur* se déroule sur plusieurs plans, tout en analysant la façon dont au cours des siècles les médecins, les physiologistes ou les neurologues ont essayé de comprendre les mécanismes de la douleur et d'y répondre à travers les pratiques thérapeutiques mises en œuvre pour soulager le patient. Remarquable dans cet ouvrage est l'attention prêtée aux représentations culturelles et aux diverses manières de « dire » la douleur, dont la signification même est saisie derrière les formes et les catégories de l'énoncé, ce qui rend possible la mise au jour des structures profondes de la conceptualisation actuelle de la douleur. Un admirable travail de grande précision historique, qui met en évidence les transformations de l'individu face à une expérience non univoque, certes, mais du moins commune aux hommes de toute époque et de toute civilisation. Un tel ouvrage ne peut que faire regretter encore plus vivement la disparition brutale et prématurée de Roselyne REY.

LIDA BELLINI

GERTA BEAUCAMP : *Johann Christian Polycarp Erxleben. Versuch einer Biographie und Bibliographie*. Göttingen, Wallstein, 1994, 88 p. *(Lichtenberg-Studien.)*

Erxleben (1744-1777) fut un des plus grands savants allemands de son temps. Fils de pasteur élevé par une belle-mère docteur de l'université de Halle, il passera sa vie d'étudiant (à partir de 1763) et d'enseignant (après 1767) à Göttingen, excepté un voyage en Hollande et en France (Paris et Lyon) en 1769-1770. Il y visite les premiers hôpitaux vétérinaires, introduit et enseigne l'art vétérinaire à Göttingen sans toutefois négliger d'autres parties des sciences naturelles comme la chimie. Son *Histoire de la nature* (1768) et son *Introduction à la physique* (1772) connaîtront ensemble plus de vingt éditions. Cette petite monographie offre la synthèse de nos connaissances ainsi qu'une ample bibliographie sur cette attachante figure.

D. BOUREL

Philippe Pinel. Sous la direction de JEAN GARRABÈ. Le Plessis-Robinson, Synthélabo, 1994, 156 p. (Coll. « Les Empêcheurs de penser en rond ».)

Cet ouvrage collectif réunit, sous une couverture reproduisant *La Maison des fous* de Goya, à l'occasion du bicentenaire de la nomination de Ph. Pinel (1745-1826) à Bicêtre en 1793, des études d'historiens de la pensée psychiatrique et médicale : on n'en retient que ce qui concerne les prémisses de celle-ci au 18e siècle. Les premiers changements d'attitude et de traitement à l'égard de « la folie », avant et durant la Révolution française, n'entraînent pas immédiatement une théorisation vraiment nouvelle, ni la création de l'espace curatif spécifique de l'asile (effectif seulement en 1806, 1811). Les auteurs s'accordent sur les mérites (reconnus par P.) de la pratique empirique de J. B. Pussin (1745-1811), directeur des fous à Bicêtre, auquel la gloire et la théorisation de P. sont largement redevables (*Traité médico-philosophique sur l'aliénation mentale...* 1800, 1809). Surtout, presque tous marquent le caractère « allégorique » de la scène qui montre P. libérant les « fous » de leurs chaines, mythe fondateur de la psychiatrie française moderne. Plusieurs spécialistes maintiennent cependant à l'opposé des thèses de M. Foucault que P. a bien accompli une révolution épistémologique et thérapeutique, « la découverte du traitement moral et d'une nouvelle relation avec l'insensé ».

H. DENEYS

Gradus philosophique. Sous la direction de LAURENT JAFFRO et MONIQUE LABRUNE. Paris, Flammarion, 1994, 823 p. (Coll. « GF ».)

Ce gros volume se présente comme un « répertoire d'introductions philosophiques à la lecture des œuvres ». Réalisé par une équipe de 45 rédacteurs, il embrasse une production d'écrits philosophiques de Platon à Sartre. Au total 47 auteurs se succèdent dans l'ordre alphabétique. Le dix-huitiémiste sera peut-être plus intéressé par la présentation des philosophes des autres siècles (Lucrèce, Marc-Aurèle, Bacon, Hobbes, Spinoza, Locke, etc.) — d'autant que chaque entrée comporte une bibliographie avec, notamment, les traductions françaises. Pour les œuvres retenues, on propose un « itinéraire possible de lecture » plutôt qu'un « exposé doctrinal ». Le 18e siècle est représenté par huit noms : Berkeley (12 pages), Condillac (13), Diderot (18), Fichte (7), Hume (14), Kant (28), Montesquieu (19), Rousseau (31). On s'étonne de l'absence d'articles sur Newton ou Voltaire — qui font pourtant l'objet de nombreuses références dans l'index —, sur D'Alembert, Buffon, Helvétius, d'Holbach, Condorcet, Cabanis, Destutt de Tracy — qui sont cependant mentionnés au moins une fois dans l'index. Quant à Meslier, La Mettrie ou Maupertuis, ils sont complètement ignorés. C'est un peu la rançon de ce genre d'ouvrage (et de l'ordre alphabétique) de laisser plus ou moins des œuvres à l'écart, et, en portant sur chaque œuvre « un regard particulier », de négliger parfois l'importance d'un courant philosophique (mais le mouvement des Idéologues est assez bien évoqué dans l'article sur Maine de Biran). Tel qu'il est, ce livre, par son ampleur et sa précision, rendra des services, et pas seulement aux étudiants.

R. DESNÉ

The World of the Enlightenment. Die Welt der Aufklärung. Études réunies par BRUNO COPPIETERS. Bruxelles, Vubpress, 1993, 120 p.

Fruit d'une collaboration entre l'université Humboldt de Berlin et la Vrije Universiteit de Bruxelles, ce volume réunit cinq contributions sur la philosophie des Lumières. B. COPPIETERS interprète l'épigraphe de l'*Esprit des Lois* (« Prolem sine matre creatam ») comme un équivalent élégant de la formule de Cicéron, « Lex est recta ratio summi Jovis ». M. HUYSSEUNE, partant d'un parallèle entre l'utopie et la franc-maçonnerie comprises comme deux modes d'organisation du temps et de l'espace, repère dans la franc-maçonnerie les paradoxes d'une société utopique dans un environnement non utopique. Else WALRAVENS analyse les liens qui unissent la théorie de l'amour raisonnable de Thomasius, qui fonde le bonheur dans l'intersubjectif, et la seconde formulation de l'impératif catégorique de Kant. G. IRRLITZ propose une brillante synthèse des théories anglaises et écossaises de l'éthique sensualiste, tandis que J. RACHOLD soutient les mérites de la « Popularphilosophie » allemande contre Hegel qui voyait en elle une vulgarisation incapable de combler le vide qui sépare Wolff de Kant ; il souligne sa filiation avec la philosophie pratique de Wolff qui vise à la promotion du bonheur général, avant de concentrer son analyse sur Thomas Abbt qui refuse à la fois la réflexion métaphysique dépourvue d'utilité pratique et le scepticisme religieux, lequel ne peut guère apporter aux hommes le réconfort et, partant, le bonheur. Au moment où le public potentiel des lecteurs s'élargit, la « Popularphilosophie » ne marque pas un amenuisement de la perspective philosophique, mais le souci, très sensible chez Abbt, de rompre avec la philosophie systématique et de présenter des ouvrages de philosophie pratique lisibles.

G. LAUDIN

Wegscheiden der Reformation. Alternatives Denken vom 16. bis zum 18. Jahrhundert. Éd. par GÜNTER VOGLER. Weimar, Hermann Böhlaus Nachfolger, 1994, 553 p.

A l'occasion du 500e anniversaire de la naissance de Thomas Müntzer, un colloque tenu à Bautzen en mai 1989, sous la responsabilité de la société des historiens de la R.D.A., traita de la pensée alternative induite par la Réforme jusqu'au début du 18e siècle. Dans un contexte fort différent, en voici les actes, 24 contributions, qui parcourent les hétérodoxies européennes sur près de deux siècles. Socinianisme en Pologne, spiritualistes occupés à rénover le luthéranisme, calvinistes dans l'Empire, tout ce qui n'est pas conforme au modèle dominant, des agitateurs aux prophètes, traverse ces pages en une sorte de fascinante contre-histoire culturelle de l'Europe. Trois articles sont consacrés au piétisme lui-même travaillé par des mouvements de renouvellement. Allemagne certes, mais aussi Russie ou Hollande sont couvertes par ces articles qui, en plus, ont le mérite de montrer combien l'*Aufklärung* est aussi un héritage, ce qui ne s'avouait pas facilement ! Replacées dans la longue durée, ces irrigations détournées semblent avoir joué un rôle déterminant dans l'affirmation des Lumières qu'elles ont souvent préparées, accompagnées avant de s'en désolidariser. Cet ouvrage est remarquable par sa largeur de vue, sa somme de savoirs et surtout par sa volonté d'étudier une troisième voie entre les Lumières et leurs adversaires.

D. BOUREL

OTTO DANN, DIETHELM KLIPPEL (éd.) : *Naturrecht-Spätaufklärung-Revolution* ; Hambourg, Felix Meiner, 1995, 303 p. (Coll. « Studien zum achtzehnten Jahrhundert ».)

Voici les actes du colloque annuel de nos collègues dix-huitiémistes allemands tenu à Wolfenbüttel (22-24 novembre 1989). Centrées sur la constellation droit naturel, *Aufklärung* tardif et Révolution, 17 contributions de qualité s'articulent en cinq parties : contexte international (France, Grande-Bretagne et Amérique du Nord), dimensions théoriques, discours du jusnaturalisme en Allemagne, droit naturel dans la littérature et la pédagogie, et enfin continuité et discontinuité. Une bibliographie clôt le volume. Parmi les multiples apports proposés ici, retenons l'enquête de G. BIRTSCH sur l'argumentation des jacobins allemands et celle d'U. ENGELHARDT concernant les prodromes du discours sur l'émancipation des femmes à la fin du siècle. On trouvera aussi une belle synthèse sur l'enseignement du droit naturel dans les universités allemandes, ainsi qu'une prolongation du questionnement dans la première partie du 19e siècle. On peut aussi lire cet ouvrage comme une histoire de la pensée libérale en Europe qui plonge ses racines dans la pensée de Wolff, très présente on le sait dans l'*Encyclopédie*. Un superbe recueil.

D. BOUREL

DANIEL GORDON : *Citizens without Sovereignty. Equality and Sociability in French Thought, 1670-1789*. Princeton University Press, 1994, 270 p.

La thèse générale de ce travail fortement documenté sur le sens de la pensée des Lumières, c'est que, loin de mener vers une Révolution telle que celle qui a eu lieu, elle repose sur une transformation des rapports internes de la société d'Ancien Régime : un idéal nouveau, celui de la « sociabilité », étudié ici avec beaucoup d'érudition, aménage en quelque sorte des espaces de liberté au sein même de l'absolutisme ; ce dernier ne serait pas contesté en tant que tel. La citoyenneté à laquelle se réfère le titre n'a donc rien à voir avec celle de la Déclaration de 89. L'auteur examine successivement le cadre politico-social, puis le langage de la « sociabilité », le nouveau type de civilisation, et conclut par deux études de cas, ceux de Suard et de Morellet ; tous deux ont survécu à la Révolution, et ont été plutôt du côté de la contre-révolution. L'érudition de l'auteur n'ignore pourtant pas qu'il y a dans la pensée des Lumières d'autres courants que ceux qu'il prend en considération, puisqu'il mentionne une seule fois (p. 137) « l'idéologie démocratique de Rousseau, Mably, et de nombreux patriotes »... Mais ce n'est pas elle qui l'intéresse. On pourrait faire beaucoup d'autres objections, et demander, par exemple, pourquoi, à côté d'un Suard ou d'un Morellet, ne pas faire place à un Deleyre, encyclopédiste et conventionnel régicide.

Y. BÉNOT

ANNIE JACOB : *Le Travail reflet des cultures : du sauvage indolent au travailleur productif.* Paris, Presses Universitaires de France, 1994, 280 p.

Si cette recherche sur les sens et valeurs successivement attribués à la notion de travail nous mène de la fin du 15ᵉ siècle, avec la rencontre de l'Amérique par l'Europe, jusqu'à la Révolution française, le 18ᵉ siècle n'en occupe pas moins une part importante, avec les encyclopédistes, les Économistes (p. 59 à 112), puis Lahontan et le « bon sauvage » (p. 217 à 224). Il s'agit dans l'ensemble du passage de la représentation du travail comme souffrance et action pénible et imposée à celle du travail comme élément de base de la morale sociale parce que contribuant à un développement de la production, en somme élément du progrès. Voire du travail devenu un devoir constitutionnel — c'est le cas de l'actuelle Constitution française. Il est bien évident que les penseurs des Lumières ont eu conscience de l'opposition entre cette vision du monde dont ils jugeaient en général qu'elle devait servir à assurer le bonheur commun et celle des peuples dits sauvages dont ils avaient connaissance, essentiellement les Indiens de l'Amérique du Nord. Si pour Lahontan, c'est du côté des sauvages qu'est le positif, la tendance dominante sera celle qui leur reproche leur manque de productivité — pour parler de manière anachronique. La présente étude, très fouillée, souffre cependant de certains oublis : l'*Encyclopédie* ne devrait pas faire oublier l'autre « travail » capital de Diderot : l'*Histoire...* de Raynal, ici négligée. Cela dit, c'est là une étude des plus utiles sur un sujet fondamental pour l'évolution de l'humanité.

Y. BÉNOT

FRANK LESTRINGANT : *Le Cannibale. Grandeur et décadence.* Paris, Perrin, 1994, 321 p. (Coll. « Histoire et décadence ».)

Dans son histoire du cannibale, c'est-à-dire de l'idée que s'en font les Européens, effrayés ou parfois séduits, l'A. montre la place occupée par les Lumières. Le mot vient de *cariba,* terme par lequel certains Indiens se désignaient eux-mêmes et qui a été contaminé par *canis,* le chien. Le cannibale échappe difficilement à l'animalité. Montaigne change la figure repoussoir en un modèle de liberté. Il est suivi par le Diderot du *Supplément au voyage de Bougainville* et par le Voltaire de *Candide* et du *Dictionnaire philosophique* (à propos duquel on consultera le tout récent article de Ch. Mervaud, « Les cannibales sont parmi nous », *Europe*, mai 1994). Mais la tradition du barbare anthropophage est perpétuée par Defoe, Prévost, Cornélius de Pauw ou Sade. Au début du 19ᵉ siècle, les scènes d'anthropophagie sur le radeau de la Méduse bouleverseront l'opinion et transformeront la perspective. Cet essai situe remarquablement les textes du 18ᵉ siècle dans une histoire qui va de la Renaissance à la fin du 19ᵉ siècle.

M. DELON

FRANÇOIS LAPLANCHE : *La Bible en France entre mythe et critique (16ᵉ-19ᵉ siècles).* Paris, Albin Michel, 1994, 321 p. (Coll. « L'Évolution de l'Humanité ».)

Voici un livre utile, car on croit en général que c'est en Allemagne plutôt qu'en France que les études bibliques ont fleuri, et que les interactions avec la philosophie et la littérature ont été les plus riches, et un livre intéressant même si son titre et son ambition dépassent de loin la matière traitée. L'A. se propose d'étudier l'histoire de l'exégèse biblique en France à travers quatre siècles sous l'effet de trois tensions : a) entre, d'une part, le mythe (chrétien), c'est-à-dire la synthèse de théologie et d'interprétation biblique accomplie par chaque génération, et, de l'autre, les progrès de l'érudition pertinente à la Bible et les diverses thèses de critique textuelle ; b) entre vérité et l'histoire, grosso modo les mêmes données, car les écrivains dont il s'agit ici prenaient la doctrine catholique ou protestante, selon leur appartenance, pour la vérité ; et c) entre l'herméneutique biblique et la politique. Cependant, le gros du livre est consacré au développement de l'apologétique biblique au sein du catholicisme français au 19ᵉ siècle, avec de petites digressions sur les protestants Edouard Reuss et Albert Schweitzer et, tout à la fin, sur Jonah Salvador, Juif apostat, et James Darmstetter, Juif assimilé au point d'être peu représentatif du judaïsme consistorial. Rien sur la Bible vue par les rationalistes du 18ᵉ siècle, comme si leur contribution aux sciences bibliques avait été négligeable. Et rien non plus sur le rôle important et parfois même obsessionnel que tenait la Bible dans les efforts des israélites nouvellement émancipés pour se régénérer et s'acculturer, dont un des instruments était la traduction de l'Ancien Testament par Samuel Cahen et son commentaire qui tentaient de faire cohabiter la critique biblique la plus avancée de l'époque avec un traditionalisme loyal et fier. Que l'histoire de la Bible en France ne soit pas exclusivement catholique échappe à l'A. malgré sa bonne volonté évidente. L'A. n'écrit pas une histoire téléologique (comment les sciences bibliques ont traversé les siècles) mais une histoire des variations de l'apologétique catholique du 19ᵉ siècle, confrontée aux menaces successives du rationalisme, des sciences physiques, de la géologie et de la paléologie, de la science religieuse, de la critique biblique allemande et, finalement, à la découverte que l'apocalyptique de Jésus fut une continuation de celle des Juifs de son époque. Que toutes ces tendances fussent déjà préfigurées dans la critique biblique des libres-penseurs du 18ᵉ siècle ne fut pas compris par les apologistes, selon l'histoire dressée ici ; et ceci est instructif : la déchirure entre la critique religieuse et biblique des Lumières et la France catholique du 19ᵉ siècle fut complète !

Quant aux développements antérieurs au 19ᵉ siècle, à notre avis l'A. exagère beaucoup la valeur de l'érudition farfelue de Samuel Bochart et de Pierre-Daniel Huet ; il ne dit que très peu de choses de Richard Simon dont la difficulté (selon l'expression du P. Auvray, cadrer ce qu'il savait avec ce qu'il devait croire) illustre mieux qu'aucun autre exemple les tensions qui sont le sujet du livre. Nous ne pouvons point partager sa haute opinion de la science d'Augustin Calmet : un sondage un peu plus large que les premiers versets de la Genèse lui aurait suggéré des faiblesses de critique, de bon sens et de bonne foi qui ont tellement amusé Voltaire et horrifié Renan. Quant à Nicolas-Sylvestre Bergier de qui l'A. fait tant de cas, nous n'arrivons à voir ni ce qu'il a innové, ni comment il a réussi, comme le suppose l'A., à réfuter Lévesque de Burigny, entre autres rationalistes aussi savants que lui en sciences ecclésiastiques.

BERTRAM EUGÈNE SCHWARZBACH

La Questione ebraica dall' Illuminismo all' Impero (1700-1815). Éd. par PAOLO ALATRI et SILVIA GRASSI. Perugia, Edizione Scientifiche Italiane, 1994, 295 p.

Les actes du colloque de la Société italienne d'étude du 18ᵉ siècle (Rome, 25-26 mai 1992) offrent 15 articles d'excellente qualité. L'intérêt est de pouvoir comparer plusieurs pays d'Europe (Italie, Angleterre, France, Prusse), différentes confessions (catholiques et protestants) dans leur rapport au judaïsme, ainsi que les auteurs classiques, Bayle, Bentham et la célèbre question controversée : les « philosophes » furent-ils antisémites ? Des écrits des déistes à ceux des statisticiens de l'époque de Napoléon, on voit que la moisson est large. De Berlin à Mantoue, des conceptions divergent, des politiques juives tentent de reconnaitre les juifs et le judaïsme sans accorder toujours la pleine émancipation juridique et politique octroyée à Paris en 1791 qui devient alors le modèle de toutes les aspirations. Pour P. ALATRI, qui revient sur le débat, on ne peut taxer d'un bloc les Lumières françaises d'avoir été antisémites. C'est bien à Dohm, puis à Mirabeau, qu'on doit les textes les plus aptes à fonder philosophiquement l'égalité des juifs. Ouvrage passionnant, très informé et équilibré, ce livre montre une vue globale de « la question juive » en Europe au 18ᵉ siècle et deviendra rapidement un classique.

D. BOUREL

MARIA-CHRISTINA PITASSI (éd.) : *Le Christ entre orthodoxie et Lumières*. Actes du colloque de Genève, 26 et 27 aout 1993. Genève, Droz, 1994, 216 p. (Coll. « Histoire des idées et critique littéraire ».)

Les différentes contributions réunies dans ce volume révèlent les complexités de la christologie à l'aube des Lumières, même si l'idée d'une progressive perte de substance de l'image du Christ reste latente dans la diversité des perspectives essayées. O. FATIO constate ce déclin dans l'apologétique et dans la liturgie genevoises, quoique compensé en partie par la récupération dans les chants liturgiques de l'œuvre rédemptrice du Christ H. J. SCHRÄDER confirme que le mysticisme intimiste des piétistes allemands estompe aussi l'importance du dogme. Du côté des catholiques, J. LE BRUN retrace dans l'œuvre de Fénelon ce même retrait de la christologie, l'humanité du Christ ne jouant aucun rôle dans la rédemption et la crucifixion elle-même devenant modèle des expériences mystiques. Le christianisme raisonnable qu'on cherche n'est cependant pas toujours l'indice d'un attachement déiste. R. WHELAN nie ainsi que la théologie rationaliste d'inspiration cartésienne qui accompagne chez Abbadie une christologie calviniste soit la preuve d'un quelconque déisme, les réflexions du ministre sur les avatars du Refuge allant elles aussi dans le sens de l'orthodoxie. Dans le même sens, M.-C. PITASSI s'est appliquée à montrer, de manière convaincante, que le souci de simplification dogmatique qui inspire *The Reasonableness of Christianity* n'implique nullement des attachements déistes ou sociniens de la part de Locke, mais plutôt le besoin de rétablir, par le renvoi à la lettre des Évangiles, le Christ historique. L'humanisation du Christ à l'œuvre dans la théologie et dans la philosophie se radicalise dans les écrits des libertins : confronté à d'autres cultures que la littérature invente, le prétendu Messie des chrétiens est un imposteur (A. C. KORS, « Le Christ des incrédules à l'aube des Lumières »), comme il le sera pour les auteurs des traités ayant circulé clandestinement dans des copies manuscrites (R. DESNÉ, « Aperçus sur la représentation du Christ dans les manuscrits clandestins »). Les travaux de B. COTTRET (« Ecce Homo. La crise de l'institution royale en Angleterre, 1649-1701 ») et de J.-F. BAILLON (« La réformation permanente : les Newtoniens et le dogme trinitaire ») abordent le sujet du point de vue de l'histoire des institutions : le premier fait le parallèle de l'image du Christ-roi et des avatars de la monarchie anglaise ; le second montre que le rejet de la Trinité par les newtoniens fait partie d'un projet de réformation permanente de l'anglicanisme. Une postface de G. WIDMER clôt le volume.

MIGUEL BENÍTEZ

LISE ANDRIES : *Le Grand Livre des secrets. Le colportage en France aux 17ᵉ et 18ᵉ siècles*. Paris, Éditions Imago, 1994, 223 p.

En un volume de dimensions modestes, l'A. propose une analyse du contenu pratique des livres de colportage, almanachs et « Bibliothèque bleue » principalement, nous offrant un minutieux inventaire analytique des savoirs diffusés pendant trois à quatre siècles auprès des populations rurales. L'une des conclusions principales de ce travail souligne le conservatisme fondamental de ce mode de transmission : du 16ᵉ au 19ᵉ siècles les mêmes « recettes » et les mêmes « sciences » ont été inlassablement reprises, sous des formes à peine modifiées. La médecine, l'usage des plantes, la connaissance du corps, la manière de jeter un sort ou de le conjurer, l'astrologie, la magie, les secrets de la fécondité et même les recettes de cuisine, sont restés au cœur de ces ouvrages. Au fil de neuf chapitres, répartis en trois ensembles thématiques, l'A. nous donne une foule d'exemples, parfois

pittoresques, de cette diffusion d'un savoir quasi immuable. Pourtant des innovations parviennent à s'introduire de façon inattendue : en 1765, *le Messager boiteux*
(titre pourtant archaïque) prend la défense de l'inoculation contre la variole, alors
que l'Église s'y opposait farouchement. Mais cette audace s'avère l'exception
et l'auteur souligne, surtout après 1750, le décalage croissant entre la science
nouvelle et les contenus archaïques des livres de colportage. En conclusion l'A.
montre que la rupture radicale est intervenue pendant la Révolution, qui impulsa
massivement de nouveaux manuels pratiques, de nouveaux almanachs civiques,
un calendrier porteur de valeurs nouvelles. Même si le 19e siècle vit le retour
des vieilles recettes dans les campagnes, c'était désormais une survivance qui
ne pouvait s'opposer durablement à la diffusion des savoirs scientifiques.

M. Dorigny

PAULETTE CARRIVE : *La Pensée politique anglaise de Hooker à Hume.* Paris,
    Presses Universitaires de France, 1994, xix + 402 p.

Ce livre retrace les étapes de la pensée politique anglaise à l'époque où
elle prend son essor et affirme sa présence dans le débat sur les formes de l'État
et la théorie des institutions. Voltaire définissait l'Angleterre comme « une nation
de politiques », et il avait quelque raison de le faire en un temps où les noms
de Hobbes et Locke, puis de Mandeville et Smith servaient de repères à toute
discussion sur les droits et les devoirs de l'homme en société. L'ordre des chapitres
n'est pas simplement chronologique puisque l'A. divise son livre en deux parties :
« Politique et Théologie » puis « Politique, Droit, Société ». Pourtant, la chronologie établit très logiquement ses droits puisque la première partie (160 p.) est de
loin la plus courte, ce qui montre bien que le débat théologique n'a cessé de,
perdre de l'importance depuis Hooker jusqu'à Warburton, alors que la réflexion
sur la nature d'un État laïcisé n'a cessé de s'approfondir et d'accroitre son
audience depuis Hobbes jusqu'à Hume. Ce livre judicieusement conçu met en
perspective divers articles repris et remaniés (après avoir fait sa thèse sur Mandeville, l'A. a travaillé sur Bellers, Hobbes, Sidney) et les lie par un développement
continu et des études inédites. Toutes les indications bibliographiques, et elles
sont abondantes, sont évidemment réactualisées. De ce point de vue, l'ouvrage sera
très utile au lecteur français qui trouvera (p. 353-387) des notices biographiques et
des indications bibliographiques sur chacun des auteurs cités. L'ensemble se
recommande par l'étendue de l'information, la clarté du style, un don incontestable
d'exposition et une appréciation aussi juste que mesurée de l'importance de
débats dont les échos ne sont pas près de s'éteindre.

M. Baridon

MONIQUE BROSSE : *Le Mythe de Robinson.* Paris, Lettres modernes, 1993, 152 p.

Ce petit volume, clair et bien conçu (mais qui ignore malheureusement la
grosse thèse de E. Reckwitz, *Die Robinsonade,* Amsterdam, Grüner, 1976), analyse les composants du « mythe » de Robinson : la problématique de l'ile, l'invitation au départ, l'inscription du thème dans la pensée mercantiliste et bourgeoise,
enfin les diverses lectures du mythe (allégoriques ou métaphysiques, psychanalytiques ou initiatiques, etc.) et surtout son développement au 19e et au 20e siècle.
Le 18e siècle n'est évoqué qu'en passant, pour Defoe, Lesage, Schnabel ou Campe,
Rousseau pour le didactisme et la célébration de l'*homo faber.*

R. Trousson

ULRICH RICKEN : *Leibniz, Wolff und einige sprachtheoretische Entwicklungen in
    der deutschen Aufklärung.* Berlin, Adkademie-Verlag, 1989, 78 p.

Si les thèses de Leibniz sur le langage sont relativement bien connues, celles
de Wolff, abusivement considéré comme un simple propagateur de la philosophie
de Leibniz, et plus généralement la linguistique allemande antérieure à l'essai

de Herder, sont encore trop souvent négligées. L'A. examine la réception des théories de Wolff, dans lesquelles des traits de dualisme cartésien subsistent en concurrence avec la conception sensualiste d'un développement de la pensée consécutif à celui du langage. Les différences entre le dépassement du dualisme cartésien chez Condillac d'une part, chez Wolff et Leibniz de l'autre, tout comme les distances prises par ces derniers à l'égard de Locke, ont trop longtemps conduit à ignorer la dette wolffienne de Condillac. C'est elle que l'A. examine ici, repérable jusque dans certains termes. Cette proximité explique largement la présence d'une double référence wolffienne et condillacienne chez certains théoriciens allemands du langage dans la seconde moitié du 18ᵉ siècle (par ex. chez Adelung).

G. LAUDIN

Sprachtheorie und Weltanschauung in der europäischen Aufklärung. Zur Geschichte der Sprachtheorien des 18. Jahrhunderts und ihrer europäischen Rezeption nach der französischen Revolution. Études réunies par ULRICH RICKEN en collaboration avec PATRICE BERGHEAUD, LIA FORMIGARI, GERDA HASSLER et autres. Berlin, Akademie-Verlag, 1990, 356 p. (Coll. « Sprache und Gesellschaft ».)

Cet ouvrage étudie les principales thèses sur le langage formulées dans différents pays d'Europe : la Grande-Bretagne (Harris, A. Smith, Monboddo...), la France (Condillac, Rousseau et les Idéologues), l'Italie (Vico, Genovesi...), l'Espagne (Feijoo, Piquer, Forner, Campos...), la Russie (Trediakovski, Sumarokov, Lomonosov...), l'Allemagne (Wolff, Herder, Adelung...). Il tente également une approche par problèmes : les fondements cartésiens, lockiens et leibniziens, la question du mauvais usage des mots et sa relation avec la critique des préjugés, les théories sémantiques, etc., mais il s'interroge également sur la possibilité de parler d'une linguistique des Lumières. Certes, la réflexion sur le langage comme instrument d'acquisition et de transmission du savoir au service de l'intérêt général a partie liée avec la philosophie des Lumières, de même que la question de l'origine du langage et de la relation entre langage et pensée s'inscrit dans une perspective anthropologique qui souligne le statut de l'homme comme sujet de l'histoire. A l'inverse, les adversaires déclarés des Lumières ne formulent guère de théories sur le langage et réfutent moins les thèses linguistiques des Lumières elles-mêmes que la vision de l'homme et de la société qu'elles impliquent. Toutefois, des arguments en faveur de l'origine divine du langage par exemple sont avancés jusque dans la seconde moitié du siècle par des philosophies des Lumières, par exemple par Beauzée dans l'*Encyclopédie*. S'il n'existe pas de philosophie homogène du langage chez les penseurs des Lumières, partagés entre des positions modérées et d'autres plus radicales, leurs adversaires durciront les leurs à la fin du 18ᵉ siècle quand ils refuseront le sensualisme ainsi que la conception qui fait de l'homme le sujet de l'histoire, tandis que les Idéologues, dont l'importance sera plus grande par exemple en Espagne ou en Italie qu'en France, prolongeront la linguistique des Lumières.

G. LAUDIN

HUBERT BOST : *Pierre Bayle et la religion.* Paris, Presses universitaires de France, 1994, 124 p. (Coll. « Philosophies ».)

H. BOST : *Un « intellectuel » avant la lettre : le journaliste Pierre Bayle (1647-1706).* Amsterdam et Maarssen, APA-Holland University Press, 1994, XI + 584 p. (Coll. « Études de l'Institut Pierre Bayle », Nimègue.)

Le très bon petit livre de la collection « Philosophies » donne un aperçu succinct, mais complet de la vie et de l'œuvre de Bayle du point de vue choisi par l'A., c'est-à-dire la question religieuse. Il suit chronologiquement les principaux ouvrages. Lorsqu'il s'agit de l'énorme masse du *Dictionnaire historique et criti-*

que, qui défie toutes les prises, trois articles (« Amyraut », « Nestorius », « Pauliciens ») lui permettent « d'illustrer la diversité et la constance des approches bayliennes » (p. 77) : c'est un sage parti, grâce auquel l'ouverture de perspectives se fait à propos d'analyses précises. L'ensemble est clair, équilibré. L'A. se situe dans la mouvance des exégètes modernes de B., principalement depuis la grande thèse d'Elisabeth Labrousse. Mais certains verront peut-être quelque excès à cet égard dans plusieurs affirmations, et par exemple dans la conclusion : « Lorsque finalement B. s'exclame : "Je meurs en philosophe chrétien", il offre comme l'expression synthétique de son œuvre : une entreprise de laïcisation critique de la religion chrétienne qui prétend en conserver les valeurs en les débarrassant de leurs scories crédules et idolâtres ».

Les *Nouvelles de la République des Lettres* méritaient une étude propre, par leur importance dans la vie intellectuelle de l'époque et par la valeur exemplaire qu'on leur a très vite donnée. L'ouvrage d'H. B., issu d'une thèse, prend place à bon droit dans la savante collection dirigée par Hans Bots : il aborde en effet l'étude du périodique de la façon la plus méthodique et la plus claire. Un premier chapitre y analyse le traitement de la question religieuse, qui faisait le sujet principal de la thèse et qui a été très condensé ; les suivants sont consacrés à l'histoire du journal, à la place qu'il tient dans l'œuvre de B. et dans le contexte du temps. On remarquera entre autres un excellent développement sur le public du journal, où sont utilisées les lettres de B., encore inédites, en attendant la grande édition de sa correspondance. On saura gré à l'auteur, et à l'éditeur, de nous fournir la « Bibliothèque des *Nouvelles de la République des Lettres* », c'est-à-dire l'index des auteurs et des titres des ouvrages qui y sont recensés (plus de 300 pages), précieux instrument de travail pour tous ceux qui, dorénavant, travailleront sur ce journal et sur l'époque dont il est le témoin. En bref, cet ouvrage, résultat d'une enquête exhaustive, fait partie de ces travaux de fond qu'on aime voir paraitre.

P. RÉTAT

E. J. HUNDERT : *The Enligthenment's Fable. Bernard Mandeville and the Discovery of Society.* Cambridge, Cambridge University Press, 1994, XII + 286 p.

La pensée de Mandeville a, à la fois, fasciné son siècle et subi des déformations dont cet ouvrage tente avec talent d'expliquer les causes. Publiée à Londres en 1723, la *Fable des abeilles* eut dès l'origine un succès de scandale. La conception qui s'y exprimait d'une société humaine uniquement conçue comme un agrégat d'égoïsmes favorisant la compétition et l'exploitation d'autrui ne pouvait que révolter un public habitué aux leçons du christianisme et de la morale de l'honnêteté. L'A. indique les sources de la pensée de Mandeville : la fable ésopique, mais aussi la tradition de l'augustinisme français qu'il avait rencontré dans le Refuge de Hollande et qui lui enseignait l'analyse des passions, la vision paradoxale du monde qu'il avait puisée dans Scarron, le « libertinisme » aussi et le républicanisme batave. « Vices privés, bénéfices publics » : sa doctrine de l'amour propre comme fondement de la société civile se fonde sur la certitude que la civilisation génère naturellement par sa complexité et par les conflits de groupe une morale sociale ignorée de « l'état de simplicité » où l'homme survivait sans beaucoup de désirs et d'appétits. Le langage articulé qui remplace le geste est l'agent principal de cette socialisation. Il construit un « masque » dont l'hypocrisie est le matériau. Rousseau, Fieding ou Adam Smith ont analysé, parmi d'autres, cette pensée économique paradoxale : l'A. leur consacre des pages bien informées. Surtout orientée vers le domaine anglo-saxon, cette synthèse claire ne manquera pas d'intéresser l'historien des idées.

F. MOUREAU

GIANLUCA MORI : *Per l'attribuzione a Du Marsais dell' « Examen de la religion »*. Florence, Leô·S. Olschki, 1993. (Extrait d'*Atti e Memorie dell' Accademia toscana di scienze e lettere La Colombaria*, vol. LVIII, p. 257-332.)

Le traité clandestin *L'Examen de la religion* est l'un des manuscrits clandestins qui pose le plus de problèmes et autour duquel il subsiste le plus de mystères. L'A. présente, dans cette monographie appuyée sur une érudition minutieuse, une hypothèse concernant l'attribution de cet ouvrage. L'auteur serait l'encyclopédiste grammairien Du Marsais, déjà soupçonné d'être l'auteur d'un autre traité clandestin, *Le philosophe*. L'A., qui apporte également des détails très précieux sur la datation du texte et sur ses sources, appuie son argumentation en partie sur la vraisemblance de l'hypothèse mais essentiellement sur une analyse stylistique comparée du texte de *L'Examen* d'un côté et des écrits attestés de Du Marsais de l'autre, ainsi que du *Philosophe*. Les citations extraites des différents ouvrages mises en parallèle permettront à chaque lecteur de former sa propre opinion. De toute façon, ce travail méticuleux rend impatient de lire l'édition critique du texte actuellement préparée par l'A.

ANN THOMSON

DANIEL ACKE : *Vauvenargues moraliste. La synthèse impossible de l'idée de nature et de la pensée de la diversité*. Cologne, Janus, 1993, VIII + 550 p.

L'A. entend proposer une vision renouvelée de la figure et de l'œuvre de Vauvenargues. Pour cela, il commence par procéder à une « confrontation critique » des théories des cinquante dernières années relatives aux moralistes, refusant toute synthèse (jugée impossible) comme tout apport d'une théorie personnelle. Une deuxième partie, également préparatoire, vise à retracer la façon dont V. a été perçu par la postérité et à dégager les aspects contradictoires et mythiques qu'ont pu favoriser les influences diverses au cœur desquelles se situe l'œuvre. C'est au terme de ces longs prolégomènes qu'est entreprise l'étude du moraliste à travers les aspects les plus délicats de sa pensée. L'A. montre notamment, en dévoilant les implications philosophiques qui sont en jeu, que, face à l'objet propre de l'œuvre, c'est-à-dire la nature humaine, V. mêle de façon complexe le naturalisme et l'artificialisme, de même que, face à la question fondamentale du pluralisme ontologique et moral, il adopte une position ambiguë. Dans ces ambivalences, l'A. voit la modernité même de l'écrivain. Dense, solidement informé, l'ouvrage qui tient compte de l'héritage des moralistes antérieurs et de l'idéologie des Lumières s'achève sur une riche bibliographie.

R. GRANDEROUTE

NADIA BOCCARA : *Solitudine e conversazione. I moralisti classici e David Hume*. Roma, Istituto di Scienze Umane e delle Arti, 1994, 174 p.

L'A. souligne la filiation entre les œuvres de David Hume et celles des moralistes classiques français, de Montaigne à La Rochefoucauld. Des thèmes comme l'amour de soi, la séduction du divertissement au sens pascalien du terme, la mélancolie, ou ce que Hume appelle « the disease of the learned », le placent, en effet, dans la droite ligne de ces écrivains. Cette perspective comparatiste est intéressante, tout comme l'analyse, forcément centrale ici, de ce que représente, d'un point de vue médical et philosophique, le « spleen », promis à la fortune que l'on sait au 19ᵉ siècle.

L. ANDRIES

HÉDIA OUERTANI-KHADAR : *Diderot et l'actualité politique (1746-1784)*. Préface de René POMEAU. Université de Tunis-I, Publications de la Faculté des Lettres de la Manouba, 1992 [1993], 328 p.

L'enquête menée par l'A. met au jour un aspect peu connu de la pensée politique de Diderot : ses réflexions concernant la vie politique française de son temps. L'A. a divisé ses analyses en trois parties : de 1746 à 1763, de 1763 à 1774, l'époque de Louis XVI. Découpage intéressant qui ne tient délibérément pas compte des grands tournants de la pensée politique de Diderot : l'affaire de Prades, le début de la collaboration à l'*Histoire des deux Indes* de Raynal. Jusqu'en 1763, Diderot est surtout préoccupé d'affaires religieuses (jansénisme, défense des premiers volumes de l'*Encyclopédie*, expulsion des Jésuites...) et des problèmes liés à la guerre de Sept Ans. De 1763 jusqu'à son voyage en Russie, l'attention de Diderot qui est de plus en plus consulté pour établir des projets sociaux et politiques va à la crise parlementaire et aux différents problèmes d'économie ou de politique étrangère. Enfin, l'A. examine le « rôle » politique joué par Diderot après la mort de Louis XV. Le corpus des textes étudiés comprend essentiellement des écrits polémiques ou journalistiques de Diderot ainsi que sa correspondance. Malgré une présentation catastrophique des références bibliographiques et une ponctuation fantaisiste, on doit se réjouir de cette étude très utile, car elle donne beaucoup d'éléments pour l'information du lecteur.

G. STENGER

GERHARDT STENGER : *Nature et liberté chez Diderot après l'« Encyclopédie ».* Paris, Universitas, 1994, XIII + 342 p.

Le livre de G. S. est, pour la part post-encyclopédique de l'œuvre de Diderot, l'exposé détaillé et complet d'une question (les rapports entre nature et liberté) qui a souvent suscité la perplexité des diderotistes et beaucoup alimenté le thème d'un D. en contradiction avec lui-même. Il la considère successivement dans trois champs : celui de la réflexion esthétique (avec, au centre, le *Salon de 1767*) ; celui de la pensée biologique (au centre, *Le Rêve de d'Alembert*) ; celui enfin de la réflexion politique et morale (avec surtout les contributions de D. à l'*Histoire des deux Indes* et l'*Essai sur les règnes de Claude et de Néron*). La mention de ces titres ne doit pas masquer qu'est pris en compte l'ensemble du corpus diderotien après l'*Encyclopédie* et que de substantiels développements sont consacrés à de nombreuses œuvres du philosophe. A vieille question, réponse neuve. Là où beaucoup voyaient une insoluble antinomie dans la pensée de D., l'A., à l'aide de notions modernes comme celles de complexité ou d'auto-organisation, propose une articulation : nature et liberté ne sont pas des termes donnés et contradictoires, mais la liberté est toujours à inventer à partir de la nature. Elle est dépassement de la nature. Ce qui apparait bien à travers certains couples de notions qu'on rencontre chez D. comme nature subsistante et nature idéale ou ordre subsistant et ordre général. Se dégage alors l'image nouvelle d'un D. dont l'idée maitresse est celle de liberté. Il ouvre un espace philosophique nouveau, plus proche à la fois de notre modernité et du matérialisme antique (Lucrèce et l'épicurisme) que de ses contemporains et s'oppose sans doute plus souvent à ses amis, les partisans des lumières, qu'à ses adversaires. Outre sa précision et sa fidélité à la réflexion de D. dont il rend compte jusque dans ses plus fines articulations, cet ouvrage vaut en ce qu'il se situe à la hauteur qui convient pour faire apparaitre l'envergure et l'unité d'une pensée qui ignore les frontières entre les genres et les domaines.

M. BUFFAT

MARIA GIOVANNA DI DOMENICO : *Natura Uomo Dio. Saggio sull'antropologia di d'Holbach.* Napoli, Loffredo, 1994, 207 p.

Cet essai est une lecture du *Système de la nature* de d'Holbach, divisée en trois parties, « La Nature », « L'Homme » et « Dieu », et conduite avec une constante attention, au fil de l'argumentation, pour les réfutations contemporaines, en particulier celles de l'abbé Bergier et de J. G. v. Holland, outre les critiques de Voltaire et de Frédéric II et celle, postérieure, de Galluppi. Selon l'A., chez d'H., l'élan éthique l'emporte sur la fondation scientifique de l'anthropologie matérialiste. Sa pensée ne doit pas être réduite à un « opaque matérialisme » ; il faut plutôt souligner sa « forte et sincère volonté de se faire, en effet, l'apôtre de la nature », de donner à l'homme les moyens pour redevenir l'arbitre de son destin. Très attentif à la dimension la plus cachée de la réalité humaine, d'H. veut surtout affranchir l'homme des dangereux fantasmes de l'imagination, pour qu'il puisse retrouver son rôle dans le « grand tout », dans la chaîne des êtres.

E. J. MANNUCCI

LÉO FREULER : *Kant et la Métaphysique spéculative*. Paris, Vrin, 1992, 384 p. (Coll. « Bibliothèque d'histoire de la Philosophie ».)

L'A. récuse une opinion tenace : Kant destructeur de la métaphysique. Si différent que soit d'un Hume, d'un Condillac, l'initiateur de la philosophie transcendantale, nul dix-huitiémiste ne peut être indifférent au fait que leur intention était bien, déjà, de muter le sens du mot « métaphysique », entendu désormais non comme savoir d'un être, mais comme science des opérations de la connaissance. Ce que K. inaugure, dès 1770, c'est une « réflexion sur la métaphysique » qui se conduit en trois moments : définir la métaphysique, décider sur la métaphysique spéculative, s'interroger sur le statut d'une possible, d'une indispensable « métaphysique de la métaphysique ». Ce qui confère légitimité à une critique de la Raison pure par elle-même. L'A. expose comment (à l'opposé simultanément de l'indifférence métaphysique et du dogmatisme anti-métaphysique, aveugles l'un et l'autre à l'intérêt suprême de la Raison) la *Critique de la Raison pure* est un traité de la *méthode* propre à « réformer la métaphysique ». C'est à la fois libérer la métaphysique spéculative de ses illusions toujours renaissantes et préserver son objet, humainement imprescriptible et raisonnablement postulable : le monde intelligible.

GUY BESSE

JULES VUILLEMIN : *L'intuitionnisme kantien*. Paris, Vrin, 1994, 294 p. (Coll. « Bibliothèque d'histoire de la Philosophie ».)

Ces 17 articles parus en trois langues entre 1964 et 1993 sont parfois d'accès difficile. (Ainsi la confrontation entre Kant et Frege.) Ce recueil nous éclaire et nous stimule parce que l'A., congédiant à la fois révérence et contestation, se propose de « revivre » le projet kantien en repérant les « limitations internes de l'idéalisme transcendantal ». Limites qui dépendent d'une « conception intuitionniste de la connaissance » où une philosophie critique inspirée de K. ne peut, de nos jours, s'enfermer. « Intuitionnisme » se comprend ici par analogie avec la marche du mathématicien qui « requiert d'une preuve d'existence qu'elle fournisse le moyen de construire l'objet » (p. 7). L'A. met en évidence comment l'initiateur de la philosophie transcendantale soumet l'activité du sujet à un contrôle réglé *a priori*. Contrôle qui est ici diversement mis à l'épreuve. Cette vivifiante intelligence de K. en notre temps nous vaut, parmi les pages les plus appropriées aux intérêts des dix-huitiémistes, de belles études sur la justice par convention, sur K. et B. Constant, sur la conception kantienne des beaux-arts, du jugement de gout, du génie, sur la Raison pratique, sur « raison finie et sentiment religieux ».

G. BESSE

LIA FORMIGARI : *La Sémiotique empiriste face au kantisme*. Liège, Mardaga, 1994, 216 p. (Coll. « Philosophie et langage ».)

Auteur d'un précédent ouvrage sur *Signs, Science and Politics. Philosophy of language in Europe, 1700-1830* (Amsterdam, 1993), l'A. affirme une nouvelle fois sa capacité à s'émanciper, sur le terrain de la philosophie du langage, des stéréotypes transmis par l'histoire de la philosophie de tradition idéaliste, et son aptitude à valoriser la sémiotique empiriste par la mise en évidence des enjeux majeurs au 18ᵉ siècle du contrôle sémiotique de la nature et de la société civile. C'est pourquoi elle avait déjà insisté sur les limites d'une explication en termes de « rupture idéaliste », dissociant mécanisme empirique et subjectivité transcendantale. De fait, elle montre, dans le cas de Humboldt, la possibilité d'un usage linguistique d'arguments transcendantaux non dissocié de la démarche empirique, où certes la langue demeure un élément transcendantal de l'expérience. Le présent ouvrage approfondit une telle perspective de recherche en abordant au sein même de la culture allemande la crise du modèle empiriste de la philosophie du langage. L'A. précise ainsi l'existence d'un courant allemand de philosophie sémiotique qui élabore une alternative au transcendantalisme kantien. L'étude de l'opposition entre Kant et Herder est au cœur de la première partie du livre. Elle nous éclaire sur un renouvèlement de la tradition empiriste qui « débouche sur une philosophie de la langue en tant que lieu de définition des conditions de la pensée, non pas en termes de structures formelles de la pensée mais comme le produit d'une interaction naturelle entre l'homme et le monde » (p. 69). Dans la seconde partie, l'A. analyse, au-delà de Herder, le phénomène de la *Popularphilosophie*, pendant allemand des Idéologues. Il s'agit d'un courant particulièrement éclectique où s'enchevêtrent psychologie empirique, psychologie rationaliste et déduction trancendantale, mais qui trouve dans le *Neues Organon* d'Heinrich Lambert un modèle théorique de réflexion sémiotique.

J. GUILHAUMOU

A.L.C. Destutt de Tracy et l'Idéologie. Textes et documents édités et annotés par HENRY DENEYS et ANNE DENEYS-TUNNEY. *Corpus*, nᵒ 26/27, 2ᵉ semestre 1994, 301 p.

Ce numéro spécial contribuera à dissiper certaines préventions et à mieux faire connaitre l'œuvre de Destutt de Tracy (1754-1836) et l'« idéologie ». Leur projet philosophique est apprécié par des commentateurs contemporains : Emmet KENNEDY (auquel on doit *le* livre fondamental sur Tracy) ressaisit origines historiques et ambition de la « super-science » ; Elisabeth SCHWARTZ définit son rapport à la « grammaire générale » comme un exemple d'« idéologie scientifique », mais distingue teneur scientifique et fonctions politiques ; Rose GOETZ désigne l'analyse par T. de la volonté comme une source théorique majeure du système ; Michèle CRAMPE-CASNABET s'interroge sur la méconnaissance de Kant par T. ; A. DENEYS-TUNNEY commente une lettre de T. au sujet de *Corinne* de Mᵐᵉ de Staël ; H. DENEYS, revenant au problème méthodologique posé par les « philosophies impures » du 19ᵉ siècle, doute que le destin de l'idéologie ait dépendu seulement de la censure de ses adversaires. A la suite sont évoquées des réceptions et interprétations célèbres de l'Idéologie, depuis Napoléon qui intronise l'acception péjorative du terme jusqu'à Henri Beyle, Karl Marx, J.-P. Sartre. Des textes rares de Tracy sont reproduits : « *M. de Tracy à M. Burke* », des *Pièces sur l'instruction publique*, et des lettres à Daunou, Jefferson, soigneusement annotés par les présentateurs. S'y ajoutent une notice sur la carrière de T., une bibliographie des œuvres du philosophe et des études à son sujet depuis 1930.

G. TAMAIN

Das Antlitz Gottes im Antlitz des Menschen. Zugänge zu Johann Kaspar Lavater. Éd. par KARL PESTALOZZI et HORST WEIGELT. Göttingen, Vandenhoeck Ruprecht, 1994, 355 p. (Coll. « Arbeiten zur Geschichte des Pietismus ».)

Les actes du colloque pour le 250ᵉ anniversaire de Lavater (Zurich, 3-5 novembre 1991) marquent une date dans l'histoire de la recherche sur une figure maltraitée par l'historiographie. Trois parties répartissent 19 communications remarquables sur L. comme théologien, comme physiognomoniste, et L. et ses contemporains. Hess, Pestalozzi, Goethe, Bonstetten, Johannes von Müller,

Mendelssohn (qu'il tenta de convertir) et Bonnet, forment une galaxie autour du pasteur de Zurich, célèbre auteur à succès des fragments physiognomiques, prédicateur inspiré mais chrétien un peu trop enthousiaste. Ses papiers déposés à Zurich sont largement utilisés et font de ces études des contributions de premier ordre. A G. EBELING on doit une évaluation globale de sa théologie, au sein de laquelle la physiognomonie joue un rôle qu'on ne souligne pas assez, alors que sa christologie est bien connue. Mais c'est la piété qui retrouve chez lui son rang éminent et c'est sans doute une des raisons, avec la renaissance de l'origénisme chez les piétistes, de son zèle convertisseur, peu partagé à l'époque. Plus inattendue est l'évocation de son influence en Russie, due à E. HEIER. Quelques lettres inédites en appendice montrent bien la richesse d'une correspondance qu'il conviendrait d'éditer rapidement.

D. BOUREL

GERHARD SCHWINGE : *Jung-Stilling als Erbauungsschriftsteller der Erweckung. Eine literatur-und frömmigkeits-geschichtliche Untersuchung seiner periodischen Schriften (1795-1816) und ihres Umfelds.* Göttingen, Vandenhoeck & Ruprecht 1994, 372 p. (Coll. « Arbeiten zur Geschichte des Pietismus ».)

Johann Heinrich Jung, appelé Stilling (1740-1817) est une figure piétiste très étudiée. On le réédite, le commente et l'analyse dans ses différentes fonctions, et selon ses multiples facettes. Auteur à succès et adepte d'une *Aufklärung* pieuse selon le mot d'un de ses meilleurs exégètes, G. A. Benrath, sa vie est bien remplie. Médecin et ophtalmologiste (1772-1778) à Elberfeld, professeur de sciences camérales à Kaiserslautern (1778-1784), puis à Heidelberg (1784-1787) et Marbourg (1787-1803), il devient ensuite auteur d'ouvrages religieux et de périodiques, sur lesquels porte cette très bonne thèse. Elle étudie *Der graue Mann* (1795-1816), *Der christliche Menschenfreund in Erzählungen für Bürger und Bauern* (1803-1807), *Des christlichen Menschenfreunds biblische Erzählungen* (1808-1816) et le *Taschenbuch für Freunde des Christenthums* (1805-1816). Ces ouvrages sont replacés dans leur genèse, leur intention et leur lectorat. L'A. utilise des sources inédites (dont des lettres). Certes, J.-S. n'a pas lui-même créé le mouvement du réveil mais y a pris une grande place. Ses écrits d'édification eurent une influence considérable d'autant qu'il croyait à la venue très prochaine du règne du Christ qu'il détaille avec éloquence. Au fur et à mesure qu'il avance en âge, Jung-Stilling se sent investi d'une mission d'annonce et de conseil. Sa théologie se simplifie mais gagne en écho. Il ne fut pas réellement un prophète mais l'une des consciences pacificatrices de l'époque.

D. BOUREL

CARLO PANCERA : *Una vita tra politica e pedagogia. Marc-Antoine Jullien de Paris (1775-1848).* Presentazione di JACQUES GODECHOT. Fasano, Schena, 1994, 351 p.

Ce livre non seulement comble, avec une documentation considérable, une lacune historiographique, mais il contribue, à travers l'histoire d'un personnage représentatif (précisément parce qu'il n'est pas l'un des grands protagonistes), à l'étude de la vie d'une génération d'hommes qui participèrent activement à une époque de changements dramatiques. Fils du conventionnel Jullien de la Drôme, Jullien de Paris fut engagé encore très jeune dans l'activité révolutionnaire : en l'an II, il est agent du Comité de Salut public à Nantes puis à Bordeaux. Incarcéré après Thermidor, puis relâché, il connait Babeuf et Buonarroti et, après un moment de sympathie pour leurs idées, il recule devant la conspiration ; mais il est dénoncé et part en Italie sous un faux nom. L'A. reconstitue la complexe activité politique et journalistique de Jullien dans cette seconde période de sa vie, en difficile équilibre entre la politique de Bonaparte et les aspirations des patriotes « jacobins » italiens, et il s'attache au début des intérêts pédagogiques de ce personnage, qui s'occupa de la problématique éducative surtout de 1808 à 1817. De plus en plus hostile au pouvoir napoléonien, il est désormais enclin à penser qu'un vrai changement politique ne pourra être que le résultat d'une maturation générale de la société. La seconde partie du livre est consacrée à cette période où Jullien publie des textes pédagogiques : l'A. reconstitue son rapport avec Pestalozzi et établit les dates des séjours de Jullien à l'Institut d'Yverdon. La troisième partie du livre (Restauration et règne de Louis-Philippe) analyse surtout les positions sur la question sociale de Jullien, qui ne renonce jamais à ses idées démocratiques et républicaines et salue avec chaleur la IIe République, peu avant de mourir.

E. J. MANNUCCI

PASCHALIS M. KITROMILIDÈS : *Enlightenment, Nationalism, Orthodoxy. Studies in the Culture and Political Thought of Southeastern Europe.* Aldershot (Hampshire), Variorum, 1994, 288 p.

Ce volume rassemble des articles de l'A. centrés sur l'impact des Lumières sur les Balkans aux 18e et 19e siècles et plus particulièrement sur l'attitude des traditionalistes orthodoxes envers les idées des Lumières. L'A. étudie également les problèmes concernant le nationalisme grec en Asie Mineure et à Chypre. Les dix-huitiémistes apprécieront particulièrement les chapitres sur les Lumières à l'Est et à l'Ouest (une perspective comparatiste des origines idéologiques des traditions politiques dans les Balkans) ; sur la guerre et la conscience politique (les implications théoriques de l'historiograhie grecque du 18e siècle) ; l'idée de la science dans les Lumières grecques modernes ; le changement culturel et la critique sociale (le cas de Iosipos Moisiodax) ; les aspirations républicaines dans l'Europe du Sud-Est sous la Révolution française ; la critique religieuse entre orthodoxie et protestantisme ; les Lumières et les femmes. Un index et des notes bibliographiques complètent cet ouvrage qui tient compte de recherches récentes et dont l'importance est évidente.

R. ARGYROPOULOS

PASCHALIS M. KITROMILIDÈS : *The Enlightenment as social criticism. Iosipos Moisiodax and the Greek culture in the eighteenth century.* Princeton University Press, 1992, XIII + 203 p. (Coll. « Princeton Modern Greek Studies ».)

Après plusieurs études importantes sur l'âge des Lumières dans l'Europe de sud-est, l'a. propose ici la biographie d'une des plus importantes figures de cette époque. Né à Cernavoda (aujourd'hui en Roumanie), Moisiodax appartient au milieu balkanique, toujours riche en interférences ethniques et culturelles. Venu d'un milieu confessionnel orthodoxe, il a été parmi les intellectuels les plus rapidement gagnés aux idées des Lumières. Traducteur (en grec) de la *Philosophie morale* de Muratori, auteur de quelques livres d'une grande modernité pour son époque, professeur aux Académies princières de Jassy et de Bucarest, il a contribué à la diffusion des Lumières parmi les Roumains comme parmi les Grecs. L'A. a le mérite de proposer une nouvelle lecture de la vie et de l'œuvre de ce personnage, en se situant au-dessus de l'esprit souvent partisan des historiographies nationales. M. retrouve ainsi sa place dans les réalités plus complexes de son temps, quand l'esprit cosmopolite des Lumières et l'œcuménisme orthodoxe des Grecs et des Roumains étaient plus forts que le sentiment national qui commençait pourtant sa pleine affirmation. La biographie de M. devient ainsi une manière d'approfondir l'étude générale de la société est-européenne à cette époque. La première partie du livre retrace chronologiquement la vie de M. avec un accent particulier sur son évolution intellectuelle. La deuxième partie s'occupe de sa pensée dont l'idée forte est la « critique sociale », comme seul moyen de faire sortir la société de son inertie traditionnelle. Dans cette perspective, M. est considéré, ainsi que Dimitrios Katartzis (1730-1807), comme un symbole de la grande innovation culturelle apportée par les Lumières dans cette partie de l'Europe orientale.

S. LEMNY

LISELOTTE BIEDERMANN-PASQUES : *Les Grands Courants orthographiques au 17ᵉ siècle et la formation de l'orthographe moderne. Impacts matériels, interférences phoniques, théories et pratiques (1606-1736).* Tübingen, Max Niemeyer, 1992, 514 p. (« Beihefte zur Zeitschrift für romanische Philologie ».)

Ce savant ouvrage, malheureusement fort couteux (178 DM), répondra à l'attente de ceux qui se préoccupent d'éditions de textes ou qui se soucient de bien connaitre l'orthographe de nos écrivains. Et il convient de rendre hommage à l'éditeur Niemeyer qui a superbement publié cette thèse française. L'enquête porte surtout sur le 17ᵉ siècle et nous situe largement en amont des Lumières puisqu'elle commence avec le *Thrésor de la langue françoyse* de Nicot. Mais elle s'achève en 1736 avec la *Prosodie françoise* de l'abbé d'Olivet, lequel fut le maitre d'œuvre de la 3ᵉ édition du *Dictionnaire* de l'Académie (1740) qui a considérablement modifié et modernisé notre orthographe. On peut d'ailleurs regretter que l'étude n'adopte pas, précisément, cette édition de 1740 comme terminus. En examinant les textes de 39 auteurs, l'A. montre comment s'affrontent et coexistent jusqu'au 18ᵉ siècle le courant, conservateur, d'une orthographe ancienne, celui d'une orthographe modernisée (illustré notamment par Richelet, Buffier, Girard et d'Olivet) et celui d'une orthographe phonétique et réformée. Il est impossible de résumer un travail qui vaut par l'analyse minutieuse (et toujours claire) de nombreux problèmes particuliers : par exemple la distinction entre *i* et *j*, *u* et *v*, l'histoire fort embrouillée de l'accentuation, les notations de *e*, etc. On se reportera avec fruit au tableau de synthèse des systèmes graphiques (p. 391-415). On appréciera l'attention portée aux conditions matérielles (les usages typographiques) et socio-économiques (le rôle des imprimeurs, le rapport imprimeur-auteur). L'ouvrage est pourvu d'une ample bibliographie et d'un riche index (commenté) des termes (ou thèmes : par ex., « capitales », « homonymes ») et des noms propres. On doit être reconnaissant à l'A. d'avoir si solidement posé les fondations d'une recherche qui reste à entreprendre : l'histoire de l'orthographe de 1740 à la Révolution, ou à 1835, date de la 6ᵉ édition du *Dictionnaire* de l'Académie d'où procède, pour l'essentiel, l'orthographe que nous avons apprise.

R. DESNÉ

JEAN RENAUD : *La Littérature française du 18ᵉ siècle.* Paris, Armand Colin, 1994, 192 p. (Coll. « Cursus ».)

Ce petit volume, destiné surtout aux étudiants du premier cycle, se distingue de bien d'autres du même genre dans la mesure où, peu soucieux de dresser des listes impressionnantes de noms et de titres, il met davantage l'accent sur certaines problématiques essentielles : délimitation chronologique du siècle des Lumières, son contenu (raison/sensibilité), interprétations abusives, etc. Il développe aussi largement l'arrière-plan historique, politique et social, la situation du livre et de la censure, la sociabilité, le statut de l'écrivain, les grands thèmes de la pensée des Lumières (nature, Dieu, progrès, bonheur), les types et les utopies, les formes littéraires, les genres, etc. Au rayon des grandes œuvres, on trouvera des analyses succinctes mais bien menées d'un nombre limité d'auteurs représentatifs (Marivaux, Prévost, Montesquieu, Voltaire, Rousseau, Diderot, Beaumarchais, Laclos, Sade). Un petit livre qui invite surtout à la réflexion dans une présentation synthétique et intelligemment pédagogique.

R. TROUSSON

FERNANDO CIPRIANI : *Dalla corte al ritiro. Figure e temi della civiltà letteraria del Sei-Settecento francese.* Chieti, Solfanelli, 1993, 192 p.

Ce volume réunit cinq essais, dont deux, l'un sur primitivisme et civilisation dans les *Lettres d'une Péruvienne* et les *Mémoires* de Valentin Jamerey-Duval (ch. III), l'autre sur les *Lettres de Cirey* de Mme de Graffigny (ch. IV), ont été publiés en 1985 et 1980, mais paraissent ici révisés. Les autres chapitres sont consacrés à *La Princesse de Clèves*, à l'amitié littéraire entre Jamerey-Duval et Mme de Graffigny, à la cour de Lorraine et au chevalier de Boufflers. Le thème central est celui de la retraite et de l'évolution de ses connotations entre la fin du 17e et le 18e siècle, considéré dans la perspective particulière du déracinement des écrivains lorrains, quand le duché devient un état vassal de la France. De là, la perspective du mouvement de l'âme et de l'écriture « de la cour à la retraite » et le choix, comme point de départ paradigmatique de l'analyse, du roman de Mme de La Fayette, structuré autour du conflit entre « dedans » et « dehors » psychologique.

E. J. MANNUCCI

MALCOLM COOK : *Fictional France. Social Reality in the French Novel, 1775-1800.* Providence/Oxford, Berg, 1993, 169 p. (Coll. « French Studies ».)

Ce petit livre a le mérite de porter à notre attention une foule d'ouvrages et d'auteurs quasi inconnus du dernier quart du siècle (Ducray-Duminil, Gorjy, Liomin, Moutonnet de Clairfons...) et de rassembler les éléments d'un répertoire d'idées (à la rigueur de théories) d'époque sur le roman. Il y a pourtant un écart sensible entre ce que propose de faire l'A. et ce que contient effectivement le livre, sans parler d'une certaine confusion. A la seule p. 1, l'A. déclare que son « intention » est de fournir un survol critique des écrits fictifs rédigés en France dans les années 1775-1800 et affirme que de tels écrits nous procurent « une image intime de la réalité » telle qu'elle a été vécue par les uns et les autres. A peine plus loin, on apprend que l'A. se propose comme « but » d'évaluer « les tableaux de la réalité *[pictures of reality]* transmis par le romancier au 18e siècle ». Suivent une série de questionnements, peu compatibles avec l'affirmation du début, sur les rapports entre fiction et histoire, entre fiction et réalité vécue, entre roman et « intimité de la société du 18e siècle » (?), tout ceci groupé dans un chapitre initial intitulé « Introduction à *la* théorie de la représentation fictive » (je souligne). Questions fort valables sans nul doute mais qu'on ne peut poser ainsi en passant. Les notions abordées au long du livre, réalité et réalisme, illusion et vraisemblance, histoire et Histoire, discours moral, demandent à être, sinon passées par le filtre d'une grille, du moins situées dans un éventail chronologique plus vaste car elles sont loin d'être spécifiques aux textes de cette époque. Autre lacune surprenante : aucune référence à des études d'histoire sociale portant sur les années en question. Malgré l'abondance du menu, le lecteur reste sur sa faim.

B. FINK

DAVID J. DENBY : *Sentimental Narrative and the Social Order in France, 1760-1820.* Cambridge University Press, 1994, XI + 284 p.

L'A. commence par étudier trois écrivains sentimentaux inégalement connus (Baculard d'Arnaud, Jean-Claude Gorjy et François Vernes) dont il dégage les préoccupations majeures et diverses. Adoptant ensuite une démarche plus théorique et plus abstraite, il cherche, en référence à Diderot notamment et à la lumière des concepts forgés par Propp, Fried et Caplan, à dessiner un modèle de récit sentimental, sorte de « métastructure ». S'appuyant ensuite surtout sur Rousseau, il analyse les rapports du sentiment et des impératifs sociaux à travers le thème de l'argent. Au terme de ces considérations, il aborde la question générale de l'interprétation du sentimentalisme en tant que « projet social et idéologique ».

Pour cela, il se tourne vers la Révolution et l'après-Révolution, étudie la place du récit et du langage sentimental dans des textes révolutionnaires importants (de l'abbé Grégoire à Marat et Robespierre), évoque, avec Tracy, Say, Cabanis..., le milieu des Idéologues (montrant que l'idéologie conduit à limiter le sentimentalisme) avant de consacrer un dernier chapitre à l'œuvre de Mme de Staël. Solidement informé comme en témoigne une abondante bibliographie, l'ouvrage est nourri d'analyses claires et fermes et riche d'aperçus intéressants.

R. GRANDEROUTE

Cahiers de l'Association internationale des études françaises. Mai 1994, n° 46. Paris, A.I.E.F. et Les Belles Lettres, 440 p.

Les dix-huitiémistes trouveront leur provende dès la première journée de l'A.I.E.F. de juillet 1993, avec deux « romancières devant la société de leur temps », dont l'une, Mme de Tencin, feint d'ignorer le monde, et l'autre, Mme de Staël, combat son oppression. Toute la troisième journée, organisée par J. SGARD, est consacrée à l'œuvre de l'abbé Prévost : interprétations ambitieuses (de la caverne platonicienne à la quête du Graal), confrontations amoureuses avec Manon et Théophé, recherches sur les stratégies de présentation, très à l'anglaise dans les paratextes du roman comme dans la fiction du journal. On lira avec intérêt le résumé des débats : des clivages et des rencontres s'y dessinent...

M. de ROUGEMONT

Op. Cit., revue de littérature française et comparée. Publications de l'Université de Pau. n° 2, novembre 1993, 216 p. ; n° 3, novembre 1994, 236 p., 21 × 25.5 cm.

Nous avons déjà salué cette nouvelle et intéressante revue spécialisée dans la publication d'études originales sur toutes les œuvres des auteurs français mises au programme des agrégations de lettres et de grammaire et sur celles des deux questions de littérature comparée (agrégation des lettres modernes) (voir *D.H.S.* n° 25, p. 607). Nous avons ainsi dans le n° 2 un ensemble de trois articles (p. 73-98) sur les deux pièces de Beaumarchais, *Le Mariage* et *La Mère coupable* : l'expulsion du méchant dans la *M.C.*, v, sc. 6-8 ; la théâtralité de Figaro ; une relecture du *M. de F.* Dans le n° 3, les dix-huitiémistes feront leur profit d'une série de quatre études (p. 65-97) sur le *Télémaque* de Fénelon : peinture et poésie, analyse d'une critique anonyme (vers 1700), *Six lettres écrites à un ami,* la rhétorique, utopie et modèles politiques ; et d'une autre sur le *Dictionnaire philosophique* de Voltaire (p. 99-127) : la morale du *D.P.*, le *D.P.* et ses lecteurs (excellent commentaire sur la célèbre phrase de la préface de 1765 : « Les livres les plus utiles sont ceux dont les lecteurs font eux-mêmes la moitié »), questions sur les miracles dans le *D.P.*, le *D.P.* propose-t-il une philosophie de l'histoire ?

R. DESNÉ

Romanische Zeitschrift für Literaturgeschichte. Cahiers d'Histoire des littératures romanes. Éd. par HENNING KRAUSS. Heidelberg, Carl Winter. 1992, vol. 1/2 et 3/4, 483 p. ; 1993, vol. 1/2 et 3/4, 485 p. ; 1994, vol. 1/2 et 3/4 ; 481 p.

Depuis le dernier compte rendu de la revue franco-allemande bien connue des dix-huitiémistes (voir *D.H.S.*, n° 26, p. 642), le nombre des articles consacrés au 18e siècle s'est réduit comme une peau de chagrin. Deux études seulement à signaler : A. AMEND analyse la représentation de la folie dans les *Folies sentimentales* et les *Nouvelles Folies sentimentales*, une série de quinze contes parus en 1786-87 dans la *Bibliothèque choisie de contes* (3/4, 1992). E. KIMMINICH propose une étude originale du *Tableau de Paris* : en analysant tous les commencements de chapitres, elle montre que l'ouvrage de Mercier se présente comme un dictionnaire de la vie et du quotidien, avec toutes les merveilles de l'instantané, les choses négligées, oubliées ou ignorées des encyclopédies traditionnelles (3/4, 1994).

G. STENGER

D. J. ADAMS : *Bibliographie d'ouvrages français en forme de dialogue, 1700-1750*. Oxford, Voltaire Foundation, 1992, x + 306 p. (*Studies on Voltaire...*, vol. 293.)

Le dialogue du siècle des Lumières n'a jamais fait l'objet d'aucune étude globale. Ce n'est pas cette lacune que l'A. tient à combler avec sa *Bibliographie* ; il espère plutôt fournir les matériaux pour une étude générale du genre dans la première moitié du siècle. L'A. commence par esquisser la place du dialogue dans la mentalité du siècle. Genre sans règle, donc souple, il n'est pas sans rapports avec le théâtre et ne diffère pas, à certains égards, de la lettre. Pourtant, malgré sa souplesse, le genre était réputé difficile, et l'A. finit par constater que son statut était plus problématique que celui d'autres genres littéraires. La brève étude synchronique de l'A. se complète d'une étude diachronique, également courte, où est examiné le rôle du passé dans le développement du genre. La contribution de Platon, de Cicéron et de Lucien dans l'évolution du dialogue français au 17ᵉ siècle, sans être négligeable, n'est pas prépondérante. Cette contribution se borne essentiellement à la provision de modèles de dialogues peu faits pour indisposer les gens au pouvoir. Mais le dialogue s'est adapté. La Fronde a fourni effectivement un modèle satirique ; au tournant du siècle c'est le tour des dialogues polémiques. Beaucoup moins goûté du public que les ouvrages romanesques (l'A. n'a recensé que 488 ouvrages en forme de dialogue), le genre va quand même connaitre au cours du 18ᵉ siècle une popularité croissante et après 1750, il sera lié, conclut l'A., non seulement aux polémiques religieuses et aux commentaires sur l'actualité métaphysique, mais aux grandes entreprises qui porteront le siècle vers les grandes découvertes et le monde moderne.

A. SOKALSKI

La Poésie en prose des Lumières au Romantisme (1760-1820). Paris, Presses de l'Université de Paris-Sorbonne, 1993, 192 p. (*Recherches actuelles en littérature comparée*, vol. 5.)

La problématique posée par cet ouvrage collectif permet, notamment, un remarquable développement sur les théories en présence. L'étude comprend une approche des littératures de nombreux pays. Il est particulièrement appréciable d'y trouver des éléments sur la poésie tchèque ou polonaise, par exemple, bien peu connues de la plupart des lecteurs français. Après un chapitre distinguant prose poétique et poésie en prose vient une partie intitulée « Rencontres des vers et de la prose ». Le livre se termine sur une évocation des « Approches de l'irrationnel dans la prose littéraire ». On aurait souhaité, pour ce qui est des poètes français, trouver le nom de Bertin, lire un jugement moins rapide sur Chénier et, surtout, rencontrer un développement sur les *Chansons madécasses* de Parny plutôt que la simple mention de leur existence. La prose a été un véritable laboratoire pour les poètes entre 1760 et 1820, cette étude reconnait l'importance du phénomène et fait un effort louable pour en isoler les origines ; il est à espérer que le groupe qui l'a rédigée continuera ses recherches pour nous livrer, dans un proche avenir, une suite de ses travaux sur la question.

C. SETH

BIRGIT NÜBEL : *Autobiographische Kommunikationsmedien um 1800*. Tübingen, Max Niemeyer, 1994, 293 p. (Coll. « Studien zur deutschen Literatur ».)

Cette étude porte sur des journaux, des autobiographies et des romans traitant de la recherche d'une identité au tournant du siècle. Pour approfondir ce sujet déjà bien exploré, l'A. prend les exemples de Rousseau, Wieland, Herder et

Moritz. Attentive aux procédés purement littéraires, elle s'attache à détailler les rapports entre la vérité d'une individualité et les véhicules de son expression, dans leur épaisseur intellectuelle et sociale. Entre identité et fiction, le sujet du discours devient petit à petit son propre objet. Comment s'opère cette modification, à quel prix et pour quel type de lecteurs, voilà ce que cherchent les subtiles analyses des *Confessions*, de l'*Histoire d'Agathon*, du *Journal de mon voyage en 1769* et d'*Anton Reiser*. Le changement graduel de la structure fictionnelle est parfaitement exposé, même si l'A. se méfie à raison d'y voir une ligne continue et chronologiquement repérable. De lecture parfois difficile, ce livre très bien mené apporte une contribution substantielle au débat sur l'histoire de l'autobiographie en Europe à la sortie des Lumières.

D. BOUREL

CHRISTIAN DELMAS : *La Tragédie de l'âge classique, 1553-1770*. Paris, Seuil, 1994, 269 p. (Coll. « Écrivains de toujours ».)

Cette ancienne collection remise au gout du jour offre en peu de pages une analyse riche et complète, agrémentée par de nombreuses illustrations, de la tragédie en France de 1553, date de la première représentation parisienne du genre en langue française (*Cléopâtre captive* de Jodelle) à 1770, date symbolique du déménagement du Théâtre Français ; accordant l'essentiel de ses pages au 17e siècle, l'ouvrage prend toutefois largement en compte le 18e siècle, essentiellement représenté par l'œuvre tragique de Voltaire. Ce vaste panorama synthétique, qui part de la définition du genre (selon deux générations classiques), met l'accent sur l'aspect spectaculaire de la représentation (accompagnement lyrique, lieu théâtral et relation entre salle et scène, importance du théâtre de collège). Les catégories traditionnelles de la rhétorique servent à présenter la « fabrique » de la tragédie : disposition (construction de l'action et du héros) et invention (structure et modes du discours ; amplification ; modalisation du genre entre histoire et fiction — fonction de la vraisemblance et de la bienséance — ; typologie des motifs et des rôles tragiques). Les dernières pages soulignent « l'actualité » de ce théâtre qui, loin de se réduire à l'application mécanique de principes figés d'écriture, exprime, par le biais privilégié de l'allégorie et de la métaphore, une réflexion sur la condition humaine.

EDITH FLAMARION

GEORGES LOTE : *Histoire du vers français*. Tome VIII, 3e partie : *Le 18e siècle*, II, *La déclamation*. Aix-en-Provence, Publications de l'Université de Provence, 1994, 341 p.

Après le volume signalé dans notre revue (n° 26, p. 648), en voici un consacré entièrement au théâtre, sur lequel l'A. avait publié de bons articles. Un grand travail, qui remplace tous ceux qu'on pouvait citer, postérieurs ou non à la mort de G. L. Une première partie examine les fondements théoriques de l'*art* de la déclamation, et leur évolution depuis le 17e siècle. La deuxième et la troisième, très techniques, prennent appui sur le récitatif français et sa notation musicale (par exemple sur les variations de tel texte de Quinault utilisé par Lully et par Gluck), pour étudier les problèmes du rythme, des quantités, des accents, et surtout les variations plus ou moins expressives de la durée, de l'acuité, de l'intensité. Ces modulations s'inventent alors, contre la monodie lente et criée de l'ère classique, et malgré un ensemble de freins spécifiques parfaitement analysés (de l'intellectualisme aux contraintes du geste et du costume, de l'absence d'illusion scénique au conformisme dominateur). La quatrième partie montre, sur le fond de la règle ainsi décrite, le travail des créateurs : les poètes, les acteurs, *et* les amateurs. Pour l'A., Diderot (celui de 1757-58) innove plus que Voltaire, mais Lekain et Mlle Clairon sont renvoyés du côté des traditionalistes, tandis que se déploie un éloge fervent de Mlle Dumesnil. Avec elle commencerait la représentation moderne, c'est-à-dire sensible, énergique et vraie. D'autres modernités ont passé là, mais on sait gré à l'A. d'être aussi passionné que savant.

M. de ROUGEMONT

JACQUES CHUPEAU : *Un nouvel art du roman. Techniques narratives et poésie romanesque dans « Les Illustres Françaises » de Robert Challe*. Caen, Paradigme, 1993, 122 p.

Leçons sur « Les Illustres Françaises » de Robert Challe. Actes de la table ronde de Créteil (9 janvier 1993). Textes réunis et publiés par GENEVIÈVE MENANT-ARTIGAS et JACQUES POPIN. Créteil, Université de Paris-XII-Val-de-Marne (diff. Champion-Slatkine), 1993, [8] + 311 p.

Liés au programme de l'agrégation des Lettres de 1992-1993 où figurait le roman de Challe, ces deux ouvrages se situent dans le prolongement des travaux qu'avait inaugurés F. Deloffre dès 1959. Après avoir rattaché *Les Illustres Françaises* à la forme d'expression nouvelle du romanesque et souligné l'ambigüité sous le signe de laquelle se place l'œuvre dès le titre et la Préface, J. CHUPEAU organise son analyse autour de la notion de naturel et étudie les moyens qui permettent de « donner à un univers recréé par l'imagination les couleurs de la vie » (p. 37). Pour cela, il envisage tour à tour les éléments du temps et de l'espace, l'action romanesque, le mode de présentation des personnages (notamment à travers le genre du portrait), le style enfin. A chaque stade de l'analyse, il met l'accent sur ce qui concourt à faire naitre l'illusion romanesque dans le cadre d'un univers de fiction qui répond à ses propres impératifs — témoignage d'une souveraine maitrise du romancier.

C'est aussi à l'analyse des techniques romanesques que s'attache d'abord le volume issu de la Table ronde de janvier 1993. Établissement des correspondances, inversions et superpositions propres à créer une cohérence (L. VERSINI), découpage de chaque histoire en fractions égales qui permet de mettre en valeur des évènements ou moments importants et de dessiner des rapports de symétrie ou d'opposition entre ces moments et ces évènements (M. L. GIROU-SWIDERSKI), recherche de la progression dramatique de la première à la sixième Histoire (M.-H. COTONI), jeux des moi (M. WEIL), étude des dénouements (F. GEVREY) : le caractère construit du roman est fortement souligné — ce qui n'empêche pas « l'obscurité » que dégage justement H. COULET en s'appuyant d'ailleurs aussi bien sur la structure que sur la lettre du texte et sur les mouvements des cœurs et les comportements. Second axe du volume collectif : les aspects du roman libertin. V. GÉRAUD traite du discours misogyne présent dans la première et la septième Histoires comme dans le récit-cadre, lié au libertinage, mais qui, par le biais d'une lecture au second degré, peut témoigner aussi de la toute-puissance féminine. J. CORMIER s'intéresse au traitement réservé à la parure dans ses rapports avec l'être et la séduction. H. LAFON analyse l'espace romanesque comme « territoire des personnages », c'est-à-dire en fonction des trois modalités du vouloir, du pouvoir et du savoir. J. GOLDZINK (« Le libertin et la femme frigide ») propose un essai d'interprétation de la septième Histoire, cependant que R. DÉMORIS s'attache aux jeux de l'inconscient. Enfin, certaines communications ont l'intérêt de rapprocher le roman et les *Difficultés sur la religion proposées au père Malebranche*. C'est ainsi que J. POPIN s'efforce de suggérer une autre possibilité de lecture en faisant jouer avec les *I.F.* non seulement les *Difficultés* mais aussi la *Recherche de la vérité*. G. ARTIGAS-MENANT étudie la religion dans le roman qui ne lui semble pas marquer par rapport aux *Difficultés* un retour à la foi perdue. M.-H. COTONI examine si les *I.F.* font écho aux *Difficultés* sur le plan du problème de la liberté. Quant à F. DELOFFRE, il cherche le point de vue à partir duquel raison critique et croyance peuvent apparaitre comme deux faces complémentaires d'une même pensée. Au total, un ouvrage dense, riche, foisonnant d'aperçus stimulants à la mesure d'une œuvre dont nul ne conteste aujourd'hui l'importance et l'originalité. Ajoutons que le recueil s'ouvre sur l'article de J. MESNARD repris du numéro de novembre-décembre 1979 de la *R.H.L.F.*, « L'identité de Robert Challe ».

R. GRANDEROUTE

LOUIS DESGRAVES : *Montesquieu. L'œuvre et la vie.* Bordeaux, L'Esprit du temps, 1994, 335 p.

On se réjouira de trouver rassemblées dans ce volume vingt-quatre études de l'A., publiées dans diverses revues de 1950 à 1993 et parfois malaisément accessibles. En dépit de leur diversité, il ne s'agit pas de travaux dispersés et l'A. n'a eu aucun mal à les répartir dans des rubriques précises. Trois textes concernent la mise au point de problèmes biographiques, onze ont trait aux œuvres (au sens large : depuis une analyse de la méthode de travail de Montesquieu jusqu'à son ouverture sur l'Europe des Lumières), six traitent de questions de bibliographie (éditions et manuscrits), quatre enfin font le point sur les grandes célébrations de l'auteur de *L'Esprit des lois*. Autant d'études savantes et précises.

R. TROUSSON

GUY CHAUSSINANT-NOGARET : *Voltaire et le siècle des Lumières.* Bruxelles, Éditions Complexe, 1994, 168 p., nombreuses ill. en noir et en couleur, 21,5 × 30 cm.

PIERRE LEPAPE : *Voltaire le conquérant. Naissance des intellectuels au siècle des Lumières.* Essai. Paris, Éditions du Seuil, 1994, 391 p.

L'album de G. C.-N., abondamment et joliment illustré, offre une présentation attachante et suggestive de la vie de V. en observant un ordre chronologique en cinq étapes. L'A. s'en tient à l'essentiel et on ne peut lui en vouloir de passer sous silence certains aspects de la biographie ou certaines œuvres (il n'est rien dit de *Paméla*, à propos du séjour à Berlin, ni de l'initiation de V. à la loge des Neuf Sœurs), ou d'être fort vague sur la collaboration de V. à l'*Encyclopédie*, de passer trop rapidement sur le théâtre et sur la poésie. En revanche plusieurs pages sont bienvenues, entre autres sur les activités de V. à Ferney, sur l'affaire Rochette, etc. A ce beau livre, il manque un index.

Le livre de P. L., foisonnant, un peu à l'image de V. et de son siècle, n'est pas à proprement parler une biographie bien qu'il adopte le parcours chronologique de V. depuis « Un début dans les Lettres » jusqu'aux « Empoignades autour d'un squelette ». Ici, V. est le témoin et l'acteur du mouvement culturel des Lumières : il « élargit le champ potentiel de l'intervention littéraire à tout ce qui concerne la société » (p. 14) dont il est à la fois le « porte-parole des besoins » et « le pédagogue ». Si l'A. porte surtout son attention sur V., il aborde aussi des problèmes généraux (sur les rapports avec le pouvoir, sur la politique de la librairie, sur la naissance de l'opinion publique, etc.), tirant parti des travaux de R. Chartier, R. Darnton et D. Roche. Il aurait été intéressant que soit précisée la notion d'*intellectuel* (on sait que ce nom est apparu dans le contexte de l'affaire Dreyfus), assimilée ici à celle de *philosophe* (mais rien n'y est dit sur le célèbre manifeste de Dumarsais). On peut admettre que l'affaire Calas a été, avec V., « la première campagne d'un intellectuel » ; mais, dans ce cas, il aurait fallu s'attacher davantage aux autres campagnes de V. et consacrer plus de place à la période de Ferney (qui occupe 5 chap. — sur 19 — en moins de 100 pages). On aurait aimé, en particulier, que les propositions de V. pour la réforme de la justice soient mieux étudiées. Ce livre est écrit d'une plume alerte, non sans quelques facilités qui peuvent parfois déconcerter le spécialiste (par exemple : « La Mettrie lui plaît [à Frédéric II] comme on imagine que les pensées de Mao ont pu plaire à quelques grands bourgeois du 16e arrondissement de Paris, un délice d'exotisme et de frissons mentaux », p. 231). En vue d'une réédition, rectifions quelques erreurs : Helvétius n'est plus fermier général en 1758 (p. 266-267) et d'Holbach ne l'a jamais été (p. 328) ; « *Lettres anglaises* » ne sont pas le « titre d'origine » de l'ouvrage (p. 117) ; les *Provinciales* ne datent pas de 1756 (coquille probable pour 1656-57) ; il est acquis aujourd'hui que V. et Diderot se sont bien rencontrés en 1778 (voir p. 184) ; enfin il est vain de s'étonner que La Bruyère ne figure pas parmi les relations de V. en 1734 (p. 125) : quand il est mort, V. était encore un bébé. Le lecteur corrigera de lui-même la coquille qui dépare une citation de V. (p. 21) : *bourbier* au lieu de « bourgier ».

R. DESNÉ

RENÉ POMEAU : « *Écraser l'Infâme* », *1759-1770*. Oxford, Voltaire Foundation, 1994, VII + 474 p.

R. POMEAU : *On a voulu l'enterrer, 1770-1791*. *Idem*, VIII + 466 p.

(Coll. « Voltaire en son temps », 4 et 5.)

Ces deux volumes achèvent l'ample et magistrale biographie de Voltaire en cinq tomes dont la publication avait commencé en 1985. Avec la collaboration de M.-H. COTONI et de S. MENANT pour les deux volumes, celle de J. BALCOU, J. DAGEN et C. PORSET pour le premier, d'A. BILLAZ, R. GRANDEROUTE et A. MAGNAN pour le second, R. P. couvre les vingt dernières années de la vie de V. jusqu'à la panthéonisation de 1791.

Le volume 4 va du lendemain de la publication de *Candide* (traitée dans le volume 3, voir *D.H.S.*, n° 24, p. 578) et le début de la campagne contre l'Infâme — le mot d'ordre « écrasez l'infâme » apparaît dans une lettre à D'Alembert du « 7 ou 8 mai » 1761 (voir p. 230) — jusqu'à la réalisation, par souscription, de la statue de V. par Pigalle en juillet 1770. Années intenses de travail et d'activités en tout genre. La vie de V. à Ferney est fort bien décrite. Un excellent chapitre est consacré au « Défenseur des Calas », ainsi qu'aux affaires Sirven et la Barre. La rupture avec J.-J. Rousseau est analysée avec précision et impartialité. Mais ce qui fait l'intérêt de cette biographie, c'est l'attention portée aux œuvres, à leur genèse, leur publication et leur signification. On appréciera notamment l'étude des nombreux contes et facéties, des pièces de théâtre (*Tancrède, Les Scythes*, etc.), du *Dictionnaire philosophique*, des premières réactions contre l'offensive matérialiste, en particulier contre le *Système de la nature* de d'Holbach (qui a paru en janvier-février 1770 et non en mai, comme il est dit p. 413). Les mérites de l'écrivain qui est à la fois « le laboureur de Ferney » et « l'aubergiste de l'Europe » sont bien mis en valeur sans que soient oubliées les défaillances et les faiblesses.

Le vol. 5 commence avec, entre autres, la campagne en faveur des serfs du Mont-Jura et les *Questions sur l'Encyclopédie*. La position politique de V. (à l'égard de Maupeou ou de Turgot) est judicieusement analysée, de même son offensive contre Shakespeare. Les combats en faveur des Monbailli, de Morangiès, et surtout de Lally-Tollendal sont rappelés avec toute la clarté désirable, et la grande œuvre, encore trop méconnue, que V. a su murir en marge des nombreuses affaires où il s'est impliqué, le *Prix de la justice et de l'humanité* (1777) est fort bien commentée. Les derniers mois font l'objet d'une enquête minutieuse, puisque 4 chapitres (p. 258-333) couvrent la brève période qui va de l'arrivée à Paris le 10 février 1778 à la mort, le 30 mai ; on retiendra, entre autres mises au point, que Diderot et V. se sont bien rencontrés et peut-être plus d'une fois (p. 300-301).

Le seul regret qu'on puisse avoir en refermant ces deux volumes, c'est qu'aucune mention n'y ait été faite à l'affaire du huguenot et ex-galérien Espinas (1766) ni à celle de Marthe Camp, la malheureuse épouse protestante du vicomte de Bombelles (1771-72). Avouons que cela compte fort peu eu égard à la somme prodigieuse d'informations offerte par ces volumes et les trois précédents — et dont l'utilisation est facilitée par 72 pages d'index cumulatif des noms de personnes et des œuvres de V. Cette biographie rigoureusement évènementielle excelle à replacer V. « en son temps », tout en mettant l'accent sur le parcours intellectuel et le travail de l'écrivain. Elle s'imposera durablement comme une référence obligée à tous ceux qui voudront parler de V. en connaissance de cause.

R. DESNÉ

RÉMY BIJAOUI : *Voltaire avocat. Calas, Sirven et autres affaires...* Paris, Tallandier, 1994, 225 p. (Coll. « Figures de proue ».)

Voltaire avocat : il fallait être juriste et historien comme l'A. pour faire le point sur ce sujet qui a peu retenu, ces dernières années, l'attention des voltairiens « de profession ». On sait que l'auteur du *Traité sur la tolérance* a pris fait et cause dans un certain nombre d'affaires ou d'injustices particulièrement insupportables, courant parfois des risques inouïs. Avec une connaissance parfaite des dossiers, l'A. retrace minutieusement l'action de V. en faveur des Calas, Sirven, La Barre, Lally-Tollendal et Montbailli, sans oublier les douze mille serfs du Mont-Jura ; il rappelle que devenu octogénaire, le patriarche de Ferney continuait à défendre tous les opprimés qui frappaient à sa porte : les Martin, Claustre, Camp et Morangiès. Ce livre très complet fait toutefois l'impasse sur la première « affaire » de V. : dès 1756, cet avocat infatigable est intervenu (vainement) en faveur de l'amiral Byng accusé de trahison par les Anglais.

G. STENGER

CHRISTIANE MERVAUD : *Le Dictionnaire philosophique de Voltaire.* Paris, Universitas et Oxford, Voltaire Foundation, 1994, 242 p.
SYLVAIN MENANT : *Littérature par alphabet : le Dictionnaire philosophique de Voltaire.* Paris, Champion, 1994, 172 p. (Coll. « Unichamp ».)
HUBERT DE PHALÈSE : *Voltaire portatif. Le Dictionnaire philosophique à travers les nouvelles technologies.* Paris, Nizet, 1994, 159 p. (Coll. « Cap'Agreg ».)

Un tricentenaire brillamment célébré, l'inscription du *Dictionnaire philosophique* au programme de l'agrégation des Lettres, la publication monumentale qui en parait dans les *Œuvres complètes* de Voltaire à la Voltaire Foundation (le premier volume est sorti à la fin de 1994, le second est attendu, la revue rendra compte de l'ensemble), tout concourt à enrichir de façon décisive notre connaissance d'une œuvre essentielle dans le corpus voltairien, et qu'on peut considérer comme une des plus représentatives du génie de l'écrivain.

Du *Voltaire portatif* on ne peut exiger plus qu'il ne promet : des matériaux, des données fournies par l'instrument informatique appliqué au texte. Un collectif d'enseignants-chercheurs, sous le pseudonyme dont est signé l'ouvrage, présente des repères historiques et littéraires (évènements contemporains, thématique), une étude lexicométrique (types de mots, formes spécifiques dans les éditions successives), un parcours thématique, un inventaire des citations latines, un glossaire-concordance des noms propres, des index et une bibliographie. La machine n'est pas responsable de telle erreur dont Voltaire aurait ri, car il était méchant (entre autres, Frédéric II l'empereur confondu avec le roi de Prusse). Mais une indexation procure aussi des surprises, et permet des constats curieux. Remercions donc les auteurs d'un utile travail.

S. MENANT, en un discours remarquablement suivi et organisé, aborde l'ensemble des questions posées ou suggérées par le *Dictionnaire philosophique*, avec le souci constant de ne pas séparer les thèmes et les idées du texte avec ses divers effets, ses jeux, ses formes, ses bizarreries, ses codes et ses modèles. On trouvera, en particulier, une heureuse et salubre mise au point sur l'éloquence voltairienne, sur son énergie et son impétuosité, sur la tradition littéraire où elle s'inscrit : c'est nous faire redécouvrir ce que les contemporains de V. connaissaient bien, ce qu'ils goutaient tant, et qui s'est tellement éloigné de nous que nous risquons d'y être insensibles (il faut faire aussi la part des modes et des inerties de la perception et de la critique littéraires). S. M. traite vraiment le dictionnaire comme un texte, où les idées sont inséparables du plaisir d'écrire et de la passion de persuader.

Le livre de C. MERVAUD est l'édition séparée de son introduction à l'édition critique du *Dictionnaire philosophique* pour les *Œuvres complètes*. Sachons gré à la Voltaire Foundation d'avoir donné ainsi une plus ample diffusion à ce qui forme vraiment, de la part de la savante voltairiste, une étude complète de l'œuvre, sous tous les points de vue qui permettent de l'observer et de la comprendre : la tradition formelle du dictionnaire, la genèse, les éditions, la réception (réactions individuelles, périodiques, réfutations), mais aussi, dans une position centrale, l'œuvre elle-même dans sa référence à celles qu'elle cite et absorbe, l'ordre et le désordre des articles, les différentes formes qu'ils prennent, la séduction qu'ils mettent en œuvre et la violence qui les porte. A la fin, un tableau synoptique des articles parus dans les cinq éditions de 1764 à 1769, une bibliographie thématique, un index. Bref, sur le Voltaire essentiel qui se livre à nous dans son diabolique dictionnaire, un livre essentiel.

P. RÉTAT

ROBIN HOWELLS : *Disabled Powers : A Reading of Voltaire's « Contes »*. Amsterdam et Atlanta, Rodopi, 1993, [8] + 192 p. (Coll. « Faux titre ».)

L'A. propose une lecture des *Contes* de Voltaire à la lumière du carnavalesque de Bakhtine. Les deux chapitres de la première partie se concentrent sur les modèles du genre et sur la thématique de l'invalidité afin d'établir un paradigme pour les vingt-six contes. Dans la deuxième partie, l'A. fait une lecture carnavalesque de deux des contes, *Le Monde comme il va,* conte de la première période, et *Candide,* œuvre de la maturité. Dans le premier, le corps est seulement esquissé ; la figure carnavalesque est elle-même réduite à une espèce de pureté géométrique, tandis que dans le second, elle est déjà plus corporelle. Six contes de la dernière période *(Jeannot et Colin, L'Ingénu, Histoire de Jenni, Pot-pourri, L'Homme aux quarante écus, Les Oreilles du comte de Chesterfield)* sont considérés successivement dans la troisième et dernière partie. Non seulement l'A. les lit de l'intérieur, mais il les examine aussi comme reflet des changements idéologiques de l'époque ; il y voit un acheminement vers le réalisme bourgeois, comme le révèlent d'une part la montée du sentiment et de la famille patriarcale, et d'autre part, celle du matérialisme. Les limites du carnavalesque, surtout en ce qui concerne la corporéité, son processus et l'horreur qu'on en a, fournissent des indices sur les mutations qui se produisent, du géométrique au vital.

A. SOKALSKI

RAYMOND TROUSSON : *Jean-Jacques Rousseau. Heurs et malheurs d'une conscience*. Paris, Hachette, 1993, 351 p.

L'A. a réduit des deux tiers le *Rousseau* en deux volumes qu'il avait publié chez Tallandier en 1989. Ce n'est pas seulement une biographie, qui intègre les données des recherches les plus récentes ; la publication de chacune des grandes œuvres donne l'occasion d'une étude synthétique qui fait ressortir ses traits essentiels et son importance dans l'histoire des idées et de la littérature. L'érudition de l'A. est sans failles, son jugement très équilibré domine toutes les querelles partisanes et ne gomme jamais ni la grandeur, ni les faiblesses de son héros. Voilà un excellent instrument de travail, assorti d'une bibliographie et d'un index des lieux et des personnes. Dans tout l'ouvrage je ne trouve à discuter que cinq mots (p. 194) : à propos du *Contrat social*, livre « peu discuté au 18e siècle » ? C'est trop simplifier la question, surtout après les travaux de Roger Barny. Mais avouons que c'est bien peu, au regard de tant d'analyses rigoureuses portant sur des questions si complexes et si controversées.

J.-L. LECERCLE

MAURICE CRANSTON : *The Noble Savage. Jean-Jacques Rousseau, 1754-1762.* Chicago, The University of Chicago Press, 1991, XIV + 399 p., ill.

Cet ouvrage est le second volet de l'entreprise biographique que le regretté M. CRANSTON a commencée il y a plus de dix ans. Fidèle à la méthode suivie dans le volume précédent, l'A. s'appuie presque uniquement sur les documents d'époque (correspondances, papiers personnels, journaux, œuvres manuscrites ou imprimées). En bon empiriste, il ne retient que les faits que la comparaison des sources permet d'établir avec quelque certitude. L'accent est mis sur ces faits plutôt que sur une perception personnelle du caractère de Rousseau ou de son comportement. Il se dégage pourtant de ces pages une image cohérente de l'écrivain, en dehors de toute idée préconçue : celle d'un homme de plus en plus inquiet et méfiant, comme le remarque l'A. dans sa préface (p. IX), néanmoins pourvu du don de charmer, capable du courage le plus noble face à l'adversité. Tant de conviction employée dans l'affirmation d'un idéal force encore aujourd'hui l'admiration. Il y aurait une parenté entre cet idéal et la nostalgie de l'ordre féodal professée par une classe d'aristocrates auxquels R. aimait à se mêler. Douze chapitres nous conduisent du retour à Paris après le séjour à Genève de l'été 1754, au décret de prise de corps et au départ pour la Suisse en juin 1762 : période fertile en évènements et en chefs-d'œuvre que nous revivons de semaine en semaine, parfois presque au jour le jour. Si cette vie a des côtés troubles (les amours avec Mme d'Houdetot, les relations ambigües de Jean-Jacques avec Saint-Lambert en font foi), la trahison de Diderot, la méchanceté de Grimm, la haine frénétique de Voltaire sont de nature à horrifier. L'« hermite » n'est pourtant pas seul, secondé, comme dans sa jeunesse, d'un réseau impressionnant de relations et d'amis : l'index qui clôt le volume permet d'en retrouver la liste. Malgré l'objectivité du ton et de la méthode, ce que cette lecture inspire est moins l'envie de comptabiliser le bien et le mal que la reconnaissance d'une vitalité qui rayonne des actes, des pensées, et des écrits. Tout R. est là, c'est le secret de sa fascination.

J. TERRASSE

La Ville s'étend sur tout le pays. Actes du colloque « Rousseau, Neuchâtel et l'Europe » (Neuchâtel, 14 novembre 1992). Éd. par FRÉDÉRIC S. EIGELDINGER et ROLAND KAEHR. Neuchâtel, Association Jean-Jacques Rousseau, 1993, 167 p.

En 1730 et 1731, Rousseau habita à Neuchâtel ; de juillet 1762 à septembre 1765, il séjourna à nouveau dans la principauté, installé à Môtiers, hôte de Frédéric II roi de Prusse, souverain de ce petit État de 35 000 habitants en pleine mutation industrielle (dentellerie, indiennage et horlogerie) et culturelle : une élite patricienne et bourgeoise acquise aux Lumières prenait alors son essor. La Vénérable Classe des Pasteurs, porteuse de la tradition théologique et ecclésiologique de Farel, accrochée à un fondamentalisme institutionnel, dirigeait la vie religieuse de la principauté ; elle entra, en la personne du pasteur Montmollin, en conflit avec R. dès la parution d'*Émile* et exigea de lui en 1765 une adhésion à la confession de foi réformée. R. l'Européen a-t-il retiré quelque chose de son séjour neuchâtelois ? Difficile d'affirmer que cette résidence de trois ans a provoqué ou stimulé la mutation de l'écrivain vers la recherche du moi des *Confessions* ou des *Rêveries*. Peut-être peut-on relier le séjour dans ce micro-État auprès des « montagnons » et le *Projet de Constitution pour la Corse* (1765), inspiré du républicanisme suisse. Très différentes sont les *Considérations sur le gouvernement de Pologne* (1772) où R. manifeste une grande prudence sociale et demande du temps pour que les serfs qu'on veut affranchir soient rendus dignes de la liberté. Avec la Pologne, R. n'a pas les coudées franches qu'il avait en écrivant son *Contrat social*. Encore convient-il de ne pas isoler ce traité des réalités économiques et sociales et du mouvement de l'histoire. R. est en même temps celui qui prétend fonder une anthropologie idéaliste et qui exalte les particularismes communautaires.

C. MICHAUD

FRANÇOISE LALANDE : *Jean-Jacques et le plaisir.* Paris, Belfond, 1993, 191 p.

Après la naissance de son premier fils, François, Isaac Rousseau quitte Genève pour Constantinople. Il revient six ans plus tard : Jean-Jacques vient au monde en causant la mort de sa mère. Que pense François de ce père inconnu, de ce frère mal venu ? Comment Isaac supporte-t-il son existence ? A Bossey, Jean-Jacques découvre la campagne, la liberté, le plaisir coupable. La romancière l'abandonne le 14 mars 1728, lorsqu'il fuit Genève. Elle imagine, fort agréablement et non sans justesse, les pensées, les sentiments, les réactions de ces trois êtres. C'est du roman, mais bien écrit, et respectueux des faits.

R. TROUSSON

JO-ANN E. MCEACHERN : *Bibliography of the writings of Jean-Jacques Rousseau to 1800.* I. *Julie, ou la Nouvelle Héloïse.* Oxford, Voltaire Foundation, 1993, IX + 814 p.

Après l'enquête consacrée aux éditions d'*Émile,* l'A. poursuit ses minutieuses recherches sur la bibliographie des grands textes rousseauistes avec cette monumentale étude sur la publication de *La Nouvelle Héloïse.* Un premier état de la question a été dressé dès 1909 par D. Mornet, complété par Dufour et plus tard par J. Sénelier, mais le manque de rigueur dans la description bibliographique favorisait les confusions et rendait peu fiables ces travaux, améliorés cependant par G. Barber et B. Gagnebin. Grâce aux informations fournies par la *Correspondance générale,* l'introduction relate par le menu l'histoire de la première édition, depuis les pourparlers avec Rey en novembre 1757. Logiquement, l'A. retrace aussi l'histoire de l'édition Robin-Grangé et de l'édition de la préface et du *Recueil d'estampes* par Duchesne. Suit la description rigoureuse, accompagnée du facsimilé de la page de titre, des 72 éditions publiées jusqu'en 1800. Comme pour *Émile,* on trouvera encore une liste chronologique des éditions, une table de concordance avec les travaux de Gagnebin, Dufour, Sénelier et Mornet, une liste d'éditions localisées dans diverses bibliothèques, mais que l'A. n'a pu contrôler personnellement, une bibliographie des travaux consultés et un index des noms. On ne peut qu'admirer ce travail définif, parfaitement fiable et conçu selon les règles les plus strictes de la bibliographie descriptive.

R. TROUSSON

MARIE-CLAIRE GRASSI : *L'Art de la lettre au temps de « La Nouvelle Héloïse » et du romantisme.* Préface de Michel LAUNAY. Genève, Slatkine, 1994, 367 p. (Coll. « Études rousseauistes et index des œuvres de J.-J. Rousseau ».)

Si le titre laisse attendre une étude sur la lettre fictive, ou sur les correspondances connues des grands écrivains, le contenu est tout autre : on trouve ici un ample recueil de lettres authentiques, retrouvées dans 125 fonds d'archives et de bibliothèques du Sud-Est. Une telle collecte est rare. Même si l'A. ne publie qu'une partie des résultats donnés dans sa thèse de 1985, on en voit d'emblée la richesse. Sur la totalité des fonds consultés, elle a gardé 1 100 lettres, dont 70 sont publiées en annexe. Ce *corpus* a été soumis à un traitement informatique, qui aboutit à un certain nombre de statistiques, elles-mêmes commentées dans une optique à la fois historique, sociologique et littéraire. La grille d'interrogation porte en premier lieu sur l'époque : trois périodes (1700-1770, 1770-1820, 1820-1860) permettent d'esquisser l'évolution du genre. Elle porte, en second lieu, sur la nature des informations transmises : nouvelles sociales et familiales, nouvelles politiques, éducation des enfants, religion, confidences, regards sur le mariage, nouvelles littéraires ; elle porte également sur la forme de la lettre : graphie et papier, orthographe (archaïque, semi-fixée, fixée), style (familier, recherché ou simple), étiquette, rhétorique, etc. L'analyse est donc très détaillée, et complétée par de nombreux tableaux. Les commentaires sont un peu comprimés : ils n'occupent guère plus de 200 pages du texte ; et si on découvre en cours de route beaucoup d'aperçus très concrets sur la vie familiale dans l'aristocratie provinciale, sur les différences de comportement entre la ville et la campagne, sur l'utilisation des manuels et parfaits « Secrétaires », sur le *tu* et le *vous*, sur le vocabulaire de la sensibilité, sur l'expression masculine ou féminine, sur les lettres d'enfants, sur les rapports (d'opposition le plus souvent) entre la lettre fictive de Rousseau et la lettre réelle, on souhaiterait parfois en savoir plus. L'A. ne dit pas si les fonds consultés contenaient des lettres d'autre origine et moins « écrites », ni comment elle a choisi, sinon par goût, les lettres remarquables qu'elle donne en annexe. Il s'agit bien ici, assurément, d'un « art épistolaire » dans un milieu cultivé. Tel quel, ce choix étendu permet de découvrir une société méconnue, saisie, de façon presque indiscrète, dans son intimité familiale ; et la méthode d'analyse d'un si vaste *corpus*, très ferme et nuancée à la fois, constitue un guide dans une enquête aussi neuve que prometteuse.

Jean Sgard

Jürgen Siess : *Frauenstimme/Männerschrift. Textrelationen in der Brief-und Romanliteratur des 18. Jahrhunderts. Diderot, Restif, Lespinasse.* Paderborn, Igel Verlag, 1994, 210 p.

Le thème de cette étude est l'écriture féminine imaginée par des hommes, et plus particulièrement dans *La Religieuse* et le *Paysan perverti*, l'A. prenant pour contre-exemple Mme de Tencin qui invente une écriture masculine, celle des *Mémoires du comte de Comminge*. L'intérêt concerne essentiellement la forme. Dans l'idéologie et l'imaginaire, le langage a une fonction clef et l'analyse de l'écriture féminine comme écriture sexuée, s'efforce d'aboutir à une grammaire de la différence sexuelle. Se référant autant à Devereux, à Paul de Man qu'à S. Felman et Günter Anders, l'A. cherche à montrer le double discours de l'affirmation identitaire, tout en s'attachant aux rhétoriques déployées (rhétorique substitutive et rhétorique déconstructive). L'analyse du discours, de la voix, et de l'écriture chez Diderot, du Moi de Suzanne et du Moi de Denis, de l'intertexte (*Thérèse philosophe, Vie de Marianne, Lettres portugaises*), s'efforce de cerner les instances masculines et les instances féminines dans leurs multiples intrications de substitution et de complémentarité. L'écriture est-elle féminine ou masculine ? Le sexe garde son mystère.

Alain Montandon

Béatrice Didier : *Beaumarchais ou la passion du drame.* Paris, Presses Universitaires de France, 1994, 245 p. (Coll. « Écrivains ».)

Se donnant pour thèse que Beaumarchais poursuit l'idéal du drame à travers toute son œuvre, l'A. relit en ce sens les textes théoriques, les premiers drames, les comédies, l'opéra. L'essentiel du livre cependant est consacré à *La Mère coupable*, dont l'A. se fait un ardent défenseur. L'étude est très complète : éditions, sources littéraires et historiques, personnages (y compris l'absent, Chérubin), thèmes, structures dramaturgiques, réception. La pathogénie de la famille, la curieuse religiosité de la comtesse, le caractère du « drame intrigué », l'instabilité générique qui fait que ce drame glisse vers le mélodrame qui est en train de naître, autant de points forts dans ce procès en réhabilitation.

M. de Rougemont

CHANTAL THOMAS : *Sade.* Paris, Seuil, 1994, 256 p., ill. (Coll. « Écrivains de toujours ».)

Un texte euphorique — et savant. L'A. qui connait les mœurs et les modes, les dessous et les dessus des dernières décennies des Lumières, leurs éclairs orageux, livre ici un éloge de l'imagination et du style. Au fil des chapitres qui suivent les étapes d'un destin subi et subverti, la collection ressuscitée du Seuil offre un flot d'images (avis aux amateurs d'*erotica*), et la ponctuation de textes de Sade remarquablement choisis. Le risque majeur chez les sadiens est qu'à disjoindre ou non le fantasme et l'acte ils sont trop facilement gagnants : l'histoire perd ses droits... Mais il s'agit ici d'une autre histoire, qui ne croise que dans les « entractes » de liberté (pour inverser une formule de Sade) l'histoire des autres. Et quand l'euphorie se double de tant de sympathie (la sympathie est le contraire du sadisme ?), ce qui ressort ce sont de beaux chapitres sur l'amour du père, sur les gâteaux au chocolat, sur le théâtre — quoi de plus réel que le théâtre ? L'esprit de géométrie (Bach ?) triomphe encore, mais une plainte singulière (Mozart ?) se fait entendre.

M. DE ROUGEMONT

CERSTIN BAUER : *Triumph der Tugend. Das dramatische Werk des Marquis de Sade.* Bonn, Romanistischer Verlag, 1994, VI + 377 p. (Coll. « Abhandlungen zur Sprache und Literatur ».)

Un quart de siècle après sa première publication collective, le théâtre de Sade commence à faire l'objet d'études sérieuses, soigneusement répertoriées par l'A. au début de sa thèse. Il ne suffit plus désormais d'opposer le triomphe théâtral de la vertu *(Tugend)* à ses infortunes romanesques, comme si le statut des genres pouvait à lui seul induire leur conformisme. Si les pièces de S. n'ont pas été jouées, l'A. y voit l'effet des circonstances historiques et surtout de la réputation personnelle de l'auteur, mais aussi parfois de son non-conformisme. Ce livre situe solidement le théâtre dans la société de la fin du 18e siècle en France, et S. dans l'histoire du théâtre. Une lecture attentive des textes théoriques, des didascalies, et de la correspondance, fait ressortir la réelle ambition dramaturgique de S., son attitude expérimentale et son sens très vif des réalités de la représentation théâtrale. Les 21 pièces sont étudiées successivement (chacune faisant l'objet d'un utile petit résumé), dans leur genèse (notamment quand des manuscrits peuvent être comparés), dans leurs genres, leurs thèmes, leur mise en œuvre théâtrale. Les motifs sadiens sont repérés (la transgression est souvent suggérée), mais aussi les techniques, habiles et diverses. Tout ceci est parfois un peu appliqué, mais très riche et très juste et fondateur.

(*Erratum* à ma note sur le *Théâtre* de S., *D.H.S.*, n° 26, p. 586, 3e ligne : c'est bien comme un *monument* — et non pas comme un « document » — du théâtre dans le théâtre que je considère *L'Union des Arts*.).

M. DE ROUGEMONT

RAYMOND TROUSSON : *Isabelle de Charrière, un destin de femme au 18e siècle.* Paris, Hachette, 1994, 349 p.

Avec cette vie d'Isabelle de Charrière, l'A. a réussi la gageure d'écrire un ouvrage qui va satisfaire à la fois le curieux et l'érudit. Tout au plus ce dernier regrettera-t-il l'absence d'un index et d'une table des matières. Un traitement remarquable de la correspondance, surtout dans la première moitié du livre, sur la période qui est antérieure au mariage de la jeune Néerlandaise, nous restitue, dans toute sa vivacité, une personnalité complexe et attachante. La partie qui concerne tout particulièrement Belle romancière nous propose une analyse extrêmement fine de certains parallèles entre l'expérience vécue et la création littéraire, avec un portrait très complet du monde de la « dame de Colombier ». Le ton est agréable avec des pointes d'humour ou de désinvolture (le passage dans lequel la fille du pasteur Chaillet souhaite les pires malheurs à Henriette Monachon est un petit chef-d'œuvre d'ironie). De récents travaux, un colloque, des articles et notamment le bel ouvrage de Courtney, avec son importante iconographie, nous avaient apporté de multiples et précieux détails sur la femme et sur l'écrivain. Depuis plus de cinquante ans, nous ne disposions d'aucune biographie en français sur Isabelle de Charrière. Grâce à R. T., nous n'avons plus à regretter cette attente !

C. SETH

Une Européenne : Isabelle de Charrière en son siècle. Colloque de Neuchâtel, 11-13 novembre 1993. Neuchâtel, Éditions Gilles Attinger, 1994, 354 p., ill.

Les actes de ce colloque, qui témoigne de la réputation grandissante de Mme de Charrière, comptent 24 communications, logiquement réparties en quelques grands thèmes directeurs. Pour la replacer dans son siècle, on la situe par rapport à la philosophie de son temps, à la tonalité particulière de son écriture, on étudie son scepticisme persistant ou sa difficulté d'accéder au bonheur. Pour l'Européenne, elle se voit confrontée aux idées et à la littérature de la Suisse et de son pays natal. De la romancière, on examine l'apprentissage du métier d'écrivain, la représentation de l'intimité ou l'usage du parler populaire, tandis que divers romans, des *Lettres neuchâteloises* à *Sir Walter Finch*, font l'objet de cinq études minutieuses. On n'a eu garde de négliger l'épistolière, en effet exceptionnelle, qui suscite cinq communications, tandis que la dernière partie évoque le pays de Neuchâtel à l'époque où y vivait la dame de Colombier.

R. TROUSSON

SIMONE BALAYÉ : *Madame de Staël. Écrire, lutter, vivre.* Genève, Droz, 1994, 390 p. (Coll. « Histoire des idées et critique littéraire. »)

Sont ici réunies par les soins de ses amis, pour notre commodité et notre plaisir, vingt études consacrées (et dévouées) à la défense et illustration de l'œuvre et de l'action de Germaine (Necker) de Staël-Holstein (1766-1817). Publiées dans des actes de colloques ou des revues entre 1968 et 1994, elles ne sont pas séparables des interventions de l'A. dans les colloques de Coppet, les *Cahiers staëliens*, les *Annales Benjamin Constant*, les recensions et éditions d'œuvres... Cette somme staëlienne (heureusement marquée par la formation d'historienne et la forte personnalité de l'interprète) met à notre disposition une foule de données historiques, recensions de travaux, discussions et mises au point assez largement acceptées aujourd'hui, et qui n'ont pas peu contribué, à contre-courant de préjugés sexistes et extra-littéraires, à réévaluer la figure littéraire, morale et politique de Mme de Staël et à légitimer les études staëliennes, à l'articulation des 18e et 19e siècles. C'est à la répression napoléonienne que l'œuvre de Mme de Staël doit sa dignité et une part de sa notoriété posthume. Ce que le despotisme napoléonien a attaqué, ce sont les vues en faveur de la liberté de la mission morale de l'*écrivain-guide* (en effet héritées des Philosophes du 18e siècle), menaçantes pour un pouvoir autoritaire. Mais, au-delà de cette bataille fondamentalement politique, Mme de Staël aspire à une rénovation de la critique littéraire sclérosée en France, sans rompre avec la conception de l'*utilité* sociale de la littérature, ou à une ré-orientation « religieuse » de la mission du poète (p. 339). Le volume comporte, outre une préface et une postface amicales de R. MORTIER et de F. P. BOWMAN), une bibliographie détaillée des travaux de l'A. concernant Mme de Staël et le groupe de Coppet, ainsi qu'un index.

A. DENEYS-TUNNEY

JEAN-MARIE ROULIN : *Chateaubriand, l'exil et la gloire : Du roman familial à l'identité littéraire dans l'œuvre de Chateaubriand.* Paris, Honoré Champion, 1994, 412 p. (Coll. « Bibliothèque de littérature moderne ».)

Dans ce livre dense, l'A. substitue ce qu'on pourrait appeler une biographie « fictive » de C. à la biographie traditionnelle ou intellectuelle. A travers les figures emblématiques d'Oreste et d'Œdipe, il analyse minutieusement les mécanismes qui, par l'écriture, permettent à C. de passer de la revendication à la construction d'une identité propre, puis à son affirmation. C'est donc moins C. que l'image qu'il construit de lui-même en se projetant dans la fiction qui est l'objet de cette étude stimulante, précise et d'une grande rigueur. Si, au tournant des Lumières, l'interrogation sur le statut de l'individu et de l'artiste préoccupe le monde intellectuel, le cas de C. reste exemplaire. A force d'acharnement et grâce à son œuvre, il a réussi à effacer la vie au profit de l'image qui est devenue la réalité du personnage, celle à laquelle le public a adhéré. Dans son analyse, l'A. recourt logiquement à la biographie de C. et prend en compte la totalité de son œuvre qu'il décrypte à la lumière de la psychanalyse. On regrettera toutefois l'effacement presque total du contexte politique dans lequel C. travaillait et cherchait sa place : le régime impérial, notamment, a dû jouer un rôle non négligeable en favorisant les replis sur la fiction. Cette réserve n'enlève rien à la qualité de cet ouvrage et l'originalité de la démarche ne peut que susciter des émules.

Jean-Pierre Perchellet

Yves Citton : *Impuissances. Défaillances masculines et pouvoir politique de Montaigne à Stendhal.* Paris, Aubier, 1994, 419 p. (Coll. « Critique ».)

Au même moment paraissaient le livre de Margaret Waller, *The Male Malady. Fictions of impotence in French Romantic Fiction,* aux Presses de l'université Rutgers, et celui d'Y. Citton qui propose une analyse sociale du fiasco sexuel, renvoyant au statut de privilégié et à la conscience de soi nobiliaire. L'A. prend les exemples de Montaigne, Crébillon et Stendhal pour suivre de la Renaissance à la Restauration les relations entre acte sexuel, prise de parole et pouvoir politique. Si l'impuissance engage Montaigne à la retraite et à l'*essai* littéraire de soi, elle invite le petit-maître selon Crébillon à devenir un « virtuose du rien » ; elle le définit comme un illusionniste dans un contexte de crise de la monarchie. L'analyse, particulièrement subtile, pourrait être poursuivie par l'étude de Casanova ou de Sade, l'auteur les laisse de côté pour passer à la lecture d'*Olivier*, d'*Aloys* et d'*Armance* qui font de l'impuissance un nouveau rapport au monde, une éthique de la négativité. Les suggestions de cet essai ne devraient laisser indifférent aucun spécialiste du roman au 18e siècle.

M. Delon

Alain Nicollier et Henri-Charles Dalhem : *Dictionnaire des écrivains suisses d'expression française.* Genève, GVA, 1994, 1055 p, en 2 vol., 11 × 26,5 cm.

Partant d'un excellent principe : fournir un ouvrage de référence biographique et critique sur les écrivains suisses de langue française, ce travail est une semi-réussite. L'inclusion d'Agrippa d'Aubigné, sous prétexte qu'il est devenu genevois à la fin de sa vie, laisse songeur, surtout face à l'exclusion d'auteurs helvétiques : pour le 18e siècle, peu représenté, où sont les rédacteurs de l'*Encyclopédie* et du *Supplément* comme Pollier de Bottens ou Élie Bertrand, voire Sulzer dont certains écrits sont en français ? Chaillet ne mérite-t-il pas d'être inclus pour ses travaux de critique et de journaliste ou Isabelle de Gélieu pour son roman ? Il serait aisé de multiplier les exemples du genre. Pourquoi un index si incomplet et des articles parfois rédigés à la hâte dans une langue qui semble ignorer les règles élémentaires de la concordance des temps ou de la ponctuation ? L'article Rousseau est un parfait contre-exemple de tout ce qu'on peut obtenir des incorrections de style, erreurs biographiques et oublis de taille dans la brève présentation des ouvrages critiques (peut-on encore citer des biographies en omettant celle de R. Trousson ?). Ailleurs, Samuel de Constant se voit attribuer la correspondance de Constant d'Hermanches avec Isabelle de Charrière, citée comme auteur du

Mari sentimental... Malgré ces défauts, aisément rectifiables dans une prochaine édition, l'ouvrage réserve de bonnes surprises par exemple la présentation de Bridel, auteur de *Poésies helvétiennes* et de voyages qui sont parmi les premiers à développer un pittoresque suisse, ou celle de Muralt dont les *Lettres sur les Anglais et les Français* sont d'une importance capitale pour l'étude du premier 18ᵉ siècle.

C. SETH

IOAN AUREL PREDA : *Studies in Eighteenth-Century and Romantic Literature.* Bucarest, Éd. Universității București, 1994, 122 p.

Le volume regroupe huit études sur des écrivains anglais qui, au 18ᵉ et au 19ᵉ siècles, ont contribué au renouvellement des divers genres littéraires par leurs expériences et innovations. C'est la raison pour laquelle l'A., professeur de littérature anglaise à l'Université de Bucarest, a mis ensemble des représentants de deux courants esthétiques aussi dissemblables à première vue que les Lumières et le Romantisme. Il est néanmoins vrai que cette opposition est beaucoup moins accentuée dans les lettres anglaises que sur le continent. La littérature du 18ᵉ siècle est représentée d'abord par les essayistes R. Steele et J. Addison, dont l'A. analyse la contribution au « raffinement du style anglais en prose ». Les romans qui attirent son attention du point de vue de la définition du nouveau concept de modernité sont *Robinson Crusoe, Pamela* et *Tristram Shandy*. La poésie à la fin du siècle est présente par les premiers poètes romantiques, dont Wordsworth, qui fait l'objet d'une fine analyse. Le livre constitue une exhortation à la redécouverte des textes eux-mêmes.

I. MIHAILA

PHILIP EDWARDS : *The Story of the Voyage. Sea-Narratives in Eighteenth-Century England.* Cambridge, Cambridge University Press, 1994, X + 246 p., 10 ill.

Le récit de voyage maritime est presque une spécialité britannique, du moins comme succès éditorial au 18ᵉ siècle. La présente étude s'intéresse aussi bien aux imprimés qu'à la masse des relations et des journaux restés manuscrits. A côté des modèles du genre, Cook ou Bligh, l'A. prend en compte des récits de passagers comme Fielding ou Mary Wollstonecraft et la noire littérature de la traite des esclaves. Il étudie le passage de l'expérience personnelle à l'écriture, et la fonction de cette dernière : justification, prétexte scientifique ou publicité commerciale ? De nombreux voyages anglais dans les mers lointaines sont financés et orientés par l'Amirauté britannique qui en contrôle la relation, l'image ; les voyageurs eux-mêmes s'en disputent la mise en forme, tels Cook et Forster (chap. V). Cela pose évidemment la question de la sincérité de ces relations, problème qui intrigue l'historien plus que l'amateur de littérature de voyages. Bien souvent, le voyageur fait écrire, et il est soupçonné d'être un truqueur ou, pour le moins, un acteur qui dit le texte d'un autre. Ce livre est une bonne introduction à un univers où tout n'a pas la limpidité de l'eau des lagons, mais que l'A. rend dans sa diversité parfois paradoxale.

F. MOUREAU

KENNETH CRAVEN : *Jonathan Swift and the Millennium of Madness. The Information Age in Swift's "A Tale of a Tub".* Leiden, E.J. Brill, 1992, 238 p. (Coll. « Brill's Studies in Intellectual History ».)

Cette étude du *Conte du tonneau* de Swift constitue une analyse détaillée du texte qui s'écarte des approches littéraires habituelles de l'ouvrage, pour souligner la façon dont il s'ancre dans le contexte intellectuel et politique de l'époque où S. l'a écrit : par exemple la propagande politique anglaise, le républicanisme millénariste, le déisme et l'unitarisme ou les théories médicales. L'A. s'attache surtout à montrer quelles sont les cibles de la satire de l'Irlandais, et notamment la cible privilégiée : John Toland, le radical républicain et souvent rival de S. pour les faveurs des grands. En démontrant comment la satire de S. s'attaque à Toland, ainsi qu'à Milton et à Temple, Shaftesbury et Harrington, l'A. souligne la façon dont les contemporains ainsi que les critiques modernes se sont trompés sur l'ouvrage. Il veut également démontrer le lien entre cette satire politique et les attaques également contenues dans l'ouvrage contre la science de Newton et la médecine de Paracelse : S. prend ici encore résolument position pour les Anciens contre les Modernes et contre les idées nouvelles que représentent ces derniers aussi bien en politique qu'en science. Même si on ne suit pas l'A. dans sa propre polémique et dans les parallèles qu'il veut établir entre les cibles de S. et l'âge d'information moderne qu'il semble décrier, on trouvera beaucoup d'idées stimulantes et éclairantes dans ce livre très intéressant qui jette une lumière nouvelle sur plusieurs écrits de S.

A. THOMSON

CLAUDE RAWSON : *Satire and Sentiment (1660-1830)*. Cambridge University Press, 1994, XVIII + 309 p.

Ce recueil d'études se divise en deux grandes parties qui concernent, la première la satire (de Rochester à Shelley en passant par Swift et Pope) ; la seconde le sentiment (d'Addison à Jane Austen en passant par Richardson et Boswell). Ces deux fils conducteurs se retrouvent dans toute la trame de la production littéraire de l'époque, la chose est connue ; ce qui l'est moins c'est leur manière de s'insinuer aussi dans la trame des époques postérieure et antérieure, l'âge classique et le romantisme. L'A. en fait brillamment la démonstration et il s'offre même le plaisir d'introduire dans son livre une longue étude-charnière, pas moins de 60 pages, sur la métaphore vestimentaire dans la pensée politique de Dryden à Burke. On pourrait croire à une digression mais pas du tout : dans la mesure où la satire traite souvent de l'amour, et le sentiment de la galanterie, dans la mesure aussi où ces deux occupations importantes impliquaient alors un grand soin de la parure, on peut juger de la cohérence du propos. Ce n'est pas son seul mérite : l'A., dix-huitiémiste connu, fait preuve d'une érudition parfaitement dominée et d'une adresse de style qui lui permet de créer une connivence immédiate entre le lecteur d'aujourd'hui et les auteurs dont il parle. Une fois ce climat créé, le siècle revit tout naturellement dans toutes ses complexités et ses ambigüités. Ces pages savantes en suivent tous les méandres avec un bonheur d'expression qui décuple les pouvoirs de l'analyse.

M. BARIDON

SHEARER WEST : *The Image of the Actor. Verbal and Visual Representation in the Age of Garrick and Kemble*. Londres, Pinter Publishers, 1991, XIV + 191 p., ill.

L'A. situe le portrait d'acteur parmi l'ensemble des pratiques de la promotion théâtrale dans le Londres du 18e siècle (de 1747 à 1817), les pamphlets et les poèmes, les biographies en plusieurs volumes et la presse quotidienne. Le portrait n'est alors qu'accessoirement un document sur le jeu et l'aspect réel de l'acteur. Une collaboration entre l'artiste et le modèle, l'un valorisant l'autre, ressort avec netteté, dialogue dans lequel s'immiscent tant les directeurs de théâtre, qui commandent des séries sur leur personnel, que les imprimeurs-libraires, qui ornent les pièces de théâtre de portraits des acteurs à la mode. La notion d'un art de l'acteur se définit aussi dans sa représentation artistique : le style pictural sert de filtre à la perception du jeu. L'A. donne de bonnes analyses des images des acteurs tragiques, mais elle innove plus encore dans son chapitre sur l'acteur comique, qui met en valeur l'utilisation courante de la caricature en Angleterre depuis Hogarth, alors que la France la censure : les images reflètent un goût pour l'originalité et l'humour typiques d'une culture. Ce bon petit livre permet d'avancer dans l'étude de l'iconographie théâtrale, pour laquelle le 18ᵉ siècle reste un champ particulièrement fécond.

M. DE ROUGEMONT

FRANCISCO LAFARGA : *Las Traducciones españolas del teatro francés (1700-1835).* II : *Catálago de manuscritos.* Barcelone, Publicacions Universitat de Barcelona, 1988, 249 p.

Le présent ouvrage (dont nous nous excusons de rendre compte si tard) recense toutes les traductions et adaptations théâtrales inédites réalisées à partir de textes français dans la période de référence ; c'est le complément d'un premier volume (de 1983) sur les traductions imprimées (voir *D.H.S.* n° 18, p. 542). Le relevé des sources manuscrites est forcément plus aléatoire, mais indispensable pour percevoir la pénétration du théâtre français en Espagne. L'A. propose successivement : une bibliographie des études parues depuis 1983 (plus quelques découvertes rétrospectives) ; un catalogue alphabétique des œuvres (d'après la graphie des titres espagnols : pour *Abufar* de Ducis, voir *Abufar*, mais voir aussi *Zeidar* !), comprenant 560 notices assez détaillées (mais dont toute référence à des représentations est exclue, ce qui est dommage) ; un index des noms des auteurs français ; une récapitulation des traductions repérées (encore que l'A. ne dise pas toujours comment : voir *El Adoptivo* dont la source n'a pas été identifiée) ; un index des traducteurs, y compris ceux qui se font appeler B. ou B.B. Des corrections et des additions au volume précédent viennent à la fin. En manuscrit comme en imprimé, l'auteur français par excellence reste Scribe, avec 27 titres, suivi de loin par un groupement inattendu : Pixerécourt (14) — Molière (13) — Voltaire (12). Ici, un seul Dumas *(Térésa)*, aucun autre de nos grands romantiques. Plus de Racine que de Corneille, aucune *comedia lacrimógena* de Nivelle, peu de Sedaine... Mais il faut avoir les deux volumes ensemble pour bien jouer ce jeu.

M. DE ROUGEMONT

MIREILLE COULON : *Le « Sainete » à Madrid à l'époque de Don Ramón de la Cruz.* Pau, Publications de l'Université de Pau, 1993, 602 p.

Pendant trente ans au moins (1762-1792), Don Ramón de la Cruz a régné en même temps sur les deux scènes théâtrales de Madrid, ainsi que le prouvent les statistiques soigneusement établies par l'A., qui étudie ici ses quelque 340 petites pièces faites pour servir d'intermèdes dans les grandes, et pour lesquelles le nom de *sainete* s'impose à cette époque. Issus d'une tradition de farces qu'on appelait *entremès*, les *sainetes* présentent plutôt des scènes, des sketches, des tableaux que des intrigues — celles-ci se poursuivant tant bien que mal dans les « vraies » pièces qui les entourent. On n'évoquera donc pas à leur sujet la *commedia dell'arte*, mais la « dancourade », voire la « tranche de vie » dont ils ont les costumes, décors et accessoires détaillés dans d'abondantes didascalies. Une partie non négligeable de ce répertoire porte sur l'actualité théâtrale. Elle est souvent traitée à la manière foraine dans les *sainetes de costumbres teatrales*, dont les personnages principaux sont les acteurs eux-mêmes, chacun dans son rôle. Une « guerre des théâtres » s'y livre aussi, non, comme à Paris, guerre des troupes, mais guerre des auteurs et des poétiques, où Don Ramón pourfend les pédants néoclassiques à la française, et prône l'authentique théâtre espagnol auquel le peuple a droit. La description haute en couleurs des *majos* (et *majas*) et des *petimetres* (et *petimetras*), nos gouapes et gommeux d'antan, d'abord surtout critique, prend à travers les années un accent national et petit-bourgeois tout à la fois, sans perdre en pittoresque. Vérité des mœurs, et vertu naturelle des petites gens : c'est à Goldoni que l'on pense constamment, bien qu'il ne soit jamais nommé. Et c'est sans doute chez lui, ainsi que dans nos *Théâtre de la Foire* et *Nouveau Théâtre italien*, qu'on trouverait encore bien des sources de Cruz, remarquable adaptateur et observateur (l'A. a complété l'identification de 52 *sainetes* inspirés de pièces françaises). Ce chapitre passionnant de l'histoire du théâtre européen ne sera, hélas, vraiment accessible qu'aux hispanistes, aucune des longues citations anciennes ou modernes n'étant traduite.

M. DE ROUGEMONT

Wieland-Studien, vol. II, Éd. par KLAUS MANGER. Sigmaringen, Jan Thorbecke, 1994, 343 p.

Éditée par le *Wieland-Archiv* de Biberach, voici la seconde livraison des études wielandiennes avec une moisson de dix articles, une lettre inédite de Wieland (à Joahnn Christian Schmohl, 18 novembre 1780), ainsi que des rapports sur les éditions de la correspondance et une imposante bibliographie couvrant les années 1989 à 1992. Outre une bonne enquête sur la réception de l'*Histoire d'Agathon* dans les journaux anglais et une précision sur l'arrivée de W. à Erfurt, on lira une présentation des rapports de Sophie von La Roche avec la Révolution française et une étude sur W. et les femmes. Plus que jamais ce volume est l'écho de la recherche sur W., très active dans l'Allemagne réunifiée ainsi qu'aux USA. On espère une présence française, moins discrète, sur les traces de Claude Pichois et Jean-Claude Miquet !

D. BOUREL

N. D. KOČETKOVA : *Le Sentimentalisme russe (la recherche de nouvelles voies esthétiques et littéraires)* [en russe]. Saint-Pétersbourg, « Naouka », 1994, 280 p.

Le sujet de cet ouvrage n'est pas totalement nouveau ; il a été abordé, d'une manière ou de l'autre, par plus d'un chercheur russe ou étranger (G. Goukovski, G. Makogonenko, L. Koulakova, I. Lotman, P. Orlov, A. Cross, R. Neuhauser, Fr. de Labriolle, etc.). L'intention de l'auteur était de mettre en évidence certains aspects nouveaux d'un domaine qui pouvait paraitre déjà bien exploré, en se fondant sur des sources larges et variées, non exploitées encore, complètement ou partiellement (œuvres d'écrivains célèbres ou à demi oubliés, mémoires, recueils manuscrits, journaux intimes, lettres privées, articles de revues, documents inédits). Phénomène culturel, apparu au sein même du siècle des Lumières, le sentimentalisme russe est étudié par l'A. avec le continuel souci de mettre en relation ces deux mouvements ; tout en leur reconnaissant des traits communs, elle constate à juste titre des différences assez considérables. Son livre montre, avec beaucoup de netteté et de précision, comment l'émergence progressive en Russie, à partir des années 1780, de courants antiphilosophiques et anticlassiques a conduit, au cours des trois décennies suivantes, à une modification sensible des idées esthétiques et de la littérature elle-même. Ce qui aboutit à leur total renouvellement, en d'autres termes, à l'apparition du romantisme et du réalisme. Le livre comporte un choix bibliographique d'ouvrages utilisés, ainsi qu'un index exhaustif des noms cités.

PIOTR ZABOROV

Nikolaï Mikhaïlovitch Karamzin. Jubilei 1991 goda. Sbornik nautchnih trudov. Sous la direction de N. N. MICHAÏLOVA et S. O. SMIDT. Moscou, Éditions du Musée Pouchkine, 1992, 183 p.

Voici le recueil des textes des contributions aux colloques de 1991 qui ont eu lieu à Moscou et à Saint-Pétersbourg, consacrés au 225ᵉ anniversaire de Nikolaï Karamzine, l'un des plus grands écrivains de Russie (fin du 18ᵉ-début du 19ᵉ siècles) et chef de l'école « sentimentaliste » russe. On y traite des problèmes concernant son œuvre littéraire et historique. Les études d'E. LARIONOVA et G. MOÏSSEEVA considèrent l'œuvre principale de l'historien, *L'Histoire du Gouvernement russe (Istorija gosudarstva rossiïskogo)* dans le contexte historique de l'époque : les « Quatre chapitres sur la Russie » de J. de Maistre et la note critique de J. Dobrovski (le fondateur des études slaves modernes). N. MARTCHENKO et N. MIKHAÏLOVA s'attachent à la poétique de la poésie lyrique et à la prose rhétorique de l'écrivain. Sont aussi abordés les rapports de l'œuvre de K. avec la littérature allemande de l'époque, particulièrement avec F. Klinger (A. MIKHAÏLOV et N. TELETOVA). F. KANUNOVA et O. KAFANOVA étudient l'influence de la théorie esthétique de Ch. Bonnet sur K. et Zhoukovskii. Trois articles concernent les rapports personnels et poétiques entre K. et Pouchkine (S. SMIDT, L. CHAKIROVA, V. SAKHAROV). On évoque les contacts entre Ph. Bulgarin et K. et la réception de son œuvre par Léon Tolstoï (V. VATZURO et N. BLOUDULINA) ; l'influence des *Lettres d'un voyageur russe* sur l'œuvre de la fameuse poétesse russe du 20e siècle, M. Tzvetaeva (V. STARK), et l'héritage critique de K. dans la pensée critique russe des 19e et 20e siècles (I. KONDAKOV). Les quatre derniers articles concernent les archives sur K.

ANGUÉLINA VATCHÉVA

Derjavine, un poète russe dans l'Europe des Lumières. Sous la direction d'ANITA DAVIDENKOFF. Paris, Institut d'Études slaves, 1994, 238 p. (Bibliothèque russe de l'Institut d'Études slaves.)

Derjavine (1743-1816) fait partie de ces écrivains qui figurent en bonne place dans les manuels et cours de littérature russe, dont le nom est souvent évoqué, mais qui sont très peu traduits en langues occidentales, lus par les spécialistes seulement et dont l'œuvre a fait l'objet de fort peu d'études. Quelques rares articles ou livres en français, allemand ou anglais, ont tenté d'analyser la création de cette figure marquante d'un classicisme russe finissant, ici teinté de baroquisme, et qui annonce le romantisme, poète-charnière de deux époques, s'il en est. Le recueil offert au public francophone constitue une première, particulièrement bienvenue et qui fait honneur à ses auteurs, qu'ils soient russes, français ou autres. A travers le thème de l'âge d'or, le goût prononcé de Derjavine pour les évocations de festins et de gastronomie, son « patriotisme gastronomique », son inspiration antique, saphique ou anacréontique, en passant par son style et sa langue, jusqu'à son « influence » sur Pouchkine, Khodasevitch (études de 1916 et 1931, rééditées à Moscou en 1988), Zabolotski ou la réception en France de D. et une notice sur les manuscrits dans les archives russes, une bonne quinzaine d'études extrêmement fouillées et originales situent clairement et de manière convaincante la place du poète dans l'Europe du 18e siècle et dans la culture russe, ses mérites, parfois ses faiblesses, son originalité, quelquefois déconcertante. Une brève (trop brève : 15 pièces seulement !) anthologie de morceaux traduits en français clôture cet excellent recueil. A quand un volume pareil sur Soumarokov ?

J. BLANKOFF

Tvortchestvo G. R. Derjavina. Specifika. Traditzii. Naoutchnye stat'i, doklady, otcherki, zametki. Tambov, Izdatel'stvo TGPI, 1993, 316 p.

Ce recueil des actes choisis du colloque international consacré au 250e anniversaire du grand poète russe Gavrila Derjavine (1743-1816) (Tambov, Russie, septembre 1993) rassemble plus de quarante articles sur les différents aspects de l'œuvre poétique de l'auteur (la réforme de l'ode classique russe, la poétique des odes spirituelles et anacréontiques, la théorie de la poésie lyrique), sur la lecture de la poésie de D. par les poètes du 19e et 20e siècles (Pouchkine, A. Chahovskoj, Griboïedov, Dostojevskij, Blok, Tzvetaeva, Goumilev), et sur l'héritage classique et médiéval dans son œuvre ; la place importante de la poésie derjavinienne dans l'évolution de la langue littéraire et du système de versification russe ; de nouvelles informations tirées des archives, concernant l'activité de D. comme gouverneur de Tambov.

A. VATCHÉVA

ANNA TABAKI : *La Dramaturgie néohellénique et ses influences occidentales (18ᵉ-19ᵉ siècles). Une approche comparée* [en grec]. Athènes, éd. Tolidis, 1993, 203 p.

Les neuf études qui composent ce volume traitent certains thèmes majeurs concernant l'histoire et l'esthétique du théâtre néohellénique au cours des 18ᵉ-19ᵉ siècles. L'A. s'efforce de saisir la formation graduelle de la dramaturgie dans la Grèce moderne au siècle des Lumières, initialement par le biais des traductions des œuvres de Molière, Métastase, Goldoni, et l'éclosion de la production originale avec la résonance des idées révolutionnaires. Les influences exercées par le théâtre de Voltaire et d'Alfieri sont étudiées ainsi que la corrélation étroite entre le discours théâtral grec et les théories des encyclopédistes. Les derniers chapitres étudient la transition de la tragédie néoclassique au drame romantique et les emprunts à la filière occidentale, ainsi que la fortune de Molière en Grèce non seulement au 18ᵉ mais également au 19ᵉ siècle avec les traductions en grec moderne de *Georges Dandin* et du *Malade imaginaire*. Une riche bibliographie et un index parachèvent ce livre.

R. ARGYROPOULOS

THIERRY LEFRANÇOIS : *Charles Coypel, Peintre du roi (1694-1752)*. Préface par Pierre ROSENBERG. Paris, Arthéna, 1994, 523 p., ill.

On attendait depuis fort longtemps la publication de la thèse de l'A. sur Charles-Antoine Coypel. L'ouvrage fait suite à celui que Nicole Garnier consacra à son père, Antoine (Arthéna, 1989). Charles Coypel est l'un des grands oubliés de la peinture française du 18ᵉ siècle : favorisé des honneurs les plus considérables (premier peintre du duc d'Orléans et du roi, directeur de l'Académie), cet érudit et homme de lettres pratiqua tous les genres et toutes les techniques, de la peinture d'histoire ou du carton de tapisserie au portrait, de l'huile à la sanguine en passant par le pastel. Son œuvre immense, pour partie disparu (et qu'un hasard capricieux fait parfois reparaître comme les deux magnifiques pendants de la famille Dupillé que le Louvre n'a pu récemment acquérir) est assez bien documenté. L'œuvre dessiné est plus rare, car le peintre en ordonna une destruction sélective par testament, et de nombreux dessins « anonymes » pourraient lui être attribués. La tâche de l'A. était immense pour un artiste aussi productif. Il a choisi un parti chronologique qui permettait de mettre un semblant d'ordre dans cette production éclatée. Aujourd'hui, C. reste surtout connu comme le peintre des scènes de théâtre et des acteurs. On découvre le portraitiste intimiste d'une bourgeoisie en habits de fête mise dans des poses un peu artificielles, comme le rebord d'une fenêtre à la manière de la peinture nordique. Le talent semble très inégal, et le dessin parfois un peu mou. La couleur est, elle, franchement rubénienne et vénitienne. Bizarrement, C. est un aquafortiste de qualité, à la pointe satirique et originale. L'A. nous paraît assez libéral dans les attributions, même si, par chance, une grande partie de l'œuvre fut gravée du vivant du peintre, ce qui offre quelques points de repère. Mais le peintre, et surtout le pastelliste, fut copié : preuve d'un succès d'époque que la postérité n'a pas ratifié pour le dernier des Coypel. Sans réhabiliter l'artiste, cet ouvrage nous fournit le dossier.

F. MOUREAU

JÉRÉMIE BENOIT : *Philippe-Auguste Hennequin (1762-1833)*. Paris, Arthéna, 1994, 228 p., nombreuses ill. en noir, 21 × 27 cm.

Honnêtement, ce n'est pas sans raisons qu'Hennequin a subi un purgatoire entre sa mort et les années 1970... Il naquit à Lyon et y débuta des études en peinture, poursuivies à Paris (chez David, entre autres) et en Italie où il adhéra à la franc-maçonnerie. Jacobin fervent, il participa à Lyon à la récupération des tableaux et objets d'art des églises (1792-93). Malgré des compromissions dans l'affaire du camp de Grenelle, il reçut le grand prix du Salon de 1799 avec une gigantesque *Allégorie du 10 août,* aujourd'hui dépecée et ici reconstituée. Bénéficiaire de commandes (plafonds du Louvre, portraits) dont plusieurs n'aboutirent pas (couronnement de Joséphine), il gâcha sa carrière par un caractère acariâtre et sa fidélité jacobine. Réfugié en Belgique à partir de 1812, il exécuta portraits, peintures d'histoire et cycles religieux (saint Hubert) à Liège, Malmédy et Tournai. Il mourut sans fortune, mais ayant laissé une œuvre et d'intéressants mémoires. Desservi pour une reconnaissance honorable de son vivant par une obsession de la persécution (voir le dessin : *La Peinture console le Malheur et trace sur la toile la Calomnie terrassée par la Justice...*), Hennequin est cependant représentatif de sa génération, et le catalogue de tout ce qui reste de lui le montre ici avec talent. Toute sa vie il resta fidèle au néoclassicisme, poursuivant le thème des *Remords d'Oreste* de 1800 à 1822, travaillant à de grandes machines allégoriques, mais aussi contemporaines (la bataille des Pyramides) ou historicisantes (Christine de Lalaing) ; les portraits, dont il vécut, sont souvent pour nous plus personnels. Sans doute son génie propre est-il aujourd'hui plus lisible dans ses dessins structurés, documentés, nerveux et parfois paroxystiques que dans les fades figures de ses grandes compositions.

FRANÇOISE MICHAUD-FRÉJAVILLE

DOROTHY JOHNSON : *Jacques-Louis David. Art in Metamorphosis.* Princeton, Princeton University Press, 1993, xv + 316 p., 139 ill. en noir et 8 en couleurs, 20 × 26 cm.

David a été figé dans un néoclassicisme marmoréen. La monographie de Delécluze (1855) prônait les David des années 1780, mais dénigrait les qualités d'innovation des œuvres tardives ; elle s'autorisait de la familiarité de son auteur, élève de D., avec le maitre. Delacroix, lui, faisait de D. le père de l'école moderne de peinture et de sculpture. De l'atelier de D. sortirent maints artistes majeurs de la première génération romantique, Gros, Girodet, Ingres. On a moins dit son influence sur David d'Angers, Rude et Pradier. L'A. en analysant les grandes toiles, mais aussi les dessins et les écrits de D., cet « intellectuel », montre les métamorphoses de l'artiste, des Lumières tardives au préromantisme, avec en toile de fond les rapports nuancés entre l'art et la politique au temps de la Révolution et de l'Empire. L'ouvrage commence par mettre en parallèle *La Mort de Sénèque* (1773), pastiche rococo, et *Le Serment des Horaces* (1785), chef d'œuvre de néoclassicisme ; entre les deux, une révolution, celle de l'esthétique du corps : ce n'est plus le visage, comme l'imposait Lebrun, mais la configuration de tout le corps qui exprime le sujet en ces « gestes sublimes que toute l'éloquence oratoire ne pourrait rendre » (Diderot). *La Mort de Socrate* (1787), avec le nu héroïque du torse du philosophe, en est une autre illustration. A sa première grande œuvre révolutionnaire, *Le Serment du Jeu de Paume,* D. assigne la fonction de l'antique fronton à reliefs. Après l'emprisonnement, les *Sabines* et *Léonidas* sont des manifestes d'innovation stylistique et de composition pour traduire les idées nouvelles sur la civilisation et l'histoire. Les tableaux napoléoniens, souvent négligés, reposent le problème de l'allégorie, de la fonction du portrait et de la peinture d'histoire, tout en marquant les distances prises par D. : il y a loin de l'énergique Bonaparte franchissant les Alpes aux figures harnachées et engoncées de Napoléon. La dernière étape est bruxelloise (D. était régicide), le « colosse injurié par les mirmidons » (Baudelaire) continue à expérimenter et innover dans le portrait psychologique, et toute cette période est bien plus tendue vers un hellénisme romantique que tournée vers un néoclassicisme rétrograde. Tel est le parcours de D. révélé par ce livre bien construit et de lecture aisée.

C. MICHAUD

J. W. NIEMEIJER et J. TH. DE BOOY, avec le concours de A. DUNNING : *Voyage en Italie, en Sicile et à Malte (1778) par quatre voyageurs hollandais : Willem Carel Dierkens, Willem Hendrik van Nieuwerkerke, Nathaniel Thornbury, Nicolas Ten Hove, accompagnés du peintre vaudois Louis Ducros. Journaux, lettres et dessins.* S. l. [Belgique], Martial [1994], vol. 1 : Textes, 231 p. ; vol. 2, Dessins. Catalogue et reproductions, 154 p., nombreuses ill. en couleurs.

Le titre indique assez par lui-même le contenu de l'ouvrage, les protagonistes du voyage et leur environnement. Partis d'un recueil de dessins et de la copie du voyage qu'il illustre conservés au Cabinet des estampes du Rijksmuseum d'Amsterdam, les éditeurs présentent d'abord les jeunes Hollandais de la meilleure société qui décidèrent de faire le Grand Tour et de s'adjoindre un artiste pour pérenniser le souvenir de leur équipée. On les rencontre rarement dans les instantanés à l'aquarelle ou à la mine de plomb que croque leur compagnon. Le regard va vers les merveilles de la nature perfectionnée, vers quelques autochtones pittoresques aussi, qui se fondent dans ce fort élégant jeu de camaïeu. Le récit du voyage lui-même nous montre des « touristes » cultivés, amateurs d'antiques et, afin de se délasser de la poussière du jour, de concerts privés ou publics. Rédigé pour l'essentiel par les deux premiers voyageurs cités, le texte (journal et lettres annexes) ne manque pas néanmoins de ces petits tableaux d'atmosphère qui font passer sur des descriptions trop attendues. Ils se donnent même le frisson de visiter la Sicile, lieu encore peu fréquenté des jeunes gens en formation. Une étude sur les conditions matérielles du voyage n'est pas la partie la moins intéressante de cette édition techniquement parfaite.

F. MOUREAU

JACQUES CARRÉ : *Lord Burlington (1694-1753) : le connaisseur, le mécène, l'architecte.* Clermont-Ferrand, Adosa, 1993, 2 vols., 600 p. + 78 pl.

Cet ouvrage associe l'histoire de l'architecture à celle des courants d'idées. L'A. utilise des documents originaux nombreux, allant de dessins et de relevés d'architecture aux archives dispersées dans des châteaux anglais, et des études modernes tant sur la grammaire des styles que sur la société du 18e siècle. Il s'en dégage un chapitre important de l'histoire du palladianisme européen, sa variante burlingtonienne anglaise, objet d'analyses comparées. L'A. montre comment la diffusion en fut facilitée par la similitude entre les grandes familles vénitiennes de la *terra ferma* et l'aristocratie anglaise. Sur le plan stylistique, l'interprétation de cette architecture par Burlington en accentue le sens du volume, le choix des éléments qui permettent une articulation d'espaces communiquant entre eux comme les portiques, et certains effets de proportions complexes. L'ensemble est situé dans une histoire générale de l'urbanisme et de l'art des jardins ; encore plus largement, c'est un moment de l'histoire de l'architecture comme modèle moral : création d'un lieu de réflexion dans la villa servant de cadre à la collection de peinture, situation historique de ce « néo-style » qui est en même temps présenté comme un absolu. L'étude apporte donc à la fois une documentation abondamment interprétée sur le sujet et une réflexion sur des questions essentielles touchant au cadre intellectuel du 18e siècle.

MARIE-MADELEINE MARTINET

JOSEPH VISCOMI : *Blake and the Idea of the Book.* Princeton, Princeton University Press, 1993, XXVIII + 453 p., 13 pl. couleurs et 312 ill. en noir, 26 × 22 cm.

En dix-neuf chapitres, l'A. examine, de façon théorique, historique et expérimentale, les techniques inventées par Blake pour composer, exécuter, imprimer et multiplier des « impressions illustrées » (« illuminated printings »). Sa thèse est que l'artiste-imprimeur B. écrit ses textes à l'envers, plutôt au pinceau qu'à la plume, et dessine sur la plaque de cuivre, sans modèle, directement. A certains moments, il travaille le cuivre comme un bois, encrant les reliefs et non les creux ; il utilise des encres de couleur, il imprime sans doute jusqu'à dix ou douze exemplaires d'affilée ; les gravures en couleurs sont ensuite coloriées et finies à la main, l'écriture étant souvent reprise aussi. La femme de B. travaillait avec lui. (Une partie des illustrations sont des photos montrant l'application, par l'A., de ces méthodes.) La seconde moitié du livre examine la production du poète-graveur depuis ses débuts (1787) jusqu'à ses dernières créations (1827). On y voit l'importance croissante du concept de livre enluminé par rapport à celui d'un texte illustré. Au fil des années, B. ne corrige pas ses poèmes, il modifie, à partir des mêmes plaques, les couleurs et les valeurs de ses dessins. Cet ouvrage très technique, voire ardu, n'omet pas de comparer les pratiques de B. avec celles d'autres peintres-graveurs du 18ᵉ siècle anglais. Mais son ambition majeure est d'ouvrir des perspectives sur les modalités de lecture que veut induire le poète-peintre, recherche entamée ici et qui doit faire l'objet d'un autre volume. Chaque exemplaire vendu par B. est individualisé, et il n'y a pas un « livre idéal » par rapport auquel on pourrait en mesurer l'écart. Bel index des noms et des techniques.

M. DE ROUGEMONT

La Place des Martyrs. Sous la direction de BRIGITTE D'HAINAUT-ZVENY. Préface de PAUL PHILIPPOT. Bruxelles, CFC-Éditions, 1994, 328 p., ill. en noir et en couleurs, 20 × 29 cm.

C'est en 1830 que la place Saint-Michel de Bruxelles prit le nom de place des Martyrs (de la Révolution). Ce très bel ouvrage est né de l'entreprise de restauration, sans doute trop tardive, de ce remarquable témoin de l'urbanisme des Lumières. Dans une Belgique demeurée très longtemps fidèle à la tradition gothique et au verticalisme de la maison en pignon, cette place à programme, rigoureusement symétrique et fermée, marqua l'intrusion du néoclassicisme. L'idée de lotir cet espace à la manière d'un square à l'anglaise revint à une association immobilière dirigée par un maitre maçon, Josse Massion. Il se fit doubler, pour l'achat des terrains, par la ville soutenue par le gouverneur Charles de Lorraine. L'expropriation eut lieu en 1772 et les travaux furent confiés à un ingénieur militaire qui avait travaillé au port d'Ostende et à la régularisation des cours d'eau, Claude Fisco (1736-1825), nommé en 1772 contrôleur des travaux de la ville de Bruxelles et du canal, futur patriote du mouvement *Aris et focis.* Trois projets successifs virent le jour, le dernier réalisé au prix de quelques concessions accordées par la ville quant à la rigueur primitive. Le chantier de restauration, malheureusement limité aux façades, permet de faire le point sur le rythme prévu des travées, l'emploi du sobre dorique, les éléments du décor, les menuiseries, les ferronneries, les souches de cheminées... Cette nouvelle place s'oppose à la Grand-Place tout comme à la contemporaine Place Royale à la charge monarchique symbolique ; ici, un espace bourgeois dépourvu d'implications théoriques conçu pour l'habitat de rentiers et de juristes. Cette belle publication (riche en études précises et détaillées sur le 18ᵉ siècle) témoigne pour la sauvegarde de l'identité culturelle d'une ville trop souvent livrée à la brutale rentabilité.

C. MICHAUD

MIKHAÏL ALLENOV, OLGA MEDVEDKOVA, NINA DMITRIEVA : *L'Art russe.* Paris, Éditions Citadelles, 1991, 623 p., 543 ill. en noir et en couleur.

Depuis la parution du livre de Louis Réau, *L'Art russe,* en 1922, aucun ouvrage de synthèse n'a été consacré en France à l'ensemble de l'art russe du 10ᵉ au 20ᵉ siècles. Par ailleurs, si les icônes et l'avant-garde du 20ᵉ siècle ont suscité un intérêt certain, le 18ᵉ siècle russe est resté une terre pratiquement inconnue. Méconnaissance aisément explicable : depuis le début du 18e siècle, la Russie est entrée dans un mouvement d'acculturation à l'Europe, et les formes artistiques qui en sont nées peuvent paraitre, à première vue, comme des répliques de modèles-types européens et, par conséquent, peu originales. Pourtant, comme le montre clairement le chapitre de cet ouvrage rédigé par Olga MEDVEDKOVA et consacré à l'art du 18e siècle (p. 195-305 avec 54 ill.), la transplantation de ces modèles sur un sol tout autre, leur rencontre avec la création autochtone, ont produit des phénomènes uniques. D'une part, la formation rapide des artistes russes auprès de maitres étrangers a permis l'apparition de toute une pléiade de créateurs remarquables, un fin portraitiste comme Rokotov, un puissant architecte visionnaire comme Bajenov, un sculpteur hautement expressif comme Choubine. D'autre part, les idées et les images qui furent réalisées en Russie au 18e siècle étaient certes d'origine européenne, mais prenaient des dimensions et des configurations très différentes, et si, par exemple, la Russie ne sut que rarement s'investir dans les petites tâches de la culture quotidienne, elle excella par contre dans la démesure dont la vieille Europe pouvait rêver à l'occasion mais qu'elle pouvait difficilement se permettre.

RAÏSSA BLANKOFF

MARIUSZ KARPOWICZ : *Sztuki polskiej drogi dziwne* [Les chemins étranges de l'art polonais]. Bydgoszcz, Escalibur, 1994, 200 p. + 110 ill.

Ce livre est consacré aux problèmes fondamentaux de l'art polonais des 17e et 18e siècles. « Les chemins de notre art sont différents » de ce qui caractérise l'art de l'Europe occidentale, constate l'A., en présentant une vision nouvelle du développement de l'art en Pologne. Il propose également une nouvelle périodisation de l'art polonais de ce temps. Cinq chapitres concernent directement l'art du 18e siècle. Selon l'A. cette période se divise en trois phases (1711-1740, 1740-1770, 1770-1800). La première est caractérisée comme une phase de transition. Les traits fondamentaux du baroque mûr changent. L'art devient plus spectaculaire, adressé à un plus large public, plus décoratif et conventionnel. La caractéristique de la deuxième phase insiste sur deux phénomènes : le développement de l'imagination libre qui se manifeste dans les objets de l'art et le rejet des règles et du décorum, ce qui provoque des éléments de l'art abstrait, du « surréalisme » spécifique et du conceptualisme (ce dernier observé surtout dans l'art funéraire). La troisième phase (nommée néoclassique) marque le retour à la tradition de l'Antiquité et au classicisme de Louis XIV. L'A. apprécie le plus la deuxième phase, celle qui est la plus proche du rococo. Son originalité et sa spécificité sont démontrées par les analyses détaillées de la sculpture rococo de l'école de Lwów, des « robes d'argent » sur les tableaux saints, des monuments funéraires, de l'ornement, des ordres architectoniques, des grandes décorations surréalistes et abstraites peintes sur les murs des églises. L'un des traits caractéristiques de l'art polonais du 18e siècle est en effet le développement brillant et la longue durée en Pologne du rococo qui a créé des objets originaux. Dans ses analyses et ses opinions générales, l'A. associe les points de vue de l'historien de l'art, de la culture et de la mentalité sociale. Cette perspective constitue la richesse et l'originalité du livre.

T. KOSTKIEWICZ

MAGNUS OLAUSSON : *Den Engelska parken i Sverige under gustaviansk tid* [Le jardin anglais en Suède à l'époque gustavienne]. Stockholm, Piper Press, 1993, 592 p. [Avec un résumé en anglais.]

Dans cette thèse soutenue à l'université d'Uppsala en 1993, l'A. analyse l'introduction et le développement du jardin anglais en Suède pendant les dernières décennies du 18e siècle. Un exposé de l'état des recherches actuelles, fort actives, précède la description de la théorie et de la pratique du jardin anglais en Angleterre et en France. L'A. présente ensuite toute une série de personnages, amateurs et professionnels, allant de Gustave III, A. F. Barnekow, G. P. Creutz, C. A. Ehrensvärd jusqu'à Magnus Piper, le plus éminent des dessinateurs suédois de jardins et parcs. Des études ponctuelles sont consacrées à l'exotisme, à la relation entre la ville et la nature. Un chapitre important traite de différentes formes et de motifs architecturaux, grottes, ermitages, ruines, tombes, tumulus. L'A. ne néglige pas non plus les liens entre l'art d'aménager les jardins et l'histoire naturelle, la peinture paysagiste, le théâtre. La thèse se termine par des descriptions détaillées de plusieurs jardins d'agrément attenant aux châteaux royaux d'Ekolsund, Drottningholm, Haga et Rosersberg, sans oublier quelques parcs privés. L'ouvrage témoigne d'une érudition impressionnante, fruit de recherches d'archives approfondies. Une matière abondante et nouvelle est replacée dans son contexte chronologique. Avec autant de précision scientifique que d'esprit de synthèse et de sensibilité, l'A. analyse la tendance à « privatiser » la nature et à considérer le jardin comme une œuvre d'art totale, sans jamais oublier, en toile de fond, les concepts esthétiques de l'époque. Un nouveau sentiment de la nature prend forme, processus complexe que cette thèse éclaire de façon remarquable.

Allan Ellenius

Musiken i Sverige. [La musique en Suède.] II : *Frihetstid och gustaviansk tid, 1720-1810.* [Ère de la liberté et époque gustavienne, 1720-1810.] Rédigé par Leif Jonsson et Anna Ivarsdotter-Johnson. Stockholm, Fischer, 1993, 488 p.

Une lacune dans les publications sur l'histoire suédoise est remplie de façon heureuse avec la parution d'un ouvrage sur l'histoire de la musique suédoise, écrit par une grande équipe de musicologues. Le deuxième des quatre volumes traite de la période 1720-1810. Elle correspond chronologiquement à « l'ère de la liberté » (jusqu'en 1771), où le pouvoir royal était strictement limité, puis au règne de Gustave III (mort en 1792) et de son fils. Avec son vif intérêt pour les beaux-arts, Gustave III suscita un remarquable épanouissement de la vie culturelle à Stockholm, y compris la vie musicale. Ses efforts pour créer un art lyrique national (non sans une part de propagande politique) sont décrits ici, efforts où furent engagés des artistes allemands, français et italiens, musiciens et danseurs souvent du plus haut niveau. Pour cet opéra suédois, Gluck représentait l'idéal incontesté. Deux personnages font l'objet de chapitres spéciaux ; Hohan Helmich Roman, « le père de la musique suédoise », compositeur éminent qui a beaucoup développé la vie musicale de Stockholm et qui y introduisit la musique de Händel ; Carl Michael Bellman, poète chansonnier, le contemporain suédois de Gustave III le plus connu en Suède de nos jours. L'art de la « parodie », c'est-à-dire d'écrire de nouvelles paroles sur un air préexistant, très pratiqué en Suède au 18ᵉ siècle, a été développé à la perfection par Bellman ; les relations quelquefois compliquées entre ses chansons et leurs prototypes musicaux (souvent français) laissent entrevoir une grande créativité littéraire et musicale. D'autres aspects sont discutés en profondeur dans cet ouvrage, par exemple la lente apparition d'une vie musicale ouverte au grand public, la musique populaire et ses rapports intenses avec la pratique musicale de la bourgeoisie, et les conditions de travail des musiciens professionnels des villes. Ce livre, agréable, solide, est rendu vivant par des témoignages d'époque et par des perspectives sociales toujours présentes.

Anders Edling

GIOVANNI BATTISTA PERGOLESI : *Salve Regina.* I : *A Minor.* II : *C Minor.* Edited by ALLAN W. ATLAS. Stuyvesant, NY, Pendragon Press ; Milan, Ricordi, 1994, XXXVIII + 98 p. + 2 pl. h. t., 23,5 × 31 cm. (*Complete Works/Opere complete,* vol. XV).

A en croire les sources qui portent son nom (dont une est signalée pour la première fois par A. ATLAS), PERGOLÈSE aurait mis en musique pas moins de neuf fois le texte du *Salve Regina*. En 1941, dans le cadre de la première édition monumentale des œuvres du Napolitain, F. Caffarelli avait retenu quatre de ces versions. La nouvelle édition monumentale n'en reconnaît plus que deux comme authentiques, et à bon droit. Pour aucune des deux l'autographe n'est attesté, ce qui, conjugué à la pauvreté de la documentation, rend toute datation hasardeuse. L'antienne en la mineur, malgré une ampleur comparable à celle de sa sœur, est d'une écriture bien moins relevée. On voudrait qu'elle remonte au début de la carrière de l'A. L'antienne en ut mineur, elle, a toutes les chances d'appartenir à ses dernières compositions. En comptant les parodies, on en possède près d'une centaine de copies ou d'éditions, ce qui montre combien elle a été appréciée. C'est probablement sur elle que portent les allusions « au » *Salve Regina,* bien qu'un autre, en fa mineur — jadis retenu par Caffarelli —, ait été publié trois fois sous le nom de Pergolèse entre 1773 et 1785. Cela lui assura une diffusion comparable à celle de l'antienne en ut mineur. Pour cette raison au moins, il aurait été judicieux de l'inclure en appendice à la nouvelle édition, dont la tenue est par ailleurs exemplaire.

PHILIPPE A. AUTEXIER

ULRICH KONRAD : *Mozarts Schaffensweise. Studien zu den Werkautographen, Skizzen und Entwürfen.* Gœttingue, Vandenhoek & Ruprecht, 1992, 530 p.

Les chercheurs qui ont fréquenté les manuscrits de Mozart ont tous tiré pour eux-mêmes des conclusions sur la méthode de travail du compositeur qui tranchent fortement avec l'image dominante dans la littérature depuis plus de deux siècles. L'A. leur emboite le pas, mais de façon systématique. Il faudra certainement revenir sur quelques affirmations un peu trop péremptoires (« les notations thématiques ne sont pas des esquisses »), sur l'emploi du mot *Fehler* (faute) car les repentirs de M. ne concernent que très rarement des fautes à proprement parler, et sur les innombrables, mais presque inévitables, erreurs ou omissions. Il faudra aussi, et en premier lieu, que le travail de l'A. soit confronté à la bibliographie de façon un peu plus serrée, car il ignore à peu près tout de ce qui n'est pas écrit en allemand ou en anglais. Il faudra enfin que les « règles » de lecture des esquisses soient un peu mieux définies, car l'exposé sur ce point est loin de donner satisfaction et certaines transcriptions suscitent d'importantes réserves. Malgré tout cela, l'ouvrage s'impose comme un excellent outil de travail au niveau de sa partie centrale, qui est un « Catalogue des esquisses et des ébauches de M. » (p. 78-338). Il faut le souligner, ce livre est une contribution majeure à la recherche mozartienne et le nom de l'A. vaut d'être retenu.

P. A. AUTEXIER

JEAN-VICTOR HOCQUARD : *Les Opéras de Mozart.* Paris, Les Belles Lettres/ Archimbaud, 1995, 974 p.

Ce volume réunit sans rien y changer les monographies jadis publiées chez Aubier-Montaigne sur les opéras de Mozart à partir des *Noces de Figaro,* celles qui étaient consacrées aux opéras plus anciens ayant été laissées de côté. On parlera de « commentaires », car c'est uniquement de cela qu'il s'agit : l'A. n'a pris en considération à peu près rien de tout ce que l'évolution extraordinaire de la recherche mozartienne a pu apporter depuis la Seconde Guerre mondiale. Ce livre ne vaut donc que par les vues personnelles qu'il exprime et qui, malheureusement trop peu souvent, peuvent avoir quelque pertinence. Il faut s'étonner qu'un éditeur ait cru à la nécessité d'une telle réédition, et plus encore qu'une « Fondation d'entreprise » (France Télécom) s'y soit prêtée. Il y a vraiment beaucoup mieux à faire !

P. A. AUTEXIER

FRANCIS CLAUDON : *La Musique des romantiques*. Paris, Presses Universitaires de France, 1992, 275 p. (Coll. « Écriture ».)

Stendhal tra letteratura e musica. Colloque international de Martina Franca (26-29 novembre 1992). Fasano, Schena, 1993, 305 p. (Coll. « Biblioteca della ricerca ».)

Nous signalons ces publications au titre de la réception des classiques viennois pendant la période romantique en France. Le premier chapitre de F. CLAUDON explore brièvement la vie musicale parisienne sous l'angle du répertoire viennois. Plus loin le 18ᵉ siècle revient à propos de Stendhal et de ses vies de Haydn et de Mozart. L'A. soutient que le travail sur la première a permis à Stendhal de « mettre en ordre » ses idées sur la musique et qu'il dépasse le simple plagiat de Carpani. On doit lui objecter qu'une fois cette initiation faite, Stendhal aurait pu se dispenser de retraiter de la même manière la notice biographique de Winckler sur Mozart, comme le rappelle fort à propos la contribution de Rosa GHIGO BEZZOLA au colloque de Martina Franca (« Stendhal biografo di Mozart », p. 157-185 ; sur le rapport Mozart-Stendhal, voir aussi Suzel ESQUIER, « Stendhal et le "Don Juan" de Mozart », p. 113-138).

P. A. AUTEXIER

ALBERTO BASSO : *L'Invenzione della gioia. Musica e massoneria nell'età dei Lumi*. Milan, Garzanti, 1994, 735 p. (Coll. « Storica ».)

Au milieu de son gros livre, l'A. consacre une trentaine de pages à l'« Ode à la Joie », seul moment où il aborde vraiment le sujet annoncé. Pour les deux tiers au moins (parties I à III), voici en fait une histoire de la chanson maçonnique, complétée par une dernière partie sur Mozart et Haydn. L'A. n'a travaillé que sur des sources imprimées. Et encore, il n'a manifestement pas consulté toutes les références qu'il donne, de sorte par exemple que les *Mémoires secrets* de Bachaumont deviennent... ceux de la loge parisienne des *Neuf-Sœurs*. L'absence de recherche dans les archives réduit la connaissance de la « musique maçonnique » à la chanson, ou peu s'en faut. L'A. n'a d'ailleurs pris en compte que les *recueils,* et à condition qu'ils contiennent les mélodies, sans étudier toutefois ces dernières. L'ouvrage ne remplit donc pas la promesse de son sous-titre. Toutes les limitations imposées ôtent beaucoup de son intérêt au sujet, sans parler des erreurs et des lacunes dans le traitement. Mais il faut surtout souligner le parti pris de noircir du papier vaille que vaille : à défaut d'une thèse soutenue avec constance, on lira des pages entières de citations complètes (préfaces et poèmes, les traductions, pour faire plus long, paraissant sous le texte original), des listes exhaustives du contenu des recueils (ce qui n'a pas de sens si on ne tient pas compte de la musique et des poèmes disponibles hors desdits recueils), des digressions sans nombre, des rapprochements auxquels il est difficile d'adhérer, et des litanies de références bibliographiques. Ce livre ignore une part significative des travaux récents (ou moins récents, comme celui d'A. Poth, 1956, qui est le seul portant exactement sur le même sujet), et l'examen en cours des fonds d'Europe orientale désormais accessibles fait qu'il sera très vite complètement dépassé.

P. A. AUTEXIER

INDEX DES NOTES DE LECTURE

LIVRES REÇUS

« Que sais-je ? ». *Index thématique général*. Paris, Presses Universitaires de France, 1994, 527 p. [Sur les 3 000 volumes de la collection parus jusqu'en 1994 : index par disciplines (200 000 entrées), index des époques et des évènements, table des sigles, liste alphabétique.]

WOLFANG KELSCH : *Die Bauhütten des Mittelalters und ihre geheime Sprache*. Bayreuth, Quellenkundliche Arbeit Nr 30 der Forschungsloge Quatuor Coronati, 1993, 31 p., 37 ill.

Kaiser Friedrich Barbarossa. Landesausbau-Aspekte einer Politik-Wirkung. Éd. par EVAMARIA ENGEL et BERNHARDT TÖPFER. Weimer, Hermann Böhlaus Nachfolger, 1994, 225 p.

FULVIA FIORINO : *Viaggiatori francesi in Puglia dal Quattrocento al Settecento*. 1 : *Quattrocento-Seicento*, VI. Fasano, Schena, 1993, 579 p. (Coll. « Biblioteca della Ricerca ».)

Italie 1494. Études réunies et présentées par ADELIN CHARLES FIORATO. Paris, 1994, Publications de la Sorbonne et Presses de la Sorbonne nouvelle, 253 p. (*Cahiers de la Renaissance italienne*, 3.)

JEAN VILLAIN : *La Fortune de Colbert*. Paris, Comité pour l'histoire économique de la France, 1994, 405 p. (Coll. « Études générales ».)

EDWARD JAMES et GILLIAN JONDORF : *Racine, « Phèdre »*. Cambridge University Press, 1994, XII + 113 p. (Coll. « Landmarks of World Literature ».) [Sur la postérité de *Phèdre* au 18e siècle, p. 90-99.]

L'École des Lettres, n° 4 (15 novembre 1994), n° spécial : *« Les Aventures de Télémaque » de Fénelon*. 112 p., ill.

HAMILTON : *Mémoires du Comte de Gramont*. Texte intégral. Paris, Seuil, 1994, 382 p., 10,5 × 15 cm. (Coll. « L'École des Lettres ».) [Index, p. 351-376 et chronologie, p. 377-382.]

ROBERT MAUZI : *L'Idée de bonheur dans la littérature et la pensée françaises au 18e siècle*. Paris, Albin Michel, 1994, 731 p. (Coll. « L'Évolution de l'humanité ».) [Réimpr. de l'ouvrage publié en 1960 chez Armand Colin.]

ANNIE BECQ : *Genèse de l'esthétique française moderne. De la raison classique à l'imagination créatrice (1680-1814)*. Paris, Albin Michel, 1994, 953 p. (Coll. « L'Évolution de l'humanité ».) [Réimpr. de l'ouvrage publié chez Pacini en 1984. Voir la note de lecture de J. Ehrard dans *D.H.S.* (1988), n° 20, p. 471-472.]

Catalogo del fondo di Haller della Biblioteca Nazionale di Milano. Éd. par MARIA TERESA MONTI : *Indici, Addenda*. Milan, Franco Angeli, 1994, 352 p. (Coll. « Filosofia e Scienza nel Cinquecento e nel Seicento ».) [Complète la série des volumes du catalogue ; voir la note de lecture de R. Rey, *D.H.S.*, n° 26, p. 548-549.]

FRANÇOIS RIBADEAU-DUMAS : *Grandeur et Misère des Jésuites*. Paris, Éditions Dervy, 1994, 368 p. [Rééd. d'un ouvrage de 1963, de seconde main ; quelques pages sur la suppression de l'ordre au 18ᵉ siècle.]

Revue de Synthèse, vol. 114, nᵒˢ 3-4 (juillet-décembre 1993). [Un article sur la conversion de K. Zinzendorf au catholicisme en 1764.]

MARK LILLA (éd.) : *New French Thought : Political philosophy*. Princeton University Press, 1994, XII + 239 p. [L. FERRY et A. RENAUT : « Kant and Fichte », p. 74-81 ; Ph. RAYNAUD : « Constant », p. 82-90.]

GILLES LIPOVETSKY : *The Empire of Fashion. Dressing Modern Democracy*. Trad. par Catherine PORTER. Préface de Richard SENNET. Princeton University Press, 1994, X + 276 p. [Trad. de l'ouvrage, *L'Empire de l'éphémère. La mode et son destin dans les sociétés modernes* (Gallimard, 1987 et *id.*, Coll. « Folio », 1991).]

L'Animalité, Hommes et animaux dans la littérature française. Textes réunis par ALAIN NIDERST. Tübingen, Gunter Narr, 1994, 239 p. (Coll. « Études littéraires françaises ».) [Annie DUPRAT sur la caricature sous la Révolution, p. 131-148.]

F.L.S. (French Literature Series), vol. 21 : *Discontinuity and Fragmentation in French Literature*. Actes du colloque de Columbia, S.C. (1993). Éd. par FREEMAN G. HENRY. Amsterdam et Atlanta, Rodopi, 1994, XI + 184 p.

Représentations de l'Histoire. Actes du colloque franco-allemand de Cologne (17-18 juin 1988), éd. par GÉRARD LAUDIN et EDGAR MASS. Cologne, Janus, 1993, 308 p.

Corpus, revue de philosophie, nᵒˢ 18/19 (2ᵉ semestre 1991) : *Victor Cousin* [J.-P. COTTEN : « la réception d'A. Smith chez Cousin et les éclectiques » ; correspondance SCHELLING-COUSIN, 1818-1845, p. 199-249.]

L'Idée d'Europe, vecteur des aspirations démocratiques : les Idéaux républicains depuis 1848. Actes du colloque international de Besançon, 14-16 mai 1992. Éd. par MARITA GILLI. Paris, Les Belles Lettres, 1994, 338 p. (Coll. « Annales littéraires de l'Université de Besançon ».)

NINA CATACH : *La Ponctuation*. Paris, Presses Universitaires de France, 1994, 128 p. (Coll. « Que sais-je ? », n° 2818). [Sur le 18ᵉ siècle, p. 35-42.]

JEAN FERRÉ : *Dictionnaire symbolique et pratique de la Franc-Maçonnerie*. Paris, Éditions Dervy, 1994, 287 p. (Coll. « Initiation ».)

LOUIS ARAGON : *Traité du Style. Trattato dello Stile*. Trad. et prés. par DANIELA GALLINGANI. Florence, Alinea Editrice, 1993, 117 p. (Coll. « Saggi e Documenti ».)

ALAIN PAGÈS : *Émile Zola, Bilan critique*. Paris, Nathan, 1994, 128 p. (Coll. « 128 ».)

JEAN RELINGER : *Henri Barbusse, écrivain combattant*. Paris, Presses Universitaires de France, 1994, 291 p. (Coll. « Écrivains ».)

YVES BÉNOT : *Massacres coloniaux, 1944-1950 : La IVe République et la mise au pas des colonies françaises*. Préface de François MASPERO. Paris, 1994, Éditions La Découverte, XVI + 200 p. (Coll. « Textes à l'appui ».)

FRANÇOIS RASTIER, MARC CAVAZZA, ANNE ABEILLÉ : *Sémantique pour l'analyse. De la linguistique à l'informatique*. Paris, Masson, 1994, XII + 241 p. (Coll. « Sciences cognitives ».)

ÉTIEMBLE : *Propos d'un emmerdeur*. Entretiens sur France-Culture avec JEAN-LOUIS EZINE. Paris, Arléa, 1994, 96 p.

Les prochains « numéros spéciaux » de *DIX-HUITIÈME SIÈCLE*

N° **28** (1996) : **Lumières orientales.** Responsable : Françoise BLÉCHET.

N° **29** (1997) : **La Vigne et le Vin.** Responsables : Jean BART et Élisabeth WAHL.

N° **30** (1998) : **Bilans et perspectives de la recherche.** Responsable : Michel DELON.

RÈGLES POUR LA PRÉSENTATION
DES ARTICLES

Généralités :

1. Les manuscrits sont dactylographiés à double interligne avec une marge d'au moins 4 cm.

2. Un espace blanc correspondant à plusieurs lignes doit être réservé au-dessus du titre.

3. Le texte de l'article ne doit pas comporter d'intertitres. S'il le souhaite, l'auteur peut marquer par un espace blanc (d'une ligne) la séparation entre les parties de son texte. La rédaction se réserve le droit de supprimer les intertitres et de les remplacer par une ligne de blanc.

4. Le prénom et le nom de l'auteur figurent à la fin de l'article, ainsi que l'établissement (Université, Institut, etc.) auquel appartient l'auteur. L'adresse prsonnelle — à laquelle seront envoyées les épreuves — doit être clairement indiquée au bas de la dernière page.

5. Les noms propres et les titres d'ouvrages sont dactylographiés comme le reste du texte (et non en lettres capitales).

6. Les siècles sont indiqués par des chiffres arabes : 17ᵉ siècle, 18ᵉ siècle.

7. Pour introduire certaines références, on utilisera des mots français (« voir », « dans »). Pour « pages suivantes » : « p. sv. ».

Annotation :

8. Les appels de note sont marqués par un chiffre placé un peu au-dessus de la ligne. On ne met pas ce chiffre entre parenthèses.

9. Les notes doivent être aussi peu nombreuses et aussi brèves que possible. Les simples notes de références (indications de tome et de page) doivent être intégrées au texte de l'article. La rédaction se réserve le droit d'abréger ou de supprimer des notes.

10. Les notes sont regroupées à la fin de l'article, également dactylographiées en double interligne. On laisse un interligne supplémentaire entre les notes.

11. Les références sont présentées de la façon suivante :

— pour les livres : C. Brinton, *History of Western morals* (Londres, 1959), p. 149-150.

— pour les articles : J. Proust, « Diderot et le système des connaissances humaines », *Studies on Voltaire* (1988), vol. 256, p. 117.

Les titres d'articles ne sont jamais soulignés et sont mis entre guillemets. A noter que, pour les titres, seul le premier mot ainsi que tout article le précédant est écrit avec la majuscule (de même que tous les mots qui, dans l'usage courant, commencent par une majuscule).

12. Dans le cas de références nombreuses à une même revue, un même livre ou article, il est souhaitable d'utiliser des abréviations. Celles-ci sont signalées en note.

13. Les références à des textes déjà cités sont indiquées par ouvr. cité ou art. cité.

Citations :

14. Sauf exception justifiée, l'orthographe de tous les textes cités est modernisée.

15. Toutes les citations de textes en langue étrangère (anglais, italien, latin, etc.) sont reproduites en français.

16. Les interventions de l'auteur dans le texte d'une citation (coupures, adjonctions ou remplacements de mots) sont indiquées entre crochets.

17. On utilise des guillemets simples (‹...›) dans un texte déjà entre guillemets.

18. Toutes les citations sont dactylographiées à double interligne.

N.B. Les manuscrits sont envoyés *en double exemplaire* au directeur de la revue.

SUMMARIES

I. *SPECIAL ISSUE : CLASSICAL ANTIQUITY IN THE 18TH CENTURY.*

EDITH FLAMARION AND CATHERINE VOLPILHAC-AUGER : PRESENT STATE OF RESEARCH AND CURRENT TRENDS : THE SOURCE AS A MIRROR.

Where and how is research currently being conducted on the presence of classical Antiquity in the 18th Century ? This article looks at current research trends, the policy of different centres and research teams and the methods adopted, and the authors discern two main approaches : one of them studies the remnants of Antiquity in a particular period, while the other concentrates on how the reference to Antiquity worked ; it was remodelled by the Enlightenment in its own image and in return helped to shape the Enlightenment as we know it.

BERNARD COLOMBAT : LATIN GRAMMARS IN FRANCE.

The aim of this article is to show that while France contributed little to the theoretical development of Latin grammar in the 18th Century, it produced truly new works for learning Latin. The big 17th-century grammars, too complex for children with no real competence in the language, were replaced by much shorter works, even when, like Lhomond's, they were in the traditional style. At the same time there appeared more original methods, like that of Frémy, who claimed to reduce all of Latin syntax to a single rule, inter-line translations (Du Marsais and many others) or methods based on the reading of authors (Chompré, Pluche). The work by Radonvilliers shows a real concern for pedagogical progress and provides interesting remarks on word order. Now Latin was learnt through a knowledge of French grammar and implied an analysis of the differences between French and Latin, or what was precisely called the "method".

CLAUDINE POULOUIN : BERNARD DE MONTFAUCON'S *L'ANTIQUITÉ EXPLIQUÉE ET REPRÉSENTÉE EN FIGURES* (1719-24).

B. de Montfaucon's *Antiquité expliquée*, the symbol of antiquarian literature, is a richly-illustrated work which dispensed with the need for the general public to visit scholar's studies as it popularised their riches. But, by proposing a rigorous and coherent classification of objects, the author's ambition was also to transform the antiquarian's curiosity into a scientific attitude. The ten volumes of the work create a new visual space which lays down the boundaries of an as yet unexplored field. The objects, presented just as the pagans produced them, become before the readers' eyes vestiges and traces of an alien experience and gradually modify the way they look at the Ancients. The objects are organised according to an original plan which aims at showing the distant past's individual and collective face, and they are an invitation to create a new learning able to reestablish the communication with the classical past which had been broken by time and neglect. Despite its limits, *L'Antiquité dévoilée* is a milestone in the understanding of Antiquity.

ANNE-MARIE MERCIER-FAIVRE : APING MARS AND THE ANTIQUARIAN APE.

In the 18th Century the world of the ancient gods divided into two ; fables were the futile side while mythology made it an object of science. The fable, which was present in teaching, in social codes and in the arts, seemed ever more old-fashioned, or even immoral or incomprehensible. Mythology, the object of research on the part of historians, philologists and antiquaries, tried to read human history in that of the gods or to interpret these accounts as allegories useful to humans. Ancient traditions subsisted in both the arts and the preoccupations of the learned, but they were drained of life by this two-fold development. On the one hand there were empty forms and on the other disincarnated meaning, and thus they evaporated when faced with changes in people and time.

SYLVAIN MATTON : ALCHEMICAL INTERPRETATION OF MYTHOLOGY.

In the 18th Century, scientists' acceptance of a "reasonable chemistry" which no longer drew its legitimacy from its antiquity but from its rationality alone made the debate on its origins obsolete ; Suidas's affirmation that the Golden Fleece was not what fables said but a parchment book teaching how to make gold by alchemy had played an important role in this debate, as it justified a "chemical" reading of Greco-Egyptian myths which filled the gap left by the Ancients' silence concerning this art. However, although mocked by specialists in mythology such as Banier, the alchemical interpretation of ancient mythology, mentioned by G.-F. Venel in the *Encyclopédie* article CHYMIE, did not disappear in the 18th Century. It subsisted even with university professors such as G. W. Wedel and J. Frick and was developed by amateurs such as J. Vauquelin des Yveteaux, Philothaume or E. Libois, but especially Dom Pernety who revived its popularity with *Les Fables égyptiennes et grecques dévoilées* (1758).

PATRICK JAGER : TRAVELLERS IN THE LEVANT AND THE SEARCH FOR ANTIQUITY.

The most common motivation mentioned by travellers in the Levant was the search for classical culture, and they each tried their best to contribute their own discovery. Yet there was a great difference between the erudite antiquarians and collectors of the early 18th Century and the philosophical travellers at the end of the century. The "Souvenirs" which they brought back fell into three types : objects, which laid the foundations for museum collections ; picturesque or scientific drawings ; and above all accounts in which a new sensibility was developed and new meditations were tried out.

GÉRARD LUCIANI : LATE EIGHTEENTH-CENTURY FRENCH TRAVELLERS AND ITALIAN MUSEUMS.

In their rediscovery of a more authentic classical antiquity than that of their predecessors in the age of Louis XIV, the French in the second half of the 18th Century used travel accounts, by literati like Barthélémy or Duclos, artists like Houel, art historians like Saint-Non, diplomats like Creuzé de Lesser, future politicians like Roland de la Platière or merely curious educated people like Sade. Enlightened Europe was rethinking museums while Italy was discovering, or excavating more rationally, the archeological sites of Campania ; thus it is interesting to study the reactions of travellers to the way Italians chose to exhibit new discoveries and reinterpret known antiquities in the light of neoclassical æsthetics. At the time when museums were abandoning the simple accumulation of objects, like that seen in the collections imagined by Pannini, for an organised arrangement like that behind Denon's organisation of the great Imperial Louvre, the echo of these great ideas can be found in French travel accounts.

MICHEL BARIDON : CLASSICAL IMAGINATION AND ENLIGHTENMENT PALLADIANISM.

The fall of absolutism in Britain removed the religious references of political thought and encouraged a new image of classical Rome. What was admired was no longer the unifying empire but the colonizing city and its balance between monarchy, aristocracy and democracy. This image of Rome was already present during the Renaissance with Macchiavelli, and Palladio seemed to be the architect who gave it its purest expression. Thus Palladianism was the style of the new politics, that of the Masonic ideal. Its low lines and staccato effects made it blend into the countryside and its modernity was affirmed by its rejection of the spectacular thrust of baroque geometry. It spread the forms and sensibility which are to be found in Fielding, Pope and Montesquieu, the main representatives of literary Palladianism.

RENÉ DÉMORIS : PAINTING AND CLASSICAL BEAUTIES IN THE FIRST HALF OF THE CENTURY. STATUES ARE ALSO ALIVE.

The art of the Rococo period, from La Fosse to Boucher in painting, had a strange reception in France ; it was violently attacked in the middle of the 18th Century, often considered in the 19th Century as the symbol of the frivolous aristocratic Enlightenment and sometimes later accused of being an art of enslavement abandoning the very purpose of art. We here try to analyse, in connection with a major reference for classical æsthetics — the relation to classical beauties as models — the position of artists who did not rebel against academic principles but who, by their practise, did in fact question the artistic ideology which developed from Du Bos to Diderot ; this ideology attributed certain social or moral aims to painting, a field in which writers wished to seize power and did in fact do so. The violence of the reactions to Rococo painting can be explained less by a relatively discreet immorality than by the latent critical charge of this artistic practice and its obsessions.

MICHEL ESPAGNE : ANTIQUITY, NATURE AND NATION IN J. J. WINCKELMANN.

Antiquity is a construction in the work of Winckelmann. Greek man stylised by the *History of Art in Antiquity* is a result of the philological discovery of classical texts as seen in reading notes, reflection on works of art exhibited in the Dresden gallery and reflection on history in the Bünau library. There was also the experience of the Dresden court by a young provincial from the depths of German society. There was the desire for liberation from the constraints of erudition which, however, Winckelmann could not do without ; and finally the affirmation of national feeling against the French. One of the paradoxes of Winckelmann concerns the way in which the personal relationship with classical Antiquity was universalised into a European æsthetics and a German literary style.

MICHEL DELON : THE MYTHOLOGY OF THE VESTAL.

Roman vestal virgins became, in the 18th Century, the heroines both of the philosophical fight against ecclesiastical celibacy and forced vows, and of the neoclassical struggle against rococo affectedness. They appear in all the literary forms, from the novel (for example that of de Mailly) to the theatre (the tragedy of Dubois-Fontanelle) and from poetry (Le Suire) to the essay (the abbé Nadal) ; they are present in all the arts : painting (Diderot shows interest of this theme in his *Salons*), sculpture (Houdon, Clodion), music (opera of Jouy and Spontini, and later that of Mercadante). The imagination centred on the condamnation of guilty vestals, who were buried alive. This Antiquity is seen as sadistic and "gothic".

RENÉ MARTIN : DIDO AND ÆNEAS ON STAGE OR HOW TO USE LEFTOVERS.

The last French tragedies inspired by book IV of the *Ænead* were written during the 18th Century. Their authors, who were forced both to develop Virgil's rather thin diegesis and to innovate in this respect compared to their predecessors of the previous century, solved the problem by using two different tactics : they transformed the inflexible Trojan hero into a passionate lover ready to sacrifice his duty to his love, and they built up the secondary character of Iarbas, who became the joint rival and equal of Æneas. Sometimes their unfaithfulness to Virgil was pushed even further into a sort of fictional mythology in which the Trojan hero gave up his mission and chose to reign over Carthage. Thus the survival of the episode imagined by Virgil was ensured by means of various betrayals, with results that were unequal but sometimes not devoid of interest.

YVES TOUCHEFEU : ROUSSEAU AND HOMER.

The opposition, for J.-J. Rousseau, of the values of nature and the polity is well known, as is the fact the *Discourse on the Origins of Inequality* and the *Essay on the Origin of Language* celebrate the beginning of society which, at the dawn of history, allowed for a golden mean between the indolence of primitive life and the tension of civil life. This explains why Rousseau paid such passionate attention to Homer, for the world of Achilles and Ulysses led him to precisely those important moments at which emerging society was as if in tune with the natural order. The reference to Homer is particularly present in *Emile*. While this treatise on education begins by opposing categorically the education of the individual and that of the citizen, the Homeric imagery invites the reader to dream of a time when the two figures of "natural man" and "citizen" were not yet clearly separated into their contradictory relationship.

ÉDOUARD GUITTON : ANTIQUITY FOR MODERNITY IN ANDRÉ CHÉNIER'S INSPIRATION.

The latent finalism in this formula refers to a paradox and a dialectic in André Chénier's inspiration. He goes beyond the simplistic concepts of imitation and invention and aims to link Antiquity to post-Enlightenment syncretism. Despising the old distinctions (Faguet's "manners" and "programmes"), he places the poet's fragmentary and unfinished work under the banner of unity and totality. The appeal to Antiquity, which is rooted in a fundamental sensuality and which Chénier, who was "Greek" by his mother, pushed to its paroxysm, seems an impulse which acts retroactively on present inspiration in order to regenerate it, for the two impulses constitute a *couple* of complementary forces. Chénier's materialistic "panæsthesis" is most fully seen and displays all its energy in relation to Laplace's mathematical physics and at the turning-point of a dual conception of (iterative and irreversible) time.

ALAIN MICHEL : VICO AS JUDGE AND REPRESENTATIVE OF ROMAN THOUGHT.

For Vico, the Roman tradition was valuable because it gave their rightful place to the fundamental disciplines of law and philology and led in particular to a theory of education or "heroic culture" ; this allowed Vico to engage a dialogue with his own century and to open up future perspectives for philosophy and æsthetics.

GÉRARD LAUDIN : THE GREAT MEN OF ANTIQUITY AND REFLECTION ON GENIUS IN GERMANY, 1760-90.

In Germany from 1750 to 1790, studies of classical antiquity clung to the traditional model of exemplarity. The great man, who was equated with the genius, was seen by Gatterer (1761) as the guide who contributed to the progress of humanity ; these legislators, generals, scientists were praised as builders, to the detriment of conquerors, seen, on the contrary, as destroyers. The ambivalence of heroic genius, developed in drama in the 1770s, was emphasized in 1788 by Beck, who was more attuned to political mechanisms and abandoned the model of great men ; he demystified radically the great conquerors in favour of the Gracchi, for example, adopting a republican perspective alien to Gatterer, who was very attached to enlightened despotism.

CHANTAL GRELL : THE AMBIGUITIES OF PHILHELLENISM. COUNT CHOISEUL-GOUF-FIERS'S EMBASSY TO THE OTTOMAN COURT (1784-92).

The reign of Louis XVI was marked by the triumph of classical taste, in particular "Greek fashions". This article analyses, via Count Choiseul-Gouffier's embassy, the ambiguities of philhellenism. As a backdrop to it there was the decline of Ottoman power and the appetite of the European states looking forward to dividing up the spoils. The defence of classical Greece thus allowed them to provide a generous veil for much less generous aims. In the case of France, which was allied in theory to the Sultan, this philhellenic ideology was used to hide the weakness of their divided diplomacy and keep up the illusion, thanks mainly to archeological research undertaken by the ambassador, that the "country of literature and art" continued to play an active and effective role in near eastern affairs.

PATRICK ANDRIVET : ROMAN INSPIRATION IN MARAT'S *CHAINS OF SLAVERY.*

Because Marat uses the term "slavery" metaphorically to refer to any type of oppression, but more particularly political oppression (thus aiming at the absolutisms of his own age) his *Chains of Slavery* deals with ancient Rome in the same terms as Stuart England or contemporary France. It is particularly critical of the republican Senate, oppressor of the plebeians, but is just as harsh towards the latter who often "forge their own chains" which their masters have only to "fasten". Marat does not deal with Rome the conqueror and thus removes both its main characteristic and the prestige which it had been accorded since Antiquity.

JACQUES BOUINEAU : PHILIPPEAUX AND CLASSICAL ANTIQUITY.

Philippeaux refers to classical Antiquity as to a catechism (well-known examples, minor and limited borrowings), but his references on the subject of teaching are rather more original. It is true that, like many others, he emphasizes the example of Greece and in particular Sparta, but he puts the moderns not the ancients in the first place. As far as administration is concerned, he proposed dividing France into tens, hundreds and thousands, claiming to borrow from Tacitus, which seems strange and leads one rather to think that Philippeaux had found his supposed model in his imagination. But classical Antiquity is also used to combat the church of his own time, seen as an abject monster compared to the ideal democracy of the primitive church.

MARIE-THÉRÈSE BOUYSSY : BARÈRE'S INFERNAL ANTIQUITY.

Barère, a great orator but eminent revolutionary who refused to judge the present and anticipate the future in terms of the past, referred very little to classical Antiquity in his speeches. In the Constituent Assembly the Ancients presided over the process of abandoning the past, while in the Convention, they became the language of defiance and denial, the infernal outcasts. But when one persecutes one's double, there is no point of return, and thus it was only after 1815, in his Belgian exile, that the "Anacreon of the guillotine", who had become

Ballanche's "Man without a name", could adopt the timeless confraternity of bookish meditation. Classical antiquity had come into its own.

DANIEL RABREAU : MYTHOLOGY AND POETIC ART. ANTIQUITY IN LEDOUX'S REGE-NERATED ARCHITECTURAL THEORY.

Ledoux was one of the French architects with the most sites under construction during the reigns of Louis XV and XVI, but his career was broken by the Revolution. In 1804 he published a great illustrated work which was his artistic testament, a theory of architecture and an encyclopœdia of art and history for the use of posterity (general public and students of architecture). He was considered as one of the reformers of the classical architecture of his time, but after more than a century of neglect, 20th-century critics see him as an utopian visionary anticipating modernist purity (E. Kaufmann). A study of the 1804 text and illustrations devoted to classical poetic art, mythology and Greco-Roman history, show that Ledoux's literary and symbolic objectives were to regenerate the architecture of his time by making it *speak* like an epic poem or a historical painting. This poetico-historical dimension of classical Antiquity, a sort of *Ut architectura poesis*, which guides his reform of classical architecture, has never before been brought out.

PHILIPPE BORDES : LUCIUS JUNIUS BRUTUS. AN EXHIBITION AT THE MUSEUM OF THE FRENCH REVOLUTION (VIZILLE).

In 1993 the Museum of the French Revolution at Vizille acquired a painting by P. N. Guerin, *The Death of Brutus*. It was executed in 1793 for the Rome Prize competition organised by the Paris Royal Academy with judges nominated by the National Convention. An exhibition planned for 1996 will examine the context of this competition and the æsthetic debates concerning the definition of republican art which were raised in the judges' published report. During the 18th Century the development of the myth of Brutus as the emblematic figure of republican virtue (Voltaire) broke with the tradition which stressed the problematic nature of his personal sacrifice for Rome (Plutarch). Works of art dating from before and during the Revolution give us a more balanced view of how this evolution took place.

II. *OTHER ARTICLES.*

MARIE-THÉRÈSE INGUENAUD AND DAVID SMITH : FIVE LETTERS FROM NICOLAS-ANTOINE BOULANGER TO HELVÉTIUS.

Five holograph letters by Boulanger (by whom only letter one was hitherto known) are here published ; they were written to Helvétius shortly before his death, between January and August 1759. Although they are all unsigned or signed with a pseudonym ; they can nevertheless be formally attributed to Boulanger thanks to the handwriting and the content. The first is the original of the prefaratory *Letter from the author to M...* in the *Recherches sur l'origine du despotisme oriental*, whose attribution was generally contested. The four others, all hitherto unknown, share the common theme of illness. They are interesting in that they confirm the biographical elements provided by Diderot in his preface to *L'Antiquité dévoilée* as well as throwing some light on an unknown character and providing precise information on medical practice in the mid-18th Century.

MURIEL BROT : RAYNAL IN THE SPRING OF 1793 ACCORDING TO TWO UNPU-BLISHED DOCUMENTS.

This article presents unknown documents sent by Raynal to a certain Serres on April 12th 1793. The first is a request for a permit to leave French territory to go to Switzerland to meet his debtors and the second is a letter addressed personally to Serres in which Raynal asks him to present the request to the appropriate tribunal. The difference in tone between the letter and the request indicates that the financial problems referred to by Raynal were mainly a pretext to flee the revolutionary turmoil. Even though the letter's recipient and the tribunal concerned cannot be identified with certainty, these documents show us Raynal's state of mind concerning revolutionary events in the spring of 1793.

RÉAL OUELLET : DISCOVERING LAHONTAN.

This article seeks to identify the place of Lahontan in the intellectual currents of the final decades of the Eighteenth Century, and to bring out the originality of his use of both genre and argument. On one hand, Lahontan draws fully on the three streams that flow into travel literature, namely the adventure story, journey inventory accounts and socio-philosophical discourse ; and on the other, his use of irony makes his text ambiguous and infuses a dynamism into it that makes an airtight interpretation impossible.

PIERRE LURBE : JOHN TOLAND'S *NAZARENUS*.

Toland's *Nazarenus* (1718) needs to be understood in the context of the dispute concerning the status of Islam in relation to Christianity. Taking as his starting-point the supposed discovery of the apocryphal gospel of Barnabus in Amsterdam in 1709, Toland tries to demonstrate that the work, which originated in Judeo-Christian or Nazarean circles, was also the source of the religion of the Moslems. And since the Nazareans were Christ's contemporaries and first disciples, then their teaching on both Christ and the Church must correspond to the truth. To the extent that these doctrines were adopted by Islam, it is therefore not absurd to recognise the Moslems as the direct heirs of authentic original Christianity.

ANN THOMSON : JOSEPH MORGAN AND THE ISLAMIC WORLD.

Little is known about Morgan — who wrote several works about the Islamic world, in particular North Africa, in the 1720s and 30s — beyond the fact that he had spent twenty years in Algiers, was probably a Freemason and was arrested in London with Radicati for having translated the Italian's irreligious *Philosophical Dissertation on Death*. Due to his numerous translations, he has generally been accused of being little more than a plagiarist. This article shows that the accusation is unfounded and studies his most interesting works, in particular his *Complete History of Algiers* (1731) and his *Mahometism Fully Explained* (1723-25). These works show a sympathetic knowledge of Moslem civilisation and a desire to combat European prejudices about it. They also perhaps provide further evidence of the link between heterodox religious ideas and a more sympathetic attitude towards Islam.

CHRISTIAN CHEMINADE : A REPUBLICAN PREACHER IN THE MID CENTURY : ABBÉ COYER'S *BAGATELLES MORALES*.

From 1747 onward abbé Coyer (1707-1782) wrote nine pamphlets, published in 1754 under the title of *Bagatelles morales*, which attack, using buffoonery, the vices and stupidities of his age. This moral satire leads him to question the social order, denouncing an unequal and corrupting society and condemning the overwhelming domination of the rich and the misery of the people. He preaches a return to natural equality thanks to which reconciled humanity would escape from vice and unhappiness. He proposes more and more clearly a new model of political and social relations on the lines of Athens and Rome, which he sees honoured in Basel, Amsterdam and London. This republican sermon, which is close to the thought of Rousseau, shows the existence in the mid century of a republican current still very distinct from the Enlightenment.

RENÉ GREVET : EDUCATION, MORALITY AND POLITICS IN THE THOUGHT OF F. M. GRIMM.

F. M. Grimm, the friend of Diderot, was an important participant in the intellectual life of the Enlightenment ; for nearly twenty years (1753-1773), in his *Correspondance littéraire*, he expressed his views on many subjects, in particular education. Like many intellectuals of the time, he criticised ordinary education that was ineffective and too religious ; he demanded a public education for the prince, the future sovereign on whom the future of the nation depended. Grimm was particulary noteworthy for his merciless analysis of *Émile*, J. J. Rousseau's famous treatise on education, and he also showed his originality in admitting his doubts concerning perfectibility and the idea of progress. For this enthusiast for enlightened despotism, the spring of all education was part of the political order ; it was less important to work for the intellectual liberation of individuals than to promote a patriotic education which could forge a "national spirit".

ANNIE RIVARA : THE PRESENT STATE OF RESEARCH ON MARIVAUX.

This review article, which announces the creation of a Marivaux Society and the *Revue Marivaux*, continues those published by F. Deloffre (1964 and 1985) and H. Coulet (1978), although it does not claim to be exhaustive. It covers the years 1987-1994 and presents books, symposia and articles (both published and forthcoming), sometimes grouped under a single heading. After an assessment of recent editions, this article is organised according to the various critical approches (history and biography ; discourse analysis ; narratology ; dramaturgy ; poetics ; structural and thematic approaches, some inspired by psychoanalysis or feminist studies ; literary history ; history of genres ; philosophical aspects ; reading, reception and translation). Special emphasis is laid on technical and philosophical analyses as well as studies of intertextual connections.

MIREILLE FLAUX : FICTION ACCORDING TO MADAME RICCOBONI.

What did writing fiction mean for Mme Riccoboni ? Several circumstances pushed her to exploit her talent, like the meeting with Marivaux in the Italian Theatre where she acted, or the encouragements of her friends, not to mention the need to earn a living after she left the stage. It was for her a serious occupation, as for her the role of the writer was, without lecturing, to provide a moral teaching by speaking to the heart. In addition, the study of novels reveals traces of the author's sentimental life. Even more, her work became a stage for presenting the condition of women ; this does not mean that she preached, for the aim was to amuse as well as to convince, but the epistolary novel and even more the novel of memoirs are particularly well adapted to revealing the truth about women. The writing reflects her sensitivity and aspirations and the style reveals a pleasure in writing blending with her search for happiness.

PIERRE HARTMANN : BEAUMARCHAIS'S AESTHETIC PROJECT.

The novelty and originality of Beaumarchais's dramatic language have long been recognised, but the importance of his poetic writings has often been underestimated. This article undertakes a new reading not only of his *Essai sur le genre dramatique sérieux* but also of the different prefaces he wrote for his theatrical works. This new perspective shows the existence of a coherent æsthetic project which reveals both a playwright convinced of Enlightenment philosophy and a writer involved in the political struggles of his time. At the centre of his æsthetic project is a democratic redefinition of the notion of the public which is the incarnation of "general opinion". Thus Figaro is the perfect representative of the nation and of that "frank and true gaiety" which aristocratic taste had expelled from the theatre ; Beaumarchais proposed to reinstate it, thus creating a sort of alliance between the "assembled public" and the innovating artist, a genius in Diderot's and perhaps already Hugo's sense.

FRANÇOIS ROSSET : WANDA, FROM MYTH TO NOVEL.

In the legends concerning the origins of the Polish kingdom, Queen Wanda stands out as a perfect, beautiful and virtuous woman, a brave warrior, ideal sovereign and virgin who sacrificed herself to avoid sharing her purity with men. The great myths of femininity (vestal, celestial queen and amazon) thus go to make up this character who fascinated those who, in the 17th and 18th Centuries, thought about the question of the legitimacy of power and sexual roles. However, a study of French historical texts, tragedies and novels using the myth of Wanda between 1647 and 1777 shows that she was an astonishing and inacceptable figure. Historians emphasised her strangeness and exoticism while authors of fiction personalised the heroine by involving her in intrigue and transforming the legend. The mythical figure, her values and the questions she raised were profaned and she became an individual, a particular example of feminine destiny, unusual but corresponding to the age's normative vision of power and women.

ANGUÉLINA VATCHÉVA : DERJAVINE, THE RUSSIAN POET.

G. R. Derjavine (1743-1816), who played a public role under four sovereigns, was a leading figure in Russian literary life. This article studies mainly his contribution to poetry as the last great representative of classicism, who drew on the inheritance of both Lomonossov and Soumarokov. It emphasizes the originality of his odes, in particular the most famous, *Felitza* (1763), in which the Russian national tradition is combined with a modern opening onto Western culture. Derjavine is thus seen as a great philosopher poet, half-way between Lomonossov's lyrical meditation and the generation of 19th century romantics, and particularly famous for his anacreontic poetry. At the end of his life, he played a conciliatory role in the literary quarrel between the Neoclassicists and the Sentimentalists.

KEN-ICHI SASAKI : THE 18TH CENTURY AS AN AGE OF PAINTING.

The Horatian maxim "Ut pictura poesis" was most influential in the 18th Century, and theorists of every type of art took painting as their model. Painting was considered as the ideal of poetic description (Marmontel), theatre (Diderot), ballet (Noverre), gardens (Girardin) and music (Cahusac), and this paradigmatic status accorded to painting can also be seen in general theories of art (Dubos, Batteux). The interest shown in the sense of sight is also evident in philosophical theories of vision (Berkeley, Condillac, Diderot and Herder). From the viewpoint of æsthetic experience, however, what is fundamental is the fact that painting constituted a pseudo-reality seen as a field of experience ; thus painting as the paradigm of art is essentially linked to the style of æsthetic experience peculiar to the 18th century.

ANNIE JOURDAN : THE REVOLUTIONARY ALLEGORY : FROM LIBERTY TO THE REPUBLIC.

Revolutionary allegories have often been studied but clever, even brilliant, analyses have been based on a few carefully chosen examples or on specifically popular forms, resulting in hasty generalizations which falsify historical truth. This article tries to distinguish true from false and takes into account a large number of projects envisaged by the authorities in their drive to "republicanize" public space. For French revolutionary imagery was above all conceived by politicians to represent themselves as a political body and as the nation. Already in 1789 there emerged a political imagery dominated by allegory. From Liberty to the Republic, how did the French Revolution wish to represent itself, and what principles did it want to embody ? An analysis of different projects (statues, monuments, vignettes, seals, coins) shows that political representation does not always coincide with proclaimed principles and that the public image is rarely a reflection of reality. Often the sign masks the evanescence of its subject, whether it is popular sovereignty, liberty or the republic.

GOLDONI AUJOURD'HUI

QUARANTE COMÉDIES NOUVELLES

LES ACTES DE CINQ COLLOQUES

Souscription groupée pour les cinq volumes : 320 F + frais de port
A adresser à GOLDONI EUROPÉEN - 1, rue de Bénaville - F-67420 Saulxures

TABLE DES MATIÈRES

II. *MÉLANGES.*

par : Lise ANDRIES, Roxane ARGYROPOULOS, Philippe A. AUTEXIER, Michel BARIDON, Jean-François BATTAIL, Lida BELLINI, Miguel BENITEZ, Yves BÉNOT, Guy BESSE, Jean BLANKOFF, Raïssa BLANKOFF, Alain BLONDY, Jean BOISSIÈRE, Dominique BOUREL, Marc BUFFAT, Gilles CHABAUD, Philippe CHASSAIGNE, Anne-Marie CHOUILLET, Suzanne CORNAND, Jean DELINIÈRE, Michel DELON, Henry DENEYS, Anne DENEYS-TUNNEY, Roland DESNÉ, Marcel DORIGNY, Anders EDLING, Allan ELLENIUS, Beatrice FINK, Édith FLAMARION, Robert GRANDEROUTE, Jacques GUILHAUMOU, Teresa KOSTKIEWICZ, Gérard LAUDIN, Jean-Louis LECERCLE, Stefan LEMNY, Jeanne-Henriette LOUIS, Gérard LUCIANI, Antony McKENNA, Erica J. MANNUCCI, Marie-Madeleine MARTINET, Claude MICHAUD, Françoise MICHAUD-FRÉJAVILLE, Ileana MIHAILA, Alain MONTANDON, François MOUREAU, Ingemar OSCARSSON, Olga PENKE, Jean-Pierre PERCHELLET, Charles PORSET, Pierre RÉTAT, Annie RIVARA, François ROSSET, Martine DE ROUGEMONT, Bertram E. SCHWARZBACH, Catriona SETH, Jean SGARD, Zofia SINKO, Alex SOKALSKI, Gerhardt STENGER, Anna TABAKI, Guy TAMAIN, Jean TERRASSE, Ann THOMSON, Raymond TROUSSON, Angué-

---

CONDITIONS D'ACHAT DES NUMÉROS DE LA REVUE
(voir page 688)

N°s 1 à 26	2 700 F
Dix numéros au choix (sauf 20 à 25)............................	1 000 F
Cinq numéros au choix (sauf 20 à 25).........................	600 F
Un numéro au choix (sauf 20 à 25)	130 F
N° 21...	160 F
N° 22...	170 F
N° 23...	180 F
N° 24...	190 F
N° 25...	210 F
N° 26...	230 F
Tables (n°s 1 à 10)	60 F
Tables (n°s 11 à 20)	80 F

Les commandes sont à adresser au *trésorier* (Robert Grande-route, Aspin II, 12, avenue du Stade nautique, 64000 PAU) et les chèques à libeller à l'ordre de la Société française d'étude du 18e siècle, CCP 96 97 98 J. PARIS.

LES NUMÉROS DISPONIBLES DE
DIX-HUITIÈME SIÈCLE

Pour les conditions d'achat, réservées aux sociétaires, voir page 687.

Composition, impression, façonnage par

IMPRIMERIE
FRANCE QUERCY
CAHORS

N° d'impression : 50027 L — Dépôt légal : juillet 1995